Vom Einsteiger zum Experten

Jens Priewe
Grundkurs Wein

ISBN 978-3-89883-941-9

Ein Grundkurs für alle

Jetzt überall, wo es gute Bücher gibt.

DER KLEINE JOHNSON

WEINFÜHRER 2024

HERAUSGEBERIN: MARGARET RAND

ZS – Ein Verlag der Edel Verlagsgruppe GmbH
Copyright der deutschen Ausgabe: © 2023 Edel Verlagsgruppe GmbH,
Kaiserstraße 14b, D-80801 München
www.zsverlag.de | www.facebook.com/zsverlag

Die englische Originalausgabe ist unter dem Titel »Hugh Johnson's Pocket Wine Book 2024« beim Verlag Mitchell Beazley, einem Imprint von Octopus Publishing Group Ltd., Carmelite House, 50 Victoria Embankment, London EC 4Y 0DZ, erschienen.
www.octopusbooks.co.uk

An Hachette UK Company
www.hachette.co.uk

First edition published 1977
Revised editions published 1978, 1979, 1980, 1981, 1982, 1983, 1984, 1985, 1986, 1987, 1988, 1989, 1990, 1991, 1992, 1993, 1994, 1995, 1996, 1997, 1998, 1999, 2000, 2001, 2002, 2003, 2004, 2005, 2006, 2007, 2008, 2009, 2010, 2011, 2012, 2013, 2014, 2015, 2016, 2017, 2018, 2019, 2020, 2021, 2022, 2023

45., neu überarbeitete, ergänzte und aktualisierte Ausgabe, 2023, auf der Grundlage der 47. Originalausgabe, 2023

Übersetzung aus dem Englischen: Renate Haen, Britta Nord, Martin Waller, Christine Weiland für Werkstatt München · Buchproduktion
Verlagsleitung: Dorothee Seeliger
Projektleitung: Marc Strittmatter · ppp.services, Freising
Redaktion: Werkstatt München · Buchproduktion
Korrektorat: Cornelia Greiner, Sonja Woyzechowski für Werkstatt München · Buchproduktion
Satz: Anja Dengler, Werkstatt München · Buchproduktion
Cover-Illustration: Dirk Schmidt
Umschlaggestaltung: Kathi Fesl
Herstellung: Frank Jansen, Jan Russok

Printed and bound in Italy

ISBN 978-3-96584-321-9

Bildnachweis
akg-images: van Ham/Saša Fuis, Köln 455; **Alamy Stock Photo:** Olaf Doering 447, Katerina Solovyeva 456; Jon Wyand 5; **iStock:** SerafinoMozzo 443; **Shutterstock:** Lukas Gojda 451, Daan Kloeg 449, Nishihama 452, stockcreations 444, Manuel Venturini 441.

MIX
Papier | Fördert gute Waldnutzung
FSC® C015829
FSC www.fsc.org

Inhalt

Zum richtigen Gebrauch

Bei den meisten Stichwörtern besteht die erste Zeile aus folgenden Kurzinformationen:

①	②	③	④
Cairanne	S-RH	★★→★★★	15' 16' 17' 18 **19' 20'** 22

① **Wein-** oder **Erzeugername**

② **Herkunftsregion** im betreffenden Land (eine Liste der verwendeten Abkürzungen steht jeweils am Anfang des Kapitels)

③ **Allgemeiner Qualitätsstand** – eine zwangsläufig eher grobe Einstufung. Wir bemühen uns um Objektivität, aber keine Bewertung kann jemals völlig objektiv ein

★	einfache Qualität für jeden Tag
★★	überdurchschnittlich
★★★	bekannt, berühmt
★★★★	erstklassig, anspruchsvoll, teuer
★ usw.	farbige Sterne erhalten Weine, die nach unserer Erfahrung in der jeweiligen Preisklasse besonders gut sind; das gilt für gute Alltagsweine ebenso wie für Luxuskreszenzen

④ Der Jahrgang: Angegeben sind die empfehlenswerten neueren Jahrgänge, zusammen mit einer Einschätzung, ob sie bereits trinkreif sind (Ziffer in **fetter** Schrift) oder ob sie sich bei weiterer Lagerung noch entfalten (normale Schrift). Bitte beachten Sie aber, dass die Entwicklung eines Weins vielen Faktoren unterliegt und auch anders verlaufen kann als erwartet. Sind sowohl rote als auch weiße Weine angegeben, so ist der Rotwein gemeint, wenn nicht ausdrücklich anders erwähnt.

20 usw.	allgemein erhältliche, empfohlene Jahrgänge, die sich für weitere Lagerung eignen
19' usw.	der Apostroph kennzeichnet einen nach Angaben der jeweiligen Erzeuger besonders gut ausgefallenen Jahrgang
16 usw.	genussreifer Jahrgang
18 usw.	2024 bevorzugt zu genießender Jahrgang
(22) usw.	vorläufige Bewertung

Deutsche Weinjahrgänge werden nach einem anderen System geführt. Näheres *siehe* S. 219.

Abkürzungen

Weinfarben und -stile werden wie folgt abgekürzt:

r	rot
rs	rosé
w	weiß
tr	trocken
s	süß
BV	baldiger Verbrauch, d. h. möglichst jung zu trinken
oJ	ohne Jahrgangsangabe auf dem Etikett; bei Champagner einen einheitlichen Geschmack garantierenden Verschnitt mehrerer Jahrgänge

Länderspezifische Abkürzungen befinden sich am Anfang des jeweiligen Kapitels.

Erzeuger- oder Weinnamen **in Farbe** kennzeichnen die persönlichen Favoriten von Margaret Rand und/oder den jeweiligen Fachleuten, die am betreffenden Kapitel mitgewirkt haben.

KAPITÄLCHEN verweisen auf andere Einträge im selben Kapitel sowie auf Rebsorten, die im Kapitel »Rebsorten« auf S. 11–23 aufgelistet sind.

Zur Ausgabe 2024

Wie intensiv sollte Wein nach Frucht schmecken? Wie sehr wollen wir, dass er nach Frucht schmeckt?

Diese Frage ist zu einem Witz verkommen, angeheizt durch völlig übertriebene Beschreibungen von Unmengen dieser oder jener Frucht in unscheinbaren Supermarktweinen. Das ist schade, denn wie sollen wir die vielfältigen und so flüchtigen Aromen von Wein zu fassen bekommen, wenn nicht durch den Vergleich mit anderen Aromen? Zurückhaltung (»Vielleicht nur ein winziger Anflug von Kirsche?«) ist allerdings kein bisschen weniger leicht zu parodieren.

Noch schlimmer wird es bei anderen Aromen als Früchten. Reden Sie mal über Teer, Teeröl oder Grabsteine, da lachen sich die Leute kaputt. Und doch ist »Grabstein« – der Geruch von heißer Sonne auf Granit, was mit echten Grabsteinen wahrscheinlich überhaupt nichts zu tun hat – ein nützlicher, prägnanter Ausdruck für den Botrytis-Duft in Sauternes. »Zigarrenkiste« ist eine klassische Beschreibung für Cabernet Sauvignon; in jungem Pinot noir findet man manchmal Weihraucharomen. Den Geruch eines Fino Sherry haben wir früher mit »Erde nach dem Regen« beschrieben. Heute sagen wir »Petrichor« dazu und klingen dabei grauenhaft wissenschaftlich.

Weinbeschreibungen sind eine kaum zu fassende Mischung aus wissenschaftlicher Genauigkeit – ein bisschen zumindest – und persönlichen Assoziationen. Wenn Sie in Syrah schwarzen Pfeffer wahrnehmen, riechen Sie Rotundon, dessen Moleküle für den Geruch von schwarzem Pfeffer verantwortlich sind. Sie sind auch in Syrah vorhanden, die Aussage hat also ihre Berechtigung. Die Methoxypyrazine, die in grünen Paprikaschoten vorkommen, finden sich auch in unreifem Cabernet Sauvignon, deshalb ist auch diese Beschreibung nachvollziehbar. Doch was ich Rosemarin nenne, ist für Sie möglicherweise ein Antiseptikum; ich sage Himbeere, Sie Rote Johannisbeere. Wir haben beide recht, den ich weiß nicht, wie Rote Johannisbeeren für Sie schmecken oder wie dieser Wein für Sie schmeckt.

Setzen Sie ein Dutzend erfahrene Verkoster vor dieselbe Blindverkostungsreihe, und Sie werden sehr unterschiedliche Beschreibungen hören. Manchmal sind es nur verschiedene Wörter für dieselben Texturen und Aromen, manchmal aber fragt man sich, ob die Leute denselben Wein verkostet haben, so weit gehen die Meinungen auseinander.

Aber ich schweife ab. Ich möchte unterscheiden zwischen »fruchtig« und dem Geschmack bestimmter Früchte. Chardonnay (das Thema des Spezials in diesem Jahr) ist dafür ein gutes Beispiel. Chardonnay muss in gewissem Maß fruchtig sein, aber nicht unbedingt nach bestimmten Früchten schmecken. Kann er aber natürlich, wenn man das so möchte. Einfache Chardonnays können voller Pfirsich- und Ananasaromen stecken und ganz köstlich sein. Bei höherwertigen Versionen geht es mehr um Mineralität– ein oft missverstandener Begriff (*siehe* Kapitel »Technische Weinsprache«, S. 38) – und Terroir. Fruchtig sind diese Weine immer noch, hauen einem aber nicht gleich reife Pfirsiche um die Ohren.

Wein muss nicht nach einzelnen Früchten schmecken, und noch weniger nach Trauben. Die meisten Aromen im Wein entstehen bei der Gärung, und bei der Reifung kommen noch einmal viele hinzu. Ja, Winzer können oft den Unterschied zwischen Weinberg A und Weinberg B in den Trauben schmecken, aber die weinigen Noten – und die von Kirschen oder Erdbeeren – sind das Ergebnis dessen, was die Hefe mit den Trauben macht. Und wenn die Hefe ihr Werk vollendet hat, schmeckt man den Unterschied zwischen Weinberg A und Weinberg B noch stärker heraus.

Offensichtliche primäre Fruchtaromen sind oft ein Produkt von Hefen, die darauf ausgelegt sind, bestimmte Aromen hervorzuheben. Und das machen sie mit höchster Effektivität. Sie wollen Himbeeren, Zitrone oder Passionsfrucht? Kein Problem: Wählen Sie die passende Hefe von der Liste. Mit neutralen Hefen erhalten Sie diese extremen Aromen jedoch nicht. Auch wilde Hefen bringen nicht annähernd so viele Fruchtaromen hervor.

Wildhefen – oder Naturhefen, Umwelthefen, Spontangärung, suchen Sie sich einen Begriff heraus – möchte nicht jeder verwenden, denn sie sind unberechenbar. Die Hefepopulationen in Weinberg und Kellerei sind jedes Jahr anders, und man riskiert mit ihnen Fehlnoten oder eine stecken gebliebene Gärung, der Albtraum eines jeden Weinmachers. Die Aromen allerdings sind anders. Zurückhaltender, subtiler, es kommt mehr auf die Textur des Weins an – so waren die Weine wahrscheinlich, bevor kommerzielle Zuchthefen verfügbar wurden. Sie sind auch interessanter. Es werden nicht Unmengen von irgendwas in sie hineingekarrt; sie sind mehr bei sich selbst.

Ohnehin verlieren Weine aller Art bei der Alterung ihre primären Fruchtnoten. Wenn ein Wein über nichts weiter als diese Fruchtnoten verfügt, sollte er nicht altern. Ein Chardonnay, der jetzt so ganz in Sahne und Ananas schwelgt, muss getrunken werden – jetzt.

Chardonnay von einem sehr guten Produzenten, vielleicht biodynamisch erzeugt, wird fruchtig sein, aber eher nicht nach einer bestimmten Frucht schmecken. Junger Chablis sollte eine Aromatik von Kreide und Zitrus haben, reifer Chablis von Stahl und Honig. Schreibt jemand beispielsweise in eine Verkostungsnotiz für einen alten Champagner »Pilze, Toast, Zitrus, Austernschalen«, dann ist das der Versuch, ein sich beständig wandelndes Bild mithilfe von Assoziationen festzuschreiben. Je weniger offensichtlich das Aroma ist, umso schwieriger lässt es sich beschreiben.

Nehmen wir alten Sherry – richtig alten Sherry. Er hat sich vom Geschmack der (ziemlich neutralen) Traube so weit entfernt, wie es einem Wein nur möglich ist. Angebrannter Toast, Kaffee, Walnüsse, Früchtekuchen – nichts in seiner Aromatik würde einen Außerirdischen, der den Wein zum ersten Mal trinkt, an Trauben denken lassen, ausgenommen vielleicht die Rosinen und Sultaninen im Früchtekuchen. Die ganze Reise eines großen Weins, könnte man sagen, besteht darin, den Fingerabdruck seiner Herkunft, seines Terroirs, zu bewahren, während er das Vehikel, die Traube, hinter sich lässt.

Jeden Tag große Weine zu trinken können wir nicht erhoffen. Doch für jeden unerschwinglichen Burgunder von der Côte d'Or gibt es einen erschwinglichen aus Australien oder Neuseeland, aus Kalifornien oder Chile und aus vielen anderen Ländern. Wie sie zu finden sind, das wollen wir Ihnen in diesem Buch zeigen.

Der Jahrgang 2022

Es gab Zeiten, als ein viel weniger heißer Sommer als der von 2022 die Boulevardpresse zu Schlagzeilen wie »Uff! Diese Hitze!« veranlasst hätte, garniert mit Fotos von Menschen, die auf der Straße Eier braten. Aber jetzt haben wir uns schon ziemlich daran gewöhnt. Heiße Tage sind nicht mehr so sensationell wie früher. (Und denken Sie nur, wie teuer Eier geworden sind …)

Was nicht bedeutet, dass von dem heißen Jahr 2022 auf der nördlichen Hemisphäre sehr gute Weine zu erwarten waren. Ja, die 2003er haben sich zuweilen besser entwickeln als vorhergesagt, doch zu den großen Jahrgängen zählt 2003 trotzdem nicht. Deshalb sorgten die ersten Berichte von 2022, unterstützt von frühen Verkostungen, für eine Überraschung. Im Bordelais war man entzückt. In Burgund war man entzückt. In der Champagne war man entzückt. In der Toskana war man entzückt. Spanien, Portugal, Deutschland, Österreich – alle stimmten ein in den großen Jubelchor. Es ist ein Rätsel. Wie kann ein so grausam heißes Jahr gute Weine hervorbringen? Das ist so nicht vorgesehen. Hat da keiner die Bücher gelesen?

In **Bordeaux** war es allerdings nicht ganz so einfach. Etwas Regen im Juni half den Reben über die Trockenheit, die folgte, und ältere, tiefer wurzelnde Weinstöcke sowie solche, die auf Tonböden wuchsen, kamen offenbar noch am besten zurecht. Junge Reben litten. Nach dem Regen trat auch etwas Mehltau auf, was die Winzer auf Trab hielt. Am Ende enthielten die Trauben nicht viel Saft, dafür hatten die Roten ausreichend Säure, sodass die Weine frisch sind – bemerkenswert! Die Weißen fallen säureärmer aus; wer 2022er Weißweine mit Säure sucht, sollte sich lieber an der Loire oder in Burgund umsehen. Sauternes macht jedoch einen sehr guten Eindruck.

Überall war es das, was man ein »Sonnenjahr« nennt, mit großzügiger Fruchtigkeit und jung zugänglichen Weinen. Auch die Mengen waren üppiger als der winzige 2021er-Jahrgang. In der **Champagne** litt Chardonnay manchmal etwas mehr als Pinot, aber alle Trauben blieben gesund und konnten ausreifen. Der Apfelsäuregehalt war niedrig, was Stilen ohne biologischen Säureabbau entgegenkommt.

Im **Elsass** brachte Regen im August die Reben über das, was folgte, und die Weine sind ausgewogen und strukturiert, wenn auch recht alkoholstark – bis zu 14 % hier und da, manchmal sogar ein bisschen darüber.

Burgund dürfte mehr Wein produzieren als 2021, Preisnachlässe sind aber nicht zu erwarten. Die Preise in Burgund entwickeln sich derzeit nur in eine Richtung. Dafür haben die Weine einen mäßigen Alkoholgehalt, sind ausgewogen und konzentriert; sie sehen besser aus als die bereits sehr ansprechenden 2021er. Einige Winzer verwiesen auf sanfteres Pflügen, um mehr Wasser im Boden zu halten, und auf biodynamische Methoden; auch der Regen im Juni war sehr hilfreich. Und überall wurde früh gelesen. Im **Languedoc** begannen einige sogar schon im Juli mit der Ernte.

In **Spanien** erlebte das Priorat das heißeste Jahr seit Menschengedenken. Und doch sind die Weine frischer, als alle erwarteten – nur der Alkohol dürfte recht massiv sein. In ganz Spanien kam es gelegentlich zu der paradoxen Situation, dass die Trauben in Lagen, wo sie normalerweise spät reifen, früher reiften und umgekehrt. Weißweine aus Gebieten mit atlantischem Einfluss sind allgemein frischer als solche, denen weniger Atempausen von der Hitze vergönnt waren, halten Sie sich bei den Weißen also an maritime Regionen.

In **Italien** berichtet Ornellaia aus der Toskana von einer 75 Tage andauernden Trockenheit und einem Sommer auf Messers Schneide; am Ende aber zeigen die Weine Frische und Präzision. Ein Großteil dieser Frische ist der klugen Arbeit in den Weinbergen zu verdanken, um so viel Wasser wie möglich zurückzuhalten, sowie rigoroser Auslese. Hinzukam, dass man die Extraktion für jede Parzelle passend zu steuern wusste. Wein macht sich nun mal nicht von selbst; hat er noch nie.

Im Douro-Tal in **Portugal** sind die Mengen winzig, vor allem aufgrund des fehlenden Regens – nur etwa ein Drittel des üblichen Niederschlags. Dass der Alkoholgehalt bei den Tischweinen maßvoll blieb, liegt daran, dass die Reben in der Hitze ihre Aktivität auf ein Minimum herunterfuhren und kaum Saft in den Trauben war. Port macht einen intensiven Eindruck – relativ wenig Säure, aber sehr aromatisch. Auch hier widerstanden alte, tief wurzelnde Reben der Hitze am besten.

In den **USA** sind die Erträge in Kalifornien am Boden, aber das ist auch schon das Einzige, was man generell sagen kann. An einigen Orten wie Lodi und den Sierra Foothills gab es Frühlingsfröste. Im Napa Valley kletterten die Temperaturen im September mancherorts bis auf 47 °C; die Nächte waren gnädigerweise kühl. Auch in Sonoma war es warm, wenn auch nicht ganz so extrem; Paso Robles erlebte sowohl Hitzespitzen als auch Regen. Der Alkoholgehalt der Weine aus Santa Barbara ist niedrig, weil die Reben in der Hitze dichtmachten. Überall berichten die Winzer von Konzentration und sehr guter bis außergewöhnlicher Qualität.

Für die Südhalbkugel gilt: andere Klimata, andere Probleme, andere Ergebnisse. In **Australien** war es kühler und feuchter als üblich, was die Wachstumsperiode verlängerte. Clare Riesling erscheint aromatisch und reintönig, Adelaide Hills Pinot noir ist wie ein Pinot aus dem Bilderbuch. Coonawarra Cabernet scheint hervorragend zu sein, Margaret River großartig. Nur in Barossa hagelte es – nicht alles war perfekt.

In **Neuseeland** gab es im Sommer 2022 Regen in Marlborough, was eine Menge Arbeit im Weinberg verursachte. Auch **Südafrika** war kühl, von dort sind Eleganz und gute Säure zu erwarten.

Chile litt immer noch unter Dürre: In Aconcagua erlebte man den trockensten Jahrgang der Geschichte. Immerhin gibt es dort sehr viele alte Reben, die sich recht gut behaupteten. Cabernet Sauvignon ist generell hervorragend, insbesondere aus Maipo und Colchagua. Auf der anderen Seite der Anden trat mitten während der Lese Frost in Mendoza in **Argentinien** auf, dennoch scheint die Qualität gut zu sein. In **Uruguay** begünstigten die niedrigen Temperaturen Weiße, Pinot noir und schlankere Tannat-Weine.

Die Welt mag den Bach runtergehen. Aber wir haben immer noch gute Jahrgänge.

Zehn Weine für 2024

Es war ein gutes Jahr für gute Weine. Finesse und Präzision sind überall im Aufwind, und immer mehr Erzeuger sind bereit, ihren Worten auch Taten folgen zu lassen. Dazu kommt, dass all die Veränderungen der letzten Jahre in Weinberg und Keller, die alle auf – jawohl – Präzision und Finesse abzielen, sich jetzt auch in den Weinen zeigen.

Rotweine

Trois Cépages, Domaine du Pélican, Arbois, Jura, Frankreich
Superknackig ist dieser hellrote Wein mit Noten von Gewürzen und Erde. Auch ein paar schwarze Kirschen kann man eventuell herausschmecken, doch die Frucht steht hier gar nicht im Mittelpunkt. Stattdessen geht es vor allem um Textur und Mineralität. Erfrischend, straff, mit viel Säure – der perfekte Sommerrotwein.

Neusiedlersee DAC Reserve Zweigelt, Artisan Wines, Burgenland, Österreich
Ein wunderbar frischer, prägnanter Roter mit Anklängen an schwarze Kirschen, mit Wildhefen vergoren und in Akazienholzfässern ausgebaut – Akazie zu verwenden war Tradition in dieser Gegend und wird nun vielerorts übernommen. Ein unterschätzter Wein, der Aufmerksamkeit belohnt.

Bullnose Syrah, Te Mata, Hawke's Bay, Neuseeland
Der Wein ist nach dem Rennwagen Bullnose Morris benannt, aus Gründen, die für diesen kurzen Text zu kompliziert sind. Bei einer Blindverkostung könnte man nicht sicher sagen, woher er stammt, was nicht bedeutet, dass er seine Herkunft verleugnen würde – er schmeckt nur weder wie ein typischer neuseeländischer Syrah (delikater und aromatischer als Gimblett Gravels) noch wie einer von der nördlichen Rhône – frischer, fruchtbetonter. Viele Lavendel- und Kräuternoten *(garrigue)* mit einem Hauch Sahne. Überaus verführerisch.

Hillside Grenache, Torbreck, Barossa Valley, Australien
Was wünscht man sich von einem Grenache? Aroma, klar: ein wenig Lavendel, Rosmarin und Sternanis für die Frische, dazu reife, süße Frucht, eine seidige Textur und eine schöne Entwicklung am Gaumen. All das findet man in diesem Wein. Mit seinem Hauch von Erde und Toffee hat er viel von einem New-Wave-Grenache – Spannung und Fokussiertheit, aber keine Überreife, keine dicke Megaextraktion. Auch einen konkreten Bezug zu seinem Herkunftsort möchte man in einem solchen Wein spüren, und dieser Ort liegt oberhalb der Stadt Lyndoch im Barossa Valley, wo Buschreben im Trockenanbau wachsen. Manche meinen, dass nur Trauben aus Trockenanbau das Terroir richtig ausdrücken können. Möglicherweise haben sie recht.

Barolo, Giacomo Fenocchio, Piemont, Italien
Fenocchio ist ein unterschätzter Erzeuger in Barolo: Seine Weine sind stets elegant, raffiniert, konzentriert und auf großartige Weise lebendig. Er mag lange Maischestandzeiten in slawonischer Eiche und gehört damit ins traditionelle Lager, wenn solche Unterscheidungen überhaupt noch zählen. Auch Wildhefen machen einen Unterschied. Dieser »einfache« Barolo ist alles andere als einfach: Die Tannine sind perfekt integriert und eingehüllt in Aromen von Pfingstrosen, Erde, Blut (absolut barolotypisch) und Kräutern. Große Komplexität im Gewand von Schönheit und Grazie.

Weißweine

Bourgogne Blanc, Jane Eyre, Burgund, Frankreich
Für das diesjährige Spezial habe ich Hunderte Chardonnays verkostet, und ich möchte über diesen reden, was schon mal viel sagt. Die australische Weinmacherin Jane Eyre erzeugt einige der feinsten Weine Burgunds mit wunderbarem Nachhall, und dieser verbindet Delikatesse mit Konzentration und enormer Energie. Janes Weine haben ihren Preis, aber dieser schmeckt noch teurer, als er tatsächlich ist. Es ist wie Musik hören in einem Raum mit perfekter Akustik: Etwas, was man gut zu kennen glaubt, erscheint plötzlich neu – und auf ganz neue Weise aufregend.

Cosme Palacio 1894 Blanco, Rioja, Spanien
Wunderbar tiefgründig und herzhaft – in diesem Wein verbinden sich alle guten Eigenschaften eines traditionellen weißen Rioja ohne die Extreme von Möbelpolitur und Müdigkeit. Nein, es ist ein straffer, leicht salziger Wein mit Noten von Zeder und Birne, Fenchel und Wildkräutern, alles fest eingebunden in eine überwältigende Textur und einen vielschichtigen Abgang. Wenn Sie einen Wein suchen, der den Geschmack von Trauben hinter sich gelassen hat: Hier ist er.

Château Julia Assyrtiko, Costa Lazaridi, Makedonien, Griechenland
Auf den ersten Blick wirkt er einfach nur fest und schlank, aber dann weitet er sich aus zu einer herrlichen Kräuterfülle, ohne seine schöne stahlige Säure zu verlieren. Dazu ist er floral, delikat und sehr preisgünstig. Assyrtiko ist eine fantastische Traube. Dieser Wein kommt aus Drama, was einem ein zusätzliches Lächeln entlockt, wenn man sich ein wenig kindlichen Humor bewahrt hat.

Orange Bacchus, Litmus, Surrey, England
Mit Bacchus gehe ich oft ein bisschen streng ins Gericht, doch dieser hier ist weder schrill noch grob; zudem ist er orange, doch ohne die wilden Extreme mancher Orange Wines. Stattdessen hat er eine schöne Textur und die perfekte Statur: subtil, angenehmes Gewicht, sehr gut mit Speisen kombinierbar. Seine auf etwas Tannin beruhende Griffigkeit macht ihn sehr vielseitig. Ein erwachsener Wein, komplex, graziös, intelligent.

Vignolo Grillo, Montecarrubo, Etna, Sizilien, Italien
Die Weinregion um den Ätna, vielleicht die charismatischste der Welt, bringt einige herrliche, unglaublich frische und straffe Weißweine hervor. Dieser Wein, ganz Zitrone, Butter und Gras, wird von Peter Vinding-Diers erzeugt, der im Château Rahoul ein Pionier großer Weißer in Bordeaux war. Jetzt ist er in Sizilien gelandet. »Schau, dort drüben ist der alte Vulkankrater«, sagt er und deutet in die Richtung. »Und an der Straße hier ist noch der Lavafluss zu sehen.« Grillo ist eine Lokaltraube von einiger Bedeutung; sie hat Gewicht und, wie Sie bemerken werden, gute Aromen.

Rebsorten

Verweise auf Rebsorten und deren Synonyme in anderen Kapiteln dieses Buchs beziehen sich auf dieses Kapitel.

Trauben für Rotwein

Agiorgitiko (Aghiorgitiko) Griechische Sorte; ursprünglich aus der Region Nemea, heute aber in ganz Griechenland angebaut. Vielseitig und köstlich, von weich und charmant bis dicht und alterungswürdig.

Aglianico Süditaliens beste Rotweintraube, aus der u. a. der Taurasi bereitet wird: dunkle, tiefgründige Weine, derzeit sehr in Mode.

Alicante Bouschet Galt früher wenig; ist nun beliebt im Alentejo und in Chile, v. a. von alten Reben.

Aragonez *Siehe* TEMPRANILLO.

Auxerrois Für Rotwein *siehe* MALBEC. Die weiße Auxerrois hat einen eigenen Eintrag bei den Trauben für Weißwein.

Băbească Neagră Die traditionelle »schwarze Großmuttertraube« aus der Moldau-Region liefert rubinrote Weine mit leichtem Körper.

Babić Rotweinsorte aus Dalmatien, wächst in steinigen Lagen an der Küste bei Šibenik. Enormes Potenzial für hohe Qualität.

Baga Portugiesische Sorte, die Traube von Bairrada. Dunkel, tanninreich, in Mode; braucht aber einen fähigen Winzer.

Barbera Weit verbreitete Rebsorte in Italien, am besten im Piemont. Viel Säure, wenig Tannin, Kirschfrucht. Weine gibt es von seriös und alterungswürdig bis halbsüß und perlend. Auch in Kalifornien und Australien in Mode; vielversprechend in Argentinien.

Bastardo Die iberische TROUSSEAU.

Blauburger Österreichische Kreuzung von BLAUEM PORTUGIESER mit BLAUFRÄNKISCH. Einfache Weine.

Blauburgunder *Siehe* PINOT NOIR.

Blauer Portugieser Mitteleuropäische Sorte, v. a. in Deutschland (Rheinhessen, Pfalz, meist für Rosé), Österreich, Ungarn. Leichte, fruchtige Rotweine; jung und leicht gekühlt trinken.

Blaufränkisch (Kékfrankos, Lemberger, Modra Frankinja) Im österreichischen Mittelburgenland weitverbreitet. Mittelschwere Weine mit pfeffriger Säure und frischen Beeren- und Eukalyptusaromen. Kann erstklassig ausfallen; liefert Österreichs Star-Rotweine. Häufig mit CABERNET SAUVIGNON oder ZWEIGELT verschnitten. Heißt in Deutschland (v. a. in Württemberg) Lemberger, in Ungarn Kékfrankos, in Slowenien Modra Frankinja.

Bobal Spanische Sorte mit guter Säure und oft rustikalen Weinen. Am besten in Hochlagen.

Bogazkere Tanninreiche türkische Sorte, liefert körperreiche Weine.

Bonarda Mehrdeutiger Name. Im italienischen Oltrepò Pavese nennt man so die Croatina und erzeugt milden, frischen roten Frizzante und Stillwein aus ihr. In der Lombardei und der Emilia-Romagna ist es ein Synonym für die Uva rara. Wieder anders im Piemont. Bonarda aus Argentinien kann beides sein – oder etwas ganz anderes. Großartig ist keine.

Bouchet Anderer Name für CABERNET FRANC in St-Émilion.

Brunello Anderer Name des SANGIOVESE, großartig in Montalcino.

Cabernet franc Die Bordeaux-Sorte ist in St-Émilion bedeutender als CABERNET SAUVIGNON. Übertrumpft Letzteren auch an der Loire (Chinon, Saumur, Champigny und Roséwein), in Ungarn (Tiefe und Komplexität in Villány and Szekszárd) und oft in Italien. Viele Reben in Nordostitalien, die man für Cabernet franc gehalten hatte, entpuppten sich als CARMENÈRE. Überall auf der Welt in Bordeaux-Verschnitten mit Cabernet Sauvignon und MERLOT verwendet.

Cabernet Sauvignon Traube mit Charakter, langsam reifend, würzig, kräuterduftig, gerbstoffreich, Aroma von Schwarzen Johannisbeeren. Die Hauptsorte im Médoc; liefert meist auch die besten kalifornischen, südamerikanischen und osteuropäischen Rotweine. Verträgt sich gut mit SHIRAZ in Australien. Wird nahezu überall angebaut, doch nur an wenigen Orten entsteht wirklich großer reinsortiger Cabernet Sauvignon. Ist in Verschnitten meist besser, z. B. mit MERLOT, CABERNET FRANC, SYRAH, TEMPRANILLO, SANGIOVESE usw. Liefert auch aromatischen Rosé. Spitzenweine brauchen Zeit zum Reifen.

Cannonau Sardische Form der GRENACHE: meist sehr fein, stark.

Carignan (Carignane, Carignano, Cariñena) Weine von alten Reben mit geringem Ertrag sind überall von Südfrankreich über Südafrika bis Chile in Mode. Sehr tiefgründig und lebhaft, doch nur bei nicht zu hohem Ertrag. Insbesondere in Kalifornien, Israel, Nordafrika und Spanien (als Cariñena) verbreitet.

Carignano *Siehe* CARIGNAN.

Cariñena *Siehe* CARIGNAN.

Carmenère Eine alte Rebsorte aus Bordeaux, jetzt ein Star in Chile (dort »Carminjer« oder auch »Carminaire« ausgesprochen) für volle, tiefe Weine. Wird auch in Bordeaux wieder beachtet.

Castelão *Siehe* PERIQUITA.

Cencibel *Siehe* TEMPRANILLO.

Chiavennasca *Siehe* NEBBIOLO.

Cinsault (oder Cinsaut) Bedeutend in Südfrankreich; sehr gut bei niedrigem Ertrag, sonst Totalausfall. Erbringt guten Rosé. Elternteil von PINOTAGE.

Cornalin du Valais Schweizer Spezialität mit großem Potenzial, v. a. im Wallis.

Corvina Dunkle, würzige Traube, eine der besten im Valpolicella-Verschnitt. Die noch dunklere Corvinone ist eine eigene Rebsorte.

Côt *Siehe* MALBEC.

Dolcetto Liefert im Piemont relativ leichte Rotweine. Heute groß in Mode.

Dornfelder In Deutschland, Teilen der USA und sogar England angebaute Sorte, die angenehm leichte, einfache, in der Regel rustikale dunkle Weine erbringt.

Duras Die nur in Gaillac und Teilen des Tarn-Tals (Südwestfrankreich) vorkommende Sorte liefert pfeffrig-würzige, strukturierte Weine.

Fer Servadou Kommt nur in Südwestfrankreich vor; heißt in Marcillac auch Mansois, in Gaillac Braucol und in St-Mont Pinenc. Duftet nach roten Sommerfrüchten und Gewürzen.

Fetească Neagră »Schwarze Mädchentraube«. Die rote Fetească hat das Zeug dazu, Rumäniens Paradestück zu werden. Kann tiefgründige, körperreiche Rotweine mit viel Charakter ergeben.

Frühburgunder Alte deutsche Mutation von Spätburgunder (PINOT NOIR), die man vor allem an der Ahr findet, aber auch in Franken und in Württemberg, wo man sie verwirrenderweise als Clevner kennt. Nicht so säurereich wie Pinot noir.

Gamay Die Beaujolais-Traube: leichter, duftiger Wein, jung am besten, außer in den teilweise sehr guten Beaujolais-Crus (*siehe* Kapitel »Frankreich«), die 2–10 Jahre alt werden können. Wird an der Loire, in Zentralfrankreich, in der Schweiz, in Savoyen und in Kanada angebaut. Kalifornischer Napa Gamay ist in Wirklichkeit Valdiguié.

Gamza *Siehe* KADARKA.

Garnacha *Siehe* GRENACHE.

Garnatxa *Siehe* GRENACHE.

Graciano Die spanische Sorte zählt zu den traditionellen Rioja-Zutaten. Veilchenaroma, tanninreich, schlanke Struktur, ein bisschen wie PETIT VERDOT. Im Anbau schwierig, doch immer mehr in Mode.

Grenache (Cannonau, Garnatxa, Garnacha) Wichtige blassfarbige, kraftvolle Traube für warme Klimata, extrem beliebt bei *terroiristes,* da sie den Lagencharakter sehr gut ausdrückt. Kann ausladend (Priorat) oder fein (Gredos) ausfallen, ist aber meist ziemlich alkoholstark. Jetzt weniger Extraktion und nicht mehr so eichenlastig. Haupttraube im Châteauneuf-du-Pape. Wird in Südfrankreich, Spanien und Kalifornien als Rosé und Vin doux naturel vinifiziert. Weine von alten Reben erfreuen sich in South Australia höchster Anerkennung. Oft Bestandteil in Verschnitten. Heißt Cannonau in Sardinien, Garnacha in Spanien, Garnatxa auf Katalanisch. **GSM** ist die Abkürzung für einen Grenache/Shiraz/Mourvèdre-Verschnitt.

Grignolino Italienische Sorte; liefert im Piemont guten Alltagswein.

Kadarka (Gamza) Erbringt in Osteuropa würzige, leichte Rotweine. Wurde in Ungarn v. a. für Bikavér wiederbelebt.

Kalecik Karasi Türkische Sorte mit Sauerkirschnote, frisch, geschmeidig. Ein wenig wie GAMAY. Jung trinken.

Kékfrankos Ungarisch für BLAUFRÄNKISCH.

Lagrein Norditalienische Sorte: dunkel, bitter im Abgang, volle Pflaumennote. DOC in Südtirol (*siehe* Kapitel »Italien«).

Lambrusco Ertragreiche Sorte in der unteren Po-Ebene, erbringt lebendigen, lieblichen, perlenden Rotwein, der sehr gut sein kann.

Lefkada Liefert in Zypern bessere Qualität als MAVRO. Wird wegen ihrer aggressiven Tannine meist verschnitten. Heißt in ihrer Heimat Griechenland Vertzami.

Lemberger *Siehe* BLAUFRÄNKISCH.

Malbec (Auxerrois, Côt) In Bordeaux in geringem Maß angebaut, in Cahors (als Auxerrois) und besonders in Argentinien verbreitet. Dunkler, dichter, gerbstoffreicher, aber fleischiger Wein mit echtem Qualitätspotenzial. Exemplare von hoch gelegenen Weinbergen in Argentinien sind am besten.

Maratheftiko Dunkle zyprische Traube mit Qualitätspotenzial.

Marselan CABERNET SAUVIGNON x GRENACHE, 1961 gekreuzt. Schöne Farbe, Struktur, geschmeidige Tannine, altert gut. Erfolgreich in China.

Mataro *Siehe* MOURVÈDRE.

Mavro Zyperns meistangebaute dunkle Traube, aber nur passable Qualität. Am besten für Rosé geeignet.

Mavrodaphne Griechische Rebsorte, wörtlich »schwarzer Lorbeer«. Gespritete Süßweine von ihr sind eine Spezialität der Region Patras; auch auf Kefallonia anzutreffen. Auch vielversprechende trockene Versionen.

Mavrotragano Nahezu ausgestorbene, nun auf Santorini wiederbelebte erstklassige griechische Traube.

Mavrud Gilt als Bulgariens beste Rebsorte, in Thrakien heimisch und spät reifend. Bringt alterungsfähige dunkle Rotweine mit Pflaumenaroma hervor.

Melnik Bulgarische Traubensorte aus der gleichnamigen Region. Es gibt zwei Melniks: Shiroka (Breitblättriger) Melnik und ihren Abkömmling Early Melnik. Beide liefern dunkle Weine mit angenehm dichtem Sauerkirschcharakter, die gut altern können.

Mencía Schlägt derzeit Wellen im nordspanischen Bierzo. Aromatische Weine mit stahligen Tanninen und viel Säure.

Merlot Die Traube hinter den großen, duftigen, pflaumenwürzigen Weinen von Pomerol und (zusammen mit CABERNET FRANC) von St-Émilion; unabdingbar im Médoc. Merlot ergibt in Kalifornien, Washington, Chile und Australien weiche und starke Weine; leichtere, häufig gute Tropfen kommen aus Norditalien (in der Toskana teils Weltklasse), der italienischen Schweiz, Slowenien, Argentinien, Südafrika, Neuseeland usw. Öfter mau als großartig. Sehr verbreitet in Osteuropa, v. a. in Rumänien.

Meunier *Siehe* PINOT MEUNIER.

Modra Frankinja *Siehe* BLAUFRÄNKISCH.

Modri Pinot *Siehe* PINOT NOIR.

Monastrell *Siehe* MOURVÈDRE.

Mondeuse Traube aus Savoyen; dunkle Farbe, gute Säure. Mit SYRAH verwandt.

Montepulciano Die dunkle Rotweintraube ist vorherrschend in den italienischen Abruzzen und bedeutend entlang der Adriaküste von den Marken bis in den Süden Apuliens. Die gleichnamige bekannte toskanische Stadt hat nichts mit der Traube zu tun.

Morellino Synonym für SANGIOVESE in der südtoskanischen Maremma, v. a. Scansano.

Mourvèdre (Mataro, Monastrell) Ein Star in Südfrankreich (z. B. Bandol, beeinflusst zunehmend auch Châteauneuf-du-Pape), Australien (alias Mataro) und Spanien (alias Monastrell). Exzellente dunkle, aromatische, tanninstarke Traube, die sich gut in Verschnitten macht. Kommt auch in South Australia, Kalifornien und Südafrika vor.

Napa Gamay Identisch mit der südfranzösischen Sorte Valdiguié. Nichts, worüber man ins Schwärmen geraten könnte.

Nebbiolo (Spanna, Chiavennasca) Eine der besten roten Trauben Italiens für Barolo, Barbaresco, Gattinara und Valtellina. Intensiv, edle Frucht, volles Bukett. Mit den Tanninen geht man jetzt besser um, doch die Weine gewinnen immer noch durch jahrelanges Altern.

Negoramaro Wörtlich »schwarzer Bitterer«. Apulische Traube mit Zeug entweder zu Qualität oder zu Quantität.

Négrette Hauptrebsorte in Fronton in Südwestfrankreich; ergibt im Verschnitt mit Syrah dunkle purpurrote, fruchtige, saftige Weine.

Nerello mascalese Sizilianische Rotweinsorte, v. a. am Ätna. Charaktervoll, die besten Weine sind sehr elegant und fein.

Nero d'Avola Dunkelrote Traube aus Sizilien, deren Qualitätsniveau von großartig bis industrielle Massenerzeugung reicht.

Nielluccio Korsische Sorte; säure- und tanninreich. Gut für Rosé.

Öküzgözü Türkische Rebsorte, die weiche, fruchtige Rotweine liefert. Oft mit BOĞASKERE verschnitten, so wie man in Bordeaux MERLOT mit CABERNET SAUVIGNON verschneidet.

País (Listán Prieto, Mission) Hat Tradition in Chile und liegt dort auch im Trend; rustikale Weine. Heißt auf den Kanaren Listán Prieto und Mission in Kalifornien.

Pamid Traube für leichten, weichen Alltagsrotwein aus Bulgarien.

Periquita (Castelão) In Portugal verbreitet, insbesondere um Setúbal. Nach der beliebten (eingetragenen) Marke von Fonseca ursprünglich Periquita genannt; der offizielle Name ist aber Castelão. Liefert feste Rotweine mit Himbeeraroma, im Alter entwickeln sich Feigen- und Teernoten.

Petite Sirah Traube für rustikale, tanninreiche dunkle Weine, glänzt in Kalifornien in Verschnitten mit ZINFANDEL. Vorkommen auch in Südamerika, Mexiko und Australien. Hat nichts mit SYRAH zu tun.

Petit Verdot Ausgezeichnete, aber schwierige Traube im Médoc, weltweit in CABERNET-Gebieten angepflanzt, um Duftigkeit beizusteuern. Wird meist verschnitten, es gibt aber auch einige sehr gute sortenreine Weine.

Pinotage Südafrikanische Kreuzung (PINOT NOIR × CINSAULT). Genoss mal mehr, mal weniger Ansehen, wird bei Spitzenerzeugern aber besser. Auch guter Rosé. »Coffee Pinotage« ist leicht süß, mit Espressonote und hat ein junges Publikum als Zielgruppe.

Pinot Crni *Siehe* PINOT NOIR.

Pinot Meunier (Schwarzriesling, Meunier) Die dritte Traube der Champagnerproduktion, besser bekannt als Meunier. Großartige Verschnittsorte, kann gelegentlich aber auch reinsortig gut sein. Am besten auf Kreideböden (Damery, Leuvigny, Festigny) bei Épernay.

Pinot noir (Spät- oder Blauburgunder, Modri Pinot, Pinot Crni) Die große Burgundertraube der Côte d'Or. Ist überall besser geworden; kann erstklassig sein in Österreich, Deutschland, Kalifornien, Oregon, Australien, Neuseeland und Südafrika. In Slowenien liefert sie als Modri Pinot die wohl besten Roten des Landes. Die besten Ergebnisse in Italien kommen aus dem Nordosten, Richtung Süden nimmt die Qualität zunehmend ab. PINOT BLANC und PINOT GRIS sind Mutationen von Pinot noir.

Plavac Mali (Crljenak) Kroatische Rotweintraube, Abkömmling von ZINFANDEL, alias PRIMITIVO, Crljenak, Kratosija. Gutes Potenzial für hochklassige und langlebige Weine, kann aber auch sehr alkoholstark und stumpf ausfallen.

Primitivo Süditalienische Traube, aus Kroatien stammend, die ausladende, rustikale Weine ergibt. Der Name bedeutet nicht »primitiv«, sondern »früh reifend«. Jetzt in Mode, da Primitivo genetisch identisch ist mit ZINFANDEL – ursprünglich hießen die beiden Sorten wohl Tribidag.

Refosco (Refošk) Etliche italienische DOCs, v. a. in den Colli Orientali. Ergibt tiefe, hocharomatische, lagerfähige Weine, v. a. in wärmerem Klima. Dunkel, säurereich. Die Refošk in Slowenien und weiter östlich ist genetisch nicht identisch, schmeckt aber ähnlich. Auf Kalkstein-Karst in Slowenien läuft sie unter der geschützten Ursprungsbezeichnung Teran, was ansonsten eine Traubensorte ist. Alles klar?

Refošk *Siehe* REFOSCO.

Rubin Bulgarische Kreuzung (NEBBIOLO × SYRAH), pfeffrig und körperreich.

Sagrantino Italienische Sorte mit Hauptvorkommen in Umbrien; liefert kräftige Weine mit Kirschnote.

St. Laurent Dunkle, geschmeidige und hocharomatische österreichische Spezialität; nicht einfach im Anbau und bei der Weinbereitung. Kann leicht und saftig, aber auch tiefgründig und strukturiert sein. Auch in der Pfalz anzutreffen.

Sangiovese (Brunello, Morellino, Sangioveto) Die wichtigste Rotweintraube der Toskana und Mittelitaliens. Mit ihrer charakteristischen Adstringenz ist nicht leicht umzugehen, doch wenn man sie richtig behandelt, ergibt sie vorzügliche, langlebige Weine. Vorherrschend in Chianti, Vino Nobile, Brunello di Montalcino, Morellino di Scansano und verschiedenen feinen IGT-Weinen. Auch in Umbrien (z. B. Montefalco und Torgiano) und jenseits des Apennin in der Romagna und in den Marken zu finden. Weniger gut geht es ihr in den wärmeren, niedriger gelegenen Weinbergen an der toskanischen Küste oder in anderen Gegenden Italiens (obwohl sie fast allgegenwärtig ist). Auch in Australien interessant.

Sangioveto *Siehe* SANGIOVESE.

Saperavi Die wichtigste Rotweinsorte Georgiens, der Ukraine usw. Wird gern mit CABERNET SAUVIGNON verschnitten (v. a. in Moldau). Das enorme Potenzial wird leider nur selten umgesetzt.

Schiava *Siehe* TROLLINGER.

Schioppetino In Nordostitalien heimische Sorte, säurebetont, hohe Qualität; liefert elegante, feine Weine, die altern können.

Schwarzriesling Württemberger Name für PINOT MEUNIER.

Sciacarello Korsische Sorte mit Kräuter- und Pfeffernote; nicht sehr tanninstark.

Shiraz *Siehe* SYRAH.

Spanna *Siehe* NEBBIOLO.

Spätburgunder Name für PINOT NOIR in Deutschland.

Syrah (Shiraz) Die große Traube der Rhône erbringt tanninreichen, pfeffrigen, purpurroten Wein, der sich superb entwickeln kann. In Australien als Shiraz von großer Bedeutung. Unter beiden Namen in Chile und Südafrika immer besser, wunderbar in Neuseeland (v. a. Hawke's Bay). Sehr weit verbreitet.

Tannat Gerbstoffreiche Traube mit Himbeerduft, die fest strukturierten Rotweinen aus Südwestfrankreich wie Madiran oder Tursan Kraft verleiht. Auch für Rosé. In Uruguay ein Star.

Tempranillo (Aragonez, Cencibel, Tinto fino, Tinta del País, Tinta Roriz, Ull de Llebre) Die aromatische, feine, früh reifende Rioja-Traube heißt in Katalonien Ull de Llebre, in La Mancha Cencibel, in Ribera del Duero Tinto fino, in Kastilien Tinta del País, am Douro Tinta Roriz und in Südportugal Aragonez. Wird jetzt auch in Australien angebaut. Groß in Mode; erbringt elegante Weine in kühlem, mächtige in heißem Klima. Die Trauben reifen früh, die Weine können lange altern.

Teran (Terrano) Naher Verwandter der REFOSCO.

Teroldego Rotaliano Die beste einheimische Rebsorte des Trentino erbringt anspruchsvollen, gehaltvollen Wein, v. a. auf dem flachen Campo Rotaliano.

Tinta Amarela *Siehe* TRINCADEIRA.

Tinta del País *Siehe* TEMPRANILLO.

Tinta Negra (Negramoll) Früher Tinta Negra Mole genannt. Die meistangepflanzte Sorte in Madeira, Hauptbestandteil der billigeren Madeira-Weine. Jetzt auch in Colheitas (*siehe* Kapitel »Portugal«).

Tinta Roriz *Siehe* TEMPRANILLO.

Tinto fino *Siehe* TEMPRANILLO.

Touriga Nacional Rote Traube der Spitzenklasse für Port; am Douro mehr und mehr auch für blumige, stilvolle Tischweine verwendet. Bei der australischen Touriga handelt es sich in der Regel um die gleiche Sorte, die kalifornische kann auch Touriga Franca sein.

Trincadeira (Tinta Amarela) Sehr gute rote Traube im Alentejo (Portugal) für würzige Weine. Am Douro als Tinta Amarela bekannt.

Trollinger (Schiava, Vernatsch) In Württemberg beliebte hellrote Traube, in Südtirol Vernatsch/Schiava genannt. Umfasst eine ganze Gruppe von Rebsorten, die nicht unbedingt miteinander verwandt sind. In Italien lebhafte, schmissige Weine.

Trousseau (Bastardo) Rotweinsorte aus dem Jura mit robusten, langlebigen Weinen. Heißt auf der Iberischen Halbinsel Bastardo. Auch in Kalifornien und Oregon anzutreffen.

Ull de Llebre *Siehe* TEMPRANILLO.

Vernatsch *Siehe* TROLLINGER.

Vranac Alte Sorte vom Westbalkan, viele Varianten. Verwandt mit ZINFANDEL – irgendwie sind hier alle mit allen verbunden. Weiche, dunkle, tannin- und alkoholstarke Weine, die altern können.

Xinomavro Griechenlands Antwort auf NEBBIOLO; der Name bedeutet »säuerlich schwarz«. Dient als Grundlage für Naoussa, Rapsani, Goumenissa und Amindeo. Auch etwas stiller und schäumender Rosé. Hervorragende Qualität, Jahrzehnte haltbar. Wird auch in China ausprobiert.

Zinfandel Sorte aus Kalifornien mit manchmal metallischem Brombeeraroma, das man mag oder nicht. Die Weine können seriös, strukturiert und haltbar sein oder simpel. Gibt's auch als Rosé. Identisch mit dem süditalienischen PRIMITIVO.

Zweigelt (Blauer Zweigelt) Kreuzung aus BLAUFRÄNKISCH × ST. LAURENT; in Österreich beliebt für aromatische, dunkle, geschmeidige Weine. Auch in Ungarn und Deutschland.

Trauben für Weißwein

Airén Sorte für Massenweine aus La Mancha, Spanien; bei guter Bereitung frisch. Versionen von alten Reben können überraschen.

Albariño (Alvarinho) Spaniens schicke und teure Sorte liefert Weine mit guter Säure und Aprikosenduft. Hervorragend in Rías Baixas, taucht aber zunehmend auch anderswo auf. Wird nicht überall dem Hype gerecht, der um sie gemacht wird. Ebenso gut in Portugal als Alvarinho mit aromatischem Vinho Verde, v. a. in Monção und Melgaço.

Aligoté Die zweitwichtigste weiße Traube in Burgund, jetzt im Trend und oft ernst zu nehmen. Verbreitet auch in Osteuropa und Russland.

Alvarinho Portugiesisch für ALBARIÑO.

Amigne Schweizer Spezialität mit Tradition im Wallis, v. a. in Vétroz. Körperreiche, schmackhafte Weine, oft mit etwas Restsüße, manchmal auch knochentrocken.

Ansonica *Siehe* INSOLIA.

Arinto Portugiesische Traube, die in Bucelas recht gute aromatische, zitrusduftige Weine erbringt und, v. a. im Alentejo, Verschnitten Spritzigkeit verleiht.

Arneis Aromatische Traube aus Nordwestitalien mit Apfel-/Pfirsicharoma, die hohe Preise erzielt. Im Piemont wurde im Roero eine DOCG für sie eingerichtet, in den Langhe eine DOC.

Arvine Seltene, aber exzellente Schweizer Spezialität aus dem Wallis (auch Petite Arvine genannt). Wird trocken oder süß ausgebaut und bringt frische Weine mit langem, leicht salzigem Abgang hervor.

Assyrtiko Sorte aus Santorini; eine der besten Weißweintrauben des Mittelmeerraums mit schöner Balance von Kraft, Mineralität, Extrakt und kräftiger Säure. Potenziell langlebige Weine, die die Welt erobern könnten …

Auxerrois Roter Auxerrois ist ein Synonym für MALBEC, während weißer Auxerrois eher wie eine fettere, würzigere Version von PINOT BLANC wirkt. Im Elsass häufig für Crémant verwendet; kommt auch in Deutschland vor.

Bacchus Deutsche Kreuzung, in England die Antwort auf neuseeländischen SAUVIGNON BLANC. Sehr aromatisch, kann auch recht rau sein.

Beli Pinot *Siehe* PINOT BLANC.

Blanc fumé *Siehe* SAUVIGNON BLANC.

Boal *Siehe* BUAL.

Bourboulenc Ergibt, ebenso wie die seltene Rolle-Rebe, einige der besten Weine des Midi.

Bouvier Indigene österreichische aromatische Traubensorte, besonders gut für Beeren- und Trockenbeerenauslesen; wird selten trocken ausgebaut.

Bual (Boal) Liefert hochwertigen süßen Madeira, weniger voll als MALMSEY.

Cabernet blanc Deutsche Piwi (pilzwiderstandsfähige Rebe; *siehe* Kapitel »Deutschland«) mit einer an SAUVIGNON BLANC erinnernden Aromatik; muss nicht gespritzt werden.

Camaralet Aromatische Traube aus dem Jurançon. Verleiht den von Gros Manseng dominierten trockenen Weinen Komplexität.

Carricante Italienische Sorte, Hauptzutat im Etna Bianco. Zitronen- und kräuterduftige, säurehaltige Weine mit gutem Alterungspotenzial.

Catarratto Die ertragreiche Weißweintraube ist in ganz Sizilien anzutreffen, v. a. im Westen in der DOC Alcamo.

Cerceal *Siehe* SERCIAL.

Chardonnay (Morillon) Die Traube aus Burgund und der Champagne ist weltweit allgegenwärtig und leicht an- und auszubauen. Spiegelt das Terroir wider, aber auch die Absichten des Kellermeisters, und wird so oft ein Opfer wechselnder Moden. Kann stahlig oder fett ausfallen. Auch eine Mâcon-Villages-Gemeinde heißt so. In der Steiermark Morillon genannt.

Chasselas (Fendant, Gutedel) Schweizer Rebsorte. Im Geschmack neutral, kann elegant (Genf), raffiniert-vollmundig (Waadt) oder exotisch-rassig (Wallis) ausfallen. Heißt im Wallis Fendant. Auch in Frankreich angebaut, v. a. in Savoyen. Heißt Gutedel in Deutschland, dort v. a. in Südbaden. In anderen Gegenden meist eine Tafeltraube.

Chenin blanc Die herrliche weiße Traube von der mittleren Loire (Vouvray, Layon usw.) ergibt trockenen bis lieblichen (sogar süßen) Wein, doch stets mit reichlich Säure. Großartige Versionen von alten Reben in Südafrika, v. a. Swartland.

Cirfandl *Siehe* ZIERFANDLER.

Clairette Wichtige Sorte an der Rhône und im Midi, weiße und roséfarbene Versionen, steuert Frische bei und ist in vielen Verschnitten zu finden, einschließlich im Rosé aus Tavel.

Colombard Leicht fruchtige, angenehm säuerliche Traube, aus der man in Südafrika, Kalifornien und Südwestfrankreich Alltagsweine bereitet, oft in Verschnitten.

Dimiat Stark duftende bulgarische Sorte, die trocken oder halbtrocken ausgebaut oder zur Destillation verwendet wird. Hat weit mehr Synonyme, als eine Traube je braucht.

Encruzado Ernst zu nehmende portugiesische Sorte: frisch, vielseitig, die Weine reifen gut; besonders gut in Dão.

Ermitage Schweizer Name für MARSANNE.

Ezerjó Sinngemäß etwa »tausend Segnungen«. Ungarische Rebsorte mit scharfer Säure.

Falanghina Die historische italienische Traube aus dem kampanischen Bergland erbringt gute, dichte, aromatische trockene Weißweine.

Fendant *Siehe* CHASSELAS.

Fernão Pires *Siehe* MARIA GOMES.

Fetească Albă/Regală Rumänien hat zwei Weißweinsorten namens Fetească, beide mit leichtem, an MUSCAT erinnerndem Aroma. Fetească Regală, eine Kreuzung aus Fetească Albă und Frâncușă, besitzt mehr Finesse und eignet sich gut für Spätleseweine. FETEASCĂ NEAGRĂ (nicht verwandt) ist eine Rotweinsorte.

Fiano Qualitätstraube, ergibt im süditalienischen Kampanien würzige Weine mit Pfirsichnote.

Folle blanche (Gros Plant) Viel Säure, wenig Aroma, ideal für Branntwein. Heißt in der Bretagne Gros Plant, in Armagnac Picpoul, obwohl keine Verwandtschaft mit der echten PICPOUL besteht. Auch in Kalifornien angesehen.

Friulano (Sauvignonasse, Sauvignon vert) NorditalienischeTraube für frische, pikante, subtil florale Weißweine, am besten in den Gebieten Collio, Isonzo und Colli Orientali. Hieß früher Tocai friulano. Im benachbarten Slowenien Sauvignonasse genannt, ebenso in Chile, wo die Sorte lange mit SAUVIGNON BLANC verwechselt wurde. Der ehemalige Tocai aus Venetien heißt jetzt Tai.

Fumé blanc *Siehe* SAUVIGNON BLANC.

Furmint (Šipon) Ungarische Sorte, sowohl die Haupttraube im Tokajer als auch in lebendigen, kräftigen trockenen Weinen mit mineralischer und/oder Aprikosennote. Heißt in Slowenien Šipon. Auch in Rust in Österreich trocken und süß ausgebaut.

Garganega Die beste Traube im Soave-Verschnitt, auch in Gambellara. Spitzenweine, v. a. süße, altern vorzüglich.

Garnacha blanca (Grenache blanc) Die weiße Ausgabe der GRENACHE/Garnacha, sehr verbreitet in Spanien und Südfrankreich. Säurearm; kann recht harmlos, aber auch überraschend gut ausfallen.

Gewürztraminer (Traminac, Traminec, Traminer, Tramini) Eine der ausdrucksvollsten Trauben, ausgesprochen würzig, erinnert an Rosenblüten, Gesichtscreme, Litschis und Grapefruit. Die Weine sind oft voll und weich, selbst wenn sie trocken ausgebaut sind. Am besten im Elsass; auch gut in Deutschland (Baden, Pfalz, Sachsen), Osteuropa, Australien, Kalifornien, im pazifischen Nordwesten und in Neuseeland. Kann als »Traminer« (oder Varianten davon) etikettiert relativ unaromatisch ausfallen. Trockene Versionen in Italien heißen Traminer aromatico. Außerhalb deutschsprachiger Länder oft ohne Umlaut »Gewurztraminer« geschrieben. Die nichtaromatische Version ist die SAVAGNIN.

Glera Glanzloser neuer Name für die Prosecco-Traube; in der EU ist Prosecco nur noch der Wein. In Australien weiterhin Name einer Traubensorte.

Godello Erstklassige Rebsorte in Nordwestspanien; erbringt intensive, mineralische Weine. Im portugiesischen Dão heißt sie Verdelho, ist aber nicht verwandt mit der echten VERDELHO.

Grasă (Kövérszőlő) Rumänische Sorte; der Name bedeutet »fett«. Anfällig für Botrytis. Die wichtigste Traube in Cotnari, kann herrliche Süßweine hervorbringen. Wird im ungarischen Tokaj unter dem Namen Kövérszőlő angebaut.

Graševina *Siehe* WELSCHRIESLING.

Grauburgunder *Siehe* PINOT GRIS.

Grechetto Alte Rebsorte aus Mittel- und Süditalien mit gutem Ruf für lebendige, stilvolle Weine. Wird verschnitten oder (in Orvieto) sortenrein verwendet.

Greco In Süditalien tragen einige Weißweinsorten den Namen Greco (wahrscheinlich griechischen Ursprungs), was aber nicht bedeutet, dass sie verwandt sein müssen. Bekannt ist v. a. der Greco di Tufo mit anregenden Pfirsicharomen. Greco di Bianco wird aus halb getrockneten Trauben gewonnen. Als dunkle Version gibt es auch Greco nero.

Grenache blanc *Siehe* GARNACHA BLANCA.

Grillo Italienische Sorte; Haupttraube im Marsala. Liefert auch sehr gute trockene, körperreiche Tischweine.

Gros Plant *Siehe* FOLLE BLANCHE.

Grüner Veltliner Das Flaggschiff unter Österreichs Weißweinsorten ist ausgesprochen vielseitig: von einfachen, pfeffrigen Alltagsweinen zu Kreszenzen mit großer Komplexität und Alterungspotenzial. In allen Klassen gut. Kommt auch in anderen Ländern Mitteleuropas und anderswo vor.

Gutedel *Siehe* CHASSELAS.

Hárslevelű Die »Lindenblättrige« ist die zweite wichtige Traubensorte im Tokajer, aber weicher und pfirsichfruchtiger als FURMINT. Gut auch in Somló und Eger.

Heida Schweizer Name für SAVAGNIN.

Humagne Schweizer Spezialität, älter als CHASSELAS, die frische, dralle, nicht sehr aromatische Weine liefert. Humagne rouge ist nicht mit ihr verwandt, sondern identisch mit Cornalin d'Aoste; Cornalin du Valais ist wieder etwas anderes.

Insolia (Ansonica, Inzolia) Sizilianische Weißweintraube, heißt an der Toskanaküste Ansonica. Im Bestfall frische, rassige Weine. Für Süßweine werden auch halb getrocknete Trauben verwendet.

Irsai Olivér Ungarische Kreuzung; aromatische Weißweine, die an MUSCAT erinnern und jung zu trinken sind.

Johannisberg Schweizer Name für SILVANER.

Kéknyelű Wenig ertragreiche, aromareiche Traube für einen der besten ungarischen Weißweine. Hohes Potenzial für feurigen, würzigen Wein.

Kerner Recht erfolgreiche deutsche Kreuzung. Reift früh und liefert blumige (manchmal etwas aufdringliche) Weine mit guter Säure.

Királyleányka *Siehe* FETEASCĂ ALBĂ/REGALĂ.

Koshu Wahrscheinlich autochthone japanische Traube, deren Weine voll im Hype sind. Frisch und tanninreich. Kann als Orange Wine gut sein.

Kövérszőlő *Siehe* GRASĂ.

Laski Rizling *Siehe* WELSCHRIESLING.

Leányka *Siehe* FETEASCĂ ALBĂ.

Len de l'El Vielseitige weiße Sorte aus Gaillac, die auch Loin de l'Œuil genannt wird. Wird normalerweise verschnitten; erbringt gute Dessertweine.

Listán *Siehe* PALOMINO.

Longyan Autochthone chinesische Traube (wörtlich: Drachenauge). Gute, gehaltvolle, aromatische Weine.

Loureiro Die nach ALVARINHO beste Vinho-Verde-Traube ergibt zart-blumige Weißweine. Kommt auch in Spanien vor.

Macabeo *Siehe* VIURA.

Maccabeu *Siehe* VIURA.

Malagousia Griechische Rebsorte für wunderbar aromatische Weine.

Malmsey *Siehe* MALVASIA. Der süßeste Madeira-Stil.

Malvasia (Malmsey, Malvazija, Malvoisie, Marastina) Keine einzelne Varietät, sondern gleich eine ganze Gruppe von Rebsorten, die nicht unbedingt miteinander verwandt sind oder auch nur Ähnlichkeiten aufweisen. In Italien, Frankreich und überall auf der Iberischen Halbinsel vertreten; die Weine können rot oder weiß, still oder schäumend, kräftig oder mild, süß oder trocken, aromatisch oder neutral sein. Die slowenische bzw. kroatische Version Malvazija istarka (in Kroatien manchmal auch Marastina genannt) liefert knackige und leichte Weine, aber auch reichhaltige Gewächse, die in Eiche ausgebaut werden. Das Wort »Malmsey« (der süßeste Madeira-Stil) ist eine Verballhornung von Malvasia.

Malvoisie *Siehe* MALVASIA. Der Name wird in Frankreich für verschiedene Sorten verwendet, darunter BOURBOULENC, Torbato und VERMENTINO. Im Wallis nennt man den PINOT GRIS so.

Manseng, Gros/Petit Überaus fruchtige Weißweine aus dem Südwesten Frankreichs, v. a. aus Jurançon, Pacherenc und Irouléguy. Gros Manseng wird früher geerntet und meist trocken ausgebaut. Petit Manseng wird häufig erst im Spätherbst gelesen und kann einen hohen Zuckergehalt und Süße entwickeln. Ein großartiger Nektar.

Maria Gomes (Fernão Pires) Portugiesische Traube für reif-aromatische, leicht würzige Weißweine aus den Regionen Bairrada und Tejo.

Marsanne (Ermitage) Neben ROUSSANNE die Hauptweißweintraube an der nördlichen Rhône (Hermitage, St-Joseph, St-Péray). Auch in Australien, Kalifornien und (als Ermitage blanc) im Wallis mit Erfolg angebaut. Milde, volle Weine, die sehr schön altern.

Mauzac In Südwestfrankreich verbreitet; aromatische Sorte mit Apfelnote. Am bekanntesten für ihren Schaumwein.

Melon de Bourgogne *Siehe* MUSCADET.

Misket Cherven (rote Misket) Bulgarische mild-aromatische Traubensorte mit rosa Schale; Grundlage der meisten Weißweine dort. Es gibt viele weitere Sorten namens Misket, alles neuere Kreuzungen und weniger verbreitet.

Morillon In einigen Teilen Österreichs der Name für CHARDONNAY.

Moscatel *Siehe* MUSCAT.

Moscato *Siehe* MUSCAT.

Moschofilero Hochwertige griechische Traube mit Rosenduft, hellroter Schale und kräftiger Säure. Liefert eher alkoholschwache Weine, meist weiß, es gibt aber auch ein paar Rosé-Versionen sowie Schaumwein.

Müller-Thurgau Liefert aromatische, jung zu trinkende Weine. Die süßen Varianten können gut sein, die trockenen dagegen sind oft nichtssagende, derbe Wässerchen. In Deutschland v. a. in der Pfalz, in Rheinhessen, an der Nahe, in Baden und in Franken verbreitet. Hat sich in Italien (Trentino–Südtirol, Friaul) einige Meriten verdient. Wird in der Schweiz manchmal noch (inkorrekt) Riesling × Sylvaner genannt.

Muscadelle Verleiht manchem weißen Bordeaux (v. a. Sauternes) besondere Würze. Wird im australischen Victoria (zusammen mit MUSCAT, mit dem keine Verwandtschaft besteht) für Rutherglen Muscat verwendet.

Muscadet (Melon de Bourgogne) Erbringt leichte, erfrischende trockene Weine mit einem Hauch von Meer in den komplexeren Gewächsen aus der Gegend von Nantes. Als Melon de Bourgogne auch in Teilen Burgunds anzutreffen.

Muscat (Moscatel, Moscato, Muskateller) Diese Sorte existiert in vielen Varianten, am besten ist Muscat blanc à petits grains (alias Gelber Muskateller, Rumeni Muškat, Sarga Muskotály, Yellow Muscat, Tămâioasă Românească). Die leicht erkennbaren, ausdrucksvollen Trauben liefern meist bukettreiche, süße Weine, oft auch gespritet (z. B. Vin doux naturel in Frankreich). Wunderbar dunkel und süß in Australien. In Spanien süß, z. T. sehr gut. Ungarischer Muskotály ist meist Muscat Ottonel, nur in Tokaj, wo Sarga Muskotály vorherrscht, bringt er (in kleinen Mengen) Duft in den Verschnitt. Gelegentlich (z. B. im Elsass, in Österreich und in Teilen Süddeutschlands) auch trocken ausgebaut. Süßer Muscat vom Cap Corse kann vorzüglich sein. In Norditalien als Moscato leichter Schaumwein.

Muskateller *Siehe* MUSCAT.

Narince Türkische Sorte; frische und fruchtige Weine.

Neuburger Lange vernachlässigte österreichische Traube, anzutreffen v. a. in der Wachau (elegante, blumige Weine), in der Thermenregion (körperreich, breit) und in den nördlicheren Teilen des Burgenlands (kräftig, voll).

Olaszriesling *Siehe* WELSCHRIESLING.

Païen *Siehe* SAVAGNIN.

Palomino (Listán) Die wichtigste Traube für Sherry. Kaum eigener Charakter, es kommt alles auf die Bereitungsmethode an. Inzwischen auch Tischweine. Liefert unter dem Namen Listán auf den Kanarischen Inseln trockenen Weißwein.

Pansa blanca *Siehe* XAREL·LO.

Pecorino Keine Käsesorte, sondern ein verführerischer trockener italienischer Weißwein von einer wiederbelebten Sorte.

Pedro Ximénez (PX) Wird für süße braune Sherry-Stile (reinsortig unter dem eigenen Namen) sowie für Montilla und Málaga verwendet. Auch auf den Kanaren, in Argentinien, Australien, Kalifornien und Südafrika angebaut.

Picpoul (Piquepoul) Südfranzösische Traube; am bekanntesten ist der sortenrein von Piquepoul blanc bereitete Picpoul de Pinet. Sollte säurereich sein. Picpoul noir hat eine dunkle Schale.

Pinela Slowenische Sorte für subtile, säurearme, jung zu trinkende Weine.

Pinot bianco *Siehe* PINOT BLANC.

Pinot blanc (Beli Pinot, Pinot bianco, Weißburgunder) Mutation von PINOT NOIR. Ähnelt CHARDONNAY, ist aber milder im Charakter. Leicht, frisch, fruchtig, kaum aromatisch, jung am besten. Gut für italienischen *spumante,* im Nordosten potenziell exzellent, v. a. in hohen Lagen in Südtirol. Weit verbreitet. Heißt in Deutschland Weißburgunder und glänzt dort v. a. im Süden, da er rassiger ausfällt als Chardonnay.

Pinot gris (Pinot grigio, Grauburgunder, Ruländer, Sivi Pinot, Szürkebarát) Als Pinot grigio in Norditalien beliebt, selbst für Rosé – charaktervolle Spitzenweine können exzellent sein (Südtirol, Friaul). Billige Versionen sind nur dies: billig. Großartig im Elsass für würzige, körperreiche Weißweine. Heißt in Deutschland Ruländer (süß) oder Grauburgunder (trocken); die besten Weine kommen aus Baden (v. a. vom Kaiserstuhl) und der Südpfalz. Szürkebarát in Ungarn, Sivi Pinot in Slowenien (charaktervoll, aromatisch).

Pošip Kroatische Sorte, v. a. auf der Insel Korčula anzutreffen. Recht charaktervoll, Zitrusaroma, hohe Erträge.

Prosecco So hieß früher die Traube, aus der Prosecco gemacht wird. Heute muss man sie GLERA nennen.

Renski Rizling Rheinriesling. *Siehe* RIESLING.

Rèze Sehr seltene alte Sorte aus dem Wallis, die für *Vin du Glacier* verwendet wird.

Ribolla gialla/Rebula Säurehaltige Weine mit Charakter; in Italien v. a. aus dem Collio, in Slowenien traditionell aus Brda. Kann sehr gut sein. Lieblingssorte für den Ausbau in Amphoren.

Rieslaner Deutsche Kreuzung (SILVANER x RIESLING); erbringt in Franken und der Pfalz gute Auslesen.

Riesling italico *Siehe* WELSCHRIESLING.

Riesling (Renski Rizling, Rhine Riesling) Die großartigste, vielseitigste Weißweintraube, im Stil völlig anders als CHARDONNAY. Riesling bietet eine

Fülle von Duft- und Geschmacksnoten von stahlig bis üppig und hat viel mehr Alterungspotenzial als Chardonnay. Großartig in allen Stilrichtungen in Deutschland; kraftvoll und stahlig in Österreich; Noten von Limettensirup und gerösteten Früchten in South Australia; reichhaltig und würzig im Elsass; vielversprechend am deutschen Stil ausgerichtet in Neuseeland, dem Staat New York und dem pazifischen Nordwesten der USA; mit Potenzial in Ontario und Südafrika.

Rkatsiteli In Osteuropa, Russland und Georgien sehr verbreitete Sorte, winterhart und säurereich, liefert daher auch bei schlechter Weinbereitung zum Teil noch einigermaßen akzeptable Ergebnisse. Kommt auch im Nordosten der USA vor.

Robola Erstklassige Traube aus Griechenland (Kefallonia) mit blumigem Aroma. Nicht mit RIBOLLA GIALLA verwandt, aber mit Rebula.

Roditis Rosafarbige Traube, die vorwiegend Weißwein liefert, in ganz Griechenland verbreitet. Bei niedrigen Erträgen gute Ergebnisse.

Roter Veltliner Österreichische Sorte, nicht verwandt mit dem GRÜNEN VELTLINER. Es gibt auch Frühroten und (nicht verwandten) Braunen Veltliner.

Rotgipfler Einheimische aromatische Traubensorte der österreichischen Thermenregion. Ergibt im Verschnitt mit ZIERFANDLER lebendige, üppige, aromatische Weine.

Roussanne (Bergeron) Rhône-Traube von echter Finesse, in Savoyen Bergeron genannt. Jetzt auch in Kalifornien und Australien anzutreffen. Kann viele Jahre altern.

Ruländer *Siehe* PINOT GRIS.

Sauvignonasse *Siehe* FRIULANO.

Sauvignon blanc Erbringt ausdrucksvolle, aromatische Weine mit Noten von Gras bis hin zu tropischen Früchten – pikant in Neuseeland, oft mineralisch in Sancerre, reifer in Australien; gut auch in Rueda, Österreich, Norditalien (Isonzo, Piemont, Südtirol), dem chilenischen Casablanca-Tal und Südafrika. Wird in Bordeaux mit SÉMILLON verschnitten. Kann herb ausfallen oder auch voll (und manchmal ganz schrecklich). Sauvignon gris ist eine weniger aromatische Version mit rosafarbener Schale und noch unerforschtem Potenzial.

Sauvignon vert *Siehe* FRIULANO.

Savagnin (Heida, Païen) Die Traube des Vin jaune aus dem Jura; ihre aromatische Spielart ist der GEWÜRZTRAMINER. In der Schweiz als Heida, Païen oder Traminer bekannt. Körperreiche, säurebetonte Weine.

Scheurebe Deutsche Traube mit Grapefruitaroma, wahrscheinlich eine Kreuzung aus RIESLING × SILVANER. In der Pfalz sehr beliebt, v. a. für Auslesen und darüber. Als trockener Wein manchmal krautig, nur voll ausgereift gut.

Sémillon (Semillon) Verleiht dem Sauternes seine Fülle, ist aber immer weniger von Bedeutung für Graves und andere trockene weiße Bordeaux-Weine. Grasig, wenn nicht voll ausgereift, kann aber weichen, trockenen Wein mit großem Alterungspotenzial liefern. In Australien (wo man sie ohne Akzent schreibt) hervorragend; in Neuseeland und Südafrika vielversprechend.

Sercial (Cerceal) Die portugiesische Traube liefert den trockensten Madeira. Als Cerceal (ebenfalls portugiesisch) scheint man dieselbe Sorte zu bezeichnen, aber auch noch einige andere.

Seyval blanc Französische gezüchtete Hybride aus französischen und amerikanischen Reben. Sehr widerstandsfähig, angenehm fruchtig. Im Osten der USA und in England recht erfolgreich.

Silvaner (Johannisberg, Sylvaner) Kann in Rheinhessen und der Pfalz exzellent sein, besonders aber in Franken mit ihren pflanzlichen/erdigen und mineralischen Noten. Liefert im Wallis als Johannisberg sehr guten, kraftvollen Wein. Im Elsass die Sorte für die leichtesten Weine.

Sipon *Siehe* FURMINT.

Sivi Pinot *Siehe* PINOT GRIS.

Spätrot *Siehe* ZIERFANDLER.

Sylvaner *Siehe* SILVANER.

Tămâioasă românească *Siehe* MUSCAT.

Torrontés Eine ganze Reihe von Trauben wird so genannt, die meisten haben einen aromatischen, floralen, manchmal etwas seifigen Charakter. Eine Spezialität in Argentinien, auch in Spanien anzutreffen. Jung zu trinken.

Traminac Alias Traminec. *Siehe* GEWÜRZTRAMINER.

Traminer In Ungarn auch Tramini. *Siehe* GEWÜRZTRAMINER.

Trebbiano (Ugni blanc) Die wichtigste weiße Sorte der Toskana, kommt aber in verschiedenster Gestalt in ganz Italien vor. Erhebt sich selten über die Masse, außer im toskanischen Vin Santo. Einige gute trockene Weißweine unter den DOCs Romagna und Abruzzo. Trebbiano di Soave alias VERDICCHIO ist nur entfernt verwandt. Trebbiano di Lugana heißt jetzt Turbiana. Wird in Südfrankreich als Ugni blanc und in Cognac als St-Émilion angebaut. Liefert meist dünnen, neutralen Wein, gut für Verschnitte geeignet. Bräuchte mehr Sorgfalt beim Anbau.

Ugni blanc *Siehe* TREBBIANO.

Verdejo Die Traube von Rueda in Kastilien kann feinen, langlebigen Wein erbringen.

Verdelho In Australien hervorragende Qualität (körperreich und etwas scharf); selten, aber gut (und mittelsüß) auf Madeira.

Verdicchio Liefert den potenziell guten, muskulösen trockenen Wein gleichen Namens im östlichen Mittelitalien.

Vermentino Italienische Traube, die lebhafte Weine mit ordentlicher Textur und guter Alterungsfähigkeit ergibt.

Vernaccia Steht für viele Trauben in Italien, die nicht miteinander verwandt sind. Vernaccia di San Gimignano ist frisch und lebhaft, Vernaccia di Oristano eher sherryähnlich.

Vidal Französische Hybridrebe; verbreitet in Kanada für Eiswein angebaut.

Vidiano Die meisten Erzeuger auf Kreta lieben diese kraft- und stilvolle Traube mit Noten von Limette und Aprikose und guter Säure. Erbringt auch guten Schaumwein.

Viognier Die Rhône-Traube ist gerade groß in Mode. Die besten Exemplare stammen aus Condrieu, danach kommen die immer noch aromatischen Weine aus dem Midi. Auch in Kalifornien, Virginia, Uruguay und Australien bereitet man gute Versionen.

Viura (Macabeo, Maccabéo, Maccabeu) Die häufigste weiße Sorte Nordspaniens, weitverbreitet in Rioja und den katalanischen Cava-Gebieten. Wird auch in Südwestfrankreich angebaut. Gutes Qualitätspotenzial.

Weißburgunder Deutscher Name für PINOT BLANC.

Welschriesling (Graševina, Laski Rizling, Olaszriesling, Riesling italico) Liefert leichte und frische bis süße und volle Weine in Österreich; in Osteuropa allgegenwärtig, wo einige bemerkenswert gute trockene und süße Weine aus ihr bereitet werden. Mit RIESLING nicht verwandt.

Xarel·lo (Pansa blanca) Traditionelle katalanische Traube, zusammen mit Parellada und MACABEO für Cava verwendet. Tanninreich, kann altern und erstklassige Qualität liefern. Noten von Limettensirup als Pansa blanca in Alella.

Xynisteri Die meistangebaute Weißweintraube Zyperns. Kann recht schlicht geraten und wird meist jung getrunken; in Höhenlagen liefert sie allerdings frische, ansprechende, mineralische Weine.

Zéta Ungarische Kreuzung von BOUVIER und FURMINT, die einige Winzer für ihren Tokaji Aszú verwenden.

Zierfandler (Spätrot, Cirfandl) In der österreichischen Thermenregion vorkommende Weißweinsorte, oft mit ROTGIPFLER zu aromatischen, gewichtigen Weinen mit Orangenschalenduft verschnitten.

Wein und Speisen

Welche Speise man mit welchem Wein kombinieren kann (oder umgekehrt) ist eine subjektive Angelegenheit. Alles, was wir Ihnen im Folgenden an Kombinationen vorschlagen, sind weder Anweisungen noch Regeln, sondern lediglich ein paar Ideen dazu, welche Aromen und Gewichte zusammenpassen könnten und wie Sie den Inhalt Ihres Weinkellers oder das Angebot Ihres örtlichen Weinhändlers damit in Einklang bringen können. Die Kombination von Wein und Speisen unterscheidet sich nicht von der Kombination der Aromen in einem Gericht: Wollen Sie in Ihrem Eintopf eher die frische Fruchtigkeit von Tomaten hervorheben, oder soll es in Richtung der tiefen Erdigkeit von Wurzelgemüse gehen? Der Wein ist einfach ein Teil desselben Bildes. Die folgenden Einträge enthalten konkrete Vorschläge, die sich seit Jahren bewährt haben.

Vor dem Essen – ein Aperitif

Aperitif-Klassiker sind guter Schaumwein, Fino Sherry, Riesling und guter Rosé, und die lassen sich auch kaum von etwas anderem toppen. Aber seien Sie nicht knauserig – Billigsekt, der nach Spülwasser schmeckt, verdirbt die Laune. Magnumflaschen machen Spaß, und Riesling mag jeder, ausnahmslos.

Vorspeisen

Aïoli Wahrscheinlich sind Sie im Urlaub, und da ist ein kalter Rosé aus der Provence ideal. Oder alles, was kalt, frisch und neutral ist.

Antipasti/Tapas/Mezze Ob in Italien, Spanien, Griechenland oder Hannover – eine Auswahl von deftigen salzigen Happen Fleisch, Käse, Fisch oder Gemüse passt perfekt zu Fino Sherry, Xynisteri oder Orange Wines. Gegrillte Paprika und Auberginen passen zu jungen fruchtigen Roten wie Cabernet franc oder Kadarka. Für Notfälle guter Prosecco.

Austern *Roh:* Champagner oJ, Chablis, Muscadet, weißer Graves, Sancerre – oder Guinness. Probieren Sie Sauternes. Manzanilla ist gut.
Gegart: Puligny-Montrachet oder ein guter neuseeländischer Chardonnay. Champagner passt immer.

Burrata Herrlichste cremige Fülle. Da muss ein erstklassiger italienischer Weißer her, Fiano oder der Grillo von Cusumano. Das Grünzeug dabei braucht wahrscheinlich ein bisschen Säure.

Carpaccio *Vom Lachs:* Chardonnay oder Champagner.
Vom Rind: Hierzu passt fast jeder Wein, auch ein Roter. Ein Toskaner ist eine gute Wahl, aber auch ein feiner Chardonnay oder ein Jahrgangs- oder Rosé-Champagner. Probieren Sie mal Amontillado.
Vom Thunfisch: Viognier, kalifornischer Chardonnay, Marlborough Sauvignon blanc. Oder Sake.

Dim-Sum Klassischerweise: chinesischer Tee. Pinot grigio aus dem Elsass oder trockener deutscher Riesling, auch ein leichter Pinot noir. Bei Rotweinen sind weiche Tannine und Frische der Schlüssel: Bardolino, Rioja, Côtes du Rhône. Sonst Champagner oJ oder englischer Schaumwein.

Eierspeisen *Siehe auch* Soufflé. Nicht einfach: Eier breiten sich recht eigen im Mund aus. Bei Omelettes sollten die anderen Zutaten der Maßstab sein; Pilze wahrscheinlich mit Rotwein; mit Côtes du Rhône sind Sie auf der sicheren Seite. Zu Trüffelomelette Jahrgangschampagner oder vielleicht ein Volnay. Zu Rührei allenfalls Champagner.
Œufs en meurette: Ein Geniestreich aus Burgund; die Eier in Rotweinsauce verlangen natürlich nach einem Burgunder.
Wachteleier: Blanc-de-Blancs-Champagner, Viognier.

Mozzarella mit Tomaten und Basilikum Ein frischer italienischer Weißwein (z. B. Soave, Südtiroler). Vermentino aus Ligurien oder südfranzösischer Rolle. *Siehe auch* Vegetarische Gerichte/Avocado.

Pasta Rot- oder Weißwein, je nach Sauce.
Mit Fleischsauce: Montepulciano d'Abruzzo, Salice Salentino, Malbec.
Mit Pesto: Barbera, Vermentino, neuseeländischer Sauvignon blanc, ungarischer Furmint.
Mit Sahnesauce (Carbonara): Orvieto, Greco di Tufo. Junger Sangiovese.
Mit Seafood (z. B. Muscheln): Verdicchio, Lugana, Soave, Grillo, Chardonnay ohne Holznote.
Mit Tomatensauce: Chianti, Barbera, sizilianischer Rotwein, Zinfandel, südaustralischer Grenache.

Risotto Je nach Geschmacksrichtung: *Mit Gemüse (z. B. Primavera):* Pinot grigio aus dem Friaul, Gavi, recht junger Semillon, Dolcetto, Barbera d'Alba.
Mit Steinpilzen: Feinster reifer Barolo oder Barbaresco.
Nero: Voller trockener Weißer: Viognier oder sogar Corton-Charlemagne.

Soufflé Hierzu gehört ein ★★★-Wein. Zu allen Soufflé-Arten passt Champagner, insbesondere Jahrgangschampagner.
Fischsoufflé: Trockener Weißwein: Burgunder, Bordeaux, Elsässer, Chardonnay usw.
Käsesoufflé: Reifer roter Burgunder oder Bordeaux, Cabernet Sauvignon usw. Oder feiner weißer Burgunder, Hunter Valley Semillon oder Rioja.
Spinatsoufflé: Schwierig zu Wein. Mâcon-Villages, St-Véran, Valpolicella.

Wurstwaren/Salami Säurebetonte Rotweine ohne Eichennote eignen sich besser als Weiße. Einfacher Beaujolais, Barbera, Etna-Wein, Refosco, Schioppetino, Teroldego, Valpolicella. Wenn es ein Weißer sein muss, braucht er Säure. Chorizo lässt den Wein metallisch schmecken. Prosciutto mit Melone oder Feigen braucht einen gehaltvollen trockenen oder halbtrockenen Weißwein: Chenin blanc, Fiano, Muscat, Viognier.

Meeresfrüchte & Fischgerichte

Abalone (Seeohr) Trockener bis halbtrockener Weißwein, z. B. Sauvignon blanc, Chardonnay ohne Eichennote. Ein Hauch Eiche ist okay für Gerichte mit Soja- oder Austernsauce.
In Hongkong: Mindestens Dom Pérignon.

Bacalão Stockfisch braucht Säure: junger portugiesischer oder italienischer Rot- oder Weißwein. Orange Wine kann gut sein.

Barsch, See- Jeder feine Weißwein eignet sich gut, z. B. Clare-Riesling, Chablis, weißer Châteauneuf-du-Pape, Albariño, Vermentino, Weißburgunder. Aber je kräftiger der Fisch gewürzt ist, desto aromareicher sollte der Wein sein: mit Ingwer, Frühlingszwiebeln usw. etwa ein gehaltvoller Riesling, nicht unbedingt trocken.

Ceviche Australischer Riesling oder Grüner Veltliner, Torrontés, Verdelho oder ein Manzanilla.

Curry Ein vager Begriff für eine Vielzahl von Geschmacksrichtungen. Südafrikanischer Chenin blanc, Elsässer Pinot blanc, Franciacorta, fruchtiger Rosé – aber nicht zu blässlich und schlaff. Achten Sie auf die anderen Aromen. Garnelen und Mango brauchen mehr Süße, Tomaten Säure. Fino passt auch zu scharfen Gerichten. Bier natürlich auch, etwa IPA oder Pils.

Fisch in Beurre blanc Ein guter Weißwein ohne Eichennote, aber mit Reife: Hunter Valley Semillon, Chablis Premier cru, Chenin blanc, Riesling, White Blend aus Swartland, ein guter Österreicher. Gilt fast immer auch für Gemüse mit Beurre blanc.

Fischpastete (mit Sahnesauce) Kann schlicht oder ausgefallener sein. Albariño, Soave Classico, Riesling Erstes Gewächs, Mâcon Blanc, spanischer Godello.

Garnelen *Mit Mayonnaise:* Englischer Chardonnay oder Rosé.
Mit Knoblauch: Leichter, trockener Weiß- oder Roséwein.
Mit Gewürzen (auch scharf, mit Chili): Hier ist etwas mehr Körper nötig, aber keine Eichennote: trockener Riesling oder ein Italiener, etwa Fiano, Grillo.
Siehe auch Curry (Fisch).

Gegrillter oder gebratener Fisch Gilt auch für Fish & Chips, Tempura, Fritto misto etc.
Seezunge: Perfekt für feine Weine: weißer Burgunder oder etwas Gleichwertiges.
Scholle, Flunder: Leichter, frischer Weißwein.
Kabeljau, Schellfisch: Chardonnay, Pinot blanc.
Ölige Fische wie *Heringe, Makrele, Sardinen* brauchen mehr Säure und Gewicht: Assyrtiko, Verdelho, Furmint, Orange Wine, Rosé.
Rote Fische wie *Lachs, Rotbarbe:* Pinot noir. Zu Lachs passt auch erstklassiger Chardonnay, Grand Cru Chablis, Spitzen-Riesling.
Forelle: Guter Chardonnay, Riesling, Pinot noir.
Heilbutt, Steinbutt: Am besten ein voller, trockener Weißer, etwa Spitzen-Chardonnay, gereifte Riesling-Spätlese.
Schwertfisch: Körperreicher trockener Weißer (und warum nicht auch ein Roter?) des Herkunftslandes. Nichts allzu Feines.
Thunfisch: Am besten nur rare (oder roh) mit einem leichten Roten servieren: junger Cabernet franc von der Loire oder roter Burgunder. Junger Rioja ist auch möglich.

Hummer *Mit reichlich Sauce, z. B. Thermidor:* Jahrgangschampagner, feiner weißer Burgunder, Graves Cru classé, Roussanne, Spitzen-Chardonnay. Alternativ Sauternes, um der vorhandenen Süße gerecht zu werden, auch Pfälzer Spät- oder sogar Auslese.
Nur gegrillt oder kalt mit Mayonnaise: Champagner oJ, Elsässer Riesling, Chablis Premier cru, Condrieu, Mosel Spätlese, Grüner Veltliner, Hunter Valley Semillon, weißer Rioja oder ein lokaler Schaumwein.

Jakobsmuscheln Von Natur aus leicht süßlich; am besten halbtrockene Weißweine.
Auf asiatische Art: Chenin blanc, Gewürztraminer, Godello, Grüner Veltliner.
Gegrillt oder sautiert: Weißer Hermitage, Grüner Veltliner, weißer Pessac-Léognan, Jahrgangschampagner oder Pinot noir.
In Sahnesauce: Deutsche Spätlese, Montrachet, erstklassiger australischer Chardonnay.

Kaviar Eiskalter Wodka; körperreicher Champagner (z. B. Bollinger, Krug). Niemals rohe Zwiebeln dazugeben!

Kedgeree (anglo-indisches Fischgericht) Volle Weißweine, auch schäumend: Mâcon-Villages, südafrikanischer Chardonnay, Grüner Veltliner, ein deutsches Großes Gewächs oder (zum Frühstück) Champagner.

Krabben (Krebse) Krabben und Riesling (oder Champagner) sind füreinander geschaffen.
Mit Chili und Knoblauch: Ein eher kraftvoller Riesling, vielleicht ein Großes Gewächs oder einer aus der Wachau.
Chinesische Art, mit Ingwer und Zwiebeln: Deutscher halbtrockener Riesling (Kabinett oder Spätlese); Tokaji Furmint, Gewürztraminer.
Cioppino: Sauvignon blanc. An der amerikanischen Westküste trinkt man Zinfandel. Auch kalifornischer Schaumwein.
Kalt angemacht: Spitzen-Riesling (aus dem Elsass, aus Australien, Österreich oder von der Mosel) oder Assyrtiko.
Mit Schwarzer-Bohnen-Sauce: Kräftiger Barossa-Shiraz oder Syrah.
Softshell crabs: Chardonnay, Albariño oder deutsche Riesling-Spätlese.

Crabcakes: Ausdrucksvoller Sauvignon blanc (von der Loire, aus Südafrika, Australien, Neuseeland) oder Riesling (deutsche Spätlese oder aus Australien).

(Mies-)Muscheln *Moules marinières:* Muscadet sur lie, Chardonnay ohne Eichennote, Assyrtiko.
In Curry: Elsässer Riesling oder Pinot blanc.

Paella, mit Schalentieren Körperreicher Weißwein oder Rosé, Chardonnay ohne Eichennote, Albariño oder Godello. Oder den lokalen spanischen Rotwein.

Räucherfisch Alle brauchen Frische und eine gewisse Schärfe; Fino passt zu allen.
Aal Oft mit Roter Bete und Crème fraîche: Fino oder Mosel-Riesling.
Schellfisch Guter Chablis, Marsanne, Grüner Veltliner. *Siehe auch* Soufflés.
Bückling Probieren Sie Oloroso Sherry oder einen Speyside Malt Whisky.
Makrele verträgt sich nicht gut mit Wein. Am ehesten Fino.
Lachs Condrieu, Elsässer Pinot gris, Grand Cru Chablis, Deutscher Riesling Spätlese, Jahrgangschampagner, Wodka, Klarer oder Aquavit.
Forelle Was Feineres: Mosel-Riesling.

Sardellen, mariniert Natürlich Fino. Oder Sie probieren einen Orange Wine. In *Salade niçoise* vielleicht provenzalischer Rosé. *Bocquerones:* Verdejo, Sémillon ohne Eichennote.

Sashimi Hier hat Koshu seine Domäne, entweder als Orange Wine oder weiß. Er kann es auch mit Wasabi und Sojasauce aufnehmen, soweit das überhaupt möglich ist. Ansonsten körperreichen Weißwein (Chablis Premier cru, Elsässer Riesling) zu weißem Fisch, Pinot noir zu rotem. Beide brauchen Säure. Einfacher Chablis ist vielleicht zu dünn. Wenn Sojasauce dabei ist, passt ein tanninarmer Roter (wieder Pinot). Nicht zu vergessen Sake (oder Fino).

Schalentiere Trockener Weißwein zu gekochten Schalentieren, vollere Weine zu gehaltvollen Saucen. Riesling ist die Traube der Wahl.
Zu einem Meeresfrüchteteller: Weißer Etna, Muscadet de Sèvre et Maine, Picpoul de Pinet, Pinot bianco aus Südtirol.

Skandinavische Fischküche Skandinavische Gerichte sind oft mit Dill, Kümmel und Kardamom gewürzt und verbinden süße und scharfe Noten. Ein Wein dazu braucht Säure und genug Gewicht: Falanghina, Godello, Verdelho, australischer, Elsässer oder österreichischer Riesling.

Sushi Scharfes Wasabi steckt normalerweise in jedem Stück. Koshu ist erste Wahl, sonst trockener deutscher oder griechischer Weißwein, Alvarinho, Grüner Veltliner oder Champagner Brut oJ. Nichts mit zu deutlicher Frucht. Alternativ natürlich Sake und Bier.

Tajine Nordafrikanische Aromen brauchen gehaltvolle Weißweine – aus Österreich oder von der Rhône – oder frische, neutrale Weiße, die nicht mit ihnen konkurrieren. Vorsicht mit Eichennoten. Viognier oder Albariño können gut passen oder auch Amontillado Sherry.

Tarama/Taramosalata Mediterraner, möglichst griechischer Weißwein mit Charakter. Fino Sherry passt gut. Ebenso ein Marsanne von der Rhône.

Teriyaki Eine Zubereitungsmethode ebenso wie eine Sauce, für Fisch wie für Fleisch. Halbtrockener Riesling mit Körper hat sich in Deutschland durchgesetzt. Ein Kabinett kann zu leicht sein.

Tintenfisch Frische Weiße: Albariño, Muscadet, aus Griechenland, Schaumwein. Tintenfischtinte (Risotto, Pasta) verlangt Soave.

Vegetarische Gerichte

Sie haben kaum Tannine, die helfen oder im Weg stehen, also geht es bei der Weinauswahl zu vegetarischen Gerichten um Süße, Säure, Gewicht und Textur. *Siehe auch* Vorspeisen.

Agrodolce Eine süßsaure italienische Spezialität mit Pinienkernen, Sultaninen, Kapern, Essig und eventuell Sardellen. Frische Weiße wie Verdicchio oder Chardonnay ohne Eichennote passen. Auch Etna-Rosé oder Orange Wine.

Artischocken Ein ausdrucksvoller, trockener Weißer: neuseeländischer Sauvignon blanc, Côtes de Gascogne oder ein Grieche (genauer: ein vier Jahre alter Malagousia, aber Vorsicht mit der Vinaigrette); Vermentino. Orange Wine: ja; Rotwein: nein (dann besser gar keinen Wein).

Auberginen Kommen in ganz verschiedenen Formen auf den Tisch, meist intensiv im Geschmack. Robuste Rote mit Säure sollten passen: Shiraz, griechisch, libanesisch, bulgarisch, ungarisch, türkisch. Weißweine mit Struktur, z. B. Verdicchio, oder Sie gehen noch einen Schritt weiter und probieren Orange Wine.

Avocado Kein Selbstläufer. Ein trockener bis leicht lieblicher Riesling Kabinett nimmt es mit dem Dressing auf. Sonst was Leichtes, Frisches: Aligoté, Trebbiano, Pinot grigio.

Bärlauch Nicht einfach. Am ehesten ein neutraler Weißer mit Säure.

Blumenkohl *Geröstet, gebraten etc.:* Richten Sie sich nach den (meist kräftigen) Geschmacksnoten, und probieren Sie österreichischen Grünen Veltliner, Valpolicella, neuseeländischen Pinot noir.

Mit Käse überbacken: Frischer, aromatischer Weißwein: Sancerre, Riesling Spätlese, Muscat, Albariño, Godello. Auch Chardonnay oder Beaujolais Villages.

Mit Kaviar: Doch wirklich. Jahrgangschampagner.

Brunnenkresse, roh Dazu schmeckt jeder Wein dieser Welt einfach schauderhaft.

Chilischoten Manche stehen auf Schärfe, die beste Weine aber nicht. Tannin rückt noch mehr in den Vordergrund, das muss man mögen. Leichte, fruchtige Rot- und Weißweine wirken erfrischend: Tempranillo, chilenischer Merlot, neuseeländischer Sauvignon blanc. Für **Harissa** gilt das Gleiche. *Siehe auch* Chili con carne, chinesische Küche und indische Küche im Abschnitt Fleisch.

Couscous mit Gemüse Junger Rotwein mit Biss: Shiraz, Corbières, Minervois; Rosé, v. a. Etna; Orange Wine; italienischer Refosco oder Schioppettino.

Dal Gibt es in vielen Varianten, aber alle haben eine erdige Note. Ein einfacher Roter aus einem warmen Klima eignet sich am besten: Carmenère, Dão oder ein Süditaliener.

Fenchelgerichte Sauvignon blanc (Pouilly-Fumé oder aus Neuseeland), Sylvaner oder englischer Seyval blanc oder auch ein junger Tempranillo.

Geschmorter Fenchel mit seinem intensiven Geschmack: Leichter Gamay oder Pinot noir.

Fermentierte Speisen *Siehe auch* Choucroute garni, koreanische Küche (Fleisch). Kimchi und Miso sind Teil vieler asiatischer Speisen. Hier wird generell Frucht und Säure benötigt. Zu vegetarischen Gerichten mit erkennbarer Süße passt vielleicht ein Elsässer.

Kichererbsen Hängt von den anderen Aromen ab. Zu Eintöpfen passt Tempranillo oder ein südfranzösischer Rotwein.

Hummus: Jeder einfache Rot-, Rosé- oder Weißwein – oder natürlich Fino.

Knollensellerie *Aus dem Ofen oder als Püree* Hat kaum Einfluss auf das Hauptgericht. Säure tut gut, also klassische Cabernet-Verschnitte, Sangiovese oder Pinot noir, je nach Hauptspeise.

Mit Remouladensauce und Räucherschinken Braucht einen hellen Roten: Dolcetto, einfacher Gamay, Valpolicella. Oder weiß: Grüner Veltliner.

Kürbis in Ravioli/Risotto Körperreicher, fruchtiger, trockener oder halbtrockener Weißwein: Viognier oder Marsanne, halbtrockener Vouvray, Gavi, südafrikanischer Chenin blanc. Wenn es ein Roter sein soll: Merlot, Zinfandel.

Linsengerichte Ein stämmiger Roter: Corbières, Zinfandel oder Shiraz. *Siehe auch* Dal.

Mais-Fritters Werden oft mit einer scharf-würzigen Sauce serviert. Rosé, Orange Wine oder ein neutraler Weißer.

Makkaroniauflauf, mit Käse überbacken Wie für überbackenen Blumenkohl.

Maroni Erdiger, reichhaltiger Rotwein aus der Toskana oder von der südlichen Rhône.

Mediterranes Gemüse, gegrillt Ein weißer Italiener; oder rot: Brouilly, Barbera, Tempranillo oder Shiraz.

Paprikaschoten *Gegart:* Mittelgewichtiger Wein von Rhône-Trauben, Carmenère, Rioja; oder reifer Sauvignon blanc (v. a. zu grüner ungarischer Spitzpaprika).

Gefüllt: Vollaromatischer Rot-, Weiß- oder Roséwein: Languedoc, griechisch, spanisch. Oder Orange Wine.

Pilze (in den meisten Zubereitungen) Die meisten Roten und einige Weiße passen ganz ausgezeichnet. Art und Zubereitung spielen eine große Rolle. Pomerol, kalifornischer Merlot, Rioja Reserva, Spitzen-Burgunder oder Vega Sicilia.

Champignons mit Sahne: Feine Weiße, sogar Jahrgangschampagner.

Steinpilze: Ribera del Duero, Barolo, Chianti Rufina, Pauillac, St-Estèphe oder neuseeländischer Gimblett Gravels.

Auf Toast: Nehmen Sie Ihren besten Bordeaux – oder sogar Port.

Ratatouille (oder Piperade) Kräftiger junger Rotwein: Chianti, Languedoc, Cabernet Sauvignon aus Neuseeland, Malbec, Merlot, Tempranillo. Ein guter Rosé könnte am besten sein.

Rote Bete Hat eine Note, die auch roter Burgunder zeigt. Bleiben Sie dabei. Gut ist auch Grenache/Garnacha der neuen Welle (sprich: leicht), Gamay ebenso.

Safran Findet sich in süßen und herzhaften Speisen und passt gut zu vollen Weißweinen wie Roussanne, Viognier, Pinot gris. Auch Orange Wines können gut sein. Bei Desserts: Sauternes oder Tokaji. *Siehe auch* Tajine (Abschnitt Fleisch).

Seetang (Nori) Hängt ab vom Kontext. *Siehe auch* Sushi (Fisch). Die Jodnote passt gut zu Grünem Veltliner oder Riesling aus Österreich.

Spargel Sowohl grüner als auch weißer Spargel sind leicht bitter und brauchen deshalb Säure – sofern Wein überhaupt nötig ist. Spargel solo: eher kein Wein; Spargel mit anderen Zutaten: Richten Sie sich nach diesen.

Tahini Hat kaum Einfluss auf die Weinauswahl, die hängt vom Rest des Gerichts ab.

Tapenade Manzanilla oder Fino Sherry oder jeder leicht scharfe, trockene Weißwein oder Rosé. Auf keinen Fall Champagner.

Tomaten Brauchen generell säurehaltige Weine; denken Sie an italienische Rote wie Barbera, Etna oder Valpolicella für geschmacksintensive gegarte Tomaten. Zu rohen Tomaten säurehaltige Weiße.

Trüffel Schwarze Trüffeln passen zu feinstem Bordeaux vom rechten Ufer oder zu Volnay, aber noch besser zu gereiftem weißem Hermitage oder Châteauneuf. Weiße Trüffeln verlangen nach dem besten Barolo oder Barbaresco aus ihrer Heimat Piemont. Mit Pasta und Butter: Lugana. Zum Frühstück auf Rührei: Barbera.

Wurzelgemüse, gebraten Sowohl mediterranes als auch Wurzelgemüse haben jede Menge Süße. Rosé, v. a. mit etwas Körper, oder Orange Wine. Leichte Rote mit Säure, um gegen das Dressing zu bestehen. Mit Pesto eher ein Weißwein mit Gewicht.

Zwiebel- oder Lauchtarte Fruchtiger, trockener bis halbtrockener Weißer: Elsässer Pinot gris oder Gewürztraminer sind Klassiker; Riesling aus Kanada, Australien oder Neuseeland; Jurançon. Oder Cabernet franc von der Loire.

Fleisch, Geflügel & Wild

Barbecue Passende lokale Weine kommen aus Australien, Argentinien, Chile, Südafrika. Rote brauchen Tannin, Kraft und Frische. Muss nichts Großartiges sein.

Boudin blanc Chenin blanc, v.a. falls mit Äpfeln serviert: trockener Vouvray, Saumur, Savennières oder aus Südafrika; ohne Äpfel: reifer Pinot noir.

Boudin noir/Morcilla (Blutwurst) Sauvignon blanc oder Chenin blanc aus der Gegend, insbesondere an der Loire. Oder Beaujolais Cru, v. a. Morgon. Oder ein leichter Tempranillo. Oder Fino.

Brasilianische Küche Intensive, würzige Speisen, bei denen sich verschiedene kulinarische Traditionen mischen. Rotweine aus Rhône-Sorten oder Weißweine mit Substanz: Verdicchio, kalifornischer Chardonnay. Oder Caipirinha (aber nur einen).

Bratenreste, Kalte Besser ein sehr aromatischer Weißer als ein Rotwein. Sehr gut passen deutscher oder österreichischer Riesling, ein leichter Chardonnay oder leichter Garnacha. Der Rest aus der Champagnerflasche ist auch gut.

Cajun-Küche Kräftige Rote, am besten aus der Neuen Welt: Zinfandel, Carmenère, Shiraz.
Weißes Fleisch oder Fisch: halbtrockener Riesling, Marsanne, Roussanne. Oder, natürlich, kaltes Bier.

Cassoulet Frischer Rotwein aus dem Südwesten Frankreichs (Corbières, Fitou, Gaillac, Minervois, St. Chinian) oder Baga, Shiraz, Tempranillo.

Chili con Carne Junger Rotwein: Beaujolais, Tempranillo, Zinfandel, argentinischer Malbec, chilenischer Carmenère. Oder Bier.

Chinesische Küche Eine »chinesische Küche« gibt es gar nicht, sie ist aufgeteilt in viele regionale Varianten – wie die italienische Küche, nur noch verwirrender. Am einfachsten ist es, sowohl Weiß- als auch Rotwein parat zu haben; kein einzelner Wein passt zu allem. Pekingente verträgt fast alles. Champagner löscht den Durst, Bier natürlich auch.
Kanton-Art: Üppige, leicht süße Aromen passen zu Chardonnay mit leichter Holznote, Pinot noir, halbtrockener Riesling. Gewürztraminer wird zwar häufig vorgeschlagen, passt aber selten, eher Grüner Veltliner. Der Wein braucht Säure. Trockener Schaumwein (v. a. Cava) passt zur Textur.
Shanghai-Art: Reichhaltiger und öliger als kantonesisches Essen, nicht der ideale Partner für Wein. Es ist nicht so scharf, enthält aber mehr Essig. Deutsche und Elsässer Weißweine, vielleicht ein bisschen süßer als für kantonesische Gerichte. Bei den Roten ist Merlot eine Option, er passt zum Salz. Oder reifer Pinot noir, doch der ist schon fast wieder Verschwendung.
Szechuan-Art: Verdicchio, Elsässer Pinot blanc oder sehr kaltes Bier. Auch hier kann reifer Pinot noir passen (aber *siehe oben).* Der natürliche Partner ist schwarzer Tee.
Taiwanesisch: Lambrusco passt zur traditionellen Taiwan-Küche, wenn Sie kein Bier mehr mögen.

Choucroute garnie (Schlachtplatte) Elsässer Pinot blanc, Pinot gris, Riesling oder Bier.

Confit d'oie/de canard Junger, lebhafter Cabernet franc, kalifornischer Cabernet Sauvignon oder Merlot sowie Priorat nehmen diesem Gericht die Schwere; Elsässer Pinot gris oder Gewürztraminer passen ebenso.

Coq au Vin Roter Burgunder. Der Idealfall ist eine Flasche Chambertin im Gericht und zwei auf dem Tisch. *Siehe auch* Huhn.

Dirty Rice (kreolisch) Voller, geschmeidiger Rotwein: neuseeländischer Pinot noir, Bairrada, Garnacha, Malbec.

Eintopfgerichte Ortsweine aus Burgund oder Gleichwertiges, aber eher einfacher; andernfalls kräftiger, geschmacksintensiver Rotwein, z. B. junger Côtes du Rhône, Corbières, Barbera, Blaufränkisch, Shiraz, Zinfandel o. Ä.

Ente oder Gans Pinot noir steht ganz oben, wie auch ein vergleichbarer Roter, z. B. Garnacha; auch Blaufränkisch. Oder ein gehaltvoller Weißwein, v. a. für Gans: Pfälzer Spätlese oder halbtrockener Elsässer Grand cru. Mit Orangen oder Pfirsichen ist Sauternes zu empfehlen, aber auch Monbazillac bzw. Riesling-Auslese. Reifer, körperreicher Jahrgangschampagner versteht sich überraschend gut mit Rotkohl, ebenso Chianti.

Peking-Ente: Siehe Chinesische Küche.

Wildente: Dafür lohnt es sich, einen guten Pinot noir aufzumachen. Gut ist auch ein österreichischer oder toskanischer Rotwein.

Mit Oliven: Spitzen-Chianti oder ein anderer Toskaner.

Gebratene Entenbrust sowie Confit mit Puy-Linsen: Madiran (am besten), St-Émilion, Fronsac, Maremma.

Gänseleberpastete Süßer Weißwein: Sauternes, Tokaji Aszú 5 Puttonyos, Pinot-gris-Spätlese oder Riesling, Vouvray, Montlouis, Jurançon moelleux, Gewürztraminer. Ein alter trockener Amontillado kann vorzüglich sein.

Warm: Reifer Jahrgangschampagner. Auf keinen Fall Chardonnay, Sauvignon blanc oder irgendein Rotwein.

Gulasch Aromatischer junger Rotwein: ungarischer Kékoportó, Zinfandel, Tannat aus Uruguay, Douro, Mencía, junger australischer Shiraz, Saperavi. Oder trockener Tokaj Szamarodni.

Hammel Der Geschmack ist intensiver als bei Lamm, das Fleisch wird meist durchgebraten. Braucht eine kräftige Sauce. Hier ist ein robuster Rotwein angeraten – und auf jeden Fall erstklassig: reifer Cabernet Sauvignon oder Syrah. Eine gewisse süße Fruchtnote (z. B. Barossa) passt gut.

Hase Hasenpfeffer verlangt nach einem aromareichen Rotwein: nicht zu reifer Burgunder oder Bordeaux, von der Rhône (z. B. Gigondas), Bandol, Barbaresco, Ribera del Duero oder Rioja Reserva. Dasselbe gilt für Hasenrücken oder -ragout mit Pappardelle.

Huhn, Perlhuhn, Pute, gebraten So gut wie jeder Wein, auch bester trockener bis halbtrockener Weißwein und feiner alter Rotwein (v. a. Burgunder). Welcher Wein am besten passt, entscheidet die Sauce.

Frittiert: Schaumwein macht sich gut

Huhn Kiewer Art: Elsässer Riesling, Collio, Chardonnay, roter Bergerac.

Indische Küche Hier gibt es viele Möglichkeiten; trockener Sherry passt ausgezeichnet. Wählen Sie einen einigermaßen gewichtigen Fino zu Fisch und einen Palo Cortado, Amontillado oder Oloroso zu Fleisch, je nach Schwere des Essens. Die Schärfe ist kein Problem, und die Textur passt auch. Ansonsten lieblichen Weißwein ohne Holznote, gut gekühlt: Orvieto abboccato, südafrikanischen Chenin blanc, Elsässer Pinot blanc, Torrontés, indischen Schaumwein, Cava oder Champagner oJ. Rosé passt im Prinzip immer. Tannin – Barolo, Barbaresco bzw. andere geschmacksintensive Rotweine wie Châteauneuf-du-Pape, Cornas, australischer Grenache bzw. Mourvèdre oder Amarone della Valpolicella – betont die Schärfe. Sauer-scharfe Gerichte brauchen einen säurehaltigen Wein.

Japanische Küche Auf Textur und Balance kommt es an, die Aromen sind sehr subtil. Guter reifer Schaumwein passt ebenso wie reifer trockener Riesling: Säure, etwas Körper und Komplexität sind gefragt. Trockener Furmint kann gut passen. Fleischgerichte mit viel Umami freunden sich mit leichten, geschmeidigen Roten wie Beaujolais oder reifem Pinot noir an. Der intensive Geschmack von Yakitori braucht ähnliche Rote in einer lebhaften, fruchtigen, jüngeren Version. Koshu mit rohem Fisch – aber warum nicht gleich Sake? Orange Koshu mit Wagyu-Rindfleisch. *Siehe auch* Sashimi, Sushi, Teriyaki (Fischgerichte).

Kalb Gut für feine Weine. Rioja Reserva, Cabernet-Verschnitte, Pinot noir, Nebbiolo, deutscher oder österreichischer Riesling, Vouvray, Elsässer Pinot gris, italienischer Greco di Tufo.

Kalbsbries Ein reichhaltiges Gericht, also ein großer Weißwein: Rheingau-Riesling, Silvaner-Spätlese aus Franken, Elsässer Grand cru Pinot gris oder Condrieu, abhängig von der Sauce.

Kaninchen Lebendiger, mittelschwerer, junger italienischer Rotwein, etwa Aglianico del Vulture, Refosco; Malbec, Chiroubles, Chinon, oder Roséwein von der Rhône.

Mit Pflaumen: Mächtigerer, gehaltvollerer, fruchtigerer Rotwein.

Als Ragout: Mittelschwerer Rotwein mit genug Säure: Aglianico, Nebbiolo.

Mit Senf: Cahors.

Koreanische Küche Fruchtbetonte Weine scheinen am besten mit dem kräftigen, scharfen Geschmack koreanischer Speisen zurechtzukommen. Probieren Sie Pinot noir, Beaujolais oder Valpolicella, wichtig ist die Säure. Oder nichtaromatische Weiße: Grüner Veltliner, Silvaner, Vernaccia. Auch Bier passt.

Lamm, gebraten Traditionell einer der besten Partner für sehr guten roten Bordeaux oder entsprechende andere Weine. In Spanien feinster alter Rioja, Ribera del Duero Reserva oder Priorat, in Italien ebensolcher Sangiovese. Frische Minze ist gut, aber Minzsauce sollte verboten werden.

Langsam geschmorter Braten: Ideal für Spitzenrotweine, allerdings mit weniger Tannin als für rosa gebratenes Fleisch. *Siehe auch* Tajine.

Milchlamm: Eine so feine Speise verdient einen erstklassigen feinen Bordeaux, Burgunder oder Spanier.

Leber Junger Roter: Bairrada, Médoc, italienischer Merlot, Breganze-Cabernet-Sauvignon, Priorat, St-Joseph, Blaufränkisch, Zinfandel.

Kalbsleber: Roter Rioja Crianza, Fleurie. Oder eine mächtige Pfälzer Riesling-Spätlese.

Mexikanische Küche Kalifornier bevorzugen Riesling, besonders deutschen. Oder Bier.

Moussaka Rot- oder Roséwein: Ajaccio, Corbières, Côtes de Provence, griechischer Rotwein, Sangiovese, Tempranillo, junger Zinfandel.

'Nduja Die würzig-scharfe kalabrische Wurst verlangt nach einem mächtigen, saftigen Rotwein: junger Rioja, Valpolicella, Cabernet franc, Aglianico, Carignan, Nerello Mascalese.

Ochsenbrust, geschmort Ein wunderbar zartes, schmackhaftes Fleisch, das den besten körperreichen Rotweinen schmeichelt: Vega Sicilia, St-Émilion.

Ochsenschwanz Ziemlich gehaltvoller Rotwein: St-Émilion, Pomerol, Pommard, Nuits-St-Georges, Barolo, Rioja Reserva, Priorat oder Ribera del Duero, kalifornischer oder Coonawarra-Cabernet-Sauvignon, Châteauneuf-du-Pape, mittelschwerer Shiraz, Barolo, Amarone.

Ossobuco Geschmeidige, tanninarme Rotweine: Dolcetto d'Alba oder Pinot noir. Oder trockener italienischer Weißwein wie Soave.

Paella Junge spanische Weine: Rote, trockene Weiß- oder Roséweine, z. B. Penedès, Somontano, Navarra oder Rioja.

Pastete Hühnerleber braucht einen pikanten Weißen (Elsässer Pinot gris oder Marsanne) oder milden Roten (leichter Garnacha oder Pinot noir). Zu kräftigeren Pasteten (Entenleber usw.) passt Chianti Classico, Gigondas oder ein guter weißer Graves. Amontillado kann wunderbar sein.

Pastrami Elsässer Riesling, junger Sangiovese, St-Émilion.

Philippinische Küche Der spanische Einfluss auf die Gerichte ist deutlich: viel Knoblauch, Paprikaschoten, Adobo, nicht unbedingt sehr scharf. Einfacher Weißwein mit Säure und ohne Eichennote (Adobo kann sehr essiglastig sein) oder Schaumwein, Côtes de Gascogne, Rueda, Riesling, Rosé, sogar ein leichter Roter.

Pot au feu, Bollito misto, Cocido Rustikale Rotweine aus dem jeweiligen Heimatland; Sangiovese di Romagna, Chusclan, Lirac, Rasteau, portugiesischer Alentejo oder spanischer Yecla bzw. Jumilla.

Quiche Eier und Speck sind nicht ideal für Wein, aber man muss ja etwas trinken. Klassiker sind Elsässer Riesling oder Pinot gris, sogar Gewürztraminer. Beaujolais könnte auch gut sein.

Rindfleisch (*siehe auch* Steak) *Gebraten:* Hierzu passt jede Art von feinem Rotwein, v. a. Pinot noir. *Siehe auch* die nachfolgende Bemerkung zu Senf. Je seidiger das Fleisch texturiert ist, umso seidiger muss der Wein sein.
Gekocht: Rotwein, z. B. ein leichter vom Douro, Blaufränkisch, Pinot noir oder Syrah. Gut ist auch weißer Burgunder aus dem mittleren Segment, z. B. Auxey-Duresses. In Österreich könnte man Ihnen dazu einen Traminer anbieten. Senf lässt tanninreiche Rote sanfter erscheinen, Meerrettich ruiniert Ihren Geschmackssinn – aber manchmal muss man eben Opfer bringen.
Geschmort: Stämmige Rote – Pomerol oder St-Émilion, Cornas, Hermitage, Napa Valley Cabernet Sauvignon, Ribera del Duero, Barbera, Shiraz, roter Douro.
Bœuf Stroganoff: Massiver Rotwein – Amarone, Barolo, Hermitage, Priorat, Zinfandel-Spätlese. Georgischer Saperavi oder moldawischer Negru de Purkar.

Saté Shiraz, Elsässer oder neuseeländischer Gewürztraminer. Mit der Erdnusssauce hat es kein Wein leicht. Vielleicht ein Orange Wine?

Schinken, gegart Ein Geschenk an den Wein. Weicher Pinot noir (Côte de Beaune, Martinborough); Rotwein von der Loire oder Blaufränkisch; lieblicher deutscher Weißwein (Riesling Spätlese); ein leichter Cabernet Sauvignon (z. B. aus Chile) oder Pinot noir aus der Neuen Welt. Schinken und Sherry sind eine göttliche Kombination.

Schweinefleisch Eine kräftige Grundlage für leichte Rote oder reichhaltige Weiße.
Gebraten: Ein ★★★-Wein sollte es schon sein, z. B. ein Médoc. Zu portugiesischem Spanferkel trinkt man Bairrada, zu Schweinefleischgerichten aus Südamerika Carignan, zu chinesischen Pinot noir.
Mit Backpflaumen oder Aprikosen: Etwas Süßeres, z. B. Vouvray.
Mangalica-Schwein: Das fette Fleisch des Wollschweins liegt im Trend. Kékfrankos oder ein anderer lebhafter Roter.
Schweinebauch: Langsam gegart und sehr zart, benötigt er einen Roten mit ausreichend Tannin oder Säure, vielleicht einen Italiener: Barolo, Dolcetto oder Barbera. Sonst Loire-Rotwein, leichter argentinischer Malbec. Chinesisch gewürzt: Viognier, Chenin blanc.
Pulled Pork: Wird mit einer würzigen Sauce serviert: saftiger Rotwein aus der Neuen Welt.

Singapur-Küche Teils indisch, teils malaysisch, teils chinesisch. Sehr kräftige Geschmacksnoten, nicht einfach mit Wein. Halbtrockener Riesling ist einen Versuch wert. Zu Fleischgerichten reife, geschmeidige Rote: Valpolicella, Pinot noir, Dornfelder, Merlot ohne Holznote oder Carmenère.

Steak Ein rare gebratenes Steak braucht energischere, tanninreichere Rotweine, für ein durchgebratenes müssen sie eher saftig und fruchtig sein, etwa argentinischer Malbec. Fettere Stücke verlangen nach Säure und Tannin.
Bistecca alla fiorentina: Chianti Classico Riserva oder Brunello.
Filet: Seidiger Rotwein wie Pomerol.
Hüftsteak: Die meisten guten Roten passen: Bordeaux-Verschnitte, Toskaner.
Koreanisches Yuk Whe (das weltbeste Steak Tatar): Sake.
Pfeffersteak: Eher junger Roter von der Rhône oder Cabernet Sauvignon. Nichts, was zu süß-fruchtig ist.
Ribeye, Tomahawk, Tournedos: Mächtige, eindringliche Rote: Barolo, Cahors, Shiraz, Rioja.

Tatar: Wodka oder ein leichter, junger Rotwein: Beaujolais, Bergerac, Valpolicella.

T-Bone: Strukturreicher Rotwein wie Barolo, Hermitage, australischer Cabernet Sauvignon oder Shiraz, chilenischer Syrah, Douro.

Wagyu: Ein feiner, seidiger Roter oder Orange Wine.

Von älteren Rindern: Tief, üppig, deftig. Italienischer oder spanischer Spitzenrotwein.

Tajine (nordafrikanisches Schmorgericht) Kommt drauf an, was unter dem Deckel schmort, doch fruchtige junge Rote sind meist gut: Valpolicella, Merlot, Sangiovese, Shiraz, Tempranillo. Amontillado ist großartig, Amarone hat gerade viele Anhänger.

Huhn mit eingelegten Zitronen und Oliven: Viognier.

Tandoori Chicken Riesling oder Sauvignon blanc, junger roter Bordeaux oder ein leichter, gekühlter Roter aus Norditalien. Ebenso Cava oder Champagner oJ, aber natürlich auch Palo Cortado oder Amontillado Sherry.

Taube Pinot noir passt perfekt; sonst junger Rhône-Wein, argentinischer Malbec, junger Sangiovese. Oder probieren Sie eine Silvaner-Spätlese aus Franken.

Thai-Küche Ingwer und Zitronengras passen zu pikantem Sauvignon blanc (Loire, Australien, Neuseeland, Südafrika) oder Riesling (Spätlese oder aus Australien). Die meisten Currys mögen aromatische Weiße mit einem Hauch Süße wie Gewürztraminer.

Vietnamesische Küche Riesling, trocken oder als Spätlese aus Deutschland, Österreich, Neuseeland. Auch Grüner Veltliner oder Sémillon; bei Rotwein Blaufränkisch, Cabernet franc, Pinot noir.

Vitello tonnato Körperreicher Weißwein, v. a. Chardonnay; leichter Rotwein (z. B. Langhe Nebbiolo, Tempranillo), kühl serviert. Oder ein Rosé aus dem Süden.

Wachtel Rote oder weiße Rioja Reserva, reifer roter Bordeaux, Pinot noir. Oder ein milder Weißer wie Vouvray oder Hunter Valley Semillon.

Wild Mächtige Rotweine, u. a. Mourvèdre – reinsortig oder in Verschnitten. Rhône-Wein, Languedoc, Barolo, Bordeaux, neuseeländischer oder kalifornischer Cabernet Sauvignon eines reifen Jahrgangs; auch voller Weißwein, z. B. Pfälzer Spätlese oder Elsässer Pinot gris.

Wild mit süß-scharfer Beerensauce: Probieren Sie einen deutschen Riesling Großes Gewächs oder einen chilenischen Carmenère oder einen Syrah.

Wildgeflügel *Jung, gebraten:* Der beste Rotwein, den man auftreiben kann, aber nicht zu schwer. Rebhuhn ist feiner als Fasan, der wiederum feiner ist als Moorhuhn. Entsprechend geht es mit dem Gewicht der Weine aufwärts, beginnend mit jungem Pinot noir, Blaufränkisch, Syrah, Garnacha und so weiter.

Ältere Exemplare in der Kasserolle: Gevrey-Chambertin, Pommard, Châteauneuf-du-Pape, St-Émilion Grand cru classé, Rhône-Wein.

Gut abgehangen: Vega Sicilia, ein großer Roter von der Rhône oder neuseeländischer Syrah. Château Musar aus dem Libanon.

Kaltes Wildgeflügel: Bester deutscher Riesling oder reifer Jahrgangschampagner.

Wildpastete *Kalt:* Guter weißer Burgunder oder ein Erstes Gewächs aus Deutschland, roter Etna oder Champagner.

Warm: Rotwein: Pinot noir aus Oregon, St-Émilion Grand cru classé.

Wildschwein Spitzen-Toskaner oder Rioja, neuseeländischer Syrah. Ich habe auch schon Port dazu getrunken; ein Kompromiss wäre Amarone.

Zunge Ausladender Rot- oder Weißwein. Elsässer Gewürztraminer oder Pinot gris, guter Grüner Veltliner. Auch Rotwein von der Loire, Blaufränkisch, Tempranillo sowie voller, trockener Rosé.

Desserts

Apfelkuchen, -strudel oder -tarte Süßer Weißwein aus Deutschland, Österreich oder von der Loire, Tokaji Aszú oder kanadischer Eiswein.

Birnen in Rotwein Rivesaltes, Banyuls oder Riesling-Beerenauslese.

Crème brûlée Sauternes oder Rheinwein-Beerenauslese bzw. bester Madeira oder Tokaji Aszú.

Cremes und Puddings Sauternes, Loupiac, Ste-Croix-du-Mont oder Monbazillac. *Siehe auch* Schokoladen-, Kaffee-, Rumdesserts.

Eiscreme und Sorbet Zu Vanilleeis PX oder australischer Liqueur Muscat. Sorbets: Lassen Sie dem Wein eine Pause.

Himbeeren (ohne Sahne, wenig Zucker) Sehr gut zu feinen Rotweinen, die selbst eine Himbeernuance besitzen: junger Juliénas, Regnié. Noch besser: mit Sahne und etwas aus dem Sauternes-Spektrum.

Kaffeedesserts Süßer Muscat, australischer Liqueur Muscat, Tokaji Aszú.

Käsekuchen Süßer Weißwein (Vouvray, Anjou) oder Vin Santo – nichts allzu Spezielles.

Kuchen und Gebäck Bual- oder Malmsey-Madeira, Oloroso oder Cream Sherry. Asti, lieblicher Prosecco. *Siehe auch* Schokoladen-, Kaffee-, Rumdesserts.

Meringen (Baisers) Recioto di Soave, Asti oder reifer Jahrgangschampagner.

Nüsse Feinster Oloroso Sherry, Madeira, Jahrgangs-Port oder Tawny (ideal für Walnüsse), Tokáji Aszú, Vin Santo, Moscatel de Setúbal. Cashews mit Champagner sind fantastisch, Pistazien passen besser zu Fino.
Salziges Nussparfait: Tokaji Aszú, Vin Santo.

Orangengeschmack, Desserts mit Versuchsweise alter Sauternes, Tokaji Aszú oder kalifornischer Orange Muscat.

Panettone Vinsanto. Jurançon moelleux, Riesling-Spätlese, Barsac, Tokaji Aszú.

Pecan Pie Orange Muscat oder Liqueur Muscat.

Rumdesserts (Baba, Mousse) Muscat – vom Asti bis zu australischem Likörwein, je nach Schwere des Desserts.

Schokoladendesserts Hier zählt die Textur. Bual, kalifornischer Orange Muscat, Tokaji Aszú, australischer Liqueur Muscat, 10-Year-Old Tawny oder sogar junger Vintage Port, Asti für leichte, luftige Mousse. Oder Vin doux naturel Banyuls, Maury oder Rivesaltes. Manche mögen Médoc zu schwarzer Bitterschokolade, ist aber eher eine Verschwendung für beide. Syrah mit Bitterschokolade geht gar nicht, das habe ich ausprobiert. Armagnac oder guter Rum.

Soufflés, süß Sauternes oder Vouvray moelleux; süßer (oder reichhaltiger) Champagner.

Tiramisu Vin Santo, junger Tawny, Muscat de Beaumes-de-Venise, Sauternes oder australischer Liqueur Muscat. Noch besser: gar kein Wein.

Trifle Sollte bereits reichlich mit Sherry (Oloroso) getränkt sein.

Walderdbeeren *Ohne Sahne:* Mit rotem Bordeaux (sehr erlesen ist Margaux) übergießen.
Mit Sahne: Sauternes oder ähnlicher süßer Bordeaux, Vouvray moelleux oder Jurançon Vendange Tardive.

Zabaglione Leichter, goldener Marsala, edelfauler australischer Semillon oder italienischer Asti.

Zitronengeschmack, Desserts mit Für Nachspeisen wie Tarte au Citron bietet sich süßer deutscher oder österreichischer Riesling an, aber auch Tokaji Aszú – je saurer das Dessert, desto süßer der Wein.

Wein & Käse

Anders als man meinen möchte, sind Weißweine hier sicherer als Rote. Feine Rotweine werden von kräftigen Käsesorten geradezu erschlagen. Trotz gewisser Ausnahmen sollte man sich an folgende Prinzipien halten: Je härter der Käse ist, desto tanninhaltiger darf der Wein sein. Und je cremiger der Käse ist, desto mehr Säure benötigt der Wein – und keine Angst vor Süße! Käse wird durch seine Konsistenz und die Beschaffenheit seiner Rinde klassifiziert. Sein Aussehen gibt daher schon einen Hinweis darauf, welcher Wein zu ihm passt.

Blauschimmelkäse Der hohe Salzgehalt von Roquefort und den meisten anderen Blauschimmelkäsen erfordert Süße beim Wein: Sauternes, Tokaji, relativ junger Vintage oder Tawny Port, v. a. mit Stilton. Gehaltvoller alter Oloroso, Amontillado, Madeira, Marsala und andere gespritete Weine passen zu den meisten Blauschimmelsorten. Trockener Rotwein nicht. Ganz sicher.

Frischkäse, Rahmkäse, Fromage frais, Mozzarella Leichter, knackiger Weißwein wie Bergerac, aus dem Jura oder von der Loire. Auch ein saftiger Rosé kann passen.

Gerichte mit geschmolzenem Käse *Fondue:* Liegt wieder im Trend. Leichter, frischer Weißer wie unten.

Frico: Ein traditionelles Gericht im Friaul. Der Käse wird mit Kartoffeln oder Zwiebeln in der Pfanne geröstet oder gebacken. Säurereicher lokaler Refosco (rot) oder Ribolla Gialla (weiß).

Makkaroni oder Blumenkohl mit Käse überbacken: *Siehe unter* Blumenkohl (Vegetarische Gerichte).

Mont d'Or: Gebacken und mit Kartoffeln serviert eine Köstlichkeit. Relativ neutraler, frischer Weißwein: Grüner Veltliner, Savagnin aus dem Jura.

Halbweicher Käse mit graurosa, dicker Rinde: Livarot, Pont l'Evêque, Reblochon, Tomme de Savoie, St-Nectair Kräftiger weißer Bordeaux, sogar Sauternes, Chardonnay, Elsässer Pinot gris, trockener Riesling, süditalienischer oder sizilianischer Weißer, alter weißer Rioja, trockener Oloroso-Sherry. Die geschmacksintensivsten Vertreter dieser Käsesorten sind tödlich für fast jeden Wein. Probieren Sie Marc oder Calvados.

Hartkäse – Gruyère, Manchego, Parmesan, Cantal, Comté, alter Gouda, Cheddar Schwierig für eine allgemeine Regel, aber leicht, im Einzelfall das Richtige zu finden. Gouda, Gruyère und einige englische Käsesorten harmonieren gut mit feinem rotem Bordeaux oder Cabernet Sauvignon sowie großen Shiraz-/Syrah-Weinen. Kräftige Käse indessen verlangen nach weniger edlen Weinen, vorzugsweise lokalen Erzeugnissen. Der rote holländische Mimolette, der Comté oder der Beaufort passen zu einem feinen, reifen Bordeaux. Oder zu Tokaji Aszú. Sie können aber auch Weißwein probieren: aus dem Jura, Vin Jaune.

Käse mit natürlicher Rinde (insbesondere Ziegenkäse) – St-Marcellin Sancerre, leichter Sauvignon blanc, Jurançon, Savoie, Soave, italienischer Chardonnay; oder junger Vintage Port.

Weichkäse mit flaumiger Rinde: Brie, Camembert, Chaource Voller trockener weißer Burgunder oder Rhône-Wein. Kein tanninbetonter Roter.

Würziger Weichkäse mit gewaschener oder klebriger orangeroter Rinde: Langres, reifer Epoisses, Maroilles, Carré de l'Est, Milleens, Münsterkäse Lokale Rotweine, besonders zu Burgunder-Käse; lebhafter Languedoc, Cahors, Côtes du Frontonnais, Bairrada sowie Wein aus Korsika, Süditalien oder Sizilien. Auch kräftige Weißweine, v. a. elsässischer Gewürztraminer oder Muscat. Zu Münsterkäse immer Gewürztraminer.

Technische Weinsprache

In jedes Gespräch über Weinstile und veränderte Moden schleichen sich unweigerlich Begriffe aus der Kellertechnik und Weinbereitung ein. Die folgenden verwenden wir in diesem Buch am häufigsten.

Alkoholgehalt (vorwiegend Ethanol) – Er wird in Volumenprozent (Vol.-%) angegeben, d. h. in Prozent des Gesamtflüssigkeitsvolumens. Tischwein enthält in der Regel zwischen 12,5 und 14,5 Vol.-%. Den Alkoholgehalt unter Kontrolle zu halten ist eine der großen Herausforderungen für den modernen Weinbau.

Alte Reben ergeben einen intensiveren Geschmack. Der Begriff ist aber gesetzlich nicht definiert: Manche *vieilles vignes* sind ca. 30 Jahre alt, doch 50 oder mehr Jahre sollten es schon sein, um ernst genommen zu werden.

Amphoren Das Gärgefäß von vor 7.000 Jahren feiert gerade fröhliche Urständ. Amphore öffnen, Trauben einfüllen, Amphore verschließen und in sechs Monaten wiederkommen. Riskant. Heißt in Spanien *tinaja* und in Portugal *talha*.

Betoneier Die aufrecht stehenden Gärbehälter in Eiform sind zurzeit schwer in Mode; durch die Form bleibt der Hefesatz in Bewegung. Beton hat insgesamt in einer Weinwelt, die sich teilweise von der Eiche abwendet, viele Anhänger gefunden.

Biodynamisch Diese Methode des Weinbaus verwendet Präparate aus Kräutern, Mineralien und organischen Stoffen in homöopathischen Mengen und richtet sich auch nach den Mondphasen und den Bewegungen der Planeten. Ist inzwischen fast Mainstream geworden.

Biologischer Säureabbau (BSA) Inkorrekt auch malolaktische oder Zweitgärung genannt, findet der BSA nach der alkoholischen Gärung statt: Die scharfe Apfelsäure wird in die mildere Milchsäure umgewandelt. Sowohl Rot- als auch Weißweine können dabei komplexer werden. Wird in heißen Gegenden, wo der Säuregehalt von Natur aus gering und daher kostbar ist, meist vermieden.

Bio/öko Beim ökologischen/biologischen Weinbau (die Begriffe werden gleichbedeutend verwendet) sind die meisten chemischen Produkte im Weinberg verboten. Ein als Bio-Wein etikettierter Wein darf nur in geringem Umfang geschwefelt werden und muss von biologisch angebauten Trauben erzeugt sein.

Fässer Kleine Barriques (225-l-Eichenfässer) für die Gärung und/oder Reifung von Wein zu verwenden ist nicht die einzige Option, und Vanille aus neuer Eiche ist nicht das einzige Aroma. Größere Fässer geben weniger Eichennoten ab, und die wachsende Nachfrage nach gebrauchten Fässern hat denselben Grund. Akazie mit ihrer feinen aromatischen Note kann gut für Weißwein sein.

Ganztraubenvergärung ist vor allem für Pinot noir beliebt: Ganze Trauben werden mit Stielen in den Gärbehälter gefüllt. Liefert eine merkliche Herzhaftigkeit, Pfeffer, Lebhaftigkeit, Länge, Raffinesse, Geradlinigkeit. Kann das Aroma dominieren.

Gemischter Satz/Mischsatz Englisch »field blend«: Unterschiedliche Sorten wachsen im selben Weingarten und werden auch gemeinsam gelesen und vergoren. Derzeit ein Megatrend und geschmacklich sehr unterschiedlich.

Kohlensäuremaischung Ganze (rote) Trauben werden in einen verschlossenen Behälter gefüllt, woraufhin ohne Zugabe von Hefe die Gärung innerhalb der einzelnen Beeren stattfindet. Sorgt für einen leichten, saftigen Stil.

Mikrooxidation Methode, den Wein während der Reifezeit kontrolliert mit Sauerstoff in Kontakt treten zu lassen. Macht den Geschmack weicher und hilft, den Wein zu stabilisieren.

Mineralisch Ein Verkostungsbegriff, der mit Vorsicht verwendet werden sollte: als Beschreibung für kreidige/steinige Eigenschaften eines Weins in Ordnung; oft aber falsch verwendet, um zu implizieren, dass Mineralien aus dem Boden in den Wein gelangt seien. Das ist unmöglich.

Naturwein Es gibt keine feste Definition für diese Art Weine, hat aber auf jeden Fall mit ökologischem oder biodynamischem Weinbau zu tun sowie mit minimalen Eingriffen in der Kellerei und minimaler oder gar keiner Zugabe von SO_2. Die besten sind großartig; als Ausrede für Fehler darf »natürlich« aber nicht gelten. Werden nicht selten in Amphoren oder Betoneiern bereitet.

Orange Wines Dies sind tanninhaltige, auf den Schalen vergorene Weißweine, womöglich in Amphoren. Wie bei den Naturweinen gibt es gute und weniger gute. Als Essensbegleiter ausgezeichnet.

Pét-Nat (pétillant naturel) Wein, der vor dem Ende der Gärung in Flaschen abgefüllt wird. Die Gärung setzt sich dort fort; der Wein perlt, behält etwas Restsüße und ist relativ alkoholarm. Derzeit ungeheuer in Mode.

pH-Wert Nicht wirklich ein Maß für den Säuregehalt, doch ein niedriger pH-Wert bedeutet in der Regel auch viel Säure. Im Wein beträgt der pH-Wert normalerweise 2,8 bis 3,8. In heißen Ländern kann ein zu hoher pH-Wert zum Problem werden. Ein niedriger pH-Wert ergibt eine bessere Farbe, wirkt schädlichen Bakterien entgegen und lässt mehr freies, konservierendes SO_2 zu – ist also im Allgemeinen ein gutes Zeichen.

Restsüße ist der nach Beendigung oder Unterbrechung der Gärung im Wein verbliebene Gesamtzucker, gemessen in Gramm pro Liter (g/l). Trockener Wein hat fast keine Restsüße.

Säure kommt im Wein in nichtflüchtiger und in flüchtiger Form vor. **Nichtflüchtige Säuren** sind v. a. Wein-, Apfel- und Zitronensäure aus der Traube sowie Milch- und Bernsteinsäure aus der Gärung. Die Säure kann von Natur aus vorhanden oder (in warmen Klimata) künstlich zugesetzt sein. Die wichtigste **flüchtige Säure** ist Essigsäure, die bei Sauerstoffkontakt von Bakterien gebildet wird. Ein Hauch an flüchtiger Säure ist nicht ungewöhnlich und kann die Komplexität erhöhen. Zu viel davon, und es gibt Essig. Gesamtsäure nennt man die Summe aus flüchtigen und nichtflüchtigen Säuren.

Schwefeldioxid (SO_2) gibt man dem Wein bei, um Oxidation oder andere Fehlentwicklungen bei der Weinbereitung zu verhindern. Ein Teil des SO_2 verbindet sich mit dem Zucker und ist also »gebunden«. Nur »freies« SO_2 wirkt konservierend. Der Trend weltweit geht dahin, weniger SO_2 zu verwenden. Ganz darauf zu verzichten, verlangt Mut.

Tannine (Gerbstoffe) sind ein wesentlicher Bestandteil der meisten Rotweine, aller Orange Wines und auch einiger Weißer. Sie stammen aus den Traubenschalen und -kernen. Die Tanninreife in den Trauben tritt normalerweise nach der Zuckerreife auf, und wer in warmen Klimata auf Erstere warten muss, hat sich auf hohe Alkoholgrade einzustellen.

Terroir nennt man die Grundidee, dass Boden, Klima, Ausrichtung zur Sonne und Höhenlage im Zusammenspiel jedem Weinberg einen eigenen Fingerabdruck verleihen. Je kleiner und besser das betreffende Gebiet ist, umso mehr gewinnt das Terroir an Bedeutung. Hohe Erträge, überreife Trauben, stark interventionistische Weinbereitung usw. tendieren dazu, das Terroir zu verschleiern. Mehr Kellermeister reden darüber, »das Terroir auszudrücken«, als es tatsächlich zu tun.

Toastwürze kommt von der Anröstung des Fasses auf der Innenseite, die dafür sorgt, dass der Wein die Holzaromen integrieren kann. Eine zu starke Anröstung verleiht dem Wein karamellähnliche, verkohlte Aromen, zu wenig kann paradoxerweise die Holznote zu stark werden lassen.

Die richtige Temperatur

Nichts tut einem Wein beim Servieren so wohl oder weh wie die Temperatur. Weißwein schmeckt langweilig, wenn er zu warm ins Glas kommt, und Rotwein zeigt enttäuschend wenig Duft und Geschmacksfülle, wenn er zu kalt ist. Nachstehend sollen einige Hinweise auf die richtige Serviertemperatur für verschiedene Weine gegeben werden.

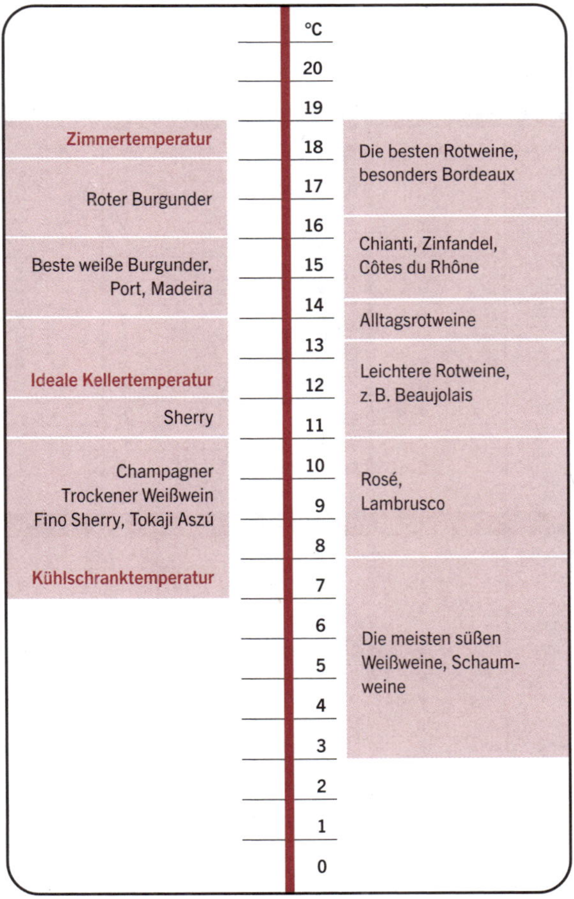

Übersichtstabelle der Weinjahrgänge

Diese Tabellen sollen ein allgemeines Bild der in den Hauptanbaugebieten erzeugten Qualitäten vermitteln und als Anleitung dienen, ob ein Wein getrunken oder noch aufbewahrt werden sollte. Verallgemeinerungen sind unvermeidlich.

[trinken] jetzt trinken	[lagern] muss noch länger lagern
[Genuss] kann jetzt mit Genuss getrunken werden, bessere Weine lohnen jedoch weitere Aufbewahrung	[meiden] meiden
	0 nicht gut
	10 am besten

	Deutschland		Italien		Spanien
Jahrgang	Rhein	Mosel	Piemont rot	Toskana rot	Rioja
2022	6–8 [lagern]	6–8 [lagern]	7–8 [lagern]	7–9 [lagern]	6–7 [lagern]
2021	7–8 [lagern]	6–7 [lagern]	7–8 [lagern]	8–9 [lagern]	7–8 [lagern]
2020	6–8 [Genuss]	7–8 [Genuss]	7–8 [lagern]	7–8 [lagern]	6–7 [lagern]
2019	6–8 [Genuss]	7–8 [Genuss]	7–9 [lagern]	8–9 [lagern]	8–9 [lagern]
2018	8–9 [Genuss]	8–9 [Genuss]	7–9 [lagern]	7–8 [lagern]	7–8 [Genuss]
2017	7 [Genuss]	7–8 [Genuss]	6–7 [Genuss]	6–7 [Genuss]	7–9 [Genuss]
2016	7–8 [Genuss]	7–8 [Genuss]	8–9 [lagern]	7–9 [Genuss]	6–7 [Genuss]
2015	8–9 [Genuss]	8–9 [Genuss]	8–9 [Genuss]	7–8 [Genuss]	8–9 [Genuss]
2014	5–6 [Genuss]	6–7 [Genuss]	6–7 [Genuss]	6–7 [Genuss]	7–8 [Genuss]
2013	6–7 [Genuss]	5–6 [Genuss]	7–9 [Genuss]	6–8 [Genuss]	6–8 [trinken]
2012	7–8 [Genuss]	7–8 [Genuss]	5–7 [Genuss]	5–7 [trinken]	7–9 [trinken]
2011	8–9 [Genuss]	8–10 [Genuss]	6–7 [trinken]	5–8 [trinken]	7–8 [Genuss]
2010	6–8 [trinken]	6–8 [Genuss]	8–9 [Genuss]	7–8 [Genuss]	8–9 [Genuss]

	Australien		Champagne		Port	
Jahrgang	Barossa Shiraz	Marg. R. Chard.	Jahrgang		Jahrgang	
2022	6–8 [lagern]	8–9 [lagern]	2022	7–8 [lagern]	2022	7–9 [lagern]
2021	9–10 [lagern]	9–10 [Genuss]	2021	5–7 [lagern]	2021	7–8 [lagern]
2020	8–9 [lagern]	9–10 [Genuss]	2020	8–9 [lagern]	2020	6–7 [lagern]
2019	7–8 [Genuss]	6–8 [Genuss]	2019	8–9 [lagern]	2019	5–8 [lagern]
2018	7–8 [Genuss]	7–8 [Genuss]	2018	6–9 [lagern]	2018	7–9 [lagern]
2017	7–8 [Genuss]	6–7 [Genuss]	2017	6–8 [lagern]	2017	8–10 [lagern]
2016	8–9 [Genuss]	7–9 [Genuss]	2016	7–9 [lagern]	2016	8–9 [lagern]
2015	8–9 [Genuss]	8–9 [Genuss]	2015	6–9 [Genuss]	2015	8–9 [Genuss]
2014	6–7 [Genuss]	8–9 [Genuss]	2014	6–7 [Genuss]	2014	6–9 [Genuss]
2013	7–9 [Genuss]	8–10 [Genuss]	2013	7–8 [Genuss]	2013	5–8 [Genuss]
2012	8–9 [Genuss]	8–9 [Genuss]	2012	8–9 [Genuss]	2012	7–8 [trinken]
2011	4–5 [trinken]	8–9 [Genuss]	2011	6–7 [Genuss]	2011	8–10 [Genuss]

	Kalifornien		Neuseeland		Südafrika
Jahrgang	Cabernet	Chardonnay	Hawke's B. rot	Marlb. weiß	Stellenbosch rot
2022	7–8 [lagern]	7–8 [Genuss]	6–7 [lagern]	6–7 [Genuss]	6–8 [lagern]
2021	7–8 [lagern]	7–8 [Genuss]	7–8 [lagern]	7–8 [Genuss]	8–9 [lagern]
2020	6–8 [lagern]	6–8 [Genuss]	7–9 [lagern]	7–9 [Genuss]	8–9 [lagern]
2019	7–8 [Genuss]	6–8 [Genuss]	7–9 [lagern]	7–9 [Genuss]	7–9 [Genuss]
2018	6–9 [Genuss]	6–9 [Genuss]	6–7 [lagern]	6–7 [Genuss]	7–8 [Genuss]

Frankreich

Jahrgang	Roter Bordeaux: Médoc/Graves	Roter Bordeaux: Pom/St-Ém	Weißer Bordeaux: Sauternes & süß	Weißer Bordeaux: Graves & trocken	Elsass
2022	7–8	7–8	7–9	6–7	6–7
2021	5–7	5–7	7–8	7–9	6–8
2020	7–8	7–9	7–8	7–8	8–9
2019	7–9	6–9	7–8	7–9	6–8
2018	8–9	8–9	7–9	7–8	7–8
2017	6–8	6–7	8–9	7–8	9–10
2016	8–9	8–9	8–10	7–9	7–8
2015	7–9	8–10	8–10	7–9	7–9
2014	7–8	6–8	8–9	8–9	7–8
2013	4–7	4–7	8–9	7–8	8–9
2012	6–8	6–8	5–6	7–9	8–9
2011	7–8	7–8	8–10	7–8	5–7
2010	8–10	7–10	7–8	7–9	8–9
2009	7–10	7–10	8–10	7–9	8–9
2008	6–8	6–9	6–7	7–8	7–8
2007	5–7	6–7	8–9	8–9	6–8
2006	7–8	7–8	7–8	8–9	6–8
2005	9–10	8–9	7–9	8–10	8–9
2004	7–8	7–9	5–7	6–7	6–8

Frankreich Fortsetzung

Jahrgang	Burgund: Côte d'Or rot	Burgund: Côte d'Or weiß	Burgund: Chablis	Rhône: Nord	Rhône: Süd
2022	7–9	7–9	7–8	7–8	6–8
2021	6–8	7–8	7–8	6–8	6–8
2020	6–8	7–9	6–8	7–8	6–8
2019	7–9	7–10	7–9	8–9	7–9
2018	6–9	7–8	7–9	7–9	6–8
2017	6–9	8–9	8–9	7–9	7–9
2016	7–8	6–8	5–7	7–9	8–9
2015	7–9	6–8	7–8	8–9	8–9
2014	6–8	8–9	7–9	7–8	6–8
2013	5–7	6–7	6–8	7–9	7–8
2012	8–9	7–8	7–8	7–9	7–9
2011	7–8	7–8	7–8	7–8	6–8
2010	8–10	8–10	8–10	8–10	8–9
2009	7–10	7–8	7–8	7–9	7–8

Beaujolais 22 21 20 19 18 17 15 14; Crus länger haltbar. **Mâcon-Villages** (weiß): 22 21 20 19 18 17 15. **Loire** süße Weine aus dem Anjou und der Touraine: 22 21 20 19 18 15 10 09 07 05 02 97 96 93 90; Bourgueil, Chinon, Saumur-Champigny: 22 21 20 19 18 17 15 14 10 09 06 05 04; Sancerre, Pouilly-Fumé: 22 21 20 19 18 17 15 14; Muscadet: 22 21 20 19 18 17 16 15 14.

Frankreich

Die folgenden Abkürzungen werden im Text verwendet:

Beauj	Beaujolais
Bg	Burgund
Bx	Bordeaux
Cas	Castillon – Côtes de Bordeaux
Champ	Champagne
El	Elsass
Fron	Fronsac
H-Méd	Haut-Médoc
Lang	Languedoc
Lo	Loire
Méd	Médoc
N-Rh	Nördliche Rhône
Prov	Provence
Rouss	Roussillon
Saut	Sauternes
Sav	Savoyen
S-Rh	Südliche Rhône
SWF	Südwestfrankreich
ZF	Zentralfrankreich
AC	Appellation Contrôlée
Ch(x).	Château(x)
Dom.	Domaine

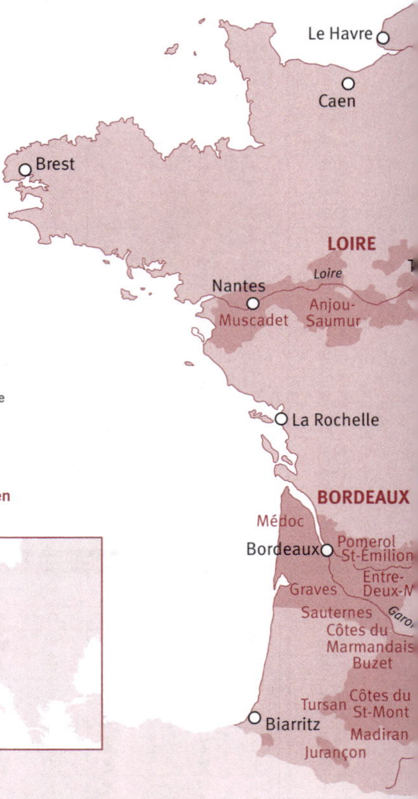

Die dunklen Flächen bezeichnen die Weinbaugebiete

Die Unterteilung von Wein in »Luxusgüter« und »alles Übrige« macht Frankreich ebenso zu schaffen wie anderen Ländern, vielleicht sogar noch mehr, da seine Aushängeschilder Bordeaux und Champagner schon früh in diese Kategorie fielen. Nun hat sich auch der Burgunder mit drastischen Preiserhöhungen voll und ganz als Luxusgut etabliert. Viele andere Weine streben dieses Niveau an, die teuersten Rosés zum Beispiel. (Woran erkennt man, ob der teuerste Wein wirklich zwei- oder dreimal so gut und nicht nur zwei- oder dreimal so teuer ist wie einer der nächstniedrigeren Kategorie?) Gleichwohl gibt es noch eine ganze Reihe von Weinen, die zwar nicht zu den Schnäppchen zählen, aber dennoch ein gutes Preis-Leistungs-Verhältnis bieten. Das Elsass

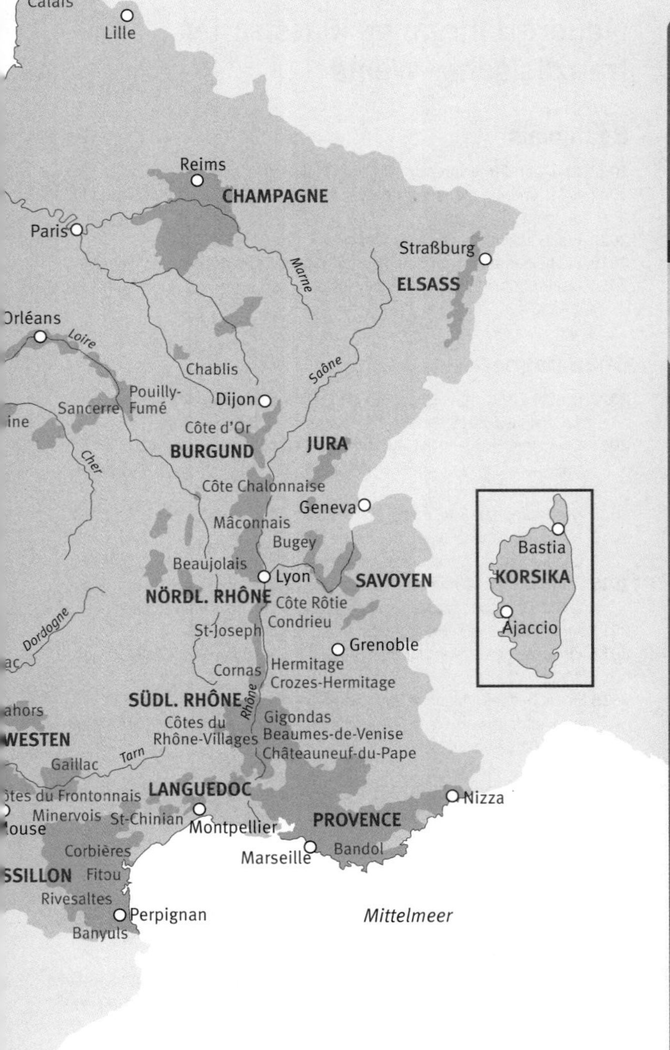

zum Beispiel: dankenswerterweise unmodern und besser denn je. Auch die Loire: So sollte Sauvignon blanc schmecken. Die Chenin-blanc-Weine können glorios sein, ebenso wie die leichten, frischen Rotweine. An der Rhône werden wunderbar elegante Gewächse erzeugt, weiß wie rot, und auch hier ist man relativ unmodern. Ein Hoch aufs Unmoderne! Und dann ist da noch der Süden: riesig, vielfältig und preislich oft äußerst attraktiv. Schauen Sie einfach, wo die Investoren kaufen – und kaufen Sie woanders.

Verweise können sich auch auf das Kapitel »Die Châteaux von Bordeaux« beziehen.

Neuere Jahrgänge klassischer französischer Weine

Beaujolais

2022 Geringer Ertrag von guter Qualität. Vielversprechend.
2021 Frost und ein grauenhaft nasser Sommer – eine Herausforderung für die Winzer.
2020 Erschreckend frühe Lese, aber vielversprechende Qualität.
2019 Ein heißer, trockener Sommer und supersaftige, angenehme Weine.
2018 Heißer Sommer; einige Weine sind dennoch erfreulich und schön ausgewogen.

Champagne

2022 Großer Ertrag, gute Qualität: eine Erleichterung. Der Sommer war ähnlich heiß wie 2018, die Wachstumsperiode allerdings länger.
2021 Ein kaltes Frühjahr mit Aprilfrost und Mehltau führte zu massiven Ertragseinbußen, v.a. im Marne-Tal. Ein ebenso regenreiches Jahr wie 2001 und 2011.
2020 Das triumphale Trio: 2018, 2019, 2020. Herrlich reife Weine.
2019 Hervorragende Qualität. Die Weine sind reintöniger, spannungsreicher, und ihr Säurespiel ist besser als im bejubelten Jahrgang 2018.
2018 Der beste Pinot noir kommt aus den Grands crus nördlich von Montagne. Chardonnay uneinheitlich (Hitzestress), teils fehlt es an Säure.
2017 Athletische Weine voller Anmut und Energie.
2016 Ein unterbewerteter Jahrgang. Viel Freude schenken die Pinot-noir-Weine.
2015 Ein heißes Jahr. Manche Weine wirken schweißig, mit verwischten Aromen, andere sind kleine Triumphe: klassische, fein gemeißelte Weine einer späten Saison.

Weitere gute Jahrgänge: 2012, 2010, 2009, 2008, 2007, 2006, 2004, 2002, 2000, 1998, 1996, 1995, 1992, 1990.

Elsass

2022 Der sengenden Hitze von Juni bis Mitte August folgte lebensrettender Regen. Am besten sind die Weine aus Ton-Kalkstein-Böden; der Säuregehalt ist eher gering.
2021 Sintflutartiger Regen und Rebkrankheiten machten den Pinot-Varietäten zu schaffen, während Riesling vom sonnigen September profitierte.
2020 Möglicherweise ein Jahrgang mit ungeheuer raffinierten, eleganten und duftenden Weinen, da die Erzeuger den Klimawandel nun in den Griff bekommen.
2019 Ein heißer Sommer. Nach Osten ausgerichtete (Grand-cru-)Lagen erbringen teils sehr gute, reife und trockene Weine (Riesling, Pinot gris, Gewürztraminer). Problematisch könnten Weine aus der Ebene sein.
2018 Warme, gleichwohl frische Weine; Spitzenreiter sind Gewürztraminer, Pinot gris und Riesling aus hoch gelegenen Grand-cru-Parzellen.
2017 Einer der besten Jahrgänge seit dem Zweiten Weltkrieg, erinnert an 1971 und 2008, allerdings bei geringen Erträgen.
2016 Klassischer, fein ausgewogener Jahrgang, und davon jede Menge – ganz anders als 2013, 2014 und 2015.

Weitere gute Jahrgänge: 2012, 2010, 2008, 2007, 2004, 2002, 1996, 1995, 1992, 1990.

Languedoc-Roussillon

2022 Teilweise Ertragseinbußen durch Dürre, doch durchweg gute Qualität. Carignan und Grenache fallen hervorragend aus.

2021 Frost, Trockenheit und Regen vor der Lese in weiten Teilen des Languedoc, folglich gemischte Qualität. Besser erging es dem Roussillon, die Weine sind sehr gut.

2020 Schön ausgewogene Weine mit guter Säure und Frische. Gute Qualität im Roussillon.

2019 Der heiße, trockene Sommer sorgte teils für Sonnenbrand. Geringer Ertrag; die Qualität ist gut bis sehr gut.

2018 Mehltaubefall, die besten Rot- und Weißweine fallen dennoch lebhaft aus. Mächtige, ungemein volle, sehr gute Rote aus Pic St-Loup.

Loire

2022 Gute bis hervorragende Weine, trotz Hitze und Trockenheit. Die Frucht reifte früh perfekt aus, die Erträge waren gut.

2021 Ein schwieriges, vertracktes Jahr: Frost, Mehltau, mancherorts Hagel. Der schöne Herbst gestattete wenigstens eine kleine Ernte. Weine in frischerem Stil als früher.

2020 Der unglaubliche siebte sehr gute Jahrgang in Folge. Frühe Lese, schöne Qualität und Quantität. Manche Weine sind sehr alkoholstark.

2019 Ausgewogene Weine von geringen Erträgen (Aprilfrost), v.a. in den Muscadet-Bereichen und Anjou.

2018 Außergewöhnliche Qualität und Quantität, v.a. bei den Roten. Gute Süßweine, den trockenen Weißen fehlt es mitunter an Frische.

Nördliche Rhône

Diese Region der kleinen Parzellen, meist in Hanglage, und besonderen Terroirs bringt Weine hervor, die so langlebig sein können wie Burgunder. Weißer Hermitage hält sich oft genauso lang wie roter. Probieren Sie's, ob rot oder weiß, einfach in aller Ruhe aus.

2022 Der Regen Mitte August brachte die Rettung, der Ertrag ist ordentlich. Die besten Terroirs kamen mit dem Trockenstress am besten zurecht. Die Rotweine sind nicht zu alkoholstark, voll und schwelgerisch – durchweg gut, manche sehr gut. Attraktive Weiße.

2021 Bei den aromatischen Roten geht Reintönigkeit vor Kraft. Hermitage und Cornas üppiger als Côte Rôtie. Nicht direkt Weine zum Einlagern. Schöne Weiße, erstklassiger Condrieu.

2020 Stilvolle Rote: Aromatischer Côte Rôtie, überragender Hermitage (rot/weiß). Die Spitzenweißweine, v.a. auf Marsanne-Grundlage, sind sehr gut.

2019 Die grandiosen, konzentrierten Côte-Rôtie-Rotweine erinnern an 2016, sind aber stoffiger – also ruhig noch liegen lassen. Die Weißen sind konzentriert, v.a. Hermitage und Saint-Joseph.

2018 Sehr gute Rotweine auf hohem Niveau; sehr voller roter Hermitage wie auch Côte Rôtie; Crozes-Hermitage uneinheitlich. Weißweine mit Tiefe und überraschender Frische, v.a. Condrieu, Hermitage und St-Péray.

2017 Sehr gut, v.a. Côte Rôtie. Volle Rote mit mehr Tiefe als 2016 offenbaren Sonne satt und jede Menge feste Tannine, brauchen also Zeit. Die Weißen schmecken prima zu herzhaften Speisen. Condrieu fällt unterschiedlich aus.

2016 Gut bis sehr gut; die Roten von der Côte Rôtie sind harmonisch und klassisch, aus Cornas stilvoll. Fantastische Hermitage-Weiße, die anderen Weißen sind gelungen und präzise.

2015 Durchweg exzellente, konzentrierte, tanninstarke Rotweine; sehr langlebig die Hermitage- und Côte-Rôtie-Gewächse. Zeit ist das A und O. Volle, teils alkoholstarke Weiße.

2014 Saftige Rotweine, die an Tiefe gewonnen haben und jetzt schön zu trinken sind. Hervorragende frische, stilvolle Weißweine.

2013 Sehr gute Rotweine, die sich jetzt zu öffnen beginnen, aber noch 20 bis 25 Jahre vor sich haben. Außergewöhnliche Weiße.

Roter Bordeaux

Médoc/roter Graves. Bei vielen Weinen ist Flaschenalterung wünschenswert, bei diesen aber unerlässlich. Kleinere Gewächse aus leichteren Jahrgängen brauchen heutzutage oft nur 1–2 Jahre, aber selbst einfache Weine aus guten Jahrgängen können über etwa 10 Jahre hinweg noch gewinnen; die großen Kreszenzen solcher Jahrgänge profitieren sogar von der doppelten Zeit.

2022 Ein heißes, trockenes Jahr. Cabernet Sauvignon zeigt dichte, aber geschmeidige Tannine; schönes Potenzial bei allerdings geringen Erträgen.

2021 Ein kompliziertes Jahr mit Frost, Regen und Mehltau. Cabernet Sauvignon durchwachsen, stilistisch, aber klassisch. Seien Sie wählerisch.

2020 Cabernet Sauvignon fällt sehr voll, dunkel und ausdrucksstark aus – Eleganz überwiegt, trotz hohem Alkoholgehalt. Merlot und Petit Verdot sind ebenfalls gut. Geringe Erträge.

2019 Die herrlich ausgewogenen Weine sind konzentriert und zugleich frisch. Hoher Cabernet-Sauvignon-Anteil in den Verschnitten. Zum Einlagern.

2018 Reintöniger, intensiv aromatischer Cabernet Sauvignon mit Fülle und Kraft (hoher Alkoholgehalt), dabei aber ausgewogen – großes Alterungspotenzial.

2017 Ansprechende Weine: schön ausgewogen, relativ früh zu trinken. Großteils geringer Ertrag.

2016 Cabernet Sauvignon zeigt Farbe, Tiefe und Struktur – ein Jahrgang, auf den man sich freuen kann.

2015 Hervorragendes Cabernet-Sauvignon-Jahr, allerdings nicht mit der Struktur von 2005 oder 2010. Einige Schwankungen. Liegen lassen.

2014 Cabernet Sauvignon ist hell und nachklingend: gut bis sehr gut, klassischer Stil; beginnt sich zu öffnen.

2013 Der schlechteste Jahrgang seit 1992. Auf Cru-classé-Niveau ungleichmäßige Qualität. Muss früh getrunken werden.

2012 Cabernet Sauvignon reifte nicht überall aus, verfügt aber über frühreifen Charme. Greifen Sie zu.

Weitere gute Jahrgänge: 2010, 2009, 2008, 2006, 2005, 2000, 1998, 1996, 1995, 1990, 1989, 1988, 1986, 1985, 1982, 1975, 1970, 1966, 1962, 1961, 1959, 1955, 1953, 1949, 1948, 1947, 1945, 1929, 1928.

St-Émilion/Pomerol

2022 Wie im Médoc. Junge Reben hatten zu leiden. Merlot von Kalkstein- und Tonböden ist hervorragend.

2021 Merlot hatte unter Frost und Mehltau zu leiden – geringe Erträge, uneinheitliche Ergebnisse. Besser schnitt Cabernet franc ab.

2020 Sehr voller, schwelgerischer Merlot. Cabernet franc und Sauvignon ebenfalls sehr gut. Jede Menge Potenzial.

2019 Dürre; hervorragender Merlot von Kalkstein- und Lehmböden, weniger gut von sandigeren Böden.

2018 Kraftvoll, jedoch reintönig. Am besten von Kalkstein- und Lehmböden. Ertragseinbußen durch Mehltau.

2017 Schöne Ausgewogenheit, klassische Früchtekuchennoten. Wird bald getrunken werden müssen.

2016 Wie im Médoc. Einige junge Reben litten unter Trockenstress, die Qualität ist aber durchweg sehr gut.

2015 Großartiges Merlot-Jahr, perfekte Bedingungen: Farbe, Konzentration, Ausgewogenheit.

2014 Mehr Regen als im Médoc, weshalb Merlot unterschiedlich ausfiel. Sehr guter Cabernet franc. Jetzt trinken.

2013 Merlot mit schwieriger Blüteperiode (deshalb geringer Ertrag) und Fäulnis. Mäßiger Jahrgang, früh zu trinken.

2012 Dieselben Bedingungen wie im Médoc; Merlot fiel ein klein wenig besser aus. Jetzt trinken.

2011 Ebenso schwierig wie im Médoc. Guter Cabernet franc. Pomerol schneidet womöglich am besten ab. Nicht links liegen lassen.

Weitere gute Jahrgänge: 2009, 2005, 2001, 2000, 1998, 1995, 1990, 1989, 1988, 1985, 1982, 1971, 1970, 1967, 1966, 1964, 1961, 1959, 1953, 1952, 1949, 1947, 1945.

Roter Burgunder

Côte d'Or. Die Rotweine von der Côte de Beaune sind meist früher ausgereift als die gewichtigeren Kreszenzen von der Côte de Nuits. Die leichteren Village-Weine, z. B. Volnay und Beaune, sind am frühesten trinkreif, am längsten brauchen die Grands crus, z. B. von Chambertin und Musigny. Aber auch der beste Burgunder ist jung ansprechender als gleichwertiger roter Bordeaux. Und großer roter Burgunder verträgt und lohnt das Einlagern mehr, als gemeinhin angenommen wird.

2022 Ein Jahr der (großteils) vorteilhaften Wetterextreme, v. a. die sommerliche Hitze, sorgte für Qualität wie Quantität. Im Auge behalten.

2021 Eine Herausforderung für die Winzer, aber den gewissenhaften unter ihnen gelangen einige hübsche Weine. Sorgfältig auswählen.

2020 Konzentrierte Weine, einige mit dem Potenzial zur Legende, andere zu stramm. Spät gelesene Weine meiden.

2019 Hitzewellen im Juni und Juli sorgten für üppige Weine – viele große, einige allzu alkoholstarke. Die besten Einlagern.

2018 Schwelgerische Rote, jung wie alt gleichermaßen gut, nebst einigen überreifen oder sogar fehlerhaften Exemplaren.

2017 Ansprechende Weine, in der Regel von ausreichender Reife und stilvoll; bereits trinkreif. Beachtenswert.

2016 Einige spektakuläre Rote voller Energie und frischer Säure. Schließen Sie sie trotzdem im Keller ein.

2015 Schon jetzt ein legendärer Jahrgang. Dicht gewirkte, konzentrierte Weine, ähnlich wie 2005, aber mit der Fruchtigkeit der 2010er. Geduld ist unumgänglich, Größe zeichnet sich ab.

2014 Wird von 2015 übertroffen. Ansprechende, frische Rotweine, einigen fehlt es an Tiefe. Demnächst verkosten.

2013 Gern übersehener Jahrgang: schwierig an der Côte de Beaune, teilweise triumphal für die Côte de Nuits. Einige charmante Weine – nicht links liegen lassen.

2012 Côte de Beaune schnitt gut ab, wo kein Hagel fiel. Schöne Gewächse an der Côte de Nuits: sehr üppig, dennoch erstklassig. Ein übersehener Jahrgang, der jetzt ausgegraben werden sollte.

Weitere gute Jahrgänge: 2020, 2009, 2008, 2005, 2002, 1999, 1996, 1993 (reif), 1990, 1989, 1985, 1978, 1971, 1969, 1966, 1964, 1962, 1959.

Südliche Rhône

2022 Hitze sorgte für konzentrierte, dichte Rotweine mit gefälligen Aromen; die besten sind trotzdem ausgewogen. Feste, volle Weiße, gemacht für *la table*.

2021 Wählen Sie sorgfältig aus. Rotweine von den Spitzenerzeugern mit strahlender Frucht und Eleganz. Die Weißen sind teils überragend: Flair, Charme und der beste weiße Châteauneuf-du-Pape, den es je gab.

2020 Die Qualität kann unterschiedlich sein, der Preis ist bescheiden. Spitzengewächse (v.a. von guten Terroirs) sind reichhaltig, voll, mit schöner Säure. Bei den Weißen aus geringeren Bereichen ist es etwas heikel; halten Sie sich an die – sehr ansprechenden –Abfüllungen der Spitzenerzeuger.

2019 Prachtvolle Rote mit viel Charakter. Grenache zeigt Tiefgang, Châteauneuf-du-Pape ist wieder in Form, Gigondas hervorragend. Gewächse von Spitzenerzeugern erfordern Geduld. Die Weißen sind sehr gut.

2018 Unterschiedlich, teilweise sehr gut. Die roten zeigen bereits Anzeichen frühzeitiger Alterung. Gute Weine aus Valréas, Visan, Vinsobres, wo die Rebflächen höher liegen und die Trauben später gelesen werden, sowie aus Lirac und Rasteau. Sehr volle Weiße.

2017 Kann unterschiedlich ausfallen. Wuchtig-volle Rote, teilweise überdeutliche Tannine. Am besten schnitten die Spitzengüter ab: Die Weine werden sich stilvoll entwickeln. Gut schlugen sich Rasteau und Visan. Volle Weiße.

2016 Durchweg hervorragend, triumphal von den alten Grenache-Reben in Châteauneuf-du-Pape. Sinnliche Rotweine mit enorm viel Frucht und ebenso viel Beschwingtheit. Sonnendurchglühte Weiße – man sollte ein paar Flaschen einlagern.

2015 Sehr gute Rotweine: voll, dunkel, jede Menge Körper, feste Tannine und oft verführerisches Flair. Durchweg hohe Qualität (v.a. Gigondas). Sehr gute, körperreiche Weiße.

2014 In Châteauneuf-du-Pape setzt man wieder auf aromatische Finesse. Halten Sie sich an die renommierten Erzeuger (v.a. Gigondas, Rasteau, Cairanne). Frische Weißweine.

2013 Funkelnde, lebhafte, nachhaltige Rote; das Beste aus Châteauneuf-du-Pape stammt von alten Reben. Langlebige Weiße.

Südwestfrankreich

2022 Frost und im Sommer Hitze und Dürre minderten den Ertrag. Die Weine werden wohl von guter Qualität sein.

2021 Eine gnadenlose Abfolge von Frost, Regen, Mehltau und noch mehr Regen. Halten Sie sich in Sachen Rot an ältere Jahrgänge.

2020 Ein wegen sommerlicher Hitze und Dürre etwas uneinheitlicher, aber guter, stellenweise sogar außergewöhnlicher Jahrgang.

2019 Frühjahrsstürme und ein heißer Sommer ergaben geringe Erträge, aber schöne Qualität.

2018 Ein wuchtiger Jahrgang mit einigen fabelhaften Weinen aller Stilrichtungen.

2015 Ein überragender Jahrgang mit herrlich vollen, fruchtigen Weinen. Die weißen Süß- und die wuchtigen Rotweine werden noch viele Jahre überdauern.

Weißer Burgunder

Chablis hatte in den vergangenen Jahren weit mehr als andere Regionen unter dem doppelten Schrecken Frost und Hagel zu leiden. Grands crus aus Spitzenjahrgängen müssen mindestens 5 Jahre eingelagert werden und können sich dann 15 Jahre und länger herrlich entwickeln, Premiers crus entsprechend kürzer, aber auch sie brauchen mindestens 3 Jahre. Sie sollten mit Kellertemperatur (nicht eisgekühlt) serviert und vor dem Trinken unbedingt dekantiert werden. Ja, wirklich!

2022 Schön ausgewogene Weine in guter Menge, und das trotz Trockenheit und Hitze.

2021 Verheerender Frost. Was überlebt hat, dürfte gut sein.

2020 Trotz des heißen, trockenen Jahrgangs haben sich die Weine als gut entpuppt, v. a. bei den renommierten Erzeugern.

2019 Sehr geringe Erträge, konzentrierte Weine: typischer maritimer Chablis mit exotischen Noten.

2018 Jahrhundertjahrgang in puncto Ertrag: ansprechende Qualität, bald trinkreif. 2017 sogar noch besser.

2017 Trotz abermaligem Frost Weine im klassischen Stil mit zusätzlicher Opulenz. Ab jetzt trinken.

Weitere gute Jahrgänge: 2012, 2010, 2008, 2002, 2000

Côte de Beaune. Weiße Burgunder werden heutzutage nur noch selten für eine lange Lagerung bereitet, doch sollten Spitzengewächse nach wie vor mindestens 10 Jahre von einer Alterung profitieren. Die meisten Mâconnais- und Châlonnais-Weine (St-Véran, Mâcon-Villages, Montagny) sollten jung (nach 2–3 Jahren) getrunken werden. Allerdings besteht bei den Jahrgängen ab 1995 und einem Alter von 5 Jahren aufwärts immer noch die Gefahr vorzeitiger Oxidation.

2022 Sommerliche Hitze nach einem verregneten Frühjahr sorgte für einen großen Ertrag. Runde, sehr volle Weine mit Unmengen Frucht.

2021 Die Überlebenden des verheerenden Frosts sind vielversprechend und werden rare Kostbarkeiten sein.

2020 Guter Ertrag, anders als bei den Roten. Körperreiche Weine von überraschender Frische. Sehr verheißungsvoll.

2019 Sehr reichhaltiger Stil, die besten Exemplare haben eine köstliche Säure bewahrt. Einige himmelhoch herausragende Weine.

2018 Mehr Potenzial als zunächst gedacht. Die Weine sind jetzt schon köstlich, können aber alt werden.

2017 Ein moderner Klassikerjahrgang, der sich sehr schön entwickelt. Reife, ausgewogene, einheitliche Weine mit ausreichend Säure; sogar die bescheidensten sind exzellent.

2016 Geringer Ertrag (Frost), uneinheitliche Ergebnisse. Die meisten sind jetzt trinkreif.

2015 Üppige Weine. Wer früh las, erzielte gute Ergebnisse, später gelesene Versionen können zu schwer ausfallen. 2009 ist ein vergleichbarer, aber erfolgreicherer Jahrgang. Die Besten einlagern.

2014 Der feinste und einheitlichste Jahrgang seit einer Generation: elegante, ausgewogene Weiße. Erst jetzt, nach einem Jahrzehnt, kommen sie langsam auf Touren.

Weitere gute Jahrgänge (trinkreif): 2012, 2010, 2009, 2008, 2007, 2005, 2002, 1999, 1996, 1993, 1992, 1990, 1985, 1979, 1973, 1959.

Abelé 1757 Champ ★★★ Neuer Name für das älteste Champagnerhaus der Welt, Henri Abelé. Die beste CUVÉE ist Sourire de Reims Brut (**09**), außerdem Sourire de Reims Rosé (**08**) aus der Gemeinde Les Riceys (AUBE) in sinnlich burgundischem Stil. Preiswert.

Abymes Sav – Die AC für Vin de Savoie von der Jacquère-Traube umfasst die Steillagen auf dem Kalkbruchstein des Mont Granier unweit von APREMONT. Empfehlenswerte Erzeuger: 13 Lunes (★), L'Epervière, Giachino, Labbé, P. et S. Ravier (alle ★★).

Agrapart Champ ★★★ **13' 16' 19'** 20 – Pascal Agrapart erzeugt geschliffenen CHAMPAGNER aus äußerst penibel gepflegten Weinbergen in AVIZE. Überragend ist der Vénus Blanc de Blancs.

Albert de Conti, Domaine SWF – Ein anderer Zweig der Familie Conti (s. TOUR DE GENDRES). Aushängeschild ist der CABERNET SAUVIGNON Chez Paul, ungewöhnlicher der trockene Conti-ne Périgourdine von 100% MUSCADELLE. Ferner Pétillant Naturel.

Allemand, Thierry N-Rh ★★★★ **01' 05' 06' 07' 08' 09' 10' 12' 13'** 15' **16'** 17' 18' 19' 20' 21' 22' – Der unkonventionelle, meisterlich arbeitende Eigentümer der 5-ha-DOMAINE, ein Selfmademan, hat jetzt Sohn Théo an seiner Seite. Erzeugt wird gebieterischer, kaum geschwefelter CORNAS aus Öko-Anbau. Zwei sehr tiefe, rauchige, lang nachklingende Weine zu schwindelerregenden Preisen: Spitzengewächs ist der mineralische, vielschichtige, langlebige Reynard (20 Jahre und mehr), früher zugänglich der Chaillot mit überbordender Frucht und floralen Noten.

Alliet, Philippe Lo ★★★ **17' 18' 19' 20'** 21 (22) – Führender Erzeuger in CHINON mit einem hervorragenden Angebot an angenehm eichenwürzigen, langlebigen Weinen, darunter der Coteau de Noiré und der L'Huisserie aus zwei Steillagen östlich von Chinon.

Aloxe-Corton Bg ★★→★★★ **05' 09' 10' 12'** 15' **17** 18' 19' 20' 21 – Weinbauort am Nordende der CÔTE DE BEAUNE, berühmt für seine GRAND-CRU-Lagen CORTON und CORTON-CHARLEMAGNE; alle anderen sind weit weniger aufregend. Wenn Überextraktion vermieden wurde, können die Roten ansprechend sein – die vergangenen warmen Jahre trugen zu einer Milderung der Tannine bei. Beste Erzeuger: Capitain-Gagnerot, Follin-Arbelet, Rapet, Senard, TOLLOT-BEAUT.

Alsace Grand cru El ★★★→★★★★ **08' 10' 12 13 14** (v. a. Riesling) **15 17' 18' 19** 20' – AC für die 51 besten, allerdings teils zu großen GRAND-CRU-Lagen und vier Edelsorten: RIESLING, PINOT GRIS, GEWÜRZTRAMINER und MUSCAT, wobei seit dem Jahrgang 2022 auch PINOT NOIR zu dem »Quartett« zählt (bisher nur mit den GRANDS CRUS Hengst und Kirchberg de Barr). Die Einführung des PREMIER-CRU-Status für gute Lagen steht bevor. Die enormen geologischen Unterschiede sind ein Eldorado für Terroirliebhaber; die Weine können sehr alt werden, manche überdauern 40 Jahre und mehr (v. a. **61 67 71 83 90**).

Alzipratu Korsika ★★★ Pierre Acquaviva erzeugt aus Lagen unweit von Calvi preiswerten Fiumeseccu (rot, weiß, rosé). Der rote Iniziu ist eine kräuterwürzige NIELLUCCIU-Interpretation.

Amirault, Yannick Lo ★★★→★★★★ **16' 17' 18' 19' 20'** 21 (22) – Langlebige BOURGUEIL- und ST-NICOLAS-DE-BOURGUEIL-Weine aus ökologischem Anbau mit brillanter Textur und Ausgewogenheit, allen voran La Mine, La Petite Cave, Le Grand Clos und Les Quartiers. Aus einer kleinen Parzelle kommt zudem CHENIN BLANC.

André Jacquart Champ ★★★ Marie Doyard besitzt 24 ha Weinberge, darunter 18 ha im GRAND CRU Le MESNIL-SUR-OGER. Aushängeschild ist der Mesnil Experience, fantastisch das Jahrgangstrio 2018', 2019', 2020'. Spezialisiert auf BLANC DE BLANCS, der in der Tat etwas ganz Besonderes ist.

Angerville, Marquis d' Côte d'Or ★★★★ Der Superstar des biodynamischen Anbaus in VOLNAY mit einem großartigen Angebot an PREMIER-CRU-Weinen, allen voran der legendäre Clos des Ducs (MONOPOLE): elegant, ausgewogen, harmonisch – *vrai* Volnay eben. *Siehe auch* Dom. du PÉLICAN (Jura).

Anjou Lo ★→★★★★ Region, aber auch übergeordnete AC an der Loire, die ANJOU und SAUMUR beinhaltet. Sogar aus besten Süßweinlagen kommt immer mehr feiner trockener CHENIN BLANC. Zu den Roten zählen GAMAY-Abfüllungen, fruchtiger Anjou Rouge (auf CABERNET-FRANC-Basis) und stämmiger, tanninherber, langlebiger ANJOU-VILLAGES (Cabernet franc/CABERNET SAUVIGNON). Daneben der meist trocken ausgebaute SAVENNIÈRES, der leicht süße bis üppige COTEAUX DU LAYON (Chenin blanc), trockene bis süße Rosés (v. a. CABERNET D'ANJOU) sowie Schaumweine (v. a. CRÉMANT). Eine Hochburg des Naturweins.

Anjou Blanc Lo ★→★★★★ **18' 19' 20' 21** (22) – Zunehmend begeisternde AOP für trockenen Weißwein, vorwiegend von CHENIN BLANC, dessen Spektrum von jung und frisch bis hin zu sehr gut, komplex, in Eiche vergoren sowie ausgebaut und langlebig reicht; im Stil gern etwas weicher als die SAUMUR- oder TOURAINE-Pendants. Aus den besten Lagen in Layon kommt – leider schwer verkäuflicher – süßer Chenin blanc. Beste Erzeuger: Angeli (VIN DE FRANCE), Bablut, Baudouin, Belargus, Bergerie, Ch. de Bonnezeaux (Vin de France), CADY, Drost (früher Delesvaux), Forges, Juchepie, Leroy (Vin de France), Ogereau, Passavant, Pierre-Bise, Plaisance, Terra Vita Vinum.

Anjou-Villages Lo ★→★★★ **16' 17' 18' 19'** 20' 21 (22) – AOP für langlebige ANJOU-Rotweine von CABERNET FRANC und CABERNET SAUVIGNON (Letzteren gibt es hier und da auch sortenrein, er sollte dann aus einer Spitzenlage stammen), die tanninherber ausfallen als die Roten aus SAUMUR und der TOURAINE. Beste Erzeuger: Bergerie, Branchereau, Brizé, CADY, Clos de Coulaine, Drost (früher Delesvaux), Ogereau, Ch. PIERRE-BISE, Sauveroy und Soucherie. Der Unterbereich Anjou-Villages-Brissac liegt im selben Gebiet wie COTEAUX DE L'AUBANCE; Erzeuger hier v. a.: Bablut, Charbotières, Fontaines, Haute Perche, Montigilet, Princé, Rochelles, Ch. La Varière.

Antech, Maison Lang ★★★ Françoise Antech-Gazeau ist die Königin des Limoux-Schaumweins: Elegant und apfelfruchtig ist der Blanquette Tradition, brillant der CRÉMANT Eugénie und lieblich-fruchtig der Méthode Ancestrale.

AOP/AC oder AOC (Appellation Contrôlée) – Staatliche Herkunfts- und Produktions- (aber keineswegs Qualitäts)kontrolle für das Gros der französischen Spitzenweine; etwa 45 % der Gesamtmenge. Wird jetzt in AOP (Appellation d'Origine Protégée) umbenannt – was der Wahrheit deutlich näher kommt als »Contrôlée«.

Aphillanthes, Domaine Les S-Rh ★★→★★★ **18' 19' 20'** 22' – Ökologisch und biodynamisch arbeitender Betrieb in PLAN DE DIEU mit fortschrittlicher Weinbergbewirtschaftung und vollen, terroirbetonten, preiswerten Weinen. Zwei CUVÉES: des Galets und VIEILLES VIGNES (mit GRENACHE-Anteil von in den 1950ern angepflanzten Reben). Ferner roter CÔTES DU RHÔNE, GIGONDAS PROMESSE sowie »1921« (AOP RASTEAU).

Apremont Sav BV (bis zu 4 Jahre) – Die größte Weinbaugemeinde in SAVOYEN, entsprechend unterschiedlich ist die Qualität. Erzeugt werden stahlige, leichte Weißweine von der Jacquère-Traube aus Kalksteinböden. Erzeuger: v. a. 13 Lunes (★), Apffel, Blard (★), Dupraz (★), Giachino (★★), Masson (★★), Perrier, Richel.

Arbin Sav ★★ Dunkler, würziger Rotwein aus der MONDEUSE-Traube von einem Steilhang-Cru in SAVOYEN, hält sich 8 Jahre und länger. Erzeuger: v. a. Genoux, Jacquet (★), Magnin (★★), A. et M. QUENARD (★), F. Trosset (★★).

Arbois Jura – Die AOC im nördlichen Jura glänzt mit Wein, Käse, Wanderwegen und Louis Pasteur (Museum). Weißweine von CHARDONNAY und/oder SAVAGNIN, außerdem VIN JAUNE und Rote von den Sorten Poulsard/Ploussard, Trousseau oder PINOT NOIR. Probieren Sie die Weine des terroirbesessenen Stéphane TISSOT (★★★), pure Klasse von der Dom. du Pélican (★★★) und Rijckaert (★★) oder die Ungeschwefelten von Maison OVERNOY, St-Pierre (★) und Tournelle (★★). Allround-Erzeuger sind Aviet (★★), Pinte (★), Renardière (★), Rolet und Touraize (★).

Ardèche S-Rh ★→★★ **22'** – Die felsige Region westlich der südlichen Rhône ist als IGP-Bereich ausgewiesen, kann aber auch die weniger einschränkende Kategorie VIN DE FRANCE verwenden. Zudem ist Naturwein (als Vin de France) auf dem Vormarsch. Die Qualität der – oft preiswerten – Weine legt stetig zu. Frische, klare Rote sowie VIOGNIER (z. B. von CHAPOUTIER, Mas de Libian) und MARSANNE. Die besten Rotweine werden von SYRAH bereitet, außerdem GAMAY (oft von alten Reben) und CABERNET SAUVIGNON (Serret). Burgunderartigen, verhaltenen Ardèche-CHARDONNAY erzeugt Louis LATOUR (der Grand Ardèche bekommt zu viel Eiche mit). Empfehlenswert: Grangeon, J.-F. Jacouton und Vigier sowie Mas d'Intras (Öko-Anbau) und Ch. de la Selve.

Ardoisières, Domaine des Sav – Die Weinberge des ökologisch bewirtschafteten Guts liegen außerhalb der AOC Vin de Savoie und sind daher als IGP Vin des Allobroges etikettiert. Buntes, hervorragendes Sortiment, u. a. die rote Cuvée Améthyste (★★★), Quartz Altesse, die weiße Cuvée Schist sowie der rote und der weiße Verschnitt namens Argile (★).

Arlaud Côte d'Or ★★★→★★★★ Führendes Weingut in MOREY-ST-DENIS, das von der Energie Cyprien Arlauds profitiert und mit dem Jahrgang 2019 neue Höhen erklomm. Schön ausgewogene, moderne Weine mit Tiefe, angefangen vom außergewöhnlichen BOURGOGNE Roncevie bis hin zu GRAND-CRU-Gewächsen. Feines Angebot an PREMIER-CRU-Weinen aus MOREY-ST-DENIS, v. a. Les Ruchots.

Arlot, Domaine de l' Côte d'Or ★★→★★★ Das Weingut im Besitz von AXA bietet ein umfassendes Sortiment stilvoller, duftender Rotweine aus den HAUTES-CÔTES DE NUITS bis hin zum GRAND CRU ROMANÉE-ST-VIVANT. Star ist der NUITS-ST-GEORGES Clos des Forêts St-Georges. Ferner interessante Weiße.

Arnoux-Lachaux, Domaine Côte d'Or ★★★★ Der Superstar von VOSNE-ROMANÉE; unter Charles Lachaux ändert sich alles: kein Pflügen mehr, kein Schnitt, die Reben dürfen hoch wachsen, Vinifikation mit leichter Hand, einschließlich Ganztraubenvergärung und sehr viel weniger Eiche. Sublime

Weine zu atemberaubenden Preisen aus den PREMIERS CRUS Les Suchots und Aux Reignots sowie dem GRAND CRU ROMANÉE-ST-VIVANT.

Arretxea SWF – Das 8-ha-Gut erzeugt erstklassige IROULÉGUY-Weine (★★★). Der wahre Jakob und die Suche wert.

Aube Champ – Von dem südlichen Ausläufer der Champagne, der Côte des Bars, kommt sehr guter PINOT NOIR, der von Spitzenerzeugern in Reims wie KRUG oder VEUVE CLICQUOT verwendet wird. Der Aube-Jahrgang **2011'** ist (anders als anderswo) überragend. 2021 war ein Albtraum von Regenfluten und Superhitze, 2022 bescherte viel Wärme und vielversprechende Qualität.

Alles dreht sich (im Languedoc) um Genossenschaften

Im LANGUEDOC entfallen 70% der Produktion auf CAVES COOPÉRATIVES, deren Mitgliederzahl zwischen einigen wenigen (Hommes et Terres du Sud, PIC ST-LOUP) bis hin zu mehr als 650 variiert. Die Genossenschaften haben sich in den letzten Jahren weiterentwickelt, und ihre Spitzenweine sind bieten ein gutes Preis-Leistungs-Verhältnis. Empfehlenswert: **Castelmaure** bietet robuste, originelle CORBIÈRES-Abfüllungen, **Caves de L'Estabel** hat den besten Rosé, Les Vignobles **Foncalieu** vereint mehrere Genossenschaften und exportiert viel, **Les Collines du Bourdic** ist in der Nähe von Nîmes beheimatet, **Mas Olivier** offeriert pfiffigen FAUGÈRES und **Pomerols** PICPOUL DE PINET, **Roquebrun** erzeugt Weine aus Schieferböden in ST-CHINIAN, **Sieur d'Arques** ist führend in Sachen LIMOUX-Schaumwein.

Aubert et Mathieu Lang ★★★ Von zwei Freunden ins Leben gerufener ambitionierter neuer NÉGOCIANT mit Weinen aus den besten LANGUEDOC-Terroirs: die Cuvée Milo stammt aus La Livinière, der Pablo Maria aus CORBIÈRES und TERRASSES DU LARZAC. CHARDONNAY und PINOT NOIR für die IGP-Abfüllungen Hors Pistes stammen aus kühleren Lagen.

Aupilhac, Domaine d' Lang ★★★ Sylvain Fadat, der Pionier von MONTPEYROUX, kultiviert alte MOURVÈDRE- und CARIGNAN-Reben in Lagen mit Südausrichtung. Die höher gelegene, nach Norden ausgerichtete Lage Les Cocalières im Mont Baudile liefert SYRAH- und Weißweintrauben.

Auxey-Duresses Côte d'Or ★★→★★★ r **15' 16 17** 18' **19'** 20' w **14' 15' 17' 18 19'** 20' 21 – Dem Tal hinter MEURSAULT kommt der Klimawandel zugute. Der Weißwein, als »Meursault junior« apostrophiert, kann hervorragend ausfallen. Die Roten stammen heute von ausgereiftem Traubengut. Beste Beispiele (rot): d'Auvenay (Les Boutonniers), COCHE-DURY, COMTE ARMAND, Gras, Jessiaume, Paquet, Prunier; (weiß:) Diconne, Lafouge, LEROUX, Paquet, Vincent.

Avize Champ ★★★★ Der GRAND-CRU-Ort (CHARDONNAY) an der Côte des Blancs ist die Heimat der Spitzenerzeuger AGRAPART, Bonville, SELOSSE und Thienot. Die riesige Genossenschaft Union Champagne versorgt die großen Champagnerhäuser mit Grundweinen.

Aÿ Champ ★★★→★★★★ Hochgeschätzter Ort für PINOT NOIR, Heimat von BOLLINGER und DEUTZ. Mischung aus NÉGOCIANT- und Winzerweinen, die teils im Tank, aber häufiger als andernorts in Eiche ausgebaut werden, z. B. von Claude Giraud, dem Meister der Argonne-Eiche (inzwischen hat Schwiegersohn Sébastien die Leitung übernommen). Der Aÿ Rouge (AC COTEAUX CHAMPENOIS) ist jetzt in Jahrgängen mit voll ausgereifter Frucht (v. a. **15'** 18' 19' 20) hervorragend.

Ayala Champ ★★★ 13 **14** 19 20' Zu neuem Leben erwecktes Champagnerhaus in AŸ, im Besitz von BOLLINGER. Hervorragend sind der BLANC DE BLANCS und die Reihe Collection in limitierter Auflage.

Ayze Sav ★★ Die seltene Gringet-Traube erbringt hier fruchtigen Schaum- sowie mineralischen trockenen Weißwein.

Bachelet Bg ★★→★★★★ Weitverbreiteter Familienname an der CÔTE D'OR. Exzellente Weißweine kommen von Bachelet-Monnot (v. a. Puligny, BÂTARD-MONTRACHET) und Jean-Claude Bachelet (z. B. CHASSAGNE-MONTRACHET, ST-AUBIN). Nicht verwandt mit Denis Bachelet (großartiger GEVREY-CHAMBERTIN).

Bandol Prov ★★★→★★★★ Der Ruf der AOP gründet sich auf ihre edlen, langlebigen Rotweine, vorwiegend von MOURVÈDRE (plus GRENACHE und CINSAULT) bereitet. Das Gros der Produktion entfällt inzwischen auf Rosé, teils in blass-provenzalischem Stil, teils herzhafter (gut zum Essen) und oft exzellent von Mourvèdre. Dazu ein paar Weiße von CLAIRETTE, UGNI BLANC und gelegentlich SAUVIGNON BLANC. Spitzenerzeuger: Ch. La Bastide Blanche, Dom. de la Bégude, Dom. du Gros'Noré, Ch. Guilhem Tournier, Dom. Lafran Veyrolles, Ch. Mas de la Rouvière, Ch. Pibarnon, Ch. Pradeaux, Dom. Ray-Jane, Dom. La Suffrène, Dom. de Terrebrune, Dom. TEMPIER, Dom. des Trois Filles, Ch. Val d'Arenc, Ch. Vannières.

Banyuls Rouss ★★★ Zu Unrecht verkannter, manchmal glanzvoller VIN DOUX NATUREL in allen Farben, ob oxidativ ausgebaut oder nicht, von GRENACHE-NOIR-, GRENACHE-BLANC- und Grenache-gris-Reben. Jung und frisch schmeckt ein *Rimage*, die Stars sind aber die lang gereiften, kräftig-intensiven RANCIOS – lecker zu Schokolade. Beste Erzeuger: DOMAINES de Bila-Haut, Madeloc, du Mas Blanc, Piétri Géraud, de la Rectorie, de la Tour Vieille, Vial Magnères sowie Les Clos de Paulilles und Coume del Mas. *Siehe auch* MAURY.

Barmes-Buècher, Domaine El ★★→★★★ Das Gut in Wettolsheim erzeugt guten CRÉMANT und feine SÉLECTIONS DE GRAINS NOBLES sowie drei GRAND-CRU-Gewächse; der RIESLING aus der Parzelle CLOS Sand und der Gewürztraminer Grand cru Steingrubler sind immer ein guter Kauf.

Barrique – In Bordeaux (und Cognac) gebräuchliche Bezeichnung für ein 225-l-Eichenfass. Die gegenwärtige Mode verlangt weniger und zugleich subtiler getoastete neue Eiche. Der Preis für ein Fass liegt im Durchschnitt bei 800 €.

Barroubio, Domaine de Lang ★★★ Raymond Miquel ist gewissermaßen »Monsieur Muscat« mit seinen fünf VINS DOUX NATURELS Muscat de Saint-Jean de MINERVOIS, unter denen der Etiquette noir ein besonders gutes Preis-Leistungs-Verhältnis bietet. Weiße Kreideböden in 300 m Höhe sorgen für Reinheit und Frische. Der neue Les Cresses reift in Amphoren.

Barsac Saut ★★→★★★★ 09' 11' 13 14 15' 16' **18 19** 20 (22) – Nachbar von SAUTERNES mit ähnlichen, jedoch frischeren und nicht so wuchtigen edelfaulen Weinen von tiefer gelegenen Kalksteinböden. Frost reduzierte 2021 die Erträge. Spitzenweine von Climens, COUTET, DOISY-DAËNE, Doisy-Védrines, preiswerte Abfüllungen von Cantegril, Closiot, La Clotte-Cazalis, Liot.

Barthod, Ghislaine Côte d'Or ★★★→★★★★ Ein Grund, sich in CHAMBOLLE-MUSIGNY zu verlieben: duftende, zarte Weine, die dennoch Tiefe und Konzentration mitbringen. Seit 2019 ist Ghislaines Sohn Clément der Chef und arbeitet an einer weiteren Verfeinerung des Stils. Unschlagbare Reihe von elf verschiedenen PREMIERS CRUS, darunter Les Baudes, Beaux Bruns, Cras und Fuées. Der BOURGOGNE rouge kann zehn Jahre alt werden.

Bâtard-Montrachet Côte d'Or ★★★★ 08' 09' 10 12 14' 15 **17'** 18 19' 20' 21 – GRAND CRU (12 ha) unterhalb von Le MONTRACHET. Die vollen, in der Regel imposanten Weine brauchen Zeit; sie sind kraftvoller als die eher anmutigen Gewächse aus den Nachbarlagen BIENVENUES-BÂTARD-MONTRACHET und CRIOTS-BÂTARD-MONTRACHET. Besonders empfehlenswert: BACHELET-Monnot, BOILLOT (sowohl Henri als auch Jean-Marc), FAIVELEY, GAGNARD, LATOUR, Dom. LEFLAIVE, Olivier LEFLAIVE, LEROUX, MOREY, PERNOT, Ramonet, SAUZET, VOUGERAIE; außerdem J.-C. Bachelet und J. CARILLON mit ihren Bienvenues-Versionen.

Baudry, Domaine Bernard Lo ★★→★★★ 17' 18' 19' **20'** 21 (22) – Ökologisch bewirtschaftete, unterschiedliche Böden – Sand-Ton, Kies, Kalkstein – und Lagen erbringen erstklassige, fein ausgewogene CHINON-Weine: Rosés und Rote auf CABERNET-FRANC-Basis, z. B. Les Granges, sowie Weiße von CHENIN BLANC. Zum Einlagern: Clos Guillot (rot und weiß), Croix Boissée, Les Grézeaux.

Baudry-Dutour Lo ★★→★★★ 18' 19' 20' 21 (22) – Größter Erzeuger in CHINON – Weinmacherin ist Justine Baudry – mit verlässlich gutem Angebot, das von leichten Alltagsweinen bis zu Roten, Rosés und Weißen zum Einkellern reicht: Châteaux de la Grille, La Perrière, La Roncée und de St-Louans (rot und weiß) sowie weißer 3 Coteaux (IGP). Außerdem lebhafter SAUVIGNON BLANC aus dem Cher-Tal.

Baumard, Domaine des Lo ★★→★★★ 17' 18' 19' **20' 21** (22) – Das verlässliche, umfangreiche Angebot der alteingesessenen Domaine in ANJOU umfasst Clos Ste-Catherine, QUARTS DE CHAUME und SAVENNIÈRES.

Béarn SWF ★→★★ BV – Die AOP bietet empfehlenswerte Rotweine von der Genossenschaft JURANÇON sowie von Dom. Lapeyre et Guilhemas (beide ★). Die Rebsorten sind dieselben wie in den AOPs MADIRAN und Jurançon.

Beaucastel, Château de S-Rh ★★★★ 05' 06' 07' 09' **10'** 12' **13'** 15' 16' 17' 18 19' 20 21 22' – Großes, seit Langem ökologisch bewirtschaftetes CHÂTEAUNEUF-DU-PAPE-Gut im Besitz der Familie Perrin mit alten MOURVÈDRE- und 100 Jahre alten ROUSSANNE-Reben, die auf dem klassischen Kieselboden *(galet)* wachsen. In letzter Zeit geschmeidigere, weniger volle, auf Eleganz abzielende Weine mit dunkler Frucht, die entweder im zweiten Jahr oder erst nach 7–8 Jahren getrunken werden sollten. Ein rotes Juwel ist der erstklassige Hommage à Jacques Perrin mit 60 % Mourvèdre. Wundervoller, komplexer Roussanne VIEILLES VIGNES, 5–25 Jahre trinkbar. Stilvoller roter CÔTES DU RHÔNE Coudoulet de Beaucastel (Lebensdauer mind. 10 Jahre) aus eigenem Rebbesitz. Fein und authentisch sind Famille Perrin GIGONDAS (sehr gut), RASTEAU und VINSOBRES (am besten). Bemerkenswert ist der Ökowein Perrin Nature Côtes du Rhône (rot und weiß). Das Label Maison Les Alexandrins bietet elegante Gewächse von der nördlichen Rhône. Das Angebot wird diversifiziert mit Gin, Traubenkernöl und Miraval Rosé aus der Provence. (*Siehe auch* Tablas Creek im Abschnitt »Kalifornien«, Kapitel »Vereinigte Staaten«.)

Beaujolais ★ BV – Die etwas in Verruf geratene AOP feiert jetzt Wiederauferstehung. Die Weine sind zum Verlieben, wenn man ihnen in ihrer schlichten frisch-fruchtigen Variante von Winzern mit Hanglangen begegnet und nicht als Massenprodukt aus Überertrag. Die Vermarktung ist auch unter dem Etikett COTEAUX BOURGUIGNONS zulässig.

Beaujolais Primeur (oder Nouveau) Beauj – Mehr Image als Reputation: Der BEAUJOLAIS des neuen Jahrgangs wird im Schnellverfahren bereitet, damit er am dritten Mittwoch im November um Mitternacht freigegeben werden kann. Genießen Sie seine saftige Fruchtigkeit, lassen Sie sich dadurch aber nicht von den wahren Genüssen abbringen.

Beaujolais-Villages Beauj ★★ **17** 18' 19' **20'** 21 – Nach den zehn »Crus« (z. B. MOULIN-À-VENT) die nächstbeste Kategorie. Die Namensnennung der besten Gemeinden, z. B. Lantigné, ist zulässig. Erzeuger: v. a. Ch. de Basty, F. Berne, J.-M. BURGAUD, N. Chemarin, F. Forest und Ch. des Vergers.

Beaumes-de-Venise S-Rh ★★ r 15' 16' 17' 18 **19'** 20' 22' – Gemeinde der CÔTES DU RHÔNE südlich von GIGONDAS mit sowohl steinigen Hang- als auch ebenen Lagen, bekannt für VIN DOUX NATUREL von der MUSCAT-Traube. Der als Aperitif oder zum Dessert getrunkene, langlebige Wein mit Trauben- und Honignoten sollte gut gekühlt serviert werden, z. B. von Doms. Beaumalric, Bernardins (charaktervoll, komplex), Coyeux, Durban (voll, hält sich mind. 20 Jahre), Fenouillet (lebhaft), JABOULET, Perséphone (stilvoll), Pigeade (frisch, sehr gut), VIDAL-FLEURY und der Genossenschaft Rhônéa. Ferner stämmige, rauchige, griffig texturierte und teils alkoholstarke Rote, v. a. von den Domaines Les Baies Gouts, Cassan, Durban, de Fenouillet, Ferme St Martin (öko), Mathiflo, St-Amant (guter Weißer) und Ch. Redortier, die 2–3 Jahre lagern sollten. Ferner einfache trockene Weiße (Muscat, VIOGNIER) in kleiner Auflage.

Beaune Côte d'Or ★★★ 05' 09' 10' **12 15' 16** 17 18' 19' 20 21 – Die Weinhauptstadt von Burgund bietet eher Verlässliches als Aufregendes. Klassische Weinhändler sind BOUCHARD, CHANSON, DROUHIN, JADOT und LATOUR, jüngere Firmen Bernstein, Lemoine, LEROUX und Pacalet. Spitzenerzeuger sind die Domaines Bellène, Besancenot, Croix, MONTILLE, Dominique LAFON, Morot und die berühmten HOSPICES DE BEAUNE. Anmutige, duftende, günstige PREMIER-CRU-Rotweine, z. B. aus Bressandes, Cras und Vignes Franches, kraftvollere Gewächse aus Grèves. Empfehlenswerte Weiße aus den Lagen Aigrots, Clos St-Landry und v. a. Clos des Mouches von Drouhin.

Beauregard, Château de Bg ★★→★★★ Sehr empfehlenswerter POUILLY FUISSÉ von Frédéric Burrier: Les Reisses, Ménétrières, Vers Cras. Feiner BEAUJOLAIS aus den Crus FLEURIE und MOULIN-À-VENT.

Beaurenard, Domaine de ★★★ Das erstklassige, unglaublich beständige CHÂTEAUNEUF-DU-PAPE-Gut bietet schön fruchtige, stilvolle Rote und unverfälschte Weiße. Der Boisrenard (rot und weiß) stammt vorwiegend von alten Reben und weist mehr Eichenwürze auf. Ferner spitzenmäßiger roter Rasteau (steiniger Kalksteinboden, alte Reben).

Begude, Domaine Lang ★★★ Die AC LIMOUX auf 300 m Höhe sorgt für Frische und makellose Frucht. Aushängeschild ist der sehr noble CHARDONNAY Arcturus. Preiswert sind GEWÜRZTRAMINER und VIOGNIER unter dem Etikett IGP PAYS D'OC.

Bégude, Domaine de la Prov ★★★★ Guillaume Tari erzeugt staunenswerten, langlebigen BANDOL, allen voran der kraftvolle, komplexe rote La Brulade. Der charaktervolle Rosé lohnt das Einkellern.

Belargus, Domaine Lo ★★★→★★★★ 18' **19'** 20' (21) (22) – Ambitionierte Weine aus biodynamischem Anbau in den AOPS ANJOU, QUARTS DE CHAUME, SAVENNIÈRES: vorwiegend trocken ausgebauter, sehr reintöniger, präzise bereiteter, fassvergorener CHENIN BLANC aus Einzellagen. Ein Langzeitprojekt ist die Domaine de Beauséjour in CHINON.

Bellivière, Domaine de Lo ★★→★★★ 19' 20' 21 (22) – JASNIÈRES- und COTEAUX-DU-LOIR-Weine sowie Pineau d'Aunis aus biodynamischem Anbau; bestechend präzise bereiteter CHENIN BLANC. Das zum Betrieb gehörende Handelshaus heißt Les Arches de Bellivière.

Bergerac SWF ★→★★★ w 18 19 20 21 (22) – Das eher kontinentale Klima der AOP sorgt für körperreichere Weine. Süßen Weißen oder volleren Roten aus beschränktem Ertrag bietet die AC Côtes des Bergerac. Die Unterschiede in puncto Stil und Qualität sind enorm. Am besten von Dom. ALBERT DE CONTI, Dom. de l'Ancienne Cure, Ch. Tour des Gendres (alle ★★★) sowie den Chx. de la Jaubertie, Malfourat, Moulin Caresse (auch AOP Montravel), Thénac und Tirecul La Gravière (alle ★★). *Siehe auch* Sub-AOPs MONBAZILLAC, PÉCHARMANT, SAUSSIGNAC.

Berthet-Bondet, Domaine Jura ★★ Der größte Erzeuger von (trotzdem nicht üppigen Mengen) VIN JAUNE in der AC CHÂTEAU-CHALON hat auch Jura-Weine (rot/weiß/CRÉMANT) von verlässlicher Qualität zu bieten: preiswert und aus Öko-Anbau.

Beyer, Léon El ★★★★ Die Spitzenweine sind als Comtes d'Eguisheim etikettiert; Aushängeschild ist der RIESLING Comtes d'Eguisheim, doch auch die GEWÜRZTRAMINER zählen zu den besten des ELSASS. Der Stil ist intensiv und sehr traditionell: klassisch trockene Weine, die gut zum Essen passen. Im Keller lagern noch viele alte Jahrgänge. Grandios sind die SÉLECTIONS DE GRAINS NOBLES.

Bichot, Maison Albert Bg ★★→★★★★ Bedeutendes Handelshaus in BEAUNE mit biodynamisch bewirtschafteten eigenen Domaines im BEAUJOLAIS (Rochegrès), in CHABLIS (LONG-DEPAQUIT), MERCUREY (Adélie), NUITS-ST-GEORGES (Clos Frantin) und POMMARD (Pavillon). Die Qualität war früher so lala, ist aber seit Neuestem durchweg erheblich gestiegen.

Billaud Chablis ★★★→★★★★ Man hat die Qual der Wahl zwischen dem CHABLIS der Dom. Billaud-Simon (die in FAIVELEY-Besitz zu alter Form zurückgekehrt ist) und dem sensationellen Gewächs, das Samuel Billaud in Eigenregie bereitet: Beide sind brillant.

Billecart-Salmon Champ ★★★★ Gefeiertes, in siebter Generation familiengeführtes Champagnerhauses mit einem jungen *chef de cave,* Florent Nys. Äußerst verlässliche CUVÉE Brut Rosé, zudem Cuvée Louis BLANC DE BLANCS (**07'** 08), Clos St-Hilaire aus Einzellagen (02 **04' 06'**), NF Billecart (02) die exzellente Cuvée Elisabeth Salmon Rosé (02 **06'**).

Bize, Simon Côte d'Or ★★★ Chisa Bize erzeugt sensationelle Rote aus Ganztraubenvergärung, von einfachem BOURGOGNE bis hin zum GRAND CRU LATRICIÈRES-CHAMBERTIN; ferner die SAVIGNY-LÈS-BEAUNE-Lagen Aux Grand Liards, Aux Guettes und Aux Vergelesses (beide PREMIER CRU). Auch die Weißen sind lecker. Früher verlässlich, jetzt vorbildlich.

Blagny Côte d'Or ★★→★★★ **05' 09'** 10' 12 **15' 16'** 17 18' 19' 20' 21 – Weinbaugemeinde auf einem Hügel oberhalb von MEURSAULT und PULIGNY-MONTRACHET mit eigener AOP für ihre recht strengen, aber herrlich duftenden Roten. Die Weißen sind als PREMIER CRU Meursault-Blagny etikettiert. Lagen mit klingenden Namen wie Jeunelotte, Pièce sous le Bois und Sous le Dos d'Âne. Beste Erzeuger: Chérisey (weiß), JOBARD (weiß), Lamy-Pillot (rot), LATOUR (weiß), LEFLAIVE (weiß), LEROUX (rot), Matrot (rot und weiß).

Blanc de Blancs – Ein Weißwein nur aus weißen Trauben, insbesondere bei CHAMPAGNER. Eine Bezeichnung für den Stil, nicht für Qualität.

Blanc de Noirs – Weißwein aus roten Trauben (oft mit rosigem Schimmer), insbesondere CHAMPAGNER; stilistisch manchmal etwas stämmig, inzwischen fallen die Weine dank des feiner gewordenen PINOT NOIR und neuer Bereitungstechniken aber oft kultivierter aus. Die Klimaerwärmung sorgt zudem für mildere Tannine.

Blanck, Paul et Fils El ★★★→★★★★ Betrieb in Kientzheim; die feinsten Gewächse stammen von den 6 ha im GRAND CRU Furstentum (v. a. GEWÜRZTRAMINER, PINOT GRIS) und von der Grand-cru-Lage SCHLOSSBERG (großartiger RIESLING 17' **18'**). Hervorragende, günstige Weine auf Einsteigerniveau.

Blanquette de Limoux Lang ★★ Frischer, apfelfruchtiger, charmanter Schaumwein von 90 % Mauzac plus CHARDONNAY und CHENIN BLANC. Klassischer sind die Gewächse der AC CRÉMANT de LIMOUX mit Chardonnay, Chenin blanc, PINOT NOIR und weniger Mauzac im Verschnitt. Größter – und recht ordentlicher – Produzent ist die Genossenschaft Sieur d'Arques; weitere Erzeuger: La Coume-Lumet, Delmas, Les Hautes Terres, Jo Riu, LAURENS, MAISON ANTECH, Monsieur S. und Robert.

Frankreich

Blaye Bx ★→★★ 15 16 17 19 **20** (22) – Bezeichnung für die besseren Rotweine (Ertragsbeschränkung, höhere Pflanzdichte, längere Reifung) aus der AC BLAYE — CÔTES DE BORDEAUX.

Blaye – Côtes de Bordeaux Bx ★→★★ 16' 17 19 20 (22) – AC am rechten Ufer der Gironde, hauptsächlich für Rotweine mit hohem MERLOT-Anteil und wenige trockene Weiße (vorwiegend SAUVIGNON BLANC). Die besten CHÂTEAUX: Bel Air la Royère, Bourdieu, Cantinot, de la Chapelle, Gigault (CUVÉE Viva), Haut-Bertinerie, Haut-Grelot, Jonqueyres, Monconseil-Gazin, Mondésir-Gazin, Montfollet, Peybonhomme Les Tours, Roland la Garde und des Tourtes. Außerdem empfiehlt sich die fortschrittliche Genossenschaft Les VIGNERONS de Tutiac (Rot- und Weißweine).

Boeckel, Domaine El ★★★ Das Gut wird ökologisch bewirtschaftet; die Weine sind sehr voll, aber raffiniert. Überragender SYLVANER aus dem GRAND CRU Zotzenberg. Ein großes RIESLING-Jahr war **2017'** (v. a. Wibbelsberg); voll und rund ist der Riesling CLOS Eugénie (18 **19'**).

Boillot Côte d'Or – Führende Winzerfamilie in Burgund. Feine, langlebige Weiße finden Sie bei Jean-Marc (★★★) in POMMARD, mächtige, stilvolle Weine beider Farben bei Henri (★★→★★★★) in MEURSAULT, großartige Rote von beiden Côtes bei Louis (★★★) in CHAMBOLLE-MUSIGNY sowie bei dessen Bruder Pierre (Dom. Lucien Boillot ★★→★★★) in GEVREY-CHAMBERTIN. Marthe Henry Boillot, eine entfernte Verwandte, erzeugt interessante postmoderne Weine.

Boisset, Jean-Claude Bg – Im Lauf der vergangenen 50 Jahre entstandene, überaus erfolgreiche Handelsgruppe. Exzellente Weine unter dem (früher langweiligen) Etikett Boisset aus der tollen neuen Kellerei in NUITS-ST-GEORGES, probierenswerte Abfüllungen des eigenen Weinguts Dom. de la Vougeraie. Neuere Erwerbungen sind Alex Gambal und Vincent GIRARDIN (beide Burgund). Außerdem Unternehmungen im BEAUJOLAIS, im Jura und jenseits des Atlantiks in Kalifornien (familiäre Verbindungen zu Gallo), Kanada, Chile und Uruguay.

Boizel Champ ★★★ Familienbetrieb mit rigorosem Qualitätsanspruch und sehr günstigen Preisen. Der gut gereifte BLANC DE BLANCS oJ fällt auf Basis der Jahrgänge 2013' und 2017' besonders fein aus. Die CUVÉE Sous Bois präsentiert sich klar und rein, aber nicht holzlastig. Das Vorzeigegewächs heißt Joyau de France; v. a. die Rosé-Version 2012 ist jetzt schön zu trinken. Sammler finden hier alte Jahrgänge bis zu den 1980ern (in begrenzter Menge).

Bollinger Champ ★★★★ Großartiges klassisches Champagnerhaus mit Glanz-und-Gloria-Weinen. Der BRUT Spécial oJ ist seit 2012 in Höchstform; außerdem »R.D.« (02 **04' 05' 07**), Grande Année (**08** 12' 14') und Jahrgangs-Rosé (12 **14**). Die neue CUVÉE zeigt neue Aspekte der PINOT-NOIR-Gemeinden bis hin nach Verzenay (»PN VZ«; **15** 16) Tauxières (17).

Bonnaud, Château Henri Prov ★★★ Spitzenerzeuger in der kleinen AOP PALETTE unweit von Aix-en-Provence mit elegantem Rosé und sehr feinem Quintessence (CLAIRETTE).

Bonneau du Martray, Domaine Côte d'Or r ★★★ w ★★★★ Vorbildlicher Erzeuger von CORTON-CHARLEMAGNE, 2016 von Stanley Kroenke erworben, der neben Screaming Eagle (Kalifornien) auch den britischen Fußballklub FC Arsenal besitzt. Prachtvolle Weine zum Einlagern (etwa 10 Jahre), eine gloriose Verbindung aus intensiver Frucht und mineralischer Unterfütterung. Außerdem kleine Mengen von feinem rotem CORTON.

Bonnes-Mares Côte d'Or ★★★★ **90'** 93 **96'** 99' 02' 05' 09' 10' **12'** 15' 16' 18 19 20 21 – GRAND-CRU-Lage zwischen CHAMBOLLE-MUSIGNY und MOREY-ST-DENIS, die ein wenig von der wilderen Art Letzterer hat. Strukturierte, langlebige Weine, weniger duftend als MUSIGNY. Spitzenerzeuger: ARLAUD, d'Auvenay, Bart, H. BOILLOT, Bruno CLAIR, Drouhin-Laroze, DUJAC, Groffier, JADOT, MORTET, ROUMIER, de VOGÜÉ, VOUGERAIE.

Bonnezeaux Lo ★★★→★★★★ **16 17 18' 19 20** 21 (22) – Der sehr volle CHENIN-BLANC-Süßwein aus drei nach Süden ausgerichteten Hanglagen mit Schieferboden in den COTEAUX DU LAYON kann Jahrzehnte alt werden. Die besten Erzeuger sind die DOMAINES des Deux Arcs, des Fontaines, Les Grandes Vignes, de Mihoudy, du Petit Val, de la Petite Croix sowie die CHÂTEAUX de Fesles und La Varière.

Bordeaux ★→★★ **19 20 22** – Riesige, allumfassende AC für Bordeaux-Weine (unter der fast die Hälfte der Produktion der Region läuft). Die meisten Markenweine (Dourthe, MOUTON CADET, Sichel) fallen unter diese Kategorie. Seit Kurzem sind neue Rebsorten wie MARSELAN und TOURIGA NACIONAL zugelassen (bis zu 10 %). Empfehlenswert: Chx. Bauduc, Beauregard-Ducourt, BONNET, Bouillerot, Lamothe-Vincent und Reignac.

Bordeaux Supérieur Bx ★→★★ **18 19 20** (22) – Höherer Mindestalkoholgehalt, geringere Erträge und längere Reifezeit als bei Weinen der einfachen AOP BORDEAUX. Das Gros der Produktion sind Erzeugerabfüllungen. Verlässliche Qualität von: Chx. Argadens, Bolaire, Camarsac, Grand Village, Jean Faux, Lacombe Cadiot, Landereau, Méaume, Parenchère (Cuvée Raphaël), Penin, Pey la Tour (Réserve), Pierrail, Reignac, Thieuley und Turcaud.

Borie-Manoux Bx – Das ausgezeichnete Weinhandelshaus gehört zur BCAP-Gruppe, ebenso wie BATAILLEY, PEYRABON, TROTTE VIEILLE und der NÉGOCIANT Mähler-Besse.

Bouchard Père et Fils Bg ★★→★★★★ Handelshaus in BEAUNE, im Besitz von Maisons et Domaines HENRIOT. (Letztere wurden 2022 mit der Artémis-Domaines-Gruppe fusioniert, deren Besitzer François Pinault auch CLOS DE TART und Dom. d'EUGÉNIE sein Eigen nennt.) Weine in rundem, strammem Stil. Die besten Weißen kommen aus MEURSAULT und von GRAND-CRU-Lagen, v. a. CHEVALIER-MONTRACHET. Aushängeschilder unter den Roten sind Beaune Vigne de L'Enfant Jésus und CORTON. *Siehe auch* William FÈVRE (CHABLIS).

Boulay, Gérard Lo ★★★→★★★★ **16' 17' 18 19' 20'** 21 (22) – Der Weltklasse-SANCERRE-Erzeuger ist in Chavignol zu Hause. Die Weine sind herrlich reintönig und texturiert, v. a. Clos de Beaujeu, La Côte, Monts Damnés und der seltene Comtesse. Lebensdauer: mindestens 20 Jahre.

Bouley Bg ★★→★★★ Kommende Stars in VOLNAY, mit ihren höher erzogenen Reben ganz am Puls der Zeit. Elegante Rote, v. a. aus Volnay-PREMIERS-CRUS, bieten die Cousins Thomas (Dom. Jean-Marc et Thomas Bouley) und Pierrick Bouley.

Bourgeois, Famille Lo ★★→★★★ **18' 19' 20' 21** 22' – Großer SANCERRE-Erzeuger und NÉGOCIANT, sehr verlässliche, lagerfähige Weine (seit 2023 aus zertifiziertem Öko-Anbau). Das Angebot deckt sämtliche AOPS der mittleren Loire ab. Am besten sind La Bourgeoise (rot und weiß), Les Côtes aux Valets, Le Graveron (rot: Monts Damnés), Etienne Henri, Jadis, Les Ruchons (weiß: Silex) und Sancerre d'Antan. Außerdem sehr guter CLOS Henri aus Marlborough (Neuseeland).

Bourgogne Bg ★→★★★ r **15' 17 18' 19'** 20' w **14' 17' 18 19'** 20' 21 – Die AOP für einfachen Burgunder; hier lässt sich so mancher Schatz aus dem Hause eines Spitzenerzeugers finden. Manchmal wird der Unterbereich, z. B. CÔTE CHALONNAISE, HAUTES CÔTES oder seit Neuestem CÔTE D'OR an den AOP-Namen angehängt. CHARDONNAY-Weißwein, der nicht unter die AC Bourgogne ALIGOTÉ fällt, und Rotwein von PINOT NOIR, aber auch herabgestufter BEAUJOLAIS Cru kann als Bourgogne etikettiert werden (und wird als Bourgogne GAMAY verkauft). Unter die AC Bourgogne

Frankreich

passe-tout-grains fallen Pinot-noir/GAMAY-Verschnitte, die mehr als 30 % Pinot noir enthalten.

Bourgueil Lo ★★→★★★ **16 17' 18' 19' 20'** 21 22 – AOP für körperreiche Weine zum Einkellern auf CABERNET-FRANC-Basis. Erzeuger: v. a. Yannick Amirault, Ansodelles, Audebert, Dom. de la Butte, Dom. de la Chevalerie, Courant, Gambier, LAMÉ DELISLE BOUCARD, Ménard, Minière, Nau Frères, Omasson, Revillot, Rochouard.

Bouscassé, Château SWF ★★★ **15'** 18 **19 20** 21 (22) – MADIRAN-König Alain BRUMONTS Palast im Napa-Valley-Stil. Die Rotweine sind ein klein wenig früher trinkreif als sein eichenstrotzendes Flaggschiff MONTUS. Star ist der sortenreine TANNAT VIEILLES VIGNES.

Bouvet-Ladubay Lo ★★→★★★ Die besten Schaumweine im riesigen Angebot sind Brut Zéro, Instinct und Trésor. Ferner SAUMUR-CHAMPIGNY-Abfüllungen, v. a. Les Nonpareils.

Bouzereau Côte d'Or ★★→★★★ Die Familie Bouzereau ist – im positive Sinne – überall in MEURSAULT zugange. Spitzenreiter ist DOMAINE Michel Bouzereau (hinreißender BOURGOGNE CÔTE D'OR), probierens- und relativ preiswerte Weiße gibt's bei Jean-Marie Bouzereau, Philippe Bouzereau (Ch. de Citeaux), Vincent Bouzereau und Bouzereau-Gruère & Filles.

Bouzeron Bg ★★ **17' 18 19** 20' 21 – Ort an der CÔTE CHALONNAISE mit der einzigen auf ALIGOTÉ und v. a. Aligoté doré beschränkten AC. Das Potenzial ist größer und das Regelwerk strenger als für Weine der einfachen AC BOURGOGNE Aligoté. Überragend sind Maison Chanzy und die Domaine A. et P. de Villaine. Aus Bouzeron kommt zudem guter CHARDONNAY und PINOT NOIR (Bourgogne Côte Chalonnaise).

Bouzy Rouge Champ ★★★ **09 12 15'** 18' 19' – Der rote Stillwein aus dem berühmten PINOT-NOIR-Ort ähnelte früher einem sehr leichten Burgunder, ist mittlerweile dank Klimawandel und besserer Weinbaumethoden aber intensiver und raffinierter. Beste Erzeuger sind COLIN, Paul Bara und VEUVE CLICQUOT.

Boxler, Albert El ★★★★ Die DOMAINE, eine der fünf besten des ELSASS, erzeugt klassische Weine von äußerster Komplexität. Albert Boxler starb 2022, Sohn Jean zählt zu den Größen der Region. Die Weine kommen nicht nur aus GRANDS CRUS, sondern sogar aus Grand-cru-Unterbereichen, so der RIESLING Brand (Unterbereiche Kirchthal, Kirchberg) und der Riesling Sommerberg (Dudenstein, Eckberg); überragende Spätlesen. Ein einzigartiges Preis-Leistungs-Verhältnis bieten PINOT BLANC und SYLVANER (**18 20**).

Brana, Domaine SWF – Die illustre baskische Familie hauchte dem IROULÉGUY-Wein (★★★) neues Leben ein: tanninherb und aromatisch. Auch die Spirituosen (u. a. Gin, Whisky) des Hauses sind berühmt.

Brocard, J.-M. Chablis ★★→★★★ Qualität und Geschäftssinn unter einem Dach vereint, wie der CHABLIS Sainte Claire sowie das schöne Angebot an PREMIER-CRU- und GRAND-CRU-Abfüllungen beweisen. Sohn Julien Brocard zeichnet für die Reihe Les 7 Lieux aus biodynamischem Anbau verantwortlich.

Brochet, Emmanuel Champ ★★★ Der CHAMPAGNER des Boutique-Erzeugers stammt aus dem steilen Mont Bernard. Der reintönige, beglückende Mont Benoît Extra BRUT bleibt 9 Monate lang im Fass. Öko-Anbau, keine Schönung oder Filtration. Mit dem Jahrgang **2018'** hat Brochet sich selbst übertroffen, rassig-klassischer fällt 2019' aus.

Brouilly Beauj ★★ **17 18' 19'** 20' 21 – Der größte der zehn BEAUJOLAIS-Crus: solide, runde Weine mit einem gewissen fruchtigen Tiefgang, die früh zugänglich, aber auch 3–5 Jahre haltbar sind. Spitzenerzeuger: Ch. de la

Chaize, Doms. Chermette, L. & R. Dufaitre, J.C. Lapalu, Piron. Noch besser ist der Nachbar-Cru Côte de Brouilly, v. a. Ch. THIVIN.

Brumont, Alain SWF ★★★★ Pionier des MADIRAN und eine lebende Legende: Brumont ist nicht nur Schöpfer von Ch. BOUSCASSÉ, Ch. MONTUS und La Tyre, sondern hat auch leichter Zugängliches zu bieten wie den Gascogner Torus (★) sowie süffige IGP-Weine. Überragend sind die trockenen und süßen PACHERENC-DU-VIC-BILH-Gewächse (★★★); sie sind nach dem Lesemonat gemäß Französischem Revolutionskalender benannt, z. B. Vendemiaire (September/Oktober), Frimaire (November/Dezember).

Brut Champ – Bezeichnung für trockenen klassischen Schaumwein. In den letzten Jahren haben die meisten Champagnerhäuser und -winzer die Dosage (Zusatz von Süße) reduziert. Liegt der Restzuckergehalt unter 6 g, darf »Extra brut« auf dem Etikett stehen, was zunehmend in Mode kommt.

Brut Ultra/Zéro – Bezeichnung für knochentrockenen CHAMPAGNER (ohne Dosage) – auch als Brut Nature bekannt –, der zurzeit in Mode ist, v. a. bei Sommeliers. Die Qualität nimmt mit den wärmeren Sommern zu; Voraussetzung sind ausgereifte Frucht, ein gewisses Rebenalter und ein Maximum an Sorgfalt. Empfehlenswert: z. B. Pol Roger Pure, ROEDERER et Philippe Starck Brut Nature (**09'** **12'** **14'** 15), Veuve Fourny Nature.

Bugey ★→★★ Kleine AOP westlich der AC SAVOYEN für helle, frische Schaum- sowie (rote, rosé und weiße) Stillweine. Zu den Crus zählen Cerdon (rosafarbener GAMAY/Poulsard nach der *méthode ancestrale*), Manicle (CHARDONNAY, PINOT NOIR), Montagnieu (Altesse, MONDEUSE, Schaumwein). Weißweine vorwiegend von Altesse (AOP Roussette du Bugey) sowie Chardonnay. Die Sorten für Rosé und Rotwein sind Gamay, Mondeuse und Pinot noir. Erzeuger: v. a. Angelot, P. Balivet (Cerdon), Bonnard (★), Dentelle (Cerdon; ★★), D'Ici Là (★), Lingot-Martin (Cerdon; ★) Grangeons de l'Albarine (★), Renardat-Fache (Cerdon; ★★), Peillot (★★), Tissot.

Burgaud, Jean-Marc Beauj ★★★ In MORGON ansässiger Erzeuger, dessen Spitzenabfüllungen aus besten Lagen wie Charmes, Côte du Py, Grands Cras etc. vom ersten Tag an mit Frucht und Saftigkeit verlocken, aber auch etliche Jahre im Keller bleiben können. Jean-Marcs Neffe Alexandre Burgaud ist ebenfalls vielversprechend.

Burn, Ernest/Clos Saint-Imer El ★★→★★★★ Ein später Lesezeitpunkt ist das Geheimnis dieser ausgewogenen, oft halbtockenen Weine, die zu den opulentesten des ELSASS zählen. Die hervorragende Lage CLOS Saint-Imer ist ein MONOPOLE im GRAND CRU GOLDERT; Spitzenwein ist La Chapelle. Unglaublich voller SYLVANER und (womöglich der beste Elsässer) MUSCAT (**10 13 15 16 17 18 19**), ferner sehr guter PINOT GRIS (10 12 **15' 18**).

Bursin, Agathe El ★★★→★★★★ **17' 18' 19' 20'** – Erstklassiger, moderner, oft ins Halbtrockene spielender SILVANER (Lutzental und v. a. Eminence) von sehr alten Reben (und aus den Spitzenlagen Bollenberg und GRAND CRU Zinnkoepflé). Ferner sehr guter RIESLING, PINOT NOIR und SÉLECTION DE GRAINS NOBLES.

Buxy, Vignerons de Bg ★→★★ Führende Genossenschaft der CÔTE CHALONNAISE mit anständigem CHARDONNAY und PINOT NOIR. Außerdem Traubenlieferant für die Markenweine diverser Handelshäuser und größter Lieferant der AOP MONTAGNY. Verlässlich und keineswegs zu verachten.

Buzet SWF ★★ **19 20** (22) – Die AOP ist sozusagen der füllige Cousin von BORDEAUX und wird von der vorbildlichen Genossenschaft (u. a. Ch. de Gueyze, Padère) beherrscht. Ch. Pierron ist ein ebenbürtiger unabhängiger Erzeuger.

Cabernet d'Anjou Lo ★→★★ BV – Die mengenmäßig größte Loire-AOP: CABERNET FRANC und CABERNET SAUVIGNON in halbtrockenem Stil mit Aromen von roter Frucht. Erzeuger: v. a. Bablut, Bergerie, Chauvin, Clau de Nell, Grandes Vignes, Montgilet, Ogereau, Petit Clocher und de Sauveroy.

Cabidos SWF ★★★ 16 17 18 (19) – Das Château liegt im BÉARN, jedoch außerhalb des JURANÇON; die Weine sind ähnlich. Der Gaston Phoebus (★★) ist ein trockener PETIT MANSENG, der Saint Clément (★★★) dessen fantastische goldfarbene, unbedingt probierenswerte süße Version. L'Or de Cabidos ist himmlisch.

Buntes Dorfleben – die Besten der Côtes du Rhône-Villages

Die besten Orte dieser Appellation sind Gadagne (stämmige, würzige Weine), MASSIF D'UCHAUX, Ste-Cécile (mittelschwer), SIGNARGUES (voll) und VISAN. Beste Erzeuger: Châteaux Bois de la Garde, Fontségune, Signac sowie Domaines Les Aphillanthes (biodynamisch), Aure, Bastide, Bastide St Dominique, Biscarelle, Bois St Jean, Buissonnade (öko), Cabotte (biodynamisch),Pascal Chalon (biodynamisch), Coste Chaude (öko), Crève Cœur (biodynamisch), Echevin (auch gute Weiße), Florane (biodynamisch), Grand Veneur, Grands Bois (öko), Gravennes, Janasse (Spitzenklasse), Jérome, Montbayon, Montmartel (öko), Mourchon, Pasquiers (öko), Pique-Basse (auch gute Weiße), Rabasse-Charavin, Réméjeanne (sehr gut), Renjarde, Romarins, Saladin (öko), St-Siffrein, Ste-Anne, Valériane und Viret, außerdem die Genossenschaften Cave de RASTEAU und Les VIGNERONS d'Estézargues (gute Auswahl, u. a. Dom. Génestas, Dom. Pierredon).

Cabrol, Domaine de Lang ★★★ Langjähriger Star der AOP Cabardès (bei Carcassonne) mit ihren MÉDOC- und Bordeaux-Rebsorten. SYRAH-betont ist der kräftig duftende Vent d'Est in unverkennbarem Médoc-Stil. Der Vent d'Ouest mit höherem CABERNET-SAUVIGNON-Anteil tritt leiser auf, ist aber nicht weniger fein.

Cadillac – Côtes de Bordeaux Bx ★→★★ 18 19 **20** (22) – In dem lang gestreckten, schmalen, hügeligen Bereich am rechten Ufer der Garonne wird vorwiegend MERLOT angebaut, außerdem CABERNET SAUVIGNON und CABERNET FRANC. Mittelschwere, frische Rotweine, die man 2–8 Jahre einkellern kann. Am besten von: Alios de Ste-Marie, Biac, Ch. Carignan, Carsin, Clos Chaumont, Clos Ste-Anne, Le Doyenné, de Fontenille, Grand-Mouëys, Lamothe de Haux, Mont-Pérat, Plaisance, Réaut (Carat), Reynon, de Ricaud und Suau.

Cady, Domaine Lo ★★→★★★ 19' 20' **21** (22) – Die ökologisch bewirtschaftete Domaine wurde von Alexandre Cady zu neuen Höhen geführt: CHENIN BLANC, z. B. Cheninsolite (trocken, fassvergoren), und sehr voller COTEAUX DU LAYON.

Cahors SWF ★★★ 15' 18' 19 20 (22) – Die historische AOP am Fluss Lot erkämpft sich ihr Geburtsrecht als Heimat des MALBEC zurück. Erzeugt wird ausschließlich Rotwein (die wenigen Weißweine sind als IGP etikettiert). Inzwischen glücklicherweise weniger Extraktion. Süffig-unkomplizierte Abfüllungen bieten CLOS Coutale und Ch. de Hauterive (★★), Substanzielleres kommt von Ch. de la Bérengeraie, Ch. du Cèdre (★★★), Clos Triguedina, Clos Troteligotte, Clos d'Un Jour, Dom. Cosse-Maisonneuve, Haut-Monplaisir; ferner von den Chx. La Coustarelle, Les Croisille, Gaudou (★★), Hautes-Serres, Lamartine, Mas La Périé und Ponzac.

Cailloux, Les S-Rh ★★★ 05' 09' 10' **16' 18** 19' 20' 21 22' – Der Familienbetrieb in CHÂTEAUNEUF-DU-PAPE erzeugt handwerklich bereitete, elegante, tiefgründige Rotweine mit lokaler Prägung zu sehr günstigen Preisen, außerdem formvollendete Weiße im *garrigue*-Stil. Die Spezialabfüllung Centenaire wird von den ältesten (1889) GRENACHE-Reben bereitet (nobel, elegant: 16' 19'). Außerdem Weine unter dem Etikett Dom. André Brunel (v. a. der preiswerte rote CÔTES DU RHÔNE Est-Ouest).

Cairanne S-Rh ★★→★★★ **15' 16' 17' 18 19' 20'** 22' – Das hochklassige Anbaugebiet an der südlichen Rhône bietet eine große Auswahl an charaktervollen Weinen aus *garrigue*-Böden mit dunkler Frucht, Kräuternoten, Textur und Finesse. Besonders empfehlenswert: Alary (stilvoll, Öko-Anbau), Amadieu (reintönig, biodynamisch), Boisson (herzhaft), Brusset (tiefgründig), Clos des Mourres (öko), Clos Romane (ausdrucksstark), Cros de Romet, Escaravailles (mit Flair), Grands Bois (öko), Grosset, Hautes Cances (schlanker seit 2019), Jubain, Oratoire St Martin (erstklassig, biodynamischer Anbau), Rabasse-Charavin (funkelnd), Richaud (großartige Frucht) und Roche. Außerdem schöne Weiße, die gut zum Essen passen, von diversen Rebsorten.

Frankreich

Canard-Duchêne Champ – Das Champagnerhaus im Besitz von Alain THIÉNOT wird jetzt von der nächsten Generation geleitet. Zunehmend beeindruckende CUVÉE Léonie; ferner Charles VII BLANC DE BLANCS und BLANC DE NOIRS. Der Avize Gamin (**12 13** 17' 19' 20') stammt aus einer Einzellage.

Canon-Fronsac Bx ★★→★★★ **15 16 18 19'** 20' (22) – Kleine, umweltbewusste Enklave in FRONSAC mit recht ähnlichen Weinen. Die besten Gewächse sind umfangreich, voll und lohnen das Einlagern. Beste Erzeuger: Barrabaque, Canon Pécresse, Cassagne Haut-Canon (La Truffière), La Fleur Caillou, GABY, Grand-Renouil, MOULIN PEY-LABRIE, Pavillon und Toumalin.

Carillon Côte d'Or ★★★ Zwei unterschiedliche Erzeuger in PULIGNY-MONTRACHET: Jacques führt die Tradition fort, sein bester PREMIER CRU ist Referts. Einen spannenden modernen Ansatz mit hübschem Schliff verfolgt sein Bruder François, v. a. bei den Combettes- und Folatières-Abfüllungen. Die Puligny-Village-Weine sind von beiden großartig.

Castelnau, Champagne de Champ ★★★ Aufstrebende Genossenschaft. Exzellenter BLANC DE BLANCS (v. a. Millésime **02 08**) mit langer Hefesatzreifung. Die innovative Premiumreihe Hors Catégorie ist jedes Jahr anders; in der aktuellen Ausgabe namens CCF2067 spielt feiner PINOT MEUNIER die Hauptrolle. Beeindruckend der Hors Categorie NV CT 2015 und der BRUT Oenotheque en Magnum (**92 98 02**).

Castillon – Côtes de Bordeaux Bx ★★→★★★ **15 16 18 19** 20 – Reizvoller Anbaubereich neben ST-ÉMILION mit ähnlichen, in der Regel preiswerten Weinen. Kürzlich haben 19 führende Winzerbetriebe den Club »Castillon Caractères« gegründet. Spitzenerzeuger: de l'A, d'Aiguilhe, Alcée, Ampélia, l'Aurage, Joanin Bécot, La Brande, Cap de Faugères, La Clarière-Laithwaite, Clos Louie, Clos Les Lunelles, Clos Puy Arnaud, Côte Montpezat, l'Hêtre, Montlandrie, de Pitray, Poupille, Le Rey, Veyry.

Cathiard, Domaine Sylvain Côte d'Or ★★★★ Sébastien Cathiard bereitet Weine von umwerfender Qualität aus Lagen in VOSNE-ROMANÉE (v. a. Les Malconsorts, Orveaux, Reignots) und NUITS-ST-GEORGES (v. a. Aux Thorey, Murgers). Neuerdings hat er auch einige AOP-BOURGOGNE-Abfüllungen im Angebot. Der Stil verdankt sich später Lese und der Entrappung der Trauben.

Cauhapé, Domaine SWF – Bahnbrechender JURANÇON-Winzer mit außergewöhnlichen trockenen und süßen Weißweinen. Der PETIT MANSENG La Canopée kann es in puncto Komplexität mit jedem weißen Spitzengewächs aufnehmen. Der süße Folie de Janvier wird nur in geeigneten Jahren erzeugt; die Lese findet im Januar statt.

Cave – Kellerei; auch jede beliebige Weinfirma.

Cave coopérative Genossenschaftskellerei. Auf Betriebe dieser Art entfällt mehr als die Hälfte der französischen Weinproduktion. Die Weine sind oft preiswert, reißen einen aber in der Regel nicht vom Hocker. Derzeit geben viele Betriebe auf.

Cazes Rouss ★★★ Großer, beeindruckender, biodynamisch bewirtschafteter Betrieb. Zu den VINS DOUX NATURELS zählen RIVESALTES Ambré, Tuilé, Grenat und der sensationelle gereifte Aimé Cazes. Außerdem MAURY SEC sowie süßer Ambré (GRENACHE BLANC) und Le Canon du Maréchal (GRENACHE/SYRAH). Der rote Spitzenwein Le Crédo ist wie Ego und Alter ein CÔTES DU ROUSSILLON-VILLAGES. Ferner Weine von Les Clos de Paulilles, aus BANYULS und COLLIOURE.

Chablis

Ein anderer CHARDONNAY, der es mit den straffen, klaren, mineralischen CHABLIS-Weinen aufnehmen könnte, ist nach wie vor nirgends in Sicht; allerdings wird dieser Stil von den immer wärmeren Sommern bedroht. Die meisten Erzeuger machen wenig oder gar keinen Gebrauch von neuen Eichenfässern, um die Prägung durch das jeweilige Terroir nicht zu überdecken. **Top:** BILLAUD, V. DAUVISSAT, Droin, W. FÈVRE, LAROCHE, L. Michel, C. MOREAU, Pinson, RAVENEAU. **Herausforderer:** Bessin, J.-M. BROCARD, CHABLISIENNE, Collet, D. Dampt, Davenne, B. Defaix, DROUHIN-Vaudon, Duplessis, N. et G. Fèvre, Grossot, LAROCHE, LONG-DEPAQUIT, Malandes, MOREAU-Naudet, Picq, Piuze, Pommier, Oudin, Tribut. **Aufstrebend:** J. et Fils Dauvissat, Gautheron, d'Henri, Lavantureux, E. & E. Vocoret, Vrignaud. **Ökoanbau/Naturweine:** Ch. de Béru, J. Brocard, Goulley, de Moor, Pattes Loup.

Cébène, Domaine de Lang ★★★★ Brigitte Chevalier erzeugt aufregende FAUGÈRES-Gewächse aus hoch gelegenen, ökologisch bewirtschafteten Weinbergen. Das Aushängeschild, der langlebige Felgaria (überwiegend MOURVÈDRE), ist pure Eleganz und Kraft. Les Bancèls (SYRAH und weitere rote Sorten) ist früher trinkreif, aber nicht weniger fein. Der Belle Lurette zeigt, wie gut CARIGNAN sein kann.

Cèdre, Château du SWF ★★→★★★ **15' 16** 18 **19 20** (22) – Die Brüder Verhaeghe sind namhafte Vertreter der modernen CAHORS-Stilrichtung mit einer breiten Auswahl an Stilen und Preiskategorien. Ein köstlicher Alltagswein ist der IGP MALBEC (★★).

Cellier aux Moines Bg ★★★ Der aktuelle Spitzenerzeuger in GIVRY, mit Lagen hauptsächlich im gleichnamigen Weinberg, schwang sich mit Investitionen in eine neue Kellerei und der Verpflichtung des Kellermeisters Guillaume Marko zu neuen Höhen auf. Die Spitzenweine stammen vom heimatlichen CLOS Givry, ferner gibt es Interessantes von der CÔTE DE BEAUNE.

Cendrillon, Domaine de La Lang ★★★ Familie Joyeux erzeugt geschliffene, am Terroir orientierte Ökoweine aus der Umgegend von Narbonne. Der Nuance ist ein cremiger, eichenwürziger Verschnitt aus acht Rebsorten (u. a. PETIT MANSENG, GRENACHE BLANC und gris, ALBARIÑO), der rote Inédite ein erstklassiger CORBIÈRES.

Cépage – Rebsorte. *Siehe* Gesamtverzeichnis S. 11–23.

Cérons Bx ★★ **15' 16 18 19** – Die Mini-AOP gilt für Süßweine, die ebenso wie im benachbarten BARSAC von Kalksteinböden stammen, jedoch weniger intensiv sind. Beste Erzeuger: Ch. de Cérons, Ch. de CHANTEGRIVE, Ch. Grand Enclos, Ch. du Seuil.

Chablis ★★→★★★ **14'** **15** **17'** **18'** **19'** 20 21 – Einer der bekanntesten Namen der Weinwelt: Guter Chablis ist eine betörende Wiederholung des CHARDONNAY-Themas – pure Frucht, durchwirkt mit Steinaromen. Die leichtere Version, PETIT CHABLIS, sollte jung getrunken werden. Spitzenerzeuger *siehe* Kasten S. 64.

Chablis Grand cru Chablis ★★★→★★★★ **10'** **12'** **14'** **15** **17'** 18' 19' 20 21 – Ein zusammenhängender Weinbergblock oberhalb des Flusses Serein bringt die konzentriertesten aller CHABLIS-Gewächse hervor; der Wein braucht 5 bis 15 Jahre, um seine Nuancen zu entfalten. Die sieben Lagen: Blanchots (blumig), Bougros (einschließlich Côte Bougerots), Les Clos (in der Regel am besten), Grenouilles (würzig), Les Preuses (weich wie Kaschmir), Valmur (strukturiert) und Vaudésir (mit der nicht klassifizierten Enklave La Moutonne). Viele gute Erzeuger.

Chablisienne, La Chablis ★★→★★★ Die vorbildliche Winzergenossenschaft ist für ein Gutteil der CHABLIS-Produktion verantwortlich und verbirgt sich hinter diversen Eigenetiketten von Supermarktketten. Der Trend geht jetzt zu PETIT-CHABLIS- und Chablis-CUVÉES aus biodynamischem Anbau. Spitzenwein ist der GRAND CRU Château Grenouilles, ein echter Knaller.

Chablis Premier cru Chablis ★★★ **14'** **15** **17'** 18' 19' 20 21 – Etwas teurer als einfacher CHABLIS, aber lohnend. Die besseren Lagen erstrecken sich an sanften Hügeln; hier die Favoriten in puncto Mineralität: Montmains, Vaillons, Vaucoupin sowie, etwas weicher, Côte de Léchet und Fourchaume und schließlich, opulenter, Mont de Milieu, Montée de Tonnerre und Vaulorent.

Chambertin Côte d'Or ★★★★ **90'** **93** **96'** **99'** **02'** 05' 09' **10'** **12'** **14** 15' 16 17 18' 19' 20' 21 – Der König von Burgund – in engem Kontakt mit seiner femininen Seite. Ein wahrhaft gebieterischer Wein: strotzende Muskeln und Fleisch en masse, im Idealfall gebändigt durch reichliche Frucht. Erzeuger, die dem hohen Anspruch gerecht werden: Bernstein, BOUCHARD Père et Fils, Charlopin, Damoy, DROUHIN, DUGAT-Py, Dom. LEROY, MORTET, ROSSIGNOL-TRAPET, ROUSSEAU und TRAPET. In der Jugend etwas zugänglicher sind die Gewächse aus der Nachbar-AOC Clos de Bèze, mit samtiger Textur und ungemein anmutig, v. a. von Bart, Bruno CLAIR, Damoy, Drouhin, Drouhin-Laroze, Duroché, FAIVELEY, Groffier, JADOT, Prieuré-Roch, Rousseau.

Chambolle-Musigny Côte d'Or ★★★→★★★★ **93** **99'** **02'** **05'** **09'** **10'** **12'** **15'** **16** **17** 19' 20 21 – Schon der Name ist pure Verführung, der Wein selbst Samt und Seide: Stoffigkeit bieten Gewächse aus den PREMIER-CRU-Lagen Les Charmes und Combe d'Orveau, in feiner ziselierter Form aus Cras und Fuées, während die Weine aus Les Amoureuses und den GRAND-CRU-Lagen BONNES-MARES und MUSIGNY einfach berückend sind. Die Superstars unter den Erzeugern heißen BARTHOD, MUGNIER, ROUMIER und de VOGÜÉ, empfehlenswert sind aber auch Amiot-Servelle, DROUHIN, Felettig, Groffier, HUDELOT-Baillet, Pousse d'Or, RION und Sigaut.

Champagne Le Mesnil Champ ★★★ Erstklassige Genossenschaft unter der beflügelnden Leitung von Gilles Marguet mit Sitz in Le Mesnil-sur-Oger, dem großartigen GRAND-CRU-Ort für CHARDONNAY. Hervorragende Cuvée Sublime (**08'** **09** **13'** **15** 17 19 20) aus der besten Lage; majestätische CUVÉE Prestige (**05** **07'**). Hervorragendes Preis-Leistungs-Verhältnis.

Champagner Champ – Nach der MÉTHODE CHAMPENOISE erzeugter Schaumwein von PINOT NOIR, PINOT MEUNIER und/oder CHARDONNAY aus der 33.805 ha (unter Produktion) umfassenden Champagne, etwa 145 km östlich von Paris. Pro Jahr werden über 300 Millionen Flaschen verkauft. Für Frische sorgt etwas PINOT BLANC aus AUBE weiter im Süden. Schaumwein anderer Herkunft, so gut er auch sein mag, darf sich nicht Champagner nennen. Der echte fußt auf kreidiger Spannung und der Entwicklung von Biskuitaromen (Autolyse).

Chandon de Briailles, Domaine Côte d'Or ★★★ Biologisch-dynamischer Anbau, jede Menge Stiele im Gärbottich, minimaler Schwefelzusatz und Verzicht auf neue Eiche, das sind die Kennzeichen dieses Betriebs. Ergebnis: strahlend reintönige Rotweine, die immer neue Höhen erklimmen, v. a. CORTON Les Bressandes und PREMIER CRU Île de Vergelesses (in PERNAND-VERGELESSES).

Chanson Père et Fils Bg ★→★★★ Die Qualität des zu BOLLINGER gehörenden Handels- und Erzeugerbetriebs hat sich verbessert, aber bis zu den Höhen des Mutterhauses ist noch Luft nach oben. Hochwertige Weißweine (CLOS DES MOUCHES, CORTON-Vergennes) und eigentümliche Rote (die Aromatik rührt aus der Ganztraubenvergärung her), v. a. CLOS des Fèves.

Chapelle-Chambertin Côte d'Or ★★★ 99' 02' **05** 09' 10' **12'** 15' 16 18' 19' 20' 21 – Nachbar von CHAMBERTIN mit leichteren, feingliedrigeren, nicht ganz so fleischigen Weinen; die dünnere Bodenauflage erweist sich in feuchtkühlen Jahren als vorteilhaft. Spitzenerzeuger: Damoy, Drouhin-Laroze, JADOT, PONSOT, ROSSIGNOL-TRAPET, TRAPET, Tremblay.

Chapoutier N-Rh ★★→★★★★ Der eloquente Winzer und Weinhändler in HERMITAGE war der Erste, der seine Etiketten mit Brailleschrift versah. Er bietet stilvolle, teure rote CUVÉES aus ertragsbeschränkten, ausgewählten Parzellen. Intensive GRENACHE-Weine aus CHÂTEAUNEF-DU-PAPE, z. B. Barbe Rac, Croix de Bois (beide rot), CÔTE RÔTIE La Mordorée; Hermitage-Weine L'Ermite (rot und weiß, hervorragend) und Le Pavillon (rot, Granitboden, Tiefe), Cuvée de l'Orée (weiß) und Le Méal (weiß). Außerdem ST-JOSEPH Les Granits (rot und weiß). Fantastische weiße Hermitage-Gewächse von 100 % MARSANNE (alte Reben), allen voran der Chante-Alouette. Preiswerter Crozes Meysonniers und Duché d'Uzès (rot und weiß). Außerdem Weinbergbesitz in den COTEAUX D'AIX-EN-PROVENCE, CÔTES DU ROUSSILLON-VILLAGES (guter Dom. Bila-Haut) und in RIVESALTES. Neben Weinbergbesitz im ELSASS gehören auch Ferraton in Hermitage, das Handelshaus Trenel im BEAUJOLAIS und Ch. des Ferrages in der PROVENCE zu Michel Chapoutiers Imperium; außerdem unterhält er Joint Ventures in Australien (v. a. Doms. Tournon und Terlato & Chapoutier mit duftenden Weinen) und betreibt ein Hotel mit Vinothek in Tain.

Charbonnière, Domaine de la S-Rh ★★★ 09' 10' **16' 17 18** 19' 20' 22' – Von zwei Schwestern geführtes Gut in CHÂTEAUNEUF-DU-PAPE mit strammen, kräuterwürzigen Weinen. Verlässlicher roter Tradition, außerdem tiefgründige Gewächse der besonderen Art: VIEILLES VIGNES (ungeheuer kraftvoll, der beste Wein), authentischer Mourre des Perdrix sowie Hautes Brusquières. Ferner ein sehr eleganter, reintöniger Weißer und unverfälschter pfeffriger roter VACQUEYRAS.

Chardonnay – Eine Traube, aber auch der Name eines MÂCON-VILLAGES-Weinorts; daher Mâcon-Chardonnay.

Charlopin Côte d'Or ★★★ Philippe Charlopin erzeugt ein beeindruckendes Spektrum an Rotweinen, charakterisiert durch Substanz und Stil (in dieser Reihenfolge). Preiswert sind die BOURGOGNE-CÔTE-D'OR- und MARSANNAY-Abfüllungen, Spitzenreiter die GRAND-CRU-Gewächse. Ebenso spannend ist das Projekt Charlopin-Tissier von Sohn Yann Charlopin.

Charmes-Chambertin Côte d'Or ★★★★ 99' 02' **03 05' 09'** 10' **12'** 15' 16 **17** 18' 19' 20' 21 – GRAND-CRU-Lage mit 31 ha, einschließlich der Nachbarlage MAZOYÈRES-CHAMBERTIN, in GEVREY-CHAMBERTIN. Die Weine zeigen Noten von Himbeere und Sahne nebst Schwarzkirschfrucht, haben eine opulente Textur und einen aromatischen Abgang. Die besten Erzeuger: v. a. ARLAUD, BACHELET, Castagnier, Coquard-Loison-Fleurot, DUGAT, DU-

JAC, Duroché, LEROY, MORTET, Perrot-Minot, Roty, ROUSSEAU, Taupenot-Merme, VOUGERAIE.

Chartogne-Taillet Champ – Alexandre Chartogne, ein Schüler von Anselme SELOSSE, hat es nun selbst zu berechtigtem Ruhm gebracht. Er ist im Ort Merfy ansässig und dem biodynamischen Anbau zugeneigt. Mustergültiger BRUT Ste Anne oJ sowie Einzellagenweine Le Chemin de Reims, Les Barres (exzellent: 15') und Les Couarres Blanc de Noirs. Ein neuer Stern am Champagnerhimmel.

Die jungen Superstars von Savoyen

Eine neue Generation von Winzern in SAVOYEN verzichtet auf die einst für Skigebiete bestimmten wässrigen Weine und sucht mit Fokus auf einheimischen Rebsorten nach intensiven Aromen für den Export. Zu den Sprösslingen alteingesessener Weingüter wie Thomas Blard von Blard & Fils, Anne-Sophie von Jean-François QUÉNARD und Guillaume von André et Michel Quenard gesellen sich Neueinsteiger wie Sylvain Liotard von 13 Lunes, Julien Viana von Baraterie und Matthieu Goury von Chevillard.

Charvin, Domaine S-Rh ★★★ **09' 10' 12' 15'** 16' 17' **18'** 19' 20' 21' 22' – Das 8-ha-Gut, eines der besten in CHÂTEAUNEUF-DU-PAPE, setzt strikt auf Terroir. Die Rebflächen sind zu 85% mit GRENACHE bestockt, Eiche wird nicht verwendet, und es gibt nur eine einzige, handwerklich bereitete CUVÉE: Der Rotwein ist würzig, mineralisch, energiegeladen und bringt präzise den jeweiligen Jahrgang zum Ausdruck. Außerdem sehr preiswerter, unverfälschter, langlebiger roter CÔTES DU RHÔNE sowie (seit Kurzem) guter Weißwein.

Chassagne-Montrachet Côte d'Or ★★→★★★★ w **08' 09' 12' 14'** 15 **17'** 18' 19' 20' 21 – Vielleicht die spannendste Weinbaugemeinde der CÔTE D'OR: Die PREMIER-CRU-Lagen, u.a. Blanchot, ROMANÉE und Ruchottes, sowie die GRANDS CRUS liefern großartige Weißweine. Empfehlenswert sind die Erzeugerfamilien COLIN, GAGNARD, MOREY und PILLOT sowie die Domaines Heitz, MOREAU, Niellon und Ramonet. Die Roten aus Lagen wie Boudriotte, Clos St-Jean und Morgeot verdienen stärkere Beachtung.

Château – Bezeichnung für ein Weingut, egal ob groß oder klein, gut oder mittelmäßig, v.a. in BORDEAUX gebräuchlich (*siehe* Kapitel »Die Châteaux von Bordeaux«). Im wörtlichen Sinn Schloss oder großes Haus. In Burgund herrscht der Ausdruck DOMAINE vor.

Château-Chalon Jura ★★★→★★★★ **05' 09 10'** 14 15 – Kein Weingut, sondern eine AOP und eine Ortschaft, wo die Krönung des VIN JAUNE aus der SAVAGNIN-Traube erzeugt wird: ein mindestens 6 Jahre im Fass unter Heteflor gereifter Wein – nicht ganz billig, aber sein Geld wert. Er kann Jahrzehnte alt werden und passt gut zu einem Comté-Käse oder einem Hühnchengericht. Empfehlenswert von BERTHET-BONDET, Chevassu-Fassenet, Macle, Rousset-Martin oder Stéphane TISSOT; alte Jahrgänge findet man bei Bourdy.

Château-Grillet N-Rh ★★★★ **10' 12' 14' 15' 16' 17' 18 19' 20'** 21' 22' – Frankreichs kleinste AOP, mit halbkreisförmigem (und aufmerksam gepflegtem), malerischem 3,7-ha-Weinberg südlich von CONDRIEU auf Sand-Granit-Boden. Seit dem Erwerb durch François Pinault (u.a. Ch. LATOUR) setzt man bei den Weinen mehr auf Finesse statt auf Fülle – mit 20 Jahren können sie großartig sein. Die Preise sind sehr hoch. Der duftende, ölige, präzise bereitete VIOGNIER sollte dekantiert und gekühlt genossen werden,

Frankreich

am besten zu gehobener Küche. Seit 2017 Condrieu La Carthery aus einer Nachbarlage; ferner weißer CÔTES DU RHÔNE.

Châteaumeillant Lo ★→★★ **20' 21 22** – Die isoliert gelegene AC erwacht gerade zu neuem Leben. Erzeugt werden v. a. leichte, fruchtige Rote von GAMAY und PINOT NOIR sowie VIN GRIS; für Letzteren sind 10 % PINOT GRIS zugelassen. Erzeuger: v. a. BOURGEOIS, Chaillot, Gabrielle, Goyer, Joffre, Lecomte, Joseph MELLOT, Nairaud-Suberville, Roux, Rouzé und Siret-Courtaud.

Châteauneuf-du-Pape S-Rh ★★★→★★★★ **01' 07' 09' 10' 12 115** 16' 17 19' 20 21 22' – Gut 3.200 ha großes Gebiet bei Avignon mit unterschiedlichen Böden, u. a. Ton, Sand, Kalkstein, und rund 50 guten Erzeugern (die Qualität der anderen 85 ist gemischt bis dürftig). Verschnitte von bis zu 13 roten und weißen Rebsorten, angeführt von GRENACHE plus SYRAH, (zunehmend) MOURVÈDRE und Counoise. Die würzigen Gewächse mit schöner Textur sind langlebig (die besten brauchen mind. 8 Jahre Flaschenreife); sie sollten märchenhaft fein und reintönig sein, allerdings gab es bis Mitte der 2010er-Jahre zu viele schwere, einfach nur süffige Weine. Kleinere, traditionelle Betriebe bieten oft ein gutes Preis-Leistungs-Verhältnis. Auf der anderen Seite stehen die Premiumgewächse von alten Reben (sehr guter Grenache: 16' 19'); meiden sollte man spät gelesene, in neuer Eiche ausgebaute, alkoholstarke (16 Vol.-%), überteuerte Versionen. Die herrlichen Weißen (der Jahrgang 2021 war hervorragend) sind entweder frisch und fruchtig oder aber umfangreich, tief und seidig; die besten halten sich mind. 15 Jahre. Spitzenerzeuger: *siehe* Kasten S. 69.

Chave, Domaine Jean-Louis N-Rh ★★★★ **00 01' 03' 04 05' 07' 09'** 10' **11' 12' 13'** 15' 16' 17' 18' 19' 20' 21' 22' – Erstklassige familiengeführte Domaine im Herzen von HERMITAGE mit einem guten Mix an Böden und daher kunstvollen Verschnitten. Klassische, langlebige SYRAH-Weine, sehr selten auch mal Cathelin. Stilvolle, ungeheuer komplexe Weiße zum Einkellern (v. a. von MARSANNE). Dunkelroter, würziger ST-JOSEPH mit toller Frucht; sehr stilvoll ist der Clos Florentin (seit 2015) aus einer Einzellage. Außerdem lebhafter St-Joseph Offerus unter der Marke J.-L. Chave, herzerwärmender CÔTES DU RHÔNE Mon Cœur sowie zwei gleichbleibend preiswerte Abfüllungen, die Chave als NÉGOCIANT vertreibt: Hermitage Farconnet (rot) und Blanche (weiß).

Chavignol Lo – Die führende Weinbaugemeinde in SANCERRE mit den berühmten Steillagen Cul de Beaujeu und Les Monts Damnés, die das Dorf umgeben. Der ton- und kalkhaltige Boden bringt hervorragende körperreiche, mineralische, langlebige Weißweine hervor, die Roten halten sich mindestens 15 Jahre. Sehr gute junge Weinmacher: Matthieu Delaporte (Domaine Delaporte) und Pierre Martin. Weitere Erzeuger: v. a. Boulay, Bourgeois, Cotat, Dagueneau, Thomas Laballe, Alphonse Mellot und Paul Thomas.

Chemin des Rêves, Le Lang ★★★ Benoît Viot, früher Pharmazeut, vollbringt wahre Wunder mit seinen fantasievoll benannten Weinen aus biodynamisch bewirtschafteten Lagen in PIC ST-LOUP und GRÈS DE MONTPELLIER. Sie heißen z. B. Abracadabra (rot, rosé, weiß), Bois-moi (rot, preiswert) oder La Soie (rot, weiß; stilvoll).

Chénas Beauj ★★★ **15' 16 18' 19'** 20' 21 – Der kleinste der BEAUJOLAIS-Crus liegt zwischen MOULIN-À-VENT und JULIÉNAS und verdient mehr Aufmerksamkeit. Die Weine sind fleischig und können eingelagert werden, die Preise sind moderat. Vorbildlich ist die Domaine Thillardon, probierenswert sind aber auch Janodet, LAPIERRE, Pacalet, Piron, Trichard und die Genossenschaft.

Chevalier-Montrachet Côte d'Or ★★★★ **08 09' 10 12** 114' 15 17' 18' 19' 20' 21 – Geografisch ein wenig oberhalb von MONTRACHET, qualitativ ein ganz klein wenig unterhalb, bringt die GRAND-CRU-Lage nichtsdestotrotz strahlende Weine von kristalliner Reintönigkeit hervor – intensiv und subtil zugleich. Sie sind sehr langlebig, aber häufig auch schon in der Jugend ansprechend. Spitzenerzeuger ist Dom. LEFLAIVE; Spezial-CUVÉES aus der Lage Les Demoiselles von JADOT und Louis LATOUR, aus La Cabotte von BOUCHARD. Außerdem: Chartron, Philippe COLIN, Dancer, MONTILLE, Niellon, VOUGERAIE.

Cheverny Lo ★→★★ **19' 20' 21 22** – AOP bei Blois mit großteils als Verschnitt von SAUVIGNON BLANC und CHARDONNAY bereiteten Weißweinen und leichten Roten, vorwiegend von GAMAY und PINOT NOIR (auch CABERNET FRANC, CÔT). Der sortenreine Romorantin Cour Cheverny (bis zu ★★★) benötigt Flaschenreife. Erzeuger: v. a. Bellier, Cazin, Clos Tue-Bœuf (auch VIN DE FRANCE) sowie die Doms. Huards (biodynamisch), de Montcy, du Moulin, Sauger, Tessier, de Veilloux und H. Villemade.

Châteauneuf-du-Pape – die Schlossherren

Die bekanntesten Namen dieser riesigen und vielfältigen (Böden, Verschnitte, Stile) Appellation sind: Châteaux de BEAUCASTEL, Gardine (auch Weißwein), Mont-Redon, Nalys, Nerthe, RAYAS, Sixtine und Vaudieu; Domaines du Banneret (traditionell), Barroche, Beaurenard (biodynamisch, hochklassig), de la Biscarelle (fruchtig), Bois de Boursan, Henri Bonneau, Bosquet des Papes, Les CAILLOUX (öko), Chante Cigale, Chante Perdrix, CHARBONNIÈRE, CHARVIN, Clos du Caillou, Clos du Mont-Olivet, Clos des Papes, Clos St-Jean (Maßstäbe setzend), Cristia, Famille Ferrando, Fontavin, Font-de-Michelle, Galet des Papes, Grand Tinel, Grand Veneur (öko), de la Janasse (wuchtig), Marcoux (biodynamisch; v. a. VIEILLES VIGNES), Mas du Boislauzon, Pegaü, Pierre André (biodynamisch, Terroir), Porte Rouge, Roger Sabon, Sénéchaux, P. Usseglio, R. Usseglio (biodynamisch), Vieux Donjon (klassisch), de la Vieille Julienne (biodynamisch), VIEUX TÉLÉGRAPHE. Der Jahrgang 2021 bescherte umwerfende Weiße: Châteaux de Beaucastel (fabelhafter ROUSSANNE), Gardine, Rayas, Vaudieu; Domaines Beaurenard, Les Cailloux (unverfälscht), Marcoux (stilvoll), R. Usseglio (sehr guter Roussanne), Vieux Télégraphe (Tiefe, Terroir) sowie Clos des Papes (langlebig) und Le Vieux Donjon (authentisch, mit Tiefe).

Chevillon, R. Côte d'Or ★★★ Gemeinsam mit GOUGES das Maß aller Dinge in puncto dunkelfruchtige, muskulöse, aber nicht mit Tannin überfrachtete PREMIER-CRU-Gewächse aus NUITS-ST-GEORGES: Bousselots, Chaignots und Pruliers heißen die zugänglicheren Weine, Cailles, Les St-Georges und Vaucrains die langlebigen.

Chevrot, Domaine Côte d'Or ★★ Bei Pablo und Vincent Chevrot findet man hervorragende, fruchtig-saftige MARANGES-Weine, angeführt vom Sur le Chênes und dem PREMIER CRU Croix Moines. Außerdem sehr annehmbare einfache Weiße, v. a. ALIGOTÉ Tilleul und Maranges Fussière, sowie CRÉMANT. Die lebhaften Weine zeichnen sich auch durch faire Preise aus.

Chidaine, François Lo ★★★ **17' 18' 19' 20' 21'** (22) – Sehr guter MONTLOUIS-SUR-LOIRE aus biodynamisch bewirtschafteten Einzellagen. Der Fokus liegt auf präzise gearbeiteten, langlebigen SEC- und DEMI-SEC-Weinen mit schöner Textur. Die VOUVRAY-Abfüllungen, u. a. Clos Baudoin, müssen idiotischerweise als VIN DE FRANCE etikettiert werden; ferner TOURAINE-Weine (Cher-Tal). Spitzenreiter: Clos du Breuil, Clos Habert und Les Truffeaux. Außerdem zwei Weine aus Spanien.

Chignin Sav ★→★★ BV – Die Hauptrebsorten der AOP sind Jacquère (Weißwein) und MONDEUSE. Der Chignin-Bergeron wird sortenrein von ROUSSANNE bereitet. Erzeuger: v. a. A. Berlioz (★), Berthollier (★★), A. et M. QUENARD (★★), J.-F. Quenard (★★), Partagé (★★★).

Chinon Lo ★★→★★★ **17' 18' 19' 20' 21** (22') – Erstklassige AOP in der TOURAINE mit Sand-, Kies- und Kalksteinböden, die leichten bis vollen CABERNET FRANC erbringen. Spitzenjahrgänge halten sich 30 Jahre und mehr. Auch einige trockene CHENIN-BLANC-Weiße. Die besten Erzeuger: ALLIET, Bernard BAUDRY, BAUDRY-DUTOUR, Pierre et Bertrand Couly, Couly-Dutheil, Grosbois, Jourdan-Pichard, Landry, Dom. de la Noblaie, Pain, Pallus, Petit Thouars, Dom. de l'R, J.M. Raffault, Saut au Loup und Pierre Sourdais.

Chiroubles Beauj ★★ **15' 18' 19'** 20' 21 – Der BEAUJOLAIS-Cru in den Hügeln oberhalb von FLEURIE liefert frischen, fruchtigen, schmackhaften Wein. Winzer: Berne, Cheysson, Ch. de Javernand, Lafarge-Vial, Métrat, Passot, Raousset; Handelshäuser: DUBŒUF, Trenel.

Chorey-lès-Beaune Côte d'Or ★★ **15' 17 18 19'** 20 21 – Ortschaft unmittelbar nördlich von BEAUNE. TOLLOT-BEAUT ist und bleibt die Messlatte für die eher verlässlichen als aufregenden, fruchtbetonten Weine dieser AOP. Außerdem probierenswert von Arnoux, DROUHIN, Gay, Guyon, JADOT, Rapet und ROUGET.

Clair, Bruno Côte d'Or ★★★→★★★★ Das noch keinem Hype anheimgefallene, erstklassige Gut an der CÔTE DE NUITS erzeugt dezente, nie aufdringliche Weine, die sich durch eine transparente Struktur auszeichnen. Die junge Generation lässt einiges erwarten. Preiswerter MARSANNAY, La Dominode von alten Reben (SAVIGNY), CLOS ST-JACQUES und Cazetiers (beide GEVREY-CHAMBERTIN) sowie überragender CHAMBERTIN-Clos de Bèze. Unter den Weißen am besten sind die CORTON-CHARLEMAGNE- und MOREY-ST-DENIS-Gewächse.

Clairet Bx – Sehr heller Rotwein, fast Rosé. BORDEAUX Clairet ist eine AOP. Empfehlenswert: Ch. La Freynelle, Ch. Penin, Ch. Turcaud.

Clairette de Die N-Rh ★★ oJ – Sträflich unterschätzter, preiswerter lieblicher Schaumwein mit Feuerstein- oder (besser) MUSCAT-Note und niedrigem Alkoholgehalt. Auch trockener Clairette-Weißwein, 3 Jahre haltbar. Erzeuger: v. a. Achard-Vincent, David Bautin (Öko-Anbau), Carod, Jaillance (preiswert), Poulet et Fils (Terroircharakter, roter Châtillon-en-Diois), J.-C. Raspail (öko, guter IGP SYRAH). Ein köstlicher Aperitif, unbedingt probieren!

Clape, Domaine Auguste N-Rh ★★★→★★★★ **01' 03' 05' 06' 07' 09'** 10' **12' 14'** 15' 16' 17' 18' 19' 20' 21' 22' – *Les rois de* CORNAS sind Pierre-Marie und Oliver Clape (Sohn und Enkel von Auguste): erstklassige SYRAH-Rebflächen, alte Reben, gute Bodenpflege (Granit). Tiefgründige, komplexe Rotweine mit bemerkenswerter Jahrgangscharakteristik, die mind. 6 Jahre zur Entfaltung brauchen und mind. 25 Jahre alt werden können. Strahlende Frucht zeigt der Renaissance von jüngeren Reben. Außerdem hervorragender CÔTES DU RHÔNE, VIN DE FRANCE (rot) und ST-PÉRAY (ein MARSANNE in schönem, unverfälschtem Stil).

Clape, La Lang ★★★→★★★★ Aus dem Kalksteinhügelgebiet an der Küste bei Narbonne kommen charaktervolle, kräuterwürzige, langlebige Rotweine, v. a. von MOURVÈDRE (rot) plus GRENACHE und SYRAH, sowie Weiße von BOURBOULENC mit Salz- und Kräuternote. Erzeuger: v. a. Chx. d'ANGLÈS, Camplazens, l'Hospitalet, Laquirou, Mire l'Etang, La NÉGLY, Pech-Céleyran, Pech-Redon, Ricardelle und ROUQUETTE-SUR-MER sowie Christophe Barbier, Dom. La Combe St-Paul und Sarrat de Goundy.

Climat Bg – Ausdruck für eine Einzellage mit eigenem Namen (nahezu gleichbedeutend mit *lieu-dit*), v. a. an der CÔTE D'OR, z. B. MEURSAULT Tesson oder MAZOYÈRES-CHAMBERTIN. Die burgundischen Climats zählen seit 2015 zum UNESCO-Weltkulturerbe.

Clos – Bezeichnung für eine einzelne (mit Mauern) umfriedete Reblage. Oft ist ein Clos in der Hand eines einzigen Besitzers (v. a. in Burgund, der Champagne und im ELSASS) und mit Prestige verbunden.

Clos Alivu Korsika ★★→★★★ Unter diesem Namen erzeugt der begabte Eric Poli in der AOP Patrimonio stilvolle, frische Weine. Seine Domaine Poli ist eine Quelle preiswerter Abfüllungen unter den Etiketten AOP Corse (rot, rosé, weiß) und IGP Île de Beauté.

Clos Canarelli Korsika ★★★ Das viel gepriesene, biodynamisch bewirtschaftete Gut im Süden der AOP Corse Figari erweckt lokale Rebsorten zu neuem Leben, kultiviert aber auch Bekannteres wie NIELLUCCIO und SCIACARELLO. Die bemerkenswerte Reihe Amphora wird tatsächlich in Amphoren ausgebaut. Spitzenwein ist der exzellente Tarra di Sognu (rot und weiß), der seltene Tarra d'Orasi (rot, weiß) stammt von wurzelechten Reben.

Clos Cibonne Prov ★★★ Das kleine Gut in der Nähe von Toulon erzeugt in der AOP CÔTES DU PROVENCE Rote und Rosés von der seltenen lokalen Rebsorte Tibouren. Herrlich traditionelle Etiketten und für die Gastronomie geeignete, ätherische Weine. Die Reihe Tentations ist fruchtiger und früher zugänglich.

Clos d'Alzeto Korsika ★★★ Die Weine des Guts stammen vom höchsten Weinberg (500 m ü.M.) in KORSIKA: Der Ajaccio (rot) wird von SCIACARELLO bereitet; blumig und fein ist der weiße Prestige (VERMENTINO).

Clos de la Roche Côte d'Or ★★★★ **90' 93' 96' 99' 02'** 05' **08** 09' **10'** 15' 16' 17 18' 19' 20' 21 – Unterschätzt, wenngleich nicht unterbezahlt: der feinste GRAND CRU von MOREY-ST-DENIS. Die Weine besitzen ebenso viel Grazie wie Kraft und sind eher aromatisch als üppig-schwelgerisch; mit der Zeit entwickeln sie sich glorios. Maßstäbe setzen ARLAUD, Dujac, Hubert LIGNIER und PONSOT, ebenfalls empfehlenswert sind Amiot, Bernstein, Castagnier, Coquard, LEROY, Lignier-Michelot, Pousse d'Or, Remy und ROUSSEAU.

Clos des Lambrays Côte d'Or ★★★ **05' 09' 10' 15'** 16' 18' 19' 20' 21 – Die GRAND-CRU-Lage in MOREY-ST-DENIS, praktisch ein MONOPOLE, ist jetzt im Besitz von LVMH. Massive Investitionen und seit 2019 ein neuer Weinmacher sollen für einen Qualitätssprung sorgen. Bis dahin wurden die ansprechenden Weine nach den Maximen frühe Lese, keine Entrappung, Gewürznoten bereitet. Ferner PREMIER CRU Clos du Cailleret und Premier cru Les Folatières (beide PULIGNY-MONTRACHET).

Clos des Mouches Côte d'Or ★★★ w **02 05' 09' 10' 14'** 15 **17'** 18 19' 20' 21 – PREMIER-CRU-Lage in mehreren burgundischen AOPS, aus der vorwiegend Rotweine kommen, aber auch der berühmte weiße BEAUNE. Mit *mouches* sind Honigbienen gemeint, wie sie das Etikett von DROUHINS gefeierter Beaune-Abfüllung zieren. Ebenfalls empfehlenswert: BICHOT, CHANSON (Beaune) sowie CLAIR, Germain (MEURSAULT), MOREAU und Muzard (SANTENAY).

Clos des Papes S-Rh ★★★★ **01' 03' 04' 05' 07' 09'** 10' **12'** 13' **14'** 15' 16' 17' 18' 19' 20' 21' 22' – Überragendes CHÂTEAUNEUF-DU-PAPE-Gut der Familie Avril, die auf rigide Ertragsbeschränkung, burgundische Eleganz und Langlebigkeit Wert legt. Ungemein stilvolle, anregende Rotweine (von GRENACHE und viel MOURVÈDRE; trinkreif mit 2–3 Jahren oder erst nach mind. 8 Jahren) sowie hervorragende, komplexe Weiße (sechs verschiede-

Frankreich

ne Rebsorten), denen man Zeit gönnen und die man (nach 2–3 oder erst nach 10–20 Jahren) zu gehobener Küche genießen sollte.

Clos de Tart Côte d'Or ★★★★ **02'** 05' **08' 10' 13'** 114 15' 16' 17 18' 19' 20' 21 – Der GRAND CRU in MOREY-ST-DENIS ist ein MONOPOLE des Pinault-Imperiums (Groupe Artemis: u. a. Chx. GRILLET, LATOUR). Der Wein hat seinen Preis. Mit der neuerdings früheren Lese und dank der von Grund auf renovierten Kellerei gewinnt er an Finesse, ohne seine natürliche Intensität einzubüßen.

Clos de Vougeot Côte d'Or ★★★→★★★★ **90' 99' 02' 03'** 05' **09' 10'** 12' 13' 15' 16 17 18' 19' 20' 21 – Der GRAND CRU an der CÔTE DE NUITS ist auf viele Besitzer aufgeteilt. Der Wein fällt manchmal grandios aus, manchmal allerdings auch nur routiniert und braucht mind. 10 Jahre, um echte Klasse zu zeigen; die Klimaerwärmung kommt ihm zupass. Stil und Qualität hängen vom Können, von den Ideen und Techniken des Erzeugers sowie der Lage am Hang ab. Am besten von: ARNOUX-LACHAUX, EUGÉNIE, Faiveley, GRIVOT, Gros (Anne), HUDELOT-Noëllat, LEROY, Comete LIGER-BELAIR, Thibault LIGER-BELAIR, MÉO-CAMUZET, MORTET, Ch. de la Tour, Vougeraie. Ebenfalls sehr gut von: BOUCHARD, Castagnier, Y. Clerget, Coquard-Loison-Fleurot, DROUHIN, Forey, MONTILLE, MUGNERET-Gibourg.

Clos du Mesnil Champ ★★★★ Von dem ummauerten Weinberg des Champagnerhauses KRUG in der GRAND-CRU-Lage Le Mesnil kommt üppig-reichhaltiger CHARDONNAY-CHAMPAGNER: ungeheuer langmütig … Eine Art Royalist-gegen-Parlamentarier-Auseinandersetzung ist das Reife-Gefecht zwischen **1995** und **1996.** Warten Sie nur, demnächst steht ein ähnliches Duell zwischen **2002** und **2008** an. Auf gar keinen Fall außer Acht lassen dürfen Sie die Jahrgänge **2003'** (unglaublich), 2013' (aristokratisch) sowie die Jungspunde 2017, 2019' und 2020'.

Clos du Roi Côte d'Or ★★→★★★ Dieser Lagenname, manchmal auch Clos du Roy geschrieben, kommt in Burgund häufiger vor – der König pflegte gut zu wählen. Im GRAND CRU CORTON ist es die beste Parzelle; empfehlenswerte Erzeuger: de MONTILLE, Pousse d'Or, VOUGERAIE. In MERCUREY ist es die beste PREMIER-CRU-Lage, in BEAUNE eine weniger gute und in MARSANNAY eine Spitzenlage (möglicherweise demnächst Premier cru).

Clos Rougeard Lo ★★★★ **10 11 12 14 15 16 17** – Die weltberühmte kleine DOMAINE gehört Martin und Olivier Bouygues (Ch. MONTROSE), Weinmacher ist Jacques Toublanc. Langlebige, sehr gefragte Weine von großer Finesse aus den Bereichen SAUMUR Blanc und SAUMUR-CHAMPIGNY.

Clos St-Denis Côte d'Or ★★★ **90' 93' 96' 99' 02'** 05' 09' **10'** 12' 15' 16' 17 18' 19' 20' 21 – GRAND CRU in MOREY-ST-DENIS. Der Wein ist in der Jugend üppig und gewinnt mit zunehmendem Alter an seidiger Textur. Überragend von DUJAC und PONSOT (seit 2016 Laurent Ponsot). Weitere empfehlenswerte Erzeuger: Amiot-Servelle, ARLAUD, Bertagna, Castagnier, Coquard-Loison-Fleurot, Heresztyn-Mazzini, JADOT, Jouan und LEROUX.

Clos Ste-Hune El ★★★★ Aus TRIMBACHS legendärer Einzellage im GRAND CRU ROSACKER kommt der vielleicht großartigste trockene RIESLING der Welt (super: **71' 75' 13'** 16' 17' **18'**); er braucht ein Jahrzehnt Flaschenreife. Ein komplexes Gewächs, perfekt für die Gastronomie (v. a. zu Jakobsmuscheln, Flusskrebs, Lachs).

Clos St-Jacques Côte d'Or ★★★★ **90' 93 96' 99' 02'** 05' **09' 10' 12'** 15' 16 **17** 18' 19' 20' – PREMIER-CRU-Hanglage in GEVREY-CHAMBERTIN mit perfekter Südostausrichtung, die sich fünf hervorragende Erzeuger teilen: CLAIR, ESMONIN, FOURRIER, JADOT und ROUSSEAU. Ihre Weine zeigen Kraft und Ausgewogenheit – durch und durch GRAND CRU, außer im Namen. Im Alter gewinnen sie an sublimer Art. Die Preise sind entsprechend.

Clusel-Roch, Maison N-Rh ★★★ **01 05'** **09' 10'** **11** **12' 13' 14** 15' 16' 17' 18' 19' 20' 21' 22' – Die Domaine, einer der wenigen Öko-Betriebe an der CÔTE RÔTIE (mit entsprechend höheren Kosten), verfügt über eine Reihe guter Reblagen, die vorwiegend mit Serine (ein spezieller SYRAH-Klon) bestockt sind. Die Weine sind straff und rauchig und erfordern Geduld. Schön für den Einstieg ist Les Schistes, hohe Qualität bieten La Viallière (blumig) und Les Grandes Places (Schiefer, Eisen; sehr langlebig). Sohn Guillaume Clusel bereitet fabelhaften, sehr süffigen roten und weißen CÔTEAUX DU LYONNAIS; die rote Version (GAMAY) stammt z. T. von 1896 geplanzten Reben.

Coche-Dury Côte d'Or ★★★★ Die ausgezeichnete DOMAINE in MEURSAULT wird von Raphaël Coche geführt, dem Sohn des legendären Jean-François. Außergewöhnliche Weiße von ALIGOTÉ bis CORTON-CHARLEMAGNE und schöne Rotweine zu astronomischen Preisen. Deutlich günstiger, aber stilistisch anders geartet sind die soliden Weine der Dom. Coche-Bizouard (z. B. Meursault Goutte d'Or) von Cousin Fabien Coche.

Colin Côte d'Or ★★★→★★★★ Die führende Erzeugerfamilie in CHASSAGNE-MONTRACHET und ST-AUBIN erregt gegenwärtig Aufsehen mit brillanten Weißen, v. a. von Pierre-Yves COLIN-MOREY, Domaine Marc Colin, Joseph Colin und ihren Cousins Bruno Colin, Philippe Colin und Simon Colin.

Colin-Morey Bg ★★★→★★★★ Pierre-Yves Colin-Morey hat sich einen Namen gemacht mit seinen lebhaften, prickelnden Weißweinen nebst charakteristischem Feuersteinbukett, v. a. Saint-Aubin und CHASSAGNE-MONTRACHET PREMIER CRU; die nichtssagenden Etiketten liefern keinerlei Hinweis auf den gloriosen Inhalt. Außerdem mustergültige Weine aller Qualitätsstufen, auch NÉGOCIANT-Abfüllungen.

Collin, Ulysse Champ ★★★→★★★★ Wohldurchdachte CHAMPAGNER aus den Côteaux du Petit Morin südwestlich von Vertus, durchweg aus Einzellagen, mit subtiler Eichenwürze und geringer Dosage: Les Pierrières und Les Enfers, beide BLANC DE BLANCS, sowie Les Maillons Rosé de Saignée und Le Jardin d'Ulysse. Schwer aufzutreiben, aber es lohnt sich!

Collines Rhodaniennes N-Rh ★★ Die IGP (zu Deutsch »Rhône-Hügel«) an der nördlichen Rhône hat – auch dank der sehr guten Steillage Seyssuel (Schieferboden) bei Vienne – Charakter, Frische und Qualität zu bieten: Rotweine aus Granit(hang)lagen zu sehr günstigen Preisen, oft von Spitzenerzeugern. Bereitet werden sie vorwiegend von SYRAH (die besten) plus GAMAY. Die Weißen werden qualitativ von der Miniaturausgabe eines CONDRIEU VIOGNIER angeführt. Rotweine von: E. Barou, Bonnefond, N. Champagneux, A. Chatagnier, L. Chèze, Clos de la Bonnette (Öko-Anbau), Y. CUILLERON, J.-M. Gérin, Hameau Touchebœuf, Jamet, Jasmin, Monier-Pérreol (biodynamisch), A. Paret, A. PERRET, S. Pichat und ROSTAING. Weißweine von: Alexandrins, Amphores, Barou, Y. Cuilleron, X. Gérard, F. Merlin, P. Marthouret, A. Perret (sehr gut), G. Vernay und P.-J. Villa.

Collioure Rouss ★★→★★★ Zwillingsappellation von BANYULS für Tischwein aus denselben spektakulären terrassierten Küstenlagen. Vorherrschende Rebsorte ist GRENACHE für Weine aller drei Farben. Spitzenerzeuger: Dom. Augustin, Bila-Haut, Les Clos de Paulilles, Coume del Mas, Madeloc, Dom. du Mas Blanc, Dom. de la Rectorie, Dom. du Traginer, Dom. La Tour Vieille, Dom. Vial-Magnères sowie die Genossenschaften Banyuls l'Etoile und Cellier des Templiers. Neu ist die Dom. Pedres Blanques mit Naturwein (Vin de France).

Comps, Domaine Lang ★★→★★★ Pierre-François Comps erzeugt in einem stilvollen Keller in Puisserguier (bei Béziers) herrliche, nach *garrigue* duftende ST-CHINIAN-Weine. Spitzenreiter ist CUVÉE le Soleiller, sehr süffig Les Gleizettes.

Comte Abbatucci Korsika ★★★ Die bekannte biodynamisch bewirtschaftete Domaine, Retterin autochthoner Rebsorten, vermarket ihre Weine bescheiden als VIN DE FRANCE. Dabei ist die Qualität spitze! Etwa bei der CUVÉE Faustine (rot und rosé) oder dem Valle de Nero (rot, rosé); die Namen der Weine erinnern an die Militärzeit eines Ahnen: Er war ein Kamerad von Napoleon.

Comte Armand Côte d'Or ★★★★ Der CLOS des Épeneaux (MONOPOLE) ist womöglich der anmutigste Wein von POMMARD, leichtfüßig und alterslos, in GRAND-CRU-Qualität. Preiswerter AUXEY und VOLNEY.

Comté Tolosan SWF ★ meist BV – Die IGP umfasst einen Großteil des Südwestens und ein entsprechend breites Spektrum an Stilen. Die Dom. de Ribonnet (★★) ragt aus der Masse der großteils bescheidenen Erzeugnisse heraus.

Condrieu N-Rh ★★★→★★★★ **19 20' 21' 22'** – Duftender, blumiger Weißwein mit Aprikosen- und Pfirsicharomen von Sand-Granit-Hängen aus der angestammten Heimat des VIOGNIER. Die Besten sind reintönig und präzise (2020, 2021) und passen wie kaum ein anderer Weißer zu Spargel; hüten sollte man sich hingegen vor übermäßiger Eichenwürze, Süße und Alkohol. Doch die – nicht durchweg guten – 80 Erzeuger (und ihre Rebstöcke) passen sich den Hitzesommern allmählich an. Spitzenerzeuger: Boissonnet, CHAPOUTIER, Clos de la Bonnette (Öko-Anbau), Y. CUILLERON, DELAS, Faury (v. a. La Berne), Gangloff (voll), X. Gérard (preiswert), GUIGAL, F. Merlin, Monteillet, Mouton, Niéro, A. Paret, A. Perret (alle drei Weine sind gut), C. Pichon, ROSTAING, St Cosme, Semaska, G. Vernay (fein, u. a. herrlicher, langlebiger Coteau de Vernon), F. Villard (in letzter Zeit leichtere Weine).

Corbières Lang ★→★★★ Aus der größten AOP des LANGUEDOC kommen charaktervolle Rotweine, ja sogar manche Schätze, in deren unterschiedlichen Stilen sich das vielfältige Terroir widerspiegelt – von den Lagunen an der Küste bis zu den (trockenen) Ausläufern der Pyrenäen und weiter bis Carcassonne. CARIGNAN spielt die Hauptrolle (v. a. AOP Corbières Boutenac). Außerdem einige sehr gute Weiße. Erzeuger: v. a. CHÂTEAUX Aiguilloux, Aussières, la BARONNE, Borde-Rouge, de CARAGUILHES, Grand Moulin, Lastours, Ollieux Romanis, Les Palais, Pech-Latt, de Sérame, VAUGELAS, la Voulte Gasparets und die DOMAINES de la CENDRILLON, de Fontsainte, du Grand Crès, Py, Trillol, du Vieux Parc und de Villemajou sowie Clos de l'Anhel, Les Clos Perdus, FAMILLE FABRE, Grand Arc, MAXIME MAGNON, Sainte-Croix, Serres Mazard und die Genossenschaft Castelmaure. Wow!

Cornas N-Rh ★★★ **01' 05' 09' 10' 12'** 15' 16' 17' 18' 19' 20' 21' 22' – SYRAH in Spitzenqualität aus Granitboden an der Ardèche, derzeit *très à la mode*. Dunkler, überaus fruchtbetonter, mineralisch konturierter, guter Wein mit Rückgrat, den man z. T. jung (mit lebhafter Frucht) trinken können sollte, in Wirklichkeit aber mind. 5 Jahre einlagern muss. Spitzenerzeuger: Allemand (Überflieger), Balthazar (traditionell, ohne Schwefelzusatz), M. Barret (biodynamisch), M. Bourg, A. Clape (der Maßstab), Colombo (modern), Courbis (modern), Delas, Dumien Serrette, E. & J. Durand (rassige Frucht), G. Gilles (schöne Stilistik), P. & V. Jaboulet, Lemenicier, Lionnet (öko), V. Paris (v. a. La Geynale), Tardieu-Larent (voll, eichenwürzig), Dom. du Tunnel, A. & E. Verset, Voge (chic, eichenwürzig).

Corton Côte d'Or ★★→★★★★ **99' 02' 03'** 05' **09' 10' 12'** 15' **17** 18' 19' 20' 21 – Der GRAND CRU wird seinem Ruf großteils nicht gerecht; die Weine sind z. T. gigantisch, oft aber auch langweilig. Bei Weitem nicht alles, was als GRAND CRU klassifiziert ist, verdient diesen Status – hier sollte nachgebessert werden. Wählen Sie sorgfältig. Die besten Lagen: CLOS DU ROI, Les Bressandes, Les Renardes und Le Rognet. Maßstäbe setzende Erzeuger: BOUCHARD, CHANDON DE BRIAILLES, DRC, Dubreuil-Fontaine, FAIVE-

LEY (CLOS DES CORTONS), Follin-Arbelet, MÉO-CAMUZET, Rapet und TOLLOT-BEAUT. Nicht so sehr im Rampenlicht und teils preiswert: Bichot, H. & G. Buisson, Capitain-Gagnerot, Clavelier, Dom. des Croix, Camille Giroud, Mallard, Pousse d'Or und Terregelesses. Die besten Weißen liefert die Lage Vergennes, etwa von CHANSON, HOSPICES DE BEAUNE und Ch. de MEURSAULT.

Corton-Charlemagne Côte d'Or ★★★→★★★★ 05' 09' 10' 14' **15' 17'** 18 19' 20' 21 – Potenziell strahlender GRAND-CRU-Weißwein aus Burgund mit vielschichtigen mineralischen Noten, der eigentlich gut altern sollte. Wächst auf den nach Südwesten und Westen ausgerichteten Kalksteinlagen des Corton-Hügels, dazu kommt ein östlicher Streifen um den Gipfel herum. Spitzenerzeuger: BIZE, Bonneau du Martray, BOUCHARD, CLAIR, Coche-Dury, DRC (seit 2019), FAIVELEY, HOSPICES DE BEAUNE, JADOT, P. Javillier, LATOUR, Mallard, MONTILLE, Rapet, Rollin. Die Domaine Vougerai verwendet die (auf Etiketten selten anzutreffende) Schwester-AOP Charlemagne.

Costières de Nîmes S-Rh ★→★★ Vom Mistral durchwehtes Anbaugebiet im nördlichen Rhône-Delta unter maritimem Einfluss südwestlich von CHÂTEAUNEUF-DU-PAPE mit ähnlich steinigen Böden. Hier findet man gute Qualität zum kleinen Preis. Die vollen, würzigen Roten (GRENACHE, SYRAH) können bis zu 10 Jahre alt werden. Am besten von CHAPOUTIER, CLOS des Boutes (öko- und biodynamischer Anbau), den CHÂTEAUX Grande Cassagne, L'Ermitage, Mas des Bressades (erstklassige Frucht), Mas Carlot (schöne Frucht), Mas Neuf, Monfrin (öko), Mourgues-du-Grès (öko), de Nages, d'Or et des Gueules (voll), Roubaud, Tour de Béraud (Vessière, weiß), de Valcombe sowie den DOMAINES Galus, M. Gassier, M. KREYDENWEISS (biodynamisch), de la Patience (öko), Petit Romain, Terres des Chardons (biodynamisch) und du Vieux Relais. Ferner helle Rosés (gute Speisebegleiter) und ein paar stilvolle Weiße (guter ROUSSANNE).

Coteaux Bourguignons Bg ★ BV – Die seit 2011 vorwiegend für Rotweine (GAMAY, PINOT NOIR) geltende AC ersetzt die AC Bourgogne Grand Ordinaire und pimpt einfachen BEAUJOLAIS mit einem »schickeren« Namen auf – was im Handel gut ankommt. Auch geringe Mengen Weißwein von ALIGOTÉ, CHARDONNAY, MELON DE BOURGOGNE, PINOT BLANC und PINOT GRIS.

Coteaux Champenois Champ ★★★ Die AOP für die Stillweine der Champagne, z. B. BOUZY. Jahrgänge wie bei CHAMPAGNER. Die Rotweine gewinnen im Zuge des Klimawandels (v. a. **12'**). Eine beeindruckende Auswahl an Coteaux Champenois Grands Blancs (Basis: 17'), die an Burgunder erinnern, findet man bei Charles HEIDSIECK. Ebenfalls empfehlenswert: Drappier, Etienne Calsac, Tarlant und natürlich das BOLLINGER-Gewächs La Côte aux Enfants.

Coteaux d'Aix-en-Provence Prov ★★ Ausgedehnte AOP rings um Aix-en-Provence mit Unmassen von blassem, fruchtigem Rosé auf GRENACHE- und CINSAULT-Grundlage. Im kühleren Norden wird mehr CABERNET SAUVIGNON angebaut, empfehlenswert v. a. von den CHÂTEAUX Pigoudet, Revelette und VIGNELAURE. Die Weine aus Mittelmeersorten sind oft interessanter, wenn sie aus wärmeren Lagen stammen. Erzeuger: v. a. Ch. Bas, Ch. Beaupré, Ch. Calissanne und die Domaines Les Bastides, Les Béates, d'Eole (in den Alpilles), de la Réaltière sowie Villa Baulieu. *Siehe auch* Les BAUX-DE-PROVENCE.

Coteaux d'Ancenis Lo ★→★★ **20' 21 22** – Alterungswürdiger Malvoisie (süßer PINOT GRIS); trockene Weißweine, leichte Rote, Rosés von GAMAY (plus max. 10% CABERNET FRANC). Erzeuger: Galloires, Guindon, Landron Chartier, Paonnerie, Sedes.

Coteaux de l'Aubance Lo ★★→★★★ **17 18' 19 20** (22) – Kleine AOP für feine CHENIN-BLANC-Süßweine zum Einkellern; sie stammen aus weniger steilen Lagen und sind im Allgemeinen weniger üppig als COTEAUX DU LAYON. Erzeuger: v.a. Bablut, Bois Brinçon, Dittière, Montgilet, Ch. Princé, Rochelles, Sainte-Anne, Terra Vita Vinum, Ch. la Varière.

Coteaux du Giennois Lo ★→★★ **20' 21 22** – Der zitrusfruchtige SAUVIGNON BLANC der AOP bietet oft viel fürs Geld. Die leichten Rotweine sind GAMAY/PINOT-NOIR-Verschnitte. Am besten von: Émile Balland, Berthier, Bourgeois, Charrier, Coste, Gitton, Langlois, Treuillet, Terres Blanches, Villargeau.

Coteaux du Layon Lo ★★→★★★★ **16 17 18'** 19 **20'** 21 (22) – Der volle, langlebige süße CHENIN BLANC kommt immer mehr aus der Mode, weshalb einige Erzeuger zu weniger süßen Stilen übergehen. Die Lage Chaume ist jetzt als PREMIER CRU klassifiziert. Spitzenappellationen sind BONNEZEAUX und QUARTS DE CHAUME. Erzeuger: v.a. Baudouin, Bellevue, Breuil, Pierre Chauvin, Drost, Felses, des Forges, Guegniard, Juchepie, Ogereau, Ch. Pierre-Bise, Soucherie, 2 Vallées. Eine weitere AOP für süßen Chenin blanc ist ANJOU – Coteaux de la Loire.

Coteaux du Loir Lo ★→★★★ **19' 20' 21 22'** – Der Loir ist ein Nebenfluss der Loire, die dazugehörige kleine AOP derzeit ziemlich spannend, u.a. dank der Subappellation Jasnières. Stahlige, feine, langlebige Weine von CHENIN BLANC, ferner Rotweine von GAMAY und pfeffrigem Pineau d'Aunis, außerdem Schaumwein sowie Grolleau (rosé), CABERNET FRANC und CÔT. Spitzenerzeuger: Ange Vin, Bellivière, Breton, Le Briseau, Cezin, Gigou, Janvier, Les Maisons Rouges, Roche Bleue, Ryke.

Coteaux du Quercy SWF ★ BV – AOP zwischen CAHORS und GAILLAC. Die herzhaften Landweine basieren auf CABERNET FRANC, hinzu kommt TANNAT oder MALBEC. Der rührigen Genossenschaft die Stirn bieten die unabhängigen DOMAINES du Guillau, Lacoste und de Revel (alle ★★).

Coteaux du Vendômois Lo ★→★★ **21 22** – Aus der AOP im Loir-Tal kommt hauptsächlich pfeffriger VIN GRIS von der Pineau-d'Aunis-Traube. Ferner Rotweine von CABERNET FRANC, GAMAY und PINOT NOIR sowie lebhafte Weiße von CHENIN BLANC plus CHARDONNAY (max. 20%). Beste Erzeuger: Brazilier, Patrice Colin, Four à Chaux, Cave du Vendômois.

Coteaux Varois-en-Provence Prov ★→★★ Die Provence Verte mit ihren kühleren, höheren Hanglagen ist die »Hollywood-Ecke«: Hier liegen Ch. Miraval von Brad Pitt und nebenan George Lucas' Ch. Margüi. Ansonsten gibt's SYRAH und VIOGNIER aus dem kühleren Norden und die interesssante IGP Coteaux du Verdon. Erzeuger: v.a. CHÂTEAUX des Annibals, la Calisse, Duvivier, Lafoux und Trians sowie DOMAINES des Aspras, du Deffends, la Grand' Vigne, du Loou, La Rose des Vents, Routas, St-Mitre und Les Terres Promises.

Côte Chalonnaise Bg ★★→★★★ Vielleicht werden die irren Preise für die CÔTE-D'OR-Spitzengewächse diesem bislang wenig beachteten Anbaubereich zum verdienten Durchbruch verhelfen. Die Weine sind von etwas leichterer Art. Aus BOUZERON kommen Weiße von der ALIGOTÉ-Traube, aus Rully zugängliche, fruchtbetonte Weine beider Farben, aus Mercurey und GIVRY etwas strukturiertere Gewächse mit Alterungspotenzial und aus MONTAGNY eher schlanker CHARDONNAY.

Côte de Beaune Côte d'Or ★★→★★★★ Die südliche Hälfte der CÔTE D'OR, aber auch ein eigenständiger AC-Bereich auf der Hügelkuppe oberhalb von BEAUNE. Die roten und weißen DROUHIN-Abfüllungen umfassen auch herabgestuften Beaune PREMIER CRU; ebenfalls empfehlenswert ist Dom. VOUGERAIE. Verwirrenderweise nichts damit zu tun hat die AOC Côte de

Beaune-Villages – sie gilt für geringere Gemeinden der Südhälfte der Côte d'Or, die vielfach Verschnitte erzeugen.

Côte de Brouilly Beauj ★★ **15' 17 18' 19'** 20' 21 – Große Bandbreite an Stilen und Bodenarten von unterschiedlichen Hanglagen des Mont Brouilly; eine Aufstufung gegenüber der einfachen AOP BROUILLY wäre angebracht. Maß aller Dinge ist Ch. THIVIN, gefolgt von Brun, Dufaitre, LAFARGE-Vial, Martray und Pacalet.

Côte de Nuits Côte d'Or ★★→★★★★ In der nördlichen Hälfte der CÔTE D'OR wird nahezu ausschließlich Rotwein erzeugt: CHAMBOLLE-MUSIGNY, FIXIN, GEVREY-CHAMBERTIN, MARSANNAY, MOREY-ST DENIS, NUITS-ST GEORGES, VOSNE-ROMANÉE, VOUGEOT.

Côte de Nuits-Villages Côte d'Or ★★ **10' 12' 15' 16 17 18'** 19' 20' – Eine neuere AOP für das äußerste Nord- und Südende der CÔTE DE NUITS; oft sehr preiswerte Weine. Spezialisierte Erzeuger sind Chopin, Gachot-Monot und Jourdan; erstklassige Einzellagen sind CLOS du Chapeau (Arlot), Croix Violette (FOURNIER, Pernot), Faulques (Millot), Leurey (J.J. Confuron), Meix Fringuet (TRAPET), Montagne (diverse Erzeuger), Robignotte (Jourdan) und Vaucrains (JADOT). Den besten Weißwein liefert die Lage Les Monts de Boncourt.

Côte d'Or Bg – Departementname, gilt für den mittleren und Hauptteil der burgundischen Weinberghänge, bestehend aus der CÔTE DE BEAUNE und der CÔTE DE NUITS.

Côte Roannaise Lo ★★→★★★ **20' 21 22'** – AOP für beeindruckende GAMAY-Weine von ausgereifter Frucht. Erzeuger: v. a. Bonneton, Désormiere, Giraudon, Plasse, Pothiers, SÉROL und Vial. Außerdem sehr feiner IGP-Weißwein Urfé von ALIGOTÉ, CHARDONNAY, CHENIN BLANC, ROUSSANNE und VIOGNIER. Gehen Sie auf Entdeckungsreise!

Côte Rôtie N-Rh ★★★→★★★★ **01' 05' 09' 10' 12' 15' 16'** 17' 18' 19' 20' 21 22' – Der raffinierteste und aromatischste Rhône-Rotwein, vorwiegend von SYRAH plus etwas VIOGNIER, kommt von Granit- und Schieferböden und lehnt sich stilistisch an Burgunder an. Duftet nach Veilchen, ist reintönig, komplex und mit zunehmendem Alter (nach 5–10 oder mehr Jahren) sehr fein. Sensationell und sehr langlebig sind die Jahrgänge 2010, 2015 und 2019, seidig 2020, reintönig 2021. Spitzenerzeuger: Barge, Billon (energiegeladen), Bonnefond (Eiche), Bonserine (v. a. La Garde), Burgaud, B. Chambeyron, CHAPOUTIER, Clusel-Roch (Öko-Anbau), Y. CUILLERON, DELAS, Duclaux, Gaillard (Eiche), Garon, X. Gérard, J.-M. Gérin, Guigal (langer Eichenausbau), Jamet, Jean-Luc Jamet, Jasmin, Lafoy, Levet (traditionell), S. Ogier (rassig), S. Pichat (Grandes Places), Dom. de Rosiers, Rostaing (fein), Semaska, J.-M. Stéphan (öko), VIDAL-FLEURY (La Chatillonne).

Côtes Catalanes Rouss ★★★ Vermutlich die derzeit spannendste IGP in ganz Frankreich. Die Bandbreite reicht von fruchtigen, preiswerten Abfüllungen der großen Genossenschaft Vignerons Catalans bis hin zu ernst zu nehmenden, langlebigen Weinen von einigen der besten Winzer des ROUSSILLON, z. B. Danjou-Banessy, Gérard GAUBY, PAETZOLD oder Ch. de l'OU.

Côtes d'Auvergne Lo, ZF ★★ **20' 21' 22'** – AOP wie IGP (Puy de Dôme) mit ihren charaktervollen Weinen sind derzeit mächtig im Aufwind. Rebsorten: GAMAY, PINOT NOIR und CHARDONNAY (für die IGP ist auch SYRAH zugelassen). Gemeinden: Boudes, Chanturgue, Châteaugay, Corent (Rosé) und Madargue (Rotwein). Erzeuger: v. a. Cave St-Verny, Les Chemins de l'Arkose, Miolanne, Montel, Pelissier und Sauvat.

Côtes de Bordeaux Bx ★ AOP für Rotwein, die den bereichsübergreifenden Verschnitt von Lesegut aus CASTILLON, FRANCS, BLAYE, CADILLAC und Ste-Foy gestattet. Winzer, die die Identität einzelner Terroirs bewahren wollen, unterliegen nun strengeren Auflagen, dürfen aber Namen wie Cadillac,

Frankreich

Castillon usw. der AC-Bezeichnung voranstellen. BLAYE – CÔTES DE BORDEAUX, FRANCS – CÔTES DE BORDEAUX und Sainte Foy – Côtes de Bordeaux erzeugen auch etwas trockenen Weißwein. Die alles in allem rund 950 Winzer stehen für 10 % der gesamten Bordeaux-Produktion (jährlich 65 Millionen Flaschen). Erzeuger: v. a. CHÂTEAUX Haut-Rian, Lamothe de Haux, Malagar.

Côtes de Bourg Bx ★→★★ 18 **19 20** (22) – AOP am östlichen Gironde-Ufer für solide, leckere Rot- und einige trockene Weißweine. Im Restaurant »Le Bouchon de Bourg« kommen die hiesigen Winzer zum Zug. Spitzen-CHÂTEAUX: Brulesécaille, Bujan, Falfas, Fougas-Maldoror, Grand-Maison, Grave (Nectar VIEILLES VIGNES), La Grolet (Tête de Cuvée), Haut-Guiraud, Haut-Macô, Haut-Mondésir, Haut Sociondo, Macay, Mercier, Nodoz, Roc de Cambes und Rousset.

Côtes de Duras SWF ★→★★ **19** 20 21 (22) – AOP südlich von Bergerac mit vergleichbaren, aber erschwinglichen Weinen, v. a. knackige trockene Weiße. Solide Qualität liefert die Genossenschaft Berticot, nach Höherem streben Dom. de Laulan und Dom. du Grand Mayne (beide ★★).

Côtes de Gascogne SWF ★→★★ BV – Aus dem IGP-Bereich, ein direkter Nachbar von Armagnac, kommt das Gros der französischen IGP-Weißweine. Der Stil ist typischerweise sauber, aromatisch und leicht. Die Brüder Grassa (★★-Dom. du TARIQUET, Dom. La Hitaire) haben zur Einführung nichtheimischer Rebsorten beigetragen, z. B. RIESLING in ihrem neuen Perlwein L'Imprévu. Empfehlenswert: DOMAINES JOŸ, Ménard, Miselle und Pellehaut (alle ★★), ferner die bekannte Marke Combebelle der stets beeindruckenden Genossenschaft PLAIMONT. Die Weine der Nachbar-IGP Landes sind ähnlich.

Côtes de Millau SWF ★ BV – IGP-Bereich unweit der Schlucht Gorges du Tarn. Die beliebte Genossenschaft feierte mit ihren Weinen den Viadukt Norman Fosters. Unter den unabhängigen Erzeugern sind Dom. de La Tour St Martin und Dom. du Vieux Noyer (beide ★) am besten.

Côtes de Provence Prov ★→★★★ BV – Derzeit beliebter blasser Rosé, der häufig mehr Chichi als Substanz zu bieten hat, aus einer Reihe von Weinbergen zwischen Marseille und Cannes sowie im Hinterland. Viel interessanter sind oft die Weißweine (zunehmend sortenrein von ROLLE) und die Roten (SYRAH und GRENACHE, in Küstennähe plus MOURVÈDRE) dieser AOC. Die fünf Unterbereiche sind FRÉJUS, La Londe, Notre Dame des Anges, Pierrefeu und SAINTE-VICTOIRE. Führende Erzeuger: DOMAINES Gavoty, de l'île, CHÂTEAUX d'ESCLANS, Gasqui (bodynamisch), La Gordonne, Léoube, La Mascaronne, de Selle (Ott) sowie Clos Cibonne (vorwiegend Tibouren), Clos Mireille (Ott), Estandon VIGNERONS, Mirabeau und Rimauresq. *Siehe auch* BANDOL, COTEAUX D'AIX, COTEAUX VAROIS.

Côtes du Brulhois SWF ★ **19** 20 (22) – Der Wein der kleinen AOP bei Agen ist eine mildere TANNAT-Version; die Rebsorte muss im Verschnitt enthalten sein, flankiert von CABERNET SAUVIGNON und MERLOT plus MALBEC. Anders als anderswo werden die wenigen unabhängigen Erzeuger von der Genossenschaft unterstützt. Am besten sind die süffigen Roten und Rosés.

Côtes du Forez Lo ★→★★ **19' 20' 21 22** – Die AOP hat GAMAY-Rotweine und -Rosés aus köstlich ausgereifter Frucht zu bieten. Erzeuger: v. a. Bonnefoy, CLOS de Chozieux, Guillot, Mondon et Demeure, Poyet und Verdier/Logel. Mittelschwere Weiße (IGP d'Urfé) von CHARDONNAY, CHENIN BLANC, PINOT GRIS, ROUSSANNE und VIOGNIER.

Côtes du Jura Jura – Die AOC umfasst den gesamten Jura, de facto aber v. a. dessen südlichen Teil. Die Tendenz zu Öko-Anbau und Naturweinen befeuert den Export, sodass die Weine teils teuer sind. Vorwiegend Weiße in verschiedenen Stilen: von mineralisch (CHARDONNAY) bis kontrolliert oxidativ (SAVAGNIN, einschließlich VIN JAUNE). Leichte Rote mit schönem Bukett von PINOT NOIR, Poulsard und Trousseau. Die Weine passen wunderbar zum Essen. Klassisches gibt's von Ch. d'Arlay, Badoz oder Baud (★), Ökologisches von BERTHET-BONDET (★★), Buronfosse (★), Labet (★★), Marnes Blanches (★) und Pignier (★★), Naturwein von Dolomies (★★), GANEVAT (★★★) oder Miroirs. *Siehe auch* die AOPS ARBOIS, CHÂTEAU-CHALON und L'ETOILE.

Côtes du Marmandais SWF ★→★★ r 18 19 20 (22) – Die AOP in der Gascogne, Nachbar von Bordeaux, bringt zunehmend exzentrische Weine hervor, was der Vermählung der hiesigen Abouriou-Traube mit SYRAH zu verdanken ist. Erstere steht bei Kultweinmacher Elian Da Ros bzw. seiner gleichnamigen Domaine und Ch. de Beaulieu (beide ★★★) im Mittelpunkt, während sie bei den Domaines Beyssac, Bonnet, Cavenac und Ch. Lassolle (alle ★★) mit den üblichen Bordeaux-Sorten verschnitten wird. Ch. de Beaulieu (★★) bevorzugt Syrah. Die Genossenschaften (95 % der Gesamtproduktion) sind immer noch verschnarcht.

Côtes du Rhône S-Rh ★→★★ 22 – Die breite Basis der südlichen Rhône mit rund 170 Weinbaugemeinden, unter die auch Brézème und St-Julien-en-St-Alban (nördliche Rhône) mit ihren guten SYRAH-Weinen leichteren Stils fallen. Das Spektrum reicht von erfreulichen, handwerklich bereiteten, hochwertigen Weinen (v. a. von CHÂTEAUNEUF-DU-PAPE-Gütern, Tendenz steigend, hervorragendes Preis-Leistungs-Verhältnis) bis hin zu öder Massenware. Inzwischen wird entschieden mehr Wert auf lebhafte Frucht gelegt. Vorwiegend GRENACHE, aber auch Syrah und CARIGNAN (oft hohes Rebenalter); großteils BV. Die Vaucluse schneidet am besten ab, gefolgt von GARD (Syrah). Die Weißen werden immer besser und lohnen den Kauf, v. a. 2021 und 2022.

Côtes du Rhône-Villages S-Rh ★→★★★ 20 22' – Würzige Rote von 7.700 ha, darunter die 22 renommiertesten Orte der südlichen Rhône. Es kommen ständig neue (z. T. auch bis dato unbekannte) Gemeinden hinzu, 2020 z. B. Nyons. Die besten Weine sind umfangreich, tief, lebhaft und preiswert; die Grundlage bildet GRENACHE, hinzu kommen SYRAH und MOURVÈDRE. Auch Weißweine von steigender Qualität, oft unter Zugabe von etwas VIOGNIER und ROUSSANNE zu CLAIRETTE und GRENACHE BLANC – gut zum Essen, v. a. 2021 und 2022. *Siehe auch* LAUDUN (v. a. Weißwein), PLAN DE DIEU (schöne Auswahl), SABLET (stilvoll), ST-GERVAIS (Dom. Sainte-Anne), SÉGURET (Qualität, Klasse), VALRÉAS und VISAN (wird immer besser, viel Öko-Anbau). Beste Erzeuger: *siehe* Kasten S. 62.

Côtes du Roussillon(-Villages) Rouss ★→★★★ AOP für das ROUSSILLON mit oft sehr guten Weinen sehr unterschiedlicher Stilrichtungen; CARIGNAN ist die Hauptrebsorte für Rotweine, GRENACHE BLANC (von alten Reben) und Grenache gris sowie Maccabéo liefern die Weißen. Die AOP Côtes du Roussillon-Villages ist kleiner und auf – teils hervorragenden – Rotwein beschränkt. Insgesamt gibt es 32 Gemeinden; auf den Etiketten namentlich erwähnt werden Caramany, Latour de France, Les Aspres, Lesquerde und Tauravel. Gute Genossenschaften Brial sowie sehr gute unabhängige Erzeuger: Boucabeille, CAZES, des Chênes, CLOS DES FÉES, Clot de l'Oum, GAUBY, Mas Bécha, Mas Crémat, MAS DE LA DEVÈZE, Modat, Charles Pérez, Piquemal, Rancy, Roc des Anges, Thunevin-Calvet, de Vénus und Les Vignes de Bila Haut (CHAPOUTIER). *Siehe auch* CÔTES CATALANES.

Coudoulet, Domaine Lang ★★★ Die Familie Ournac ist bereits in achter Generation im Geschäft, weiß also, was sie tut. Ein fantastisches Preis-Leistungs-Verhältnis bieten die IGP-Abfüllungen, v. a. VIOGNIER, PINOT GRIS und PETIT VERDOT. Der stilvolle Cru La Livinière (rot) erscheint in der Reihe Château de Cesseras.

Coulée de Serrant Lo ★★ **16 18** 19 20 – Historische (und frostgefährdete) CHENIN-BLANC-AOP (7 ha Steillage) oberhalb der Loire im Herzen der AOP SAVENNIÈRES. Gutsleiterin ist Virginie Joly, Tochter des Biodynamie-Papsts Nicolas. Die Qualität schwankt, manche Weine enttäuschen (u. a. wegen vorzeitiger Oxidation alias Premox).

Courcel, Domaine de Côte d'Or ★★★ Die Weine des eigenwilliges Guts in POMMARD stammen von spät gelesenen Trauben und durchlaufen eine Ganztraubenvergärung – Pommard-Struktur ohne unnötiges Muskelspiel. Die Spitzen-PREMIERS-CRUS sind Rugiens und Les Epenots (beide langlebig), außerdem interessante CUVÉE Croix Noires.

Crémant – AOP für hochwertigen, nach der klassischen Methode bereiteten Schaumwein aus BORDEAUX, Burgund, dem ELSASS, Die, dem Jura, LIMOUX, von der Loire, aus Luxemburg und SAVOYEN. Viele gute Versionen.

Crémant de Loire Lo ★★→★★★ Die wichtigste AOP der Region für hochwertigen Schaumwein in großer stilistischer Bandbreite von den Sorten CABERNET FRANC, CABERNET SAUVIGNON, CHARDONNAY, CHENIN BLANC, Grolleau, Pineau d'Aunis und PINOT NOIR. Erzeuger: v. a. Ackerman, Aulée, Bouvet-Ladubay, De Chanceny, Arnaud Lambert, Langlois-Chateau und Nerleux.

Criots-Bâtard-Montrachet Côte d'Or ★★★ 09 10 12 14' **15 17'** 18 19' 21 – Mit nur 1,57 ha die kleinste und zerstückeltste Lage der MONTRACHET-Familie. Empfehlenswerte Erzeuger: Blain-GAGNARD, Fontaine-Gagnard, Lamy und jetzt auch Caroline MOREY – oder Dom. d'Auvenay, wenn Sie sehr vermögend sind.

Cros, Domaine du SWF – Der MARCILLAC-Pionier Philippe Teulier begann mit 1 ha und ist heute der wohl größte hiesige Erzeuger. Rotes Aushängeschild ist Le Sang del Païs, reinsortig von FER SERVADOU bereitet, der hier Mansois heißt.

Cros, Pierre Lang ★★★ Zu den Mainstream-Weinen des unkonventionellen Erzeugers zählt der CARIGNAN VIEILLES VIGNES (AOP MINERVOIS). Der sortenreine SYRAH Les Aspres ist maskulin und strahlend. Aus in Vergessenheit geratenen LANGUEDOC-Sorten wird der fruchtig-leichte Mal Amiès bereitet. Auch NEBBIOLO und TOURIGA NACIONAL sind hier vertreten.

Cros Parantoux Bg ★★★★ Der PREMIER CRU in VOSNE-ROMANÉE erlangte durch den 2006 verstorbenen Henri Jayer Kultstatus. Die Domaines ROUGET und MÉO-CAMUZET verhalfen ihm nun zu noch höherem Ansehen, die Preise steigen entsprechend. Aber ist der Premier cru Brûlées in kühlen Jahren nicht doch besser?

Crozes-Hermitage N-Rh ★★→★★★ **19' 20 22'** – Mit SYRAH bestockte, großteils flache Lagen (heiße Sommer sind eine Gefahr, v. a. für die vielen jungen Reben) in der Nähe des Flusses Isère erbringen Weine mit dunklen Beeren-, Lakritze- und Teernoten, die meist jung (nach 2–5 Jahren) zu trinken sind. Die zurückhaltenden, komplexen, kühleren Versionen stammen oft von Granithängen bei HERMITAGE: feine, rotfruchtige Gewächse, denen man Zeit lassen muss. Die Besten (einfache CUVÉES) sind ideale Begleiter bei Grillabenden und Festen; eichenholzwürzige Exemplare von alten Reben sind teurer und teils langlebig. Spitzenerzeuger: Aléofane (rot und weiß), Belle (Öko-Anbau), Les Bruyères (biologisch-dynamisch, mächtige Frucht), Y. Chave, Chapoutier, Dom. du Colombier (großartig: Gaby), Dom. Combier (Öko-Anbau), Dard & Ribo (wenig Schwefel, viel Charakter), Delas (sehr gut ist Le Clos, außerdem Dom. des Grands Chemins), Dumaine (öko), des Entrefaux, Laurent Fayolle (sehr stilvoll, sehr guter Clos Cornirets), A. Graillot, Habrard (öko), Hauts-Châssis, des Lises (fein), Machon, Dom. des Martinelles (traditionell), Melody, Michelas St Jemms, Mucyn (fein), Remizières (Eiche), G. Robin, Rousset (erstklassiger Picaudières), de Thalabert (JABOULET), Ville Rouge und Vins de Vienne. Weißweine (von MARSANNE) jung trinken; die neueren Jahrgänge sind sehr gut, z. B. 2021 und 2022. Schönes Preis-Leistungs-Verhältnis.

Cuilleron, Yves N-Rh ★★★ Ein klangvoller Name in CONDRIEU mit Talent für stilvolle Weißweine. Spitzenreiter: Les Chaillets; von alten Reben stammt der rote ST-JOSEPH Les Serines. Die (in Eiche ausgebauten) CÔTE-RÔTIE-Weine sind okay, angeführt von La Viaillière. Auch die IGP-Abfüllungen von MARSANNE und VIOGNIER sind gut. Vor Kurzem wurde der Weinbergbesitz erweitert.

Cuve close – Abgekürztes Verfahren der Schaumweinherstellung im Tank. Die Bläschenbildung im Glas kommt schneller zum Stillstand als bei der traditionellen Methode.

Cuvée – Normalerweise Ausdruck für einen bestimmten Verschnitt; abgeleitet von frz. *cuve* (ein Bottich, der Wein enthält). Im Deutschen gern als Synonym für »Verschnitt« generell verwendet. Bei CHAMPAGNER bezeichnet er erstgepresste, beste Weine.

Dagueneau, Didier/Louis-Benjamin Lo ★★★→★★★★ **16' 17 18'** 19 20 21 (22') – Ungemein präzise Vinifikation, Komplexität und Langlebigkeit zeichnen den wohl großartigsten SAUVIGON BLANC der Biodynamie-Welt aus. Der Betrieb wird von Louis-Benjamin Dagueneau (Kellerchef) geleitet. Empfehlenswert: v. a. Buisson Renard, Pur Sang und Silex (VDF). Außerdem SANCERRE Le Mont Damné (CHAVIGNOL) und Les Jardins de Babylone (JURANÇON).

Danjou-Banessy, Domaine Rouss ★★★★ Die Brüder Benoît und Sébastien erzeugen im Agly-Tal außerordentlich komplexe, frische Weine aus biodynamischem Anbau, die als IGP CÔTES CATALANES etikettiert sind. Ein sortenreiner CARIGNAN ist Les Myrs, sehr gut La Truffière (rot und weiß).

Dard & Ribo N-Rh ★★★ Das unkonventionelle, gleichwohl erfahrene Duo ist bei Naturweinliebhabern zu Recht en vogue. Die CROZES-HERMITAGE- und ST-JOSEPH-Abfüllungen von alten Reben zeigen Charakter und Charme, auch dank minimalinvasiver Vinifikation (ohne Eiche). Probierenswert sind die Weißen, u. a. ROUSSANNE, sowie Crozes-Hermitage des Bâties (rot, weiß) und St-Joseph Pitrou (rot, weiß).

Dauvissat, Vincent Chablis ★★★★ Unbeirrbar biologisch-dynamisch arbeitender Erzeuger von CHABLIS, der in alten Fässern, u. a. den lokalen 132-Liter-*feuillettes,* ausgebaut wird. Grandiose, langlebige Weine, vergleichbar mit denen seiner Cousins RAVENEAU. Am besten sind Les Clos, Les Fôrets, Preuses und Séchet. Ebenfalls probierenswert sind die Weine der Dom. Jean Dauvissat et Fils (nicht mit Vincent verwandt).

Deiss, Domaine Marcel El ★★★ Das bahnbrechende Weingut in Bergheim wird jetzt von Mathieu Deiss geleitet. Auch er legt Wert auf Terroircharakteristik sowie gemischten Satz. Überragend: RIESLING Schoenenbourg (**13' 17'**), Altenberg de Bergheim (16), Engelgarten (08).

Delamotte Champ – Das kleine, feine Champagnerhaus in Le Mesnil-sur-Oger setzt vorwiegend auf CHARDONNAY und wird ebenso wie SALON von LAURENT-PERRIER gemanagt; v. a. BRUT sowie BLANC DE BLANCS (**07 08 13 14** ...) – das Trio 2018, 2019', 2020 ist vielversprechend, wobei 2019 den Primus inter Pares abgibt.

Delas Frères N-Rh ★★★ Handelshaus im Besitz von ROEDERER an der nördlichen Rhône mit (teils eigenen) Lagen in CONDRIEU, CROZES-HERMITAGE, CÔTE RÔTIE und HERMITAGE. Geschliffene Rotweine, verlässliche Qualität, schicke neue Kellerei in Tain. Spitzengewächse: Côte Rôtie Landonne, Hermitage Domaine des Tourettes (rot, weiß), Les Bessards (rot; Granitterroir, sehr fein, rauchig, hält sich mind. 15 Jahre), François de Tournon (rot) und ST-JOSEPH Ste-Épine (rot; kühl, vielschichtig); von der südlichen Rhône die

Roten St-Esprit (CÔTES DU RHÔNE) und Grignan-les-Adhémar (preiswert). Die Weißen fallen in letzter Zeit leichter aus.

Delaunay, Edouard Côte d'Or ★★→★★★ Der alte burgundische Name wurde durch Laurent Delaunay in NUITS-ST-GEORGES and L'Étang-Vergy wiederbelebt. Umfangreiches Sortiment an NÉGOCIANT-CUVÉES aller Preisklassen, das immer bekannter und beliebter wird. Im Auge behalten.

Demi-sec – »Halbtrocken«, eher lieblich (z. B. beträgt die Dosage bei CHAMPAGNER in der Regel 45 g/l).

Derenoncourt, Stéphane Bx – Führender international tätiger önologischer Berater mit eigenem Weingut, Domaine de l'A. in CASTILLON. Präsident der dortigen Spitzenwinzervereinigung Castillon Caractères.

Deutz Champ ★★★★ Eines der besten unter den mittelgroßen Champagnerhäusern, im Besitz der Familie ROEDERER. Nach stolzen 26 Jahren an der (einsamen) Spitze hat CEO Fabrice Rosset die Firmenleitung an Marc Hoellinger übergeben. Spitzenreiter: die CHARDONNAY-CUVÉE Amour de Deutz (**08 10**) und Amour de Deutz Rosé (**12 13**). Fabelhafte Cuvée William Deutz (**08'** 12 13) sowie BLANC DE BLANCS (**13 14** 16').

Devaux Champ ★★→★★★ Schwenkt die Schaumweinfahne an der Côte des Bar mit der verlässlichen Cuvée Devaux. Ein Gemeinschaftsprojekt mit Michel CHAPOUTIER ist der Stenopé Brut (**08 09 10 11' 12**).

Dirler-Cadé, Domaine El ★★→★★★★ Fabelhafter MUSCAT GRAND CRU Saering und Spiegel von alten Reben sowie überragender SYLVANER VIELLES VIGNES (**16** 17' 18' 19 20), außerdem sehr guter RIESLING Grand cru Saering (**10 14' 16** 17' 18 19 20). Besitzt Reben in der Parzelle Heisse Wanne, dem besten Teil des Grand Cru Kessler.

Domaine – Gutshof, Weingut.

Dom Pérignon Champ – Kellerchef Vincent Chaperon hat seine Handschrift gefunden bei der Luxusmarke von MOËT & CHANDON: ein Schaumwein von ungemein beständiger Qualität in unglaublichen Mengen, zu der nicht zuletzt sein cremiger Zauber beiträgt, v. a. nach 10–15 Jahren Flaschenreife. Die Plénitude-Ausgaben (viele Jahre in der Flasche gereift, erst kürzlich degorgiert, astronomische Preise) heißen P1, P2, P3 usw., je nach Reifestufe (7,16, über 30 Jahre). Der P2 (**98**) ist grandios, der P3 (**70**) immer noch voller Leben. Beim Dom Pérignon liegt der Fokus seit 2000 stärker auf PINOT NOIR (**06 07** 08 10 **12**). Neu herausgekommen ist der exzellente Plénitude P2 (**04**).

Dopff au Moulin El ★★★→★★★★ Berühmter Name im herausgeputzten Städtchen Riquewihr; die Weine sind inzwischen weniger konzentriert und qualitativ weniger verlässlich. Am besten sind die GEWÜRZTRAMINER GRAND CRU Brand und Sporen (**12 16** 18' 20'), der RIESLING SCHOENENBOURG (**13 17'**) sowie der Sylvaner de Riquewihr (**19'**). Wegbereiter des CRÉMANT d'Alsace.

Dourthe, Vins et Vignobles Bx – Großes Handelshaus und Erzeuger mit neun eigenen Betrieben, u. a. Chx. BELGRAVE, Le BOSCQ, RAHOUL, REYSSON und seit 2020 Les Parcellaires. Ein gut gemachter einfacher AC BORDEAUX ist Dourthe N°1 (v. a. der Weißwein). Gemeinschaftsprojekt mit Penfolds II (Australien).

Drappier, Michel Champ ★★★ Familiengeführtes Champagnerhaus in der Region AUBE; die Leitung haben nun Michel Drappiers Kinder übernommen. Feiner PINOT NOIR, von mehr als 60 ha zertifiziert biodynamischem Weinbergbesitz, sowie Champagner oJ auf Pinot-noir-Basis, BRUT ZÉRO, Brut *sans souffre* (ungeschwefelt), Millésime Exception (**12**). Des Weiteren Prestige-CUVÉE Grande Sendrée (**08' 09 12 15** 18 19 20'), Cuvée Quatuor (von vier Rebsorten) und superbe ältere Weine (**82 95'**) in Magnumflaschen. Dank konsequenter Forschung bis zurück ins 17. Jh. halten die

Reben dem Klimawandel stand. Zunehmende Verwendung großer Eichen-*foudres*.

DRC (Domaine de la Romanée-Conti) Côte d'Or ★★★★ Das grandioseste Weingut Burgunds (bzw. der Welt). Der Besitz umfasst die MONOPOLE-Lagen ROMANÉE-CONTI und LA TÂCHE sowie größere Teile von ÉCHEZEAUX, GRANDS-ÉCHEZEAUX, RICHEBOURG und ROMANÉE-ST-VIVANT, zudem einen sehr kleinen Teil von Le MONTRACHET. Seit 2009 auch CORTON- und seit 2019 prachtvoller CORTON-CHARLEMAGNE-Wein. Majestätische Preise. Der 1947er La Tâche war 2021 noch immer in Höchstform.

Drouhin, Maison Joseph Bg ★★★→★★★★ NÉGOCIANT und Erzeugerbetrieb in BEAUNE; die typische Händlerfalle, lauter mehr oder minder gleich schmeckende Weine im Sortiment zu haben, meidet man hier geschickt. Der Weinbergbesitz wird durchweg biodynamisch bewirtschaftet, darunter für die Weißweine Clos de Mouches und MONTRACHET (Marquis de LAGUICHE; beide Beaune) sowie umfangreiche Besitzungen in CHABLIS. Großes Angebot an stilvollen Rotweinen mit schönem Bukett: CHOREY-LÈS-BEAUNE, Beaune, CHAMBOLLE-MUSIGNY, VOSNE-ROMANÉE (v. a. Petits Monts) und neuerdings GEVREY-CHAMBERTIN. Auch die Domaine Drouhin Oregon (DDO) in den Vereinigten Staaten gehört zum Besitz.

Dubœuf, Georges Beauj ★★→★★★ Vom Helden (Retter des BEAUJOLAIS) zum nicht mehr ganz so tollen Hecht (allzu viel BEAUJOLAIS PRIMEUR) geworden, aber immer noch ein bedeutender Akteur und Quelle sehr ordentlicher Abfüllungen aus diversen Beaujolais-Crus und MÂCON. Als Georges Dubœuf 2020 starb, hatte Sohn Franck bereits seit mehreren Jahren die Gutsleitung inne.

Dugat Côte d'Or ★★★→★★★★ Die Cousins Claude und Bernard (Dugat-Py) erzeugten jeweils ausgezeichnete, tieffarbige GEVREY-CHAMBERTIN- bzw. Markenweine. Die junge Generation führt die Tradition fort. Geringe Mengen, v. a. aus GRAND-CRU-Lagen, gepfefferte Preise (v. a. Dugat-Py), da Sammlerterrain. Der exzellente BOURGOGNE rouge von Dugat-Py bietet einen Vorgeschmack auf Grand-cru-Genüsse.

Dujac, Domaine Côte d'Or ★★★→★★★★ Erzeuger in MOREY-ST-DENIS, ursprünglich bekannt für sinnlich-rauchige Rote, angefangen von unschlagbaren Morey-Village-Weinen bis hin zu überragenden GRAND-CRU-Gewächsen, v. a. CLOS ST DENIS, CLOS DE LA ROCHE und ÉCHEZEAUX. Heute ist der Stil etwas mehr dem Mainstream angepasst. Ferner gute Weißweine aus Morey-St-Denis und PULIGNY-MONTRACHET. NÉGOCIANT-Weine der leichteren Art bieten z. B. Dujac Fils et Père und Dom. Triennes (COTEAUX VAROIS).

Dureuil-Janthial Bg ★★ Chef des hervorragenden Guts in RULLY ist Vincent Dureuil-Janthial, der frische, ausdrucksstarke Weiße und fruchtig-muntere Rote bereitet. Die Weine sind durchweg empfehlenswert, allen voran der Maizières (rot, weiß) und der weiße PREMIER CRU Meix Cadot.

Duval-Leroy Champ ★★★ Champagnerhaus in Familienhand mit 200 ha Weinbergbesitz, vorwiegend mit CHARDONNAY bestockte gute Cru-Lagen, und Fokus auf Domaine-Weine. Sehr guter Fleur de Champagne oJ. Zu den unterschätzten Prestige-CUVÉES der Champagne zählt der überaus elegante Femme de Champagne (**13** 18' 19).

Échezeaux Côte d'Or ★★★ **99' 02' 05' 09' 10' 12'** 15' **16 17** 18' 19' 20' 21 – GRAND CRU neben CLOS DE VOUGEOT mit stilistisch ganz andersartigen, nämlich filigranen, ätherischen, funkelnden Weinen, deren Art sehr stark vom jeweiligen Standort der Reben abhängen kann. Überragend in puncto Qualität und Preis: ARNOUX-LACHAUX, Bizot, Coquard-Loison-Fleurot, DRC, DUJAC, EUGÉNIE, GRIVOT, GROS, LIGER-BELAIR, MÉO-CAMUZET, Mugneret-Gibourg, G. NOËLLAT, ROUGET und Tremblay. Weitere gute Erzeuger: Berthaut-Gerbet, Guyon, Lamarche, Millot, MUGNERET, Naudin-Ferrand, Tardy.

Edelzwicker El ★ BV – Leichter Weißweinverschnitt. Gut sind Ch. d'Ittenwiller und der Gentil von HUGEL.

Egly-Ouriet Champ ★★★→★★★★ Familienbetrieb in vierter Generation mit Weinbergbesitz im GRAND CRU Ambonnay. Zwei hervorragende CUVÉES von alten Reben: Les Crayères BLANC DE NOIRS und »V.P.«. Ferner PREMIER CRU Les Prémices oJ.

Elsass ★★→★★★★ Die Weinberge im Regenschatten der Vogesen sind das trockenste Weinbaugebiet Frankreichs: aromatische, fruchtige, volle Weiße und immer besser werdende Rote (PINOT NOIR). Einem neuen Gesetz entsprechend müssen nun die Bezeichnungen *sec, demi-sec, mœlleux* (lieblich) und *doux* (süß) entweder vorn bzw. hinten auf dem Etikett stehen oder durch eine Zahlenskala versinnbildlicht werden.

Entraygues et du Fel und d'Estaing, Vins d' SWF ★→★★ BV – Zwei sehr kleine, benachbarte AOPS auf extrem steilen Terrassen über dem Lot-Tal. Knochentrockenen CHENIN-BLANC-Weißwein gibt es v. a. bei den Domaines Méjannassère und Laurent Mousset (beide ★★); Letzere hat auch gute Rote, v. a. den La Pauca, und hervorragenden Rosé im Angebot. Nicolas Carmarans (★★) erzeugt Weine innerhalb und außerhalb der Appellation.

Entre-Deux-Mers Bx ★→★★ BV – Oft preiswerter trockener weißer BORDEAUX (*entre deux huitres* zu trinken) aus der Gegend zwischen Garonne und Dordogne. Die besten CHÂTEAUX: Les Arromans, BONNET, Diane by Jacques Lurton, Fontenille, La Freynelle, Landereau, Lauduc, Lestrille, Marjosse, La Mothe du Barry (French Kiss), Nardique-la-Gravière, Sainte-Marie, Tour de Mirambeau, Turcaud und Vignol.

Esclans, Château d' Prov ★→★★★ Sacha Lichine, selbst ernannter Architekt der »Rosé-Renaissance«, hat hoch gehandelte, gute Rosémarken – großteils für den Export – geschaffen; Miteigentümer ist LVMH. Langlebig und teuer ist das Spitzengewächs, der eichengereifte Garrus (GRENACHE/ROLLE), preiswert und gut der Rock Angel. Whispering Angel heißt die enorm erfolgreiche NÉGOCIANT-Marke.

Esmonin, Domaine Sylvie Côte d'Or ★★★ Sehr volle, dunkle Weine von gänzlich ausgereiften Beeren, Ganztraubenvergärung und neue Eiche. Spitzenreiter: GEVREY-CHAMBERTIN VIEILLES VIGNES sowie CLOS ST-JACQUES. Attraktives Preis-Leistungs-Verhältnis.

Etoile, L' Jura – AOP für eleganten CHARDONNAY und SAVAGNIN aus Kalkstein- und Mergelböden, der in der Regel oxidativ ausgebaut wird. Ebenfalls zugelassen sind VIN JAUNE und VIN DE PAILLE, nicht jedoch Rotwein, der unter die AOP CÔTES DU JURA fällt. Erzeuger: v. a. Montbourgeau (★★), Mouillard, Rolet (★) und P. Vandelle.

Eugénie, Domaine d' Côte d'Or ★★★→★★★★ François Pinaults erster Vorstoß nach Burgund. Die intensiven, tiefdunklen Weine werden jetzt durch mehr Ganztraubenvergärung auf Touren gebracht. Überragend sind CLOS VOUGEOT und GRANDS-ÉCHEZEAUX, probierenswert ist der VOSNE-ROMANEE-Village CLOS d'Eugénie.

Fabre, Famille Lang ★★★ Fortschrittliche Familie in CORBIÈRES mit fünf CHÂTEAUX. Meisterlich und schroff ist der rote Ch. de Luc Boutenac, ungemein smart der rote Les Amouries von Ch. Fabre Gasparets; von Letzterem gibt's auch Rose auf MOURVÈDRE-Basis. Ferner MINERVOIS Tour de Rieux.

Faiveley, Domaine Bg ★★→★★★★ Unter der Leitung von Erwan Faiveley (seit 2005) hat sich der Fokus vom NÉGOCIANT zum Erzeuger verlagert (einschließlich tollem neuem Fasslager). Waren die Weine einst brauchbar, sind sie jetzt hervorragend. An der CÔTE CHALONNAISE ist Faiveley ein Hauptakteur, noch besser angelegt ist Ihr Geld jedoch in die Spitzenweine aus CHAMBERTIN-CLOS DE BÈZE, CHAMBOLLE-MUSIGNY, CORTON Clos des Cortons und NUITS-ST-GEORGES. Die erstklassige Dom. Billaud-Simon in CHABLIS gehört ebenfalls zum Besitz.

Faller, Théo/Domaine Weinbach El ★★★→★★★★ Die Reblagen sind die feinsten des ELSASS und erbringen Weine in außergewöhnlich elegantem und reintönigem, für die Gastonomie geeignetem Stil: MUSCAT, SILVANER, RIESLING GRAND CRU SCHLOSSBERG, GEWÜRZTRAMINER Furstentum und Mambourg sowie PINOT GRIS Altenbourg (**10' 13' 17' 18' 19'**). Der Pinot gris SÉLECTION DES GRAINS NOBLES ist der beste der Welt.

Faugères Lang ★★★(★) Das seltene Beispiel einer AOP mit nur einer Bodenart, nämlich Schiefer, an den südlichen Ausläufern der Cevennen. Die Höhe sorgt für Frische, der Boden für Ausgewogenheit und Tiefe der kräuterwürzigen Frucht, die Weine besitzen Alterungspotenzial. Elegante Weiße von GRENACHE BLANC, MARSANNE, ROUSSANNE und VERMENTINO. Erzeuger: u. a. Dom. de l'Ancienne Mercerie, Dom. Bardi d'Alquier, Dom. Léon Barral, Dom. Cébène, Ch. Chenaie, Ch. de Ciffre, Ch. Estanilles, Ch. Grézan, Ch. de la LIQUIÈRE, Mas d'Alezon, Mas Gabinèle, Dom. du Méteore, Dom. Ollier-Taillefer, Dom. Saint Antonin, Dom. La Sarabande, Dom. des Trinités.

Ferraton Père & Fils N-Rh ★★★ Erzeuger und Händler in HERMITAGE; Eigentümer ist CHAPOUTIER. Großes Spektrum an guten bis sehr guten Weinen aus biodynamischem Anbau, allen voran der rote und weiße Grand Courtil (AOC CROZES-HERMITAGE), die Hermitage-Abfüllungen Le Méal (rot), Le Reverdy (weiß) und Les Dionnières (rot, Terroir) sowie der ST-JOSEPH Bonneveau (rot, Terroir). Besucher sind willkommen.

Fèvre, William Chablis ★★★→★★★★ Größter Eigentümer von GRAND-CRU-Lagen in CHABLIS; Bougros Côte Bougerots und Les Clos sind hervorragend. Es werden keine Kosten gescheut und die Erträge beschränkt, die Preise sind dementsprechend. Die Grand-cru-Gewächse können prachtvoll sein, die bescheideneren Weine gehen stilistisch eher auf Nummer sicher. Besucher sind willkommen. Ebenfalls empfehlenswert sind die Weine der Cousins von der Domaine Nathalie et Gilles Fèvre, v. a. PREMIER CRU Vaulorent and Grand cru Preuses.

Fiefs Vendéens Lo ★→★★★ **19' 20' 21** (22) – AOP mit guten biodynamisch wirtschaftenden Erzeugern und faszinierender Rebsortenvielfalt: CHARDONNAY, CHENIN BLANC, MELON und SAUVIGNON BLANC (weiß); CABERNET FRANC, CABERNET SAUVIGNON, GAMAY, Grolleau gris, Négrette und PINOT NOIR (rot und rosé). Erzeuger: v. a. Jumeaux, Mourat, Prieuré-la-Chaume und Domaine St-Nicolas.

Fitou Lang ★★→★★★ Zweigeteilte AOP: Schieferboden auf den Hügeln südlich von Narbonne, in Küstennähe Kreide und Kalkstein. Die meistangebaute Rebsorte ist CARIGNAN, dementsprechend würzig, voll und stoffig fallen die sonnenverwöhnten Weine aus. Erzeuger: v. a. DOMAINES Astruc, Bertrand-Bergé, Grand Guilhem, JONES, Lérys sowie Ch. Champ des Sœurs, MAS DES CAPRICES und Ch. de Nouvelles.

Fixin Côte d'Or ★★★ **05' 09' 10' 12' 14 15'** 16 **17** 18' 19' 20' 21 – Die AOP sollte man im Auge behalten: Die Weine sind günstig und werden immer besser. Die schön strukturierten Roten, früher eher deftig, profitieren von den zunehmend warmen Jahren. Beste Lagen: Les Arvelets, CLOS de la Perrière, Clos du Chapître, Clos Napoléon. Die hiesigen Stars: Berthaut-Gerbet, Gelin, Joliet und Naddef, gefolgt von Bart, CLAIR, FAIVELEY und MORTET.

Fleurie Beauj ★★★ **15' 18' 19' 20'** 21 – Der beste der BEAUJOLAIS-Crus, mit herrlich duftenden, erdbeerfruchtigen, unmittelbar ansprechenden Weinen. Rassigere Exemplare kommen von der Hanglage La Madone, vollere von tieferen Lagen. Bewährte Erzeuger: Ch. Beauregard, Brun, Chatelard, Chignard, Clos de la Roilette, Depardon, DUBŒUF, Metrat, Pacalet, Ch. de Poncié und die Genossenschaft. Naturweine bieten: Balagny, Dutraive, Métras, Pacalet und Sunier. Neuere Betriebe: Dom. Chatel, Clos de Mez, Dom. de Fa, Dom. Hoppenot und Lafarge-Vial.

Fourrier, Domaine Côte d'Or ★★★★ Die einst lediglich solide DOMAINE in GEVREY-CHAMBERTIN zählt nun zur Spitzenriege – nebst hochgejubelten Preisen. Sinnliche, beschwingte Rotweine mit märchenhaften Fruchtaromen von altehrwürdigen Reben; am besten sind CLOS ST-JACQUES, Combe aux Moines und GRIOTTE-CHAMBERTIN. *Siehe auch* Bass Phillip im Kapitel »Australien«.

Francs – Côtes de Bordeaux Bx ★★ 16 18 19 **20** (22) – Die kleine CÔTES-DE-BORDEAUX-AOP bei CASTILLON ist fest in der Hand der Familie Thienpont (von Ch. PAVIE-MACQUIN). Überwiegend Rotwein (60% MERLOT), daneben auch einige gute Weiße (z. B. Ch. Les Charmes-Godard, Ch. Puyanché). Erzeuger: v. a. La Croix Blanche, Cru Godard, de Francs (Les Cérisiers), Marsau, La Prade und Puygueraud.

Fronsac Bx ★★→★★★ 15 16 18 **19'** 20' (22) – Hügelige AC mit Ton-Kalk-Böden westlich von POMEROL mit ausgesprochen preiswerten Rotweinen (vorwiegend MERLOT), die z. T. auch lagern können. Spitzen-CHÂTEAUX: Arnauton, DALEM, la Dauphine, Fontenil, George 7, Haut-Carles, de la Huste, Mayne-Vieil (CUVÉE Aliénor), Moulin Haut Laroque, de la Rivière, Tour du Moulin, Les TROIS CROIX, La VIEILLE CURE, Villars. *Siehe auch* CANON-FRONSAC.

Fronton SWF ★★ 18 19 **20** (22) – Die AOP unweit von Toulouse erzeugt Weine von der Rebsorte NÉGRETTE (Veilchen-, Kirsch- und Lakritznoten), oft ist auch SYRAH mit im Spiel. Lebhafte, fruchtige, purpurfarbene Weine. Erzeuger: v. a. Baudare, Bouissel, Caze, Laurou, Plaisance, du Roc (alle ★★★); am bekanntesten ist Ch. BELLEVUE-LA-FORÊT (★★). Ferner Ch. Boujac, Ch. Clamens, Ch. La Colombière und Dom. Viguerie de Belaygues (alle ★). Bis dato gibt es keine AOP für die Weißweine.

Fuissé, Château Bg ★★→★★★ Smarte Unternehmung in POUILLY-FUISSÉ mit langer Erfolgsbilanz dank der konzentrierten, in (zu viel?) Eiche ausgebauten Weißweine. Spitzenterroirs: Les Clos und Combettes. Ist auch in BEAUJOLAIS-Cru-Bereichen wie JULIÉNAS präsent.

Gagnard Côte d'Or ★★→★★★ Angesehener Clan in CHASSAGNE-MONTRACHET. Langlebige Weine, v. a. Caillerets und BÂTARD-MONTRACHET von Jean-Noël Gagnard. Das umfassende Angebot von Blain-Gagnard und Fontaine Gagnard schließt auch raren CRIOTS-BÂTARD-MONTRACHET sowie MONTRACHET selbst ein. Die Preise sind bei allen durchweg fair. Außerdem erzeugen alle sehr annehmbare Rote. Und alle lohnen die Entdeckung.

Gaillac SWF ★→★★ meist BV – Historische AOP nordöstlich von Toulouse mit einem wahren Füllhorn an Rebsorten, u. a. Braucol (Fer), Duras, SYRAH (alle für Rotwein), Len de l'El und Mauzac (Weißwein). Prunelard (rot) gewinnt an Boden, die weiße Ondenc hat bei Plageoles Legendenstatus erlangt. Die Qualität ist uneinheitlich, empfehlenswert sind jedoch die DOMAINES de Brin, Causse-Marines, Le Champ d'Orphée, L'Enclos des Roses, d'Escausses, Peyres-Roses, Plageoles, La Ramaye, Rotier und La Vigneruse (alle ★★★). Der Perlé ist ein sommerlich-erfrischender, leicht perlender Weißwein und kann köstlich sein. Die Genossenschaften sind gut und günstig.

Ganevat Jura ★★★→★★★★ Der Biodynamie-Superstar der CÔTES DU JURA bietet – allerdings zu Superstar-Preisen – Einzellagen-CHARDONNAYS (z. B. Les Chalasses, Les Grand Teppes), den SAVAGNIN Vignes de mon Père (kann 10 Jahre alt werden) und zudem innovative Rote.

Garrabou, Domaine Lang ★★★ Frédéric Garrabou leitet jetzt das Gut. Fescher CHARDONNAY (AOP LIMOUX) und PINOT NOIR Le Salsous (IGP Haute Vallée de l'Aude). Der intensive MALBEC Le Gouffre de Diable braucht Zeit.

Gauby, Domaine Gérard Rouss ★★★ Gefeierter biologisch-dynamisch arbeitender, äußerst innovativer Erzeuger (immer mehr Naturweine) unweit der Ortschaft Calce; jetzt übernimmt Sohn Lionel den Betrieb. Die Weinberge liegen bis zu 550 m hoch, wobei Kreideuntergrund den Weinen frische Säure verleiht. Empfehlenswert: Les Calcinaires VIEILLES VIGNES (rot und weiß) und Muntada. Ist auch an Dom. Le Soula beteiligt.

Gaure, Château de Lang ★★★★ Pierre Fabres CHARDONNAY Oppidum (AOP LIMOUX) ist grandios. Der Pour Mon Père (AOP LANGUEDOC) ist ein CARIGNAN/GRENACHE/SYRAH-Verschnitt. Einige Rebflächen liegen im ROUSSILLON, im Agly-Tal.

Gevrey-Chambertin Côte d'Or ★★→★★★★ **05'** 09' 10' 12' **15' 16** 17 18' 19' 20' 21 – Bedeutende AOP für Rotweine mit Substanz und Struktur, das Spektrum reicht von solide bis hin zum großartigen CHAMBERTIN und seinen GRAND-CRU-Cousins. Spitzenlagen sind die PREMIERS CRUS Cazetiers, Combe aux Moines, Combottes und CLOS ST-JACQUES. Preiswerte Einzellagenweine auf Village-Niveau (En Champs, La Justice) und VIEILLES-VIGNES-Abfüllungen. Spitzenerzeuger: BACHELET, L. BOILLOT, BURGUET, Damoy, Drouhin-Laroze, DUGAT, Dugat-Py, Duroché, ESMONIN, FAIVELEY, FOURRIER, Harmand-Geoffroy, Heresztyn-Mazzini, LEROY, H. Magnien, Marchand-Grillot, MORTET, ROSSIGNOL-TRAPET, Roty, ROUSSEAU, Roy, SÉRAFIN und TRAPET sowie alle guten Händler. Auch die Dom. Rebourseau ist seit 2018 wieder auf der Höhe.

Gigondas S-Rh ★★→★★★ 05' 06' **09' 10'** 12' 13' **15'** 16' 17' 18 19' 20 21 22' – Erstklassige Rote aus dem südlichen Rhône-Tal von malerischen Weinbergen auf steinigem Lehm-Sand-Boden, die zu gebirgigen Kalksteinhängen östlich von Avignon ansteigen. Volle, klare, metholfrische Weine von GRENACHE, ergänzt durch SYRAH und MOURVÈDRE, die besten mit schöner dunkelroter Frucht. Die Jahrgänge 2010, 2015, 2016 und 2019 sind fantastisch. In neuerer Zeit mehr Einsatz von Eichenholz und entsprechend höhere Preise; viele Weine zeigen aber einen unverfälscht lokalen Charakter. Empfehlenswerte Erzeuger: P. Amadieu (sehr beständig), Dom. Boissan, Dom. des Bosquets (modern), Dom. Bouïssière (unverfälscht, ausdrucksstark), Brusset, Cayron (traditionell), Clos des Cazaux (preiswert), Clos du Joncuas (Öko-Anbau), Famille Perrin, Goubert, Gour de Chaulé (fein), Grapillon d'Or, Longue Toque, Ch. de Montmirail, Moulin de la Gardette (öko, stilvoll), Dom. Notre Dame des Pallières, Dom. les Pallières, Dom. du Pesquier (authentisch), Piéblanc (öko), Pourra (stämmig), Dom. Raspail-Ay (lagerfähig), Roubine (herzhaft), Ch. de Saint-Cosme (Flair, Eichenwürze), Dom. Santa-Duc (stilvoll), Dom. St-Gayan (langlebig), Dom. Les Semelles de Vent, Dom. les Teyssonnières. Alkoholstarke Rosés.

Gimonnet, Pierre Champ ★★★★ Didier Gimonnet bereitet wunderbar beständigen CHARDONNAY aus 28 ha Rebfläche, einschließlich GRAND-CRU- und PREMIER-CRU-Lagen, an der nördlichen Côte des Blancs. Ein echtes Schnäppchen ist Le Perlé de Gimonnet (12 **13** 16 18'). Der Spécial Club ist der komplexe Ausdruck eines großen Chardonnay (13 **14** 15 17' 19 20) – zum Einlagern. Der Oger Grand cru (glorios: 15') ist eine Abkehr vom Assemblage-Konzept.

Girardin, Vincent Côte d'Or ★★→★★★ NÉGOCIANT in MEURSAULT mit Spezialgebiet Weißwein, jetzt im Besitz von BOISSET. Vincent Girard hat die Leitung seiner Dom. Pierre Vincent vor Kurzem an seinen Sohn Pierre-Vincent übergeben. Beeindruckende neue Kellerei in Meursault, gute Weine, wirklich vielversprechend.

Givry Bg ★★→★★★ **15' 17 18' 19'** 20' 21 – Geheimtipp für die CÔTE CHALONNAISE: leckere Rotweine mit Alterungspotenzial zum kleinen Preis. Am besten von Cellier aux Moines, CLOS Salomon, Faiveley, JOBLOT, F. Lumpp, Masse und Thénard. Auch ein wenig Weißwein in nussigem Stil.

Goisot Bg ★★★ Guilhem und Jean-Hugues Goisot arbeiten biologisch-dynamisch und erzeugen hervorragende Einzellagenabfüllungen aus ST-BRIS (SAUVIGNON BLANC) sowie unter der AOP Bourgogne Côtes d'Auxerre (CHARDONNAY und PINOT NOIR). Rassige, mineralische, selbstbewusste Weine.

Goldert El – Der GRAND-CRU-Weinberg auf Kalkmergel im südlichen ELSASS erbringt außergewöhnliche, hocharomatische Weine von MUSCAT, SILVANER und GEWÜRZTRAMINER, die allesamt zu den besten des Elsass zählen. Beste Erzeuger: Ernest BURN, ZIND-HUMBRECHT.

Gonon, Domaine N-Rh ★★★ **09' 10' 13' 14** 15' **16' 17** 18' 19' 20' 21' 22' – Das Spitzengut in ST-JOSEPH ist derzeit sehr im Schwange; die Brüder Pierre und Jean Gonon wirtschaften ökologisch und bearbeiten ihre großteils mit alten Reben bestockten terrassierten Parzellen (10 ha) ausschließlich manuell. Die Weine werden vorwiegend mittels Ganztraubenvergärung in alten 600-l-Fässern vinifiziert. Der hocharomatische, geschmeidige Rotwein hat pfeffrige und an Eisen erinnernde Noten, der verführerische, unaufdringlich volle weiße Les Oliviers ist ein großartiger Speisenbegleiter; beide halten sich 20 Jahre.

Gosset Champ ★★★★ Das älteste aller Champagnerhäuser hat seinen Sitz in AŸ und gehört Cointreau. Kellerchef Odilon de Varine begeistert sich für Terroir. Der Grand Blanc de Meunier ist ein erstklassiger CHAMPAGNER eines Grande-Marque-Hauses: elegant und auf dem CHARDONNAY-Hefesatz gereift (v. a. **07**). Ferner die Prestige-CUVÉE Célébris Extra Brut (überragend: **04** 07' 08) und nahezu ebenbürtiger Rosé (**08**) sowie, im selben Geist, der grandiose Les Célébrissimes (**95'**) und der lang gereifte »12 ans de cave à minima«. Spitzenklasse sind auch der BLANC DE BLANCS und der Millésime (12'). Ein echtes Juwel!

Gouges, Henri Côte d'Or ★★★ Das Maß aller Dinge hinsichtlich beeindruckender, Struktur über Stil stellender, langlebiger NUITS-ST-GEORGES-Gewächse; heute leiten Grégory und Antoine Gouges das Gut. Sie können aus einem breiten Spektrum verschiedener PREMIER-CRU-Lagen schöpfen, darunter Clos des Porrets, Vaucrains und v. a. Les St-Georges. Außerdem hervorragende, rare Weiße aus Nuits-St-Georges von PINOT BLANC.

Graillot, Domaine Alain N-Rh ★★★ **15' 16' 17 18' 19' 20' 21'** 22' – Ökologisch bewirtschaftete Reblagen auf ebenem, steinigem Untergrund und Vinifikation per Ganztraubenvergärung. Überschwänglich-flotte rote CROZES-HERMITAGE-Gewächse; die gewichtige langlebige Spitzen-CUVÉE heißt La Guiraude. Ferner weißer Crozes-Hermitage (melodisch) und roter ST-JOSEPH. Alain Graillot starb 2022. Sohn Maxime zeichnet für die Domaine des Lises (Crozes-Hermitage) und deren (gute, charaktervolle) Boutique-Handelsmarke Equis (CORNAS, St-Joseph) verantwortlich.

Gramenon, Domaine S-Rh ★★→★★★ **19' 20' 22'** – Das seit den 1970ern ökologisch und seit 2007 biodynamisch bewirtschaftete Weingut im Departement Drôme, Provence, ist im Höhenflug. Die kaum geschwefelten Weine zeigen wunderbar reintönige Frucht, z. B. die CÔTES-DU-RHÔNE-Abfüllungen La Papesse (GRENACHE von 60 Jahre alten Reben), La Sagesse (Grenache), Poignée des Raisins (süffig) und Sierra du Sud (SYRAH).

Grand cru – Offizieller Begriff, der in den verschiedenen Anbaugebieten jedoch unterschiedliche Bedeutungen hat. In Burgund bezeichnet er eine Spitzenlage mit eigener AOP, im ELSASS eine der 51 Spitzenlagen innerhalb des AOP-Bereichs ALSACE GRAND CRU, für die nun jeweils eigene Vorschriften gelten. In ST-ÉMILION fallen 60% der – oft mittelmäßigen – Produktion unter die AOP St-Émilion Grand cru. Im MÉDOC gibt es fünf Cru-classé-Stufen. In der Champagne sind die besten 17 Gemeinden als Grands crus klassifiziert. An der Loire genießt QUARTS DE CHAUME seit 2011 Grand-cru-Status, im Languedoc entsteht momentan ein Cru-System. In der Provence ist der Begriff mit Vorsicht zu genießen.

Grande Rue, La Côte d'Or ★★★ **05'** **06** **09'** **10'** **12'** 15' 16 **17** 18' 19' 20' 21 – GRAND-CRU-Lage zwischen LA TÂCHE und La ROMANÉE, ein MONOPOLE der Dom. Lamarche. Qualität und Beständigkeit der Weine haben unter Nicole Lamarche zugelegt. Die Spezialabfüllung namens »1959« ist nicht besser, nur anders.

Grands-Échezeaux Côte d'Or ★★★★ **90'** **93** **96'** **99'** **02'** 05' 09' **10'** **12'** 15' 17 18' 19' 20' 21 – GRAND-CRU-Spitzenlage neben CLOS DE VOUGEOT. Die Weine gleichen mit ihrer seidigen Art jedoch eher MUSIGNY und sind gewichtiger als das Gros der ÉCHEZEAUX-Erzeugnisse. Am besten von: BICHOT (Clos Frantin), Coquard-Loison-Fleurot, DRC, DROUHIN, EUGÉNIE, Lamarche (Teilverkauf der Reblagen 2021), Millot, G. NOËLLAT.

Gratien, Alfred und Gratien & Meyer Champ ★★★ Kleines, aber herrlich eigenwiliges Champagnerhaus im Besitz der Henkell-Freixenet-Gruppe. Feine, sehr trockene, langlebige Schaumweine, die im Eichenfass vergoren werden, u. a. Hauschampagner von The Wine Society. BRUT (**93** **12** **13** 15' 18'), Brut oJ sowie Prestige-CUVÉE Paradis oJ Brut und Rosé auf CHARDONNAY-Basis. Renommierte Cuvée Paradis Brut (**02** **04** **12** 13' 15). Der Schwesterbetrieb Gratien & Meyer ist in SAUMUR tätig.

Graves Bx ★→★★ **16** **18** **19** **20** (22) – Leckere, stoffige Rotweine von MERLOT und CABERNET SAUVIGNON sowie frische trockene Weiße von SAUVIGNON BLANC/SÉMILLON. Bieten derzeit mit das beste Preis-Leistungs-Verhältnis unter den Bordeaux-Erzeugnissen. Einige ausgewählte Betriebe dürfen sich »Ambassadeurs de Graves« nennen. Die Bezeichnung Graves Supérieures steht für *moelleux* (lieblich) ausgebaute Weine. Spitzen-CHÂTEAUX: d'ARCHAMBEAU, Brondelle, de Cérons, CHANTEGRIVE, Clos Bourgelat, Clos Floridèn, CRABITEY, Ferrande, Fougères, Grand Enclos du Château de Cérons, Haura, Magneau, Pont de Brion, Portets, Rahoul, La Rose Sarron, Respide-Médeville, Roquetaillade La Grange, Seuil, Tourteau Chollet, Vieux Château Gaubert und Villa Bel Air.

Graves de Vayres Bx ★ BV – Mini-AOP innerhalb des Bereichs ENTRE-DEUX-MERS; Rot-, Weißwein und *moelleux* (lieblich).

Grés de Montpellier Lang ★★★ Die steinigen Böden der AOP südwestlich der Stadt Montpellier erbringen ernst zu nehmende, hochklassige Rotweine. Ähnliche Qualität bietet die nahe gelegene AOP St-Georges-d'Orques. Erzeuger: v. a. Domaines Bas d'Aumelas, de Blanville, de L'Engarran, de Roquemale, de Saumarez, Henry, de La Magdeleine, de la Marfée sowie CLOS des Nines, Mas de Lunès und MAS DU NOVI.

Grignan-les-Adhémar S-Rh ★→★★ AOP am Rhône-Ufer mit steinigen Böden; die besten Roten sind dunkel, (kräuter)würzig und sollten binnen 5 Jahren getrunken werden. Spitzenerzeuger: Baron d'Escalin, Ch. Bizard, Dom. de Bonetto-Fabrol, Ch. la Décelle (auch weißer CÔTES DU RHÔNE), DELAS (preiswert), Dom. de Grangeneuve (am besten, v. a. der VIEILLES VIGNES), Dom. de Montine (stilvolle Rote, gute Weiße und Rosés, außerdem roter CÔTES DU RHÔNE), Dom. St-Luc und La Suzienne (preiswert).

Griotte-Chambertin Côte d'Or ★★★★ **90'** **96'** **99'** **02'** 05' **09'** **10'** **12'** 15' 16 17 18' 19' 20' 21 – Kleine GRAND-CRU-Lage neben CHAMBERTIN; viel Platz hat hier keiner. Die Weine zeigen lebhafte Noten von roten Früchten, Tiefgang und Alterungspotenzial, v. a. von DROUHIN, DUGAT, Duroché, FOURRIER und (Laurent) Ponsot.

Frankreich

Gripa, Domaine Bernard N-Rh ★★★ **15' 16' 17'** 18' 19' 20' 21' 22' – Spitzenerzeuger von ST-JOSEPH- und der besten ST-PÉRAY-Gewächse mit Fokus auf äußerst kultivierte Weißweine. Der weiße St-Joseph Le Berceau stammt zu 100 % von 60 Jahre alten MARSANNE-Reben, viel Klasse zeigt der vorwiegend von ROUSSANNE bereitete St-Péray Les Figuiers. Beide St-Joseph-Rotweine sind gut, der Spitzenreiter Le Berceau verrät den Jahrgang: Tiefe (15), reine Frucht (16), Dichte (17), Wucht (18), Fülle (19), Stil (20) oder Klarheit (21).

Grivot, Jean Côte d'Or ★★★→★★★★ Die DOMAINE in VOSNE-ROMANÉE wird womöglich noch besser, seit Mathilde Grivot 2017 das Ruder übernommen hat. Die erstklassige Auswahl an PREMIERS CRUS (v.a. Les Beaux Monts sowie Aux Boudots in NUITS-ST-GEORGES) wird noch übertroffen von den GRANDS CRUS CLOS DE VOUGEOT, ÉCHEZEAUX und RICHEBOURG. Herrliche Weine; die Zeiten, da Muskelspiel vor Schönheit ging, sind vorbei.

Gros, Domaines Côte d'Or ★★★→★★★★ Winzerfamilie in VOSNE-ROMANÉE: Anne bereitet stilvolle Gewächse (RICHEBOURG), Michel saftig-fruchtige Rote (CLOS de Réas); weitere Familienmitglieder sind Anne-Françoise (jetzt in BEAUNE) und Gros Frère et Sœur (Clos VOUGEOT Musigni). Abgesehen von den GRANDS CRUS gibt es aber auch probierenswerte günstige HAUTES-CÔTES-DE-NUITS-Weine. Anne ist außerdem Mitbesitzerin der Dom. Gros-Tollot im MINERVOIS. In allen vier Domaines hat nun die nachfolgende Generation die Leitung übernommen, ohne dass stilistische Änderungen erkennbar wären. 2022 gingen einige Reblagen innerhalb der Familie in andere Hände über.

Gros Plant du Pays Nantais Lo ★→★★ BV – AOP für Weißweine von Gros Plant (FOLLE BLANCHE): rassig, lebhaft, leicht salzig, ideal zu Austern und Meeresfrüchten. Erzeuger: Basse Ville, Chéreau Carré, Cormerais, Haut-Bourg, LUNEAU-PAPIN. Auch Schaumwein, sortenrein oder als CUVÉE.

Guigal, E. N-Rh ★★→★★★★ Zu Recht berühmter und stetig expandierender Erzeuger vorwiegend von CÔTE-RÔTIE-Wein, aber auch von CONDRIEU, CROZES-HERMITAGE, HERMITAGE und ST-JOSEPH, außerdem Handelshaus: Condrieu, Côte Rôtie, Crozes-Hermitage, Hermitage, südliche Rhône. Besitzt VIDAL-FLEURY (steigende Qualität) und die Dom. de Bonserine (Côte Rôtie), zudem in CHÂTEAUNEUF-DU-PAPE 52 ha Rebflächen des Ch. de Nalys nebst weiteren Parzellen (7 und 18 ha) sowie in TAVEL das Ch. d'Aqueria. Erstklassige, sehr teure Côte-Rôtie-Weine La Mouline, La Landonne und La Turque (voll, dicht; 42 Monate Ausbau in neuen Eichenfässern, daher untypisch). Außerdem sehr guter, dichter roter Hermitage und St-Joseph Vignes de l'Hospice. Auch die Standardweine sind gut, v. a. die unglaublich preiswerten Côtes-du-Rhône-Abfüllungen (rot, rosé, weiß). Die besten Weißen sind Condrieu, Condrieu La Doriane (eichenwürzig), Hermitage und St-Joseph Lieu-dit.

Hautes-Côtes de Beaune/de Nuits Côte d'Or ★★ r **15' 18' 19'** 20'; w **17' 18 19' 20'** 21 – Übergreifende AOP für die burgundischen Weinbauorte in den Hügeln hinter den Hauptweinbergen der CÔTE D'OR. Im Zuge des Klimawandels gewinnen die Roten wie die Weißen an Körper und Substanz – im Auge behalten. Besonders empfehlenswert sind die Gemeinden Arcenant, Meloisey, Nantoux und die Orte auf dem Plateau oberhalb der CÔTES DE NUITS. Erzeuger: v. a. Carré, Boris Champy, CHEVROT, Devevey, Dom. de la Douaix, Faure, Hoffmann-Jayer, Jacob, Claire Naudin, Parigot und Vantey.

Haut-Médoc Bx ★★→★★★ **15 16' 18 19'** 20 (22) – Erstklassige Quelle für bekömmliche trockene Rotweine, hauptsächlich von CABERNET SAUVIGNON, CABERNET FRANC und MERLOT, die im Norden meist stämmiger und im Süden graziler ausfallen. Alle sind in der Regel erschwinglich. Jede Menge Cru-bourgeois-CHÂTEAUX sowie 5 Crus classés: BELGRAVE, CAMENSAC,

Cantemerle, La Lagune und La TOUR-CARNET. Außerdem 8 Crus BOURGEOIS exceptionnels: d'AGASSAC, Arnauld, BELLE-VUE, CAMBON LA PELOUSE, Charmail, de Malleret, du Taillan und Malescasse. Weitere Spitzen-Châteaux: BEAUMONT, BERNADOTTE, CISSAC, CITRAN, de Lamarque, Lamothe-Bergeron, LANESSAN, REYSSON, SÉNÉJAC und Sociando-Mallet.

Haut-Poitou Lo ★→★★ **20 21 22** – Kleine AOP unweit von Poitiers mit unkomplizierten Weinen (BV), vorwiegend von CABERNET SAUVIGNON, CABERNET FRANC, GAMAY, PINOT NOIR sowie CHARDONNAY und SAUVIGNON BLANC. Erzeuger: v. a. Lacheteau, Sauvion, Villemont sowie Ampelidae (IGP Val de Loire Vienne).

Heidsieck, Charles Champ ★★★★ Das legendäre Champagnerhaus ist jetzt nicht mehr so groß wie früher, doch die Weine sind exquisit wie eh und je. Kellermeister ist seit 2012 Cyril Brun. Der Brut oJ ist wunderbar reintönig und von subtiler, aber dennoch reifer Komplexität – ein betörendes Paradox. Unvergleichlich ist der Blanc des Millénaires (**04 06 07**). Außerdem fantastischer BRUT Réserve Vintage (**12'**) sowie ältere Collection-Abfüllungen (v. a. **81 83**). Eine Ikone ist die kürzlich wieder eingeführte Prestige-CUVÉE Champagne Charlie oJ. Der BLANC DE BLANCS oJ kostet nicht die Welt und ist köstlich, wie auch der Rosé Millésimé (**04 06' 07 08**).

Hengst El – Der GRAND CRU auf Kalkmergel in Wintzenheim erbringt kraftvolle Weine. Spitzengewächse: GEWÜRZTRAMINER (ZIND-HUMBRECHT) sowie AUXERROIS und PINOT GRIS (JOSMEYER). Jetzt auch eine der beiden Grand-cru-Lagen für PINOT NOIR (am besten von Albert MANN).

Henriot Champ ★★★ Das feine Champagnerhaus wird von der neuen Kellerchefin Alice Tétienne gerade so richtig in Schwung gebracht. BLANC DE BLANCS de CHARDONNAY oJ sowie Brut (**98' 02' 08**) und Brut Rosé (**09**). Außergewöhnliche Nobelabfüllung Hemera (**05 06**); neu ist der – in stilistischer Hinsicht buchstäblich überraschende – gute L'Inattendu (**16**) aus Lagen in AVIZE.

Hermitage N-Rh ★★★→★★★★ **01' 05' 06' 07' 09'** 10' **11' 12' 13'** 15' **16'** 17' 18' 19' 20' 21' 22' – Von einem spektakulären Hügel (teils Granit) am Ostufer der Rhône kommen SYRAH-Gewächse der grandiosesten, tiefsten und majestätischsten Art (die Jahrgänge 2010, 2015 und 2020 sind brillant) sowie sehr langlebige, komplexe, nussig-fruchtige, faszinierende Weiße (MARSANNE mit etwas ROUSSANNE), die man mindestens die ersten 6–7 Jahre lang am besten in Ruhe lässt. Spitzenerzeuger: Alexandrins, Belle (öko), Chapoutier (biodynamisch, hinreißende Weiße), J.-L. Chave (voll, elegant), Colombier, DELAS, Faurie (reintönig; 2020 war der letzte Jahrgang), GUIGAL, Habrard (Weißwein), Paul JABOULET AÎNÉ (erlesen), Philippe & Vincent Jaboulet (rot und weiß), M. SORREL (mächtiger roter Le Gréal; tiefer, unverfälschter weißer Les Roucoules) und Tardieu-Laurent (Eiche). Gute Weine auch von der Genossenschaft in TAIN (v. a. roter Gambert de Loche und weißer VIN DE PAILLE).

Hertz, Albert El ★★→★★★★ 15' **17' 18' 19'** – Das verlässliche, biodynamisch bewirtschaftete Gut in Eguisheim wird vom Vater-Sohn-Gespann Albert and Frédéric Hertz geleitet. Sie erzeugen überragenden SILVANER (Eguisheim: 18), GEWÜRZTRAMINER (GRAND CRU Eichberg: 18; VENDANGE tardive: 15), PINOT GRIS (Zinnkopflé Grand Cru: 18) und RIESLING Eichberg (unvergesslich: SÉLECTION DE GRAINS NOBLES 89).

Horizon, Domaine de l' Rouss ★★★ Unverfälschter Ausdruck des zerklüfteten ROUSSILLON-Terroirs unter dem Etikett IGP CÔTES CATALANES aus einer Lage mit alten Reben bei Calce. Der Mar y Muntanya ist ein preiswerter SYRAH, der Rosé passt gut zum Essen.

Hortus, Domaine de l' Lang ★★★→★★★★ Ambitioniertes Familiengut in PIC ST-LOUP mit feinen Rotweinen auf SYRAH-Basis, u. a. eleganter Bergerie

Frankreich

und Grande CUVÉE (in Eiche ausgebaut). Neu ist der sortenreine Syrah Le Dit d'Hortus. Daneben verführerischer weißer Bergerie IGP Val de Montferrand von sieben Rebsorten; außerdem roter CLOS du Prieur, kreiert von der 2022 bei einem Unfall ums Leben gekommenen Marie Orliac, aus dem kühleren Bereich TERRASSES DU LARZAC.

Hospices de Beaune Côte d'Or – Stets von gewaltigem Tamtam begleitet ist die jährliche Wohltätigkeitsauktion, bei der die Fassweine aus den Hospices-eigenen Reblagen (61 ha) unter den Hammer kommen. Doch während einst weit mehr Spektakel als Substanz geboten wurde, haben sich die Dinge mittlerweile deutlich gebessert. Privatpersonen dürfen ebenso mitbieten wie der Handel. Erwerben können Sie hier BEAUNE-CUVÉES, VOLNAY-Weine sowie teure GRANDS CRUS, etwa CORTON, ÉCHEZEAUX oder MAZIS-CHAMBERTIN (rot) bzw. BÂTARD-MONTRACHET (weiß). Weinmacherin Ludivine Griveau leistet großartige Arbeit. Die Qualitätsansprüche sind hoch, ebenso die Preise – hier geht's um Wohltätigkeit.

Hudelot Côte d'Or ★★★ Winzerfamilie an der CÔTE DE NUITS. Hudelot-Noëllat (VOUGEOT) zählt zur Spitzenklasse, v. a. mit den GRAND-CRU-Gewächsen ROMANÉE-ST-VIVANT und RICHEBOURG, doch Hudelot-Baillet (CHAMBOLLE-MUSIGNY) macht ihm mit seinen schlagkräftigen Roten harte Konkurrenz.

Huet Lo ★★★★ **16' 17 18' 19' 20'** 21 (22) – Das Weingut in der AOP VOUVRAY, schon seit 1990 biodynamisch bewirtschaftet, setzt weltweit Maßstäbe in Sachen CHENIN BLANC. Einzellagen: CLOS du Bourg und Le Mont (Première Côte) sowie, ganz in der Nähe, Le Haut Lieu (höherer Lehmanteil). Die Weine – von SEC bis *mœlleux* (lieblich) – können Jahrzehnte alt werden, geben sich in der Jugend allerdings mitunter sehr verschlossen. Ferner sehr guter Perlwein *(pétillant)*. Besitzt auch Királyudvar in Tokaj (*siehe* Abschnitt »Ungarn« im Kapitel »Mittel- und Südosteuropa«).

Hugel et Fils El ★★→★★★ Der bereits seit 1639 bestehende Erzeugerbetrieb in Riquewihr ist berühmt für seine Spätlesen, v. a. RIESLING und GEWÜRZTRAMINER VENDAGE tardive sowie SÉLECTION DE GRAINS NOBLES (als deren »Erfinder« Johnny Hugel gilt). Der Riesling Schoelhammer (**10 13** 17) aus dem GRAND CRU Schoenenburg ist grandios.

IGP (Indication Géographique Protégée) – Potenziell die dynamischste Kategorie im französischen Weinsystem (mit mehr als 150 Regionen), da sie jede Menge Spielraum bietet. Hat seit dem Jahrgang 2009 den Vin de Pays abgelöst, allerdings haben noch immer nicht alle Gebiete die neue Bezeichnung akzeptiert. Die Namen der einzelnen Zonen sind höchst individuell, u. a. etwa CÔTES DE GASCOGNE, Côtes de Thongue, Pays des Cévennes oder Haute Vallée de l'Orb. Enorme Vielfalt in Geschmack und Qualität und immer wieder überraschend.

Irancy Bg ★★ **15' 16 17 18'** 19 21 – Strukturierter Rotwein aus der Nähe von CHABLIS, bereitet von PINOT NOIR und der etwas rustikaleren Lokaltraube César. Nicht empfehlenswert sind Abfüllungen aus sehr warmen, trockenen Jahren. Die besten Lagen sind Mazelots und Palotte, die besten Erzeuger Cantin, Ferrari, GOISOT, Maison Chapelle, Renaud und Richoux.

Irouléguy SWF ★→★★★ **15' 16 18' 19** 20 (22) – AOP in den üppig grünen Hügeln des französischen Baskenlands; die Weine basieren auf Axéria (CABERNET FRANC) und TANNAT. Interessant sind wiederentdeckte Sorten wie Arrouya (Manseng noir) oder Erremaxaoua. Erzeuger: v. a. Arretxea, Bordaxuria, Brana, Ilarria (alle ★★★). Außerdem fruchtige Weiße auf Basis der Petit-Courbu-Traube und der beiden MANSENG-Sorten, z. B. von BRANA (★★★), wo es auch den neuen roten Liberum (von 1850 in der Prä-Reblaus-Ära gepflanzten Tannat-Reben) gibt.

Jaboulet Aîné, Paul N-Rh – Erzeuger und Weinhandelsfirma in Tain mit langjähriger Erfolgsbilanz und ökologisch bewirtschafteten Reblagen in den

ACS HERMITAGE, CONDRIEU, CORNAS, CROZES-HERMITAGE, CÔTE RÔTIE und ST-JOSEPH. Die Rotweine sind geschmeidig und geschliffen, allerdings etwas seelenlos. Einst führender Erzeuger von HERMITAGE, v. a. La Chapelle (★★★★) mit den legendären Jahrgängen 1961, 1978, 1990, dann wechselnde Qualität, seit 2010 bei den Roten wieder einigermaßen in der Spur. Ferner CORNAS St-Pierre, Crozes Thalabert (kann stilvoll ausfallen) und Roure (reell). Außerdem Handelshaus für weitere Rhône-Weine, v. a. strammen VACQUEYRAS und VENTOUX (rot; hochwertig und günstig). Den Weißweinen (meist BV) mangelt es ein wenig an Rhône-typischem Körper; der neue, sehr teure weiße La Chapelle wird nicht jedes Jahr erzeugt.

Jacquart Champ ★★★ Champagnermarke im Besitz einer Genossenschaft, die das Sortiment eingeschränkt hat und sich auf das konzentriert, was sie am besten beherrscht: CHARDONNAY aus PREMIER-CRU-Lagen der Côte de Blancs von Mitgliedswinzern. Feine BLANC-DE-BLANCS-Auswahl (**13** **17** 19' 20') sowie Jahrgangsrosé (beeindruckend: **12**) und CUVÉE Mosaïque (Hut ab: **08**). Die Essenz eines unterschätzten Jahrgangs bietet der Villers-Marméry Blanc de Blancs 2016'.

Jacquesson Champ ★★★★ Champagnerhaus der Superlative in Dizy mit präzise bereiteten, sehr trockenen Weinen. Herausragend der Einzellagenchampagner Avize Caïn (**09** **12'**), außerdem Corne Bautray (CHARDONNAY), Dizy (**04** **05** **09** **10'** 13') und Terres Rouges (**12** 13) sowie die ausgezeichneten nummerierten Cuvées oJ: **730'**, **731**, **732**, **733**, **734**, **735**, 738, 739, 740, 741', 743, 744, 745. Der Fokus liegt eher auf der jeweiligen Jahrgangscharakteristik eines jeden Grundweins als auf einem stets wiedererkennbaren einheitlichen Stil (z. B. die Cuvée 745 auf 2017er-Basis). Ein oft kopierter Pionier.

Jadot, Louis Bg ★★→★★★★ BEAUNE-Handelshaus mit bedeutendem Weinbergbesitz an der CÔTE D'OR und in MÂCON, u. a. POUILLY-FUISSÉ (Dom. Ferret), sowie im Beaujolais in MOULIN-À-VENT (Ch. des Jacques). Die Weißen sind kraftvoll und werden mit Korken der Firma Diam Bouchage (garantierter Ausschluss von Korkfehlern) verschlossen, die Roten sind gut gebaut und langlebig. Die GRAND-CRU-Gewächse könnten aufregender sein.

Jamet, Domaine N-Rh ★★★★ **05'** **09'** 110' **12** 13' 14 15' 16' 17' 18' 19' 20' 21' 22' – Die Weine des CÔTE-RÔTIE-Erzeugers sind ein Muss: erhabene, sehr langlebige, komplexe *vins de terroir* aus diversen Lagen, vorwiegend mit Schieferboden. Fein gewirkter, klassischer Rotwein mit schmissiger Frucht; der rote Côte Brune ist mächtig, rauchig und geheimnisvoll (hält sich mind. 30 Jahre). Ferner hochwertiger CÔTES DU RHÔNE (rot und weiß) sowie COLLINES RHODANIENNES (rot).

Jasnières Lo ★★→★★★ **19'** **20'** **21** (22) – AOP auf Südhängen im Loir-Tal für lebhaft trockenen bis rassig süßen CHENIN BLANC zum Einlagern. Erzeuger: v. a. de L'Ange Vin (auch VIN DE FRANCE), de Bellivière, Breton, Le Briseau, Gigou, Janvier, Les Maisons Rouges, Métais, Raderie, Roche Bleue, de Rycke.

Jobard Côte d'Or ★★★ Winzerfamilie in MEURSAULT. Antoine Jobard ist v. a. für seine langlebigen Gewächse aus den Crus Charmes, Genevrières und Poruzots sowie hervorragenden BOURGOGNE blanc bekannt; seit 2019 kommen die Roten der früheren Domaine Mussy (POMMARD) hinzu. Rémi Jobard erzeugt auf Anhieb elegante Meursault-Weine, v. a. Poruzots. Auch Valentin Jobard hat Beeindruckendes zu bieten.

Jones, Domaine Rouss ★★→★★★ Die Britin Katie Jones erzeugt verlässlich gute CÔTES-CATALANES-, CÔTES-DU-ROUSSILLON- und FITOU-Weine, die klassisch auf Terroir setzen, aber mit modernem Dreh. Sehr gut ist der weiße Perle Rare (VIN DE FRANCE). In den sozialen Medien ist Katie sehr aktiv; man kann Patenschaften für alte Reben übernehmen.

Frankreich

Joseph Perrier Champ ★★★ Feines familiengeführtes Champagnerhaus mit guten Lagen für PINOT NOIR und PINOT MEUNIER, v. a. die hauseigenen Lagen in Cumières. Eigentümer Jean-Claude Fourmon, eine der großen Persönlichkeiten der Champagne, übergibt die Leitung nun an seinen Sohn. Fantastische Prestige-CUVÉE Joséphine (12'), außerdem hervorragende Cuvée Royale BRUT oJ – so üppig wie eh und je, dank geringerer Dosage nun jedoch präziser – und markant-herber BLANC DE BLANCS (08 **13' 17'** 19 20). Neuerdings trockener und feiner ist die Cuvée Royale Brut oJ; ältere Blanc-de-Blancs-Jahrgänge halten sich sehr gut (v. a. 95).

Konkurrenz für Champagner oJ

Réserve-Weine gewinnen immer mehr an Bedeutung in der Champagne. Der CHAMPAGNER oJ sieht sich der Konkurrenz durch Multi-Jahrgangs-Cuvées ausgesetzt, was auf das Konto von LAURENT-PERRIER geht: Vom Grand Siècle Itération ist jetzt bereits N°25 erschienen. Dasselbe Spiel spielen u. a. JACQUESSON, KRUG Edition und ROEDERER. So unterscheidet sich der Krug Grande Cuvée 170ème Édition vom Krug 169ème Édition usw. Das ist meilenweit entfernt vom traditionellen Non-Vintage-Konzept des einheitlichen, verlässlichen Stils: Jetzt basiert ein Champagner auf dem Charakter des jeweiligen Jahrgangs, ergänzt um Réserve-Weine zur Abrundung. Dieser Ansatz mag risikoreicher sein, ist aber viel, viel spannender.

Josmeyer El ★★→★★★★ Der Familienbetrieb, Wegbereiter des biologisch-dynamischen Weinbaus im ELSASS, wird jetzt von den Schwestern Meyer geleitet: Isabelle ist die Önologin, Céline Geschäftsführerin. Erstklassiger RIESLING und PINOT GRIS GRAND CRU HENGST (13 **14 16** 17' 18' 19); außerdem Pinot AUXERROIS H Vieilles Vignes (der beste Auxerrois des Elsass) und hervorragender SILVANER Peau Rouge (eine rotbeerige Variante).

Juliénas Beauj ★★★ **15'** 18' 19' 20' 21 – Quelle für dunkel-fruchtigen, langlebigen BEAUJOLAIS mit schöner Struktur, besonders aus CLIMATS wie Beauvernay oder Capitans. Erzeuger: v. a. Audras (Clos de Haute-Combe), Aufranc, Ch. Beauregard, Besson, Burrier, Ch. FUISSÉ, Dom. du Granit Doré und Dom. Perrachon.

Jurançon SWF ★→★★★ tr **18** 19 20 (22); s 16' **18** 19 20 – Separate AOPS für trockene und süße Weißweine, die sich durch schöne Ausgewogenheit von Fülle und Säure auszeichnen. Erzeuger: v. a. DOMAINES Cauhapé, Guirardel, Lapeyre, Larrédya und Clos Larrouyat (alle ★★★) sowie Ch. Jolys und Doms. Bellegarde, Bordenave, Castéra, Nigri, Uroulat sowie Clos Benguères (alle ★★). Gute, preiswerte Genossenschaft in Gan (★). *Siehe auch* CABIDOS.

Kientzler, André El ★★→★★★★ Reintöniger, mineralischer, säurebetonter SILVANER und RIESLING, ferner sinnlicher GEWÜRZTRAMINER aus dem GRAND CRU Kirchberg (**16 17' 18'** 19 20) sowie sehr gute VENDANGES-tardives-Weine.

Korsika (Corse) ★→★★★ Île de Beauté ist genau der richtige Name für die IGP, die die gesamte Insel umfasst. Die Vielfalt ist groß; Höhe und Meeresbrisen sorgen für Frische. Elegante, würzige Rote von der SCIACARELLO-Traube, strukturierter von der – in geringerem Umfang angebauten – NIELLUCCIO (SANGIOVESE). Außerdem gute Rosés und herbe Vermentino-Weißweine. Ferner süßer VIN DOUX NATUREL von MUSCAT. Meister der einheimischen Rebsorten sind Spitzenerzeuger wie CLOS CANARELLI und COMTE ABBATUCCI. Die Insel verfügt über neun ACS mit den

Crus Patrimonio im Norden und Ajaccio im Westen. Zur AC Vin de Corse gehören der Cru Coteaux du Cap Corse sowie die Orte Calvi und Sartène. Spitzenerzeuger: die CLOS ALIVU, d'Alzeto, Calviani, Capitoro, Culombu, Nicrosi, Poggiale und Venturi sowie die DOMAINES Alzipratu, Fiumicicoli, Giacometti, Granajolo, Yves LECCIA, Maestracci, Orsucci, Peraldi, PIERETTI, Poli, Saperale, Torraccia und Vaccelli.

Kreydenweiss, Marc El ★★→★★★★ Seit Jahrzehnten biologisch-dynamisch bewirtschaftete Domaine mit bemerkenswert langlebigem PINOT GRIS GRAND CRU Moenchberg von Kalkstein und RIESLING Grand cru Kastelberg (**10 18'** 19; **17'**: ★★★★) von Schwarzschiefer. Kreydenweiss ist auch in COSTIÈRES DE NÎMES tätig.

Krug Champ ★★★★ Das De-luxe-Champagnerhaus mit enormem Prestige bietet sehr volle, nussige, in Eiche vergorene Weine von höchster Qualität zu entsprechenden Preisen. Grande CUVÉE, v. a. die 160ème Édition auf Basis des großartigen Jahrgangs 2012, die 169ème Édition auf 2013er- und die 170ème Édition auf 2014er-Basis. Ferner Jahrgangschampagner (**98 02 04** 06' 08), Rosé, Clos d'Ambonnay (**95' 96 98'** 00 02), Clos du Mesnil (**98 02 03' 04** 06' 08) sowie Krug Collection (**69 76' 81 85 88 89 90 95**).

Kuentz-Bas El ★★→★★★ Weine aus ökologischem und biodynamischem Anbau: Gut zum Essen passen die beiden hervorragenden SILVANER-Versionen (**13** 15 17' 20), Spitzenreiter ist der GEWÜRZTRAMINER VENDANGE tardive Cuvée Caroline (**09 12** 17).

Labet, Domaine Jura ★★★ Das wichtigste Öko-Weingut der CÔTES DU JURA (in Rotalier) hat sich mit seinen lebhaften CHARDONNAY-Weinen aus Einzellagen, u. a. La Bardette, En Chalasse und Les Varrons, einen Namen gemacht. Außerdem guter PINOT NOIR und Poulsard.

Ladoix Côte d'Or ★★ r **15' 17 18' 19'** 20' 21; w **14' 15 17' 18 19'** 20' 21 – Überschwängliche Weißweine, z. B. Les Gréchons, und fruchtige Rote, v. a. vom PREMIER CRU Les Joyeuses. Wichtigste Erzeuger: Chevalier, FAIVELEY, Loichet (weiß); Capitain-Gagnerot, Mallard, Ch. de MEURSAULT, Naudin-Ferrand, Ravaut (rot).

Lafage, Domaine Rouss ★★→★★★ Jean-Marc Lafage, VIGNERON in siebter Generation, Weinmacher und -händler, bietet ein beeindruckendes, qualitativ verlässliches Sortiment an ROUSSILLON-Gewächsen (AOP und IGP). Paradepferde sind der weiße Centenaire, der rote Fundació und der Rosé Miraflors.

Lafarge, Michel Côte d'Or ★★★→★★★★ Biologisch-dynamisch bewirtschaftetes VOLNAY-Gut unter Leitung von Frédéric Lafarge. PREMIER-CRU-Gewächse sind Clos des Chênes und CLOS du Château des Ducs. Ferner feine BEAUNE-Abfüllungen, v. a. Grèves (rot) und Clos des Aigrots (weiß). Die Weine brauchen Zeit, viel Zeit. Lafarge-Vial heißt die Domaine in FLEURIE.

Lafon, Domaine des Comtes Bg ★★★→★★★★ Die berühmte, biologisch-dynamisch bewirtschaftete Domaine in MEURSAULT ist den Makel der vorzeitigen Oxidation (Premox) ihrer Weine losgeworden. PREMIER-CRU-Lagen sind Les Perrières, Genevrières sowie GRAND CRU MONTRACHET. Ferner hervorragender roter VOLNAY Santenots. Ein preiswertes Mâconnais-Sortiment bietet die Domaine Les Héritiers du Comte Lafon. Ebenfalls empfehlenswert sind Dominique Lafons unter eigenem Namen erzeugte Gewächse aus BEAUNE, Meursault und Volnay.

Laguiche, Marquis de Côte d'Or ★★★★ Größter Grundbesitzer in Le MONTRACHET, ferner feiner PREMIER CRU CHASSAGNE-MONTRACHET, beide von DROUHIN mit Blick auf Langlebigkeit bereitet.

Lahaye, Benoît Champ ★★★ Biodynamisch arbeitender Erzeuger in der GRAND-CRU-Gemeinde Bouzy mit durchdachtem Konzept. Le Jardin de

La Grosse Père (**09** 13 **15 17** 18') und Cuvée Violaine (**12 13 15**) sind die Quintessenz des PINOT-NOIR-Champagners.

Lalande de Pomerol Bx ★★→★★★ 15 16 18 **19** 20 (22) – Satellitennachbar von POMEROL mit ähnlichen, allerdings weniger tiefen und hochklassigen, dafür aber preiswerten Weinen. Vorwiegend MERLOT aus Ton-, Kies- und Sandböden. Spitzen-CHÂTEAUX: Ame de Musset, Belles-Graves, Canon Chaigneau, Chambrun, La Chenade, Les Cruzelles, La FLEUR DE BOÜARD, Garraud, Grand Ormeau, Jean de Gué, Haut-Chaigneau, Les Hauts-Conseillants, Pavillon Beauregard, Sabines, Samion, La Sergue, Siaurac, Tournefeuille.

Lallier Champ ★★★ Handwerklich bereiteter Champagner aus GRAND-CRU-Parzellen in AŸ. Reihe Black Label R (**13 14'**), außerdem schöner CHARDONNAY Oger. Aus den interessanten Parzellen Loridon und Les Sous kommt BLANC DE BLANCS bzw. BLANC DE NOIRS. Lallier ist jetzt im Besitz der Campari-Gruppe; Kellerchef ist Dominique Demarville. Es geht steil aufwärts.

Lamé Delisle Boucard Lo ★★→★★★ Die seit 1869 bestehende Domaine in der AOP BOURGUEIL ist ein bedeutender Öko-Erzeuger mit einem Schatz alter Jahrgänge, die sich wunderbar halten. Die Qualität ist sehr beständig, angefangen vom fruchtigen Domaine des Chesnaies bis hin zur CUVÉE Prestige.

Lamy Côte d'Or ★★★ Die Domaine Hubert Lamy (Hubert selbst ist 2022 gestorben) ist die erste Adresse in SAINT-AUBIN: atemberaubend frische, konzentrierte Weißweine, feinnervig und zurückhaltend, oft aus Lagen mit höherer Pflanzdichte. Außerdem Dom. Lamy-Caillat (intensive Weiße) und Dom. Lamy-Pillot (eher traditionell), beide in CHASSAGNE-MONTRACHET.

Landron, Domaines Lo ★★→★★★ **20' 21 22'** – Der extravagante Jo Landron erzeugt eine Reihe von hervorragenden MUSCADET-SÈVRE-ET-MAINE-Weinen aus biodynamischem Anbau, z. B. Fief du Breil.

Langlois-Chateau Lo ★★→★★★ Feiner CRÉMANT de Loire sowie Stillweine der AOPS SAUMUR – u. a. der sehr gute, langlebige Saumur Blanc VIEILLES VIGNES (**16' 17' 18'**) –, CHINON, POUILLY-FUMÉ und SAUMUR-CHAMPIGNY. Seit dem Kauf der Dom. Hubert Brochard 2022 hat sich die Gesamtrebfläche der SANCERRE-Châteaux Fontaine-Audon und Thauvenay auf stolze 93 ha vergrößert. Im Besitz von BOLLINGER.

Languedoc – Die Region und AC erstreckt sich von Nîmes bis zur spanischen Grenze und im Inland von Carcassonne bis LIMOUX. Innerhalb der AC-Pyramide des Languedoc ist dies gewissermaßen der Boden – andere Bereiche wie FAUGÈRES, MINERVOIS oder ST-CHINIAN bieten speziellere, mehr an Qualitätsstufen und Terroir orientierte Weine. Unterbereiche: Cabrières, Grès de Montpellier, PÉZENAS, Quatourze, St-Saturnin und St-Georges d'Orques. Aus der kleinen AOP CLAIRETTE du Languedoc kommt Weißwein von der gleichnamigen Traube. Qualitativ an der Spitze stehen u. a. die Crus La CLAPE, CORBIÈRES-Boutenac, MINERVOIS la Livinière, PIC ST-LOUP und TERRASSES DU LARZAC. Die häufigsten Rebsorten sind CARIGNAN, CINSAULT, GRENACHE, MOURVÈDRE, SYRAH (Rotwein) sowie GRENACHE BLANC, ROUSSANNE, VERMENTINO (Weißwein), daneben werden viele weitere angebaut. Die IGP d'Oc umfasst das gesamte Gebiet, darüber hinaus existieren regionale IGPs.

Lanson Père et Fils Champ ★★★ Bedeutendes Champagnerhaus, Teil des Konzerns Lanson-BCC. Black Label oJ; Rosé oJ; BRUT im Aufwind (v. a. **02 08 12 15** 18'). Prestige-CUVÉE BLANC DE BLANCS oJ, Rosé und Jahrgangschampagner (**98 02 04**); ferner Jahrgangs-Brut Clos Lanson (**06' 07 09** 12) aus einer Einzellage. Jetzt auch biologischer Säureabbau in gewissem Umfang, um einen runderen Stil zu erhalten.

Lapierre, Marcel Beauj ★★★ Die Geschwister Mathieu und Camille Lapierre gehörten zu den Ersten, die auf Schwefeldioxidzusatz verzichteten. Ihr Angebot umfasst eine schöne Palette an BEAUJOLAIS- und MORGON-Cuvées in diversen Stilen.

Laplace, Domaine SWF – Der älteste (und zeitweise einzige) MADIRAN-Erzeuger ist nach wie vor spitze. Premiumgewächs ist Château d'Aydie (★★★), der deutlich mehr Zeit braucht als der Odé d'Aydie. Wunderbar geschliffen und mit weniger Extraktion als früher, leichter und runder präsentiert sich Les 2 Vaches (★) – eine prima Einführung ins Thema TANNAT. Außerdem exzellente trockene und süße PACHERENC-DU-VIC-BILH-Gewächse (★★★) sowie süßer gespriteter Maydie (à la BANYULS), der gut zu Schokolade passt.

Larmandier-Bernier Champ ★★★★ Mustergültiges Angebot an (vorwiegend) CHARDONNAY-Champagnern von den Côtes des Blancs. Der Longitude ist ebenso wie der Latitude ein prachtvoller BLANC DE BLANCS. Sehr günstig ist der Terre de Vertus ohne Dosage (**12 13 14'** 15), einfach großartig der Vieille Vigne du Levant (**05 07 08 10 12 14'** 15), der früher du Cramant hieß.

Laroche Chablis ★★→★★★ Bedeutender Akteur in CHABLIS, mit dem hochwertigen Verschnitt St Martin, der Spezialcuvée Vieille Voye und dem außergewöhnlichen GRAND CRU Réserve de l'Obédiencerie (das gleichnamige historische Gebäude, der Firmensitz, lohnt einen Besuch). Mas La Chevalière im LANGUEDOC gehört ebenfalls zum Betrieb. Weinmacher Gregory Viennois besitzt das Gut Maison la Chapelle in IRANCY.

Latour, Louis Bg ★★→★★★ Das traditionsreiche BEAUNE-Handelshaus ist für exzellenten CORTON-CHARLEMAGNE bekannt, der die übrigen Weißen weit überragt. Außerdem (durchweg) CHARDONNAY aus dem Mâconnais und der Ardèche. Die Roten sind besser geworden, es ist aber noch Luft nach oben; die Spitzengewächse, CORTON und ROMANÉE-ST-VIVANT, sind jedoch langlebig. Louis-Fabrice Latour, der der Firma in elfter Generation vorstand, starb 2022. Zum Besitz gehört auch Henry Fessy im BEAUJOLAIS.

Latricières-Chambertin Côte d'Or ★★★★ **99'** 05' **09' 10' 12'** 15' 16 **17** 18' 19' 20' 21 – Der GRAND CRU neben CHAMBERTIN mit tiefem Boden und kühlerem Mikroklima erbringt in warmen, trockenen Jahren sehr volle, erdige Rotweine. Spitzenerzeuger: ARNOUX-LACHAUX, BIZE, Drouhin-Laroze, Duband, Duroché, FAIVELEY, LEROY, Remy, ROSSIGNOL-TRAPET und TRAPET.

Laudun S-Rh ★→★★ **20' 22'** – Der Weinbauort der CÔTES DU RHÔNE-VILLAGES strebt Cru-Status an. Die strahlend fruchtigen, schwungvollen, gehobenen Weißweine sollten jung getrunken werden. Die Roten sind fruchtig-pfeffrig (viel SYRAH), die Rosés lebhaft. Weine mit unmittelbar ansprechender Aromatik bietet die Genossenschaft Maison Sinnae (früher Laudun CHUSCLAN Vignerons). Die DOMAINE Pelaquié ist am besten, v. a. der spritzige Weiße; daneben die CHÂTEAUX de Bord, Courac, Saint-Maurice (roter VIEILLES VIGNES) sowie die Domaines Carmélisa, des Maravilhas (biodynamisch; Rot- und Weißwein mit Charakter) und Olibrius.

Laurens, J. Lang – Ein Spezialist für LIMOUX-Schaumwein. Sehr preiswert ist der BLANQUETTE DE LIMOUX Le Moulin. Der Jahrgangs-CRÉMANT Clos des Demoiselles kann es sogar mit vielen Champagnern aufnehmen.

Laurent-Perrier Champ ★★★→★★★★ Bedeutende Champagnerfirma, zu der auch DELAMOTTE und SALON gehören; die Besitzerfamilie tritt jetzt wieder stärker in Erscheinung. Der BRUT oJ (auf CHARDONNAY-Basis) ist ein idealer Aperitif, der sehr gute Rosé wird mit Schalenkontakt vinifiziert. Feine Jahrgangschampagner (**08 12'**). Gut in Form ist die aus mehreren Jahrgängen bereitete CUVÉE Grand Siècle; die jüngste Ausgabe trägt den Namen Itération №25 (auch №24 lohnt sich). Unvergleichlich ist der Grand Siècle Alexandra Rosé (**98 04** 12 14'). Den hervorragenden langjährigen *chef de caves* Michel Fauconnet zu ersetzen ist anscheinend schwierig.

Lavantureux, Roland Chablis ★★ Ein Spezialist für PETIT CHABLIS und CHABLIS, v. a. der Vauprin aus einer Einzellage. Seit 2019 wird auch roter AC BOURGOGNE Épineuil erzeugt, der ebenfalls einen fabelhaften Eindruck macht.

Leccia, Yves Korsika ★★★ Kleines Öko-Gut bei Bastia auf KORSIKA mit intensivem Wein, der sich eher durch präzise Frucht als durch Eichenwürze auszeichnet, v. a. die Reihen E Croce (AC Patrimonio) und YL (IGP Île de Beauté). Lohnend!

Leclerc Briant Champ ★★★ Beeindruckendes Champagnerhaus in Épernay, geleitet von Guru Hervé Jestin. Das breite Angebot (aus biodynamischem Anbau) ist auf jedem Niveau hervorragend: BRUT Réserve oJ sowie unter Wasser gereifter Abyss (**14 15** 16 **17** 19'), Le Clos des Trois Clochers (**15** 16) und faszinierender Blanc de MEUNIERS (13 16), die letzten drei ohne Dosage.

Leflaive, Domaine Bg ★★★★ Die Maßstäbe setzende DOMAINE in PULIGNY-MONTRACHET ist seit 2017 qualitativ wie preislich wieder an der Spitze. Weine aus überragenden GRAND-CRU-Lagen, u. a. Le MONTRACHET und CHEVALIER-MONTRACHET, sowie legendäre Premiers crus wie Combettes, Folatières und Pucelles. Ebenfalls empfehlenswert ist die Reihe an einfachen Burgundern, z. B. MÂCON Verzé. Hüten Sie sich vor vorzeitig oxidierten älteren Jahrgängen!

Leflaive, Olivier Côte d'Or ★★→★★★ Auf Weißwein spezialisierter NÉGOCIANT in PULIGNY-MONTRACHET. Überragender BOURGOGNE Les Sétilles und Weine aller Qualitätsstufen bis hin zu GRAND-CRU-Abfüllungen. Die Roten werden besser. Das Hotel-Restaurant »La Maison d'Olivier« mit Verkostungsraum gehört zum Besitz. Sehenswert!

Leroux, Benjamin Côte d'Or ★★★ Der NÉGOCIANT in BEAUNE ist sowohl bei Rot- als auch bei Weißweinen zu Hause. Ausschließlich CÔTE-D'OR-Gewächse; die Weißen kommen vorwiegend aus MEURSAULT (expandierende eigene Domaine), die Rotweine aus BLAGNY, GEVREY-CHAMBERTIN und VOLNAY. Hinter schlichten Etiketten verbergen sich alles andere als schlichte Weine.

Leroy, Domaine Côte d'Or ★★★★ Lalou Bize Leroy, Wegbereiterin des biologisch-dynamischen Anbaus, bietet außergewöhnlichen, eher beeindruckenden als bezaubernden roten Burgunder von winzigen Erträgen in VOSNE-ROMANÉE und von der Dom. d'Auvenay (mehr Weißweine) – zu aberwitzig hohen Preisen, sogar ab Hof. Außerdem ein staunenswerter Schatz von älteren Weinen aus dem Handelshaus der Familie, Maison Leroy.

Les Baux-de-Provence Prov ★★→★★★ Malerisches Touristenziel; die Weine stammen fast durchweg aus ökologischem bzw. biodynamischem Anbau. Es sind vorwiegend Rote von CABERNET SAUVIGNON, GRENACHE und SYRAH. Weißweine von CLAIRETTE, GRENACHE BLANC, Rolle und ROUSSANNE. Die Riege der besten Erzeuger wird von der Dom. de TRÉVALLON angeführt, die die IGP Alpilles bevorzugt, gefolgt von Dom. Dalmeran, Ch. d'Estoublon, Dom. Hauvette, Dom. de Lauzières, Mas de Carita, Mas de la Dame, Mas de Gourgonnier, Mas Ste Berthe, Dom. Milan (atypisch), Ch. ROMANIN, Dom. des Terres Blanches, Dom. de Valdition.

Liger-Belair, Comte Côte d'Or ★★★★ Comte Louis-Michel Liger-Belair erzeugt strahlend ätherische Weine in VOSNE-ROMANÉE, einen stetig wachsenden Schatz, der vom La ROMANÉE angeführt wird. Zu den jüngeren Grand-cru-Erwerbungen zählen CLOS DE VOUGEOT, ÉCHEZEAUX und

GRANDS-ÉCHEZEAUX. Neues Gebäudeensemble »La Cuverie« mit Vinothek und Übernachtungsmöglichkeiten.

Liger-Belair, Thibault Côte d'Or ★★★→★★★★ Fleischig-saftiger Wein aus biodynamischem Anbau, angefangen von einfachem Burgunder bis hin zu Les St-Georges und GRAND CRU RICHEBOURG. Auch der ALIGOTÉ ist hervorragend. Außerdem fantastischer Einzellagen-MOULIN-À-VENT Les VIEILLES VIGNES. Thibaults Weine halten, was er verspricht.

Lignier Côte d'Or ★★★ Familie in MOREY-ST-DENIS. Das Angebot der DOMAINE Hubert Lignier ist durchweg hervorragend, allen voran CLOS DE LA ROCHE. Sehr gut sind auch die PREMIER-CRU-Gewächse von Virgile Lignier-Michelot (v. a. Faconnières); bezüglich der Dom. Georges Lignier sind die Meinungen geteilt.

Limoux Lang ★★→★★★ Die quirlige Marktgemeinde hat sich mit schäumendem BLANQUETTE DE LIMOUX und CRÉMANT de Limoux einen Namen gemacht. Nicht entgehen lassen sollte man sich die stilvollen Weißen der AOP Limoux von CHARDONNAY, CHENIN BLANC und Mauzac, die längere Fassreife benötigen. Die Roten der AC basieren auf MERLOT plus SYRAH, GRENACHE und beiden CABERNET-Sorten. PINOT NOIR ist nur für Crémant und die IGP Haute Vallée de l'Aude zugelassen. Erzeuger: v. a. DOMAINES de l'Aigle, de Baronarques, BEGUDE, de Fourn, de Mouscaillo sowie Ch. de Gaure, Ch. RIVES-BLANQUES, Cathare, Jean-Louis Denois und Maison ANTECH.

Liquière, Château de la Lang ★★ Unaufgeregtes Familiengut mit fruchtigen Weinen aus der AOP FAUGÈRES. Unglaublich günstig ist die Reihe Les Amandiers (alle drei Farben), von alten Reben stammt Cistus (rot, weiß). Les Malpas ist ein erstklassiger SYRAH.

Lirac S-Rh ★★→★★★ **16' 17' 18 19' 20** 22' – Vier Gemeinden auf steinigen, guten Böden nahe TAVEL. Ansprechende, tiefe, würzige Rote (halten sich mindestens 6 Jahre); gute neue Impulse kommen von einigen CHÂTEAUNEUF-DU-PAPE-Erzeugern, die für knackigere Frucht und mehr Flair sorgen. Empfehlenswert: v. a. DOMAINES Carabiniers (biodynamischer Anbau), Duseigneur (biodynamisch), Giraud, Joncier (biodynamisch), Lafond Roc-Epine (öko), La Lôyane, Maby (La Fermade, guter Weißwein), Marcoux (stilvoll), de la Mordorée (öko; bei Weißwein der Beste, toller roter Reine des Bois), Plateau des Chênes, la Rocalière (biodynamisch, schöne Frucht), CHÂTEAUX Boucarut (öko; wieder im Rennen), de Bouchassy, de Manissy, Maravilhas (biodynamisch), de Montfaucon (fantastische Weiße, u. a. CÔTES DU RHÔNE), Mont-Redon, St-Roch sowie Mas Isabelle (handwerkliche Bereitung), Rocca Maura (v. a. die Weißen), R. Sabon, P. Usseglio, S. Usseglio. Die frischen, körperreichen Weißen sind immer gut und halten sich 6 Jahre, die Rosés eignen sich als Speisenbegleiter.

Listrac-Médoc H-Méd ★★→★★★ **15 16' 18 19** 20 (22) – AOP für (sehr viel besser gewordenen) leckeren roten Bordeaux: Die Weine zeichnen sich jetzt durch mehr Frucht, Tiefe und MERLOT (dank Lehmböden) aus. Auch guter Weißwein, als AOP BORDEAUX etikettiert (z. B. Le Merle Blanc de Château Clarke). Beste CHÂTEAUX: Cap Léon Veyrin, CLARKE, Ducluzeau, l'Ermitage, FONRÉAUD, Fourcas-Borie, FOURCAS DUPRÉ, FOURCAS HOSTEN, Lestage, Liouner, MAYNE LALANDE, Reverdi, SARANSOT-DUPRÉ.

Long-Depaquit Chablis ★★★ CHABLIS-DOMAINE im Besitz von BICHOT mit der berühmten Spitzenmarke des Hauses, La Moutonne. In den letzten Jahren sehr viel besser geworden.

Lorentz, Gustave El ★★→★★★ Die Stärke des Erzeugers und Händlers in Bergheim ist RIESLING, am besten die Version aus dem GRAND CRU Altenberg de Bergheim (**12 13 14 16 18** 19): nicht der Allerkonzentrierteste, aber dafür zugänglich. Spitzenreiter sind VENDANGE tardive und SÉLECTION DE GRAINS NOBLES (v. a. Gewürztraminer).

Loupiac Bx ★★ **15 16 17 18 19** – Nicht ganz so hoch angesehener Dessertwein *(liquoreux)* wie SAUTERNES auf SÉMILLON-Basis in leichterem, frischerem Stil, z. T. mit Alterungspotenzial. Spitzen-CHÂTEAUX: CLOS Jean, du Cros, Dauphiné-Rondillon, Loupiac-Gaudiet, Noble, de Ricaud, Les Roques.

Luberon S-Rh ★→★★ **22'** – Hügelige Touristenregion im Osten des Weinbaugebiets Südliche Rhône mit sehr trockenem Terroir, das lediglich Annehmbares erbringt – zu viele technische, seelenlose Weine, hauptsächlich von SYRAH. Die Weißen werden besser. Herausragend ist Ch. de la Canorgue (Öko-Anbau). Außerdem gut: Dom. Laura Aillaud (öko), Dom. La Cavale, Dom. de la Citadelle (öko), Chx. Clapier, Edem, Fontvert (biodynamisch, guter Weißwein), La Verrerie, Dom. de Fontenille (öko), Marrenon, Maslauris (öko), Dom. Le Novi (terroirbetont), Puy des Arts (weiß), O. Ravoire, Ch. St-Estève de Neri (stetig steigende Qualität), Ch. Val-Joanis und La Vieille Ferme (weiß und rot, hochwertig, preiswert) von Famille Perrin.

Luneau-Papin, Domaine Lo – Die erstklassige, biodynamisch bewirtschaftete Domaine in Familienhand, jetzt von Pierre-Marie und Gattin Marie Luneau geführt, erzeugt aufsehenerregenden, tadellosen, langlebigen MUSCADET-SÈVRE-ET-MAINE: Clos des Allées, Terre de Pierre, Semper Excelsior.

Lussac St-Émilion Bx ★★ **16 18 19 20** (22) – Die nördlichste der Satelliten-AOCS von ST-ÉMILION, mit den leichtesten Weinen. Spitzen-CHÂTEAUX: Barbe-Blanche, Bel Air, Bellevue, Courlat, La Claymore, de LUSSAC, du LYONNAT, Mayne Blanc, Le Rival, La Rose-Perrière.

Macle, Domaine Jura ★★★ Legendärer Erzeuger von langlebigem VIN JAUNE (AOP CHÂTEAU-CHALON), den man frühestens 10 Jahre nach der Abfüllung genießen sollte. Außerdem weißer CÔTES DU JURA.

Mâcon-Villages Bg ★★ **14' 17' 18 19' 20'** 21 – Hauptappellation für Weißweine aus dem Mâconnais, es kann aber auch der Name der jeweiligen Ortschaft genannt werden, z. B. Mâcon-Lugny. Das beste Preis-Leistungs-Verhältnis bieten die Genossenschaften Lugny, TERRES SECRÈTES und Viré, brillante Winzerweine gibt's bei Guffens-Heynen, Guillot, Guillot-Broux, Maillet und Merlin sowie bei den an der CÔTE D'OR beheimateten Domaines J.-M. BOILLOT, LAFON und LEFLAIVE. Außerdem sind große Handelshäuser wie DROUHIN und LATOUR hier ansässig. Lohnt das Entdecken!

Macvin Jura – AOP für Likörwein aus dem Südosten Frankreichs: Traubensaft wird mit regional gewonnenem Tresterbrand (Marc) gespritet, was einen halbtrockenen Aperitif mit 16–22 Vol.-% Alkohol ergibt – normalerweise ist er weiß, rote Versionen sind selten. Macvin aus Öko-Anbau schlägt alles andere um Längen. Lecker z. B. als Topping für Eiscreme.

Madiran SWF ★★→★★★ **10 12 15' 16 18 19** 20 (22) – Die AOP in der Gascogne, die französische Heimat der Rebsorte TANNAT, hat ernst zu nehmende, oft auch langlebige Weine in großer Stilvielfalt zu bieten. Erzeuger: v. a. die ★★★-CHÂTEAUX BOUSCASSÉ und Montus (beide im Besitz von Alain BRUMONT, dem damit 15 % der gesamten AOP gehören), Laffitte-Teston und Laplace. Ein breites Spektrum findet man bei den DOMAINES Berthoumieu, Capmartin, Damiens, Dou Bernés, Labranche Laffont, Laffont, Pichard sowie Clos Basté, Ch. Arricaud-Bordès und Ch. de Gayon (alle ★★★). Dicht dahinter folgen Barréjat, Crampilh und Maouries (alle ★★).

Mailly Grand Cru Champ ★★★→★★★★ Erstklassige Genossenschaft in der Champagne, das gesamte Lesegut stammt aus GRAND-CRU-Lagen. Die Prestige-CUVÉE des Echansons (**08 12'**) kann sehr alt werden. Außerdem üppiger Echansons Rosé (**12**) und raffinierter, erstklassiger L'Intemporelle

(**15 18 19'**). Kellermeister Sébastien Moncuit (seit 2014) ist ein echtes Talent.

Mann, Albert El ★★→★★★★ Das biodynamisch bewirtschaftete Gut in Wettolsheim ist im Besitz der Familie Barthelmé. Lebhaft und sehr reintönig sind die Weißen: GRANDS CRUS HENGST und SCHLOSSBERG (v. a. **17'**) sowie RIESLING L'Épicentre. Mann ist zudem einer der beiden besten PINOT NOIR-Erzeuger des ELSASS, v. a. Les Saintes Claires (**15** 18' 19).

Maranges Côte d'Or ★★ **15' 17 18' 19'** 20' 21 – Den Namen sollte man sich merken, denn aus dieser südlichsten AOP der CÔTE DE BEAUNE kommen stramme Rotweine zu günstigen Preisen. Probierenswert aus den PREMIERS CRUS Boutière, Croix Moines und Fussière, am besten von: BACHELET-Monnot, Chevrot, Giroud, MATROT und Rouges Queues.

Marcillac SWF ★★ **15' 19** 20 (22) – Die AOP in AVEYRON liefert leichte, ländliche Rote, die (praktisch sortenrein) von der Mansois-Traube (FER SERVADOU) bereitet werden: Die fruchtigen (Himbeere, Johannisbeere) Weine mit geringem Alkoholgehalt werden zum Essen getrunken. Mit 3 Jahren sind sie am besten und ebenso lecker zu Erdbeeren wie zu Aufschnitt, Bratwurst und natürlich *aligot* (eine lokale Spezialität aus Kartoffelstampf, Knoblauch und ungesunden Mengen an Käse). Größter unabhängiger Erzeuger ist Dom. du Cros (★★; auch gute IGP-Weißweine), daneben die DOMAINES des Boissières und Laurens sowie die exzellente Genossenschaft. Die heißen Sommer der jüngsten Vergangenheit haben für hervorragende Weine gesorgt.

Margaux H-Méd ★★→★★★★ **09' 10' 14 15 16'** 18 19' 20' (22) – Die südlichste kommunale AOP des MÉDOC ist berühmt für elegante, duftige Weine, hat aber auch noch andere Stile zu bieten. Spitzen-CHÂTEAUX: BRANE-CANTENAC, DURFORT-VIVENS, FERRIÈRE, GISCOURS, ISSAN, KIRWAN, LASCOMBES, MALESCOT ST-EXUPÉRY, MARGAUX, PALMER, PRIEURÉ-LICHINE, RAUZAN-SÉGLA. Ein gutes Preis-Leistungs-Verhältnis bieten die Châteaux ANGLUDET, Arsac, LABÉGORCE, Mongravey, Paveil de Luze, SIRAN und La TOUR DE MONS.

Marionnet, Henry Lo ★★→★★★ **20' 21 22'** – Feiner Familienbetrieb im Osten der TOURAINE, nun von Henrys Sohn Jean-Sébastien geführt und in Umstellung auf Öko-Anbau. Der Schwerpunkt liegt auf SAUVIGNON BLANC (hält sich gut) und fruchtigem GAMAY. Die Weine von den berühmten (weil seltenen) wurzelechten alten Reben der Domaine erscheinen in der Reihe Vinifera, v. a. der umfangreiche, komplexe Provignage (von um 1820 gepflanzten Romorantin-Reben). Ferner die CUVÉES Cépages Oubliés (Gamay de Bouze) sowie Renaissance (wurzelechte Gamay-Reben).

Maris, Château Lang ★★★ Opulente, geschliffene Weine aus einer coolen Öko-Kellerei in Félines-Minervois (AOP MINERVOIS La Livinière). Biodynamischer Anbau. SYRAH dominiert im Les Amandiers, CARIGNAN im Les Anciens.

Marsannay Côte d'Or ★★→★★★ r **15' 17 18' 19'** 20 21 – AOP ganz im Norden der CÔTE DE NUITS, die noch immer auf PREMIER-CRU-Status z. B. für ihre Lagen Champ Salomon, Clos du Roy und Longeroies hofft. Immerhin wurden 2019 neue Lagen für den Village-Status zugelassen, u. a. Le Chapitre. Zugängliche, äußerst fruchtbetonte Weine von rührigen Erzeugern: v. a. Audoin, Bart, Bouvier, Charlopin, CLAIR, Derey, Fournier, Ch. de Marsannay und Pataille. Den aus der Mode gekommenen, aber guten Rosé sollte man erst nach 1–2 Jahren trinken. Die Weißen werden allmählich besser.

Mas Amiel Rouss ★★★ Das führende Gut in MAURY bietet CÔTES-DU-ROUSSILLON-, Maury- und IGP-Weine. Der Altaïr (weiß), der Origine, der Vers le Nord und der Vol de Nuit von sehr alten CARIGNAN- und GRENACHE-Reben lohnen die Suche. Außerdem gibt es hervorragenden VIN DOUX NATUREL, angefangen vom fruchtigen jungen Grenat bis hin zum ehrwürdigen, 20 bis 40 Jahre alten RANCIO (AOP Maury), der in gläsernen 60-l-Ballonflaschen reift – intensiv süß und hocharomatisch.

Mas de Daumas Gassac Lang ★★★→★★★★ Seit den 1980er-Jahren einer der Starerzeuger des MIDI, jetzt in zweiter Generation von Samuel Guibert geleitet; Weinbergbearbeitung per Pferd. Langlebige Rote auf CABERNET-SAUVIGNON-Basis (aus einem offenbar einzigartigen Boden), außerdem ein herrlich duftender weißer CHENIN-BLANC-Verschnitt, die rote Super-CUVÉE Emile Peynaud und der Rosé Frizant. Sehr gut ist auch der süße Vin de Laurence (MUSCAT/SERCIAL).

Mas de la Devèze Rouss ★★→★★★ Harmonische, terroirbetonte Weine aus der AOP CÔTES DU ROUSSILLON-VILLAGES. Sehr fein sind der Pandore (weiß) und der Malice (rot und weiß). Ferner VIN DOUX NATUREL MAURY.

Mas de l'Ecriture Lang ★★→★★★ Auf dem kleinen Öko-Gut in den TERRASSES DU LARZAC erzeugt ein Vater-Tochter-Gespann exquisite Rotweine.

Mas des Caprices Lang ★★★ Das frühere Gastronomenpaar Mireille und Pierre Mann aus dem ELSASS erzeugt komplexe und dennoch zugängliche Weine aus biodynamisch bewirtschafteten Reblagen in FITOU und CORBIÈRES, u. a. die Roten Retour aux Sources und Ze Fitou sowie guten VIN DOUX NATUREL RIVESALTES Grenat und RANCIO.

Mas du Novi Lang ★★→★★★ Das biodynamisch bewirtschaftete Gut, einst Teil einer Zisterzienserabtei, ist heute der Hauptakteur in GRÉS DE MONTPELLIER. Kraftvoller roter O de Novi und Prestige sowie meisterlicher SYRAH/VIOGNIER-Verschnitt N de Novi.

Mas Jullien Lang ★★★ Der Star der AC TERRASSES DU LARZAC bietet Weine mit typischer Larzac-Frische. Rote: Autour de Jonquières (MOURVÈDRE/CARIGNAN) sowie Carlan, États d'âme und Lous Rougeos (LANGUEDOC-Rebsorten). Bei den Weißen spielen Carignan blanc und gris sowie CHENIN BLANC die Hauptrolle.

Mas Llossanes Rouss ★★★ Der höchstgelegene Weinberg im ROUSSILLON (700 m) sorgt für Frische und Eleganz. Im Pure SYRAH und im Pur CARIGNAN kommt die Rebsorte fantastisch zum Ausdruck; gute rote Verschnitte sind Au Dolmen und Dotrera. Am spannendsten ist aber wohl der weiße Pur Chasan. Außerdem IGP CÔTES CATALANES.

Mas Rouge, Domaine du Lang ★★★ Verführerischer, duftender MUSCAT VIN DOUX NATUREL aus der AOP Frontignan und der AOP Miraval (elegant und frisch). Nahe am Mittelmeer bei Montpellier.

Mas Sibert Lang ★★★★ Der kleine, biodynamisch arbeitende Erzeuger hat ungefilterten und ungeschönten VIN DE FRANCE von LANGUEDOC-untypischen Sorten zu bieten: MERLOT, PETIT VERDOT, SANGIOVESE (rot) sowie ALBARIÑO, PETITE ARVINE (weiß). Unbestreitbar gut.

Massif d'Uchaux S-Rh ★★ 20 22' – Gute Weinbaugemeinde der CÔTES DU RHÔNE-VILLAGES mit fruchtbetonten, frischen, würzigen Rotweinen, die nicht leicht an den Mann zu bringen, aber im Bestfall unverfälscht und stilvoll sind. Erzeuger: v. a. Ch. St-Estève (auch guter VIOGNIER von alten Reben) sowie Domaines La Cabotte (biologisch-dynamisch, in sehr guter Form), Cros de la Mûre (charaktervoll, preiswert), de la Guicharde, Renjarde (tolle Frucht).

Matrot Bg ★★→★★★ Seit die Töchter Elsa und Adèle die Leitung des Guts in MEURSAULT übernommen haben, steigen Qualität und Beständigkeit. Die Roten (BLAGNY, Santenots, VOLNAY) sind ebenso gut wie die Weißen (Meursault-Lagen Blagny, Charmes, Les Perrières sowie PREMIERS CRUS in PULIGNY-MONTRACHET). In Anbetracht des CÔTE-D'OR-Umfelds sind die Preise nicht überzogen.

Maury Rouss ★★→★★★ Süßer VIN DOUX NATUREL von GRENACHE noir, blanc und gris aus Schieferboden (inmitten von Kalkstein) in den Stilrichtungen *ambré, tuilé* und RANCIO. Nicht zu verwechseln mit der AOP Maury SEC, die für trockene Rotweine gilt. Führender Betrieb in beiden Appellationen ist MAS AMIEL. Weitere Erzeuger: v. a. Dom. of the BEE, Dom. LAFAGE, Mas Lavail, Ch. de l'Ou, Dom. Pouderoux und die Genossenschaft in Maury.

Maxime Magnon Lang ★★→★★★ Der gebürtige Burgunder bewirtschaftet (biodynamisch) hoch gelegene Steilhänge im felsigen CORBIÈRES. Der rote Rozeta ist eine würzig-elegante Fruchtbombe, der Rosé Métisse altmodisch dunkel, aber köstlich.

Mazis- (oder Mazy-)Chambertin Côte d'Or ★★★★ **90' 93 96' 99'** 05' 09' **10' 12'** 15' 16' **17** 18' 19' 20' 21 – GRAND CRU von GEVREY-CHAMBERTIN; der obere Teil des Hangs ist Spitzenklasse und liefert intensive, himmlische Weine. Beste Erzeuger: Bernstein, DUGAT-Py, FAIVELEY, HOSPICES DE BEAUNE, LEROY, MORTET, Rebourseau (seit 2019), ROUSSEAU und Tawse.

Mazoyères-Chambertin Côte d'Or ★★★★ Wird in der Regel als CHARMES-CHAMBERTIN etikettiert, hat aber eine andere Stilistik: weniger Saftigkeit und eine stärker von Stein geprägte Struktur. Empfehlenswert: DUGAT-Py, MORTET, Perrot-Minot, Taupenot-Merme, Tawse.

Médoc Bx ★★ **15 16 18 19 20** (22) – AOP für Rotwein (demnächst evtl. auch für Weißen) aus dem flacheren nördlichen Teil der Médoc-Halbinsel. Oft mehr Power als Anmut. Bei gezielter Auswahl kann man hier durchaus Schnäppchen machen. Spitzen-CHÂTEAUX: Castera, La Cardonne, d'Escurac, Fleur La Mothe, GREYSAC, Loudenne (Le Château) Lousteauneuf, Les ORMES SORBET, Patache d'Aux, POITEVIN, Potensac, PREUILLAC, Ramafort, La Tour de By, La TOUR HAUT CAUSSAN, TOUR ST-BONNET, Vieux Robin sowie Dom. Rollan de By (Ch. HAUT CONDISSAS) und Clos Manou.

Meffre, Gabriel S-Rh ★★→★★★ Das qualitätsorientierte Rhône-Handelshaus besitzt auch die Dom. Longue Toque in GIGONDAS (Spitzengewächs: Hommage à Gabriel Meffre). Neuerdings bessere Frucht und weniger Eicheneinfluss. Außerdem: CHÂTEAUNEUF-DU-PAPE (gut ist Chapelle Saint-Théodoric; außerdem kleine Domaines) und VACQUEYRAS (St-Barthélemy). Verlässliche bis gute Reihe Laurus (Eiche) von der südlichen und nördlichen Rhône, v. a. CONDRIEU, HERMITAGE (beide weiß) und ST-JOSEPH.

Mellot, Alphonse Lo ★★→★★★★ **18' 19' 20' 20** (22) – Beeindruckende SANCERRE-Weine aus biodynamischem Anbau. Die Roten sind wahre Kraftpakete, fein die Weißen: La Moussière (rot, weiß), Cuvée Edmond (weiß), Génération XIX (rot und weiß), dazu die (guten) Einzellagenweine La Demoiselle, En Champs und Satellite. Ferner CHARDONNAY und PINOT NOIR Les Pénitents (IGP Côtes de la Charité).

Menetou-Salon Lo ★★→★★★ **20' 21** 22' – SANCERRE benachbarte AOP mit stilistisch und qualitativ ähnlichen Weinen, die jedoch nicht deren Höhen erreichen. Erzeuger: v. a. Chatenoy, Gilbert, Joseph Mellot, Henry Pellé, Prieuré de Saint-Céols, Jean-Max Roger, Teiller, Tour St-Martin.

Méo-Camuzet Côte d'Or ★★★★ Berühmte DOMAINE in VOSNE-ROMANÉE mit Anteilen an den legendären Lagen Aux Brûlées, CROS PARANTOUX und RICHEBOURG. Die körperreichen Weine mit dichter Aromatik brauchen Zeit – und ein bisschen mehr Charme. Günstigeres gibt's bei Méo-Camuzet Frère et Sœurs (dem NÉGOCIANT-Zweig). Interesssant ist der weiße Clos St-Philibert (HAUTES-CÔTES DE NUITS).

Mercurey Bg ★★→★★★ **15' 17 18' 19'** 20' 21 – Führender Rotweinort der CÔTE CHALONNAISE; herzhafte Rote, daneben aromatische Weiße. Erzeuger: v. a. BICHOT, Ch. de Chamirey, Les Champs de l'Abbaye, FAIVELEY, Génot-Boulanger, M. Juillot, Juillot-Theulot, Lorenzon, Philippe Le Hardi, Raquillet und Dom. de Suremain.

Merlin Bg ★★→★★★ Olivier Merlin, der Zauberer des Mâconnais, wird jetzt von seinen Söhnen unterstützt. Spitzengewächse sind der Mâcon La Roche Vineuse Les Cras, die wachsende Reihe an POUILLY-FUISSÉ-Abfüllungen sowie der MOULIN-À-VENT La Rochelle. Das Château des Quarts gehört den Merlins und Dominique LAFON gemeinsam.

Mesnil-sur-Oger, Le Champ – Aus dem besten der Côte des Blancs-Villages – mit der berühmten Einzellage Les Chétillons – kommt sehr langlebiger CHARDONNAY, der mind. 10 Jahre Flaschenreife braucht. Erzeuger: ANDRÉ JACQUART, PIERRE PÉTERS und J. L. Vergnon, nicht zu vergessen die Genossenschaft Champagne Le Mesnil mit ihren beneidenswerten Lieferverträgen.

Méthode champenoise Champ – Die aufwendige traditionelle Methode der Champagnerbereitung durch Zweitgärung in der Flasche. Außerhalb der Champagne ist nur die Bezeichnung »Méthode traditionnelle« oder »klassische Methode« zulässig.

Meunier, Domaine Paul Rouss ★★★ Öko-Anbau mit Pferd statt Traktor, minimalinvasive Weinbereitung in der ehemaligen Genossenschaftskellerei in Centernach. Der Chorème blanc CÔTES DU ROUSSILLON ist ein betörender MACCABEO, der rote Les Chorèmes CÔTES DU ROUSSILLON-VILLAGES duftend und seidig. Umwerfender SYRAH von alten Reben.

Meursault Côte d'Or ★★★→★★★★ **09' 10' 12 14' 15 17' 18** 19' 20' 21 – Potenziell herrlich körperreiche Weißweine aus den PREMIERS CRUS Charmes, Genevrières, Perrières, nerviger aus den höheren Lagen Narvaux, Tesson, Tillets. Erzeuger: v. a. Ballot-Millot, BOILLOT, Boisson-Vadot, M. BOUZEREAU, V. Bouzereau, COCHE-DURY, Ente, Fichet, Girardin, Javillier, JOBARD, Lafon, Latour-Giraud, LEROUX, Matrot, Ch. de Meursault, Michelot, Mikulski, Dom. de Montille, P. Morey, PRIEUR, Rougeot, Roulot. Empfehlenswerter Meursault-BLAGNY von Dom. de Chérisey.

Meursault, Château de Côte d'Or ★★★ Das früher verschnarchte 61-ha-Weingut birst jetzt vor Vitalität. Die leckeren Roten kommen aus Lagen in BEAUNE, POMMARD und VOLNAY. Umwerfend sind einige der Weißweine, v. a. die aus MEURSAULT; ferner sehr guter BOURGOGNE Blanc und PULIGNY-MONTRACHET PREMIER CRU. Ch. de Marsannay gehört ebenfalls zum Besitz.

Minervois Lang ★★→★★★ Der AOP-Bereich mit den sanft gewellten Hügeln nordöstlich von Carcassonne hat eine große Auswahl zu bieten. Charaktervolle, aromatische Rotweine, v. a. von den Erzeugern Abbaye de Tholomiès, d'Agel, Borie-de-Maurel, CLOS Centeilles, COUPE-ROSES, Pierre CROS, Pierre Fil, de Gourgazaud, la Grave, des Homs, Laville-Bertrou, Maris, Oupia, Paumarhel, St-Jacques d'Albas, STE-EULALIE, J.-B. Sénat, La Tour Boisée und Villerambert-Julien. Gros und Tollot (aus Burgund) legen die Messlatte höher. La Livinière an den Hängen der Montagnes Noires mit seinen feinen, langlebigen Roten erhielt kürzlich Cru-Status; beste Erzeuger: Clos d'Ora (Gerard BERTRAND), COMBE BLANCHE, COUDOULET, Gayda, MARIS, de l'Ostal, Piccinini, Ste-Eulalie. Die AOP MUSCAT de St Jean de Minervois gilt für köstlich frischen VIN DOUX NATUREL, am besten von Barroubio und Clos du Gravillas.

Mise en bouteille au Château, au Domaine Erzeugerabfüllung. Häufig gebrauchte Angaben wie *»dans nos caves«* (in eigener Kellerei abgefüllt) oder *»dans la région de production«* (im Erzeugungsgebiet abgefüllt) haben dagegen nicht viel zu besagen.

Moët & Chandon Champ – Das mit Abstand größte Champagnerhaus glänzt mit einer für solch einen Giganten beeindruckenden Qualität. Der BRUT Impérial oJ gerät jetzt frischer und trockener, die Dosage wurde vor Kurzem deutlich verringert – mit Erfolg. Einschüchternd in puncto Komplexität wie auch Preis ist die seltene Luxuscuvée MCIII aus einer »Solera«, überragend die Grand Vintages Collection (**02 08 09 12** 13' 15), das Paradepferd des weltgewandten Kellerchefs Benoît Gouez. Ableger sind überall in der Neuen Welt zu finden. *Siehe auch* DOM PÉRIGNON.

Monbazillac SWF ★★→★★★ **18 19** (20) – Sub-AOP von BERGERAC: Tirecul La Gravière (★★★★) macht guten SAUTERNES-Süßweinen Konkurrenz, gefolgt von L'Ancienne Cure, CLOS des Verdots, Les Hauts de Caillavel und Ch. de Monbazillac von der Genossenschaft (alle ★★★). Außerdem die Chx. de Belingard-Chayne, Le Fagé, Grande Maison, Kalian, Monestier la Tour, Pech La Calevie und Pécoula (alle ★★). Die Weine der Nachbar-AOP SAUSSIGNAC sind ähnlich.

Nur ein kleiner Chablis

Un chablis sagen Waldbauern in Frankreich zu einen Windbruch, wenn ein Sturm Bäume entwurzelt oder umgeknickt hat und der Wald in ein chaotisches Durcheinander von herumliegenden Stämmen und Ästen verwandelt wurde. Seien Sie also vorsichtig, wenn Sie das nächsten Mal einen »Petit Chabils« bestellen.

Monopole – Reblage in der Hand eines einzigen Besitzers.

Montagne St-Émilion Bx ★★ **16 18 19 20** (22) – Größter Satellit von ST-ÉMILION mit solidem Ruf. Spitzen-CHÂTEAUX: Beauséjour, Clos de Boüard, Corbin, La Couronne, Croix Beauséjour, Faizeau, Maison Blanche, Malengin (Eve), Roudier, Teyssier, Tour Bayard, Vieux Bonneau, Vieux Ch. Palon und Vieux Château St-André sowie Dom. Simon Blanchard.

Montagny Bg ★★ **14' 17 18 19' 20'** 21 – Ort an der CÔTE CHALONNAISE mit knackig-frischen Weißweinen, vorwiegend in der Hand der Genossenschaft Cave de BUXY, doch es gibt auch gute NÉGOCIANTS, z. B. Louis LATOUR, O. LEFLAIVE. Spitzenwinzer: Aladame, Berthenet, Cognard, Feuillat-Juillo, Lorenzon.

Monthélie Côte d'Or ★★→★★★ **15' 16 17 18'** 19' 20' 21 – Dorf auf dem Hügel oberhalb von VOLNAY mit hübschen, aber etwas rustikaleren Weinen. Der beste PREMIER CRU ist Les Duresses. Erzeuger: v. a. Changarnier, Dubuet, Dujardin, Garaudet und Ch. de Monthelie (Dom. de Suremain). Die Weißen sind interessant, wenn sie aus Hanglagen stammen.

Montille, Domaine de Côte d'Or ★★★ Dichte Rotweine (Ganztraubenvergärung) aus BEAUNE, CÔTE DE NUITS (Malconsorts), POMMARD (Rugiens) und VOLNAY (Taillepieds) sowie beeindruckende Weiße: MEURSAULT und PULIGNY-MONTRACHET Caillerets. Seit 2017 tragen die Weine von Ch. de Puligny ebenfalls das Etikett der Dom. de Montille, womit die Konfusion aus der Welt geschafft wurde. Neue Projekte in Sta. Rita Hills (Kalifornien) und Hokkaido (Japan).

Montlouis-sur-Loire Lo ★★→★★★★ **18 19' 20' 21** 22' – Aufstrebende AOP für feinen CHENIN BLANC (trocken und süß ausgebaut) mit Alterungspotenzial, stilistisch an VOURAY angelehnt, sowie Schaumwein, darunter Pétillant Originel. Spitzenerzeuger: Berger, Chanson, CHIDAINE, Delecheneau, Jousset, Mérias, Pierres Ecrites, Saumon, Taille aux Loups, Vallée Moray, Weisskopf.

Montpeyroux Lang ★★★ Cru am Fuß des Mont Baudile, 40 km nördlich von Montpellier, mit innovativen Erzeugern wie Dom. d'AUPILHAC, aber auch A. Chabanon, Divem, La Jasse Castel, du Joncas, Mas d'Amile oder Villa Dondona; zudem ernst zu nehmende Genossenschaft.

Montrachet, (Le) Côte d'Or ★★★★ 02' 04 **05** 08 09' 10 **12** 14' 15 17 18 19' 20' 21 – GRAND-CRU-Lage in PULIGNY und CHASSAGNE-MONTRACHET, die daher von beiden Gemeinden beansprucht wird. Der potenziell großartigste weiße Burgunder: intensiv, reich an Frucht, mit nachklingendem Abgang. Spitzenerzeuger: BOUCHARD, COLIN, DRC, LAFON, LAGUICHE (DROUHIN), LEFLAIVE und Ramonet.

Montus, Château SWF ★★★ 12' 15' 16 17 18 19 20 (22) – Alain BRUMONTS Vorzeigegut ist berühmt für seine lang extrahierten, im Eichenfass gereiften Gewächse. Die langlebigen, sortenreinen TANNAT-Rotweine werden von Liebhabern des altmodischen MADIRAN-Stils in höchsten Tönen gepriesen. Außerdem klassisch süße und trockene, lang im Fass ausgebaute weiße PACHERENC-DU-VIC-BILH-Abfüllungen. Der La Tyre und der Prestige könnten auch aus einem Cru classé stammen.

Mordorée, Domaine de la S-Rh ★★★ 16' 17' 18' **19' 20** 22' – Der Spitzenerzeuger in TAVEL bietet Rosés mit Flair, Tiefe und Schwung aus Öko- und biodynamischem Anbau sowie LIRAC-Weine, u. a. La Reine des Bois (umwerfend die rote, gut die weiße Version). Ferner gute CHÂTEAUNEUF-DU-PAPE-Abfüllungen: La Reine des Bois (mit GRENACHE von 1929 angepflanzten Reben) und La Dame Voyageuse (rot). Raffiniert ist der VIN DE FRANCE Remise (rot, rosé, weiß).

Moreau Chablis ★★→★★★ Weitverzweigte Winzerfamilie in CHABLIS. Die Domaine Christian Moreau ist für ihre Cuvée Guy Moreau PREMIER CRU Vaillons und ihren GRAND CRU Clos des Hospices bekannt. Louis Moreau hat ein eher kommerzielles Sortiment; die Dom. Moreau-Naudet bietet konzentrierte Weine, die man einige Jahre einlagern kann.

Moreau Côte d'Or ★★→★★★★ Die Domaine Bernard Moreau, die kürzlich unter den Söhnen Alex und Benoît aufgeteilt wurde, hat überragenden CHASSAGNE-MONTRACHET PREMIER CRU sowie schönen roten La Cardeuse zu bieten. Ein kleines, aber feines Sortiment an SANTENAY- und MARANGES-Gewächsen findet man bei David Moreau. Keine Verwandtschaft mit der Moreau-Dynastie in CHABLIS.

Morey, Domaines Côte d'Or ★★★ Winzerfamilie in CHASSAGNE-MONTRACHET. Achten Sie auf die Weine von Caroline Moret und ihrem Ehemann Pierre-Yves COLIN-MOREY sowie von Marc (En Virondot), Sylvain, Thomas (sehr feine, reintönige Weiße), Vincent (fülligerer Stil) und Thibault Morey-Coffinet (La ROMANÉE). Pierre Morey in MEURSAULT erzeugt Perrières- und BÂTARD-MONTRACHET-Weine. Die Qualität ist durchweg beständig.

Morey-Saint-Denis Côte d'Or ★★★→★★★★ 99' **02'** 05' **09'** 10' **12'** 15' 16' **17** 18' 19' 20' 21 – Die Janus-Appellation zwischen der Grandeur von GEVREY-CHAMBERTIN und der Anmut von CHAMBOLLE-MUSIGNY verdient mehr Anerkennung für ihre eigenen Leistungen. GRAND-CRU-Lagen: CLOS DES LAMBRAYS, CLOS DE LA ROCHE, CLOS ST-DENIS und CLOS DE TART. Spitzenerzeuger: ARLAUD, Clos de Tart, Dujac, Dom. des Lambrays (Clos des Lambrays), H. LIGNIER, Perrot-Minot, PONSOT, Roumier und Tremblay. Ebenfalls empfehlenswert: Amiot, Castagnier, Coquard-Loison-Fleurot, Lignier-Michelot, Magnien, Remy und Taupenot-Merme. Außerdem interessante Weiße, v. a. aus dem PREMIER CRU Monts Luisants.

Morgon Beauj ★★★ **15' 17** 18' **19'** 20' 21 – BEAUJOLAIS-Cru; der Vulkanschiefer der Côte du Py liefert kraftvoll-fleischige Weine mit Alterungspotenzial, der Lehmboden von Les Charmes weichere, früher trinkreife Versionen. Die Lagen Grands Cras und Javernières sind ebenfalls interessant. Probierenswert: Burgaud, Desvignes, Foillard, Gaget, Godard, Lapierre, Ch. des Lumières (JADOT), Piron, Ch. de Pizay und Sunier.

Mortet, Denis Côte d'Or ★★★→★★★★ Arnaud Mortet ist in Hochform mit seinen kraftvollen und dennoch raffinierten Roten – vom BOURGOGNE

Rouge bis hin zum CHAMBERTIN. Paradepferde sind der Mes Cinq Terroirs (GEVREY-CHAMBERTIN) sowie die PREMIER-CRU-Gewächse Champeaux und Lavaut St-Jacques. Seit 2016 gibt es eine separate Reihe unter dem Etikett Arnaud Mortet, die ebenso brillant ist, u. a. mit CHARMES-CHAMBERTIN- und MAZOYÈRES-CHAMBERTIN-Weinen.

Moueix, J.-P. et Cie Bx – Der angesehene Erzeuger und NÉGOCIANT mit Hauptsitz in Libourne ist nach dem legendären Gründer Jean-Pierre Moueix benannt und immer noch in Familienhand. CHÂTEAUX: u. a. BELAIR-MONANGE, La Grave à Pomerol, HOSANNA, La FLEUR-PÉTRUS, LAFLEUR-GAZIN, LATOUR À POMEROL, Trotanoy. In Kalifornien besitzt Moueix das Gut Dominus Estate *(siehe dort).*

Moulin-à-Vent Beauj ★★★ **09' 11' 15' 18' 19'** 20' 21 – Der erhabenste Cru des Beaujolais, in dem die GAMAY-Traube über sich hinauswächst. Kommt an Körper und Würzigkeit der Rhône nahe, entwickelt bei Reifung aber Fülle und die Wildnoten von PINOT NOIR. Wachsendes Interesse an Einzellagenabfüllungen, u. a. von Ch. des Jacques (im Besitz von JADOT) und Ch. du Moulin-à-Vent sowie den Domaines Janin, Janodet, Labruyère, Merlin (La Rochelle) und Rottiers. CÔTE-D'OR-Erzeuger wie BICHOT (Rochegrès), L. BOILLOT (Les Brussellions) und Thibault LIGER-BELAIR (Les Rouchaux) sind hier zunehmend vertreten.

Moulin de la Gardette S-Rh ★★★ **16' 17' 19' 20 21' 22'**– Die handwerklich bereiteten Öko-Weine aus GIGONDAS sind schöner *garrigue*-Ausdruck und profitieren von Flaschenreifung. Fabelhaft günstig ist der Petite Gardette, der Hauptwein Tradition (auf GRENACHE-Basis) zeigt schöne Terroircharakteristik und hält sich mind. 20 Jahre. Gewichtig ist der Ventabren (Eichenausbau).

Moulis H-Méd ★★→★★★ **15 16 18** 19 20 (22) – Im Landesinneren gelegene kleine AC westlich von MARGAUX mit ehrenwerten, günstigen Weinen, die man im Bestfall einlagern kann. Spitzen-CHÂTEAUX: Anthonic, Biston-Brillette, BRANAS GRAND POUJEAUX, BRILLETTE, Chasse-Spleen, Dutruch Grand Poujeaux, La Garricq, Gressier Grand Poujeaux, MAUCAILLOU, Mauvesin Barton, Poujeaux.

Mourgues du Grès, Château S-Rh ★★→★★★ **20 21 22'** – Einer der führenden Erzeuger der COSTIÈRES DE NÎMES, Öko-Betrieb, mit der sehr guten Reihe Les Galets (alle drei Farben) für frühen Trinkgenuss, einschließlich rassigem Rosé. Ferner die etwas strafferen Capitelles-Weine sowie Terre d'Argence (SYRAH) und Terre de Feu (GRENACHE).

Moutard Champ ★★★ Der ursprüngliche Meister der hiesigen Rebsorte Arbanne erzeugt auch Eaux de vie. Die Qualität hat sich enorm gesteigert, v. a. beim CHARDONNAY Persin (**14'**) und der treffend benannten CUVÉE des 6 Cépages (**08 09 11 15'** 18 19').

Mugneret Côte d'Or ★★★→★★★★ Winzerfamilie in VOSNE-ROMANÉE. Sublime Weine gibt's bei Georges Mugneret-Gibourg (von einfachem AC BOURGOGNE bis ÉCHEZEAUX), jetzt ebenso gut sind die Cousins von der Domaine Gérard Mugneret. Außerdem empfehlenswert: Dom. Mongeard-Mugneret.

Mugnier, J.-F. Côte d'Or ★★★★ Überragender Erzeuger von CHAMBOLLE-MUSIGNY Les Amoureuses und Musigny. Den PREMIER CRU Les Fuées sollte man sich keinesfalls entgehen lassen. Finesse ist das A und O – keine Schreihälse, vielmehr Weine für Denker. Ebenso gut gelingt der NUITS-ST-GEORGES Clos de la Maréchale (MONOPOLE). Junge MUSIGNY-Jahrgänge kommen mittlerweile nicht mehr auf den Markt, um (sozusagen) Kindsmord zu vermeiden.

Mumm, G. H. & Cie Champ ★★★ Wiederbelebtes Champagnerhaus im Besitz von Pernod Ricard; *chef de caves* Laurent Fresnet (zuvor bei HENRIOT) legt die Messlatte kontinuierlich höher, v. a. bei der Prestigereihe RSRV. Mumm de Verzenay BLANC DE NOIRS (08 09 12), BLANC DE BLANCS (früher Mumm de Cramant; **12' 13** 15) und CUVÉE Lalou (**06** 08). Sehr viel besser geworden ist der Cordon Rouge oJ auf Pinot-Basis: gewichtig, schwungvoll, feinnervig. Mumm beeindruckt auch im Napa Valley, Kalifornien.

Muré/Clos Saint Landelin, Domaine du El ★★→★★★★ Einer der ganz großen alten Namen im ELSASS; seit 1966 hat der Betrieb seinen Sitz in Rouffach und wird heute von Véronique und Thomas Muré geleitet. Überragender, langlebiger, üppiger SILVANER Steinstuck, CUVÉE Oscar (17 18 19) und ausgefallener, körperreicher Pinot gris (**17'** 18) aus dem eisenhaltigen Boden des CLOS Saint Landelin, ein 12-ha-MONOPOLE im GRAND CRU Vorbourg. Die Cuvée »V« (**15' 18'**) ist der beste Pinot noir des Elsass, ebenso gut sind die CRÉMANTS.

Muscadet Lo ★→★★★ **20' 21 22'** – Beliebter knochentrockener Wein aus der Gegend von Nantes; auf die einfache AOP Muscadet entfallen 20 % der Produktion. Interessanter sind die Abfüllungen aus beschränktem Ertrag aus regionalen Subappellationen: Muscadet-Coteaux de la Loire (Erzeuger: v. a. Champ Chapron, Landron-Chartier), Muscadet-Côtes de Grandlieu (Chevalier, Haut-Bourg, Herbauges) und MUSCADET-SÈVRE-ET-MAINE.

Muscadet crus communaux Lo ★★→★★★ Neuere Kategorie für MUSCADET auf bemerkenswertem Spitzenniveau: komplexe Weine aus ausgewählten Lagen, lang auf der Hefe gelagert, nicht teuer und mit Alterungspotenzial. Sieben Weinbaugemeinden genießen Cru-Status: Clisson, Gorges, Goulaine, La Haye Fouassière, Monnières-St Fiacre, Mouzillon-Tillières und Le Pallet. Weitere Kandidaten sind Champtoceaux, Côtes de Grandlieu und Vallet.

Muscadet-Sèvre-et-Maine Lo ★→★★★ **19' 20' 21 22'** – Der größte der MUSCADET-Bereiche liefert lebhaft zitrusfruchtige Weine, die mit zunehmendem Alter an Komplexität gewinnen und hervorragend zu Fischgerichten passen. Spitzenerzeuger: u. a. Bonnet-Huteau (öko), Brégeon, Ch. Briacé, Caillé, Chéreau Carré, Cormerais, Delhommeau, Douillard, de l'Ecu, Gadais, Grand Mouton, Grenaudière, de la Haute Fevrie, Huchet, Landron, Lieubeau, Luneau-Papin (biodynamisch), Olivier, Pépière, Sauvion und Vignobles Günther-Chéreau.

Musigny Côte d'Or ★★★★ **93 96' 99' 02'** 05' 09' **10'** 12' 15' 17 18 19' 20' 21 – Der schönste aller roten Burgunder, die Königin an der Seite von König CHAMBERTIN. Fleisch gewordener Duft; hinter trügerischer Zartheit verbirgt sich sehnige Kraft. Beste Erzeuger: DROUHIN, FAIVELEY, JADOT, LEROY, Mugnie, PRIEUR, ROUMIER, de VOGÜÉ und VOUGERAIE.

Nature Ungesüßt, v. a. bei CHAMPAGNER: ohne Dosage. Lecker, wenn von ausgereiften Trauben bereitet, ansonsten eher krude. Vin nature bedeutet »Naturwein«; *siehe* Kapitel »Technische Weinsprache«, S. 38.

Négly, Château la Lang ★★★→★★★★ Führendes Gut in La CLAPE mit eindrucksvollem Angebot. Es reicht von Alltagsweinen wie dem salzigen Brise Marine (weiß), La Côte (rot) und La Falaise (rot) bis hin zu den Spitzengewächsen La Porte du Ciel (SYRAH), L'Ancely (auf MOURVÈDRE-Basis) und dem extravaganten Clos des Truffiers (aus der ältesten Syrah-Lage im LANGUEDOC bei Pézenas).

Négociant – Weinhändler oder -handelshaus. Ein *négociant-éleveur* ist ein Händler, der den Ausbau des Weins übernimmt.

Noblaie, Domaine de la Lo ★★→★★★★ **18' 19' 20' 21** (22') – Jérôme Billard hat Weine der AOP CHINON in Spitzenqualität zu bieten, vom fruchtigen Le Temps des cerises bis hin zu den komplexen Gewächsen Les Chiens-Chiens, Les Blancs Manteaux und Pierre de Tuf (alle rot). Auch der CHENIN BLANC ist fein.

Noëllat Côte d'Or ★★★ Namhafte Familie in VOSNE-ROMANÉE. Die Dom. Georges Noëllat ist unter der Leitung von Maxime Cheurlin in Topform; probieren Sie seine Weine aus den PREMIERS CRUS Les Boudot (NUIT-ST-GEORGES) und Les Petit Monts (Vosne-Romanée) und dem GRAND CRU ÉCHEZEAUX sowie seine preiswerten Abfüllungen aus weniger berühmten Appellationen. Die Cousins bei Michel Noëllat sorgen allmählich für Aufsehen. Die Dom. HUDELOT-Noëllat in VOUGEOT (sehr stilvolle Weine) gehört ebenfalls zum Clan.

Nuits-St-Georges Côte d'Or ★★→★★★★ **99' 02' 05' 09' 10' 12'** 15' 16 **17** 18' 19 20 21 – Die große AOP ist dreigeteilt: Aus der Lage Prémeaux kommen elegante Gewächse (diverse Clos: des Corvées, des Forêts, de la Maréchale, St-Marc), aus dem Zentrum (Cailles, Les St-Georges, Vaucrains) dichte, dunkle, pflaumenwürzige Weine und aus dem Norden (Boudots, Cras, Murgers, Richemone) die alkoholstärksten. Der einstige Ruf deftiger, schwerer Weine trifft immer weniger zu, Nuits-St-Georges tritt heute leichtfüßiger auf. Spitzenerzeuger: l'ARLOT, ARNOUX-LACHAUX, CATHIARD, CHEVILLON, Faiveley, GOUGES, GRIVOT, LEROY, Liger-Belair und Mugnier; außerdem empfehlenswert: Ambroise, Chauvenet, Chicotot, Confuron, Gavignet, Lechéneaut, Ledy, Machard de Gramont, Michelot, Millot, Perdrix und Rion.

Ogier, Stéphane N-Rh ★★★ Rührige, wachsende CÔTE-RÔTIE-Domaine mit Weinen im eichengereiften, fröhlich-modernen fruchtigen Stil, seit Kurzem auch aus den (sehr kleinen) Einzellagen Bertholon und Leyat. Die Spitzengewächse: Belle Hélène, Côte Blonde und La Viaillière. Gut auch SYRAH de Seyssuel (IGP) sowie Syrah d'Ogier und VIOGNIER de Rosine (beide VDF).

Ollieux Romanis, Château Lang ★★★★ Pierre Bories hat auf dem tadellosen, biodynamisch bewirtschafteten Gut die Zügel fest in der Hand. Preiswert ist die Reihe CUVÉE Classique (alle drei Farben), purer Ausdruck des Cru-Boutenac-Terroirs der Atal Sia.

Oratoire Saint Martin, Domaine S-Rh ★★★ **16' 18' 19' 20** 21' 22' – Die Domaine in CAIRANNE mit sorgfältig ausgewählten Reblagen gehört jetzt zu Ch. Mont-Redon (CHÂTEAUNEUF-DU-PAPE). Erstklassig und sehr reintönig sind die Rotweine Haut-Coustias (von rund 70 Jahre alten Reben) und Les Douyes (GRENACHE, MOURVÈDRE von 1905 gepflanzten Stöcken) aus biodynamischem Anbau. Ferner gut zum Essen passende schöne Weiße (Haut-Coustias, Réserve des Seigneurs).

Orchidées Lo ★→★★★ Dachmarke für die (qualitativ beständigen) diversen Ackerman-Unternehmungen, darunter Ch. de SANCERRE, Les Celliers du Prieuré, Donatien Bahuaud, Drouet Frères, Hardières (COTEAUX DU LAYON) Monmousseau (Schaumwein), Perruche (SAUMUR), Rémy-Pannier und Varière (feine ANJOU-Abfüllungen).

Ostertag, Domaine El ★★★ Das erstklassige, biodynamisch bewirtschaftete Gut wird jetzt von Arthur Ostertag geleitet. Terroirbetonter RIESLING GRAND CRU Muenchberg (**10 14 18'**) und avantgardistisch im Barrique vergorener, sehr voller PINOT GRIS Muenchberg (**15**). Außerdem exzellenter SILVANER VIEILLES VIGNES (**15 18'** 19').

Overnoy, Maison Jura – Der Betrieb in der Subappellation ARBOIS-Pupillin, gegründet von Naturweinpionier Pierre Overnoy, wird von Emmanuel Houillon geleitet. CHARDONNAY, SAVAGNIN und Ploussard alias Poulsard (★★) wirken wie aus einer anderen Welt. Einige weitere Overnoy-Güter im Jura gehören Verwandten.

Pabiot, Jonathan Lo ★★★→★★★★ **17' 18 19' 20' 21** (22) – Biodynamisch zertifizierter POUILLY-FUMÉ-Spitzenerzeuger mit wunderbar präzise bereiteten, lebhaften Weinen zum Einlagern: Aubaine, Florilège, Prédilection, Prélude, Utopia.

Pacherenc du Vic-Bilh SWF ★★→★★★ MADIRAN benachbarte AOP für trockenen und süßen Weißwein von Gros und Petit MANSENG, manchmal auch Petit Courbu und der lokalen Aruffiac-Traube. Die trockenen Versionen sollte man jung trinken, die süßen kann man einlagern, v. a. die in Eiche ausgebauten Versionen. Empfehlenswerte Erzeuger *siehe* MADIRAN, plus Ch. de Mascaraàs (★★).

Paetzold, Domaine Rouss ★★★ Die rote CARIGNAN und die sehr seltene weiße Carignan präsentieren sich im intensiven, nuancierten roten und weißen Mastrio (IGP CÔTES CATALANES) von mehr als 100 Jahre alten, ökologisch kultivierten Reben.

Paillard, Bruno Champ ★★★ Das jüngste der *Grande-marque*-Champagnerhäuser (1981). Erstklassiger BRUT Première CUVÉE oJ und Rosé Première Cuvée. Raffinierter Stil, v. a. bei der langsam reifenden Prestigecuvée N.P.U. (95 **02' 04** 08). Ferner Bruno Paillard Assemblage (08 **09 12'** 19) und immer besser werdender BLANC DE BLANCS (**04 06 09** 13'). Bruno Paillard selbst steht dem Champagnerkonzern Lanson-BCC vor; bei Paillard hat Tochter Alice das Ruder übernommen.

Palette Prov ★★★ Kleine AC bei Aix-en-Provence mit charaktervollen Roten vorwiegend von GRENACHE und MOURVÈDRE, duftenden Rosés und verlockenden Weißen mit Waldnote im Bukett sowie Kuriositäten wie FURMINT. Ch. Crémade, Ch. Henri Bonnaud und Ch. Simone stehen für traditionelle, seriöse Weine.

Palmer & Co Champ ★★★ Vorbildliche Genossenschaft in Reims unter der beflügelnden Leitung von Rémi Vervier mit einem Flickenteppich an vorwiegend mit PINOT NOIR bestockten, beneidenswerten Reblagen. Qualitativ verlässlicher BRUT Réserve, überraschend kraftvoller Amazone oJ sowie – treffend benannt – Grands Terroirs (**03** 12 15').

Partagé, Domaine Sav ★★ Gilles Berlioz' biodynamisch bewirtschaftete kleine DOMAINE in CHIGNIN erzeugt sehr guten Altesse, JAQUÈRE, MONDEUSE (★★) und eine muntere Chignin-Bergeron-Reihe (ROUSSANNE), u. a. Les Christine, Les Filles und Les Fripons (alle ★★★).

Pataille, Sylvain Bg ★★→★★★ Der lockenköpfige Guru Sylvain Pataille hat sich eine treue Anhängerschaft erworben mit seinen Roten (Einzellagen-MARSANNAY), Weißen (v. a. ALIGOTÉ La Charme Aux Pretres und Clos du Roy) und Rosés (Fleur de Pinot), die lange reifen und nur wenig Schwefel enthalten. Spitzenmäßige und zudem verlässliche Qualität.

Paternel, Domaine du Prov – In der kleinen AOP Cassis (vorwiegend Weißwein) erzeugen die Brüder Santini stets elegante Weiße. Auch der BANDOL ist gut.

Patrimonio Korsika – Die AOP ist, wie auch Calvi, als Cru klassifiziert und Heimat unzähliger Öko-Betriebe. Üppige Rote und frischer Rosé von der NIELLUCCIO-Traube, Weißwein von VERMENTINO.

Pauillac H-Méd ★★★→★★★★ 05' 09' 10' **15 16'** 18' 19' 20 (22) – Kommunale AOP im nördlichen MÉDOC mit 18 Crus classés (u. a. die Châteaux LAFITE, LATOUR, MOUTON ROTHSCHILD), berühmt für langlebige Weine – CABERNET SAUVIGNON in Vollendung. Weitere Spitzen-Châteaux sind CLERC MILON, DUHART-MILON, GRAND-PUY-LACOSTE, LYNCH-BAGES, PICHON BARON, PICHON LALANDE und PONTET-CANET. Verhältnismäßig preiswert sind die Chx. BATAILLEY, HAUT-BAGES-LIBÉRAL und PIBRAN.

Paul Mas Lang ★★→★★★ Der clevere Geschäftsmann Jean-Claude Mas besitzt bzw. managt gigantische 2.300 ha Rebland im LANGUEDOC und ROUSSILLON, zudem das Hotel und Restaurant »Côté Mas« in Montagnac. Überwiegend IGP-Weine; an Öko- und biodynamischem Anbau sowie verringertem Schwefeleinsatz wird gearbeitet. Besonders bekannt ist die Reihe Arrogant Frog; ferner Côté Mas, La Forge, Les Tannes und Les Vignes de

Nicole. Des Weiteren Dom. de la Ferrandière und Dom. des Crès Richard (beide TERRASSES DU LARZAC) sowie Ch. Martinolles (LIMOUX), Ch. Lauriga (ROUSSILLON) und Ch. Villegly (MINERVOIS).

Pays d'Oc, IGP Lang ★→★★★ Die größte IGP-Region umfasst das gesamte LANGUEDOC-ROUSSILLON und bietet ein riesiges Qualitätsspektrum, das von schlichten, süffigen, reinsortig ausgebauten Weinen bis hin zu innovativen, spannenden Kreationen reicht. 58 verschiedene Rebsorten sind zugelassen; zunehmend beliebt ist CARIGNAN, v. a. von alten Reben. Zu den Hauptakteuren zählen: Bruno Andreu, Gérard BERTRAND, Jeanjean, PAUL MAS und die Genossenschaft FONCALIEU.

Pécharmant SWF ★★ 18 19 20 (22) – AOP am Rand der Stadt und innerhalb des Bereichs BERGERAC mit eisen- und manganhaltigen Böden, weshalb hier die wuchtigsten und langlebigsten Weine der ganzen Gegend entstehen. Empfehlenswerte Erzeuger: die Veteranen Ancienne Cure, Dom. du Haut-Pécharmant und Ch. de Tiregand (alle ★★★) sowie Dom. des Bertranoux, Ch. Beauportail, Ch. Corbiac, Ch. du Rooy und Ch. Terre Vieille (alle ★★).

Pélican, Domaine du Jura ★★★ Das Gut in der Nähe von ARBOIS gehört Marquis d'ANGERVILLE (VOLNAY). Zu den biodynamisch bewirtschafteten Weinbergen zählen auch jene des legendären Jacques Puffeney, der jetzt im Ruhestand ist. Tadelloses Angebot.

Pernand-Vergelesses Côte d'Or ★★★ r 09' 10' **12** 15' 17 18' 19' 20'; w **14' 15'** 17' 18' **19'** 20' 21 – Ortschaft, zu deren Gemarkung der nach Westen ausgerichtete Teil des CORTON-CHARLEMAGNE gehört. Das mangelnde Renommee ist wohl auf den (für Ausländer) umständlichen Namen zurückzuführen. Die Weine stammen u. a. aus den PREMIER-CRU-Lagen Île des Vergelesses (rot) sowie Combottes und Sous Frétille (weiß). Die Erzeugerriege wird angeführt von den ortsansässigen Domaines CHANDON DE BRIAILLES, Dubreuil-Fontaine, Rapet und Rollin.

Perret, André N-Rh ★★★ 16' 17 **18' 19' 20'** 21 22' – Erzeuger zweier hervorragender CONDRIEU-Weine: klassisch-stilvoll und klar der Clos Chanson, sehr voll und vielschichtig der Coteau de Chéry. Außerdem lebhaft fruchtiger, klassischer roter ST-JOSEPH und tiefer, komplexer roter St-Joseph Les Grisières (2021 nicht erzeugt) sowie weißer St-Joseph. Ferner guter COLLINES RHODANIENNES (rot und weiß).

Perrier-Jouët Champ ★★★ Das erste Haus, das bereits im 19. Jh. trockenen CHAMPAGNER (für den britischen Markt) erzeugte. Die Stärke ist CHARDONNAY aus GRAND-CRU-Lagen, der am besten in den Jahrgangsweinen zum Ausdruck kommt, v. a. in der Luxusmarke Belle Epoque (**06** 08 **12'** 13 14) in bemalten Flaschen. Ferner BRUT oJ, Blason de France oJ, Blason de France Brut oJ und Rosé oJ, außerdem Belle Epoque Rosé (**06** 12' **13**) und Belle Epoque BLANC DE BLANCS (06 **07' 12**). Neuer *chef de caves* ist Séverine Frerson. Die Legende blüht wieder auf.

Pessac-Léognan Bx ★★★→★★★★ 09' 10' **15 16** 18 19' 20 (22) – 1987 eingerichtete AC für den besten Teil des nördlichen GRAVES mit den Weinbergen all der CRU-CLASSÉ-Güter (des Jahres 1959) wie CHEVALIER, HAUT-BAILLY, HAUT-BRION, LA MISSION HAUT-BRION, PAPE CLÉMENT, SMITH HAUT LAFITTE usw. Ein nicht klassifizierter Aufsteiger ist CARMES HAUT-BRION. Feste, körperreiche, erdige Rote und zudem die feinsten trockenen weißen BORDEAUX-Gewächse. Ein gutes Preis-Leistungs-Verhältnis bieten die CHÂTEAUX Brown, Haut-Vigneau und de ROCHEMORIN.

Petit Chablis Chablis ★ BV – Süffiger Beinahe-CHABLIS von etwas außerhalb und nicht auf Kimmeridge-Böden gelegenen Weinbergen. Die besten Weine kommen von BILLAUD, BROCARD, Defaix, DAUVISSAT, LAVANTUREUX, Pommier, RAVENEAU und der Genossenschaft La CHABLISIENNE.

Frankreich

Pézenas Lang – Die bezaubernde mittelalterliche Stadt ist der Geburtsort von Molière. Die Böden dieses Bereichs der AOP LANGUEDOC sind unterschiedlich und wecken Entdeckerfreude. Weitere empfehlenswerte Erzeuger neben Platzhirsch PAUL MAS und dem kleineren Mas Gabriel: Allegria, La Croix Gratiot, Magellan, Prieuré St Jean de Bebian, Les Trois Puechs, Turner-Pageot und Villa Tempora.

Philipponnat Champ ★★★→★★★★ Das kleine Champagnerhaus mit Sitz in Mareuil-sur-AŸ pflegt einen individuellen PINOT-NOIR-Stil. Eigentümer ist jetzt Lanson-BCC, doch Charles Philipponnat hat das Ruder weiterhin fest in der Hand. BRUT oJ, Rosé oJ, Cuvée »1522« (**04**). Berühmt ist der majestätische Einzellagenwein Clos des Goisses (**04** **08** **09** 12 13'); aus zwei Parzellen des Weinbergs stammt zudem Les Cintres (**08** **09**) in Miniauflage. Ferner außergewöhnlich spät degorgierter Jahrgangswein Clos des Goisses LV (»Long Vieillissement«; **94'** **95** **96**).

Picpoul de Pinet Lang ★→★★★ BV – AOP für die Rebsorte PICPOUL, die rund um die Ortschaft Pinet wächst. Die Hänge in Meeresnähe oberhalb von Austernbänken erbringen leicht salzige, zitrusfruchtige Weine, die gut zu Meeresfrüchten passen und aufgrund ihrer besonderen Art derzeit bei Sommeliers en vogue sind (v. a. die nicht in Eiche ausgebauten Versionen). Gut sind die Genossenschaften in Pinet und Pomérols, außerdem die Domaines La Croix Gratiot, FÉLINES-JOURDAN, Font-Mars, des Lauriers, Petit Roubié, REINE JULIETTE und St Martin de la Garrigue.

Pic St-Loup Lang ★★★(★) Die landschaftlich spektakuläre AOP bei Montpellier verfügt über einige höher gelegene Weinberge; der relativ häufige Regen verleiht den Weinen Eleganz. Vorgeschrieben sind mind. 50% SYRAH, plus GRENACHE und MOURVÈDRE. Die Roten sind zum Einlagern gemacht; für Weißwein bestünde Potenzial, er muss aber einstweilen als AOP LANGUEDOC oder IGP Val de Montferrand etikettiert werden. Erzeuger: v. a. Bergerie du Capucin, Cazeneuve, Le CHEMIN DES RÊVES, Clos de la Matane, Clos Marie, Gourdou, Dom. de l'HORTUS, de Lancyre, Lascaux, MAS BRUGUIÈRE, Mas Peyrolle, Pégaline, Ch. PUECH-HAUT, Valflaunès. Sehr gut ist die kleine Genossenschaft Hommes et Terres du Sud.

Pieretti, Domaine Korsika – Kleines Gut auf der windumtosten Halbinsel Cap Corse nördlich von Bastia. Lina Pieretti-Venturi erzeugt nicht nur Rosé der Spitzenklasse, sondern auch köstlichen Roten und süßen MUSCAT.

Pierre-Bise, Château Lo ★★→★★★★ **17' 18' 19' 20' 21** (22) – Sehr guter Erzeuger in den COTEAUX DU LAYON; auch QUARTS DE CHAUME (opulent) und SAVENNIÈRES, u. a. ROCHE-AUX-MOINES (konzentriert und präzise bereitet). Ferner ANJOU BLANC Haut de la Garde (sehr voll), ANJOU-VILLAGES (ziemlich tanninherb, braucht Zeit) und Anjou-GAMAY (konzentriert). Feiner Süßwein aus einer Einzellage, der das Terroir widerspiegelt. Das Gut wird nun von René Papin geleitet.

Pierre Fil, Domaine Lang ★★★ Das Gut in der AOP MINERVOIS erzeugt seinen einzigartigen MOURVÈDRE durch Kohlensäuremaischung. Die roten Spitzenweine Dolium und »M« sind grandios und lohnen das Einlagern. Die Wartezeit verkürzen Sie sich am besten mit dem Orebus – *garrigue* pur.

Pierre Péters Champ ★★★★ Erstklassiges Champagnerhaus an der Côte des Blancs. Die Spezial-CUVÉE Les Chétillons (**05** **07** **08** **09** 12 13 14 17) ist der wohl langlebigste CHARDONNAY der ganzen Champagne; 2019' ist ein klassischer kühlerer Jahrgang. Faszinierend ist die in Zusammenarbeit mit Ch. de BEAUCASTEL erzeugte Cuvée Fleur de Miraval ER (I, II, III); das Kürzel ER steht für »Exclusivement Rosé«. Rodolphe Péters zählt zu den besten Weinmachern der Champagne.

Pillot Bg ★★→★★★★ Talentierte Familie in CHASSAGNE-MONTRACHET, deren Betriebe sämtlich prima in Form sind: Fernand et Laurent Pillot (durchweg sehr solide), Jean-Marc Pillot (v. a. CLOS St Marc) und Paul Pillot (Grandes Ruchottes, La ROMANÉE u. a.). Alle drei haben auch Rote aus den Chassagne-PREMIERS-CRUS im Angebot.

Pinon, François Lo ★★★ 18' 19' 20 **21** (22) – Exzellenter, präzise bereiteter VOUVRAY in voller Bandbreite: von trocken bis süß und als (sehr guter) Schaumwein. Chef ist Julien Pinon.

Piper-Heidsieck Champ ★★★ Die historische Champagnerfirma surft jetzt auf einer Welle der Qualität. Lebhafter BRUT Essentiel mit längerer Reifezeit und weniger Zucker – blumig und doch kraftvoll. Der Prestige Rare, jetzt als separate Marke im Haus erzeugt, ist ein Juwel an Präzision, Reinheit und raffinierter Textur (02 06 07 **08** 12'), des Weiteren außergewöhnlicher Rare Rosé (**12'**). Ebenso rar ist die Reihe Hors-Série mit spät degorgierten Weinen; bislang gibt es nur zwei Jahrgänge (**71 82**).

Place, La Bx – Kein Ort, sondern ein Konzept. La Place ist der interne Handelsplatz der NÉGOCIANTS von BORDEAUX: Händler kaufen von Maklern *(courtiers)*, die von CHÂTEAUX kaufen, und veräußern die Weine an andere Händler – oder an Sie und mich.

Plageoles, Domaine SWF – Eine Winzerfamilie, die sich für die Bewahrung des echten GAILLAC-Stils einsetzt und seltene hiesige Rebsorten wiederentdeckte, z. B. Ondenc (Grundlage des berühmten süßen Vin d'Autan; ★★★), Prunelard (fruchtiger Rotwein mit Tiefe; ★★) oder Verdanel (weiß, trocken, eichengereift) sowie zahllose Mauzac-Unterarten. Weitere Rotweine liefern Braucol (alias FER SERVANDOU) und Duras.

Plaimont SWF – Gigantin, die sie ist, hat die rührigste Genossenschaft Frankreichs Mitglieder in ST-MONT, MADIRAN sowie den CÔTES DE GASCOGNE. BORDEAUX-Rebsorten hat sie inzwischen aufgegeben zugunsten traditioneller Trauben des Südwestens, wobei auch einige Bestände aus der Prä-Reblaus-Ära entdeckt wurden. Weine aller Farben und Stile (überwiegend ★★), aller Geschmacksrichtungen und aller Preisklassen.

Plan de Dieu S-Rh ★→★★ 18 19' 20 **22'** – AOP der CÔTES DU RHÔNE-VILLAGES auf einer steinigen, windigen *garrigue*-Ebene bei CAIRANNE mit würzig-tanninherben Vollgasweinen (vorwiegend GRENACHE), die gut zu Wild- und Eintopfgerichten passen. Die Auswahl ist groß. Beste Erzeuger: CHÂTEAUX La Courançonne, Le Plaisir, DOMAINES APHILLANTHES (charaktervoll), Arnesque, La Bastide St Vincent, Durieu (voll), Espigouette, Favards (öko), Grand Retour, Longue Toque, Martin (voll, traditionell), Pasquiers (öko), St-Pierre sowie Clos St Antonin.

Pol Roger Champ ★★★★ Champagnerhaus in Familienbesitz in Épernay. Der BRUT Réserve oJ, seit 2012 mit etwas geringerer Dosage, ist überragend. Ferner Brut (**04 06' 08 09 12'** 13 15), Rosé (**09 15**) und BLANC DE BLANCS (**08 09' 12 13** 15'). Des Weiteren feiner Pure *(dosage zéro)* sowie die üppige Cuvée Sir Winston Churchill (**02 09** 12 13).

Pomerol Bx ★★★→★★★★ 09' 10' **15 16'** 18' 19' 20' (22) – Kleine, teure AOP, berühmt für ihre auf MERLOT basierenden Weine in fülligem bis schwelgerischem und dennoch langlebigem Stil. 2022 war Bewässerung zugelassen. Spitzengüter: CLINET, La CONSEILLANTE, L'EGLISE-CLINET, L'ÉVANGILE, La FLEUR-PÉTRUS, HOSANNA, LAFLEUR, PETRUS, Le PIN, TROTANOY und Vieux Château Certan. Relativ günstige Weine bieten BOURGNEUF, La POINTE und MAZEYRES.

Pommard Côte d'Or ★★★→★★★★ 90' 96' 99' **03** 05' 09' 10' **12** 15' 16' 17 18' 19' 20' 21 – Einst ein Wein »in Arbeitsstiefeln«, ist Pommard heute leichtfüßiger unterwegs. Machen Sie sich darauf gefasst, seinem Zauber zu verfallen. Beste PREMIER-CRU-Lagen: Epenots liefert anmutige, Rugiens kraftvolle Weine; auf Village-Niveau empfiehlt sich Les Noizons. Spitzenerzeuger: Comte ARMAND, BICHOT (Dom. du Pavillon), J.-M. BOILLOT, Clerget, Commaraine (seit 2019), de COURCEL, HOSPICES DE BEAUNE, Launay-Horiot, Lejeune, de MONTILLE, Parent, Ch. de Pommard, Rebourgeon-Mure und Violot-Guillemard.

Pommery Champ ★★→★★★ Historisches Champagnerhaus mit spektakulären Kellergewölben; die Marke gehört jetzt Vranken. Der BRUT oJ ist von verlässlicher, wenn auch nicht funkelnder Qualität, ferner Rosé oJ und Jahrgangs-Brut (**04 08 09** 12'). Die einst überragende CUVÉE Louise (**02 04 05'**) gewinnt langsam wieder an Boden.

Ponsot Côte d'Or ★★→★★★★ Der eigenwillige Erzeugerbetrieb in MOREY-ST-DENIS wird seit Laurent Ponsots Weggang (2016) von Rose-Marie Ponsot geleitet – der Stil hat sich nicht merklich verändert. Paradeweine: Clos de la Roche (rot) und der weiße PREMIER CRU Monts Luisants (ALIGOTÉ).

Ponsot, Laurent Côte d'Or ★★→★★★★ Der Mann, der 30 Jahre lang die Weine der Domaine PONSOT vinifizierte, verließ den Familienbetrieb 2016, um ganz in der Nähe sein eigenes Haute-Couture-Label zu kreieren. Pachtverträge verbinden ihn weiterhin mit der Familie, u. a. für Parzellen in CLOS ST-DENIS und GRIOTTE-CHAMBERTIN. Laurent kauft zudem ständig Rebland und tüftelt – in der eigens dafür gebauten Kellerei – an Weißweinen.

Pouilly-Fuissé Bg ★★→★★★ **14' 15 17 18 19'** 20' 21 – Spitzen-AOP des Mâconnais mit kraftvollen, runden und zugleich intensiven Weißen aus der Umgegend von Fuissé, während die aus Vergisson mineralischer ausfallen. Im Vergleich zur CÔTE D'OR preiswert. Die PREMIER-CRU-Einstufung ist 2020 erfolgt – hurra! Spitzenerzeuger: Barraud, Ch. de Beauregard, Bret, Carette, Cornin, Ferret, Forest, Ch. de FUISSÉ, Lassarat, Merlin, Paquet, Ch. des Quarts, Renaud, Robert-Denogent, Rollet, Ch. des Rontets, Saumaize, Saumaize-Michelin, VERGET.

Pouilly-Fumé Lo ★★→★★★★ **19' 20' 21** 22' – AOP gegenüber von SANCERRE am anderen Loire-Ufer mit etwas milderen Weißen von wechselhafterer Qualität, die mehr Flaschenreife benötigen. Sie fielen 2021 frischer aus als in den vergangenen Jahren. Die besten Erzeuger: Bain, Belair, Bouchié-Chatellier, Bourgeois, Cailbourdin, Chatelain, Didier Dagueneau (VDF), Serge Dagueneau et Filles, Ch. de Favray, E. & A. Figeat, Jolivet, Ladoucette, Landrat-Guyollot, Masson-Blondelet, Joseph Mellot, Jean Pabiot, Jonathan Pabiot, Redde, Saget, Tabordet, Ch. de Tracy, Treuillet. Die CHASSELAS-AOP Pouilly-sur-Loire spielt heute praktisch keine Rolle mehr.

Pouilly-Loché Bg ★★ **14' 15 17 18 19' 20'** 21 – Das am wenigsten bekannte Mitglied der Pouilly-Familie im Mâconnais. Führender Erzeuger ist Clos des Rocs, gefolgt von Bret Brothers, Tripoz und der hiesigen Genossenschaft CAVE des Grands Crus Blancs. Die Lage Les Mûres soll demnächst PREMIER-CRU-Status erhalten.

Pouilly-Vinzelles Bg ★★ **14' 15 17 18 19'** 20' 21 – Die AOP ist geografisch wie auch qualitativ nah an PUILLY-FUISSÉ angesiedelt; mit Abstand am besten ist die Lage Les Quarts, die demnächst (gemeinsam mit zwei weiteren Lagen) PREMIER-CRU-Status erhalten soll. Beste Erzeuger: DROUHIN, Soufrandière (Bret Brothers), Valette und Ch. de Vinzelles. Mengenmäßig größter Erzeuger ist die Genossenschaft Cave des Grands Crus Blancs.

Premier cru – In BORDEAUX Lagen 1. Klasse, in Burgund (einschließlich CHABLIS) jedoch Lagen 2. Klasse, hinter GRAND CRU. An der Loire neuerdings Einstufung für Lagen 2. Klasse; bislang gilt sie einzig für COTEAUX DU LAYON Chaume.

Premières Côtes de Bordeaux Bx ★→★★ **18 19 20** – Die AOP ist geografisch mit CADILLAC – CÔTES DE BORDEAUX identisch, gilt aber ausschließlich für weißen Süßwein. Weine in lieblichem (*moelleux*) Stil auf SÉMILLON-Basis, in der Regel BV. Beste CHÂTEAUX: Crabitan-Bellevue, Faugas, du Juge, Marsan.

Prieur, Domaine Jacques Côte d'Or ★★★ Bedeutendes Weingut in MEURSAULT, das auch über eine Reihe hervorragender GRAND-CRU-Lagen von MONTRACHET bis MUSIGNY verfügt. Der Stil zielt auf Gewichtigkeit durch späte Lese und Eichenausbau ab und dürfte ruhig aufregender sein. Neu ist der rote Labruyère-Prieur Sélection BOUGOGNE. Die Eigentümerfamilie Labruyère ist zudem in der Champagne und in MOULIN-À-VENT engagiert und besitzt das BORDEAUX-Château ROUGET.

Primeur – Frischer, belebender junger Wein, besonders BEAUJOLAIS, auch VIN DE PAYS. *En primeur*-Verkauf bezieht sich dagegen auf Wein, der noch im Fass liegt und erst nach der Flaschenabfüllung ausgeliefert wird.

Propriétaire-récoltant Champ – Besitzer und Betriebsleiter; *récoltant* ist vom Verb *récolter* abgeleitet, das »ernten«, »sammeln« bedeutet.

Puech-Haut, Château Lang ★★★ Der kraftvolle Prestige (rot, weiß) und Tête de Belier (alle drei Farben) sind noble Weine in entsprechender Aufmachung (AOP LANGUEDOC St Drézéry). Preiswert ist der Rosé Argali (IGP). Ebenfalls zum Besitz gehört das PIC-ST-LOUP-Château Lavabre (★★★).

Puisseguin St-Émilion Bx ★★ 16 18 19 **20** (22) – Der östlichste der vier »Satelliten« von ST-ÉMILION mit fleischig-festen Weinen auf MERLOT-Basis. Spitzen-CHÂTEAUX: de l'Anglais, Beauséjour, Le Bernat, Branda, Clarisse, Durand-Laplagne, Fongaban, Guibeau (Noé), Haut-Bernat, des LAURETS, La Mauriane, Soleil.

Puligny-Montrachet Côte d'Or ★★★→★★★★ **09' 10' 12** 14' **15** 17' **18** 19' 20' 21 – Blumiger, feingliedriger, flirrender weißer Burgunder: in seinen besten Versionen der beste überhaupt. Auch ein klein wenig Rotwein. Hervorragende PREMIERS CRUS, allen voran Caillerets, Champ Canet, Combettes, Folatières und Pucelles plus die unglaublichen MONTRACHET-GRANDS-CRUS. Erzeuger: v. a. J.-M. Boillot, Carillon, Chartron, Chavy, Drouhin, Ente, Dom. Leflaive, O. Leflaive, (Familie) Pernot, Ch. de Puligny, Sauzet, Thomas-Collardot.

Py, Domaine Lang ★★→★★★ Die Reblagen der Domaine liegen an den Ausläufern der Montagne d'Alaric unweit von Carcassonne. Der CHARDONNAY (IGP Pays d'Oc) ist ungeschwefelt, der Antoine (rot und weiß) ausdrucksstark. Ferner feiner CORBIÈRES 3ème Cuvée.

Quarts de Chaume Grand cru Lo ★★★→★★★★ 14' 15' 16' 17' **18'** 20 (22) – Süßweinlage von Weltnvieau bei Layon ausschließlich für CHENIN BLANC, der im Idealfall mit vielschichtiger Textur, Zitrus- und Honignoten glänzt und praktisch unsterblich ist. Leider findet er heute kaum noch Abnehmer, weshalb sich die Winzer zunehmend auf trocken ausgebaute Versionen verlegen. Spitzenerzeuger: Baudouin, Belargus, Bellerive, Branchereau, FL, Guegniard, Ogereau, Ch. Pierre-Bise, Plaisance und Suronde.

Quénard Sav – Es gibt sechs verschiedene Quénard-Güter rings um CHIGNIN. Besonders empfehlenswert (alle ★★) sind André & Michel Quénard (handfeste Weine), Jean-François Quénard (wird immer besser) sowie Pascal et Annick Quénard (klein, aber fein und öko). Alle drei haben erstklassigen ROUSSANNE (Chignin-Bergeron), Jacquère und MONDEUSE im Angebot.

Quincy Lo ★★ 20' 21 22' – AOP für (früh reifenden) SAUVIGNON BLANC aus Sand- und Kiesböden. Der spritzig-zitrusfruchtige Wein ist in der Regel weniger komplex als SANCERRE. Erzeuger: v. a. Ballandors, l'Epine, Joseph Mellot, Rouzé, Siret-Courtaud, Tremblay, Villalin.

Ramonet, Jean-Claude Côte d'Or ★★★→★★★★ Unverwechselbare, geradezu eigenwillige, oft ätherische Weißweine. Ausgezeichnete Rote zum Einlagern, die echten Wert bieten.

Rancio Rouss – Die Bezeichnung (spanisch »ranzig«) bezieht sich auf die durch ausgedehnte oxidative Reifung entstehenden komplexen, entwickelten Aromen. Erinnert an Tawny Port oder alten Oloroso (Sherry) und wird

Frankreich

v. a. in BANYULS, MAURY, RASTEAU und RIVESALTES erzeugt. Kann etwas ganz Besonderes sein – unbedingt probieren!

Rangen El – Der südlichste elsässische GRAND CRU in Thann auf extrem steilen Hängen mit wärmespeicherndem vulkanischem Boden. Spitzenweine: PINOT GRIS Clos St Urbain (**08' 10'** 17') von ZIND-HUMBRECHT (der großartigste Pinot gris der Welt) und RIESLING Clos St-Théobald (**15'** 17') von SCHOFFIT.

Rasteau S-Rh ★★ **16' 17' 18 19' 20** 22' – Vorwiegend stämmige Weine, vorwiegend von GRENACHE, vorwiegend von Tonböden; es gibt aber auch einige geschliffenere Versionen. In sehr warmen Jahren fallen sie am besten aus; die Qualität ist sehr beständig. Erzeuger: v. a. Beaurenard (seriös, mit schönem Entfaltungspotenzial, aus biodynamischem Anbau), Cave Ortas/Rhonéa, Famille Perrin, Ch. La Gardine und Ch. du Trignon sowie die DOMAINES Beau Mistral, M. Boutin, Didier Charavin, Collière (handwerklich bereitet, stilvoll), Combe Julière (massiv), Coteaux des Travers (biodynamisch), Élodie Balme (weich), Escaravailles (stilvoll), Girasols, Gourt de Mautens (eigenwillig mit viel Charakter, talentiert bereitet; seit 2010 auch IGP-Weine), Gramiller (öko), Grand Nicolet (charaktervoll, Tiefe), Grange Blanche, Rabasse-Charavin (voll), St-Gayan, Soumade (geschliffen) und Trapadis (biodynamisch). Die Qualität des als VIN DOUX NATUREL von Grenache erzeugten Dessertweins steigt (Doms. Banquettes, Combe Julière, Coteaux des Travers, Escaravailles, Trapadis). Die Rasteau-Güter sind auch eine gute Quelle für roten CÔTES DU RHÔNE.

Raveneau Chablis ★★★★ Der CHABLIS-Spitzenerzeuger setzt auf klassische Bereitungsmethoden, deshalb sind die Weine außerordentlich langlebig – ein wenig moderner in letzter Zeit und immer weiter an Statur gewinnend. Sie sind ein echter Schatz (wenn auch nicht auf dem Sekundärmarkt). Lagen: v. a. die PREMIERS CRUS Butteaux, Chapelot, Vaillons und die GRANDS CRUS Blanchots, und Les Clos.

Rayas, Château S-Rh ★★★★ **05' 06' 07' 09'** 10' **11'** 15' 16' 17' 19' 20' 21' 22' – Überragendes, extrem auf Tradition und strikteste Ertragsbeschränkung bedachtes Gut in CHÂTEAUNEUF-DU-PAPE mit sandigen, baumbestandenen, fast gartenähnlichen Reblagen. Der Jahrgang 2018 fiel komplett aus wegen Mehltaubefall. Die sinnlichen, aromatischen Roten (100% GRENACHE) aus spät gelesenen Trauben altern großartig, d. h. mind. 30 Jahre. Unbedingt aufheben! Auch der weiße Rayas (CLAIRETTE, GRENACHE BLANC) hält sich gut und gern 20 und mehr Jahre. Der stilvolle Pignan ist das Zweitetikett. Glorios ist Ch. Fonsalette (CÔTES DU RHÔNE), u. a. der fantastische, langlebige SYRAH. Alle Weine müssen dekantiert werden, jeder ist ein Ereignis. Ferner Ch. des Tours (VACQUEYRAS) und guter Dom. des Tours (VIN DE PAYS de Vaucluse).

Régnié Beauj ★★ **18' 19 20'** 21 – Die sandigen Böden des jüngsten der BEAUJOLAIS-Crus erbringen Weine in leichterem Stil; fleischiger geraten sie in der Gegend von MORGON. So langsam siedeln sich hier gute Erzeuger an. Probierenswert von Burgaud, Chemarin, Dupré, de la Plaigne, Rochette, A. Sunier und J. Sunier.

Reine Juliette, Domaine Lang ★★ Umwerfender PICPOUL DE PINET vom Bruder-Schwester-Gespann Guillaume und Marion Alliès, Winzer in sechster Generation.

Reuilly Lo ★→★★★ **20' 21 22** – Im Westen an QUINCY grenzende AOP, ebenfalls mit SAUVIGNON-BLANC-Weinen. Des Weiteren zarte Rosés und Vin gris von PINOT GRIS (klassisch) und/oder PINOT NOIR; die guten roten Pinot-noir-Versionen sind mit jenen aus SANCERRE vergleichbar. Beste Erzeuger: Claude Lafond, Cordaillat, Jamain, Pagerie, Renaudat, Rouzé und Sorbe.

Riceys, Rosé des Champ – Bedeutendste AOP in AUBE für beachtlichen PINOT-NOIR-Rosé, der sich – quasi eine Überraschung – besonders in warmen Jahren (**09 15'** 18) hervortut. Erzeuger: A. Bonnet, Brice, Jacques Defrance und Morize.

Richebourg Côte d'Or ★★★★ **90' 93' 96' 99' 02'** 05' **09' 10'** 12' 15' 16 17 18' 19' 20' 21 – GRAND CRU in VOSNE-ROMANÉE. Burgunder höchster Güte mit außergewöhnlicher Geschmackstiefe, aber auch unglaublich teuer. Klangvoller Name, klangvoller Wein. Erzeuger: DRC, GRIVOT, GROS, HUDELOT-NOËLLAT, LEROY, Thibault LIGER-BELAIR, MÉO-CAMUZET.

Rieflé, Domaine El – Gegründet 1850, ökologisch zertifiziert seit 2014, Erwerb des berühmten Weinguts Seppi Landmann 2011 (kurzzeitig hieß das Gut Rieflé-Landmann). Die Leitung obliegt den Brüdern Thomas (Reben/Weine) und Paul Rieflé (Verkauf/Marketing). Die Abfüllungen aus Mischsatz sind nach geometrischen/philosophischen Prinzipien benannt, z. B. L'Eclat, l'Aplomb (spitze: 18' 19') aus der Reihe Ad Quadratum.

Frankreich

Rion Côte d'Or ★★→★★★ DOMAINES in NUITS-ST-GEORGES und VOSNE-ROMANÉE, deren Besitzer verwandt sind. Patrice Rions hervorragende Weine stammen aus Nuits-St-Georges (Clos St Marc, Clos des Argillières) und CHAMBOLLE-MUSIGNY, Daniel Rions PREMIER-CRU-Gewächse aus den Bereichen Nuits-St-Georges und Vosne-Romanée (der Weinbergbesitz wurde jetzt zwischen zwei Familienmitgliedern aufgeteilt). Die Weine der Domaine Armelle et Bernard Rion kommen großteils aus Vosne-Romanée. Alle drei Betriebe zeichnen sich durch verlässliche Qualität und faire Preisgestaltung aus.

Rivesaltes Rouss ★★→★★★ Unterschätzter VIN DOUX NATUREL in den Stilen Ambré, RANCIO/Hors d'Age, Rosé und Tuilé aus der AOC MUSCAT de Rivesaltes. Die Suche lohnen: CAZES, Ch. Valmy sowie die Domaines Boucabeille, des Chênes, Puig-Parahy, de Rancy, Le Roc des Anges, Sarda-Malet, des Schistes und Vaquer. Sie werden nicht enttäuscht sein.

Roc, Domaine le SWF – Verfechter der NÉGRETTE-Traube in FRONTON mit ausdrucksstarken Weinen.

Roederer, Louis Champ ★★★★ Das einzigartige Champagnerhaus in Familienhand verfügt über beneidenswerten Weinbergbesitz und ist der größte biodynamisch arbeitende Betrieb. Brillanter *chef de caves* ist Jean-Baptiste Lecaillon. Der BRUT Premier oJ wird jetzt durch den Collection oJ ersetzt (v. a. Collection 242, 243'). Außerdem BLANC DE BLANCS (**13 14'** 15), ansprechender Cristal (**08 09 12 13** 14) sowie herrlicher Cristal Vinothèque Blanc und Rosé (**95**). Ferner Brut NATURE Philippe Starck (ausschließlich aus dem Cru Cumières: **09 12** 18' 20') und Late Release Vintage (**90 95 96 97 99**). Eigentümer u. a. von DEUTZ und Ch. PICHON LALANDE. *Siehe auch* »Kalifornien« im Kapitel »Vereinigte Staaten«.

Rolland, Michel Bx – Ein Veteran unter den französischen önologischen Beratern und MERLOT-Spezialist (in BORDEAUX und weltweit). Eigentümer von Ch. FONTENIL in FRONSAC.

Rolly Gassmann El ★★★ Hervorragender, jetzt biodynamisch zertifizierter Erzeuger von vorwiegend umfangreichen, üppigen halbtrockenen Weinen (für den einen oder anderen vielleicht zu süß). Ausgezeichnete SÉLECTION-DE-GRAINS-NOBLES-Abfüllungen, ferner mineralischer RIESLING und sehr voller SILVANER (**13 16** 17' 18 19').

Romain Portier Lang ★★★ Der frühere Weinhändler erzeugt in der AOP TERRASSES DU LARZAC ausdrucksvolle, fein strukturierte Weine von einer Vielzahl von Rebsorten (biodynamischer Anbau).

Romanée, La Côte d'Or ★★★★ **09' 10' 12'** 15' 16' **17** 18' 19' 20 21 – Der kleinste GRAND CRU in VOSNE-ROMANÉE; MONOPOLE von Comte LIGER-

BELAIR. Außerordentlich feine, duftende, intensive Weine – das Nonplusultra des Burgunders zu entsprechendem Preis.

Romanée-Conti Côte d'Or ★★★★ 90' 93' **96' 99'** 00 02' 05' 09' **10'** 12' 14' 15' 16' 17 18' 19' 20' 21 – GRAND CRU in VOSNE-ROMANÉE, MONOPOLE von DRC. Die grandioseste Reblage Burgunds liefert eine in Flaschen gefüllte Legende – vorausgesetzt, man bringt die nötige Geduld auf (10–20 Jahre). Dann jedoch vermag kein Superlativ der tiefen Freude, die sein Genuss schenkt, gerecht zu werden.

Romanée-St-Vivant Côte d'Or ★★★★ 90' 99' 02' **05' 09'** 10' **12'** 15' 16' **17** 18' 19' 20' 21 – GRAND CRU in VOSNE-ROMANÉE, etwas tiefer gelegen als ROMANÉE-CONTI. Der Wein hat ein betörendes Bukett und ist eher zart, aber intensiv. Er ist weniger gebieterisch, vielleicht jedoch bezaubernder als seine berühmten Nachbarn. Erzeuger: Wem ARNOUX-LACHAUX, DRC, LEROY und inzwischen auch CATHIARD und HUDELOT-NOËLLAT zu teuer sind, der halte sich an ARLOT, J.J. Confuron, Follin-Arbelet, LATOUR oder Poisot. Das nimmt sich nichts.

Romanin, Château Prov ★★★ Führende biodynamisch wirtschaftende Domaine in Les BAUX-DE-PROVENCE; allein schon der prachtvolle kathedralenartige Keller lohnt einen Besuch. Der *Grand vin* ist in roter wie in weißer Ausführung majestätisch.

Rosé d'Anjou Lo ★→★★ BV – Große AOP für halbtrockenen bis süßen Rosé, vorwiegend von Grolleau plus CABERNET FRANC, CABERNET SAUVIGNON, Pineau d'Aunis, GAMAY und CÔT: nicht sehr hip, aber in der Regel gut gemacht. Erzeuger: v. a. Ackerman, Sauvion.

Rosé de Loire Lo ★→★★ Große, bereichsübergreifende AOP für erfrischenden Rosé unterschiedlicher, aber oft guter Machart von den sechs Rebsorten Grolleau gris, Grolleau noir, CABERNET FRANC, CABERNET SAUVIGNON, GAMAY plus PINOT NOIR. Erzeuger: v. a. Bablut, Beaujardin, CADY, Passavant und Robert & Marcel.

Rossignol-Trapet Côte d'Or ★★★ Ebenfalls biologisch-dynamisch arbeitende Cousins der Eigentümer von Dom. TRAPET, im Besitz etlicher GRAND-CRU-Lagen, v. a. CHAMBERTIN. Bis hin zum GEVREY VIEILLES VIGNES bietet das gesamte Sortiment ein gutes Preis-Leistungs-Verhältnis. Auch einige Lagen in BEAUNE (aus Rossignol-Besitz). Der Jahrgang 2020 ist wunderbar.

Rostaing, Domaine N-Rh ★★★ 05' 09' **10' 12'** 13' 15' 16' 17' 18' 19' 20' – Sehr qualitätsbewusster Erzeuger an der CÔTE RÔTIE mit fünf dicht gewirkten Weinen aus Spitzenlagen: Fein, reintönig, klar und unter dezentem Eicheneinsatz bereitet, sollten sie mind. 6 Jahre reifen und dekantiert werden. Im Einzelnen: verführerischer, komplexer, erstklassiger Côte Blonde (mit 5 % VIOGNIER), Côte Brune (von eisenhaltigem Boden; kein 2021er), La Landonne (dunkle Früchte, 20–25 Jahre haltbar) sowie in manchen Jahren Viallière. Außerdem mineralisch-fester CONDRIEU sowie roter und weißer IGP COLLINES RHODANIENNES und roter und weißer Dom. Puech Noble (LANGUEDOC).

Rouget, Emmanuel Côte d'Or ★★★★ Die junge Generation hat das »Emmanuel« im Namen durch »Domaine« ersetzt. Sie möchte den Ruhm wieder aufleben lassen, der sich auf das Erbe von Henri Jayers Weinbergbesitz, allen voran CROS PARANTOUX, gründete. Eine späte Lese sorgte in den neueren Jahrgängen für supergewichtige Weine.

Roulot, Domaine Côte d'Or ★★★→★★★★ Die hervorragende DOMAINE in MEURSAULT – Motto: »Ich lese, wann ich will« – hat inzwischen zu Recht Kultstatus erlangt. Großartig sind die PREMIER-CRU-Gewächse wie Charmes, Clos des Bouchères und Perrières, preiswerter diejenigen aus besten Villages-Lagen wie Les Luchets, Meix Chavaux und v. a. Clos du Haut Tesson. Ferner exzellenter BOURGOGNE Blanc.

Roumier, Georges Côte d'Or ★★★★ Das Musterweingut für BONNES-MARES und andere brillante Chambolle-Musigny-Weine (u. a. aus den PREMIERS CRUS Les Amoureuses und Les Cras), bereitet von Christophe Roumier. Langlebige, aber auch schon in der Jugend ansprechende Gewächse, die auf dem Sekundärmarkt mittlerweile groteske Preise erzielen. Das beste Preis-Leistungs-Verhältnis bietet der Clos de la Bussière (MOREY-SAINT-DENIS).

Rouquette-sur-Mer, Château Lang ★★★★ Beeindruckendes Gut in La CLAPE mit Weinbergen und *garrigue*-Landschaft direkt am Meer. Der weiße Arpège ist knackig, kräuterwürzig und unglaublich günstig. Der in Eiche ausgebaute Clos de la Tour (MOURVÈDRE/SYRAH) und der L'Absolu sind hervorragend.

Rousseau, Domaine Armand Côte d'Or ★★★★ Cyrielle setzt gemeinsam mit Vater Eric die Familientradition fort: Die legendäre DOMAINE in GEVREY-CHAMBERTIN brilliert mit ausgewogenen, duftenden, raffinierten, majestätischen und langlebigen GRAND-CRU-Gewächsen, plus dem legendären PREMIER CRU CLOS ST-JACQUES. Die Village-Weine sind nicht ganz so eindrucksvoll.

Roussette de Savoie Sav – Die regionale AOP, geografisch identisch mit der AOP SAVOIE, liefert sortenreinen ALTESSE-Weißwein, der sich mind. 5 Jahre hält. Erzeuger: v. a. Chevalier Bernard (★), Dupasquier (★), Lupin (★), St-Germain (★★), Prieuré St-Christophe (★★★).

Roussillon – Das oft mit dem LANGUEDOC in einen Topf geworfene und der AOP Languedoc eingegliederte Anbaugebiet hat gleichwohl eine eigene Identität – ein spannender Bereich mit unterschiedlicher Bodenbeschaffenheit und Topografie und inspirierten Erzeugern. Es gibt viele alte Rebstöcke, Hauptsorte ist GRENACHE. Die größte Subappellation, CÔTES DU ROUSSILLON, liefert preiswerte würzige Rotweine. Ursprünglicher, manchmal umwerfender traditioneller VIN DOUX NATUREL (z. B. BANYULS, MAURY, RIVESALTES) sowie ernst zu nehmende rote und weiße Tischweine mit Alterungspotenzial. *Siehe auch* die AOPS COLLIOURE, CÔTES DU ROUSSILLON (-VILLAGES), MAURY (Sec). Exzellent sind die IGPS CÔTES CATALANES und Côte Vermeille.

Ruchottes-Chambertin Côte d'Or ★★★★ **99' 02' 05' 09' 10' 12'** 15' 16 **17'** 18' 19' 20' 21 – Kleiner GRAND-CRU-Nachbar von CHAMBERTIN; weniger körperreicher, dafür ätherischer, fein gewirkter, langlebiger roter Burgunder von großer Finesse. Spitzenerzeuger: MUGNERET-Gibourg, ROUMIER, ROUSSEAU, gefolgt von F. Esmonin, H. Magnien, Marchand-Grillot, Ch. de Marsannay und Pacalet plus Lambrays (seit 2021).

Ruinart Champ ★★★★ Das bereits hohe Niveau des ältesten aller Champagnerhäuser (gegründet 1729) steigt immer weiter. Sehr voller, eleganter R de Ruinart BRUT oJ, ferner Ruinart Rosé oJ, R de Ruinart Brut (**08**). Von der Prestige-CUVÉE Dom Ruinart (90' **02 04'** 06 **07 09** 10) gibt es schändlicherweise keinen Jahrgang 2008. Prachtvoll ist der kulinarische Dom Ruinart Rosé (**90 96 98' 02 04 06' 09**), sehr viel besser geworden der Blanc de Blancs oJ. Kellerchef Frédéric Panaïotis vollbringt wahre Wunder.

Rully Bg ★★ r **15' 17 18' 19'** 20'; w **17' 18 19' 20'** 21 – Ort an der CÔTE CHALONNAISE für leichten, frischen, leckeren, preiswerten Weißwein. Bei den Roten steht nicht so sehr Struktur als viemehr die Frucht im Vordergrund. Die besten Lagen sind Grésigny, Pucelle und Rabourcé. Erzeuger: v. a. Briday, Champs l'Abbaye, Devevey, DROUHIN, Dureuil-Janthial, FAIVELEY, de la Folie, Jacqueson, Jaeger-Defaix, C. Jobart, O. Leflaive, de Villaine. Erstklassigen CRÉMANT bietet Picamelot.

Sablet S-Rh ★★ **20 22'** – Ort der CÔTES DU RHÔNE-VILLAGES unweit von GIGONDAS mit vorwiegend sandigen Böden, die z. T. terrassiert sind. Von

Frankreich

hier kommen geschmeidig-gepflegte, beerenfruchtige Rote auf GRENACHE-Basis, teils mit Tiefgang. Erzeuger: v. a. die Genossenschaft CAVE des Vignerons du Gravillas, Ch. Cohola (Öko-Anbau), Ch. du Trignon sowie die DOMAINES de Boissan (öko, voll), Les Goubert (rot und weiß), Pasquiers (öko, der Beste) und Piaugier (rot und weiß). Ferner körperreiche Weißweine, als Aperitif wie auch zum Essen gut, v. a. von Boissan, SAINT GAYAN.

Saint-Amour Beauj ★★ 18' 19' **20'** 21 – Nördlichster Cru im BEAUJOLAIS mit unterschiedlichen Böden und daher unterschiedlichen Weinen. Erzeuger: v. a. Cheveau, Dom. de Fa, Patissier, Pirolett, Revillon.

Saint-Aubin Côte d'Or ★★★ w 14' 15 17 **18'** 19' 20' 21 – Immer besser werdende Quelle für lebhafte, erfrischende Weißweine. Gewächse aus dem PREMIER CRU St-Aubin machen mittlerweile dem Supertrio CHASSAGNE, PULIGNY, MEURSAULT Konkurrenz. Außerdem fruchtige Rote (meist BV). Beste Lagen: Chatenière, En Remilly, Murgers Dent de Chien. Beste Erzeuger: J.C. BACHELET, Joseph Colin, Marc COLIN, COLIN-MOREY, Lamy und Larue. Preiswertes findet man bei Prudhon.

Saint-Bris Bg ★ BV – Die einzige AOP für SAUVIGNON BLANC in Burgund. Frische, lebhafte Weine von GOISOT und de Moor zum Einkellern. Auch interessant: Bersan, Davenne, Felix, Simonnet-Febvre, Verret.

Saint-Chinian Lang ★→★★★ Ausgedehntes, hügeliges Gebiet bei Béziers mit Schiefer- (Nordwesten), Lehm- und Kalksteinböden (Südosten) und solidem Ruf; enthält die CRUS du Languedoc Berlou (vorwiegend CARIGNAN) und Roquebrun (vorwiegend SYRAH). Warme, würzige Rotweine auf Basis von Syrah, Carignan, GRENACHE und MOURVÈDRE. Die Weißen werden von GRENACHE BLANC, MARSANNE, ROUSSANNE und VERMENTINO bereitet. Erzeuger: die Genossenschaft in Roquebrun (gut), Dom. Borie la Vitarèle, Ch. Castigno, CLOS Bagatelle, Dom. COMPS, Dom. la Dournie, Dom. Les Eminades, Dom. des Jougla, Dom. La LINQUIÈRE, Dom. La Madura, Mas Champart, Mas de Cynanques, Ch. Milhau Lacugue, Dom. Navarre, Dom. QUARTIRONI DE SARS, Dom. Rimbert und Ch. Viranel.

Saint Cosme, Château de S-Rh ★★★ 09' **10'** 11' **12' 13' 14' 15'** 16' 17' 18' 19' 20' 21' 22' – Das biodynamisch bewirtschaftete Weingut unweit der Ortschaft GIGONDAS bietet hohe Qualität: Weine mit Flair, Schwung und Eichennote. Darunter die aus Einzelparzellen stammenden Roten Les Deux Albion (CÔTES DU RHÔNE) sowie Hominis Fides (von 1902 gepflanzten GRENACHE-Reben) und Le Poste (beide Gigondas). Seit 2018 gehört auch Château de Rouanne (VINSOBRES) dazu. Außerdem Weinhandel mit guter Auswahl von der nördlichen Rhône, v. a. CÔTE RÔTIE und CONDRIEU.

Sainte-Anne, Domaine S-Rh ★★ Das Gut oberhalb von St-Gervais mit altem Rebbestand und hohen Qualitätsstandards erzeugt stramme, charaktervolle Rote, u. a. Rouvières (vorwiegend MOURVÈDRE von 60-jährigen Reben) und Mourillons (auf SYRAH-Basis), die 15 Jahre alt werden können. Ferner VIOGNIER (VIN DE FRANCE) von 1977 angepflanzten Reben – subtiler als allgemein üblich und 2021 brillant.

Sainte-Croix-du-Mont Bx ★★ 15 16 18 **19 20** – Die Böden der AOP bestehen aus versteinerten Austern, erzeugt werden süße Weißweine (*liquoreux*). Die besten Exemplare sind voll, cremig und langlebig. Spitzen-CHÂTEAUX: Les Arroucats, Crabitan-Bellevue, Loubens, des Mailles, du Mont und La Rame.

Sainte Eulalie, Château Lang ★★★ Verlässlich gute MINERVOIS-Domaine in einem hübschen Tal oberhalb von La Livinière mit Weinen, die nicht angeberisch daherkommen, sondern eine leichte Hand verraten. Sehr gut ist das Spitzengewächs La Cantilène, preiswert der Printemps d'Eulalie.

Saint-Émilion Bx ★★→★★★★ 09' 10' 15' **16 18 19'** 20' (22) – Großer Bereich von BORDEAUX auf dem rechten Ufer mit vorgeschriebenem zertifiziert umweltfreundlichem Anbau. Hauptrebsorte ist MERLOT, gefolgt von

CABERNET FRANC. Umfasst die AOPS St-Émilion und St-Émilion GRAND CRU; St-Émilion PREMIER GRAND CRU CLASSÉ ist den Spitzengütern vorbehalten (14 in der Klassifikation von 2022). Warmer, voller, runder Stil; aufgrund unterschiedlicher Terroirs, Bereitungsmethoden und Verschnittrezepte ist die Bandbreite allerdings groß – die besten Weine sind fest und sehr langlebig. Spitzen-CHÂTEAUX: ANGÉLUS, AUSONE, CANON, CHEVAL BLANC, FIGEAC und PAVIE.

Saint-Estèphe H-Méd ★★→★★★★ 05' 09' 10' **15 16'** 18 19' 20 (22) – Nördlichste kommunale AOP im MÉDOC mit unterschiedlichen Terroirs (Kies, Kalkstein). Solide, strukturierte, auf Langlebigkeit ausgelegte Weine. Fünf Crus classés: CALON-SÉGUR, COS D'ESTOURNEL, COS LABORY, LAFON-ROCHET und MONTROSE. Die besten Châteaux ohne Klassifizierung: Le BOSCQ, CAPBERN, LE CROCK, LILIAN LADOUYS, MEYNEY, ORMES DE PEZ, de PEZ, PHÉLAN SÉGUR, TRONQUOY-LALANDE.

Sainte-Victoire Prov ★★ Der Unterbereich der CÔTES DE PROVENCE an den Kalksteinhängen der Montagne Ste-Victoire spendet die in heißen Jahren so dringend benötigte Frische. Erzeuger: v. a. Domaines Gassier, Richeaume (IGP-Weine), St Pancrace, de St-Ser sowie Mathilde CHAPOUTIER und Mas de Cadenet.

Saint-Gall, De Champ – Markenname der Union Champagne, der Genossenschaft der Spitzenwinzer in AVIZE. CHAMPAGNER: BRUT oJ, Extra Brut oJ, Brut BLANC DE BLANCS oJ, Brut Rosé oJ, Brut Blanc de Blancs (08), CUVÉE Orpale Blanc de Blancs (09 **13'**). Außerdem feiner, preiswerter Pierre Vaudon oJ auf Pinot-Basis. Erzeugt auch erstklassige Grundweine für einige der großen Champagnerhäuser.

Saint Gayan, Domaine S-Rh ★★★ 05' 06' 07' **10' 15'** 16' 17' 18' 19' 20' 21 22' – Verlässlicher Spitzenerzeuger langlebiger, nur dezent eichenwürziger Weine in GIGONDAS; ein Schnäppchen ist der Origine (80 % GRENACHE). Außerdem sehr guter, voller roter RASTEAU Ilex und aromatischer weißer SABLET L'Oratory.

Saint-Georges Saint-Émilion Bx ★★ 16 18 19 **20** (22) – Der kleinste »Satellit« von ST-ÉMILION mit stämmigen, gut strukturierten Weinen. Spitzen-CHÂTEAUX: Calon, Cap St-Georges, Macquin St-Georges, St-André Corbin, St-Georges, Tour du Pas St-Georges sowie Clos Albertus.

Saint-Joseph N-Rh ★★→★★★ 09' 10' 15' 16' 17' 18' **19' 20'** 21 22' – Rund 65 km lange AC entlang des Westufers der nördlichen Rhône mit teils höheren Lagen und vorwiegend Granitböden (großteils von Hand bewirtschaftet). Rotweine von SYRAH. Aus den ältesten und besten Lagen bei Tournon kommen stilvolle Gewächse mit Noten roter Früchte, die ein wenig Zeit brauchen, weiter nördlich bei Chavanay sind die Weine dunkler, pfeffriger, und es wird mehr neue Eiche verwendet. Vollständigere, charaktervollere Weine als CROZES-HERMITAGE, v. a. von CHAPOUTIER (Les Granits), J.-L. Chave (höchst interessant), Gonon (Spitzenklasse), Gripa und GUIGAL (Vignes de l'Hospice). Daneben: Alexandrins, Amphores (biodynamisch), S. Blanchon, Boissonnet, J. Cécillon, Chèze, Courbis (modern), Coursodon (rassig, modern), Cuilleron, E. Darnaud, Delas, J. & E. Durand, Faury, Ferraton, Gaillard (v. a. Clos de Cuminaille), B. Jolivet (im Kommen), P. Marthouret, Monier-Perréol (biodynamisch) A. PERRET (Grisières), Sept Lunes, Vallet, P.-J. Villa, F. Villard, Vins de Vienne. Gute, zum Essen passende Weiße (hauptsächlich Marsanne, v. a. von Barge, Chapoutier (Les Granits), Y. Cuilleron, Curtat, Faury, Gonon, Gouye, Gripa, Guigal, P. Marthouret, A. Perret, J. Pilon (stilvoll) und Vallet.

Saint-Julien H-Méd ★★★→★★★★ 05' 09' 10' **15 16'** 18 19' 20 (22) – Kommunale AOP im mittleren MÉDOC von superbeständiger Qualität – Inbegriff des harmonischen, duftenden und nuancenreichen Rotweins. Elf CHÂ-

TEAUX, die in die Klassifizierung von 1855 aufgenommen wurden, besitzen das Gros der Rebfläche, darunter die drei LÉOVILLE-Châteaux sowie DUCRU-BEAUCAILLOU und GRUAUD LAROSE. Nicht klassifiziert sind u. a. du GLANA, GLORIA und Moulin Riche.

Saint-Maur, Château Prov ★★ Domaine in den CÔTES DU PROVENCE, 10 km von Saint-Tropez entfernt. Der Rosé Saint M glänzt mit verlässlicher Qualität, Spitzenreiter ist CLOS du Capelune (rosé und weiß) von Lagen auf 400 m Höhe.

Saint-Mont SWF ★★ r **18 19** 20 (22) – AOP im Herzen der Gascogne. Die Weine ähneln MADIRAN, sind aber oft weicher und weniger intensiv. André DUBOSC und seine Producteurs PLAIMONT sind nicht nur für die Einführung der AOP verantwortlich, sondern auch für einen Großteil der Erzeugnisse – probieren Sie den Château de Sabazan (★★★). Der Weißwein ist trocken und dem PACHERENC DU VIC-BILH ähnlich, aber weniger intensiv und unglaublich günstig.

Saint-Nicolas-de-Bourgueil Lo ★→★★★ **18' 19'** 20' **21** 22' – Westlich an BOURGUEIL angrenzende AOP mit ähnlichen Böden (höherer Kiesanteil) und, wenn überhaupt, etwas leichteren Weinen (CABERNET FRANC). Die Unterschiede sind gering, viele Erzeuger besitzen Reblagen in beiden Bereichen. Empfehlenswert: v. a. Xavier Amirault, Yannick AMIRAULT, David, Delanoue, Jamet, Frédéric Mabileau, Laurent Mabileau, Mabileau, Ménard, Mortier, Taluau-Foltzenlogel, Vallée.

Saint-Péray N-Rh ★★ **21' 22'** – Eleganter, fein mineralischer (Feuerstein) weißer Rhône-Wein (MARSANNE/ROUSSANNE) von Weinbergen auf Granit- sowie einigen Kalksteinhügeln gegenüber von Valence; jede Menge Neuanpflanzungen. Einst berühmt für Schaumwein nach der *méthode champenoise*, der auch heute noch das Probieren lohnt (R. Nodin, A. Voge, die Genossenschaft in TAIN). Die besten weißen Stillweine gibt es bei CHAPOUTIER, Clape (reintönig), Colombo (stilvoll), Y. CUILLERON, E. & J. Durand, L. Fayolle, Gripa (am besten, v. a. der auf Roussanne basierende Figuiers), J. Michel, R. Nodin, du Tunnel (sehr elegant), Vins de Vienne, Voge (v. a. Fleur de Crussol, Eiche) sowie die Genossenschaft in Tain.

Saint-Pourçain Lo, ZF ★→★★★ **19' 20' 21 22'** – Spannende AOP für gute Rote und Rosés von GAMAY und PINOT NOIR (Letzterer ist sortenrein nicht zugelassen) in unterschiedlichen Stilrichtungen: von leicht bis strukturiert mit Alterungspotenzial. Weißweine von der Lokalsorte Tressalier und/oder CHARDONNAY bzw. SAUVIGNON BLANC. Erzeuger: v. a. Dom. des Bérioles (komplex, langlebig), Clos de Breuilly, Grosbot-Barbara, Nebout, Pétillat, Ray, Les Terres d'Ocre, Terres de Roa und die Genossenschaft VIGNERONS de St-Pourçain.

Saint-Romain Côte d'Or ★★→★★★ w **15 17' 18' 19'** 20' 21 – Knackig-frische Weißweine aus einem Nebental der CÔTE DE BEAUNE, für burgundische Verhältnisse äußerst preiswert. Die besten Lagen heißen Combe Bazin, Sous le Château und Sous la Roche. Die Spezialisten sind H. & J. Buisson (überragend), Dom. de Chassorney und Alain Gras, aber auch die meisten NÉGOCIANTS führen gute Exemplare. Ferner etwas Rotwein in frischem Stil. Im Auge behalten.

Saint-Véran Bg ★★ **17 18' 19 20'** 21 – AC im Süden des Mâconnais, nördlich und südlich von POUILLY-FUISSÉ. Die besten Lagen hat die Gemeinde Davayé. Erzeuger: v. a. Ch. de Beauregard, Chagnoleau, Corsin, Deux Roches, Litaud und Merlin; Preiswertes findet man bei DUBŒUF, Poncetys und der Genossenschaft Terres Secrètes.

Salon Champ ★★★★ Der ursprüngliche BLANC DE BLANCS aus Le MESNIL an der Côte des Blancs. Langlebige, ungeheuer kostspielige CHAMPAGNER in Kleinstauflage. In neuerer Zeit sind sie ganz auf der Höhe (**90 96 97' 02 04'**

06 07 08 10 12) und werden dem einstigen Renommee wieder gerecht. Salon ist ebenso wie DELAMOTTE im Besitz von LAURENT-PERRIER.

Sancerre Lo ★→★★★★ **19' 20' 21** (22) – Die erfolgreichste Loire-AOP für SAUVIGNON BLANC; auch der PINOT NOIR kann sehr gut sein. Das Spektrum reicht vom jugendlich-zitrusfruchtigen Alltagswein bis zu komplexen Gewächsen zum Einlagern (mind. 10 bis 15 Jahre). Der Klimawandel kitzelt die Steinfruchtnoten hervor. Spitzenerzeuger: Boulay, Bourgeois, Cotat, François Crochet, L. Crochet, V. Delaporte, Dezat, Fleuriet, Fouassier, A. Girard, Jolivet, Thomas Laballe, A. MELLOT, J. Mellot, Pierre Martin, Natter, Neveu, Pinard, Paul Prieur, P. et N. Reverdy, Raimbault, Claude Riffault, Roblin, D. Roger, J.-M. Roger, Vacheron, Vatan, Vattan.

Sang des Cailloux, Le S-Rh ★★★ **15' 16' 17' 18'** 19' 20' 21 22' – Der beste Erzeuger in VACQUEYRAS bewirtschaftet seine großteils mit GRENACHE bestockten Reblagen mitten in der Garrigue biodynamisch. Der Name des klassischen Roten wechselt im Dreijahresrhythmus: Floureto (2019), Doucinello (2020), Azalaïs (2021). Das rote Spitzengewächs Lopy altert sehr schön. Ferner solider Un Sang Blanc (weiß).

Santenay Côte d'Or ★★→★★★ **09' 12 15' 16 17** 18' 19' 20' 21 – Das Südende der CÔTE DE BEAUNE mit feinen Rotweinen. Die besten Lagen sind CLOS Rousseau, Clos de Tavannes und Les Gravières (rot und weiß). Lokale Erzeuger: v. a. Bachey-Legros, Chevrot, Justin Girardin, Ch. Philippe le Hardi, Jessiaume, MOREAU, Muzard, Olivier, Vincent; ferner: Giroud, JADOT (inkl. Dom. Prieur-Brunet), LAMY. Außerdem einige gute Weiße, z. B. von Dom. Charmes.

Sarrat de Goundy Lang ★★→★★★ Die rote, weiße und rosé CUVÉE du Planteur (La CLAPE) des innovativen Olivier Calix ist in allen drei Farben ein Schnäppchen. Die rote CUVÉE Sans Titre duftet nach NIELLUCCIO, der sortenreine BOURBOULENC (weiß) zeigt florale und mineralische Noten.

Saumur Lo ★→★★★★ **19' 20' 21** 22' – Große AOP für leichte bis langlebige (mind. 25 Jahre) Weißweine im Weltklasseformat und oft unkomplizierte, jung zu trinkende Rote (falls sie nicht dem Bereich SAUMUR-CHAMPIGNY entstammen) sowie Rosé von CABERNET FRANC und CABERNET SAUVIGNON, außerdem Zentrum der Loire-Schaumweinproduktion. Saumur Le-Puy-Notre-Dame heißt die AOP für Rotweine auf Cabernet-franc-Basis, Coteaux de Saumur jene für spät gelesenen CHENIN BLANC. Erzeuger: v. a. BOUVET-LADUBAY, Domaine du Ch. de Brézé, Clos Mélaric, Clos Rougeard, Ditterie, Antoine Foucault, Guiberteau, Arnaud Lambert, Nerleux, Paleine, Ch. Parnay, Robert et Marcel, Rocheville, Ch. de Targé, Ch. de Villeneuve und Ch. Yvonne.

Saumur-Champigny Lo ★★→★★★★ **18' 19' 20' 21** 22' – Neun Gemeinden umfassende AOP für teils höchstklassige, duftende CABERNET-FRANC-Rotweine: Sie sind in der Regel strukturierter und komplexer als SAUMUR-Abfüllungen, gute Jahrgänge halten sich mind. 20 Jahre. Beste Erzeuger: Bonnelière (preiswert), Bruno Dubois, Champs-Fleuris, Clos Cristal (jetzt eine Genossenschaft), Clos Rougeard, de la Cune, Ditterie, Filliatreau, Hureau, Arnaud Lambert, Nerleux, Petit St-Vincent, Robert et Marcel, Roches Neuves, de Rocheville, St-Vincent, Seigneurie, Antoine Sanzay, Ch. de Targé, Val Brun, Ch. de Villeneuve und Ch. Yvonne.

Saussignac SWF ★★ **18' 19** 20 (22) – Sub-AOP von BERGERAC, westlich an MONBAZILLAC grenzend; ähnliche, vielleicht einen Tick säurereichere Weine. Beste Erzeuger: die DOMAINES Lestevénie, La Maurigne, Les Miaudoux und de Richard (alle ★★★) sowie die CHÂTEAUX Le Chabrier, Le Payral und Le Tap (alle ★★).

Sauternes Bx ★★→★★★★ **09' 11' 13 14 15' 16' 18 19** 20 (22) – In dieser AOP werden aus edelfaulen Trauben Frankreichs beste *liquoreux*-Weine bereitet: üppig, goldfarben, langlebig. Wegen Frostschäden war 2021 der Ertrag sehr gering. Zudem wird eine Fülle an BORDEAUX-Blanc-Weinen erzeugt. Zu den 1855 klassifizierten CHÂTEAUX zählen GUIRAUD, Lafaurie-Peyraguey, RIEUSSEC, SIGALAS RABAUD, SUDUIRAUT, La TOUR BLANCHE und natürlich d'YQUEM. Nicht klassifiziert, aber dennoch hervorragend sind die Châteaux de Fargues, Gilette und Raymond-Lafon.

Sauzet, Etienne Côte d'Or ★★★ Führender Erzeuger in PULIGNY-MONTRACHET mit großartigen PREMIERS CRUS (am besten sind Champ Canet und Les Combettes) sowie den GRANDS CRUS Montrachet und BÂTARD-MONTRACHET. Konzentrierte, lebhafte, jetzt auch wieder langlebige Weine aus zertifiziert biodynamischem Anbau.

Savennières Lo ★★→★★★★ **16 18' 19' 20'** 21 22' – AOP in ANJOU mit lebhaft-komplexen, sehr langlebigen (30 Jahre) trockenen Weißen von CHENIN BLANC, die man dekantieren sollte; außerdem ein paar halbtrockenen Versionen. Frost ist hier ein häufiges Übel. Erzeuger: v. a. Baudouin, BAUMARD, Belargus, Bergerie, Boudignon, Closel, Ch. d'Epiré, Dom. FL, Laureau, Mahé, Mathieu-Tijou, Morgat (sehr gut), Ogereau, Ch. PIERRE-BISE und Ch. Soucherie.

Savennières Roche-aux-Moines Lo ★★→★★★★ **18' 19 20'** 21 (22) – SAVENNIÈRES-Cru mit strengen Vorgaben: Der hiesige langlebige trockene CHENIN BLANC auf Weltklasseniveau ist eine Stufe höher angesiedelt als einfacher Savennières. Erzeuger: v. a. Dom. des Forges, Dom. FL, Laureau, Dom. aux Moines, Ch. PIERRE-BISE.

Savigny-lès-Beaune Côte d'Or ★★→★★★ **05' 09' 10' 15' 18' 19'** 20' 21 – Bedeutender Nachbarort von BEAUNE mit ähnlich mittelschweren Weinen, die eher verlässlich sind als spannend. Beste Lagen: Dominode, Les Guettes, Lavières, Vergelesses. Erzeuger im Ort: Bize, Camus-Bruchon, Chandon de Briailles, Chenu, Girard, Guillemot (weiß), A. Guyon, Pavelot, Rapet und Tollot-Beaut. Außergewöhnliche CUVÉES haben CLAIR, DROUHIN, J.-P. Guyon und LEROY im Angebot.

Savoyen (Savoie) Die AOP in den französischen Alpen (zwei Drittel Weißwein) umfasst 20 CRUS, darunter APREMONT, ARBIN, Ayze, Chautagne CHIGNIN, Crépy und Jongieux. Regionale Sub-AOPs sind CRÉMANT de Savoie, ROUSSETTE DE SAVOIE (Altesse) und SEYSSEL. Zugelassen sind 25 Rebsorten; die Rotweine werden vorwiegend von GAMAY, MONDEUSE, Persan und PINOT NOIR bereitet, die Weißen von Altesse, CHARDONNAY, CHASSELAS, Gringet, Jacquère und ROUSSANNE. Halten Sie sich an die Öko-Stars unter den Erzeugern: A. Berlioz, Chevillard, St-Germain (alle ★★) oder an die verlässlichen alten Hasen: Baraterie (★), E. Carrel, P. Grisard, Côtes Rousses, Jacquin, L'Idylle, Perrier, Viallet (alle ★).

Schlossberg El – Seit dem 15. Jh. berühmter GRAND CRU in Kientzheim. Glorioser, unwiderstehlicher RIESLING von WEINBACH (**10**) und neuerdings von TRIMBACH. Der Jahrgang 2015 war großartig.

Schlumberger, Domaines El ★★→★★★★ Dem riesigen, qualitätsbewussten Betrieb gehören rund 1% aller elsässischen Weinberge, u. a. Parzellen in den GRANDS CRUS Kitterlé und Saering. Der exzellente RIESLING (**08** 17' 18) wird noch übertroffen von den GEWÜRZTRAMINERN, v. a. VENDANGE Tardive Cuvée Christine (unvergesslich: **76'**) und SÉLECTION DE GRAINS NOBLES Cuvée Anne (Meisterstück: **89'**).

Schoenenbourg El – Der GRAND CRU in Riquewihr war schon immer berühmt (Voltaire besaß hier Rebparzellen). Spitzenreiter ist der RIESLING Schoellhammer von HUGEL; DOPFF AU MOULIN bietet feinen Riesling VENDAGE tardive und SÉLECTION DE GRAINS NOBLES.

Schoffit, Domaine El ★★★★ Die Kellerei in Colmar legte schon immer Wert auf Vollmundigkeit, pflegt jetzt aber einen deutlich trockenen Stil. Einen

Kontrast bilden der RIESLING GRAND CRU RANGEN Clos St-Théobald (**10'** **17'** **18'** 20') aus Vulkanboden und der Riesling Grand cru Sommerberg (**13** **15** **16** 17') aus Granit. Der CHASSELAS VIEILLES VIGNES ist wohl der beste des ELSASS. Ferner exzellente VENDANGES tardives und SÉLECTIONS DE GRAINS NOBLES von GEWÜRZTRAMINER und PINOT GRIS sowie (selten anzutreffender) sortenreiner SILVANER.

Sec – Wörtlich »trocken«; so bezeichneter CHAMPAGNER ist allerdings eher lieblich (geeignet für Sektfrühstück und Hochzeiten).

Séguret S-Rh ★★ **19' 20' 21** 22' – Malerischer Weinbauort bei GIGONDAS mit Lagen in der warmen Ebene und auf kühlen Hügeln, zählt zu den besten drei CÔTES-DU-RHÔNE-VILLAGES. Pfeffrige, recht tiefe Rotweine, vorwiegend von GRENACHE, sowie angenehm fruchtige Weißweine. Erzeuger: v. a. Ch. La Courançonne (gute Weiße), DOMAINES Amandine, de l'Amauve (öko, fein; gute Weiße), de Cabasse (stilvoll), Crève Cœur (biodynamisch), J. David (öko), Fontaine des Fées (öko), Garancière, Maison Plantevin (öko), Malmont (fein; auch sehr guter Rosé), Mourchon (Tiefe), Pourra (intensiv, braucht Zeit), Soleil Romain.

Sélection de grains nobles El – Von HUGEL geprägter Ausdruck für das elsässische Gegenstück zur deutschen Beerenauslese. Die Weine werden heute großteils aus edelfaulen Trauben bereitet, obwohl die betreffenden Vorschriften auch schlicht in der Luft eingetrocknete Trauben zulassen.

Selosse, Anselme Champ ★★★★ Führender Erzeuger, kein Rufer in der Wüste mehr: Selosse baut seine CHAMPAGNER in weinigem, oxidativem Stil unter Vergärung in Eiche aus. Sohn Guillaume sorgt für Finesse: Der Version Originale ist nach 7 Jahren auf der Hefe immer noch lebhaft. Ferner BRUT Initial oJ und abenteuerlich rarer Substance. Die meisten Weine tragen keine Jahrgangsbezeichnung, eine der Ausnahmen ist der Millésime (**02** **04** **06 08 09** 10'). Die Parzellen in der Côte de Blancs, die *lieux-dits* Les Carelles, Le Bout du Clos und La Côte Faro, sind herrlich unterschiedlich.

Sérafin Père et Fils Côte d'Or ★★★ Chefin Frédérique führt die Philosophie ihres Onkels Christian Sérafin fort: tiefdunkle Farbe, intensive Aromen und neue Eiche – Sérafin-Weine brauchen Zeit zur Entfaltung, z. B. Les Cazetiers, CHARMES-CHAMBERTIN und GEVREY-CHAMBERTIN VIEILLES VIGNES. Halten Sie daher nach älteren Jahrgängen Ausschau.

Sérol, Domaine Lo ★★★ Der exzellente biodynamisch bewirtschaftete Familienbetrieb an der CÔTE ROANNAISE bietet eine Reihe feiner, süffiger und charaktervoller GAMAY-Abfüllungen, u. a. sehr gute Einzellagengewächse mit Alterungspotenzial. Außerdem gut gemachter CHENIN BLANC und VIOGNIER. Les Blondins (rot) entspringt der langjährigen Partnerschaft mit Michel Troisgros.

Seyssel Sav – Die kleine regionale AOP liefert leichte weiße Still- und Schaumweine von den Rebsorten Altesse und Molette. Empfehlenswert: Lambert de Seyssel (v. a. Royal Seyssel; ★) und Mollex.

Sichel & Co. Bx – Nobles, familiengeführtes BORDEAUX-Handelshaus, gegründet 1883 (eine Spitzenmarke ist Sirius), bei dem nun die siebte Generation die Leitung innehat. Beteiligungen an den CHÂTEAUX d'ANGLUDET, Argadens, PALMER und Trillol (CORBIÈRES).

Sigoulès, Les Vignerons de SWF – Die Genossenschaft hat sich qualitativ stark verbessert und ist nun eine gute Quelle für BERGERAC-Weine wie den erstklassigen Clos d'Yvigne.

Simone, Château Prov ★★★ Geschichtsträchtiges Weingut südlich von Aix-en-Provence, auf dem Winston Churchill einst die Montagne Ste-Victoire malte. Seit fast 200 Jahren im Besitz der Familie Rougier; praktisch ein Synonym für die AOP PALETTE. Die Nordlagen auf Kalkstein mit Lehm und Kies verleihen den Weinen Frische; viele Reben sind über 100 Jahre alt.

Frankreich

Die langlebigen Weißen aufzuspüren lohnt sich; außerdem charaktervoller Rosé und elegante Rotweine von GRENACHE und MOURVÈDRE sowie seltenen Rebsorten wie Castets und Manosquin.

Sipp, Louis El ★★→★★★ Großer NÉGOCIANT für junge Weine, aber auch Winzer mit Besitz in zwei GRAND-CRU-Lagen. Feiner RIESLING GRAND CRU Kirchberg (**13 16**), üppiger Grand cru Osterberg GEWÜRZTRAMINER VENDANGE tardive (**09 15 16** 18 19).

Sipp-Mack El ★★→★★★ Großes Angebot an lebhaften, unkomplizierten trockenen Weinen mit mineralischer Note, die allerdings nicht zu den konzentriertesten zählen. Am besten sind der RIESLING GRAND CRU ROSACKER und der ausladende PINOT GRIS.

Sorg, Bruno El ★★★ Kleiner Betrieb in Eguisheim mit den GRANDS CRUS Florimont und Pfersigberg; Ersterer liefert RIESLING (**13 14** 16'; großartig: 17'), Letzterer MUSCAT (18'). Tadellose umweltfreundliche Weinbergbewirtschaftung.

Sorrel, Marc N-Rh ★★★ 18' 19' 20' 21 22' – Der qualitätsbewusste HERMITAGE-Erzeuger glänzt mit alten Reben und hat auch CROZES-HERMITAGE-Abfüllungen (rot und weiß) im Angebot. Der Stil ist traditionell, mit Tiefe und Lokalkolorit. Spitzengewächse sind der rote Hermitage Le Gréal (große Tiefe, zum Einkellern) und der sehr volle weiße Les Rocoules (ab 10 Jahren fabelhaft).

Sousa, De Champ ★★★ Erick de Sousa, der den Familienbetrieb in AVIZE ab 1999 sukzessive auf biodynamische Bewirtschaftung umgestellt hatte, starb im Januar 2023; seine Kinder Charlotte, Julie und Valentin führen sein Werk fort. CUVÉE Les Caudalies BLANC DE BLANCS (**08** 10 12) und treffend benannte Cuvée Umami (13 15 16').

Sur lie – »Auf der Hefe«. MUSCADET wird meist direkt vom Fass abgefüllt, um Schwung, Körper und Charakter zu bewahren.

Tâche, La Côte d'Or ★★★★ **90' 93' 96' 99' 02' 03** 05' 09' **10'** 12' 15' 16' **17** 18' 19' 20' 21 – GRAND CRU in VOSNE-ROMANÉE, MONOPOLE von DRC. Der Wein ist in der Jugend verschlossen, entfaltet sich mit zunehmendem Alter aber zu reiner Glorie. Tanninherber als seine Gefährten, entwickelt er im Lauf der Jahre außergewöhnliche Komplexität und Verführungskraft, einschließlich blumig-betörendem Duft. Kann Jahrzehnte alt werden.

Taille aux Loups, Domaine de la Lo ★★★→★★★★ **18'** 19' **20'** 21 (22') – Jacky BLOT erzeugt sehr feinen, präzise bereiteten, langlebigen MONTLOUIS-SUR-LOIRE und VIN DE FRANCE (VOUVRAY): fassvergoren, großteils knochentrocken ausgebaut und perfekt ausgewogen. Das Geheimnis ist der Blick fürs Detail. Besonders gut sind die Weine aus den Einzellagen CLOS Mosny, Clos Michet (beide Montlouis) und Clos de Venise (Vouvray). Außerdem Perlwein (*pétillant*) Triple Zéro Montlouis (weiß und rosé) sowie sehr gute BOURGUEIL-Gewächse von DOMAINE de la Butte. Rote wie Weiße entfalten sich großartig.

Tain, Cave de N-Rh ★★→★★★ Spitzengenossenschaft der nördlichen Rhône: viele Weinberge mit älterem Rebbestand, darunter ein Viertel der Gesamtrebfläche von HERMITAGE. Solider bis sehr guter roter Hermitage, v. a. Gambert de Loche (am besten), voller weißer Hermitage Au Cœur des Siècles mit gutem Preis-Leistungs-Verhältnis. Guter ST-JOSEPH (rot und weiß) und ST-PÉRAY sowie interessante Öko-Reihe namens Bio (St-Joseph), sonst eher moderne, teils langweilige Mainstream-Weine. Des Weiteren hochklassiger, originaler VIN DE PAILLE (MARSANNE).

Taittinger Champ ★★★→★★★★ Familiengeführtes Haus in Reims mit erlesen eleganten CHAMPAGNERN. BRUT oJ, Rosé oJ und Collection Brut Millésime (**89 95'**) sind mit ihrer unnachahmlich federleichten Art der Inbegriff des klassischen Aperitifstils. Ferner Comtes de Champagne (**95' 02 04' 08**

09); ob der heikle Jahrgang **2011** wirklich eine Comtes-Ausgabe wert war, ist umstritten, mit **2012'** ist man aber definitiv wieder im Rennen, was auch für die Rosé-Version gilt. Ein Schaumweinprojekt in der englischen Grafschaft Kent ist die Domaine Evremond. *Siehe auch* Dom. Carneros im Abschnitt »Kalifornien« im Kapitel »Vereinigte Staaten«).

Tavel S-Rh ★★ meist BV – Der traditionsreiche Rosé auf GRENACHE-Basis (plus Textur gebende Weißweinsorten) sollte leuchtend rot, voll und kräuterwürzig sein, passend zur aromatischen Mittelmeerküche, und sich 3 bis 4 Jahre halten. Wird heute teils im leichteren Provence-Stil ausgebaut und als Aperitif getrunken. Spitzenerzeuger: Dom. de l'Anglore (ungeschwefelte Weine), Ch. Aquéria, Dom. des Carabiniers (biodynamisch), Alain Jaume, Dom. Corne-Loup, Ch. la Genestière (öko), GUIGAL, A. Hote, Lafond Roc-Epine (öko), Maby, Ch. de Manissy (öko), Dom. de la Mordorée (Topadresse, biodynamisch), Moulin-La-Viguerie (charaktervoll), Prieuré de Montézargues (fein, öko), Rocalière (stilvoll, biodynamisch), Ségriès, Tardieu-Laurent, Trinquevedel (fein, öko), VIDAL-FLEURY, Vignerons de Tavel.

Die weltweit größte Sammlung an Rebstöcken findet man bei Montpellier: 7.500 Sorten aus 54 Ländern.

Tempier, Domaine Prov ★★★★ Der bekannteste Erzeuger der AOP BANDOL, für deren Wiederbelebung Lucien und Lulu Peyraud in den 1930er-Jahren sorgten – und in puncto Eleganz, Konzentration und Langlebigkeit ist Dom. Tempier noch immer spitze. In den Einzellagenweinen Cabassaou und La Tourtine findet MOURVÈDRE ihren schönsten Ausdruck. Außerdem fescher Rosé.

Terrasses du Larzac Lang ★★★ Das großartige Terroir nordwestlich von Montpellier der hoch gelegenen AOC mit Kalksteinboden und kühlen Nächten erbringt frische, stilvolle Rote. Das Gebiet zieht innovative Winzer an, die ihre kleinen Parzellen zu mehr als 50% ökologisch und biodynamisch bewirtschaften. Erzeuger: v. a. Jonquières, Dom. de Malavielle, Mas d'Agamas, Mas des Brousses, Mas Cal Demoura, Mas Combaréla, Mas Conscience, MAS DE L'ECRITURE, MAS JULLIEN, Montcalmès, La PEIRA und Pas de l'Escalette. Empfehlenswert in der Nachbar-AOP LANGUEDOC Saint-Saturnin: Archimbaud und Virgile Joly.

Terre des Dames Lang ★★★→★★★★ Ein niederländisches Mutter-Töchter-Gespann erzeugt unweit von ST-CHINIAN verblüffend reintönige, fokussierte Weine. Preiswert ist das AOP-LANGUEDOC-Trio La Dame (rot, weiß, rosé), echte Klasse besitzt der IGP d'Oc La Diva (rot, weiß).

Thénard, Domaine Bg ★★→★★★★ Traditionsreicher Erzeuger mit großem Besitz an Le MONTRACHET, der Wein wird jedoch großteils an NÉGOCIANTS verkauft. Halten Sie sich an die sehr guten Roten aus GIVRY, wo die Domaine beheimatet ist.

Thévenet, Jean Bg ★★★ Erstklassiger Erzeuger von gehaltvollem, teilweise edelfaulem CHARDONNAY im Mâconnais, z. B. CUVÉE Levroutée von der Domaine de la Bongran. Die Dom. de Roally und Emilian Gillet gehören ebenfalls zum Besitz.

Thiénot, Alain Champ – Die relativ junge Champagnerfirma wird jetzt von Stanislas und Garance Thiénot geleitet. Stetig steigende Qualität – im Auge behalten. Weine: BRUT oJ (★★★), Rosé Brut oJ; CUVÉE Stanislas (**02 04 06 08' 09 12'** 13 15), ausladender Vigne aux Gamins BLANC DE BLANCS (**02 04 06**) aus einer Einzellage in AVIZE, Cuvée Garance CHARDONNAY (**07 08**). CANARD-DUCHÊNE, Joseph PERRIER sowie Ch. Ricaud (LOUPIAC) gehören ebenfalls zum Besitz.

Frankreich

Thivin, Château Beauj ★★→★★★ Seit acht Generationen erzeugt Familie Geoffray großartige Côte-de-Brouilly-Weine; in den Einzellagenabfüllungen spiegeln sich die Bodenarten wider. Ebenfalls zugreifen sollte man beim Verschnitt Sept Vignes.

Tissot Jura – Tonangebende Winzerfamilie in der AC ARBOIS. Jacques Tissot (★) setzt mehr auf Quantität, Jean-Louis Tissot (★★) auf moderate Preise. Stéphane Tissot (★★★), der auch die Dom. André et Mireille Tissot führt, erzeugt erstklassigen Einzellagen-CHARDONNAY und VIN JAUNE aus biodynamischem Anbau, außerdem tiefsinnige Rote und klassischen CRÉMANT du Jura namens Indigène.

Tollot-Beaut Côte d'Or ★★★ Ungemein verlässlicher Erzeuger mit 20 ha Weinbergbesitz in BEAUNE, (u. a. BEAUNE-Grèves und CLOS du Roi), CORTON (Bressandes), SAVIGNY-LÈS-BEAUNE (allen voran der MONOPOLE-PREMIER-CRU Champ Gevrey) und in seinem Heimatort CHOREY-LÈS-BEAUNE (v. a. Pièce du Chapitre). Unmittelbar ansprechende Weine zu erschwinglichen Preisen. Außerdem guter CORTON-CHARLEMAGNE.

Touraine Lo ★→★★★ Riesige Region mit einer Vielzahl von AOPS (z. B. CHINON, MONTLOUIS) sowie der Dach-AOP Touraine: fruchtige bis mittelschwere und langlebige Rote (CABERNET FRANC, CÔT, GAMAY, PINOT NOIR), lebhafte Weiße (SAUVIGNON BLANC), Rosés und Schaumweine. Die oft preiswerten Weißen sind teils erstaunlich langlebig (10 bis 15 Jahre). Die Touraine-Village-AOPs heißen AMBOISE, Azay-le-Rideau, Chenonceaux, Mesland, Noble-Joué (Rosé) und Oisly. Erzeuger: v. a. Aulée, Biet, Bois-Vaudons, Cellier de Beaujardin, Corbillières, Desroches-Manois, Joël Delaunay, Echardières, Fontenay, Garrelière, Gosseaume, Grosbois, Lacour, Mandard, Marionnet, Morantin, Presle, Prieuré, Ricard, Roussely, Rousseau, Sauvète, Tue-Bœuf, Villebois.

Klimawandel in Burgund: Pinot ist unersetzlich, aber vielleicht wird in den Weißwein-Villages bald mehr Aligoté angebaut?

Touraine-Amboise Lo ★→★★★ **19' 20' 21** 22' – Der leichte François 1er ist ein beliebter Verschnitt (GAMAY/CÔT/CABERNET FRANC) der TOURAINE-Village-AOP, wegen des angepeilten Cru-Status wird aber immer mehr Wert auf volle, fein texturierte Côt- und CHENIN-BLANC-Gewächse gelegt. Erzeuger: v. a. Bessons, Closerie de Chanteloup, T. Frissant, X. Frissant, Gabillière, La Grange Tiphaine, Mesliard, Montdomaine, Plou.

Tour des Gendres, Château SWF – Gut in BERGERAC im Besitz der Familie Conti, die entfernt mit ALBERT DE CONTI verwandt ist. Hier achtet man sehr auf den Klimawandel und begegnet ihm mit neuen Rebsorten wie SAVAGNIN.

Trapet Père et Fils, Domaine Côte d'Or ★★★ Alteingesessene DOMAINE in GEVREY-CHAMBERTIN mit sinnlichen Gewächsen aus biologisch-dynamischem Anbau, deren Spektrum vom Hingucker COTEAUX BOURGUIGNONS bis zum CHAMBERTIN GRAND CRU reicht; außerdem Weißweine von »angeheiratetem« Besitz im ELSASS. Die junge Generation legt die Messlatte höher. *Siehe auch* Dom. ROSSIGNOL-TRAPET (Cousins).

Tremblay, Domaine Cecile Côte d'Or – Wunderschöne handgefertigte Weine, die sich durch Eleganz, Harmonie und langen Nachklang auszeichnen. Ihren Rebbesitz konnte sie 2022 um 4 ha vergrößern, darunter 1,8 ha im PREMIER CRU Les Beaux Monts (VOSNE-ROMANÉE).

Trévallon, Domaine de Prov ★★★ Das berühmte Gut in LES BAUX-DE-PROVENCE wird nun von Tochter Ostiane geleitet. Das enorme Renommee ist voll und ganz gerechtfertigt, nicht zuletzt wegen der vorbildlichen Weinbergarbeit. Da die Weine keinen GRENACHE-Anteil enthalten, müssen sie als IGP Alpilles etikettiert werden, langlebig sind sie aber allemal. Intensiver CABERNET SAUVIGNON/SYRAH-Verschnitt, außerdem im Barrique ausgebauter MARSANNE/ROUSSANNE mit einem Spritzer CHARDONNAY und jetzt auch GRENACHE BLANC. Sagenhaft!

Trimbach, F. E. El ★★★★ Absolut unvergleichlich ist der RIESLING CLOS STE-HUNE (immer noch großartig: 71' 75' 89'; klassisch: **13 17' 18**), beinahe ebenso gut (und deutlich günstiger) der Frédéric Emile (**10 12 13 14** 16 17'). Zudem unterschätzter, frischer PINOT GRIS und bombiger SILVANER aus dem Lieu-dit Trottacker.

Trinités, Domaine des Lang ★★★ Simon Coulshaws Le Portail ist ein komplexes FAUGÈRES-Gewächs, während der sortenreine CINSAULT L'Etranger »nur« als VIN DE FRANCE firmiert, ebenso wie der kesse Coulsh Rôtie (SYRAH/VIOGNIER).

Tursan SWF ★★ Meist BV – AOP in den LANDES. Die Weine, die Starkoch Michel Guérard (★★★) in seinem kapellenartigen Keller auf CHÂTEAU de Bachen erzeugt, sind anmutig, aber keine traditionellen Tursan-Gewächse, wie die Domaine de Perchade (★★) sie bietet. Schöne trockene Weiße aus den beiden MANSENG-Sorten plus der seltenen Baroque bietet die Dom. de Cazalet (★★). Die achtbare Genossenschaft kann da nicht mithalten.

Vacqueyras S-Rh ★★ **10' 15' 16' 17' 18** 19' 20 22' – Nachbar-AOP von GIGONDAS mit sehr warmen, flachen Reblagen (trotzdem 2021 üble Frostschäden) und bodenständigen, würzigen Weinen auf GRENACHE-Basis, die gut zu Wild und anderen Gerichten mit ausgeprägter Aromatik passen. Halten sich 10 und mehr Jahre. Empfehlenswert: JABOULET, CHÂTEAUX de Montmirail, des Tours (sehr fein), Clos de Caveau (Öko-Anbau, charaktervolle Weine), Clos des Cazaux (sehr preiswert) sowie die DOMAINES Amouriers (öko), Archimbaud-Vache, Charbonnière, Couroulu (voll, sehr gut), Famille Perrin, Font de Papier (Öko-Anbau), Fourmone, Garrigue, Grapillon d'Or, Monardière (öko, sehr gut), Montirius (biologisch-dynamisch), Montvac (öko), Roucas Toumba (öko, charaktervoll), SANG DES CAILLOUX (öko, sehr gut v. a. Cuvée de Lopy), Semelles de Vent (charaktervoll), Verde. Außerdem beachtliche Weiße, v. a. von Clos des Cazaux, Ch. des Roques, Fourmone, Mas des Restanques, Sang des Cailloux.

Val de Loire Lo meist BV – Einer der vier regionalen IGP-Bereiche Frankreichs.

Valençay Lo ★→★★ **21 22'** – Kleine AOP in der östlichen TOURAINE mit ansprechenden, unkomplizierten Verschnitten von SAUVIGNON BLANC und CHARDONNAY (weiß) bzw. CÔT, GAMAY und PINOT NOIR (rot). Erzeuger: v. a. Chaux-Delorme, Gibault, Jourdain, Lafond, Preys, Sinson, Vaillant, VIGNERONS de Valençay.

Valréas S-Rh ★★ **20' 22'** – Der Ort der CÔTES DU RHÔNE-VILLAGES im kühlen Norden (d. h. spät reifende Frucht) der Trüffelregion Vaucluse wird immer besser; es gibt eine große Genossenschaft. Würzige, mitunter alkoholstarke, rotfruchtige Rotweine (vorwiegend GRENACHE) und Weiße von zunehmender Qualität. Empfehlenswert: CLOS Bellane einschl. Dom. du Val des Rois (Öko-Anbau), Ch. la Décelle, Dom. des Grands Devers, Dom. de la Prévosse (öko), Mas de Sainte Croix und Dom. du Séminaire.

Vazart-Coquart Champ ★★★ Familienbetrieb, gegründet 1954 und auf CHARDONNAY spezialisiert. Faszinierender Jahrgang **2014'** des Special Club: ein Medley aus gelben Früchten und salzigem Fisch.

Vendange – Lese. *Vendange tardive* bedeutet »Spätlese«; im ELSASS das Pendant zur deutschen Auslese, in der Regel allerdings mit höherem Alkoholgehalt.

Venoge, Champagne de Champ ★★★ Das altehrwürdige Champagnerhaus hat an Präzision und Eleganz gewonnen, seit es im Besitz von Lanson-BCC ist. Cordon Bleu Extra BRUT, Jahrgangs-BLANC-DE-BLANCS (**02 04' 06 12**

Frankreich

13' 16 17) und die Prestige-CUVÉE Louis XV, ein 10 Jahre alter BLANC DE NOIRS (**08 10' 12**).

Ventenac, Maison Lang ★★→★★★ Die Weinberge oberhalb von Carcassonne blicken auf die Pyrenäen. Preiswerte sortenreine IGP-d'Oc-Abfüllungen, Paradepferde sind jedoch die AOP-Cabardès-Weine (v. a. CUVÉE Jules, Réserve de Jeanne).

Ventoux S-Rh ★★ 20 **21 22'** – Ausgedehnte AOP mit höher gelegenen Weinbergen (unterschiedliche Böden) rings um den Mont Ventoux zwischen Rhône und PROVENCE. Einige führende Erzeuger bieten Rotweine zu einem sehr moderaten Preis – immer eine gute Wahl. Fruchtige, herbe Rotweine (GRENACHE/SYRAH, vom Hauswein bis zu volleren, pfeffrigen Versionen; Qualität steigend), Rosés und gute Weiße (zunehmend in Eiche ausgebaut). Am besten von: Chêne Bleu (Eiche), CLOS des Patris (öko), Ferme St-Pierre (öko; weiß, rosé), Gonnet, St-Marc, Terra Ventoux, Ch. Unang (öko; gute Weiße), Ch. Valcombe, La Vieille Ferme (rot, z. T. VIN DE FRANCE), Les VIGNERONS du Mont-Ventoux, Vignobles Brunier sowie DOMAINES Allois (öko), Anges, Berane, Brusset, Cascavel, Champ-Long, Croix des Pins (gute Weiße), Fondrèche (öko), Grand Jacquet, Paul JABOULET, Martinelle (öko), Murmurium, Olivier B (öko), Pesquié, Piéblanc, Pigeade, St-Jean du Barroux (öko), Terres de Solence, du Tix, Verrière, Vieux Lazaret und VIDAL-FLEURY, Vignobles Brunier sowie die Genossenschaft Bédoin.

Vernay, Domaine Georges N-Rh ★★★★ **20' 21' 22'**– Einer der Spitzenerzeuger in CONDRIEU; drei ausgewogene, stilvolle, reintönige Weine: Les Terrasses de l'Empire ist ein Aperitif de luxe, Chaillées de l'Enfer überaus voll, und Coteau de Vernon in zauberisch erlesenem Stil hält sich mind. 20 Jahre. Die zurückhaltenden CÔTE-RÔTIE- und ST-JOSEPH-Rotweine setzen auf klare Frucht. Ferner sehr guter IGP COLLINES RHODANNIES.

Veuve Clicquot Champ ★★★★ Das historische Champagnerhaus ist sowohl traditionsbedacht als auch kreativ. Immer besser wird der Carte Jaune oJ mit einem Hauch Eiche (5 %), der DEMI-SEC oJ ist der beste seiner Art. Ferner CHAMPAGNER Réserve, dessen Jahrgang **2012** – womöglich der beste für PINOT NOIR seit 1952 – ein Wunder an vollkommener Reife und elegantem Säurespiel ist. Luxusweine: La Grande Dame (mit 92 % Pinot noir überaus anmutig: **12'**) und La Grande Dame Rosé (jetzt trinkreif und köstlich: **06**). Ältere Grande-Dame-Jahrgänge halten sich mühelos (**04'**; glorios: **89**); der Jahrgang 2002 fiel aus, da er als zu muskulös für Grande Dame erachtet wurde. *Chef de caves* ist seit 2020 Didier Mariotti.

Vézelay Bg ★→★★ Hübscher Ort (mit Abtei) im Nordwesten Burgunds und seit 2017 AOP für aromatische Weiße von CHARDONNAY, die man 1–2 Jahre einkellern sollte. Ebenfalls probierenswert sind die Weine von der wiederauferstandenen Sorte MELON (COTEAUX BOURGUIGNONS) und die leichten PINOT-NOIR-Gewächse (einfache AC BOURGOGNE). Am besten von: Dom. de la Cadette, La Croix Montjoie, Les Faverelles, Elise Villiers.

Vidal-Fleury, J. N-Rh ★★→★★★ Im Besitz von GUIGAL befindliches Rhône-Handelshaus und Erzeuger von CÔTE-RÔTIE-Weinen. Erstklassiger, voller La Chatillonne (Côte Blonde, 12 % VIOGNIER, Eichennote, mindestens 7 Jahre einkellern). Aus dem umfangreichen, qualitativ beständigen Angebot: guter CAIRANNE, CHÂTEAUNEUF-DU-PAPE (rot, weiß), CÔTES DU RHÔNE (rot, rosé), MUSCAT de BEAUMES-DE-VENISE, ST-JOSEPH (rot, weiß), TAVEL und VENTOUX.

Vieille Ferme, La S-Rh ★→★★ Preiswerte Marke von Famille Perrin (Ch. de BEAUCASTEL), jetzt zu einem beträchtlichen Teil als VIN DE FRANCE etikettiert bzw. (nicht in allen Ländern) als AOP VENTOUX (rot) sowie LUBERON (weiß, rosé). Seit einigen Jahren wieder in Form, auch in puncto Weißwein und Rosé.

Vieilles Vignes »Alte Reben«. Sie vermögen einem Wein besondere Tiefe und Komplexität zu verleihen, z. B. de VOGÜÉ MUSIGNY Vieilles Vignes. Allerdings ist das genaue Alter nicht festgelegt, deshalb ist die Bezeichnung mitunter auch ein Marketingschwindel. Kann eine Rebe alt sein, wenn sie jünger ist als Sie?

Vieux Télégraphe, Domaine du S-Rh ★★★ **05' 07' 09' 10' 12' 14' 15'** 16' **17'** 18' 19' 20' 21 – Berühmte, große DOMAINE erster Güte mit Lagen auf klassisch steinigen Böden auf der Hochebene. Erzeuger von rotem CHÂTEAUNEUF-DU-PAPE, der Zeit zur Entfaltung braucht, allen voran La Crau (sehr wenig 2022) und seit 2011 Pied Long et Pignan (kein 2018er). Körperreiche, prachtvolle, authentische Garrigue-Weißweine La Crau (sehr gut: 18 19 20 21 22) und CLOS La Roquète (edel, toll zum Essen). Besitzt zusammen mit der US-Importfirma Kermit Lynch die Dom. Les Pallières in GIGONDAS, die feine, komplexe, würzige, langsam sich entfaltende Weine erzeugt.

Frankreich

Früher erzielten die Trousseau-Weine des Jura Höchstpreise, sodass man die Aussteuer (frz. *trousseau*) der Tochter damit bezahlen konnte.

Vignelaure, Château de Prov ★★★ Spitzenerzeuger für Rotwein der AC COTEAUX D'AIX-EN-PROVENCE. Höhere Lagen (300 m) verleihen CABERNET SAUVIGNON und SYRAH Tiefe und Frische; die Weine halten sich 10 Jahre. Ferner guter Rosé und faszinierende ROUSSANNE-, Rolle- und SÉMILLON-Abfüllungen.

Vigneron – Winzer.

Vigne/Vignoble – Rebstock; Weinberg.

Vignoble du Rêveur El ★★★ Für ihre gemeinsame Unternehmung nutzen Mathieu Deiss (leitet auch das Familiengut Marcel DEISS) und Emanuelle Milan die Rebstöcke seiner Familie mütterlicherseits in Bennwihr, die biodynamisch bewirtschaftet werden. Die Weine des ungewöhnlich talentierten Duos sind trocken, reintönig und gute Essensbegleiter – also keineswegs buchstäblich umwerfend wie so viele Naturweine. Hervorragend sind der Singulier und der Pierre Sauvages (**17' 18**).

Vigouroux, Georges SWF – Der Spitzenerzeuger in CAHORS spielte bei der Wiederbelebung der gleichnamigen AOP eine entscheidende Rolle. Zu den Gütern zählen Ch. de Haute Serre und Ch. de Mercuès. Die Generationen haben gewechselt, die Weine scheinen nach einer etwas langweiligen Phase besser zu werden.

Villeneuve, Château de Lo ★★★→★★★★ **17' 18' 19' 20'** 21 22' – Das Spitzengut mit Fokus auf Detailgenauigkeit und vorsichtigen Einsatz von Eiche erzeugt schön texturierte, langlebige (mind. 30 Jahre) SAUMUR-Blanc- (CHENIN BLANC, v. a. Les Cormiers) und SAUMUR-CHAMPIGNY-Weine (v. a. Grand Clos und Vieilles Vignes) aus ökologischem Anbau.

Vin de France – Ersetzt im Prinzip die Kategorie Vin de table, gestattet aber die Angabe von Rebsorte(n) und Jahrgang. Oft handelt es sich um Verschnitte aus mehreren Bereichen unter einem Markennamen. Kann ein Quell unerwarteter Genüsse sein, wenn ein talentierter Weinmacher diese Kategorie zur Umgehung bürokratischer Zwänge nutzt; ein Beispiel sind die VIOGNIER-Abfüllungen von Mark Angeli und Yves CUILLERON. Auch im Süden der IGP ARDÈCHE und im ANJOU gibt es immer mehr Vins de France.

Vin de paille – Wein aus Trauben, die vor dem Pressen mehrere Monate lang getrocknet werden (ursprünglich auf Strohmatten, daher der Name »Strohwein«), folglich sehr süß; v. a. im Jura zu finden. *Siehe auch* CHAVE.

Vin de pays (VdP) – *Siehe* IGP.

Vin doux naturel (VDN) Rouss – Süßer, mit Weingeist gespriteter Wein; die Süße ist also »natürlich«, nicht aber der Alkoholgehalt. Eine Spezialität des ROUSSILLON; basiert dort auf GRENACHE blanc, gris, noir. Spitzenweine, v. a. ältere RANCIOS, können ein Menü mit einem erlesenen Schlusspunkt krönen. Gute MUSCAT-Weine kommen aus BEAUMES DE VENISE, Frontignan, Lunel, RIVESALTES, ROUSSILLON, St-Jean de MINERVOIS.

Vin gris – »Grauer Wein«; er ist blassrötlich und wird aus roten Trauben bereitet, die vor dem Einsetzen der Gärung gepresst werden – anders als beim Rosé, der nach kurzer Gärung abgepresst wird. Oder er wird von nicht ganz so hellen weißen Sorten wie z. B. PINOT GRIS bereitet. Œil de Perdrix ist ungefähr dasselbe. In Kalifornien sagt man »*blush*« dazu.

Vin jaune Jura ★★→★★★★ Spezialität des Jura: Der unnachahmliche (gar nicht so) »gelbe« SAVAGNIN-Wein reift mindestens 6 Jahre im Fass, wobei sich Flor entwickelt – ähnlich wie Sherry, aber ohne zugesetzten Alkohol. Er hält sich Jahrzehnte. Die besten Versionen liefert die AOP CHÂTEAU-CHALON. Wird in spezielle 62-cl-Flaschen namens Clavelin abgefüllt. Bei Stéphane TISSOT liegt der Fokus auf Einzellagenabfüllungen, bei Bourdy auf alten Jahrgängen. Bei Puffeney sollten Sie zuschlagen, wenn sich die Gelegenheit bietet. *Siehe auch* ARBOIS, CÔTES DU JURA und L'ETOILE.

Grand cru und Premier cru bezeichnen in Burgund die Qualität der Reblage, nicht des Weins.

Vinsobres S-Rh ★★ 18' 19' 20 **21** 22' – Erwachende AOP mit beachtlichem SYRAH (im Verschnitt), unterschiedlichen Hanglagen sowie Rebflächen auf der Hochebene. Die besten Rotweine besitzen geschmeidige Tiefe, klare Frucht, passen gut zu rotem Fleisch und halten sich 10 Jahre. Wachsende Zahl neuer Betriebe. Führende Erzeuger: CAVE la Vinsobraise (Diamant Noir), Clos Volabis (Öko-Anbau), Ch. Rouanne sowie die Domaines Autrand (stilvoll), Bicarelle, Chaume-Arnaud (biodynamisch, sehr gut), Constant-Duquesnoy, Famille Perrin (erstklassig ist der Hauts de Julien, preiswert der Cornuds), Jaume (modern), Moulin (traditionell, gute Rote und Weiße), Péquélette (biodynamisch, charaktervoll), Serre Besson (guter VIN DE FRANCE), du Tave und Vallot (biodynamisch).

Viré-Clessé Bg ★★ 14' 17' **18 19'** 20' 21 – AOP der zwei besten Weißweinorte des Mâconnais. Ausgesprochen üppiger Stil, v. a. aus dem Bereich Quintaine, manchmal auch Spätleseweine. Spezialisierte Erzeuger: A. Bonhomme, Chaland, Gandines, Gondard-Perrin, Guillemot-Michel, J.-P. Michel, THÉVENET, Dom. de la Verpaille sowie alle guten NÉGOCIANTS des Mâconnais.

Visan S-Rh ★★ 19' 20' **22'** – Fortschrittliche Weinbaugemeinde der CÔTES DU RHÔNE-VILLAGES, jetzt unter den drei besten. Die Roten, meist von GRENACHE und häufig aus ökologischem Anbau, besitzen schöne Tiefe nebst klarer Frucht und pfeffriger Würze, manche auch etwas Schmelz. Außerdem ordentliche Weiße. Am besten sind die DOMAINES Au 7ème Clos (Öko-Anbau), Bastide, Coste Chaude (öko), Dieulefit (biodynamisch, geringer Schwefeleinsatz), Florane (biodynamisch), Fourmente (v. a. der Nature; biodynamisch), Guintrandy (öko, voll), Montmartel (öko), Philippe Plantevin, Roche-Audran (öko, stilvoll), VIGNOBLE Art Mas (öko).

Vogüé, Comte Georges de Côte d'Or ★★★★ Dem aristokratischen Weingut in CHAMBOLLE-MUSIGNY gehört der Löwenanteil an der Lage MUSIGNY. Aus dem Fass genossen ist der Wein großartig, doch braucht er viele Jahre Flaschenreife, um seine Glorie zu entfalten. Ferner einzigartiger weißer Musigny. Seit 2021 neuer Kellerchef – Entwicklung im Auge behalten.

Volnay Côte d'Or ★★★→★★★★ **99' 05' 09' 10'** 15' 16 **17'** 18 19 20 21 – Erstklassige Rotweine der CÔTE DE BEAUNE, außer wenn es hagelt oder zu heiß ist: das südliche Echo von CHAMBOLLE-MUSIGNY mit ähnlicher Grazie, Seidigkeit und Struktur. Beste Lagen: Caillerets, Champans, CLOS des Chênes, Santenots (mehr Lehm), Taillepieds sowie die MONOPOLES Clos de la Bousse d'Or, Clos de la Chapelle, Clos des Ducs und Clos du Ch. des Ducs. Erzeuger: d'ANGERVILLE, Lafarge, de Montille und Pousse d'Or. Außerdem sehr gut: Bitouzet-Prieur, H. BOILLOT, Bouley, Buffet, Clerget, Glantenay, HOSPICES DE BEAUNE, Lafon, Rossignol.

Vosne-Romanée Côte d'Or ★★★→★★★★ **90' 93' 96' 99' 02' 05' 09' 10' 12** 15' 16' **17** 18' 19' 20' 21 – Der Ort mit den berühmtesten GRANDS CRUS von Burgund und herausragenden PREMIERS CRUS wie Beaumonts, Brûlées, Malconsorts. Der Wein sollte ausnahmslos besonders und erlesen sein – Ausreden werden nicht akzeptiert. Es ist alles nur eine Frage des Preises ... Spitzenerzeuger: ARNOUX-LACHAUX, Bizot, CATHIARD, Coquard Loison-Fleurot, DRC, EUGÉNIE, GRIVOT, GROS, Lamarche, LEROY, LIGER-BELAIR, MÉO-CAMUZET, MUGNERET, NOËLLAT, ROUGET. Sehr gut sind auch Clavelier, Forey, Guyon und Tardy.

Vougeot Côte d'Or ★★★ **99' 02' 05' 09' 10' 12'** 15' 16 **17** 18' 19' 20 21 – Vorwiegend und möglicherweise zu viele GRAND-CRU-Gewächse (u. a. CLOS DE VOUGEOT), aber auch Villages- und PREMIER-CRU-Weine (wie Cras oder Petits Vougeots) tragen diesen Namen, einschließlich des außergewöhnlichen weißen Clos Blanc de Vougeot (MONOPOLE der Dom. de la VOUGERAIE). Die besten Erzeuger sind Clerget, Fourrier, GROS (Anne), HUDELOT-Noëllat, LEROUX und Vougeraie.

Vougeraie, Domaine de la Côte d'Or ★★★→★★★★ In dieser biodynamisch bewirtschafteten DOMAINE sind sämtliche Weinberge der Firma BOISSET vereinigt. Feingliedrige, herrlich duftende Weine aus Ganztraubenvergärung; besonders bekannt sind die sinnlichen GRAND-CRU-Gewächse, v. a. BONNES-MARES, CHARMES-CHAMBERTIN und MUSIGNY. Außerdem feine Weiße, darunter der erlesene Clos Blanc de Vougeot, nebst vier Grands crus, u. a. der einzigartige CORTON-CHARLEMAGNE.

An der Loire sorgt der Klimawandel für mehr Frost und mehr Sonnenbrand bei den Trauben, andererseits aber auch für verblüffend gute Jahrgänge.

Vouvray Lo ★★→★★★★ tr **18' 19' 20' 21** 22; s **15' 16' 17 18' 20'** (22) – SEC ist der klassische Stil der CHENIN-BLANC-AOP (plus ARBOIS), in Spitzenjahren wird jedoch auch *moelleux* der üppigen Art mit Honignoten, aber ausgleichender Säure erzeugt, der fast ewig haltbar ist. Der Perlwein *(pétillant)* ist eine Spezialität unter den zahlreichen hiesigen Schaumweinen. Beste Erzeuger: Aubuisières, Autran, Brunet, Carême, Champalou, Clos Baudoin (VIN DE FRANCE), Florent Cosme, Mathieu Cosme, Foreau (sehr gut), Ch. Gaudrelle, Huet (sehr gut), Meslerie, Perrault-Jadaud, Pinon, Rouvre, Dom. de la Taille aux Loups (Vin de France), Vigneau-Chevreau.

Zind-Humbrecht, Domaine El ★★★★ Weltweit einer der ganz Großen. Überirdisch sind die Gewächse aus den GRANDS CRUS Brand, HENGST, GOLDERT und RANGEN, aber auch Clos Windsbuhl (RIESLING sowie PINOT GRIS) ist überragend. Eine der zwei besten MUSCAT-Versionen des ELSASS ist der Muscat Grand cru Goldert (üppig: 18; klassischer: 19).

Zotzenberg El – Der einzige GRAND CRU, in dem SILVANER zugelassen ist (es sollten viel mehr sein), neben GEWÜRZTRAMINER, RIESLING und PINOT GRIS. Kalk-Lehm-Boden aus verschiedenen Erdzeitaltern sorgt für volle, frische, hochklassige Weine zum Einlagern. Erzeuger: v. a. Albert Seltz, BOECKEL, Hirtz, Rieffel.

Frankreich

Die Châteaux von Bordeaux

Die dunklen Flächen bezeichnen die Weinbaugebiete

Die folgenden Abkürzungen werden im Text verwendet:

Bar	Barsac	Pau	Pauillac
Bx	Bordeaux	Pes-L	Pessac-Léognan
Cas	Castillon	Pom	Pomerol
Fron	Fronsac	Saut	Sauternes
H-Méd	Haut-Médoc	St-Ém	St-Émilion
Mar	Margaux	St-Est	St-Estèphe
Méd	Médoc	St-Jul	St-Julien

Die globale Erwärmung ist in Bordeaux ebenso ein Thema wie anderswo. Neue Rebsorten wie Touriga Nacional und Marselan werden in den AOPs Bordeaux und Bordeaux Supérieur als Teil der Problemlösung angesehen, wenngleich auf experimenteller Basis und mit einem Verschnittanteil von höchstens 10 Prozent. Ein anderer Ansatz, den einige Winzer befürworten, sind neue Regelungen zur Bewässerung. Doch noch vor Einführung allzu vieler, womöglich irreversibler Änderungen hat der heiße und trockene Jahrgang 2022 gezeigt, wie widerstandsfähig die Rebe sein kann. Ja, die jungen Reben haben gelitten, und es war besser, etwas Ton, Lehm oder Kalkstein im Boden zu haben, aber insgesamt haben sich die Weinberge gut gehalten. Die Reben sind mittlerweile anscheinend besser an Hitze und Trockenheit angepasst als noch 2003. Kluge Weinbergbewirtschaftung (viel organische Substanz in den

Böden, frühzeitiges Eingreifen, mäßige Erträge bei jungen Reben) war natürlich ebenfalls wichtig, um den Bedingungen gerecht zu werden, aber letztendlich haben die Reben durchgehalten, die Belaubung war noch bis zur Lese grün und dicht. Die Weine werden wahrscheinlich wuchtiger und reifer ausfallen, und das müssen wir in Zukunft vielleicht akzeptieren, zumindest jedoch werden sie aus echten Bordeaux-Sorten bereitet sein, und der Kampf um das kostbare Gut Wasser wird an Schärfe verlieren.

Das Jahr 2022 war also ein weiteres »Sonnenjahr«, geprägt von Hitze und Trockenheit, was lokale Waldbrände begünstigte. Die Beeren waren klein, und da früher im Jahr bereits Frost und Hagel für Verluste gesorgt hatten, fielen die Erträge gering aus. Die Lese war eine der frühesten überhaupt, das erste Klicken der Schere war am 16. August zu hören. Pilzkrankheiten traten so gut wie nicht auf, sodass saubere Frucht geerntet werden konnte. Der Alkoholgehalt ist eher hoch, aber auch die Menge an ausgereifter Frucht und vor allem Tannin ist üppig, und bei entsprechender Ausgewogenheit steht den Weinen ein langes Leben bevor. Freilich werden sie einen Kontrast zu den eher »klassischen« 2021ern bilden.

Glücklicherweise gibt es viele Jahrgänge, die jetzt trinkreif sind. Die schwelgerischen 2009er verlocken auf jedem Niveau. Die 2008er haben sich voll entfaltet. Die 2010er beginnen sich zu öffnen (ebenso wie die »klassischen« 2014er), wobei die Grand-cru-Gewächse länger brauchen. Für den frühen Genuss empfehlen sich die oft charmanten 2012er oder die unterschätzten 2011er, die mit der Flaschenreife gewonnen haben. Unter den jüngeren Jahrgängen sollte man als erste die weicheren 2017er-Weine probieren. Empfehlenswerte reife Jahrgänge sind 1996 (Médoc am besten), 1998 (besonders rechtes Ufer), 2000, 2001 (ebenfalls rechtes Ufer), 2004 und 2006. Die prachtvollen 2005er stehen ebenfalls in den Startlöchern, aber auch hier ist Geduld gefragt.

Trockener weißer Bordeaux bleibt in Qualität und Wert beständig, fällt jedoch 2022 uneinheitlich aus – manchmal fehlen Frische und Aromen. Feiner weißer Graves kann ebenso gut altern wie weißer Burgunder, wenn auch vermutlich nicht der 2022er. Sauternes dürfte mit 2022 an die Abfolge bemerkenswerter Jahrgänge anknüpfen, zudem wurde mehr Wein erzeugt als 2021. Das Problem ist die Qual der Wahl: Selbst mäßige Jahrgänge wie 2006, 2008 und 2014 haben immerhin Zugänglichkeit und einen frischeren Touch zu bieten, während die großen Jahrgänge (2009, 2011, 2015, 2017) dank ihrer Konzentration und ihres hedonistischen Zaubers unverwüstlich sind.

Verweise können sich auch auf das Kapitel »Frankreich« beziehen.

A, Domaine de l' Cas ★★ 15 16 17 **18 19** 20 – Das führende Weingut in CASTILLON – CÔTES DE BORDEAUX, im Besitz von Stéphane DERENONCOURT und seiner Frau Christine: Qualität ist garantiert.

Agassac, d' H-Méd ★★ **15 16' 18 19** 20' – CRU BOURGEOIS exceptionnel im südlichen HAUT-MÉDOC mit Weinen auf CABERNET-SAUVIGNON-Basis, moderner, zugänglicher Stil. Gehört zum selben Stall wie FOURCAS DUPRÉ.

Aiguilhe, d' Cas ★★ 14 15 16 18 **19** 20 22 – Das große Gut ist ebenso wie CANON LA GAFFELIÈRE und LA MONDOTTE im Besitz Stephan von Neippergs. Weine auf MERLOT-Basis mit Kraft und Finesse. Besucher sind willkommen.

Andron Blanquet St-Est ★★ 15 16' 18 **19** 20 – Schwester-CHÂTEAU von COS LABORY. Teilweise gutes Preis-Leistungs-Verhältnis.

Angélus St-Ém ★★★★ 09 **10'** 11 12 **14 15'** 16' 17 18' 19' 20 21 22 – PREMIER GRAND CRU CLASSÉ (A) bis 2022, zieht sich danach aus der Klassifikation zurück. Pionier des modernen ST-ÉMILION-Stils: dunkel, voll, opulent; jede Menge CABERNET FRANC (60 % im Jahrgang 2021), seit 2019 mit mehr Finesse. Zweitetikett: Carillon d'Angélus. Außerdem No 3 d'Angélus und BORDEAUX Rouge Tempo d'Angélus. Die supermoderne Kellerei liegt im Nachbarort St-Magne-de-Castillon.

Angludet Mar ★★ 10' 14 15' 16' 18' 19 20 21 – Das Gut im Besitz des Handelshauses SICHEL erzeugt duftende, stilvolle Weine mit hohem PETIT-VERDOT-Anteil im Verschnitt (2021 waren es 23 %). Oft gutes Preis-Leistungs-Verhältnis.

Archambeau, d' Graves ★★ r 15 16 18 19 20; w 19 20 – Das Gut in Illats ist im Besitz der Familie Dubourdieu. Fruchtiger trockener Weißwein (60 % SAUVIGNON BLANC, 40 % SÉMILLON) und duftender MERLOT/CABERNET-Verschnitt (je 50 %). Außerdem Rosé. Preiswert.

Beam mich runter, Scotty!

Zwölf Flaschen PETRUS des Jahrgangs 2000 haben 14 Monate im Orbit verbracht, auf der Internationalen Raumstation, und sind im Januar 2021 zur Erde zurückgekehrt. Sofort wurden Verkostungen veranstaltet, um herauszufinden, ob es irgendwelche Unterschiede gab zwischen dem kosmisch und dem irdisch gereiften Wein. Fazit: Gewisse Farbabweichungen, ja, was jedoch den Geschmack anging, so hing dieser eher von der Sensitivität des Verkosters ab. Das weitaus dollere Ding ist der Preis, den man bei der Auktion für den spacigen Wein zu erzielen hofft – der Schätzpreis liegt bei einer Million US-Dollar. Gleichwohl hat das alles seinen guten Grund, denn der Auktionserlös soll in weitere Experimente zur Unterstützung der Landwirtschaft vom Weltraum aus fließen.

Arche, d' Saut ★★ 10' 11 15 16 17 18 20 22 – Auf dem Deuxième-cru-Gut wird permanent an Verbesserungen gearbeitet. Neue Kellerei und Kellermannschaft. Seit 2020 gibt es den trockenen Bordeaux Blanc »A«.

Armailhac, d' Pau ★★★ 10' 12 14 15' 16' 17 18 19 20 21 22 – Großer 5. Cru im Besitz der Familie (MOUTON) ROTHSCHILD. 2021 wurde die neue Kellerei eingeweiht und ein neuer Kellerchef verpflichtet. Die Preise sind fair.

Aurelius St-Ém ★★ 16 17 18 19 – Spitzen-CUVÉE der fortschrittlichen Genossenschaft Union de Producteurs de ST-ÉMILION. Konzentrierter Stil, neue Eiche, vorwiegend MERLOT (85 %) plus CABERNET FRANC.

Ausone St-Ém ★★★★ 01' 03' 04 05' 06' 08 09' 10' 12 14 15' 16' 17 18' 19' 20 21 22 – Sehr kleiner, aber legendärer Besitz der Familie Vauthier. Kehrte 2022 dem Klassifikationssystem den Rücken; die Weine sind jetzt schlicht als AOP ST-ÉMILION etikettiert. Die windgeschützten Reblagen sind nach Süden und Südosten ausgerichtet. Langlebige, voluminöse Weine mit reichlich CABERNET FRANC (65 % im Jahr 2021), Textur und Finesse, sehr teuer (nur 1.500 Kisten). Zweitetikett: Chapelle d'Ausone (500 Kisten). Schwester-Châteaux sind La Clotte, FONBEL, MOULIN-ST-GEORGES und Simard.

Balestard la Tonnelle St-Ém ★★ 10 14 15 16 18 19 20 22 – Gut im Besitz der Familie Capdemourlin auf dem Kalksteinplateau. Neue Kellerei; Weine auf MERLOT-Basis in modernem Stil.

Barde-Haut St-Ém ★★→★★★ 09 10 14 15' 16 18 19' 20 – GRAND CRU CLASSÉ mit (vorwiegend MERLOT-)Weinen in vollem, geschmeidigem, modernem Stil, der dennoch das Kalksteinterroir erkennen lässt. Zertifiziert umweltfreundlicher Anbau.

Bastor-Lamontagne Saut ★★ 11 14 15 17 **18** 19 21 22 – Ökologisch zertifiziertes großes Gut in Preignac mit Weinen von SÉMILLON und SAUVIGNON BLANC (55 % im Jahr 2021). Zweitetikett: Les Remparts de Bastor. Außerdem trockener weißer B de Bastor-Lamontagne.

Batailley Pau ★★★ 08 09' 10' 11 12 14 **16** 17 18 19' 20 21 22 – 5. Cru mit (vergleichsweise) günstigen Weinen auf CABERNET-SAUVIGNON-Basis. Zweitetikett: Lions de Batailley.

Beaumont H-Méd ★★ 10' 15 16 **18 19** 20 – Großer CRU BOURGEOIS supérieur mit früh trinkreifen, wunderbar zugänglichen Weinen. In der Regel gutes Preis-Leistungs-Verhältnis.

Beauregard Pom ★★★ 09' 10' 12 14 15 **16** 18 19' 20' 21 – Das sehr viel besser gewordene POMEROL-Gut mit moderner Kellerei betreibt zertifiziert ökologischen Anbau. Zweitetikett: Benjamin de Beauregard. Ch. Pavillon Beauregard (LALANDE DE POMEROL) und Ch. PETIT-VILLAGE gehören ebenfalls dazu.

Beau-Séjour Bécot St-Ém ★★★ 08 09' 10' 12 14 **15 16 17** 18 19 20' 21 22 – Unverwechselbarer PREMIER GRAND CRU CLASSÉ (B) auf dem Plateau – das Kalksteinterroir klingt im Wein an – und neuer Kellerei (ab 2023). Die Weine sind heutzutage von etwas leichterer Art, aber immer noch tendenziell langlebig.

Beauséjour Duffau St-Ém ★★★ 08 09' 10' 12 14 **15** 16 **17** 18' 19' 20' – Sehr kleiner PREMIER GRAND CRU CLASSÉ im Besitz von Joséphine Duffau-Lagarrosse und der Familie Courtin (Kosmetikfirma Clarins). Önologischer Berater ist Axel Marchal. Sehr volle Weine zum Einlagern.

Beau-Site St-Est ★★ 10 15 16 **18** 19 20 – SAINT-ESTÈPHE-Cru, seit 1955 im Besitz des NÉGOCIANT BORIE-MANOUX, mit geschmeidigen, frischen, zugänglichen und preiswerten Weinen.

Bélair-Monange St-Ém ★★★ 08 09' 10' 11 12 **14 15 16'** 17 18 19 20 21 22 – PREMIER GRAND CRU CLASSÉ (B) mit Reblagen auf dem Kalksteinplateau und in den Côtes. In die Weinberge und die (noch nicht fertiggestellte) Kellerei wurde sehr viel Geld gesteckt. Die Weine sind jetzt intensiver, in feinerem Stil und präziser bereitet. Zweitetikett: Annonce de Belair-Monange.

Belgrave H-Méd ★★ 09' 10' 14 **15 16** 18 19 20 21 22 – 5. Cru im Besitz von DOURTHE im nördlichen HAUT-MÉDOC. Weine in unaufdringlichem Stil und verlässlicher Qualität. Zweitetikett: Diane de Belgrave.

Bellefont-Belcier St-Ém ★★ 09' 10' 14 **15' 16 17** 18 19' 20 21 – Der GRAND CRU CLASSÉ in den südlichen Côtes im Besitz der Groupe Vignobles K hat qualitativ stark zugelegt. Im Auge behalten.

Belle-Vue H-Méd ★★ 10 14 15' **16** 17 **18 19** 20 – CRU BOURGEOIS exceptionell im südlichen HAUT-MÉDOC mit dunklen, dichten, aber festen Weinen. Seit 2021 im Besitz von TWE (*siehe* Kapitel »Australien«).

Berliquet St-Ém ★★ 09 10 14 **15' 16' 17** 18 19' 20 21 22 – Der kleine GRAND CRU CLASSÉ auf dem Plateau und in den Côtes ist dank massiver Investitionen stark im Kommen.

Bernadotte H-Méd ★★ 10' 14 15' **16' 17 18' 19** – CRU BOURGEOIS supérieur im nördlichen HAUT-MÉDOC (St-Sauveur) im Besitz des Hongkonger Unternehmens King Power; önologischer Berater ist Hubert de Boüard (ANGÉLUS). Weine in süffigem Stil zum kleinen Preis.

Beychevelle St-Jul ★★★ 08 09' **10'** 11 12 **14 15'** 16' **17** 18 19' 20 21 22 – Relativ großer 4. Cru im Besitz von Castel und Suntory. Die Weine sind durchweg eher elegant als kraftvoll und können alt werden. Zweitetikett: Amiral de Beychevelle.

Biston-Brillette Moulis ★★ 15 16' 18 **19** 20 – CRU BOURGEOIS supérieur in Familienbesitz mit ansprechenden, früh trinkreifen und preiswerten Weinen aus zertifiziert umweltfreundlichem Anbau.

Bordeaux

Bonalgue Pom ★★ **14 15 16 18 19** 20 – Für POMEROL-Verhältnisse preiswerter Wein (90 % MERLOT) aus Sand-, Kies- und Tonböden. Das Gut hat sich stark verbessert und ist im Besitz des NÉGOCIANT J.B. Audy. Schwesterbetriebe: Clos du Clocher und Ch. Les Hauts-Conseillants (LALANDE DE POMEROL).

Bonnet Bx ★★ r **18 19 20**; w BV – Nach dem Tod André Lurtons leitet nun sein Sohn Jacques das Gut. Die Weine des Großproduzenten gehören mit zum Besten, was ENTRE-DEUX-MERS und roter BORDEAUX (eichengereifte Réserve) zu bieten haben. Die Reihe Diane ist sortenreinen Gewächsen gewidmet. Couhins-Lurton und La LOUVIÈRE sind Stallgefährten.

> **Demokratie à la Graves**
>
> Die AOP GRAVES hat sich bei der Auswahl der Weine für ihr Flaggschiff-Label »Ambassadeur de Graves« an die Verbraucher gewandt. Die roten wie weißen Kandidaten werden jedes Jahr zunächst von einer unabhängigen Organisation überprüft und müssen über eine Umwelt- oder Öko-Zertifizierung verfügen, dann jedoch trifft eine aus Verbrauchern zusammengesetzte Jury die endgültige Auswahl. 2022 waren Weine von CHANTEGRIVE, CLOS FLORIDÈNE und Ch. de Cérons dabei, die Jury war also eindeutig auf Zack. Alle Macht dem Volke!

Bon Pasteur, Le Pom ★★★ **10' 11 12 14 15' 16** 17 18 19 20 – Sehr kleines Weingut an der Grenze zu ST-ÉMILION. Die Weinbereitung (mit Fassvergärung) obliegt Michel ROLLAND – eine Garantie für reife, opulente, verführerische Gewächse. Zweitetikett: L'Etoile de Bon Pasteur.

Boscq, Le St-Est ★★ **10 14 15' 16' 17** 18' 19' 20 – Der CRU BOURGEOIS exceptionnel im Alleinbesitz von DOURTHE bietet stets ein hervorragendes Preis-Leistungs-Verhältnis.

Bourgneuf Pom ★★ **10 11 14 15' 16' 17** 18 19' 20 21 22 – Subtile, aromatische Weine (85 % MERLOT), teils mit Terroircharakter. Fantastisches Preis-Leistungs-Verhältnis.

Bouscaut Pes-L ★★★ r **10' 14 15 16' 17** 18 19 20 21; w **17 18 19 20 21** – Zertifiziert ökologisch (ab 2023) bewirtschaftetes Cru-classé-Gut in GRAVES. Strukturierte Rote auf MERLOT-Basis sowie süffige Weiße (SAUVIGNON BLANC/SÉMILLON) zum Einkellern.

Boyd-Cantenac Mar ★★★ **09' 10' 14 15** 16 18 19 – Sehr kleiner 3. Cru in Cantenac, seit 1932 im Besitz der Familie Guillemet, der auch Ch. POUGET gehört. Die Weine – auf CABERNET-SAUVIGNON-Grundlage – brauchen Zeit. Zweitetikett: Jacques Boyd.

Branaire-Ducru St-Jul ★★★ **09' 10' 12 14 15** 16' **17** 18' 19 20 21 – Verlässlicher 4. Cru (die Historie reicht bis 1680 zurück) mit potenziell langlebigen, oft preiswerten Weinen. Zweitetikett: Duluc.

Branas Grand Poujeaux Moulis ★★ **10 14 15'** 16' **17** 18 19' 20' – Qualitätsbewusstes Nachbargut von CHASSE-SPLEEN und POUJEAUX, seit 2020 mit vergrößertem Weinbergbesitz (plus weitere Investitionen). Weine in vollem, modernem Stil. Zweitetikett: Les Eclats de Branas.

Brane-Cantenac Mar ★★★→★★★★ **09' 10' 11 12 14 15'** 16' 17 18 19' 20 – 2. Cru im Besitz von Henri Lurton mit klassischem, duftendem MARGAUX, der ausreichend Struktur für ein langes Leben besitzt. Zweitetikett: Baron de Brane, beständig gut und preiswert. Außerdem weißer BORDEAUX auf SAUVIGNON-BLANC-Basis.

Brillette Moulis ★★ 10 15 16' 118 19 20 – Angesehenes Gut mit Reblagen auf zertifiziert umweltfreundlich bewirtschafteten Kiesböden – solide und unterbewertet. Der Brin de Brillette ist vegan.

Cabanne, La Pom ★★ 10' 14 **15 16' 18** 19 20 – Die Reblagen auf der Westseite des Hangs sind zu über 90% mit MERLOT bestockt. Der Wein ist in der Jugend sehr verschlossen und braucht Flaschenreifung.

Caillou Saut ★★ 13 14 15' 16 18 19 – Der 2. Cru in BARSAC erzeugt reintönigen *liquoreux* (100% SÉMILLON). Zweitetikett: Les Erables.

Calon-Ségur St-Est ★★★★ 08 09' 10' 11 12 **14 15'** 16' 17 18' 19' 20 21 22 – Der 3. Cru ist in Höchstform. Der CABERNET-SAUVIGNON-Anteil ist nun höher (81% beim Jahrgang 2021); die Weine sind fest, aber fein und komplex. Zweitetikett: Le Marquis de Calon (preiswert).

Cambon la Pelouse H-Méd ★★ 14 15 16' 17 **18 19** 20 – Wuchtiger Wein von verlässlicher Qualität (CRU BOURGEOIS exceptionnel), ausgebaut in amerikanischer Eiche.

Camensac, de H-Méd ★★ 10' 14 **15** 16 18' 19 20 22 – Mit dem 5. Cru im nördlichen HAUT-MÉDOC im Besitz der Familie Merlaut geht es stetig aufwärts: Die jüngsten Jahrgänge sind eindeutig besser. Seit 2021 zertifiziert umweltfreundlicher Anbau. Zweitetikett: La Closerie de Camensac.

Canon St-Ém ★★★★ 05' 08' 09' **10'** 12 13 **14** 15' 16' 17 18' 19' 20 21 22 – Berühmter PREMIER GRAND CRU CLASSÉ (B) auf dem Kalksteinplateau, ebenso wie BERLIQUET und RAUZAN-SÉGLA im Besitz von Wertheimer, sodass an Investitionskapital kein Mangel herrscht. Elegante, komplexe, langlebige Weine. Zweitetikett: Croix Canon (er wird in einer eigenen Kellerei vinifiziert, einer einstigen Kapelle aus dem 12. Jh.).

Canon La Gaffelière St-Ém ★★★ 09' 10' 11 14 **15' 16 17** 18 19' 20 22 – PREMIER GRAND CRU CLASSÉ (B) am unteren Südhang; wie d'AIGUILHE, La MONDOTTE und Clos Marsalette (PESSAC-LÉOGNAN) in Neipperg'schem Besitz. Hoher CABERNET-FRANC-Anteil (40%) plus CABERNET SAUVIGNON (10%). Stilvolle, beeindruckende Weine aus ökologischem Anbau.

Cantemerle H-Méd ★★★ 09' 10' 12 14 **15 16** 18 19' 20 22 – Der große 5. Cru im südlichen HAUT-MÉDOC ist derzeit gut in Form. In den vergangenen 40 Jahren wurden viele Parzellen neu bestockt, derzeit werden Gärkeller, Lagerkeller und Château renoviert. Preiswerte Weine auf Grundlage von CABERNET SAUVIGNON.

Cantenac Brown Mar ★★★ 09' 10' 11 14 **15 16' 17** 18 19' 20 21 – Der 3. Cru ist im Besitz der Familie Le Lous, die 2020 den Reblagenbestand vergrößerte. Die neue Öko-Kellerei, komplett aus Erde erbaut, soll 2023 in Betrieb gehen. 2022 wurden als Kunstprojekt zum Thema Weinbergboden NFTs aus Drohnenaufnahmen erstellt. Halten Sie Ihre Kryptowährung bereit. Beim Wein pflegt man heute einen sinnlicheren, raffinierteren Stil. Zweitetikett: BriO de Cantenac Brown. Ferner trockener weißer Alto (vorwiegend SAUVIGNON BLANC).

Capbern St-Est ★★ 09' 10' 11 14 **15' 16'** 18 19 20 21 22 – Das Gut hat denselben Besitzer und Geschäftsführer wie CALON-SÉGUR. Gut in Form und preiswert; CABERNET SAUVIGNON spielt die Hauptrolle. Moderne, mit Schwerkraft betriebene Kellerei.

Cap de Mourlin St-Ém ★★ 09 10 11 14 **15 16 18** 19 20 22 – GRAND CRU CLASSÉ auf Hanglagen mit Nordausrichtung und Kalkstein-Ton- sowie Sandböden, die zu 65% mit MERLOT bestockt sind. Feste, tanninherbe Weine. Schwesterbetrieb ist BALESTARD LA TONNELLE.

Carbonnieux Pes-L ★★★ 09' 10 12 14 **15' 16'** 18 19' 20 21 – Das Cru-classé-Gut in GRAVES gehört der Familie Perrin. Erzeugt werden gediegene Rot- und Weißweine in beträchtlichen Mengen aus zertifiziert umweltfreundlichem Anbau. Die Weißen mit 65% SAUVIGNON-BLANC-Anteil (z. B. 19 20

21) sind frisch, die Roten langlebig. Zweitetikett: La Croix de Carbonnieux. Besucher sind willkommen.

Carles, de Fron ★★ 14 15 **16 18** 19 20 – Aushängeschild ist der Haut-Carles (90% MERLOT); er wird unter der Ägide von Hubert de Boüard bereitet.

Carmes Haut-Brion, Les Pes-L ★★★ 12' 13 14 **15 16'** 17 18' 19' 20' 21 22 – Kleiner Betrieb, derzeit in Hochform, im Herzen der Stadt Bordeaux. Strukturierte, aber schmeichelnde Weine auf Basis von CABERNET FRANC (mind. 40%) und CABERNET SAUVIGNON; z.T. Ganztraubenvergärung. Zweitetikett: Le C des Carmes Haut-Brion (von Reben in Martillac).

Cru bourgeois, Ausgabe 2025

Die Alliance des Crus Bourgeois hat nun die Teilnahmebedingungen für die Ausgabe 2025 der dreistufigen Klassifizierung – Cru bourgeois, Cru bourgeois supérieur, Cru bourgeois exceptionnel – festgelegt. Alle Kandidaten müssen eine Umweltzertifizierung Stufe 2 oder 3 der HVE (Haute Valeur Environnementale) vorweisen. Verkostet werden die fünf Jahrgänge 2018 bis 2022. Die Bewerbungsunterlagen müssen im Herbst 2023 eingereicht werden, die Verkostungen und die Prüfung der Unterlagen dauern bis 2024. Veröffentlicht werden die Ergebnisse im Februar 2025. Außerdem muss ab 2023 jeder Betrieb, der den Cru-bourgeois-Status in Anspruch nehmen will, seine Weine in Flaschen mit einem Gewicht von höchstens 390 g füllen (eine Reduktion um 22% gegenüber dem bisherigen Höchstgewicht). Die Klassifizierung wird nun alle fünf Jahre durchgeführt. Die aktuelle Version des Jahres 2020 umfasst insgesamt 250 klassifizierte CHÂTEAUX.

Caronne Ste Gemme H-Méd ★★ 14 15 **16 18** 19 20 – Historisches Gut, 2022 von Bernard Magrez erworben, mit frischen, strukturierten Weinen auf CABERNET-SAUVIGNON-Basis (60%).

Carruades de Lafite Pau ★★★ Das Zweitetikett von Ch. LAFITE, 20.000 Kisten jährlich. 2. Cru, entsprechende Preise. Der auf CABERNET SAUVIGNON fußende Wein ist schon jung zugänglich, kann aber auch alt werden.

Carteau Côtes Daugay St-Ém ★★ 10 14 15 **16' 18** 19 20 – GRAND-CRU-Gut in ST-ÉMILION im Besitz der Familie Bertrand mit preiswerten, hocharomatischen, geschmeidigen Weinen.

Certan de May Pom ★★★ 10' 11 14 **15' 16' 17 18** 19' 20 21 22 – Das Nachbargut von VIEUX CHÂTEAU CERTAN hat sich sehr verbessert und erzeugt heute eleganten, komplexen, langlebigen Wein.

Chantegrive, de Graves ★★→★★★ 14 15 16 **18 19** 20' 21 – Das führende Gut in GRAVES ist recht groß und bietet sehr gute Qualität zu günstigen Preisen. Rotwein von MERLOT (60%) und CABERNET SAUVIGNON (40%). Cuvée Caroline heißt der wunderbar duftende weiße Spitzenwein (19 20 21). Ferner Château de Chantegrive CÉRONS (weiß, süß).

Chasse-Spleen Moulis ★★★ 09' 10' 14 15 **16' 17** 18 19' 20 21 22 – Renommiertes Gut im Besitz von Céline Villars. Der oft beeindruckende, lang reifende Wein zeigt klassische Struktur und Nase. Zweitetikett: L'Oratoire de Chasse-Spleen.

Chauvin St-Ém ★★ 14 15 **16'** 18' 19' 20' 21 – Das GRAND-CRU-CLASSÉ-Gut liegt an der Grenze zu POMEROL. Weine auf MERLOT-Basis, die qualitativ stetig zulegen. Zweitetikett: Folie de Chauvin.

Cheval Blanc St-Ém ★★★★ 08 09' **10'** 11 **12** 13 **14 15' 16' 17** 18' 19' 20' 21 22 – Der Superstar von ST-ÉMILION ist 2022 aus dem Klassifikationssystem ausgestiegen. Die Weine lieb zu gewinnen ist leicht, sie zu erwerben schon weniger: feste, duftende Gewächse mit hohem Anteil an CABERNET FRANC (60 %) und POMEROL-Einschlag. Sie schmecken jung schon köstlich und leben doch eine Generation lang. Zweitetikett: Le Petit Cheval. 2022 wurde das Nachbargut La Tour du Pin Figeac erworben und in Cheval Blanc integriert.

Chevalier, Domaine de Pes-L ★★★★ 05' 08 09' **10'** 12 13 **14 15'** 16' **17** 18' 19' 20 21 – Verlässlicher GRAVES-Cru-classé im Besitz der Groupe Bernard mit reintönigem, dichtem, fein texturiertem Rotwein. Der beeindruckende, langlebige Weiße besticht in der Jugend durch seine Frucht, in späteren Jahren durch seine Komplexität (16' 17' 18 **19' 20** 21). Zweitetikett: L'Esprit de Chevalier (rot und weiß).

Cissac H-Méd ★★ 10 14 15 **16'** 17 **18** 19 20 – Großer CRU BOURGEOIS supérieur im nördlichen HAUT-MÉDOC mit klassischen Weinen auf CABERNET-SAUVIGNON-Basis, die bei aller Struktur jetzt mehr Frucht offenbaren als früher. Zweitetikett: Reflets du Ch. Cissac.

Citran H-Méd ★★ 10' 14 15 **16 18** 19 20 22 – Großes Gut im südlichen HAUT-MÉDOC; Eigentümer ist die Familie Merlaut (seit 1996). Wein von mittlerem Körper, der bereits jung getrunken werden kann.

Clarence de Haut-Brion, Le Pes-L ★★★ 05 08 09' 10' 11 12 **14 15** 16' **17** 18 19' 20 21 22 – Zweitetikett von Ch. HAUT-BRION, hieß bis 2007 Bahans Haut-Brion. Der Verschnitt, in der Regel vorwiegend MERLOT, besitzt dieselbe geschmeidige Textur und Eleganz wie der *grand vin*. Er ist früher zugänglich, aber ebenfalls langlebig.

Clarke Listrac ★★→★★★ 10' 12 14 15 **16' 17** 18 19 20 21 22 – Der CRU BOURGEOIS ist im Besitz von Edmond de Rothschild Heritage; 2018 war der 40. Jahrgang. Sehr guter, auf MERLOT (70 %) basierender Rotwein, der sich seit 2016 stilistisch etwas geändert hat und nun mehr Länge und Präzision aufweist. Außerdem der trockene weiße Le Merle Blanc du CHÂTEAU Clarke.

Clauzet St-Est ★★ 10 14 15 **16' 17** – Das verlässliche ST-ESTÈPHE-Gut zeichnete sich durch günstige Weine auf CABERNET-SAUVIGNON-Basis aus. Der Betrieb wurde 2018 verkauft, das Schwester-Château de Côme (Öko-Anbau) existiert jedoch weiterhin.

Clerc Milon Pau ★★★ 05' 08 09 **10'** 11 12 **14 15** 16' **17** 18' 19' 20 21 22 – 5. Cru im Besitz der (MOUTON) Rothschilds. Der Wein ist kraftvoll, dabei aber harmonisch und von verlässlicher Qualität, allerdings zu hohen Preisen. Auch etwas CARMENÈRE von 1947 gepflanzten Reben.

Climens Bar ★★★★ 01' 02 05 07 09' **10' 11'** 12' **13' 14 15 16'** 19 22 – Das Cru-classé-Gut, seit 2022 großteils im Besitz der Familie Moitry, erzeugt konzentrierte Weine mit lebhafter Säure und garantierter Langlebigkeit aus biodynamischem Anbau. Aufgrund von Frostschäden konnte 2017, 2018, 2020 und 2021 kein Wein erzeugt werden. Zweitetikett: Les Cyprès (preiswert). Außerdem trockener weißer Asphodèle.

Clinet Pom ★★★ 09' **10'** 11 12 14 **15'** 16' **17** 18 19 20 21 – Der Familienbetrieb mit guten Lagen auf dem Plateau wird von Ronan Laborde geleitet. Weine in üppig-modernem Stil zum Einkellern. Château Lécuyer (POMEROL) gehört ebenfalls zum Besitz (seit 2022).

Clos de l'Oratoire St-Ém ★★ 10' 14 15 **16'** 17 **18** 19 20 22 – GRAND CRU CLASSÉ im Besitz von Stephan von Neipperg (La MONDOTTE); geschmeidiger Wein von 80 % MERLOT.

Clos des Jacobins St-Ém ★★→★★★ 09 10' 12 14 **15' 16'** 18 19 20 – Das GRAND-CRU-CLASSÉ-Gut in den Côtes gehört der Familie Decoster. Der von MERLOT (80 %) geprägte Wein in kraftvoll-modernem Stil zeigt tolle Beständigkeit. Önologischer Berater ist Hubert de Boüard (ANGÉLUS).

Bordeaux

Clos du Marquis St-Jul ★★→★★★ 09' 10' 11 14 **15'** 16' **17** 18' 19' 20 21 22 – Gut im Besitz von Jean-Hubert Delon, wie u. a. auch LÉOVILLE-LAS CASES (galt früher als Zweitwein von Clos du Marquis). Der Wein zeigt schönen ST-JULIEN-Charakter. Zweitetikett: La Petite Marquise.

Clos Floridène Graves ★★ r 10' 14 15' 16 **18' 19** 20; w 19 20 **21** – Der Betrieb gehört der Familie Dubourdieu, die ihn auch leitet. SAUVIGNON BLANC/SÉMILLON von Kalksteinböden liefert feinen, modernen weißen Graves; beim lebhaften Roten spielt CABERNET SAUVIGNON die Hauptrolle. Die neue Kellerei wurde 2018 fertiggestellt. Zweitetikett: Drapeaux de Floridène (rot und weiß). Ferner Rosé.

Clos Fourtet St-Ém ★★★ 09' 10' 11 14 **15'** 16' **17** 18 19 20 21 22 – PREMIER GRAND CRU CLASSÉ (B) auf dem Kalksteinplateau, seit 2001 im Besitz der Familie Cuvelier. Klassisch-stilvoller ST-ÉMILION; beständig in guter Form. Zweitetikett: La Closerie de Fourtet. Ch. POUJEAUX in MOULIS gehört ebenfalls dazu.

Clos Haut-Peyraguey Saut ★★★ 07 08 **10'** 11' 12 13 14 **15** 16 17 **18** 19 20 21 22 – Das PREMIER-CRU-Gut in Bommes ist im Besitz des Weinmagnaten Bernard Magrez (dem u. a. auch PAPE CLÉMENT gehört). Elegante, harmonische Weine auf SÉMILLON-Basis (95 %) mit Alterungspotenzial. Zweitetikett: Symphonie.

Clos l'Église Pom ★★★ 08 09' 10 14 **15' 16** 18 19 20 – Verlässliches Spitzengut am Rand des Plateaus; 80 % MERLOT und 20 % CABERNET FRANC aus Lehm-Kies-Boden. Verführerischer, langlebiger Wein. Stallgefährte ist Ch. BARDE-HAUT.

Clos Puy Arnaud Cas ★★ 10 14 15 16' 17 **18 19'** 20' – Das Weingut gibt in CASTILLON – CÔTES DE BORDEAUX den Ton an und wird von Thierry Valette mit Leidenschaft geführt. Die lebhaften Weine aus biodynamischem Anbau bersten vor Energie. Ferner süffige CUVÉE du Bistro.

Clos René Pom ★★ 09 10 11 14 15' **16 18** 19 20 – Die Geschichte des Guts reicht bis 1764 zurück. Weine mit hohem MERLOT-Anteil und ein wenig würzigem MALBEC (aus Sand- und Kiesböden): eher klassisch als modern, dafür aber in Anbetracht der AOP recht günstig.

Clotte, La St-Ém ★★→★★★ **10' 14 15' 16' 17 18** 19' 20 21 22 – Seit dem Erwerb durch AUSONE hat das Gut qualitativ ständig zugelegt. Bei der jüngsten Klassifikation (2022) hat man sich nicht beworben.

Conseillante, La Pom ★★★★ 05' 06' 08 09' **10'** 11 12 **14 15'** 16' 17 18 19' 20 – Seit 1871 im Besitz der Familie Nicolas, ebenso alt (und unverändert) sind die Reblagen. Eines der nobelsten und am üppigsten duftenden POMEROL-Gewächse. Zweitetikett: Duo de Conseillante.

Corbin St-Ém ★★ 09 10' 14 15' **16' 18** 19 20 – Verlässliches, preiswertes GRAND-CRU-CLASSÉ-Gut. Der Wein reift in neuer Eiche, Beton und gläsernen »Weingloben«.

Cos d'Estournel St-Est ★★★★ 05' 06 08 09' **10' 11** 12 13 **14** 15' 16' **17** 18 19' 20' 21 22 – Der kultivierte, schmeichelnde Wein des großen 2.-Cru-Guts erzielt hohe Wertungen. Kellerchef ist seit vielen Jahren Dominique Arangoïts. Der Weißwein auf SAUVIGNON-BLANC-Basis ist teuer, zeigt jetzt aber mehr Finesse. Zweitetikett: Les Pagodes de Cos (rot und weiß).

Cos Labory St-Est ★★→★★★ 08 09' 10' 11 12 **14 15** 16' 18 19 20 21 22 – Der kleine 5. Cru, Nachbar von COS D'ESTOURNEL, ist seit den 1930er-Jahren in Familienbesitz. Die Weine sind sehr aromatisch, fest und in der Regel günstig.

Coufran H-Méd ★★ 10 14 15' **16' 18** 19 20 22 – Für das nördliche HAUT-MÉDOC untypisches Gut mit 85 % MERLOT (die ältesten Reben stammen aus den 1920er-Jahren). Geschmeidige Weine, die ein gewisses Alter erreichen können. Zweitetikett: N°2 de Coufran.

Couhins-Lurton Pes-L ★★→★★★ r 10' 14 15 **16 18** 19 20; w 05 09 15' 16 17 18 19 20 **21** – Cru-classé-Gut mit feinen Weißweinen von SAUVIGNON BLANC (100%), straff und langlebig; beim Roten spielt MERLOT die Hauptrolle. Ferner Spezial-CUVÉE Acte II (rot und weiß).

Couspaude, La St-Ém ★★★ 08 09' 10' 14 **15 16 18** 19 20 – GRAND CRU CLASSÉ auf dem Kalksteinplateau. Sehr voller, cremiger, auf MERLOT basierender Stil mit kräftiger Eichenholzwürze.

Coutet Saut ★★★ 07 09' 10' **11'** 12 13 **14'** 16 17' **18** 19' 20 21 22 – Das Cru-classé-Gut im Besitz der Familie Baly bietet beständig sehr feine Weine. CUVÉE Madame (01 03 09) ist eine ungemein volle Auslese von alten Reben. Zweitetikett: La Chartreuse de Coutet. Außerdem sehr guter trockener weißer Opalie.

Couvent des Jacobins St-Ém ★★ 09 10 12 14 **15 16'** 18 19' 20 – GRAND CRU CLASSÉ mit Kellerei in der Stadt. Der Wein ist ausladend, aber frisch. Außerdem die CUVÉE Calicem (nur knapp 3.000 Flaschen pro Jahr). Besucher sind willkommen.

Crabitey Graves ★★ r 15 16 17 **18 19** 20; w 19 20 – Das Gut im Besitz von Arnaud de Butler (seit 2008) erzeugt aus den kiesigen Böden von Portets harmonische Rote auf CABERNET-SAUVIGNON-Basis und in kleiner Auflage lebhaften Weißen von SAUVIGNON BLANC (70%) plus SÉMILLON.

Crock, Le St-Est ★★ 10 11 14 15 **16'** 18 19' 20 21 22 – CRU BOURGEOIS exceptionnel im Besitz der Familie Cuvelier mit festem, aber geschliffenem, potenziell langlebigem und normalerweise preiswertem Wein.

Croix, La Pom ★★ 10 12 14 15 **16 18** 19 20 – Erzeuger von sehr vollen Weinen, vorwiegend von MERLOT (90%), mit kräftiger Eichennote. Das Gut ist im Besitz des NÉGOCIANT Janoueix, dem u. a. auch Ch. HAUT-SARPE gehört.

Croix de Gay, La Pom ★★★ 08 09' 10' 12 14 **15 16** 17 18 19 20 – Der kleine, vorwiegend mit MERLOT bestockte Weinberg liefert sehr vollen, runden Wein. Die CUVÉE La Fleur de Gay stammt aus drei verschiedenen Einzellagen.

Croix du Casse, La Pom ★★ 14 15' 16 **18** 19 20 – Das Gut mit Sand-Kies-Böden in POMEROL im Besitz der Groupe BCAP (BORIE-MANOUX) erzeugt geschmeidige, früh zugängliche Weine auf MERLOT-Basis (mind. 90%) zu erschwinglichen Preisen.

Croizet-Bages Pau ★★ 09 10' 14 **15 16'** 18 19 20 – Der aufstrebende 5. Cru zeigt seit 2015 mehr Beständigkeit, es ist aber immer noch Luft nach oben. Weine vorwiegend von CABERNET SAUVIGNON. RAUZAN-GASSIES gehört ebenfalls zum Besitz.

Cru bourgeois Méd – Im Jahr 2020 eingeführte dreistufige Klassifikation: Cru bourgeois, Cru bourgeois supérieur und Cru bourgeois exceptionel; sie gilt gegenwärtig für 250 CHÂTEAUX. Die nächste Evaluierung findet 2025 statt. *Siehe* Kasten S. 140.

Cruzelles, Les Lalande de Pomerol ★★ 10 11 14 **15' 16'** 17 18 19' 20 21 22 – Verlässlicher, aussdrucksstarker, preisgünstiger Wein auf MERLOT-Basis; Spitzenjahrgänge können alt werden. Stallgefährte u. a. von La Chenade und L'EGLISE-CLINET.

Dalem Fron ★★ 10' 14 15 **16** 17 **18'** 19 20 21 – Geschmeidige, frische Weine von reifer Frucht (vorwiegend MERLOT). 2020 wurde die neue Kellerei in Betrieb genommen.

Dassault St-Ém ★★ 09' 10 14 15 **16 18'** 19 20 22 – GRAND CRU CLASSÉ mit Weinen in vollem, modernem Stil: 70% MERLOT, 30% CABERNET FRANC und CABERNET SAUVIGNON aus Sandböden. Zweitetikett: D de Dassault. Die CHÂTEAUX Faurie de Souchard und La Fleur gehören ebenfalls dazu.

Dauphine, de La Fron ★★→★★★ 10' 14 15 **16** 17 **18'** 19 20 21 – Das führende Gut in FRONSAC wurde seit 2000 renoviert, erweitert und auf Öko-

Anbau umgestellt (Schafe sorgen für natürliche Bodendüngung). Die Weine zeigen jetzt mehr Substanz und Finesse. Zweitetikett: Delphis. Ferner Le Blanc de La Dauphine (80% SAUVIGNON BLANC, 20% SÉMILLON).

Dauzac Mar ★★→★★★ 09' 10' 12 14 **15** 16' **17** 18' 19 20 – Nachhaltig bewirtschaftetes, rühriges 5.-Cru-Gut in Labarde im Besitz der Familie Roulleau mit Eric Boissenot als önologischem Berater. Dichte, volle, dunkle Weine. Zweitetikett: La Bastide Dauzac. Außerdem sortenreiner CABERNET SAUVIGNON Franc de Pied von wurzelechten Reben.

Desmirail Mar ★★→★★★ 09' 10' 12 **14 15** 16' 18 19 20 21 – 3. Cru im Besitz von Denis Lurton (2021 war der 30. Jahrgang) mit feinem, erlesenem Stil.

Destieux St-Ém ★★ 09' 10 11 12 **14 15** 16 18 19 20 – GRAND-CRU-CLASSÉ-Gut im Besitz der Familie Dauriac mit Weinen auf MERLOT-Basis in festem, kraftvollem, modernem Stil, die Zeit brauchen.

Doisy-Daëne Bar ★★★ 07 09 10' 11' 12 13' 14 **15' 17'** 18' 19 20 21 22 – Das Gut zählt zu den Besitztümern der Familie Dubourdieu und erzeugt feinen süßen Barsac. L'Extravagant (16 17' 18' 19') ist eine ungeheuer volle und teure Cuvée (100% SAUVIGNON BLANC). Ferner trockener weißer Doisy-Daëne Sec.

Doisy-Védrines Bar ★★★ 05' 09 10' 11' 12 13 14 **15' 16'** 17 **18'** 19 20 22 – Das Gut mit seinem köstlichen und preiswerten Wein ist seit Langem einer meiner Favoriten. Frost bedingte den Totalausfall des Jahrgangs 2021. Ab 2023 soll es einen trockenen Weißen geben.

Dôme, Le St-Ém ★★★ 10' 11 14 15 **16 17** 18 19 20 – Sehr voller, moderner, kraftstrotzender Wein in Miniauflage. Zwei Drittel alte CABERNET-FRANC-Reben, der Ausbau erfolgt großteils in neuer Eiche. Kreisrunde Kellerei unweit von ANGÉLUS. Ch. Teyssier (preiswert) gehört ebenfalls dazu.

Dominique, La St-Ém ★★★ 09' 10' 11 12 **14 15 16' 17** 18' 19 20 21 22 – GRAND-CRU-CLASSÉ-Gut im Besitz der Familie Fayat. Weine in reichhaltigem, saftigem Stil (vorwiegend MERLOT) aus zertifiziert umweltfreundlichem Anbau. Zweitetikett: Relais de la Dominique. Kellerei mit Dachrestaurant (»La Terrasse Rouge«) und Laden.

Ducru-Beaucaillou St-Jul ★★★★ 05' 06 08 09' **10' 11** 12 13 **14** 15' 16 17 18' 19' 20' 21 22 – Das überragende 2.-Cru-CHÂTEAU im Besitz von Bruno Borie setzt in erster Linie auf CABERNET SAUVIGNON (98% beim Jahrgang 2021). Hervorragend in Form: klassisch nach Zedernholz duftender Bordeaux, der auf ein langes Leben ausgelegt ist. La Croix Ducru-Beaucaillou und Le Petit Ducru gehören ebenfalls zum Besitz.

Duhart-Milon Rothschild Pau ★★★ 05' 06 08 09' 10' 11 14 **15 16' 17** 18' 19' 20 21 22 – Der 4. Cru ist im Besitz der Rothschilds von LAFITE. CABERNET SAUVIGNON herrscht vor, die Qualität ist sehr fein und wird immer noch besser. Zweitetikett: Moulin de Duhart.

Durfort-Vivens Mar ★★★ 05 06 08 09' 10' 13 14 **15'** 16' **17** 18 19' 20' 21 22 – Erheblich besser gewordenes 2.-Cru-Gut; die letzten Jahrgänge sind tipptopp. CABERNET SAUVIGNON herrscht vor (90%); ökologischer und biodynamischer Anbau. Seit 2019 gibt es zudem drei Einzellagen-CUVÉES: Le Hameau, Les Plantes und Le Plateau.

Eglise, Domaine de l' Pom ★★ 08 09 10' 12 14 **15 16** 18 19 20 – Gut auf dem Plateau (Kies-Ton-Böden) im Besitz der Groupe BCAP (BORIE-MANOUX). In letzter Zeit beständig gute, fleischige Weine. Schwester-Châteaux sind La CROIX DU CASSE und TROTTE VIEILLE.

Eglise-Clinet, L' Pom ★★★★ 01' 04 05' 06 08 09' 10' 11' 12 13 14 15' 16' 17 18 19' 20' 21 – Erstklassiges kleines Gut in POMEROL: Der Jahr um Jahr hervorragende Wein ist voll, konzentriert und fleischig, allerdings teuer. Zweitetikett: La Petite Eglise. Les CRUZELLES gehört ebenfalls zum Besitz.

Évangile, L' Pom ★★★★ 05 06 08 09' **10' 11** 12 13 **14 15'** 16' 17 18' 19' 20' 22 – Das Gut gehört seit 1990 den (LAFITE-)Rothschilds. Weine auf MERLOT-Basis, neuerdings kommt aber mehr CABERNET FRANC hinzu (30% beim Jahrgang 2021), was für größere Finesse sorgt. Zweitetikett: Blason de l'Évangile.

Fargues, de Saut ★★★ 05' 06 07 08 09' **10' 11'** 13 14 **15' 16' 17'** 18 19 20 21 22 – Nicht klassifiziertes, aber (auch preislich) erstklassiges Gut mit sehr vollen, öligen und dennoch raffinierten Weinen zum Einkellern.

Faugères St-Ém ★★→★★★ 09' 10' 11 12 14 **15 16'** 18 19' 20 – Größerer GRAND CRU CLASSÉ in St-Étienne-de-Lisse mit sehr vollen, wuchtigen, modernen Weinen. Schwester-CHÂTEAUX sind Péby Faugères (ebenfalls klassifiziert) und LAFAURIE-PEYRAGUEY (SAUTERNES).

Ferrand, de St-Ém ★★→★★★ 08 09 10' 12 14 **15 16 18** 19 20 – Das große GRAND-CRU-CLASSÉ-Gut in St-Hippolyte erzeugt frische, feste, ausdrucksstarke Weine auf MERLOT-Basis (75%). Im Aufwind! Besucher sind willkommen.

Ferrande Graves ★★ 15 16' 17 **18 19** 20 – Das recht große Gut in Castres-sur-Gironde ist erheblich besser geworden und erzeugt jetzt süffigen Rot- und cremigen Weißwein (SÉMILLON/SAUVIGNON BLANC/Sauvignon gris).

Ferrière Mar ★★★ 05 08 09 10' 12 **14 15 16'** 17 18 19 20 22 – Der weniger bekannte 3. Cru ist seit 1992 im Besitz der Familie Villars-Merlaut. Dunkle, feste Weine mit herrlichem Bukett.

Feytit-Clinet Pom ★★→★★★ 05' 08 09' 10' 11 12 **14 15 16' 17** 18 19' 20 22 – Das kleine Gut (6 ha) zeigt sich unter Kellerchef Jérémy Chasseuil beständig in Bestform: volle, verführerische Weine (90% MERLOT) aus Kies-Lehm-Böden. Für POMEROL-Verhältnisse relativ preiswert.

Fieuzal Pes-L ★★★ r 09' 10' 11 12 **14 15 16'** 18' 19' 20 21; w 19 20 21 – Cru classé im Besitz der irischen Familie Quinn (seit 2001). Sehr volle Weiße zum Einlagern auf SAUVIGNON-BLANC-Basis und sehr volle, feste Rote. Zweitetikett: L'Abeille de Fieuzal (rot und weiß).

Figeac St-Ém ★★★★ 01' 04 05' 06 07 08 **09' 10' 12 14 15** 16' 17 18' 19' 20' 21 22 – Das Gut wurde 2022 zum PREMIER GRAND CRU CLASSÉ (A) aufgestuft. Die Reblagen (Kies) sind zu einem ungewöhnlich hohen Anteil (70%) mit CABERNET FRANC und CABERNET SAUVIGNON bestockt. Jetzt vollere, aber stets elegante Weine, die lange reifen müssen. Hier kann man keinen Fehlgriff tun. Zweitetikett: Petit-Figeac.

Filhot Saut ★★ 05 07 09' 10' **11'** 12 13 **14 15 16 18** 19 20 22 – Das 2.-Cru-Gut wurde 1709 von Romain de Filhot geschaffen. Die Weine von 60% SÉMILLON, 36% SAUVIGNON BLANC und 4% MUSCADELLE fallen in letzter Zeit reintöniger und voller aus.

Fleur Cardinale St-Ém ★★ 10' 14 15 **16' 18** 19' 20' 21 – Das GRAND-CRU-CLASSÉ-Gut ist in Höchstform: Weine in reifem, öligem, modernem Stil. Zweitetikett: Intuition. Seit 2021 zudem trockener weißer BORDEAUX in kleiner Auflage.

Fleur de Boüard, La Lalande de Pomerol ★★→★★★ 10 12 14 15 **16' 17 18 19** 20 – An dem führenden Gut in LALANDE DE POMEROL sind seit 2022 neue Investoren beteiligt. Wein in dunklem, dichtem, modernem Stil. Die Spezial-CUVÉE Le Plus, ein sortenreiner MERLOT, ist von extremerer Art. Zweitetikett: Le Lion. Besucher sind willkommen.

Fleur-Pétrus, La Pom ★★★★ 08 09' 10' 11 12 14 **15 16 17'** 18 19' 20' 21 22 – Château der Spitzenklasse im Besitz von J.-P. MOUEIX (Jean-Pierres erster Kauf, im Jahr 1950). Der hochkultivierte Wein auf Basis von MERLOT mit einem ungewöhnlichen Schuss PETIT VERDOT (3%) muss lang reifen.

Fombrauge St-Ém ★★→★★★ 05 08 09 10 14 15 **16' 18** 19 20 – Das große GRAND-CRU-CLASSÉ-Gut im Besitz von Bernard Magrez (PAPE CLÉMENT)

Bordeaux

erzeugt sehr volle, dunkle, cremige, opulente Weine. Magrez-Fombrauge ist eine Spezial-CUVÉE. Übernachtungsmöglichkeit im Château.

Fonbadet Pau ★★ 09' 10' 14 15 **16' 18 19'** 20' – Der Wein des nicht klassifizierten kleinen Guts ist nicht ganz so langlebig wie andere, dafür aber von verlässlicher Qualität und recht preiswert. Die Gebäude werden derzeit renoviert.

Die St-Émilion-Klassifikation, Version 2022

Die Klassifizierung des Jahres 2022 umfasst insgesamt 85 Châteaux: 14 PREMIERS GRANDS CRUS CLASSÉS und 71 GRANDS CRUS CLASSÉS. FIGEAC wurde aufgestuft und ist neben PAVIE nun der einzige Premier grand cru classé (A); ANGÉLUS, AUSONE und CHEVAL BLANC haben sich offiziell aus der Klassifizierung zurückgezogen. Auf der Stufe der Premiers grands crus classés (B) gab es keine Veränderungen, mit Ausnahme der Abwesenheit von Château La GAFFELIÈRE, das ebenfalls aus dem Klassifikationssystem ausgestiegen ist. Neu in den Status eines GRAND CRU CLASSÉ erhoben wurden Badette, Boutisse, Clos Badon Thunevin, Clos Dubreuil, Clos St-Julien, La Confession, Corbin Michotte (2012 herabgestuft), Croix de Labrie, La Croizille, Lassègue, Mangot, Montlabert, Montlisse, ROL VALENTIN, Tour Baladoz und Tour St-Christophe. Die in die Klassifizierung von 2012 nicht aufgenommenen Güter Grand Pontet, L'Arrosée und Tertre Daugay sind nun alle Teil des neu geschaffenen Château QUINTUS. Andere zogen sich zurück (La CLOTTE, QUINAULT L'ENCLOS), und einige wurden von einem Schwestergut übernommen (PAVIE DECESSE von PAVIE). Die Klassifizierung wird alle 10 Jahre überprüft.

Fonbel, de St-Ém ★★ 14 15 16 **18 19 20** 22 – Verlässliche Quelle für fruchtigen, frischen, nicht überteuerten Wein auf MERLOT-Basis plus CARMENÈRE. 2021 sehr geringer Ertrag aufgrund massiver Frostschäden.

Fonplégade St-Ém ★★ 10 12 14 15 **16'** 18' 19 20' 21 – GRAND CRU CLASSÉ in amerikanischem Besitz (seit 2004) mit zertifiziert biodynamischem Anbau. Der Stil der Weine war früher modern-konzentriert, jetzt legt man mehr Wert auf Frucht und Ausgewogenheit.

Fonréaud Listrac ★★ 08 09' 10' 14 **15 16'** 17 **18** 19 20 21 22 – Eines der größeren und besseren LISTRAC-Güter, seit 2020 CRU BOURGEOIS supérieur, mit überzeugenden, süffigen Weinen. Ferner sehr guter trockener weißer Le Cygne. Stallgefährte von LESTAGE.

Fonroque St-Ém ★★★ 08 09' 10' 14 15 **16 18** 19 20' 21 – GRAND CRU CLASSÉ in den Côtes, nordwestlich der Stadt ST-ÉMILION. Frische Weine mit mineralischer Note und mittlerem Körper. 2021 wurde ein neuer Fasskeller in Betrieb genommen.

Fontenil Fron ★★ 10' 11 14 15' **16** 18' 19 20 – Führendes Gut in FRONSAC, Eigentümer ist Michel ROLLAND. Reifer, schokoladiger, opulenter Wein, ferner trockener Weißer.

Forts de Latour, Les Pau ★★★★ 05' 08 09 10 11 12 14 15 16' 17 18 19' 20 – Das Zweitetikett von Ch. LATOUR: authentischer PAUILLAC-Geschmack in etwas leichterem Format zu hohen Preisen. Ein *En-primeur*-Verkauf findet nicht mehr statt, die Freigabe der Weine erfolgt nun, wenn sie für trinkreif erachtet werden – der 2016er kam 2022 heraus –, obgleich ihnen weitere 10 Jahre durchaus guttun.

Fourcas Dupré Listrac ★★ 09 10' 15' **16'** 17 **18** 19 20 22 – Gut geführtes CHÂTEAU, qualitativ einigermaßen beständig: trockener, frischer Wein von mittlerem Körper. Zudem ein trockener Weißer. Ab 2023 neuer Fasskeller.

Fourcas Hosten Listrac ★★→★★★ 09 10' 14 15 **16** 17 **18** 19 20 22 – Das große Gut (die Besitzer sind mit Hermès verbandelt) hat seit 2010 etliche Neubestockungen vorgenommen und glänzt jetzt mit Präzision und Finesse. Außerdem ein trockener Weißer (vorwiegend SAUVIGNON BLANC).

France, de Pes-L ★★ r 10 12 14 15 **16' 18** 19 20; w 19 20 21 – Nicht klassifiziertes Nachbargut von FIEUZAL mit reifen, modernen Rotweinen. Die Weißen (80% SAUVIGNON BLANC plus SÉMILLON) sind frisch und ausgewogen. Preiswert.

Franc Mayne St-Ém ★★ 09 10' 14 15 **16** 17 **18** 19' 20 22 – Kleiner GRAND CRU CLASSÉ in den Côtes mit frischen, gut strukturierten Weinen. Übernachtungsmöglichkeit auf dem Gut.

Gaby Fron ★★ 10 14 15 **16 18** 19' 20 – Schöne Südlagen in CANON-Fronsac erbringen von MERLOT dominierten Wein zum Einkellern. Stallgefährte ist Château Clos Beauséjour (POMEROL).

Gaffelière, La St-Ém ★★★ 09 10' 14 **15 16' 17** 18 19' 20 21 22 – Der frühere PREMIER CRU hat sich 2022 aus dem Klassifikationssystem zurückgezogen. Investitionen und Fortschritte; ein Teil der Rebflächen wurde neu bestockt. Die Weine mit hohem CABERNET-FRANC-Anteil (40%) zeigen seit 2016 mehr Finesse und brauchen Flaschenreife.

Garde, La Pes-L ★★ r 10' 14 15 **16' 18** 19 20; w 19 20 21 – Nicht klassifiziertes Gut im Besitz von DOURTHE mit geschmeidigen Roten (CABERNET SAUVIGNON/MERLOT). Außerdem Weißwein von SAUVIGNON BLANC (90%) und SÉMILLON in kleiner Auflage. Zertifiziert umweltfreundlicher Anbau.

Gay, Le Pom ★★★ 09' 10' 11 12 **14 15** 16 17 18' 19' 20 – Nachbar von LAFLEUR; sehr volle, schmeichelnde Weine (90% MERLOT plus CABERNET FRANC) mit Alterungspotenzial. Zweitetikett: Manoir de Gay. Ch. La Violette gehört ebenfalls zum Besitz.

Gazin Pom ★★★ 08 09 10' 11 12 **14 15' 16'** 18' 19' 20 – Großes Gut auf dem Plateau von POMEROL. Sehr gut in Form: vollmundige, langlebige Weine (90% MERLOT) aus zertifiziert umweltfreundlichem Anbau.

Gilette Saut ★★★ 86 88 89 90 96 97 99 01 – Außergewöhnliches kleines Gut in Preignac im Besitz von Julie Gonet-Médeville, das seine schwelgerischen Weine 16 bis 20 Jahre in Betontanks lagert; die Bestände reichen bis ins Jahr 1953 zurück. Schwesterbetrieb ist Ch. Les Justices in SAUTERNES.

Giscours Mar ★★★ 05 09 10' 11 12 **14 15** 16' **17** 18' 19' 20' 21 – Größerer 3. Cru im Besitz der niederländischen Familie Albada Jelgersma. Körperreicher, langlebiger MARGAUX (60% CABERNET SAUVIGNON), die neueren Jahrgänge sind klasse. Zweitetikett: La Sirène de Giscours. Außerdem ein wenig Rosé (AOP BORDEAUX).

Glana, du St-Jul ★★ 10 15 **16' 17 18** 19' 20 – Großes, nicht klassifiziertes Gut mit unkomplizierten, strammen, preiswerten Weinen (65% CABERNET SAUVIGNON, 35% MERLOT). Zweitetikett: Pavillon du Glana.

Gloria St-Jul ★★→★★★ 05 09' 10' 11 14 **15 16' 17** 18 19' 20 21 22 – Das Gut im Besitz der Domaines Henri Martin ist nicht klassifiziert, verkauft seinen Wein aber zu 4.-Cru-Preisen. CABERNET SAUVIGNON herrscht mit 65% vor. In neuerer Zeit super in Form. Ch. ST-PIERRE gehört ebenfalls dazu.

Grand Corbin-Despagne St-Ém ★★→★★★ 05 08 09' 10' 12 14 15 **16' 18'** 19' 20' 21 – Das GRAND-CRU-CLASSÉ-Gut wird von François Despagne geführt, der hohe Maßstäbe anlegt: Die aromatischen Weine haben nun eine reifere, vollere Note. Zertifiziert ökologischer und umweltfreundlicher Anbau. Gutes Preis-Leistungs-Verhältnis. Zweitetikett: Petit Corbin-Despagne. Zum Besitz gehört auch Ch. Ampelia (CASTILLON – CÔTES DE BORDEAUX).

Grand cru classé St-Ém – Die Einstufung wird alle 10 Jahre einer Revision unterzogen (das nächste Mal 2032); 2022 wurden 71 CHÂTEAUX klassifiziert. *Siehe auch* Kasten »Die St-Émilion-Klassifikation«, S. 146.

Grand Mayne St-Ém ★★★ 09' 10' 12 14 **15 16' 17** 18 19' 20 21 22 – Beeindruckendes GRAND-CRU-CLASSÉ-Gut in den und am Fuß der Côtes. Verlässliche Qualität: körperreiche Weine mit schöner Struktur. Der Weinberg wird gerade mit mehr CABERNET FRANC bestockt.

Hybrides Treiben

Nach der Zulassung mehrerer neuer Rebsorten, darunter TOURIGA NACIONAL, hoffen die Winzer in BORDEAUX, dass bald auch bestimmte Hybridsorten wie Floréal in der AOP erlaubt sind. Für diese spricht vor allem ihre Resistenz gegen Krankheiten wie Falscher und Echter Mehltau. Wie bei den anderen neuen Sorten wird die Verwendung von Hybriden nur versuchsweise zugelassen, wobei ihr Anteil nicht mehr als 5% am Rebbestand bzw. maximal 10% im Verschnitt betragen darf. Gewiss wird dies eine erhebliche Reduktion des Chemikalieneinsatzes gegen Krankheiten bedeuten – aber was wird aus dem Charakter der Bordeaux-Gewächse?

Grand-Puy Ducasse Pau ★★★ 08 09' 10' 12 14 **15' 16'** 18 19' 20 21 22 – 5. Cru mit stetig steigender Qualität; der 2019er war die (bisherige) Krönung. 60% CABERNET SAUVIGNON, 40% MERLOT. Am Hafen von PAUILLAC wird derzeit eine neue Kellerei gebaut. Schwesterbetrieb von Ch. MEYNEY.

Grand-Puy-Lacoste Pau ★★★ 05' 06 08 09' **10'** 12 **14 15'** 16' 17' 18' 19' 20 22 – Der 5. Cru ist berühmt für seine PAUILLAC-Gewächse zum Einkellern (75% CABERNET SAUVIGNON). Die Reblagen bilden ein zusammenhängendes Areal rund ums CHÂTEAU. Önologischer Berater ist Eric Boissenot. Zweitetikett: Lacoste-Borie.

Grave à Pomerol, La Pom ★★★ 09' 10 12 13 14 **15 16' 17** 18 19' 20 21 22 – Das J.-P. MOUEIX gehörende kleine Gut am Westhang des Plateaus (vorwiegend Kiesböden mit feinen Lehmschichten) erzeugt kultivierte Weine mit hohem MERLOT-Anteil (85%), die alt werden können. Preiswert.

Greysac Méd ★★ 14 15 16' 17 **18 19** 20 – Der CRU BOURGEOIS supérieur erzeugt feine, frische Weine von verlässlicher Qualität. Schwesterbetrieb ist HAUT CONDISSAS.

Gruaud Larose St-Jul ★★★★ 05' 08 09' 10' 12 **14 15'** 16' **17** 18' 19' 20' 22 – Eines der größten und beliebtesten 2.-Cru-Güter, Eigentümer ist die Familie Merlaut. Kraftstrotzender roter Bordeaux zum Einlagern; die Jahrgänge 2018, 2019 und 2020 sind ein Knaller. Zweitetikett: Sarget de Gruaud Larose.

Guadet St-Ém ★★ 10 14 15 **16' 18** 19 20 – Das kleine GRAND-CRU-CLASSÉ-Gut ist neuerdings, seitdem die siebte Generation das Sagen hat, besser in Form. Zertifiziert ökologischer und biodynamischer Anbau.

Guiraud Saut ★★★ 05' 06 07 08 09 10' **11' 13** 14 **15' 16'** 17 **19** 20 22 – Cru-classé-Gut mit Öko-Siegel. 2022 wechselte Kellermeisterin Sandrine Garbay von Ch. d'YQUEM zu Guiraud. Zweitetikett: Petit Guiraud. Ferner zwei trockene Weiße: Le G de Château Guiraud und (seit 2020) Grand Vin Blanc Sec.

Gurgue, La Mar ★★ 10 14 **15 16'** 18 19 20 21 – Weine aus ökologischem und biodynamischem Anbau mit sehr hohem PETIT-VERDOT-Anteil (19% im Jahr 2021). Schwesterbetrieb ist Ch. FERRIÈRE.

Hanteillan H-Méd ★★ 14 15 16 **18 19** 20 – Größerer CRU BOURGEOIS in Cissac mit jung zu trinkenden Weinen (50% CABERNET SAUVIGNON) von verlässlicher Qualität. Zweitetikett: Ch. Laborde.

Haut-Bages Libéral Pau ★★★ 05' 08 09' 10' 12 14 **15' 16** 18 19' 20' 21 22 – Das 5.-Cru-Gut legt qualitativ zu, die Jahrgänge 2019 und 2020 waren bislang die besten. Weine aus ökologischem und biodynamischem Anbau auf CABERNET-SAUVIGNON-Basis (70%) zu vernünftigen Preisen. Zweitetikett: Le Pauillac de Haut-Bages Libéral.

Haut-Bailly Pes-L ★★★★ 05' 08' 09' **10'** 11 12 **14 15'** 16' 17 18' 19' 20' 21 22 – Cru-classé-Gut der Spitzenklasse mit raffiniert-elegantem Wein. Zweitetikett: Haut-Bailly II (früher La Parde de Haut-Bailly). Hochmoderne, kreisrunde neue Kellerei; Besucher sind willkommen. Ch. Le Pape (PESSAC-LÉOGNAN) gehört ebenfalls zum Besitz.

Haut-Batailley Pau ★★★ 08 09' 10' 11 12 **14 15** 16' 17 18' 19' 20' 22 – Der 5. Cru gehört der Familie Cazes (LYNCH-BAGES) und ist seit 2017 im Aufwind: Der Wein lohnt das Einkellern. Zweitetikett: Verso.

Haut-Beauséjour St-Est ★★ 10 14 15 **16** 17 – Das vom Champagnerhaus ROEDERER geschaffene und weiterentwickelte Gut wurde 2017 an die Familie Rousseau (Ch. Laffitte Carcasset) verkauft. Weine mit hohem MERLOT-Anteil (mind. 60%).

Haut-Bergeron Saut ★★ 09 10 11 13 14 15' **16 17' 18 19** 20 – Nicht klassifiziertes Gut in Preignac, seit 1820 in Familienbesitz. Reblagen in SAUTERNES und BARSAC, vorwiegend SÉMILLON (90%). Voller, opulenter, nicht überteuerter Wein. Verlässliche Qualität.

Haut-Bergey Pes-L ★★→★★★ r 10 12 15 **16' 18'** 19 20' 21; w 19 20 – Das nicht klassifizierte Gut in Léognan erzeugt sehr vollen, mächtigen Rotwein und frischen trockenen Weißen auf SAUVIGNON-BLANC-Basis sowie die CUVÉE Paul (rot). Zertifiziert ökologischer und biodynamischer Anbau.

Haut-Brion Pes-L ★★★★ 01 04 05 **06** 07 08 **09' 10' 11' 12** 13 **14** 15' 16' 17' 18' 19' 20' 21 22 – Der einzige Premier cru in der Klassifikation von 1855, der nicht im MÉDOC liegt; seit 1935 im Besitz der US-amerikanischen Familie Dillon. Weinbau ist hier jedoch seit 1521 beurkundet. Chef des Hauses ist heute Clarence Dillons Urenkel Prinz Robert von Luxemburg. Derzeit werden neue Keller gebaut, der Weinshop ist bereits eröffnet. Überaus harmonische Gewächse mit wundervoller Textur, in Sachen Bordeaux für viele die erste (zumindest aber die zweite) Wahl. Zweitetikett: Le CLARENCE DE HAUT-BRION (früher Bahans Haut-Brion). Für sehr reiche Menschen auch schwelgerischer trockener Weißwein (SAUVIGNON BLANC/SÉMILLON) in kleiner Auflage (17 18 **19 20 21**). Außerdem weißer La Clarté, ein Gemeinschaftsprojekt von Haut-Brion und La MISSION HAUT-BRION.

Haut Condissas Méd ★★★ 14 15 **16** 17 **18 19'** 20 – Spitzenwein des Jean-Guyon-Stalls (Ch. GREYSAC, Ch. Rollan de By): sehr voll, überbordend und modern, vorwiegend von MERLOT (60%), plus PETIT VERDOT (20%).

Haut-Marbuzet St-Est ★★→★★★ 05' 09 10' 12 15 **16 18** 19' 20' 21 – Der Betrieb im Besitz der Familie Duboscq wurde 1952 mit gerade mal 7 ha gegründet, jetzt sind es 70 ha. Nicht klassifiziertes Gut mit Weinen zum Verlieben (vorwiegend CABERNET SAUVIGNON plus MERLOT, CABERNET FRANC und PETIT VERDOT): Üppig und zu 100% in Fässern aus neuer Eiche ausgebaut, profitieren sie von einigen Jahren Flaschenreife. Knapp zwei Drittel der Produktion werden direkt ab CHÂTEAU verkauft. Zweitetikett: MacCarthy.

Bordeaux

Haut-Sarpe St-Ém ★★ 09 10 12 14 **15' 16' 18** 19 20 – GRAND CRU CLASSÉ im Besitz von Joseph Janoueix mit Weinen in reifem, modernem Stil (70 % MERLOT).

Hosanna Pom ★★★★ 08 09 10' 11 12 14 **15 16' 17** 18 19' 20' 21 22 – Im Jahr 1999 von J.-P. MOUEIX geschaffenes kleines Gut mit Rebgelände mitten auf dem Plateau; Nachbar von PETRUS und La FLEUR-PÉTRUS. Der Wein (70 % MERLOT sowie 30 % CABERNET FRANC von alten Reben) besitzt Kraft, Reintönigkeit, Ausgewogenheit und braucht Zeit.

Issan, d' Mar ★★★ 05' 08 09' 10' 11 12 **14 15'** 16' **17** 18' 19' 20 21 22 – 3. Cru mit burgähnlichem CHÂTEAU, jetzt in Bestform mit herrlich duftenden Weinen (60 % CABERNET SAUVIGNON) zum Einkellern. Seit 2020 enthält das Verschnittrezept auch CABERNET FRANC (3 %), MALBEC (1 %) und PETIT VERDOT (2 % von alten Reben). Zweitetikett: Blason d'Issan.

Jean Faure St-Ém ★★ 09 10' 11 12 **14 15 16** 18' 19' 20' – GRAND CRU CLASSÉ mit Ton-, Sand- und Kiesböden, die ökologisch bewirtschaftet werden. Frischer, eleganter Stil dank CABERNET FRANC und einem Schuss MALBEC. Zweitetikett: La Réserve.

Kirwan Mar ★★★ 05' 08 09 10' **14 15'** 16' 18 19' 20' 21 – 3. Cru im Besitz der Familie Schÿler. In den 1990er-Jahren waren die Weine dicht und fleischig, jetzt wirken sie weniger angestrengt und zeigen mehr Finesse. Zweitetikett: Charmes de Kirwan. Besucher sind willkommen.

Labégorce Mar ★★→★★★ 08 09 10' 12 14 **15 16' 17** 18' 19 20 21 – In das nicht klassifizierte Gut größeren Zuschnitts wurde viel Geld gesteckt, was zu Qualitätsverbesserung führte. Weine in reifem, modernem, aber frischem Stil (50 % CABERNET SAUVIGNON). Ch. Marquis d'Alesme gehört ebenfalls dazu.

Lafaurie-Peyraguey Saut ★★★ 05' 06 07 09' **10'** 11 13 14 15' 16' 17 18 19 20 21 22 – Führender Cru classé, im Besitz von Silvio Denz (Luxusgüterunternehmen Lalique). Sehr voller, harmonischer Süßwein (93 % SÉMILLON nebst 1 % MUSCADELLE). Außerdem trockener weißer BORDEAUX auf Sémillon-Basis. Ein Luxushotel mit Restaurant gehört ebenfalls dazu.

Lafite Rothschild Pau ★★★★ 02 **05' 06** 07 08 **09' 10' 11'** 12 **13 14** 15' 16' 17 18' 19' 20' 21 22 – Von dem großen PREMIER CRU (112 ha) kommen Weine mit dem berühmten verschwenderischen Duft und Stil, die niemals schwer, heutzutage allerdings dichter und geschmeidiger sind. Hoher CABERNET-SAUVIGNON-Anteil (96 % im Jahrgang 2021); große Jahrgänge brauchen jahrzehntelange Flaschenreife. Derzeit wird auf Öko-Anbau umgestellt. Seit 2018 auch erschwinglicherer, zugänglicher Anseillan. Zweitetikett: CARRUADES DE LAFITE. Zum Besitz gehören auch die Châteaux DUHART-MILON, L'ÉVANGILE und RIEUSSEC.

Lafleur Pom ★★★★ **05'** 06 07 08 09' **10' 11** 12 13 **14** 15' 16' 17' 18' 19' 20 21 22 – Ausgezeichnetes, wenn auch sehr kleines Gut in Familienhand. Elegante, intensive Weine zum Einkellern, allerdings teuer. Zweitetikett: Pensées de Lafleur. Außerdem sehr guter Les Champs Libres (100 % SAUVIGNON BLANC) und BORDEAUX SUPÉRIEUR Les Perrières.

Lafleur-Gazin Pom ★★ 10 14 15 **16' 17 18' 19** 20' 21 22 – Kleines Gut im Besitz von J.-P. MOUEIX mit eleganten, frischen und zudem preiswerten Weinen (85 % MERLOT, 15 % CABERNET FRANC).

Lafon-Rochet St-Est ★★★ **05' 06** 08 09' **10'** 12 **14 15'** 16' **17** 18' 19 20' 21 22 – Der 4. Cru, Nachbar von Ch. COS LABORY, ist gut in Form, wie die festen, aber aromatischen Weine zeigen. 2022 wurde Christophe Congé, Ex-Kellermeister von Lafite, verpflichtet. Auffallende goldgelbe Etiketten und Gebäude. Zweitetikett: Les Pélerins de Lafon-Rochet.

Lagrange St-Jul ★★★ 05' 06' 08' 09' 10' 12 **14 15'** 16' 17 18 19' 20 21 22 – Der Eigentümer, der japanische Getränkekonzern Suntory, hat in das große

3.-Cru-Gut (118 ha) einiges Geld gesteckt. Frischer Wein in verlässlicher Qualität, in neuerer Zeit mit hohem CABERNET-SAUVIGNON-Anteil (84% im Jahrgang 2021). Zweitetikett: Les Fiefs de Lagrange (günstig). Außerdem trockener Weißer Les Arums de Lagrange.

Lagrange Pom ★★ 10 14 15' **16' 18 19** 20 21 22 – Mit MERLOT bestockte kleine Reblage im Nordosten des Plateaus; Eigentümer ist J.-P. MOUEIX. Geschmeidige, runde, früh zugängliche Weine aus Lehm-Kies-Boden.

Lagune, La H-Méd ★★★ 08 09' 10' 11 12 **14 15'** 16' **17** 19 20 21 22 – Der 3. Cru ganz im Süden des MÉDOC ist jetzt wieder in Form. Schön konturierte Weine aus ökologischem und biodynamischem Anbau, die jetzt mehr Struktur und Tiefe besitzen. Zweitetikett: Moulin de La Lagune. Der Jahrgang 2018 fiel wegen Hagel komplett aus.

Lamarque, de H-Méd ★★ 09' 10' 14 **15 16 18** 19' 20 22 – Gut mittlerer Größe in Familienbesitz. Preiswerte, sachkundig bereitete, süffige und einigermaßen langlebige Weine mit hohem PETIT-VERDOT-Anteil. Zweitetikett: D de Lamarque.

Kampf der CO_2-Emission

TROPLONG MONDOT in ST-ÉMILION, Mitglied der International Wineries for Climate Action (IWCA), hat sich zum Ziel gesetzt, seinen CO_2-Fußabdruck bis 2030 um die Hälfte zu reduzieren und bis 2050 klimaneutral zu sein. Zu den bisherigen Maßnahmen gehören: ein Heizsystem für alle Gebäude, das mit Granulat aus Rebschnittresten betrieben wird, der Einsatz von Pferden für 80% der Weinberge und eine Vereinbarung mit den Lieferanten zur Vermeidung unnötiger Verpackungen. Auch das Gewicht der Flaschen wird unter die Lupe genommen, und für Geschäftsreisen in Frankreich und Europa bevorzugt man jetzt die Eisenbahn. Jedes kleine bisschen hilft.

Lanessan H-Méd ★★ 10' 14 15' **16'** 17 **18 19'** 20 – Gut unmittelbar südlich von ST-JULIEN mit preiswertem, klassischem Bordeaux. Wurde 2022 von der TWE-Gruppe (*siehe* Kapitel »Australien«) erworben.

Langoa Barton St-Jul ★★★ 08' 09' 10' 11 12 **14 15'** 16' 17 18' 19' 20 21 – Kleiner 3. Cru, Schwestergut von LÉOVILLE BARTON, mit charmanten, eleganten Weinen auf CABERNET-SAUVIGNON-Basis. 2021 wurde die 200-jährige Eigentümerschaft der Bartons mit einem speziellen Etikett gefeiert.

Larcis Ducasse St-Ém ★★★ 05' 08 09' 10 **14 15'** 16' **17** 18 19' 20 21 22 – Der PREMIER GRAND CRU CLASSÉ präsentiert sich derzeit in Bestform mit seinem langlebigen Wein (80% MERLOT). Önologischer Berater ist Stépane DERENONCOURT. Zweitetikett: Murmure de Larcis Ducasse.

Larmande St-Ém ★★ 09' 10 14 15 **16 18'** 19' 20 22 – Das GRAND-CRU-CLASSÉ-Gut geht auf das Jahr 1585 zurück und ist ein Schwesterbetrieb von SOUTARD. Solide Weine eher der leichteren Art, dafür aber zugänglich.

Laroque St-Ém ★★→★★★ 09' 10' 14 **15 16 17** 18' 19' 20' 21 – Großer GRAND CRU CLASSÉ mit terroirgeprägten Weinen, die neuerdings mehr Finesse zeigen.

Larose Trintaudon H-Méd ★★ 15 16 **18 19' 20** – Der CRU BOURGEOIS supérieur mit der größten Rebfläche im MÉDOC (202 ha) erzeugt 75.000 Kisten pro Jahr. Der Wein ist in der Regel auf frühen Genuss ausgelegt. Zweitetikett: Les Hauts de Trintaudon. Ch. Tour de Pez gehört ebenfalls zum Besitz.

Laroze St-Ém ★★ 09' 10' 14 15 **16'** 18' 19' 20 21 – GRAND CRU CLASSÉ im Besitz von Guy Meslin mit Weinen der leichteren Art (70% MERLOT), die aber schön fruchtig und ausgewogen sind. Zweitetikett: La Fleur Laroze. Ferner Lady Laroze.

Larrivet Haut-Brion Pes-L ★★★ 08 09 10' 12 **14 16' 18'** 19 20 21 – Nicht klassifiziertes Gut im Besitz der Familie Gervoson (Konfitürenhersteller Bonne Maman), die die Rebfläche von 17 ha auf 72,5 ha vergößert hat. Opulenter, verführerischer Rotwein, 2021 ausschließlich von CABERNET SAUVIGNON (81%) und CABERNET FRANC bereitet. Zweitetikett: Les Demoiselles de Larrivet Haut-Brion (rot und weiß). Außerdem sehr voller, cremiger Weißer (**19 20 21**). Besucher sind willkommen.

Im Zeichen des Klimawandels

Auf dem CRU BOURGEOIS exceptionnel CHÂTEAU de Malleret, einem ökologisch bewirtschafteten Gut tief im Süden des HAUT-MÉDOC (in Le Pian-Médoc), werden Hunderte Olivenbäume gepflanzt – denn hier soll das erste kommerzielle Olivenöl des Bordelais erzeugt werden. Es wird Jahrgangsbezeichnungen tragen, ganz so wie der Wein. Die Olivenbäume sind schon älter und wurden aus Südfrankreich bezogen. Geplant sind seit der ersten Ernte 2022 jährlich 500 Liter Olivenöl. Und dann? Lavendel vielleicht?

Lascombes Mar ★★★ 06 08 09 10' 11 **14 15'** 16' **17** 18 19' 20 21 – Großer 2. Cru (120 ha) mit wechselvoller Geschichte und seit 2022 US-amerikanischem Eigentümer. Die Weine sind sehr voll, dunkel, konzentriert und modern mit einem Hauch des MARGAUX-typischen Dufts. Zweitetikett: Chevalier de Lascombes.

Latour Pau ★★★★ 02 03 04 **05'** 06 07 08 **09' 10' 11 12 13 14** 15' 16' 17 18' 19' 20' 21 – Der PREMIER CRU gilt als grandioseste Verkörperung des roten BORDEAUX. Die Weine sind tiefgründig, intensiv, aus guten Jahrgängen fast ewig haltbar, und sogar schwächere Jahrgänge zeigen den unverwechselbaren Geschmack und halten sich viele Jahre. Nachhaltige und ökologische Bewirtschaftung. Der *En-primeur*-Verkauf wurde 2012 eingestellt, die Freigabe erfolgt jetzt erst, wenn der Wein als genussreif erachtet wird (z. B. 2022 die Jahrgänge 2010 und 2014 – im Grunde immer noch zu früh). Eigentümer ist die Familie Pinault, die 2022 ihre Artémis Domaines mit Maisons & Domaines Henriot fusionierte. Zweitetikett: Les FORTS DE LATOUR, Drittetikett: Pauillac; selbst Letzterer kann bis zu 20 Jahre alt werden.

Latour à Pomerol Pom ★★★ 06 08 09' 10' 12 **14 15' 16' 17** 18 19' 20 21 22 – Außerordentlich verlässliche, schön strukturierte Weine (100% MERLOT), die alt werden können. Besitzer ist seit 1962 J.-P. MOUEIX.

Latour-Martillac Pes-L ★★→★★★ 08 09' 10' 14 **15'** 16 **17** 18' 19 20 21 – Der GRAVES-Cru-classé ist im Besitz der Familie Kressmann. Frischer Roter mit schönem Bukett, der jetzt im neuen *cuvier* vinifiziert wird, und leckerer Weißer (**19 20 21**), in der Regel zu günstigen Preisen.

Laurets, des St-Ém ★★ 15 16 18 **19** 20 – Das große Gut ist im Besitz von Edmond de Rothschild Heritage. Geschmeidige, runde, früh trinkreife Weine auf MERLOT-Basis.

Laville Saut ★★ 11' 13 15 16 **18** – Das nicht klassifizierte größere Gut in Preignac wird seit 1997 von Jean-Christophe Barbe geleitet. Die von SÉMILLON (85%) sowie etwas SAUVIGNON BLANC und MUSCADELLE bereiteten edelfaulen Weine sind üppig und preiswert.

Léoville Barton St-Jul ★★★★ **05'** 06 07 08 **09' 10' 11 12** 13 **14** 15' 16' 17 18' 19' 20' 21 – Das 2.-Cru-Gut im Besitz der anglo-irischen Familie Barton (seit 1826) wird gegenwärtig von Lilian Barton, Tochter Mélanie und

Sohn Damien geleitet. Harmonischer, klassischer roter Bordeaux mit hohem CABERNET-SAUVIGNON-Anteil (74 %). Die Keller werden seit einiger Zeit renoviert und erweitert, u. a. um eine mit Schwerkraft betriebene neue *cuverie*. Zweitetikett: La Réserve de Léoville Barton.

Léoville-Las Cases St-Jul ★★★★ **00' 04' 05' 08** 09' 10' **11'** 12 13 14 15' 16' 17' 18' 19' 20' 21 22 – Das größte der drei Léoville-CHÂTEAUX und seit jeher ein »Super Deuxième cru«; Chef ist Jean-Guillaume Prats (früher bei COS D'ESTOURNEL, LVMH, LAFITE). Elegante, komplexe Weine, die auf ein langes Leben ausgelegt sind. Die Keller werden ständig erweitert. Zweitetikett: Le Petit Lion.

Léoville Poyferré St-Jul ★★★★ **06 07 08 09' 10' 11' 12 13** 14 15' 16' 18' 19' 20' 21 22 – Seit 1920 im Besitz der Familie Cuvelier – das Hundertjährige wurde 2020 mit einer besonderen schwarzen, gravierten Flasche gefeiert. Jetzt auf dem Niveau eines »Super Deuxième cru«, mit dunklen, sehr vollen, würzigen, lang reifenden Weinen. Der Château Moulin Riche stammt von einer separaten 21-ha-Parzelle.

Bordeaux

Lestage Listrac ★★ **10 14 15 16' 17 18 19'** 20 – Der CRU BOURGEOIS exceptionnel ist Stallgefährte von FONRÉAUD. Feste, etwas verschlossene Weine.

Lilian Ladouys St-Est ★★ **10' 14 15 16' 17 18'** 19' 20 – Der relativ große CRU BOURGEOIS exceptionnel ist, wie auch LAFON-ROCHET und PÉDESCLAUX, im Besitz der Familie Lorenzetti (seit 2008). Der Betrieb wurde kräftig aufgemöbelt und erweitert; die Weine zeigen in den neueren Jahrgängen mehr Finesse. Zweitetikett: La Devise de Lilian.

Liversan H-Méd ★★ **14 15 16' 18 19 20** – Der CRU BOURGEOIS im nördlichen HAUT-MÉDOC ist im Besitz der Kellereigruppe AdVini. Weine auf MERLOT-Basis (55 %) in rundem, süffigem, früh trinkreifem Stil.

Loudenne Méd ★★ **15 16 18 19'** 20 – Das große MÉDOC-Gut am Flussufer mit denkmalgeschützter rosafarbener *chartreuse* (Kartause) aus dem 17. Jh. ist seit 2022 im Besitz von Christophe Gouache. Die geschmeidigen Roten (je 50 % MERLOT und CABERNET SAUVIGNON) sind jung trinkreif. Außerdem Weißwein auf SAUVIGNON-BLANC-Basis.

Louvière, La Pes-L ★★★ r **09' 10' 12 14 15 16'** 17 18 19 20 21; w **18 19 20 21** – Das Gut ist im Besitz von Vignobles André Lurton (wie auch COUHINS-LURTON). Exzellenter Weißwein (100 % SAUVIGNON BLANC) sowie aromatischer, potenziell langlebiger Rotwein (meist auf CABERNET-SAUVIGNON-Basis).

Lussac, de St-Ém ★★ **15 16 18 19** 20 – Das Spitzengut in LUSSAC ST-ÉMILION hat 2022 den Besitzer gewechselt. Geschmeidiger Rotwein und Rosé.

Lynch-Bages Pau ★★★★ **04' 05' 06 08 09' 10' 11 12 13 14** 15 16' 17 18 19' 20' 21 – Seit eh und je beliebtes Weingut, heute ein regelrechter Star, der das übliche 5.-Cru-Niveau weit überstrahlt. Eigentümer ist die Familie Cazes, Geschäftsführer Jean-Charles Cazes. Langlebiger, sehr voller, dichter Wein auf CABERNET-SAUVIGNON-Basis. Zweitetikett: Echo de Lynch-Bages. Außerdem ein guter Weißwein: Blanc de Lynch-Bages. Ch. HAUT-BATAILLEY gehört ebenfalls zum Besitz.

Lynch-Moussas Pau ★★ **09 10' 14 15 16** 18 19' 20 21 22 – Das 5.-Cru-Gut, seit 1919 im Besitz der Familie Castéja, erzeugt Weine von mittlerem Körper in etwas weniger gravitätischem Stil als die PAUILLAC-Spitzengewächse, hat aber in den vergangenen Jahren qualitativ deutlich zugelegt.

Lyonnat St-Ém ★★ **16 18 19 20** – Größeres Gut in LUSSAC ST-ÉMILION, qualitativ beständig. Auch Spezial-CUVÉE Emotion und die Cuvée Sans Sulfites (ohne Schwefelzusatz).

Malartic-Lagravière Pes-L ★★★ r **09 10 14 15' 16' 17** 18 19' 20' 21; w **19 20 21** – Cru classé in GRAVES, in den viel Geld gesteckt wurde. Sehr volle, leckere Rote sowie frischer, cremiger Weißwein (überwiegend SAUVI-

GNON BLANC) aus zertifiziert umweltfreundlichem Anbau. Besucher sind willkommen. Ch. Gazin Rocquencourt (PESSAC-LÉOGNAN) gehört ebenfalls zum Besitz.

Malescasse H-Méd ★★ 14 15' **16'** 17 **18 19** 20 – CRU BOURGEOIS exceptionell, in dessen Aufrüstung kräftig investiert wurde. Reife, fleischige, geschliffene Weine für frühen Genuss.

Malescot St-Exupéry Mar ★★★ 08 09' 10' **14 15'** 16' 17 18' 19 20 21 – 3. Cru im Besitz von Jean-Luc Zuger mit reifem, duftendem, fein strukturiertem MARGAUX, der zu annähernd gleichen Teilen von CABERNET SAUVIGNON und MERLOT bereitet wird.

Malle, de Saut ★★★ w; s 01' 05 06 09 10' 11' 12 **13** 14 **15' 16'** 17' **18 19** – 2. Cru im Besitz der Familie Bournazel. Feiner, mittelschwerer SAUTERNES. Ferner trockener weißer M de Malle (GRAVES).

Margaux, Château Mar ★★★★ **05' 06'** 07 08 **09' 10'** 11 **12** 13 **14** 15 16' 17 18' 19' 20' 21 22 – Der Premier cru ist seit 1977 im Besitz der Familie Mentzelopoulos. Von hier stammt der verführerischste und beständigste aller MARGAUX-Weine mit dem legendären Bukett und hohem CABERNET-SAUVIGNON-Anteil (87 % im Jahrgang 2021). Der *grand vin* macht etwa 36 % der Gesamtproduktion aus. Zweitetikett: Pavillon Rouge (10' 11 16' **17** 18' 20 21 22). Drittetikett: Margaux du Château Margaux. Der Pavillon Blanc (18' 19' 20 **21'** 22) ist der beste Weißwein des MÉDOC; seine 100. Ausgabe wurde 2020 mit einer speziellen Flasche gefeiert.

Marojallia Mar ★★★ 09' 10 15 **16** 17 **18'** 19' 20 – Das Mikro-Château zielt mit seinen mächtigen, sehr vollen und MARGAUX-untypischen Weinen (70 % CABERNET SAUVIGNON) aufs Hochpreissegment ab. Zweitetikett: Clos Margalaine.

Marquis de Terme Mar ★★→★★★ 08 09' 10' 14 **15** 16' **17** 18' 19' 20 21 – 4.-Cru-Gut mit Weinbergbesitz im Umkreis der Ortschaft MARGAUX. In den vergangenen Jahren wurden Investitionen getätigt und Fortschritte erzielt, man pflegt jedoch immer noch einen eher robusten Margaux-Stil. Besucher sind willkommen; es gibt auch ein Restaurant.

Maucaillou Moulis ★★ 10 11 12 14 15' **16' 18** 19' 20 21 22 – Großes, verlässliches Weingut im Besitz der Familie Dourthe mit sauber bereiteten, günstigen Weinen. Zweitetikett: N°2 de Maucaillou.

Mayne Lalande Listrac ★★ 10 14 15 16 **18 19** 20 – Das Gut wird von Alice-Jeanne Lartigue geleitet, die damit die Nachfolge ihres verstorbenen Vaters Bernard Lartigue antritt. Volle, fein texturierte Weine. Bed & Breakfast für Übernachtungsgäste.

Mazeyres Pom ★★ 10 14 15 **16' 18 19'** 20 21 – Eher leichter, aber verlässlicher, früh zugänglicher POMEROL auf MERLOT-Basis aus ökologischem und biodynamischem Anbau. Önologischer Berater ist Alain Moueix.

Meyney St-Est ★★→★★★ 05' 06 08 **09' 10'** 11 12 **14 15'** 16' 17 18' 19' 20' 21 – Großer Besitz am Uferhang, hervorragende Reblage neben Ch. MONTROSE; seit 2021 Umstellung auf Öko-Anbau. Schön strukturierte Weine zum Einlagern auf CABERNET SAUVIGNON-Basis (60 %) nebst einem ordentlichen Schuss PETIT VERDOT. Zweitetikett: Prieur de Meyney.

Mission Haut-Brion, La Pes-L ★★★★ 04 **05'** 06 07 **08** 09' **10' 11** 12 13 **14** 15' 16' 17' 18' 19' 20' 21 22 – Das Gut ist ebenso wie das benachbarte Ch. HAUT-BRION im Besitz des Unternehmens Domaine Clarence Dillon. In den vergangenen 35 Jahren wurden beträchtliche Investitionen getätigt. Beständig hochklassiger, vollblütiger Wein mit langer Reifezeit. Zweitetikett: La Chapelle de La Mission. Außerdem überwältigender Weißwein auf SÉMILLON-Basis: früher Laville Haut-Brion, seit 2009 La Mission Haut-Brion Blanc (18 **19' 20'** 21'). Weißes Zweitetikett: La Clarté de Haut-Brion.

Monbousquet St-Ém ★★★ 09' 10' 14 **15 16'** 18 19 20 22 – Der GRAND CRU CLASSÉ in der sandig-kiesigen Ebene wurde von Gérard Perse (Ch. PAVIE) gründlich umgekrempelt. Konzentrierte Weine der üppigsten Art mit Eichennote. Zweitetikett: Angélique de Monbousquet. Der letzte Jahrgang des trockenen weißen BORDEAUX war 2020.

Monbrison Mar ★★→★★★ 09' 10' 14 **15' 16** 17 18 19 20 21 – Kleines Gut im Besitz der Familie Vonderheyden mit zartem, duftendem MARGAUX (70% CABERNET SAUVIGNON).

Mondotte, La St-Ém ★★★→★★★★ 08 09' 10' 11 12 **14 15'** 16 **17** 18 19' 20' 22 – Sehr kleiner PREMIER GRAND CRU CLASSÉ (4,5 ha) in Neipperg'schem Besitz (wie u. a. CANON LA GAFFELIÈRE) auf dem Kalkstein-Ton-Plateau. Intensive, kraftvolle Weine aus ökologischem Anbau.

Parzellenspielereien

Bordeaux ist vor allem für seine Verschnittweine bekannt, derzeit jedoch scheinen individuelle CUVÉES aus ausgewählten Parzellen und Rebsorten der Renner zu sein. Pierre Lurton, Geschäftsführer von CHEVAL BLANC und YQUEM, hat Anthologie de Marjosse auf den Markt gebracht, eine Reihe von acht Weinen aus verschiedenen Parzellen und Rebsorten seines eigenen Guts, Château Marjosse in ENTRE-DEUX-MERS, darunter sogar Nicht-Bordeaux-Sorten (CHARDONNAY). In MARGAUX hat Gonzague Lurton die Idee eines Zweitweins zugunsten von drei Lagenweinen aufgegeben: Les Parcelles de Château DUFORT-VIVENS. Ein anderer Lurton, André (sprechen sie sich ab?), hat drei sortenreine Mikro-Cuvées kreiert. Und auch die NÉGOCIANTS sind auf den Geschmack gekommen, so etwa DOURTHE mit Les Parcellaires aus Lagen der hauseigenen Châteaux RAHOUL und REYSSON. Sieht aus wie der Beginn eines neuen Trends.

Montrose St-Est ★★★★ 05' 06 08 **09' 10'** 12 13 14 **15'** 16' 17 18' 19' 20' 21 – 2. Cru mit Reblagen an der Gironde, berühmt für wuchtigen, langlebigen Rotwein. Die Jahrgänge 1979 bis 1985 fielen leichter aus. Besitzer sind die Brüder Martin und Olivier Bouygues, die konsequent auf umweltfreundlichen Anbau setzen (u. a. Bewahrung der Artenvielfalt, CO_2-Neutralität bis 2050). Zweitetikett: La Dame de Montrose. Ch. TRONQUOY-LALANDE gehört ebenfalls zum Besitz.

Moulin du Cadet St-Ém ★★ 09 10' 14 15' **16 18'** 19' 20' – Winziger GRAND CRU CLASSÉ (2,85 ha) auf dem Plateau mit modernen Weinen (100% MERLOT), in denen das Terroir anklingt. Stallgefährte von SANSONNET.

Moulinet Pom ★★ 09 10 15 **18** 19 20 – Für POMEROL-Verhältnisse großes Gut (18 ha) mit Weinen in leichterem Stil (90% MERLOT). Stéphane DERENONCOURT berät.

Moulin Haut Laroque Fron ★★ 11 14 15' **16 17 18' 19'** 20' 21 – Das führende Gut in FRONSAC wird von Thomas Hervé geleitet. Verlässliche, strukturierte Weine mit Alterungspotenzial.

Moulin Pey-Labrie Fron ★★ 10' 15 16 **18** 19 20' – Das ökologisch bewirtschaftete Gut erzeugt stämmige CANON-FRONSAC-Weine (vorwiegend MERLOT) mit guter Struktur, die alt werden können.

Moulin St-Georges St-Ém ★★★ 09' 10' 14 **15' 16' 17** 18' 19' 20 22 – Lebhafte, frische, harmonische Weine, angesichts des Niveaus preiswert. Stallgefährte von AUSONE. Der Jahrgang 2021 fiel komplett dem Frost zum Opfer.

Mouton Rothschild Pau ★★★★ 04' 05' 06 07 **08' 09' 10'** 11 12 13 **14** 15' 16' 17' 18' 19' 20' 21 22 – Das Gut ist seit 1853 in Rothschild-Besitz.

Der exotischste und sinnlichste der PREMIERS CRUS von PAUILLAC ist jetzt in Bestform. Das Etikett für den Jahrgang 2020 wurde von dem britischen Künstler Peter Doig gestaltet. Technischer Direktor ist J.-E. Danjoy. Zweitetikett: Le Petit Mouton. Der Weißwein namens Aile d'Argent (SAUVIGNON BLANC/SÉMILLION) fällt jetzt anmutiger aus. *Siehe auch* d'ARMAILHAC, CLERC MILON.

Nairac Bar ★★ **05' 06 07 09 10 11 12 13 15 16 17 18** 22 – 2.-Cru-Gut, geleitet von den Geschwistern Nicolas und Eloïse Tari-Heeter. Sehr voller und doch frischer Wein (90 % SÉMILLON). Zweitetikett: Esquisse de Nairac.

Nénin Pom ★★★ **05 08 09' 10' 12 14 15'** 16' **17** 18' 19' 20' 21 22 – Eigentümer Jean-Hubert Delon (LÉOVILLE-LAS CASES) hat in das große Gut viel Geld gesteckt. Die Weine geben sich jetzt zurückhaltend, sind jedoch generös und präzise gearbeitet; der CABERNET-FRANC-Anteil wurde auf 40 % erhöht. Wachsverschluss seit 2019. Zweitetikett: Fugue de Nénin (günstig).

Olivier Pes-L ★★★ r **09' 10' 14 15 16'** 18 19' 20 21'; w **18 19' 20 21** – Das sehr große, ökologisch bewirtschaftete Gut ist im Besitz der Familie Bethmann. Der Rotwein (mind. 50 % CABERNET SAUVIGNON) ist schön strukturiert, der Weiße (75 % SAUVIGNON BLANC) fruchtig.

Ormes de Pez, Les St-Est ★★ **05 08' 09' 10' 11 12 14 15'** 16' **17** 18' 19 20' 22 – Im Besitz der Familie Cazes von Ch. LYNCH-BAGES; die Weine sind kühl, klassisch und zum Einlagern gemacht.

Ormes Sorbet, Les Méd ★★ **10' 14 15 16' 18 19** 20 – Stets verlässliches MÉDOC-Gut im Besitz der Familie Boivert mit eleganten, leicht eichenwürzigen Weinen (65 % CABERNET SAUVIGNON) aus zertifiziert umweltfreundlichem Anbau.

Palmer Mar ★★★★ **05' 06' 08 09' 10' 11 12 13 14** 15' 16' 17 18' 19' 20' 21 22 – 3. Cru, der den »Super Deuxième crus« (und bisweilen so manchem PREMIER CRU) ebenbürtig ist. Sinnlicher Wein mit Wucht, Komplexität und viel MERLOT (56 % im Jahrgang 2021). Biodynamischer Anbau ist hier Trumpf – und selbstverständlich zertifiziert. Das Gut ist in holländischem (Mähler-Besse) und britischem (Familie SICHEL) Besitz. Der Wein gelangt zu 50 % *en primeur* in den Verkauf, zu 50 % nach zehnjähriger Reifung (z. B. 2022 der Jahrgang 2012). Zweitetikett: Alter Ego de Palmer.

Pape Clément Pes-L ★★★★ r **05 06 08 09' 10' 12 13 14 15'** 16' 17 18' 19' 20; w **19 20** 21 – Das historische Gut im Besitz des Weinmagnaten Bernard Magrez liegt am Rand der Stadt Bordeaux. Erzeugt werden dichte, langlebige Rotweine sowie ein voller Weißer mit Eichennote in sehr kleiner Auflage. Zweitetikett: Clémentin (rot und weiß). Besucher sind willkommen, auch über Nacht.

Patache d'Aux Méd ★★ **14 15 16' 18 19** 20 – Größerer CRU BOURGEOIS mit klassischem, aromatischem Wein; die Qualität ist recht beständig, der Preis moderat.

Pavie St-Ém ★★★★ **05' 06 08 09' 10' 11 12 13 14** 15' 16' 17 18 19' 20' 21 22 – PREMIER GRAND CRU CLASSÉ (A), bestätigt in der Klassifikation von 2022, mit prachtvollen Reblagen auf dem Plateau sowie in den südlichen Côtes. Die Weine sind intensiv, kraftvoll und auf ein langes Leben ausgelegt, in den letzten Jahren jedoch weniger extrem. MERLOT herrscht vor, neuerdings wird aber der Anteil an CABERNET FRANC und CABERNET SAUVIGNON erhöht. Zweitetikett: Arômes de Pavie.

Pavie-Decesse St-Ém ★★★ **06 08 09' 10' 12 14 15'** 16 17 18 19' 20' 21 – Das GRAND-CRU-CLASSÉ-Gut ist 2022 in Ch. PAVIE aufgegangen. Straffer, tanninherber Wein, der Zeit braucht.

Pavie-Macquin St-Ém ★★★ **06 08 09' 10 15** 16' **17** 18' 19' 20' 21 22 – PREMIER GRAND CRU CLASSÉ (B) mit Reblagen auf dem Kalksteinplateau: 80 % MERLOT, der Rest CABERNET FRANC sowie 2 % alte CABERNET-SAUVIGNON-

Reben. Stämmige, sehr körperreiche Weine, die Flaschenreife benötigen. Zweitetikett: Les Chênes de Macquin. Seit 2022 neuer Keller.

Pédesclaux Pau ★★ 09 10' 12 14' 15 16' 17 18 19' 20 22 – Der 5. Cru schöpfte sein Potenzial nicht aus, wurde aber seit 2014 von Eigentümer Jacky Lorenzetti komplett umgekrempelt; zertifizierter Öko-Anbau seit 2022. Die Weine sind leichter als die PAUILLAC-Spitzengewächse, aber schön konturiert.

Petit-Village Pom ★★★ 06 08 09' 10' 12 **14 15'** 16' **17** 18' 19 20' – Das Gut auf dem Plateau hat qualitativ erheblich zugelegt. Der CABERNET-FRANC- und CABERNET-SAUVIGNON-Anteil beträgt atypische 40%. Schmeichelnder, dichter Wein mit zunehmend feineren Tanninen. Ch. BEAUREGARD gehört ebenfalls zum Besitz.

Petrus Pom ★★★★ 01 04 **05'** 06 07 08 **09' 10' 11'** 12 13 **14** 15' 16' **17** 18' 19' 20' 21 22 – Das inoffizielle Spitzengewächs von POMEROL: reiner, himmlischer MERLOT. Der Blaulehmboden (11,5 ha) erbringt Weine von unvergleichlicher Fülle und Konzentration (2.500 Kisten/Jahr), die zum Einlagern gemacht sind und ihren Preis haben. Jede Flasche trägt eine eigene Identifikationsnummer. Kein Zweitetikett.

Pey La Tour Bx ★★ 16 18 **19 20** – Großes Gut (176 ha) im Besitz von DOURTHE mit qualitätsorientiertem BORDEAUX SUPÉRIEUR. Drei rote Cuvées, an der Spitze steht die Réserve du Château (vorwiegend MERLOT). Außerdem Rosé und trockener weißer BORDEAUX.

Peyrabon H-Méd ★★ 09' 10 15 **16** 17 **18 19** 20 – Der CRU BOURGEOIS supérieur im nördlichen HAUT-MÉDOC wurde 2022 von der Familie Castéja erworben. Süffig-aromatischer Wein.

Pez, de St-Est ★★★ 09' 10' 11 12 **14 15'** 16' **17** 18' 19' 20 21 – Ebenso wie PICHON LONGUEVILLE COMTESSE im Besitz von ROEDERER. Dicht gewirkte Weine mit Alterungspotenzial von verlässlicher Qualität.

Phélan Ségur St-Est ★★★ 06 08 09 **10' 11** 12 **14 15'** 16' 17 18' 19' 20 21 22 – Verlässliches, ausgezeichnetes nicht klassifiziertes Château im Besitz des Belgiers Philippe Van de Vyvere. Weine in nachhaltigem, geschmeidigem Stil. Zweitetikett: Frank Phélan. Besucher sind willkommen.

Pibran Pau ★★ 09' 10' 11 12 14 **15 16' 17** 18' 19' 20 21 22 – Das Gut erzeugt relativ früh trinkreifen PAUILLAC von MERLOT und CABERNET SAUVIGNON zu etwa gleichen Teilen (2021 überwog Letzterer).

Pichon Baron Pau ★★★★ **05'** 06 07 08 **09' 10' 11 12** 13 **14 15'** 16' 17 18' 19' 20 21 22 – Das 2.-Cru-Gut im Besitz der AXA-Versicherung ist derzeit in Hochform. Es liefert kraftvollen und langlebigen, allerdings ziemlich teuren PAUILLAC. 2022 kam ein neuer Kellerchef. Zweitetiketten: Les Tourelles de Longueville (zugänglich dank höherem MERLOT-Anteil) und Les Griffons de Pichon Baron (in der Regel vorwiegend CABERNET SAUVIGNON).

Pichon Longueville Comtesse de Lalande (Pichon Lalande) Pau ★★★★ 04 **05' 06** 07 08 09' **10' 11** 12 13 **14 15'** 16' 17 18' 19' 20' 21 22 – Eigentümer ROEDERER investiert kräftig in den 2. Cru neben Ch. LATOUR. Stets Spitzenklasse sind die langlebigen Weine von fabelhafter Rasse. In den 1980ern und 1990ern von MERLOT dominiert, seit Neuerem mehr von CABERNET SAUVIGNON (Jahrgang 2021: 88% plus 10% CABERNET FRANC). Zweitetikett: Réserve de la Comtesse.

Pin, Le Pom ★★★★ 05' 06' 07 08' 09' **10'** 11 **12 14** 15 16' **17** 18' 19' 20' 21 – Der allererste BORDEAUX-Kultwein (von nur 2,8 ha); Nachbar von Ch. TROTANOY. Langlebiger, sortenreiner MERLOT, fast so üppig wie das Vermögen seiner Genießer – die Preise sind jenseits von Gut und Böse. Ch. L'If (ST-ÉMILION) und L'Hêtre (CASTILLON — CÔTES DE BORDEAUX) sind ebenfalls im Besitz von Domaines Jacques Thienpont; Geschäftsführerin aller Betriebe ist Diana Berrouet Garcia (ehemals PETIT-VILLAGE).

Plince Pom ★★ 09 10 14 15 **16' 18 19** 20 22 – Weine in leichterem POMEROL-Stil von sandigen Böden (vorwiegend MERLOT), die in der Jugend viel Eichenwürze aufweisen. Der Vertrieb liegt exklusiv bei J.-P. MOUEIX.

Pointe, La Pom ★★ 09' 10 11 12 14 **15' 16' 18** 19 20 21 – Der große, gut geführte Betrieb erzeugt qualitativ verlässliche, wenn auch weniger intensive Weine als die POMEROL-Spitzengewächse. Preiswert.

Poitevin Méd ★★ 14 15 16 17 **18 19** 20 – CRU BOURGEOIS supérieur mit preiswerten Weinen von verlässlicher Qualität. Außerdem Spezial-Cuvée Insula.

> **Pferdeflüsterer**
>
> Sie wollen sich beruflich verändern? Wie wär's mit einem Kurs an der École Nationale du Cheval Vigneron in St-Savin an der Gironde? Dort können Sie eine Ausbildung zum Umgang mit Pferden in der Weinbergbewirtschaftung absolvieren. Sie erwerben Kenntnisse über Charakter und Verhalten der Arbeitspferde, die Arbeit im Rebgelände, die erforderliche Ausrüstung sowie das Kutschieren im Weinberg. Am Ende des viertägigen Kurses ist eine Anstellung praktisch garantiert, denn gute Pferde und Fahrer sind heutzutage auf den Grand-cru-Gütern sehr gefragt.

Pontet-Canet Pau ★★★★ 05' 06' 08 09' **10'** 14 **15** 16' **17** 18' 19' 20 21 22 – Der große 5. Cru im Besitz der Familie Tesseron wird biodynamisch bewirtschaftet. Im Zuge der radikalen Wendung zum Besseren sind die Preise rasant gestiegen. Im Wein dominiert CABERNET SAUVIGNON (mind. 60 %) – ein klassischer PAUILLAC, aber umfangreich und hochkultiviert. Pym-Rae im Napa Valley, USA, gehört ebenfalls zum Besitz.

Potensac Méd ★★→★★★ 09' 10' 12 14 **15 16' 17** 18' 19' 20' 21 22 – Feste, langlebige, preiswerte Weine auf MERLOT-Basis mit beträchtlichem CABERNET-FRANC-Anteil von alten Reben. Zweitetikett: Chapelle de Potensac. Stallgefährte von LÉOVILLE-LAS CASES.

Pouget Mar ★★ 08 09' 10' 12 14 **15' 16** 18 19 20 – Zu Ch. BOYD-CANTENAC gehörendes, nicht sehr bekanntes kleines 4.-Cru-Gut. Der Wein ist eher stämmig (variierendes Verschnittrezept) und benötigt Flaschenreife.

Poujeaux Moulis ★★ 09 10 12 14 **15' 16' 17** 18' 19 20 21 22 – Zu CLOS FOURTET gehörendes Gut mit vollen, strammen Weinen zum Einlagern. Zweitetikett: La Salle de Poujeaux.

Premier grand cru classé St-Ém – 2022 wurden 14 Klassifizierungen vergeben: zweimal (A) und zwölfmal (B). *Siehe auch* Kasten »Die St-Émilion-Klassifikation«, S. 146.

Pressac, de St-Ém ★★ 10 12 14 15' **16' 17 18'** 19' 20' 21 – GRAND CRU CLASSÉ östlich der Stadt St-Émilion. Bezaubernde Weine von fünf BORDEAUX-Rebsorten in reifem, sehr vollem Stil. Die Keller wurden modernisiert.

Preuillac Méd ★★ 10 15 16 **18 19' 20** – CRU BOURGEOIS supérieur mit aromatischem, schön strukturiertem Wein von MERLOT (54 %) plus CABERNET SAUVIGNON (40 %).

Prieuré-Lichine Mar ★★★ 10' 11 12 14 **15' 16' 17** 18' 19' 20' 21 – Das 4.-Cru-Gut im Besitz der Ballande-Gruppe ist gegenwärtig in guter Verfassung: Weine mit herrlichem Duft aus Parzellen in allen fünf MARGAUX-Gemeinden (zertifiziert umweltfreundliche Bewirtschaftung). Zweitetikett: Confidences. Außerdem guter Weißer (SAUVIGNON BLANC/SÉMILLON). Besucher sind willkommen.

Puygueraud Bx ★★ 14 15' **16'** 17 **18'** **19** 20 – Führender Erzeuger in der kleinen AOP FRANCS — CÔTES DE BORDEAUX; seit 1946 im Besitz der Familie Thienpont. Weine von überraschender Klasse auf MERLOT-Basis (80%). Ferner die Cuvée George (vorwiegend MALBEC/CABERNET FRANC) sowie trockener Weißwein (SAUVIGNON BLANC/Sauvignon gris) in kleiner Auflage.

Quinault l'Enclos St-Ém ★★→★★★ 14 15 **16'** 17 18' 19' 20 21 22 – Das Gut, das an der Klassifikation 2022 nicht teilnahm, hat denselben Besitzer wie CHEVAL BLANC, auch das Team ist dasselbe. In letzter Zeit wurde beträchtlich investiert. Im Wein herrscht MERLOT vor; 26% CABERNET SAUVIGNON/CABERNET FRANC sorgen für eine Extraportion Frische und Finesse.

Quintus St-Ém ★★★ 11 13 14 **15** 16' **17** 18' 19' 20' 22 – Das Gut wurde von der Besitzerfamilie Dillon (HAUT-BRION) durch Zusammenlegung der einstigen CHÂTEAUX Tertre Daugay und L'Arrosée geschaffen, später kamen die Lagen von Ch. Grand-Pontet hinzu. Die Gesamtrebfläche beträgt nun 42 ha. Der Wein gewinnt an Statur, ist allerdings teuer. Zweitetikett: Le Dragon de Quintus.

Rabaud-Promis Saut ★★→★★★ 09' 10 11 13 14 **15'** **16** 17' **18** 19 – PREMIER CRU classé (seit 1855) mit guter Qualität zu günstigen Preisen. 2021 wurde aufgrund von Frostschäden kein Wein erzeugt.

Rahoul Graves ★★ 15 16' 17 **18** **19** 20 21 – Gut im Besitz von DOURTHE: verlässlicher Rotwein auf MERLOT-Basis und preiswerter, von SÉMILLON geprägter Weißer (18 19' 20); 2021 wurde kein Weißwein erzeugt.

Ramage la Bâtisse H-Méd ★★ 15 16 18 **19** **20** – CRU BOURGEOIS supérieur mit internationalem Vertriebsnetz. Wein auf CABERNET-SAUVIGNON/MERLOT-Basis mit hohem PETIT-VERDOT-Anteil (2019: 11%).

Rauzan-Gassies Mar ★★★ 09' 10 14 **15** **16'** 18 19 20' 21 – Der 2. Cru hat in den vergangenen Jahren qualitativ zugelegt, reicht aber (noch) nicht an die MARGAUX-Spitzengüter heran; Fortschritte zeigen die Jahrgänge 2019, 2020 und 2021. Zweitetikett: Gassies. Stallgefährte von CROIZET-BAGES.

Rauzan-Ségla Mar ★★★★ 05' 06 08 09' **10'** **11** 12 **14** **15'** 16' 17 18' 19' 20' 21 – Der führende 2. Cru ist im Besitz der Chanel-Mehrheitseigentümer Wertheimer (wie u. a. auch CANON). Strukturierter Wein auf CABERNET-SAUVIGNON-Basis (75% im Jahrgang 2021) mit herrlichem Bukett. Zweitetikett: Ségla (preiswert).

Raymond-Lafon Saut ★★★ 05' 06 **07'** 09' **10** 11' **13** 14 15' **16'** **17'** **18** **19** **20** 22 – Nicht klassifiziertes SAUTERNES-Gut im Besitz der Familie Meslier mit Weinen in Premier-cru-Qualität: vorwiegend SÉMILLON (80%), sehr voll, komplex, langlebig – und preiswert.

Rayne Vigneau, de Saut ★★★ 07 09' **10'** 11' 12 13 14 **15'** **16'** **17** **18'** **19'** 20 21 22 – Die Weine des recht großen, zertifiziert umweltfreundlich bewirtschafteten Premier-cru-Guts besitzen Fülle und Schmelz und sind langlebig (74% SÉMILLON). Außerdem Spezial-CUVÉE Gold sowie trockener weißer Le Sec. Besucher sind willkommen.

Respide-Médeville Graves ★★ r 15 16 18 **19** **20**; w 18 19 20 – Erstklassiges Gut in GRAVES mit eleganten Rot- und komplexen Weißweinen. Ebenso wie Ch. GILETTE in Gonet-Médeville-Besitz.

Reynon Bx ★★ 16' 18 **19'** **20'** – Führendes Gut der AC CADILLAC — CÔTES DE BORDEAUX, im Besitz von Denis Dubourdieu Domaines. Rotwein auf MERLOT-Grundlage und weißer BORDEAUX von SAUVIGNON BLANC (BV).

Reysson H-Méd ★★ 15 16 18 **19** **20** – CRU BOURGEOIS supérieur; überwiegend MERLOT (mind. 90%) plus CABERNET FRANC und PETIT VERDOT. Qualitativ verlässliche Weine in sehr vollem Stil mit wunderbarem Bukett.

Rieussec Saut ★★★★ 05' 06 **07** **09'** **10'** 11' 13 14 **15'** **16'** **17** **18'** **19** – Premier cru mit umfangreichem Weinbergbesitz in Fargues; derzeit wird auf ökologischen Anbau umgestellt. Eigentümer sind die (LAFITE-)Rothschilds.

Bordeaux

Der Wein ist stets kraftvoll und opulent. Seit 2019 neue Flasche mit gelbem Etikett in Form einer Krone. Zweitetikett: Carmes de Rieussec.

Rivière, de la Fron ★★ 15 16' 17 **18 19** 20 21 – Das größte (65 ha) und eindrucksvollste Gut in FRONSAC mit einem Château aus dem 16. Jh. wird zertifiziert umweltfreundlich bewirtschaftet. Die ehemals mächtigen, tanninstarken Weine sind inzwischen kultivierter geworden (vorwiegend MERLOT plus CABERNET SAUVIGNON, CABERNET FRANC und MALBEC).

Roc de Cambes Bx ★★★ 08 09 10' 11 14 **15' 16' 17** 18 19 20 21 22 – Unangefochtener Spitzenreiter in den CÔTES DE BOURG mit aromatisch-opulenten, allerdings teuren Weinen. Ebenso wie Ch. TERTRE ROTEBŒUF im Besitz von François Mitjavile, der auch der Kellerchef beider Güter ist. Ferner Domaine de Cambes.

Rochemorin, de Pes-L ★★ r 14 15 16 **18' 19** 20; w 18 19 20 – Das große Weingut in Martillac im Besitz von Vignobles André Lurton erzeugt fleischigen, dunkelfruchtigen, recht früh zugänglichen Rotwein und aromatischen Weißen (100 % SAUVIGNON BLANC) in ziemlich beständiger Qualität.

Rol Valentin St-Ém ★★ 09' 10' 14 15' **16'** 18 19 20' 21 – Das Gut wurde 2022 zum GRAND CRU CLASSÉ erhoben. Reife, konzentrierte, strukturierte Weine auf MERLOT-Basis (85 %).

Rouget Pom ★★ 09' 10' 12 14 **15 16'** 18 19 20 – Fortschrittliches und für POMEROL-Verhältnisse recht großes Gut am Nordrand des Plateaus im Besitz der Familie Labruyère. Umfangreiche, kraftvolle, ölige Weine auf MERLOT-Basis (80 %). Zweitetikett: Le Carillon de Rouget.

Saint-Georges St-Ém ★★ 10 12 14 15 **16 18 19** 20 – Der Weinbergbesitz umfasst ein Viertel der AOP ST-GEORGES; die Hauptrebsorte ist MERLOT (80 %) plus je 10 % CABERNET FRANC und CABERNET SAUVIGNON. Weine von guter Qualität, Direktverkauf ab Château. Eigentümer sind die Familie Desbois und Jean-Philippe Janoueix.

Saint-Pierre St-Jul ★★★ 06 08 09' 10' 11 12 **14 15'** 16' 18' 19' 20 21 22 – Das kleine 4.-Cru-Gut sollte man im Auge behalten: stilvoller, verlässlicher, klassischer ST-JULIEN auf CABERNET-SAUVIGNON-Basis (75 %); beim Jahrgang 2021 enthält der Verschnitt 7 % VERDOT. Im selben Besitz wie Ch. GLORIA.

Sales, de Pom ★★ 09 10' 12 15 **16** 17 **18** 19' 20' – Das größte Rebenareal von POMEROL (47,6 ha) wird zertifiziert umweltfreundlich bewirtschaftet. Der ungekünstelte, süffige Wein, der aber durchaus alt werden kann, hat seit 2017 mehr Tiefgang und Schliff. Zweitetikett: Ch. Chantalouette.

Sansonnet St-Ém ★★→★★★ 09' 10' 12 14 **15 16'** 17 18 19' 20 – GRAND-CRU-CLASSÉ-Gut auf dem Plateau mit Weinen im modernen Stil, aber durchaus erfrischend. Besucher sind willkommen.

Saransot-Dupré Listrac ★★ 09' 10' 15 **16 18** 19 20 – CRU BOURGEOIS supérieur mit Rotweinen in festem, großzügigem Stil auf MERLOT-Basis plus hohem PETIT-VERDOT-Anteil sowie CABERNET FRANC und CABERNET SAUVIGNON.

Sénéjac H-Méd ★★ 15 16' **18 19'** 20' – Gut im südlichen HAUT-MÉDOC (Le Pian-Médoc); das CHÂTEAU wird derzeit renoviert. Verlässliche, schön ausgewogene Weine, die jung genossen, aber auch alt werden können.

Serre, La St-Ém ★★ 10 14 **15 16'** 17 18' 19' 20' 21 22 – Der kleine GRAND CRU CLASSÉ auf dem Plateau erzeugt qualitativ verlässliche, frische, stilvolle Weine von mittlerer Lebensdauer.

Sigalas Rabaud Saut ★★★ 07' 09' 10' **11'** 12 13 14 **15' 16 17' 18** 19' 21 22 – Das kleine Premier-cru-classé-Gut erzeugt anmutige Weine mit herrlichem Duft. Zweitetikett: Le Lieutenant de Sigalas (2020 nicht erzeugt). Außerdem Le 5 Sans Soufre Ajouté (ohne Schwefelzugabe; 60 g/l Restsüße).

Siran Mar ★★→★★★ **08 09' 10' 12 14 15' 16' 17** 18' 19' 20 21 – Das nicht klassifizierte MARGAUX-Gut in Labarde war 2019 bereits 160 Jahre im Besitz der Familie Miailhe. Die Weine glänzen mit Substanz und schönem Bukett. Künstlerisch gestaltetes Etikett für den Jahrgang 2020. Zweitetikett: S de Siran.

Smith Haut Lafitte Pes-L ★★★★ r **08 09' 10' 11 12 14 15'** 16' **17** 18 19' 20 21; w **19' 20 21** – Das gefeierte Cru-classé-Gut mit Wellnesshotel (»Les Sources de Caudalie«) zählt regelmäßig zu den Stars von PESSAC-LÉOGNAN. Die Weißen sind voll, reif und süffig, die Roten präzise und nobel. Eigene Böttcherei. Zweitetiketten: Les Hauts de Smith und Le Petit Haut Lafitte (beide rot und weiß), die in einem separaten *cuvier* ausgebaut werden.

Sociando-Mallet H-Méd ★★★ **08 09' 10' 11 12 14 15' 16' 17** 18 19' 20 – Großes HAUT-MÉDOC-Gut in St-Seurin-de-Cadourne. Weine auf Cru-classé-Niveau zum Einlagern (54 % MERLOT, 46 % CABERNET SAUVIGNON/CABERNET FRANC). Zweitetikett: La Demoiselle de Sociando-Mallet. Ferner die CUVÉE Jean Gautreau, die längere Flaschenreife benötigt.

Bordeaux

Treibhaus für Reben

Auf dem 4. Cru La TOUR CARNET im HAUT-MÉDOC wurde eine Versuchsstation eingerichtet, um die Auswirkungen des Klimawandels bis zum Jahr 2050 zu untersuchen. 84 verschiedene Rebsorten wurden in einzelnen Zeilen gepflanzt und mit Heizkabeln (aus der Luftfahrtindustrie) versehen, um den für 2050 erwarteten Temperaturanstieg von 2 bis 4 °C zu simulieren. Die Trauben können dann getrennt vinifiziert und die Weine sowohl chemisch als auch sensorisch analysiert werden. Dieses weinbauliche Treibhaus kann vielleicht einige Antworten auf Fragen liefern, die die globale Erwärmung aufwirft.

Sours, de Bx ★★ Erzeuger mit gutem Ruf für BORDEAUX-Rosé (BV); außerdem guter Weißwein und annehmbarer Roter. Besitzer ist der berühmte chinesische IT-Unternehmer Jack Ma (Alibaba).

Soutard St-Ém ★★★ **09 10 12 14 15 16' 17** 18' 19' 20' 21 22 – Potenziell hervorragender GRAND CRU CLASSÉ auf dem Kalksteinplateau. Beträchtliche Investitionen seit 2018 haben große Fortschritte bewirkt. Hauptrebsorte ist MERLOT (63 %). Zweitetikett: Le Petit Soutard. Besucher sind willkommen, auch als Übernachtungsgäste.

Suduiraut Saut ★★★★ **05' 06 07' 09 10' 11' 13 14 15' 16' 17' 18** 19' 20' 21 22 – Einer der allerbesten SAUTERNES-Erzeuger: Die Qualität der üppigen Weine (überwiegend SÉMILLON) ist sehr beständig. Zweitetiketten: Castelnau de Suduiraut und Les Lions de Suduiraut (fruchtiger). Außerdem die trockenen Weißen Vieilles Vignes Grand Vin Blanc Sec, Pur Sémillon und Lions de Suduiraut (Einstiegsniveau).

Taillefer Pom ★★ **10 12 14 15 16 18' 19** 20' – Die Weine auf MERLOT-Basis stammen aus eher sandigen Böden und sind zwar von etwas leichterer, dafür aber raffinierter Art und in der Regel günstig. Gutsleiterin ist Claire Moueix.

Talbot St-Jul ★★★ **04 05' 09' 10' 11 12 14 15** 16 **17** 18 19 20 21 22 – Großer 4. Cru (110 ha) im Herzen der AOP ST-JULIEN. Sehr voller, absolut hinreißender Wein von verlässlicher Qualität. Kellerchef Jean-Michel Laporte war zuvor bei La CONSEILLANTE. Zweitetikett: Connétable de Talbot. Außerdem zugänglicher Caillou Blanc auf SAUVIGNON-BLANC-Basis.

Tertre, du Mar ★★★ **09' 10' 12 14 15' 16'** 18' 19' 20 21 – Der isoliert gelegene 5. Cru südlich der Ortschaft MARGAUX ist im Besitz von Grands Chais de France. Frische (dank 5 % PETIT VERDOT), fruchtige Weine mit schöner Struktur und herrlichem Duft (20 % CABERNET FRANC). Zweitetikett: Les Hauts du Tertre. Auch trockener weißer Tertre blanc (VIN DE FRANCE). Besucher sind willkommen.

Tertre Rotebœuf St-Ém ★★★★ 05' 06' 07 08 09' 10' 11 12 **14' 15' 16' 17** 18' 19 20 21 22 – Das kleine, nicht klassifizierte Gut, der Star der Côtes von ST-ÉMILION, erzeugt konzentrierten, exotischen, langlebigen Wein (80 % MERLOT) – das Werk von François Mitjavile (dem auch ROC DE CAMBES gehört). Erschreckend hohe Preise.

Thieuley Bx ★★ Das ENTRE-DEUX-MERS-Weingut erzeugt verlässlich guten roten und weißen AOP BORDEAUX sowie die in Eiche ausgebaute CUVÉE Francis Courselle (rot und weiß). Clos Ste-Anne (CÔTES DE BORDEAUX) gehört ebenfalls dazu.

Tour Blanche, La Saut ★★★ 05' 06 07' 08 09' 10' **11' 13** 14 **15 16' 17** 18' 19' 20 21 22 – Hervorragender PREMIER CRU CLASSÉ in SAUTERNES mit sehr vollen, ausladend-kraftvollen Weinen der eher süßen Art; SÉMILLON (90 %) herrscht vor. Zum Betrieb gehört die 1911 gegründete École de viticulture et d'œnologie. Zweitetikett: Les Charmilles de La Tour Blanche.

Tour Carnet, La H-Méd ★★★ 05' 06 08 09' 10' 14 **15 16'** 18' 19' 20 21 22 – Großes Cru-classé-Gut im nördlichen HAUT-MÉDOC im Besitz von Bernard Magrez (FOMBRAUGE, PAPE CLÉMENT), der kürzlich auch Ch. CARONNE STE GEMME erwarb (wird möglicherweise La Tour Carnet eingegliedert). Der Wein ist konzentriert und opulent. Zweitetikett: Les Pensées de La Tour Carnet. Besucher sind willkommen.

Tour de By, La Méd ★★ 09 10 14 15' **16' 18** 19' 20' 21 22 – Größerer Familienbetrieb im nördlichen MÉDOC mit stämmigen, aber beliebten und verlässlichen Weinen auf CABERNET-SAUVIGON-Basis (60 %), die alt werden können. Außerdem sortenreine Abfüllungen.

Tour de Mons, La Mar ★★ 09' 10 14 15' **16' 18'** 19 20 – Der CRU BOURGEOIS supérieur ist im Aufwind. Preiswerte Weine auf MERLOT-Basis (61 %). Stallgefährte von LABÉGORCE.

Tour du Haut-Moulin H-Méd ★★ 08 09 10 14 15' **16' 18** 19 20 – CRU BOURGEOIS im nördlichen HAUT-MÉDOC mit intensiven, schön strukturierten, klassischen Weinen zum Einlagern.

Tour du Pas St-Georges St-Ém ★★ 10 14 15 16 **18** 19 20 – Gut in ST-GEORGES-ST-ÉMILION unter Leitung der Familie Delbeck. Weine in klassischem Stil (65 % MERLOT, 35 % CABERNET FRANC).

Tour Figeac, La St-Ém ★★ 09' 10' 14 **15' 16'** 18' 19' 20 21 22 – Das GRAND-CRU-CLASSÉ-Gut ist ein Nachbar von FIGEAC. Feine, blumige Weine aus biodynamischem Anbau.

Tour Haut Caussan, La Méd ★★ 09 10' 14 15 16' **18 19** 20 – Gut im Besitz der Familie Courrian mit qualitativ verlässlichen, günstigen Weinen von jeweils 50 % CABERNET SAUVIGNON und MERLOT aus Kalk-Ton-Boden.

Tournefeuille Lalande de Pomerol ★★ 10' 14 15' 16 **18 19** 20 – Verlässliches Gut in LALANDE DE POMEROL im Besitz der Familie Petit. Runder, fester, fleischiger Wein aus Ton- und Kiesböden.

Tour St-Bonnet, La Méd ★★ 10' 15 16 **18 19** 20 – CRU BOURGEOIS in St-Christoly mit meist preiswertem Wein (je 45 % MERLOT und CABERNET SAUVIGNON), der in Spitzenjahren am besten gerät.

Trois Croix, Les Fron ★★ 14 15 **16'** 17 **18' 19'** 20 – Verlässliches Gut im Besitz der Familie Léon (seit 1995); Kellerchef ist Bertrand Léon. Ausgewogene, feine und preiswerte Weine (80 % MERLOT, 20 % CABERNET FRANC) aus Kalk-Lehm-Böden.

Tronquoy-Lalande St-Est ★★★ 10' 11 12 **14 15'** 16' **17** 18' 19' 20 21 22 – Die Weine sind von beständiger Qualität, tiefdunkel und überzeugend; das

Verschnittrezept enthält MERLOT, CABERNET SAUVIGNON und einen kräftigen Schuss PETIT VERDOT (12 % im Jahrgang 2021). Zweitetikett: Tronquoy de Ste-Anne. Ch. MONTROSE gehört ebenfalls dazu.

Troplong Mondot St-Ém ★★★ 09 **10** 11 12 14 **15'** 16 **17** 18' 19' 20 21 22 – In den PREMIER GRAND CRU CLASSÉ (B) auf dem Kalksteinplateau wurde kräftig investiert (u. a. neue Kellerei, Restaurant), zudem will man den CO_2-Fußabdruck reduzieren. Die stilistische Neuorientierung seit 2017 sorgt für zunehmend elegantere und frischere Weine mit Kraft und Tiefe. Zweitetikett: Mondot.

Trotanoy Pom ★★★★ 05 06 08 09' **10'** 11 12 14 **15' 16'** 17 18' 19' 20 21 22 – Das Gut zählt zu den Kronjuwelen von J.-P. MOUEIX: Die Weine sind kraftvoll, dicht und langlebig (100 % MERLOT in den Jahrgängen 2019, 2020 und 2021).

Trotte Vieille St-Ém ★★★ 08' 09' **10'** 12 14 **15** 16' **17** 18' 19' 20 – PREMIER GRAND CRU CLASSÉ (B) im Besitz von BORIE-MANOUX. Die Qualität ist jetzt beständiger, die Weine sind frisch und strukturiert mit langem Abgang. Hoher CABERNET-FRANC-Anteil (mind. 50 %). 2022 wurden die neuen Kelleranlagen und ein Verkostungsraum eingeweiht. Zweitetikett: La Vieille Dame de Trotte Vieille.

Valandraud St-Ém ★★★★ 08 09' **10** 11 12 13 **14 15'** 16' 17 18 19' 20 21 – Das einstige Garagenwein-Wunder ist jetzt ein PREMIER GRAND CRU CLASSÉ (B). Der früher extrem konzentrierte Wein ist heute voll, dicht und ausgewogen. An Nachhaltigkeitskriterien orientierte neue Kelleranlagen. Schwesterbetrieb ist Clos Badon Thunevin (GRAND CRU CLASSÉ).

Vieille Cure, La Fron ★★ 14 15 16' 17 **18' 19'** 20 – Führendes Gut in FRONSAC mit süffigen, günstigen Weinen. Eigentümer ist Jérôme Pignard.

Vieux Château Certan Pom ★★★★ 05' 06 08 09' **10' 11'** 12 **14** 15' 16' 17 18' 19' 20' 21 22 – Eines der großen POMEROL-Gewächse, stilistisch aber ganz anders als Nachbar PETRUS, nämlich elegant, harmonisch und mit herrlichem Duft. Einer der Gründe ist der hohe Anteil alter CABERNET-FRANC- und CABERNET-SAUVIGNON-Reben. Große Beständigkeit und Langlebigkeit. Zweitetikett: La Gravette de Certan.

Vieux Château St-André St-Ém ★★ 15' 16' 17 **18 19** 20 – Kleines Weingut unter der Leitung von Jeff Berrouet in MONTAGNE ST-ÉMILION (vorwiegend MERLOT). Gutes Preis-Leistungs-Verhältnis.

Villegeorge, de H-Méd ★★ 14 15 16 **18 19 20** 21 – Kleines Gut im südlichen HAUT-MÉDOC mit leichten, aber eleganten Weinen auf CABERNET-SAUVIGNON-Basis. Eigentümerin ist Marie-Laure Lurton.

Vray Croix de Gay Pom ★★★ 09' **10** 12 14 **15 16' 17 18'** 19' 20' – Sehr kleine Reblage (nur sieben Parzellen) im besten Bereich von POMEROL; Anbau mit ökologischem und biodynamischem Einschlag. Die Weine zeigen neuerdings mehr Finesse. Stallgefährte von Le Prieuré (ST-ÉMILION) und Siaurac (LALANDE DE POMEROL).

Yquem, d' Saut ★★★★ 01' 02 03' 04 05' 06' 07 08 09' **10' 11' 13'** 14 **15' 16' 17'** 18' 19 – Der König der *liquoreux* (Süßweine): stark, intensiv und üppig, 2 Jahre Fassausbau. Die meisten Jahrgänge sollten mindestens 15 Jahre reifen; einige überdauern auch 100 Jahre und mehr in überirdischer Grandezza. Derzeit stehen 100 ha unter Ertrag (75 % SÉMILLON, 25 % SAUVIGNON BLANC; der Anteil des Letzteren lag 2019 bei ungewöhnlichen 45 %). Kein Yquem wurde in den Jahren 1951, 1952, 1964, 1972, 1974, 1992 und 2012 erzeugt. Außerdem halbtrockener »Y« (sprich: Igrek) von 75 % Sauvignon blanc und 25 % Sémillon (5 g/l Restsüße) in kleiner Auflage. Kellermeister Tony El-Khawand hat Sandrine Garbay abgelöst (sie wechselte 2022 zu Ch. GUIRAUD). Yquem wird in der Spitzengastronomie jetzt jung und glasweise ausgeschenkt.

Bordeaux

Italien

Die folgenden Abkürzungen werden im Text verwendet:

Abr	Abruzzen
Ao	Aostatal
Apu	Apulien
Bas	Basilikata
Em-Ro	Emilia-Romagna
F-JV	Friaul–Julisch Venetien
Kal	Kalabrien
Kamp	Kampanien
Lat	Latium
Lig	Ligurien
Lomb	Lombardei
Mar	Marken
Mol	Molise
Piem	Piemont
Sar	Sardinien
Siz	Sizilien
Tosk	Toskana
T-S	Trentino–Südtirol
Umb	Umbrien
Ven	Venetien
DOC(G)	Denominazione di Origine Controllata (e Garantita): Kontrollierte (und garantierte) Herkunftsbezeichnung; DOCG ist die höchste Stufe der DOC; *siehe auch* S. 169.
IGT	Indicazione Geografica Tipica

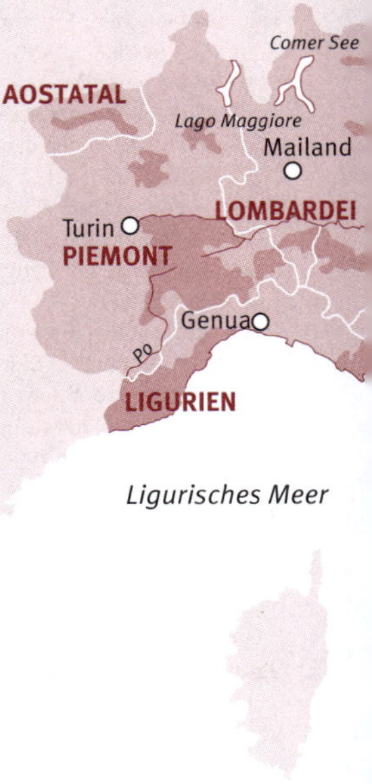

Wie identifiziert man die besten Weinlagen eines Landes? Italien verfügt über eine Unmenge von Terroirs. In Fachkreisen war man sich immer bewusst, dass Trauben aus verschiedenen Lagen verschiedene Weine hervorbringen, und renommierte Lagen werden mit Gold aufgewogen. Italiens erster Wein mit Lagenbezeichnung war der Cannubi im Jahr 1752, lange bevor irgendjemand von Barolo sprach. Mit anderen Worten: Wer Trauben anbaut und kauft, kennt die edelsten Fleckchen. Doch das in die Sprache der Bürokratie zu übersetzen ist kompliziert, und bis vor Kurzem wurde von offizieller Seite herzlich wenig zur Ausweisung spezieller Lagen getan. Zum Glück haben die italienischen Regionen nun die Zeichen der Zeit erkannt und die Welle der offiziellen Lagenkennzeichnung hat tsunamiähnliche Proportionen angenommen.

Verwirrung ist indes vorprogrammiert. Dolcetto di Diano d'Alba gab es schon in den 1960ern, die sogenannten *sorì* (die besten Lagen der Gemeinde) wurden 1986 eingeführt und 1996 weiter verfeinert. Barbaresco hat ein System von zusätzlichen geografischen Bezeichnungen (Menzioni Geografiche Aggiuntive oder MGA), desgleichen Barolo (wobei verwirrenderweise von den 181 MGA dort 170 für Weinberge und 11 für die zur Barolo-Erzeugung zugelassenen Gemeinden stehen). 2019 rief Soave seine 33 Unità Geografiche Aggiuntive (UGA) ins Leben, 2021 folgte Chianti mit 11 UGA, die (natürlich) anders als die MGA für Barbaresco/Barolo sind. Die UGA des Chianti Classico (die bisher nur für die Spitzenweine des Gebiets namens Gran Selezione gelten) sind nach den Gemeindegebieten (wie Gaiole und Radda) benannt, aus denen die Trauben stammen, entsprechen also eher Pauillac und Margaux bei Bordeaux als Les Amoureuses und Les Charmes bei Chambolle-Musigny aus

Die dunklen Flächen bezeichnen die Weinbaugebiete

Burgund oder den Barolo-MGA. Es steht noch nicht alles zum Besten (UGA und MGA sind oft zu groß, und die Herkunft im Glas zu erkennen ist praktisch unmöglich), doch abgesehen von diesen herrlich italienischen Zuständen ist es ein Schritt in die richtige Richtung.

Neuere Jahrgänge

Amarone, Venetien, Friaul

2022 Venetien: trocken, sehr gute Qualität. Friaul: sehr gute Qualität. Besser als erwartet.

2021 Venetien: trocken, sehr gute Qualität, geringere Mengen. Friaul: sehr gute Qualität, ungleichmäßige Mengen.

2020 Venetien: ausgewogen, gute Qualität und gute Mengen. Friaul: verregneter Juni, ungleichmäßig, besser für Weißweine.

2019 Geringe Mengen. Venetien: gut für Amarone, Soave. Friaul: ordentliche Qualität.

2018 Optimale Wetterbedingungen. Gute Mengen und gute Qualität, besonders frische Weißweine.

2017 Sehr schwierig (Regen ohne Unterlass); krautiger Amarone steht zu befürchten, allgemein grüne Rotweine.

2016 Sehr heißer Sommer; runde, aber säurearme üppige Rote, robuste Weiße.

2015 Mengenmäßig gut, qualitätsmäßig besser; sehr gute Rote aus Friaul. Die Weißen sind frischer als ursprünglich angenommen.

Kampanien und Basilikata

2022 Kampanien: klassisch, sehr gute Qualität (bei Rot- und Weißweinen). Basilikata: späte Lese, klassischer, sehr guter Jahrgang.

2021 Kampanien: ausgewogen, gute Qualität, geringere Mengen (am besten für Rotwein). Basilikata: späte Lese, klassisch, sehr gut.

2020 Ähnlich wie 2019. Klassisch, ausgewogen, aber geringere Mengen; gut (Rot- und Weißweine).

2019 Klassisch, ausgewogen. Am besten für Aglianico, gut für Weiße.

2018 Regnerisch, aber die Weißen sind frisch und lebhaft; geschmeidige Rote (Aglianico am besten).

2017 Geringe Mengen an Rotweinen, denen körnige Tannine zusetzen. Weißweine flach; Greco am besten.

2016 Ein kühler Frühling verzögerte die Blüte, dank dem heißen Sommer konnte das wieder aufgeholt werden. Fiano am besten.

2015 Heißer, trockener, früher Sommer: reife (bisweilen anspruchsvolle) Rote, ausladende Weiße. Austrinken.

Marken und Abruzzen

2022 Marken: ähnlich wie 2021, ungleichmäßig. Abruzzen: trocken, besser als 2021. In beiden am besten für Rotweine.

2021 Heiß, trocken, späte Lese. Gute Qualität, aber geringe Erträge; gut für spät reifende Sorten.

2020 Ungleichmäßig, aber stellenweise hohe Qualität; nasser Juni, frisches Wetter; gut für spät reifende Sorten.

2019 Schwieriges Jahr. Verregneter, kalter Frühling. Geringe Mengen, mittlere Qualität.

2018 Wechselhafter Frühling. Weine ausgewogener als 2017. Sehr große Mengen, gute Qualität bei Roten und Weißen.

2017 Getrost vergessen: heiß und trocken. Rote körnig, Weiße überreif. Geringe Mengen.
2016 Regen, Kälte und Sonnenmangel sorgten für ein schwieriges Jahr. Am besten schlug sich wahrscheinlich der Pecorino: Zitronen- und Feigennoten.
2015 Heißer Sommer; die Weißen sind frischer als erwartet (v.a. Trebbiano), die Roten reif.

Piemont

2022 Besser als erwartet, ungleichmäßige Mengen, gute Qualität.
2021 Gut trotz warmem, trockenem Sommer. Gute Qualität, geringere Mengen.
2020 Klassisch. Etwas weniger ausgewogen als 2019, aber elegant. Besser für Barbera als für Nebbiolo.
2019 Klassischer Jahrgang, ausgewogener als 2018. Geringere Mengen, aber höhere Qualität.
2018 Trotz eines schwierigen Frühlings potenziell klassischer Barolo und Barbaresco.
2017 Man kann sich an kaum ein Jahr erinnern, in dem so früh gelesen wurde. Manchen Weinen fehlt es an Tiefe.
2016 Potenzieller Spitzenjahrgang; klassischer, duftender, lagernswerter Barolo/Barbaresco.
2015 Hervorragender Barolo/Barbaresco. Sollte lange halten. Barbera und Dolcetto gut, Grignolino weniger.

Frühere gute Jahrgänge: 2013, 2010, 2008, 2006, 2004, 2001, 1999, 1996, 1990, 1989. Jahrgänge, die noch lagern können: 2013, 2010, 2006, 2004, 1999, 1996. Jahrgänge, die man austrinken sollte: 2018, 2012, 2011, 2009, 2003, 2001, 1997, 1990, 1989.

Toskana

2022 Besser als erwartet, schwierig, hohe Qualität; gute Struktur und Säure bei Sangiovese.
2021 Sehr gut (obwohl warm und trocken), vor allem für Sangiovese (besser in frischeren Lagen).
2020 Sehr gut, aber kompliziert. Weniger Kraft und Alkohol als 2019, elegant.
2019 Vielleicht einer der besten Jahrgänge seit 2000. Klassisch, ausgewogen. Gute Qualität und Mengen.
2018 Rotweine gut: mit stahliger Persönlichkeit und Langlebigkeit.
2017 Heißer, sehr schwieriger Jahrgang. Besser im Chianti Classico als in der Maremma an der Küste.
2016 Heißer Sommer, frischer September; Erfolg in der ganzen Region. Geringe Mengen.
2015 Reichhaltige, geschmacksintensive Rote mit guter Reife; manche weich.

Frühere gute Jahrgänge: 2011, 2010, 2008, 2007, 2006, 2004, 2001, 1999, 1997, 1995, 1990. Jahrgänge, die noch lagern können: 2010, 2001, 1999. Jahrgänge, die man austrinken sollte: 2009, 2007, 2006, 2004, 2003, 2000, 1997, 1995, 1990.

Abate Nero T-S ★★★ Roberta Lunelli führt die handwerklich arbeitende Kellerei, die TRENTO-Schaumwein spezialisiert ist. Top: RISERVA Cuvée dell'Abate, Domini, Domini Nero.

Abrigo, Orlando Piem ★★★ BARBARESCO von der mineralischsten, stahligsten, ausgefeiltesten Sorte. Spitzenweine: Meruzzano (und RISERVA), Montersino, CN 111 (Rosé von 100% NEBBIOLO).

Accornero Piem ★★★ Einige der besten mittelschweren Rotweine Italiens. Grignolino in Höchstform im Bricco del Bosco (in Stahl ausgebaut) und im Vigne Vecchie (in Eiche ausgebaut). Ebenfalls sehr gut sind BARBERA Cima und Bricco Battista.

Adriano, Marco e Vittorio Piem ★★★ Hohe Qualität, niedrige Preise, BARBARESCO voller früher Anmut. Eine der sicheren Empfehlungen für italienischen Wein. Spitze: Basarin (auch RISERVA), Sanadaive.

Aglianico del Taburno Kamp ★→★★★ DOCG – Rund um Benevento. Vulkanböden, meist lehm- und kalkhaltig. Allgemein kühleres Klima als Taurasi. Würzigere Noten (Leder und Tabak) und Kräuter, mehr Säure als andere AGLIANICO-Weine. Gute Erzeuger: CANTINA del Taburno, Fontanavecchia, La Rivolta.

Aglianico del Vulture Bas ★→★★★ DOC(G) **15** 16 18 **19** (20) (21) – DOC nach einem Jahr Reife, SUPERIORE nach drei Jahren, RISERVA nach fünf Jahren. Von den Hängen des erloschenen Vulkans Monte Vulture. Vulkanische Böden mit hohem Anteil an lehmreichem Tuff. Floraler (Veilchen), mehr dunkle Früchte (Pflaumen), Rauch und Gewürze als andere AGLIANICO-Weine. Spitzenerzeuger: Elena FUCCI, GRIFALCO. Mastrodomenico (Likos), Musto-carmelitano. Ebenfalls gut: Basilisco, Cantine del Notaio, Donato D'Angelo, PATERNOSTER, Re Manfredi.

Alba Piem – Trüffeln, Haselnüsse und die prestigeträchtigsten Weine des Piemont, wenn nicht Italiens: Alba, BARBARESCO, BARBERA D'ALBA, BAROLO, NEBBIOLO D'ALBA, ROERO.

Alessandria, Fratelli Piem ★★★ Seit 1870 BAROLO-Spitzenerzeuger in VERDUNO. Die besten Crus: Monvigliero, Gramolere, San Lorenzo. Sehr gut auch der Barolo di Verduno und der Verduno Speziale.

Almondo, Giovanni Piem ★★★→★★★★ Spitzenweingut im ROERO. Am besten sind der Roero ARNEIS Bricco delle Ciliegie und Rive del Bricco. Auch hervorragender Freisa. Sehr gut: der rote Roero Bric Valdiana.

Alta Langa Piem ★★→★★★ DOCG – Der erste italienische METODO CLASSICO wird seit Mitte des 19. Jh. in »unterirdischen Kathedralen« erzeugt. Nur Jahrgangswein und einfach PINOT NERO und CHARDONNAY. Beste Erzeuger: BANFI (Cuvée Aurora und Aurora 100 Mesi), Bera, COCCHI-BAVA, Colombo, Contratto, Gancia, Ettore GERMANO, Mirafiore, Rizzi, Enrico Serafino (RISERVA Zero 140 und Riserva Zero).

Altare, Elio Piem ★★★ Jetzt unter Leitung von Elios Tochter Silvia. Besonders empfehlenswert sind die BAROLO-Weine Arborina, Cannubi, Cerretta VIGNA Bricco (RISERVA), Unoperuno; sehr gut auch der Giarborina.

Alto Adige (Südtirol) T-S DOC – Aus der gebirgigen Provinz Bozen kommen heute die wohl besten Weißweine Italiens, aber auch unterschätzte Rotweine. Es dominieren deutsche Rebsorten: GEWÜRZTRAMINER, KERNER, SYLVANER, aber auch PINOT GRIGIO. Der PINOT BIANCO hat das Zeug zum Weltbesten. Der PINOT NERO ist oft zu eichenlastig; Lagrein in guten Jahren.

Alto Piemonte Piem – Die Wiege Piemonteser Qualität im 19. Jh. (40.000 ha). Saure Böden, die Ausrichtung, das Klima und unterschiedliche Höhenlagen im nordöstlichen PIEMONT bieten ideale Bedingungen für viele verschiedene Weine von NEBBIOLO (der hier Spanna heißt). Die wichtigsten DOC(G)s sind BOCA, BRAMATERRA, Colline Novaresi, Coste della Sesia, Fara, GATTINARA, GHEMME, LESSONA, Sizzano, Valli Ossolane. Viele herausragende

Weine. In Wirklichkeit selten sortenrein: Es werden meist geringe Mengen von Croatina, Uva Rara und Vespolina beigemischt.

Ama, Castello di Tosk ★★★★ Das Weingut erzeugte in den 1980er-Jahren als eines der ersten CHIANTI CLASSICO. Am besten ist der Gran Selezione VIGNETO Bellavista; La Casuccia belegt den hervorragenden zweiten Platz. Sehr gut auch San Lorenzo und RISERVA Montebuoni. Der MERLOT L'Apparita ist einer der drei Besten seiner Art in Italien.

Was die Abkürzungen bedeuten

Denominazione di Origine Controllata (DOC): Geprüfte Herkunftsangabe; entspricht der französischen AC.
Denominazione di Origine Controllata e Garantita (DOCG): Geprüfte und garantierte Herkunftsangabe; die höchste Qualitätsstufe in Italien. Garantie? Das Risiko trägt nach wie vor der Käufer.
Indicazione Geografica Tipica (IGT): Geografische Angabe des Typs. Umfassender und weniger reguliert als DOC, vergleichbar mit dem französischen IGP.
Denominazione di Origine Protetta/Indicazione Geografica Protetta (DOP/IGP): Geschützte Herkunftsbezeichnung/geografische Angabe. Wenn es nach der EU ginge, würden diese Kategorien Italiens DOC/IGT ersetzen.
Menzione Geografica Aggiuntiva (MGA): Zusätzliche geografische Erwähnung, z. B. Unterbereich, entspricht dem französischen Cru.

Amarone della Valpolicella Ven ★★→★★★★ DOCG **10** 11' 13 15 16 (17) (18) – Das (historische) CLASSICO-Gebiet sowie Val d'Illasi und Valpantena (im erweiterten Bereich) bringen teilweise einzigartige Weltklasseweine von rosinierten Trauben hervor; leider sind jedoch trotz des Kults viele weniger gut, als sie sein sollten. Beim Kauf ist Sorgfalt angeraten. *Siehe auch* VALPOLICELLA und Kasten S. 203.

Antinori, Marchesi L. & P. Tosk ★★→★★★ Erstklassiger CHIANTI CLASSICO (Tenute und Badia a Passignano), zwei ausgezeichnete SUPERTOSKANER (TIGNANELLO und SOLAIA) und BAROLO von Prunotto (PIEMONT). Auch gut sind die Weine aus FRIAUL-Julisch Venetien (JERMANN), La Braccesca und MONTALCINO (Pian delle Vigne).

Antoniolo Piem ★★★ Langlebiger mustergültiger GATTINARA. Herausragend die RISERVA-Weine Osso San Grato und San Francesco.

Apulien – Italienisch Puglia, der Absatz des italienischen Stiefels. Viele preiswerte Rotweine von Reben wie Bombino nero, NEGROAMARO, PRIMITIVO, Susumaniello und Uva di Troia. Bombino bianco, der aromatische Minutolo und Verdeca sind die interessantesten Weißweine. Die besten Bereiche sind Castel del Monte, Gioia del Colle Primitivo, PRIMITIVO DI MANDURIA und SALICE SALENTINO.

Argiano, Tenuta di Tosk ★★★ Seit 1580. Erstklassiger BRUNELLO (v. a. RISERVA, VIGNA del Suolo), Brunello in traditionellem Stil und moderner Riserva aus Einzellagen.

Argiolas Sar ★★★ Spitzenerzeuger, Trauben von der Insel. Hervorragend sind die Einzellagenweine Iselis (Monica, Nasco), Turriga (★★★), Vermentino di Sardegna (Meri) und der Spitzensüßwein Angialis (hauptsächlich von der einheimischen Nasco-Rebe). Bovale Korem, CANNONAU RISERVA Senes, CARIGNANO DEL SULCIS (Is Solinas und Cardenera) sowie der neue Schaumwein Argiolas M.C. (von Nuragus-Trauben) sind sehr gut.

ArnaldoRivera Piem ★★★ Ab dem Jahrgang 2013 die Spitzenqualitätsreihe der Genossenschaft Terre del BAROLO. Parzellen mit nicht mehr als 0,497 ha in den berühmtesten Barolo-Crus. Am besten sind Bussia, Monvigliero, Rocche dell'Annunziata, Vignarionda; sehr gut: Barolo Undicicomuni.

Barbaresco-Unterbereiche

BARBARESCO entsteht hauptsächlich in vier Gemeinden, in vier unterschiedlichen Stilen: **Barbaresco** – am vollendetsten, ausgewogensten. Asili (Bruno GIACOSA, CA' DEL BAIO, CERETTO, PRODUTTORI DEL BARBARESCO), Martinenga (MARCHESI DI GRESY), Montefico (Produttori del Barbaresco, ROAGNA), Montestefano (Giordano Luigi, Produttori del Barbaresco, Rivella Serafino), Ovello (CANTINA del Pino, ROCCA ALBINO), Pajè (Roagna), Pora (Ca' del Baio, Musso, Produttori del Barbaresco), Rabaja (CASTELLO DI VERDUNO, Cortese Giuseppe, Bruno GIACOSA, Produttori del Barbaresco, Rocca Bruno), Rio Sordo (Cascina Bruciata, Cascina delle Rose, Musso, Produttori del Barbaresco), Roncaglie (Poderi COLLA). **Neive** – am kraftvollsten, fleischigsten. Albesani (Cantina del Pino, Castello di Neive, MASSOLINO), Basarin (ADRIANO MARCO E VITTORIO, Giacosa Fratelli, Negro Angelo, PAITIN, SOTTIMANO), Bordini (La Spinetta), Currá (Bruno Rocca, Sottimano), Gallina (Castello di Neive, Cerretto, Lequio Ugo, ODDERO, La Spinetta), Serraboella (Cigliuti, PAITIN), Starderi (La Spinetta). **San Rocco Seno d'Elvio** – am zugänglichsten, weichsten. Sanadaive (Adriano Marco e Vittorio), Rocche Massalupo (Lano, Tenuta Barac). **Treiso** – am frischesten, ausgefeiltesten. Bernardot (Ceretto), Bricco di Treiso (PIO CESARE), Marcarini (Ca' del Baio), Montersino (Orlando ABRIGO, ROCCA ALBINO), Nervo (RIZZI), Pajoré (Rizzi, Sottimano), Rombone (Fiorenzo Nada, Luigi Oddero).

Asti Piem ★→★★ oJ – Schaumwein von MOSCATO bianco, geringere Qualität als MOSCATO D'ASTI. Probierenswert: Bera, Cascina Fonda, Caudrina, Vignaioli di Santo Stefano. Jetzt auch trockener Asti Secco.

Attimis Maniago, Conte d' F-JV ★★★ Eines der besten traditionellen Weingüter; hervorragender MALVASIA, RIBOLLA, Pignolo und Schioppettino; der Tazzelenghe ist eine Wucht.

Avignonesi Tosk ★★★ Großes Bio-Weingut. Italiens bester Vin Santo. Spitzenreiter sind VINO NOBILE aus den Einzellagen Grandi Annate und Poggetto di Sopra, aber MERLOT Desiderio und 50&50 (Merlot/SANGIOVESE) sind auch gut.

Azelia Piem ★★★ Markante, elegante BAROLOS von Luigi Scavino und Sohn Lorenzo. Einige der besten Crus. Spitzenweine sind Bricco Fiasco, Ceretta, Margheria, San Rocco und RISERVA Bricco Voghera. Auch sehr guter BARBERA D'ALBA und LANGHE NEBBIOLO.

Azienda agricola (oder **agraria**). Ein – großes oder kleines – Weingut, das selbst angebaute Trauben verkeltert.

Badia a Coltibouno Tosk ★★★ Einer der besten CHIANTI-CLASSICO-Erzeuger; jeder Wein lohnt den Kauf: Großartige Terroirs sind der Schlüssel zum beispiellosen Erfolg. Der SANGIOVETO ist sehr gut. Öko-Weingut.

Banfi (**Castello** oder **Villa**) Tosk ★→★★★ Riesenkellerei in MONTALCINO, doch der erstklassige, in limitierten Mengen erzeugte POGGIO all'Oro ist ein großartiger BRUNELLO. Sehr gut: ALTA LANGA und Moscadello.

Barbaresco Piem ★★→★★★★ DOCG **12 13** 14 15 **16** 18 **19** 20 (21) – Oft besser als BAROLO, das mäßigere Renommee ist ungerechtfertigt. Wenn alle Voraussetzungen stimmen, sucht die Anmut, Alterungsfähigkeit und duftende Intensität ihresgleichen in Italien – und der ganzen Welt. Mindestalterung 26 Monate, davon neun im Holz; nach vier Jahren RISERVA. Zwei Hauptbodentypen: serravallianisch (abwechselnd sandige Schichten und grauer siltiger Mergel), im Allgemeinen elegante Weine mit ausgeprägtem Duft, nicht zu füllig und vielleicht weniger langlebig (vor allem in San Rocco Seno d'Elvio und Treiso); tortonisch (blaugrauer Mergel mit mehr oder weniger Sand), kräftig gebaute Weine, die altern (vor allem in Barbaresco und Neive). Beste Einzellagen und Erzeuger: *siehe* Kasten S. 170.

Barbera d'Alba Piem DOC – Einzigartiger saftiger, sinnlicher BARBERA, ganz anders als die lebhaftere Variante mit mehr Säure aus Asti. AZELIA (Punta), BREZZA, CAVALLOTTO (Cuculo), CLERICO Domenico, Poderi COLLA (Costa Bruna), Poderi Aldo CONTERNO (Conca Tre Pile), CONTERNO FANTINO (Vignota), CORREGGIA, Ettore GERMANO (della Madre), ROAGNA, SOTTIMANO, TREDIBERRI und VIETTI (Scarrone VIGNA Vecchia) setzen Zeichen. Der Pre-Phylloxera von COGNO ist konkurrenzlos.

Barbera d'Asti Piem – Der riesige DOCG-Bereich umfasst sehr unterschiedliche Böden (sandig bis mergelhaltig) und klimatische Bedingungen. Die Weine sind unterschiedlich, haben jedoch für gewöhnlich einen hohen Säuregehalt und fruchtige Noten. Der SUPERIORE ist von höherer Qualität (aber oft zu eichenlastig). (*Siehe auch* NIZZA.) Empfehlenswert: BAVA, BERSANO, BRAIDA, Cascina Castlet, Colle Manora, Dacapo, Marchesi di Gresi (Monte Colombo), Marchesi Incisa della Rocchetta, TENUTA Olim Bauda (Le Rocchette), SCARPA (La Bogliona), Spertino, Vietti (La Crena).

Barbera del Monferrato Superiore Piem DOCG – Kalkreiche Böden bringen körperreichen BARBERA mit recht scharfen Tanninen und guter Säure hervor. Spitzenerzeuger: ACCORNERO (Bricco Battista, Cima, Giulin), Castello di Uviglie, Iuli (Barabba, Rossore).

Barolo Piem DOCG 10' **11 12** 13' 15 16' 17 19' – »König der Weine und Wein der Könige«: hundertprozentiger NEBBIOLO von insgesamt 2000 ha. Muss bei der Freigabe 38 Monate (fünf Jahre für RISERVA) ausgebaut worden sein, davon 18 Monate im Holzfass. Die besten sind langlebige Weine mit Kraft und Eleganz, einem verlockenden floralen Duft und Sauerkirscharoma. Heute sind die meisten Einzellagenweine, doch traditionell waren es Verschnitte aus verschiedenen Lagen oder Gemeinden. An die Stelle des »Cru«-Konzepts treten (zumindest in Barolo und BARBARESCO) Unterbereiche, die offiziell MGA (Menzioni Geografiche Aggiuntive) heißen. Derzeit gibt es für Barolo elf Orts- und 170 (!) weitere geografische Bezeichnungen. Die oft unterschätzten Village-Weine (»Barolo del Comune di ...«) sind eigentlich der beste Weg, um die unterschiedlichen Terroirs zu entdecken; am besten sind die aus Barolo (ROAGNA, SCARZELLO, Virna), Grinzane (Canonica), La Morra (CIABOT BERTON, GIANNI GAGLIARDO, TREDIBERRI), Serralunga (Ettore GERMANO, PALLADINO, RIVETTO, Giovanni ROSSO) und Verduno (Fratelli ALESSANDRIA). Drei Hauptbodentypen: messinianisch (Kalk-Schwefel-Formation), weniger interessante Weine, Westhang von La Morra; serravallianisch (gräulicher gelbroter lockerer Kalkmergel und Sand), Castiglione Falletto (Kraft), Monforte (Struktur), Serralunga (Wucht); tortonisch (blaugrauer kompakter Mergel und kalkiger Sand, jünger), Barolo (Anmut), La Morra (Duft). Den Newcomer La CONTRADA DI SORANO sollte man im Auge behalten. (Einzellagen und Spitzenerzeuger *siehe* Kasten S. 182.)

Benanti Siz ★★★ Dank dieser Familie ruhen die Augen der Welt auf dem Wein vom Ätna. Der Bianco SUPERIORE Pietramarina ist einer der besten italienischen Weißweine. Spitze sind der rote ETNA Riserva (Rovittello, Serra della Contessa) sowie die Selezione Contrade (Cavaliere, Dafara Galluzzo, Monte Serra, Rinazzo und der neue Calderara Sottana). Ebenfalls sehr gut: Lamorèmio (NERELLO MASCALESE) und Noblesse 48 Mesi (Schaumwein von CARRICANTE).

Die besten Brunellos

Jeder der folgenden Erzeuger liefert einen anständigen BRUNELLO DI MONTALCINO; diejenigen, die wir für die besten halten, sind mit einem Stern (★) gekennzeichnet.
Castello di ★ ARGIANO, ★ Altesino, ★ Baricci, ★ BIONDI-SANTI, ★ Gianni BRUNELLI, Campogiovanni, ★ Canalicchio di Sopra, Canalicchio di Sotto, Caparzo, Casanova di Neri, ★ CASE BASSE, Castelgiocondo, CASTIGLION DEL BOSCO, Ciacci Piccolomini, Donatella Cinelli, ★ COL D'ORCIA, Il Colle, ★ Collemattoni, Colombini, ★ Costanti, ★ Cupano, FULIGNI, La Gerla, Giodo,★ Lisini, La Magia, Il Marroneto, ★ MASTROJANNI, Silvio Nardi, ★ Franco Pacenti, Siro PACENTI, Il Paradiso di Manfredi, ★ PIAN DELL'ORINO, Pieve di Santa Restituta, La Poderina, POGGIO ANTICO, ★ POGGIO DI SOTTO, ★ Tenuta Il POGGIONE, ★ Le POTAZZINE, ★ Le Ragnaie, Le Ripi, ★ Salvioni, San Filippo, Tenuta di Sesta, Sesta di Sopra, ★ Stella di Campalto, Talenti, Uccelliera, Val di Suga.

Bersano Piem ★★→★★★ Große Mengen, aber gute Qualität. BARBERA d'Asti, BAROLO, GRIGNOLINO, NIZZA und Ruchè, alle nicht teuer und köstlich.

Bertinga Tosk ★★★ Gut in Gaiole, CHIANTI. Am besten sind Bertinga (SANGIOVESE/MERLOT) und Punta di Adine (Sangiovese).

Biondi-Santi Tosk ★★★★ Erfand den BRUNELLO. Hohe Qualität, viel Säure und Tannine, die Jahrzehnte brauchen, bevor sie sich vollständig entfaltet haben.

Bisol Ven ★★★ Im Besitz der Familie Lunelli (FERRARI); setzt Qualitätsmaßstäbe bei PROSECCO. Die Top-Weine sind CARTIZZE und Relio Rive di Guia, doch Crede, Molera und Rive di Campea sind ebenfalls sehr gut.

Boca Piem DOC – *Siehe* ALTO PIEMONTE. Gehört zum Kreis der großartigsten Rotweine. NEBBIOLO (70–90%) sowie bis zu 30% Uva Rara und/oder Vespolina. Vulkanische Quarzporphyr-Böden. Höchster, frischester Bereich in Alto Piemonte. Muss lange gelagert werden. Spitzenerzeuger: Le Piane. Gut: Carlone Davide, Castello Conti.

Bolgheri Tosk DOC – Mittlere Maremma, an der Küste, Wiege vieler teurer SUPERTOSKANER, vornehmlich auf der Basis französischer Sorten. Klingende Namen und hervorragende Qualität: GAJA (CÀ MARCANDA), Grattamacco. Am besten sind Le Macchiole, SAN GUIDO (SASSICAIA, das Original), Michele SATTA (Marianova, Piastraia) und ORNELLAIA (FRESCOBALDI); zur Spitzenriege zählt auch der legendäre sortenreine MERLOT Masseto.

Borgo del Tiglio F-JV ★★★→★★★★ Nicola Manferrari (einer der Spitzenweißweinerzeuger in Italien) und sein Sohn Mattia führen eines der besten Weingüter im COLLIO. Die Topreihe heißt Black Label: Collio FRIULANO RONCO della Chiesa, MALVASIA Selezione, Rosso della Centa und Studio di Bianco sind besonders eindrucksvoll.

Borgogno, Virna Piem ★★★ Familienbetrieb unter der Leitung von Virna Borgogno und ihrer Schwester Ivana. Äußerst preiswerter BAROLO aus berühmten Einzellagen: Cannubi und Sarmassa. Sehr gut auch Barolo del Comune di Barolo, Barolo Noi, RISERVA und BARBERA D'ALBA.

Boroli Piem ★★★ Achille leitet jetzt diese Kellerei, die BAROLO gewidmet ist. Am besten: Brunella (Alleinbesitz), Cerequio und Villero.

Bosco, Tenute Siz ★★★ Kleines Gut am Ätna im Besitz von Sofia Bosco, hohe Qualität. Am besten ist ETNA Rosso VIGNA Vico Prephylloxera, sehr gut auch Piano dei Daini (Rot-, Weiß- und Roséwein).

Botte (Plural *botti*) – Großes Fass mit 6 bis 250 hl, meist aber zwischen 20 und 50 hl Kapazität, traditionell aus slawonischer, immer öfter jedoch auch aus französischer Eiche. Für Traditionalisten der ideale Behälter für den Ausbau italienischer Weine, in denen kein zu deutlicher Eichenton erwünscht ist.

Braida Piem ★★★ Wenn der BARBERA D'ASTI heute bekannt ist, dann verdankt er das der Familie Bologna, Botschafter dieses Weins auf der ganzen Welt. Spitzenweine sind Bricco dell'Uccellone, Bricco della Bigotta und Ai Suma; sehr gut sind Curej und Montebruna. Der GRIGNOLINO d'Asti Limonte ist einer der fünf besten in Italien.

Bramaterra Piem DOC r – Vulkanischer Porphyr und marine Sedimente; größte Vielfalt bei den Böden. Die Weine sind tendenziell leichter und weniger wuchtig als in den anderen Bereichen des ALTO PIEMONTE. Am besten von Antoniotti Odilio und PROPRIETÀ SPERINO.

Brezza Piem ★★★→★★★★ Bio-Weingut; eine sichere Bank für Fans traditioneller BAROLO-Weine. Außerdem sehr preiswerte Weine von berühmten Einzellagen, u. a. Cannubi, Castellero, Sarmassa (v. a. RISERVA VIGNA Bricco). Sehr guter BARBERA D'ALBA SUPERIORE und LANGHE NEBBIOLO; hervorragender Freisa.

Brolio, Castello di Tosk ★★→★★★ Seit 1141 von der Familie RICASOLI geführtes Weingut im CHIANTI-CLASSICO-Gebiet (Bettino Ricasoli erfand den klassischen CHIANTI-Verschnitt). Hervorragend sind Gran Selezione Castello di Brolio, Colledilà, Ceniprimo und Roncicone. Sehr gut auch der Casalferro (MERLOT).

Brovia Piem ★★★→★★★★ Seit 1863, klassischer BAROLO in Castiglione Falletto. Ökologisch. Spitzenweine: Ca' Mia, Garblèt Sue, Rocche und Villero. Nach zehn Jahren wieder der legendäre DOLCETTO D'ALBA Solatio. Wir warten mit Spannung auf den neuen METODO-CLASSICO-Schaumwein.

Brunelli, Gianni Tosk ★★★ Herrlich ausgefeilter, benutzerfreundlicher BRUNELLO (Spitzen-RISERVA) und ROSSO aus zwei Lagen: Le Chiuse di Sotto nördlich von MONTALCINO und Podernovone im Süden.

Brunello di Montalcino Tosk DOCG **09** 10' **12** **13** 15' 16' (18) (19') (20') – Weltberühmt, aber wechselhafte Qualität. Guter Brunello ist denkwürdig und alterslos, SANGIOVESE wie er im Buche steht. Die Probleme rühren hauptsächlich daher, dass der Produktionsbereich gierig ausgeweitet wurde (auf mehr als 2.000 ha: absurd), alles andere als ideal für den launischen Sangiovese und Weltklasseweine. Jüngste Vorstöße, einen Verschnitt daraus zu machen, wurden (zumindest vorerst) erfolgreich abgewehrt. Die Böden in Montalcino reichen vom kalksteinreichen Galestro im nördlichen Teil (die Weine sind schlanker, floraler und mineralischer und haben im Allgemeinen mehr Säure) bis zum lehmigeren, siltigeren sandigen Ton im Süden (ausladendere, kraftvollere Weine). (Beste Erzeuger: *siehe* Kasten S. 172.)

Bucci Mar ★★★★ Der Villa Bucci RISERVA ist einer der zehn besten italienischen Weißen. Alle Weine sind fast burgundisch, v. a. der komplexe VERDICCHIO, der langsam reift, aber hervorragend altert. Sehr gut der rote Pongelli, empfehlenswert die Vintage Collection.

Burlotto, Commendatore G. B. Piem ★★★★ Fabio Alessandria bewahrt die hohe Qualität und den Schwerpunkt seines Vorfahren Commendatore G. B. Burlotto (der 1880 als einer der Ersten BAROLO bereitete und abfüllte). Am besten sind der Barolo Monvigliero und der überragende Freisa. Ebenfalls ausgezeichnet: Barolo Acclivi, Cannubi und Castelletto (neu) sowie Verduno Pelaverga.

Bussola, Tommaso Ven ★★★★ Der Autodidakt erzeugt AMARONE, RECIOTO und RIPASSO der Spitzenriege. Der große Bepi Quintarelli war sein Mentor, Tommaso übernimmt diese Funktion nun für seine beiden Söhne. Die Reihe TB ist top.

Cà dei Frati Lomb ★★★ Führender Qualitätserzeuger in der wiederbelebten DOC LUGANA. Der I Frati ist ein guter Wein auf Einstiegsniveau, der Brolettino ein Spitzen-Cru.

Ca' del Baio Piem ★★★ Familienbetrieb; bietet von allen Erzeugern in BARBARESCO das beste Preis-Leistungs-Verhältnis. Hervorragend sind Asili (auch RISERVA) und Pora, sehr gut Autinbej, LANGHE RIESLING und Vallegrande.

Ca' del Bosco Lomb ★★★★ Italiens wohl bester METODO-CLASSICO-Schaumwein, berühmtes Weingut in der FRANCIACORTA, das der Familie Zanella und der Unternehmensgruppe Santa Margherita gehört. Herausragend und unvergesslich der Dosage Zéro Annamaria Clementi RISERVA (auch als Rosé). Dosage Zéro und Dosage Zéro Noir Vintage Collection sind praktisch ebenso gut; außerdem ausgezeichneter roter Maurizio Zanella im Bordeaux-Stil, PINOT NOIR und CHARDONNAY.

Cadinu, Francesco Sar ★★★ Minigröße, Megaqualität. Erstklassiger CANNONAU di Sardegna (Ghirada Elisi, Ghirada Fittiloghe), sehr gut auch der Mattiò (Weißwein von der seltenen Granatza-Rebe).

Caiarossa Tosk ★★★ Gut in niederländischem Besitz (Château Giscours; *siehe* Kapitel »Die Châteaux von Bordeaux«) nördlich von BOLGHERI. Ausgezeichnet sind der Caiarossa Rosso sowie die Rotweine Aria und Pergolaia.

Ca' La Bionda Ven ★★★ VALPOLICELLA vom Feinsten. Am besten sind AMARONE und CORVINA.

Calcagno Siz ★★★→★★★★ Zwergengröße und Riesenqualität kennzeichnen diesen Familienbetrieb am Ätna. Herausragende mineralische Rotweine von NERELLO MASCALESE; die Rotweine Arcurìa und Feudo di Mezzo sind vortrefflich; sehr gut auch der weiße Ginestra, der rote Nireddu und der Rosé Pomice delle Sciare.

Calì, Paolo Siz ★★★ Der passionierte Paolo Calì erzeugt zahlreiche Weine, die extrem typisch für den Bereich Vittoria sind. Spitze: CERASUOLO DI VITTORIA Forfice und Frappato. Sehr gut auch der weiße Grillo Blues, der rote Manene und der Rosé-Schaumwein Mood.

Caluso/Erbaluce di Caluso Piem ★→★★★ DOCG – Moränenböden erbringen sehr interessante mineralische Still-, Schaum- und Süßweine (Caluso PASSITO). Spitze: Ferrando (Cariola), Giacometto, TAPPERO MERLO (Schaumwein Kin). Cieck (Misobolo), Favaro (Le Chiusure), Gnavi, Orsolani und San Martin sind alle sehr gut.

Canalicchio di Sopra Tosk ★★★→★★★★ Eines der zehn besten BRUNELLO-Weingüter. Der Eigentümer Francesco Ripaccioli hat stets ein Auge aufs Terroir und auf den typischen MONTALCINO-Charakter. Der RISERVA ist für gewöhnlich spektakulär; sehr guter Brunello, La Casaccia aus einer Einzellage und ROSSO DI MONTALCINO.

Cantina – Kellerei, doch auch Weinbars schmücken sich mit diesem Namen.

Capezzana, Tenuta di Tosk ★★★ Ökologisches Weingut der adligen Familie Bonacossi, die CARMIGNANO seinen Ruf bescherte. Ausgezeichneter Carmignano (Trefiano und Villa di Capezzana) und hervorragender VIN SANTO, einer der fünf besten Italiens.

Capichera Sar ★★★★ Es gibt keinen besseren VERMENTINO als den der Familie Ragnedda, die auch das Talent zu Spitzenrotweinen hat (Manthenghja von 100 % CARIGNANO). Top sind Capichera, Isola dei Nuraghi Bianco Santigaìni und Vendemmia Tardiva, sehr gut auch Assajè (Carignano, SYRAH) und Vigna'ngena (Vermentino).

Caprai Umb ★★★→★★★★ Führender MONTEFALCO-Erzeuger dank Marco Caprai. Viele herausragende Weine (z. B. 25 Anni); sehr gut sind Collepiano (weniger Eiche), GRECHETTO Grecante, Rosso di Montefalco (geschmeidig, elegant) und Valdimaggio.

Die Spitze des Ätna

Einige der aufregendsten Weine Italiens kommen von dem aktiven Vulkan an der Ostküste Siziliens, an dessen Hängen bis in 1.000 m Höhe Reben angebaut werden. In SIZILIEN steht *contrada* für Cru: Unterschiede in Bodenstruktur, Höhe und Alter der Lavaströme. Von den 133 *contrade* am Ätna befinden sich die meisten in Castiglione di Sicilia (46), Randazzo (25) und Linguaglossa (10). Die folgenden Betriebe erzeugen guten bis großartigen Wein – die besten sind mit einem Stern (★) gekennzeichnet.

Alberelli di Giodo, ★ BENANTI, Tenute BOSCO (VIGNA Vico), Calabretta, ★ CALCAGNO, Cottanera, ★ I CUSTODI DELL'ETNA, ★ Tenuta di FESSINA, Graci (Arcuria, Feudo di Mezzo), ★GULFI, ★ PIETRADOLCE, Girolamo RUSSO, TASCA D'ALMERITA, ★ Tenuta delle TERRE NERE, Tornatore (Pietrarizzo, Trimarchisa), Le Vigne di Eli, ★ I VIGNERI und ★ Vini Franchetti.

Carema Piem ★★→★★★ DOC **10 11** 13 15 16' 18 (19) – Nur 22 ha, nördlich von Turin. Steile Terrassen mit Moränenböden erbringen hervorragenden leichten, mineralischen, intensiven NEBBIOLO. Spitze: Ferrando (v. a. Black Label), Monte Maletto, Murajè und Sorpasso. Cella Grande, Chiussuma, Milanesio und Produttori Nebbiolo di Carema sind alle sehr gut.

Carignano del Sulcis Sar ★★→★★★ DOC **14 15** 16 19 (20) – Aus dem Südwesten SARDINIENS kommt Weltklasse-CARIGNANO, der anmutig reift, aber auch schon jung überaus zugänglich und ansprechend ist. Am besten sind Agripunica (Barrua, Montessu), Calasetta, Mesa (Buio Buio) und SANTADI (Rocca Rubia, Terre Brune).

Carpineti, Marco Lat ★★★ Phänomenale biodynamische Weißweine von den kaum bekannten Rebsorten Bellone, GRECO moro und Greco giallo. Maßstäbe setzen Moro und Ludum, einer der besten Süßweine Italiens. Neu sind Collesanti (100 % Bellone), Kius Pas Dosé (100 % Nero Buono).

Cartizze Ven ★★★→★★★★ DOCG – Diese 107 ha große PROSECCO-Superspitzenlage ist angeblich das zweitteuerste Rebland in Italien (nach BAROLO). Äußerst steile Hügel im Herzen von CONEGLIANO VALDOBBIADENE zeigen aufs eindrücklichste, wie großartig Prosecco DOCG sein kann. Dank voll ausgereifter Trauben normalerweise eher süß. Am besten von BISOL, Bortolomiol, Col Vetoraz, Le Colture, Nino FRANCO, Merotto und Ruggeri.

Case Basse Tosk ★★★★ Gianfranco Solderas Kinder halten den Kult-BRUNELLO auf ähnlich hohem Niveau. Langer Ausbau in Eiche. Rar und kostbar.

Castel del Monte Apu ★→★★ r **16** 18 19 20; w rs DOC BV – Trockene, frische, zunehmend anspruchsvolle Weine aus einer DOC in APULIENS Mitte. Besonders empfehlenswert ist der Bocca di Lupo von Tormaresca. Il Falcone RISERVA (Rivera) ist Kult. Sehr gut: Torrevento und Santa Lucia (Riserva).

Italien

Castel de Paolis Lat ★★→★★★ Fabrizio Santarelli leitet eines der führenden Qualitätsweingüter in Latium. Am besten sind FRASCATI SUPERIORE, Donna Adriana (VIOGNIER/MALVASIA del Lazio), I Quattro Mori (Bordeaux-Verschnitt).

Castel Juval, Unterortl T-S ★★★ Markante, kristallklare Weine. Am besten ist der WEISSBURGUNDER. Auch sehr guter RIESLING (Windbichel), Müller-Thurgau und PINOT NOIR.

Castell' in Villa Tosk ★★★ CHIANTI-CLASSICO-Weingut im äußersten Südwesten des Gebiets. Weine großer Klasse, äußerst langlebig. Spitzen-RISERVA.

Castello Romitorio Tosk ★★★ Filippo Chia erzeugt mit den geschmeidigsten, duftendsten BRUNELLO. Am besten sind der Einzellagenwein Filo di Seta (auch RISERVA) und der klassische Brunello, ebenfalls sehr gut der ROSSO DI MONTALCINO und der rote Romitoro.

Wer macht wirklich guten Chianti Classico?

Da das Chianti-Classico-Gebiet groß ist und sich dort Hunderte von Erzeugern tummeln, ist es gar nicht so einfach, die besten herauszupicken. Die Allerbesten sind mit einem Stern (★) gekennzeichnet. ★ AMA, ★ BADIA A COLTIBUONO, BROLIO, Castellare di Castellina, CASTELL'IN VILLA, ★ Le Cinciole, ★ I Fabbri, ★ FELSINA, ★ FONTODI, ★ ISOLE E OLENA, ★ Castello di MONSANTO, ★ Monteraponi, NITTARDI, Nozzole, Palazzino, Tenuta Perano – Frescobaldi, Poggerino, Poggiopiano, ★ QUERCIABELLA, Rampolla, RIECINE, Rocca di Castagnoli, ★ Rocca di Montegrossi, RUFFINO, San Fabiano Calcinaia, SAN FELICE, ★ SAN GIUSTO A RENTENNANO, ★ Vecchie Terre di Montefili, ★ Villa Calcinaia, ★ Villa La Rosa, Viticcio, ★ Castello di VOLPAIA.

Caudrina Piem ★★★→★★★★ Romano Dogliotti ist einer der besten Erzeuger von MOSCATO D'ASTI. Spitzenweine sind ASTI La Selvatica und La Galeisa. Sehr gut auch La Caudrina.

Cavallotto Piem ★★★★ Ökologisches Weingut. Sichere Adresse für traditionellen BAROLO in Castiglione Falletto. Herausragend sind RISERVA VIGNA San Giuseppe und Riserva Vignolo, sehr gut BARBERA D'ALBA SUPERIORE Vigna Cuculo und LANGHE NEBBIOLO. Außerdem überraschend guter GRIGNOLINO und Freisa.

Cave Mont Blanc Ao ★★★ Erstklassige Genossenschaftskellerei am Fuß des Mont Blanc mit 60 bis 100 Jahre alten ungepropften einheimischen Prieblanc-Reben. Bio. Am besten sind Blanc de Morgex et de la Salle Rayon und La Piagne (Einzellagenwein mit Eichenausbau) sowie die Schaumweine (Blanc du Blanc, Cuvée des Guides, Cuvée du Prince, X.T.).

Cerasuolo d'Abruzzo Abr ★ DOC – Die BV-ROSATO-Version von MONTEPULCIANO D'ABRUZZO, nicht zu verwechseln mit dem roten CERASUOLO DI VITTORIA aus SIZILIEN. Ist manchmal hervorragend; die (mit Abstand) besten Erzeuger sind CATALDI MADONNA (Piè delle Vigne), Emidio PEPE, Praesidium, TIBERIO und VALENTINI.

Cerasuolo di Vittoria Siz ★★ **16 17** 18 19 – Verschnitt aus Frappato und NERO D'AVOLA. Die einzige DOCG in Sizilien, im Südosten rund um die Stadt Vittoria gelegen, das beste Terroir für Frappato. Empfehlenswert von Paolo CALÌ, COS, GULFI, Arianna OCCHIPINTI, PLANETA und Valle dell'Acate (Iri da Iri).

Ceretto Piem ★★★★ Führender ökologischer/biodynamischer Erzeuger von BARBARESCO (Asili, Bernadot, Gallina) und BAROLO (Bricco Rocche, Brunate, Bussia, Cannubi San Lorenzo, Prapò und neu Rocche di Castiglione) sowie LANGHE Bianco Blange (ARNEIS). Die Weine sind in letzter Zeit klassischer und eleganter.

Cerruti, Ezio Piem ★★★ Kleines Gut in gutem Gebiet für MOSCATO. Am besten ist der süße Sol von natürlich getrockneten Moscato-Trauben. Sehr gut auch der trockene Fol, der neue Mac-Fol (auf den Schalen) und der Rosso (Freisa)

Cesanese (Comune und di Affile) Lat ★→★★★ DOCG – Zwei Rebsorten: Comune (häufiger im Bereich Olevano Romano im Süden von Latium anzutreffen) und d'Affile (in den Bereichen Affile und Piglio). Drei Weine: Cesanese del Piglio, am besten von Casale della Ioria (Torre del Piano); Cesanese di Affile, am besten von Colline di Affile (Le Cese); Olevano Romano Cesanese, am besten von Damiano CIOLLI.

Chianti Tosk ★→★★★ DOCG – Guter Chianti ist ein köstlicher, unkomplizierter, frischer Rotwein, der prima zum Essen passt. Das heutige Anbaugebiet erstreckt sich über fast die ganze Toskana; Topografie, Klima und Böden unterscheiden sich erheblich in den einzelnen Bereichen. RUFINA ist das einzige Terroir mit ähnlicher Qualität wie das historische Anbaugebiet (das nun CHIANTI CLASSICO heißt).

Italien

Chianti Classico Tosk ★★→★★★ DOCG **15** 16' 18 19' 20' 21 – Kein italienischer Wein ist in den letzten 20 Jahren so viel besser geworden als der Chianti Classico, der inzwischen oft sortenreiner SANGIOVESE ist. Er wird in neun Gemeinden des historischen (hoch gelegenen, felsigen) Chianti-Anbaugebiets zwischen Florenz und Siena erzeugt. Das Klima ist im nördlichen Teil ganz anders als im Süden, und es gibt drei Hauptbodentypen – Alberese (weißlicher Mergel), Galestro (Tonschiefer) und Macigno (Mischung aus Sand und Sandstein) –, deshalb sind die Weine unter Umständen sehr unterschiedlich. Seit 2019 neue UGA (Unità Geografiche Aggiuntive) nur für Gran Selezione (die neue Spitzenkategorie, über RISERVA). Spitzenerzeuger *siehe* Kasten »Chianti Classico«, S. 176.

Ciabot Berton Piem ★★★ Marco und Paola Oberto sind in die Fußstapfen ihres Vaters getreten und haben dieses Gut in La Morra zu einem Erzeuger mit sehr gutem Preis-Leistungs-Verhältnis gemacht. Sehr guter verschnittener BAROLO (»1961« und Barolo di La Morra); die Crus Roggeri und Rochettevino haben einen ausgeprägten Einzellagencharakter; LANGHE NEBBIOLO (3-Utin) und Barbera d'Alba (Bricco San Biagio).

Ciolli, Damiano Lat ★★★ Eine der interessantesten Kellereien in Italien. Am besten ist der Cirsium, 100 % Cesanese d'Affile von 80 Jahre alten Reben. Sehr gut auch der Silene. Neu ist der Botte 22, ein Verschnitt aus Trebbiano Verde (alias VERDICCHIO) und Ottonese.

Cirò Kal ★→★★★ DOC – Frischer kräftiger Rotwein von der wichtigsten kalabrischen Traube Gaglioppo oder leichter, fruchtiger Weißwein von GRECO (BV). Spitzenerzeuger: 'A Vita, Caparra & Siciliani (RISERVA Volvito), IPPOLITO 1845, Librandi (Duca San Felice ★★★, Segno), San Francesco (Donna Madda und RONCO dei Quattro Venti), Santa Venere.

Classico – Bezeichnung für Wein aus einem begrenzten, meist historischen und edleren Bereich innerhalb einer kommerziell ausgeweiteten DOC. *Siehe* CHIANTI CLASSICO, SOAVE, VALPOLICELLA, VERDICCHIO und zahlreiche andere.

Clerico, Domenico Piem ★★★→★★★★ Einflussreicher BAROLO-Erneuerer und -Erzeuger der modernistischen Fraktion in Monforte d'ALBA, v. a. mit den Crus Ginestra (Ciabot Mentin und Pajana) und Mosconi (Percristina nur in den besten Jahrgängen). Sehr gut: BARBERA D'ALBA (Trevigne), Barolo Aeroplanservaj (aus der Einzellage Baudana) und LANGHE NEBBIOLO (Capisme-e).

Clivi, I F-JV ★★★ Eine Fülle (bis zu 90 Jahre) alter Reben (in FRIULI COLLI ORIENTALI und COLLIO). Mit die reinsten, langlebigsten und mineralischsten Weine in FRIAUL-Julisch Venetien, die in der ersten Liga italienischer Weißweine mitspielen. Am besten sind die Einzellagenweine von MALVASIA und FRIULANO; außerdem ein hervorragender trockener VERDUZZO.

Cocchi-Bava Piem ★★★ 1891 gegründeter Wermuterzeuger. Spitzenweine sind ALTA LANGA Pas Dosé, Toto Corde, Vermouth RISERVA La Venaria, Storico di Torino und BAROLO Scarrone. Sehr gut: BARBERA D'ASTI Stradivario, NIZZA Piano Alto und Ruchè.

Mini-Mega-Weingüter

★★→★★★ Mini (Größe), Mega (Qualität), das heißt: Diese Betriebe sind sehr klein, aber erstklassig. **Apulien** Tenute Lu Spada (w Minutolo, r Susumaniello). **Basilikata** Tenute Parco dei Monaci (r Matera Moro). **Friaul-Julisch Venetien** Del POGGIO (Schaumwein Vulpes Brut MC PINOT BIANCO). **Kalabrien** TENUTA del Travale (r Eleuteria). **Marken** Boccadigabbia (w Ribona), PODERE Sabbioni (w Ribona). **Piemont** Colle Manora (r Albarossa), La Montagnetta (Freisa Bugianen). **Sizilien** Vinisola (Schaumwein Zibibbo Amanolibera). **Toskana** Le Vigne di Silvia (w Giochessa, r Itinerante), Tenuta Sanoner (r Orcia SANGIOVESE Aetos). **Venetien** Maeli (w/Schaumwein MOSCATO Giallo, Schaumwein Fior d'Arancio), Tamburino Sardo (w Custoza Superiore La Guglia), Tasi (VALPOLICELLA SUPERIORE).

Cogno, Elvio Piem ★★★★ Spitzenweingut mit absolut erstklassigem, sprödem, elegantem BAROLO aus der Einzellage Ravera. Am besten sind Bricco Pernice, RISERVA VIGNA Elena (von NEBBIOLO Rosé), sehr gut Anas-Cëtta (100% Nascetta), BARBERA D'ALBA Pre-Phylloxera (100 Jahre alte Reben) und der neue BARBARESCO Bordini.

Col d'Orcia Tosk ★★★ Das drittgrößte Weingut in MONTALCINO (Besitzer Francesco Marone Cinzano) mit Top-Qualität. Am besten ist der BRUNELLO RISERVA POGGIO al Vento, neu der Brunello Nastagio. Col d'Orcia ist das Tal zwischen Montalcino und Monte Amiata.

Colla, Poderi Piem ★★★★ Familienbetrieb, hinter dem die Erfahrung von Beppe Colla steckt. Klassisch, traditionell, lagernswert. Spitzenweine: BARBARESCO Roncaglie, BAROLO Bussia Dardi Le Rose, LANGHE Bricco del Drago und die neuen RISERVAS; sehr gut auch NEBBIOLO D'ALBA, PINOT NERO (Campo Romano), Schaumwein ALTA LANGA Pietro Colla, RIESLING.

Colli = Hügel. Einzahl: *colle*. **Colline** (Einzahl: *collina*) sind kleinere Hügel. *Siehe auch* COLLIO, POGGIO.

Colli di Lapio Kamp ★★★ Auf Clelia Romanos Gut entsteht der beste Fiano in Italien. Auch sehr gut GRECO DI TUFO Alèxandros, TAURASI Andrea und der neue Fiano Clelia.

Colli di Luni Lig, Tosk ★★→★★★ DOC – In der Nähe von La Spezia. VERMENTINO- und Albarola-Weißweine; die Rotweine auf SANGIOVESE-Basis sind angenehm zu trinken und ansprechend. Spitzenerzeuger: La Baia del Sole (Oro d'Isèe, Sarticola), Bisson (VIGNA Erta), Giacomelli (Boboli, Pianacce), Ottaviano Lambruschi (Costa Marina, Il Maggiore), LUNAE und Zangani.

Collio F-JV ★★→★★★★ DOC – Berühmter Weißweinbereich, der sich leider immer mehr auf den Verschnitt Collio Bianco kapriziert, anstatt die Unterschiede im Terroir der dazugehörigen Gemeinden (u.a. San Floriano und Dolegna mit recht kühlem Klima und das wärmere Capriva) zu betonen. Zum Glück hat Collio talentierte Erzeuger im Überfluss: BORGO DEL TIGLIO,

La CASTELLADA, Castello di Spessa, Marco FELLUGA, GRAVNER, Renato Keber, Livon, Podversic, Primosic, Princic, Radikon, RUSSIZ SUPERIORE, Schiopetto, Venica & Venica und VILLA RUSSIZ.

Colterenzio, Cantina Produttori (Schreckbichl) T-S ★★★ Protagonist unter den Kellereigenossenschaften SÜDTIROLS mit Sitz in Girlan. Spitze sind die Weißweine (SAUVIGNON blanc und CHARDONNAY Lafóa, WEISSBURGUNDER Berg und LR) und die Rotweine namens Lafoa (CABERNET SAUVIGNON und PINOT NERO).

Conegliano Valdobbiadene Ven ★→★★ DOCG BV – Bezeichnung für Spitzen-PROSECCO, die einzeln oder zusammen verwendet werden kann. Extrem steile Hügel; die Qualität müsste besser sein.

Conterno Fantino Piem ★★★→★★★★ Bio. Einer der Spitzenerzeuger ausgezeichneter BAROLO-Crus im modernen Stil in Monforte d'ALBA: Castelletto (VIGNA Pressenda), Ginestra (Sorì Ginestra und Vigna del Gris) und Mosconi (Vigna Ped). Ebenfalls gut sind der Ginestrino und der legendäre Monprà (NEBBIOLO-BARBERA-Verschnitt). Außerdem CHARDONNAY Bastia (einer der besten in PIEMONT).

Italien

Conterno, Giacomo Piem ★★★★ Spitze: Monfortino (einer der besten italienischen Weine). Hervorragender BARBERA und BAROLO (Cascina Francia, Cerretta und Arione). Besitzt NERVI in GATTINARA.

Conterno, Poderi Aldo Piem ★★★★ Spitzenerzeuger in Monforte d'ALBA, 25 ha für nur 80.000 Flaschen höchster Qualität. BAROLO-Spitzenweine Cicala, Colonnello, Granbussia und v. a. Romirasco; sehr gut sind CHARDONNAY Bussiador, LANGHE NEBBIOLO Il Favot und der Verschnitt Quartetto.

Contini Sar ★★★ Mustergültiger VERNACCIA DI ORISTANO; die Weißweine im oxidativen Stil sind sehr gutem Amontillado oder Oloroso nicht unähnlich. Der Antico Gregori ist einer der besten italienischen Weißen. Beeindruckender Flor 22 und RISERVA; gut auch der rote I Giganti.

Contrada di Sorano, La Piem ★★→★★★ Miniweingut mit Megaqualität. Am besten sind BAROLO, LANGHE NEBBIOLO und FAVORITA.

Cornelissen, Frank Siz ★★★★ Einer der Spitzenerzeuger am Ätna, v. a. für Rotwein. Praktisch alle Weine sind hervorragend, der NERELLO MASCALESE Magma ist für gewöhnlich der teuerste sizilianische Wein. Am besten MC, Cuvée VA (Rot- und Weißwein), Perpetuum.

Coroncino, Fattoria Mar ★★★ Das nun von Lucios Sohn Valerio Canestrari geführte traditionelle Bio-Weingut ist auf VERDICCHIO DEI CASTELLI DI JESI spezialisiert. Am besten sind Gaiospino, Stragaio (auch Fumè), Stracacio und Cenobita; sehr gut: Coroncino und Il Bacco.

Correggia, Matteo Piem ★★★ Bio. Führender Erzeuger von ROERO (RISERVA Rochè d'Ampsej, Val dei Preti) und Roero ARNEIS sowie BARBERA D'ALBA (Marun) und Roero Arneis Val dei Preti (sechs Jahre gereift).

Cortese, Giuseppe Piem ★★★ Traditioneller Erzeuger von hervorragendem BARBARESCO Rabajà (auch RISERVA). Auch gut: Barbaresco, LANGHE NEBBIOLO und Scapulin (CHARDONNAY).

Cretes, Les Ao ★★★ Costantino Charrère ist der Vater des modernen Weinbaus im VALLE D'AOSTA und rettete viele in Vergessenheit geratene Rebsorten. Hervorragender Petite Arvine, zwei der besten CHARDONNAYS in Italien. Fumin, Neblu Brut Nature Rosé (Verschnitt), Rebàn Pas Dosé (100 % Petite ARVINE), Revei (PINOT NOIR), Sommet (NEBBIOLO) und Torrette sind alle sehr gut.

Cristo di Campobello, Baglio del Siz ★★→★★★ Gut der Familie Bonetta unmittelbar östlich von Agrigent. Spitze: Grillo La Luci, NERO D'AVOLA Lu Patri. Solide Weine.

Crotta di Vegneron, La Ao ★★→★★★ Qualitätsgenossenschaft in Chambave. Spitze ist die Reihe La Griffe des Lions (Fumin, Nus MALVOISIE); sehr gut auch Chambave Muscat Attente, Chambave Superieur und die Schaumweinreihe Quatremillemètres Vins d'Altitude.

CS (Cantina Sociale) – Genossenschaftskellerei.

Custodi delle Vigne dell'Etna, I Siz ★★★→★★★★ Familienbetrieb unter der Leitung von Mario Paoluzi, Mitglied im Konsortium I VIGNERI. Herausragend sind ETNA Rosso RISERVA Saeculare, Aetneus und neu Pistus, sehr gut Etna Bianco Ante, Contrada Muganazzi und SUPERIORE Contrada Caselle.

Dal Forno, Romano Ven ★★★★ Erzeuger von VALPOLICELLA, AMARONE und RECIOTO (der nicht mehr als solcher bezeichnet wird) sehr hoher Qualität. Die Weinberge liegen außerhalb des CLASSICO-Gebiets, aber die Weine sind großartig.

D'Ambra Kamp ★★★ Auf ISCHIA; fördert seltene Reben von der Insel. Am besten ist der weiße Einzellagenwein Frassitelli (100% Biancolella), sehr gut auch der rote Dedicato a Mario d'Ambra, der weiße Forastera, La VIGNA dei Mille Anni und der neue weiße Verschnitt Le Ninfe.

De Bartoli, Marco Siz ★★★★ Eines der besten Weingüter in ganz Italien. Marco de Bartoli war zeit seines Lebens ein Fürsprecher des »echten« MARSALA – und seinen muss man unbedingt kosten. Am besten sind der Vecchio Samperi, der 20-jährige Ventennale und der Vergine RISERVA 1988. Köstliche Tafelweine (z. B. GRILLO Vignaverde und Grappoli del Grillo, ZIBIBBO Pietranera und Pignatello) und der hervorragende süße Zibibbo di PANTELLERIA Bukkuram.

Derthona Piem ★→★★★ Wein von nur in den COLLI Tortonesi angebauten Timorasso-Trauben. Einer der interessantesten Weißweine Italiens (wie sehr trockener RIESLING aus Rheinhessen). Am besten von La Colombera (Il Montino), Mariotto, Mutti, Poggio Paolo, Ricci, ROAGNA (Montemarzino), VIGNETI MASSA, VIETTI.

Di Barrò Ao ★★★ Kleines Familienweingut, Spitzenqualität von typischen Aostatal-Trauben. Am besten sind die roten Mayolet und Torrette SUPERIORE (Ostro) sowie der weiße Petite ARVINE.

Di Majo Norante Mol ★★→★★★ Der bekannteste Erzeuger in Molise mit ordentlichem Rotwein: Biferno Ramitello, Molise RISERVA Don Luigi, Molise Contado AGLIANICO und Tintilia del Molise.

DOC, DOCG – Qualitätsweinbezeichnung; *siehe* Kasten S. 169.

Dogliani Piem ★→★★★ DOCG – Sortenreiner Dolcetto, zum Teil jung zu trinken, zum Teil für eine nicht allzu lange Lagerung geeignet. Gut: Chionetti, Clavesana, EINAUDI, Pecchenino, TREDIBERRI, Versio.

Donnafugata Siz ★★→★★★ Hochklassiges Angebot. Rotweine: ETNA Rosso (Contrada Fragore, Marchesa und Sul Vulcano), Mille e Una Notte, NERO D'AVOLA Sherazade und Tancredi. Weißweine: Chiarandà und Kebir. Der MOSCATO PASSITO di PANTELLERIA Ben Ryé ist sehr fein.

Duca di Salaparuta Siz ★★ Spitzenweine: Duca Enrico und Bianca di Valguarnera. Kados (GRILLO) und Suolo S (ZIBIBBO) sind ebenfalls gut.

Einaudi, Luigi Piem ★★★ Ende des 19. Jh. vom späteren italienischen Staatspräsidenten gegründetes 52-ha-Gut in DOGLIANI. Solide BAROLOS aus den Lagen Cannubi, Monvigliero und Terlo sowie hervorragender Bussia. Spitzenweine: Barbaresco und Dogliani (DOLCETTO) aus der Lage VIGNA Tecc.

Enoteca »Vinothek«; das kann eine Weinhandlung sein oder auch ein Restaurant mit anspruchsvoller Weinkarte. Die Fortezza in Siena beherbergt eine Enoteca Italiana.

Etna Siz ★★→★★★ DOC r 14' **15** 16' 17 19' – Bemerkenswerte Entwicklung in den letzten zehn Jahren. 900 ha an der Nordflanke des Ätna, große Höhe, vulkanische Böden. Der Etna Rosso ist üblicherweise ein 90:10-Verschnitt von NERELLO MASCALESE und Nerello Cappuccio, während für den Etna Bianco CARRICANTE entweder pur oder mit CATARATTO (*comune* oder *lucido*) verwendet wird. *Siehe auch* Kasten S. 175.

Faro Siz ★★★ DOC 14' **15** 16' 17' 19 – Intensive, harmonische Rotweine von NERELLO MASCALESE, NERO D'AVOLA und Nocera in den Hügeln im Hinterland von Messina. Am besten ist Bonavita; Palari ist am bekanntesten, aber Le Casematte ist ebenso gut, wenn nicht besser.

Fay Lomb ★★★ Seit 1971 von der Familie Fay geführter Betrieb im VALTELLINA. Alpenweine. Am besten sind SFORZATO (RONCO del Picchio), Valgella (Camorei, Carteria RISERVA).

Felline Apu ★★★→★★★★ Gregory Perucci war ein Pionier der Wiederentdeckung von PRIMITIVO und Sussumaniello. Am besten ist der Primitivo di Manduria (Cuvée Anniversario, Dunico, Giravolta und ZINFANDEL). Sum (Sussumaniello), METODO CLASSICO Edmont Dantes (VERMENTINO-Schaumwein) und der weiße Verdeca sind alle sehr gut.

Felluga, Livio F-JV ★★★→★★★★ Beständig feine und lagernswerte Weine des Bereichs FRIULI COLLI ORIENTALI, v. a. die Verschnitte Terre Alte und Abbazia di Rosazzo, sowie Bianco Illivio, Friulano (v. a. der Cru Sigar), PICOLIT (Italiens bester?), Pinot grigio (v. a. der Cru Curubella) und der MERLOT-REFOSCO-Verschnitt Sossó.

Felluga, Marco F-JV – *Siehe* RUSSIZ SUPERIORE.

Felsina Tosk ★★★ Ausgezeichnetes CHIANTI-CLASSICO-Gut im Südosten des Gebiets. Am besten sind der Gran Selezione Colonia, der klassische RISERVA Rancia und der IGT Fontalloro (alles reinsortige SANGIOVESE-Weine).

Fenocchio, Giacomo Piem ★★★→★★★★ Kleine, aber hervorragende BAROLO-Kellerei mit Sitz in Monforte d'ALBA; traditioneller Stil. Einzellagen Bussia (auch RISERVA 90Dì), Cannubi und Villero. Ausgezeichneter Freisa, einer der zwei bis drei besten Italiens.

Ferrando Piem ★★★ Historischer Kult-Erzeuger des hervorragenden, klassischen CAREMA Black Label. Auch sehr gut sind Carema White Label und CALUSO (Cariola auch als Schaumwein).

Ferrara, Benito Kamp ★★★ Vielleicht der beste Erzeuger von GRECO DI TUFO in Italien (Terra d'Uva und Vigna Cicogna). Sein Talent äußert sich auch in ausgezeichnetem TAURASI (Vigna Quattro Confini). Warten Sie auf einen Vigna Cicogna RISERVA.

Ferrari – Tenute Lunelli T-S ★★★→★★★★ Trientiner Produzent eines der zwei besten italienischen METODO-CLASSICO-Schaumweine. Herausragend der Giulio Ferrari (RISERVA del Fondatore, Rosè und Selezione) und der Riserva Bruno Lunelli 2006 (zweiter Jahrgang seit 1995); sehr gut der Brut Riserva Lunelli auf CHARDONNAY-Basis, der Perlé Bianco (preiswert), der Perlé Zero und der Perlé Nero auf PINOT-NERO-Basis. Tenute Lunelli: Castelbuono in Umbrien (MONTEFALCO), Margon in Trentino-Alto Adige (CHARDONNAY und Pinot nero), Podernuovo in der Toskana.

Fessina, Tenuta di Siz ★★★→★★★★ Jacopo Maniaci führt in einem der jüngsten und besten Weingüter am Ätna Silvia Maestrellis Werk fort. Elegante Weine. Am besten sind A'Puddara (Weißwein), Il Musmeci (Rot- und Weißwein) und der neue rote Musmeci RISERVA Speciale RS (eine Hommage an Roberto und Silvia). Sehr gut: Erse Moscamento 1911 (Rotwein).

Feudi di San Gregorio Kamp ★★★ Äußerst angesagter Erzeuger in KAMPANIEN mit DOCG FIANO DI AVELLINO Pietracalda, GRECO DI TUFO Cutizzi und Goleto, TAURASI Piano di Montevergine und dem neuen RISERVA Gulielmus. Campanaro (Fiano/Greco), FALANGHINA und Serpico (AGLIANICO) sind ebenfalls gut. Empfehlenswert ist die neue Reihe FeudiStudi: Aus 700 Lagen werden für jeden Jahrgang die ausdrucksstärksten ausgewählt.

Feudo di San Maurizio Ao ★★★★ Hervorragende Weine von den seltenen einheimischen Reben CORNALIN, Mayolet und Vuillermin; die letzteren beiden zählen zu den besten italienischen Rotweinen. Probieren Sie die roten Saro Djablo, Torrette (und SUPERIORE), die Weißweine von GEWÜRZTRAMINER und Petite ARVINE sowie den Schaumwein Trei (CHARDONNAY, PINOT NERO).

Spitzen-Barolos

Hier sind einige erstklassige Einzellagen und ihre besten Erzeuger.
Bricco Boschis (Castiglione Falletto): CAVALLOTTO (RISERVA VIGNA San Giuseppe)
Bricco delle Viole (BAROLO): G. D. VAJRA, VIBERTI
Bricco Rocche (Castiglione Falletto): CERETTO
Briccolina (Serralunga): RIVETTO
Brunate (La Morra, Barolo): Ceretto, ODDERO, Francesco RINALDI, Giuseppe RINALDI, VIETTI
Bussia (Monforte): Poderi COLLA (Dardi Le Rose), Ceretto, Poderi Aldo CONTERNO (Gran Bussia und Romirasco), EINAUDI, Giacomo FENOCCHIO (auch Riserva 90 Dì), Oddero (Vigna Mondoca), Arnaldo RIVERA
Cannubi (Barolo): BREZZA, EINAUDI, FENOCCHIO Giacomo, PIRA E FIGLI – Chiara Boschis, Luciano SANDRONE, Virna
Cerequio (La Morra, Barolo): BOROLI, GAJA
Falletto (Serralunga): Bruno GIACOSA (Riserva Vigna Le Rocche)
Francia (Serralunga): Giacomo CONTERNO (Cascina Francia und Monfortino)
Ginestra (Monforte): Domenico CLERICO (Ciabot Mentin), CONTERNO FANTINO (Sorì Ginestra und Vigna del Gris)
Lazzarito (Serralunga): Gianni GAGLIARDO, Ettore GERMANO (Riserva), Vietti
Monprivato (Castiglione Falletto): Giuseppe MASCARELLO (Mauro)
Monvigliero (VERDUNO): Fratelli ALESSANDRIA, G. B. BURLOTTO, CASTELLO DI VERDUNO, Einaudi, Arnaldo Rivera, Paolo SCAVINO, Viberti
Mosconi (Monforte): Domenico Clerico, Conterno Fantino, PIO CESARE, PIRA E FIGLI – Chiara Boschis
Ornato (Serralunga): Pio Cesare, PALLADINO
Ravera (Novello): Elvio COGNO (Bricco Pernice), G. D. Vajra, Vietti
Rocche dell'Annunziata (La Morra): RATTI, Rocche Costamagna, Arnaldo Rivera, Paolo Scavino (Riserva), TREDIBERRI
Rocche di Castiglione (Castiglione Falletto): BROVIA, Oddero, Roagna, Vietti
Vigna Rionda (Serralunga): Ettore Germano, MASSOLINO Vigna Rionda, Oddero, Figli Luigi Oddero, Giovanni ROSSO
Villero (Castiglione Falletto): Boroli, Brovia, Giacomo Fenocchio, Giuseppe Mascarello.
Und der Barolo von Bartolo Mascarello enthält Rebgut aus Cannubi San Lorenzo, Ruè und Rocche dell'Annunziata. Eine Freude für Sommeliers.

Feudo Montoni Siz ★★★★ Herausragendes Gut in höheren Lagen im Osten Siziliens. Am besten sind NERO D'AVOLA Lagnusa und Vrucara; sehr gut auch die Weißweine CATARRATTO del Masso und GRILLO della Timpa, der rote Perricone del Core und der PASSITO Bianco. Authentische Weine.

Fiano di Avellino Kamp ★★→★★★★ DOCG **15** 16 18 19' 20 – Ist entweder stahlig (am typischsten) oder saftig. Die besten Erzeuger sind COLLI DI LAPIO, FEUDI SAN GREGORIO, I Favati (Pietramara), Joaquin, MASTROBERARDINO, Ciro Picariello, Pietracupa, QUINTODECIMO, Rocca del Principe, Tenuta Sarno, Traerte (Aipierti).

Fino, Gianfranco Apu ★★★★ PRIMITIVO der Spitzenklasse von alten, ertragsarmen Buschreben. Herausragend sind der Es, der zu den 20 besten italienischen Rotweinen gehört, und der Es Red, sehr gut Jo (NEGROAMARO) und Sé (Primitivo).

Florio Siz ★★→★★★ Historischer Qualitätserzeuger von MARSALA; Spezialist für Marsala Vergine Secco. Am besten sind RISERVA Donna Franca und Targa. Sehr gut: Baglio Florio.

Fongaro Ven ★★★★ METODO-CLASSICO-Schaumwein Lessini Durello (Durello ist der Name der Rebe). Hohe Qualität, noch höherer Säuregehalt, lagernswert. Herausragender RISERVA (Pas Dosé und Brut); sehr guter Pas Dosé.

Fonterutoli Tosk ★★★ Historisches CHIANTI-CLASSICO-Gut der Familie Mazzei in Castellina. Charaktervolle Weine. Bemerkenswert: Chianti Classico Gran Selezione (Badiola, Castello Fonterutoli, Vicoregio 36) und IGT Siepi (SANGIOVESE/MERLOT). Die Tenuta di Belguardo in der MAREMMA und Zisola in SIZILIEN haben denselben Besitzer.

Fontodi Tosk ★★★★ Mit der allerbeste CHIANTI CLASSICO. Spitzenweine sind der 100%ige SANGIOVESE Flaccianello und der Gran Selezione VIGNA del Sorbo. Der IGT SYRAH Case zählt zu den besten Weinen von dieser Rebe in der TOSKANA.

Foradori T-S ★★★ Elisabetta Foradori, die sehr verehrte Grande Dame des Weinbaus im TRENTINO, erzeugt hervorragenden Teroldego, aber auch herrlichen auf der Maische vergorenen, in Amphoren ausgebauten Incrocio Manzoni und Nosiola. Empfehlenswert: TEROLDEGO Morei und Sgarzon (auch in Amphoren ausgebauter Cilindrica) sowie der weiße Nosiola Fontanasanta. Das Spitzenprodukt ist weiterhin der Granato auf Teroldego-Basis.

Franciacorta Lomb ★★→★★★★ DOCG – Italiens Gebiet für erstklassige METODO-CLASSICO-Schaumweine. Die Böden sind extrem komplex (mehr als 50 verschiedene Typen). Das Gebiet ist zweigeteilt: Im Osten entstehen allgemein die elegantesten, frischesten Weine, im Westen die ausladensten, reichhaltigsten. Die besten Erzeuger sind CA' DEL BOSCO, Cavalleri (RISERVA Giovanni Cavalleri, Blanc de Blancs, Collezione Grandi Cru), MOSNEL, UBERTI, VILLA, VILLA CRESPIA; ebenfalls sehr gut: Barone Pizzini, Ca' del Vent, Cola-Battista (Millesimato Dosaggio Zero, Extra Brut), Majolini, Monte Rossa, Ricci Curbastro, TERRA MORETTI (Bellavista, Contadi Castaldi).

Frascati Lat ★→★★ DOC BV – Der einst stolze Name (Roms Lieblingswein) hat leider seinen Glanz eingebüßt. Kaufen Sie nur Wein von diesen kleinen Erzeugern: Borgo del Cedro (SUPERIORE), Castel de Paolis (Superiore), De Sanctis (Abelos Bio), Merumalia (Primo), Villa Simone.

Frascole Tosk ★★→★★★★ Der nördlichste Erzeugerbetrieb im nördlichsten Teil des CHIANTI-RUFINA-Gebiets. Enrico Lippi führt das kleine Bio-Gut mit Augenmerk auf Typizität. Der Chianti Rufina ist das Zugpferd, aber für den VIN SANTO würde man alles geben.

Frescobaldi Tosk ★★→★★★★ Alte Adelsfamilie und führender Pionier für CHIANTI RUFINA auf dem Gut NIPOZZANO (probieren Sie den Montesodi ★★★); außerdem BRUNELLO vom Gut CASTELGIOCONDO in MONTALCINO. Alleineigentümer des Guts LUCE (Montalcino), von ORNELLAIA (BOLGHERI) und der Tenuta Perano (Spitze: CHIANTI CLASSICO Gran Selezione Rialzi). Auch Weinberge im COLLIO (Attems), in der MAREMMA (Ammiraglia), in Montespertoli (Castiglioni) und auf der (Gefängnis-)Insel Gorgona.

Friaul–Julisch Venetien – Region im Nordosten entlang der Grenze zu Slowenien, (neben Südtirol) Heimat der besten Weißweine Italiens. Die Hügel im Nordosten erbringen den besten Wein, aber das Schwemmland an der Küste (DOC Annia, Aquilea, Latisana) wird zusehends besser. Am besten sind die DOCs Carso, COLLI ORIENTALI, COLLIO und Isonzo. Allen außer Collio ist auf dem Etikett jetzt »Friuli« vorangestellt.

Friuli Colli Orientali F-JV ★★→★★★★ DOC 15 16 20 – Früher COLLI Orientali del Friuli. Hügeliges Gebiet im Osten von FRIAUL nahe COLLIO, anders als dieses aber nicht nur Weißweine, sondern hervorragende Rot- und sehr gute Süßweine von Reben wie Pignolo, Schioppetino und Tazzelenghe (rot) sowie PICOLIT und VERDUZZO friulano (weiß). Spitzenerzeuger: Aquila del Torre, d'Attimis, Ermacora, Livio FELLUGA, Gigante, La Sclusa, LA VIARTE, LE DUE TERRE, Meroi, MIANI, RONCHI DI CIALLA, VIGNA PETRUSSA. Der Ramandolo DOCG ist der beste süße Verduzzo (empfehlenswert von Anna Berra), der Picolit hat das Zeug zum besten Süßwein Italiens: Von Aquila del Torre, Livio Felluga, Ronchi di Cialla, Marco Sara, Vigna Petrussa ist er oft großartig.

Friuli Grave F-JV ★→★★ DOC – Früher Grave del Friuli. Die größte DOC in FRIAUL, v. a. in der Ebene gelegen, oft sehr regnerisch, was die Qualitätsrotweinerzeugung schwierig macht. Die Böden sind recht kieshaltig. Hauptsächlich große Mengen, die Weißweine sind am besten. Empfehlenswert: Borgo Magredo, Di Lenardo, Le Monde, RONCO Cliona, Villa Chiopris.

Friuli Isonzo F-JV ★★★ DOC – Früher schlicht Isonzo. Eines der weltbesten Anbaugebiete in der Ebene, mit eindeutig heißem Mesoklima. Alkoholreiche, kraftvolle, reichhaltige, ausnahmslos komplexe Weißweine von Böden mit hohem Kies- und Ton-Lehm-Anteil. Am besten von LIS NERIS, RONCO del Gelso, VIE DI ROMANS; gut: Borgo Conventi, Pierpaolo Pecorari.

Frizzante – Leicht schäumend, mit einem Druck von bis zu 2,5 bar – etwa MOSCATO D'ASTI, der meiste PROSECCO, LAMBRUSCO und Co.

Fucci, Elena Bas ★★★★ Der AGLIANICO DEL VULTURE Titolo wird von 55 bis 70 Jahre alten Reben bereitet, die im »Grand cru« Vulture wachsen, und ist einer der 20 besten italienischen Weine; jetzt auch als RISERVA und SUPERIORE. Bio. Sceg, Titolo by Amphora (der 18 Monate in Terrakotta-Amphoren ausgebaut wird) und Titolo Pink Edition sind ebenfalls sehr gut.

Fuligni Tosk ★★★★ Hervorragender, traditioneller Erzeuger von BRUNELLO (Spitzen-RISERVA) und ROSSO DI MONTALCINO.

Gagliardo, Gianni ★★★ Erstklassiger BAROLO aus sechs verschiedenen Crus. Am besten sind Castelletto, Lazzarito VIGNA Preve, Monvigliero und Mosconi. Der legendäre Fallegro (FAVORITA) ist sehr gut.

Gaja Piem ★★★★ Altes Familienunternehmen in BARBARESCO unter der Leitung des beredten Angelo Gaja, in dessen Fußstapfen nun Tochter Gaia Gaja tritt. Hohe Qualität, höhere Preise. Spitzenweine: Barbaresco (Costa Russi, Sorì San Lorenzo und Sorì Tildin) und BAROLO (Conteisa, Sperss). Herrlicher CHARDONNAY (Gaia e Rey). Besitzt außerdem CA' MARCANDA in BOLGHERI (Spitze: Ca' Marcanda; sehr gut: Magari und Promis) und Pieve di Santa Restituta in MONTALCINO.

Gancia Piem – Berühmte alte ASTI-Marke. Am besten ist der Alta Langa ★★★ Cuvée (120 und 60).

Garofoli Mar ★★→★★★ Spitzenreiter in puncto Qualität in den Marken (bei Ancona), Spezialist für CONERO (Grosso Agontano) und VERDICCHIO (Podium, Serra Fiorese und Brut-RISERVA-Schaumwein). Große Mengen, hohe Qualität.

Gattinara Piem **13** 15 16' 17 18 19' (21) – Bekanntester einer Gruppe nordpiemontesischer DOC(G)-Bereiche auf der Basis von NEBBIOLO, der an den steilen Hängen wächst. Für lange Lagerung geeignet. Am besten von AN-

TONIOLO, Cantina del Signore, Iarretti Paride, NERVI, Torraccia del Piantavigna, TRAVAGLINI. *Siehe auch* ALTO PIEMONTE.

Gavi/Cortese di Gavi Piem ★→★★★ DOCG BV – Bestenfalls subtiler, trockener Weißwein von Cortese-Trauben. Am besten von Nicola Bergaglio (Minaia), Bruno Broglia/La Meirana, Castellari Bergaglio (Rovereto, Rolona), Chiarlo, La Giustiniana, La Mesma (Indi, RISERVA), La SCOLCA, Castello di Tassarolo, Villa Sparina.

Germano, Ettore Piem ★★★→★★★★ Der Familienbetrieb in Serralunga wird von Sergio Germano und seiner Frau Elena geführt. Spitzen-BAROLOS: Cerretta, RISERVA Lazzarito und der herausragende VIGNA Rionda. Alta Langa (RISERVA Blanc de Noirs und Blanc de Blancs, beide 65 Monate), BARBERA D'ALBA SUPERIORE della Madre, Barolo Prapò, Del Comune di Serralunga und Langhe RIESLING Herzù sind alle sehr gut.

Ghemme Piem ★★→★★★ DOCG – NEBBIOLO (mindestens 85%) sowie bis zu 15% Uva Rara und/oder Vespolina. Hauptsächlich Moränenböden mit Agglomeraten aus brüchigen Kieseln, mineralstoffreich, karg und nicht sehr fruchtbar (die jüngsten im Alto Piemonte). Am besten von Antichi Vigneti di Cantalupo (Collis Braclemae, Collis Carellae), Ioppa (Balsina), Rovellotti (RISERVA); sehr gut auch von Torraccia del Piantavigna (VIGNA Pelizzane). *Siehe auch* ALTO PIEMONTE.

Ghizzano, Tenuta di Tosk ★★★ Historisches Bio-Weingut in den Hügeln von Pisa; nicht-interventionistischer Ansatz. Am besten sind Nambrot (roter Bordeaux-Verschnitt), Il Ghizzano und das neue Projekt Mimesi (Rot- und Weißweine).

Giacosa, Bruno Piem ★★★★ Tochter Bruna führt jetzt den Betrieb. Herrlicher BARBARESCO (Asili, Rabajà) und BAROLO (Falletto und Falletto Vigna Rocche) im traditionellen Stil. Spitzenweine (d.h. RISERVAS) bekommen das berühmte rote Etikett. Erstaunlicher METODO CLASSICO Brut, (weißer) Roero Arneis und (roter) Valmaggiore.

Gini Ven ★★★ Bio-Weingut, seit dem 16. Jh. im Besitz der Familie Gini. Am besten sind SOAVE CLASSICO Contrada Salvarenza Vecchie Vigne und La Froscà, sehr gut AMARONE RISERVA Scajari und RECIOTO DI SOAVE.

Girlan, Cantina T-S ★★→★★★ Qualitätswinzergenossenschaft. Erstklassig die Reihen Solisti (PINOT NOIR, VERNATSCH) und Flora (PINOT BIANCO).

Grappa – Kräftiger Tresterbranntwein (d.h. aus den nach dem Pressen übrig gebliebenen Traubenschalen usw. bereitet). Die Bandbreite reicht von scheußlich bis ausgezeichnet. Entspricht dem französischen Marc.

Greco di Tufo Kamp ★★→★★★ DOCG – Tanninreiche, ölige Weißweine von der örtlichen GRECO-Variante (die sich von der ebenfalls hervorragenden kalabrischen Greco bianco unterscheidet). Die besten Erzeuger sind Caggiano (Devon), COLLI di Lapio, Donnachiara, I Favati, Benito FERRARA (Vigna Cicogna), FEUDI DI SAN GREGORIO (Cutizzi, Goleto), Mastroberadino, Pietracupa (G), QUINTODECIMO und Traerte (Tornante); sehr gut auch Bambinuto und Terredora (Terre degli Angeli).

Grifalco Bas ★★★→★★★★ Kleines Gut in den erstklassigen Unterbereichen Ginestra und Maschito. Reinheit und Tradition. Am besten sind AGLIANICO DEL VULTURE SUPERIORE Daginestra und Damaschito; Gricos und Grifalco sind sehr gut.

Grignolino Piem BV – Zwei DOCS: Grignolino d'Asti und Grignolino del MONFERRATO Casalese. Bestenfalls lebhaft, leicht, mit viel Säure und Tanninen. Empfehlenswerter Grignolino d'Asti von BRAIDA, Cascina Tavijin, Crivelli, Incisa della Rocchetta, Spertino und Tenuta Garetto, Grignolino del Monferrato Casalese von Accornero (Bricco del Bosco, Bricco del Bosco Vigne Vecchie – in Eiche ausgebaut), Bricco Mondalino, Castello di Uviglie, PIO CESARE.

Italien

Grosjean Ao ★★★ Spitzenqualität, einheimische Trauben; am besten sind CORNALIN und Premetta. Vigna Rovettaz ist eine der ältesten und größten Einzellagen im Aostatal.

Guerrieri Rizzardi Ven ★★→★★★ Die adlige Familie erzeugt erstklassigen AMARONE und BARDOLINO: AMARONE Calcarole und Villa Rizzardi (von einer Einzellage); der SOAVE Classico Costeggiola ist sehr gut.

Gulfi Siz ★★★★ Der beste Erzeuger von NERO D'AVOLA in SIZILIEN und der erste, der Wein aus einer einzelnen *contrada* (Lage) abfüllte. Bio. Herausragend: Nerobufaleffj, Nerosanlorè, der legendäre Nerojbleo und die neuen RISERVAS. Sehr gut sind auch die roten CERASUOLO DI VITTORIA CLASSICO, Nerobaronj und Neromaccarj sowie der weiße Carjcanti. Interessant: Pinò (PINOT NERO) und ETNA Rosso Reseca.

Inama Ven ★★★ Einer der wichtigsten Erzeuger in SOAVE und COLLI Berici mit einigen der besten Weine des Bereichs. Spitzenweine sind Soave CLASSICO (Carbonare, Du Lot, Foscarino und neu I Palchi Grande Cuvée) und CARMENÈRE RISERVA; sehr gut auch Carmenère (Carminum) und SAUVIGNON BLANC Vulcaia Fumè.

Indicazione Geografica Tipica (IGT) – Immer häufiger als Indicazione Geografica Protetta (IGP) bezeichnet. *Siehe* Kasten S. 169.

Ischia Kamp ★★→★★★ DOC BV – Vor Neapel liegende Insel mit grünen vulkanischen Tuffböden und eigenen Rebsorten (weiß: Biancolella, Forastera; rot: Piedirosso, auch in Kampanien anzutreffen). Die Lage Frassitelli bringt den besten Biancolella hervor. Die besten Erzeuger sind Cenatiempo (Kalimera), D'AMBRA (Biancolella Frassitelli, Forastera), Antonio Mazzella (VIGNA del Lume).

Isole e Olena Tosk ★★★★ Erstklassiges CHIANTI-CLASSICO-Weingut, jetzt im Besitz der EPI-Gruppe (Önologe ist weiterhin Paolo de Marchi). Großartig der rote IGT Cepparello. Hervorragender VIN SANTO und Chianti Classico, sehr guter CABERNET SAUVIGNON, CHARDONNAY und SYRAH. Zum Besitz gehört auch die fantastische Proprietà SPERINO in LESSONA.

Kaltern, Kellerei T-S ★★★ Qualitätsgenossenschaftskellerei in der Nähe des Kalterer Sees. Am besten ist die Reihe Quintessenz, empfehlenswert auch die limitierte Edition kunst.stück (des talentierten Andrea Moser).

Kampanien – Mit die großartigsten und lagerfähigsten Weißweine in Italien, terroirbewusst und charaktervoll. Die Rotweine sind aufgrund der Kombination überreifer Trauben mit zu viel Eiche leider weniger beständig; einige bemerkenswerte Ausnahmen bestätigen die Regel. Wenige internationale Sorten trüben das Panorama einheimischer Trauben. FIANO d'Avellino könnte durchaus Italiens bestes Weißweinanbaugebiet sein, TAURASI bringt immer bessere Rotweine hervor. Gute Erzeuger: Caggiano, Cantine Lonardo, COLLI DI LAPIO, Marisa CUOMO, D'AMBRA, De Angelis, Fattoria La Rivolta, Benito FERRARA, Feudi di San Gregorio, Galardi, Guastaferro, La Sibilla, Luigi Maffini, Mastroberardino, Nicola Mazzella, Molettieri, Perillo, Pierlingeri, Pietracupa, QUINTODECIMO, Reale, Rocca del Principe, Sarno 1860, SORRENTINO, Luigi Tecce, Terredora, Vadiapertie. MONTEVETRANO erzeugt Weltklasseweine von internationalen Sorten, allen voran CABERNET SAUVIGNON.

Köfererhof T-S ★★★→★★★★ Großartige Weißweine: KERNER, SYLVANER, ausgezeichneter MÜLLER-THURGAU.

Lageder, Alois T-S ★★★ Berühmter Erzeuger in SÜDTIROL. Am faszinierendsten sind die sortenreinen Einzellagengewächse: CABERNET SAUVIGNON Cor Römigberg, CHARDONNAY Löwengang, GEWÜRZTRAMINER Am Sand, LAGREIN Lindenburg, PINOT NERO Krafuss und Sauvignon blanc Lehenhof.

Lagrein Alto Adige T-S ★★→★★★ DOC **15** 16' 18' 20 21' – Alpiner Rotwein mit dunkler Farbe, vollem Geschmack (inklusive bittere Note im Hintergrund); auch im erfrischenden Rosé Kretzer ist Lagrein enthalten. Spitzenerzeuger in Südtirol: Cantina Bozen (Taber), Kloster Neustift, LAGEDER, Mayr-Unterganzner (RISERVA), MURI-GRIES, Ignaz NIEDRIST und Cantina TERLANO.

Lambrusco Em-Ro ★→★★★ BV –17 verschiedene Trauben sorgen für ganz unterschiedliche Weine. Die meisten der Vielzahl von Bereichen beziehen sich auf eine der fünf hauptsächlich angebauten Rebsorten, deshalb hat jeder seine eigenen spezifischen Merkmale. Im Idealfall handelt es sich um einen angenehm perlenden, frischen, lebhaften Rotwein, der göttlich zu reichhaltigen Speisen passt. DOCS: Lambrusco Grasparossa di Castelvetro, Lambrusco Salamino di Santa Croce und Lambrusco di Sorbara. Die besten Erzeuger für Lambrusco **Grasparossa:** Cleto Chiarli (Enrico Cialdini), Moretto (Monovitigno und Vigna Canova), Pederzana (Canto Libero Semi Secco), Vittorio Graziano (Fontana dei Boschi); für Lambrusco **Maestri:** Ceci, Dall'Asta (Mefistofele); für Lambrusco **Marani:** Medici Ermete; für Lambrusco **Salamino:** Cavicchioli (Tre Medaglie Semi Secco), Luciano Saetti (Vigneto Saetti), Medici Ermete; für Lambrusco di **Sorbara:** Cavicchioli (Cristo Secco und Cristo Rosé), Cleto Chiarli (Antica Modena Premium), Medici Ermete, PALTRINIERI.

Langhe Piem – Die Hügel in der Mitte des PIEMONT, Heimat von BAROLO, BARBARESCO usw. DOC für mehrere sortenreine Piemonteser Weine sowie die Verschnitte Bianco und Rosso. Erzeuger, die andere Rebsorten in den NEBBIOLO einbringen möchten, können dies unter der DOC LANGHE NEBBIOLO bis zu einem Limit von 15 % tun: Im Auge behalten!

Langhe Nebbiolo Piem ★★→★★★ Wie NEBBIOLO D'ALBA (Nebbiolo > 85 %), aber aus einem größeren Gebiet, den LANGHE. Darf anders als Nebbiolo d'Alba für herabgestuften BAROLO oder BARBARESCO verwendet werden. Empfehlenswerte Erzeuger: Fratelli ALESSANDRIA, BOROLI, BREZZA, BURLOTTO, CIABOT BERTON, CLERICO, Poderi Aldo CONTERNO, La CONTRADA DI SORANO, Giacomo FENOCCHIO, Ettore GERMANO, MASSOLINO, PALLADINO, PIO CESARE, Giuseppe RINALDI, Giovanni ROSSO (Ester Canale), SCARZELLO, TREDIBERRI, VAJRA und Versio.

Le Due Terre F-JV ★★★ Kleiner Familienbetrieb in FRIULI COLLI ORIENTALI mit Spitzenwein Sacrisassi Rosso (SCHIOPPETTINO/REFOSCO). MERLOT und der Sacrisassi Bianco sind sehr gut.

Lessona Piem DOCG – *Siehe* ALTO PIEMONTE. NEBBIOLO (mindestens 85 %). Elegant, lagernswert, feines Bukett, nachhaltiger herzhafter Geschmack. Am besten von Proprietà SPERINO, gut auch von Cassina, Colombera & Garella, La Prevostura und Tenute Sella.

Librandi Kal ★★★ Spitzenerzeuger und Vorreiter bei der Nutzbarmachung kalabresischer Rebsorten. Sehr guter roter CIRÒ (Segno und Riserva Duca Sanfelice ★★★), IGT Gravello und Terre Lontane (CABERNET SAUVIGNON/Gaglioppo), Magno Megonio (Rotwein von Magliocco) und IGT Efeso (Weißwein von Mantonico).

Ligurien ★→★★★ Ein schmaler Streifen mit extremem Bergweinbau erbringt denkwürdige Weine von PIGATO und VERMENTINO (weiß) sowie Rossese di Dolceacqua (rot). Riviera di Levante (im Osten): La Baia del Sole, De Battè, Giacomelli, Ottaviano Lambruschi (Vermentino), Lunae. Die Cinque Terre sind wunderschön, und der SCIACCHETRÀ ist einer der besten Süßweine Italiens. Riviera di Ponente (im Westen): Alessandri, Bio Vio, Bruna, Ka' Mancinè, Maccario, Rocche del Gatto, TENUTA di Selvadolce (Pigato), Terre Bianche, Terre Rosse. Für den von einem ligurischen Bio-Typ von DOLCETTO gekelterten roten Ormeasco di Pornassio: Fontanacota, Maffone, Cascina Nirasca. *Siehe* ROSSESE DI DOLCEACQUA.

Lis Neris F-JV ★★★ Spitzenweingut im Bereich FRIULI ISONZO, bekannt für Weiße. Am besten sind FRIULANO (Fiore di Campo), PINOT GRIGIO (Gris), SAUVIGNON BLANC (Picol) sowie die Verschnitte Confini und Lis. Der Lis Neris Rosso (MERLOT/CABERNET SAUVIGNON) und der süße Tal Luc (VERDUZZO/RIESLING) sind beide sehr gut.

Lo Triolet Ao ★★★ Erzeuger von erstklassigem PINOT GRIS; sehr gut auch Fumin, Coteau Barrage und der neue Heritage (beide SYRAH/Fumin), GEWÜRZTRAMINER und MUSCAT.

Luce Tosk ★★★ Im Besitz von FRESCOBALDI. Der Luce ist ein SANGIOVESE-MERLOT-Verschnitt für Oligarchen, es gibt aber auch einen herrlichen BRUNELLO DI MONTALCINO.

Lugana ★★→★★★ DOC BV – Viel besser gewordener Weißwein vom südlichen Gardasee, der gutem SOAVE aus der Nachbarschaft Konkurrenz macht; Hauptrebe Turbiana (ehemals TREBBIANO di Lugana). Die besten Erzeuger: CÀ DEI FRATI (I Frati, v. a. Brolettino), Domini Veneti, Le Morette, Monte del Frà, Ottella, Roveglia, Tommasi, Zenato (in Eiche ausgebaut), Zeni (Vigne Alte).

Lunae, Cantine Lig ★★★ Im Besitz der Familie Bosoni in COLLI DI LUNI. Ausgeprägter Terroir-Charakter. Am besten ist der VERMENTINO (Cavagino, Etichetta Nera, Numero Chiuso). Auch der rare Vermentino nero ist sehr gut.

Lungarotti Umb ★★→★★★ Führender TORGIANO-Erzeuger. Spitzenweine sind DOC Rubesco und DOCG RISERVA Monticchio. Auch gut: Giubilante, MONTEFALCO SAGRANTINO, Sangiorgio (SANGIOVESE/CABERNET SAUVIGNON), Vigna Il Pino (VERMENTINO/GRECHETTO/TREBBIANO).

Luretta Em-Ro ★★ Öko-Weingut in der Emilia-Romagna. Am besten sind der weiße MALVASIA Aromatica di Candia (Boccadirosa und der Süßwein Nevermore) sowie der rote Gutturnio RISERVA (Ala del Drago). Innovativ.

Macchiole, Le Tosk ★★★★ Bio. Eine der wenigen Kellereien in einheimischem Besitz in BOLGHERI und eine der ersten, die nach SASSICAIA in Erscheinung traten, erzeugt Italiens besten Cabernet franc (Paleo Rosso) sowie mit den besten MERLOT (Messorio) und SYRAH (Scrio).

Maculan Ven ★★★ Qualitätspionier in Venetien. Ausgezeichneter CABERNET SAUVIGNON (Fratta, Palazzotto), v. a. bekannt für süßen TORCOLATO (v. a. RISERVA Acininobili).

Malvasia delle Lipari Siz ★★★ DOC – Vollmundiger Süßwein von einer der vielen Reben namens MALVASIA. Die besten Erzeuger sind TENUTA Capofaro (Dydime, VIGNA di Paola), Caravaglio, Tenuta di Castellaro, Fenech und Marchetta. Hauner ist gut.

Malvirà Piem ★★★→★★★★ Spitzenerzeuger im ROERO. Bio. Die besten Roero-Einzellagenweine: (roter und weißer) Renesio, Trinità; (weißer) Saglietto. Neu: ARNEIS RISERVA Saglietto.

Manduria (Primitivo di) Apu ★★→★★★ DOC – Wiege des PRIMITIVO alias ZINFANDEL, man mache sich also auf herzhafte, alkoholstarke, manchmal portweinartige Weine gefasst. Am besten von FELLINE, Gianfranco FINO und Morella. Empfehlenswerte Erzeuger in Manduria und anderswo: Cantele, Commenda Magistrale (Supremo), PIETRAVENTOSA, Polvanera, Tenute Chiaromonte, Vetrere.

Marchesi di Gresy Piem ★★★ Historischer BARBARESCO-Erzeuger (seit 1797) in der Einzellage Martinenga (Alleinbesitz). Am besten: Gajun, Martinenga und RISERVA Camp Gros. Der BARBERA D'ASTI Monte Colombo ist sehr gut.

Maremma Tosk – Das Küstengebiet in der TOSKANA erlebte im 20. Jh. einen Boom. Ein trockeneres, heißeres Klima und eine kürzere Vegetationsperiode sorgen für ausladendere Weine. Köstliche Rotweine auf SANGIOVESE-Basis (mit manchmal überreifen Aromen) aus den DOC(G)S Monteregio, MORELLINO DI SCANSANO, PARRINA, Pitiglian und Sovana.

Marisa Cuomo Kamp ★★★ Der Fiorduva ist einer der besten Weißweine Italiens. Sehr gut sind auch die roten RISERVA-Weine (Furore, Ravello) und der Costa d'Amalfi.

Marrone, Agricola Piem ★★★ Kleines Gut, BAROLO mit gutem Preis-Leistungs-Verhältnis. Spitze: Bussia, Pichemej. ARNEIS, BARBERA D'ALBA SUPERIORE, Favorita und der rote San Carlo sind alle gut.

Marsala Siz ★→★★★★ DOC – Der einstmals berühmte gespritete Wein SIZILIENS kann trocken bis sehr süß ausfallen. Der beste ist der sehr trockene Marsala Vergine. *Siehe auch* Marco DE BARTOLI.

Mascarello Piem ★★★★ Zwei führende BAROLO-Erzeuger tragen diesen Namen: der verstorbene Bartolo Mascarello in Barolo, dessen Tochter Maria Teresa den sehr traditionellen Weg ihres Vaters weitergeht (sehr guter Freisa, BARBERA D'ALBA und LANGHE NEBBIOLO), und Giuseppe Mascarello in Monchiero, dessen Sohn Mauro großartigen Barolo im ausgeprägt traditionellen Stil von der Spitzenlage Monprivato in Castiglione Falletto bereitet. Beide sind zu Recht Kult.

Masi Ven ★★→★★★ Der typische und gleichzeitig innovative Veroneser Erzeugerbetrieb wird von Sandro Boscaini geführt, dessen Begeisterung ansteckend ist. Sehr gut sind Rosso Veronese Campo Fiorin und Osar (Oseleta). Die besten AMARONES sind Campolongo di Torbe und Costasera. Masi Wine Estates: Canevel (CARTIZZE, VALDOBBIADENE Campofalco), Conti Bossi Fedrigotti (Bordeaux-Verschnitt Fojaneghe, Trento Conte Federico), Serego Alighieri (Amarone Vaio Armaron).

Massa, Vigneti Piem ★★★ Walter Massa verhalf der schon fast ausgestorbenen weißen Rebe Timorasso zum Comeback. Spitze: Coste del Vento, Montecitorio, Sterpi. Anarchia Costituzionale (MOSCATO bianco), Avvelenata (Freisa), BARBERA Monleale und Bigolla sind alle sehr gut.

Massolino Vigna Rionda Piem ★★★ Eines der besten BAROLO-Güter in Serralunga. Am besten ist der langlebige VIGNA Rionda RISERVA Etichetta Nera (mit schwarzem Etikett). Ausgezeichnet Margheria, Parafada, Parussi und der neue BARBARESCO Albesani. Der LANGHE NEBBIOLO ist sehr gut.

Mastroberardino Kamp ★★★ Erstklassiger historischer Erzeuger in der gebirgigen Provinz Avellino. Am besten sind die Reihe Stilema (Fiano, Greco und Taurasi), Taurasi (Historia Naturalis, Radici RISERVA) sowie FIANO DI AVELLINO (Radici), GRECO DI TUFO (Nova Serra) und der neue More Maiorum (ein Greco/Fiano-Verschnitt).

Mastrojanni Tosk ★★★ Klassischer BRUNELLO aus Castelnuovo dell'Abate. Spitze: VIGNA Schiena d'Asino, Vigna Loreto. Der ROSSO DI MONTALCINO ist sehr gut.

Meroi F-JV ★★★ Dynamisches Gut. Am besten sind CHARDONNAY Dominin, FRIULANO, MALVASIA Zittelle Duri, RIBOLLA GIALLA, SAUVIGNON BLANC Zitelle Barchetta sowie der rote REFOSCO Dominin.

Metodo classico/tradizionale – Italienisch für »Champagnermethode«.

Miani F-JV ★★★★ Enzo Pontoni ist Italiens bester Weißweinbereiter. Spitze: FRIULANO (Buri, Filip), RIBOLLA GIALLA Pettarin, SAUVIGNON BLANC Zitelle. CHARDONNAY Zitelle, Sauvignon blanc Saurint, MERLOT und REFOSCO Buri sind alle sehr gut.

Mirizzi und Montecappone Mar ★★★ Zwei Weingüter im Besitz von Gianluca Mirizzi mit Schwerpunkt VERDICCHIO DEI CASTELLI DI JESI, Mirizzi auf Mergel-Sandsteinböden, steile Hänge, ökologische und traditionelle Weinbereitung; Spitze: Ergo, Ergo Sum RISERVA, Schaumwein Millesimè Pas Dosè. Montecappone auf kalkigem Lehm, reduktive Weinbereitung; Spitze: Federico II, Riserva Utopia.

Molino, Mauro Piem ★★★ Erzeuger von erstklassigem BAROLO in La Morra. Spitze: Crù Conca. Ausgezeichnet: Bricco Luciani, Gallinotto, La Serra.

Mollettieri, Salvatore Kamp ★★★ Hervorragend: RISERVA VIGNA Cinque Querce und TAURASI; gut: Fiano di Avellino Apianum und GRECO DI TUFO.

Monacesca, Fattoria La Mar ★★★ Familienweingut unter der Leitung von Aldo Cifola mit VERDICCHIO DI MATELICA der Spitzenklasse. Am besten sind RISERVA Mirum und Terra di Mezzo (längere Reifung). Hervorragend: Mirum 30 Years (Verschnitt aus mehreren Jahrgängen).

Monsanto, Castello di Tosk ★★★ Historisches CHIANTI-CLASSICO-Weingut mit Spitzenqualität. Am besten sind Il Poggio Gran Selezione (der erste Chianti Classico aus einer Einzellage), der legendäre RISERVA und IGT Fabrizio Bianchi (rot SANGIOVETO Grosso und weiß CHARDONNAY).

Montalcino Tosk – Das Hügelstädtchen in der Provinz Siena ist angesagt und berühmt für seinen konzentrierten, teuren BRUNELLO und den etwas zugänglicheren, günstigeren ROSSO DI MONTALCINO, die beide nach wie vor sortenrein von SANGIOVESE gewonnen werden.

Monte del Frà Ven ★★→★★★ Im Besitz der Familie Bonomo; äußerst preiswert. Spitzenweine: AMARONE (Lena di Mezzo, RISERVA), Custoza (Bonomo Sexaginta, Ca' del Magro).

Montefalco Sagrantino Umb ★★★→★★★★ DOCG – Einst ausschließlich süßer PASSITO (immer noch der beste Wein des Bereichs); die trockenere Version ist Italiens kraftvollster tanninreicher Rotwein, der optimale Wachstumsbedingungen braucht, um sein Bestes zu geben. Spitzenerzeuger: Adanti, Antonelli (Chiusa di Pannone und normaler Montefalco Sagrantino), CAPRAI (25 Anni, Collepiano), Colleallodole und Pardi. Paolo Bea, Bocale, LUNGAROTTI, Perticaia und Tabarrini sind alle auch sehr gut.

Monte Maletto Piem ★★★ Gian Marco Viano ist einer der talentiertesten jungen Erzeuger in Italien. Am besten: CAREMA Sole e Roccia (und der Einzellagenwein La Costa). Der NEBBIOLO ist auch sehr gut.

Montepulciano d'Abruzzo Abr ★★→★★★ DOC r **14** 16 18 19 20 – Dank der neuen Generation von Erzeugern waren die Weine der Abruzzen (auch Montepulciano und TREBBIANO d'Abruzzo) nie besser. Die Rotweine sind entweder leicht und lässig oder aber fest und reichhaltig. Die besten Erzeuger sind Cataldi Madonna (Piè delle Vigne, Tonì), Filomusi Guelfi, Emidio PEPE, Praesidium, TIBERIO (Archivio, Colle Vota), Torre dei Beati (Cocciapazza, Mazzamurello), Valle Reale und natürlich Valentini (am allerbesten, lagernswert).

Montevertine Tosk ★★★★ Ökologisches Weingut in Radda. Der hervorragende IGT Le Pergole Torte ist ein reinsortiger, lange haltbarer SANGIOVESE von Weltklasse; sehr gut auch der Montevertine.

Montevetrano Kamp ★★★ Angesehene kampanische AZIENDA. Hervorragend: IGT Montevetrano (AGLIANICO/CABERNET SAUVIGNON/MERLOT); sehr gut: Core Rosso (Aglianico) und Core Bianco (FIANO/GRECO).

Morella Apu ★★★→★★★★ Gaetano Morella und seine Frau Lisa Gilbee erzeugen herausragenden PRIMITIVO (La Signora, Mondo Nuovo, Old Vines) von rund 90 Jahre alten Reben. Auch sehr gut sind Rosé Mezzarosa (Primitivo/NEGROAMARO) und Mezzogiorno (FIANO).

Morellino di Scansano Tosk ★→★★★ DOCG **15'** 16' 17 18 19' – Der berühmteste Rotwein auf SANGIOVESE-Basis aus der MAREMMA ist am besten munter und leicht anstatt eichenlastig und körnig. Am besten von Tenuta Belguardo, Moris Farms, PODERE 414, POGGIO ARGENTIERA (Bellamarsilia), Le Pupille (auch als RISERVA), Roccapesta (Calestaia) und Terenzi (Purosangue).

Moris Farms Tosk ★★★ Einer der ersten modernen Erzeuger in der toskanischen MAREMMA. Spitzenweine sind der hoch angesehene IGT Avvoltore (reichhaltiger SANGIOVESE/CABERNET/SYRAH) und der Morellino di Scansano (normal und RISERVA), doch auch Vermentino und Rosato Rosamundi sind empfehlenswert.

Moscato d'Asti Piem ★★→★★★ BV – Die Weine sind ähnlich wie die der DOCG ASTI, doch gewöhnlich von besserem Rebgut gekeltert, außerdem weniger alkoholstark, weniger kohlensäurehaltig, süßer und fruchtiger und meist von kleineren Gütern bereitet. Am besten: Ca' d'Gal, Caudrina (La Galeisa), Forteto della Luja, Mongioia, Saracco, Vajra, Vignaioli di Santo Stefano. L'Armangia, Braida, Cascina Fonda, Il Falchetto, Beppe Marino, Perrone, RIZZI, Vico sind alle sehr gut.

Mosnel Lomb ★★★ Seit 1836 führt die Familie Barboglio diese Öko-Kellerei in der FRANCIACORTA. Spitzenweine: EBB, Pas Dosé RISERVA, Nature und der EBB 2007 Riedizione 2023.

Muri-Gries T-S ★★→★★★ Das Kloster im Bozener Vorort Gries ist ein traditioneller und immer noch erstklassiger Erzeuger von SÜDTIROLER LAGREIN DOC. Am besten: Cru Abtei Muri und Klosteranger.

Musso Piem ★★★ Dia Familie Musso führt dieses Weingut in BARBARESCO seit 1929. Unterschätzt. Am besten sind die Barbarescos Pora (auch RISERVA) und Rio Sordo.

Nals Margreid T-S ★★★ Kleine qualitätsbewusste Winzergenossenschaft mit alpenfrischen Weißweinen (v. a. PINOT BIANCO Sirmian), CHARDONNAY RISERVA und der neuen (weißen) Cuvée Nama.

Nebbiolo d'Alba Piem ★★→★★★ DOC **15** 16' 18 19' (21) – 100 % NEBBIOLO. Manchmal ein vollwertiger Ersatz für BAROLO/BARBARESCO, obwohl er aus einem klar abgegrenzten dazwischen gelegenen Gebiet kommt. Am besten von Orlando ABRIGO, BREZZA, CERETTO, Poderi COLLA, Bruno GIACOSA, Hilberg-Pasquero, PAITIN, Luciano SANDRONE.

Niedriest, Ignaz T-S ★★★ Der LAGREIN Berger Gei RISERVA setzt Maßstäbe, ebenso wie RIESLING, WEISSBURGUNDER (Limes, Berg) und BLAUBURGUNDER Riserva. CHARDONNAY (Vom Kalk), SAUVIGNON BLANC (Limes, Porphyr & Kalk) und der weiße Verschnitt Trias sind sehr gut.

Nino Franco Ven ★★★→★★★★ Eigentümer Primo Franco erzeugt große Mengen an erstklassigem PROSECCO, der sich überraschend gut hält. Zu den besten zählen Grave di Stecca Brut, Primo Franco Dry, Riva di San Floriano Brut und Rustico. Ausgezeichneter CARTIZZE.

Nipozzano, Castello di Tosk ★★★→★★★★ Das FRESCOBALDI-Weingut im Bereich RUFINA östlich von Florenz erzeugt exzellenten CHIANTI Rufina. Spitze: Nipozzano RISERVA (v. a. Vecchie Viti) und IGT Montesodi; sehr gut auch Mormoreto (Bordeaux-Verschnitt).

Nittardi Tosk ★★→★★★ Verlässliche Quelle für modernen CHIANTI CLASSICO guter Qualität (Casanuova di Nittardi, RISERVA). In deutschem Besitz; Önologe ist Carlo Ferrini.

Nizza Piem ★★→★★★ DOCG (100 % BARBERA) – Nur aus Lagen mit bester Ausrichtung in 19 Gemeinden rund um Nizza Monferrato; auch RISERVA. Braucht Zeit. Am besten: Bava (PianoAlto), BERSANO (La Cremosina, La Generala Riserva), Bianco Angelo, Chiarlo (La Court), Dacasto, Doglia Gianni, Cascina Garitina (900, Riserva), TENUTA Garetto, ODDERO, Olim Bauda (auch Riserva), La VIGNA dell'Angelo.

Nössing, Manni T-S ★★★★ Herausragender GRÜNER VELTLINER, KERNER, MÜLLER-THURGAU Sass Rigais, SYLVANER. Die Weine setzen Zeichen.

Occhio di Pernice Tosk – »Rebhuhnauge«. Eine Art von VIN SANTO, der vorwiegend von dunklen Trauben, insbesondere SANGIOVESE, bereitet wird. Bester Erzeuger ist Avignonesi. Auch eine seltene dunkle Rebsorte, die u. a. im Chianti Rufina anzutreffen ist.

Occhipinti, Arianna Siz ★★★ Kulterzeugerbetrieb, und das zu Recht. Bio. Spitze: CERASUOLO DI VITTORIA CLASSICO Grotte Alte, Il Frappato.

Oddero Piem ★★★→★★★★ Traditionalistisches Weingut in La Morra mit ausgezeichnetem Einzellagen-BAROLO (Brunate, Bussia RISERVA, VIGNA Rionda Riserva und Villero) und Einzellagen-BARBARESCO (Gallina) sowie anderen anspruchsvollen piemontesischen Weinen. Auch sehr preiswerter Barolo und RIESLING. Ab 2023 Monvigliero.

Oltrepò Pavese Lomb ★→★★★ Multi-DOC mit vielen sortenreinen und verschnittenen Weinen aus der Provinz Pavia; am besten ist der SPUMANTE. Gute Erzeuger: Anteo, Barbacarlo, Castello di Cicognola, Conte Vistarino (MC 1865 und PINOT NERO Bertone), Giorgi, Mazzolino und Travaglino.

Ornellaia Tosk ★★★★ **15** 16' 18 19' – Das angesagte, ja kultumwobene Weingut bei BOLGHERI ist inzwischen im Besitz von FRESCOBALDI. Die Spitzenweine, Bolgheri DOC Ornellaia, IGT Masseto (MERLOT) und Ornellaia Bianco (SAUVIGNON BLANC/VIOGNIER), sind im Hinblick auf Rebsorten und Methode an Bordeaux orientiert; ebenfalls gut sind Bolgheri DOC Le Serre Nuove und der weiße POGGIO alle Gazze.

Orvieto Umb ★→★★★ DOC BV – Eines der wenigen Anbaugebiete in Italien, in denen Edelfäule spontan und oft entsteht, ist durch vier Bodentypen gekennzeichnet: sandiger Ton, vulkanisch, Schwemmsand und eine Mischung aus gelbem kompaktiertem Sand und Konglomeraten. Die süße Spätlese kann denkwürdig ausfallen, wobei die locker-leichten trockenen Weißweine ebenfalls sehr populär sind. Der halbtrockene Amabile ist heute weniger angesagt, aber köstlich. Spitzenerzeuger: BARBERANI (Luigi e Giovanna, doch der süße Calcaia ist ebenso gut). Bigi, Cardeto, Castello della Sala, Decugnano dei Barbi, Palazzone und Sergio Mottura (Latium) sind ebenfalls gut.

Pacenti, Siro Tosk ★★★ BRUNELLO und ROSSO DI MONTALCINO im modernen Stil.

Paitin Piem ★★★ Die Familie Pasquero-Elia füllt seit Ende des 19. Jh. BARBARESCO ab und erzeugt heute wieder »echten« Barbaresco aus der Einzellage Serraboella in großen Fässern. Sorì Paitin Vecchie Vigne ist der Spitzenwein; sehr gut sind der neue Barbaresco (Basarin, Faset), BARBERA D'ALBA (Campolive) und NEBBIOLO D'ALBA.

Palladino Piem ★★★ Das Familienweingut interpretiert gekonnt BAROLO aus Serralunga. Spitze: Ornato und RISERVA San Bernardo. BARBERA d'Alba, Parafada sehr gut.

Paltrinieri Em-Ro ★★→★★★ Einer der drei besten LAMBRUSCO-Erzeuger; produzierte als einer der Ersten reinsortigen Lambrusco di Sorbara. Am besten: Leclisse und Secco Radice. Sehr gut: La RISERVA und MC Grosso.

Pantelleria Siz – Zu SIZILIEN gehörige windige Insel mit schwarzer (vulkanischer) Erde vor der Küste Tunesiens, berühmt für ihre großartigen Süßweine von MOSCATO d'Alessandria. Die PASSITO-Versionen sind dicht und intensiv. Empfehlenswert: Marco DE BARTOLI (Bukkuram), DONNAFUGATA (Ben Ryé), Ferrandes, Vinisola (A'mmare, Arbaria, Zefiro).

Parusso, Armando Piem ★★★ Ausgezeichneter BAROLO. Am besten: Bussia (und die RISERVA-Weine Munie, Rocche), Mariondino. Sehr gut: Mosconi, Perarmando.

Passito Tosk, Ven – Einer der ältesten und charakteristischsten italienischen Stile von Trauben, die kurz in der Spätsommersonne (im Süden) bzw. wochen- oder gar monatelang auf luftigen Dachböden getrocknet werden; der Vorgang heißt *appassimento.* Die bekanntesten Vertreter sind AMARONE/RECIOTO und VALPOLICELLA/SOAVE (Venetien) sowie VIN SANTO (TOSKANA). Empfehlenswert: Loazzolo, MONTEFALCO, ORVIETO, Torcolato, VALLONE. Nie billig.

Pavese, Ermes Ao ★★★ Ein Weingut, eine Rebe: Priè blanc, ungepropft, bis in 1.219 m Höhe. Spitze: Blanc de Morgex et de La Salle (Classic, Le 7 Scalinate und Nathan), der süße Ninive, der METODO CLASSICO Pavese XXXIV und Vent'Anni.

Pepe, Emidio Abr ★★★ Handwerklich arbeitende Kellerei, 15 ha, biodynamisch-ökologisch. Spitze: MONTEPULCIANO D'ABRUZZO. Gut: PECORINO und TREBBIANO D'ABRUZZO (Old Vines).

Petrussa, Vigna F-JV ★★★ Kleiner Familienbetrieb, hohe Qualität. Am besten sind PICOLIT und SCHIOPPETTINO di Prepotto (auch RISERVA).

Pian dell'Orino Tosk ★★★★ Das kleine Weingut in MONTALCINO hat sich dem biodynamischen Anbau verschrieben. Der BRUNELLO ist verführerisch und technisch perfekt, der Rosso fast ebenso gut. Viele monumentale Weine.

Piane, Le Piem ★★★ Christoph Künzli hat die DOC BOCA zu neuem Leben erweckt. Sehr gut: die roten Maggiorina, Mimmo (NEBBIOLO/Croatina), Nebbiolo und Piane (Croatina) sowie der weiße Bianko (Erbaluce).

Picolit F-JV ★★→★★★ DOCG **12** 13 15 16 (18) – Hat das Zeug zum besten italienischen Süßwein (meistens von luftgetrockneten Trauben, die seltenen Spätlesen sind noch besser), allerdings gibt es auch dürftige Plagiate, die der Rebe keinen Ausdruck verleihen. Reicht im Gefüge von leicht/süß (selten) bis superdick (PASSITO). Die besten Erzeuger sind Aquila del Torre, Valentino Butussi, Conte d'Attimis, I Comelli, Livio FELLUGA, Perusini, RONCHI DI CIALLA, Marco Sara, Vigna PETRUSSA. Sehr gut auch Girolamo Dorigo, Ermacora und Paolo Rodaro.

Piemont – Im Nordwesten, an der Grenze zu Frankreich; die Hauptstadt ist Turin. Die wichtigsten Anbaubereiche sind ALTO PIEMONTE, LANGHE, MONFERRATO und ROERO. Neben der TOSKANA Italiens bedeutendste Region für Spitzenqualität (10% aller DOC(G)-Weine). Keine IGT-Weine zugelassen. Rebsorten: u. a. BARBERA, Brachetto, Cortese, DOLCETTO, Freisa, GRIGNOLINO, MALVASIA di Casorzo, Malvasia di Schierano, MOSCATO, NEBBIOLO, Ruchè, Timorasso. *Siehe auch* BARBARESCO, BAROLO.

Pieropan Ven ★★★★ Andrea und Dario, Leonildos Söhne, führen jetzt die Kellerei. Bio. Der Cru La Rocca ist nach wie vor der ultimative in Eiche ausgebaute SOAVE, der Calvarino der beste überhaupt. Herausragend der neue Calvarino 5 (ein Verschnitt von Calvarino 2008–2012). Sehr gut auch AMARONE und PASSITO della Rocca.

Pietradolce Siz ★★★→★★★★ Die Brüder Faro besitzen eigene Weinberge in den besten Einzellagen am Ätna, oft aus der Zeit vor der Reblaus. Spitzenweine: ETNA Rosso Barbagalli, Rampante, Santo Spirito und der weiße Sant'Andrea (100% Carricante); sehr gut: Archineri (Rot- und Weißwein). Präzise Weine.

Pietraventosa Apu ★★★ Kleines Familienweingut, einer der Spitzenerzeuger von PRIMITIVO di Gioia del Colle. Am besten sind Allegoria und RISERVA. Rosé Est-Rosa.

Pievalta Mar ★★★ Von Barone Pizzini gegründet; Bio. Spitzenweine: VERDICCHIO DEI CASTELLI DI JESI (RISERVA San Paolo, Tre Ripe und Schaumwein Perlugo).

Pio Cesare Piem ★★★ Erzeugerveteran in ALBA; BAROLO und BARBARESCO in modernen (barriquegereiften) Versionen und im traditionellen Stil (mit Ausbau in großen Fässern). Besonders gut ist der NEBBIOLO D'ALBA, ein kleiner Barolo zum halben Preis. Am besten sind die Einzellagenweine (Il Bricco, Ornato, Mosconi) und die (Pio Boffa gewidmeten) »Klassiker«. Auch guter Barolo Chinato und Wermut.

Pira & Figli – Chiara Boschis Piem ★★★★ Bio-Weingut, das man unbedingt besuchen sollte. Spitzenweine: Cannubi, Mosconi, Via Nuova; sehr guter BARBERA D'ALBA.

Planeta Siz ★★★ Führendes sizilianisches Gut mit Besitzungen überall auf der Insel, u. a. in Menfi (Grillo Terebinto), Noto (NERO D'AVOLA Santa Ceci-

Italien

lia), Vittoria (CERASUOLO Dorilli) und seit Kurzem auch am Ätna (Carricante, NERELLO MASCALESE Eruzione 1614). Ebenfalls gut: Cometa (FIANO), der rote Nocera, La Segreta (Rot- und Weißweine).

Podere Tosk – Toskanische Bezeichnung für einen kleinen Hof, der ehemals zu einem größeren Gut gehörte.

Poggio Tosk – Das Wort für »Hügel« im toskanischen Dialekt. **Poggione** heißt »großer Hügel«.

Poggio Antico Tosk ★★★ Paola Gloder leitet dieses mit 32 ha recht große Gut, auf rund 500 m eines der am höchsten gelegenen in MONTALCINO. Der Stil ist verhalten, beständig, manchmal zu vegetabil.

Poggio Argentiera Tosk ★★★ Gut in der MAREMMA im Besitz von TUA RITA: Frische, Süffigkeit. Am besten ist der Capatosta (95% SANGIOVESE); sehr gut sind MORELLINO DI SCANSANO und Poggioraso (CABERNET FRANC).

Poggio di Sotto Tosk ★★★★ Kleines Gut in MONTALCINO, das sich in jüngster Zeit hohes Ansehen verschafft hat. Hat angrenzende Weinberge erworben. Herausragender BRUNELLO, RISERVA und Rosso traditionellen Charakters mit individueller Note.

Poggione, Tenuta Il Tosk ★★★ Das Gut im Süden von MONTALCINO erzeugt beständig ausgezeichneten BRUNELLO und Rosso. Spitzenwein: Brunello RISERVA VIGNA Paganelli; sehr guter VIN SANTO.

Poliziano Tosk ★★★ Federico Carlettis Bio-Weingut in MONTEPULCIANO. Dunkle, kräuterwürzige Weine. Am besten ist der VINO NOBILE (Asinone und der neue Le Caggiole); gut: IGT Le Stanze (CABERNET SAUVIGNON/MERLOT).

Pomino Tosk ★★★ DOC r **12 13** 15 16 17 (18) – Ein Anhängsel von RUFINA mit feinen roten und weißen Verschnitten (Il Benefizio). FRESCOBALDI ist hier praktisch exklusiv vertreten.

Potazzine, Le Tosk ★★★ Bio-Weingut der Familie Gorelli am südlichen Rand von MONTALCINO; die Weinberge liegen recht hoch. Hervorragender BRUNELLO (auch RISERVA) und Rosso: anspruchsvoll und äußerst angenehm zu trinken. Sie können sie im Restaurant der Familie im Ort probieren.

Prà Ven ★★★★ Führender Erzeuger von SOAVE CLASSICO: Colle Sant'Antonio, Monte Grande, Staforte. Ausgezeichneter AMARONE (15 herausragend) und VALPOLICELLA La Morandina.

Produttori del Barbaresco Piem ★★★ Eine der ersten und besten Genossenschaften in Italien. Ausgezeichneter traditioneller, klassischer BARBARESCO sowie Crus Asili, Montefico, Montestefano, Ovello, Pora, Rio Sordo. Hervorragendes Preis-Leistungs-Verhältnis.

Prosecco Ven ★→★★ DOC(G) BV – Prosecco ist der Wein, Glera die Rebsorte. Die Qualität ist im Valdobbiadene höher. Empfehlenswerte Erzeuger: Adami, Biancavigna, BISOL, Bortolin, Canevel, Carpenè-Malvolti, Case Bianche, Col Salice, Col Vetoraz, Le Colture, Silvano Follador, Nino FRANCO, Gregoletto, Mionetto, Najma, La Riva dei Frati, Ruggeri, Zardetto.

Querciabella Tosk ★★★ Erstklassiges CHIANTI-CLASSICO-Gut, seit 2000 biodynamisch. Am besten sind IGT Camartina (CABERNET SAUVIGNON/SANGIOVESE), Batàr (CHARDONNAY/PINOT BIANCO) und Chianti Classico (RISERVA und der neue Gran Selezione). Sehr gut: Mongrana (VIOGNIER/VERMENTINO).

Quintarelli, Giuseppe Ven ★★★★ Erztraditionalistischer Erzeuger von feinem VALPOLICELLA, RECIOTO und AMARONE. Tochter Fiorenza und ihre Söhne haben das Steuer übernommen und nichts geändert, auch nicht das Verbot, den Wein beim Verkosten auszuspucken.

Quintodecimo Kamp ★★★→★★★★ Auf dem wunderschönen Gut des Önologieprofessors und Kellermeisters Luigi Moio entstehen herausragender TAURASI (VIGNA Grande Cerzito, Vigna Quintodecimo) und die weiße Grande Cuvée Luigi Moio sowie großartiger AGLIANICO (Terra d'Eclano), FIANO D'AVELLINO und GRECO DI TUFO.

Ragnaie, Le Tosk ★★★ Traditioneller BRUNELLO, der die Essenz von SANGIOVESE enthüllt. Spitze: Casanovina Montosoli, Fornace, V.V.

Ratti, Renato Piem ★★→★★★ Legendäres BAROLO-Gut. Moderne Weine mit kurzer Maischezeit, aber viel Substanz: Barolo Rocche dell'Annunziata und Barolo Conca.

Recioto della Valpolicella Ven ★★★→★★★★ DOCG – Probleme bei der Vermarktung von Süßwein führen dazu, dass diese traditionelle italienische Schönheit immer weniger erzeugt wird. Eine Schande, v. a. weil er immer viel besser ist als viele enttäuschende, übertrieben süße und tanninhaltige AMARONE-Weine.

Recioto di Soave Ven ★★★→★★★★ DOCG – SOAVE von rosinierten Trauben: süß, fruchtig, leichte Mandelnoten; der hohe Säuregehalt hält die Süße in Schach. Zu Käse trinken. Am besten von Anselmi, COFFELE, GINI, PIEROPAN, SUAVIA, Tamellini; häufig sehr gut von Ca' Rugate, Pasqua, PRÀ und Trabuchi.

Italien

Refosco (dal Peduncolo Rosso) F-JV ★★ **13** 15 16 (19') – Die meistangebaute rote Rebe der Region. Am besten aus der DOC FRIULI COLLI ORIENTALI. Spitzenerzeuger: MIANI, Vigna PETRUSSA und Volpe Pasini. Ebenfalls gut: Livio FELLUGA, Jacuss, MEROI, La Viarte.

Riecine Tosk ★★★→★★★★ Seit den 1970er-Jahren ein SANGIOVESE-Spezialist in Gaiole. Riecine di Riecine und La Gioia (100 % Sangiovese) sind potenziell hervorragend; auch gut der Tresette (MERLOT).

Rinaldi, Francesco Piem ★★★ Paola und Piera Rinaldi erzeugen klassischen, eleganten BAROLO. Spitze sind Cannubi (auch RISERVA), Brunate und der neue Rocche dell'Annunziata, sehr gut der klassische Barolo und der LANGHE NEBBIOLO.

Rinaldi, Giuseppe Piem ★★★ Marta und Carlotta erzeugen einige der beeindruckendsten Weine der Langhe. Hervorragend: BARBERA D'ALBA, BAROLO, Freisa und der neue Barolo Bussia.

Riserva – Über eine vorgeschriebene Zeit meist im (großen oder kleinen) Fass gelagerter Wein.

Rivetto Piem ★★★ Enrico Rivetto ist einer der talentiertesten jungen Kellermeister; Bio. Spitzenwein ist der BAROLO Briccolina; sehr gut auch BARBERA D'ALBA, Barolo Serralunga und LANGHE NEBBIOLO.

Rizzi Piem ★★★→★★★★ Unterbereich in Treiso, Gemeinde des BARBARESCO-Gebiets, in dem die Familie Dellapiana 35 ha Rebland bewirtschaftet. Bio. Spitze: Barbaresco Pajore und Rizzi RISERVA Boito. Auch sehr gut: ALTA LANGA, Barbaresco (Nervo, Rizzi), MOSCATO D'ASTI. Mineralische, stahlige Weine.

Roagna Piem ★★★★ Alte Reben, massale Selektion, ökologischer Anbau, wilde Hefen, lange Maischung und langer Ausbau in großen Eichenfässern. Hervorragend sind der BARBARESCO Crichet Pajet (auch RISERVA) sowie die BAROLO- und Barbaresco-Reihe Vecchie Viti (»alte Reben«), sehr gut Barbaresco Pajè, Barolo Pira, Timorasso Montemarzino sowie die neuen Barolos (Rocche di Castiglione, Del Comune di Barolo) und Barbarescos (Albesani, Gallina).

Rocca, Albino Piem ★★★→★★★★ Führender Erzeuger von elegantem, komplexem BARBARESCO: Cottà, Ovello VIGNA Loreto, RISERVA, Ronchi.

Rocca, Bruno Piem ★★★→★★★★ Der Familienbetrieb wird jetzt von Brunos Kindern Francesco und Luisa geführt. BARBARESCO in traditionellerem Stil; mehr Eleganz als Wucht. Spitzenweine sind Currá, Maria Adelaide, Rabajà und RISERVAS. Ebenfalls sehr gut: BARBERA D'ASTI und LANGHE NEBBIOLO.

Roero Piem ★★→★★★ DOCG **13** 14 16' **18** 19' (20) – Wilder und kühler als die LANGHE. Die Weine verfügen typischerweise über einen mäßigen Alkohol- und Tanningehalt, schöne Eleganz und Frische sowie ein ansprechendes aromatisches Profil. (Roter) NEBBIOLO und (weißer) ARNEIS. Am besten von ★ Giovanni ALMONDO, Ca' Rossa, Cascina Chicco, Cornarea, ★ Matteo CORREGGIA, ★ Bruno GIACOSA, ★ MALVIRÀ, Morra, Negro, Rosso, Taliano, Val di Prete, Valfaccenda.

Ronchi di Cialla F-JV ★★★→★★★★ Führendes Gut in FRIAUL, im Unterbereich Cialla der DOC FRIULI COLLI ORIENTALI, geführt von der Familie Rapuzzi, die auf alte einheimische Reben setzt. Am besten sind Ciallabianco (RIBOLLA GIALLA/VERDUZZO/PICOLIT), Picolit di Cialla, SCHIOPPETTINO, sehr gut REFOSCO DAL PEDUNCOLO ROSSO und Sol (trockener Picolit).

Ronco – In Nordostitalien, v. a. in FRIAUL–JULISCH VENETIEN, Bezeichnung für eine Hanglage.

Italien hat 78 DOCG-, 341 DOC- und 118 IGT-Bereiche. Wer sie alle aufzählen kann, erhält einen Preis.

Ronco del Gelso F-JV ★★★→★★★★ Straffer, reintöniger Isonzo: FRIULANO Toc Bas, MALVASIA VIGNA della Permuta und PINOT GRIS Sot lis Rivis setzen Maßstäbe in der Region; sehr gut der weiße Verschnitt Latimis, RIESLING Schulz und MERLOT.

Rosato – Die allgemeine italienische Bezeichnung für Rosé. Andere Namen für Rosé sind CHIARETTO (um den Gardasee), CERASUOLO (Abruzzen) und Kretzer (SÜDTIROL).

Rossese di Dolceacqua/Dolceacqua Lig ★★→★★★ DOC – Interessante Rotweine. Intensiv, salzig, würzig und fruchtiger als die meisten anderen. Die besten Erzeuger sind TENUTA Anfosso, Ka' Manciné, Maccario-Dringenberg (Curli, Luvaira, Posaù, Sette Cammini) und Terre Bianche (Bricco Arcagna); sehr gut: Poggi dell'Elmo.

Rosset Ao ★★→★★★ Innovative junge Kellerei. Am besten: CHARDONNAY 770, SYRAH 870.

Rosso, Giovanni Piem ★★★ Davide Rosso ist ein talentierter Interpret des BAROLO aus Serralunga. Zu empfehlen: Cerretta, Serra, Vigna Rionda Ester Canale. Sehr gut: LANGHE NEBBIOLO Ester Canale Rosso. Auch am Ätna tätig.

Rosso di Montalcino Tosk ★★→★★★ DOC **13 15** 16 18 19 (20) – DOC für früher reifende Weine von BRUNELLO-Trauben, die meist aus jüngeren Rebbeständen oder weniger guten Lagen kommen, doch es gibt durchaus Schnäppchen.

Rosso Piceno/Piceno Mar ★→★★ DOC **18** 19 (20) – Verschnitt von MONTEPULCIANO (> 35 %) und SANGIOVESE (> 15 %). SUPERIORE heißt er nur, wenn er aus dem äußersten Süden des Gebiets kommt. Die besten Erzeuger sind BUCCI, GAROFOLI und Montecappone (Utopia); sehr gut: Boccadigabbia, Moncaro, Monte Schiavo, Saladini Pilastri, Santa Barbara, TENUTA di Tavignano, Velenosi.

Ruffino Tosk ★→★★★ Ehrwürdiger Chianti-Betrieb in Pontassieve bei Florenz, verlässlicher CHIANTI CLASSICO RISERVA Ducale und Ducale Oro.

Rufina Tosk ★★→★★★ Der nördlichste CHIANTI-Unterbereich, östlich von Florenz gelegen, ist der mit Abstand beste und interessanteste außerhalb des Chianti-Classico-Gebiets. Am höchsten, daher ausgefeilt und langlebig. Eine Vielfalt an Böden, u. a. Kalkstein, Sand, Galestro alberese, mergeliger Ton. Spitzenerzeuger: Colognole, Frascole, Lavacchio, NIPOZZANO (Riserva, Vecchie Viti, *siehe* FRESCOBALDI), Il Pozzo, SELVAPIANA (Bucerchiale); sehr gut: Castello del Trebbio, Grignano, Travignoli, Vetrice.

Nicht zu verwechseln mit RUFFINO, dessen Hauptsitz sich in Pontassieve befindet, dem wichtigsten Ort von Rufina.

Russiz Superiore F-JV ★★→★★★ Livio FELLUGAS Bruder Marco hat Weinberge in verschiedenen Teilen von FRIAUL angelegt. Jetzt hat Marcos Sohn Roberto das Sagen. Breites Angebot. Am besten sind Col Disôre (COLLIO-Bianco-Verschnitt) und PINOT GRIGIO. Sehr guter PINOT BIANCO RISERVA.

Russo, Girolamo Siz ★★★→★★★★ Giuseppe Russo ist einer der drei oder vier besten Erzeuger am Ätna und füllte als einer der ersten einzelne Lagen ab. Spitzenweine: (Rosso) Caldera Sottana, Feudo, Feudo di Mezzo, San Lorenzo; (Bianco) Nerina, San Lorenzo.

Salento Apu ★→★★★ Heimat des besten italienischen Rosé von NEGROAMARO (neben dem von MONTEPULCIANO gekelterten CERASUOLO aus den Abruzzen). Auch sehr guter roter Negroamaro mit ein bisschen Unterstützung von MALVASIA nera und seit Neuestem ein Rotwein von der einheimischen Traube Sussumaniello. Die besten Erzeuger sind Cupertinum (Qualitätsgenossenschaft: Copertino Rosso RISERVAS, Negroamaro, Settantacinque; Rosé Spinello dei Falconi); Leone de Castris (Five Roses); Rosa del Golfo (normaler Rosato und VIGNA Mazzi). *Siehe auch* SALICE SALENTINO.

Salice Salentino Apu ★★→★★★ **16** 17 19 20 – Der bekannteste der zu vielen auf NEGROAMARO basierenden DOC-Weine des SALENTO. Nach zwei Jahren RISERVA. Empfehlenswert von Cantele, Conti Zecca (Cantalupi), Tenute Emera, Leone de Castris (Riserva), Mocavero, Palamà, San Donaci, Cosimo Taurino, Vallone (Vereto Riserva).

Salvioni Tosk ★★★★ Alias La Cerbaiola. Kultiges kleines Weingut mit höchster Qualität in MONTALCINO. BRUNELLO und ROSSO DI MONTALCINO gehören zum Besten, was man bekommen kann, und sind ihren hohen Preis wert.

Sandrone, Luciano Piem ★★★→★★★★ ALBA-Weine im modernen Stil. Tiefgründiger BAROLO: Aleste (ehemals Cannubi Boschis), Le Vigne, Vite Talin. Auch gut: NEBBIOLO D'ALBA Valmaggiore.

San Felice Tosk ★★★ Bedeutender historischer Erzeuger in der TOSKANA, im Besitz von Gruppo Allianz und von Leonardo Bellaccini geführt. Feiner CHIANTI CLASSICO und RISERVA POGGIO Rosso aus Castelnuovo Berardenga. Ebenfalls gut: BRUNELLO DI MONTALCINO Campogiovanni; IGT Vigorello (der allererste SUPERTOSKANER aus dem Jahr 1968).

Sangiovese di Romagna Mar ★★→★★★ DOC – Manchmal zu vegetabiler und eichenlastiger, aber oft gut gemachter, ja sogar erstklassiger Rotwein von SANGIOVESE. Empfehlenswert von Ca' di Sopra, Cesari, Condello, Drei Donà, Nicolucci, Papiano, Paradiso, Tre Monti, Trere, Villa Venti (Primo Segno), Fattoria ZERBINA. Auch IGT RONCO delle Ginestre und Ronco dei Ciliegi (Castelluccio).

San Giusto a Rentennano Tosk ★★★★ Erstklassiges CHIANTI-CLASSICO-Gut. Ökologisch. Hervorragend sind MERLOT (La Ricolma), SANGIOVESE IGT Percarlo und Vin San Giusto (PASSITO), sehr gut Chianti Classico und RISERVA Le Baroncole.

San Guido, Tenuta Tosk – *Siehe* SASSICAIA.

Sankt Magdalener (Santa Maddalena) T-S ★→★★★ DOC BV – Rotwein in deutsch-österreichischem Stil von rund um Bozen wachsendem Vernatsch (SCHIAVA) und bis zu 15% Lagrein. Die besten Erzeuger sind Cantina GIRLAN, Cantina Bozen (Huck am Bach), Franz Gojer, Mayr-Unterganzner, Cantina TRAMIN.

Sankt Michael-Eppan (San Michele Appiano) T-S ★★★ Historische Genossenschaft. Spezialität sind die süffigen alpenfrischen Weißweine. Am besten: Appius (von Hans Terzer), The Wine Collection, Sanct Valentin; sehr guter PINOT BIANCO Schulthauser.

Italien

San Leonardo T-S ★★★★ Spitzenweingut von Marchesi Guerrieri Gonzaga im TRENTINO. Hauptwein ist der Bordeaux-Verschnitt San Leonardo (nun ein Jahr später auf den Markt gebracht). CARMENÈRE, Villa Gresti (MERLOT/ Carmenère), RIESLING und TRENTO-Schaumwein sind alle sehr gut.

San Lorenzo, Fattoria Mar ★★★ Lagernswerter VERDICCHIO aus Montecarotto, biodynamisch-ökologisch. Spitzenweine: Campo delle Oche (auch Integrale) und Il San Lorenzo Bianco; sehr gut: Il San Lorenzo Rosso (100% MONTEPULCIANO), Le Oche.

Santadi Sar ★★★ Die beste sardische Winzergenossenschaft und eine der besten Italiens, v. a. wegen der auf CARIGNANO basierenden Rotweine Rocca Rubia RISERVA und Terre Brune (alle DOC CARIGNANO DEL SULCIS). Sehr gut auch MONICA DI SARDEGNA Antigua, Shardana und der Süßwein Fest Noria.

Saracco, Paolo Piem ★★★★ Erstklassiger MOSCATO D'ASTI; sehr guter CHARDONNAY, LANGHE RIESLING und PINOT NERO.

Sardinien – Die zweitgrößte italienische Insel bringt weiße und rote Weltklasseweine hervor. Empfehlenswert sind VERMENTINO DI GALLURA DOCG, VERMENTINO DI SARDEGNA (fruchtiger, weniger mineralisch), der sherryähnliche VERNACCIA DI ORISTANO und der NURAGUS Semidano und die süße Spätlese Nasco. CANNONAU (GRENACHE) und CARIGNANO sind die berühmtesten Rotweine, aber Bovale Sardo und Pascale sind ebenso gut.

Die Vigna del Lume auf Ischia ist ein so steiler Weinberg, dass man die Trauben nicht in die Kellerei tragen kann: Sie werden übers Meer transportiert.

Sartarelli Mar ★★★ Erstklassiger VERDICCHIO DEI CASTELLI DI JESI CLASSICO. Am besten: Balciana, Milletta Riserva, Tralivio.

Sassicaia Tosk ★★★★ DOC **08 09** 10 13 15' 16' 18 19' – Italiens einzige DOC (BOLGHERI), die aus einer Einzellage besteht, ein Verschnitt aus CABERNET SAUVIGNON und CABERNET FRANC, der in Premier-Cru-Manier von Marchese Incisa della Rocchetta auf der TENUTA San Guido bereitet wird: eher elegant als üppig, für lange Lagerung gemacht – und oft als Investitionsobjekt gekauft, aber einer der wichtigsten Faktoren für Italiens Spitzenqualitätsimage. Der 2016er ist extrem elegant, einer der besten der letzten Jahre.

Satta, Michele Tosk ★★★ Praktisch der einzige BOLGHERI-Erzeuger, der mit reinsortigem SANGIOVESE (Cavaliere) Erfolg hat. Daneben gibt es die guten roten Verschnitte Piastraia und I Castagni SUPERIORE (beide DOC Bolgheri).

Scarpa Piem ★★★ Historische traditionelle Kellerei in Nizza Monferrato. Spitzenweine: BARBERA D'ASTI La Bogliona, Rouchet (Ruchè); sehr gut: BARBARESCO Tettineive, Freisa.

Scarzello Piem ★★★ Klassischer, ausgefeilter BAROLO. Spitze: Boschetti, Sarmassa; sehr gut: BARBERA D'ALBA, LANGHE NEBBIOLO.

Scavino, Paolo Piem ★★★ Modernistischer BAROLO-Erzeuger in Castiglione Falletto: Bric del Fiasc, Monvigliero, Prapò, Ravera und Rocche dell'Annunziata. Wir sind gespannt auf den neuen Bussia Fantini.

Schiava Alto Adige T-S ★ DOC BV – Schiava (auf Deutsch VERNATSCH) entsteht aus einem Verschnitt der drei Hauptvarianten der Rebe (Schiava gentile, grigia und grossa) und ist als DOC Kalterersee oder St. Magdalener ein leichter bis mittelschwerer, sehr frischer, süffiger Rotwein. Die besten Genossenschaften: Bozen, Girlan, Kaltern, Meran, Nalles-Magré, San Michele Appiano, Terlano.

Schiopetto, Mario F-JV ★★★ Das legendäre COLLIO-Pionierweingut gehört inzwischen der Familie Rotolo. Sehr gut sind FRIULANO, Pinot bianco, RIBOLLA GIALLA, SAUVIGNON BLANC (alle DOC), IGT-Verschnitt Blanc de Rosis usw.

Schreckbichl *siehe* COLTERENZIO.

Scolca, La Piem ★★→★★★ Mit dem legendären Etichetta Nera einer der Ersten, die GAVI international bekannt gemacht haben. Am besten sind Gavi dei Gavi (Etichetta Nera, limitiert) und Soldati D'Antan.

Sella & Mosca Sar ★★ Bedeutendes Erzeuger- und Handelshaus in SARDINIEN. *Siehe* TERRA MORETTI.

Selvapiana Tosk ★★★★ Das Bio-Weingut in RUFINA gehört zur italienischen Spitzenriege. Am besten sind der RISERVA Bucerchiale und der IGT Fornace, doch schon der einfache Chianti Rufina ist köstlich. Fein sind auch die Rotweine Petrognano, POMINO und Riserva Vigneto Erchi.

Sesta di Sopra Tosk ★★★ Erstklassiger BRUNELLO (Spitzen-RISERVA), ROSSO DI MONTALCINO.

Sesti – Castello di Argiano Tosk ★★★ Markanter, ausgefeilter, aber schmackhafter Brunello vom Gut der Familie Sesti; traditioneller Stil. Der klassische Brunello und der RISERVA Phenomena sind anders, aber ebenso gut.

Sforzato/Sfursat Lomb ★★★ Der Sforzato di VALTELLINA DOCG wird ähnlich wie AMARONE von luftgetrockneten NEBBIOLO-Trauben gekeltert. Entwickelt sich beim Lagern wundervoll. Spitzenerzeuger ist FAY (RONCO del Picchio); sehr gut: Dirupi (Vino Sbagliato), Mamete Prevostini (Albareda), Nino Negri (Cinque Stelle). *Siehe* VALTELLINA.

Sizilien – Die größte Mittelmeerinsel ist eine moderne Quelle für interessante, originelle Weine mit gutem Preis-Leistungs-Verhältnis. Einheimische Trauben (rot: Frappato, NERELLO MASCALESE, NERO D'AVOLA; weiß: CARRICANTE, CATARRATTO, Grecanico, GRILLO, INZOLIA) und internationale Rebsorten. Die Rebflächen liegen in der Ebene im Westen, auf den Hügeln in der Mitte der Insel und an den Hängen des Ätna.

Soave Ven ★★→★★★ DOC – Berühmter, immer noch unterschätzter Weißwein aus Verona. Die Böden sind eine Mischung aus hauptsächlich vulkanischen oder kalkigen Elementen. Die Weine von den vulkanischen Böden des CLASSICO-Gebiets sind oft intensiv, mineralisch, sehr fein und ziemlich langlebig. Die besten Erzeuger sind GINI, INAMA, PIEROPAN, PRÀ, SUAVIA; sehr gut: Coffele, Nardello, ROCCOLO GRASSI, Vicentini Agostino (Il Casale). *Siehe auch* RECIOTO.

Solaia Tosk ★★★★ **13** 15 16' 18 19' – CABERNET SAUVIGNON/SANGIOVESE von ANTINORI; muss altern.

Sorrentino Kamp ★★→★★★ Benni Sorrentino erzeugt erstklassigen Lacryma Christi. Am besten sind AGLIANICO Don Paolo (rot), Vigna Lapillo (rot und weiß). Caprettone und Catalò (weiß) sind gut.

Sottimano Piem ★★★→★★★★ In Familienhand; einer der bestechendsten Erzeuger in BARBARESCO (Einzellagen: Basarin, Cottà, Currà, Fausoni, Pajorè). Sehr guter BARBERA D'ALBA, DOLCETTO D'ALBA, LANGHE NEBBIOLO.

Speri Ven ★★★ Familienbetrieb in VALPOLICELLA. Ökologisch, traditioneller Stil. Spitzenwein: AMARONE Sant'Urbano.

Sperino, Proprietà Piem ★★★★ Spitzenweingut in LESSONA und eines der besten im ALTO PIEMONTE, geführt von Luca De Marchi (*siehe* ISOLE E OLENA). Hervorragend: BRAMATERRA, Lessona (und RISERVA Covà); sehr gut: 'L Franc (einer der besten italienischen CABERNET FRANC), Rosa del Rosa (NEBBIOLO/Vespolina-Rosé) und der rote Verschnitt Uvaggio.

Spumante – Schaumwein.

Strette, Le Piem ★★★ Preiswerter BAROLO. Am besten: Bergera Pezzole, Corini Pallaretta, LANGHE Nas-cëtta del Comune di Novello (auch Pasinot aus einer Einzellage).

Suavia Ven ★★★ Die Schwestern Tessari erzeugen äußerst ausgefeilten SOAVE Classico. Am besten: Massifitti (TREBBIANO di Soave), Le Rive (GARGANEGA), SOAVE Classico (und Monte Carbonare).

Südtirol T-S – Deutschsprachiger Teil der Region TRENTINO–Alto Adige. *Siehe* ALTO ADIGE.

Superiore – Wein mit längerer Fassreife sowie mit 0,5 bis 1 % mehr Alkoholgehalt als normaler DOC-Wein. Bezeichnet manchmal auch einen Teil eines Anbaugebiets, z. B. ROSSO PICENO Superiore.

Supertoskaner Tosk – Weine mit hoher Qualität und hohen Preisen, die in den 1970er- und 1980er-Jahren entwickelt wurden, um die damals geltenden unsinnigen Regelungen zu umgehen, heute jedoch, vor allem angesichts der wachsenden Bedeutung der Gran Selezione, kaum noch relevant. Nach wie vor allgemein der (völlig inoffiziellen) Supertoskaner-Kategorie zugerechnet würden CA' MARCANDA, Flaccianello, Guado al Tasso, Messorio, ORNELLAIA, Redigaffi, SASSICAIA, SOLAIA und TIGNANELLO.

Tappero Merlo Domenico Piem ★★★ Wurzeln in der Vergangenheit, ein Auge auf die Zukunft und die Erbaluce-Rebe als Lebenspartnerin. Spitzenweine: Acini Perduti (80 %/20 % der seltenen MALVASIA moscata und Erbaluce), ERBALUCE DI CALUSO (Cuvée des Paladins, Kin); sehr gut der PASSITO Bohemien.

Tasca d'Almerita Siz ★★★ Eine neue Generation führt nun das historische Gut am Ätna. Weinberge in großer Höhe; ausgewogene IGT-Weine unter dem Namen Regaleali. Spitzenwein sind der hauptsächlich von NERO D'AVOLA erzeugte Rosso del Conte sowie die ETNA-Weine Rampante und Tascante Sciaranuova. Sehr gut auch GRILLO Mozia TENUTA Whitaker und MALVASIA delle Lipari Capofaro (Didyme, VIGNA di Paola).

Taurasi Kamp ★★★ DOCG **10 12** 13 15 16 19 (20) – Die erste DOCG in Süditalien. Der beste AGLIANICO in KAMPANIEN: Keiner ist potenziell so komplex, anspruchsvoll, unendlich lohnend. 17 Gemeinden, vier Unterbereiche (Nordwesten, Westen, Taurasi, Süden). Spitzenerzeuger: Contrade di Taurasi (Vigne d'Alto, Coste), I Favati (Terzotratto), Guastaferro (Primum), MASTROBERARDINO (Radici, Stilema), MOLETTIERI Salvatore (Vigna Cinque Querce), QUINTODECIMO (Quintodecimo und Vigna Gran Cerzito). Sehr gut: COLLI DI LAPIO, FERRARA Benito (VIGNA Quattro Confini), FEUDI DI SAN GREGORIO (Piano di Montevergine, Studio), Perillo.

Tedeschi Ven ★★★ Jede Menge sehr feiner VALPOLICELLA, AMARONE. Am besten sind der neue Amarone La Fabriseria, Capitel Monte Olmi, Maternigo, RECIOTO Capitel Monte Fontana; sehr gut: Amarone Marne 180 und Valpolicella La Fabriseria.

Tenuta – Landwirtschaftliches Gut (*siehe unter* dem Eigennamen, z. B. TRINORO, Tenuta di).

Terlano, Cantina T-S ★★★→★★★★ Erstklassige Genossenschaftskellerei, deren PINOT BIANCO Maßstäbe setzt. Hervorragend sind LAGREIN RISERVA Porphyr, Pinot bianco Riserva Vorberg, Primo Terlaner I Grande Cuvée (PINOT BIANCO/SAUVIGNON BLANC/CHARDONNAY), Rarity (Sonderabfüllungen mit mindestens zehn Jahre Lagerung auf der Feinhefe), Sauvignon blanc Quarz, Terlaner Cuvée Riserva Nova Domus. Sehr gut: GEWÜRZTRAMINER Lunare und der legendäre Terlaner (Pinot bianco/Sauvignon blanc/ Chardonnay)

Teroldego Rotaliano T-S ★★→★★★ DOC – Die beste einheimische Rebe des TRENTINO erbringt auf dem flachen Campo Rotaliano wirklich schmackhaften Wein. Spitzenerzeuger ist Foradori. Ebenfalls gut: Dorigati, Endrizzi, die RISERVA Nos von Mezzacorona sowie Zeni.

Terra Moretti Lomb, Sar, Tosk ★★★ Drei Regionen, sechs Weingüter. In der FRANCIACORTA: Bellavista (Spitze: Pas Operè, Vittorio Moretti; sehr gut: Alma Non Dosato, Teatro alla Scala Brut) und Contadi Castaldi (PINOT NERO, Zèro); in SARDINIEN Sella & Mosca (Spitze: Catore, weißer Torbato

Terre Bianche; sehr gut: Monteoro, VERMENTINO Cala Reale); in der TOSKANA Acquagiusta La Baiola, Petra (Quercegobbe) und Teruzzi.

Terre Nere, Tenuta delle Siz ★★★★ Marc de Grazia beweist, dass von NERELLO und CARRICANTE an der begehrten Nordflanke des Ätna großartiger Wein bereitet werden kann. Am besten: die Reihe Cuvée delle Vigne Niche, Guardiola, Vigne Niche und La VIGNA di Don Peppino von Reben aus der Zeit vor der Reblaus; sehr gut: Le Vigne di Eli. Halten Sie Ausschau nach dem neuen ER Bocca d'Orzo (Alleinbesitz) und dem EB Montalto.

Teularju Sar ★★★ Das Familienweingut ist auf CANNONAU und seine alten Bio-Typen spezialisiert. Am besten sind die Crus (»Ghiradas«) Cara'Gonare und Ocruarana.

Tiberio Abr ★★★★ Herausragend sind TREBBIANO D'ABRUZZO Fonte Canale (von 60 Jahre alten Reben), einer der besten italienischen Weißweine, sowie MONTEPULCIANO D'ABRUZZO Archivio und Colle Vota (beide von Einzellagen). CERASUOLO D'ABRUZZO, einer der besten italienischen Roséweine, und PECORINO sind ebenfalls außergewöhnlich.

Tiefenbrunner T-S ★★★→★★★★ Erzeuger- und Handelsbetrieb im Schloss Turmhof im südlichen SÜDTIROL. Breites Spektrum an gebirgsfrischen weißen und klar definierten roten Sortenweinen, v. a. der MÜLLER-THURGAU Feldmarschall von Fenner aus Weingärten auf 1.000 m Höhe – einer der besten Weißweine Italiens. Auch sehr gut: CABERNET SAUVIGNON Vigna Toren und SAUVIGNON BLANC RISERVA Rachtl.

Tignanello Tosk ★★★ 13 **15** 16' **17** 18 19 (20) – Kompakter SANGIOVESE/CABERNET SAUVIGNON-Verschnitt von Antinori.

Wie viele Kellereien gibt es in Italien? 2021 waren es 255.520, ein Drittel weniger als 2010.

Tommasi Ven ★★★ Jetzt ist die vierte Generation am Ruder, elegante Weine. Spitze: VALPOLICELLA Rafael, AMARONE (RISERVA Ca' Florian und der legendäre De Buris) und Lugana RISERVA Le Fornaci. Klassisch. Weitere Güter in der Basilikata (Paternoster), OLTREPÒ PAVESE (TENUTA Caseo), APULIEN (Masseria Surani) und Venetien (Filodora).

Torgiano Umb ★★ DOC und **Torgiano Rosso Riserva** ★★→★★★ DOCG **10** **13** 15 16 19' – Guter bis hervorragender Rotwein aus Umbrien. Am besten ist der Rubesco RISERVA Vigna Monticchio von LUNGAROTTI. Kann viele Jahre lagern.

Torrette Ao ★→★★★ DOC – Verschnitt von Petit Rouge und anderen einheimischen Rebsorten. Am besten ist der Torrette Superieur. Gute Erzeuger: Anselmet, Les CRETES, D&D, DI BARRÒ, FEUDO DI SAN MAURIZIO, Didier Gerbelle, GROSJEAN, Elio Ottin.

Toskana – Heimat des weltbesten SANGIOVESE. CHIANTI CLASSICO, BRUNELLO DI MONTALCINO und RUFINA sind die Spitzengewächse, aber BOLGHERI ist ebenso gut und Weltklasse für internationale Trauben (v. a. CABERNET FRANC und MERLOT), auch wenn der SASSICAIA (CABERNET SAUVIGNON) am berühmtesten ist.

Tramin, Cantina T-S ★★★ Qualitätsgenossenschaftskellerei mit Maßstäbe setzendem GEWÜRZTRAMINER. Hervorragend: Epokale, Nussbaumer, Terminum, (CHARDONNAY) Troy und (PINOT GRIGIO) Unterebner. Die Selektionen sind am ausdrucksvollsten.

Travaglini Piem ★★★ Solider Erzeuger von GATTINARA. Am besten: RISERVA, Tre Vigne. Sehr gut: Coste della Sesia, METODO CLASSICO Nebolé (NEBBIOLO).

Trebbiano d'Abruzzo Abr ★→★★★★ DOC BV – Für gewöhnlich frischer, einfacher Wein, aber die Gewächse von Tiberio (Fonte Canale) und VALENTINI sind zwei der besten italienischen Weißweine; sehr gut auch von Emidio PEPE und Valle Reale.

Trediberri Piem ★★★ Dynamisches Weingut. Spitzenwein: BAROLO Rocche dell'Annunziata (äußerst preiswert). Gut: der neue BARBERA D'ALBA, Barolo Berri und LANGHE NEBBIOLO.

Trento T-S ★★→★★★★ DOC – Erstklassiger METODO-CLASSICO-Schaumwein. Spitzenerzeuger: ABATE NERO, FERRARI, Maso Martis (von Antonio Stelzer, v. a. Blanc de Blancs Brut, Madame Martis RISERVA); sehr gut: Cembra (Oro Rosso), Cesarini Sforza, Letrari.

Trinoro, Tenuta di Tosk ★★★★ Individualistisches Gut für Rotweine, Pionier in der DOC Val d'Orcia zwischen MONTEPULCIANO und MONTALCINO. Großer Anteil an Bordeaux-Trauben im Flaggschiff-Wein TENUTA di Trinoro sowie in Camagi, Magnacosta, Palazzi Tenagli. *Siehe auch* VINI FRANCHETTI (Etna).

Tua Rita Tosk ★★★★ Als neues BOLGHERI in den 1990er-Jahren der erste Erzeuger des vielleicht großartigsten MERLOT Italiens: Redigaffi (der 2019 seinen 25. Geburtstag feierte). Hervorragend sind auch der Bordeaux-Verschnitt Giusto di Notri, der SYRAH Per Sempre und Keir (Amphoren). Auch Besitzer von POGGIO ARGENTIERA in der MAREMMA (am besten: Capatosta, MORELLINO DI SCANSANO).

Uberti Lomb ★★★→★★★★ Das historische Gut bringt das Terroir der FRANCIACORTA hervorragend zum Ausdruck. Ausgezeichnet sind Comarì del Salem, Dequinque (ein Verschnitt von zehn Jahrgängen) und Quinque (von fünf Jahrgängen). Sehr gut: Dosaggio Zero Sublimis RISERVA und Francesco I.

Vajra, G. D. Piem ★★★→★★★★ Führender BAROLO-Erzeuger in Vergne. Hervorragend sind Bricco delle Viole und LANGHE Freisa Kyè, ebenfalls gut: BARBERA D'ALBA SUPERIORE, Barolo (Coste di Rose, Ravera), DOLCETTO Coste&Fossati, Langhe RIESLING Petracine und die Barolo-Weine von Luigi Baudana aus Serralunga (Cerretta).

Valentini, Edoardo Abr ★★★★ Sammler reißen sich um CERASUOLO D'ABRUZZO, MONTEPULCIANO D'ABRUZZO und TREBBIANO D'ABRUZZO, die zu den allerbesten Italiens zählen. Lagernswert, traditionell.

Valle d'Aosta Ao ★★→★★★ DOC – Die kleinste Region bringt mit die besten Rot- und Weißweine Italiens hervor, die allerdings schwer aufzutreiben sind. Moränenböden (heterogene Gletscherablagerungen aus kiesigem Sand). Die DOCS sind größtenteils Sortenweine. Zu den bekanntesten zählen Arnad Montjovet und Donnas auf NEBBIOLO-Basis, der von Prié gekelterte weiße Schaumwein Blanc de Morgex, Chambave (von einem örtlichen Bio-Typ des weißen MUSCAT), Nus MALVOISIE (mit PINOT GRIS), TORRETTE (ein hauptsächlich von Petit Rouge bereiteter Rotwein). Cornalin, Mayolet, Premetta: herrlicher leichter Rotwein.

Valle Isarco (Eisacktaler) T-S ★★ DOC BV – DOC in SÜDTIROL für sieben sortenreine Weißweine, die entlang des Eisack (ital. Isarco) nordöstlich von Bozen entstehen. Spitzenerzeuger sind Kellerei Eisacktal, Kloster Neustift, KÖFERERHOF, Kuenhof, Manni NÖSSING. Guter GEWÜRZTRAMINER, MÜLLER-THURGAU, RIESLING und SILVANER.

Valpolicella Ven ★→★★★★ DOC(G) – Leichter, zugänglicher Rotwein (Valpolicella), mittelschwer bis kraftvoll-alkoholstark, reichhaltig, tanninreich (AMARONE) und supersüß (RECIOTO); der zwischen Valpolicella und Amarone angesiedelte VALPOLICELLA RIPASSO ist beliebt, aber selten denkwürdig. *Siehe* Kasten »Valpolicella – die Besten«, S. 203.

Valpolicella Ripasso Ven ★★→★★★ DOC **11 12** 13 15 16 18 (19) – Äußerst gefragt, deshalb seit 2016 veränderte Bedingungen: Früher wurde nur VALPOLICELLA SUPERIORE (nur einmal) auf den Traubenschalen von RECIOTO oder AMARONE erneut vergoren, um einen lagernswerteren Wein zu erhalten; jetzt darf man 10 % Amarone mit normalem Valpolicella verschneiden und das dann Ripasso nennen. Am besten von Brigaldara, BUSSOLA, CA' LA BIONDA, PRÀ, SPERI, Tamburino Sardo, TEDESCHI, TOMMASI und ZENATO.

Valtellina Lomb ★→★★★ DOC/DOCG – Ungewöhnlicherweise von Osten nach Westen verlaufendes Tal südlich der Schweizer Grenze mit sandiglehmigen Böden; Heimat des CHIAVENNASCA. Der beste ist als Valtellina SUPERIORE etikettiert (fünf Unterbereiche: Grumello, Inferno, Maroggia, Sassella und Valgella), *siehe* SFORZATO. Spitzenerzeuger sind Ar.Pe.Pe. (Grumello RISERVA Sant'Antonio, Inferno Fiamme Antiche, Rocce Rosse, Sassella Riserva), Dirupi (Grumello Riserva), FAY, Mamete Prevostini (Sassella Sommarovina).

Vecchio Samperi Siz – *Siehe* DE BARTOLI.

Venissa Ven ★★★ Im Besitz der Familie BISOL. Schönes Weingut auf der Insel Mazzorbo in der Lagune von Venedig. Spitzenwein: Venissa (sortenrein von der seltenen Weißweintraube Dorona). Sehr gut: Rosso Venissa (Bordeaux-Verschnitt). Einzigartige Weine.

Valpolicella – die Besten

Es ist an der Zeit, guten VALPOLICELLA ernster zu nehmen. AMARONE DELLA VALPOLICELLA und RECIOTO DELLA VALPOLICELLA sind nun DOCG, während für den VALPOLICELLA RIPASSO neue Regeln gelten. Folgende Betriebe erzeugen gute bis großartige (★) Weine: ★ Stefano Accordini, ★ Serego Alighieri, ★ Allegrini, Begali, Bertani, BOLLA, Boscaini, ★ Brigaldara, BRUNELLI, ★ BUSSOLA, Ca' la Bianca, ★ CA' LA BIONDA, Campagnola, Ca' Rugate, Castellani, Corteforte, Corte Sant'Alda, Valentina Cubi, ★ DAL FORNO, ★ Guerrieri-Rizzardi, ★ MASI, ★ Mazzi, MONTE DEL FRÀ, Nicolis, ★ PRÀ, ★ QUINTARELLI, ★ Roccolo Grassi, Le Ragose, Le Salette, ★ SPERI, ★ TEDESCHI, ★ TOMMASI, CS Valpantena, Cantina Valpolicella, Venturini, ★ Viviani, ZENATO, Zeni.

Verdicchio dei Castelli di Jesi Mar ★★→★★★ Vielseitiger Weißwein aus der Gegend um Ancona an der Adria. Leicht und süffig oder schäumend oder strukturiert, komplex und langlebig (v. a. als RISERVA DOCG mit mindestens zwei Jahren Reifung), meist leichter und floraler als Verdicchio di Matelica. Die Weine aus Montecarotto sind fester, die aus Cupramontana lebhafter. Auch CLASSICO. Die besten Erzeuger sind Bucci (Riserva), CORONCINO, GAROFOLI (Podium), Marotti Campi (Salmariano), MONTECAPPONE, Fattoria SAN LORENZO und SARTARELLI. Sehr gut: Casalefarneto, Colonnara (Cuprese), La Staffa, Monte Schiavo, Santa Barbara, TENUTA di Tavignano (Misco), Umani Ronchi.

Verdicchio di Matelica Mar ★★→★★★ Mehr Säure, aber auch körperreicher und alkoholstärker als die Weine aus Jesi, intensive Mineralität, deshalb langlebiger, doch jung nicht so ansprechend. Die niedrigen Reblagen gründen auf Schwemmland, während höhere Hänge komplexe Böden aus Kalkareniten, Mergel, Kalkstein, Kies und Konglomeraten aufweisen. Der RISERVA ist ebenfalls DOCG. Spitzenerzeuger: Belisario (Cambrugiano), Bisci, Borgo Paglianetto, Collestefano, La MONACESCA.

Verduno Piem ★★★ DOC BV – Beeren- und Kräuteraromen. Spitzenerzeuger: CASTELLO DI VERDUNO (Basadone), Fratelli ALESSANDRIA (Speziale), G. B. BURLOTTO. Gut: Bel Colle und Reverdito.

Verduno, Castello di Piem ★★★ Ein Ehepaar erzeugt sehr guten terroirbetonten BARBARESCO Rabajà und Rabajà Bas, BAROLO Massara und Monvigliero (auch RISERVA) sowie VERDUNO Basadone.

Verduzzo F-JV ★★→★★★ DOC FRIULI COLLI ORIENTALI – Körperreicher Weißwein von einer einheimischen Traube. Ramandolo (DOCG) ist der bedeutendste Unterbereich für Süßweine. Spitzenerzeuger: I CLIVI, Marco Sara, Scubla.

Vermentino di Gallura Sar ★★★ DOCG – Viel mehr Feuerstein- und Salznoten als VERMENTINO DI SARDEGNA. Ganz andersartige Böden mit hohem Anteil an rosa Granit (eine Seltenheit in Italien), hoher Säure und Mineralität. Vielleicht der beste in ganz Italien. Spitzenerzeuger sind Capichera, CS del Vermentino (Funtanaliras), CANTINA di Gallura (Canayli), Paolo Depperu (Ruinas), Masone Mannu (Petrizza), Mura (Sienda), Pala (Stellato), SIDDURA, Surrau.

Vermentino di Sardegna Sar ★★ DOC BV – Aus allen Teilen SARDINIENS; im Allgemeinen fruchtiger (weniger fest), umkomplizierter und früher ansprechend als VERMENTINO DI GALLURA. Die besten Erzeuger sind ARGIOLAS, Deiana, Mora e Memo, QUARTOMORO, Santadi, Sella & Mosca.

Vernaccia di Oristano Sar ★→★★★★ DOC – Unter Flor gereifter Wein, ähnlich leichtem Sherry, ein wenig bitter und körperreich. Köstlich zu Bottarga. Unbedingt probieren! Spitzenerzeuger: CONTINI (★ Antico Gregori, Flor 22 und RISERVA); gut: Silvio Carta, Orro und Serra.

Vernaccia di San Gimignano Tosk ★★→★★★ Die Basisversion ist besser als der RISERVA. Spitzenerzeuger: Fontaleoni (VIGNA Casanuova), Guicciardini Strozzi/Fattoria di Cusona (1933), La Lastra, Giovanni Panizzi, Sono Montenidoli (Fiore).

Versio, Francesco Piem ★★★ Junger, talentierter Erzeuger in BARBARESCO. Am besten: ausgefeilter Barbaresco, DOGLIANI, LANGHE NEBBIOLO.

Viarte, La F-JV ★★→★★★ Bio-Weingut in den COLLI ORIENTALI. Sehr guter terroirbetonter Friulano, SCHIOPPETTINO di Prepotto und Tazzelenghe

Viberti Piem ★★★ Qualitätsvoller klassischer BAROLO (Bricco delle Viole, La Volta, Monvigliero, San Pietro), RISERVAS. Sehr guter BARBERA D'ALBA, LANGHE NEBBIOLO.

Die Lage Cannubi wurde erstmals 1752 auf einem italienischen Weinetikett namentlich erwähnt.

Vie di Romans F-JV ★★★★ Gianfranco Gallo hat das Gut seines Vaters im DOC-Bereich FRIULI ISONZO an die Spitze geführt. Hervorragend sind die Reihe Climat (sechs verschiedene Chardonnays aus sechs verschiedenen Lagen), der Verschnitt Flors di Uis, MALVASIA, SAUVIGNON BLANC Piere und Vieris. Sehr gut: PINOT GRIGIO Dessimis.

Vietti Piem ★★★★ Bio-Weingut in Castiglione Falletto im Besitz der Krause Group, aber weiterhin von Luca Currado und Mario Cordero geführt. Charaktervolle Weine. Mustergültiger BAROLO: Brunate, Lazzarito, Ravera, Rocche di Castiglione, Villero RISERVA sowie neuerdings Cerequio und Monvigliero. Außerdem sehr guter BARBERA D'ALBA, BARBERA D'ASTI, BARBARESCO und neuerdings DERTHONA. Für 2023 ist ein Barbaresco Rabajà angekündigt.

Vigna oder vigneto Einzellage. In der Regel ein Zeichen für bessere Qualität.

Vigneri, I Siz ★★★→★★★★ Winzerkonsortium und dazugehöriges Weingut am Ätna unter der Leitung von Salvo Foti, dem größten Experten für NERELLO MASCALESE und andere Rebsorten des Anbaugebiets ETNA. Die Mitglieder des Konsortiums setzen auf in Buschform erzogene Reben, einheimische Sorten und Respekt für das Land. Hervorragend die Gutsweine Etna

Bianco SUPERIORE (VIGNA di Milo, Palmento Caselle) und Vinupetra (rot). Ebenfalls sehr gut sind der weiße Aurora, der rote I Vigneri und der Rosé Vinudilice.

Villa Lomb ★★★ Im Besitz der Familie Bianchi, in einem kleinen mittelalterlichen Ort in der FRANCIACORTA. Beständig. Die besten Schaumweine sind Diamant Pas Dosé, Emozione Brut Millesimato und RISERVA, Selezione Riserva.

Villa Crespia Lomb ★★★ Familienweingut in der FRANCIACORTA; Bio. Spitzenweine: Brut Millè RISERVA, Dosaggio Zero Numero Zero und Riserva del Gelso; sehr gut: Brut Millè.

Villa Russiz F-JV ★★★ Historisches Gut mit DOC-COLLIO-Weinen, sehr guter SAUVIGNON BLANC und MERLOT (v. a. die Auslesen namens De la Tour) sowie CHARDONNAY, FRIULANO, PINOT BIANCO und PINOT GRIGIO.

Vini Franchetti Siz ★★★→★★★★ Das Gut am Ätna (das früher Passopisciaro hieß) wird von Franchetti (*siehe* TENUTA DI TRINORO) geführt und trägt maßgeblich zum Ruhm des Bereichs ETNA bei. Hervorragend der Rosso Franchetti (PETIT VERDOT/Cesanese d'Affile) und die Einzel-Contrada-Weine von NERELLO MASCALESE: Am besten sind Contrada C, Contrada G und Contrada S; sehr gut auch Contrada R. Neu: Contrada PC (CHARDONNAY).

Vino Nobile di Montepulciano Tosk ★★→★★★ **15** 16 17 18 19 20 – Der erste italienische DOCG-Wein (1980) auf der Basis von Prugnolo gentile (SANGIOVESE) aus der toskanischen Stadt MONTEPULCIANO (nicht zu verwechseln mit der gleichnamigen Rebsorte der Abruzzen). Neuerdings Schwerpunkt auf Einzellagen. Komplexe, nachhaltige Sangiovese-Versionen, häufig anspruchsvoll mit adstringierenden Tanninen. Spitzenerzeuger: AVIGNONESI, Boscarelli (Costa Grande, Nocio, RISERVA Sotto Casa), La Braccesca, Dei (Bossona, Cru Madonna della Querce), POLIZIANO, Salcheto. Ebenfalls gut: Bindella, Fattoria del Cerro, Montemercurio, Fattoria della Talosa, Valdipiatta. Nach drei Jahren RISERVA.

Vin Santo, Vinsanto oder Vino Santo T-S, Tosk ★★→★★★★ DOC – PASSITO-Süßwein, in der TOSKANA (Vin Santo) meist von TREBBIANO, MALVASIA und/oder SANGIOVESE, im TRENTINO (Vino Santo) von Nosiola. Toskanische Exemplare sind sehr unterschiedlich, von trocken und sherryartig bis süß und unglaublich reichhaltig. Viele reifen zwischen drei und zehn Jahren in kleinen Fässern, den *caratelli,* ohne umgefüllt zu werden. Legendär ist der Vin Santo von Avignonesi, doch es gibt auch andere hervorragende Erzeuger: CAPEZZANA, FELSINA, FRASCOLE, ISOLE E OLENA, Rocca di Montegrossi, SAN GIUSTO A RENTENNANO, SELVAPIANA, Villa Sant'Anna, Villa di Vetrice. *Siehe auch* OCCHIO DI PERNICE.

Volpaia, Castello di Tosk ★★→★★★ CHIANTI-CLASSICO-Gut in Radda, sehr gut, bio. Am besten sind Balifico (SANGIOVESE/CABERNET SAUVIGNON), Chianti Classico RISERVA und der Gran Selezione Coltassala (Sangiovese/Mammolo).

Zenato Ven ★★★ Sehr verlässliche, manchmal bestechende Weine vom Gardasee. Auch AMARONE, LUGANA, SOAVE und VALPOLICELLA. Empfehlenswerte Etiketten: RISERVA Sergio Zenato.

Zerbina, Fattoria Em-Ro ★★★ Führendes Weingut in der Romagna. Am besten ist der süße DOCG ALBANA (AR und Scacco Matto), sehr gut sind SANGIOVESE (Pietramora) und der im Barrique ausgebaute IGT Marzieno.

Deutschland

Die folgenden Abkürzungen werden im Text verwendet:

Bad	Baden
Fran	Franken
Hess-B	Hessische Bergstraße
M	Mosel (einschließlich Saar und Ruwer)
MM	Mittelmosel
MR	Mittelrhein
Na	Nahe
Pfz	Pfalz
Rhg	Rheingau
Rhh	Rheinhessen
Sa-Un	Saale-Unstrut
Würt	Württemberg

Die dunklen Flächen bezeichnen die Weinbaugebiete

Der deutsche Weinbau ist einer der Gewinner des Klimawandels – doch der Wandel ist nicht linear, und es wird nicht einfach immer wärmer, sondern Schwankungen und Extreme nehmen zu. 2021 bestätigt das: Mit seinem Regen und seiner Kühle fühlte es sich fast wie ein typisches Jahr der 1980er an. Für die junge Generation von Winzerinnen und Winzern, die warme, sonnige Bedingungen gewöhnt sind, war das eine völlig neue Erfahrung – die sie übrigens hervorragend meisterten. Und während es anfänglich nach einem schwierigen Jahrgang mit recht einfach gestrickten Weinen aussah, hat dieser sich als eindeutig erstklassig für viele Rieslinge entpuppt. Vor allem am oberen Ende der Qualitätspyramide verfügen die Weine über eine Strahlkraft, die in vielen wärmeren Jahren der jüngsten Vergangenheit fehlte: Sie haben die Frische und die wunderbare Saftigkeit der 1980er, doch mit der Präzision und dem Stilbewusstsein von heute.

Neuere Jahrgänge

Ahr/Rheingau/Rheinhessen/Nahe/Pfalz

Rheingauweine sind die potenziell langlebigsten aller deutschen Erzeugnisse. Sie entfalten sich über mindestens 15 Jahre hinweg, wobei sich Spitzengewächse aus Rheinhessen, aus der Pfalz oder von der Nahe ebenso lange halten – und das trifft nicht nur auf Spätlesen und Auslesen zu, sondern auch Große Gewächse können ohne Weiteres zehn Jahre oder länger altern. Das Gleiche gilt für Rotweine von der Ahr und ihre Pendants aus Baden und anderen süddeutschen Regionen.

2022 Heißer, trockener Jahrgang, die Lese begann Ende August, gemischte Ergebnisse: kühle Nächte, aber auch Regen. Spätburgunder oft besser als Riesling.

2021 Klassischer Jahrgang wie in den 1980ern, gute Säure und mäßiger Alkoholgehalt, intensiver Geschmack.

2020 Frühe, schnelle Lese, mittelschwere Weine.

2019 Trockenheit und Hitzewellen im Juli, Regen im August und September. Ausgezeichneter Riesling mit guter Säure.

2018 Rekordsommer, kraftvolle Weine. Die Winzer durften aufsäuern.

2017 Roter Hang und Mittelhaardt sind herausragend: Frische, in Kombination mit Extrakt.

2016 Durchwachsen in Qualität und Quantität.

2015 Heißer, trockener Sommer. Rheingau-Weine ausgezeichnet, sowohl die trockenen als auch die edelsüßen.

2013 Kein großartiger Jahrgang, lässt sich jetzt aber gut trinken.

Frühere gute Jahrgänge: 2011, 2009, 2008, 2005, 2003, 2002, 2001, 1999, 1998, 1997, 1996, 1993, 1990, 1983, 1976, 1971, 1969, 1964, 1959, 1953, 1949, 1945, 1937, 1934, 1921.

Mosel

Weine von der Mosel sollte man nicht zu jung trinken. Natürlich sind sie schon bald nach der Abfüllung köstlich, aber um in den Genuss ihrer maximalen Komplexität zu kommen, sollte man Großen Gewächsen (GG) mindestens drei, Kabinettweinen drei bis fünf, Spätlesen fünf bis sieben und Auslesen sieben bis zehn Jahre Zeit lassen.

2022 Ein weiterer trockener, heißer Sommer. Regen im September komplizierte die Lese.

2021 Fäule, Regen, Lese bis in den November hinein, leichtere Weine mit herausragender Frische und Ausgewogenheit.

2020 Das dritte trockene Jahr in Folge, gute Qualität und gute Mengen.

2019 Geringe Mengen (-25 %, Ruwer -40 % durch Frost), aber sprichwörtliche Rasse.

2018 Kraftvoll, wenig Säure (aber mehr als 2003). Kristallklare Trockenbeerenauslesen.

2017 Frostbedingt niedriger Ertrag = sehr extraktreiche Weine.

2016 Gut ausbalancierte Weine.

2015 Ein warmes Jahr, gehaltvolle trockene Weine und Spätlesen. Auslesen mit Lagerpotenzial.

2012 Klassische Weine, die noch großes Lagerpotenzial entwickeln könnten.

Frühere gute Jahrgänge: 2011, 2009, 2008, 2007, 2005, 2004, 2003, 2001, 1999, 1997, 1995, 1994, 1993, 1990, 1989, 1988, 1976, 1971, 1969, 1964, 1959, 1953, 1949, 1945, 1937, 1934, 1921.

Adams, Simone Rhh ★★★ Die promovierte Önologin setzt auf die lebhafte Frische, die die kalkhaltigen Böden in INGELHEIM erbringen können. Am besten sind die Einzellagenweine Auf dem Haun und Pares.

Adelmann, Weingut Graf Würt ★★→★★★ 1297 gegründet und von Felix Graf Adelmann jung gehalten. Klassischer LEMBERGER, aber auch köstliche Extravaganzen wie Muskattrollinger-EISWEIN oder der auf den Schalen vergorene RIESLING Neben Frank.

Ahr – Kleines Flusstal südlich von Bonn; eleganter, fruchtbetonter SPÄTBURGUNDER von Schieferböden. Im Juli 2021 durch Hochwasser (10 m Pegelstand) verwüstet; auch die Weine des hervorragenden Jahrgangs 2020 sind größtenteils verlorengegangen. Die besten Produzenten sind Adeneuer, BERTRAM-BALTES, Brogsitter, Burggarten, Deutzerhof, Kreuzberg, Kriechel, MEYER-NÄKEL, Nelles, Riske, SCHUMACHER, Sermann und STODDEN. Auch zwei gute Winzergenossenschaften (Dagernova, Mayschoss-Altenahr).

Aldinger, Weingut Gerhard Würt ★★★→★★★★ Hervorragender Familienbetrieb in Fellbach bei Stuttgart, RIESLING, SPÄTBURGUNDER und LEMBERGER mit Dichte und Spannung. Besonders erlesen sind der SEKT Brut Nature, der überwältigende TROLLINGER ALTE REBEN Blanc de Noir und der herrliche Riesling-EISWEIN Mönchberg 2021.

Alte Reben – Kein Mindestalter festgelegt.

Amtliche Prüfungsnummer (A.P.Nr.) – Muss auf jedem Etikett eines Qualitätsweins abgedruckt sein. Besonders nützlich zur Unterscheidung von Auslesen aus verschiedenen Parzellen desselben Weinbergs.

Assmannshausen Rhg ★★→★★★★ Der steile Höllenberg (45 ha Schieferböden) bringt delikaten Spätburgunder hervor, der 50 Jahre und länger reifen kann. Die benachbarten Lagen (Frankenthal, Hinterkirch) profitieren vom Klimawandel. Erzeuger: Allendorf, Berg, BISCHÖFLICHES WEINGUT RÜDESHEIM, CHAT SAUVAGE, HESSISCHE STAATSWEINGÜTER, Karl Schön, KESSELER, König, KRONE, KÜNSTLER und SOLVEIGS.

Aust, Karl Friedrich Sachsen ★★★ Gutes Familienweingut in Radebeul bei Dresden mit bedeutendem Besitz in der steilen Terrassenlage Goldener Wagen. Karl Friedrich ist auch Steinmetz und kann Weinbergmauern reparieren. Hervorragender TRAMINER und SPÄTBURGUNDER.

Ayl M ★→★★★ Alle Weinberge sind seit 1971 unter dem Namen der historisch besten Lage bekannt: Kupp. Erzeuger: BISCHÖFLICHE WEINGÜTER TRIER, Lauer, Vols, ZILLIKEN.

Bacharach MR ★→★★★ Kleines, idyllisches Städtchen am Fluss, Zentrum der RIESLING-Erzeugung am MITTELRHEIN. GROSSE LAGEN: Hahn, Posten, Wolfshöhle. Erzeuger: JOST, Kauer, RATZENBERGER.

Die EU-Terminologie

Die Umsetzung der neuen EU-Klassifikation für Wein hat in Deutschland dazu geführt, dass die Bezeichnung »Tafelwein« zugunsten von »Wein« (im Amtsdeutsch »Deutscher Wein ohne Herkunftsbezeichnung«) abgeschafft wurde. Das ist bis jetzt aber auch die einzige auf Etiketten sichtbare Veränderung. LANDWEIN heißt nach wie vor Landwein, auch wenn die offizielle Bezeichnung »Wein mit geschützter geografischer Angabe« (g.g.A.) lautet; generell erlaubt Brüssel, etablierte Bezeichnungen weiterhin zu verwenden. »Wein mit geschützter Ursprungsbezeichnung« (g.U.) sollte eigentlich die Stufen QUALITÄTSWEIN und PRÄDIKATSWEIN ersetzen, gilt jedoch bisher in erster Linie für ganze Anbaugebiete wie AHR, BADEN und FRANKEN etc. Da es schwierig ist und Zeit (vier bis sechs Jahre) braucht, um eine orts- oder lagenspezifische g.U. anerkennen zu lassen, gab es bis Ende 2021 nur sechs davon: den Bürgstadter Berg (*siehe* Weingut FÜRST), die Parzellen Blaufüßer Lay, Laubach und Roth Lay im WINNINGER Uhlen (*siehe* HEYMANN-LÖWENSTEIN), den WÜRZBURGer Stein-Berg und den Monzinger Niederberg (NAHE); für den Iphöfer Echter-Berg (*siehe* WIRSCHING) läuft der Antrag. Die Prädikate (Spätlese, Auslese usw.) bleiben erhalten, die Regeln dafür haben sich nicht geändert und werden sich auch in Zukunft nicht ändern. *Siehe auch* Kasten S. 220.

Baden – Große Region im Südwesten und früheres Großherzogtum. Es umfasst 15.000 ha, die sich über eine Länge von 300 km ziehen. Vor allem bekannt für die verschiedenen Burgundertrauben (BLAU- bzw. SPÄT-, GRAU- und WEISSBURGUNDER) mit Enklaven von RIESLING, der in der Regel trocken ausgebaut wird. Zwei Drittel des Leseguts gehen an Winzergenossenschaften.

Barth, Wein- und Sektgut Rhg ★★→★★★ Familienweingut in HATTENHEIM, 22 ha, auf RIESLING-SEKT von Einzellagen spezialisiert (Hassel, Schützenhaus) – Brut Nature (keine Süße) ist erstaunlich fein ziseliert und kein bisschen karg.

Bassermann-Jordan Pfz ★★★ Das berühmte historische Weingut erzeugt RIESLING aus FORST und DEIDESHEIM. Spontan vergorener, in Eiche ausgebauter, feinherber Riesling Ancestrale (aus der Lage Pechstein) und in Amphoren gereifter SPÄTBURGUNDER.

Battenfeld-Spanier Rhh ★★★ Der passionierte H. O. Spanier (*siehe auch* KÜHLING-GILLOT) ist der führende Erzeuger auf den kalkigen Böden in Hohen-Sülzen. Mölsheim und ZELLERTAL (der Auktions-RIESLING wird gerade Kult), Bio. Brillanter Brut Nature.

Becker, Friedrich Pfz ★★→★★★★ Konzentrierter, lagernswerter, vom Terroir geprägter SPÄTBURGUNDER (Heydenreich, Kammerberg, Sankt Paul) aus dem südlichsten Teil der PFALZ. Besitzt einige Weinberge auf der anderen Seite der Grenze im Elsass. Auch gute Weißweine (v. a. CHARDONNAY und WEISSBURGUNDER).

Becker, J. B. Rhg ★★→★★★ Herrlich altmodischer, fassgereifter (und langlebiger) trockener RIESLING und SPÄTBURGUNDER in WALLUF und Martinsthal. Die älteren Jahrgänge (bis zurück in die 1990er) sind außerordentlich preiswert.

Bercher Bad ★★★ Familienweingut am KAISERSTUHL, äußerst verlässlich vom ORTSWEIN bis hoch zum GROSSEN GEWÄCHS, langjährige Erfahrung im Barriqueausbau, am besten sind meist GRAUBURGUNDER Haslen und Kesselberg.

Bergdolt Pfz ★★★ Bio-Weingut in Neustadt-Duttweiler, bekannt für tafelfreundlichen WEISSBURGUNDER Mandelberg GG, mineralischen RIESLING und straffen SPÄTBURGUNDER. Umwerfender SEKT (Brut Nature Fluxus).

Bernkastel MM ★→★★★★ Zentrum der MITTELMOSEL mit der absolut nicht repräsentativen GROSSLAGE Kurfürstlay (meiden!). Eine ganze Reihe GROSSER LAGEN bringt blumigen, balsamischen RIESLING ersten Ranges hervor. Am prestigereichsten ist der DOCTOR, doch Badstube, Graben, Johannisbrünnchen und Lay sind ebenfalls hervorragende Lagen. Spitzenerzeuger: Kerpen, Lauerburg, LOOSEN, MOLITOR, J. J. PRÜM, SCHLOSS LIESER, Studert-Prüm, THANISCH (beide Güter), WEGELER.

Bernkasteler Ring M – Eine von zwei Winzervereinigungen an der MOSEL (mit Mitgliedern wie MOLITOR und THANISCH Erben Müller-Burggraef), die jedes Jahr Mitte bis Ende September eine Auktion abhalten. Die andere ist der GROSSE RING.

Bertram-Baltes, Weingut Ahr ★★★ Shootingstar an der AHR. Eine frühe Lese und ein maßhaltender Einsatz neuer Eichenfässer sorgen für frische, kompakte, rassige SPÄTBURGUNDER von erstklassigen Lagen.

Bischel Rhh ★★★ Aufstrebendes Familienweingut in Appenheim (nördliches RHEINHESSEN) mit einer Reihe herausragender RIESLING GG: Hundertgulden, Heerkretz, Scharlachberg. 2021 besonders erfolgreich.

Bischöfliches Weingut Rüdesheim Rhg ★★★ 9 ha bester Lagen in ASSMANNSHAUSEN und RÜDESHEIM, im Besitz der Diözese Limburg (deren Bischof wegen seines Hangs zum Luxus vor ein paar Jahren seinen Posten räumen musste). Dennoch keine goldenen Zapfhähne im Gewölbekeller des berühmten Klosters von Hildegard von Bingen. Peter Perabo (früher bei KRONE), ist Spezialist für Spätburgunder, aber auch der RIESLING ist sehr gut.

Bischöfliche Weingüter Trier M ★★ 130 ha potenziell erstklassiger Lagen aus historischen Schenkungen. Nicht sehr verlässlich; kaufen sollte man nur nach vorheriger Verkostung.

Bocksbeutel Fran – Die typisch bauchige Flaschenform datiert zurück auf das 18. Jh. Ihre Verwendung ist heute nur in FRANKEN und dem Ort Neuweier in BADEN erlaubt. Neu: der modernisierte, stapelbare »Bocksbeutel PS« – endlich!

Bodensee Bad – Idyllischer Bereich im südlichen BADEN und am (besonders dynamischen) bayerischen Seeufer mit Lagen in 400 bis 580 m Höhe. Trockener, eleganter MÜLLER-THURGAU, leichter, aber fester SPÄTBURGUNDER.

Boppard MR ★→★★★ Weinstadt am MITTELRHEIN mit der GROSSEN LAGE Bopparder Hamm, die wie ein Amphitheater geformt ist. Erzeuger: Heilig Grab, Lorenz, M. Müller, Perll, WEINGART. Unschlagbares Preis-Leistungs-Verhältnis.

Brauneberg MM ★★★→★★★★ Erstklassiger Weinort an der MITTELMOSEL mit ausgezeichneten, sehr aromatischen und herrlich rassigen RIESLINGEN. GROSSE LAGEN: Juffer, Juffer-SONNENUHR. Erzeuger: Fritz Haag,

Willi Haag, KESSELSTATT, Paulinshof, Max Ferd. RICHTER, Sankt Nikolaus Hospital, SCHLOSS LIESER, THANISCH.

Bremer Ratskeller Der 1405 erbaute Keller des Bremer Rathauses (UNESCO-Welterbe) birgt die größte Sammlung deutscher Weine. Der älteste ist ein 1653er RÜDESHEIMER Apostelwein.

Buhl, Reichsrat von Pfz ★★★ Historisches Pfälzer Weingut in DEIDESHEIM. Nach mehreren Wechseln in der Kellerei scheint nun ein recht kräftiger Stil die Oberhand gewonnen zu haben.

Bürgerspital zum Heiligen Geist Fran ★★★ Alter Stiftsbesitz mit großer Kontinuität: Es gab nur sechs Gutsleiter in den vergangenen 180 Jahren. Weißweine traditioneller Machart von den besten Lagen in und um WÜRZBURG. Der SILVANER GG aus der Monopollage Stein-Harfe **15' 16' 17'** 18' 19' 20' 21' ist ein Monument. Der Randersackerer Pfülben RIESLING (20' 21') besitzt Tiefe und Eleganz. Die 21er ERSTE-LAGE-Weine (Innere Leiste, Pfaffenberg, Stein) haben ein ausgezeichnetes Preis-Leistungs-Verhältnis, sowohl Riesling als auch Silvaner.

Bürklin-Wolf, Dr. Pfz ★★→★★★★ 30 ha der besten Lagen der MITTELHAARDT, darunter so herausragende wie FORSTER Kirchenstück, Jesuitengarten und Pechstein, Bio. Wegbereiter der VDP-Klassifikation (1994). Die GG sind kostspielig, doch der Forster ORTSWEIN ist ein Schnäppchen.

Busch, Clemens M ★★★★ Die Steillage Pündericher Marienburg wird in Handarbeit und biodynamisch bewirtschaftet und erbringt sieben GG aus verschiedenen Parzellen. Am besten sind gewöhnlich Felsterrasse (mineralisch, tiefgründig), Raffes (Kraft, Ausgewogenheit) und Rothenpfad (seidig, balsamisch). Jetzt auch Kollektion von RESERVEN mit zwei Jahren Fassreife.

Anbaugebiete mit dem höchsten Riesling-Anteil: Rheingau (77,4 %), Mittelrhein (63,9 %), Mosel (62,4 %).

Chat Sauvage Rhg ★★★→★★★★ Burgund im RHEINGAU: dichter PINOT NOIR aus ASSMANNSHAUSEN, JOHANNISBERG, LORCH, RÜDESHEIM; knackiger CHARDONNAY. Und kein einziger RIESLING-Rebstock.

Christmann Pfz ★★★ VDP-Präsident Steffen Christmann, Bio-Pionier, bekommt jetzt Unterstützung von seiner Tochter Sophie, SPÄTBURGUNDER-Expertin. Das Weingut besitzt ausschließlich klassifizierte Lagen. Am bekanntesten: Idig GG (RIESLING, Spätburgunder); äußert preiswert: aus den Lagen Riesling GUTSWEIN 21. Vielversprechendes neues SEKT-Projekt Christmann & Kauffmann mit Mathieu Kauffmann (ehemals bei Bollinger, *siehe* Kapitel »Frankreich«).

Clüsserath, Ansgar M ★★★ Straffer RIESLING aus der TRITTENHEIMER Apotheke von Clüsserath-Wittmann (mit Philipp WITTMANN verheiratet). Köstlich die Kabinett-Versionen. Präzise Weine, die in alten Eichen-Fudern reifen.

Corvers-Kauter Rhg ★★★ Bio-Weingut in Mittelheim, 37 ha. Der junge Philipp Corvers erzeugt mustergültigen RIESLING aus RAUENTHAL (Baiken), RÜDESHEIM und MARCOBRUNN sowie PINOT NOIR aus ASSMANNSHAUSEN.

Crusius, Dr. Na ★★→★★★ Familiengut in TRAISEN. Die junge Rebecca Crusius sorgt für frischen Wind: Die sensationellen 2020er (z. B. Schlossböckelheimer Felsenberg) vereinen Finesse mit Ausdruck.

Dautel Würt ★★→★★★★ Der junge Christian Dautel bereitet SPÄTBURGUNDER und CHARDONNAY (aber auch WEISSBURGUNDER und LEMBERGER) im burgundischen Geiste. Der atemberaubende 2020er Chardonnay »S« ist reichhaltig mit deutlicher Mineralität und Feuersteinnoten.

Deidesheim Pfz ★★→★★★★ Zentrum der MITTELHAARDT. Die besten Lagen sind Grainhübel, Hohenmorgen, Kalkofen, Kieselberg und Langenmorgen. Spitzenerzeuger: BASSERMANN-JORDAN, Biffar, BUHL, BÜRKLIN-WOLF, CHRISTMANN, Fusser, MOSBACHER, SECKINGER, Siben, Stern und von WINNING. Gute Winzergenossenschaft.

Diel, Schlossgut Na ★★★→★★★★ Caroline Diel folgt dem Beispiel ihres Vaters: Sie bereitet exquisiten Riesling GG (am besten ist meist der Dorsheimer Burgberg), prachtvolle Spätlesen und ernst zu nehmenden Sekt (Cuvée Mo und Goldloch RIESLING).

Doctor MM – Exemplarische Steillage in BERNKASTEL und der Ort, an dem die Trockenbeerenauslese erfunden wurde (1921 von THANISCH). Nur 3,2 ha groß, aber von fünf Besitzern bewirtschaftet: beide Thanisch-Weingüter, WEGELER (1,1 ha), Lauerburg und die örtliche Heilig-Geist-Stiftung (0,26 ha, bis 2024 an MOLITOR und SCHLOSS LIESER verpachtet). Die RIESLINGE sind außerordentlich tiefgründig und reichhaltig, aber kostspielig.

Dolde, Helmut Würt ★★→★★★ Ein ehemaliger Gymnasiallehrer bewirtschaftet einige der höchstgelegenen Weinberge Deutschlands auf bis zu 530 m Höhe. Umwerfender SILVANER (ALTE REBEN, Weißer Jura, Vulkan), delikater SPÄTBURGUNDER und seriöser Pét-Nat. Das Gut hat nur 2 ha, ist aber in manchen Weinbars in New York bekannter als in Deutschland.

Dönnhoff Na ★★★★ In jeder Hinsicht herausragend: solide Basisweine, ausgezeichnete GG (Ausgewogenheit, Lagerpotenzial) sowie fruchtige und edle Süßweine großer Klasse. Am besten ist meist die Hermannshöhle, doch die anderen Lagen folgen auf dem Fuß. Sensationelle 2021er.

Egon Müller – Scharzhof M ★★★★ **59 71 83 90 03 15 18** 19 20 21 22 – Legendärer Familienbetrieb in WILTINGEN an der SAAR mit einem wahren Schatz an alten Reben. Der rassige SCHARZHOFBERGER RIESLING zählt zu den besten Weinen der Welt: erhaben, lebhaft, unsterblich. Die Kabinette sind federleicht und langlebig (doch mittlerweile kostspielig: bis zu 626 € pro Flasche).

Einzellage – Individuelle Weinberglage, nicht zu verwechseln mit GROSSLAGE.

Emrich-Schönleber Na ★★★ Werner Schönleber und Sohn Frank erzeugen klar umrissenen RIESLING aus den klassifizierten Lagen Monzinger Frühlingsplätzchen und Halenberg.

Erden MM ★★★→★★★★ Ort mit Lagen auf roten Schieferböden. Edle Auslesen und trockene RIESLINGE von seltener Würzigkeit und Delikatesse. GROSSE LAGEN: Prälat und Treppchen. Weingüter: BREMER RATSKELLER, J. J. CHRISTOFFEL, Erbes, LOOSEN, MERKELBACH, MOLITOR, Mönchhof, Rebenhof, Schmitges.

Erste Lage – An zweithöchster Stelle klassifizierte Weinberglage, vergleichbar dem Premier Cru im Burgund. Die Bezeichnung wird von VDP-Mitgliedern außerhalb der Anbaugebiete AHR, MITTELRHEIN, MOSEL, NAHE und RHEINHESSEN geführt.

Erzeugerabfüllung – Das Gleiche wie eine GUTSABFÜLLUNG, aber auch auf dem Etikett von Winzergenossenschaften erlaubt.

Escherndorf Fran ★★★ Weinbauort mit der GROSSEN LAGE Lump (Steillage). Der Name spielt möglicherweise darauf an, dass die schmalen Flurstücke nach einem Regen wie graue Lappen oder »Lumpen« aussehen. Fabelhafter Silvaner und RIESLING, trocken und süß. Weingüter: Fröhlich (eleganter ORTSWEIN), Horst SAUER, Rainer SAUER, Schäffer, zur Schwane.

Feinherb – Nicht genau definierter traditioneller Begriff für Weine mit 10 bis 25 g/l Restsüße, die man nicht unbedingt immer herausschmeckt. Flexiblere Bezeichnung als HALBTROCKEN.

Forst Pfz ★★→★★★★ Herausragender Weinort in der MITTELHAARDT, berühmt für seine GROSSEN LAGEN Freundstück, Jesuitengarten, Kirchenstück, Pechstein und Ungeheuer. Der ORTSWEIN ist für gewöhnlich außerordentlich preiswert. Spitzenerzeuger: Acham-Magin, BASSERMANN-JORDAN, BÜRKLIN-WOLF, Margarethenhof, MOSBACHER, Reichsrat von BUHL, H. Spindler, von WINNING, WOLF.

Franken – Anbaugebiet mit markanten trockenen Weinen, besonders SILVANER, meist in BOCKSBEUTEL-Flaschen. Mittelpunkt ist WÜRZBURG.

Franz Keller – Schwarzer Adler Bad ★★★→★★★★ Spitzenweingut in Oberbergen am KAISERSTUHL unter der Leitung von DFB-Präsident Fritz Keller und Sohn Friedrich. Der (rote und weiße) Burgunder zeigt, dass Frankreich nicht weit ist. Das Familienrestaurant Schwarzer Adler hat eine der umfangreichsten Weinkarten in Deutschland: ein Who's who von Bordeaux und Burgund bis zurück in die 1950er-Jahre.

20 Jahre später: überraschende 2003er

Können Sie sich noch an 2003 erinnern? Die Hitzewellen im Sommer brachen alle Rekorde und seitdem wurde jedes warme Jahr (2009, 2015, 2018, 2022) mit 2003 verglichen – meist mit dem Fazit, es sei »nicht ganz so schlimm« gewesen. Damals dachte man, die Weine dieses Jahrgangs würden sich nicht gut halten, doch wenn man heute auf einen 2003er aus kompetenter Hand trifft, ist die Überraschung für gewöhnlich deutlich positiv. Um nur einige zu nennen: Der Rothlauf SILVANER des Weinguts Schwab im fränkischen Thüngersheim bietet eine überwältigende Fruchtkonzentration hinter seinem cremigen Gefüge. Der Jesuitengarten RIESLING von BÜRKLIN-WOLF vereinigt Fülle mit seidiger Süße. Paul FÜRSTs Centgrafenberg SPÄTBURGUNDER R präsentiert sich zeitlos jung mit einer aufregenden Frische, die ihn noch zehn oder 20 Jahre weiter tragen wird. Und J. J. PRÜMS 2003er Auslesen, sei es nun Himmelreich oder SONNENUHR, sind unglaublich anmutig, ohne dass es ihnen an Tiefe fehlen würde. Jede Menge Überraschungen.

Fricke, Eva Rhg ★★★ Dichter, körperreicher, ja sogar seidiger RIESLING von 17 ha in KIEDRICH und LORCH.

Fürst, Weingut Fran ★★★→★★★★ Spätburgunder **97' 03' 05' 09 10' 15' 16'** 17 18' 19 20 mit großer Finesse von roten Sandsteinböden (am dichtesten gewirkt: Hundsrück, am kraftvollsten: Schlossberg, am typischsten: Centgrafenberg, am preiswertesten: Bürgstadter Berg). Auch straffer CHARDONNAY im Burgunderstil und unterschätzter RIESLING.

Fürstlich Castell'sches Domänenamt Fran ★★→★★★ Ferdinand Fürst zu Castell – dessen Familie seit 1057 Wein erzeugt – denkt in großen Zeiträumen: Der SILVANER GG aus der Monopollage Schlossberg (**11 12 15' 16** 17') kommt erst fünf Jahre nach der Lese auf den Markt.

Geisenheim Rhg – Das Städtchen im RHEINGAU ist vor allem bekannt als Sitz der deutschen Hochschule für Weinbau und Önologie. Die GROSSE LAGE Rothenberg (WEGELER) ist weniger bekannt, aber eine der besten im RHEINGAU.

Georg Breuer, Weingut Rhg ★★★→★★★★ Exquisiter RIESLING aus RAUENTHAL, RÜDESHEIM und neuerdings LORCH. Der Nonnenberg altert in Würde (z. B. **04'**), der Berg Schlossberg **90' 93' 96' 97' 02' 08' 12' 13' 14** 15' 16 17' 18 19 20 besitzt viel Tiefe bei 12 % Vol., der Pfaffenwies (erster Jahrgang 19') ist voll floraler Eleganz.

GG (Großes Gewächs) – Bezeichnung für einen trockenen Spitzenwein aus einer GROSSEN LAGE nach der Klassifizierung des VDP. Aus Gründen der internationalen Verständlichkeit wird auch die Schreibweise »Grosses Gewächs« verwendet (vom VDP nur so).

Goldkapsel M, Na, Rhg, Rhh – In manchen deutschen Anbaugebieten wie RHEINGAU, MOSEL und PFALZ verwendete Bezeichnung (auch der Flaschenverschluss) für edelsüße Weine von Auslese bis Trockenbeerenauslese mit strikt selektiertem Lesegut. Dabei geht es nicht um Gewicht und Süße, sondern um Finesse und Komplexität. Die lange Goldkapsel steht für noch höhere Qualität.

Graach MM ★★★→★★★★ Kleiner Ort zwischen BERNKASTEL und WEHLEN. GROSSE LAGEN: Domprobst, Himmelreich, JOSEPHSHOF. Weingüter: Kees-Kieren, KESSELSTATT, LOOSEN, MOLITOR, J. J. Prüm, S. A. PRÜM, SCHAEFER, Selbach-Oster, Studert-Prüm, WEGELER.

Aufs Schaf gekommen

Zwei Forschungseinrichtungen in Süddeutschland haben in einem dreijährigen Projekt den Einsatz von Schafen im Weinberg untersucht und herausgefunden, dass die Zeit- und Kostenersparnis im Vergleich zu menschlicher Handarbeit enorm ist, wenn man die richtige Rasse wählt: entweder Bretonische Zwergschafe (Ouessant) oder Shropshires der dänischen Zuchtlinie, die nicht auf ihren Hinterbeinen stehen können. Da die Schafe beim Weiden unten anfangen, ist das Timing alles, wenn man sie zum Entlauben einsetzen will: Man muss sie zurück in den Stall (oder auf den nächsten Weinberg) bringen, sobald sie die Blätter rund um die Trauben abgefressen haben, denn sie sollen sich ja nicht über das für die Zuckerbildung unabdingliche Laub oberhalb der Trauben hermachen, sondern ihnen nur etwas mehr Luft verschaffen. Nicht zuletzt fressen die Schafe das Gras zwischen den Rebzeilen: Herbizide sollten der Vergangenheit angehören.

Grans-Fassian M-M ★★★ Catharina Grans (in der 13. Generation ihrer Familie) besitzt einen Schatz an besten Lagen in TRITTENHEIM, PIESPORT und Leiwen. RIESLING süß und trocken, ausgewogen und mit Schwung und ohne jeden Kitsch.

Griesel & Compagnie Hess-B ★★★ Für seinen frischen trockenen Stil bekanntes SEKT-Start-up (2013) in Bensheim. Empfehlenswert: oJ RIESLING Réserve Perpétuelle, Grande Cuvée 17, Granit F PINOT NOIR 16 (alle Dosage Zero). Auch ausgezeichneter Stillwein der Marke Schloss Schönberg.

Große Lage – Die Spitze der Lagenklassifikation des VDP, gilt jedoch nur für Mitglieder des VDP. Darf auf keinen Fall mit der GROSSLAGE verwechselt werden. Trockene Weine von einer Großen Lage werden als Großes Gewächs (GG) bezeichnet. Also immer ganz genau hinsehen.

Großer Ring M – Gruppe von Spitzenweingütern (VDP) im Anbaugebiet MOSEL, bei deren jährlicher Auktion im September in TRIER manchmal sogar Weltrekordpreise erzielt werden (z. B. 14.994 € pro Flasche der 03er Trockenbeerenauslese von EGON MÜLLER).

Großlage – Eine vielleicht sogar mit Absicht so gewählte verwirrende Bezeichnung: eine Ansammlung zweitrangiger Weinberge ohne Identität, die nichts, aber auch gar nichts mit einer GROSSEN LAGE zu tun hat. Nach der letzten Änderung des Weingesetzes müssen Weine aus Großlagen zusätzlich die Bezeichnung »Region« tragen, während die Erwähnung des Orts bei der Großlage (z. B. Piesporter Michelsberg) nicht mehr erlaubt ist, aber es gibt eine Übergangsphase.

Gunderloch Rhh ★★★→★★★★ Historisches Weingut in NACKENHEIM, in Carl Zuckmayers Stück *Der fröhliche Weinberg* (1925) porträtiert. Äußerst mineralischer Rothenberg RIESLING, trocken (GG **15 16 17'** 18' 19' 20 21') und süß. Neuer VERSTEIGERUNGSWEIN von der Rothenberg-Parzelle Fenchelberg (erster Jahrgang 20). Der Kabinett Jean-Baptiste ist der perfekte Begleiter zu würzigen Speisen.

Gut Hermannsberg Na ★★★ Historische preußische Staatsdomäne in NIEDERHAUSEN. Die RIESLING GG brauchen Zeit, um Komplexität zu entwickeln. Der Kupfergrube aus SCHLOSSBÖCKELHEIM kommt erst nach fünf Jahren auf den Markt. Stilvolles Gästehaus.

Gutsabfüllung – Auf Weingütern (im Unterschied zu Genossenschaften) anstelle von ERZEUGERABFÜLLUNG verwendet.

Gutswein – Wein, bei dem keine Weinberg- oder Ortsbezeichnung, sondern nur der Name des Erzeugers auf dem Etikett steht: Basiskategorie. Idealerweise sollte ein Gutswein eine ERZEUGERABFÜLLUNG (von eigenen Trauben) sein, aber das ist nicht immer der Fall.

Haag, Fritz M ★★★★ BRAUNEBERGS Spitzenweingut; Oliver Haag führt das Werk seines (2020 verstorbenen) Vaters Wilhelm fort, aber seine Weine sind moderner. *Siehe auch* SCHLOSS LIESER.

Haag, Willi M ★★→★★★ Familienweingut in BRAUNEBERG, geleitet von Marcus Haag. RIESLING alter Schule, meist süß und voll, aber ausgewogen und preisgünstig.

Haart, Reinhold MM ★★★→★★★★ Das beste Weingut in PIESPORT mit wertvollem Besitz in der berühmten Lage Goldtröpfchen. Die RIESLINGE, Spätlesen, Auslesen und höheren PRÄDIKATE sind rassige Moselweine wie aus dem Bilderbuch.

Haidle Würt ★★★ Moritz Haidle setzt auf das kühle Klima des Remstals für Weine von ausgeprägter Frische. Hervorragend sind die LEMBERGER GG Berge und Gehrnhalde.

Halbtrocken – Mit 9–18 g/l Restsüße. Die Bezeichnung »halbtrocken« auf dem Etikett kommt heutzutage nicht mehr so gut an – FEINHERB klingt besser.

Hallgarten Rhg ★★→★★★★ Weinort auf der Höhe abseits vom Rhein, dessen Lagen (klassifiziert: Jungfer, Hendelberg, Schönhell) aufgrund des Klimawandels immer gefragter werden. Erzeuger: Fürst LÖWENSTEIN, KRONE, KÜHN, H. Nicolai, PRINZ, Querbach, SPREITZER.

Hattenheim Rhg ★★→★★★★ Weinort, bekannt für die Lagen Nussbrunnen und Wisselbrunnen, die, wie ihr Name schon sagt, auf wasserspeichernden Schichten ruhen, und für den über den Häusern aufragenden legendären STEINBERG. Weingüter: Barth, HESSISCHE STAATSWEINGÜTER, Kaufmann, Knyphausen, Schloss Reinhartshausen, Ress und SPREITZER.

Heger, Dr. Bad ★★★ Das Weingut am KAISERSTUHL ist bekannt für seine Parzellenauslesen von vulkanischen Böden in Achkarren und IHRINGEN, besonders Vorderer Berg (SPÄTBURGUNDER, GRAUBURGUNDER, WEISSBURGUNDER, RIESLING) von der steilen Terrassenlage Winklerberg. Spätburgunder Häusleboden von 1956 angepflanzten alten Stecklingen aus dem Clos de Vougeot (*siehe* Kapitel »Frankreich«). Joachim Heger stehen jetzt die Töchter Rebecca und Katharina zur Seite.

Heitlinger/Burg Ravensburg Bad ★★→★★★ Zwei führende Weingüter im nordbadischen Kraichgau im selben Besitz: Heitlinger ist eleganter, Burg Ravensburg körperreich.

Hessische Bergstraße – Deutschlands kleinstes Anbaugebiet mit nur 460 ha liegt nördlich von Heidelberg.

Hessische Staatsweingüter Kloster Eberbach Hess-B, Rhg ★★→★★★★ Domäne des Landes Hessen mit Vinothek im KLOSTER EBERBACH; 238 ha in erstklassigen Lagen des RHEINGAUS und der HESSISCHEN BERGSTRASSE; reicher Vorrat an reifen Weinen, die bis auf 1706 zurückgehen.

Hey, Weingut ★★★ Führendes ostdeutsches Weingut in Naumburg, SAALE-UNSTRUT. Straffer RIESLING GG aus der Lage Steinmeister, saftiger ZWEIGELT Breitengrad51, ordentlicher TRAMINER Weischütz.

Großlage, Große Lage und Bereich – trau, schau, wem!

Derzeit kann auf deutschen Weinetiketten GROSSLAGE oder GROSSE LAGE stehen, was aber keinesfalls dasselbe ist: Ersteres ist eine Ansammlung von meist Hunderten Hektar zweitrangiger Lagen, Letzteres genau das Gegenteil – eine herausragende EINZELLAGE, ein deutscher »Grand Cru«, nach der Klassifikation des Winzerverbands VDP. Bisher konnte eine Großlage sich als Einzellage ausgeben, denn wer weiß schon, ob »Forster Mariengarten« eine Einzellage oder eine Großlage ist? (Es ist Letzteres.) Doch zum Glück ist das noch nicht das Ende der Geschichte: Ab 2026 darf der Name einer Großlage nicht mehr zusammen mit einem Ortsnamen erwähnt werden, und statt »Forster Mariengarten« muss es dann »Region Mariengarten« heißen. Die Bezeichnung »Bereich« wird ebenfalls durch »Region« ersetzt. Nach dem deutschen Weinrecht ist ein »Bereich« ein größerer Abschnitt innerhalb eines Anbaugebiets. Auf einem Etikett, wie z. B. bei »Bernkastel (Bereich)«, ist diese Bezeichnung als Warnsignal zu verstehen: Der Wein ist ein Verschnitt aus beliebigen Lagen innerhalb dieses Bereichs und sollte besser nicht gekauft werden.

Heymann-Löwenstein M ★★★ Sarah Löwenstein hat die Nachfolge ihres Vaters Reinhard angetreten und erzeugt weiter terroirbewussten, unkonventionellen RIESLING von Steilterrassen in WINNINGEN bei Koblenz.

Hochheim Rhg ★★→★★★★ Weinstadt am Main, östlich vom Hauptgebiet des RHEINGAUS, voller RIESLING von den tiefgründigen Böden der GROSSEN LAGEN Domdechaney, Hölle, Kirchenstück (oft am besten), KÖNIGIN VIKTORIABERG und Reichestal. Erzeuger: Flick, HESSISCHE STAATSWEINGÜTER, Himmel, Im Weinegg, KÜNSTLER, Werner.

Hock – Von »HOCHHEIM« abgeleitete traditionelle englische Bezeichnung für Rheinwein.

Huber, Bernhard Bad ★★★→★★★★ Burgundische Philosophie in Südbaden. SPÄTBURGUNDER Wildenstein, generös, kompakt, kostspielig; CHARDONNAY Alte Reben und Hecklinger Schlossberg straff, anspruchsvoll; sehr guter (roter und weißer) ORTSWEIN.

Ihringen Bad ★→★★★ Der Ort am KAISERSTUHL ist für seine feinen SPÄTBURGUNDER, GRAUBURGUNDER und WEISSBURGUNDER (ursprünglich auch für SILVANER) vom Vulkanboden des steilen Winklerbergs bekannt. Spitzenweingüter: Dr. HEGER, Konstanzer, Michel, Stigler.

Ingelheim Rhh ★★→★★★★ Weinort in RHEINHESSEN gegenüber dem Rheingau auf der anderen Seite des Rheins; Weinberge mit Kalksteinuntergrund. Das historische Renommee für SPÄTBURGUNDER erhält neue Nahrung durch dynamische Weingüter wie ADAMS, Bettenheimer, Dautermann, NEUS, Schloss Westerhaus, Wasem und Werner.

Iphofen Fran ★★→★★★ Weinort im STEIGERWALD mit der berühmten GROSSEN LAGE Julius-Echter-Berg (benannt nach dem Großinquisitor aus dem 16. Jh., der auch das Juliusspital gründete). Reichhaltiger, aromatischer SILVANER mit Lagerpotenzial von Gipsböden. Erzeuger: Arnold, Emmerich, JULIUSSPITAL, Popp, RUCK, Seufert, Vetter, Von der Tann, Weigand, WELTNER, Wirsching und Zehntkeller.

Johannisberg Rhg ★★→★★★★ Weinort im RHEINGAU. Legendär ist SCHLOSS JOHANNISBERG; weitere Erzeuger: CHAT SAUVAGE, JOHANNISHOF – ESER, Prinz v. Hessen, Schamari-Mühle. Die GROSSLAGE Erntebringer unbedingt meiden!

Johannishof – Eser Rhg ★★→★★★ Familienweingut mit Lagen in JOHANNISBERG und RÜDESHEIM; RIESLINGE mit perfekter Ausgewogenheit von reifer Frucht und stahliger Säure.

Jost, Toni MR ★★★ Führendes Weingut in BACHARACH mit der Monopollage Hahn, jetzt unter der Leitung von Cecilia Jost. Aromatischer RIESLING, bemerkenswerter SPÄTBURGUNDER.

Jülg Pfz ★★→★★★★ Dichter SPÄTBURGUNDER sowie scharf mineralischer CHARDONNAY und SAUVIGNON BLANC von Kalksteinlagen in SCHWEIGEN. Spitzenreihe: Opus Oskar (nach Johannes Jülgs Großvater).

Juliusspital Fran ★★★ Alte kirchliche Stiftung in WÜRZBURG mit besten Lagen in ganz FRANKEN, bekannt für seine trockenen Silvaner, die schön altern. Gelegentlich auch brillante Beeren- und Trockenbeerenauslesen, z. B. Stein RIESLING Beerenauslese 16.

Kaiserstuhl Bad – Erloschener Vulkan nahe dem Rhein in Südbaden mit ausgesprochen warmem Klima und schwarzem Boden. Die Weinlagen reichen bis in 400 m Höhe. SPÄTBURGUNDER und GRAUBURGUNDER mit Klasse und Renommee.

Kanzem M ★★★ Kleiner Ort an der SAAR mit dem Altenberg, einer steilen GROSSEN LAGE auf grünem und grauem Schiefer sowie Rotliegend. Erzeuger: BISCHÖFLICHE WEINGÜTER TRIER, Cantzheim (mit Gästehaus), von OTHEGRAVEN, VAN VOLXEM.

Karthäuserhof M ★★★★ Historisches RUWER-Weingut, dessen Flaschen markanterweise nur ein Etikett am Hals tragen. Nach wechselhaften Ergebnissen in den letzten paar Jahren soll nun ein neues Team an den alten Ruhm anknüpfen: Mathieu Kauffmann (früher bei Bollinger, *siehe* Kapitel »Frankreich«) und Dominik Völk (früher bei VAN VOLXEM).

Keller, Franz Bad – *Siehe* FRANZ KELLER – SCHWARZER ADLER.

Keller, Weingut Rhh ★★★★ Star in RHEINHESSEN, kultisch verehrt für seinen RIESLING ALTE REBEN G-Max aus einer unbekannten (Kalk-)Parzelle und die GROSSEN GEWÄCHSE aus den Lagen Hubacker und Morstein. Außerdem Riesling aus den NIERSTEINER Lagen Hipping und Pettenthal. Auch an der MITTELMOSEL präsent (PIESPORTER Schubertslay). Rekordpreise bei Auktionen.

Kesseler, August Rhg ★★★★ August Kesselers 1985er ASSMANNSHAUSEN Höllenberg SPÄTBURGUNDER war der Beginn des neuen deutschen Spätburgunderwunders. Inzwischen haben langjährige Angestellte den Betrieb übernommen und arbeiten genauso perfektionistisch.

Kesselstatt, Reichsgraf von M ★★ 46 ha Spitzenlagen an der MOSEL und ihren Nebenflüssen, in unruhigen Gewässern, seitdem die Visionärin Annegret Reh-Gartner 2016 starb. Der langjährige Kellermeister und Geschäftsführer ging 2021 kurz vor der Lese.

Kiedrich Rhg ★★→★★★★ Erstklassiger Weinort, fast im Alleinbesitz des Guts von Robert Weil; andere Erzeuger (u. a. FRICKE, PRINZ VON HESSEN und Knyphausen) besitzen hier nur kleine Parzellen. Berühmt für Kirche und Chor.

Kloster Eberbach Rhg – In dem stimmungsvollen Zisterzienserkloster aus dem 12. Jh. bei HATTENHEIM wurde *Der Name der Rose* gedreht. Sitz der HESSISCHEN STAATSWEINGÜTER.

Klumpp, Weingut Bad ★★★ Die Brüder Markus und Andreas Klumpp haben die Kellerei im nordbadischen KRAICHGAU an die Spitze geführt, v. a. mit fruchtbetontem SPÄTBURGUNDER und ausgefeiltem GRAUBURGUNDER aus der Bruchsaler Lage Rothenberg.

Knebel, Weingut M ★★★ Historisches Familienweingut in Topform in WINNINGEN. Ausgefeilte Trockenbeerenauslesen und elegante, aromatische trockene Weine.

Knewitz, Weingut Rhh ★★★ Die Brüder Björn und Tobias Knewitz haben weniger als zehn Jahre gebraucht, um das unbekannte Weingut ihrer Eltern zu einem der führenden in RHEINHESSEN zu machen und dem VDP beizutreten. Das Meisterstück ist der Appenheimer Hundertgulden RIESLING (**15' 16' 17' 18** 19' 20' 21').

Knipser Pfz ★★★→★★★★ Spitzenweingut in der Nordpfalz, v. a. für sehr trockenen RIESLING, lagernswerten SPÄTBURGUNDER (der 91er Kirschgarten ist 2022 noch quicklebendig), CHARDONNAY und Spezialitäten wie Gelber Orleans, SYRAH und den Bordeaux-Verschnitt Cuvée X.

Königin Viktoriaberg Rhg ★★→★★★ Historische Weinlage in HOCHHEIM, heute vom Weingut Flick in Wicker bewirtschaftet. Nach ihrem Besuch im Jahr 1845 erlaubte Queen Victoria dem damaligen Besitzer, die Lage nach ihr umzubenennen.

Kranz, Weingut Pfz ★★★→★★★★ Spitzenweingut im südpfälzischen Ilbesheim. Intensiver RIESLING, SPÄTBURGUNDER und WEISSBURGUNDER aus der Einzellage Kalmit. Bio.

Krone, Weingut Rhg ★★★ Für seinen SPÄTBURGUNDER berühmtes Weingut mit alten Parzellen in ASSMANNSHAUSEN (Schieferböden), betrieben von WEGELER. In die Spitzen-Cuvée Juwel (**13' 14 15'**) gehen Trauben vom legendären Höllenberg und kühleren benachbarten Parzellen ein.

Kühling-Gillot Rhh ★★★★ Erstklassiges Bio-Weingut, geleitet von Caroline Gillot und ihrem Mann H. O. Spanier. Sie überzeugen mit ihrem herausragenden RIESLING vom ROTEN HANG: Rothenberg GROSSES GEWÄCHS von über 70 Jahre alten, wurzelechten Reben.

Kühn, Peter Jakob Rhg ★★★→★★★★ Ausgezeichnetes Weingut in OESTRICH. Leidenschaftlicher Bio-Weinbau und lange Maischestandzeiten sorgen für unkonventionellen, aber aufregenden RIESLING. Die Reserven PJK. Unikat reifen vier Jahre im Fass. Sankt Nikolaus und Doosberg GG sind verlässlich auf höchstem Niveau, der HALLGARTEN Hendelberg ist überaus preiswert.

Kuhn, Philipp Pfz ★★★→★★★★ Herausragendes Weingut im nordpfälzischen Laumersheim mit RIESLING (z. B. SAUMAGEN, Schwarzer Herrgott, VERSTEIGERUNGSWEIN Philippsbrunnen aus ZELLERTAL), lagernswertem SPÄTBURGUNDER und umwerfenden Spezialitäten (CHARDONNAY, SAUVIGNON BLANC, VIOGNIER).

Künstler Rhg ★★★ Gunter Künstler konnte die Lagen von Graf von Schönborn in MARCOBRUNN übernehmen (erster Jahrgang 2021) und hat somit GROSSE GEWÄCHSE aus allen Teilen des RHEINGAUS, konzentriert sich jedoch auch weiter auf seine Heimatstadt HOCHHEIM: hervorragend die RIESLINGE GG aus Hölle und Kirchenstück.

Kuntz, Sybille M ★★★ Progressives 12-ha-Bio-Weingut in Lieser, v. a. in der Lage Niederberg-Helden. Pionier für trockenen MOSEL-Wein; die intensiven Weine, einer in jeder Reifekategorie, sind für die Gastronomie gemacht und stehen in vielen Spitzenrestaurants auf der Weinkarte.

Laible, Andreas Bad ★★★ Kristallklarer trockener RIESLING vom DURBACHER Plauelrain (Granit). Alexander, der jüngere Bruder von Andreas Laible jun., hat ein eigenes Weingut.

Landwein – Eigentlich »Wein mit geschützter geografischer Angabe« (g.g.A.; *siehe* Kasten S. 220) und als Angabe für Weine mit nur grob eingegrenztem Herkunftsgebiet gedacht, aber jetzt bei ehrgeizigen Winzern beliebt, die (z. B. wegen spontaner Gärung oder niedriger Schwefelwerte) der offiziellen Qualitätsprüfung aus dem Weg gehen wollen. Am bekanntesten sind Brenneisen, Enderle & Moll, Forgeurac, Greiner, Höfflin, Nieger, Vorgrimmler, WASENHAUS und ZIEREISEN (alle aus BADEN); Drei Zeilen, Vetter, Weigand (FRANKEN); Schmitt (RHEINHESSEN); Konni & Evi (SAALE-UNSTRUT).

Jahrgangsangaben im Kapitel »Deutschland«

Die Jahrgangsangaben bei den Stichwörtern im Kapitel »Deutschland« erfolgen meist nach einem anderen Schema als sonst in diesem Buch üblich. Wird der Jahrgang eines bestimmten Weins bewertet oder auf Rotweingebiete Bezug genommen, entspricht die Angabe dem in diesem Buch ansonsten üblichen Schema (*siehe* »Zum richtigen Gebrauch«, S. 4). Für Bereiche, Gemeinden und Erzeuger aber gibt es zwei verschiedene Kategorien:

Fettdruck (z. B. **19**) – Klassischer, reifer Jahrgang mit einem hohen Anteil von Spät- und Auslesen bzw. bei Rotweinen mit schöner phenolischer Reife und einem guten Mostgewicht.

Normaldruck (z. B. 21) – Erfolgreicher, aber nicht außergewöhnlicher Jahrgang.

Deutsche Weißweine, insbesondere RIESLING, kann man in der Regel jung trinken, um ihre intensive Fruchtigkeit zu genießen, aber auch 10–20 Jahre lagern, wodurch sie eine größere aromatische Finesse entwickeln.

Lauer, Peter M ★★★ Feiner, präziser RIESLING von der SAAR: straff, ausgewogen. Abfüllungen aus einzelnen Parzellen der ausgedehnten Lage Ayler Kupp. Am besten: Kern, Schonfels, Stirn.

Le Gallais M – Das Zweitgut von EGON MÜLLER mit der 4-ha-Lage Braune Kupp (in Alleinbesitz) in WILTINGEN, deren Schieferboden einen höheren Lehmanteil aufweist als der SCHARZHOFBERG. Die Auslesen können grandios sein.

Leitz, Weingut Rhg ★★★ Das bedeutende 160-ha-Weingut in RÜDESHEIM erbringt die ganze Palette von respektablem Discount-RIESLING bis zu hervorragenden GG. Hat einigen hohen Lagen am Berg Kaisersteinfels neues Leben eingehaucht. Preisgünstige, aber verlässliche Marke Eins-Zwei-Dry.

Loewen, Carl M ★★★ RIESLING mit Eleganz, Spannung und Komplexität. Die beste Lage ist der 1896 bestockte, wurzelechte Maximin Herrenberg in Longuich. Ausgezeichnet das Preis-Leistungs-Verhältnis beim Einstiegs-Riesling Varidor.

Loosen, Dr. MM ★★→★★★★ Ernst Loosen wird auf der ganzen Welt wie ein Rockstar gefeiert, und das zu Recht: Seine Basisweine (z. B. Blauschiefer, Rotschiefer und sogar der Dr. Loosen von zugekauften Trauben) stechen durch ihre Reinheit und Typizität hervor, die GG-Palette bietet trockenen RIESLING von der Mosel in Bestform und in den Reserven (zwei Jahre Fassreife, probieren Sie den ERDENER Prälat 12) kommt das jeweilige Terroir unverfälscht und köstlich zum Ausdruck. Auch ausgezeichnete Süßweine: Der Prälat Auslese ist seit Jahrzehnten Kult. Aktiv auch in der PFALZ (J. L. WOLF), in den USA (Chateau Ste Michelle im Bundesstaat Washington, Appassionata, J. Christopher in Oregon) sowie in Australien (Jim Barry).

Deutschland

Lorch Rhg ★→★★★ Ort im äußersten Westen des RHEINGAUS mit klimatischen Bedingungen wie am MITTELRHEIN. Wird gerade wegen seiner kristallin-scharfen Weine, sowohl RIESLING als auch SPÄTBURGUNDER, wiederentdeckt. Die besten Erzeuger sind BREUER (Pfaffenwies 19' 20' 21'), CHAT SAUVAGE, FRICKE, von Kanitz, KESSELER und SOLVEIGS.

Löwenstein, Fürst Fran, Rhg ★★★ Klassischer RIESLING aus HALLGARTEN (RHEINGAU), einzigartiger SILVANER und Riesling vom ultrasteilen Homburger Kallmuth (FRANKEN). **Marcobrunn** Rhg – Historische, 7 ha umfassende GROSSE LAGE in Erbach mit Potenzial für tiefgründigen und langlebigen RIESLING. Erzeuger: CORVERS-KAUTER, HESSISCHE STAATSWEINGÜTER, Höhn, Knyphausen, KÜNSTLER, von Oetinger, PRINZ und Schloss Reinhartshausen.

Die deutschen Qualitätsstufen

Die amtlichen Qualitätsstufen in aufsteigender Reihenfolge (einmal tief Luft holen bitte):

1. **Deutscher Wein ohne Herkunftsangabe** (oder schlicht **Wein**; ersetzt die Bezeichnung *Tafelwein*): leichter, meist lieblicher Wein ohne näher festgelegte Eigenart.
2. **Wein mit geschützter geografischer Angabe (g.g.A.)** (ersetzt Landwein): trocken oder halbtrocken, gebietstypisch. Meist nicht zu empfehlen, doch einige erfolgreiche Güter nutzen die Kategorie *Landwein*, um bürokratische Zwänge zu umgehen.
3. **Wein mit geschützter Ursprungsbezeichnung (g.U.)** (ersetzt QUALITÄTSWEIN): Bis jetzt wurden erst sechs Appellationen im engeren Sinn des Wortes von der EU genehmigt.
4. **Qualitätswein:** trockener oder lieblicher Wein, dem vor der Gärung Zucker zugesetzt wurde, um ihn kräftiger zu machen, aber qualitätsgetestet und von regional- und sortentypischem Geschmack. Jetzt nicht verzweifeln.
5. **Kabinett:** der leichteste deutsche Wein, trocken oder halbtrocken, ungezuckert, subtil, aber langlebig, die Erzeugung wird durch den Klimawandel erschwert, es braucht hohe Lagen und eine frühe, rasche Lese.
6. **Spätlese:** eine Stufe reifer und süßer als Kabinett. Muss mindestens fünf Jahre reifen. Trockene Spätlesen (oder was man dafür halten mag) werden heute meist als Qualitätswein verkauft (auch wenn sie nicht aufgezuckert sind).
7. **Auslese:** Wein von ausgewählten vollreifen Trauben mit Edelfäule. Gehaltvoll, aber – traditionell – eher elegant als hochkonzentriert. 99 % sind süß, aber Spezialisten (J. B. BECKER, Koehler-Ruprecht) zeigen, dass trockene Auslesen auch elegant sein können.
8. **Beerenauslese:** üppig süßer Wein von einzeln ausgewählten außergewöhnlich reifen, durch Edelfäule konzentrierten Beeren.
9. **Eiswein:** von gefrorenen Trauben ohne das Eis (das heißt den Wassergehalt) gekeltert, deshalb äußerst konzentriert, der Reifegrad entspricht mindestens dem einer Beerenauslese. Hervorragende Eiswein-Jahrgänge: **98 02 04 08**. In den letzten zehn Jahren immer seltener erzeugt: Der Klimawandel ist der Feind des Eisweins.
10. **Trockenbeerenauslese:** die süßeste und teuerste Kategorie deutscher Weine, extrem selten, dickflüssig und konzentriert, mit Aromen von Trockenfrüchten. Von ausgewählten getrockneten, edelfaulen Beeren gekeltert. Halbe Flaschen sind eine gute Idee.

Markgräflerland Bad – Weinbaubezirk südlich von Freiburg mit kühlerem Klima (Winde aus dem Schwarzwald) und Kalksteinboden. Bekannt für den GUTEDEL, einen angenehmen Begleiter der regionalen Küche. Burgundersorten mit wachsendem Erfolg.

Markgraf von Baden Bad ★★→★★★ Renommiertes Nobelweingut mit 112 ha in Schloss Salem am BODENSEE und auf Schloss Staufenberg in der ORTENAU. In letzter Zeit bedeutende Fortschritte (z. B. Staufenberg Sophienberg PINOT NOIR 19').

Maximin Grünhaus M ★★★★ Maximin von Schubert hat das Steuer in diesem erstklassigen Gut an der RUWER übernommen. Dank der sehr traditionellen Weinbereitung entsteht kräuterwürziger, feingliedriger, langlebiger Riesling. Jedes Jahr ernster zu nehmen: cremiger PINOT BLANC und eleganter PINOT NOIR.

Merkelbach, Weingut MM ★★→★★★ Winziges Weingut in ÜRZIG, 2 ha. Die Brüder Alfred und Rolf Merkelbach haben das Tagesgeschäft altersbedingt an SELBACH-OSTER übergeben, aber der Wein wird nach wie vor in ihrer Kellerei gekeltert.

Meyer-Näkel Ahr ★★★→★★★★ Raffinierter, fruchtbetonter SPÄTBURGUNDER von Steilterrassen am Walporzheimer Kräuterberg (09 12 13' **14 15' 16'** 17' 18 19') und anderen Spitzenlagen an der AHR. Außer sechs Barriques ging der gesamte 2020er-Jahrgang in der Flut verloren. Auch in Portugal (Quinta da Carvalhosa) und Südafrika (Zwalu, mit Neil Ellis) tätig.

Mittelhaardt Pfz – Der beste Teil der PFALZ (nördliche Mitte) mit DEIDESHEIM, FORST, RUPPERTSBERG und WACHENHEIM. Größtenteils mit RIESLING bestockt.

Mittelmosel – Der mittlere und beste Teil der MOSEL mit BERNKASTEL, BRAUNEBERG, GRAACH, PIESPORT, WEHLEN usw. – ein RIESLING-Eldorado.

Mittelrhein ★★→★★★ Wildromantisches Anbaugebiet am Rhein in der Nähe der bei Touristen sehr beliebten Loreley. Beste Weinbaugemeinden: BACHARACH, BOPPARD und Oberwesel. Die delikaten und zugleich stahligen Rieslinge werden unterschätzt und unter Wert verkauft.

Molitor, Markus M, MM ★★★→★★★★ Perfektionistischer Erzeuger, traditionelle Weinbereitung von 120 ha in 24 EINZELLAGEN – fast 100 verschiedene Abfüllungen. Die Farbe der Kapsel gibt Auskunft über den Süßegrad (weiß = trocken, grün = halbtrocken, golden = süß).

Mosbacher Pfz ★★★ Einige der besten RIESLINGE GG aus FORST, eher finessereich als massiv; traditioneller Ausbau in großen Eichenfässern.

Mosel – Anbaugebiet, das früher Mosel-Saar-Ruwer hieß, mit insgesamt 8.660 ha, 62 % RIESLING. Die Bedingungen an den Nebenflüssen SAAR und RUWER unterscheiden sich erheblich von denen an der Mosel.

Nackenheim Rhh ★→★★★★ Nachbarort von NIERSTEIN mit der GROSSEN LAGE Rothenberg auf Rotschiefer. Berühmt für den vollsten Riesling in Rheinhessen sowie herrliche Trockenbeerenauslesen. Spitzenerzeuger: Gunderloch, KÜHLING-GILLOT, Dr. Marbé-Sans, SCHÄTZEL.

Nahe – Nebenfluss des Rheins und dynamisches Anbaugebiet (4.230 ha) mit einer Handvoll Spitzengütern (u. a. DIEL, DÖNNHOFF, SCHÄFER-FRÖHLICH), Dutzenden weniger bekannten Erzeugern und einem ausgezeichneten Preis-Leistungs-Verhältnis. Große Bodenvielfalt; am besten RIESLING von Schieferböden.

Neipperg, Graf Würt ★★★→★★★★ Philipp Graf von Neipperg führt an der Seite seines Vaters Karl-Eugen die Tradition dieser Hochburg der Eleganz fort. LEMBERGER mit Tiefe und Reifepotenzial – Mitglieder der Familie Neipperg brachten diese Rebe im 17. Jh. nach Deutschland. Auch anmutiger SPÄTBURGUNDER und die hervorragende MUSKATELLER-Trockenbeerenauslese 18. Karl-Eugens jüngerer Bruder Stephan erzeugt Wein in Canon-La-Gaffelière in St-Émilion und anderswo.

Neus Rhh ★★★ Wiederbelebtes Traditionsweingut in INGELHEIM, exzellenter SPÄTBURGUNDER, am besten der Pares.

Niederhausen Na ★★→★★★★ Weinort im mittleren Nahetal. Komplexe RIESLINGE aus der herrlichen GROSSEN LAGE Hermannshöhle und von den benachbarten Steillagen. Spitzenerzeuger: CRUSIUS, Dönnhoff, Gut HERMANNSBERG, J. Schneider, Mathern.

Nierstein Rhh ★→★★★★ Die GROSSLAGE Gutes Domtal sollte man unbedingt meiden. Echter Niersteiner RIESLING ist reichhaltig, straff und komplex, z. B. aus den GROSSEN LAGEN Brudersberg, Hipping, Ölberg, Orbel und Pettenthal. Weingüter: Bunn, Gehring, Gröhl, GUNDERLOCH, Guntrum, Hofmann, Huff (beide), KELLER, KÜHLING-GILLOT, Manz, SCHÄTZEL, ST. ANTONY, Strub.

Ockfen M ★★→★★★ Weinbauort an der SAAR, bekannt für die GROSSE LAGE Bockstein. Erzeuger: KESSELSTATT, Markus MOLITOR, von OTHEGRAVEN, SANKT URBANS-HOF, VAN VOLXEM, WAGNER, ZILLIKEN. Die historische Lage Geisberg wurde im 20. Jh. aufgegeben, weil sie zu kühl war, aber nun hat Van Volxem 10 ha neu bestockt.

Odinstal Pfz ★★→★★★ Das Gut mit dem höchstgelegenen Weinberg der PFALZ, 150 m oberhalb von WACHENHEIM. Bio-Anbau und Vinifizierung unter minimalem Einsatz von Technik ergeben reintönigen GEWÜRZTRAMINER, RIESLING und SILVANER. Neues VDP-Mitglied (2021).

Kabinett: der nächste Hype

Versteigerungen haben Spitzenburgunder unerschwinglich gemacht, der Grund ist wenig überraschend: ein kleines Angebot und eine enorme Nachfrage. Genauso scheint es jetzt dem RIESLING Kabinett zu ergehen – doch wie kommt es, dass ein Wein, für den man pro Hektar 80 Hektoliter (statt 30 oder 35 wie für einen Grand Cru aus dem Burgund) ernten kann, trotzdem so selten ist? Beim Kabinett ist der Lesezeitpunkt der kritische Faktor: Es bedarf eines überaus genauen Timings, damit ein niedriger Alkoholgehalt, lebhafte Säure und aromatischer Ausdruck zusammenkommen. Das Zeitfenster erstreckt sich über einen oder zwei Tage – und auch das nur bei einer perfekten Lage, in der die Reife nicht allzu schnell fortschreitet.

Oechsle – Maßeinheit für den Zuckergehalt des Traubenmosts. Bis in die 1990er-Jahre galt: je mehr Oechsle, desto besser der Wein. Doch die globale Erderwärmung hat die Karten neu gemischt.

Ökonomierat Rebholz Pfz ★★★ Spitzenweingut im Bereich SÜDLICHE WEINSTRASSE mit knochentrockenen, pikanten, verlässlichen RIESLINGEN der Kategorie GROSSES GEWÄCHS, der beste ist in der Regel der Kastanienbusch von rotem Schiefer. Auch guter CHARDONNAY und SPÄTBURGUNDER. Hansjörg Rebholz wird nun von den Zwillingssöhnen Hans und Valentin unterstützt.

Oppenheim Rhh ★→★★★ Nachbarstadt von NIERSTEIN, aber mit anderem Mikroklima (kein direkter Einfluss des Rheins) und anderem Boden (Kalkstein statt rotem Schiefer). GROSSE LAGEN Kreuz und Sackträger. Weingüter: Guntrum, Kissinger, KÜHLING-GILLOT, Manz. Imposante Kirche aus dem 13. Jh.

Ortenau Bad ★★→★★★ Bereich um und südlich von Baden-Baden. Vorwiegend Klingelberger (RIESLING) und SPÄTBURGUNDER von Granitböden.

Ortswein – Zweitunterste Stufe in der Qualitätspyramide des VDP, viele Ortsweine sind echte Schnäppchen. *Siehe* nächster Eintrag.

Ortswein aus Ersten Lagen Rhh – Neue Bezeichnung des VDP RHEINHESSEN, meist ein Verschnitt aus Weinen verschiedener ERSTER LAGEN. Merkwürdigerweise gibt es keine Weine aus einzelnen Ersten Lagen in Rheinhessen.

Othegraven, von M ★★★ Feines 16-ha-Gut an der SAAR, vor allem bekannt für trockenen und süßen RIESLING von der ausgezeichneten GROSSEN LAGE KANZEMER Altenberg (besonders ALTE REBEN Spätlese). Im Fokus neuerdings (fünf verschiedene) fruchtige Kabinette; subtile VERSTEIGERUNGSWEINE (21)

Pfalz – Mit 23.760 ha das zweitgrößte deutsche Anbaugebiet. Sehr mildes Klima, bekannt für genussvollen Lebensstil. Die besten RIESLINGE kommen aus der MITTELHARDT, in der südlichen Pfalz (SÜDLICHE WEINSTRASSE) gedeihen Burgundersorten besser. ZELLERTAL kommt wegen seines kühleren Klimas gerade in Mode.

Piesport MM ★→★★★★ Weinort an der MITTELMOSEL, bekannt für körperreichen und aromatischen RIESLING. GROSSE LAGEN: Domherr und Goldtröpfchen. Erzeuger: GRANS-FASSIAN, Johann Haart, Julian HAART, Reinhold Haart, Hain, KESSELSTATT, SANKT URBANS-HOF, SCHLOSS LIESER. Die GROSSLAGE Michelsberg meiden.

Piwi ★→★★★ Kreuzungen aus europäischen und amerikanischen Rebsorten, die gegen Pilzbefall widerstandsfähig sind. Alte Sorten wie Regent (rot) sind qualitätsmäßig begrenzt, neuere Kreuzungen sind entweder gute Alternativen im unteren Preissegment (z. B. Cabernet blanc) oder anspruchsvoll, z. B. Souvignier gris, Sauvignyc und Sauvitage (weiß) sowie Satin noir, Pinotin und Cabertin (rot).

Prädikat – Gesetzlich festgelegte Qualitätsstufe mit Mindestmostgewicht. *Siehe* QMP und Kasten S. 220.

Prinz, Weingut ★★★ Ausgesprochen frischer, eleganter RIESLING von hohen Lagen des Hallgarten; Bio-Anbau. Der Kabinett GOLDKAPSEL ist manchmal grandios. Jetzt auch MARCOBRUNN.

Prüm, J. J. M ★★★★ **59 71 76 83 90 03 11 15 18** 19 20 21 – Legendäres Weingut mit besten Lagen in WEHLEN sowie in BERNKASTEL und GRAACH. Grazile, doch extrem langlebige Weine mit Finesse und ganz eigenem Charakter. Der Sonnenuhr Kabinett erzielt als VERSTEIGERUNGSWEIN über 500 €.

Prüm, S. A. M ★★→★★★ Altes Weingut in WEHLEN. Saskia Antonia Prüm übernahm 2017 die Leitung, seither merkliche Verbesserungen.

QbA – Qualitätswein bestimmter Anbaugebiete – Hinsichtlich Anbaugebiet, Rebsorten und Jahrgang bestimmten Vorschriften unterliegende Weine. Die Zugabe von Zucker zum Most vor der Gärung (Chaptalisierung) ist erlaubt. Gedacht als Kategorie für mittlere Qualitäten, doch der VDP legt seinen Mitgliedern nahe, ihre besten trockenen Weine (GROSSE GEWÄCHSE) als QbA zu etikettieren. Das neue EU-Label g.U. (geschützte Ursprungsbezeichnung) ist nur sehr selten auf Etiketten zu finden (*siehe* Kasten S. 209).

QmP – Qualitätswein mit Prädikat – Spitzenkategorie deutscher Qualitätsweine, sechs Kategorien, die den Reifegraden des Lesegutes entsprechen: von Kabinett bis Trockenbeerenauslese. (*Siehe* Kasten S. 220.) Aufzuckerung und andere Formen der Anreicherung sind verboten.

Rauenthal Rhg ★★→★★★★ Würziger, strenger, aber komplexer RIESLING von Hanglagen abseits des Rheins. Die Weinberge Baiken, Gehrn und Rothenberg enthalten Parzellen, die teils als GROSSE LAGEN, teils als ERSTE LAGEN eingestuft sind, während der benachbarte Nonnenberg (Alleinbesitz von BREUER) trotz seiner gleichermaßen hervorragenden Qualität nicht klassifiziert wurde.

Raumland, Sekthaus Rhh ★★★ SEKT-Spezialist mit einem tiefen Keller und breitem Angebot an schönen, ausgewogenen Cuvées; die erste reine Sektkellerei, die Mitglied im VDP wurde. Am besten sind CHARDONNAY Brut Nature (nach zehn Jahren degorgiert), Cuvée Triumvirat und MonRose.

Restsüße – Unvergorener Traubenzucker, der im Wein verbleibt (oder bei billigen Weinen zugesetzt wird), um ihm Süße zu verleihen. Das reicht von 1 g/l in trockenen Weinen bis zu 300 g/l in Trockenbeerenauslesen.

Rheingau – Geburtsort des RIESLINGS, berühmt für seine gehaltvollen, langlebigen (trockenen und süßen) Weine mit stahligem Rückgrat. Die Größe der Rebfläche auf Süd- und Südwesthängen über dem Rhein steht in keinem Verhältnis zu seiner Bedeutung: nur 3.200 ha (8. Platz in der Rangfolge deutscher Anbaugebiete nach der Größe). Kleine (aber wachsende) Mengen von SPÄTBURGUNDER.

Rheinhessen – Deutschlands mit Abstand größtes und immer noch wachsendes Anbaugebiet (27.160 ha). Es liegt zwischen Mainz und Worms, produziert viel Fasswein, ist aber auch eine Fundgrube für preislich korrekte Weine von talentierten jungen Winzer(inne)n.

Richter, Max Ferd. MM ★★→★★★ Schönes, verlässliches Weingut an der Mittelmosel, besonders guter voller, aromatischer RIESLING-Süßwein. Großartig die 19er WEHLENER SONNENUHR Auslese No. 42 (★★★). Runder, ansprechender Brut (EISWEIN-Dosage).

Riffel Rhh ★★★ Das ökologisch bewirtschaftete, für seinen puristischen Stil bekannte Familienweingut verhilft Bingens einst berühmtem Scharlachberg (rote Erde) zum Comeback.

Rings, Weingut Pfz ★★★→★★★★ Dichter, außerordentlich frischer RIESLING und SPÄTBURGUNDER von erstklassigen Lagen in der Nordpfalz.

Roter Hang Rhh ★★→★★★★ Führende RIESLING-Lage in RHEINHESSEN (NACKENHEIM, NIERSTEIN). Der Name bezieht sich auf den roten Ton- und Sandstein an den Hängen. Im Bestfall reichhaltig und mineralisch, aber dürreanfällig.

Ab 2023 gibt es an der Mosel Große Gewächse von Spätburgunder.

Ruck, Johann Fran ★★★ Würziger, schön reifender RIESLING, SCHEUREBE und TRAMINER aus IPHOFEN.

Rüdesheim Rhg ★★→★★★★ Kleine Stadt im Westen des RHEINGAUS, Touristenmagnet und Zentrum der Rheinromantik, mit einzigartigem RIESLING von den Schieferböden aus der Lage Berg (Kaisersteinfels, Roseneck, Rottland und Schlossberg). Körperreiche, aber nie schwerfällige, florale Weine, auch in ungünstigeren Jahren gut. Am besten sind Allendorf, BISCHÖFLICHE WEINGÜTER RÜDESHEIM, Breuer, CHAT SAUVAGE, CORVERS-KAUTER, HESSISCHE STAATSWEINGÜTER, JOHANNISHOF, Jörn Wein, Kesseler, KÜNSTLER, Leitz, Prinz v. Hessen, Ress.

Ruwer M ★★→★★★★ Bei TRIER in die MOSEL mündender Nebenfluss und kühles Anbaugebiet mit später Traubenreife. Sowohl süffige, leichte trockene als auch intensive süße RIESLINGE. Beste Erzeuger: Beulwitz, Karlsmühle, KARTHÄUSERHOF, KESSELSTATT und MAXIMIN GRÜNHAUS.

Saale-Unstrut – Kleines, aber feines Anbaugebiet (837 ha) am Zusammenfluss dieser beiden Flüsse 50 km nordöstlich von Leipzig. Die Weinbergterrassen gehen auf die Zisterzienser zurück. Dynamische Winzervereinigung Breitengrad51. Am besten: Böhme, Böhme und Töchter (VDP-Mitglied), Born, Gussek, Hey (VDP), Kloster Pforta, Konni & Evi (LANDWEIN), Lützkendorf (VDP), Pawis (VDP).

Saar M – Nebenfluss der MOSEL, eingebettet in steile Hügel. Erzeugt die herbsten, stahligsten, brillantesten Rieslinge – Charaktereigenschaften, die vom Klimawandel noch begünstigt werden.

Sachsen – Anbaugebiet im Elbtal um Meißen und Dresden mit charaktervollen trockenen Weißweinen, eine Spezialität ist Traminer. Am besten: AUST, Drei Herren, F. Fourré, Gut Hoflössnitz, Rothes Gut, SCHLOSS PROSCHWITZ (VDP-Mitglied), SCHLOSS WACKERBARTH, Schuh, Schwarz (VDP), ZIMMERLING (VDP).

Vom Gipfel bis zum Fuße

Ausonius (um 330–395) beschreibt die charakteristische Mosel-Weinlandschaft in seiner *Mosella* folgendermaßen: »Es erheben sich ringsum, wie ein Theater mit seinen Sitzreihen, die Hügel mit ihren Einschnitten; vom Gipfel bis zum Fuße sind die Felsen und die sonnigen Höhen mit Reben bepflanzt.« Hat sich seitdem irgendetwas verändert? Nein. Zum Glück.

St. Antony Rhh ★★→★★★ Bio-Weingut in NIERSTEIN mit erstklassigen Lagen, bekannt für robusten und lagerfähigen RIESLING vom ROTEN HANG. Seit 2019 werden alle Steilhänge von Hand bewirtschaftet.

Salm-Salm, Michael Prinz zu Na, Rhh ★★→★★★ Besitzer von Schloss Wallhausen an der NAHE mit Weinlagen dort und im rheinhessischen BINGEN; Ex-Präsident des VDP.

Salwey Bad ★★★→★★★★ Führender Weinbaubetrieb am KAISERSTUHL. Konrad Salwey liest früh zugunsten der Frische. Am besten sind die GG GRAUBURGUNDER Henkenberg und Eichberg, WEISSBURGUNDER Steingrubenberg sowie Weiß- und SPÄTBURGUNDER Kirchberg.

Sankt Urbans-Hof M ★★★ Von Nik Weis geführtes großes Familienweingut (40 ha) in Leiwen, die Weinberge liegen an MITTELMOSEL und SAAR. Kristallklarer RIESLING von tadelloser Reintönigkeit und Rasse; schönes Reifepotenzial.

Sauer, Horst Fran ★★★ Der Mann, der den Süßwein aus FRANKEN hoffähig gemacht hat. Sensationelle Beerenauslesen und Trockenbeerenauslesen aus der ESCHERNDORFER Steillage Lump. Tochter Sandra ist jetzt am Steuer.

Sauer, Rainer Fran ★★★ Erstklassiges Familienweingut, das sieben verschiedene trockene SILVANER von der ESCHERNDORFER Steillage Lump erzeugt. Die Besten: GG am Lumpen und L. Überaus empfehlenswert sind ORTSWEIN und Silvaner ERSTE LAGE.

Schaefer, Willi M ★★★ Willi Schaefer und Sohn Christoph sind die besten Winzer in GRAACH, 4,2 ha in mehr als 100 Parzellen. MOSEL-RIESLING vom Feinsten: rein, kristallin und federleicht. Der Domprobst Kabinett 21 brachte 2022 bei der Auktion des GROSSEN RINGS 200 € pro Flasche ein.

Schäfer-Fröhlich Na ★★★→★★★★ Familiengut an der NAHE, spontan vergorenen RIESLINGE von enormer Intensität, GROSSE GEWÄCHSE u. a. aus den Lagen Bockenau, Felseneck, Stromberg sowie SCHLOSSBÖCKELHEIMER Felsenberg und Kupfergrube. Ausgezeichnet sind Schiefergestein und Vulkangestein in mittlerer Preislage.

Scharzhofberg M ★★→★★★★ Spitzenlage an der SAAR, 28 ha: Ein seltenes Zusammenspiel von Mikroklima, Boden und menschlicher Intelligenz bringt RIESLING in Vollendung hervor. Spitzenerzeuger: EGON MÜLLER, HÖVEL, KESSELSTATT, VAN VOLXEM.

Schätzel, Weingut Rhh ★★→★★★ 15-ha-Familienbetrieb in NIERSTEIN. Kai Schätzel hat sich mit dem herrlichen Pettenthal Kabinett und mit RIESLING voller Extrakt (und sogar Tannine) bei 11,5% Alkohol einen Namen gemacht. Empfehlenswert ist der Fuchs (18'; aus der GROSSEN LAGE Hipping, aber als LANDWEIN ausgewiesen).

Schloss Johannisberg Rhg ★★★ Historisches Gut und Villa des Fürsten von Metternich im RHEINGAU, der Ort, an dem die Spätlese erfunden wurde; ausschließlich RIESLING, im Besitz von Henkell (Oetker-Gruppe). Die Farbe des Siegels gibt Auskunft über den Weintyp. Derzeit in Spitzenform und auf dem Weg zum Bio-Anbau. Hervorragend (wenn auch kostspielig) sind Goldlack und der trockene Ex Bibliotheca Subterranea 19. Auch der einfache Gelblack erstrahlt in adligem Glanz.

Schloss Lieser MM ★★★★ Thomas Haag, der ältere Bruder von Oliver Haag (Fritz HAAG), produziert sorgfältig sowohl trocken als auch süß ausgebaute RIESLINGE aus BRAUNEBERG, Lieser (Lage Niederberg-Helden), PIESPORT und WEHLEN. Dazu kommt jetzt eine kleine (gepachtete) Parzelle im BERNKASTELER DOCTOR. Das gleichnamige Hotel Schloss Lieser hat übrigens nichts mit dem Weingut zu tun.

Schloss Proschwitz Sachsen ★★ →★★★ Ein neues Team sorgt für beachtliche Verbesserungen im 70-ha-Weingut von Prinz zur Lippe. Spitze: WEISSBURGUNDER, SPÄTBURGUNDER und der köstliche TRAMINER Brut SEKT.

Schloss Rattey ★→★★★ Hotel und stark expandierende Kellerei in Mecklenburg-Vorpommern, nun 30 ha, beachtlicher trockener Mecklenburger LANDWEIN Solaris (PIWI-Rebe).

Schloss Vaux Rhg ★★→★★★ Die RHEINGAUER SEKT-Manufaktur, zu deren Eigentümern Prinz Salm zählt, ist v. a. für ihre RIESLING-Sekte aus Einzellagen bekannt.

Schloss Wackerbarth ★★→★★★ Sächsische Staatsdomäne am Stadtrand von Dresden, als Erlebniskellerei mit Restaurant, Park, Veranstaltungen und 190.000 Besuchern im Jahr konzipiert. Auch weinmäßig in Spitzenform. Am besten sind ALTE REBEN, der trockene RIESLING Protze und die TRAMINER-Spätlese (alle aus der Radebeuler Lage Goldener Wagen).

Schnaitmann Würt ★★★→★★★★ Exzellente, im Fass ausgebaute Rotweine aus Fellbach nahe Stuttgart. Auch die Weißen wie RIESLING oder SAUVIGNON BLANC, SEKT (Evoé!) und selbst Weine von nicht ganz so hoch gehandelten Rebsorten wie SCHWARZRIESLING oder TROLLINGER schmecken gut.

Schneider, Markus Pfz ★★ Shootingstar in Ellerstadt, PFALZ. Umfassendes Angebot an sauber bereiteten Weinen mit trendigen Etiketten.

Anzahl der offiziell für deutsche Rebflächen zugelassenen Rebsorten: 294 (2022).

Schoppenwein – Wein im offenen Ausschank.

Schumacher, Paul Ahr ★★★ Perfektionistischer Winzer in Marienthal, nur 4 ha. Langlebige SPÄTBURGUNDER: Kräuterberg **09' 11 12 13 15'** 16 17' 18 19'. War nach dem AHR-Hochwasser kurz davor aufzugeben, macht aber zum Glück weiter.

Schwegler, Albrecht Würt ★★★→★★★★ Familiengut mit 11 ha, den charaktervollen roten Verschnitten Beryll, Granat und Saphir sowie muskulösem CHARDONNAY und RIESLING ALTE REBEN.

Seckinger, Weingut Pfz ★★→★★★ Drei Brüder (30 und jünger) aus Niederkirchen/MITTELHAARDT machen sich einen Namen mit DEIDESHEIMer RIESLING im Naturweinstil, aber ohne zu extrem zu werden. Bio.

Sekt ★→★★★★ Deutscher Schaumwein. Billige Angebote meiden: Flaschengärung ist nicht vorgeschrieben. Ernst zu nehmende Sektproduzenten machen spektakuläre Fortschritte, z. B. ALDINGER, H. Bamberger, Bardong, Barth, BATTENFELD-SPANIER, BERGDOLT, BREUER, BUHL, DIEL, F. John, GRIESEL, GUT HERMANNSBERG, HEYMANN-LÖWENSTEIN, LAUER, Leiner, Melsheimer, MOLITOR, RAUMLAND, Reinecker, Schembs, SCHLOSS VAUX, SCHWARZER ADLER, Solter, S. Steinmetz, Strauch, WAGECK, WEGELER, Wilhelmshof, ZILLIKEN. Eine VDP-Klassifizierung für Sekt ist in Arbeit.

Selbach-Oster MM ★★★ Gewissenhafter Erzeuger in ZELTINGEN mit einer Reihe exzellenter Lagen; bekannt für seinen klassischen Stil und den Fokus auf süße PRÄDIKATSWEINE.

Solveigs Rhg ★★→★★★★ SPÄTBURGUNDER von Rotschieferlagen in ASSMANNSHAUSEN und LORCH, nur 2 ha; Bio-Anbau und minimale Eingriffe bei der Weinbereitung. Am besten sind die Lagen Micke **06' 13'** 15' 16' 18' 19' und Present **95' 99' 03' 04 06 09' 12** **13'** 15' 16' 18' 19'.

Sonnenuhr MM – Name mehrerer GROSSER LAGEN in BRAUNEBERG, Pommern, WEHLEN und ZELTINGEN.

Spreitzer Rhg ★★★ Köstlich rassige, harmonische RIESLINGE von Weinbergen in HATTENHEIM, Mittelheim und Oestrich. Die Kollektion ALTE REBEN im mittleren Preissegment ist ein echtes Schnäppchen. Auch eine atemberaubende Trockenbeerenauslese: Eiserberg 20'.

Staatsweingut (auch **Staatliche Weinbaudomäne**) – Es gibt sie in BADEN (IHRINGEN, Meersburg), in WÜRTTEMBERG (Weinsberg), in der PFALZ (Neustadt), an der NAHE (Bad Kreuznach), im RHEINGAU (HESSISCHE STAATSWEINGÜTER), in RHEINHESSEN (OPPENHEIM), in Sachsen (WACKERBARTH) und in SAALE-UNSTRUT (Kloster Pfortau).

Steigerwald Fran – Bereich im östlichen FRANKEN mit Weinbergen in beträchtlicher Höhe. Die besten Erzeuger sind CASTELL, Hillabrand, Roth, RUCK, VETTER, WELTNER und Wirsching.

Der Gesamtumsatz aller VDP-Weingüter beläuft sich auf 444 Mio. Euro (2021).

Steinberg Rhg ★★★ Von Mauern umgebene Lage oberhalb von HATTENHEIM, vor 700 Jahren von Zisterziensermönchen angelegt: eine Art deutsches Clos de Vougeot. Im Alleinbesitz der HESSISCHEN STAATSWEINGÜTER. 14 von insgesamt 37 ha der Parzellen sind klassifiziert und haben so einzigartige wie vielfarbige Phyllit-Schiefer-Böden. Zehntstück ist ERSTE LAGE, eine GG-Parzelle wird bald ausgewiesen. Nicht zu verwechseln mit der WÜRZBURGER GROSSEN LAGE Stein-Berg.

Stein-Berg Fran – Die besten Parzellen der berühmten WÜRZBURGER Lage Stein (39 von 71 ha), seit 2020 von der EU als GU (im Sinne der französischen AOP) anerkannt.

Steinwein Fran – Wein aus WÜRZBURGS bester Lage, dem Stein. Goethe liebte ihn. Es gibt nur sechs Produzenten: BÜRGERSPITAL, JULIUSSPITAL, L. Knoll, Meinzinger, Reiss und den Staatlichen Hofkeller. Hugh Johnson hat einmal den 1540er-Jahrgang verkostet.

Stodden, Jean Ahr ★★★→★★★★ SPÄTBURGUNDER von der AHR mit burgundischem Einschlag, am besten sind meist ALTE REBEN (19' sensationell) und Recher Herrenberg GOLDKAPSEL. Die Gebäude wurden vom Hochwasser verwüstet, aber zumindest ein Teil des hervorragenden 2020er-Jahrgangs konnte gerettet werden.

Südliche Weinstraße Pfz – Besonders für (rote und weiße) Burgunder bekannter Bereich der Südpfalz. Die besten Erzeuger sind BECKER, JÜLG, KRANZ, Leiner, Minges, Münzberg, REBHOLZ, Siegrist und Dr. WEHRHEIM.

Taubertal Bad, Fran, Würt ★→★★★ Flusstal mit kühlem Klima, von Napoleon in eine badische, eine fränkische und eine württembergische Sektion unterteilt. SILVANER (Kalksteinböden) und die hier heimische rote Rebe Tauberschwarz. Frost kann zum Problem werden. Erzeuger: Hofmann, Schlör; gute Genossenschaft in Beckstein.

Thanisch, Witwe Dr. H. MM ★★★ 1636 gegründetes Weingut in BERNKASTEL, berühmt für seinen Anteil an der Lage DOCTOR. Nach der Trennung der Familie 1988 entstanden zwei Güter mit demselben Namen und ähnlicher Weinqualität: Erben Müller-Burggraef (moderner) und Erben Thanisch (VDP, klassischer Stil).

Trier M – Die nördliche Hauptstadt des Römischen Reiches an der MOSEL, etwa auf halbem Weg zwischen SAAR und RUWER gelegen. Inmitten der beeindruckenden Ruinen aus römischer Zeit haben die großen Stiftungsweingüter von der Mosel ihre Keller.

Trittenheim MM ★★→★★★ Rassige, mustergültige RIESLINGE von der MITTELMOSEL, wenn sie aus den wenigen guten Parzellen der ausgedehnten GROSSEN LAGE Apotheke stammen. Erzeuger: A. CLÜSSERATH, Clüsserath-Weiler, E. Clüsserath, F. J. Eifel, GRANS-FASSIAN, Milz.

Trocken – Bezeichnung für einen Wein mit einem Restzuckergehalt von höchstens 9 g/l. Als Faustregel gilt: Je weiter südlich das Anbaugebiet liegt, desto mehr trockene Weine gibt es.

Ürzig MM ★★★→★★★★ Weinort an der MOSEL auf rotem Sandstein und rotem Schiefer, berühmt durch unveredelte alte Stöcke und einzigartigen, würzigen Riesling aus der Lage Würzgarten. Erzeuger: Berres, Christoffel, Erbes, Loosen, MERKELBACH, Molitor, Mönchhof, Rebenhof.

Van Volxem M ★★★ Das historische SAAR-Weingut wurde von dem leidenschaftlichen Roman Niewodniczanski wiederbelebt. Sehr geringe Erträge aus Spitzenlagen erbringen monumentalen (überwiegend trockenen) RIESLING. Spektakuläres burgartiges neues Kellereigebäude in einer Schleife der Saar nahe Wiltingen – und die Möglichkeit, ausgewählte Weine fünf Jahre und länger im Tank zu lagern.

Der Flughafen Hahn ist der Grund für die schreckliche 160 m hohe Brücke über die Mosel – jetzt insolvent, Zukunft ungewiss.

VDP – Die Prädikatsweingüter – Einflussreicher Verband von 200 Spitzenwinzern, der höchste Standards setzt. Achten Sie auf das Adler-Emblem auf der Kapsel und das auf die Flasche aufgeprägte GG-Logo. Ein VDP-Wein ist in der Regel eine gute Wahl. Präsident ist Steffen CHRISTMANN.

Versteigerungswein ★★★★ Von einer der historischen Winzervereinigungen (z. B. BERNKASTELER RING oder VDP) versteigerter Wein außerordentlicher Qualität, leicht an dem Aufkleber der jeweiligen Auktion zu erkennen.

Von Hövel, Weingut M ★★★ Max von Kunow verfolgt mit Leidenschaft sein Ziel, den leichten, kristallinen SAAR-Stil ins Extreme zu steigern; Bio-Anbau in Spitzenlagen in Oberemmel (Alleinbesitz Hütte), in KANZEM (Alleinbesitz Hörecker) und im SCHARZHOFBERG.

Wachenheim Pfz ★★★ Der berühmte Weinbauort verfügt über keine vom VDP als GROSSE LAGE ausgewiesenen Rebflächen. Urteilen Sie selbst. Spitzenerzeuger: Biffar, BÜRKLIN-WOLF, Karl Schäfer, ODINSTAL, WOLF und der preiswerte Zimmermann.

Wageck Pfz ★★→★★★ Weingut an der MITTELHAARDT mit ungekünsteltem, frischem CHARDONNAY (Still- und Schaumwein) sowie SPÄTBURGUNDER von großer Finesse. Die beste Lage ist der Geisberg.

Wagner, Dr. M ★★→★★★ Das Weingut mit Rebland in Saarstein und OCKFEN (SAAR) wird von der jungen Christiane Wagner geführt. Ihre RIESLINGE präsentieren sich frisch und reintönig.

Wagner-Stempel Rhh ★★★ Handwerklich toll gemachte Weine aus Siefersheim in RHEINHESSEN, unweit der Grenze zum Anbaugebiet NAHE. Der RIESLING GROSSES GEWÄCHS Heerkretz von Porphyrböden ist in der Regel am besten.

Wasenhaus M ★★★ Nach Burgund schielender SPÄTBURGUNDER Bellen und Kanzel sowie WEISSBURGUNDER Möhlin von Kalksteinlagen im MARKGRÄFLERLAND, alle Weinberge werden von Hand bewirtschaftet und alle Weine sind als LANDWEIN etikettiert. Die Eigentümer Christoph Wolber und Alexander Götze haben auf Spitzen-Domaines in Burgund gearbeitet.

Wegeler MM, Rhg ★★→★★★★ Bedeutende Weingüter in OESTRICH und BERNKASTEL (beide in Bestform) sowie ein Anteil am berühmten Gut KRONE in ASSMANNSHAUSEN. Die Cuvée Geheimrat J setzt sehr hohe Standards, Einzellagen-RIESLINGE und ORTSWEINE sind in der Regel außerordentlich preiswert. Auch alte Jahrgänge sind erhältlich (Vintage Collection).

Wehlen MM ★★★→★★★★ Weinbauort mit der legendären Steillage SONNENUHR, die RIESLING von Schieferböden in seiner schönsten Ausdrucksform hervorbringt: reichhaltig und fein, ewig haltbar. Spitzenerzeuger: Kerpen, KESSELSTATT, LOOSEN, MOLITOR, Pauly-Bergweiler, J.J. PRÜM, S.A. PRÜM, M. F. RICHTER, Sankt Nikolaus Hospital, W. SCHÄFER, SCHLOSS LIESER, SELBACH-OSTER, Studert-Prüm, THANISCH und WEGELER.

Weil, Robert Rhg ★★★→★★★★ **01 05 09 12 15 16 17 18** 19 20 21 – Hervorragendes Weingut in KIEDRICH mit der GROSSEN LAGE Gräfenberg, großartige Süßweine von Kabinett bis Trockenbeerenauslese sowie GG. Die Parzellen-Auslese Monte Vacano ist nur durch Subskription erhältlich.

Weingart MR ★★★ Hervorragendes Weingut in Spay mit Weinbergbesitz in BOPPARD (u. a. Hammer Feuerlay). Raffinierte, straffe RIESLINGE, die ohne technischen Aufwand auskommen, ausgezeichnetes Preis-Leistungs-Verhältnis.

Weißherbst – Heller, sortenreiner Rosé (oft SPÄTBURGUNDER) von höchst unterschiedlicher Qualität.

Weltner, Paul Fran ★★★ Das Familiengut im STEIGERWALD erzeugt dicht gewebten SILVANER mit gutem Lagerpotenzial von der unterschätzten Lage Rödelseer Küchenmeister.

Wiltingen M ★★→★★★★ Das Herz des Weinbaus an der SAAR. Der berühmte SCHARZHOFBERG ist die beste einer Reihe GROSSER LAGEN, zu denen auch Braune Kupp, Braunfels, Gottesfuß und Kupp gehören. Der ORTSWEIN ist meist ein Schnäppchen.

Wind, Katrin Pfz ★★→★★★ Shootingstar in Arzheim. Direkte, aber nuancierte Weine, z. B. FRÜHBURGUNDER, SPÄTBURGUNDER und RIESLING aus der Kalmit.

Winning, von Pfz ★★★→★★★★ Gut in DEIDESHEIM, mit erstklassigen Lagen ebendort und in FORST. Riesling von großer Reinheit und schönem Terroircharakter, in neuen FUDERN vergoren.

Winningen M ★★→★★★ Stadt an der unteren MOSEL nahe Koblenz; kraftvolle trockene RIESLINGE und Trockenbeerenauslesen. GROSSE LAGEN: Röttgen, Uhlen. Spitzenerzeuger: HEYMANN-LÖWENSTEIN, Knebel, Kröber und R. Richter.

Wirsching, Hans Fran ★★★ Renommiertes Weingut in IPHOFEN, bekannt für klassisch strukturierten trockenen RIESLING und Silvaner. Gelegentlich Beerenauslesen und Trockenbeerenauslesen von herrlicher Reinheit.

Wittmann Rhh ★★★ Führendes Bio-Weingut, kristallklarer, schwungvoller trockener RIESLING GG Brunnenhäuschen, Kirchspiel und Morstein (**05**

07' 08 11 12' **15 16** 17 18 19' 20 21'). Spitzenwein ist der La Borne ALTE REBEN von einer Parzelle im Morstein.

Wöhrle Bad ★★★ Seit mehr als 30 Jahren Pionier im ökologischen Weinbau, Spitzen-GG (z. B. Kirchgasse GRAUBURGUNDER und SPÄTBURGUNDER sowie Teufelslochgasse CHARDONNAY).

Wolf, J. L. Pfz ★★→★★★ Das Gut in WACHENHEIM ist von Ernst LOOSEN aus BERNKASTEL gepachtet. Die Qualität ist eher solide und beständig als aufregend.

Württemberg – Dank der Experimentierfreude vieler junger Winzer eine dynamische Weingegend. Am besten sind in der Regel LEMBERGER und SPÄTBURGUNDER. Nur 30 % weiße Rebsorten. RIESLING braucht höhere Lagen.

Würzburg Fran ★★→★★★★ Schöne alte Barockstadt am Main, bekannt für die Spitzenlage Stein (STEINWEIN, STEIN-BERG).

Das Weinmuseum in Meersburg besitzt eine – noch voll funktionstüchtige – Holzpresse von 1607.

Zellertal Pfz ★★→★★★★ Hoch gelegener, kühler Bereich im Norden der PFALZ, in dem seit Kurzem Goldgräberstimmung herrscht: BATTENFELD-SPANIER, Weingut KELLER und Philipp KUHN haben sich in der dortigen Spitzenlage Schwarzer Herrgott oder der benachbarten Lage Zellerweg am Schwarzen Herrgott jenseits der Grenze zu RHEINHESSEN eingekauft. Örtliche Erzeuger: Bremer, Full, Janson Bernhard, Schwedhelm, Wick.

Zeltingen MM ★★→★★★ Bedeutender Ort an der MOSEL, trotz ähnlicher Anbaubedingungen vom Nachbarort WEHLEN überstrahlt. GROSSE LAGE: SONNENUHR. Spitzenweingüter: MOLITOR, J.J. PRÜM, SELBACH-OSTER.

Ziereisen Bad ★★→★★★★ Hervorragendes Gut im MARKGRÄFLERLAND, Fürsprecher von LANDWEIN. Am besten sind die SPÄTBURGUNDER von den kleinen Parzellen Rhini, Schulen und Talrain. Selektionen von alten Reben heißen Jaspis. Der Spitzenwein Gutedel 104 (Kostenpunkt 125 €) ist nicht nur eine Provokation, sondern zeigt, zu welchem Terroirausdruck die Rebe fähig ist.

Zilliken, Forstmeister Geltz M ★★★→★★★★ **01 03 04 05 07 08 09 10 11 12 15 16 17 18 19 20 21** – Das Familienweingut an der SAAR: wurde von der jungen Dorothee Zilliken übernommen: Der Riesling vom Saarburger Rausch und vom OCKFENER Bockstein ist rassig, saftig und delikat, u. a. köstliche, langlebige Auslesen (GOLDKAPSEL 21') und Trockenbeerenauslesen (18'); auch sehr guter SEKT – und Ferdinands Gin.

Zimmerling, Klaus Sachsen ★★★ Das kleine, perfektionistische Weingut wurde als eines der ersten nach dem Fall der Mauer gegründet. Die beste Lage ist der Königliche Weinberg in Pillnitz bei Dresden.

Luxemburg

Luxemburgs Reben wachsen stromaufwärts der bekannteren Abschnitte der Mosel auf Kalkstein und haben damit mehr mit Chablis als mit Piesport gemein. Riesling hat nur einen Anteil von 13 %, Müller-Thurgau (alias Rivaner) überwiegt; Spezialitäten sind Auxerrois und Crémant. Die meisten Weißen haben eine gewisse – nun, da hohe Säurewerte der Vergangenheit angehören, oft zu viel – Süße. Auf dem Etikett wird der Unterschied zwischen trocken und halbtrocken nicht vermerkt. Ein gebräuchlicher Begriff (aber ohne große Aussagekraft) ist Premier Grand Cru, Vereinigungen ambitionierter Winzer wie Domaine et Tradition sind da zuverlässiger.

Alice Hartmann ★★★→★★★★ Der wohl beste Erzeuger in Luxemburg mit RIESLING (reichhaltig, nicht ganz trocken) aus Spitzenlagen: Wormeldange Koeppchen (am besten), Ahn Palmberg, Grevenmacher Fels. Auch in Burgund (St-Aubin) und an der Mittelmosel (Trittenheim).

Aly Duhr ★★★ Sorgfältig bereitete Weine, u. a. der terroirbetonte Monsalvat 20' (80% CHARDONNAY, 20% AUXERROIS) und der hervorragende Koeppchen RIESLING.

Bernard-Massard ★→★★★ Großproduzent, vor allem von Crémant. Spitze: Château de Schengen/Thill's und Clos des Rochers. Erzeugt auch Sekt in Deutschland.

Gales ★★→★★★ Zuverlässig, stilvoll. Am besten: Crémant (z. B. Heritage 15) sowie Domaine et Tradition PINOT BLANC und PINOT NOIR 19.

Kox, L&R ★★→★★★ Avantgardistisch und traditionell: fußgetretener ELBLING (Rhäifrensch) von alten Reben, beachtlicher RIESLING aus Kvevris. Unter dem Etikett Privilège: Extra Brut, Remich Primerberg Riesling.

Pauqué, Ch. ★★★→★★★★ Der passionierte Abi Duhr schlägt Brücken zwischen Burgund und Deutschland: bestechender RIESLING (trocken und süß), fassvergorener CHARDONNAY Clos de la Falaise. Unbedingt probieren: Schengen PINOT GRIS 20 und Riesling 20 (namens 15 hl/ha).

Ruppert, Henri ★★★ RIESLING im Stil von Trockenbeerenauslesen, PINOT NOIR Ma Tâche (ja, wirklich!).

Sunnen-Hoffmann ★★★ Führendes Bio-Weingut in Familienhand. RIESLING Wintrange Felsbierg VV Domaine et Tradition aus einer 1943 gepflanzten Lage, aufregender Riesling Wintrange Felsbierg aus dem Betonei und körperreicher Domaine et Tradition PINOT GRIS alter Schule.

Andere empfehlenswerte Güter: Bentz, Cep d'Or, Desom, Häremillen, Kohll-Leuk, Krier Frères, Mathes, Mathis Bastian, Schmit-Fohl und Schumacher-Lethal. Domaines Vinsmoselle ist ein Zusammenschluss von Winzergenossenschaften.

Belgien

Ein kühlklimatisches Land mit zehn geschützten Ursprungsbezeichnungen/geografischen Angaben und rund 800 ha, die über alle Provinzen verteilt sind. Etwa 250 Betriebe erzeugen frische (vorwiegend Schaum- und Weiß-) Weine, die sich gut als Essensbegleiter eignen. Hauptsächlich konventioneller, teilweise ökologischer Weinbau und beachtliche Versuche mit biodynamischer oder natürlicher Weinbereitung. Die meisten Weine sind im oberen Preissegment angesiedelt und werden vor Ort in den Kellereien selbst, Weinstuben, Restaurants oder Weinhandlungen verkauft; begrenzter Export. Die wichtigsten klassischen Trauben sind Auxerrois, Chardonnay, Pinot blanc/gris/noir und Riesling, zusammen mit den krankheitsresistenten Sorten Johanniter, Regent und Solaris. Vielversprechende Resultate bei Acolon, Gamay, Grüner Veltliner und Souvignier gris.

Empfehlenswerte Erzeuger: Aldeneyck, Bon Baron, Bousval, Chant d'Eole, Chapitre, Chenoy, Clos d'Opleeuw, Crutzberg, d'Hellekapelle, Driesse, Entre-Deux-Monts, Genoels-Elderen, Gloire de Duras, Haksberg, Hoenshof, Kitsberg, Kluisberg, Neuve-Eglise, Oud Conynsbergh, Pietershof, Ravenstein, Ruffus, Ry d'Argent, Schorpion, Septem Triones, Steinberg, Stuyvenberg, Ten Gaerde, Vandersteene, Vandeurzen, Vin de Liège, Waes, Wijnfaktorij.

Spanien

Die dunklen Flächen bezeichnen die Weinbaugebiete

Die folgenden Abkürzungen werden im Text verwendet:

Bask	Baskenland	**Mont-M**	Montilla-Moriles
Cas-L	Castilla y León	**Mur**	Murcia
Cas-La M	Castilla-La Mancha	**Nav**	Navarra
Cos del S	Costers del Segre	**Pen**	Penedès
Emp	Empordà	**Pri**	Priorat
Gal	Galicien	**R Ala**	Rioja Alavesa
Kan	Kanarische Inseln	**R Alt**	Rioja Alta
Kat	Katalonien	**R Baj**	Rioja Baja
Madr	Madrid, Vinos de	**Rib del D**	Ribera del Duero
Mál	Málaga	**Som**	Somontano
Mall	Mallorca	**Tar**	Tarragona
Man	Manzanilla	**U-R**	Utiel-Requena

In Spanien dreht sich gerade alles ums Schäumen – und Spalten. Drama pur! Nach der traditionellen Methode bereiteter Schaumwein ist nicht mehr nur unter dem Dach der DO Çava beheimatet. Jetzt gibt es auch Corpinnat, eine Vereinigung von Schaumweinherstellern, die die DO Cava verlassen haben. Allerdings sind nur zwei Erzeuger der Corpinnat-Gruppe international bekannt, nämlich Recaredo und Gramona. Anderswo, nämlich in Conca del Ríu Anoia, stellt Pep Raventós völlig unabhängig von allen anderen großartige Schaumweine (und einen Pét-Nat) her. Zuerst war Clàssic Penedés mit seinen Schaumweinen aus dem Cava-Haus ausgezogen, konnte allerdings kaum Profil entwickeln. Nun beginnt Cava sich zu wehren. Es gibt zwar immer noch jede Menge einfache Cavas, für die eine Mindestreife von nur neun Monaten gilt, aber man sollte die Reservas und Gran Reservas in den Blick nehmen, vor allem diejenigen, die eine geografische Subzone angeben. Der Weg zurück an die Spitze wird nicht leicht sein, aber die DO hat den Grundstein dafür gelegt.

In der Zwischenzeit, während sich im schäumenden Spanien Veränderungen abzeichnen, gibt es im Sherry-Land Tumulte. Neben zahlreichen Änderungen ist vor allem das Gebiet, in dem Sherry reifen darf, von drei Städten (Jerez,

Sanlúcar de Barrameda, El Puerto de Santa María) auf sage und schreibe neun erweitert worden. Zudem gelten in Zukunft alle biologisch gereiften Weine aus Sanlúcar als Manzanillas. Das klingt erst einmal einleuchtend, bringt aber in dieser Stadt das gute Geschäft mit der Fino-Produktion für Supermärkte zum Erliegen. Drittens müssen Weine (vorbehaltlich der Genehmigung durch die EU), die den Mindestalkoholgehalt auf natürliche Weise erreichen (sei es durch Traubenreifung oder Trocknen der Trauben an der Sonne), nicht mehr gespritet werden. Gut möglich, dass dies zu einem subtileren Sherry-Stil führt, wenn kein Alkohol mehr zugegeben wird.

Neuere Rioja-Jahrgänge

2022 Einige sehr heiße Sommertage. Kleinere Erträge. Im Allgemeinen leichtere Weine.

2021 Sehr vielversprechend; tiefdunkle Rote mit schöner Struktur und hervorragendem Alterungspotenzial.

2020 Schwieriges Jahr; frische Weine mit moderatem Alkoholgehalt.

2019 Geringere Erträge, insgesamt schöne Qualität, offiziell *excelente*. Könnte 2001 ähneln.

2018 Ein gutes Jahr: üppige Erträge, geringerer Alkoholgehalt, frische Weine.

2017 Verheerender Frost; was übrig blieb, ist sehr gut.

2016 Größte Ernte seit 2005, ausgewogene Weine, viel Reizvolles.

2015 Die Spitzenweine erweisen sich als so gut wie 2010, sehr voll und charakterstark. Die besten noch liegen lassen.

2014 Die Rückkehr zu alter Form hinsichtlich Qualität und Quantität nach zwei mageren Jahren. Jetzt trinken oder noch liegen lassen.

2013 Kühles Jahr mit Regen und später Ernte; uneinheitlich, doch einige gute Weine. Jetzt trinken.

Aalto, Bodegas y Viñedos Rib del D ★★★→★★★★ Zwei Weine: Aalto und das Aushängeschild PS (aus 200 Parzellen). Weine zum Einlagern, am besten nach 10 und mehr Jahren. Eigentümer Masaveu gehört auch Enate (SOMONTANO), Fillaboa (RÍAS BAIXAS), Murúa (RIOJA) und Valverán, das sehr guten *sidra* (Apfelwein) erzeugt.

Abadía de Poblet Conca de Barbera ★★ Spannendes Projekt im Zisterzienserkloster, der Grablege aragonischer Könige und Weltkulturerbe. Der Kellermeister von SCALA DEI und sein Team arbeiten hier mit lokalen Rebsorten, v. a. Garrut (MONASTRELL), Trepat (beide rot) sowie MACABEO und Parellada (beide weiß). Gehört zu CODORNÍU RAVENTÓS.

Abadía Retuerta Cas-L ★★→★★★ Luxushotel und Weingut. Der jüngste Vino de PAGO Spaniens, in direkter Nachbarschaft zu RIBERA DEL DUERO. Sehr gut ist der weiße Le Domaine; ernst zu nehmende Rote aus Einzellagen, z. B. SYRAH Pago Garduña, CABERNET SAUVIGNON Pago Valdeballón oder PETIT VERDOT PV. Im Besitz von Novartis.

Abel Mendoza R Ala ★★→★★★ Kaum jemand weiß über Weinbaugemeinden und Rebsorten in RIOJA so gut Bescheid wie Abel und Maite Mendoza. Allein fünf sortenreine Weiße sind hier zu entdecken. Für die Weine der Reihe Grano a Grano wird jede TEMPRANILLO- und GRACIANO-Beere einzeln handverlesen.

Álava/País Vasco/Baskenland ★→★★★★ Die Provinz (baskisch Araba) erstreckt sich südlich der TXAKOLÍ-DOS am Atlantik bis nach RIOJA und ist Heimat einer Bevölkerung mit stolzer Geschichte und eigener Sprache. Junge, traditionelle Rioja-Alavesa-Weine werden mit Kohlensäuremaischung hergestellt. Neuere Kampagnen für eine nationale Identität ermutigen einige Erzeuger, sich von Rioja zu lösen und einen unabhängigen Verband für Rioja Alavesa zu bilden.

Algueira Rib Sac ★★→★★★ Außergewöhnliche Erzeuger in RIBEIRA SACRA, Spezialist für den von extremen Bedingungen geprägten hiesigen Weinbau (an schwindelerregend steilen Flussuferhängen). Schöne Auswahl an eleganten Rotweinen von lokalen Rebsorten. Herausragend ist der Merenzao (im Jura Trousseau genannt) in fast burgundischem Stil.

Alicante ★→★★★ Alicante verdient einen genaueren Blick: die geistige Heimat der MONASTRELL-Traube, die würzige Rotweine und den seltenen traditionellen Fondillón liefert. Aber auch trockene Weine von der früher kaum geschätzten MOSCATEL de Alejandría werden hier erzeugt, dazu Rotweine von der Lokalsorte Giró. Spitzenerzeuger: ARTADI, TELMO RODRÍGUEZ; ferner Finca Collado, Les Freses, Murviedro.

Allende, Finca R Alt ★★→★★★★ Vom unverwüstlichen Miguel Ángel de Gregorio geleitete und in jeder Beziehung überragende RIOJA-BODEGA in einem Handelshaus in BRIONES, von dessen Turm man über die ganze Stadt zu den Weinbergen blickt. Überragender weißer Rioja.

Almacenista Man, Sherry – Sherry-Lagerhalter, der Weine für BODEGAS einkellert, die damit ihre eigenen Bestände auffrischen oder aufstocken. Spielt beim MANZANILLA eine wichtige Rolle. Unter den wenigen verbliebenen Almacenistas setzen viele auf Direktverkauf an den Verbraucher, z. B. GUTIÉRREZ COLOSÍA oder El MAESTRO SIERRA. Sie haben teils Großartiges zu bieten.

Alonso del Yerro Rib del D ★★→★★★ Wein aus dem extremen Kontinentalklima in RIBERA DEL DUERO. Seit dem Jahrgang 2016 sind die Weine graziler. Der Familienbetrieb erzeugt ausschließlich Gutsweine. Das Spitzengewächs heißt María. Der Paydos kommt aus der DO TORO.

Alta Alella Kat ★★→★★★ Die für ihre CAVAS bekannte BODEGA, ein Familienbetrieb gleich oberhalb der Küste von Barcelona, erzeugt auch süßen roten Dolç Mataró von MONASTRELL. Ökologischer Anbau. Die Marke Celler de les Aus steht für minimalinvasiv und ohne Schwefelzusatz bereitete Weine.

Alvear Ext, Mont-M ★★→★★★★ Die historische BODEGA verfügt über eine ganze Reihe hervorragender PX-Weine aus MONTILLA-MORILES. Gute FINOS C.B. und Capataz, wunderbar süßer SOLERA 1927, üppiger DULCE Viejo. Sehr feine Jahrgangsweine. Zum Besitz gehört auch die Bodega Palacio Quemado in der Extremadura.

Añada – Jahrgang.

Aragón – Im Mittelalter ein mächtiges Königreich, erstreckt sich die heutige autonome Gemeinschaft südlich der Pyrenäen und umfasst die DOPS Calatayud, CAMPO DE BORJA, CARIÑENA und SOMONTANO. Früher ein Land der genossenschaftlichen Fassweine, erregt die Weinregion Aragón inzwischen Interesse wegen einer neuen Generation von Winzern, die alten Reben wieder zu ihrem Recht verhelfen, u. a. GARNACHA, MACABEO, Moristel (rot).

Arizcuren Rioja ★★ Javier Arizcuren ist gelernter Architekt und entwarf Kellereien in RIOJA, einschließlich seiner eigenen kleinen BODEGA im Zentrum von Logroño (die einen Besuch wert ist). Ist auf GARNACHA-Gewächse aus Hochlagen in RIOJA ORIENTAL, Mazuelo (CARINEÑA, in Rioja nur selten sortenrein ausgebaut) und Amphorenweine spezialisiert. Im Auge behalten.

Artadi, Bodegas y Viñedos Álava, Alicante, Bask, Nav ★★→★★★★ Juan Carlos López de Lacalle erzeugt Wein innerhalb der DO RIOJA, zieht es aber vor, seine Gewächse mit der Herkunftsangabe ÁLAVA zu ettiketieren. Der Fokus liegt auf Einzellagen: luxuriöser La Poza de Ballesteros und dunkler, steiniger El Carretil sowie überragender El Pisón. Auch in ALICANTE vertreten mit El Sequé (rot) und in NAVARRA mit Artazuri (rot; rosé BV). Der Izar-Leku ist ein weißer TXAKOLÍ aus der DO Getaria.

Artuke Rioja ★★ Unter den Händen der Brüder Arturo und Kike de Miguel haben sich die Weine des Familienguts in herrlich elegante Gewächse verwandelt, die von subtilem Einsatz großer Eichenfässer zeugen. Zwei tolle Einzellagenweine: El Escolladero von Kalksteinboden und La Condenada von eisenhaltigem Sandstein.

Astobiza Álava ★★ Kellerei in der kleinsten der TXAKOLÍ-DOS. Sehr feine Weine, Beraterin ist Ana Martín (*siehe* CASTILLO DE CUZCURRITA). Mineralischer Malkoa; auch Gin wird erzeugt.

Atlantic Wines Bask, Gal, Rioja – Im englischen Sprachraum inoffizieller Begriff für hellen, oft nicht in Eiche ausgebauten Wein mit zumeist prägnanter Säure, wird aber zunehmend auch auf frische, grazile Rotweine angewandt. Bezieht sich insbesondere auf Wein aus Lagen in RÍAS BAIXAS oder TXAKOLÍ. Verweist zudem auf kühlklimatische Einflüsse spezieller Jahrgänge, etwa in den Binnenland-DOS GALICIENS sowie in RIOJA.

Axarquía – Wunderschöne Bergregion im Hinterland von MÁLAGA, die einen Besuch lohnt. Bekannt für ihre Süßweine, z. B. von BENTOMIZ.

Barbadillo, Bodegas Cádiz, Man ★→★★★★ Das Angebot reicht von Supermarktqualität bis hervorragend. Erstaunlich ist der Bestand an sehr feinen alten Sherrys. Sherry-Guru Armando Guerra berät zu Neuerscheinungen und macht sich auf die Suche nach Spezialitäten im Keller, wie dem nicht gespriteten PALOMINO. Pionier des MANZANILLA EN RAMA. Zur Spitzenklasse zählt die Reihe Reliquia, v. a. AMONTILLADO und PALO CORTADO.

Der Blanco de Albariza verpasst dem viel verkauften, aber simplen Castillo de San Diego von Palomino fino endlich ein Update. Zum Besitz gehören auch Vega Real (RIBERA DEL DUERO) und BODEGA Pirineos (Somontano).

Barrio de la Estación Rioja – Das »Bahnhofsviertel« von Haro; von hier aus wurde Wein per Eisenbahn nach Bordeaux verschickt, als die Weinberge dort von der Reblaus verwüstet worden waren. Heute sind hier sieben Spitzenerzeuger ansässig: BODEGAS Bilbaínas (CODORNÍU), CVNE, GÓMEZ CRUZADO, LA RIOJA ALTA, LÓPEZ DE HEREDÍA, MUGA, RODA. Jährlich Tag der offenen Tür mit Verkostungen.

Belondrade Cas-L, Rueda ★★→★★★ VERDEJO, wie er sein sollte, aber so selten ist: Didier Belondrade war einer der Ersten, die das Potenzial dieser Rebsorte unter Beweis stellten, als er 1994 seine auf dem Hefesatz ausgebaute RUEDA-Version herausbrachte.

Bentomiz, Bodegas Mál ★★→★★★ Clara (Weinmacherin) und André (Chef) Verheij, Holländer von Geburt und Spanier aus Leidenschaft, sind freundliche Gastgeber in AXARQUÍA im Hinterland von MÁLAGA und zeigen ihren Besuchern, wie sie ihren süßen MOSCATEL und MERLOT bereiten. Ferner trockener Rosé aus der seltenen Rebsorte Romé.

Bhilar, Bodegas R Ala ★→★★ David Sampedro Gil erzeugt Wein in seiner Heimatstadt El Villar und hat seine Weine mit Fokus auf biodynamischem Weinbau und traditionellen Methoden auf ein neues Niveau gebracht. Eine Hommage an die traditionellen Weißweine RIOJAS ist der Phinca La Revilla Sexto Año, der sechs Jahre im Eichenfass verbringt. Dicht und würzig ist der rote Phinca Lali aus einem 100 Jahre alten Weinberg.

Bideona R Ala ★→★★ Neuer Erzeuger und vielversprechender Teil des Projekts PENÍNSULA VITICULTORES mit dem Ziel, die spezifischen Terroirs der Rioja-Alavesa-Lagen herauszuarbeiten. Da die Regularien von RIOJA es verbieten, den Namen des Ortes zu nennen (wenn der Wein nicht dort bereitet wurde), verwendet das Bideona-Team Abkürzungen, z. B. V1BN4 für Villabuena. Die Weine sind mehr als nur Wortspiele.

Bierzo, El El B ★→★★★★ Sie sind auf der Suche nach dem etwas anderen Geschmack Spaniens? In den aromatischen, mittelschweren, oft knackig frischen Roten von der MENCÍA-Traube werden Sie ihn finden. Schieferböden verleihen dem Wein Duft und Ähnlichkeit mit Pinot. Zwei Erzeuger haben der DO zu internationalem Ruhm verholfen: RAÚL PÉREZ und Ricardo Pérez Palacios (nicht miteinander verwandt). Aber Achtung, die Qualität ist uneinheitlich. Halten Sie sich an Erzeuger wie DESCENDIENTES DE J. PALACIOS und Raúl Pérez sowie Dominio de Tares, Losada, Luna Berberide, César Márquez, Mengoba, Peique, Verónica Ortega. Auch feiner GODELLO (weiß).

Bodega – 1. Kellerei; 2. Weinhandlung; 3. eine Firma, die sich mit der Herstellung, dem Verschnitt bzw. dem Versand von Wein befasst.

Butt Sherry – Fass mit 600 l Fassungsvermögen aus lang gelagerter amerikanischer Eiche, das für den Sherry-Ausbau verwendet und nur zu fünf Sechsteln gefüllt wird, damit sich eine FLOR-Schicht bilden kann, die den Wein vor Oxidation schützt und Nährstoffe verbraucht. Immer mehr Weinkellereien – und Whiskybrennereien – verwenden gebrauchte Butts für die Reifung, um ihren Erzeugnissen eine Sherry-Note zu verleihen, z. B. CVNE mit dem Monopole Clásico oder BARBADILLO mit dem Mirabras.

Callejuela Man, Sherry ★★→★★★ Die Blanco-Brüder besitzen Reblagen in einigen der berühmtesten Sherry-PAGOS. Sherrys und Vinos de PASTO, darunter Las Mercedes vom Añina Pago. Gehört zu TERRITORIO ALBARIZA.

Campo de Borja Aragón ★→★★ Das selbst ernannte »Reich der GARNACHA« ist dank des Schatzes alter Reben in Kombination mit jungen Weinbergen die erste Wahl für preiswerten Garnacha; allmählich kommt auch seriöse Qualität auf den Markt, z. B. von Alto Moncayo, Aragonesas, Borsao.

Campo Viejo Rioja ★→★★ Das Markenschwergewicht in RIOJA. Neben preiswerter RESERVA und GRAN RESERVA gibt es auch sortenreinen GARNACHA, und das weiße Rioja-Sortiment wird um Tempranillo blanco ergänzt. Sehr gut ist die Spitzen-Reserva Dominio. Gehört zu Pernod Ricard (*siehe auch* YSIOS).

Cangas ★→★★ Die isolierte DO im wilden Asturien macht sich allmählich einen Namen. Einzigartige Sorten sind ihr Alleinstellungsmerkmal: frischer Albarín blanco (weiß), fester Roter von Albarín negro, Verdejo negro und, am vielversprechendsten, Carrasquín. Erzeuger: Dominio del Urogallo, Monasterio de Corias und VidAs.

Das Restaurant »Mugaritz« in San Sebastian hat jetzt eine eigene Weinkollektion. Wer sie probieren möchte, sollte jetzt für nächstes Jahr reservieren.

Cariñena Aragón ★→★★ Die DO trägt denselben Namen wie die Rebsorte. Dieses einst von Genossenschaften dominierte Gebiet erzeugt heute Weine mit gutem Preis-Leistungs-Verhältnis, darunter von ESCOCÉS VOLANTE, von Jorge Navascués, Weinmacher bei CONTINO (RIOJA) mit eigenen Weinen unter dem Etikett Navascués Enología erzeugt, und vom Vino de PAGO Finca Aylés.

Casa Castillo Jumilla ★★→★★★ José María Vicente, der zu den ganz Großen in Spanien zählt, beweist in seinem Familienbetrieb auf dem *altiplano*, dass JUMILLA tipptopp sein kann. Hervorragende MONASTRELL-Weine, v. a. der PIE FRANCO.

Castaño Mur – Yecla ist ein traditioneller Anbaubereich für Fasswein, doch Castaño ist ein Vorzeigebetrieb mit saftigen MONASTRELL-Weinen. Castaño Dulce ist ein moderner klassischer roter Süßwein.

Castell d'Encús Cos del S ★★→★★★ Raül Bobet (auch bei Ferrer Bobet im PRIORAT), der etwas von einem philosophierenden Monarchen an sich hat, ist fortwährend mit Planen und Ideen-Entwickeln beschäftigt. Seine Reben wachsen auf 1.000 m Höhe, sodass er herrlich frische, originelle Weine kreieren kann. Hier trifft Tradition auf Moderne: Die Trauben werden in Granit-*lagares* aus dem 12. Jh. vergoren, die Kellerei hingegen ist mit neuester Technik ausgestattet. RIESLING Ekam, PINOT NOIR Acusp und SYRAH Thalarn sind Klassiker.

Castilla y León ★→★★★ Der größte Weinbaubereich Spaniens ist dank seiner Vielfältigkeit für spannende Entdeckungen gut – nicht zuletzt wegen seiner Fülle an einzigartigen Rebsorten wie z. B. Cenicienta, Juan García oder Puesta en Cruz. Die DOS: Arlanza, Arribes, BIERZO, CIGALES, Sierra de Salamanca (mit der Rotweinsorte Rufete – im Auge behalten), Tierra de León, Tierra del Vino de Zamora, TORO, Valles de Benavente und Valtiendas. Die übergreifende DO heißt Vino de la Tierra de Castilla y León und kann eine Quelle sehr feiner Weine sein, z. B. von Barco del Corneta oder Máquina y Tabla. Spitzenerzeuger: ABADÍA RETUERTA, MARQUÉS DE RISCAL (VERDEJO), Mauro, Ossian, Prieto Pariente.

Castillo de Cuzcurrita R Alt ★★ Schöner ummauerter Weinberg mit Schloss; sehr feiner RIOJA.

Castillo Perelada Emp, Nav, Pri ★→★★★ Temperamentvolle CAVAS, v. a. Gran Claustro und Stars, und moderne rote Verschnitte. Zudem seltener, 12 Jahre in der SOLERA gereifter GARNATXA de l'EMPORDÀ. Sehr fein ist der Casa Gran del Siurana (PRIORAT). CHIVITE gehört ebenfalls zum Besitz.

Catalunya Kat – Die übergreifende, sehr große DOP umfasst ganz Katalonien: Küste, Berge und alles, was dazwischenliegt. Etliche Spitzenköche und Spitzen-BODEGAS. Die derzeitige DO ist allerdings zu groß für eine gemeinsame Identität.

Cava ★→★★★ Spaniens nach der traditionellen Methode bereiteter Schaumwein wird zu über 90% in PENEDÈS erzeugt. Im Hinblick auf die Verbesserung von Qualität und Transparenz sind in der DO mittlerweile neue Regelungen eingeführt worden. Dazu gehören die Verlängerung der Mindestreifezeit, ökologischer Weinbau, speziellere Herkunftsbezeichnungen und mehr. Neue Kategorien sind Cava de Guarda und Cava de Guarda Superior (einschließlich RESERVA, GRAN RESERVA und Cava de Paraje Calificado). Cava de Paraje ist die Spitzenkategorie für Einzelerzeuger: geringe oder gar keine Dosage und mind. 36 Monate Reifezeit, die meist überschritten wird. Erzeugerverbände wie CLÀSSIC PENEDÈS, Conca del Ríu Anoia und CORPINNAT, die sich von der DO losgesagt haben, sowie RIOJA haben jetzt ihre eigenen Kategorien für traditionell bereiteten Schaumwein, der nicht mehr Cava heißt. Für die Verbraucher ist all das verwirrend, und es bleibt zu hoffen, dass die neuen Regeln den Cava wiederbeleben werden.

Cebreros Cas-L ★→★★ Die junge (2017) DO illustriert die dynamische Entwicklung der SIERRA DE GREDOS und ihrer unterschiedlichen Zonen mit jeweils eigener Identität. GARNACHA (rot) herrscht wie überall vor, es gibt aber auch die weiße Albillo Mayor. Erzeuger: v. a. Daniel Ramos, Rico Nuevo, Ruben Díaz, Soto Manrique und TELMO RODRÍGUEZ.

Celler del Roure Val ★→★★ Wenn Sie sich für TINAJAS interessieren, sollten Sie diese BODEGA südlich der Stadt VALENCIA besuchen. In ihrem beeindruckenden unterirdischen Keller sind riesige Amphoren bis zum Hals im Boden vergraben. Gute, frische, elegante Weine; Cullerot, Parotet und Safrà stammen von lokalen Rebsorten. Viele alteingesessene Häuser im Bezirk Alforins verfügen über traditionelle *tinajas,* aber nirgends sind sie so eindrucksvoll wie hier.

César Florido Sherry ★→★★★ Seit 1887 ein Meister der unterschätzten Sherry-Traube MOSCATEL (ein Geheimtipp); entdecken Sie das wunderbar duftende, saftige Trio Dorado, Especial und Pasas. In CHIPIONA ansässig.

Chacolí – *Siehe* TXAKOLÍ.

Chipiona Sherry – Das sandige Küstengebiet liefert MOSCATEL-Trauben; Weine im Bestfall von floraler Anmut und viel weniger dicht als PX. Gemäß neuer Vorschriften ist Chipiona eine der neun Städte, in denen der Wein nicht nur erzeugt, sondern auch gereift werden darf.

Chivite Nav ★★→★★★ Ein großer Name in der Weinwelt von NAVARRA. Die Weine der Reihe Colección 125, einschließlich des erstklassigen CHARDONNAY, zählen zu den großartigsten Spaniens. Ferner guter Spätlese-MOSCATEL. Gehört zu CASTILLO PERELADA, das die notwendigen Investitionen bereitstellt.

Clàssic Penedès Pen – Kategorie der DO PENEDÈS für nach der traditionellen Methode bereiteten Schaumwein, strengere Regeln als für CAVA: mind. 15 Monate Reifung sowie ökologischer Anbau. Zu den Mitgliedern gehören Albet i Noya, Colet, LOXAREL und Mas Bertran.

Clos Mogador Pri ★★→★★★ René Barbier, der Vater von René jun., gehörte zum Quintett jener Erzeuger, die das PRIORAT wiederentdeckten, und war für viele ein Mentor. Sein Gut erwarb als eines der Ersten den Status Vi de Finca. Sehr schöner Manyetes CARIÑENA.

Codorníu Raventós Cos del S, Pen, Pri, Rioja ★→★★★★ Die im Jugendstil erbaute CAVA-Kellerei lohnt einen Besuch. Sehr fein ist das Trio sortenreiner Cavas de Paraje Calificado aus Einzellagen. Außerdem der 456, ein

Verschnitt aus drei Lagen und die teuerste Cava, die je das Licht der Welt erblickt hat. Die Cavas für den Massenmarkt werden besser. Unter den Codorníu-Kellereien bietet Legaris in RIBERA DEL DUERO gute Ortsweine, Raimat in COSTERS DEL SEGRE ist das größte Öko-Weingut Europas (muss seinen Weg allerdings noch finden). BODEGAS Bilbaínas in RIOJA, jetzt wieder in Form, bietet den beliebten Viña Pomal. Ein Juwel (und Teileigentümer) ist das überragende PRIORAT-Weingut SCALA DEI. Das neueste Projekt ist ABADÍA DE POBLET.

Conca de Barberà Kat – In der kleinen katalanischen DO, die früher große Unternehmen mit Traubengut versorgte, gibt es inzwischen einige exzellente Erzeuger, darunter ABADÍA DE POBLET und TORRES.

Consejo Regulador – Amtliche Organisation für Erhaltung, Kontrolle und Förderung einer DOP; jede DOP hat ihren eigenen Consejo Regulador. Die Qualität ist so uneinheitlich wie die Weine, die die Organisation vertritt – mal steht Bürokratie, mal unternehmerisches Denken im Vordergrund.

Contino, Viñedos del R Ala ★★→★★★★ Zu dem Gut im Besitz von CVNE gehört eine der großartigen Einzellagen von RIOJA. Die Entwicklungen unter Weinmacher Jorge Navascués sind vielversprechend.

Corpinnat Kat ★★→★★★★ Die Erzeugergruppe bereitet hochwertige Schaumweine nach der traditionellen Methode, deren Qualität stringenter ist als die von CAVA. Dazu gehören Júlia Bernet, Can Descregut, Can Feixes, GRAMONA, Llopart, Mas Candí, Nadal, Pardas, RECAREDO, Sabaté i Coca und Torelló.

Corrales, Viña Jerez ★★★ So heißt ein 8–9 Jahre alter FINO EN RAMA aus der Lage Pago Balbaina von PETER SISSECKS BODEGA in JEREZ. Sissecks Ziel ist es, Sherrys aus (auf längere Sicht ökologisch bewirtschafteten) Einzellagen herauszubringen. Viña La Cruz ist ein AMONTILLADO vom Pago Macharnudo.

Costers del Segre Cos del S ★→★★★ Die geografisch geteilte DO vereint Erzeugerbetriebe in so unterschiedlichen Lagen wie CASTELL D'ENCÚS in den Bergen und Castell del Remei und Raimat weiter unten.

Cota 45, Bodegas Sherry ★★ BODEGA des umsichtigen und immer interessanten Weinmachers Ramiro Ibáñez in SANLÚCAR. Der Ube wird von PALOMINO aus verschiedenen berühmten Einzellagen (PAGOS) bereitet, u. a. Carrascal und Miraflores. Er hat eine Salz- und Apfelnote und wird nicht gespritet, aber in Sherry-BUTTS kurz gereift. Enthüllt große Terroirunterschiede. *Siehe auch* DE LA RIVA, WILLY PÉREZ.

Crianza – Altersangabe für Wein in RIOJA. Muss mind. zwei Jahre gereift sein, Rotweine davon mind. ein Jahr im Eichenfass, Weiße und ROSADOS sechs Monate. Der Begriff wird auch in anderen Regionen oft verwendet, allerdings sind die Vorschriften dort anders.

Cusiné, Tomàs Conca de Barbera, Cos del S ★★→★★★ Der Weinmacher führt eine innovative Gruppe an: Zu den Weinen gehören die Kollektion Finca und die Verschnitte namens Tomás Cusiné. Ist in MONTSANT, COSTERS DEL SEGRE und CONCA DE BARBERÀ tätig.

CVNE – Compañía Vinícola del Norte de España R Ala, R Alt ★★→★★★★ Einer der großen Namen (ausgesprochen »Kune«) in RIOJA mit Sitz im BARRIO DE LA ESTACIÓN in Haro und 545 ha Weinbergbesitz. Gegründet wurde die Compañia Vinícola del Norte de España im Jahr 1879. Heute hat sie vier Kellereien in Rioja: CONTINO, CVNE, Imperial und VIÑA Real. Außerordentlich eindrucksvoll im Spitzenbereich. Besitzt auch Kellereien in RIBERA DEL DUERO und VALDEORRAS (Virgen del Galir).

Daniel Gomez Jiménez-Landi Méntrida – Die Weine des führenden Vertreters der jungen Generation von GARNACHA-Erzeugern stammen aus Hochlagen in der gesamten SIERRA DE GREDOS (in CEBREROS, MÉNTRIDA und drumherum).

De Alberto, Bodegas Rueda ★★★ Außergewöhnlicher, in Glasballon und Solera oxidativ ausgebauter VERDEJO mit Aromen von Karamell, Walnuss, Vanille und Rosinen.

Delgado Zuleta Man ★→★★ Die älteste Bodega in SANLÚCAR, 1774 gegründet. Flaggschiff ist der 6–7 Jahre alte La Goya MANZANILLA PASADA.

Dinastía Vivanco R Alt ★→★★ Die BODEGA in Briones ist für ihre Weine bekannt, aber mehr noch für ihr hervorragendes Weinmuseum. Eindrucksvoller neuer Schaumwein nach der traditionellen Methode aus RIOJA.

Dominio del Águila Rib del D – Wie Jorge Monzón beweist, hat RIBERA DEL DUERO auch ein anderes Gesicht: spritzig, grazil und gelegentlich auch spielerisch. Sein Rosé Clarete ist erfrischend, seine rote Cuvée Pícaro del Águila lebhaft.

DO(P) – Denomiación de Origen Protegida (DOP) ersetzt die bisherige Kategorie Denominación de Origen (DO).

Dulce Süß. Kann sich um Spätlesen, edelfaule oder gespritete Weine handeln. Entsprechende Schätze findet man u. a. bei den Erzeugern ALTA ALELLA, BENTOMIZ, GUTIÉRREZ DE LA VEGA, OCHOA, TELMO RODRÍGUEZ und TORRES bzw. in EMPORDÁ, MÁLAGA, TXAKOLÍ und YECLA.

Emilio Hidalgo Sherry ★★★→★★★★ Hervorragende BODEGA in Familienbesitz in JEREZ. Alle Weine (außer PX) reifen zunächst unter FLOR. Ausgezeichneter, ungefilterter, 15 Jahre alter FINO La Panesa, fesselnder 50 Jahre alter AMONTILLADO Tresillo 1874 und seltener PX Santa Ana 1861.

Empordà Kat ★→★★ Eines von vielen Zentren der Kreativität in Katalonien. Die besten Erzeuger sind CASTILLO PERELADA, Celler Martí Fabra, Pere Guardiola und Vinyes dels Aspres. Das spleenige junge Weingut Espelt baut stolze 17 Sorten an; probieren Sie den Sauló (GARNACHA/CARIGNAN). Celler Espolla bietet mit dem SOLERA GRAN RESERVA einen üppigen natursüßen Wein an.

Envínate – Vier Weinmacher, die weniger bekannte Regionen wie Almansa (Albahra), RIBEIRA SACRA (Lousas) und Teneriffa (Táganan) in ein neues Licht rücken.

Equipo Navazos Man, Sherry ★★★→★★★★ Mit ihren Abfüllungen aus ausgewählten einzelnen BUTTS waren der Wissenschaftler Jesús Barquín und Sherry-Weinmacher Eduardo Ojeda Wegbereiter des Négociant-Sherrys. Für die Flaschenreifung von MANZANILLA haben sie sehr gute Argumente.

Escocés Volante, El Aragón, Gal ★→★★★ Der schottische Master of Wine Norrel Robertson war in ganz Spanien als Flying Winemaker tätig (*escocés volante* bedeutet »fliegender Schotte«). Nun konzentriert er sich auf GARNACHA von alten Buschreben aus Höhenlagen, die er gern mit lokalen Rebsorten verschneidet. Sehr feiner Mataquemada aus einer einzelnen Parzelle. Die individuellen, charaktervollen Weine tragen zur (positiven) Veränderung ARAGÓNS bei.

Espumoso – Bedeutet »Schaumwein«, aber Achtung: Die Bezeichnung gilt sowohl für billiges Geblubber mit zugesetzter Kohlensäure als auch für nach der traditionellen Methode hergestellten Schaumwein wie CAVA.

Essig Sherry ★→★★★ Sherry-Erzeuger warben bislang nicht mit dem traditionell unerwünschten Nebenprodukt der Sherry-Bereitung: dem Essig. Das aber ändert sich nun mit einem kontrollierten Herstellungsverfahren, etwa bei FERNANDO DE CASTILLA und TORO ALBALÁ mit seiner GRAN RESERVA.

Fernando de Castilla Sherry ★★→★★★★ Wunderbar beständige Qualität. Alle Weine der Reihe Antique Sherries wären als VOS oder VORS qualifiziert, aber auf dem Etikett steht das nicht. Der FINO Antique ist komplex und auf die traditionellen korrekten 17 Vol.-% aufgespritet. Sehr gut sind der OLOROSO und der PX Singular. Daneben sehr feiner Brandy, Wermut und Essig. Bevorzugter Lieferant von EQUIPO NAVAZOS.

Flor Sherry – Das spanische Wort für »Blume« bezeichnet die Schicht aus *Saccharomyces*-Hefen, die sich typischerweise in einem zu fünf Sechsteln gefüllten BUTT auf der Oberfläche von FINO- und MANZANILLA-Sherry bildet. Die Flor-Schicht bindet Sauerstoff und weitere Stoffe (ein Vorgang, den man »biologische Reife« nennt) und bewahrt den Wein vor Oxidation. In den Städten El PUERTO DE SANTA MARÍA und SANLÚCAR, die näher an der Küste liegen, ist die Flor-Schicht dicker, was die feinere Art der dortigen Sherrys erklärt. Vinos de PASTO, also ungespritete PALOMINO-Weine, werden häufig kurz unter Flor gereift.

Fondillón Alicante ★→★★★ Legendärer ungespriteter lieblicher roter *rancio*-Wein von überreifen MONASTRELL-Trauben. Heute wird er mind. 10 Jahre in Eiche gereift; einige SOLERAS sind sehr alt. Leider aus der Mode gekommen, deshalb zu schnell schrumpfende Produktion, u. a. von Brotons (sehr feine Jahrgänge 64' 70'), GUTIÉRREZ DE LA VEGA, MG Wines und unvergleichlicher Louis XIV Colección de Toneles Centenarios.

Freixenet Cava, Pen ★→★★★ Größter CAVA-Erzeuger, im Besitz des Sektgiganten Henkell, bekannt vor allem für den in schwarzen Flaschen abgefüllten Cordón Negro. Casa Sala ist eine Cava de Paraje Calificado. Außerdem: Morlanda (PRIORAT), Solar Viejo (RIOJA), Valdubón (RIBERA DEL DUERO), Vionta (RÍAS BAIXAS). Ferner Finca Ferrer (Argentinien), Gloria Ferrer (USA) und Katnook (Australien).

Frontonio Aragón ★→★★ Master of Wine Fernando Mora und Mario López sorgen weiterhin für Aufsehen, weil sie alte GARNACHA- und GARNACHA-BLANCA-Reben aufspüren. Außerdem sehr guter MACABEO von alten Reben aus der Lage El Jardin de la Iguales.

Fundador Pedro Domecq Sherry – Die ehemaligen Domecq-BODEGAS wurden im Zuge der diversen Umbildungen aufgespalten. Die VORS-Weine sind im Besitz von OSBORNE; Botaina, La Ina, Rio Viejo und VIÑA 25 sind an LUSTAU übergegangen. Den Rest, v. a. die Fundador-Brandy-Bestände, erwarb der Brandy-Gigant Emperador. Zum Unternehmen gehören auch Terry Centenario (Brandy), Harvey's, berühmt für Bristol Cream und sehr guten VORS, und Garvey, bekannt für den FINO San Patricio.

Galicien – In die nordwestliche Ecke Spaniens sollten Sie wegen der aufregenden Weinauswahl fahren. Galicien ist die Heimat vieler Spitzenweißweine Spaniens, insbesondere Rafael PALACIOS, und Quelle eleganter, frischer Rotweine, v. a. von Descendientes de J. PALACIOS, ALGUEIRA und ZARATE (*siehe* MONTERREI, RÍAS BAIXAS, RIBEIRA SACRA, RIBEIRO, VALDEORRAS). Dank der isolierten Lage haben sich hier seltene Rebsorten erhalten.

García, Mariano & Söhne – Mariano García ist eine feste Größe in Nord- und Nordwestspanien. Viele Jahre lang bestand sein Leben aus VEGA SICILIA, wo er bis 1998 Kellerchef war, bevor er AALTO mitgründete und Mauro (CASTILLA Y LEÓN) ins Leben rief. Mit seinen Söhnen Eduardo und Alberto leitet er außerdem die Bodegas Garmón (RIBERA DEL DUERO) und San Román (TORO), spezialisiert auf Lagenselektionen. Seit 2020 auch in RIOJA tätig, wo in Baños de Ebro der erste Jahrgang entstand.

Genérico Rioja – Um einen Genérico handelt es sich, wenn auf einer Flasche RIOJA keine Altersangabe auf dem Etikett steht (z. B. »Reserva«). Bei Genéricos dürfen die Ausbauvorschriften der DOP (wie etwa Fassgröße oder Mindestreifezeit) teilweise außer Acht gelassen werden. Hinter der wenig aussagekräftigen Bezeichnung verbergen sich mitunter sehr gute und sogar hervorragende Weine – man muss nur wissen, wo man sie findet.

Gómez Cruzado R Alt – BODEGA zwischen MUGA und La RIOJA ALTA im BARRIO DE LA ESTACIÓN. Sehr guter weißer Verschnitt Montes Obarenes und GARNACHA Pancrudo.

González Byass Cádiz, Sherry ★→★★★★ González Byass (gegründet 1845) ist und bleibt ein Familienunternehmen. Sein weltgewandter Kellermeister Antonio Flores gewinnt aus der Tío Pepe-SOLERA eine feine EN-RAMA-Abfüllung und die grandiose Reihe Palmas (die 2020 ihren 10. Geburtstag feierte). Dazu kommen stets geschliffener AMONTILLADO Viña AB, OLOROSO Matúsalem, PX Noë. Boutiquehotel auf dem Gelände (das erste Hotel in Jerez in einem laufenden BODEGA-Betrieb). Weitere Kellereien: Beronia (RIOJA), Pazos de Lusco (RÍAS BAIXAS), Vilarnau (CAVA), Viñas del Vero (Somontano), Dominio Fournier (RIBERA DEL DUERO) sowie Croft Original Pale Cream Sherry (keine Offenbarung, aber beliebt). Die Finca Moncloa in der Nähe von Jerez erzeugt nach wie vor Rotweine.

Gramona Kat, Pen ★★→★★★★ Die Cousins, Gründungsmitglieder der CORPINNAT-Gruppe, erzeugen beeindruckend lang gereifte Schaumweine nach der traditionellen Methode, v. a. Enoteca, III Lustros und Celler Batlle. Es wird viel Forschung betrieben, u. a. Versuche mit biodynamischem Anbau. Ferner süße Abfüllungen einschließlich Eiswein sowie experimentelle und Tischweine. Behalten Sie die junge Generation, d. h. Roc Gramona, mit dem (immer noch weißen) L'Enclòs de Peralba im Auge.

Sherry ist seines Dreiecks verlustig gegangen: Jetzt sind es neun Städte, nicht mehr drei. Ein Nonett? Eine None? Eine Enneade?

Gran Reserva – In RIOJA muss ein roter Gran Reserva mindestens 60 Monate reifen, davon mindestens 2 Jahre im Barrique (225 l) und 2 Jahre in der Flasche. Weiße und ROSADOS reifen mindestens 4 Jahre, davon 6 Monate im Fass. Die Suche nach grandiosen alten Rioja-Jahrgängen lohnt sich, zumal sie oft erstaunlich günstig sind.

Guita, La Man ★→★★★ Klassischer Manzanilla: Das Lesegut stammt ausschließlich aus küstennahen Lagen bei SANLÚCAR DE BARRAMEDA. Im Besitz der Grupo Estévez, der auch VALDESPINO gehört.

Gutiérrez Colosía Sherry ★→★★★ Eine der wenigen am Fluss verbliebenen BODEGAS in El PUERTO DE SANTA MARÍA, im Besitz der Familie Gutiérrez Colosía. Ehemaliger ALMACENISTA mit herrlichem altem PALO CORTADO.

Gutiérrez de la Vega Alicante ★→★★★ Die bemerkenswerte BODEGA in ALICANTE ist auf Süßwein spezialisiert, v. a. MOSCATEL und FONDILLÓN, und hat der DOP nach einem Zerwürfnis wegen der Vorschriften den Rücken gekehrt. Tochter Violeta leitet jetzt den Betrieb neben ihrem eigenen Projekt Curii, bei dem Alberto Redrado ihr Partner ist (fokussiert auf roten Giró).

Hacienda Monasterio, Bodegas Rib del D ★★★ Peter SISSECK ist hier, wo er seine Karriere in RIBERA DEL DUERO begann, Miteigentümer und Berater. Die Weine sind dem Geldbeutel wie auch dem Gaumen zugänglicher als sein Dominio de PINGUS.

Hermanos Peciña, Bodegas Rioja ★★→★★★ Bei einer Blindverkostung von GRAN RESERVAS aus RIOJA überraschten die gereiften Weine von Hermanos Peciña über alle Maßen. Sie sind Musterbeispiele für in amerikanischer Eiche ausgebaute Riojas. Urbina kommt knapp dahinter auf Platz 2.

Hidalgo La Gitana Man ★★→★★★★ 1792 gegründeter Familienbetrieb in SANLÚCAR DE BARRAMEDA. Ein Klassiker ist der MANZANILLA La Gitana, am feinsten der aus einer Einzellage stammende Pasada Pastrana, fast ein AMONTILLADO. Hervorragende VORS-Reihe, darunter Amontillado Napoleon, PX Triana und PALO CORTADO Wellington.

Jerez de la Frontera Sherry – Hauptstadt der Sherry-Region zwischen Cádiz und Sevilla. Das Wort Sherry ist eine Abwandlung des maurischen Namens Sherish, französisch Xérès, der DOP-Name lautet daher Jerez-Xérès-Sherry. MANZANILLA hat eine eigene DOP: Manzanilla-SANLÚCAR DE BARRAMEDA.

Joven – Junger, nicht in Eiche gereifter Wein.

Juan Carlos Sancha, Bodegas Rioja ★★ Ein Professor für Önologie, der sich zum Weinmacher wandelte: Juan Carlos Sancha versteht sich auf RIOJAS Böden und Traditionen. Er arbeitet mit weniger bekannten Rebsorten wie Tempranillo blanco, Maturana tinta, Maturana blanca und Monastel (MOURVÈDRE), aber auch mit GARNACHA.

Jumilla Mur ★→★★★ Sehr trockenes Anbaugebiet in den Bergen nördlich von Murcia mit einem Erbe alter MONASTRELL-Reben. Spitzenerzeuger: CASA CASTILLO und Juan Gil.

Juvé y Camps Cava, Pen ★★→★★★ Beständig gute CAVA; die RESERVA de la Familia ist der Grundpfeiler, La Capella eine Cava de Paraje Calificado.

Kanarische Inseln ★→★★★ Sieben Hauptinseln mit neun DOPS, wobei allein auf Teneriffa fünf entfallen. Beliebt bei entdeckungsfreudigen Weinliebhabern: Hier finden sich seltene Sorten, alte Reben, ausgeprägte Mikroklimata, vulkanische Böden und einzigartige Methoden des Rebschnitts. Trockene Weiße von LISTÁN (alias PALOMINO) und Marmajuelo, Rote von Listán negro, Negramoll (TINTA NEGRA) und Vijariego. Außerdem gute MALVASÍA- und MOSCATEL-Dessertweine, v. a. der gespritete Malvasía El Grifo aus Lanzarote. Spitzenerzeuger: Borja Pérez, ENVINATE und SUERTES DEL MARQUÉS; auf La Palma: Victoria Pecis Torres; auf Lanzarote: El Grifo und Puro Rofe; auf Gran Canaria: Bodegas Tamerán des Fußballers David Silva zusammen mit Jonatán García von Suertes del Marqués. Es gibt aber auch jede Menge langweiliger Touristenweine.

La Mancha Cas-La M ★→★★ Das Land des Don Quijote südlich von Madrid ist (abgesehen von seiner Ausdehnung) das am wenigsten beeindruckende Anbaugebiet Spaniens und liefert hauptsächlich Trauben für die Brandy-Produktion, v. a. die neutrale AIRÉN. Zu viel Massenwein, dennoch sind Spitzenleistungen durchaus möglich: MARTÍNEZ BUJANDA mit dem Finca Antigua, PESQUERA mit dem El Vínculo und der Neuling VERUM.

Lively Wines El B, Rib del D, Rioja – Der Name sagt alles: Germán Blanco geht die Dinge gern mit einem Lächeln an. Die Weine: Casa Aurora (BIERZO), La Bicicleta Voladora (RIOJA) und Quinta Milú (RIBERA DEL DUERO). Öko-Anbau.

López de Heredia R Alt ★★→★★★★ Der älteste Erzeugerbetrieb im BARRIO DE LA ESTACIÓN in Haro, gegründet 1877 und in Familienhand, bietet Weine, die inzwischen Kult geworden sind. Einen Besuch lohnen allein schon der Txori-toki-Turm und der von Zaha Hadid entworfene Laden. Ein Ort, an dem man sehen kann, wie RIOJA erzeugt wurde (und hier immer noch wird). Viña Cubillo heißt die jüngere Reihe mit GARNACHA, dunkler ist Viña Bosconia, anmutig und reif der Viña Tondonia. Auch die Weißen reifen ausgiebig in Fass und Flasche; einzigartig ist der ROSADO GRAN RESERVA. Hier nimmt man keine Abkürzungen.

Loxarel Pen ★→★★ Das biodynamisch erzeugte Sortiment umfasst auch unter Hülsenmaischung bereitete und Amphorenweine. Der Brut Nature Cent Nou 109 ist ein eigenwilliger Schaumwein: nach der traditionellen Methode bereitet, 109 Monate gereift, nie degorgiert.

Lupier, Domaine Nav ★→★★ Das Gut hat alten GARNACHA-Bestand aus verstreuten Reblagen gerettet und damit den Ruf NAVARRAS wiederhergestellt. Zwei außergewöhnliche Weine: der florale La Dama und der breitschultrige El Terroir. Biodynamischer Anbau. Jetzt unter der Leitung von RAÚL PÉREZ.

Lustau Sherry ★★★→★★★★ Mustergültige Sherrys aus JEREZ, SANLÚCAR DE BARRAMEDA und El PUERTO DE SANTA MARÍA von stets hervorragender Qualität. Initiator der ALMACENISTA-Kollektion. Die einzige BODEGA, die EN-RAMA-Sherry aus allen drei Städten erzeugt. Der Emilín ist ein erlesener MOSCATEL, der PX VORS überragend – trotz Alter und Süße kommt er leichtfüßig daher.

Maestro Sierra, El Sherry ★★★ Die kleine BODEGA führt vor, wie es früher in JEREZ-Kellereien zuging. Sie wird von Mari-Carmen Borrego geleitet, die ihre Respekt einflößende Mutter Pilar Plá abgelöst hat. Feiner AMONTILLADO 1830 VORS, FINO sowie OLOROSO 1/14 VORS.

Málaga ★→★★★ Wer MOSCATEL liebt, sollte einmal die Hügel von Málaga durchstreifen. TELMO RODRÍGUEZ stieß die Neubelebung einstiger Glorie mit seinem subtilen süßen Molino Real an. Der fassgereifte Moscatel No 3 Viejas Viñas von Jorge Ordoñez ist wunderbar üppig, bei BENTOMIZ findet man eine beeindruckende Auswahl. Für trockene Tischweine gibt es die DOP Sierras de Málaga.

Mallorca ★→★★★ Die Weine sind qualitativ uneinheitlich: einige sehr gut, andere lediglich Prestigeprojekte. Oft sind sie teuer und außerhalb der Insel auch schwer aufzutreiben. Erzeuger: u. a. 4 Kilos, Ánima Negra, Bàrbara Mesquida, Biniagual, Binigrau, Can Ribas, Miquel Gelabert (mit breitem Spektrum), Toni Gelabert, Son Bordils, Tramuntana. Die Roten sind Verschnitte von traditionellen Rebsorten (Callet, Fogoneu, Mantonegro) plus CABERNET SAUVIGNON, SYRAH und MERLOT. Die Weißen (v. a. CHARDONNAY) holen schnell auf. DOPS: Binissalem und Plá i Llevant.

Manchuela ★→★★ Die DO war lange Zeit eine Art vergessene Region – bis Juan Antonio PONCE kam und jetzt Javier REVERT, Technischer Direktor von Finca SANDOVAL, die die Wellen hoch schlagen lassen. Ebenfalls sehr gut ist BOBAL.

Marqués de Cáceres R Alt ★→★★ Führte in den 1970er-Jahren französische Bereitungsmethoden in RIOJA ein. Auch frischer Weißer und Rosé. Modern ist der Gaudium, die GRAN RESERVA zeigt sich traditionell klassisch. Auch in RUEDA und RÍAS BAIXAS aktiv.

Marqués de Murrieta R Alt ★★★→★★★★ RIOJA ist quasi eine Schöpfung der beiden »Markgrafen«, Marqués de Murrieta und Marqués de Riscal. Qualitativ hat Murrieta einen großen Sprung gemacht, und jetzt kommt noch eine neue BODEGA auf dem Gelände hinzu. Weine in klassischem wie auch in modernem Stil – einer der großen Rioja-Klassiker ist die GRAN RESERVA Castillo de Ygay. Die neueste Abfüllung einer Gran Reserva Blanco ist der Jahrgang **1986** (!), der Gran Reserva Tinto **1975.** Einen beeindruckenden Kontrast stellt der sehr gut bereitete rote Dalmau im glamourös-modernen Rioja-Stil dar. Capellanía heißt der frische, straffe, komplexe Weiße – einer von Riojas besten. Sehr hell und ungewöhnlich ist der Primer Rosé aus der Rebsorte Mazuelo. Außerdem sehr guter ALBARIÑO Pazo de Barrantes (RÍAS BAIXAS).

Marqués de Riscal Cas-L, R Ala, Rueda ★★→★★★★ Hier wird die Geschichte von RIOJA lebendig: Die BODEGA konnte eine Verkostung aller Jahrgänge bis zurück zu ihrem ersten, dem 1862er, auf die Beine stellen. Man hat die Wahl unter diversen Stilen: verlässliche RESERVA, moderner Finca Torrea und ausgewogene GRAN RESERVA. Kraftvoll ist der Barón de Chirel Reserva. Marqués de Riscal entdeckte RUEDA und brachte 1972 seinen ersten Rueda-Wein heraus; erzeugt wird dort lebhafter SAUVIGNON BLANC und VERDEJO (beide BV). Außerdem sehr guter VERDEJO Barón de Chirel, allerdings jetzt aus CASTILLA Y LEÓN, nicht aus Rueda. Das von Frank Gehry entworfene Hotel neben dem Firmensitz in Elciego ist ein umwerfender Anblick.

Márquez, César Bierzo ★★→★★★ Relativ neuer Erzeuger in Valtuille, Neffe von RAÚL PÉREZ. Im Angebot sind MENCÍA und GODELLO; der Godello El Val ist herausragend.

Mas Doix Pri ★★→★★★★ Die elegante neue BODEGA in Poboleda (PRIORAT) erlaubt es Mas Doix zu expandieren; die Mittel dazu hat der neue Mitbesitzer bereitgestellt, das kalifornische Unternehmen Lede Family Wines. Die Schätze sind der großartige Cariñena 1902, benannt nach dem Jahr, in dem der Weinberg angelegt wurde, ganz Blaubeer und Samt, erstaunlich reintönig, sowie der Garnacha 1903 von alten Reben. Jetzt auch Weißwein: Murmuri, GARNACHA BLANCA (BV) und der Verschnitt Salix (BV).

Mas Martinet Pri ★★→★★★ Sara Pérez ist die Tochter von Josep Lluís Pérez, der zum Quintett der ursprünglichen PRIORAT-Entdecker gehört. Sie hält sich aber aus der Geschichte raus, ist freimütig, abenteuerlustig und offen für neue Herangehensweisen: z. B. TINAJAS, Gasballons, Verschnitte.

Méntrida Cas-La M ★→★★ Früheres Genossenschaftsgebiet südlich von Madrid, erlangt jetzt Bekanntheit dank Erzeugern wie Arrayán, Canopy und Daniel LANDI mit Albillo und GARNACHA.

Mestres, Cava Pen ★★→★★★ Spezialist für gereifte CAVAS und der Erste, der Brut-Nature-Cava (ohne Dosage) bereitet hat (1945). Die faszinierende Reihe Cavateca bietet Cavas mit unterschiedlichen Degorgierungsdaten und Reifezeiten in der Flasche.

Monterrei Gal ★→★★★ Kleine DOP an der portugiesischen Grenze, wo einst die Römer Wein erzeugten. Rebsorten sind MENCÍA (rot) und GODELLO (weiß). Bester Erzeuger ist Quinta da Muradella (José Luis Mateo), einschließlich des preiswerten Candea (Mateo und Raúl PÉREZ).

Montilla-Moriles ★→★★★ Die Weine aus der DOP nahe Córdoba stehen immer noch im Schatten von JEREZ. PX erbringt trockene Weine im FINO-Stil, aber auch sehr Süßes. Am besten greift man am oberen Ende des Angebots zu, bei den herrlich vollen, zum Teil lange in SOLERAS gereiften Leckereien. Spitzenerzeuger: ALVEAR, PÉREZ BARQUERO, TORO ALBALÁ. Wichtiger Lieferant von PX-Trauben für die DOP Jerez.

Montsant Kat ★→★★★ Der preiswerte Nachbar des PRIORAT, das von der DO umschlossen wird. Feiner GARNACHA BLANCA (Acústic) und charaktervolle Rote: Can Blau, Celler de Capçanes, Domènech, Espectacle, Joan d'Anguera, Mas Perinet, Masroig und Venus la Universal.

Muga, Bodegas R Alt ★★→★★★★ Beispiel für einen jener seltenen Familienbetriebe, wo Geschwister und Cousins erfolgreich zusammenarbeiten – und Muga wird immer besser. Zwei verschiedene Stile: klassische GRAN RESERVA Prado Enea und moderner, kraftvoller Torre Muga. Ferner heller ROSADO, eleganter Weißer und lebhafter Schaumwein nach traditioneller Methode.

Mustiguillo Val ★★→★★★ Toni Sarrión war die treibende Kraft hinter der Wiederentdeckung der ungeliebten indigenen BOBAL-Traube wie auch der weißen Merseguera; schuf den Vino de PAGO Finca El Terrerazo. Hacienda Solano in RIBERA DEL DUERO ist ein weiteres Projekt Sarrións, außerdem ist er Präsident des Netzwerks Grandes Pagos.

Navarra ★→★★★ Allmählich wieder mit im Spiel, angetrieben von GARNACHA und der jungen Generation. Stand stets im Schatten des Nachbarns RIOJA, und der frühzeitige Fokus auf internationale Rebsorten verschleierte die Identität. Am besten: CHIVITE, Domaines LUPIER, Nekeas, OCHOA, Tandem und Viñ ZORZAL. Ferner süße MOSCATEL-Abfüllungen.

Numanthia Toro ★★→★★★★ Eines der Schwergewichte von TORO, gegründet von der Familie Egurens (SIERRA CANTABRIA), die die Bodega an LVMH verkaufte. Außergewöhnliche, kraftvolle Weine; das Spitzengewächs Termanthia braucht 10 Jahre Flaschenreife. Für Einsteiger gibt es den Termes.

Ochoa Nav ★→★★ Vater Javier Ochoa Martínez hat zur Entwicklung der DO NAVARRA in neuerer Zeit Erhebliches beigetragen. Tochter und Kellermeisterin Adriana Ochoa nennt ihre Reihe mit Weinen unterschiedlicher Stilrichtungen »8a« (*ocho* heißt »acht«); diese umfasst u. a. den Mil Gracias GRACIANO, den süffigen, an Asti erinnernden süßen Schaumwein MdO (Moscato de Ochoa) sowie klassischen MOSCATEL.

Osborne Sherry ★★→★★★★ Die historische BODEGA in El PUERTO DE SANTA MARÍA ist ein wahres Schatzkästlein, z. B. AMONTILLADO AOS und PALO CORTADO PDP, und zudem im Besitz einstiger VORS-Stars von Domecq, u. a. Amontillado 51–1a. Der Fino Quinta und der reife Fino Coquinero sind typische Sherrys dieser Stadt. Das Unternehmen erzeugt auch in RIOJA, RUEDA und RIBERA DEL DUERO Wein.

Pago de Carraovejas Rib del D ★★★ Kultivierte, elegante RIBERA-DEL-DUERO-Gewächse aus einer Kellerei in spektakulärer Lage unterhalb der romantischen Burg von Peñafiel. Das Unternehmen selbst heißt Alma Carraovejas und besitzt auch VIÑA MEÍN – EMILIO ROJO (RIBEIRO), Marañones (SIERRA DE GREDOS), Milsetentayseis (Ribera del Duero) und Ossian (erstklassiger VERDEJO aus CASTILLA Y LÉON).

Pago de los Capellanes Rib del D ★★→★★★ Das Gut war, wie der Name verrät, einst im Besitz der katholischen Kirche (*capellanes* heißt »Kaplane«); die BODEGA wurde 1996 gegründet und erzeugt ausschließlich TEMPRANILLO-Gewächse: El Nogal hat noch viele Jahre vor sich; der Spitzenwein El Picón zeigt RIBERA DEL DUERO von seiner besten Seite.

Pago/Vino de Pago/Grandes Pagos Pago bezeichnet eine Einzellage, die üblicherweise einen Eigennamen hat, also z. B. Pago Miraflores oder Pago Balbaína im Sherry-Gebiet. **Vino de Pago** ist offiziell (aber nicht unbedingt in Wirklichkeit) die höchste Stufe innerhalb der Kategorie DOP. Vinos de Pago finden sich in der Regel in weniger namhaften Anbaubereichen. Nicht zu verwechseln mit **Grandes Pagos,** dem Netzwerk von in Familienbesitz befindlichen Erzeugerbetrieben; einige genießen den Status Vino de Pago, andere nicht. Der aktuelle Präsident (MUSTIGUILLO) leitet vielversprechende Verbesserungsmaßnahmen ein und wirbt neue Mitglieder.

Palacio de Fefiñanes Gal ★★→★★★★ Der RÍAS-BAIXAS-Standardwein (BV) zählt zu den feinsten ALBARIÑO-Gewächsen überhaupt. Zwei höherwertige Stile sind der fassvergorene 1583 (das Gründungsjahr dieser ältesten Kellerei der DOP) sowie der III – herrlich duftend und auf dem Hefesatz gelagert. Der Palast mit Kellerei in Cambados lohnt einen Besuch.

Palacios, Álvaro El B, Pri, Rioja ★★★→★★★★ Fast im Alleingang hat Álvaro Palacios mit seiner Qualitätsbesessenheit Spaniens heutigen Ruf in der Weinwelt begründet. Zudem gehört er dem Quintett der PRIORAT-Wiederentdecker an und hat dort für ein Qualitätsstufensystem gesorgt, das vom Ortswein bis zum Grand cru (Gran Vi de Vinya) reicht. Bei PALACIOS REMONDO stellt Álvaro den Ruf der DOP RIOJA ORIENTAL und seiner GARNACHA-Weine wieder her, und gemeinsam mit seinem Neffen Ricardo ist er darüber hinaus bei Desciendientes de J. PALACIOS (BIERZO) tätig.

Palacios, Descendientes de J. El B ★★★→★★★★ Die MENCÍA-Traube in Bestform. Ricardo Pérez Palacios, Álvaro PALACIOS' Neffe, bewirtschaftet seine an steilen Schieferhängen wachsenden alten Reben biodynamisch. Blumiger Pétalos und Villa de Corullón mit gutem Preis-Leistungs-Verhältnis; Las Lamas und Moncerbal bringen beide ihr – unterschiedliches – Terroir zum Ausdruck: einmal Ton, einmal Felsgestein. Außergewöhnlich ist der La Faraona (nur ein Fass) aus der gleichnamigen, sehr steilen Parzelle auf einer tektonischen Falte.

Palacios, Rafael Gal ★★★→★★★★ Es ist unmöglich, an Rafael Palacios' Weinen einen Makel zu entdecken. In VALDEORRAS liegt der Fokus auf der Sorte GODELLO, und zwar aus 32 Parzellen *(sortes)* auf Felsgestein. Ergebnis: der hübsche Louro do Bolo, der eine Stufe höher angesiedelte As Sortes und der Sorte O Soro, fraglos Spaniens bester Weißwein. Dazu der Sorte Antiga (alte Reben), ein sehr delikater Orange Wine sowie der Sorte Souto (eine Spätlese in Kleinstauflage).

Palacios Remondo R B ★★→★★★ Álvaro PALACIOS hat RIOJA ORIENTAL und dessen GARNACHA-Weine verdientermaßen ins Rampenlicht gerückt. Ein komplexer Weißer ist der ursprünglich von Álvaros Bruder Rafael PALACIOS kreierte Plácet. Spitzengewächs ist der Quiñón de Valmira aus Hanglagen am Monte Yerga.

Pariente, José Rueda ★★→★★★ VERDEJO-Weine von funkelnder Klarheit. Die Cuvée Especial wird in eiförmigen Betontanks vergoren; außerdem seidige Spätlese Apasionado. Tochter Martina unterstützt ihre Mutter Victoria, betreibt zudem gemeinsam mit ihrem Bruder Ignacio die Bodega Prieto Pariente und ist auch in CASTILLA-Y-LEÓN und SIERRA DE GREDOS tätig.

Spanien

Txakoli kommt vom baskischen *etxakoa* (hausgemacht) oder *etxeko ain* (genug für zu Hause).

Pasto, Vino de Sherry ★→★★★ Die Wiederbelebung eines früheren Weinstils; nimmt an Beliebtheit zu: Weißweine, die aus Sherry-Trauben aus dem Sherry-Gebiet erzeugt werden, ohne sie zu spriten. Die Trauben dürfen einen Tag lang an der Sonne trocknen, der Ausbau erfolgt in Sherry-Fässern. Die Weine können einen ausgeprägten Charakter von den kalkhaltigen *albariza*-Böden sowie florale Aromen aufweisen. Eine feine Einführung in die Welt des Sherrys, z. B. mit De La RIVA, dem Reventón von COTA 45 und La Escribana von Luis Pérez. Sollte eine eigene DOP bilden.

Pazo Señorans Gal ★★★ Das prachtvolle Gut in RÍAS BAIXAS erzeugt beständig hervorragende ALBARIÑO-Weine. Der herausragende Selección de Añada reift mindestens 30 Monate auf dem Hefesatz und ist der beste Beweis, dass Albariños sehr wohl alt werden können.

Penedès Kat ★→★★★★ Das Anbaugebiet westlich von Barcelona ist das bedeutendste und vielfältigste von CATALUNYA. Beste Erzeuger: Agustí Torelló Mata, Alemany i Corrio, Can Ràfols dels Caus, GRAMONA, Jean León, Parés Baltà, TORRES.

Península Vinicultores Cas-L, Rioja ★★ Das junge beeindruckende Unternehmen hat sich der Nachhaltigkeit und Authentizität verschrieben. BIDEONA (RIOJA) setzt auf das Kühlklima von Rioja Alavesa; Vinos de Montana (CEBREROS, SIERRA DE GREDOS) bringt frische Hochlagenweine hervor. Ferner feiner TXAKOLÍ.

Pepe Mendoza Casa Agrícola Alicante ★→★★ Nach einer langen Karriere im Familienbetrieb (Enrique Mendoza) brachte Pepe 2016 sein persönliches Projekt auf den Weg. Fokussiert auf die elegante rote Giró, MONASTRELL und MOSCATEL, bringt er Verschnitte, reinsortige, experimentelle und in Amphoren ausgebaute Weine hervor.

Pérez, Raúl El B ★★→★★★ Ein Star, der das Rampenlicht scheut, berühmt für Finesse und Weinbereitung mit minimalen Eingriffen. Neue Weinmacher in seiner Kellerei in BIERZO lässt er bei sich wohnen und ist ein Anziehungspunkt für (v. a. spanische und argentinische) Weinmacher. Hervorragender Vizcaina Mencías, außerordentlich reintöniger El Rapolao.

Pérez, Willy Jerez, Sherry – Betreibt gemeinsam mit seinem Kollegen Ramiro Ibáñez von COTA 45 die Rückkehr zu alten Methoden in JEREZ, indem sie Praktiken, Traditionen, seltene Rebsorten und Terroirs erforschen und wiederbeleben. Interessiert sich für ungespriteten PALOMINO. Projekte sind u. a. De La RIVA Vino de PASTO. Ist Gründungsmitglied von TERRITORIO ALBARIZA.

Pérez Barquero Mont-M ★→★★★ Führender Erzeuger in MONTILLA-MORILES. Guter Gran Barquero FINO, AMONTILLADO und OLOROSO sowie PX La Cañada. Beliefert EQUIPO NAVAZOS.

Pie franco – Ungepfropfte, wurzelechte Reben, manche (deutlich) mehr als 100 Jahre alt. Typischerweise wachsen sie auf sandigen Böden, wo die Reblaus keine Chance hatte: viele in TORO, einige in CASTILLA Y LÉON und RUEDA.

Pingus, Dominio de Rib del D ★★★★ Einer der ganz großen Namen in RIBERA DEL DUERO. Das kleine, biodynamisch wirtschaftende Weingut erzeugt den Pingus (so wurde der gebürtige Däne Peter SISSECK als Kind genannt) von alten TINTO-FINO-Reben und enthüllt die feineren Nuancen der Traube in einem extremen Klima. Der Flor de Pingus stammt von jüngeren Reben; der nach Sissecks Frau benannte weiße Amelia ist eine Einzelfass-Selektion. Für den PSI wird Lesegut von Winzern verwendet – ein langfristiges soziales Projekt Sissecks, damit die Weinbauern nicht in die Stadt abwandern. *Siehe auch* Viña CORRALES.

Pomares, Eulogio Gal ★★→★★★ Um die Weine von RÍAS BAIXAS und ALBARIÑO zu verstehen, gibt es keinen besseren Weg als die Weine von Pomares. Ist auch Kellermeister bei ZÁRATE.

Ponce Manchuela ★★ Juan Antonio Ponce hat das Familienunternehmen zielstrebig zum herausragenden Erzeuger in der DOP gemacht. Er gehört zu den Leuten, die der BOBAL-Traube wieder einen guten Ruf verschaffen, zudem hat er eine PIE-FRANCO-Abfüllung im Angebot, den P.F. Biodynamischer Anbau.

Priorat ★★→★★★★ Von hier kommen einige der feinsten Weine Spaniens. Der Name rührt von dem unter schroffen Felsen hingeduckten ehemaligen Kloster her. Es ist der Schieferboden, hier *llicorella* genannt, der den Unterschied macht. Die besten Weine zeigen bemerkenswerte Reinheit, Finesse und Terroircharakteristik. Das Priorat ist Pionier bei der Einführung einer Qualitätspyramide mit Stufen vom Ortswein über den Vi de Vila bis hin zum Gran Vi de Vinya. Nach einer Zeit, in der man CABERNET SAUVIGNON und SYRAH für am besten geeignet hielt, haben sich die Erzeuger jetzt wieder auf die traditionellen Reben GARNACHA und CARIÑENA besonnen und den Einsatz von neuer Eiche zurückgefahren. Das Ergebnis ist mehr Eleganz als früher.

Puerto de Santa María, El Sherry – Nur fünf BODEGAS gibt es hier noch, darunter GUTIÉRREZ COLOSÍA und OSBORNE (gute Weinbar!). Die FINOS aus Puerto sind leichter als die aus JEREZ und weniger »salzig« als die aus SANLÚCAR. Das EN-RAMA-Trio von LUSTAU zeigt die Unterschiede der drei Städte auf.

Pujanza, Bodegas y Viñedos Rioja ★→★★ Carlos San Pedro ist ein Spezialist darin, kühlen Jahrgängen in RIOJA Ausruck zu verleihen. Er feiert das mit dem weißen Añadas Frías aus der VIURA-Traube.

Ramón Bilbao R Baix, Rib del D, Rioja, Rueda ★→★★ Teil des Unternehmens Zamora (Hersteller von Licor 43). Forschungsorientierte BODEGAS in RIOJA, RÍAS BAIXAS (Mar de Frades), RUEDA und RIBERA DEL DUERO (Cruz de Alba). Aus RIOJA ORIENTAL kommt frischer GARNACHA von Hochlagen. Jüngstes Projekt ist die Kellerei Lalomba in Rioja, ein Paradies für maßgefertigte Betontanks, wo zwei rote Einzellagenweine und ein ROSADO im provenzalischen Stil erzeugt werden.

Raventós i Blanc Kat ★→★★★ Pepe Raventós führte das Familienunternehmen 2012 aus der DO CAVA hinaus und begründete die Ursprungsbezeichnung Conca del Ríu Anoia für hochklassige Schaumweine mit strenger Qualitätskontrolle und biodynamischem Anbau. Weine: u. a. ROSADO De Nit, Mas de Seral und der außerordentlich reintönige Textures de Pedra. 2017 wurde auf dem Gut Can Sumoi das Projekt für Naturwein gestartet, inkl. XAREL.LO und Pét-Nat-Weinen.

Recaredo Pen ★★→★★★ Der biodynamisch arbeitende kleine Familienkonzern erzeugt erstklassige Schaumweine nach der traditionellen Methode – wenige Weine, aber alle sind großartig. Sämtliche Flaschen werden von Hand degorgiert. Paradepferde sind der charaktervolle, mineralische Turó d'en Mota von im Jahr 1940 gepflanzten Reben, der hervorragend altert, sowie die RESERVA Particular. Mitglied von CORPINNAT. Die Stillweine mit geringem Alkoholgehalt der Reihe Celler Credo zeigen umwerfende Feuersteinnoten und Reintönigkeit und stammen ebenfalls aus biodynamischem Anbau.

Remelluri, La Granja Nuestra Señora R Ala ★★→★★★ Auf dem ökologisch bewirtschafteten Gut seiner Familie konzentriert sich TELMO RODRÍGUEZ auf die außergewöhnlichen Einzellagen mit alten GARNACHA-Reben, die ätherische Weine liefern. Ferner ein sehr feiner weißer Verschnitt sowie TEMPRANILLO-Gewächse von alten Reben.

Remírez de Ganuza Rioja ★→★★★ Der gleichnamige Wein der schönen Kellerei im Zentrum von Samaniego (ÁLAVA), die 1989 mit großem Erfolg gegründet wurde, ist ein Ortswein wie er im Buche steht. Die neuen Eigentümer haben das Angebot erweitert. Feine rote und eine ausgezeichnete weiße GRAN RESERVA. Experimentiert mit GARNACHA und dem Ausbau in TINAJAS.

Reserva – Das Wort hat in RIOJA tatsächlich etwas zu besagen: Rote Reserva-Weine müssen mindestens 3 Jahre gereift sein, davon mindestens 1 Jahr im 225-l-Eichenfass und mindestens 6 Monate in der Flasche. Weiße und Rosados: mindestens 2 Jahre, davon mindestens 6 Monate im Fass. Mit der Reifedauer ist nicht unbedingt Qualität verbunden.

Revert, Javier ★→★★ In den familieneigenen Reblagen stehen lokale Rebsorten wie Tortosí, Trepadell und viele andere. Drei unterschiedliche Weine: Micalet, Simeta, Sensal, alle sind unverfälschter Ausdruck des mediterranen Terroirs. Für neue Kreationen sorgt Revert bei der Finca SANDOVAL.

Rías Baixas Gal ★★→★★★ Die DOP am Atlantik ist in fünf Unterbereiche aufgeteilt, die Weine sind meist BV. Beste Erzeuger: Forjas del Salnés, Gerardo Méndez, Martín Códax, PALACIO DE FEFIÑANES, Pazo de Barrantes (MARQUÉS DE MURRIETA), Pazo Señorans, Terras Gauda und ZÁRATE. Diese Region der *minifundia*, der kleinen Landgüter, war bis vor Kurzem Spaniens beste Weißwein-DOP, steht jetzt allerdings an der Grenze zur Überproduktion. Vorherrschende Rebsorte ist ALBARIÑO; die allerbesten Weine können altern und burgunderartige Eleganz entwickeln. Außerdem einige verblüffend frische, knackige Rote.

Ribeira Sacra Gal ★★→★★★ Märchenhafte DOP im Nordwesten GALICIENS mit terrassierten Steillagen, die zum Fluss Sil hin abfallen. Einige eindrucksvolle, originelle, frische leichte Rotweine von der MENCÍA-Traube von Adegas Moure, ALGUEIRA, Castro Candaz, Dominio do Bibei, Finca Viñoa, Guímaro, Rectoral de Amandi.

Ribeiro Gal ★→★★★ Historisches Anbaugebiet, im Mittelalter für den Süßwein Tostado berühmt. Verdient eine Wiederentdeckung wegen der schön texturierten Weißweine von GODELLO, LOUREIRO und Treixadura. Zudem

Spanien

ein paar knackig-frische Rote. Spitzenerzeuger: Casal de Armán, Coto de Gomariz, Finca Viñoa, VIÑA MEÍN – EMILIO ROJO.

Ribera del Duero Rib del D ★→★★★★ Die ambitionierte DOP (geschaffen 1982) steht in Spanien hoch im Kurs. Alles, was von AALTO, HACIENDA MONASTERIO, PINGUS und VEGA SICILIA kommt, ist ernst zu nehmen. Die Spanier haben eine Vorliebe für eichenlastige Konzentration, doch allmählich setzt sich Eleganz durch. Die anmutigsten Gewächse stammen von Betrieben in Soria im Osten der DO (Dominio de Atauta, Dominio de Es). Auch gut: ALONSO DEL YERRO, PAGO DE CARRAOVEJAS, PAGO DE LOS CAPELLANES. Interessant sind außerdem Arzuaga, Bohórquez, Cillar de Silos, Garmón, Hacienda Solano, Tomás Postigo, Valduero. *Siehe auch* ABADÍA RETUERTA und Mauro im benachbarten CASTILLA Y LEÓN.

Rioja ★→★★★★ Spaniens berühmteste Weinbauregion, mit den drei Unterbereichen Rioja Alavesa, Rioja Alta und RIOJA ORIENTAL. Rioja besteht aus den beiden Provinzen La Rioja und ÁLAVA, im Osten grenzt NAVARRA an. Wachsende politische Spannungen zwischen den Regionen sowie zwischen den Erzeugern und dem CONSEJO REGULADOR schlagen sich auch in den Bestrebungen einiger Álava-Erzeuger nieder, die DOP zu verlassen. Die Einführung der Kategorie Viñedo Singular (Einzellagenwein) wurde heftig kritisiert und setzte sich nur langsam durch, doch allmählich scheint sie sich zu etablieren. Seit 2017 ist die Schaumweinbereitung nach der traditionellen Methode erlaubt und entwickelt sich sehr vielversprechend. Zu den Ersten, die dafür in den Startblöcken standen, zählen Bilbaínas, Conde Valdemar, Urbina und VIVANCO. Die junge Erzeugergeneration verfolgt ebenfalls andere Ansätze und erweitert damit das Spektrum des traditionellen Riojas.

Rioja Alta, Bodegas La R Ala, R Alt ★★→★★★★ Die bevorzugte BODEGA der Liebhaber klassischer RIOJA-Gewächse legt die Messlatte stetig höher. Spitzenweine sind die Gran Reserva 904 und die GRAN RESERVA 890. Aber auch das restliche Angebot, vom Ardanza bis hinunter zu Arana und Alberdi, ist geprägt vom klassischen Stil des Hauses und durchweg von Gran-Reserva-Qualität. Torre de Oña mit Weinen in modernem Stil, Lagar de Cervera (RÍAS BAIXAS) und Áster (RIBERA DEL DUERO) gehören ebenfalls zum Besitz. Hier gibt's nichts zu meckern.

Rioja Oriental Rioja – Der neue Name für Rioja Baja. Die Änderung erfolgte, um jegliche Möglichkeit einer abwertenden Bedeutung von *baja* (»niedrig«) zu vermeiden. Weist außerdem darauf hin, dass es sich um den östlichsten *(oriental)* Unterbereich von RIOJA handelt (und auch den größten). Hatte früher nicht den besten Ruf, erregt jetzt aber mit seinem GARNACHA Aufmerksamkeit, allen voran PALACIOS REMONDO, gefolgt vom Lalomba von RAMÓN BILBAO.

Riva, De La Jerez ★★→★★★ Projekt von Willy PÉREZ und Ramiro Ibáñez (von COTA 45) auf der Grundlage der alten, aufgegebenen BODEGA De La Riva. Außergewöhnlich feine Weine.

Roda, Bodegas R Alt, Rib del D ★★→★★★ BODEGA am äußersten Ende des BARRIO DE LA ESTACIÓN, spezialisiert auf TEMPRANILLO: Roda, Roda I, Cirsión und zugänglicher Sela. Außerdem Eigentümer der Bodegas La Horra in RIBERA DEL DUERO, die den weißen Corimbo sowie den Corimbo I erzeugen: geschliffene, intensive Weine. Hübscher Kontrast zu den Nachbarn LÓPEZ DE HEREDIA und MUGA, und alle drei sind in Bestform.

Rosado Rosé. Die dunklen Rosados aus NAVARRA unterlagen letzten Endes dem provenzalischen Hellrosa. Seit einiger Zeit schlägt Spanien mit blassen Rosés zurück, v. a. mit dem Pla dels Àngels von SCALA DEI (PRIORAT), dem Primer Rosé von MARQUÉS DE MURRIETA (RIOJA) und dem Pícaro Clarete von Dominio del Águila (RIBERA DEL DUERO).

Rueda Cas-L ★→★★★ Spaniens Antwort auf SAUVIGNON BLANC: zitrusfrischer VERDEJO (meist BV). Die Qualität lässt allerdings allzu oft zu wünschen übrig. Beste Erzeuger: Belondrade, José PARIENTE. Die Kategorie Pálido gilt für unter FLOR gereiften und 3 Jahre in Eiche ausgebauten Verdejo. Exzeptioneller, in einer SOLERA ausgebauter BODEGAS DE ALBERTO.

Saca – Abstich von Sherry aus der ältesten Reifestufe der SOLERA für die Flaschenabfüllung. Die *saca* für EN-RAMA-Sherrys findet üblicherweise im Frühling *(primavera)* und im Herbst *(otoño)* statt, wenn die schützende FLOR-Schicht am dicksten ist und am meisten Schutz bietet.

Sánchez Romate Sherry ★★→★★★ 1781 gegründete BODEGA mit umfangreichem Angebot, die zudem seltene BUTTS für Händler abfüllt. Fino Perdido (8 Jahre alt), nussiger AMONTILLADO NPU und PALO CORTADO Regente, ausgezeichneter VORS Amontillado und OLOROSO La Sacristía de Romate, üppiger PX Sacristía.

Sandoval, Finca Manchuela ★→★★ Gegründet von dem Journalisten Victor de la Serna, jetzt in neuem Besitz. Durch den beratenden Weinmacher Javier REVERT sind hier eindrucksvolle Veränderungen eingetreten. Topwein ist der La Rosa.

Sanlúcar de Barrameda Man, Sherry – Stadt des »Sherry-Dreiecks« (neben JEREZ und El PUERTO DE SANTA MARÍA) am Guadalquivir. Von ihrem Hafen aus stachen Magellan, Kolumbus und der Kommandant der Armada in See. Die Feuchtigkeit in den tief gelegenen Kellern begünstigt das FLOR-Wachstum, die Meeresluft sorgt angeblich für eine salzige Note. Hier gereifte Weine dürfen die DOP MANZANILLA-Sanlúcar de Barrameda in Anspruch nehmen.

Scala Dei, Cellers de Pri ★★→★★★ Die winzigen Parzellen der »Himmelsleiter« ziehen sich an zerklüfteten Hängen entlang. Miteigentümer ist CODORNÍU. Weinmacher Ricard Rofes ist zu alten Methoden zurückgekehrt und vergärt z. B. in steinernen *lagares*. Schwerpunkt auf lokalen Sorten. Die Einzellagenweine Sant'Antoni und Mas Deu geben ihr Terroir zu erkennen. Ferner ein seltener GARNACHA-BLANCA/CHENIN-BLANC-Verschnitt.

Sierra Cantabria R Ala, Toro ★★★ Außergewöhnlicher Familienbetrieb; mit minimalen Eingriffen bereitete, elegante Einzellagenweine. Ein Weißer namens Organza, die Roten werden durchweg von TEMPRANILLO bereitet. Vom Gut Viñedos de Paganos kommen der vorzügliche El Puntido und der gut strukturierte La Nieta. Außerdem zählen Señorio de San Vicente in RIOJA und Teso la Monja in TORO (Spitzenwein: Alabaster) zum Besitz.

Sierra de Gredos Cas-L ★→★★ Die Gebirgsregion nordwestlich von Madrid hat sich einen Ruf für GARNACHA erworben. Die Besten sind von blasser Farbe und ätherisch. Mehr und mehr DOPS tauchen allmählich auf: CEBREROS, Madrid, MÉNTRIDA. Erzeuger: 4 Monos, Bernabeleva, Canopy, Comando G, Daniel LANDI, Marañones, TELMO RODRÍGUEZ.

Sisseck, Peter Rib del D, Sherry – Mit seinem Dominio de PINGUS lenkte der Däne die Aufmerksamkeit der Weinwelt auf RIBERA DEL DUERO, jetzt hat er sich JEREZ zugewandt: Gemeinsam mit einem Partner bringt er den FINO VIÑA CORRALES heraus und hat die Einzellage PAGO Balbaína erworben. Sein Statement »Sherry ist der beste Weißwein Spaniens« hat wahre Wunder vollbracht. Sisseck ist auch am Bordeaux-Château Rocheyron beteiligt.

Solera Sherry – System zum Verschneiden von Sherry und, seltener, von Madeira (*siehe* Kapitel »Portugal«) sowie von Spezialitäten wie dem Dorado von de ALBERTO oder den Reserva-Weinen von GRAMONA: Fässer (BUTTS) mit reiferem Wein werden nach und nach mit jüngerem Wein der gleichen Sorte aus der vorherigen Stufe *(criadera)* aufgefüllt. Bei Finos und Manzanillas erhält dies die Vitalität des FLORS und sorgt bei sämtlichen Stilen für Einheitlichkeit und Frische der reifen Weine.

Sherry-Stile

Manzanilla – Der Sherry in sehr trockenem Stil durchläuft die biologische Reifung in SANLÚCAR DE BARRAMEDA. Gekühlt servieren; passt insbesondere zu Meeresfrüchten. Beispiele: I Think von EQUIPO NAVAZOS und La GUITA.

Manzanilla Pasada – Wenn nach 7 oder mehr Jahren die Flor-Schicht abstirbt, wird Manzanilla zu AMONTILLADO; sehr trocken und komplex. Beispiel: ALMACENISTA Cueva Jurado von LUSTAU.

Fino – Trockener, in einer der acht Sherry-Städte (außer SANLÚCAR DE BARRAMEDA) biologisch gereifter Sherry, gewichtiger als MANZANILLA; muss (wie Manzanilla) mind. 2 Jahre lagern, doch so jung ist ein Fino noch nicht der wahre Genuss. Der Trend geht zu mehr als 7 Jahre lang gereiften Weinen, z. B. Antique von FERNANDO DE CASTILLA. Ein neuer Trend ist, Finos und Manzanillas in der Flasche einzukellern und altern zu lassen.

Fino Viejo – Neue Kategorie in der DOP JEREZ; ähnlich wie bei MANZANILLA PASADA ist eine Reifezeit von mind. 7 Jahren vorgeschrieben.

Amontillado – Ein FINO, bei dem der FLOR bereits abgestorben ist. Durch Sauerstoff gewinnt der Wein an Komplexität. Von Natur aus trocken. Beispiel: Amontillado del Castillo von LUSTAU. Viele Marken-Amontillados sind gesüßt, erkennbar am Etikettbegriff »medium«.

Oloroso – Im Allgemeinen nicht unter FLOR gereift. Von Natur aus supertrocken und herrlich deftig, manchmal sogar richtig wild. Kann auch gesüßt und als Oloroso Cream verkauft werden. Beispiele: Gobernador (trocken) und Old East India (süß), beide von EMILIO HIDALGO.

Palo Cortado – Ein Stil zwischen AMONTILLADO und sehr zartem OLOROSO. Schwer mit letzter Sicherheit zu identifizieren. Beispiele: Reliquía von BARBADILLO, Antique von FERNANDO DE CASTILLA.

Suertes del Marqués Kan ★→★★ Ein guter Ausgangspunkt, die neuen Weinkellereien auf Teneriffa zu erkunden. Einzigartige, im *trenzado*-System (in Zopfform) erzogene Rebstöcke. Einen Besuch wert.

Telmo Rodríguez, Compañía de Vinos Mál, Rioja, Toro ★★→★★★★ Der bahnbrechende Weinmacher Telmo Rodríguez ist zurückgekehrt zu REMELLURI in RIOJA, dem Gut seiner Familie, arbeitet aber weiter mit Pablo Eguzkiza zusammen: in ALICANTE (Al-Murvedre), Cigales (Pegaso), MÁLAGA (MOSCATEL Molina Real), RUEDA (Basa), TORO (Dehesa Gago) und Valdeorras (GODELLO Gaba do Xil, BV; ferner drei außergewöhnliche rote Einzellagenabfüllungen). Seit seiner Rückkehr nach Rioja und zur Bodega Lanzaga beschäftigt er sich mit der Wiederbelebung alter Weinberge, denen er Weine entlockt wie La Estrada (außergewöhnlich reintönig), Las Beatas und Tabuérniga. Die neueste Ausgabe des Yjar aus der Sierra de Toloño (Rioja Alavesa) war über das Handelssystem Place de Bordeaux schnell ausverkauft. Das finden auch andere Erzeuger in Rioja interessant.

Terra Alta Kat – Die DO des Spitzen-GARNACHA: Hier liegen 90 % der katalanischen und 75 % der gesamtspanischen GARNACHA-BLANCA-Weinberge. Komplexe, strukturierte Weine. Erzeuger: v. a. Bárbara Forés, Celler Piñol, Edetària, Lafou.

Territorio Albariza Sherry – Vereinigung von progressiven Erzeugern, die sich den *albariza*-Böden verschrieben haben und führend in der Bereitung von Vino de PASTO sind. Dazu zählen u. a. Alejandro Muchada (Muchada-Leclapart), Joaquín Gómez (Meridiano Perdido), Peter SISSECK, Primitivo Collan-

Cream – Mit Traubenmost, PX und/oder MOSCATEL gesüßter Verschnitt – ein kommerzielles, mittelsüßes Getränk.
En rama – Sherry, der direkt aus dem BUTT abgefüllt wird – nicht geklärt und ohne Kaltstabilisierung; die geringe Filtration bringt maximale Frische und Geschmack hervor. Gemeint sind in der Regel MANZANILLA oder FINO, aber jeder Sherry, der so in die Flasche gelangt, kann als En rama bezeichnet werden. Die SACA, der Abstich, findet statt, wenn der FLOR am dicksten ist, üblicherweise im Frühjahr.
Pedro Ximénez (PX) – Rosinensüßer dunkler Wein von teilweise in der Sonne getrockneten PEDRO-XIMÉNEZ-Trauben: üppig, süffig und ein Schnäppchen; köstlich zu Eiscreme. Beispiele: Santa Ana 1861 von EMILIO HIDALGO, VORS von LUSTAU.
Moscatel – Aromatisch und verführerisch, mit nur etwa halb so viel Zucker wie PX. Beispiele: Emilín von LUSTAU, Toneles von VALDESPINO.
VOS/VORS – Sherrys (nur AMONTILLADO, OLOROSO, PALO CORTADO und PX) mit Jahrgangsangabe: einige Schätze der BODEGAS von Jerez. Das Alter der Weine wird mittels Radiokarbonmethode ermittelt: Die über 20 Jahre alten heißen VOS (Very Old Sherry/Vinum Optimum Signatum), ab 30 Jahren VORS (Very Old Rare Sherry/Vinum Optimum Rare Signatum). Auch 12 und 15 Jahre alte Exemplare sind erhältlich. Beispiel: VOS Jerez Cortado Wellington von HIDALGO LA GITANA. Manche VORS werden mit PX gesüßt – gelegentlich übertreiben es die Erzeuger aber leider damit.
Añada – Sherry mit Jahrgangsangabe – entgegengesetzt zur Tradition der SOLERA, die verschiedene Jahrgänge verschneidet. Früher nur private Abfüllungen, jetzt allgemein wertgeschätzt. Beispiele: die Añada-Reihe von WILLIAMS & HUMBERT, süßer Oloroso Añada 1997 von LUSTAU.
Palomino Fino – Vorherrschende Rebsorte für Sherry; der Trend geht derzeit stark zu ungespritetem PALOMINO (Vino de PASTO). Beispiele: COTA 45, Muchada-Leclapart, Primitivo Collantes.

tes (Chiclana), Ramiro Ibáñez (COTA 45), Willy PÉREZ (Luis Pérez) und die Brüder Blanco (CALLEJUELA). Ist nicht Teil der DOP Sherry, kann aber möglicherweise eine eigene gründen.

Terroir al Límit Pri ★★→★★★ Der Deutsche Dominik Huber blickt bereits auf zwei Jahrzehnte im PRIORAT zurück. Jetzt beeindruckend elegante Weine: weniger Eichenwürze bei zunehmender Raffinesse. Ein feiner GARNACHA ist Les Manyes, der CARIÑENA Les Tosses glänzt mit Reintönigkeit, Blaubeerfrucht und Schiefernote.

Tinaja Amphore (*siehe* Kapitel »Technische Weinsprache«, S. 37). In Spanien kommen sie u. a. bei ALVEAR, CELLER DEL ROURE, LOXAREL und MAS MARTINET zum Einsatz. Sie finden sich ebenso bei Boutique-Erzeugern wie bei Nobelkellereien wie NUMANTHIA.

Toro ★→★★★★ Die kleine DOP am Duero ist bekannt für breitschultrige Rotweine von Tinta del Toro (ein Phänotyp des TEMPRANILLO: ähnlich, aber nicht identisch). Die besten sind mittlerweile etwas zurückhaltender, haben aber immer noch zupackende Tannine. Für Glamour sorgen Pintia, Teil des VEGA-SICILIA-Portfolios, und NUMANTHIA, im Besitz von LVMH, sowie die Familie Eguren, Eigentümerin von SIERRA CANTABRIA und von Teso la Monja. Bei Bodegas San Román, im Besitz von Mariano GARCÍA und Familie, gibt es ebenfalls GARNACHA-Abfüllungen sowie sehr guten, würzigen MALVASÍA Castellana (weiß). Der Trend zu Garnacha als leichterer Alternative zu den traditionellen Roten wächst. Außerdem: Dominio del Bendito, Fariña, Las Tierras de Javier Rodríguez, Matsu.

Toro Albalá Mont-M ★→★★★★ Warum bloß ist MONTILLA-MORILES nicht bekannter? Hier findet man einen historischen Schatz an PX-Weinen, darunter AMONTILLADO Viejísimo, üppiger Don PX Convento Selección 31 und sehr gute GRAN RESERVA 1990.

Torres Kat, Pri, R Baix, Rib del D, Rioja ★★→★★★★ Familie Torres ist nicht zu bremsen. Nach 150 Jahren könnte man immerhin Spuren der Ermüdung erwarten, aber nichts da: Miguel junior ist Geschäftsführer, seine Schwester Miereia Technische Direktorin sowie Chefin von Jean Léon, Miguel senior ist an vielen Fronten des Öko-Weinbaus engagiert. Torres hat eine Qualitätspyramide für seine Weine entwickelt. An der Spitze steht die Reihe Antología Familia Torres, eine hervorragende Kollektion katalanischer Terroirs: der Bordeaux-Verschnitt Reserva Real, der erstklassige CABERNET SAUVIGNON Mas la Plana (PENEDÈS), das CONCA-DE-BARBERÀ-Duo Milmanda (einer der feinsten spanischen CHARDONNAYS), der makellose Grans Muralles (ein Verschnitt lokaler Sorten) und der Mas de la Rosa von einer Einzellage (erhält demnächst den Status Gran Vi de Vinya, die Spitzenkategorie des PRIORAT). Ferner PAGO del Cielo (RIBERA DEL DUERO), Camino de Magarín (RUEDA), Pazo Torre Pezelas (RÍAS BAIXAS), La Carbonera (RIOJA) und Vardon Kennett (nach der traditionellen Methode bereiteter Schaumwein). Nicht zu vergessen das übrige Angebot, z. B. der berühmte, qualitativ beständige, preiswerte Viña Sol. Torres ist auch ein Pionier in Chile und mit dem Marimar Torres Estate ein Star von Sonoma (USA).

Tradición, Bodegas Sherry ★★→★★★★ Die BODEGA kann sich einer außergewöhnlichen Auswahl an SOLERAS rühmen, die von der ältesten bekannten Sherry-Kellerei (1650) stammen. Gloriose VOS- und VORS-Sherrys. Sensationelle Kunstsammlung, die zusammen mit dem Archiv zur Sherry-Geschichte allein schon den Besuch lohnt.

Darauf haben Sie gewartet: weißer Ribera del Duero von der Albillo-Mayor-Traube – allerdings nur wenig.

Txakoli/Chacolí Bask ★→★★ Der Wein aus den ländlichen baskischen DOPS in Getaria, Bizkaia und ÁLAVA galt als schlicht und säurereich; zusätzliche Spritzigkeit erhält der Txakoli (BV) noch dadurch, dass er in langem Strahl aus der Höhe ins Glas gegossen wird. Trinken Sie ihn in den Bars vor Ort. Die Weine aus Bizkaia jedoch, wo die Reblagen weniger exponiert sind, besitzen Tiefe und müssen nicht unbedingt gleich getrunken werden. Spitzenerzeuger: Ameztoi, ASTOBIZA, Doniene Gorrondona, Izar-Leku (von ARTADI) und Txomín Etxaníz sowie Gorka Izagirre mit dem Restaurant »Azurmendi« (drei Michelin-Sterne).

Valdeorras Gal ★→★★★★ Die wärmste und am weitesten im Landesinneren liegende DOP GALICIENS ist nach dem Gold *(oro)* benannt, das die Römer fanden. Einige außergewöhnliche GODELLO-Weine sind interessanter als so mancher ALBARIÑO. Rafael PALACIOS hat Godello zu seiner Lebensaufgabe gemacht, und TELMO RODRÍGUEZ erzeugt besonders feine MENCÍA-Gewächse (rot). Außerdem: Godeval, Valdesil.

Valdepeñas Cas-La M ★→★★ Große DOP südlich von La MANCHA, historischer Lieferant billiger Rotweine.

Valdespino Sherry ★★→★★★★ Kellermeister Eduardo Ojeda ist zuständig für den FINO Inocente aus der erstklassigen Einzellage Macharnudo, einen seltenen, in Eiche vergorenen Sherry (die EN-RAMA-Version wird von EQUIPO NAVAZOS abgefüllt). Außerdem grandioser trockener AMONTILLADO Tío

Diego und überragender 80 Jahre alter MOSCATEL Toneles (mit Abstand der beste in JEREZ). Gehört zur Grupo Estévez (Eigentümer von La GUITA).

Valencia ★→★★ War bekannt für Massenweine und beliefert nach wie vor Supermärkte mit billigem gespritetem MOSCATEL. Doch es tut sich was, dank alter Reben in höheren Lagen und minimalinvasiver Weinbereitung, bei Erzeugern wie z. B. Aranleon, Baldovar 923, CELLER DEL ROURE, El Angosto, Los Frailes, Javier REVERT und Rafael Cambra.

Vega Sicilia Rib del D, Rioja, Toro ★★★★ Die Geschichte von Vega Sicilia wiegt schwer, das Renommee der Kellerei steht über den Moden. Seit vier Jahrzehnten im Besitz der Familie Alvarez, deren Weine für die Ewigkeit gemacht sind. Der Valbuena reift 5 Jahre in Eichenholz und in der Flasche, der Único fast 10 Jahre in Eichenfässern unterschiedlicher Größe und in der Flasche. Die RESERVA Especial (oJ) ist ein Verschnitt aus drei Jahrgängen. Der Alión (gedacht als moderne RIBERA-DEL-DUERO-Version) macht sich immer besser. Der Pintia (TORO) ist jetzt frischer und weniger schwer. Macán (RIOJA), ein Joint Venture mit Benjamin de Rothschild, geht in die richtige Richtung. Oremus in Tokaj (Ungarn) hat neben Süßwein auch einen elektrisierend frischen trockenen FURMINT, den Petracs, im Angebot.

Verum Cas-La M ★ Die Kellerei von Elias López ist in Tomelloso, wo vor allem AIRÉN für die (wachsende) spanische Brandy-Erzeugung angebaut wird. Doch man sollte ihn im Auge behalten: Weine von alten Reben und Ausbau in TINAJAS.

Viña – Weinberg; Rebstock.

Viña Meín – Emilio Rojo Gal ★★★ Rojos einziger Wein gleichen Namens ist eine aufregend frische Treixadura-Cuvée. Der Star von RIBEIRO. PAGO DE CARRAOVEJAS (RIBERA DEL DUERO) hat den Betrieb mittlerweile übernommen, doch Emilio Rojo hat im Keller nach wie vor ein Wörtchen mitzureden, unterstützt von Weinmacherin Laura Montero.

Vino de la Tierra (VdT) – Tafelwein zumeist höherer Qualität aus einer bestimmten Region ohne DOP-Status. Diese Kategorie bietet große geografische Freiheiten, weshalb viele renommierte Erzeuger unter ihr produzieren. Sie stellen sich damit absichtlich außerhalb ihrer DOP, um deren oft starren Regeln zu entkommen und die Rebsorten anzubauen, die sie für richtig halten. (*Siehe auch* »Supertoskaner« im Kapitel »Italien«.)

Williams & Humbert Sherry ★→★★★★ Historische BODEGA, bekannt für klassische Marken wie Dry Sack und Winter's Tale (AMONTILLADO) sowie den süßen OLOROSO As You Like It. Jetzt modelt Paola Medina das Unternehmen um und kreiert neue Spezialitäten wie z. B. Sherry aus ökologischem Anbau oder Jahrgangs-Sherrys (einschließlich FINO).

Ysios Rioja ★→★★ Die Kellerei mit dem wellenförmigen Dach, entworfen von Santiago Calatrava, ist bereits berühmt. Allmählich erhalten auch die Weine so viel (verdiente) Aufmerksamkeit wie das Gebäude.

Zárate Gal ★★→★★★ Der El Palomar stammt von 100 Jahre alten wurzelechten Reben in einem der ältesten Weinberge der DOP und wird im *foudre* ausgebaut. Der Fontecon ist ein ungewöhnlicher Rosé, ferner gibt es eine Reihe faszinierender sortenreiner Rotweine von lokalen Rebsorten.

Zorzal, Viña Nav ★→★★★ Die unternehmerisch denkende junge Generation hat den Familienbetrieb umgekrempelt. Sie setzt auf junge, preiswerte Weine, etwa sortenreinen GRACIANO. Von rekultivierten alten GARNACHA-Reben stammt z. B. der Malayeto; überhaupt verfolgt man hier Projekte mit alten Reben. Jorge Navascués von CONTINO berät.

Portugal

Die größten Verkostungsräume der Welt, die Restaurants, boomen wieder. Portugal, vor allem Lissabon und Porto, werden von Touristen geradezu überrannt. Mit seinen Dutzenden von (oft schwer auszusprechenden) einheimischen Rebsorten und der Vielfalt einzigartiger Stile dürfte für Portugal nichts nützlicher sein als Weinliebhaber, die neue Weine entdecken wollen und die Gelegenheit dazu haben. Was einst experimentelle Projekte von Avantgarde-Winzern waren, ist heute meist die Norm: seltene Sorten, alte Rebstöcke, Einzellagen, einzigartige Verschnitte, frühe Lese, wenige Eingriffe, weniger oder gar kein Eichenholz, Ausbau in Amphoren, späte oder limitierte Freigaben. Und vergessen Sie Portwein und Madeira nicht! Es gibt ein neues Publikum, das alles Portugiesische probieren möchte.

Die Portugal-Karte ist auf S. 232 zu finden.

Neuere Port-Jahrgänge

Die folgenden Abkürzungen werden im Text verwendet:

Alen	Alentejo	**Lis**	Lisboa
Bair	Bairrada	**Mad**	Madeira
Bei-At	Beira Atlântico	**Set**	Setúbal
Bei-In	Beira Interior	**Res**	Reserva

Vintage Port wird immer besser, und junger Vintage Port ist zugänglicher denn je. Traditionsgemäß wird ein Jahrgang dann »deklariert«, wenn der Wein die höchsten, vom jeweiligen Unternehmen festgelegten Qualitätsstandards erfüllt, doch immer mehr Betriebe, darunter meist Einzellagen-Erzeuger, »deklarieren« jedes Jahr einen Jahrgang. In guten, aber nicht ganz klassischen Jahren verwenden die meisten Unternehmen die Namen ihrer Güter für Single-Quinta-Weine, die in der Regel weniger Struktur und Langlebigkeit aufweisen, dafür aber ein gutes Preis-Leistungs-Verhältnis haben. Beachten Sie die wachsende Anzahl an luxuriösen Vintage Ports (oft aus Einzellagen) in limitierter Auflage. Die Jahrgänge, die man jetzt trinken sollte, sind 1963, 1966, 1970, 1977, 1980, 1983, 1985,1987, 1992, 1994, 2000, 2003, 2004, 2005, 2007, 2009, 2011, obwohl auch sehr junger Vintage Port ganz köstlich sein kann.

2022 Kleinere Mengen, aber im Allgemeinen gute, manchmal exzellente Qualität.

2021 Gute Qualität dank guter Wetterkonditionen: milder Juli und ein ausreichend feuchter Winter.

2020 Ein herausforderndes Jahr wegen des Wetters und der Pandemie.

2019 Ausgewogenheit und Frische, aber weniger Struktur.

2018 Gute Qualität, wurde von manchen Erzeugern deklariert, v.a. Douro Superior. Spitzenreiter: Ferreira, Noval, Sandeman, Taylor, Vesúvio.

2017 Ein von den meisten Erzeugern deklariertes Superjahr: sehr heiß und trocken, wird mit dem Jahrgang 1945 verglichen.

2016 Ein klassisches, großteils deklariertes Jahr. Großartige Struktur und Finesse.

2015 Ein sehr trockenes, heißes, zwiespältiges Jahr, von vielen Erzeugern deklariert (Spitzenqualität bei Niepoort und Noval), allerdings nicht von Fladgate, Symington und Sogrape.

2014 Hervorragendes Lesegut von Reblagen, die vom Regen im September verschont wurden; geringe Produktion.

2013 Single-Quinta-Jahr: Regen mitten in der Lesezeit. Spitzenreiter: Vesúvio, Fonseca Guimaraens.

2012 Single-Quinta-Jahr. Die Stars sind Quinta do Noval und Malvedos. Elegant, jetzt trinken.

2011 Klassischer Jahrgang, großteils deklariert. Wird weithin mit dem Kultjahrgang 1963 gleichgesetzt. Tintendunkle Weine von überragender Konzentration und Struktur. Die Stars sind Noval Nacional, Vargellas Vinha Velha und Fonseca. Kann ab jetzt getrunken werden.

Weitere gute Jahrgänge: 2007, 2003, 2000, 1997, 1994, 1992, 1991, 1987, 1983, 1980, 1977, 1970, 1966, 1963, 1945, 1935, 1931, 1927.

Neuere Tischwein-Jahrgänge

2022 Sehr, sehr trockenes Jahr; leichte, fruchtige Weißweine, elegante Rote mit niedrigem Alkoholgehalt.

2021 Sowohl Qualität als auch Quantität; sehr gute Weiße und frische, elegante Rote.

2020 Überall gute Erträge. Sehr gute Weißweine. Sie haben die Wahl bei den Rotweinerzeugern.

2019 Kühler Sommer, kein Regen. Durch die Bank sehr gute Qualität. Einlagern.

2018 Schwere Regenfälle, sehr niedrige Erträge. Aromatische Weiß- und konzentriere Rotweine.

2017 Der dritte gute Jahrgang in Folge. Ausnahmslos sehr gute Qualität. Einlagern, hält sich lang.

2016 Sehr gute Qualität bei jenen Erzeugern, die geduldig abwarteten. Hält sich viele Jahre.

2015 Gutes Jahr: aromatische, ausgewogene, sehr schön zu trinkende Rotweine zum Einkellern.

Açores/Azoren ★→★★★ Die spektakuläre Atlantikinselgruppe der Azoren besteht aus neun vulkanischen Inseln mit den DOCS Pico, Biscoitos und Graciosa mit ihren von Meer und Wind bedrohten Rebflächen, die häufig durch *currais* (Steinmauern) geschützt werden. Neue Winzer und vulkanische Böden bringen Weißweine mit Salz- und Steinnoten hervor von den autochthonen Sorten Arinto dos Açores, Terrantez do Pico oder VERDELHO. Im Auge behalten: ★★ Adega do Vulcão, ★★★ Azores Wine Company, ★★ Magma und ★★★ Pico Wines. Die spät gelesenen, gespriteten *licoroso*-Weine stehen für süßen Genuss.

AdegaMãe Lis ★→★★★ Ehrgeiziges Weingut unmittelbar nördlich von Lissabon, das von dem Kabeljau-Unternehmen Riberalves betrieben wird. Star-Kellermeister Diogo Lopes bereitet klare, langlebige, vom Atlantik beeinflusste Weißweine. Dory steht für eine preiswerte Reihe sortenreiner Weine (v. a. ARINTO, Viosinho). Der erstklassige Terroir ist eine mineralisch-salzige, rauchige, eichenfassgereifte weiße Cuvée. Das Gutsrestaurant serviert großartige Bacalhau-/Wein-Kombinationen.

Aldeia de Cima, Herdade Alen ★★★★ Luisa Amorims (QUINTA NOVA) florierendes Herzensprojekt verbindet Tradition und Moderne. Im frischen Terroir von ALENTEJO bringen DOURO-ähnliche terrassierte Weinberge, heimische Rebsorten, alte Reben und alternative Ausbaumethoden (Amphoren, Beton, Eichenfässer) ein erstklassiges, alterungswürdiges Angebot hervor.

Alentejo ★→★★★ Beliebte, zuverlässige, heiße und trockene Region, bekannt für würzige, fruchtbetonte, füllige Rote. Die Vielfalt der Unterregionen erlaubt aber auch andere Weinstile: mineralisch an der Küste von Costa Vicentina (VICENTINO); frisch vom hochgelegenen PORTALEGRE (CABEÇAS DO REGUENGO, RUI REGUINGA); frischer Vidigueira (ROCIM); erdig und aus alten Tonamphoren der VINHO DE TALHA (★★ XXVI Talhas, Rocim). Klassiker werden häufig mit ALICANTE BOUSCHET, SYRAH, TOURIGA NACIONAL oder TRINCADEIRA bereitet: CARTUXA, ESPORÃO, ★★★ Herdade dos Grous, JOÃO PORTUGAL RAMOS, JOSÉ DE SOUSA, MALHADINHA NOVA, MOUCHÃO. Interessant: ALDEIA DE CIMA, ★★ Fita Preta, ★★ Fonte Souto.

Alves de Sousa Douro, Port ★★→★★★ Familiengeführter DOURO-Pionier mit Sitz im ehemals kühleren Baixo Corgo (der Klimawandel macht auch hier keinen Halt). Weinmacher Tiago Alves de Sousa ist studierter Önologe und bereitet den klassischen, langlebigen Quinta da Gaivosa und die einzigartige, erst spät freigegebene RESERVA Pessoal. Sehr gut sind auch Abondonado und Vinha de Lordelo aus gemischt bestockten Lagen mit alten Reben. Sehr guter neuer Rosé und feines Portweinangebot, v. a. Gaivosa und erstklassiger Amphitheatrum von einer Einzellage.

Ameal, Quinta do Minho ★★★ Richtungsweisendes LOUREIRO-Sortiment aus ökologischem Anbau und mit Alterungspotenzial: preiswerter, sortenreiner Wein, rassiger Solo Único aus einer Einzellage, sehr gute, eichenfassgereifte Reserva. Der Bico Amarelo hat ein gutes Preis-Leistungs-Verhältnis. Im Besitz von Herdade do ESPORÃO.

Andresen Port ★★→★★★★ Gut in portugiesischem Besitz mit Schwerpunkt auf TAWNY. Erstklassige Ports: sehr gute 20 Jahre alte Tawnys, herausragende Colheitas (die Jahrgänge **1900'** und **1910'** werden auf Wunsch immer noch abgefüllt; **68' 80' 91' 2000' 2003' 2005**). Wegbereiter des WHITE PORT mit Altersangabe: 10-, 20- und sehr guter 40-Year-Old.

Aveleda Minho ★→★★ Beliebtester und größter Produzent von VINHO VERDE mit einem zuverlässigen, knackig frischen Angebot an Weißen, v. a. aus ALVARINHO, LOUREIRO, Parcela und Solos. Erstklassig ist der Manoel Pedro Guedes, eine Cuvée aus Alvarinho/Loureiro mit Eichennote. Im Besitz der Spitzengüter VALE D. MARIA (DOURO), ★★ D'Aguieira (BAIRRADA), ★ Villa Alvor (Algarve). Das Besucherzentrum ist ganz in der Nähe von Porto.

Bacalhôa – Vinhos de Portugal Alen, Lis, Set ★★→★★★ Hauptmarke und Name des Unternehmens, in dessen Portfolio sich sowohl bekannte als auch Topmarken befinden. Spitzenweine: die sehr gute, lagerfähige Bordeaux-Cuvée QUINTA da Bacalhôa, u. a. mit CABERNET SAUVIGNON von 1974 gepflanzten Reben. Der findet sich auch im ikonischen Rotwein Palácio da Bacalhôa. Fässer mit MOSCATEL DE SETÚBAL, inkl. dem seltenen Roxo. Quinta do Carmo bietet fruchtbetonte Rote aus ALENTÉJO. Beliebt sind Catarina, Serras de Azeitão (SETUBAL) und Tinto da Ânfora (ALENTÉJO).

Bairrada ★★→★★★★ Vom Atlantik beeinflusster DOC-Bereich, berühmt für lagerfähige, gut strukturierte Rote aus der Rebsorte BAGA (viele von alten Reben), zitronige Weiße von der Sorte Bical und gebratene Spanferkel. Beste Erzeuger: ★★★ Bágeiras, ★★ Casa de Saima, Caves SÃO JOÃO, Filipa Pato, Foz de Arouce, ★★ Kompassus, Luís PATO, ★★ São Domingos, ★★★ Sidónio de Sousa, Vadio. Interessant: ★★★ Mira do Ó, ★★ QUINTA de Baixo von NIEPOORT. Der sehr gute Schaumwein heißt Baga Bair.

Barbeito Mad ★★→★★★★ Hoch angesehener Erzeuger mit subtiler, eleganter MADEIRA-Reihe: einzigartige FRASQUEIRAS aus Einzellagen oder Einzelfässern. Überragende MALVASIAS, die 20, 30 oder 40 Jahre alt sind, dazu der 50 Jahre alte Old Bastardo. Die Reihe Historic Series zahlt darauf ein, dass Madeira im 18. und 19. Jh. der beliebteste Wein in den USA war. Immer mehr sehr gute mineralische Tischweine mit Salznote auf Basis von VERDELHO.

Barca Velha Douro ★★★★ Portugals teuerster und begehrter Rotwein, der nur in außergewöhnlich guten Jahren auf den Markt kommt (**91' 95' 99 2000 2004 2008' 2011'**). Zu teuer? In Jahren ohne Barca Velha wird der sehr gute Zweitwein Reserva Especial von den besten Fässern der Casa FERREIRINHA abgefüllt (**89' 94' 97' 2001' 2007 2009**). Beide Weine halten sich jahrzehntelang. Tipp: Die Jahrgänge **89' 94' 97' 2001' 2009** hätten sich wohl auch für Barca Velha geeignet.

Barros Port ★★→★★★ 1913 gegründet, verfügt das Gut über große Lagerbestände an gereiftem TAWNY. COLHEITAS aus allen Jahrzehnten seit 1930 mit sehr gutem Preis-Leistungs-Verhältnis; sehr gute 20, 30 oder 40 Jahre alt Tawnys. Guter VINTAGE PORT. Im Besitz von Sogevinus.

Blandy Mad ★★→★★★★ Renommierter Familienbetrieb in siebter Generation. Bemerkenswerte Sammlung alter Bestände: FRASQUEIRA (BUAL **20' 57' 66' 72**; MALMSEY **88' 77' 81'**; SERCIAL **68' 75' 80' 88'**; Terrantez **75' 77' 80'**; VERDELHO **76 79'**). Sehr guter 20 Jahre alter Malmsey, Terrantez und COLHEITA (Bual **96 2008 2009**; Malmsey **99 2004 2007**; Sercial **2002 2008 2009**; Verdelho **2000 2008 2009**). Vorzüglicher 50 Jahre alter Malmsey. Der teure, seltene MCDXIX ist ein Verschnitt von 11 Weinen aus den Jahren 1863 bis 2004, der das 600. Jubiläum der Entdeckung Madeiras (1419) feiert. Dazu die Tischweine RAINWATER und Atlantis. Die historische Lodge in Funchal ist ein Muss.

Boavista, Quinta da Douro ★★★★ Das historische Gut in Cima Corgo ist im Besitz von Sogevinus. Erstklassige, lagerfähige DOURO-Weine aus altem gemischten Satz: 80 Jahre alte Reben, würziger Oratório aus einer Einzellage und der Ujo mit Piniennoten; verführerisch auch die Reserva-Cuvées von alten und jüngeren Reben.

Die Rebsorte Esgaña Cão bedeutet übersetzt »Hundewürger«. Nichts für Ihren Vierbeiner.

Bual (oder **Boal**) Mad – Klassische MADEIRA-Rebsorte: mittelschwere (süße), rauchige Weine mit würziger Note und ausgewogenem Süße-Säure-Verhältnis. Ältere Weine passen wunderbar zu gereiftem Käse. Bemerkenswerte alte Jahrgänge. Für sich allein ein extravagantes Dessert.

Burmester Port ★→★★★ Das Portweinhaus im Besitz von Sogevinus legt seinen Schwerpunkt auf eleganten, preiswerten TAWNY, v. a. 20 und 40 Jahre alt, sowie COLHEITAS. Köstlich die 30 und 40 Jahre alten WHITE PORTS. Dazu guter VINTAGE PORT und DOURO-Weine. Beliebtes Besucherzentrum in VILA NOVA DE GAIA.

Cabeças do Reguengo Alen ★★→★★★ Kleines Boutiqueweingut in PORTALEGRE mit frischen Weinen aus hoch gelegenen Rebflächen, die im sehr alten Mischsatz bestockt sind. Minimale Eingriffe im Keller. Empfehlenswert: im Zementtank vergorener Vira Cabeças (rot und weiß).

Cálem Port ★→★★★ Portweinerzeuger im Besitz von Sogevinus. Bestseller ist der Velhotes auf Einsteigerniveau. Am besten: COLHEITA (**61'**) und der 10 und 40 Jahre alte TAWNY. Besucherzentrum in VILA NOVA DE GAIA.

Canteiro Mad – Die natürliche, langsame Erwärmung von MADEIRA während der Fassreifung in feuchten Lagerhäusern (jetzt auch TINTA-NEGRA-Weine). Dem ESTUFAGEM-Verfahren überlegen.

Carcavelos Lis ★★★ Ein verstecktes Juwel. Einzigartige, ungemein köstliche, zupackende, halbtrockene gespritete Weine von dieser sehr alten, winzigen DOC am Meer. Probieren Sie den Villa Oeiras.

Cartuxa, Adega da Alen ★★→★★★★ Historisches Spitzengut in ALENTEJO mit sehr alten Kellergewölben. Flaggschiff ist der körperreiche Rote Pêra

Portugal

Manca, den Kenner lieben. Fair kalkuliert ist die lagerfähige Cartuxa Reserva; der Scala Coeli aus einer Einzellage fällt jedes Jahr unterschiedlich aus.

Carvalhais, Quinta dos Dão ★→★★ Weingut im Besitz von SOGRAPE. Beständiges, lagerfähiges Sortiment: in Eiche ausgebauter ENCRUZADO mit Feuersteinnote, opulente RESERVAS (v. a. weiß), dazu erdiger Alfrocheiro, floraler TOURIGA NACIONAL und das dichte rote Spitzengewächs Único. Ungewöhnlich ist der reichhaltige Branco Especial, ein Verschnitt verschiedener Encruzado-Jahrgänge. Beliebt sind der Duque de Viseu und Grão Vasco.

Cazas Novas Minho ★★→★★★ Eigentümer des größten Weinbergs mit der weißen Avesso-Traube (24 ha). Maßgebendes VINHO-VERDE-Sortiment: frischer, abgerundeter COLHEITA, auf dem Hefesatz gereifter Pure und sehr guter Origem.

Chocapalha, Quinta de Lis ★★★ Im Familienbetrieb an der Küste erzeugt Kellermeisterin Sandra Tavares da Silva (WINE & SOUL) lagerfähige Weißweine mit salzigen Noten, darunter lebendige, mineralische Weiße wie sehr guten CHARDONNAY, RESERVAS oder Arinto CH von alten Reben. Preiswerte Rote wie QUINTA oder CASTELÃO; dazu sehr guter, strukturierter Vinha Mãe und fülliger TOURIGA NACIONAL.

Chryseia Douro ★★★★ Prestigeträchtige, geschliffene, strukturierte Rotweine auf Basis von TOURIGA NACIONAL, die immer eleganter werden. Gemeinschaftsprojekt am DOURO von Bruno Prats aus Bordeaux und SYMINGTON FAMILY ESTATES. Günstig: Post Scriptum.

Churchill's Douro, Port ★★★ 1981 von John Graham gegründetes, familiengeführtes Portweinhaus. Von der QUINTA da Gricha kommen sehr gute DOURO-Rotweine wie der preiswerte Churchill's Estates und ein üppiger TOURIGA NACIONAL. Spitzenports: 20 und 30 Jahre alter trockener WHITE PORT, ungefilterter LBV sowie VINTAGE PORT. Charmantes Gästehaus aus dem 19. Jh. in Douro.

Grob gesagt sinkt pro 100 m Höhe die Temperatur um 1 °C.

Cockburn's Port ★★→★★★ Renoviertes Haus im Besitz von SYMINGTON FAMILY ESTATES, das einen trockeneren, frischeren Stil von VINTAGE PORT bereitet. Die beständig gute Special RESERVE wird länger im Fass gereift als andere, der lebhafte LBV ein Jahr weniger. Sehr guter Single-QUINTA dos Canais. Die neue, für Cocktails geeignete Port-Reihe nennt sich Tails of the Unexpected. Das Besucherzentrum in VILA NOVA DE GAIA bietet Führungen an.

Colares Lis ★★★ Historische Schatzkammer, DOC-Bereich und die westlichsten Weinlagen von Europa. Aus vom Wind gepeitschten wurzelechten Reben auf sandigem Boden werden lagerfähige Weine erzeugt: tanninhaltige Rote aus Ramisco und frische, salzige Weiße aus MALVASIA. Empfehlenswert: ★★★ Adega Regional de Colares und Viúva Gomes (inkl. ältere Jahrgänge), ★★ Casal Santa Maria.

Colheita Mad, Port – Immer beliebter werdende Kategorie für nussigen, nach der Freigabe sofort trinkreifen, oxidativen TAWNY Port aus nur einem Jahrgang. Fassreife: mindestens 7 Jahre, oft mehr als 50. Einige mehr als 100 Jahre alte Weine werden nach Bedarf abgefüllt. Das Abfülldatum ist auf dem Etikett vermerkt (halten Sie Ausschau nach neueren Datierungen). Am besten (gekühlt servieren) sind: ANDRESEN, DALVA, GRAHAM'S, KOPKE, NIEPOORT, NOVAL, POÇAS und TAYLOR'S. Das Gleiche gilt für MADEIRA: Hier liegt die Fassreife bei mindestens 5 Jahren.

Cossart Gordon Mad ★★★ Seit 1745 das älteste MADEIRA-Handelshaus, bekannt für seinen eigenen, eher trockenen Stil. Sehr gute Jahrgangsabfüllungen. Neu: COLHEITAS (VERDELHO 2009, BUAL 2006, MALMSEY 2008), FRASQUEIRA (Verdelho 75). Im Besitz der MADEIRA WINE COMPANY.

Crasto, Quinta do Douro, Port ★★★→★★★★ Das Familiengut ist ein Symbol für das Ansehen der Tischweine in DOURO. Umwerfende Lodge samt Pool in Hügellage. Erstklassige Weine aus Mischsatz und Einzellagen, komplexe Rote wie Vinha da Ponte und Vinha Maria Teresa. Verführerische Reserva von alten Reben zu einem fairen Preis. Hervorragende sortenreine Weine, v. a. aus TINTA RORIZ. Gutes Superior-Sortiment vom Douro: geschmeidige Rote, innovative Weiße, die in Akazienholz ausgebaut werden, dazu SYRAH mit einem Schuss VIOGNIER.

Croft Port ★★→★★★ Portweinhaus im Besitz von FLADGATE mit Besucherzentrum in Pinhão. Süßer, körperreicher VINTAGE PORT. Der Single-QUINTA Quinta da Roêda bietet viel fürs Geld. Außerdem grandioser Sērikos (**17'**) von alten Reben. Beliebt sind auch Indulgence, der Rosé Port Pink und Triple Crown.

Crusted Port – Verführerischer, opulenter, seltener Portwein oJ mit Lagerpotenzial – Portugals erschwingliches Geheimnis. Verschnitt aus zwei oder mehr guten Jahrgängen, bis zu 4 Jahre im Fass und 3 Jahre in der Flasche gereift. Bildet ein Depot *(crust)*, muss also dekantiert werden. Am besten: CHURCHILL'S, DOW, FONSECA und NIEPOORT.

Dalva Port ★★★→★★★★ Qualitätsbewusste Portweinmarke mit erstklassigen TAWNY-Beständen: ausgezeichnete COLHEITAS, 10, 20 und 40 Jahre alte trockene Weiße und fantastischer Golden White (**52' 63' 71' 89'**). Im Besitz von GRAN CRUZ.

Dão ★★→★★★★ Die historische DOC erzeugt elegante, lagerfähige Rote, die zum Essen passen, und Weiße mit Feuersteinnote auf Basis von ENCRUZADO. Wird manchmal als das Burgund von Portugal bezeichnet, aber die Ähnlichkeiten sind gering. Moderne Projekte wie Casa da PASSARELLA oder TABOADELLA erhöhen das Ansehen. Diese Klassiker liefern Qualität: ★★ Boas Quintas, ★ Cabriz, ★★ CARVALHAIS, ★★ Casa de Santar, ★ Lusovini, ★★ Ribeiro Santo. Weinbereitung mit wenig Eingriffen: ★★ António Madeira, biodynamisch Casa de MOURAZ, Spitzenklasse ★★★ Druida, charaktervoll João Tavares de Pina, elegant ★★ Terra Chama, opak ★★★ Textura. Höchste Prädikatsbezeichnung ist Dão Nobre (»nobel«), empfehlenswert ★★★ Vinha do Contador. Seltene, lagerfähige GARRAFEIRAS.

DOC (Denominação de Origem Controlada) – Bezeichnung für Qualitätswein mit kontrollierter Herkunft, vergleichbar dem AOP in Frankreich. Neuerdings auch hin und wieder als DOP (P=Protegida) ausgewiesen, aber noch nicht weit verbreitet. Wird von Weinliebhabern oft ignoriert.

Dona Maria Alen ★★★ Einst ein Geschenk des Königs an seine Mätresse, heute ein renommiertes Weingut. Eigentümer Júlio Bastos und Kellermeisterin Sandra Gonçalves stellen großartige, klassische, lagerfähige Weine her: Spitzenrotweine aus fußgestampften Trauben von alten ALICANTE-BOUSCHET-Reben wie der dichte Júlio B. Bastos oder die würzige Grande RESERVA. Sehr schöne Einzellagenweine und eleganter Amantis; preiswerter Gutswein.

Douro ★→★★★★ Die Region mit ihrer spektakulären Landschaft zählt zum UNESCO-Welterbe – früher unzugänglich, heute touristisch erschlossen. Ihr Ruhm gründet sich auf Port, aber inzwischen wird genauso viel Qualitätstischwein erzeugt (DOC Douro). Dazu zählen kraftvolle, strukturierte Rote und feine Weiße aus höheren Lagen. Es gibt drei Subregionen: der kühlere Bereich Baixo Corgo, der mildere Cima Corgo sowie der wärmere, rasch wachsende Bereich Douro Superior. Für Vinhas Velhas (alte Reben) gibt es nun Regeln: mind. 40 Jahre alte Rebflächen, die mit mind. vier Sorten bestockt sein müssen, geringe Erträge. Manche davon sind über

100 Jahre alt und wachsen im Mischsatz auf Terrassen mit erbarmungslosen Schieferböden. Die besten Erzeuger: ALVES DE SOUSA, BOAVISTA, Casa Ferreirinha, u. a. mit dem Spitzengewächs Barca Velha, Chryseia, CHURCHILL'S, CRASTO, ★★ Maria Izabel, MENIN, Muxagat, Niepoort, ★★★ Poeira, QUINTA NOVA, Vale D. Maria, ★★★ Vale Meão, ★★ Vallado, VESUVIO, Wine & Soul. Empfehlenswert: ★★ Costa do Pinhão, KRANEMANN, ★★★ Luis Seabra, ★★ Mateus Nicolau de Almeida, ★★ Ventozelo.

Dow Port ★★★★ Das historische Portweinhaus gehört zu SYMINGTON FAMILY ESTATES. Genießt Ansehen für seinen VINTAGE PORT im trockeneren Stil, dessen Langlebigkeit ihn oft jünger schmecken lässt, als er ist. Legendäre Jahrgänge: 27 45 55 63 66 70 80 94; aktuell: 2007' 2011' 2016' 2017'. Single-QUINTAS do Bomfim und Senhora da Ribeira (2015, 2018 und 2019 sind sehr gut) in nicht deklarierten Jahrgängen. Bomfim Besucherzentrum und gehobenes Restaurant.

Duorum Douro, Port ★★→★★★ Hier haben sich zwei ikonische Weinmacher zusammengetan: João Portugal RAMOS (ALENTEJO) und José Maria Soares Franco (vorher bei Casa FERRERIRINHA/BARCA VELHA). Erstklassiger, mehrere Jahre gereifter O. Leucura. Sehr gutes, preiswertes Sortiment mit feinen RESERVEN, dem neuen Altitude, dem fruchtigen Einsteigerwein Tons und COLHEITA. Dazu sehr guter, dichter VINTAGE PORT von 100-jährigen Reben und günstiger LBV.

Esporão, Herdade do Alen ★★→★★★ Dynamische, große, umweltbewusste Gruppe mit wegweisendem Gut im ALENTEJO und Beteiligungen in DOURO (Murças) und VINHO VERDE (AMEAL). Führender Olivenölproduzent. Hochklassiger, seltener Torre do Esporão. Raffinierte, GARRAFEIRA-artige, in Holz ausgebaute Private Selection: lebendiger weißer SÉMILLON mit Schmelz und sehr dichte Cuvées aus roten heimischen Sorten. Beliebte, fruchtbetonte, moderne RESERVAS mit hoher Qualität.

Espumante – Schaumwein. Hätte mehr Beachtung verdient, denn die Besten haben Lagerpotenzial. Wird seit 1890 in BAIRRADA erzeugt (v. a. von Aliança, Marquês de Marialva, Poço do Lobo, ★★ São Domingos, ★★ São João). Die Bezeichnung BAGA Bairrada steht für Qualität. Preiswerter Távora-Varosa (besonders Caves Murganheira). In DOURO ist ★★★ Vértice am besten.

Estufagem Mad – Methode, mit der MADEIRA mind. 3 Monate lang in Tanks auf 50 °C erhitzt wird, damit er schneller reift und dabei den charakteristischen Beigeschmack von verbrannter Erde annimmt. Wird überwiegend bei einfachen Weinen angewendet.

Falua Tejo ★→★★ Weingut in französischem Besitz, das gerade wiederbelebt wird. Ein gutes Preis-Leistungs-Verhältnis bieten die Einsteigerweine Conde Vimioso (und darüber die RESERVAS), v. a. die Sommelier Edition. Gut ist auch das Falua-Sortiment (rot und weiß). Am besten: Vinha do Convento (rot und weiß) von steinigen Böden. Ein vielversprechendes VINHO-VERDE-Projekt nennt sich Barão do Hospital.

Ferreira Port ★★★→★★★★ Historisches Prestige-Portweinhaus im Besitz von SOGRAPE. Teils überragende Jahrgänge (**11' 16' 18'**) und preiswerter Single-QUINTA do Porto (**17' 19' 20'**). Sehr günstiger, eleganter TAWNY wie die RESERVAS Dona Antónia, 10, 20 und 30 Jahre alt. Historisches Besucherzentrum in VILA NOVA DE GAIA.

Ferreirinha, Casa Douro ★★→★★★★ Große, angesehene Marke im Besitz von SOGRAPE. Heimat des ikonischen Barca Velha, der seltenen Reserva Especial, dem lagerfähigen, hochklassigen Quinta da Lêda und des preiswerten Vinha Grande. Zum Portfolio feiner Weine kommt das Spitzengewächs Antónia Adelaide Ferreira dazu, außerdem Tinta Francisca aus einer Einzellage, der Touriga Fêmea und der elegante Castas Escondidas. Beliebt sind Esteva und Papa Figos.

Fladgate Port – Einer der größten, unabhängigen Betriebe Portugals in Familienhand. Eigentümer führender Port-Marken (CROFT, FONSECA, KROHN, TAYLOR). Ein wachsender Geschäftszweig sind Hotels und Restaurants in Lissabon, Pinhão, Porto und VILA NOVA DE GAIA. Highlights sind das Sternerestaurant »The Yeatman« und das Besucherzentrum »The World of Wine« (WOW) in Vila Nova de Gaia.

Bestes Geschmacks-Preis-Verhältnis

Wie findet man Spitzenqualität zu einem bezahlbaren Preis? Achten Sie auf alte Reben, einheimische Sorten, traditionelle Methoden und Erzeuger mit viel Liebe zum Detail. Unsere Favoriten haben wir mit einem Stern (★) gekennzeichnet. **Algarve** Monte da Casteleja, Morgado do Quintão. **Azoren** ★ PICO WINES. **Alentejo** ★ CABEÇAS DO REGUENGO, ★ CARTUXA, ★ DONA MARIA, VICENTINO. **Bairrada** COZs, ★ FOZ DE AROUCE, ★ Giz **Beira Interior** ★ Beyra, Casas Altas, ★ Termos. **Colares** ★ Infinitude, Viúva Gomes. **Dão** PASSARELLA, TABOADELLA, ★ Terra Chama, ★ Textura, Vegia. **Douro** Carolina, ★ Costa do Pinhão, Luis SEABRA, ★ PORMENOR BOUTIQUE. **Lisboa** ★ Espera Wines, Marinho, ★ MONTE D'OIRO, ★ Várzea da Pedra. **Setúbal** Palmela Wine Co, ★ Pegos Claros. **Tejo** Alorna, Areias Gordas. **Trás-os-Montes** Arcossó, Menina d'Uva. **Vinho Verde** ★ A&D, ★ CAZAS NOVAS, Casa de VILACETINHO.

Fonseca Port ★★★→★★★★ 1815 gegründet, heute im Besitz von FLADGATE. Spitze ist der VINTAGE PORT (**63' 70' 94' 2011'**). Großartiger Fonseca Guimaraens (**2013' 2015' 2018' 2019'**). Dazu Single-QUINTA Panascal; sehr guter 20 und 40 Jahre alter TAWNY; beliebter und preiswerter Bin 27.

Fonseca, José Maria da Alen, Set ★→★★★★ Der Produzent in siebter Generation besteht seit 200 Jahren und ist für sein Kleinod, den gespriteten Moscatel de Setúbal, und eine Reihe beliebter Tischweine bekannt. Erstklassige Bestände von altem MOSCATEL, v. a. der großartig kalkulierte 20 Jahre alte Alambre und der Moscatel Roxo oder der tolle Superior (**55' 66 71**). Hervorragend ist der dichte Hexagon (rot/weiß), günstig die sortenreine Reihe DSF. Beliebt sind die Marken BSE, Lancers, João Pires und PERIQUITA. Besitzt die klassische, preiswerte Marke José de Sousa aus dem ALENTEJO.

Foz de Arouce, Quinta de Bei At ★★★★ Ein verstecktes Juwel; die Außenstelle des familiengeführten Guts von João Portugal RAMOS produziert auf BAIRRADA-Terroir lagerfähige, klassische Weine: charaktervollen Cercial, eine TOURIGA NACIONAL/BAGA-Cuvée und hervorragenden Vinhas Velhas von alten Baga-Reben. Halten Sie Ausschau nach älteren Jahrgängen.

Frasqueira Mad – Hochgeschätzte, begehrte MADEIRA-Kategorie, deren Weine mind. 20 Jahre im CANTEIRO reifen (in der Regel noch viel länger). Weine eines einzigen Jahrgangs (auch Vintage genannt) und von einer einzigen (edlen) Rebsorte. Prüfen Sie das Datum der Abfüllung. Zu empfehlen: BARBEITO, MADEIRA WINE COMPANY.

Garrafeira – Festgelegter Begriff, häufig ein Hinweis auf sehr gute, alterungswürdige Qualität zum günstigen Preis. Rote reifen mind. 30 Monate (oft sehr viel länger) im Fass und dann noch einmal ein Jahr in der Flasche, Weiße mind. 12 Monate im Fass und 6 in der Flasche. Probieren Sie die Weine aus ALENTEJO, BAIRRADA und DÃO.

Global Wines Bair, Dão ★★→★★★ Großer Betrieb mit Sitz in DÃO und Gütern in vielen weiteren Regionen. Erstklassiger, lagerfähiger Vinha do Contador: der Rote dicht und cremig, der Weiße in Bio-Qualität (und mit dem seltenen Qualitätssiegel »Grand Jury«, das von der Branche vergeben wird). Beeindruckende Architektur, Besucherzentrum in der QUINTA do Encontro in BAIRRADA. Beliebt und günstig sind die Marken Cabriz (v. a. RESERVE) und Casa de Santar (v. a. Reserve und hervorragender Nobre). Weitere Marken: Encostas do Douro (DOURO), Grilos, Monte da Cal (ALENTEJO), Lourosa (VINHO VERDE).

Graham's Port ★★★→★★★★ Sehr renommiertes, 200 Jahre altes Portweinhaus im Besitz von SYMINGTON FAMILY ESTATES mit erstklassigem VINTAGE PORT (**27' 63' 66' 85' 91' 94' 97 2000' 2003' 2007' 2011' 2016' 2017' 2020'**), jetzt gleich nach der Abfüllung ein Genuss. Gerade ist der **94'**er freigegeben worden (auch DOW und WARRE). Üppiger Stone Terraces (**2011' 2015' 2016' 2017'**), sehr preisgünstiger Single-QUINTA Malvedos (**2012 2015 2018' 2019'**). Auch CRUSTED, RESERVE RUBY Six Grapes und LBV bieten viel für ihr Geld. Dazu attraktiver 20, 30 und 40 Jahre alter TAWNY und feine, jährlich erscheinende COLHEITA-Kollektion namens Single Harvest (**40' 50' 52' 61' 63' 69' 72' 82 94' 2003**). Wunderbar ist der VERY (VERY) OLD TAWNY Ne Oublie aus einem 1882 befüllten Fass – Geschichte in flüssiger Form.

Gran Cruz Port ★→★★ Portugals größte Portweinmarke, Porto Cruz, gehört der französischen La-Martiniquaise-Gruppe. Der Fokus liegt auf Massenproduktion und Cocktails. Betreibt ein Museum in VILA NOVA DE GAIA mit beliebter Dachterrassenbar und ein Hotel sowie Restaurant in Porto.

Grous, Herdade dos Alen, Douro ★★→★★★ Renommiertes Weingut mit erstklassigem Angebot lagerfähiger Weine: RESERVA (üppiger, eichenfassgereifter Weißer und feiner reifer Roter) sowie spannender Concrete, der in Beton gereift wurde. Dazu exklusiver Moon Harvested und 23 Barricas (wird in den besten Fässern ausgebaut). Vom Außenposten QUINTA de Valbom kommt sehr guter DOURO-Wein von alten Reben.

Henriques & Henriques Mad ★★→★★★★ Erstklassiges MADEIRA-Haus des Rum-Giganten La Martiniquaise. Spannend sind die erstklassigen 20 Jahre alten Malvasia und Terrantez; toller FRASQUEIRAS (manche in Bourbon-Fässern ausgebaut): Bastardo **27**, BUAL **2000' 2009**, VERDELHO **32 57**, SERCIAL **28** 71' und Terrantez **54'**. Riveting TINTA NEGRA 50 Jahre alt. Preiswerte Reihe mit Einsteigerweinen.

Justino Mad ★→★★★★ Das größte MADEIRA-Unternehmen ist im Besitz des Rum-Giganten La Martiniquaise und erzeugt so manches Juwel. Die Stars sind Terrantez Old RESERVE (ohne Jahrgangsangabe, vermutlich rund 50 Jahre alt), Terrantez **78'** (der älteste im Fass) und MALVASIA **64' 68' 88' 97'**. Dazu kommen der empfehlenswerte SERCIAL **97'** sowie TINTA NEGRA **99'**. Stellt auch die Weine der Marke Broadbent her.

Kopke Port ★→★★★★ Das älteste aller Portweinhäuser ist im Besitz von Sogevinus. Bekannt für seine aufregenden, würzigen, strukturierten TAWNYS (COLHEITAS **35' 40'** und aufwärts) und bemerkenswerten WHITE PORTS (v. a. die inzwischen seltenen Jahrgänge **35' 40'** sowie die 20, 30, 40 und 50 Jahre alten Weine). Die klassische Reihe vom DOURO nennt sich jetzt São Luiz, einschließlich der sehr guten Winemaker's Collection.

Kranemann Wine Estates Douro ★★→★★★ Wiederbelebtes historisches Weingut. Kellermeister Diogo Lopes (von ADEGAMÃE) erzeugt ein sehr gutes Angebot aus Höhenlagen: Weißweine (v. a. die günstige RESERVA), frischen Hasso (rot und weiß) und sehr guten 20 Jahre alten TAWNY.

Krohn Port ★→★★★ Angesehene Port-Firma von 1865 im Besitz von FLADGATE. Ist ein wenig aus dem Blickfeld geraten, seit ihre sehr guten Lagerbestände an fassgereiftem TAWNY für die Single-Harvest-Reihe von TAYLOR verwendet wird. Sehr gute, gehaltvolle 10 und 20 Jahre alte COLHEITAS sowie gute, elegante VINTAGE PORTS.

LBV (Late Bottled Vintage) Port – Köstliche und bezahlbare Alternative zu VINTAGE PORT. Ein Jahrgangswein, der 4–6 Jahre, also doppelt so lang wie Vintage Port, im Fass reift und früh trinkreif ist. Mittlerweile so gut wie der Vintage Port des letzten Jahrzehnts (behauptet jedenfalls Luis Sottomayor von BARCA VELHA). Auch sehr gute, langlebige, ungefiltert abgefüllte Versionen von FERREIRA, NIEPOORT, NOVAL, RAMOS PINTO, SANDEMAN, TAYLOR und WARRE. Herrlich zu Schokolade oder als köstliches Dessert für sich. Sollte leicht gekühlt serviert werden.

Lisboa ★→★★★ Unterschätzte Küstenregion mit qualitätsorientierten, dynamischen, oft biodynamisch arbeitenden Erzeugern. Fair kalkulierte, lagerfähige Rote wie der CHOCAPALHA vom Top-SYRAH-Pionier MONTE D'OIRO. Das einzigartige Mikroklima von COLARES erzeugt trockene, rassige Bucelas (Weiße auf ARINTO-Basis, darunter preiswerter ROMEIRA). Empfehlenswert: großartiger weißer ADEGAMÃE, Quinta de SANT'ANA (sehr guter Ramisco), ★★ Pancas (lagerfähige Weine), ★★ Pinto (preiswerte Cuvées). Junge Winzer besinnen sich auf regionale Reben wie Arinto und CASTELÃO: authentischer ★★ Casal Figueira, mineralischer ★★ Espera, originaler ★★ Hugo Mendes, der Naturwein ★★ Serradinha, ★★★ Vale da Capucha in Bio-Qualität und ★★ Viuva Gomes.

Geöffnete Flaschen mit jungem Vintage Port halten sich einen Monat im Kühlschrank – zumindest bei manchen Leuten.

Lopes, Márcio Douro, Minho ★★→★★★ Junger, dynamischer Starwinzer mit preiswerter ALVARINHO- und LOUREIRO-Reihe namens Pequenos Rebentos, dazu DOURO-Weine wie Proibido und Telegrafo aus dem spanischen RIBEIRA SACRA von 70 Jahre alten Reben.

Maçanita, António Alen, Douro ★★→★★★ Der berühmte Weinmacher und Berater ist in vielen Regionen unterwegs: im ALENTEJO (beliebter Sexy, verführerischer Fitapreta, sehr guter Palpite und das traditionelle Sortiment Chão dos Eremitas), auf den AZOREN (läutete das Revival der vulkanischen Pico-Inselweine ein; herausragender Terrantez do Pico und Vinha dos Utras von alten Reben), am DOURO (gemeinsam mit seiner Schwester Joana preiswerte Weine) und im MADEIRA-Archipel (rare, aufregende Weine von der Insel Porto Santo).

Madeira ★→★★★★ Atlantikinsel und DOC zugleich. Nur acht Firmen stellen diesen weltberühmten und spannenden gespriteten Wein her. Alle haben jahrzehntealte flüssige Schätze. Die Stars: BARBEITO und MADEIRA WINE COMPANY. Preiswert: BORGES, HENRIQUES & HENRIQUES, JUSTINO, ★★ Pereira d'Oliveira ★ Faria & Filhos ★ Madeira Vintners. Beachtenswert sind die neuen, mineralischen Tischweine mit Salznote: ★★ Atlantis, ★★★ Barbeito sowie die einzigartigen Gewächse von der Insel Porto Santo.

Madeira, Rui Roboredo Bei In, Douro ★★→★★★ Dynamischer Pionier vom DOURO mit hohen Lagen; preiswerte Weine aus der beliebten Reihe Castello d'Alba und sehr gute mineralische Gewächse namens Pedra Escrita (rot und weiß). Der Spitzenwein von alten Reben heißt so wie der Chef. Sehr günstig sind die Weine aus dem Sortiment Beyra von Hochlagen in Beira Interior, v. a. der frische und elegante rote Jaen sowie die weiße Grande RESERVA.

Madeira Wine Company Mad – Die größte MADEIRA-Firma, die in siebter Generation von Chris Blandy geleitet wird. Zu ihr gehören ikonische Marken wie BLANDY, COSSART GORDON, Leacock und Miles.

Malhadinha Nova, Herdade da Alen ★★★ Das biodynamisch arbeitende, angesehene Familiengut im südlichen ALENTEJO ist zugleich ein schickes Landhotel. Lagerfähige Weine quer durchs Sortiment inkl. der Gutsweine. Dazu der unlängst abgefüllte, füllige Marias da Malhadinha, dicht gewebter Menino António auf Basis von ALICANTE BOUSCHET und CABERNET SAUVIGNON Pequeno João. Neu ist der sehr gute Vale Travessos von alten Reben (1949) in Rot und Weiß, außerdem sortenreine Weine z. T. aus Einzellagen. Preiswert sind die Weine der Reihe Monte da Peceguina.

Malmsey (Malvasia Candida) Mad – Die süßeste und fülligste der edlen MADEIRA-Rebsorten; mit ihrer typischen scharfen Note sorgt sie für einen aufregenden, wunderbar üppigen Abschluss einer Mahlzeit.

Portugals Weinregionen entdecken

Die 14 portugiesischen Weinregionen befinden sich an der Atlantikküste im Süden und Westen und reichen bis zur spanischen Grenze im Norden und Osten. Hier einige Vorschläge, wie man sich ihnen und ihren Weinen nähern kann: **Azoren** Vulkanische Weißweine. **Alentejo** Fruchtbetonte rote Verschnitte, Weiße von der Küste, frische Rote aus PORTALEGRE von Hochlagen. **Algarve** Rotweine auf Basis von Negra Mole. **Bairrada** Langlebige Rote auf Basis von BAGA, strukturierte Weißweine auf Basis von BICAL. **Beira Interior** Frische Rote und Weiße aus hoch gelegenen Weinbergen. **Dão** und **Lafões** Langlebige, elegante Rotweine, abgerundete, strukturierte Weiße. **Lisboa** Vom Atlantik beeinflusste Weißweine, gespriteter CARCAVELOS. **Madeira** Gespritete Weine von Weltklasse, weiße Tischweine. **Península de Setúbal** Auf CASTELÃO basierende Rote, Schatzkammer von MOSCATEL DE SETÚBAL. **Porto** Gespritete Weine von Weltklasse und vom **Douro** volle rote Verschnitte sowie knackige Weißweine aus Hochlagen. **Távora** und **Varosa** Qualitätsschaumweine, vom Flussufer des Tejo weißer MARIA GOMES (Fernão Pires). **Trás-os-Montes** Rote Verschnitte aus kühlerem Klima. **Vinho Verde** Knackige Weißweine, v. a. ALVARINHO.

Maria Izabel, Quinta Douro ★★★ Weingut in brasilianischem Besitz; das sehr gute, beständige Portfolio wird von Dirk NIEPOORT betreut, v. a. QUINTA und erstklassiger Vinhas da Princesa von alten Reben in Rot und Weiß. Highlights sind der verblüffend leichte, aromatische, komplexe rote Sublime und der ebenso seltene wie teure Bastardo. Experimenteller GAMAY (der erste im DOURO) entsteht in Zusammenarbeit mit Marcel Lapierre (*siehe* Kapitel »Frankreich«).

Mateus Rosé ★ Den beliebten leichten, frischen, halbtrockenen, prickelnden Rosé gibt es jetzt neu auch als trockene Version.

Mendes, Anselmo Minho ★★★→★★★★ »Mr. Alvarinho« setzt Maßstäbe für Mineralität und Reifepotenzial. Der Contacto lag lange auf der Hefe, der Muros de Melgaço zeigt sich klassisch und knackig frisch, und der erstklassige Parcela Única glänzt mit Feuersteinnoten. Preiswert sind die Weine der Reihe Muros Antigos.

Monte Bluna Lis ★★★ Ehrgeiziges Boutiqueweingut in den vom Atlantik beeinflussten hoch gelegenen Weinbergen nördlich von Lissabon. Herausragender Bluníssima auf Basis von ARAGONEZ, dazu feiner, eleganter und seltener Tinta Miúda.

Monte da Ravasqueira Alen ★★→★★★ Familienbetrieb, den jetzt der Weinmacher David Baverstock (ehemals Herdade do ESPORÃO) berät. Sehr gut ist die Reihe Premium, v. a. ALICANTE BOUSCHET. Preiswerter Vinhas das Romãs in Rot und Weiß aus einer Einzellage.

Monte d'Oiro, Quinta do Lis ★★→★★★ Ursprünglich hat das angesehene, vom Atlantik beeinflusste Bio-Weingut in Familienhand mit Hermitage-Reben von der Maison Chapoutier begonnen. Heute gibt es feine, lagerfähige Reservas von SYRAH/VIOGNIER, v. a. die neuen 2011'er-Freigaben. Cremig und trotzdem lebhaft ist die Reserva von Viognier. Ausgezeichneter Ex-Aequo aus Syrah/TOURIGA NACIONAL und preiswerte Einstiegsweine.

Moscatel de Setúbal Set ★★→★★★★ Eine der Schätze Portugals: gespriteter süßer MOSCATEL, v. a. exquisiter, reichhaltiger Roxo und unübertrefflicher Superior. Beste Erzeuger: BACALHÔA VINHOS, ★★ Horácio Simões, José Maria da FONSECA (verfügt über alte Bestände von über 100 Jahren). Preiswert: ★★ Palmela Wine Company, ★★ Piloto. Passt zu Crème brûlée, salzigem Hartkäse und der richtigen Gesellschaft.

Mouchão, Herdade do Alen ★★★ Klassisches Gut in Familienbesitz mit Jahrzehnten in der Flasche gereiften Weinen. Pionier für ALICANTE BOUSCHET. Der rote Gutswein (Erstabfüllung 1949) ist fußgestampft und in großen Fässern gereift. Neu freigegeben sind die COLHEITAS unter dem Etikett Antigas, dazu kommt der einzigartige gespritete ALENTEJO-Wein Tonel 3–4. Der duftige rote Ponte bietet viel fürs Geld; gut ist auch der Dom Rafael von alten Reben (rot und weiß).

Mouraz, Casa de Dão ★★★ Biodynamischer Pionier in Familienbesitz. Die Kellerei ist ein Neubau, nachdem ein Waldbrand einige Weinberge und die Kellerei zerstört hatte. Lebendiges, authentisches Portfolio: erstklassiger Boot von 100 Jahre alten Reben, sehr gut ist Elfa von 80 Jahre alten Reben; preiswert sind die Weine aus der Reihe AIR. Nina ist ein bezaubernder neuer Wein im *Clairet*-Stil (*siehe* Kapitel »Frankreich«).

Muxagat Douro ★★★ Familiengeführtes Gut mit klaren, frischen und eleganten Weinen (Berater ist Luis SEABRA). Maßstäbe setzt der komplexe Xistos Altos auf Basis von Rabigato aus hohen Lagen. Sehr gut die sortenreinen Roten, dazu einzigartige Cuvée Cisne (rote und weiße Trauben).

Nicolau de Almeida Douro ★★★ Boutiquewein-Projekt der angesehenen Familie gleichen Namens (der Großvater kreierte den BARCA VELHA). Betörend und spannend ist der Monte Xisto, sehr gut und elegant sind Órbita und Oriente.

Niepoort Bair, Douro, Dão ★★→★★★★ Der schon jetzt legendäre Dirk hat Niepoort und DOURO mit seinen bahnbrechenden, mutigen, alterungswürdigen und nicht enden wollenden feinen Douro-Weinen berühmt gemacht, insbesondere mit Redoma, inkl. der weißen Reserva, Batuta, dem ikonischen Charme, dem hervorragenden weißen Coche, dem strukturierten Robustus aus einer Einzellage, dem in Amphoren gereiften Voyeur und dem von 130 Jahre alten Reben stammenden Turris. Diálogo/Fabelhaft ist ein preiswerter Globetrotter. Bei den leicht zugänglichen, mit minimalen Eingriffen bereiteten Weinen des Nat'cool-Sortiments arbeitet er mit anderen Winzern/Regionen zusammen. Zu Dirks Visionen gehören auch BAIRRADA (v. a. GARRAFEIRA, Poeirinho, VV), DÃO (v. a. Conciso) und VINHO VERDE. Die Palette an Portweinen ist sehr gut, häufig hervorragend: VINTAGE PORT (**2015' 2017' 2019'**), traditioneller Pisca aus einer Einzellage, Bioma aus biologischem Anbau, sehr preiswerter Crusted und einzigartiger, im Glasballon gereifter Garrafeira. Sehr guter TAWNY, v. a. die flaschengereiften COLHEITAS. Ein Besuch der Kellerei in VILA NOVA DE GAIA ist Pflicht.

Noval, Quinta do Douro, Port ★★★→★★★★ Das historische Gut genießt hohes Ansehen für seine Ports und für eine wachsende Anzahl sehr guter Tischweine. Seit 1993 im Besitz von AXA. VINTAGE PORT kommt jetzt jedes Jahr auf den Markt. Das Kronjuwel namens Nacional (**2000' 2001' 2003'**

2004' 2011' 2016' 2017' 2019') stammt von 2,5 ha wurzelechter Reben. Sehr guter ungefilterter LBV. Daneben grandiose, frische Colheitas, 20 und 40 Jahre alt. Zur DOURO-Reihe gehören der neue, hervorragende Marka aus einer Einzellage mit 80-jährigem Mischsatz, sehr gute, lagerfähige RESERVAS (eichenfassgereifter Weißer auf Basis von Viosinho, klassischer Roter), preiswerter Cedro (rot und weiß) sowie elegante, sortenreine Abfüllungen von PETIT VERDOT und TOURIGA NACIONAL. Auch Eigentümer von ★★ Passadouro.

Offley Port ★★ Das Portweinhaus von 1737 ist im Besitz von SOGRAPE. Preiswertes Angebot: fruchtbetonter VINTAGE PORT, ungefilterter LBV und die attraktive, für Cocktails geeignete Reihe Clink.

Passarella, Casa da Dão ★★→★★★★ Historisches Gut, das von Starwinzer Paulo Nunes geleitet wird. Maßstäbe setzen der unlängst abgefüllte Vindima (**2009'** 2011), der von einem Mischsatz 80 Jahre alter Reben stammt, die hochklassige Reihe Villa Oliveira, besonders der in Eiche gereifte ENCRUZADO, sowie der dichte Pedras Altas von 80 Jahre alten Reben. Vergleichsweise preiswert sind die sortenreinen Weine der Reihe Fugitivo.

Pato, Filipa Bair ★★★ Die biodynamisch arbeitende Starwinzerin steht für »ungeschminkte« Weine. Herausragende Rote: seidiger Nossa Missão von 130 Jahre alten wurzelechten Reben und erdiger Nossa Calcário (auch sehr guter mineralischer Weißer) von 90 Jahre alten Reben. Verlockend ist auch die Reihe Post-Quer..s mit Weinen, die in Amphoren gereift sind. Tochter von Luís PATO.

Pato, Luís Bair ★★→★★★★ Der meinungsstarke, nonkonformistische Star unter den Weinmachern ist ein Spezialist für langlebige Baga-Weine aus Einzellagen (Barrio, Barrosa und Pan) sowie zwei Pé-Franco-Weine von wurzelechten Reben (klarer, frischer, auf Sandboden wachsender Ribeirinho). Sofort trinkreif sind VINHAS VELHAS (rot und weiß) sowie BAGA Rebel. Lagerfähige Weiße: cremiger Vinha Formal aus einer Einzellage und rassiger Parcela Cândido. Vater von Filipa PATO.

Península de Setúbal Set ★→★★ Küstenregion im Süden von Lissabon mit zwei DOCS, die zwar im selben Gebiet liegen, aber unterschiedliche Stile hervorbringen: Setúbal für MOSCATEL DE SETÚBAL von Weltklasse, Palmela für knackige Weißweine sowie klassische Rote auf Basis von CASTELÃO. Empfehlenswerte kleine Erzeuger: ★★ Brejinho da Costa, ★★ Cebolal, ★★→★★★ Horácio Simões, ★★ Pegos Claros, ★★ Piloto, ★★→★★★ Portocarro, ★★★ Trois. Beliebt sind Adega de Pegões und Casa Ermelinda Freitas.

Pereira d'Oliveira Vinhos Mad ★★→★★★★ Der Familienbetrieb verfügt über einen enormen Vorrat an altem FRASQUEIRA, der nur auf Bestellung abgefüllt wird. Viele dieser Weine kann man in der Kellerei aus dem Jahr 1619 verkosten – wahrlich eine Zeitreise! Jahrgänge aus dem 19. Jh. (MOSCATEL 1875, SERCIAL 1875, Terrantez 1880) und seltener Bastardo 1927.

Vulkanische Weine? Probieren Sie die Gewächse der Inseln Pico und Terceira.

Periquita – Zweiter Name der CASTELÃO-Traube, die strukturierte, alterswürdige Weine hervorbringt. Auch der Name der erfolgreichen Marke von José Maria da FONSECA.

Pico Wines ★★ Größte und älteste Genossenschaft auf den AZOREN, die unter Starkellermeister Bernardo Cabral derzeit eine Revolution erlebt. Preiswert sind die Reihen Frei Gigante und Terras de Lava, dazu sehr guter sortenreiner ARINTO mit Salznote, Terrantez do Pico und VERDELHO, außerdem Gruta das Torres von 100 Jahre alten Reben. Köstlich ist der 10 Jahre gelagerte Licoroso.

Poças Douro, Port ★★→★★★ Die 100 Jahre alte Firma in Familienbesitz steht für Portwein, erzeugt aber zunehmend auch Tischweine: Sehr gut sind der Símbolo (in Zusammenarbeit mit dem Bordelaiser Berater Hubert de Boüard) und der opulente, in Eiche ausgebaute weiße Branco da Ribeira. Ferner gute RESERVA (rot) und sehr günstiger Vale de Calvados (rot/weiß). Ungewöhnlich ist die Reihe Fora da Série. Alte TAWNY-Bestände: feine 20, 30 und 40 Jahre alte COLHEITAS, fabelhafter 1918 von über 90 Jahre alten Reben, außerdem sehr guter LBV und VINTAGE PORT.

Pormenor Douro ★★★ Boutiqueweingut, das mit minimalen Eingriffen arbeitet. Alte Reben (VINHAS VELHAS) liefern feine, lagerfähige Weine vom DOURO: eleganter, mineralischer Trilho aus einem Mischsatz in Hochlage, straffer, herber A de ARINTO sowie cremige und doch lebhabfte Pormenor Reserva aus hohen Lagen. Sehr günstiger Einstiegswein (rot und weiß).

Übernachten, essen und trinken am Douro

Die besten Wein-Spots: **Essen** ★★★★ Bomfim 1896, Casa da Calçada, DOC, ★★ Castas e Pratos, Cozinha da Clara, Toca da Raposa **Übernachten** ★★★★ Casa do Rio, QUINTA NOVA, Quinta de Ventozelo, ★★★ Quinta da Pacheca, Quinta de São Luiz, Quinta do VALLADO, ★★ Quinta de la ROSA.

Portalegre Alen ★→★★★ Der nördlichste ALENTEJO-Unterbereich ist der Traum jedes Winzers mit seinen hoch gelegenen, alten Weinbergen. ESPORÃO, MALHADINHA, SOGRAPE und SYMINGTON haben kühlere Lagen erworben, die oft gemischt bestockt sind mit sehr alten Reben. Großartige Vorreiter sind ★★ CABEÇAS DO REGUENGO, Rui REGUINGA, Susana Esteban und ★★ Tapada do Chaves.

Quinta – Portugiesisch für »Weingut« (im ALENTEJO *herdade*). Als »Single-Quinta« werden VINTAGE PORTS von einzelnen Weingütern bezeichnet (oft sehr preisgünstig), die in nicht deklarierten Jahren erzeugt werden (und immer häufiger auch in Spitzenjahren).

Quinta Nova Douro ★★→★★★★ Angesehenes historisches Weingut, das von der unermüdlichen Luisa Amorim (die Familie ist berühmt für ihre Korken) und ihrem Starteam an Kellermeistern und Winzern aufgemöbelt wurde. Charmantes Hotel mit Blick auf den Fluss. Bemerkenswertes Sortiment: erstklassiger, berühmter, eichenfassgereifter Mirabilis (rot und weiß), hervorragende, reichhaltige, vielschichtige Reihe Vinha Centenária (Verschnitte von Tinta Roriz oder TOURIGA NACIONAL mit Trauben von 100 Jahre alten Reben) und verführerischer Aeternus aus einer jahrhundertealten Parzelle. Preiswerte Rote und Weiße liefern die Reihen Grainha und Pomares. Ist auch in DÃO (TABOADELLA) engagiert und führt in ALENTEJO ihr persönliches Projekt ALDEIA DE CIMA.

Rainwater Mad – MADEIRA in einem leichteren und trockenerem Stil. TINTA NEGRA mit einer Prise VERDELHO. Mindestens 5 Jahre gereift. Als gekühlter Aperitif sehr verlockend.

Ramos, João Portugal Alen ★→★★★ Familiengeführter ALENTEJO-Pionierbetrieb mit beständigem Sortiment: VINHO VERDE, DOURO (DUORUM) und Beira Atlântico (FOZ DE AROUCE). Preisgünstige Marken: roter Marquês de Borba (auch als RESERVA), VINHAS VELHAS in Rot und Weiß sowie Vila Santa. Sehr gut sind die Einzellagenweine Jeremias, São Lázaro und Viçosa. Erstklassiger Estremus.

Ramos Pinto Douro, Port ★★★→★★★★ Historisches Gut, bekannt für seine Portweine und sein wachsendes Angebot an DOURO-Weinen. Im Besitz des Champagnerhauses Roederer (*siehe* Kapitel »Frankreich«). Unter den Ports sind am besten der 10 Jahre alte Single-QUINTA TAWNY, und als Klassenbester der lebhafte 20 Jahre alte. Dazu sehr guter VINTAGE PORT, inkl. der Single-Quinta-Abfüllungen Bom Retiro und Ervamoira. Beste Tischweine: erstklassiger, reichhaltiger Ervamoira von der gleichnamigen Quinta, außerdem verführerische Reihen wie Duas Quintas RESERVA (rot).

Real Companhia Velha Douro, Port ★→★★★ Das historische Unternehmen (1756) wird jetzt von der jungen Generation der Familie Silva Reis geleitet. Sie hat frischen Wind gebracht durch ihre präzisen Weinbaumethoden auf mehr als 500 ha und bei der Weinbereitung: sehr guter Carvalhas (rot und weiß) von alten Reben, verführerische Reihe Cidrô, weißer und roter Síbio von einheimischen Sorten, 20 Jahre alter TAWNY und VINTAGE PORT. Preiswert ist das Sortiment Aciprestes und Evel. Klassenbester ist die Spätlese Grandjó Late Harvest.

Übernachten, essen und trinken im Alentejo

Die besten Wein-Spots: **Essen** ★★★★ Herdade do ESPORÃO, Lamelas, ★★★ Alma Nómada, Café Alentejo, Degust'Ar, Dom Joaquim, L'AND Vineyards, Tombalobos **Übernachten** ★★★★ Herdade da MALHADINHA NOVA, São Lourenço do Barrocal, Sublime, Torre de Palma, ★★★ Craveiral.

Reguinga, Rui Alen, Tejo ★★★ Persönliches Projekt des gleichnamigen Weinberaters in PORTALEGRE (ALENTEJO): sehr gute Reihe Terrenus von alten Reben in Hochlagen, darunter der weiße Vinha da Serra von 100-jährigen Rebstöcken. Aus Tejo stammt der von der Rhône inspirierte, elegante Tributo und Vinha da Talisca mit viel Schmelz.

Reserva/Reserve Port – Wein, der vor dem Verkauf gereift wird. Sollte höhere Qualität bedeuten, tut es aber oft nicht. Jede Region hat ihre eigenen Regeln, eine gewisse Skepsis ist also angebracht. Die Bezeichnung Grande Reserva dagegen bedeutet etwas und ist angesehen. Bei Portwein: ohne Altersangabe abgefüllt (RUBY und TAWNY sind oft recht preiswert).

Rocim Alen ★★→★★★ Dynamisches Ehepaar in Vidigueira (ALENTEJO). Großartig der Grande Rocim (dichter roter ALICANTE BOUSCHET mit Pinienote; straffer, eichenlastiger weißer ARINTO) und der dichte, erst kürzlich abgefüllte Crónica #328. Pioniere der Wiederbelebung des Vinho de TALHA mit sehr guten, in Ton gereiften Weinen: mit Füßen gestampfter, pinienduftiger roter Clay Aged, eleganter Amphora (rot und weiß). Außerdem ein Roter und Weißer namens Fresh from Amphora und Nat'Cool, der in Zusammenarbeit mit NIEPOORT entsteht. Gute Weine von alten Reben und aus Einzellagen wie Olho de Mocho (rot/weiß) und der Bio-Wein Alicante Bouschet Indígena. Köstlicher Mischsatz Bela Luz aus DOURO.

Romeira, Quinta da Lis ★★ Historisches Gut in Bucelas, das preiswerte, vom Atlantik geprägte Weine auf Basis von ARINTO erzeugt: knackiger Prova Regia oder eichenwürziger Morgado de Sta. Catherina. Im Besitz von SOGRAPE.

Rosa, Quinta de la Douro, Port ★★★ Klassisches, familiengeführtes Gut in Pinhão, das unter Weinmacher Jorge Moreira (Poeira) deutlich zugelegt hat: sehr guter LBV, 30 Jahre alter TAWNY und VINTAGE PORT, außerdem volle, elegante Weine, v. a. RESERVA in Rot und Weiß. Preiswerte Weine unter dem Etikett Passagem.

Rozès Douro, Port ★★★ Im Besitz von Vranken-Pommery (*siehe* Kapitel »Frankreich«). Der gute LBV stammt aus dem wärmeren Bereich DOURO

Superior. Gute Tischweine in der Reihe Terras do Grifo, inkl. lagerfähige RESERVA und Grande Reserva.

Ruby Port – Flaschengereifter Port, der zuvor im Holz lag: 2 Jahre für VINTAGE PORT, 4 bis 6 Jahre für LBV, 6 Jahre für RESERVA. So heißt aber auch der einfachste, jüngste, billigste und süßeste Port – kann köstlich sein.

Sandeman Port Port ★★→★★★ Historische Firma mit neuem markantem Stil; im Besitz von SOGRAPE und mit berühmtem Logo: der Mann im Cape mit Hut. Sehr guter, preiswerter 20, 30, 40 und 50 Jahre alter TAWNY und ungefilterter LBV. Der VINTAGE PORT lässt das Haus im alten Glanz erstrahlen. Der VERY OLD TAWNY Cask 33 ist ein Verschnitt sehr alter Bestände.

Sant'Ana, Quinta de Lis ★★★ Historisches, idyllisches Familiengut, bekannt für knackige Weißweine mit Salznote, v. a. sehr guter ALVARINHO und ARINTO. Langlebige Rote und exquisiter, seltener Ramisco.

São João, Caves Bair ★★→★★★ Historische Firma mit neuen Investoren. Berühmt für ihre riesigen, 100 Jahre alten Lagerbestände und Abfüllungen, die 50 Jahre und älter sind. Am besten: Weine aus BAIRRADA (Frei João, Poço do Lobo) und DÃO (Porta dos Cavaleiros). Gut ist auch der schäumende weiße ARINTO/CHARDONNAY.

Seabra, Luis Douro, Minho ★★★ Der führende Starkellermeister (ehemals NIEPOORT) arbeitet mit minimalen Eingriffen. Er bereitet elegante Abfüllungen von Einzellagen am DOURO sowie VINHO VERDE ALVARINHO. Sehr gut ist die Reihe Xisto Cru: steinige Noten, Lagen in großer Höhe (weiß), mineralisch (rot).

Sercial Mad – Bringt rassigen und den trockensten MADEIRA hervor – ein überaus feiner Aperitif, der perfekt zu gerösteten Mandeln, geräuchertem Fisch oder Kaviar passt. Sercial findet sich auch in Tischweinen auf dem Festland (*siehe* Kapitel »Rebsorten«, S. 11–23).

Soalheiro, Quinta de Minho ★★→★★★ Führender Betrieb aus der Subregion Monção e Melgaço in VINHO VERDE. Sehr gute, langlebige ALVARINHO-Weine, v. a. frischer Clássico, mineralischer Granit und subtil fassvergorener Primeiras Vinhas. Neu dazugekommen ist ein Pét-Nat. Großartiges Besuchserlebnis.

Im Portugiesischen spricht man Quinta »kinta« aus.

Sogrape Alen, Douro, Minho ★→★★★★ Großes, beständiges, expandierendes Unternehmen, das weltweit tätig ist. Produziert den MATEUS ROSÉ. Port-Marken sind FERREIRA, OFFLEY und SANDEMAN. Anbaubereiche und Erzeuger: ALENTEJO (preiswerter Herdade do Peso), DÃO (Boutiquebetrieb CARVALHAIS), DOURO (die angesehene Casa FERREIRINHA und ikonischer BARCA VELHA), LISBOA (günstiger Quinta da ROMEIRA) und VINHO VERDE (preiswerter Azevedo). Ist aktiv in Argentinien (Finca Flichman), Chile (Los Boldos), Neuseeland (Framingham), Spanien (LAN) und anderen Ländern. Das Angebot an feinen Weinen wird ausgebaut: Antónia Adelaide Ferreira, Legado von 100-jährigen Reben sowie die Série Ímpar (BAIRRADA Sercialinho, PORTALEGRE Retorto von alten Reben).

Sousa, José de Alen ★★→★★★ Das klassische Gut im Besitz von José Maria da FONSECA hält die Traditionen im ALENTEJO lebendig und verfügt über die größte TALHA-Sammlung in Portugal (über 100 Stück). Würziger, reifer José de Sousa zum fairen Preis, sehr preiswerte RESERVA und sehr guter Mayor sowie J, die unter Einsatz von *talhas* bereitet werden.

Symington Family Estates Douro, Port ★★→★★★★ Das stets dynamische, traditionelle und zugleich innovative Familienunternehmen in fünfter Generation ist ein Pionier in Sachen Nachhaltigkeit (B Corp-zertifiziert) und der größte Grundbesitzer am DOURO. Es versammelt Spitzenportweinhäuser unter seinem Dach wie COCKBURN'S, DOW, GRAHAM'S, VESUVIO und WARRE, ergänzt durch ein erstklassiges Angebot an Tischweinen: blitzblanker CHRYSEIA, fruchtbetonter Vesuvio sowie aufregende neue Douro-Weißweine aus hohen Lagen. Preiswertes findet man unter den Etiketten Pombal, Post Scriptum und Altano. 1890 Lodge ist der Name des großartigen historischen Besucherzentrums mit Restaurant in VILA NOVA DE GAIA. Vom Außenposten im hochgelegenen PORTALEGRE in ALENTEJO kommt der Fonte Souto.

Taboadella Dão ★★★ Ehrgeiziges Projekt der Familie Amorim in DÃO. Das Starteam von QUINTA NOVA kümmert sich um An- und Ausbau der Weine. Vielversprechendes Angebot: der elegante, eichenfassgereifte Grande Villae (rot und weiß) ist auf einem Topniveau, die sortenreinen Abfüllungen, hier v. a. Alfrocheiro, sind verführerisch, und der sehr preiswerte Einstiegswein Villae wird nicht in Eiche ausgebaut. Markanter, mit Kork ausgekleideter Keller.

Talha, Vinho de Alen – Amphoren aus Ton wie bei den alten Römern erleben gerade ihr Revival; neben anderen Regionen neue DOC in ALENTEJO. Die Weinbereitung: Man nehme ganze Trauben und lasse sie 5 bis 6 Wochen in jahrzehntealten Amphoren auf den Schalen gären. *Talhas* sind begehrte Schätze – allein José de SOUSA besitzt über 100 von ihnen. Empfehlenswert: ★★ Gerações da Talha, ★★ José Piteira, ROCIM, ★★ XXIV Talhas (v. a. Mestre Daniel).

Portugals weiße Trauben Arinto, Alvarinho, Bical, Encruzado sind ein Muss.

Tawny Port ★→★★★★ Der im Holzfass gelagerte Publikumsliebling unter den Ports, trinkreif nach der Abfüllung: oxidativ, nussig, süß und rassig. Nach dem Öffnen zwei Monate haltbar. Gekühlt servieren. Einfach solo genießen oder zu Crème brûlée oder trockenem, salzigem Hartkäse. Weine mit Jahrgangsangabe haben mehr Komplexität und sind teurer: Es gibt 10, 20, 30, 40 und neuerdings auch 50 Jahre alte (die 20 Jahre alten sind meist gut ausgewogen); fassgereifte Jahrgangs-COLHEITAS kommen bis auf 100 Jahre, einschließlich üppigem, teurem Very (Very) Old Tawny (80 und mehr Jahre alt). Die Besten: ANDRESEN, Dalva (GRAN CRUZ), GRAHAM'S, KOPKE, KROHN, NIEPOORT, NOVAL, Otima (WARRE), POÇAS, RAMOS PINTO, TAYLOR, VASQUES DE CARVALHO. Auch preiswerte RESERVAS (sechs Jahre im Holz) sind ein Genuss.

Taylor, Fladgate & Yeatman (Taylor's) Port ★★→★★★★ Historisches Portweinhaus und FLADGATES Kronjuwel mit imposanten VINTAGE PORTS (**63' 66' 70' 77' 94' 97'**), Single-QUINTA-Weinen (Terra Feita und Vargellas) und dem seltenen, herrlichen Vargellas VINHA VELHA von über 70 Jahre alten Reben. Herausragender TAWNY, v. a. der 50 Jahre alte Golden Age, der VERY OLD TAWNY Scion (**1863'**), die Kingsman Edition (Durchschnittsalter 90 Jahre) und der neue Very (Very) Old Port, ein üppiges, luxuriöses Dessert, das für sich steht.

Vadio Bair ★★★ Persönliches Projekt von Luís Patrãos (Coelheiros, ehemals ESPORÃO) mit sehr guten, langlebigen, klassischen Weinen auf Basis von BAGA, darunter der Gutswein und Grande Vadio.

Vale Dona Maria, Quinta do Douro, Port ★★→★★★ Angesehener Tischwein-Pionier im DOURO, jetzt im Besitz von AVELEDA. Der neue Kellermeister bereitet reichhaltige Douro-Rotweine, darunter Gutsweine, Vinha do Rio aus einer Einzellage, Vinha da Francisca und das neue Spitzengewächs Vinha do Moinho. Gute, in Eiche gereifte Weiße finden sich in den Reihen VVV oder Vinha do Martim. Dazu kommen die preiswerte Reihe Douro Superior und guter LBV, RESERVA, VERY OLD TAWNY und VINTAGE PORT.

Vale Meão, Quinta do Douro ★★★ Angesehenes, familiengeführtes Gut, Wiege des BARCA VELHA. Feine, reichhaltige Weine mit Lagerpotenzial, darunter ikonischer Spitzenrotwein; sehr gute sortenreine Gewächse aus Einzellagen in der Reihe Monte Meão und preiswerter roter Meandro. Außerdem guter VINTAGE PORT.

Vallado, Quinta do Douro ★★→★★★ Wachsendes Familienweingut in Baixo Corgo mit moderner Kellerei und Hotel. Erzeugt im Bereich DOURO Superior sehr preiswerte Bio-Weine. Sehr gute RESERVA aus gemischt bestockten Weinbergen und roter Sousão. Gute 10, 20, 30, 40 und 50 Jahre alte TAWNYS. Neu und sehr gut sind die von alten Reben bereiteten Roten Coroa und Granja aus Einzellagen. Großartiger Adelaide von 100 Jahre alten Reben. Spannender, seltener VERY OLD TAWNY aus Zeiten vor der Reblaus.

Vasques de Carvalho Douro, Port ★★★ Junger Betrieb (eine Seltenheit in Portugal), 2012 aus dem Familienerbe mit Kellern, Beständen und Weinbergen gegründet. Erstklassiger, teurer, stilvoller 10, 20, 30 und 40 Jahre alter TAWNY. Köstlich sind die 10 und 20 Jahre alten WHITE PORTS, dazu sehr guter VINTAGE PORT und eine Weinreihe vom DOURO. Charmanter Verkostungsraum in VILA NOVA DE GAIA.

Verdelho Mad – Klassische und sehr wandelbare MADEIRA-Traube: süßer als SERCIAL, trockener als BUAL. Passt hervorragend zur asiatischen Küche und ist ein toller Aperitif mit Hartkäse. Jetzt auch beliebt in Madeira-Tischweinen.

Vértice Douro ★★★→★★★★ Für viele Portugals bester Schaumweinproduzent, gehört jetzt zur Hälfte SYMINGTON. Sehr preiswerter Gouveio und Millésime. Vorzüglicher, 84 Monate gereifter PINOT NOIR aus einer Höhenlage.

Very (Very) Old Tawny Port ★★★★ Eine neue Kategorie von TAWNY. Die Weine reifen jahrzehntelang im Holzfass. Eine interessante Zeitreise mit zwei Haltestellen: Very Very Old Tawny (reift mind. 80 Jahre) und Very Old Tawny (reift 40–80 Jahre). Zeitkapseln: 1900, 1910 (ANDRESEN) 1918 (POÇAS), 5G (WINE & SOUL), Honore (CRASTO), Ne Oublie (GRAHAM'S), Scion, Kingsman, VVOT (TAYLOR), VV (NIEPOORT).

Vesúvio, Quinta do Douro, Port ★★★→★★★★ Die prachtvolle historische QUINTA am Fluss im Besitz von SYMINGTON erzeugt fruchtbetonte, langlebige Weine: roter Gutswein von alten Reben, als Zweitwein preiswerter roter Pombal do Vesúvio, dazu sehr guter Comboio. Der immer noch fußgestampfte Portwein ist auf Augenhöhe mit den Besten.

Vicentino Alen ★★ Gut an der Küste, das in seinen Weinen den atlantischen Einfluss aufzeigt: Angebot an frischen, preiswerten Weinen mit salziger Note, darunter sortenreiner ALVARINHO, ARINTO, SAUVIGNON BLANC, PINOT NOIR und SYRAH; günstige Einstiegsweine.

Sie mögen elegante Douro-Rotweine? Probieren Sie die Jahrgänge 2010, 2012 und 2013.

Vilacetinho, Casa de Minho ★★ Verlässliches Weingut an der Grenze zu DOURO. Preiswertes Sortiment auf Basis von Avesso, v. a. Cuvées mit ALVARINHO, dazu sehr guter Superior und Reserva.

Vila Nova de Gaia Douro, Port – Historische Heimat der großen Portwein-Handelshäuser. Touristenattraktionen wie Seilbahn, doppelstöckige Brücke, Bootstouren, Hotels (»The Yeatman« mit Michelin-Sternen geschmückter Küche), Museum (WOW), Restaurants und Bars (»Enoteca 17·56«, »Vinum«) mischen sich mit tollen Weinkellern (CÁLEM, COCKBURN'S, FERREIRA, GRAHAM'S, POÇAS, SANDEMAN, TAYLOR). Der beste Ort, um den Sonnenuntergang und die Stadt Porto zu bewundern.

Vinhas Velhas – Alte Reben; allerdings hat jede Region ihre eigene Auffassung von »alt«. Am DOURO ist das jetzt geregelt: mind. 40 Jahre alte Rebanlagen, mit mind. vier Rebsorten bestockt, geringe Erträge. Andere Regionen wollen folgen.

Vinho Verde Minho ★→★★★ Portugals größte, feuchteste Region an der nördlichen Grenze zu Spanien ist weltberühmt für ihre spritzigen Weißweine. Die Qualität hat sich in den vergangenen Jahren verbessert mit eleganten Weinen zu bezahlbaren Preisen. Die besten kommen aus den Unterregionen: Spitzen-ALVARINHO aus Monção e Melgaço (Anselmo MENDES, Luis SEABRA, Márcio LOPES, ★★★ Regueiro, ★★ Santiago, SOALHEIRO, ★★ Vale dos Ares); eleganter LOUREIRO aus Lima (AMEAL, biodynamisch erzeugt ★★ Aphros), charaktervoller Avesso aus Baião (biodynamisch ★★ A&D, ★★ Covela), Cávado (★★ Azevedo), Amarante (Casa de Cello, Casa de VILACETINHO, ★★ Sem Igual). Große Marken (★ Adega de Monção, ★ AVELEDA) sind oft günstig, leicht prickelnd (Casal Garcia, Gazela, Muralhas) und sollten jung getrunken werden.

Spitzenrosés: Quinta Nova, Casal Sta Maria, São Luiz. Ja, ich weiß, was noch fehlt …

Vintage Port Port – Einer der größten klassischen Weine der Welt. Wird nur in den besten Jahren produziert (bekannt als »klassisch« oder mit »deklariertem« Jahrgang) und durchläuft nach zweijähriger Fassreife eine sehr langsame, jahrzehntelange Flaschenreife. Präzision in Sachen Weinbau und Weinbereitung gehen bei kleinen und großen Häusern zunehmend Hand in Hand. Zu den neuen Super-Weinen zählen Capela (VESUVIO), Sērikos (CROFT), Stone Terraces (GRAHAM'S) und Vinha da Pisca (NIEPOORT). Single-QUINTA Vintage Ports werden in nicht deklarierten Jahren produziert. Bildet Depot, weil er ungefiltert ist und sollte immer dekantiert werden. Junge Vintage Ports bereiten Vergnügen, alte Jahrgänge sind schlicht himmlisch. Ein Traum!

Warre Port ★★★→★★★★ Historische Portweinfirma im Besitz von SYMINGTON. Volle, langlebige VINTAGE PORTS und ungefilterter LBV zu überaus fairen Preisen. Eleganter Single-QUINTA da Cavadinha und rassiger 20 Jahre alter Tawny Otima.

White Port Port – Portwein aus weißen Trauben mit hoher Qualität, meist halbtrocken, ein Nischenprodukt. Sehr gut sind die Weine mit Altersangabe: 10, 20, 30 oder 40 Jahre alt (ANDRESEN, KOPKE, Quevedo, Vieira de Sousa); ausgezeichnete, seltene COLHEITAS wie Dalva oder Kopke. Lágrima ist günstig und sehr süß. Zusammen mit Tonic ergeben sie einen beliebten, erfrischenden Aperitif.

Wine & Soul Douro, Port ★★★→★★★★ Familienweingut mit hoch angesehenem Angebot an lagerfähigen Weinen. An der Spitze: klassischer, eichenfassgereifter Guru, würziger, eleganter QUINTA da Manoella VINHAS VELHAS und komplexer, kraftvoller Pintas. Köstlich und elegant ist der Pintas Character aus gemischt bepflanzten Lagen. Guter Zweitwein Manoella in Rot und Weiß. Knackiger weißer Vinha do Altar aus Hochlagen sowie elegante, darunter 10 Jahre alte Ports sowie VINTAGE PORT. Herausragend der mehr als 100-jährige VERY VERY OLD TAWNY 5G.

Schweiz

Die folgenden Abkürzungen werden im Text verwendet:

AG	Aargau
BE	Bern
BI	Basel-Land
BS	Basel-Stadt
FR	Freiburg (Fribourg)
GE	Genf (Genève)
GR	Graubünden
LU	Luzern
NE	Neuenburg (Neuchâtel)
SG	St. Gallen
SH	Schaffhausen
TG	Thurgau
TI	Tessin (Ticino)
VD	Waadt (Vaud)
VS	Wallis (Valais)
ZH	Zürich

Die dunklen Flächen bezeichnen die Weinbaugebiete

Seit der Gründung der Schweizerischen Eidgenossenschaft vor 175 Jahren ist die Schweiz mit ihren vier Landessprachen und dem damit verbundenen kulturellen Pluralismus gut gefahren. Das gilt auch für den Wein: Es gibt kaum ein anderes Weinbauland, das auf nur 15.000 ha eine solche Vielfalt an Traditionen mit so tiefen historischen Wurzeln aufweist. Und gleichzeitig ist die Weinwirtschaft auch ein Garant für den Zusammenhalt, denn viele junge Winzer absolvieren ein Berufsjahr in einem anderen Landesteil; für sie ist die Überwindung der »Rösti«- und »Polenta«-Gräben Teil ihrer Ausbildung. Sagt man nicht, dass die Schweiz ein ordentliches, gut organisiertes Land ist? Ja, das ist sie. Man schmeckt es auch an der Präzision der Weine und an der Liebe zum Detail, die die Winzer ihnen widmen.

Neuere Jahrgänge

2022 Ein warmes und trockenes Jahr; im Großen und Ganzen gute Quantität und Qualität.

2021 Frost, Hagel, Mehltau: die geringste Ernte in 20 Jahren. Leichtere Weine, solide Qualität; sehr gute Weiße.

2020 Frühe, ertragsarme Ernte, 20–40 % weniger als üblich: unregelmäßige Blüte, Trockenheit; sehr gute Qualität.

2019 Regen zur Lese, v.a. in der Ostschweiz; Waadt und Wallis erging es besser.
2018 Kraftvolle, runde Weine quer durchs Land.
2017 Frost; einige Kantone konnten nur 20% der üblichen Menge ernten. Sehr gute Qualität.

Ältere gute Jahrgänge: 2015, 2009, 2005, 1990 (alle), 2013, 2010 (Pinot noir), 1997, 1999 (Dézaley)

Aigle VD ★→★★★ Beliebte AOC für CHASSELAS, aber seien Sie wählerisch. Empfehlenswert: BADOUX, Terroir du Crosex Grillé.

AOC – Äquivalent zur französischen Appellation Contrôlée; insgesamt gibt es 62 AOCs.

Auvernier, Château d' NE ★★→★★★ Bedeutendes Weingut (60 ha) mit typischem CHASSELAS aus NEUCHÂTEL, CHARDONNAY, ŒIL-DE-PERDRIX und PINOT NOIR (am besten von der Einzellage Les Argiles 15' 18'). Mit Henry Grosjean steht die 15. Generation an der Spitze des Familienbetriebs.

Bachtobel, Schlossgut TG ★★★ Seit 1784 im Besitz der Familie Kesselring, bekannt für wunderbar feinen PINOT NOIR. Die Qualitätsstufen sind mit den Ziffern 1–4 benannt, je höher, desto besser. Echte Schnäppchen sind der 2020er Nr. 1 und der 2019er Nr. 2.

Kontrollsüchtig

Wer im spätmittelalterlichen Basel fassweise mit Wein handelte, durfte nicht im gleichen Haushalt leben wie jemand, der Wein an Privatkunden verkaufte. Wein war damals eine wichtige Einnahmequelle für Schweizer Städte und wurde bis ins kleinste Detail geregelt. Auch für Väter und Söhne gab es keine Ausnahme von dieser Regel. Kontrolle war alles: Der Transport von Fässern wurde von städtischen Beamten durchgeführt, ebenso das Umfüllen von großen in kleine Fässer. Und Verkäufer und Käufer durften den Preis für ein Fass nicht selbst aushandeln: Der Preis wurde von einem Beamten, dem »Weinsticher«, festgelegt. Das moderne Leben ist doch nicht nur schlecht.

Bad Osterfingen SH ★★★ Restaurant und Weingut in einer historischen Badeanstalt von 1472. Bekannt für PINOT BLANC und PINOT NOIR (Badreben, Badreben Abt, ZWAA); die Reserve Privée wird nur in Spitzenjahren produziert.

Badoux, Henri VD ★★ Erzeuger, dessen AIGLE les Murailles (mit der klassischen Eidechse auf dem Etikett) zu den beliebtesten Schweizer Weinmarken zählt. Sehr ambitioniert ist die Kollektion Lettres de Noblesse mit Fassreifung im YVORNE-Barrique.

Baumann, Ruedi SH ★★★ Familiengut in Oberhallau. Beatrice, Ruedi und Sohn Peter sind vor allem für PINOT NOIR (z. B. Ann Mee, R und ZWAA) bekannt.

Bern – Hauptstadt und Kanton mit Weinorten am Bieler und Thuner See. Spitzenerzeuger: Andrey, Johanniterkeller, Keller am See, Krebs & Steiner, Schlössli, Schott (biodynamisch).

Besse, Gérald VS ★★★ Gérald und Patricia Besse schufen 1984 quasi aus dem Nichts eines der führenden Familienweingüter im WALLIS, mit Lagen in Steilterrassen auf bis zu 600 m Höhe. Probieren Sie die Ermitage Les Serpentines von alten Reben (**09' 10' 11' 13' 15** 16 17 18): MARSANNE von

Granitböden, auf denen die Reben 1945 gepflanzt wurden. Jetzt hat Tochter Sarah das Ruder übernommen.

Bonvin VS ★★→★★★ Alteingesessener Erzeuger im WALLIS mit faszinierenden Gewächsen von lokalen Reben: Reihe Nobles Cépages (z. B. HEIDA, PETITE ARVINE, SYRAH).

Bovard, Louis VD ★★→★★★★ Gralshüter von DÉZALEY (La Médinette **99' 00' 05' 07' 11' 12' 15' 16 17' 18'** 19 20 21). Weine aus anderen AOCs sind ebenso zuverlässig. Doyen Louis-Philippe Bovard (10. Generation) wird nun von Fabio Bongulielmi unterstützt.

Bündner Herrschaft GR ★★→★★★★ Klein-Burgund mit vier Gemeinden nahe Chur: FLÄSCH, Jenins, Maienfeld und MALANS. PINOT NOIR mit Struktur, Frucht und Reifepotenzial.

Calamin VD ★★★ GRAND CRU im LAVAUX, 16 ha auf den tiefen, kalkhaltigen Böden einer Geröllawine, herberer CHASSELAS als im benachbarten DÉZALEY. Erzeuger sind u. a. BOVARD, Dizerens und DUBOUX.

Chablais VD ★★→★★★ Weinbaugebiet am oberen Ende des Genfer Sees rund um AIGLE und YVORNE. Der Name leitet sich vom lateinischen *caput lacis,* Kopf des Sees, ab.

Chappaz, Marie-Thérèse VS ★★★→★★★★ Kleines, biodynamisch bewirtschaftetes Gut, berühmt für winzige Mengen von edelsüßem Ermitage (MARSANNE) und Petite ARVINE (**00' 03' 06' 07' 15' 18**), den wohl besten der Schweiz. Aber auch die trockenen Weine sind großartig.

Colombe, Domaine la VD ★★→★★★ Biodynamisch geführtes Gut in FÉCHY, das von Raymond Paccot geleitet wird. CHASSELAS Brez (**06' 12' 15' 18 19'** 20' 21), in Ton ausgebauter weißer gemischter Satz Curzilles und SAVAGNIN Amédée. Jetzt ist auch Tochter Laura mit dabei.

Cortaillod NE – Der Ort am Neuenburger See ist bekannt für seinen feinen PINOT NOIR. Ein ertragsarmer örtlicher Klon heißt genauso.

Cruchon, Henri VD ★★★ Biodynamischer Betrieb in LA CÔTE, jetzt unter der Leitung der jungen Catherine Cruchon, mit vielen SPEZIALITÄTEN. Spitzengewächs ist PINOT NOIR aus dem örtlichen Klon Servagnin, der sich bis ins 15 Jh. zurückverfolgen lässt (Raissennaz **09' 10' 13'** 15' 17', Servagnin 18 19').

Dézaley VD ★★★ GRAND CRU im LAVAUX, der steil zum Genfer See hin abfällt, 54 ha, im 12. Jh. von Zisterziensermönchen angelegt. Mächtige CHASSELAS-Weine, die sich mit der Reifung ab sieben Jahren schön entwickeln. Am besten sind DUBOUX, Fonjallaz, LEYVRAZ, Louis Bovard, MONACHON, Ville de Lausanne.

Dôle VS ★→★★ Die Antwort des WALLIS auf den Passetoutgrains aus Burgund: PINOT NOIR mit GAMAY ergibt leichte, süffige Rote.

Donatsch, Thomas GR ★★★ Seit 1974 Barrique-Pionier in MALANS, jetzt hat Sohn Martin das Sagen: PINOT NOIR (Reserve Privée nur in Spitzenjahren) und CHARDONNAY sind am besten. Die lokale Sorte Completer ist eine SPEZIALITÄT (**15'**).

Duboux, Blaise VD ★★★ Familienbetrieb mit 5 ha in LAVAUX. Üppiger, mineralischer DÉZALEY Vieilles Vignes Haut de Pierre, CALAMIN Cuvée Vincent (**15' 18 21'**).

Féchy VD ★→★★★ Berühmte, aber unzuverlässige AOC in LA CÔTE, überwiegend CHASSELAS.

Fendant VS ★→★★★ WALLISER Appellation für körperreichen CHASSELAS mit typisch balsamischem Duft; passt perfekt zu Käsefondue oder Raclette. Empfehlenswert: BESSE, Cornulus, GERMANIER, PROVINS und Simon MAYE.

Fläsch GR ★★★→★★★★ Weinort in der BÜNDNER HERRSCHAFT, bekannt für PINOT NOIR von Schiefer- und Kalkböden. Viele empfehlenswerte Güter, vor allem Mitglieder der Familien Adank, Hermann und Marugg. Gantenbein ist herausragend.

Flétri/mi-flétri – Spät gelesene Trauben, aus denen süßer bzw. leicht süßer Wein gekeltert wird.

Fromm, Weingut GR ★★★ Spitzenerzeuger in MALANS (bis 2008 auch in Neuseeland), biodynamische Bewirtschaftung, bekannt für subtilen PINOT NOIR aus Einzellagen (Fidler, Michel, Schöpfi, Selvenen und Spielmann).

Gantenbein GR ★★★★ Die Winzerstars Daniel und Martha Gantenbein in FLÄSCH sind für ihren PINOT NOIR berühmt, doch der in winzigen Mengen erzeugte CHARDONNAY ist noch faszinierender.

Weinregionen der Schweiz

Die Schweiz ist in sechs große Weinregionen unterteilt: WALLIS (Valais), WAADT (Vaud), GENÈVE (Genf), TESSIN (Ticino), Drei-Seen-Land (Neuenburger-, Murten- und Bielersee) und die Deutschschweiz, zu der Aargau, GRAUBÜNDEN, SCHAFFHAUSEN, St. Gallen, der Thurgau, ZÜRICH und einige kleinere Weinbaukantone gehören.

Genève (Genf) – Die 1.400 ha Rebflächen sind weit vom See entfernt (die meisten Weinberge dort gehören zum Kanton WAADT). Erzeuger: Balisiers, Clos des Pins, GRAND'COUR, Les Hutins und Novelle.

Germanier, Jean-René VS ★★→★★★ Großes Gut (150 ha) im WALLIS mit verlässlichem FENDANT Les Terrasses, SYRAH Cayas und einer SPEZIALITÄT aus der lokalen Rebsorte AMIGNE von Schieferböden aus Vétroz (trocken und süß).

Gialdi TI ★★→★★★ Erstklassiger Produzent im TESSIN, der mit zugekauftem Lesegut von kleinen Erzeugern aus hoch gelegenen Weinbergen herausragenden MERLOT Sassi Grossi (**01 02' 03' 04 06 07 09 11 12 13' 15 16' 18' 19 20'**) hervorbringt.

Glacier, Vin du (Gletscherwein) VS ★★★ Eine Art alpiner Sherry, der im Val d'Anniviers aus der seltenen Sorte Rèze gekeltert und in großen Lärchenfässern ausgebaut wird. Kann im Rathaus von Grimentz verkostet werden.

Grain Noble ConfidenCiel VS – Qualitätsbezeichnung für ursprüngliche Süßweine. Empfehlenswert: CHAPPAZ, Domaine du MONT D'OR, Dorsaz (beide Güter), GERMANIER, Darioli und PROVINS.

Grand'Cour, Domaine GE ★★★ Führendes Weingut in GENÈVE, das auf 15 ha 25 verschiedene Rebsorten anbaut; herausragend ist der CABERNET FRANC/CABERNET SAUVIGNON Grand'Cour (**03' 05 07 09 13'** 15' 16' 17 18').

Grand Cru VD, VS – Widersprüchlicher Begriff, der im WALLIS und in der WAADT verwendet wird. Manchmal bezieht er sich auf bestimmte Rebsorten, auf ertragsreduzierten Anbau oder Zusatzbezeichnungen wie Clos, Château oder Abbaye. Nur bei CALAMIN und DÉZALEY handelt es sich um eine Lagenklassifikation.

Graubünden (Grisons) – Hauptsächlich deutschsprachiger Bergkanton. PINOT NOIR ist König. *Siehe* BÜNDNER HERRSCHAFT; außerdem: Manfred Meier, von TSCHARNER.

Hammel, Maison VD, VS ★→★★★★ Handelshaus mit 15 Weingütern. Am besten: die Cuvée Charles Auguste aus SYRAH, CABERNET SAUVIGNON und CABERNET FRANC (**03' 06' 09 10 11' 12 13' 15** 16' 17 18') von der Domaine de Crochet.

Huber, Daniel ★★→★★★ Pionier, der 1981 brachliegende historische Lagen wieder urbar gemacht hat. Bewirtschaftet sie teilweise biodynamisch. Sohn

Jonas hat die Leitung übernommen. Hervorragend: der lagerfähige Verschnitt Montagna Magica aus MERLOT und CABERNET FRANC (der **2001er** hat sich 2021 als taufrisch erwiesen).

Johannisberg VS – Synonym für SILVANER im WALLIS, oft halbtrocken oder süß ausgebaut. Schmeckt großartig zu Fondue. Exzellent von der Domaine du Mont d'Or.

La Côte VD ★→★★★ Chasselas, so weit das Auge reicht: 2.000 ha westlich von Lausanne am Genfer See, sehr wechselhafte Qualität. Gemeinden: u. a. FÉCHY, Mont-sur-Rolle und Morges.

Lavaux VD ★★→★★★★ Die steilen, nach Süden ausgerichteten Weinbergterrassen östlich von Lausanne erstrecken sich über 30 km und sind UNESCO-Welterbe. Einzigartig voller, mineralischer CHASSELAS. Zwei GRANDS CRUS (DÉZALEY, CALAMIN) und diverse Gemeinde-AOCS.

Leyvraz, Pierre-Luc VD ★★★→★★★★ Dem perfektionistischen Winzer in Chexbres im LAVAUX steht nun der junge André Bélard zur Seite. Probieren Sie den vom Terroir bestimmten ST-SAPHORIN Les Blassinges und den alterungswürdigen DÉZALEY.

Litwan, Tom AG ★★★ Biodynamischer Winzer in Schinznach seit 2006. Auf 5 ha wächst fülliger CHARDONNAY (Büel, Wanne), dazu kommt PINOT NOIR von Einzellagen (Auf der Mauer, Chalofe, Rüeget).

Maison Carrée, La NE ★★★ Familienweingut mit 10 ha, gegründet 1827; sehr traditionelle Weinbereitung inkl. Verwendung alter Holzpressen, v. a. für zart duftenden PINOT NOIR (Auvernier, Hauterive, Einzellagenweine, Le Lerin von alten Reben).

Malans GR ★★→★★★★ Gemeinde in der BÜNDNER HERRSCHAFT. Spitzenerzeuger des hiesigen PINOT NOIR sind u. a. DONATSCH, FROMM, Liesch, Studach und Wegelin. Aus der spät reifenden Lokalsorte Completer wird ein langlebiger, phenolischer Weißwein bereitet: Giani Boner ist hier mit seinen wurzelechten Completer-Reben (**01' 05' 11'**) der Gralshüter.

Maye, Simon et Fils VS ★★★ 11-ha-Familienbetrieb. Am besten ist der SYRAH Vieilles Vignes (**00 03' 04 05 09 10' 11 12 13 15' 16' 17 18'**).

Mémoire des Vins Suisses – Verband von 58 führenden Erzeugern mit dem Ziel, einen Bestand an Schweizer Weinikonen aufzubauen, um deren Alterungspotenzial zu verfolgen. Die ältesten Weine sind von 1999.

Der Sommer 2022 war so trocken, dass Hubschrauber Wasser für die Kühe auf den Bergweiden bringen mussten.

Mercier, Denis VS ★★★→★★★★ Familienweingut in Sierre, jetzt unter der Leitung der jungen Madeleine Mercier. Das akribisch betriebene Weinbergsmanagement erbringt dichte, aromatische Rote wie z. B. den seltenen CORNALIN (**03' 04' 05 06' 08' 09' 10' 11' 12 13' 15'** 16 17 18' 19), dazu SYRAH.

Monachon, Domaine VD ★★★ Hervorragendes Familienweingut in Rivaz im LAVAUX, bekannt für den DÉZALEY Les Côtes-Dessus und ST-SAPHORIN Les Manchettes (**15' 18'** 21'). Jetzt unter der Leitung des jungen Basile Monachon.

Mont d'Or, Domaine du VS ★★→★★★★ Legendäres Gut im WALLIS mit Rebanlagen auf Schieferböden, im Besitz von SCHENK. Berühmt für den edelsüßen JOHANNISBERG Saint-Martin (**06' 09' 11' 15' 16 20**). Auch sehr gute trockene Weine (RIESLING Amphytrion).

Morcote, Castello di TI ★★★ Burgruine und gleichnamiges Weingut mit 14 ha. Gaby Gianini ist Besitzerin in dritter Generation und betreibt es jetzt biodynamisch. Exzellente Riserva (16' 17 18').

Schweiz

Neuchâtel (Neuenburg) ★→★★★ 606 ha im Umland der Stadt und des Sees mit kalkhaltigen Böden. Leicht perlender CHASSELAS und exquisiter PINOT NOIR von einem örtlichen Klon (CORTAILLOD). Am besten sind Château d'AUVERNIER, Domaine de Chambleau, Kuntzer, La MAISON CARRÉE, PORRET und TATASCIORE.

Œil de Perdrix NE – »Rebhuhnauge«. Blasser Rosé von PINOT NOIR. Ursprünglich aus NEUCHÂTEL, jetzt auch anderswo anzutreffen.

Pircher, Urs ZH ★★★→★★★★ Weine von bewunderswerter Konsistenz entstehen an einem steilen Südhang über dem Rhein bei Eglisau. Kristallklare Weiße, komplexer PINOT NOIR Stadtberger Barrique (**03' 06' 15' 16 17 18'** 19' 20) von alten Schweizer Klonen. Urs Pirchers Patenkind Gianmarco Ofner hat jetzt übernommen.

Porret NE ★★→★★★★ Führender Familienbetrieb in CORTAILLOD mit CHARDONNAY und PINOT NOIR in burgundischem Stil (am besten ist die Cuvée Elisa).

Provins VS ★→★★★ Winzergenossenschaft mit mehr als 4.000 Mitgliedern, der größte Produzent der Schweiz mit 1.500 ha Rebflächen und 34 Rebsorten. Ordentliche Einstiegsweine, sehr gute Kollektion Maître de Chais (Eichenausbau).

Gereifte Weine von Gantenbein werden für bis zu 500 € (Pinot noir) bzw. 600 € (Chardonnay) pro Flasche gehandelt.

Riehen, Weingut BS ★★→★★★★ Boutique-Weingut im gleichnamigen Ort, eine Zusammenarbeit von Hanspeter Ziereisen (*siehe* Kapitel »Deutschland«) und den Kaufleuten Jacqueline und Urs Ullrich. PINOT NOIR und CHARDONNAY mit Charakter und Potenzial.

Rouvinez Vins VS ★→★★★ Der Weingigant in Sierre im WALLIS expandierte nach dem Erfolg seiner Cuvées La Trémaille (weiß) und Le Tourmentin (rot) stark: Er übernahm Caves Orsat (1998), Imesch (2003) und BONVIN (2009).

Ruch, Markus SH ★★★ Exzellenter und extrem seltener PINOT NOIR aus Hallau (Chölle von 60 Jahre alten Reben, Haalde von einer Steillage sowie Buck, der auf Sandstein gewachsen ist) und Gächlingen (Schlemmweg von Kalksteinböden). Nur 3,5 ha. Außerdem MÜLLER-THURGAU und Cidre, die in Amphoren ausgebaut werden.

St. Jodern Kellerei VS ★★→★★★ Die Genossenschaft in VISPERTERMINEN ist bekannt für ihren Heida Veritas von wurzelechten alten Reben (**09' 15 17 18'** 21').

St-Saphorin VD ★→★★★ An DÉZALEY angrenzende AOC. Die Weine sind leichter, aber ebenso fein. Am besten sind LEYVRAZ und MONACHON.

Schaffhausen ★→★★★ Steht für eine Flut von billigen Supermarktweinen, hat aber auch Spitzenerzeuger: BAD OSTERFINGEN, BAUMANN, RUCH, Stamm.

Schenk S. A. VD ★→★★★ Weltweit agierender Weingigant mit Hauptsitz in Rolle, 1893 gegründet. Ordentliche Weine (vor allem aus der WAADT und dem WALLIS); beträchtliche Exporte.

Schwarzenbach Weinbau ZH ★★★ Familienbetrieb am Zürichsee mit 10 ha. Ein Drittel davon gehört der lokalen Rebsorte Räuschling, die Herrmann Schwarzenbach sen. in den 1950ern/1960ern vor dem Aussterben bewahrt hat. Am besten ist der Seehalden (**07' 09' 10' 15' 17'** 18' 19' 20 21') aus einer Einzellage. Auch viele andere SPEZIALITÄTEN wie Completer oder Freisamer.

Spezialitäten – Rebsorten, die nur in kleinen Mengen vorkommen, bringen mit die besten Weine der Schweiz hervor: Räuschling, GEWÜRZTRAMINER und PINOT GRIS in der Deutschschweiz oder lokale Sorten (wie JOHANNISBERG, MARSANNE und SYRAH) im WALLIS.

Stucky-Hügin TI ★★★→★★★★ MERLOT-Pionier. Am besten sind Conte di Luna (Merlot/CABERNET SAUVIGNON), Soma (Merlot/CABERNET FRANC) und Temenos (Completer/SAUVIGNON BLANC).

Tatasciore, Jacques NE ★★★★ Ausgefeilter (und seltener) PINOT NOIR aus NEUCHÂTEL.

Tessin (Ticino) ★→★★★★ Italienischsprachige Südschweiz. MERLOT ist seit 1948 die vorherrschende Rebsorte und wird im straffen Stil ausgebaut. Am besten sind Agriloro, CASTELLO DI MORCOTE, Chiericati, Delea, GIALDI, HUBER, Kopp von der Crone Visini, Pelossi, STUCKY, Tamborini, Valsangiacomo, Vinattieri und ZÜNDEL.

Trécord, Domaine de VD – Kleines Familienweingut in Ollon mit herrlichem CHASSELAS Réserve de la famille: ein Wein wie eine mit Kräutern gespickte Zitronencreme.

Tscharner, von ★★★ Familiengut auf Schloss Reichenau, das erste entlang der 1.230 km langen Strecke des Rheins zum Meer. Epischer, tanninreicher PINOT NOIR (Churer Gian-Battista **03' 04 05 06' 09' 13' 15' 16' 17 18'**) und Jeninser Alte Reben (**11'**), dazu rarer Completer.

Twann BE ★→★★★ Der Ort am Bielersee ist berühmt für CHASSELAS (Gutedel) und PINOT NOIR, allerdings schwankende Qualität.

Visperterminen VS ★→★★★ Weinbaugebiet im Oberwallis, v.a. für HEIDA. Besitzt mit dem Rieben einen der höchsten Weinberge Europas auf über 1.000 m Höhe. Empfehlenswert: CHANTON, ST. JODERN KELLEREI.

Vully FR, VD ★→★★★ Weinbaugebiet am Ufer des Murtensees, urkundlich belegt seit dem 7. Jh., heute eine AOC, aufgeteilt auf die Kantone Fribourg (116 ha) und WAADT (46 ha). CHASSELAS, PINOT NOIR und TRAMINER. Am besten: Château de Praz, Chervet, Cru de l'Hôpital, Javet & Javet, Petit Château.

Waadt (Vaud) – Zweitgrößter Weinbaukanton, an den Ufern des Genfer Sees. Seine Familiengüter sind für ihre konservative Haltung bekannt. Große Häuser: u. a. Bolle, HAMMEL, Obrist und SCHENK.

Wallis (Valais) – Größter Weinbaukanton der Schweiz im trockenen, sonnigen oberen Rhône-Tal; am besten sind MARSANNE und SYRAH, die den französischen Legenden Konkurrenz machen. Viele exquisite lokale Sorten.

Yvorne VD ★★→★★★ Ort im CHABLAIS mit Rebflächen auf dem Geröll einer 1584 niedergegangenen Lawine. Erzeuger sind z. B. BADOUX, Château Maison Blanche, Commune d'Yvorne und Domaine de l'Ovaille.

Zündel, Christian TI ★★★→★★★★ Kleines biodynamisches Weingut mit 4 ha bei Beride. Tochter Myra ist jetzt auch im Boot. Berühmt für Eleganz: MERLOT/CABERNET SAUVIGNON Orizzonte (16' 17 18' 19') und CHARDONNAY Velabona.

Zürich – Größte Stadt der Schweiz und größter Weinbaukanton in der Deutschschweiz mit 610 ha. Angebaut wird überwiegend BLAUBURGUNDER. Beste Erzeuger: Besson-Strasser, E. Meier, Gehring, Lüthi, PIRCHER, SCHWARZENBACH, Staatskellerei und Zahner.

Zürichsee Schwyz, ZH – Dynamische AOC, in der die Rebflächen der Kantone ZÜRICH und Schwyz am Ufer des Zürichsees zusammengeschlossen sind.

Zwaa SH ★★★ Zusammenarbeit zweier Weingüter: Bei BAUMANN sind die Böden tief und kalkhaltig, bei BAD OSTERFINGEN leicht und kiesig. PINOT NOIR (**94' 09' 13' 15'** 16 17 18 19); sein weißes Gegenstück aus WEISSBURGUNDER/CHARDONNAY ist genauso langlebig.

Österreich

Die folgenden Abkürzungen werden im Text verwendet:

Bgl	Burgenland
Carn	Carnuntum
NÖ	Niederösterreich
S-Stm	Südsteiermark
Stm	Steiermark
Therm	Thermenregion
Vulk	Vulkanland Steiermark
W-Stm	Weststeiermark

Die dunklen Flächen bezeichnen die Weinbaugebiete

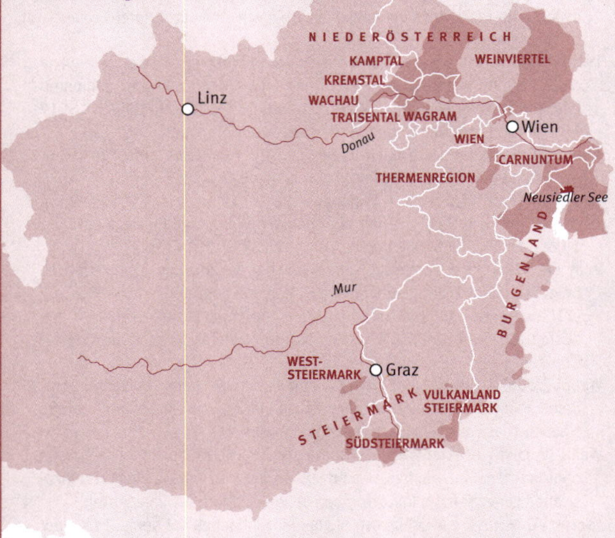

Allem Anschein nach kann Österreich in Sachen Wein nichts falsch machen. In kaum einem anderen Land findet man Weißweine von derart hoher Qualität, Konzentration und Individualität. Grüner Veltliner ist auf allen Ebenen gut, von Alltagsweinen bis zu den Spitzengewächsen. Die Bandbreite des Rieslings ist kleiner, vor allem einfachere Exemplare gibt es nur wenige. Doch die Topweine können wirklich top sein. Pinot blanc und Chardonnay, vor allem aus der Steiermark und aus Leithaberg, sind von kristalliner Reinheit und präziser Machart, die Rotweine zeigen sich frisch und ausgewogen. Wer Blaufränkisch kennt, liebt ihn. Es gibt mehr biodynamischen Weinbau als je zuvor: Sollten Sie bei einem Besuch ein Kuhhorn auf der Fensterbank sehen, wissen Sie warum. Doch hier ist alles ausgeklügelt und differenziert. Österreichische Weine sind nicht laut. Das DAC-Appellationssystem gilt für 18 spezifische Weinbaugebiete und wird im Laufe von 2023 abgeschlossen sein. Daneben existiert eine Qualitätspyramide, die auf Gebiets-, Orts- und Einzellagenweinen basiert – je kleiner die geografische Einheit ist, desto höher die erwartbare Qualität.

Neuere Jahrgänge

2022 Heißer, trockener Sommer, wechselhafter Frühling und Herbst: sehr reife Weine mit verminderter Säure.

2021 Wechselhafter Sommer, perfekter Herbst mit sonnigen Tagen und kühlen Nächten: schön ausgewogene, reife Weine mit eleganter Säure.

2020 Ein paar Krankheiten und etwas Hagel. Ausgewogener, klassischer Jahrgang.

2019 Traumhafter Jahrgang mit Reife und Frische.

2018 Das Hitzewellenjahr: reife Weine; gut und reichlich.

2017 Saftige, runde Weine.

Alzinger Wachau ★★★★ **16 17 18 19'** 20 21 – Klarer, kristalliner, langlebiger RIESLING, GRÜNER VELTLINER. Ikonischer Riesling Steinertal (21').

Ambrositsch, Jutta Wien ★★★ Köstlicher GEMISCHTER SATZ. Der großartige Pop-up-HEURIGE in WIEN nennt sich Buschenschank in Residence.

Angerhof-Tschida Bgl ★★★★ **10 17' 19 20** 21 – Hans Tschida erzeugt Süßwein in Illmitz. Probieren Sie die glanzklare Trockenbeerenauslese und Beerenauslese (*siehe* Kapitel »Deutschland«, S. 220) von aromatischen Rebsorten wie der SCHEUREBE.

Atzberg Wachau ★★★ **18 19 21'** – Rekultivierungsprojekt hoch gelegener, aufgelassener Weinberge in Steillagen, wo nur Handarbeit möglich ist. Gut ausgewogener, expressiver GRÜNER VELTLINER namens Obere Steilterrassen, mit Kräuterfrische und Noten von schwarzem Pfeffer.

Abseits der Karte

Auch außerhalb der offiziellen Weinbauregionen kann Wein erzeugt werden. PINOT NOIR aus den Tiroler Voralpen? SAUVIGNON BLANC von den Kärntner Seen? Die Mengen sind gering, doch Sauvignon blanc, die Pinot-Sorten und sogar Pinot noir oder pilzresistente Neuzüchtungen in inoffiziellen Lagen bringen gute Qualitäten hervor. Der Klimawandel hat den Weinbau in diesen Gebieten (die in der Weinbauregion Bergland zusammengefasst sind) einst zum Erliegen gebracht, und aus demselben Grund kehrt er nun zurück.

Ausbruch – Qualitäts- und Stilbezeichnung für Prädikatswein; ausschließlich im DAC RUSTER AUSBRUCH verwendet (seit 2020), produziert aus edelfaulen, getrockneten Trauben. Vergleichbar mit deutscher Trockenbeerenauslese (*siehe* Kapitel »Deutschland«). Nur aus Weißweintrauben.

Braunstein, Birgit Bgl ★★★ **15 16 17 19'** 20 21 – Individualistischer Biodynamie-Star in LEITHABERG: BLAUFRÄNKISCH und CHARDONNAY. Probieren Sie die in Amphoren ausgebauten Weine der Reihe Magna Mater.

Bründlmayer, Willi Kamptal ★★★★ **10 13 15** 17 19 20 21 – Ikonischer Erzeuger von GRÜNEM VELTLINER und RIESLING, v. a. Alte Reben und Heiligenstein Lyra. Feiner Sekt sowie frankophiler PINOT NOIR. Eleganter denn je.

Burgenland – Bundesland und Weinbauregion im Osten Österreichs an der ungarischen Grenze. Wärmeres Klima als in NIEDERÖSTERREICH, deshalb vorwiegend rote Reben wie BLAUFRÄNKISCH, ST. LAURENT und ZWEIGELT. Rund um den flachen NEUSIEDLER SEE herrschen ideale Bedingungen für edelfaule Süßweine, besonders in RUST und im SEEWINKEL.

Carnuntum NÖ – Das früher unbeachtete Anbaugebiet südöstlich von WIEN boomt nun mit vollendet frischen Rotweinen, darunter v. a. mit dem ZWEI-

GELT Rubin Carnuntum. Empfehlenswert: BLAUFRÄNKISCH vom Spitzerberg. Am besten: G. Markowitsch, GRASSL, MUHR und TRAPL.

Christ Wien ★★★ Tonangebend in WIEN und sehr beliebter HEURIGER. Erlesener GEMISCHTER SATZ und ungewöhnliche rote Verschnitte.

DAC (Districtus Austriae Controllatus) – Herkunfts- und qualitätsbasiertes Appellationssystem, Bezeichnung für gebietstypische Weine und Stile. Die meisten Hierarchien orientieren sich an Burgund: Gebietsweine, Ortsweine und Lagenweine. Es gibt 18 DACs: CARNUNTUM, EISENBERG, KAMPTAL, KREMSTAL, LEITHABERG, MITTELBURGENLAND, NEUSIEDLERSEE, Rosalia, Ruster AUSBRUCH, SÜDSTEIERMARK, THERMENREGION, TRAISTAL, VULKANLAND STEIERMARK, WACHAU, WAGRAM, Weinviertel, Wiener GEMISCHTER SATZ, WESTSTEIERMARK.

Diwald, Martin Kremstal ★★★ **18 19** 20 21' – Bio-Weingut seit 1976, das mit der Übernahme von Martin Diwald im Aufwärtstrend ist. Feiner GRÜNER VELTLINER, seltener FRÜHROTER VELTLINER.

Domäne Wachau Wachau ★★★★ Weltweit führende Genossenschaft mit klarem, ausdrucksstarkem puristischem Stil, v. a. aus den Lagen Achleiten und Kellerberg. Durch die Bank sehr preiswert. Interessant die experimentellen Backstage-Weine.

Ebner-Ebenauer Weinviertel ★★★★ Treibende Kraft mit GRÜNEM VELTLINER aus einer Einzellage, ST. LAURENT von alten Reben sowie PINOT NOIR. Drei feine Schaumweine, darunter der ZERO DOSAGE von Pinot noir.

Edlmoser Wien ★★★ **16 17 18 19' 20** 21 – Führendes Gut im Süden von WIEN. Feine, mineralische Weiße, kraftvolle Rote. Im hauseigenen HEURIGEN schmeckt z. B. der Ried Himmel Maurerberg.

Eichinger, Birgit Kamptal ★★★ Beständig herausragender RIESLING, v. a. Heiligenstein, und ungewöhnlich würziger, geschmeidiger GRÜNER VELTLINER, v. a. Hasel.

Eisenberg Bgl – Kleiner DAC (seit 2009), begrenzt auf BLAUFRÄNKISCH von Schieferböden und eisenhaltigem Lehm an den Ausläufern. Kraftvoll und elegant. Auch beachtenswerter WELSCHRIESLING ohne DAC, v. a. als Orange und Naturwein.

Erste Lage – Qualitätsbezeichnung für Einzellagen, derzeit gibt es 95 davon.

Federspiel Wachau – In der Klassifizierung der VINEA WACHAU die mittlere Kategorie in Sachen Reife und Alkohol: mindestens 11,5 %, maximal 12,5 %. Unaufdringliche Weine für die Gastronomie, manche mit Reifepotenzial wie der SMARAGD.

Feiler-Artinger Bgl ★★★★ Biodynamischer Erzeuger mit Intuition, der feingliedrige Rotweine und phänomenalen AUSBRUCH hervorbringt; historisches Barockhaus im Zentrum von RUST.

Fritsch, Karl – Weinberghof Wagram ★★★ **18** 19 20 21 – Voller Leidenschaft für die Biodynamie: RIESLING Mordthal und Rosé von PINOT NOIR.

Fritz, Josef Wagram ★★ **19** 20 21 – Führender Produzent für ROTEN VELTLINER in WAGRAM. Es lohnt sich, alle Varianten zu probieren.

Gemischter Satz Wien – Wiederbelebte Tradition, bei der mehrere weiße Rebsorten im selben Weinberg wachsen und gemeinsam als Cuvée vinifiziert werden. Komplexe Weine. Empfehlenswert sind AMBROSITSCH, CHRIST, GROISS und WIENINGER.

Geyerhof Kremstal ★★★★ **16 17 18 19 20** 21' – Bio-Weingut von Weltklasse; wunderbarer GRÜNER VELTLINER und RIESLING, bemerkenswerter Einsteigerwein Stockwerk.

Grabenwerkstatt Wachau ★★★★ Biodynamisches Weingut im kühlen (und coolen) SPITZER GRABEN, das sich auf eleganten, exquisiten RIESLING von alten Reben auf Steilterrassen konzentriert, v. a. Brandstatt, Kalkofen und Trenning.

Grassl, Philipp Carn ★★★ Beeindruckender ZWEIGELT, großartiger ST. LAURENT und PINOT NOIR.

Groiss, Ingrid Weinviertel ★★★ **16 17 18 19' 20** 21 – Die für die Wiederbelebung alter Weinberge bekannte Winzerin hat sich auf GEMISCHTEN SATZ sowie pfeffrigen GRÜNEN VELTLINER spezialisiert. Dazu hübscher Rosé Hasenhaide.

Gut Oggau Bgl ★★★ Nicht nur die Etiketten sind ein Blickfang auf diesem biodynamischen Gut. Die Weine sind meist Verschnitte und subtil ausgeglichen: pannonische Wärme.

Der Welschriesling wird seriös

Der WELSCHRIESLING war zwar schon immer ein zuverlässiger, aber ehrlich gesagt auch wenig aufregender Kandidat, der als HEURIGER einen guten, würzigen und ausgewogenen Süßwein ablieferte. Seine Renaissance begann mit Toni Straka und dem Weingut Stubits, die ihn als Naturwein und Orange Wine ausbauten. Das Südburgenland und die STEIERMARK sind die Hauptregionen des Welschrieslings: Probieren Sie den RIED Ottenberg Veitlhansl von TEMENT.

Hager, Matthias Kamptal ★★ Langjährige Ikone des biodynamischen Weinbaus. Probieren Sie den GRÜNEN VELTLINER Mollands, die vorzügliche Trockenbeerenauslese und den Eiswein (*siehe* Kapitel »Deutschland«, S. 220) sowie den ungeschwefelten Urgestein und Pét-Nat.

Harkamp S-Stm ★★★★ **15 16 17 18' 19** – Zählt zu den drei besten Schaumweinen Österreichs und ist der beste in der STEIERMARK, v. a. lang gereifte Große Reserve, Zero oder Solera.

Hartl, Heinrich Therm ★★★ Aufstrebender Star in der THERMENREGION, spezialisiert auf geschmeidigen PINOT NOIR und perfekt gemachte heimische Weiße aus ZIERFANDLER und ROTGIPFLER.

Heinrich, Gernot und Heike Bgl ★★★★ **17 18 19 20** 21 – Hat sich mit BLAUFRÄNKISCH einen Namen gemacht. Konzentriert sich neuerdings auf unwiderstehliche, auf der Schale vergorene Weißweine. Probieren Sie den PINOT GRIGIO Graue Freyheit.

Herrenhof Lamprecht Vulk ★★★ Eigenwilliger Weinbauer in der VULKANSTEIERMARK. Legt seinen Schwerpunkt auf GEMISCHTEN SATZ. Hinreißender FURMINT. Probieren Sie alles vom Buchertberg.

Heuriger – Steht sowohl für den neuen Wein als auch für eine Schenke, in der die Winzer ihre Weine ausschenken und dazu rustikale regionale Speisen servieren – ein fester Teil der österreichischen Kultur. Heißt außerhalb von WIEN Buschenschank.

Hiedler Kamptal ★★★ Schön bereiteter, pfeffriger GRÜNER VELTLINER, v. a. Thal und Kittmannsberg.

Hirsch Kamptal ★★★★ **15 17** 19 20 21' – Herausragender RIESLING und GRÜNER VELTLINER aus den Einzellagen Heiligenstein und Lamm. Makelloser Neuzugang ist der 2021 zum ersten Mal abgefüllte Riesling Heiligenstein-Rotfels.

Hirtzberger, Franz Wachau ★★★★ **14 15** 19 20 **21** – Ikone in Spitz in der WACHAU. Bisher bekannt für Opulenz, jetzt immer eleganter. Einzellagenweine von RIESLING und GRÜNEM VELTLINER, v. a. Honivogl und Singerriedel.

Huber, Markus Traisental ★★★ **19** 20' 21 – Steht mit RIESLING und GRÜNEM VELTLINER für den feingliedrigen Weinstil von Kalkböden im TRAISENTAL. Weine mit brillanter Zitrusfrucht, Strahlkraft und Schlankheit.

Österreich

Jalits Bgl ★★★ Alteingesessenes Weingut am EISENBERG mit konzentriertem, kraftvollem BLAUFRÄNKISCH; langlebig sind die Einzellagenweine Szapary und Diabas.

Jamek, Josef Wachau ★★★ Eine Institution in der WACHAU. Unter der Führung der neuen Generation auf dem Weg zurück zu altem Glanz, v. a. mit RIESLING und GRÜNEM VELTLINER aus den Einzellagen Achleiten und Klaus.

Schreckgespenst Pilz

Die Rebsorten namens PIWI sind Kreuzungen zwischen Vinifera- und anderen Vitis-Arten, die sich durch ihre Pilzwiderstandsfähigkeit auszeichnen. Das ist erst einmal eine gute Sache, denn es bedeutet, dass weniger Chemikalien im Weinberg ausgebracht werden. Nur der Geschmack überzeugt nicht bei allen. In Österreich dürfen bislang u. a. aus Blütenmuskateller, Muscaris und Souvignier gris offiziell Qualitätsweine erzeugt werden. Am besten sind der duftende, kräuterwürzige Muscaris von Josef Scharl und der komplexe Linea Souvignier gris von Ploder-Rosenberg, beide aus der VULKANSTEIERMARK.

Johanneshof Reinisch Therm ★★★ **17 18 19** 20 21 – Meister der lokalen Spezialitäten ROTGIPFLER und ZIERFANDLER. Auch berühmt für langlebigen PINOT NOIR und ST. LAURENT von Weltklasse.

Jurtschitsch Kamptal ★★★★ **16 17 18 19** 20 21' – Das junge deutsch-österreichische Ehepaar belebt mit seinem biodynamischen Weingut das KAMPTAL mit phänomenalen Interpretationen aus den Einzellagen Heiligenstein, Käferberg und Loiserberg; auch Schaumwein und Pét-Nat.

Kamptal NÖ – Region mit runderem Stil, flacheren Hügeln; beeindruckende Mineralität und Präzision (guter Schaumwein). Spitzenlagen: Heiligenstein, Käferberg, Lamm, Loiserberg und Seeberg. Am besten sind BRÜNDLMAYER, EICHINGER, HIRSCH, JURTSCHITSCH, LOIMER, SCHLOSS GOBELSBURG. DAC für GRÜNEN VELTLINER und RIESLING. Unkonventioneller Newcomer ist Matthias Warnung.

Klosterneuburg Wagram – Weinbauschule mit Weinforschungsanstalt in der gleichnamigen Stadt. *Siehe* nächster Eintrag.

KMW – Abkürzung für »Klosterneuburger Mostwaage«, in Österreich gebräuchliche Maßeinheit für den Zuckeranteil im Most. 1 °KMW entspricht etwa 4,86 °Oechsle (*siehe* Kapitel »Deutschland«).

Knoll, Emmerich Wachau ★★★★ **07 08 10 15 19** 20 21 – Ausdrucksstarke Reinheit bei RIESLING und GRÜNEM VELTLINER; Einzellage RIED Schütt mit kristallklarem Stil. Langlebige Weine der Reihe Vinothekfüllung.

Kopfensteiner Bgl ★★★ **17 18 19** 20 – Steht unter den Erzeugern in EISENBERG in der ersten Reihe. Begnadeter BLAUFRÄNKISCH von den Magerböden im RIED Saybritz.

Kracher Bgl ★★★★ **13 15 16 17 18** 19' 20 21 – Überragendes Genie botrytisierter (edelfauler) Weine. Nicht in Eiche gereift sind die Gewächse der Reihe Zwischen den Seen, das eichengereifte Sortiment heißt Nouvelle Vague. Umwerfende Auswahl an enorm komplexen, extrem süßen Weinen. Die Reihe Kollektion steht für »zehn Jahre später«. Beachtenswerter trockener GRÜNER VELTLINER, dazu Eiswein in Zusammenarbeit mit Liliac in Siebenbürgen (Rumänien).

Kremstal – Weinbaugebiet und DAC für GRÜNEN VELTLINER und RIESLING. Beste Erzeuger: GEYERHOF, MALAT, Nigl, PROIDL, SALOMON-UNDHOF, SEPP MOSER, STIFT GÖTTWEIG und WEINGUT STADT KREMS.

Krutzler Bgl ★★★ **11 13 15 16 19** 20 21 – Lokalmatador in EISENBERG für konzentrierten und dennoch eleganten BLAUFRÄNKISCH. Kultwein ist der Perwolff.

Lackner Tinnacher S-Stm ★★★★ **15 16 17 18 19' 20** 21 – Präziser, mineralischer SAUVIGNON BLANC und weißer Pinot. Probieren Sie den WEISSBURGUNDER RIED Eckberg, den Sauvignon blanc Ried Welles und alles, was aus der Ried Steinbach stammt, dem Herzstück des Weinguts.

Leithaberg Bgl – Bedeutender DAC für BLAUFRÄNKISCH, der zu den besten in Österreich zählt. Bei den Weißen sind GRÜNER VELTLINER, PINOT BLANC, CHARDONNAY und NEUBURGER zugelassen. Die DAC RESERVE wird zwei Jahre nach der Lese zum Verkauf freigegeben.

Lesehof Stagård Kremstal ★★★ **18 19 20 21** – Reintönige, spannungsgeladene RIESLINGE von Einzellagen. Probieren Sie den Riesling Steiner Gaisberg, doch selbst der Einstiegsriesling Handwerk ist hinreißend.

Lichtenberger González Bgl ★★★ Das spanisch-österreichische Paar zeigt die schönsten Seiten des LEITHABERG in Rot und Weiß; NEUBURGER Leithaberg DAC oder der BLAUFRÄNKISCH Vorderberg.

Loimer, Fred Kamptal ★★★★ **15 16 17 18 19' 20** 21 – Der biodynamische Erzeuger ist ein Individualist mit langer Tradition. Berühmt für seinen RIESLING und GRÜNEN VELTLINER, v. a. aus den Einzellagen Heiligenstein, Seeberg und Steinmassl. Immer eleganterer PINOT NOIR und wunderbarer Schaumwein mit und ohne Jahrgang. Wunderbar die prickelnde Große Reserve Langenlois oder die neue Große Reserve GUMPOLDSKIRCHEN.

Malat Kremstal ★★★★ Klar umrissener, konzentrierter RIESLING und GRÜNER VELTLINER, v. a. aus den Einzellagen Gottschelle und Silberbichl. Pionier für PINOT NOIR. Außerdem drei fabelhafte Schaumweine.

Mantlerhof Kremstal ★★★ Üppiger GRÜNER VELTLINER von biodynamisch bewirtschafteten Lössböden. Sehr erfahren mit ROTEM VELTLINER.

Mayer am Pfarrplatz Wien ★★ Eine Institution in Heiligenstadt. Im HEURIGEN hat Beethoven seine 3. Symphonie geschrieben, heute ist er der 7. Himmel für Touristen. Besonders empfehlenswert sind die Weine vom Nussberg.

Mittelburgenland Bgl – DAC (seit 2005) an der ungarischen Grenze: strukturierter, lagerfähiger BLAUFRÄNKISCH. Erzeuger: Bauer-Pöltl, GESELLMANN, J. Heinrich, Kerschbaum und WENINGER.

Moric Bgl ★★★★ **11 13 15 16 17 18** 19' 20 – Kultproduzent und eigensinniger Vordenker von fokussierten und zu Recht berühmten Weinen aus BLAUFRÄNKISCH. Beachten Sie die mit alten Reben bestockten Einzellagen Lutzmannsburg und Neckenmarkt. Dazu kommen drei Spitzenlagen: die RIEDE Kirchberg, Maissner, Schwemmer. Arbeitet mit jungen ungarischen Winzern zusammen: Hidden Treasures.

Muhr, Dorli Carn ★★★★ **14 15 16 18** 19' 20 – Hat die Kalksteinhänge des Spitzerbergs wiederbelebt. Ungezwungener und doch tiefgründiger BLAUFRÄNKISCH von seltener, duftender Schönheit.

Müller Klöch Vulk ★★★ **19 20'** 21 – Hier tritt man den Beweis an, dass traditioneller GEWÜRZTRAMINER aus Klöch keinen Restzucker braucht. Halten Sie Ausschau nach dem Gelben TRAMINER RIED Seindl und dem Gewürztraminer Ried Hochwarth.

Neumeister Vulk ★★★★ **15 18 19** 20 21 – Weltklasseadresse für aromatische Weiße. Herausragender SAUVIGNON BLANC, v. a. aus den Einzellagen Klausen und Moarfeitl. Empfehlenswert: Stradener Alte Reben. Auch schöner GEWÜRZTRAMINER und PINOT NOIR.

Neusiedler See Bgl – Größter Steppensee Europas und Naturreservat an der ungarischen Grenze. Mikroklima und Luftfeuchtigkeit begünstigen Edelfäule. Der DAC Neusiedlersee gilt nur für ZWEIGELT und Süßweine (mit und ohne Edelfäule).

Niederösterreich – Die Region im Nordosten gliedert sich in drei Teile: die Donau (KAMPTAL, KREMSTAL, TRAISENTAL, WACHAU, WAGRAM), das WEINVIERTEL im Nordosten und den Süden (CARNUNTUM, THERMENREGION). 59 % der österreichischen Rebflächen.

Nikolaihof Wachau ★★★★ **08 10 13 15 17** 19' 20 21 – Eines der ersten biodynamisch geführten Weingüter der Welt. Beispielhafter, reintöniger, strukturierter RIESLING und GRÜNER VELTLINER, v. a. die lang gereiften Gewächse der Vinothek-Reihe.

Nittnaus, Anita und Hans Bgl ★★★★ Führender Kopf von Pannobile und LEITHABERG. Biodynamie-Pionier; präziser CHARDONNAY von den Einzellagen Bergschmallister und Freudshofer; BLAUFRÄNKISCH vom Jungenberg, Lange Ohn und Tannenberg. Die nächste Generation verfolgt ein eigenes alternatives Projekt im Familienweingut: Manila.

Ott, Bernhard Wagram ★★★★ **15 16 17 18 19' 20** 21' – Biodynamie-Ikone mit salzigem, pikantem GRÜNEN VELTLINER von immer feingliedrigerer Eleganz, v. a. aus den Lagen Rosenberg, Spiegel und Stein. Fass 4 genießt Kultstatus.

ÖTW (Österreichische Traditionsweingüter) Kamptal, Kremstal, Traisental, Wagram – Private Vereinigung, die sich mit der Klassifizierung von Weinbergslagen befasst. *Siehe* auch ERSTE LAGE; die WACHAU ist nicht dabei.

Pichler, Franz Xaver Wachau ★★★★ **08 10 13 15 18 19** 20 21' – Geschichtsträchtiges Weingut mit langlebigem RIESLING und GRÜNEM VELTLINER von Toplagen in der WACHAU. Der Riesling Unendlich genießt Kultstatus. Hat die VINEA WACHAU verlassen.

Pichler, Rudi Wachau ★★★★ **15 17 19 20** 21' – Herrlicher, klar strukturierter RIESLING aus Hochrain und Kirchweg, dazu GRÜNER VELTLINER aus den Spitzenlagen Achleiten und Hochrain.

Pichler-Krutzler Wachau ★★★ Stets schwungvoller, spannender Riesling aus Einzellagen, außerdem herausragender GRÜNER VELTLINER, v. a. aus den Parzellen In der Wand und aus den Lagen Kellerberg, Pfaffenberg Alte Reben und Supperin.

Pittnauer, Gerhard und Brigitte Bgl ★★★★ Seltenes Talent für langlebigen, eleganten ST. LAURENT und anmutig alternden BLAUFRÄNKISCH aus den Lagen Altenberg und Ungerberg. Abfüllungen von auf den Schalen vergorenem Mash Pitt mit lustigen Etiketten, erfrischender Pét-Nat.

Prager, Weingut Wachau ★★★★ **14 15 19** 20 21 – Kellermeister Toni Bodenstein ist die gelehrte graue Eminenz der WACHAU mit fesselndem RIESLING und GRÜNEM VELTLINER, v. a. Stockkultur.

Preisinger, Claus Bgl ★★★ Hipper, aber bodenständiger Biodynamie-Erzeuger mit sowohl ernsthafter als auch lustiger Angebotspalette, wie z. B. dem Puszta Libre mit Kronkorken.

Prieler Bgl ★★★★ **15 16 17' 18 19'** 20 – Dicht gewebter BLAUFRÄNKISCH, der Flaschenreife braucht, v. a. Goldberg und Marienthal. Auch gehaltvoller PINOT BLANC mit Lagerpotenzial.

Proidl, Weingut Kremstal ★★★ Stets brillanter RIESLING und GRÜNER VELTLINER, beide aus der Lage Ehrenfels. Noch besser, seit Sohn Patrick mit an Bord ist. Interessant sind die älteren Riesling-Abfüllungen.

Rebenhof S-Stm ★★★ Aufregende, lebhafte, auf den Schalen vergorene Biodynamie-Weißweine.

Reserve – Attribut für Weine mit mind. 13 % Alkohol und längerer Kellerreifung.

Ried – Österreichischer Ausdruck für Lage; gebräuchlich für Abfüllungen aus Einzellagen. *Siehe* riedenkarten.at.

Rust Bgl – Stadt am NEUSIEDLER SEE. Halten Sie Ausschau nach den lauten brütenden Störchen. Berühmt für den süßen Ruster AUSBRUCH. Spitzenerzeuger: FEILER-ARTINGER, SCHRÖCK, TRIEBAUMER und WENZEL.

Sabathi, Erwin S-Stm ★★★ Bestens bekannt für eleganten, tiefgründigen SAUVIGNON BLANC und MORILLON.

Sabathi, Hannes S-Stm ★★★ Führendes Weingut, v. a. SAUVIGNON BLANC aus der Einzellage Kranachberg. Wiederbelebte Weinlagen in der steirischen Landeshauptstadt Graz unter dem Label Falter Ego.

Salomon-Undhof Kremstal ★★★★ Stets geschmeidiger, eleganter, schlanker GRÜNER VELTLINER und RIESLING aus den Einzellagen Kögl, Pfaffenberg und Wachtberg. Pét-Nat und sommerlicher Rosé-Schaumwein machen Laune.

Sattlerhof S-Stm ★★★★ **15 18 19 20'** 21 – Unangestrengt brillanter SAUVIGNON BLANC und MORILLON, v. a. aus den Einzellagen Kranachberg und Sernauberg. Spitze auch der Ortswein DAC SAUVIGNON BLANC Gamlitz.

Sausal S-Stm – Unterregion in der SÜDSTEIERMARK mit Schiefer- und Kalksteinböden. Die Weinberge liegen bis zu 600 m hoch. Die kleine Enklave erzeugt außerordentlich eleganten RIESLING und SAUVIGNON BLANC.

Schauer S-Stm ★★★ Leichte, aber durchweg gehaltvolle Weiße von den Schieferböden im SAUSAL. RIESLING, SAUVIGNON BLANC und der besonders bemerkenswerte PINOT BLANC Höchtemmel.

Schiefer, Uwe – Domaines Kilger Bgl ★★★ Individueller BLAUFRÄNKISCH vom EISENBERG, dazu ausdrucksstarker, kristallklarer WELSCHRIESLING.

Schilcher W-Stm – Rassiger und pfeffriger Rosé von großer lokaler Bedeutung aus der heimischen Rebsorte Blauer Wildbacher. Auch als Schaumwein oder in der orangen Version.

Schloss Gobelsburg Kamptal ★★★★ **13 14 15 16 19'** 20 21 – Von Zisterziensern gegründetes Gut mit exquisitem, lagerfähigem RIESLING und GRÜNEM VELTLINER; Reihe Tradition sowie die Einzellagenweine Gaisberg, Heiligenstein, Lamm und Renner. Feiner Schaumwein. Auch eleganter ZWEIGELT und PINOT NOIR.

Schmelz, Johann Wachau ★★★ Exquisite und authentische Weine, die erstaunlicherweise viel zu wenig wahrgenommen werden.

Schnabel, Karl – Ermihof S-Stm ★★★ **11 14 16 17 18' 19 20** 21 – Wunderbar eigensinniger Produzent in SAUSAL mit roten und weißen Naturweinen, die anmutig altern können. Feingliedriger BLAUFRÄNKISCH und eleganter PINOT NOIR aus den Lagen Hochegg, Koregg und Kreuzegg.

Schröck, Heidi Bgl ★★★★ Die Doyenne der Ruster Spezialität AUSBRUCH hat es sich zum Ziel gesetzt, attraktive Essensbegleiter zu produzieren; auch toller trockener FURMINT.

Schuster, Rosi Bgl ★★★★ War berühmt für kräftige rote Cuvées von einheimischen und internationalen Rebsorten. Sohn Hannes hat größere Eleganz eingeführt und den Fokus auf ST. LAURENT, BLAUFRÄNKISCH und FURMINT gelegt. Probieren Sie den Einstiegswein Aus den Dörfern (rot und weiß) sowie die Premiumgewächse St. Laurent Zagersdorf sowie Blaufränkisch Müllendorf.

Seewinkel Bgl – Naturreservat und Teil des Weinbaugebiets am östlichen NEUSIEDLER SEE. Ideale Voraussetzungen für Botrytis-Weine, doch aufgrund von Trockenheit durch den Klimawandel gefährdet.

Sepp Moser Kremstal ★★★ **17 18 19 20** 21' – Erzeuger seit 1848 in Rohrendorf, familiär verbunden mit Lenz Moser. Jetzt unter der Leitung von Nikolaus Moser, einem frühen Anhänger der Biodynamie. Exemplarischer GRÜNER VELTLINER, außerdem RIESLING und langlebiger CHARDONNAY. Besitzt auch Weinlagen in Apetlon im BURGENLAND für seine Rotweine.

Smaragd Wachau – Kategorie für den höchsten Reifegrad der VINEA WACHAU, die Weine müssen einen Alkoholgehalt von mind. 12,5 % haben, überschreiten manchmal aber 14 %. Sie sind trocken, mächtig und lagerfähig. Früher oft mit Botrytis-Einfluss und trotzdem trocken ausgebaut.

Spätrot-Rotgipfler Therm – Verschnitt von ROTGIPFLER und Spätrot (ZIERFANDLER). Aromatisch, gewichtig und gut strukturiert. Typisch für GUMPOLDSKIRCHEN. *Siehe auch* Kapitel »Rebsorten«, S. 11–23

Spitzer Graben Wachau – Kühleres Seitental und neuerdings Hotspot in der WACHAU. Auf Steilterrassen und sehr trockenen Magerböden wachsen exzellenter RIESLING und NEUBURGER. Interessante Weingüter abseits der Touristenpfade wie GRABENWERKSTATT, Martin Muthenthaler oder Peter VEYDER-MALBERG.

Stadlmann Therm ★★★★ Beispielhafter, klar definierter ZIERFANDLER/ROTGIPFLER, besonders aus den Einzellagen Mandel-Höh und Tagelsteiner. Subtiler, poetischer PINOT NOIR, außerdem PINOT BLANC.

Steiermark –Südlichste Weinbauregion Österreichs, bekannt für aromatische, ausdrucksstarke trockene Weiße, v. a. SAUVIGNON BLANC, MORILLON und WEISSBURGUNDER. *Siehe auch* SÜDSTEIERMARK, VULKANSTEIERMARK und WESTSTEIERMARK.

Steinfeder Wachau – Leichteste Kategorie der VINEA WACHAU für trockene Weine mit einem max. Alkoholgehalt von 11,5%. Wegen der immer wärmeren Bedingungen schwierig bis unmöglich zu produzieren. Wird kaum exportiert.

In der Wachau fließt die Donau rasend schnell – gut für die Luftströmungen, nicht gut zum Schwimmen.

Stift Göttweig ★★★ Die Hügellage macht das von Weinbergen umgebene Benediktinerstift weithin sichtbar. Hoher Qualitätsanspruch, kristalline RIESLINGE und GRÜNE VELTLINER aus den Einzellagen Gottschelle und Silberbichl.

Südsteiermark – Weinbaugebiet in der STEIERMARK, berühmt für seinen eleganten, aber hoch aromatischen MORILLON, MUSKATELLER und SAUVIGNON BLANC aus atemberaubenden Steillagen. DAC seit 2018. Beste Erzeuger: Gross, LACKNER TINNACHER, SABATHI (Erwin und Hannes), SATTLERHOF, TEMENT und WOHLMUTH.

Tement, Manfred S-Stm ★★★★ **12 13 15 17 18' 19** 20' 21 – Unglaublich subtile und alterungsfähige Weine, v. a. SAUVIGNON BLANC und MORILLON. Toplagen: Grassnitzberg und Zieregg. Klasse ist die Sauvignon blanc RESERVE Zieregg, die nur in Spitzenjahren erzeugt wird. Jetzt unter der Leitung von Manfreds Söhnen Armin und Stefan.

Thermenregion NÖ – Kurregion südlich von WIEN. Traditionelle Hochburg von PINOT NOIR und ST. LAURENT. DAC seit 2023 für die einheimischen Spezialitäten ROTGIPFLER und ZIERFANDLER sowie Pinots (inkl. Verschnitte und Süßweine). Erzeuger: Alphart, Alphart am Mühlbach, Gebeshuber, HARTL, JOHANNESHOF REINISCH und STADLMANN.

Tinhof, Erwin Bgl ★★★ Zu wenig beachtetes, dabei großartiges biodynamisches Weingut am LEITHABERG. BLAUFRÄNKISCH Gloriette von alten Reben und ST. LAURENT Feuersteig. Auch Spezialist für PINOT BLANC und NEUBURGER aus der Lage Golden Erd.

Traisental NÖ – Kleine Region südlich von KREMS am Südufer der Donau entlang des Flusses Traisen. Der Kalkstein verleiht den Weinen Finesse und Präzision. Spitzenerzeuger: HUBER, Neumayer.

Trapl, Johannes Carn ★★★ Brillantes Naturtalent für poetische, ausdrucksstarke, lagenspezifische Rotweine. Floraler BLAUFRÄNKISCH wie der Spitzerberg und burgunderähnlicher ZWEIGELT.

Triebaumer, Ernst Bgl ★★★★ **08 09 10 12 15 17 18 19'** 20 21 – Ikonischer Erzeuger in RUST, der jetzt an die nächste Generation übergeben und in nichts nachgelassen hat. Probieren Sie die auf den Schalen vergorenen Weine der Reihe Urwerk.

Tschida, Christian Bgl ★★★★ **15 16 17 18 19' 20** 21 – Ein Star in Naturweinkreisen aus Illmitz im SEEWINKEL, Held geringster Interventionen bei der Bereitung von Rot-, Weiß- und Roséweinen. Die bemerkenswerten Gewächse der Reihe Himmel auf Erden bestechen durch Eleganz und Subtilität.

Umathum, Josef Bgl ★★★★ **13 15 16 17 18 19'** 20 21 – Der Pionier des biodynamischen Weinbaus ist mittlerweile eine Legende. Außergewöhnlich elegante Rote und vermutlich Österreichs bester ZWEIGELT von der Einzellage Hallebühl. Auch BLAUFRÄNKISCH Kirschgarten.

Velich ★★★★ Publikumsscheuer Produzent im SEEWINKEL, der aber für seine CHARDONNAYS Darscho und Tiglat verehrt wird.

Veyder-Malberg Wachau ★★★ Akribisches Boutiqueweingut in der WACHAU mit bis zu 70 Jahre alten Reben, die auf Steilterrassen im SPITZER GRABEN stehen und auf weiteren Lagen im Donautal. Produziert RIESLING und GRÜNEN VELTLINER.

Vinea Wachau Wachau – Wegweisende Winzervereinigung mit strenger Qualitäts-Charta, die nach einer Reifeskala drei Kategorien für trockene Weine definiert: FEDERSPIEL, SMARAGD und STEINFEDER. Besteht parallel zur offiziellen WACHAU DAC.

Vulkanland Steiermark Stm – Das früher als Südoststeiermark bekannte Weinbaugebiet ist seit 2018 DAC und war früher berühmt für seinen GEWÜRZTRAMINER aus Klöch. Jetzt finden hier v. a. MORILLON und PINOT perfekte Bedingungen. Beste Erzeuger: Frauwallner, NEUMEISTER und Winkler-Hermaden.

Wachau NÖ – Die Weinbauregion an der Donau genießt weltweites Ansehen für ihre langlebigen RIESLINGE und GRÜNEN VELTLINER. Spitzenerzeuger: ALZINGER, DOMÄNE WACHAU, GRABENWERKSTATT, HIRTZBERGER, KNOLL, Muthenthaler, NIKOLAIHOF, F.X. PICHLER, R. PICHLER, PICHLER-KRUTZLER, PRAGER und VEYDER-MALBERG. Beachtenswerte Newcomer sind PAX und die Weingärtnerei Frischengruber.

Wachter-Wiesler, Weingut Bgl ★★★ Prägender Erzeuger von geschmeidigem, konzentriertem, dennoch elegantem BLAUFRÄNKISCH aus EISENBERG; auch WELSCHRIESLING.

Wagram NÖ – Weinregion gleich westlich von WIEN, zu der auch KLOSTERNEUBURG gehört. Seit 2022 DAC, basierend auf GRÜNEM VELTLINER, RIESLING und ROTEM VELTLINER. Die tiefen Lössböden sind ideal für Grünen Veltliner und zunehmend auch PINOT NOIR. Am besten sind FRITSCH, Josef FRITZ, Nimmervoll und OTT.

Weingut Stadt Krems Kremstal ★★★ Hervorragendes stadteigenes Gut von Krems mit 31 ha Weinbergslagen innerhalb der Stadtgrenzen. Wird von Fritz Miesbauer geleitet.

Weinviertel – Größte Weinregion; auch gleichnamiger DAC für GRÜNEN VELTLINER in klassischer und RESERVE-Version. Stillte lange den Weindurst von WIEN, heute baut sie auf Qualität. Auch die Basisweine für Sekthäuser wie Schlumberger werden hier produziert. Empfehlenswert: EBNER-EBENAUER, GROISS, GRUBER-RÖSCHITZ, Herbert ZILLINGER und Schödl in Loidesthal.

Weninger, Franz Bgl ★★★★ **10 13 15 16 17 18 19'** 20 21 – Brillanter, sehr konzentrierter BLAUFRÄNKISCH, v. a. aus den Einzellagen Hochäcker und Kirchholz. Auch hervorragender FURMINT.

Wenzel, Michael ★★★★ **15 17 18 19'** 20 21 – Ein ruhiger Mann, der lieber seine Weine sprechen lässt. Exzellenter FURMINT wie der Einstiegswein Aus dem Quartz, dazu Prädikatsweine.

Werlitsch S-Stm ★★★ Ewald Tscheppe ist einer der Naturweinstars der SÜDSTEIERMARK. Empfehlenswert ist der SAUVIGNON BLANC/CHARDONNAY Ex Vero.

Weststeiermark – Weinregion, die sich auf den Rosé SCHILCHER aus der Rebsorte Blauer Wildbacher spezialisiert hat, der auf 514 von 641 ha angebaut wird. Unterschiedliche Stile: traditioneller Rosé, modernistischer Schaum-, Natur- und Orange Wein. Seit 2018 DAC.

In der Wachau ist das Grundgestein aus Gneis 400 Millionen Jahre alt: zehnmal so alt wie die Alpen.

Wien – Die Hauptstadt brüstet sich mit 575 ha Rebflächen innerhalb der Stadtgrenzen. Lange Tradition, jetzt mit wiedererstarktem Qualitätsbewusstsein. Der Anbau verschiedener Reben in einem Weinberg ist seit 2013 als DAC Wiener GEMISCHTER SATZ verankert. Heurigen in den Weinbergen; der Besuch ist ein Muss. Am besten: CHRIST, EDLMOSER und WIENINGER.

Wieninger, Fritz Wien ★★★★ **13 14 15 16 18 19' 20** 21' – Treibende Kraft der WIENER Renaissance und Bio-Pionier. Beispielhafter GEMISCHTER SATZ vom Nussberg und Rosengartl. Großartiger PINOT NOIR. Sein HEURIGER in Wien inmitten der Reben des Nussbergs ist eine Institution. Geht neue Wege mit seinem Weingut Hajszan-Neumann in Grinzing.

WienWein Wien – Für WienWein haben sich sechs Spitzenwinzer zusammengetan, um den DAC Wiener GEMISCHTER SATZ nach vorn zu bringen: CHRIST, EDLMOSER, Fuhrgassl-Huber, MAYER AM PFARRPLATZ, Weingut Cobenzl (in städtischem Besitz) und WIENINGER.

Wohlmuth S-Stm ★★★★ Phänomenaler, subtiler, strahlender CHARDONNAY, RIESLING und SAUVIGNON BLANC, v. a. aus den Einzellagen Edelschuh, Gola und Hochsteinriegl. Rekultiviert für Riesling die Steillage Dr. Wunsch.

Zillinger, Herbert Weinviertel ★★★★ Brillanter, außergewöhnlicher, komplexer GRÜNER VELTLINER.

England

Um die neue PDO South Downs gab es viel Wirbel – man ist dafür oder dagegen, je nachdem, ob man dazugehört oder nicht. Doch tatsächlich ist es noch viel zu früh, um so etwas wie einen Regionalstil auszumachen. Im Moment kommt es darauf an, das Grundsätzliche hinzubekommen: Weinberge, Keller, Ausbau auf der Hefe. Die Besten machen das sehr gut und erzeugen Schaumwein mit Klasse, sogar Weltklasse, der Spannung und Tiefe hat. Alle hier genannten Weine sind Schaumweine, sofern nicht anders angegeben.

Die folgenden Abkürzungen werden im Text verwendet:

Bucks	Buckinghamshire	**Heref**	Herefordshire
Cw	Cornwall	**Oxf**	Oxfordshire
Do	Dorset	**O-Sx**	Ost-Sussex
Hamps	Hampshire	**W-Sx**	West-Sussex

Ambriel W-Sx – Zarter, harmonischer Schaumwein ohne biologischen Säureabbau. Wunderbare Tiefe zeigt der 10 Jahre gereifte Cloud Ten in der Magnumflasche.

Balfour Kent ★★ Balfour Rosé ist das aromatische Flaggschiff, eine Spezialität der stille CHARDONNAY. Sehr gutes Restaurant am Weinberg. Für Rotwein wird im Crouch Valley angepflanzt.

Black Chalk Hamps ★★★ Die »Library Wines« – im Gut eingekellerte ältere Jahrgänge – sind spitze. Rein mit feiner Säure, straff und voller Tiefe, alles von Kreideböden. Neu ist der stille CHARDONNAY.

Breaky Bottom O-Sx ★★★★ Das kleine Gut in den Sussex Downs beweist, dass SEYVAL BLANC großartig sein kann. Und auch die klassischen Verschnitte sind reichhaltig und ausdrucksstark.

Bride Valley Do ★★ Frucht ist hier alles: intensiv saftige Weine, alles andere als staubtrocken. Gut: Blanc de Blancs, Rosé Bella.

Camel Valley Cw ★★→★★★ Interessanter rosé PINOT NOIR Brut, lebhafter Cw Brut – aromatisch und ausgeglichen, gutes Preis-Leistungs-Verhältnis.

Candover Brook Hamps – Geschmeidig, ausgeglichen, schön gereift. Berater hier in HAMBLEDON ist Hervé Jestin, der in England viel bewegt, immer mit gutem Ergebnis.

Chapel Down Kent – Geradlinige, fruchtige, angenehme Weine. Die Reihe Kit's Coty (★★) umfasst Still- und Schaumweine.

Coates & Seely Hamps ★★★★ Wunderbarer Rosé, Brut Reserve, La Perfide. Alle Weine präzise gearbeitet und tiefgründig.

Cottonworth Hamps – Weine mit guter Länge und Tiefe. Am besten: Classic Cuvée.

Court Garden O-Sx – Gehalt- und kraftvoller Stil. Subtiler, straffer Blanc de Blancs, elegante Classic Cuvée mit Biskuitnote, voller Blanc de Noirs. Knackiger Rosé mit Aromen von roten Früchten.

Denbies Surrey – Groß und kommerziell, mit ausgeprägten Röstaromen. Sehr guter weißer Stillwein Ranmore Hill kann reifen. Touristisch gut erschlossen mit Hotel in den Weinbergen.

Digby Hamps, Kent, W-Sx ★★★ Elegant der 13er-, kräftig der 14er-Rosé, bereitet von Kellermeister Dermot SUGRUE, der bei WISTON unter Vertrag steht. Damit kann man nichts falsch machen.

Exton Park Hamps ★★★ Die brillanten neuen RB-Weine (Reserve Blend) heben das Gut auf das nächste Level: Anmut kombiniert mit schöner Reife.

Grange, The Hamps ★★★ Fein und gut gereift, mit klassischen Noten von Zitronen-Shortbread. Damit prickelt die Pause in der Oper (oder anderswo).

Greyfriars Surrey – Schön knackige und feine Schaumweine, v. a. der reintönige Rosé Reserve. Gut strukturierter Blanc de Noirs.

Gusbourne Kent, W-Sx ★★★ Gut: die neue De-luxe-Abfüllung namens 51ºN; superb: Blanc de Noirs Boot Hill, Down Field in limitierter Auflage. Wird immer besser.

Stille in England

Zu sagen, dass die englischen Stillweine besser werden, mag wie ein äußerst schwaches Lob klingen, doch global betrachtet sind sie zwar auf dem Weg nach oben, aber auch teuer. Die Rosés sind blass, hübsch und eine verlässliche Wahl; der PINOT NOIR ist frisch und saftig, braucht aber einen warmen Sommer (vergleichbar mit Hautes-Côtes). CHARDONNAY ist in der Regel im burgundischen Stil, manchmal ein bisschen sehr eichenlastig. PINOTS BLANC/GRIS ist oft gut. BACCHUS gibt's auch für den, der's mag. Das warme Crouch Valley in Essex macht sich einen Namen für Stillwein. Außer den Erzeugern mit eigenem Eintrag sind zu empfehlen: Artelium, Blackbook, Danbury Vineyards (sehr guter teurer Pinot noir), Everflyte Rosé, Flint, Folc, Gutter & Stars Pinot noir, Oastbrook Chardonnay, Riverview Chardonnay, Wharie Pinot gris.

Hambledon Vineyard Hamps ★★★ Tolle reichhaltige Première Cuvée mit Salznote; knapp darunter, aber immer noch sehr gut die Classic Cuvée. Lange Hefesatzlagerung, voller biologischer Säureabbau.

Harrow & Hope Bucks ★★ Gut gemachte klassische Weine. Der füllige Blanc de Noirs passt gut zum Essen.

Hart of Gold Heref ★★ Abgerundet und mit Biskuitnote; sehr ansprechender Brut.

Hattingley Valley Hamps ★★★ Knackige, straffe Weine, stets tadellos bereitet. Die Kings Cuvée (14) bringt Toastnoten und eine schöne Tiefe mit.

Henners O-Sx ★★ Verlässlicher Brut mit feinen Biskuitnoten sowie kirschfruchtiger Rosé. Stets elegant, delikat, strukturiert.

Herbert Hall Kent ★★→★★★ Wunderbare Präzision, Spannung und Reife, dazu eine sehr gute Länge. Ein Genuss.

Hoffmann & Rathbone O-Sx ★★ Straffe, gut gemachte Weine aus zugekauftem Lesegut.

Hundred Hills Oxf – Junger Betrieb, der alles richtig macht. Straffe Weine mit Salznote von Kreidehängen, unzählige verschiedene Cuvées.

Jenkyn Place Hamps ★★ Weine, die von Dermot SUGRUE bereitet werden, können eigentlich nur gut sein. Erwachsen und ausgewogen.

Langham Wine Estate Do ★★ Ausdrucksstarke Schaumweine, v. a. der kräftige Blanc de Blancs, dazu feiner PINOT MEUNIER und preiswerter Corallian.

Leckford Estate Hamps ★ Das Weingut der Supermarktkette Waitrose, vinifiziert wird bei RIDGEVIEW. Schön gereift, gute Frucht, geradlinig.

Litmus – Stillwein in kleinen Mengen, beste Qualität, besorgt sich Trauben von ausgewählten Lagen. Probieren Sie den PINOT NOIR (22).

Nyetimber W-Sx ★★★★ Durchweg hohe Standards; die Cuvée 1086 ist für den Luxusmarkt. Schöner Blanc de Blancs. Weine mit Substanz und Finesse.

Plumpton College O-Sx ★★ Das einzige Wein-College Großbritanniens; erzeugt attraktive, gut bereitete Weine (wie es auch sein soll).

Pommery England Hamps – Die schönen, eleganten Weine werden jetzt aus eigenen Trauben erzeugt. Steht eine Stufe über dem Champagner von Pommery.

Raimes Hamps – Gute Frucht, straffer, frischer Stil. Wird bei HATTINGLEY VALLEY erzeugt.

Rathfinny O-Sx ★★★ Straffe Weine aus Küstennähe: Der sehr gute, präzise Stillwein Cradle Valley ist saftig und ansprechend.

Ridgeview O-Sx ★★ Zuverlässig füllig mit Toastnoten. Unzählige Cuvées und gut gereifeter Blanc de Blancs (09). Der Oak Reserve erinnert ein bisschen an Marmite.

Roebuck W-Sx – Knackiger Stil mit Tiefgang. Würzige Classic Cuvée mit Salznoten; der Blanc de Noirs ist ein guter Essensbegleiter.

Simpsons Kent ★★ Elegante Schaumweine, v.a. Chalklands, dazu gute Stillweine wie der PINOT NOIR Rabbit Hole. Es geht aufwärts.

Squerryes Kent – Viel Hefesatzlagerung hier für tiefgründige Aromen. Frischer, würziger Jahrgangs-Brut.

Sugrue O-Sx ★★★★ Großartig. Teuer und das zu Recht. Herrlicher The Trouble with Dreams, dichter, straffer ZODO (Zéro Dosage). Dermot Sugrue ist Kellermeister bei WISTON.

Trotton W-Sx – Spectacular Sparkling (keine Beschreibung, sondern der Markenname) ist elegant, fein und gut gemacht; dazu guter Stillwein aus BACCHUS/PINOT GRIS.

Westwell Kent ★★★ Reintöniger, straffer, feiner Pelegrim, sehr guter roter Field (PINOT NOIR/CHARDONNAY), für den heimische Hefen verwendet werden.

Wiston W-Sx ★★★★ Gekonnt gemacht von Dermot SUGRUE, wunderbar elegant und finessenreich, stahliger, straffer Stil, braucht Flaschenreife.

Wyfold Ox ★★ Ausschließlich Jahrgangsweine; der Rosé hat einen straffen Kern aus roter Frucht, der Brut zeigt sich lebhaft. Vinifiziert wird jetzt bei HARROW & HOPE von Henry Laithwaite, dem Sohn von Barbara Laithwaite, Besitzerin von Wyfold: mehr Eleganz ist die Folge.

Mittel- und Südosteuropa

Die folgenden Abkürzungen werden im Text verwendet:

Ungarn	
Bal	Balaton
N-Pan	Nordpannonien
NU	Nordungarn
S-Pan	Südpannonien
Tok	Tokaj
Bulgarien	
Don	Donauebene
Thrak	Thrakische Ebene
Slowenien	
Pod	Podravje
Pos	Posavje
Prim	Primorska
Kroatien	
Dalm	Dalmatien
Is & Kv	Istrien und Kvarner Bucht
Slaw	Slawonien
Tschechische Republik	
Bö	Böhmen
Mäh	Mähren
Rumänien	
Cri-Mar	Crişana und Maramures
Dob	Dobrogea (Dobrudscha)
Mold	Moldau
Munt	Muntenien und Oltenien

Die dunklen Flächen bezeichnen die Weinbaugebiete

Ungarn

Erloschene Vulkane und heiße Quellen prägen Ungarn zu weiten Teilen, was den Weinen eine gewisse Frische und Feuer verleiht. Achten Sie auf die Weine der fantastischen lokalen Rebsorten wie Furmint, Hárslevelű, Kadarka und Kékfrankos, die meist von leidenschaftlich arbeitenden privaten Weingütern stammen. Ein größeres Weinland als Neuseeland hätte es verdient, dass seine Weine in viel mehr Gläsern zu finden sind.

Aszú Tok – Durch die Einwirkung von Botrytis geschrumpfte Trauben sowie der süße TOKAJER, der (nur in guten Jahren) daraus gekeltert wird. Erzeuger können die Weine bei einem Mindest-Restzuckergehalt von 120 g/l einfach als Aszú etikettieren, meist werden sie aber als 5 PUTTONYOS oder 6 Puttonyos (noch süßer und reichhaltiger) etikettiert. Ist durch seine erstaunliche Säure stets ausgeglichen, kann sehr langlebig sein.

Balassa Tok ★★★ Persönliches Projekt des Winzers für GRAND TOKAJ. Wunderbar bereitete Weine, v. a. Mézes-Mály, Szent Tamás sowie grandioser Villő Aszú und hübscher SZAMORODNI. Neu: sehr guter Schaumwein Ikrek mit GIZELLA.

Balaton – Weinbauregion um den Plattensee (ungarisch Balaton) für mineralreiche Weißweine, v. a. OLASZRIZLING und wiederbelebten seltenen KÉKNYELŰ, FURMINT, RIESLING sowie immer bessere elegante Rote von CABERNERT FRANC, KÉKFRANKOS, MERLOT. Am Nordufer verleihen die erloschenen Vulkane von Badascony und Szent György-hegy den Weinen charakteristische feurige Noten (v. a. von: 2HA, Borbély, Földi Bálint, Folly Arboretum, Gilvesy, Laposa, Sabar, Szászi, Szeremley, ValiBor, Villa Sandahl, Ujvári). Balatonboglár im Süden liefert reifere Stile (gut von: Budjosó, GARAMVÁRI, IKON, KONYÁRI, Kristinus (biodynamisch), Légli und dem Giganten TÖRLEY). Balatonfüred-Csopak nördlich des Sees ist bekannt für OLASZRIZLING v. a. von: Dobosi, Figula, Homola, Jasdi, Liskay, St Donát, Zelna (bio). Zu Balaton-felvidék gehören SOMLÓ und Zala (Erzeuger: Bussay, Pálffy).

Barta Tok ★★★→★★★★ Tolles Weingut in einem restaurierten Rákóczi-Herrenhaus, dem die höchstgelegenen Weinberge in TOKAJ gehören. Kellermeisterin Vivien Ujvári bereitet intensive und doch elegante Weine, v. a. Öreg Király FURMINT, HÁRSLEVELŰ. Grandioser, lebendiger SZAMORODNI, der ASZÚ ist reinsortiger Furmint.

Béres Tok ★★→★★★ Berühmt auch für eine beliebte lokale Medizin. Das wunderbar gelegene Weingut erzeugt reichhaltigen ASZÚ und gute trockene Weine, v. a. Diókút HÁRSLEVELŰ, Lőcse FURMINT.

Bikavér r ★→★★★ Wörtlich »Stierblut«; geschützte Ursprungsbezeichnung mit speziellen Flaschen in EGER und SZEKSZÁRD. Immer ein Verschnitt aus mindestens vier Sorten, v. a. KÉKFRANKOS; Ausbau in Eiche. Szekszárd muss mindestens 5 % KADARKA enthalten; empfehlenswert: Eszterbauer, HEIMANN, Markvart, Meszáros, Schieber, Sebestyén, Szeleshát, TAKLER, Tüske, Vesztergombi, VIDA. In Eger sind für Superior und Grand Superior begrenzte Erträge und zwölf Monate Fassausbau vorgeschrieben. Der beste Egri Bikavér kommt von: BOLYKI, Bukolyi Marcell, Csutorás, GÁL TIBOR, Grof Buttler, KOVÁCS NIMRÓD, ST ANDREA, Tóth Ferenc, Thummerer.

Bock, József S-Pan ★★→★★★ Mächtige, körperreiche Rote mit Eichennote in VILLÁNY. Empfehlenswert: Bock Libra, BV, SYRAH, Selection-Weine.

Bolyki NU ★★ Spektakuläre neue Kellerei in einem Steinbruch in EGER, tolle Etiketten, ansprechende, saftige Weine: sehr guter Egri Csillag, Meta Tema, Rosé und BIKAVÉR.

Csányi S-Pan ★→★★ Die größte Kellerei in VILLÁNY. Deutlich verbesserte Sortenweine auf Einsteigerniveau plus Spitzenreiter Ch. Teleki; seriöser Kővilla mit guter Struktur.

Degenfeld, Gróf Tok ★★→★★★ Tolles Schlosshotel mit Bio-Weinbergen. Probieren Sie den Terézia HÁRSLEVELŰ, den Zomborka FURMINT und die exzellente ASZÚ-Fassauslese.

Demeter, Zoltán Tok ★★★★ Mustergültige Kellerei für elegante, intensive trockene Weine, stets als Lagenselektionen: v.a. Boda und Veres (beide FURMINT), auch exzellenter HÁRSLEVELŰ Szerelmi. Der PEZSGŐ (Schaumwein) gehört zu den besten in Tokaj. Feine SZAMORODNIS Anett und Eszter, ausgezeichneter ASZÚ.

Dereszla, Chateau Tok ★★→★★★ Beständiger Erzeuger mit tollem Bistro; guter trockener FURMINT und ASZÚ, verlässlicher PEZSGŐ. Seltener, unter Flor gereifter trockener SZAMORODNI Experience.

Disznókő Tok ★★★★ Wunderschön gelegenes Weingut mit klasse Restaurant. Fantastische, seidige Süßweine, die wunderschön altern – einer der wenigen Erzeuger, die jedes Jahr ASZÚ bereiten. Großartiger Kapi (Einzellage) in Spitzenjahren. Sehr guter SZAMORODNI 1413. Beständig gute trockene Weine.

Dobogó Tok ★★★ Hübscher Familienbetrieb in der Stadt Tokaj. Maßstäbe setzender ASZÚ 6 PUTTONYOS und Spätlese Mylitta, ausgezeichneter langlebiger trockener FURMINT und ungewöhnlicher, aber guter PINOT NOIR Izabella Utca.

Dűlő – Einzellage oder Cru mit eigenem Namen; auch alte, fast vergessene Lagen werden wiederentdeckt. Erstklassige dűlő in TOKAJ sind u.a. Betsek, Bomboly, Király, Mézes-Mály, Nyúlászó, Szent Tamás, Úrágya, Urbán.

Der Boden in Tokaj enthält Zeolithe, die Wasser binden. 1 cm^3 hat eine innere Oberfläche wie ein Fußballfeld.

Duna (Donau) – Die Große Tiefebene ist die größte Region für leichtere Weine. Drei Bezirke: Csongrád, Hajós-Baja (Koch) und Kunság (Frittmann, Font, Gedeon). Neue PDO-Ursprungsbezeichnungen: Soltvadkert, Monor.

Eger NU – Die Südhänge des Bukk-Gebirges liefern kühlklimatische rote Verschnitte und duftig-frische Weiße, v.a. Egri BIKAVÉR und den trockenen Weißweinverschnitt Egri Csillag, den »Stern von Eger«, von Trauben aus den Karpaten. Empfehlenswert: Bukolyi, Csutorás, Gróf Buttler, Kaló Imre (Naturwein), Ostorosbor, Petrény, Thummerer, Tóth Ferenc.

Essencia/Eszencia Tok – Legendärer sirupartiger Tropfen aus Vorlaufmost von ASZÚ-Trauben, der kaum gärt. Mindestens 450 g/l Restzuckergehalt. Erweckt angeblich Tote wieder zum Leben.

Etyek-Buda N-Pan – Aus der hügeligen Weinregion kommen zunehmend gute Schaumweine, dazu knackige Weißweine (v.a. SAUVIGNON BLANC), und ordentlicher PINOT NOIR. Führende Erzeuger: ETYEKI KÚRIA, HARASZTHY, Kertész, Nyakas, Rókusfalvy, TÖRLEY Sparkling Cellar.

Etyeki Kúria N-Pan ★★ Die Spitzenkellerei in ETYEK-BUDA ist bekannt für sehr guten SAUVIGNON BLANC und elegante Rotweine. Kellermeister Meresz Sandor hat auch ein eigenes Projekt mit Naturweinen – probieren Sie den Zenit.

Figula Bal ★★→★★★ Familienweingut am BALATON mit sehr guten Lagenselektionen von OLASZRIZLING, v.a. Sáfránkert, Száka. Exzellente Cuvées: Köves, Szilénusz.

Gál Tibor NU ★★ Ansprechender Egri Csillag, feiner KADARKA, moderner TiTi BIKAVÉR.

Garamvári Bal ★★ Führender Spezialist für PEZSGŐ, v. a. FURMINT Brut und Evolution Rosé. Gute Sortenweine in der Reihe Garamvári, am besten ist der CABERNET FRANC Sinai-hegy. Sehr preiswerte Sortenweine unter dem Etikett Lellei.

Gere, Attila S-Pan ★★★→★★★★ Der Familienbetrieb in VILLÁNY setzt Standards: Attila Cuvée, Kopar Cuvée, Solus Merlot, VILLÁNYI FRANC (CABERNET FRANC). Auch gute reinsortige Weine plus historischer Fekete-Járdovány.

Gizella Tok ★★★ Hervorragende kleine Familienkellerei. Reizvoller HÁRSLEVELŰ Barát, einladender reinsortiger FURMINT, köstlicher SZAMORODNI.

Grand Tokaj Tok ★→★★ Der größte Erzeuger in TOKAJ. Die besten Weine tragen das Etikett Grand Tokaj, verantwortlich sind der hoch angesehene Karoly Áts im Keller und István BALASSA im Weinberg. Ansprechende Spätlese Arany Késői, stilvoller trockener FURMINT Kővágó, sehr guter ASZÚ.

Haraszthy NU ★★ Schönes Weingut in ETYEK-BUDA für ausdrucksstarken SAUVIGNON BLANC, aromatischen Sir Irsai (weiß/rosé) und komplexen Schaumwein The Champ.

Heimann S-Pan ★★→★★★ Familienkellerei in SZEKSZÁRD v. a. mit intensivem KÉKFRANKOS Alte Reben, Barbár, Franciscus. Der Ableger der nächsten Generation namens Heimann & Fiai arbeitet mit lokalen Trauben, natürlicher Vergärung und Amphoren.

Hétszőlő Tok ★★★ Historische Kellerei und toller Öko-Weinberg im TOKAJER Gebirge. Probieren Sie den eleganten Kis-Garai FURMINT und den feinen ASZÚ.

Heumann S-Pan ★★★ Das Gut in deutsch-schweizerischem Besitz in Siklós erzeugt großartigen Kékfrankos Reserve, CABERNET FRANC La Trinitá, köstlichen Rosé und hochklassigen SYRAH.

Hilltop N-Pan ★★ Kellerei in Neszmély; bekannt für gut bereitete, preisgünstige Sortenweine. Sehr gute Premiumreihe Kamocsay (CHARDONNAY, Ihlet Cuvée).

Holdvölgy Tok ★★→★★★ Supermoderne Kellerei in MÁD, bekannt für komplexe trockene Weine (v. a. Vision, Expression) sowie sehr guten SZAMORODNI Eloquence.

Juliet Victor Tok ★★★ Ehrgeizige Investition vom Gründer des Billigfliegers Wizzair. Süffiger Gutswein Boarding Pass, exzellente FURMINT-Lagenselektionen (v. a. Bomboly und Király), grandioser reichhaltiger SZAMORODNI, ASZÚ.

Kikelet ★★★ Lagenselektionen von schönem, lagerfähigem HÁRSLEVELŰ und elegantem FURMINT. Kleine Familienkellerei im Besitz einer französischen Kellermeisterin und ihres ungarischen Mannes.

Királyudvar Tok ★★★ Biodynamischer Erzeuger in den alten königlichen Gewölben in Tarcal. Toller FURMINT Sec, PEZSGŐ Henye, Cuvée Ilona (Spätlese) sowie als Aushängeschild der Lapis ASZÚ.

Konyári Bal ★★→★★★ Familienbetrieb der nächsten Generation nahe dem Balaton. Probieren Sie den Loliense (rot und weiß) und den Rosé (BV). Sehr guter KÉKFRANKOS Jánoshegy, schicker MERLOT Sessio, eindrucksvoller Páva.

Kovács Nimród Winery NU ★★→★★★ Erzeuger im Zentrum von EGER. Empfehlenswert: CHARDONNAY Battonage, FURMINT Sky, BIKAVÉR Rhapsody, KÉKFRANKOS Blues, NJK, PINOT NOIR 777.

Kreinbacher Bal ★★→★★★ Führender Erzeuger von Pezsgő in Somló, stets mit FURMINT im Verschnitt. Sehr guter Classic Brut, großartiger Prestige Brut. Auch gute Stillweine: Juhfark sowie Furmint- und HÁRSLEVELŰ-Selektionen.

Mád Tok – Historische Weinhandelsstadt, umgeben von großartigen Weinlagen; Sitz des Mád Circle, einer Gruppe führender Weingüter: Árvay, Áts (das Familienprojekt von Karoly Áts, der auch bei GRAND TOKAJ tätig ist), BARTA, Budaházy, Demetervin (guter FURMINT aus Mád, Úrágya DŰLŐ), JULIET VICTOR, HOLDVÖLGY, Lenkey (einzigartige, lange gereifte, komplexe Weine), Mád Hill, Pelle (Szent Tamás Furmint, PEZSGŐ), Orosz Gabor, ROYAL TOKAJI, SZEPSY, Tokaji Classic.

MAD Wine Tok ★★ Ansehnliche Kellerei am Rand von MÁD (mit Café). Ehemals St. Tamás, jetzt unter dem Etikett MAD. Neuer FURMINT Mád Moser in Zusammenarbeit mit Lenz Moser (*siehe* Kapitel »Österreich«).

Malatinszky S-Pan ★★★ Öko-Erzeuger in VILLÁNY. Eindrucksvoller Maghari mit Fassgärung, dazu langlebiger Kúria CABERNET FRANC und sehr guter Rozé.

Mátra NU ★→★★ Die Vulkanregion für frische, lebhafte Weiße, guten Rosé und elegante Rote (v. a. KÉKFRANKOS) wird oft übersehen. Bessere Erzeuger: Balint, Benedek (guter PINOT NOIR), Centurio (v. a. Diós, Liberty), Gábor Karner, NAG (v. a. der Kékfrankos Fold es Eg), Nagygombos (Roséspezialist), Sol Montis.

Mór N-Pan – Die kleine Region ist berühmt für den feurigen einheimischen Ezerjó. Empfehlenswert ist die Kellerei Csetvei (★★).

Oremus Tok ★★★→★★★★ Im Besitz von Vega Sicilia (*siehe* Kapitel »Spanien«). Der trockene FURMINT Mandolás setzt stets Maßstäbe. Auch feiner, eleganter SZAMORODNI, ASZÚ.

Pajzos-Megyer Tok ★★→★★★ Zwei Güter unter einer Leitung in französischem Besitz. Megyer steht für leckere, preisgünstige reinsortige Spätleseweine und beachtlichen, komplexen, unter Flor gereiften trockenen SZAMORODNI. Pajzos erzeugt anspruchsvolleren trockenen FURMINT »T« und üppigen ASZÚ.

Pannonhalma N-Pan ★★→★★★ Das Weingut neben der tollen, 800 Jahre alten Abtei erzeugt erstklassige Verschnittweine namens Hemina und sehr guten SAUVIGNON BLANC. Die Tricollis-Blends sind ein guter Einstieg.

Patricius Tok ★★→★★★ Stahlige, lebhafte trockene FURMINT-Weine, auch in Öko-Qualität. Neuer Fokus auf PEZSGŐ. Toller, langlebiger ASZÚ.

Pezsgő – Ungarisch für Schaumwein – ein wachsender Trend. Muss flaschenvergoren sein, wenn er aus der g.U. TOKAJ stammt.

Im 19. Jahrhundert wurden Ungarns Flüsse begradigt, denn Marschen bedeuteten Malaria. Weniger Botrytis heute?

Puttonyos (Butten) – Angabe für Süße und Stil des TOKAJI ASZÚ je nach Restzuckergehalt und Säurebalance. Traditionell die Menge der 25 kg fassenden Tragen bzw. Butten *(puttony)* voll Aszú-Trauben, die einem 136-Liter-Fass *(gönci)* Grundwein hinzugegeben wurden.

Royal Tokaji Wine Co. Tok ★★★→★★★★ Kellerei in MÁD, die die Renaissance des TOKAJERS einläutete (Hugh Johnson war 1990 Mitbegründer). Ausgezeichnete 6-PUTTONYOS-Einzellagenabfüllungen: v. a. Betsek, Mézes-Mály, Nyulászó und Szent Tamás. Der Blue Label setzt den Maßstab für 5 Puttonyos. Auch verlässlicher Late Harvest und trockene Weine.

St. Andrea NU ★★★ Erstklassiger Familienbetrieb in EGER mit modernem BIKAVÉR (fruchtbetonter Áldás, Einzellagen-Hangács, Fassauslese Merengő, Nagy-Eged-Hegy als Flaggschiffwein). Auch guter Egri Csillag (weiß): Napbor, Örökké. Der Mária auf FURMINT-Basis ist der weiße Spitzenwein.

Sauska S-Pan, Tok ★★→★★★★ Heimgekehrter Expat, der umwerfende Kellereien in VILLÁNY und TOKAJ gegründet hat; mit Beratung des Champenois

Regis Camus wurde auch ein futuristischer neuer Keller für PEZSGŐ gebaut. Stets eindrucksvolle Rotweine, v.a. CABERNET FRANC und die Verschnitte Cuvée 7 und Cuvée 5. Beständiger trockener FURMINT sowie exzellente komplexe Lagenselektionen Medve and Birsalmás; sehr guter, raffinierter Schaumwein.

Somló Bal – Markanter erloschener Vulkan; feste, mineralische Weiße, v.a. Juhfark (»Schafschwanz«). Kleine Erzeuger dominieren, v.a. Fekete, Györgykovács, Kolonics, KREINBACHER, Royal Somló, Somlói Apátsági, Somlói Vándor, Spiegelberg, Tornai.

Vitamin C wurde von einem ungarischen Physiologen entdeckt, der später den Nobelpreis gewann.

Sopron N-Pan – Die Fortsetzung des Burgenlands über den See nach Ungarn – feine Rotweine, v.a. KÉKFRANKOS auf altem Schiefergestein. Die Standards setzt der biodynamische Erzeuger WENINGER. Gut auch Luka, Steigler (bio), Taschner, Vincellér.

Szamorodni Tok – Ursprünglich aus dem Polnischen stammende Bezeichnung für TOKAJER aus Ganztraubenvergärung, teils mit Edelfäule. Erfreut sich wachsender Beliebtheit, seitdem es keinen ASZÚ mit 3 und 4 PUTTONYOS mehr gibt – authentischerer Tokajer als Spätlese. *Édes* (süß) ist er mit mindestens 45g/l (meist mehr) Zucker und sechs Monaten Eichenfassreifung. Empfehlenswert: BALASSA, BARTA, Bott, DEMETER ZOLTÁN, Demetervin, GIZELLA, HOLDVÖLGY, JULIET VICTOR, KIKELET, Kvaszinger, MAD WINE, Maison aux Pois, OREMUS, Pelle, SZEPSY, TOKAJ-NOBILIS. Die besten trockenen *(szaraz)* Versionen reifen unter Flor wie Sherry, etwa von Breitenbach, CH. DERESZLA, Harsanyi, Megyer, Tinon.

Szekszárd S-Pan – Das Gebiet ist bekannt für reife, reichhaltige Rote. Das Augenmerk liegt zunehmend auf BIKAVÉR, KÉKFRANKOS und der wiederbelebten leichteren KADARKA. Empfehlenswert: Dúzsi (rosé), Eszterbauer (Nagyapám Kadarka, Tüke Bikavér), HEIMANN, Lajver, Markvárt (Kadarka, Kékfrankos), Sebestyén (Ivan-Volgyi Bikavér), Szent Gaál, TAKLER, Tüske (Kadarka, Menek), Vesztergombi (Vintage, Csaba's Cuvée, Kétvölgy Kékfrankos), VIDA.

Szepsy, István Tok ★★★★ Maßstäbe setzender, kompromissloser Qualitätserzeuger, jetzt geführt von István Szepsy jr. Der Fokus liegt auf komplexem, terroirbetontem trockenem FURMINT (Bányász, Percze, Szent Tamás, Urbán), doch auch der sehr gute Guts-Furmint ist nicht zu verachten. Fantastischer süßer SZAMORODNI und großartiger ASZÚ, inkl. neuerer Einzellagengewächse.

Takler S-Pan ★★ Familienbetrieb für reife, geschmeidige Rotweine aus SZEKSZÁRD. Am besten sind die Reserve-Auslesen von BIKAVÉR, CABERNET FRANC und KÉKFRANKOS.

Tinon, Samuel Tok ★★★ Franzose, der seit 1991 in TOKAJ ansässig ist. Langlebiger, komplexer ASZÚ in eher traditionellem Stil mit langer Maischestandzeit und Ausbau in Eiche; guter FURMINT als Lagenselektion. Wunderbarer unter Flor gereifter trockener Szamorodni.

Tokaj Nobilis Tok ★★★ Kleiner, aber sehr feiner Öko-Betrieb unter der Leitung von Sarolta Bárdos, einer der inspirierenden Weinmacherinnen in TOKAJ. Exzellenter trockener FURMINT Rány & Barakonyi, sehr guter ASZÚ, Maßstäbe setzender Furmint PEZSGŐ.

Tokaj/Tokaji (Tokajer) – Nach der Stadt und Weinregion Tokaj wurde der berühmte süße Likörwein Ungarns benannt: Tokaji auf Ungarisch, Tokajer auf Deutsch. Neben den Erzeugern mit eigenem Eintrag sind zu empfehlen: Árvay, Áts, Bardon, Basilicus, Bodrog Borműhely, Bott Pince, Budaházy,

Carpinus, Demetervin, Erzsébet, Füleky, Harsányi, Hommona Atilla, Karádi-Berger, Kvaszinger, Lenkey, Maison aux Pois, Orosz Gábor, Pelle, Pendits, Peter, Sanzon, Szarka, Szóló, Zombory, Zsirai.

Törley ★→★★ Ansprechende, preiswerte sortenreine Weine (BV) von internationalen und einheimischen Rebsorten (Etiketten u. a. Chapel Hill, St. Stephen's Crown), Spitzenauslesen unter dem Namen György-Villa. Großer Erzeuger von Schaumwein (v. a. mit den Marken Törley, Gala und Hungaria); sehr gut der Rosé Brut François President und der CHARDONNAY Brut (oJ) nach der klassischen Methode.

Tornai Bal ★★ Großes Gut in Somló. Preisgünstige sortenreine Weine, exzellente, gewichtige, mineralische Reihe Top Selection mit FURMINT, HÁRSLEVELŰ, Juhfark.

Zsigmond Teleki züchtete als Mittel gegen die Reblaus eine der ersten amerikanischen Unterlagsreben zum Veredeln.

Tűzkő S-Pan ★★ Im Besitz von Antinori; guter CABERNET FRANC, KÉKFRANKOS, MERLOT, TRAMINI.

Vesztergombi ★★→★★★ Familiengut in SZEKSZÁRD; die neue Generation hat auf beeindruckende Weise das Ruder übernommen. Empfehlenswert: Alpha, BIKAVÉR, KÉKFRANKOS Kétvölgy.

Vida S-Pan ★★→★★★ Familienweingut der nächsten Generation in SZEKSZÁRD. Ansprechender Tündértánc für Einsteiger. Wunderbarer BIKAVÉR, Kadarka Bonsai (von alten Reben), KÉKFRANKOS Hidaspetre, La Vida.

Villány S-Pan – Ungarns südlichste Weinbauregion, bekannt für ernsthafte, reife Weine von Bordeaux-Sorten, v. a. exzellenter CABERNET FRANC – etikettiert als VILLÁNYI FRANC mit Regeln für Premium und Superpremium-Kategorien. Saftiger KÉKFRANKOS und PORTUGIESER. Hohe Qualität liefern folgende Erzeuger ohne eigenen Eintrag: Gere Tamás & Zsolt, Günzer Tamás, Hummel, Jackfall, Kiss Gabor, Koch Vinart, Lelovits, Maul Zsolt, Polgar, Riczu, Ruppert, Stier, Streit-Zagonyi, Tiffán, Wassmann (biodynamisch).

Vylyan S-Pan ★★→★★★ Rotweinspezialist in VILLÁNY mit fruchtiger Reihe Classicus, ernsthafteren Premium-Weinen (guter KÉKFRANKOS, Montenuovo, seltener Csóka) und erstklassigen Einzellagenselektionen, v. a. PINOT NOIR Gombás, CABERNET FRANC Mandolás und dem Aushängeschild Duennium Cuvée.

Weninger NU ★★★ Standards setzender biodynamischer Erzeuger in SOPRON, geleitet von dem Österreicher Franz Weninger jr. Der Steiner Kékfrankos von einer Einzellage ist großartig. Eindrucksvoll auch SYRAH, CABERNET FRANC und der rote Verschnitt Frettner. Auch der Rózsa ist einen Versuch wert.

Bulgarien

Die Anbauflächen schrumpfen weiter, doch der Wein, der von kleinen privaten Kellereien produziert wird, ist besser denn je. Neue Projekte und neue Erzeuger machen dieses Land zu einem sehr dynamischen Ort, den man am besten persönlich entdeckt, vor allem um eine der ältesten bewohnten Städte Europas zu besuchen – Plovdiv.

Alexandra Estate Thrak ★★ Der Reserve bleibt eindrucksvoll, ebenso der sehr gute, in Akazienholz ausgebaute VERMENTINO; dazu eleganter Rosé.

Angel's Estate Thrak ★★ Seit 2022 im Besitz von Château Purcari (*siehe* Abschnitt »Moldau« im Kapitel »Asien, Schwarzes Meer und Kaukasus«). Geschmeidige Rote unter dem Etikett Stallion, erstklassige Reihe Deneb.

Bessa Valley Thrak ★★★ Pinonier-Weingut mit französischer Beratung und reifen, polierten Rotweinen. Zu empfehlen sind der Enira, die sehr guten SYRAH Enira und Enira Reserve sowie die exzellente Grande Cuvée.

Better Half Thrak ★★ Verführerische Weine in kleinen Mengen aus einer Garagenkellerei, die mit Amphoren und Betoneiern arbeitet. Probieren Sie die Reihe Dalakov Kvevri und den roten Better Half Zmeevo.

Black Sea Gold Thrak ★ Großer Erzeuger nahe der Schwarzmeerküste, sehr bekannt für Brandy und Rakjia. Bessere Weinetiketten: Salty Hills, Vera Terra.

Bononia Don ★★ Zur Weinkellerei umrenovierte Brauerei nahe der Donau mit sehr gutem CHARDONNAY, Guts-GAMZA, Gomotartzi Gamza, CABERNET FRANC Istar.

Borovitsa Don ★★★ Von Hand bereitete Terroirweine. Aushängeschild ist der langlebige Dux. Empfehlenswert auch: Bel Muj (weiß), Cuvée Bella Rada (RKATSITELI), GAMZA, Top of the Hill (ehemals MRV), Sensum.

Boyar, Domaine Thrak ★→★★★ Große, moderne Kellerei mit Lagertanks, die von einem Mural-Arts-Künstler vollständig bemalt wurden. Zu den verlässlichen Einsteigerweinen zählen u. a. Bolgaré und Deer Point. Mittelklasse: Elements, Quantum. Spitzenweine: Solitaire (Einzellagen), v. a. MERLOT. Aus der Boutiquekellerei Korten kommen sehr guter Natura und Grand Vintage.

Bratanov Thrak ★★ Die Familienkellerei in Sakar arbeitet minimalinvasiv: sehr guter CHARDONNAY, ansprechender Symbiose, Tamianka (MUSCAT), exzellenter Syrah Sans Barrique, RUBIN.

Burgozone Don ★★ Familienweingut an der Donau; gute Weißweine, v. a. Eva, SAUVIGNON BLANC, VIOGNIER; raffinierte Rote, v. a. Iris Creation, PINOT NOIR.

Den bulgarischen Schopska-Salat hat das staatliche Touristenbüro in den 1950er-Jahren nach den Farben der Landesfahne erfunden.

Copsa, Château Thrak ★★ Der Erzeuger im Rosental produziert mit dem AXL einen der besten MISKET-Cherven-Weine. Auch guter SAUVIGNON BLANC und immer bessere Rote.

Dragomir Thrak ★★→★★★ Mächtige, ausladende Rotweine. Star-Traube ist RUBIN, v. a. im langlebigen Pitos und der Reserve. Gute fruchtige Reihe Sarva ohne Eicheneinfluss (Dimyat, MAVRUD, Rubin). Auch zu empfehlen: Pitos Reserve, Dragomir Reserve.

Eolis Thrak ★★→★★★ Winziges, biodynamisch geführtes Gut; sehr guter VIOGNIER, SYRAH und der Verschnitt Inspiration (rot).

Georgiev/Milkov ★★→★★★ Spannendes persönliches Projekt von zwei der besten Weinmacher Bulgariens, die alte Parzellen mit einheimischen Reben nutzen. MAVRUD, RUBIN, Pét-Nat – alle sind zu empfehlen.

Haralambievi Don ★★ Der junge Familienbetrieb im Norden beeindruckt bereits mit seinem CABERNET FRANC Royal Rouge, dem lebhaft-frischen RUBIN und knackigen Weißen.

Katarzyna Thrak ★★ Saftige, reife, gut gemachte Weine. Eindrucksvoller Reserve als Flaggschiff, dazu SYRAH Encore, CABERNET FRANC La Vérité, MAVRUD.

Logodaj Thrak ★★ Kellerei im STRUMA-TAL für extrem reife Rote, v. a. MELNIK Nobile Early, sehr guter Rosé, flaschenvergorener Satin.

Maryan Don ★★ Familienbetrieb mit sehr gutem Reserve (rot), Ivan Alexander (rot) und CHARDONNAY Kera Tamara.

Medi Valley Thrak ★★→★★★ Die eigenen Weinberge in 550 m Höhe nahe dem Kloster Rila erbringen sehr gute Rotweine, v. a. Great Bulgarian, Incanto Black und MELNIK 55. Auch feiner VIOGNIER.

Menada Thrak ★ Großer Erzeuger, bekannt für die süffigen Verschnitte namens Tcherga.

Neue Weine, neue Namen

Die bulgarische Weinszene ist klein, wird aber immer besser und hat große Lust auf Experimente. Achten Sie auf folgende Kellereien ohne eigenen Eintrag: Aya Estate, Bendida, Ch. Avli, Damyanov, Deuce, Downtown Urban, Four Friends, Ivo Varbanov, Kapatovo, Lakeside, Levent Wine House, Libera Estate, Lozeto, Melvino, Pink Pelican, Red Church, Rosalea, ROXS, Rupel, Staro Oryahovo, Stratsin, Uva Nestum, Varna Winery, Via Verde, Via Vinera Karabunar, Villa Bassarea, Villa Yustina, Wine Bridges, Wine Hippies, Yalovo, Zaara Estate.

Midalidare Estate Thrak ★★ Makellose Boutiquekellerei. Präzise Weiße, sehr gute Rote (v. a. Grand Vintage) und exzellenter Schaumwein.

Minkov Brothers Thrak ★→★★ Große Boutiquekellerei nahe Karnobat. Zu empfehlen: CABERNET SAUVIGNON, Cuvée Family Tradition, Oak Tree, Project 7.

Miroglio, Edoardo Thrak ★★★ Bedeutendes Weingut mit Hotel. Der Fokus liegt jetzt auf lokalen Trauben, v. a. exzellentem Elenovo MAVRUD plus neuem fruchtbetontem Promotheus Mavrud. Auch sehr guter PINOT NOIR (Blanc de Noir, Reserve). Ausgezeichnete Schaumweinreihe, mindestens 36 Monate auf dem Hefesatz.

Orbelia Thrak ★★ Familienbetrieb im STRUMA-TAL; sehr gute Reihe Via Aristotelis, dazu Reserve-Gutswein, v. a. MELNIK.

Orbelus Thrak ★★ Öko-Kellerei im STRUMA-TAL. Lebhafte Weißweine namens Orelek, guter MELNIK 55.

Rossidi Thrak ★★→★★★ Pionierbetrieb nahe Sliven. Exzellenter, im Betonei vergorener CHARDONNAY. Sehr guter MAVRUD, RUBIN, ausgezeichneter SYRAH.

Rumelia Thrak ★★ Sehr guter Spezialist für MAVRUD. Empfehlenswert: Rumelia Reserve, Erelia, Merul ohne Eichennote.

Salla Estate Don ★★ Präziser CHARDONNAY Barrel Aged, RIESLING, Vrachanski MISKET. Eleganter CABERNET FRANC.

Santa Sarah Thrak ★★→★★★ Qualitätspionier, jetzt mit eigenem Gut. Sehr gut sind die Roten namens Bin, Flaggschiff ist der Privat.

Slavyantsi, Vinex Thrak ★→★★ Besitzt das »Fair for Life«-Zertifikat für die Unterstützung der lokalen ethnischen Community. Verlässliche preisgünstige sortenreine Weine und Verschnitte, v. a. unter dem Markennamen Leva.

Stefan Pirev Wines ★★→★★★ Das persönliche Projekt eines renommierten Weinmachers. Sehr gute Reihe Eager, v. a. Fusion, CHARDONNAY SAUVIGNON BLANC.

Struma-Tal Thrak – Grandiose Landschaft mit vielen kulturellen Highlights. Der Fokus liegt auf einheimischen Reben: MELNIK 55, Sandanski MISKET, Shiroka Melnik (alias Breitblättriger Melnik). Interessante Erzeuger: Abdyika, Augeo, Aya Estate (weißer Colorito, Disegno), Damianitza (Redark, Uniqato), Damyanov (Breitblättriger Melnik), Kapatovo (GRENACHE/MOUR-

VÈDRE/SHIRAZ), Libera (Hotovo, Melnik 55, Orange Keratsuda), Rupel, Uva Nestum, Via Verde, Zlaten Rozhen, Zornitza.

Terra Tangra Thrak ★★ Großes Gut in Sakar mit ökologischen Lagen für die Rotweine; guter MALBEC, MAVRUD (rot, rosé), seriöser Roto.

Tohun Don ★★ Präzise, erfrischende Weiß- und Roséweine, v. a. CHARDONNAY Barrique, Rosé Tohun und vielversprechender CABERNET/MERLOT Tohun.

Tsarev Brod Don ★★ Innovativer Erzeuger im Norden. Empfehlenswert: CHARDONNAY Amber, rosé Evmolpia, Gergana (seltene lokale Sorte), Pét-Nat-RIESLING, komplexer SAUVIGNON BLANC Reserve. Auch sehr guter Riesling-Eiswein.

Villa Melnik Thrak ★★ Der Fokus liegt auf einheimischen Trauben, v. a. MAVRUD, MELNIK; auch seltene Sorten wie Melnik Jubilee, Ruen. Eindrucksvolle Etiketten Reserve und Hailstorm.

Villa Yambol Thrak ★ Fruchtige sortenreine Weine und Verschnitte in der Reihe Kabile, preiswert.

Yamantiev's Thrak ★→★★ Sauberer kommerzieller Kaba Gayda und SHIRAZ. Exzellenter Marble Land (rot) und Yamantiev's Grand Reserve (CABERNET SAUVIGNON).

Zagreus Thrak ★★ Öko-Betrieb mit MAVRUD in allen Stilen, von Weiß über Rosé bis zum komplexen Vinica von halb getrockneten Trauben im Amarone-Stil. Gute Cuvée Three Generations.

Zelanos Thrak ★★ Makellose neue Kellerei mit neuen Weinen. Zu empfehlen: frischer MISKET, PINOT GRIS, eleganter PINOT NOIR Z und CABERNET FRANC.

Slowenien

Das schöne, grüne, waldige Land mit seinen hohen Umweltstandards und vielen nachhaltigen sowie ökologischen Weingütern ist nach wie vor ein Hotspot für maischevergorene und minimalinvasive Weine. Doch auch konventionell bereitete Weine können großartig sein. Die Weinerzeugung in Slowenien ist nicht billig – aufgrund der vielen Steilhänge und Terrassen ist Handlese praktisch alternativlos, doch die Weinqualität rechtfertigt die Produktionskosten ohne Weiteres. Auch für Touristen ist das Land fantastisch – tolle Wanderwege, Seen und großartige Restaurants.

Albiana Pos ★★ Hübsches Familiengut in DOLENJSKA: sehr guter Žameta Crnina (rosé Schaumwein), guter SILVANER, Modra Frankinja Alto.

Batič Prim ★★ Sehr angesehener Erzeuger von biodynamischen und Naturweinen in VIPAVA: Verschnitte namens Angel, MALVAZIJA, PINELA, REBULA, Zaria (weiß).

Bjana Prim ★★★ Exzellenter PENINA nach der traditionellen Methode aus BRDA, hervorragender Vintage Brut Zero und IIIB, auch Rosé und verlässlicher Schaumwein oJ.

Ein Drache ist das Wahrzeichen von Ljubljana – Jason (der mit dem Goldenen Vlies) besiegte hier einen.

Brda Prim – Hügelige Region mit hoher Qualität. Empfohlene Erzeuger: Atelier Kramar, Benedetič (CHARDONNAY, SAUVIGNONASSE), Blažič, Dobuje, Domačija Bizjak, Emeran Reya, Klinec, Medot (sehr guter PENINA, Golden Epoque REBULA), Marko Sirk, Moro (sehr guter Margherita rot/weiß), Mulit, Nebó, Ronk, Zanut (Jama, Rebula, Zakaj).

Burja Prim ★★★★ Das Bio-Weingut in VIPAVA arbeitet minimalinvasiv, der Fokus liegt auf lokalen Sorten und Spontangärung. Zu empfehlen: Burja Bela, Burja Noir (PINOT NOIR), Burja Reddo.

Dolenjska Pos – Region im Aufwind, jetzt weniger abhängig vom traditionellen scharfen roten CVIČEK. Empfehlenswerte Erzeuger: ALBIANA, Dular, FRELIH, Klet Krško, KOBAL, Kozinc. Die lokale Traube Žametovka/Žametna Crnina eignet sich ausgezeichnet für Schaumwein. v. a. Domaine Slapšak, FRELIH.

Dolfo Prim ★★→★★★ Familienweingut in BRDA; guter PENINA Spirito, ansprechender weißer Gredic, MALVAZIJA, REBULA.

Dveri-Pax Pod ★★→★★★ Historische Kellerei bei Maribor im Besitz von Benediktinern. Frische, präzise Weißweine. Sehr gute Auslesen von alten Reben, v. a. FURMINT Ilovci plus alterungswürdiger BLAUFRÄNKISCH; auch exzellenter Furmint Penina.

Edi Simčič Prim ★★★★ Der schöne Familienbetrieb in BRDA setzt Maßstäbe. Exzellente Lagenselektionen Fojana und Kozana sowie einige der besten Rotweine des Landes, v. a. die Fassauslesen Kolos und Kozana MERLOT. Sehr gute Classic-Reihe und Verschnitte namens Lex.

Erzetič Prim ★★ Biodynamische Familienkellerei seit 1725 mit Kellermeister der nächsten Generation. Großartig ist die neue Reihe Orbis, die in fünf verschiedenen Holzarten vergoren wird.

Ferdinand Prim ★★★ Weingut auf einem Hügel mit spektakulärer Kellerei. Köstlicher, grenzüberschreitender Sinefinis-Schaumwein (zusammen mit Gradis'ciutta, Italien), exzellenter Epoca (rot/weiß).

Frelih Pos ★★ Familienkellerei in weiblicher Hand: Brut PENINA, Echo, MODRA FRANKINJA, SILVANER.

Frešer Pod ★★ Öko-Weingut in der 7. Generation mit feinem PINOT NOIR und gutem RIESLING Markus.

Gašper Prim ★★★ Beeindruckende Marke von Gašper Čarman mit KLET BRDA; sehr guter MALVAZIJA, REBULA Selekcija, neuer Markisa Rosé, exzellenter CABERNET FRANC.

Gross Pod ★★★ Umwerfende Terroirweine von einem Weinmacher-Ehepaar. Tolle FURMINTS namens Gorca und Iglič, SAUVIGNON BLANC Colles, RIESLING sowie eindrucksvoller Furmint Brut Natur.

Guerila Prim ★★ Biodynamischer Erzeuger in VIPAVA mit sehr gutem MALVASIA, PINELA, BARBERA, CABERNET FRANC.

Istenič Pos ★★ Wegweisender Schaumweinspezialist. Probieren Sie Prestige Extra Brut, Gourmet Rosé, Brut N°1 und den neuen Rare Brut Natur.

Istrien (Slovenska Istra) – Im slowenischen Teil der Halbinsel werden hauptsächlich MALVAZIJA und REFOŠK angebaut. Beste Erzeuger: Bordon, Brič, Korenika & Moškon (biodynamisch), MonteMoro, Pucer z Vrha, Rodica (bio), Rojac, SANTOMAS, Steras (herrlicher Epulon, Saurin Malvazija, Zlati Cvet), VINAKOPER, Zaro.

Jakončič Prim ★★★ Erzeuger in BRDA; sehr gut sind v. a. die Reihe Carolina und der mit Schalenkontakt erzeugte Uvaia PINOT GRIS.

Joannes Pod ★★ Zuverlässiger, langlebiger RIESLING plus guter PENINA und PINOT NOIR vom biodynamisch arbeitenden Gut.

Kabaj Prim ★★★ Das Gut in BRDA unter französischer Leitung ist sehr angesehen für komplexe Weiße mit Schalenkontakt und mächtige Rote.

Klet Brda Prim ★★→★★★ Sloweniens größte Genossenschaft zeigt sich zukunftsorientiert und dynamisch. Sehr gute, frische Reihe Quercus, Krasno ohne Eichennote, Colliano für den US-Markt. Exzellente Lagenselektionen namens Bagueri, v. a. REBULA. Sehr feine Reihe De Baguer und superber Flaggschiffwein A+ (rot und weiß). Erzeugt auch die sehr guten Schumacher-Weine.

Kobal Pod ★★ Bojan Kobals persönliche Vision: sehr gute Reihe White Label, v. a. mit FURMINT, PINOT GRIGIO, plus Lagenselektion Ulm (SAUVIGNON BLANC).

Kogl Pod ★★ Historisches Gut bei Ormož, 1542 gegründet. Ansprechende, frische Weiße namens Mea Culpa, komplexerer Magna Domenica.

Krapež, Vina Prim ★★→★★★ Familienbetrieb in VIPAVA. Lapor Belo, Rdece sind stets sehr gut; fantastischer MALVAZIJA, aber nur in winzigen Mengen.

Kras Prim – Bekannt v. a. für REFOŠK-Weine der Ursprungsbezeichnung TERAN. Empfehlenswert: Čotar, Vinakras für langlebige Weine aus minimalinvasiver Produktion.

Kristančič Prim ★★ Familienbetrieb in BRDA: Cristatus PENINA, Top-Cuvée Pavó, REBULA.

Kupljen Pod ★★ Vielversprechender Start des neuen Besitzers Mitja Herga mit ganz neuen Weinen, v. a. CHARDONNAY, PINOT GRIS, SAUVIGNON BLANC, PINOT NOIR.

Verbindung zum Terroir

Einzellagenweine sind der Dreh- und Angelpunkt für das neue Terroir-Bewusstsein in Slowenien. Die Erzeugergruppe Slovenska Velika Lega (EDI SIMČIČ, MAROF, Roka, ŠUKLJE, Vino Gross) ist dabei, das Bewusstsein für die historischen Cru-Lagen des Landes zu stärken und auf eine entsprechende Gesetzgebung hinzuwirken. Alle Erzeuger der Gruppe produzieren fantastische Einzellagenweine, aber auch andere wie BURJA (Stranice), KLET BRDA (De Baguer MERLOT, Motnik), DVERI-PAX (Ilovci), MARJAN SIMČIČ (Reihe Opoka), PASJI REP (Merlot Breg), Zanut (Brjač, Jama) bringen Exemplare von einzelnen Lagen hervor. Ohnehin arbeiten viele kleine Erzeuger nur auf einem einzigen Weinberg, doch hier geht es um die besten historischen Lagen – und die sind auch heute noch großartig.

Marof Pod ★★→★★★ Pionierweingut im Nordosten. Grand Vin in den besten Jahren: SAUVIGNON BLANC Bodonci, CHARDONNAY Kramarovci. Auch sehr guter Breg.

Movia Prim ★★★→★★★★ Von dem charismatischen Aleš Kristančič und Sohn Lan geleitete biodynamische Kellerei. Exzellente Reihe Veliko, v. a. Belo (weiß), umwerfender Puro Rosé (Schaumwein), Rdeče (rot). Neuer Schaumwein Kapovolto. Wird auch für den Orange Wine Lunar mit langer Hülsenmaischung bewundert (Versionen mit PINOT GRIS und REBULA).

Pasji Rep Prim ★★ Öko-Weingut der nächsten Generation in VIPAVA. Sehr gut gemachte Weine, v. a. bezaubernder MERLOT Breg, dazu Verschnitte namens Jebatschin, PINOT NOIR, Zelèn.

Penina – Name für Qualitätsschaumwein (Tankgärung oder traditionelle Methode).

Podravje – Die größte Weinregion umfasst Štajerska Slovenjia und Prekmurje. Lebhafte trockene Weiße, v. a. FURMINT, SAUVIGNON BLANC; die von MODRA FRANKINJA und PINOT NOIR erzeugten Rotweine werden besser.

Posavje – Die Weinregion im Südosten umfasst DOLENJSKA, Bizeljsko-Sremič (Dular, ISTENIČ, Klet Krško, Tajfl) und Bela Krajina (Metlika, Prus, Šturm, ŠUKLJE). Schwerpunkt ist sehr guter, frischer Schaumwein und eleganter MODRA FRANKINJA. Der süße Izbor kann mit seiner großartigen Säure exzellent sein.

Primorska – Im Westen gelegene Region (auch Primorje genannt), die das slowenische ISTRIEN, BRDA, VIPAVA und KRAS umfasst.

Puklavec Family Wines Pod ★★→★★★ Große Familienkellerei mit verlässlich frischen, ausdrucksstarken Weißweinen unter den Etiketten Puklavec & Friends und Jeruzalem Ormož. Sehr gute Reihe Seven Numbers, fantastische Archivweine aus den 1970ern. Produziert auch gute Rotweine in Nordmazedonien.

Pullus (Ptujska Klet) Pod ★→★★ Verlässliche, frische, angenehme Weine unter dem Etikett Pullus. Eindrucksvoll die Reihe G und die Süßweine.

Radgonske Gorice Pod ★→★★ Historische Schaumweinkellerei mit dem Bestseller Srebrna (silberner) PENINA. Auch guter Selection Brut nach der klassischen Methode, lange gereifter Millesimé CHARDONNAY.

Santomas Prim ★★→★★★ Maßstäbe setzender REFOŠK-Erzeuger, v. a. Antonius von 60 Jahre alten Reben. Auch sehr guter Mezzo Forte (rot), SYRAH.

Ščurek Prim ★★★ Familienweingut in BRDA; fünf Söhne. Gute Sortenweine für Einsteiger. Wunderbarer Rebula Up, attraktiver Stara Brajda (rot/weiß), PENINA Zero Brut.

Simičič, Marjan Prim ★★★★ Mustergültiges klassisches Rebsortensortiment, sehr gute Cru-Selektion von älteren Reben und ausgewählten Parzellen. Großartige Einzellagenweinreihe der Reihe Opoka, v. a. wunderbarer CHARDONNAY, SAUVIGNON VERT, MERLOT, PINOT NOIR Breg. Auch gute Teodor-Verschnitte. Der süße Leonardo ist stets grandios.

Štajerska Slovenija Pod – Bedeutende Weinregion im Osten, zu der die bedeutenden Bezirke Haloze, Ljutomer-Ormož und Maribor gehören. Neue Kellereivereinigung. Knackige, lebhafte Weiße und erstklassige Süßweine. Empfehlenswerte Erzeuger: Domaine Ciringa, Doppler, Famiglia (Veliki Vrh), FREŠER, Gaube, Heaps Good Wine, Horvat, Jaunik (SAUVIGNON BLANC), Meum (PINOT NOIR), M-vina (Goodfella, ExtreM), SiSi, Statera, Valdhuber, Zlati Grič.

Steyer Pod ★★ Spezialist für TRAMINER in der ŠTAJERSKA SLOVENIJA, v. a. Vaneja.

Šuklje ★★→★★★ Das kleine Familiengut setzt mit dem Fokus aufs Terroir neue Maßstäbe in Bela Krajina: SAUVIGNON BLANC Lozice, Lodoma und exzellenter MODRA FRANKINJA Vrbanjka.

Sutor Prim ★★★→★★★★ Ausgezeichneter kleiner Erzeuger in VIPAVA. Bezaubernder Sutor White, feiner CHARDONNAY, eleganter Rotwein auf MERLOT-Basis.

Tilia Prim ★★→★★★ Stets ausdrucksstarke Weißweine der Reihe Sunshine, dazu PINOT NOIR – vom süffigen Gutswein bis zu den ernsthafteren White- und Black-Label-Weinen. Die rote Cuvée Rubido hat Klasse.

Verus Pod ★★★ Feine, sehr schön bereitete, lebhafte Weiße: sehr guter FURMINT, PINOT GRIS, raffinierter RIESLING, aromatischer SAUVIGNON BLANC. Super Preis-Leistungs-Verhältnis.

Vinakoper Prim ★★ Große Kellerei in Istrien mit Fokus auf lokale Sorten, v. a. MALVAZIJA, REFOŠK. Achten Sie auf die Etiketten Capo D'Istria, Capris und Rex Fuscus.

Vipava Prim – Für seine kalten Burja-Winde bekanntes Tal in der Region PRIMORSKA. Empfohlene Erzeuger: Benčina, Bizjak, Fedora, Ferjančič, JNK, Koglot, Lepa Vida, Lisjak, Marc, Miška, Mlečnik, Poljšak, Saksida, Štokelj, Vina Ušaj Ussai, Wipach.

Vipava 1894 Prim ★→★★ Große Kellerei in Vipava. Probieren Sie die Reihe Lanthieri und den MALVAZIJA Terase.

Kroatien

Covid teilte Kroatiens vom Tourismus abhängige Weinbranche in zwei Hälften: Gebiete wie Istrien, wohin die Touristen mit dem Auto anreisen, schnitten gut ab, doch weiter südlich, wo es Flugzeuge oder Kreuzfahrtschiffe sind, die die Gäste bringen, hatten die Kellereien zu kämpfen. Doch alle erholen sich mittlerweile wieder, da wirkt Kroatiens lange, sonnige Küste Wunder. Alte Rebsorten im neuen Gewand sind das beherrschende Thema hier – entweder kurz vor dem Aussterben gerettete seltene Sorten oder moderne Versionen der gängigeren Trauben.

Ante Sladić Dalm ★★ Familienbetrieb der nächsten Generation, der sich auf sehr gute Versionen lokaler Sorten konzentriert, v. a. Lasina, Oya Noya Debit, Plavina.

Antunović Slaw ★★ Boutiquekellerei nahe der Donau mit elegantem GRAŠEVINA Tradition und gutem CHARDONNAY. Die Kellermeisterin/Besitzerin hat Pionierarbeit geleistet und wird jetzt von ihrem Sohn unterstützt.

Arman, Franc Is & Kv ★★ 1850 gegründetes Familienweingut für sehr gute Rotweine, frischen MALVAZIJA und Malvazija Classic mit Hülsenmaischung.

Arman, Marijan Is & Kv ★★ Familiengut für verlässlich frischen MALVAZIJA und stets eindrucksvollen Grand Cru von einer ausgewählten Lage. Auch guter TERAN.

Badel 1862 ★→★★ Größer und ältester Erzeuger von Wein und Spirituosen in Kroatien. Am besten ist der reife Hochglanz-Rotwein Korlat. Besitzt auch Duravar, Ivan Dolac.

Benvenuti Is & Kv ★★★ Familienbetrieb, von einem Brüderpaar geleitet. Beachtlicher TERAN Santa Elisabetta, exzellente Reihe Anno Domini. Großartiger süßer MUŠKAT Corona Grande und San Salvatore.

Bibich Dalm ★★→★★★ Familiengut aus dem 15. Jh. Flaggschiff ist der Bas de Bas, empfehlenswert auch die Verschnitte R5 und R6 sowie der Debit (Lokaltraube).

Bire Dalm ★★→★★★ Erzeugt in Lumbarda auf der Insel Korčula sehr guten Grk in allen Stilen.

Boškinac Dalm ★★→★★★ Sehr angesehenes Boutiquehotel mit Restaurant und Kellerei auf der Insel Pag. Eindrucksvolle rote Cuvée; auch der seltene Gegić ist einen Versuch wert.

Bura-Mrgudić Dalm ★★ Das Familiengut ist bekannt für den gewichtigen, traditionellen Bura PLAVAC MALI. Auch moderner Benmosche DINGAČ und ZINFANDEL.

Cattunar Is & Kv ★★ Weingut auf einem Hügel für MALVAZIJA von den vier verschiedenen Böden Istriens. Der spät gelesene Collina ist immer beeindruckend.

Clai Is & Kv ★★ Pionier für Bio-Wein und Orange Wine: Baracija MALVAZIJA, Ottocento Bijeli. Der rote Brombonero (REFOŠK) sollte reifen.

Coronica Is & Kv ★★→★★★ Qualitätspionier für TERAN-WEINE, v.a. mit dem Etikett Gran Teran. Auch sehr guter Gran MALVAZIJA sowie eine frische Version (BV).

Dalmatien (Dalmacija) – Heiße, sonnige Felsküste, wunderbare Inseln, viele spannende Weingüter.

Damjanić Is & Kv ★★→★★★ Immer beeindruckenderer Familienbetrieb; sehr guter Borgonja (alias BLAUFRÄNKISCH), Clemente (rot/weiß) und MALVAZIJA.

Dingač Dalm – Historische geschützte Ursprungsbezeichnung für stämmige Rotweine von PLAVAC MALI von der Halbinsel Pelješac. Erzeuger: Benmosche, BURA-MRGUDIĆ, KIRIDŽIJA, Lučić, Madirazza, Matuško, Miličić, SAINTS HILLS, SKARAMUČA, Vinarija Dingač.

Enjingi, Ivan Slaw ★★ Legendärer Naturweinerzeuger in SLAWONIEN. Bekannt für GRAŠEVINA und langlebigen Venje.

Enosophia Slaw ★→★★ Neue Marke von Feravino. Am besten sind die Miraz-Weine (sehr guter CABERNET FRANC, Frankovka).

Fakin Is & Kv ★★★ Der junge Kellermeister beeindruckt. Probieren Sie den frischen MALVAZIJA, das Spitzenetikett La Prima und den TERAN Il Primo.

Galić Slaw ★★★ Präzise, raffinierte Weine: sehr guter CHARDONNAY, Crno 9, GRAŠEVINA Leon, CHARDONNAY, PINOT NOIR. Gute Weine von der Küste in der Reihe Ego, v.a. POŠIP, Tribidrag (alias ZINFANDEL).

Grabovac Dalm ★★→★★★ Die Familienkellerei im Binnenland von DALMATIEN beeindruckt mit Kujundzuša, Modro Jezero Riserva, Trnjak.

Gracin Dalm ★★→★★★ Prof. Leo Gracin war der Pionier der Wiederbelebung der BABIĆ-Rebe und setzt immer noch Standards mit seiner üppigen, komplexen Version. Also sehr guter Kontra in Zusammenarbeit mit KIRIDŽIJA.

Grgić Dalm ★★→★★★ Gegründet von Mike Grgich – die kalifornische Legende wurde 1976 durch die Weinjury von Paris berühmt. Sehr reichhaltiger, traditioneller PLAVAC MALI und typischer POŠIP von der Halbinsel Pelješac.

Hvar Dalm – Auf der Adria-Insel ist die Ebene von Stari Grad mit ihrem Weinberg Chora, der schon im 4. Jh. v. Chr. bewirtschaftet wurde, UNESCO-Welterbe seit 2008. Bekannt für PLAVAC MALI. Erzeuger: Carić, PZ Svirče, TOMIĆ, ZLATAN OTOK.

Iločki Podrumi Slaw ★★ Seit 1450 durchgehend betriebene Weinkellerei. Spezialist für GRAŠEVINA, auch guter TRAMINAC. Probieren Sie die Reihen Premium und Principovac.

Istrien – Dynamische Halbinsel in der Adria, die auch Olivenöl und Trüffeln von Weltklasse hervorbringt. Die vielseitige MALVAZIJA ist die Hauptsorte, dazu roter TERAN (muss als Hrvatska Istra – Teran etikettiert sein). Empfehlenswert: Banko Mario, Cossetto (Prima Luce), Degrassi (Cuvée Rouge), Deklić, Dom. Koquelicot (Santa Chiara), Dubrovac, Franković, Ferenac, Ipša (Santa Elena ist ausgezeichnet), Marceta, Medea (Spitze: Punta Greca), Meneghetti, Milan Budinski (Omo), Misal Peršurić (Schaumwein), Piquentum, Radovan, Rossi, Roxanich (Super Istrian), San Tommaso, Sosich (La Pregiata), Trapan, Veralda (Dorata, REFOSCO), Vivoda (St. Euphemia), Zigante.

Kabola Is & Kv ★★→★★★ Makelloses Bio-Weingut mit tollen Weinen: sehr guter MALVAZIJA als Schaumwein, als junger Wein, als fassgereifter Unica und als köstliche Amfora-Version. Auch guter TERAN aus der Amphore.

Kiridžija Dalm ★★ Sehr gute moderne Versionen von DINGAČ und PLAVAC MALI. Eindrucksvoller Kontra (Joint Venture mit GRACIN).

Komarna Dalm – Die jüngste Weinregion seit 2013: Fünf Erzeuger sind auf dem Markt, alles Öko-Winzer. Volarević beeindruckt mit gutem PLAVAC MALI (komplexe Gold Edition) und sehr gutem MALVASIJA Dubrovačka. Rizman mit POŠIP, Plavac Mali Primus, Tribidrag St. Michael. Terra Madre mit Pošip *sur lie*. SAINTS HILLS mit St. Roko.

Korta Katarina Dalm ★★ Kroatischer Wein mit US-Wurzeln und Luxushotel auf Korčula: guter POŠIP, gewichtiger PLAVAC MALI.

Kozlović Is & Kv ★★★→★★★★ Das schöne Gut setzt weiterhin Standards mit mustergültigem MALVAZIJA und TERAN auf Einsteigerniveau sowie großartigen Auslesen namens Santa Lucia.

Krajančić Dalm ★★→★★★ Lebenselixir hier ist POŠIP in allen Formen, v.a. Intrada, Sur Lie.

Krauthaker Slaw ★★★ Pionier und Spezialist für GRAŠEVINA aus KUTJEVO: Mitrovac, süße Trockenbeerenauslese. Probieren Sie auch den Zelenac Rosenberg.

Kutjevo Cellars Slaw ★★ Großproduzent mit Kellerei von 1232; Augenmerk hauptsächlich auf GRAŠEVINA. Auch Premiumwein De Goth und schöner Eiswein.

Kvarner Bucht Is & Kv – Bucht mit ihren Inseln vor der Küste Istriens; hier ist die einzigartige weiße Žlahtina-Traube zu Hause (Ivan Katunar Sv. Ivan, Katunar Sveta Lucija, Pavlomir Grand Cru, PROŠEK) sowie die wiederbelebte rote Sansigot (C Winery, Grand Village, Ivan Katunar).

Matošević Is & Kv ★★★ Mustergültiger, alterungswürdiger MALVAZIJA: Alba, Alba Robinia (in Akazienholz ausgebaut), Alba Antiqua. Sehr gute Lagenselektionen Grimalda.

Međimurje Hochland – Im kühlsten Weinbaugebiet im Norden herrschen lebhafter Pušipel (alias FURMINT) und ausdrucksstarker SAUVIGNON BLANC vor. Zu empfehlen: Cmrečnjak, DK Vina, Horvat (Pušipel), Jakopić (Rheinriesling), Kocijan, Kopjar, Lovrec, Štampar (Sauvignon blanc), Steiner.

Pilato Is & Kv ★★ Familienbetrieb mit verlässlich guten Weinen. Sehr guter MALVAZIJA, v. a. der grandiose *sur lie.*

Prošek Dalm – Süßwein, traditionell hergestellt von sonnengetrockneten lokalen Trauben in DALMATIEN sowie in der KVARNER BUCHT. Erstmals erwähnt im Jahr 1556. Eine geschützte Ursprungsbezeichnung ist beantragt, aber noch nicht entschieden.

Saints Hills Dalm, Is & Kv ★★→★★★ Zwei Güter in DALMATIEN und ISTRIEN. Berater ist Michel Rolland. Sehr guter Frenchie und Nevina (beide weiß), POŠIP, komplexer, seriöser DINGAČ, Black PLAVAC MALI.

Skaramuča Dalm ★★ Verlässlicher, relativ preisgünstiger Familienbetrieb: guter fruchtbetonter PLAVAC MALI, POŠIP (der Elegance ist z. T. fassvergoren).

Slawonien – Region im Binnenland, auch berühmt für ihr Eichenholz. Am häufigsten angebaut werden GRAŠEVINA und andere weiße Sorten; die Rotweine sind deutlich besser geworden. Erzeuger: Adzić, Antunović, Bartolović, Belje, ENJINGI, FERAVINO, GALIĆ, KRAUTHAKER, KUTJEVO, Mihalj, Zdjelarević.

Stina Dalm ★★→★★★ Von den sehr steilen Weinbergen auf der Insel Brač kommen sehr guter PLAVAC MALI (v. a. Etikett Majstor und Spitzenwein Remek Djelo), POŠIP, Vugava. Guter Tribidrag.

Testament Dalm ★★→★★★ Bio-Weingut in historischem Gebiet bei Šibenik: sehr guter POŠIP, BABIĆ, Tribidrag. Leckerer Dalmatian Dog (rot/weiß). Der Schwesterbetrieb Black Island auf Korčula produziert den guten Merga Victa Pošip.

Tomac Hochland ★★→★★★ Familienbetrieb nahe Zagreb, Amphorenpionier, biodynamisch: exzellente Qvevri-Weine, RIESLING Rockstar, Schaumwein nach der traditionellen Methode.

Tomaz Is & Kv ★★★ Der Familienbetrieb setzt die Grenzen in Istrien neu. Sehr eindrucksvoller TERAN Barbarossa, komplexer MALVAZIJA Sesto Senso.

Tomić Dalm ★★ Mächtige Weine von einer führenden Persönlichkeit auf HVAR mit ökologisch erzeugtem PLAVAC MALI. Gute Rote (v. a. Plavac Barrique); auch süßer PROŠEK Hectorovich.

Vina Laguna Is & Kv ★★→★★★ Weingut an der Küste auf *terra rossa*. Verlässlicher, preisgünstiger MALVAZIJA und erstklassiger, lagerfähiger Vižinada. Beeindruckend sind die Premium-Reihen Festigia und Riserva.

Zlatan Otok Dalm ★★ Berühmtes Familienweingut auf HVAR; Weinberge auch in Makarska und Šibenik (bio). Ist bekannt für reife Rotweine und guten POŠIP (BV).

Zure Dalm ★★→★★★ Sehr guter Spezialist für die weiße Grk-Traube auf Korčula.

Bosnien-Herzegowina, Kosovo, Nordmazedonien, Montenegro, Serbien

Die Weinqualität entwickelt sich weiterhin rasch, und die Verbraucher vor Ort sind immer mehr bereit, hohe Preise für die besten Qualitäten zu bezahlen, die gleichwohl ein hervorragendes Preis-Qualitäts-Verhältnis haben. Internationale Sorten helfen, das Terroir hervorzuheben, und ebnen den Weg für neue Konsumenten. Gleichzeitig begeistern wiederbelebte Lokalsorten internationale Käufer. Serbien, Nordmazedonien und Albanien einigten sich 2022 auf ein Abkommen für offene Grenzen.

Bosnien-Herzegowina Star hier ist die weiße Žilavka, v. a. von den sonnigen Karstlagen um Mostar. Auch geschmeidiger roter Blatina und dunkler, besser strukturierter Trnjak erregen Interesse. Empfehlenswert: Andrija, Begić (PLAVAC MALI rot/rosé), Brkić (biodynamisch; Mjesečąr, Žilavka), Carska Vina (Blatina, David, Žilavka), Hercegovina Produkt (Etiketten Charisma, Zlatna Dolina), Jungić (Premium, Cuvée BL, Tamjanika), Keža (Premium: Ž), Rubis (Veteribus Blatina, Žilavka), Škegro (Krš Orange, Krš Trnjak, Krš Blatina, Tvrdos Monastery (VRANAC), Vilinka (Selekcija, Žilavka, X-Line), Vinarija Čitluk (Reihe Teuta), Vino Milas (Blatina Res, Žilavka), Vukoje (Carsko-Vino, Žilavka).

Kosovo Politisch immer noch ziemlich verzwickt. Das Land erklärte sich 2008 für unabhängig, hat aber noch immer zwei Gesetzeswerke zum Wein – das eigene und das Serbiens. Insgesamt 3.843 ha unter Reben. Die größte Region ist Dukagjini (Metohija im serbischen Sprachgebrauch) mit Rahovec als größtem Weinbaubereich. Die größten Kellereien sind Stonecastle und Old Cellar (Bodrumi i Vjetër). Kleinere Betriebe wie Kosova, Labi und Sefa werden besser, v. a. mit Vranac. Am häufigsten angebaut werden Smederevka/DIMIAT, WELSCHRIESLING, GAMAY, Prokupac, Vranac.

Nordmazedonien Die Weinindustrie setzt immer mehr auf Flaschenabfüllungen von Qualitätswein, v. a. von der Hauptsorte Vranec (örtliche Schreibweise) für tiefdunkle Weine mit Alterungspotenzial, die auch das Terroir ausdrücken können. Der Gigant Tikveš hat einen in Frankreich ausgebildeten Kellermeister und ein intensives Forschungsprogramm; er beeindruckt mit Weinen wie Barovo und Bela Voda von Einzellagen, Luda Mara, Special Selection plus der verlässlichen Alexandra Cuvée und dem reichhaltigen, in Eiche gereiften Domaine Lepovo. Auch gut: Bovin (A'gupka, Alexandar, Dissan), Dalvina (Etiketten Ar-Magedon, Hermes, Synthesis), Ezimit, Imako (Black Diamond), Lazar (roter Erigon, Kratošija), Puklavec Family Vineyards (Instinct Vranec); Stobi (sehr guter Vranec Veritas, auch guter roter Aminta, Cuvée, RKATSITELI, klassischer Vranec), Venec (56 Reserve). Ch. Kamnik nahe Skopje ist die führende Boutiquekellerei: sehr guter 10 Barrels, Cuvée Prestige, Vranec Terroir, Winemaker's Selection.

Montenegro Als Rebsorte dominiert die tief dunkelrote Vranac die 2.992 ha Anbaufläche, als Erzeuger 13. Jul Plantaže mit einer Einzellage von 2.310 ha und 95 % der Weinproduktion. Die Weine sind in der Regel gut, v. a. von Vranac – probieren Sie Crnogorski, Pro Corde, Stari Podrum (Reifung lohnt sich). Die kleinen Kellereien werden besser: Keković, Lipovac, Mola, Rupice, Savina, Sjekloča. Führend in der Region in puncto Forschung: Von hier stammen Vranac und ZINFANDEL (lokaler Name: Kratošija).

Serbien ist ein Hotspot für neue Kellereien und neue Qualitäten; jetzt über 20.000 ha Rebland und 500 Kellereien. Angebaut werden sowohl internationale Sorten als auch wiederbelebte einheimische Lokaltrauben, v. a. Prokupac und Grašac (alias WELSCHRIESLING), aber auch Raritäten wie Bagrina, Morava, Neoplanta, Probus, Seduša. Empfehlenswert: Aleksandrović (Regent

Reserve, Rodoslov, Reihe Trijumf), Aleksić (Amanet VRANAC, Biser, Žuti Cvet Tamjanika), Bikicki (Uncensored TRAMINER), Budimir (Boje Lila, Svb Rosa, Tamjanika), Cilić, Čokot (Radovan Prokupac), Despotika (Dokaz, Nemir, Nebo, Morava Orange), Deurić (Aksiom rot/weiß, Probus, Brut Nature, Morava), Djoković, Doja (Prokupac, Breg Prokupac), Dukay-Sagmeister, Erdevik (Grand Trianon, Trianon, Marlon Delon, Omnibus Lector CHARDONNAY), Grabak (Vivat Prokupac), Imperator, Ivanović (Prokupac, No 1/2), Janko, Kovačević, Lastar, Matalj (Kremen, Kremen Kamen), Matijašević (Sovinoa), Milanović (Probus), Maurer (KADARKA 1880), Radovanović, Rajković (Rskavac), Temet (Ergo, Tri Morave), Tonković, Virtus, Zvonko Bogdan (Cuvée No 1, Icon Campana Rubimus), Verkat, Veritas, Vinčić, Vinum.

Tschechische Republik

Das Land erzeugt frische und ansprechende Weine, obwohl wiederholte Restriktionen bis hin zur Finanzkrise sowie der Zyklus von abwechselnder Dürre und heftigen Regenfällen das Selbstvertrauen der Weinerzeuger und der Gastronomie insgesamt doch ziemlich in Mitleidenschaft gezogen haben.

Bisenc – Petr Kunc Mäh ★★★ Öko-Erzeuger mit RIESLING in vielen Stilen, von schlank mit Lindenblütenaromen bis edelfaul und alkoholstark. Auch beachtlicher SYLVANER, PINOT NOIR.

Cibulka, Vino Mäh ★★ Der Familienbetrieb erzeugt eindrucksvollen CABERNET SAUVIGNON und MERLOT, auch verführerischen Blauen Silvaner Brut, alles öko.

Dva Duby Mäh ★★★ Der Fokus von Jiří Šebela liegt auf BLAUFRÄNKISCH und ST. LAURENT. Biodynamische Prinzipien. Spitzenetiketten: Ex Monte Lapis, Ex Opere Operato, Rosa Inferni, Vox Silentium; alle mit eleganter Eichennote.

Lobkowicz, Bettina Bö ★★→★★★ Die gebürtige Schweizerin und ehemalige Prinzessin erzeugt bewunderungswürdigen PINOT NOIR Barrique Selection und Blanc de Noirs Brut nach der traditionellen Methode. Auch RIESLING und sehr guter preiswerter Lady Lobkowicz (rot, rosé, weiß) auf Einstiegsniveau.

Mádl, František Mäh ★★ Familienbetrieb mit den Spitzenetiketten BetOn (PINOT GRIS, SAUVIGNON BLANC, TRAMINER) und der stilvollen roten Cuvée Mlask; auch sehr guter Alibernet (ALICANTE BOUSCHET × CABERNET SAUVIGNON).

Die modische aromatische Pálava-Traube (Traminer × Müller-Thurgau) heißt so nach dem gleichnamigen Hügelland.

Naturvini Mäh ★★ Patrik Staško erzeugt charakteristischen, aromatischen Pálava, trocken und halbsüß, sowie ausdrucksstarken PINOT GRIS und WELSCHRIESLING vom Fuß der Pálava-Hügel; zu 90 % biodynamisch.

Nepraš & Co. Mäh ★★★ Der Architekt Radek Nepraš bereitet lebhaften Maidenstein PINOT BLANC, RIESLING, SAUVIGNON BLANC. Auch opulenter Gravettien Grande Cuvée CABERNET/MERLOT.

Porta Bohemica Bö ★★ Hervorragender Frühroter Veltliner, RIESLING. Auch interessante Verschnitte Charpin (CHARDONNAY, PINOT NOIR) und Naturwein MüVé.

Skalák Wine Cellars Mäh ★★→★★★ Familienunternehmen mit Schwerpunkt auf reichhaltigen, aromatischen Weißen (Pálava, PINOT GRIS, SAUVIGNON BLANC) und Terroir.

Springer, Jaroslav Mäh ★★★ Vater und Sohn Tomáš erzeugen bemerkenswerten CHARDONNAY und PINOT NOIR von der Einzellage Záhřebenské. Auch sehr guter Pinot noir Roučí im Burgunderstil (Jaroslav) und Pinot noir Čtvrtě (Tomáš).

Stávek, Richard Mäh ★★→★★★ Entschiedener »Terroirist«; beste Lagen: Kolberg, Odměry, Špigle-Bočky, Veselý. Sein Orange Wine und Pét-Nat sind in Japan und den USA (New York) der Hit.

Vican Mäh ★★★ Gegründet 2015 vom Filmproduzenten Tomáš Vican. Fokus auf weiße Sorten: Pálava, PINOT GRIS und WELSCHRIESLILNG, die in mährischer Eiche reifen. Interessant auch: SYLVANER, Yellow MUSCADELLE.

Slowakische Republik

Die Rebfläche ist in letzter Zeit zurückgegangen. Eine Hochburg für Naturweine. Es gibt sechs Weinregionen: Zentralslowakei, Ostslowakei, Kleine Karpaten, Nitra, Südslowakei und Tokaj.

Belá, Château Südslowakei ★★★ Feiner RIESLING im Mosel-Stil aus einem Joint Venture von Egon Müller (Deutschland) und Miroslav Petrech. Auch sehr guter Alibernet, CABERNET SAUVIGNON, PINOT NOIR.

Bott Frigyes Südslowakei ★★★ Eindrucksvoller biodynamischer Erzeuger, der sich auf traditionelle ungarische Sorten konzentriert: FURMINT, JUHFARK, Lipovina (HÁRSLEVELŰ) mit mineralischem Charakter aufgrund der kalksteinreichen vulkanischen Böden. Bezaubernder KADARKA, KÉKFRANKOS sowie eleganter RIESLING und PINOT NOIR.

Dubovský & Grančič Kleine Karpaten ★★ Kleine dynamische Kellerei. Bewundernswerte Edition St. George (klassischer RIESLING und WELSCHRIESLING plus Verschnitt Samuel) und zwei Sekte.

Dudo, Miroslav Kleine Karpaten ★★★ Guter CABERNET SAUVIGNON, dazu ungewöhnliche Sorten: MUSCAT Ottonel, Devín (TRAMINER × Rotweißer Veltliner) und Dunaj (Muscat Bouschet × Oporto × ST. LAURENT).

Fedor Malík & Sons Kleine Karpaten ★★ Vorwiegend Weißweine kommen aus der Familienkellerei, aber auch beachtliche Weine von den roten Kreuzungen Hron (Abouriou × Castets aus Südwestfrankreich) und Dunaj (*siehe* DUDO) oder die klassischen Cuvées Sahral und Professeur. Pikanter Schaumwein Modragne.

J. & J. Ostrožovič Tok ★★★ Reinsortiger trockener FURMINT, Lipovina (HÁRSLEVELŰ) und Yellow MUSCADELLE plus bewundernswerte Tokajerstile, vom Samorodné (Szamorodni) bis zum Tokaj výber (Aszú) 3–6 putňový (Puttonyos). Auch Esencia (Eszencia) aus dem Jahr 2000.

Karpatská Perla Kleine Karpaten ★★→★★★ Bedeutender Winzer, spezialisiert auf spritzigen RIESLING von Einzellagen (Kramáre, Suchý vrch) und süffigen GRÜNEN VELTLINER (Ingle, Noviny).

Rúbaň, Château Südslowakei ★★ Ehrgeiziges Unternehmen; interessant sind körperreicher Alibernet, Dunaj, Frankovka (BLAUFRÄNKISCH), Hron (*siehe* FEDOR MALÍK). Auch Château Rúbaň Sekt Cuvée und die ungewöhnlichen aromatischen Weißweine Mília (MÜLLER-THURGAU × Traminer), Noria (RIESLING × SÉMILLON) und Yellow MUSCADELLE.

Vinovin – Peter Ščepán Kleine Karpaten ★★ Breites Angebot unverwechselbarer sortenreiner Weine, v. a. CABERNET FRANC, Dunaj, Devín (*siehe* DUDO).

Rumänien

Einheimische Trauben im neuen Gewand sind das große Thema in Rumänien, einem Land, das, anders als viele seiner Nachbarn, die eigenen Sorten auf großen Flächen bewahrt hat. Exportiert wird nur in begrenztem Umfang, und wenn, dann vor allem preisgünstige, aber gut bereitete Sortenweine.

Avereşti, Domeniile Mold ★→★★ Große Kellerei mit Fokus auf die Lokaltrauben Busuioacă und Zghihară, v. a. mit den Etiketten Diamond und Nativus.

Avincis Munt ★★ Spektakuläre Kellerei auf einer Anhöhe in DRĂGĂŞANI. Sehr gute Cuvée Grandiflora und Negru de Drăgăşani; attraktiver Crâmpoşie Selecţionată sowie Schaumwein.

Balla Gèza Cri-Mar ★★→★★★ Sehr guter Erzeuger in Miniş auf roten Böden in bis zu 400 m Höhe. Exzellente Reihe Stonewine (CABERNET FRANC, Cadarca, FETEASCĂ NEAGRĂ, FURMINT). Gut auch das Etikett Selection.

Banat – Dynamische Region im Westen. Empfehlenswert: Agape Artă&Natură, Crama Aramic, CRAMELE RECAŞ, Petro Vaselo, Thesaurus.

Bauer Winery Munt ★★→★★★ Ausgezeichneter minimalinvasiver Familienbetrieb von Oliver und Raluca Bauer (auch bei PRINCE ŞTIRBEY). Kleine Mengen verführerischer Weine von alten Reben: CABERNET FRANC, PETIT VERDOT, Novac (rosé), süßer und halbsüßer CRÂMPOŞIE; R.A.W von SAUVIGNON BLANC.

In Rumänien liegen die größten Goldreserven Europas. Ran an die Schaufeln und graben!

Budureasca Munt ★→★★ Modernes Gut in DEALU MARE mit britischem Kellermeister. Beste Etiketten: Noble 5, Origini und die Exportreihe Vine-in-Flames. Achten Sie auf PINOT NOIR, SHIRAZ, TĂMÂIOASĂ ROMÂNEASCĂ.

Catleya Munt r ★★ Kleines Gut des französischen Kellermeisters Laurent Pfeffer; ansprechender fruchtiger Freamăt, exzellente Auslese Epopée.

Corcova Roy & Dâmboviceanu Munt ★★ Renovierte historische Krondomäne mit großartigen Weinbergen: Fetească neagră, SYRAH, ansprechender SAUVIGNON BLANC, Rosé. Gereift ist auch der PINOT NOIR Reserve gut.

Cotnari, Casa de Vinuri Mold ★★ Bedeutender Erzeuger in Cotnari, lokale Sorten. Busuioacă de Bohotin, Colocviu (GRASĂ de Cotnari), Vibe (schäumend), Vladoianu FETEASCĂ NEAGRĂ.

Cotnari Winery Mold ★ Dominanter Großproduzent in der gleichnamigen DOC. Hauptsächlich trockene und halbtrockene Weiße von lokalen Trauben. Der gereifte süße Collection kann eindrucksvoll sein.

Crişana & Maramureş – Relativ kühle Region im Nordwesten. Empfehlenswert: BALLA GEZA, Carastelec (sehr guter flaschenvergorener Schaumwein Carassia), Dradara (FETEASCĂ REGALĂ), Bio-Erzeuger Nachbil (BLAUFRÄNKISCH, FETEASCĂ NEAGRĂ, Orange Wine Grünspitz), schwefelarme Weine vom Weingut Edgar Brutler (Roşu).

Dagon Munt ★★→★★★ Kleines eindrucksvolles, qualitätsorientiertes Gut. Am besten: FETEASCĂ ALBĂ Clearstone, FETEASCĂ NEAGRĂ Sandridge von alten Reben.

Davino Munt ★★★★ Hervorragender Erzeuger in DEALU MARE. Fokus auf Verschnitte für die sehr guten, alterungswürdigen Weine Domaine Ceptura, Flamboyant, Rezerva, Revelatio (weiß). Sehr guter FETEASCĂ NEAGRĂ unter dem Etikett Purpura Valahica.

Mittel- und Südosteuropa

Dealu Mare/Dealul Mare Munt – Der »große Berg« gilt als das beste Weinbaugebiet des Landes, v. a. für Rotwein. Heimat renommierter Namen und einer neuen Erzeugervereinigung: AURELIA VISINESCU, BUDUREASCA, Crama Mierla Alba, DAGON, DAVINO, Domeniile Franco-Române, Domeniile Tohani – Apogeum, Gramofon, ICONIC ESTATE, LACERTA, LICORNA, SERVE, Prince Matei, VIILE METAMORFOSIS.

Dobrogea (Dobrudscha) – Sonnenverwöhnte Region am Schwarzen Meer. Kellereien im Aufwind: Alcovin-Macin (Curtea Regala), Alira (Rosé, Concordia), Bogdan (biodynamisch), Dropia, Histria (sehr guter Amnos, CABERNET SAUVIGNON Nikolaos, Rosé), La Sapata (biodynamisch, Fokus auf BĂBEASCĂ NEAGRĂ), Rasova (v. a. Tortuga), Trantu, VITICOLA SARICA Niculițel (ALIGOTÉ, FETEASCĂ NEAGRĂ), Vladoi.

DOC – *Denumire de Origine Controlată* ist der rumänische Ausdruck für geschützte Ursprungsbezeichnung (g.U.), 40 davon sind registriert. Unterkategorien sind etwa DOC-CMD für Weine aus vollreif gelesenen Trauben, DOC-CT für Spätlesen und DOC-CIB für edelfaule Weine. Das Äquivalent zur g.g.A. ist *Vin cu Indicatie Geografica* (IG).

Faszinierende Tierwelt: In den rumänischen Karpaten leben 400 Arten und 60 % der europäischen Braunbären.

Drăgășani Munt – Weinregion in OLTENIEN mit einzigartigen Trauben, u. a. Crâmpoșie Selecționată, Negru de Drăgășani, Novac, sowie dynamischen Kellereien (v. a. BAUER, PRINCE ȘTIRBEY, AVINCIS).

Iconic Estate Munt ★→★★ Verlässliche, preiswerte kommerzielle Reihe La Umbra sowie Verschnitte namens Colina Pietra. Probieren Sie den Theia CHARDONNAY, den Kronos PINOT NOIR und das Spitzenetikett Hyperion.

Jidvei Siebenbürgen ★→★★ Rumäniens größte Einzellage mit über 2.500 ha. Am besten ist der Owner's Choice (mit Marc Dworkin von Bessa Valley in Bulgarien), außerdem Eiswein und Schaumwein Extra Brut.

LacertA Munt ★★ Qualitätsweingut in DEALU MARE mit roter Cuvée IX, weißer Cuvée X, SHIRAZ.

Licorna Wine House Munt ★★ Erzeuger in DEALU MARE, beeindruckt mit dem Serafim (Lokalsorten) und dem Bon Viveur (internationale Verschnitte). Anno heißt die limitierte Top-Selektion.

Liliac Siebenbürgen ★★★ Tadelloses Weingut in österreichischem Besitz, Berater aus dem Elsass. Knackige, feine Weißweine, elegante Rote, köstlich süßer Nectar und Eiswein in Zusammenarbeit mit Kracher (Österreich).

Metamorfosis, Viile Munt ★★→★★★ In Teilen zu Antinori (Italien) gehörendes Weingut in DEALU MARE. Spitzenwein: Cantvs Primvs, v. a. FETEASCĂ NEAGRĂ. Sehr guter SAUVIGNON BLANC Coltul Pietrei, Via Marchizului (Negru de Drăgășani, PINOT NOIR) und die verlässliche Reihe Metamorfosis.

Moldau (Moldova) – Die größte Weinregion des Landes liegt im Nordosten des Landes. Frische Weiß- und Roséweine und feine Rote, u. a. von AVEREȘTI, Gramma (bizarre Etiketten, lebhaft-frische Weine), Hermeziu (v. a. Busuioacă de Bohotin), Strunga (sehr guter FETEASCĂ ALBĂ, FETEASCĂ NEAGRĂ). Gîrboiu glänzt mit den Reihen Tectonic (v. a. Șarbă), Bacanta, Cuartz.

Muntenien und Oltenien – Große Weinregion im Süden (wird auch mit dem historischen Namen Walachei bezeichnet) mit den DOC-Gebieten DEALU MARE, Dealurile Olteniei, DRĂGĂȘANI, Pietroasa, Sâmburești, Stefanești, Vanju Mare. Im Aufwind ist die Unterregion Oltenien (»Kleine Walachei«) im bisher übersehenen Südwesten. Erzeuger dort: CATLEYA, CORCOVA, CRAMA OPRIȘOR, Domeniul Coroanei Segarcea, Mosia Galicia Mare.

Oprişor, Crama Munt ★★→★★★ Verlässliche Kellerei in deutschem Besitz; sehr gut ist die Reihe La Cetate. Außerdem CABERNET SAUVIGNON Crama Oprişor, Rosé Jiana, Rusalcă Albă, exzellenter roter Smerenie.

Petro Vaselo Banat ★★ Öko-Erzeuger im BANAT; netter Schaumwein Bendis, fruchtige Basisreihe, ernsthafterer FETEASCĂ NEAGRĂ Melgris, roter Ovas. Die experimentellen Topweine heißen PV.

Prince Ştirbey Munt ★★★ Pioniergut in DRĂGĂŞANI. Feine, lebhafte trockene Weißweine von lokalen Sorten, v. a. Crâmpoşie Selecţionată, FETEASCĂ REGALĂ, TĂMÂIOASĂ, eindrucksvolle lokale Rote (Negru de Drăgăşani, Novac) sowie schöner, komplexer Schaumwein.

Recaş, Cramele Banat ★★→★★★ Eine Erfolgsgeschichte für den Export und nun auch für den heimischen Markt mit modernen, gut bereiteten Weinen von einem australischen und einem spanischen Kellermeister. Verschiedenste Etiketten, auf Einstiegsniveau Calusari, Paparuda, Schwaben Wein, Wildflower. Mittelfeld: Regno Recas, Sole, Solo Quinta. Exzellent sind die Premiumweine, v. a. Cuvée Überland, La Stejari, Selene.

SERVE Munt ★★→★★★ Rumäniens erste private Kellerei bleibt der Vision des 2011 verstorbenen Gründers Graf Guy de Poix treu: sehr guter Terra Romana (weiße Cuvée Amaury, rosé Cuvée Sissi, FETEASCĂ NEAGRĂ. Spitzenwein: FETEASCĂ NEAGRĂ Guy de Poix. Maßstäbe setzende Cuvée Charlotte.

Siebenbürgen – Von den Karpaten umgebene kühle Hochebene mit fantastischem Tierleben. Bekannt für knackige Weißweine und immer schlankere, elegante Rote. Erzeuger ohne eigenen Eintrag: Gorgandin, Jelna, La Salina, Lechberg.

Valahorum Munt ★★→★★★ Vereinigung von Boutiquekellereien; Flaggschiffweine: Apogeum, La Salina, Mierla Alba, Tohani.

Via Viticola Sarica Niculiţel Dob ★→★★ Umfassend renovierte Kellerei und Weinberge. Guter ALIGOTÉ, FETEASCĂ NEAGRĂ und Rosé unter dem Namen Caii de la Letea; guter Quintessence Reserve aus verschiedenen Jahrgängen. Besitzt auch die Domeniile Prince Matei in DEALU MARE.

Villa Vinèa Siebenbürgen ★★ Stilvolle Weine aus einer kühlen Hanglage nahe Târnave. Top: Diamant, GEWÜRZTRAMINER, FETEASCĂ REGALĂ, RUBIN.

Vişinescu, Aurelia Munt ★★ Weingut in DEALU MARE unter weiblicher Leitung. Gute Reihe Artisan von lokalen Trauben; Spitzenmarke: Anima, v. a. Fete Negre von ausgelesenen FETEASCĂ-NEAGRĂ-Trauben.

Malta

Malta und das benachbarte Gozo produzieren seit Jahrhunderten Wein, ein Bewusstsein für Qualität hat sich aber erst in diesem Jahrhundert wieder entwickelt. Aus dem Norden Maltas kommt Weiß-, aus dem Süden Rotwein von Tonböden; Gozo erzeugt beides. Cassar de Malta ist ein Schaumwein nach traditioneller Methode. Ein häufig anzutreffendes Etikett ist Meridiana, Marsovin das größte. Ein paar gute Weine haben beide zu bieten. Mar Casar bereitet einen interessanten Amphoren-Chardonnay. Auf Gozo ist Ta'Mena zu empfehlen. Lokaltrauben sind die rote Gellewza für relativ leichte Weine, oft auch für perlenden Rosé, und die weiße Girgentina, die einen weichen, delikaten Stil hervorbringt. Sirakusan ist der hiesige Name für NERO D'AVOLA. Ansonsten gibt es die üblichen internationalen Sorten und oft einen Tick zu viel Eiche.

Griechenland

Zersplitterung kann eine gute Sache sein, insbesondere beim griechischen Wein. Noch vor einem halben Jahrhundert beherrschten weniger als zehn große Kellereien die Produktion, und weitere 20 erzeugten Flaschenweine in winzigen Mengen. Im Jahr 2000 gab es etwa 500 Kellereien, jetzt sind es mehr als 1.000. Manche finden, dass Griechenland bereits zu viele Betriebe hat. Diese Fragmentierung zeigt jedoch möglicherweise am besten auf, welches Potenzial der erstaunliche, aber viel zu komplexe griechische Weinbau hat. Die Zukunft wird spannend.

Die folgenden Abkürzungen werden im Text verwendet:

Äg	Ägäische Inseln	**M Gr**	Mittelgriechenland
Ion	Ionische Inseln	**Pelop**	Peloponnes
Mak	Makedonien	**Thess**	Thessalien

Aivalis ★★★ Erzeuger in NEMEA mit Kultanhängerschaft in Griechenland und anderswo, v. a. für die Rotweine »4« und Armakas. Voller Stil, in neuer Eiche ausgebaut, braucht Reifezeit.

Alpha Estate Mak ★★★→★★★★ Besitzer der größten Rebfläche in Griechenland und führendes KTIMA in AMYNTEO. Ktima Alpha heißen die (roten und weißen) Klassiker. Der XINOMAVRO Barba Yannis von jahrhundertealten Reben ist eines der Spitzenbeispiele für diese Sorte. Hier werden lagenspezifische Weine auf höchstem Niveau erzeugt.

Amynteo Mak – (POP) Packender XINOMAVRO (rot/rosé/schäumend) aus der kühlsten (und coolsten) griechischen Appellation. Wenn Sie meinen, Griechenland sei ein heißes Land, kommen Sie hierher.

Argyros Äg ★★★★ Spitzenerzeuger auf SANTORINI mit der größten Rebfläche auf der Insel. Die VINSANTOS sind einfach himmlisch – beispielhaft der Evdemon und der Nyhteri. Wenn Sie sie denn auftreiben können.

Avantis Mittelgriechenland, Äg ★★★ Boutiquekellereien in Evia und SANTORINI (heißt dort Anhydrous). Top: Agios Chronos (SYRAH/VIOGNIER); auf Santorini Icon und Aroura.

Biblia Chora Mak ★★★ Beliebtes KTIMA, stets Spitzenqualität auf der ganzen Linie. Der Ovilos (rot/weiß) macht dreimal so teurem Bordeaux Konkurrenz. Immer auf Expansionskurs mit Schwesterbetrieben auf dem Peloponnes (Dyo Ipsi), auf SANTORINI (Mikra Thira), in GOUMENISSA (Mikro Ktima) und in NAOUSSA.

Boutari, J. & Son ★→★★★ Historische Marke mit neuem Eigentümer und Kellereien in Attika, GOUMENISSA, NAOUSSA, SANTORINI und Kreta. Sehr gutes Preis-Leistungs-Verhältnis, v. a. der 40 und mehr Jahre haltbare Naoussa Grande Reserve.

Dalamaras ★★★→★★★★ Der beeindruckende, überraschend junge Erzeuger in NAOUSSA beherrscht meisterhaft die XINOMAVRO-Traube. Der Palaiokalias ist Weltklasse.

Dougos Mittelgriechenland ★★★ Weingut an den Ausläufern des Olymp, ein Botschafter für RAPSANI. Alle Rotweine sind erstklassig, insbesondere aber Old Vines, MAVROTRAGANO, Tourtoura.

Douloufakis Kreta ★★★ Nikos Douloufakis macht die Welt mit der VIDIANO-Rebe bekannt. Einige der eigenwilligsten Weine der Insel.

Economou Ktima Kreta ★★★★ Einer der großen Wein-Kunsthandwerker Griechenlands mit Sitz in Sitia; sehr selten, fast schon ein Einhorn. Der Antigone ist einfach überirdisch.

Gaia Pelop, Äg ★★★ Großartige Weine, Kellereien in NEMEA und SANTORINI. Ein Spitzen-Nemea ist der Gaia Estate, toll der Santorini Ammonite.

Gentilini Ion ★★★ Historischer Erzeuger auf KEFALLONIA, etwa mit stahligem Robola, v. a. R24. Maßstäbe setzt der trockene MAVRODAPHNE Eclipse (rot).

Gerovassiliou Mak ★★★ Immer ein Trendsetter mit Spitzen-MALAGOUSIA (dafür ist er Spezialist). Die Museum-Weine (rot/weiß) gibt es in Spitzenexemplaren mit allen auf dem KTIMA angebauten Sorten. Ist mit BIBLIA CHORA verbunden.

Goumenissa Mak ★★→★★★ (POP) Exzellenter (roter) XINOMAVRO/Negoska, wird zunehmend trendy. Empfehlenswert: Chatzyvaritis, Mikro KTIMA, TATSIS.

Hatzidakis Äg ★★★ Spitzenerzeuger in SANTORINI; die Kinder des verstorbenen Haridimos, die jetzt das Sagen haben, sind weniger abenteuerlustig. Probieren Sie: Louros, Nyhteri, Skytali, wenn Sie sie auftreiben können. Die Top-Cuvées sind wieder voll in Form.

Karanikas Mak ★★★ Wohl der beste Schaumweinerzeuger in Griechenland; allen voran der exquisite ASSYRTIKO/XINOMAVRO Brut.

Karydas Mak ★★★ Winziges KTIMA mit großartigem Weinberg in NAOUSSA, das komplexen, alterungswürdigen XINOMAVRO erzeugt. Ein verstecktes Juwel.

Katogi Averoff Epirus, Mak ★★→★★★ Name mit Tradition; beliebte Reihe Katogi (rot/weiß/rosé). Die Reihe Rossiu di Munte kommt aus Lagen in über 1.000 m Höhe, die Inima-Weine werden von Trauben aus ganz Makedonien gekeltert.

Katsaros Thess ★★★ Winziger Betrieb am Olymp. Der rote KTIMA kann zwei Jahrzehnte reifen. Der CHARDONNAY mit Eichennote hat viele Fans.

Kechris ★★→★★★ Der auf ASSYRTIKO basierende Tear of the Pine ist der vielleicht weltbeste Retsina: ein fantastischer Wein. Ohne Witz.

Kefallonia Ion – Die Insel ist berühmt für mineralisch-floralen ROBOLA (weiß) und immer mehr auch für trockenen MAVRODAPHNE (rot). Viele exzellente Erzeuger – manche halten Kefallonia schon für das nächste SANTORINI.

Kir-Yianni Mak ★★→★★★ Ursprünglich in NAOUSSA und AMYNTEO, jetzt auch Besitzer von SIGALAS in SANTORINI. Orientiert sich nun auch nach GOUMENISSA, Paros, Naxos und Tinos.

Geheimtipp – griechische Süßweine

Süßweine stehen fast immer an letzter Stelle, und dann werden sie oft auch noch vergessen. Griechische Süßweine sind nicht nur von grandioser Qualität, sie inspirieren auch – in Bezug auf ihre Herkunft sind sie bereits Jahrtausende alt, aber immer noch Work in Progress. Gemessen an ihrer Qualität haben sie schon fast verrückt niedrige Preise, v. a. SAMOS, Patras MAVRODAPHNE (selbst alte Abfüllungen) oder süßer Liatiko aus Kreta.

Ktima – Das griechische Wort für Weingut; immer öfter auf Etiketten zu lesen.

Lazaridi, Domaine Costa Attika, Mak ★★★ KTIMA in Drama und Attika (unter dem Etikett Oenotria Land). Spitzengewächs ist der CABERNET FRANC, der rosé MERLOT Julia ist einer der besten Rosés Griechenlands. Die Anpflanzungen im Hochland von Drama sind sehr vielversprechend: Probieren Sie den MALAGOUSIA.

Lazaridi, Nico Mak ★→★★★ Ursprünglich aus Drama. Mehrere preiswerte Reihen in großen Mengen erzeugter Weine. Spitzenreihe: Perpetuus (rot/weiß)

Lyrarakis Kreta ★★★ Das Gut brachte die Rebsorten Dafni, Melissaki und Plyto zurück auf die Landkarte. Außergewöhnliche Einzellagenabfüllungen. Weinbereitung ohne viel Tamtam, einfach nur klasse Weine.

Malvasia – Gruppe von vier POPS, die den berühmten mittelalterlichen »Malmsey« wiederauferstehen lassen. Sie beruhen nicht auf MALVASIA, sondern auf einheimischen Sorten. Die POPs sind: Monemvasia-Malvasia in Lakonien, Malvasia von Paros, Malvasia Chandakas-Candia und Malvasia von Sitia, die beiden Letzteren aus Kreta.

Es wird wärmer: Nemea liegt in 1.000 m Höhe und war früher gut v. a. für Rosé; jetzt kommt toller roter Agiorgitiko von dort.

Manoussakis Kreta ★★★ Ursprünglich von der Rhône inspiriert, doch griechische Sorten setzen sich durch: ASSYRTIKO, ein voller Muscat of Spina, Vidiano und sogar Romeiko (rot). Üppige Stile.

Mantinia Pelop – (POP) Hoch gelegene, kühle Appellation für knackige Weißweine schon fast im deutschen Stil von Moschofilero. Exzellente Schaumweine von hier dürften der nächste Knaller sein.

Mercouri Pelop ★★ Schönes KTIMA an der Westküste. Sehr guter trockener MAVRODAPHNE/REFOSCO – letztere Traube gilt als Lokalsorte. In den 1880er-Jahren angebaut, wird sie auch Mercoureiko genannt.

Monemvassia Winery – Tsimbidi Pelop ★★→★★★ Der einzige Produzent des süßen POP-Weins MALVASIA-Monemvassia, doch auch der Rest des Portfolios verdient Beachtung.

Naoussa Mak ★★★→★★★★ (POP) Herrliche Region für atemberaubenden XINOMAVRO. Die besten stehen qualitativ und stilistisch (aber zu einem Bruchteil des Preises) auf einer Stufe mit Barolo. Spitzenerzeuger: DALAMARAS, KARYDAS, KIR-YIANNI, THYMIOPOULOS und viele andere. Sogar Standardabfüllungen können weit über zehn Jahre reifen.

Nemea Pelop ★★→★★★ (POP) AGIORGITIKO-Rotweine: von frisch über klassisch bis exotisch, aber immer von hoher Qualität. Empfehlenswert: Driopi von TSELEPOS, Aivalis (Neue-Welt-Stil), GAIA, Ieropoulos, Mitravelas (aufgehender Stern), PALYVOS, PAPAÏOANNOU, SKOURAS, Tselepos.

Palyvos Pelop ★★→★★★ Feines KTIMA in NEMEA mit ausladenden Rotweinen von AGIORGITIKO und französischen Sorten von SYRAH bis VIOGNIER.

Papagiannakos Attika ★★→★★★ Vassilis Papagiannakos ist ein Verfechter der Savatiano-Traube und zeigt, dass alte Reben aus Trockenanbau in Attika umwerfende Weine hervorbringen können.

Papaioannou Pelop ★★★ Dieser Erzeuger brachte NEMEA einst auf die Weinlandkarte. Spitzenweine: Microclima, Palea Klimata (alte Reben), Terroir. Halten sich ewig. Traditioneller AGIORGITIKO vom Feinsten.

Pavlidis Mak ★★★ Premium-KTIMA in Drama mit weißem Thema (ASSYRTIKO/SAUVIGNON BLANC) und Premium-Rosé Alma. Die Top-Reihe Emphasis glänzt mit AGIORGITIKO und Assyrtiko.

POP – Die griechische Entsprechung der *Appellation Contrôlée.* Viele ausgezeichnete Qualitäten, Regionalweine mit geschützter geografischer Angabe (g.g.A.) sind jedoch nicht enthalten.

Porto Carras, Domaine Mak ★★ Das historische Gut auf der Chalkidiki hat jüngst den Besitzer gewechselt. Große Veränderungen in den Weinbergen dürften zu guten Ergebnissen führen.

Rapsani Mittelgriechenland – POP am Olymp auf der Basis von XINOMAVRO. Durch TSANTALIS berühmt geworden (v. a. Grande Reserve); nun sorgen DOUGOS, THIMIOPOULOS und andere für Spannung.

Retsina – Die Retsinas der neuen Welle (GAIA, KECHRIS oder als Naturwein von Kamara) besitzen Frische und Charakter und sind eine ausgezeichnete

Alternative zu Fino Sherry. Galt früher als der Sargnagel des griechischen Weins, ist jetzt sein kommender Star.

Samos Äg ★★→★★★ (POP) Die Ägäisinsel ist berühmt für ihren süßen MUSCAT BLANC. Wichtigster Erzeuger ist die Genossenschaft; gespriteter Anthemis und der Nectar aus sonnengetrockneten Trauben rangieren unter den Spitzengewächsen. Rare alte Abfüllungen sind echte Schnäppchen. Neue Erzeuger tauchen auf, z. B. Nopera, ebenso trockene Weine, die nicht unter die POP fallen.

Santorini Äg ★★★→★★★★ Vulkaninsel mit dramatischer Landschaft und POP für erstklassige trockene und süße Weißweine. Üppiger VINSANTO, sehr trockener Assyrtiko mit Salznote. Es gibt praktisch keine mittelmäßigen Erzeuger auf der Insel, jede Flasche ist ein Gewinn. Die billigsten ★★★★-Weißweine überhaupt, und sie können 20 Jahre altern.

Santo Wines Äg ★★→★★★ Erfolgreiche Genossenschaft auf SANTORINI. Empfehlenswert: reichhaltiger Grande Reserve, komplexe VINSANTOS. Äußerst preiswert in dieser POP mit ihren sonst astronomischen Preisen. Schöne Veranda gleich neben der Kellerei.

Semeli Mittelgriechenland, Pelop ★★ Riesiges Angebot, gutes Preis-Leistungs-Verhältnis. Im Fokus stehen hauptsächlich NEMEA (v. a. Grand Reserve) und MANTINIA (v. a. Thea).

Sigalas Äg ★★★★ Ursprünglich die Kellerei von Paris Sigalas, jetzt in sehr guten Händen beim Team von KIR-YIANNI. Kavaliero und Nychteri sind einfach himmlisch, doch alle Weine lohnen einen Versuch.

Moschofilero kann über 5–8 Jahre reifen. Wer hätte das gedacht?

Skouras Pelop ★★★ Sich stets weiterentwickelndes, aber immer qualitätsorientiertes KTIMA. Schlanker, mit Wildhefen vergorener MOSCHOFILERO Salto. Ein Klassiker ist der Megas Oenos. Probieren Sie den in einer Solera gereiften Labyrinth und den komplexen Rosé Peplo. Der an Recioto (*siehe* Kapitel »Italien«) erinnernde Titanas ist von der seltenen Sorte Mavrostyfo.

Tatsis Mak ★★★ Naturweinerzeuger in GOUMENISSA, dessen Stil aber auch Ungläubige bezaubert. Alle Weine können ein Jahrzehnt und mehr reifen.

Thymiopoulos Mak ★★★★ Superstar-Erzeuger in NAOUSSA und RAPSANI (Terra Petra), weltweit gefeiert. Die Reihe mit Einzellagenweinen ist atemberaubend, qualitativ ebenso wie preislich.

T-Oinos ★★★★ Mit seinem ASSYRTIKO und MAVROTRAGANO hat dieses Gut die Insel Tinos auf die globale Weinkarte gebracht. Teuer, v. a. die Reihe Rare, aber jeden Cent wert.

Tour Melas, La Mittelgriechenland ★★★ Erstklassiges Boutique-KTIMA in Achinos. Bestseller ist der Rosé Idylle; überzeugend der rote La Tour Melas im Médoc-Stil und der Spitzenwein Palies Rizes zum stolzen Preis.

Tsantalis Mak ★→★★★ Alteingesessener Erzeuger mit riesigem Angebot. Guter roter RAPSANI Grande Reserve. Die Weine vom Kloster Athos sind beachtlich.

Tselepos Pelop ★★★ Führender Erzeuger in MANTINIA, NEMEA (unter dem Namen Driopi) und SANTORINI (Canava Chrysou). Griechenlands bester MERLOT (Kokkinomylos ★★★★), nicht weit dahinter folgt der CABERNET SAUVIGNON Avlotopi. Großartig der Driopi Reserve und leckere Santorini-Weine (Laoudia ebenfalls ★★★★).

Vassaltis ★★★ Kleiner Betrieb auf SANTORINI mit starkem Team im Keller; die Weine schwanken zwischen Klassizismus und Experimentieren.

Vinsanto Äg ★★★★ Der fassgereifte, üppige Wein aus sonnengetrockneten ASSYRTIKO- und Aidani-Trauben aus SANTORINI ist praktisch unbegrenzt lagerfähig. Unfassbar niedrige Erträge.

Östlicher Mittelmeerraum und Nordafrika

Östlicher Mittelmeerraum

Die alte Welt des Weins ist quicklebendig und blüht auf. Probleme, ob politischer oder wirtschaftlicher Natur, gibt es immer, aber die Weine sind die besten seit 2000 Jahren.

Israel

Israelischer Wein hat Qualität, ist aber gerade auf Identitätssuche. Derzeit geht es mehr um Subregionen, Einzellagen oder sogar individuelle Parzellen. Woher die Reben kommen, hat an Bedeutung gewonnen. Besonders interessant sind private Cuvées der Kellermeister selbst (ein neuer Trend) – wenn man sie auftreiben kann.

Im Kapitel verwendete Abkürzungen:

Gal	Galiläa	**Jud**	Judäisches Bergland	**O-Gal**	Obergaliläa	**Shom**	Shomrom
Golan	Golanhöhen			**Sam**	Samson		

1848 ★→★★ Die Famile Shor erzeugt seit 1848 Wein; sehr guter CABERNET FRANC, Argaman.

Abaya ★★ Rekultiviert verwilderte Weinberge. Süffige natürliche CARIGNAN-Weine, Proletair, Snunit.

Agur Jud ★★ Verjüngtes Gut mit sehr günstigem Blanc, Rosé und Kessem (rot).

Ahat ★★ Qualitäts-*garagiste.* Toller CHENIN BLANC, komplexer ROUSSANNE/VIOGNIER, Rosé.

Ashkar O-Gal ★→★★ Das Weingut gehört einer israelisch-arabischen Familie. Guter SAUVIGNON BLANC und SHIRAZ.

Barkan-Segal ★→★★★ Israels größte Kellerei; der Kellermeister ist Master of Wine. Barkan Beta: kirsch- und beerenfruchtiger Argaman, Orange Wine, spezieller Be'er (weiß). Segal Whole Cluster: exzellenter SYRAH, auch CARIGNAN, PINOT NOIR. Der frische weiße Yamas wird in Zypern bereitet.

Carmel ★→★★ Das historische Gut wurde 1882 gegründet. »Selected« ist die Bestseller-Marke.

Castel, Domaine du Jud ★★★★ Der Pionier in der Region, setzt Standards für den Stil. Schöne, moderne Kellerei. Der Grand Vin ist eine vielschichtige, komplexe Cuvée im Bordeaux-Stil. Petit Castel heißt der preiswertere Zweitwein. Frischer Rosé. »C« Blanc du Castel (CHARDONNAY) im Burgunderstil. Duftender weißer La Vie. Die nächste Generation ist gut eingebunden, die Zukunft gesichert.

Clos de Gat ★★★ Weingut mit Stil. Kraftvoller SYRAH, guter CHARDONNAY. Preiswerter weißer Chanson.

Cremisan ★→★★ Palästinensischer Wein aus einem Kloster, gegründet 1885. Pionier für lokale Rebsorten. Weitere palästinensische Weine: Kassis (vielversprechender Winzer), Philokalia (natürlich, handwerklich).

Dalton ★★→★★★ Lebhafter CARIGNAN Majestic, CHENIN BLANC Wild One. Neuer, in Tonkrügen bereiteter White of Earth, einheimischer Zuriman.

Feldstein ★★ Individualist. Pionier in Sachen Argaman und Spezialist für Dabouki. Komplexer roter Gilgamesh (drei Regionen, fünf Weinberge, sechs Rebsorten).

Flam Jud ★★★→★★★★ Brüder führen diesen Familienbetrieb. Eleganter Bordeaux-Verschnitt Noble, klassischer CABERNET SAUVIGNON, tiefgründiger MERLOT, fruchtbetonter SYRAH. Der Classico ist immer sehr preiswert. Innovativer Rotwein mit weißem Etikett. Frischer, duftender SAUVIGNON BLANC/CHARDONNAY, knackiger Rosé.

Galil Mountain O-Gal ★→★★ Pionier in Sachen Nachhaltigkeit mit dem Slogan: »Do Good, Drink Well!« Lebhafter GRENACHE. Yiron preisgünstig. Massiver Einzellagen-PETIT-VERDOT.

Golan, Château Golan ★★→★★★ Expressiver Stil. Sehr gute Cuvées namens Geshem von mediterranen Reben (rot/weiß). Reihe mit koscheren Weinen.

Gvaot Shom ★★→★★★ Betreibt Feldforschung in Sachen lokale Reben. Guter PINOT NOIR oder fruchtiger Bittuni.

Harashim O-Gal – Biodynamische Weine mit Charakter und Seele. Frischer CABERNET SAUVIGNON aus eigenem Weinberg.

Jezreel Valley ★→★★ Bekannt v. a. für charaktervollen, eichenlastigen Argaman und CARIGNAN.

Lahat O-Gal ★★★ Rhône-Spezialist mit bezauberndem GSM und pfeffrigem SYRAH. Der ROUSSANNE/VIOGNIER hat Lagerpotenzial. Innovative Verwendung von Amphoren.

Lewinsohn ★★★ Die Idee zum Garage de Papa ist in einer Garage geboren. Sehr guter CHARDONNAY, feinwürziger SYRAH. Seltene Rote mit Ganztraubenvergärung. Knackiger Rosé.

Margalit ★★★ Vater und Sohn sind Spezialisten für Bordeaux-Sorten. Komplexer, voller CABERNET FRANC.

Mia Luce ★★→★★★ *Garagiste.* SYRAH im Rhône-Stil, grandioser MARSELAN, feiner COLOMBARD.

Mika – Vielversprechende neue Kellerei. Weißweine mit herrlich reintöniger Frucht und geradliniger Mineralität.

Nana Negev ★★ Lagen in der Wüste auf 800 m. Exzellenter CHENIN BLANC, robuster SYRAH.

Pelter ★★ Äußerst beliebte Marke. Leichter und duftiger SAUVIGNON BLANC. Koschere Weine kommen von der Matar Winery.

Pinto Negev – Neues Start-up in der Wüste. Erfrischender Weißer, Rosé. SHIRAZ mit Gewürznoten.

Psagot Jud ★→★★ Erfolgreich, rasch wachsend. Der Peak ist eine mächtige, saftige Cuvée aus Mittelmeersorten.

Razi'el Jud ★★★ Im Besitz der Familie Ben Zaken (CASTEL). Fassgereifter Rosé, zielstrebiger SYRAH/CARIGNAN mit feiner Textur. Der Schaumwein ist nach traditioneller Methode von Hand bereitet: oJ, Rosé.

Recanati ★★ Lebhafter, wilder CARIGNAN und eine opulente Special Reserve. Neue Kellerei.

Sea Horse Jud ★★→★★★ Eigenwilliger Counoise. Verführerischer Oz, v. a. CINSAULT/GRENACHE.

Shiloh Jud ★★ CABERNET SAUVIGNON zeigt sich hier robust, füllig und eichenlastig. Räumt regelmäßig Preise ab. Das Prestige-Label heißt Mosaic.

Shvo O-Gal ★★★ Ein Winzer, der möglichst gar nicht eingreift. Sehr rustikaler Rotwein, seltener SAUVIGNON BLANC Gershon, frischer BARBERA, Rosé mit Charakter.

Sphera Jud ★★★→★★★★ Nur Weißweine. Kühlklimatischer, prägnanter Riesling. Harmonischer First Page (SEMILLON/ROUSSANNE/CHENIN BLANC). Der komplexe, seltene White Signature aus Semillon hat Lagerpotenzial. Delikater Schaumwein nach traditioneller Methode.

Tabor ★→★★ Ökologisch bewirtschaftete Weinberge bringen gute Weiße hervor, v. a. SAUVIGNON BLANC und ROUSSANNE. Neuer CHENIN BLANC.

Tel Golan – Exquisiter RIESLING, frischer GRENACHE. CABERNET FRANC mit Kräuternote. Alles Handarbeit.

Teperberg ★→★★ Seit 1870 bestehendes Gut. Körperreicher CABERNET FRANC; gutes Preis-Leistungs-Verhältnis in allen Preisstufen.

Tulip-Maia ★★ Integratives Projekt für Menschen mit Behinderung. Guter SYRAH, SAUVIGNON BLANC. Frischer, unprätentiöser Espero, Maia im mediterranen Stil. Erfrischende Weine.

Tura ★→★★ Weingut im zentralen Bergland. Vollaromatischer Mountain Peak, fleischiger MERLOT.

Tzora Jud ★★★★ Präzise Weinbereitung mit Sinn fürs Terroir aus der schönen Weinlage Shoresh. Der talentierte Kellermeister ist Master of Wine. Die Weine sind intensiv, ausgewogen und elegant. Knackiger, komplexer, mineralischer Shoresh Blanc; der Judean Hills (rot/weiß) ist unschlagbar im Preis. Der feine Misty Hills aus CABERNET SAUVIGNON/SYRAH stammt aus »urzeitlichen« Parzellen.

Vitkin ★★→★★★ Pionier für qualitativ hochwertigen CARIGNAN und PETITE SIRAH. Floraler PINOT NOIR, komplexer GRENACHE BLANC. Supergünstige Einsteigerweine (rot/weiß/rosé).

Vortman Küste ★→★★ Passionierter Winzer mit sehr gutem COLOMBARD, körperreichem rotem Levant, Pét-Nat PETIT VERDOT.

Ya'acov Oryah ★★ Kreativer Kunsthandwerker, Pionier für Orange Wine in Israel.

Yarden Golan ★★→★★★★ Israels Pionierkellerei hat ihren 40. Geburtstag gefeiert. König des lagerfähigen CABERNET SAUVIGNON. Guter PINOT GRIS, herrlicher Schaumwein Blanc de Blancs. Zweitwein: Gamla. Interessanter SANGIOVESE. Verkaufsschlager ist die Marke Mt. Hermon (rot).

Yatir ★★→★★★ Weingut in der Wüste mit Rebflächen im Wald. Samtiger roter Yatir Forest, preisgünstiger Mt. Amasa.

Libanon

Eine kleine, aber engagierte Gruppe von *garagistes,* die zu natürlichen Methoden neigen, interessiert sich zunehmend für Stile jenseits des Mainstreams wie *Méthode ancestrale*, Kohlensäuremaischung und ausgedehnten Schalenkontakt. Vorausgegangen war ein neuerliches Interesse in die autochthonen Trauben Asmi noir, Aswad Karesh, Jouzani, Marini, Meksassi, Merwah, Obeideh und die »ererbten« Rhône-Sorten Carignan, Cinsault, Grenache. Chardonnay, Sauvignon blanc und Viognier aus höheren Lagen (1.000 m und mehr) überzeugen währenddessen mit Qualität und Vielfalt.

Belle-Vue, Chateau ★★★ Kleine Kellerei Bhamdoun im Libanon-Gebirge. Die Reben schauen aufs Meer, es gibt eine internationale Fangemeinde. Rotweine im Bordeaux-Stil mit einem Schuss mediterranem Sonnenschein. Le Château und Le Renaissance sind schöne Bordeaux-Verschnitte plus SYRAH. Dazu Petit Geste (SAUVIGNON BLANC/VIOGNIER).

Clos St-Thomas ★→★★★ Hat eine lange Vergangenheit als Arak-Produzent und Weinbauer. Der in Frankreich ausgebildete Urenkel stellt das mit der Reihe Les Gourmets unter Beweis – in Rot (mit aromatischem CINSAULT), Weiß und Rosé. Gut strukturierter Obaidy (sic!) sowie kräftiger PINOT NOIR aus Hochlagen.

Coteaux du Liban ★★ Verschnitt auf CINSAULT-Basis, knackiger reinsortiger Rosé, dazu Obeideh und VIOGNIER. Junges Kellermeister-Paar. Im Auge behalten.

Ixsir ★★→★★★ Hoch gelegene Weinberge im ganzen Libanon. Verschnitte auf SYRAH-Basis, florale Weiße, Prestige-Rotwein El. Die Reihe Altitudes und der Rosé Grande Reserve sind ausgezeichnet.

Kefraya, Château ★★→★★★★ Innovatives Weingut mit französischem Kellermeister. Sortenweine in der Reihe Les Exceptions; lokaler Rotwein, Aswad Karesh sowie in Amphoren ausgebauter SAPERAVI; komplexer Comte de M, Comtesse de M mit Eichennoten, berühmter Blanc de Blancs sowie fruchtiger Les Breteches (auf CINSAULT-Basis). Auch Weißwein und Rosé.

Ksara, Château ★★★ 1857 gegründet; der rote Gutswein ist die Ikone. Jetzt etwas innovativer; CARIGNAN von alten Reben und lokaler Merwah. Das breite Portfolio ist zuverlässig und fair kalkuliert. Blanc de Blancs und CHARDONNAY sind herausragend. Der Gris de Gris ist ein Rosé für Erwachsene, die Cuvée du Printemps ein herrlicher Sommerwein.

Latourba – Kellerei am Ufer des Qaraoun-Sees im Westen der Bekaa-Ebene. Sortenweine, Verschnitte (rot/weiß), Schaumwein nach traditioneller Methode.

Marsyas, Château ★★ Kraftvoller Flaggschiff-Wein (CABERNET/SYRAH), begeisternder CHARDONNAY/SAUVIGNON BLANC. Weine der zweiten Reihe unter dem Namen B-Qa de Marsyas. Der Satyr ist ein Cabernet ohne Eicheneinfluss. Besitzt auch Bargylus (Syrien), wo wunderbare, komplexe ★★★-Weine unter unmöglichen Bedingungen entstehen.

Massaya ★★ Der Terraces de Baalbeck ist ein raffinierter GRENACHE/SYRAH/MOURVÈDRE. Einstiegsweine in der preiswerten Reihe Les Colombiers. Außerdem roter Cap Est von Lagen im Anti-Libanon. Schwungvoller Rosé und eleganter, floraler Weißer.

Mersel – Naturweine und Pét-Nat aus dem Nordlibanon; belebt die alten Sorten Jouzani und Marini wieder. Außerdem Merwah und Obeideh, oft in Amphoren erzeugt.

Musar, Château ★★★→★★★★ **02 03 05'** 09 10 11 12 13 14 15 – Einzigartiger, unverwechselbarer Stil, am besten nach 15 bis 20 Jahren Flaschenreife. Weine von autochthonen Sorten wie Obaideh und Merweh können unbegrenzt altern; der rote Zweitwein Hochar wird zunehmend besser. Musar Jeune ist weicher und süffiger; guter Weißwein, komplexer Rosé.

Najm, Domaine ★★★ Das Ehepaar Salim and Hiba Najm führt dieses winzige Gut in Batroun. Nur ein Rotwein: erdiger, rotfruchtiger CABERNET SAUVIGNON/GRENACHE/MOURVÈDRE, der an CHÂTEAU MUSAR erinnert. Der »Einhorn«-Wein des Libanon.

Oumsiyat, Château – Kellerei im Libanon-Gebirge mit einfachen, geradlinigen, fruchtigen Bordeaux/Rhône-Verschnitten und Sortenweinen, zu denen neben den üblichen Verdächtigen auch ASSYRTIKO and Obeidy (sic!) gehören.

Sept ★★★ Pionier-*garagiste.* Auf den Schalen vergorener Obeideh und Merwah sowie andere, mit minimalen Eingriffen erzeugte Sortenweine: VIOGNIER, GRENACHE, eindringlicher SYRAH.

Tourelles, Domaine des ★★→★★★★ Das Gut aus dem 19. Jh. wird von dem dynamischen Fouzi Issa geführt. Klasse SYRAH, guter Marquis des Beys (rot/weiß). Herausragender CARIGNAN und CINSAULT von alten Reben, dazu eine Cuvée von Obaideh/Merwah; ebenso guter klassischer Rotwein und prima Rosé.

Wardy, Domaine ★★ Pionier für sortenreine Weine: CINSAULT, Obeideh, SAUVIGNON BLANC, VIOGNIER. Also traditionelle französische Verschnitte, inkl. eines hervorragenden süffigen Rotweins.

Türkei

Ein Land mit einer ungeheuren Menge an Terroirs und einheimischen Rebsorten ohne Ende. Trotz zunehmender Hindernisse investieren mutige Weinmacher in Qualität.

Buzbag ★ Wichtige Marke seit den 1940ern. Der rustikale ÖKÜZGÖZÜ/BOĞAZKERE (Kayra) wird langsam besser.

Chamlija ★★→★★★ Intensiver CABERNET FRANC von einer Einzellage. Neuer aromatischer Papaskarasi.

Corvus ★→★★ Kellerei auf der Insel Bozcaada. Intensive, eichenlastige Weine im Stil der neuen Welt.

Doluca ★→★★ Drei Generationen derselben Familie. Fair kalkuliert ist die Reihe Tugra aus regionalen Rebsorten.

Kalpak ★★ Sollte man im Auge behalten für seine klassischen Bordeaux-Verschnitte (CABERNET SAUVIGNON/MERLOT/CABERNET FRANC/PETIT VERDOT).

Kavaklidere ★→★★★ Moderne Weine vom größten Gut der Türkei. Qualitätsschaumwein Côtes de Avanos. Fruchtiger Yakut, guter SYRAH Pendore.

Kayra ★→★★ Vornehmer ÖKÜZGÖZÜ, tanninbetonter BOĞAZKERE und frischer NARINCE. Im Besitz von Diageo.

Pasaeli ★→★★ Frische, lebhafte Bordeaux-Verschnitte aus einer Einzellage.

Sevilen ★→★★ Guter würziger SYRAH im internationalen Stil; aromatischer FUMÉ BLANC.

Sulva ★→★★ Körperreicher Bordeaux-Verschnitt Sur und von Eiche unterstützter fruchtiger SYRAH.

Urla ★★→★★★ Ausdrucksstarker roter Tempus; der NERO D'AVOLA/Karasi ist konzentriert und würzig.

Zypern

Einheimische Rebsorten sind Zyperns große Stärke. Alte Sorten wie Morokanella, Promara, Vasilissa und Yiannoudi aus alten reblausfreien Weinbergen sind gut an die sonnigen, trockenen Wachstumsbedingungen angepasst. Es gibt eine neue Welle von Weinen mit geschützter Ursprungsbezeichnung und sogar von Lagenweinen, da die besseren Erzeuger immer mehr auf ihr Terroir achten und die Zyprioten endlich beginnen, die Weine ihres eigenen Landes zu schätzen.

Aes Ambelis ★→★★ Familienkellerei für ordentliche reinsortige Weine, v. a. floral-würziger Morokanella und guter gespriteter COMMANDARIA.

Anama Concept ★★ Kleiner Produzent von super üppigem, lange gereiftem Süßwein von alten MAVRO-Reben im Stil eines COMMANDARIA.

Argyrides Vineyards ★★→★★★ Wunderschönes Weingut in vierter Generation, geleitet von einer der wenigen Weinmacherinnen Zyperns. Maßstäbe setzender MARATHEFTIKO plus sehr guter MOURVÈDRE, VIOGNIER (v. a. Limited Edition), MERLOT/CABERNET SAUVIGNON.

Commandaria – Traditioneller, reichhaltiger, süßer Wein mit geschützter Ursprungsbezeichnung von sonnengetrockneten XYNISTERI- und/oder MAVRO-Trauben. 800 v. Chr. von dem griechischen Dichter Hesiod erwähnt, möglicherweise viel älter. Die neuen ungespriteten Versionen von kleinen Erzeugern lohnen einen Versuch: KYPEROUNDA, TSIAKKAS, ZAMBARTAS. Für traditionellere gespritete Stile: AES AMBELIS, St Barnabas (KAMANTERENA), St John (KEO).

Gerolemo ★→★★ Der Familienbetrieb ist bekannt für gute Weine von lokalen Trauben.

Kamanterena (SODAP) ★→★★ Große Genossenschaft in den Hügeln von Paphos. Die besseren Weine laufen in der Reihe Kamanterena. Es gibt recht preiswerten XYNISTERI, den Project X aus einer Einzellage, Rosé und MARATHEFTIKO Stroumbeli. Der COMMANDARIA St. Barnabas ist exzellent.

KEO ★→★★ Getränkegroßhändler; Qualitätsweine entstehen auf dem Gut in Mallia. Gelungen ist der COMMANDARIA St. John im traditionellen Stil.

Kyperounda ★★→★★★ Der Petritis demonstriert vorbildlich die Lagerfähigkeit von XYNISTERI, dazu kommen Terroir-Abfüllungen aus Weinbergen im Osten und Westen. Saftiger roter Andessitis als Einsteigerwein, neuer, süffige MARATHEFTIKO. Exzellent sind die Flaggschiffweine der eigenen Lagen: weißer Epos (CHARDONNAY), roter CABERNET SAUVIGNON und SYRAH. Schöner moderner COMMANDARIA.

In der Antike war Zypern für sein Kupfer bekannt. Die alten Griechen nannten die Insel Kupros.

Makkas ★★ Vielversprechender junger Öko-Betrieb mit experimentellem Ansatz. Probieren Sie den pikanten Vasilissa, den Amphorenwein Promara und den saftigen Yiannoudi.

Tsiakkas ★★→★★★ Dieses Weingut setzt Standards in den Bergen, die Reben stehen bis in 1.460 m Höhe. Stets zuverlässig. Weiße Highlights: Promara, XYNISTERI, eleganter Exelixis. Rotweine: sehr guter Vamvakada (alias MARATHEFTIKO), feinfruchtiger MAVRO Mouklas, exzellenter Yiannoudi. Das neue rote Flaggschiff Anagennisis ist ein Verschnitt lokaler Sorten. Fantastischer, fruchtiger, moderner COMMANDARIA.

Erwähnenswerte Namen in Nordafrika und der Levante

Jordanien Zumot (Saint George). **Marokko** Amal, ★★ Baccari (Première de Baccari), Castel Group, ★ Celliers de Meknès (Ch. Roslane), La Ferme Rouge, ★→★★ Ouled Thaleb (Tandem/Syrocco), ★→★★ Val d'Argan (Orian r), Zouina. **Syrien** ★★★ Bargylus. **Tunesien** Neferis.

Vasilikon Winery ★★ Familienweinweingut, bekannt für konstant zuverlässigen XYNISTERI, saftigen Rotweinverschnitt Ayios Onoufrios und langlebigen Methy. Auch neuer Xynisteri von einer Einzellage, jasminduftiger Vasilissa, komplexer, robuster LEFKADA.

Vlassides ★★→★★★ Familienunternehmen, das als Qualitätspionier berühmt für SHIRAZ ist. Lokalsorten sind der neue Schwerpunkt, v. a. exzellenter Alátes, XYNISTERI, Óroman auf Yiannoudi-Basis. Flaggschiff der Kellerei ist der Artion, für Einsteiger gibt es die fruchtbetonte Reihe Grifos.

Vouni Panayia ★★ Familienbetrieb, bekannt für Weine von Lokalsorten in begrenzten Mengen: XYNISTERI Alina, MARATHEFTIKO, Morokanella, Promara, Spourtiko.

Zambartas ★★→★★★ Der in Australien ausgebildete Kellermeister erzeugt sehr gute Einzellagenweine, u.a. Margelina von hundertjährigen Reben, XYNISTERI, Rosé mit Namen Not Orange. In der sehr guten Reihe Zambartas ragt der SHIRAZ/LEFKADA heraus. Grandioser COMMANDARIA Melusine, eben erst freigegeben.

Asien, Schwarzes Meer und Kaukasus

Asien

China

Für den chinesischen Wein begann der Covid-Lockdown als unerwarteter Glücksfall, da sich die Verbraucher online üppig mit Lebensmitteln und Getränken (einschließlich Wein) eindeckten. Doch dann ging es bergab, als aufgrund der langen Dauer des Lockdowns Jobs verloren gingen und Ersparnisse schwanden, während sich Hypothekenraten auftürmten. Man schätzt, dass jeder fünfte Hochschulabsolvent keine Arbeit fand. Chinesischer – und importierter – Wein hat einen schweren Stand. Mit der Lockerung der Null-Covid-Strategie arbeitet sich die Branche zurück. Ironischerweise war die Qualität noch nie so gut wie heute.

Chinas bester Schaumwein ist Dom. Chandon in Ningxia (französischer Eigentümer). Auch der überzeugendste CHARDONNAY Chinas kommt von dort: Der Pernod Ricard Ningxia Helan Mountain Reserve Chardonnay ist fein, elegant und fesselnd. Chinas Fixierung auf CABERNET SAUVIGNON als Rotwein der Wahl scheint unerschütterlich zu sein. Am teuersten sind hier Dom. de Long Dai von Lafite in Shandong und Ao Yun von Moët-Hennessy in Yunnan. Der teuerste Bordeaux-Verschnitt ist Jiabeilan aus Ningxia. Weitere interessante Erzeuger sind: Ch. Rongzi, Canaan Winery, Grace Vineyard, Li Family, Silver Heights, Tiansai und Xige Estate. Noch spannender sind Ch. Chanson und CoPower Jade Fei Tswei CABERNET FRANC. MARSELAN mit seinen blumigen Noten und der dunklen Kirschfrucht ist am besten im Ch. Zhongfei aus Xinjiang. Die Taila Winery in Shandong produziert beständig Chinas besten Süßwein, einen PETIT MANSENG, der mit den besten in Frankreich mithalten kann; Ch. Nine Peaks hat ebenfalls Qualität. Dom. Charme produziert einen trockenen Viognier. Der beste Rosé des Landes ist ein Gemeinschaftswerk von Laurenz Moser aus Österreich und Changyu.

Indien

Opulente, fleischige Rotweine, in der Regel mit kräftiger Eichennote, und freimütige Weiße mit jeder Menge Frucht sind hier die Norm. Die Branche ist klein und arbeitet in einem für Weinbau nicht gerade ideal geeigneten Klima. Einige Erzeuger haben sich jedoch einen Namen machen können. Empfehlenswert sind: Fratelli, Grover Zampa, KRSMA, M/S Akluj, Sula (The Source GRENACHE Rosé, SAUVIGNON BLANC mit Eichennote), Vallonné; außerdem die Schaumweine von Chandon und York. Die Hauptanbaugebiete liegen in den Bundesstaaten Andhra Pradesh, Karnataka und Maharashtra; achten Sie auf CHENIN BLANC, Sauvignon blanc, CHARDONNAY, VIOGNIER, RIESLING, Grenache, TEMPRANILLO und natürlich CABERNET SAUVIGNON.

Japan

Hat die Camel Farm Winery in Hokkaido möglicherweise das Skript für japanische Rotweine neu geschrieben? Wenn ihr Private Reserve BLAUFRÄNKISCH 2020 etwas taugt, überlegen sich andere vielleicht auch, ihre Bordeaux-Verschnitte zugunsten der österreichischen Alternative aufzugeben. Auch der Mariko Vineyard SYRAH von Ch. Mercian in Nagano auf Honshu feuert die Debatte über rote Sorten an. Der kühlklimatische Chitose Kimura Vineyard PINOT NOIR aus Hokkaido ist köstlich. Japans feinster flaschenvergorener Schaumwein wird Champagner immer ähnlicher, besonders wenn man bedenkt, dass Champagner immer reifer wird. Der Blanc de Blancs von Grace ist ein reinsortiger CHARDONNAY, der mindestens 5 Jahre auf der Hefe liegt. Grace Vineyard mit Sitz in Yamanashi auf der Hauptinsel Honshu ist auch Japans Maßstab für Koshu im gesamten Qualitäts- und Preisspektrum, vom Einsteigerwein mit Schraubverschluss bis zur Cuvée Misawa von einer Einzellage. Die besten Koshu-Weine sind ohne Holzeinfluss, und Sanwa Shurui (das Kerngeschäft ist Shochu aus Gerste) produziert eine umwerfende Version. Weitere empfehlenswerte Erzeuger sind Aruga Branca, Ch. Mars, Mercian, Morita Koshu Winery, Dom. Hide, Haramo, Huggy Wine, Kurambon, L'Orient, Lumiere, Manns Wines, Marquis, Soryu und Suntory.

Schwarzes Meer und Kaukasus

Durch den Krieg in der Ukraine haben sich deren Weingüter plötzlich an der Front wiedergefunden. Die meisten halten den Betrieb aufrecht, zumindest war das bis Redaktionsschluss der Fall. Im Kaukasus erzeugen Georgien und Armenien stolz die Weine der »uralten Welt«. Mit »uralt« ist die Tradition der in Amphoren vergorenen Weine mit Hülsenmaischung gemeint, die seit Jahrtausenden praktiziert wird und heute unter Weinfreaks, Millennials und Naturweinadepten im Trend ist. Aserbaidschan, bekannt für Brandy, etabliert sich gerade als Qualitätsweinerzeuger. Moldau mit seinen bislang vor allem preiswerten Weinen peilt ein höheres Niveau an. Kuriositäten lassen sich in Usbekistan und Kasachstan finden.

Armenien

Ein kleines Land, doch seine Weine aufzutreiben lohnt sich. Die lokale Weinbautradition ist ebenso alt wie die Georgiens. Beide Länder verwenden Amphoren; hier heißen sie *karas.* Charakteristische armenische Trauben sind die weiße Voskeat und die roten Sorten Areni, Akhtanak und Karmrahyut. Reblausfreie Weinberge gibt es viele. Empfehlenswerte Erzeuger: Armenia Wines und Hin Areni sowie die Boutiquekellereien ArmAs, Old Bridge, Tushpa, Van Ardi, Voskeni, Voskevaz, Zorah (sehr gut).

Georgien

Qvevri ist in der Weinsprache inzwischen ein eingeführter Begriff. Die meist riesigen Tongefäße werden für die Hülsenmaischung und den Ausbau der georgischen Weiß- und Rotweine verwendet – ein schon seit 8.000 Jahren ununterbrochen praktiziertes Verfahren. Neuerdings wird auch mit Temperaturkontrolle, unterschiedlichen Größen und der Produktion von Rosé experimentiert. Es gibt eine Menge einzigartiger indigener Rebsorten, von denen etwa 40 kommerziell genutzt werden. Die rote Starsorte SAPERAVI liefert großartige Weine: körperreich, tanninstark, alterungswürdig. Die säurebetonte weiße RKATSITELI, hauptsächlich in Kachetien angebaut, hat das Phänomen der Orange Wines angestoßen. Beachtung verdienen auch die weißen Sorten Chinuri, Kisi und Mtsvane. Praktisch jeder Haushalt stellt eigenen Wein her. Verlässliche bis ausgezeichnete Qualität bekommt man von Badagoni, Ch. Mukhrani, Jakeli, Khareba, Marani, Papari Valley, Shumi Winery, Tbilvino, Teliani Valley, Tsinandali Estate.

Moldau

Das Land zwischen Rumänien und der Ukraine hat mehr Weinberge als Südafrika und rühmt sich, die höchste Anpflanzungsdichte und die größten Weinkeller der Welt zu haben. Mit einer langen Geschichte im Rücken und dem Ruhm, den es im zaristischen Russland genoss, hat Moldau heute eine moderne Produktion mit gutem Preis-Leistungs-Verhältnis. Internationale Sorten dominieren, doch es lohnt sich, Ausschau nach den Lokaltrauben zu halten, v. a. FETEASCĂ ALBĂ, FETEASCĂ REGALĂ und Viorica (alle weiß) sowie Rară Neagră und FETEASCĂ NEAGRĂ (beide rot). Probieren Sie den ungewöhnlichen Rotweinverschnitt Negru de Purcari (CABERNET SAUVIGNON/SAPERAVI/Rară neagră) und den Eiswein. Führende Erzeuger: Cricova (Schaumwein), Milestii Mici, Château Purcari. Gute bis exzellente Qulität: Asconi, Castel Mimi, Ch. Vartely, Et Cetera, Gitana, Lion Gri, Vinăria Bostavan, Vinăria din Vale.

Russland

Der Krieg hat in Russland zu einem schmerzhaften Rückgang der Importe internationaler Spitzenmarken geführt. Die lokale Produktion kann sie nicht ersetzen, und die Spitzenweine sind überteuert und unattraktiv. Die besten natürlichen Bedingungen herrschen am Schwarzen Meer und am Fluss Kuban, doch sogar am entlegenen Kaspischen Meer gibt es Weinberge. Das raue Klima im Tal des Don, bekannt für indigene Sorten (rote Krasnostop, Tsimliansky), bedingt, dass die Reben im Winter eingegraben werden müssen. Anderswo dreht sich der Weinbau um internationale Sorten. Natürlich unterliegt Russland derzeit internationalen Sanktionen.

Ukraine

Verluste von Menschenleben, verwüstete und verminte Weinberge, zerstörte Lagerhäuser sind die tragischen Folgen des Krieges, vor allem in den Weinbergen um Mykolajiw und den neuen Kellereien nahe Kiew. Bei Redaktionsschluss ging die Produktion jedoch weiter. Der Weinbau konzentriert sich entlang des Schwarzen Meeres und reicht bis in die Karpaten und nach Kiew. Erstklassige Boutiqueweine kommen von der Krim (Oleg Repin, Uppa Winery); gute Erzeuger sind u. a. Beykush Winery, Esse, Guliev Wines, Kolonist, Prince Trubetskoy Winery, Satera, Shabo, Veles, Villa Tinta. Traditionell bedeutend sind Schaumweine, z. B. von ArtWinery, Novy Svet, Odessavinprom, Zolotaya Balka. Auch der historische gespritete Stil behauptet seine Nische: Ch. Chizay, Koktebel, Massandra, Solnechnaya Dolina.

Vereinigte Staaten

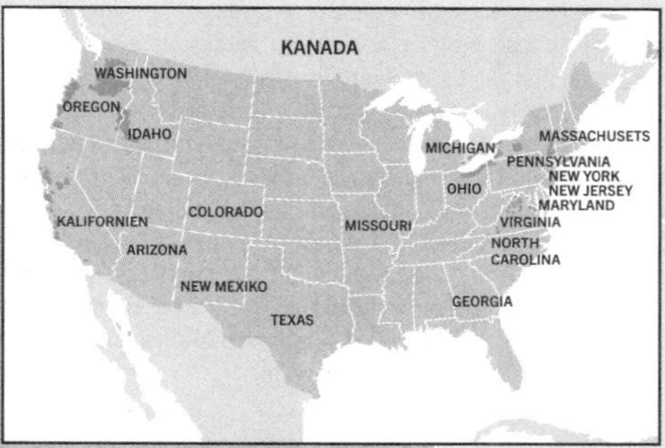

Die dunklen Flächen bezeichnen die Weinbaugebiete

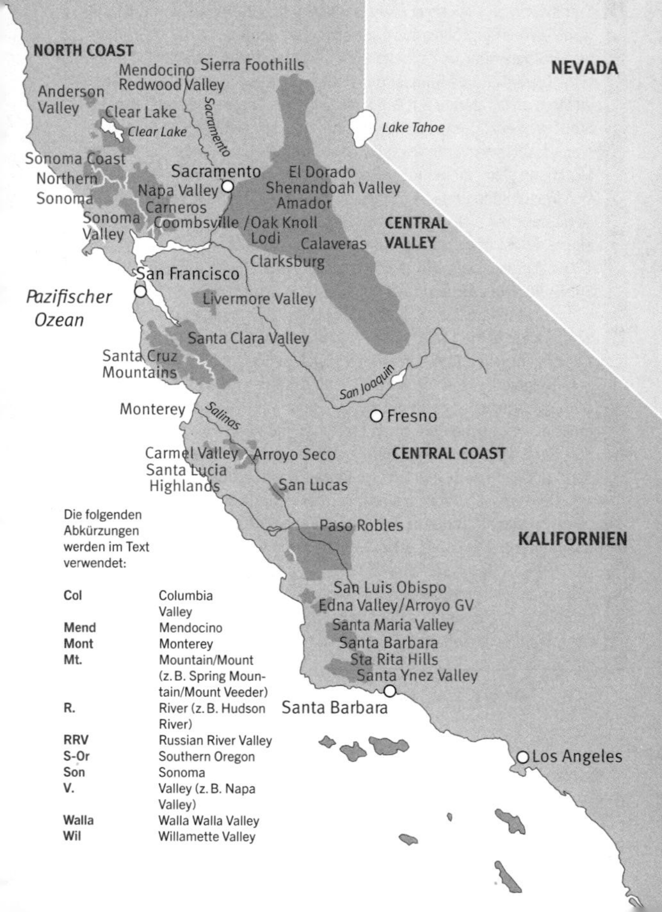

Die folgenden Abkürzungen werden im Text verwendet:

Col	Columbia Valley
Mend	Mendocino
Mont	Monterey
Mt.	Mountain/Mount (z. B. Spring Mountain/Mount Veeder)
R.	River (z. B. Hudson River)
RRV	Russian River Valley
S-Or	Southern Oregon
Son	Sonoma
V.	Valley (z. B. Napa Valley)
Walla	Walla Walla Valley
Wil	Willamette Valley

Quer durch die USA hat sich die Weinstilistik verändert. Handwerkliche Produktion, minimale Eingriffe und Nachhaltigkeit sind mehr als nur Schlagwörter. Geschickt eingesetzt, führen sie zu präzisen und eleganten Weinen voller Finesse. Nicht alle, aber viele Weine sind jetzt leichter, gewagter und auf jeden Fall interessanter als je zuvor. Sie werden vielleicht lachen, aber das gleiche Phänomen zeigt sich beim Käse. Handwerklich produzierter Käse von hier ist an die Weltspitze geklettert. Billig ist er nicht. Aus den USA kommen mittlerweile extrem teure Weine, ebenso wie Käse. Aber genauso gut findet man auch sehr preiswerte Weine, und »preiswert« ist hier nicht mit »billig« zu verwechseln. Wir möchten Sie in diesem Buch mit auf unsere persönliche Weinreise nehmen. Das bedeutet, dass einige Weine, die vielleicht mit 100 Punkten bewertet werden, keine Erwähnung finden und dass vielleicht nicht alle ihre bisherigen Lieblingsweine dabei sind. Wir hoffen jedoch, Sie im besten Fall neugierig zu machen auf Weine, von denen Sie noch nie gehört oder die Sie bislang nicht probiert haben. Noch nicht.

American Viticultural Areas (AVAs)

Da sie weder auf Produktionsbestimmungen noch auf irgendwelche Traditionen Rücksicht nehmen müssen, sind AVAs nur entfernt mit Appellations contrôlées zu vergleichen. Sie werden von der US-Behörde TBB verwaltet und machen eher Angaben zum jeweiligen Standort – bezüglich des Klimas, der Böden oder des Marktes – und sind insofern etwas stärker auf Wein fokussiert als Labels, die einen ganzen Staat oder ein County umfassen. Eine AVA kann eine Region innerhalb eines Staates sein oder auch Grenzen überschreiten, wenn bestimmte Merkmale gleichbleiben. Ein Beispiel ist die AVA Columbia Gorge, die sich Washington und Oregon teilen, oder die kühle AVA Lake Erie, die sich über New York, Pennsylvania und Ohio erstreckt. Es gibt 251 etablierte AVAs, und ständig werden neue ausgelobt und bestätigt. Mit 140 hat Kalifornien die meisten. Es gibt eine Fülle verschachtelter Sub-AVAs wie z.B. den hochgejubelten Stags Leap District im Napa Valley. Mit einem AVA-Etikett ist der Standard minimal höher als mit einem allgemeinen (ein Landes- oder County-Label verspricht 75% Regionalität, eine AVA immerhin 85%). Manche Staaten haben strengere Regeln: Oregon fordert 100% für Erstere und 95% für Letztere. Die Zulassungsstandards für AVAs sind streng: Bei der Beantragung müssen Unterscheidungsmerkmale nachgewiesen werden, die auf den Karten des US Geological Survey überprüfbar sind, und wie sie den Weinbau inner- und außerhalb der beantragten Zone beeinflussen. Der vorgeschlagene Name muss der Historie des Gebiets entsprechen, so wie es früher in Zeitungen, Zeitschriften oder Büchern benannt wurde. Die Qualität des Weinbaus und das Weinwissen in den USA werden ständig besser, deshalb argumentiert die TBB: »AVAs erlauben es den Produzenten, die Herkunft ihrer Weine besser zu beschreiben … und den Konsumenten, die Weine leichter zu identifizieren.« Manche unken, dass es dabei nur um höhere Preise geht.

Arizona

Dynamische Produzenten, hohe Qualität und kontinuierliche Innovation. Drei AVAs in Höhen bis zu 1.600 Metern sorgen mit ihrem Wüstenklima für perfekte Traubenreife: Sonoita und Verde Valley sind auf Kalkstein gegründet, Willcox auf Vulkanerde. Mediterrane, portugiesische und Bordeaux-Reben plus MALVASIA liefern die besten Weißen. Weingüter: **Arizona Stronghold** ★★★ Flaggschiff ist die Cuvée Mangus aus SANGIOVESE/CABERNET/MERLOT. **Bodega Pierce** mit gutem Malvasia und GRACIANO. **Caduceus Cellars** ★★★ Zusammen mit dem Schwesterweingut Merkin Vineyards im Besitz des Musikers Maynard James Keenan. An der Spitze die weiße Cuvée Dos Ladrones, der Primer Paso in Rot und der SAGRANTINO Nagual del Sensei. **Callaghan Vineyards** ★★★ Hervorragende Cuvées aus vorwiegend spanischen Rebsorten; im weißen Lisa's dominiert PETIT MANSENG, im roten Back Lot ist es GRENACHE und im ebenfalls roten Padre TEMPRANILLO. **Ch. Tumbleweed** ★★ Moderne Etiketten, traditionsreiche Weinlagen; der Neuzugang Sierra Bonita aus CABERNET FRANC ist hervorragend. **Dos Cabezas WineWorks** Mit dem Fokus auf Cuvées wie dem roten Aguileon und Meskeoli in Weiß. **Javelina Leap Vineyard & Winery** Flaggschiff ist der ZINFANDEL Legacy, dazu Sangiovese und SYRAH. **Page Springs Cellars** Rhône-Spezialist, vor allem für eine Reihe von Syrah-Klonen und ROUSSANNE aus Einzellagen. **Pillsbury Wine Company** ★★ Gutseigene, mit wilder Hefe vergorene Rhône-Rebsorten von Filmemacher Sam Pillsbury. Roter Guns and Kisses im Côte-Rôtie-Stil, dazu straffer PETITE SIRAH und die aromatische Cuvée WildChild. **Rune Wines** Weinerzeugung mit wenig Eingriffen. Überwiegend Rhône-Rebsorten wie der ausdrucksstarke Grenache. **Sand-Reckoner** ★★ Trockener, duftiger Malvasia und Tempranillo.

Colorado

Extrem kontinentales Klima, gepaart mit einem Hochwüsten-Terroir und wenig Luftfeuchtigkeit. Kühlklimatische Reben und Experimente mit Hybriden. Zwei AVAs: Im Grand Valley gedeihen Bordeaux- und Rhône-Rebsorten. In der AVA West Elks ist es kühler, eher wie im Elsass, hier stehen Burgunder-Reben. **Bookcliff** ★★ Zugänglicher GRACIANO; exzellenter CABERNET SAUVIGNON, CABERNET FRANC Reserve. **Carboy** Weingut, Handel und Verkostungsraum an vier Orten mit jeweils unterschiedlichen Weinen. **Carlson** ★ Historisches Weingut; produziert schon lange Obst- und Süßweine; guter trockener GEWÜRZTRAMINER, LEMBERGER und St. Vincent Hybrid in Rot. **Colterris** Premium-Bordeaux-Spezialist; Gutsabfüllungen von so ziemlich jeder Bordeaux-Rebsorte; Der Cabernet Sauvignon Coral White ist das Flaggschiff. **Jack Rabbit Hill Farm** ★ Das einzige zertifizierte biodynamische Weingut im Staat; eleganter PINOT NOIR, PINOT MEUNIER, weiße Elsässer Rebsorten; auch für seinen Cider bekannt. **Plum Creek Winery** Rote Bordeaux-Rebsorten und guter CHARDONNAY, Pét-Nat. **Snowy Peaks** Sehr hoch gelegen, Rhône-, Bordeaux- und Hybrid-Rebsorten; interessant die Hybrid-Cuvée Élevé Robuste (rot). **Stone Cottage Cellars** Hoch gelegen, Spezialist für weiße Elsässer Sorten; rassiger Gewürztraminer, PINOT GRIS, dazu mineralischer Chardonnay. **Sutcliff Vyds** Ein Ausreißer im Grenzbereich von Four Corners, Bordeaux-Rebsorten. **The Storm Cellar** Konzentriert sich auf Weiße und Rosés aus Hochlagen, einschließlich der Hybridsorten Chambourcin und St. Vincent (sehr gut).

Georgia

Teilt sich die Blue Ridge Mountains mit Virginia und North Carolina. Zwei AVAs, nur das Dahlonega Plateau befindet sich ausschließlich in Georgia. Hier gedeihen Bordeaux-Reben, CHARDONNAY, PETIT MANSENG und PINOT NOIR. **Crane Creek** Überwiegend Hybride. **Engelheim** Preisgekrönter TRAMINETTE. **Habersham** Drei Reihen, Southern Harvest wird aus Muscadine gekeltert.**Sharp Mountain** SANGIOVESE, GEWÜRZTRAMINER. **Stonewall Creek** Strukturierter NORTON. **Three Sisters** Empfehlenswert sind PINOT BLANC und CABERNET FRANC aus der AVA-Reihe. **Tiger Mountain** Petit Manseng in Weiß und TOURIGA NACIONAL in Rot. **Wolf Mountain** Höchste Auszeichnungen für Blanc de Blancs und Claret (CABERNET SAUVIGNON/MALBEC). **Yonah Mountain** Meritage.

Idaho

Die kleine Region steht noch am Anfang ihrer Entwicklung, tief im Schatten von Oregon und Washington im pazifischen Nordwesten. Aber es gibt vielversprechende Versuche mit SYRAH, TEMPRANILLO oder VIOGNIER.

Cinder Wines Snake R.V. ★★ Eines der Spitzenweingüter im Staat. Melanie Krause, ehemals bei Chateau Ste. Michelle (Washington), produziert in der AVA Snake River Valley sehr guten, samtigen SYRAH, halbtrockenen RIESLING, VIOGNIER.

Colter's Creek ★★ Bei den Pionieren im Lewis-Clark Valley herrscht Arbeitsteilung. Mike Pearson kümmert sich um die Reben, Melissa Sanborn macht den Wein. Kräuterwürziger CABERNET und seidiger SYRAH helfen, der Weinkarte ihren Stempel aufzudrücken.

Huston Vineyards Snake R.V. ★ Die RIESLING-Cuvée Chicken Dinner ist ein Genuss, der MALBEC lecker.

Rivaura ★★ Neues Gut im Lewis-Clark Valley mit einem hoch angesehenen Weinmacher als Berater. Man sollte seinen SYRAH im Auge behalten.

Ste. Chapelle Snake R.V. ★ Idahos älteste und größte Kellerei konzentriert sich auf süße Weiße und weiche Rote. Süffige Tropfen zum kleinen Preis.

Sawtooth Winery Snake R.V. ★ 1987 gegründet; schmackhafte Gutsweine von RIESLING, SYRAH und TEMPRANILLO.

Kalifornien

Kalifornien regiert noch immer als König der Neue-Welt-Weine. Rote und Weiße, die von Bordeaux oder Burgund inspiriert sind, stehen an der Spitze. Dicht gefolgt von Weinen auf der Basis von Zinfandel, dazu jede Menge anderer Preziosen. Auch wenn der Löwenanteil auf dem heimischen Markt bleibt, finden sich für die besten Weine immer mehr Käufer aus dem internationalen Luxussegment – von London bis Dubai. Die globale Nachfrage nach der Crème de la Crème dieser Weine wird weiter steigen, und dieser Umstand verkompliziert den heimischen Weintourismus. Selbst für die Besserverdiener unter den Kaliforniern ist ein Wochenende im Napa Valley absurd teurer geworden, ganz zu schweigen von Leuten aus dem Mittleren Westen mit Durchschnittseinkommen. Aber es gibt preiswerte Alternativen für Weintouristen, die bereit sind, sich auf die unbekannteren Ecken und Winkel Kaliforniens einzulassen. Ernsthafte Weinliebhaber sollten immer wieder weniger glamourösen Gebiete wie Anderson Valley, Lodi, Paso Robles, Santa Barbara, Sierra Foothills oder West Sonoma Coast ansteuern. Einfach mit offenen Fenstern herumzufahren und diesen malerischen Staat zu entdecken ist sowieso herrlich, und als Belohnung winken ein Glas frischer Wein, ein Lächeln und ein akzeptabler Preis für ein Tasting am Ende einer schönen Tour. Die »Faszination Kalifornien« wird immer bleiben. Das ist überall zu sehen und zu schmecken. Hier zu leben ist teuer, aber es lohnt sich.

Bedeutende Weinbaugebiete in Kalifornien

Es gibt weit über 100 American Viticultural Areas (AVAs) in Kalifornien. Nachfolgend sind die wichtigsten aufgeführt.

Alexander Valley (Sonoma). Warmer Anbaubereich im oberen Sonoma Valley. Bekannt für guten Zinfandel und Cabernet Sauvignon von Hügellagen.
Amador County. Warmes Gebiet in der Sierra Nevada. Sein ganzer Reichtum sind alte Zinfandel-Reben. Trauben von der Rhône gedeihen ebenfalls gut.
Anderson Valley (Mendocino). Winde und Nebel vom Pazifik durchziehen das Tal des Navarro-Flusses landeinwärts. Großartiger Pinot noir, Chardonnay und Schaumwein. Sehr guter Riesling und Gewürztraminer, mancher Syrah ist herausragend. Im Auge zu behalten.
Atlas Peak (Napa). Außergewöhnlicher Cabernet Sauvignon und Merlot.
Calistoga (Napa). AVA am Nordende des Napa Valley für Rotwein, v.a. Cabernet Sauvignon.
Carneros (Napa, Sonoma). Kühle AVA am Nordende der San Francisco Bay. Guter Pinot noir, Chardonnay; Merlot, Syrah und Cabernet Sauvignon aus wärmeren Lagen. Sehr guter Schaumwein.
Coombsville (Napa). Kühle AVA in der Nähe der San Francisco Bay. Ausgezeichneter Cabernet Sauvignon im Bordeaux-Stil.
Diamond Mountain (Napa). Reben in hohen Lagen, hervorragender Cabernet Sauvignon.
Dry Creek Valley (Sonoma). Überragender Zinfandel; guter Sauvignon blanc; Cabernet Sauvignon und Zinfandel aus Hanglagen.
Edna Valley (San Luis Obispo). Kühle Winde vom Pazifik. Sehr guter Chardonnay.
El Dorado County. Hoch gelegenes Gebiet im Inland rund um Placerville. Hier entwickeln sich gerade große Talente mit Rhône-Trauben, Zinfandel, Cabernet und anderen.
Howell Mountain (Napa). Interessanter Napa-Cabernet-Sauvignon von steilen Hanglagen auf Vulkanböden.
Livermore Valley (Alameda). Warme Region mit Vorstadtcharakter östlich von San Francisco. Gutes Potenzial dank der Kiesböden.
Mendocino County. Großes Gebiet nördlich von Sonoma County inkl. dem warmen Red Valley und dem kühlklimatischen Anderson Valley.
Monterey County (Montana). Große Güter im Salinas Valley bringen erschwingliche Chardonnays and Pinot noirs unter kühlen und windigen Konditionen hervor. Im Carmel Valley ist es ein bisschen wärmer, in Arroyo Seco moderat.
Mendocino Ridge. Die Gegend in Mendocino entwickelt sich gerade. Ihre Hügel sind bis zu 365 m hoch. Kühles Klima, kaum Nebel, leichte Böden.
Mount Veeder (Napa). Hoch gelegene Rebflächen für guten Chardonnay und Cabernet Sauvignon.
Napa Valley (Napa). Cabernet Sauvignon, Merlot, Cabernet franc. Halten Sie sich an die Sub-AVAs für aussagekräftige Weine mit Terroir-Charakter und an die Berggegenden für komplexe Weine mit Lagerpotenzial.
Oakville (Napa). Perfektes Gebiet für Cabernet Sauvignon, der hier auf einem Kiesbett gedeiht.
Paso Robles (San Luis Obispo). Beliebt bei Besuchern. Rhône-Reben, Bordeaux-Sorten, überwiegend Rotwein.

Pritchard Hill (östlich von St Helena, Napa). Hoch gelegenes, waldreiches Weingebiet, perfekt für Cabernet Sauvignon.

Red Hills (Lake County). Nördliche Verlängerung der Bergkette von Mayacama, absolutes Cabernet-Sauvignon-Land.

Redwood Valley (Mendocino). Wärmerer Bereich im Landesinneren. Guter Zinfandel, Cabernet Sauvignon, Sauvignon blanc.

Russian River Valley (Sonoma). AVA am Pazifik, oft bis mittags in Nebel gehüllt. Pinot noir, Chardonnay und guter Zinfandel am Fuß der Berge auf dem flachen Uferland.

Rutherford (Napa). Hervorragender Cabernet Sauvignon, v. a. aus Hanglagen.

Saint Helena (Napa). Herrlich ausgewogener Cabernet Sauvignon.

Santa Barbara County (Santa Barbara). County nördlich von LA mit quer verlaufenden Tälern und interessanten Unterzonen – sowohl wärmer als auch kühler.

Santa Lucia Highlands (Monterey). Höher gelegene Südhänge, großartige Pinot noir, Syrah und Rhône-Sorten.

Santa Maria Valley (Santa Barbara). Kühler Bereich an der Küste. Guter Pinot noir, Chardonnay und Viognier.

Sta. Rita Hills (Santa Barbara). Exzellenter Pinot noir.

Santa Ynez (Santa Barbara). Am besten sind Weine von Rhône-Rebsorten (rot und weiß), Chardonnay und Sauvignon blanc.

Sierra Foothills. El Dorado County, Amador County, Calaveras County. Alle werden so langsam besser.

Sonoma Coast (Sonoma). Sehr kühles Klima. Kantiger Pinot noir, Chardonnay und Syrah.

Sonoma Valley (Sonoma). Guter Chardonnay, sehr guter Zinfandel; hervorragender Cabernet Sauvignon aus der Sub-AVA Sonoma Mountain. Achtung: Sonoma Valley ist ein Teil des größeren Anbaubereichs Sonoma.

Spring Mountain (Napa). Edler Cabernet Sauvignon, sehr unterschiedliche Böden und Lagen.

Stags Leap (Napa). Klassische Rotweine, Cabernet Sauvignon mit Noten von dunklen Früchten; sehr guter Merlot.

West Sonoma Coast. Außergewöhnlich kühl, unter maritimem Einfluss an der Sonoma Coast gedeihen Chardonnay, Pinot noir und Syrah.

Neuere Jahrgänge

Kalifornien ist zu unterschiedlich für schlichte Verallgemeinerungen. Sicher gibt es Unterschiede zwischen Nord, Süd und Mitte, aber in den vergangenen 10 Jahren hat es keine wirklich schlechte Lese gegeben. Sorge bereiten Dürre, Hitze und Buschfeuer.

2022 Frost im Frühjahr = geringer Ertrag. Landesweite Hitzewelle im September. Nicht ideal, verspricht aber konzentrierte Weine von hoher Qualität.

2021 Geringe Ernte, aber von hoher Qualität. Von Feuern getroffen wurden El Dorado County und Teile von Lake County.

2020 Geringe Ernte; großartige Weißweine. Rauchschäden bei den Roten von der North Coast.

2019 Guter Ertrag. Nur im Alexander Valley gab es geringe Verluste bei den Spätlesen, entstanden durch Feuer und Rauch.

2018 Rekordernte von großartiger Qualität, aber Probleme mit Rauch im Lake County.

2017 Buschfeuer in Napa und Sonoma, aber erst zum Ende der Lese. Überwiegend sehr gute Qualität.

2016 Gute Qualität: charmante Rote und Weiße, geprägt von großer Frische.

2015 Trockenes Jahr, geringer Ertrag, aber von überraschend guter Qualität, sehr konzentriert.
2014 Trotz eines dritten trockenen Jahres in Folge scheint die Qualität hoch.

Acorn RRV ★★→★★★ Das Gut bewahrt das kalifornische Erbe, indem es einen lebendigen Mischsatz produziert. Auf der historischen Weinlage Alegria gedeiht ZINFANDEL neben 17 anderen roten Rebsorten.

Alma de Catteleya RRV ★★★ Bibiana González Ravé stammt aus Kolumbien. In ihrem verrückten Lebenslauf finden sich erstklassige Güter, für die sie Wein in Europa und den USA produziert hat. Jetzt setzt sie eigene Maßstäbe in Kalifornien. Reintönige, unprätenziöse und bezahlbare PINOT NOIRS sowie toller CHARDONNAY.

Andrew Murray Santa Ynez ★★★ SYRAH hat unter den Rhône-Reben die Nase vorn, aber weißer VIOGNIER, ROUSSANNE oder der frische GRENACHE BLANC sind genauso toll.

Ein höchst simpler Pét-Nat für 40 Dollar verkauft sich wie verrückt, wo doch ein großartiger Blanc de Noirs oJ von Gloria Ferrer für 20 Dollar zu haben ist.

Anthill Farms Son Coast ★★★ Drei hart arbeitende Schüler von WILLIAMS-SELYEM produzieren hier konsequent lebendige, durchdachte, kühlklimatische PINOT NOIR, SYRAH und Weine von alten Reben. Dazu CHARDONNAY von der SONOMA COAST und dem ANDERSON VALLEY. Der Pinot noir aus dem Valley lohnt sich sehr und ist seinen Preis wert. Ernst zu nehmende Durchstarter.

Au Bon Climat Santa Barbara ★★★ Jim Clendenen erzeugte schon feinen PINOT NOIR und knackigen CHARDONNAY, bevor es cool war. Er setzte sich für den eleganten Stil ein, der jetzt angesagt ist. Bedeutend wie immer.

Balletto RRV ★★→★★★ Durch und durch herzerfrischend. So schmeckt Kalifornien – und das zu fairen Preisen –, allen voran der ganz klassisch ausgebaute CHARDONNAY aus dem RUSSIAN RIVER VALLEY.

Banshee Wines Son Coast ★★★ Wachsende Marke, die stark auf PINOT NOIR setzt – ohne eigene Weinberge –, aber mit besten Verbindungen zu anderen Winzern. Gut gemachte Einzellagenweine.

Barnett Spring Mt. ★★★ Das unterschätzte Juwel auf der Bergspitze wird von David Tate gemanagt, der außerdem CHARDONNAY und PINOT NOIR im SONOMA VALLEY produziert. Zum Schreien gute Weine quer durchs Sortiment, herrliche Aussichten und Spitzen-CABERNET-SAUVIGNON aus dem NAPA VALLEY – genug Gründe, auf den Berg zu fahren.

Baxter Anderson V. ★★★ Die Weine aus diesem »Tante-Emma-Betrieb« in MENDOCINO sind echte Seelenwärmer, mit wilder Hefe vergoren und in gebrauchten Fässern gereift. Der duftige PINOT NOIR Valenti wächst an der Küste oberhalb des Nebels.

Beaulieu Vineyard Napa V., Rutherford ★★★→★★★★ Der ikonische CABERNET SAUVIGNON Private Reserve von Georges de Latour zeigt sich wieder in Topform. Auch die anderen Weine der Marke sind durch die Bank gut trinkbar.

Beckmen Vineyards Santa Barbara ★★★ Tom Beckmen hat erst Roland Synthesizers gegründet und dann mit seinem visionären Sohn Steve das biodynamisch bewirtschaftete Bergweingut Purisma Mountain. Beeindruckender SYRAH, GRENACHE und GRENACHE BLANC. Seine erschwingliche rote Cuvée le Bec ist hervorragend und beliebt im ganzen Land. Außergewöhnliche, von der Rhône inspirierte Weine.

Bedrock Wine Co. Son V. ★★★ Morgan Peterson stimmt mit seinen Eigenmarken den Lobgesang auf die alten ZINFANDEL-Weinberge und traditionelle Methoden an. Hier paart sich die Weisheit des Alters mit dem klaren Blick der Jugend.

Beringer Napa ★★→★★★★ Der CABERNET SAUVIGNON Private Reserve und einige Cabernets aus Einzellagen sind durchaus ernst zu nehmen und bringen Lagerpotenzial mit. Das historische Gut in ST. HELENA lohnt einen Besuch. Auch der CHARDONNAY ist jetzt ziemlich gut.

Lagerfähiger Chardonnay

Kalifornische CHARDONNAYS mit Lagerpotenzial haben einige Dinge gemeinsam. Sie wachsen in hohen Lagen auf steinigen Böden und werden nach traditioneller Art wie im Burgund vinifiziert: möglichst wenige Eingriffe und ein langes Hefelager. Eine gute Handvoll an Produzenten hat sich einen Namen dafür gemacht, Chardonnays zu erzeugen, die – richtig gelagert – 10 Jahre und länger halten. Darunter sind Aubert (SONOMA COAST), CHATEAU MONTELENA (NAPA VALLEY), HANZELL (SON VALLEY), Kongsgaard (Napa Valley), MOUNT EDEN (Santa Cruz Mountains), RAMEY (Sonoma Coast) und Stony Hill (SPRING MOUNTAIN).

Berryessa Gap Vineyards Central V. ★★ Das unterschätzte Projekt in Yolo County nahe Sacramento produziert brillante und verblüffend »schlichte« Weine: erfrischender DURIF, TEMPRANILLO und VERDEJO.

Blackbird Napa V. ★★★→★★★★ Unter der Leitung des tollen Weinmachers Aaron Pott hat es auf diesem Gut einen Strategiewechsel gegeben: weg vom MERLOT und hin zu Bordeaux-Cuvées. Der rote Verschnitt Arise ist für 50 Dollar ein glattes Schnäppchen, ähnlich überzeugend der CABERNET-FRANC-betonte Paramour.

Boeger Sierra Foothills ★★ Beständiges Weingut aus den Zeiten des Goldrausches, seit den 1970ern bekannt für BARBERA, CHARBONO und ZINFANDEL. Der überraschende CHARDONNAY zählt zu den besten von den SIERRA FOOTHILLS.

Bogle Central V., Lodi ★★ Solide Markenweine für unter 15 Dollar – in Familienhand (Lebensmittelhandel). Die breite Palette kommt aus LODI, Clarksburg und jetzt auch aus mehreren Küstenregionen. Alle Weine reifen in Barriques ohne zusätzliches Eichenaroma. Respekt!

Boisset Collection Napa V., Son ★★★ Ambitioniertes Portfolio aus nachhaltig bewirtschafteten Gütern und Marken, zusammengestellt von dem schillernden Jean-Charles Boisset (*siehe* Kapitel »Frankreich«). Dazu zählen das historische BUENA VISTA, DELOACH, Lyeth und Wattle Creek in SONOMA COUNTY sowie JCB und Raymond im NAPA VALLEY. Durch die Bank exzellente Qualität.

Bokisch Vineyards Lodi ★★→★★★ Dem erklärten Liebling von Lodi folgen begeisterte Fans seiner iberischen Rebsorten. Großartiger TEMPRANILLO, dazu herausragender ALBARIÑO, GRACIANO und charmanter Rosado.

Bonny Doon Mont ★★★ Immer abenteuerlustig und clever – Randall Graham hat dem kalifornischen Wein eine inspirierte Stimme verliehen. Der *Vin gris* ist super, saftig der Clos de Gilroy GRENACHE, die Cuvée Le Cigare Volant ist ein Rhône-Klassiker aus Kalifornien. Wurde 2020 verkauft, aber der Gründer bleibt an Bord. Unlängst hat er ein neues Projekt namens Popelouchum gestartet, vielleicht sein genialster Coup überhaupt. Dranbleiben!

Buena Vista Son V. ★★→★★★ Historisches Weingut von 1857, dem der Besitzer Jean Charles BOISSET (DELOACH, Raymond) verblüffendes Leben einhaucht mit Kostümtouren, Lichtshows und Computeranimationen wie in Disneyland. Empfehlenswert der SYRAH Count's Selection.

Cade Howell Mt. ★★★ Wunderbare Bergweine: CABERNET SAUVIGNON und SAUVIGNON BLANC von einem ultramodernen Gut. Eine Partnerschaft der reichen Getty-Familie mit dem kalifornischen Gouverneur Newsom und dem Manager John Conover.

Cakebread Napa V. ★★★ Der angenehme CABERNET SAUVIGNON genießt noch immer hohes Ansehen bei den langjährigen Fans. Der SAUVIGNON BLANC ist beliebt, sehr gut der CHARDONNAY. Es lohnt sich, bei einer Fahrt entlang der Route 29 hier anzuhalten. Noch immer ein solider Familienbetrieb.

Calera ★★★→★★★★ Der 2022 verstorbene Josh Jensen suchte nach Kalksteinböden und Höhenlagen für PINOT NOIR und CHARDONNAY. Beides fand er auf dem Mount Harlan. Das Gut wurde 2017 an DUCKHORN verkauft, aber die Weine sind noch immer außergewöhnlich. Einmal im Leben sollte jeder den monumentalen PINOT NOIR Jensen probieren: kalifornische Weingeschichte in Flaschen.

Carlisle Son V. ★★★ Herausragende Weine zu machen ist der beste Weg, um historische Weinlagen zu erhalten. Mike Officer produziert brillanten gemischten Satz auf ZINFANDEL-Basis in Nordkalifornien. Eine clevere Kombi aus Geschichtsbewusstsein und moderner Weinbautechnik. Die Roten aus Rhône-Sorten sind auch nicht schlecht.

Caymus Napa V. ★★★ Beliebte Statusmarke. Die CABERNET SAUVIGNONS der Reihe Special Selection werden ikonisch verehrt, auch am fülligen und saftigen Ende des aktuellen Stilspektrums.

Cedarville Sierra Foothills ★★★ Die Anführer in Sachen Qualität im granitreichen Fairplay District in EL DORADO COUNTY. Herrlicher dunkelfruchtiger GRENACHE und SYRAH; feiner CABERNET SAUVIGNON und ZINFANDEL.

Chanin Wines Santa Barbara, Sta. Rita Hills ★★★ Das Weingut in Santa Barbara produziert akkuraten, mineralischen CHARDONNAY. Der Fokus liegt auf PINOT NOIR und pfeffrigem, sortenreinem SYRAH von den Weinlagen der Familie Schlock. Gewinnt zunehmend an Einfluss.

Chappellet Napa V. ★★★★ Die raue Gegend am Pritchard Hill bringt seit Jahrzehnten aromatischen und langlebigen CABERNET SAUVIGNON hervor. Cabernet Sauvignon aus der Signature-Reihe gibt Vollgas und lässt auch preislich jeden Rivalen aus Napa hinter sich.Trockener CHENIN BLANC bringt würzigen Genuss, ist aber ein bisschen teurer. Zum Besitz gehört auch die von PINOT NOIR und CHARDONNAY geprägte Marke Sonoma-Loeb.

Chateau Montelena Napa V. ★★★ Extrem geschichtsträchtig mit großer Kontinuität in Sachen Betreiber und Stilistik. Ernst zu nehmender CABERNET SAUVIGNON mit Lagerpotenzial. Der CHARDONNAY hält, was er verspricht. Ein schlossähnliches Weingut in himmlischer Umgebung.

Chateau St. Jean Son V. ★★★ Solide auf allen Ebenen; Flaggschiff ist seit Jahrzehnten der Cinq Cépages, eine Cuvée aus 5 Bordeaux-Sorten. Der an Nektarinen erinnernde Robert Young CHARDONNAY ist ebenfalls ein Klassiker.

Chimney Rock Stags Leap ★★★→★★★★ Die Kellermeisterin Elizabeth Vianna ist Latina und hat den Besitz der Familie Terlano in STAGS LEAP COUNTY auf ein neues Level gehoben. Um die Marke kennenzulernen, bietet die relativ preiswerte Bordeaux-Cuvée Elevage den besten Einstieg.

Cline Carneros – Der solide Familienbetrieb bietet erschwingliche sortenreine Weine. Dazu ein paar Flaschen mit Exoten, Weine von alten Reben, ZINFANDEL aus Einzellagen und Rhône-Reben. Der MOURVÈDRE Small Berry aus der Lage Big Break kommt mit einem Hauch Eukalyptus reichlich cool daher.

Constellation Brands ★→★★★ Börsennotiertes Unternehmen, das Wein, Bier und Spirituosen vertreibt. Besitzt so berühmte Namen wie ROBERT MONDAVI, außerdem Meiomi, THE PRISONER, Woodbridge und viele andere internationale Marken. Neuerdings besinnt man sich wieder auf Bier und Cannabisprodukte, ist aber trotzdem ein schweres Geschütz im Weinbusiness.

Continuum Napa V., St. Helena ★★★★ Tim Mondavi beweist in zweiter Generation ein glückliches Händchen und erzeugt einwandfreien CABERNET SAUVIGNON auf seinem Spitzenweingut am PRITCHARD HILL. Der Zweitwein Novicium stammt von jüngeren Reben.

Weinschnäppchen in Kalifornien

In diesem Führer werden viele hochpreisige Weine vorgestellt, aber manchmal verdienen auch die Marken mit dem besten Preis-Leistungs-Verhältnis ein großes Lob für ihre hohe Qualität. Ehrliche Weine für unter 25 $, zum Teil für unter 15 $ die Flasche. Aktuell sind das BOGLE, DECOY, J LOHR, JOSH, KENDALL-JACKSON oder RODNEY STRONG, einige Weine von BERRYESSA GAP, DRY CREEK VINEYARD, Joel Gott, VIGILANCE und der Neueintrag TURKOVICH. Sie alle liefern konstant tolle und zugleich preiswerte Weine.

Corison Napa V. ★★★ Cathy Corison bleibt sich treu und produziert eleganten CABERNET SAUVIGNON im Napa Valley. Ein paar Ausreißer waren unlängst dabei, aber sie beweist ihre Stärke mit dem konzentrierten und langlebigen Cabernet Sauvignon aus der Lage Kronos.

Covenant Napa V. ★★★ Jeff Morgan schreibt professionell über Wein und hat sich vom Saxofonisten zum Kellermeister gewandelt. Er macht definitiv die besten koscheren Weine Kaliforniens (gut, auch Hagafen verdient ein Lob) in seinen großartigen Lagen im NAPA VALLEY, SONOMA VALLEY und darüber hinaus.

Cuvaison Carneros ★★★ Ruhige historische Lage, die kontinuierlich großartige Weine erzeugt. Die Bestnoten gehen an CHARDONNAY und PINOT NOIR vom Gut in CARNEROS. Daneben CABERNET SAUVIGNON und SYRAH vom Mount Veeder. In der Reihe Single Block u. a. herrlicher Rosé und SAUVIGNON BLANC – geschmeidig und sexy in Beton ausgebaut.

Dalla Valle Oakville ★★★★ Erstklassiges Weingut in den Hügeln, das gerade den Übergang in die zweite Generation durchläuft. Der CABERNET SAUVIGNON Maya ist legendär, der gleichnamige Zweitwein hat Kultstatus. Die Edition Dalle Valle Collina ist mit Abstand der beste jüngere Wein und bietet einen vergleichsweise preiswerten Einstieg in das Luxussegment aus NAPA. Her damit!

Daou Paso Robles ★★★ Der großartige CABERNET SAUVIGNON aus dem Adelaida District treibt die gereifte Version dieser Rebsorte aus PASO ROBLES sprichwörtlich auf ganz neue Höhen – gemessen in Metern und Dollar.

Dashe Cellars Dry Creek V., North Coast ★★★ Mike Dashe, der Veteran aus RIDGE, macht leckeren, bezahlbaren und ausgewogenen ZINFANDEL aus dem DRY CREEK VALLEY und dem ALEXANDER VALLEY in seinem Weingut in Alameda. Toller CARIGNANE von alten Reben und knackiger, naturbelassener GRENACHE Rosé.

DeLoach Winery Son ★★★ Der extravagante Maestro Jean-Charles BOISSET hat gleich den Wert dieses fortschrittlichen und an der Biodynamie orientierten Weinguts erkannt. Hier entsteht großartiger CHARDONNAY und PINOT NOIR. Ein Investment mit Sex-Appeal, wenn nicht sogar sein bestes.

Diamond Creek Napa V. ★★★★ Die außergewöhnliche Langlebigkeit dieses CABERNET SAUVIGNON von so ikonischen Lagen wie Volcanic Hill und Gravelly Meadow macht ihn zu einem der begehrtesten Sammlerobjekte aus dem NAPA VALLEY.

Domaine Carneros Carneros ★★★→★★★★ Die Taittinger-Niederlassung wird seit Jahrzehnten von Frauen geführt (aktuell von Remi Cohen) und produziert einen der besten Schaumweine von Kalifornien, den Blanc de Blancs Le Rêve. Die anderen Prickler und der PINOT NOIR sind ebenfalls klasse.

Domaine de la Côte Sta. Rita Hills ★★★ Raj Parr und Sashi Moorman produzieren von der Kritik gefeierten, eleganten CHARDONNAY im französischem Stil. Auch der PINOT NOIR überzeugt im Geschmack. Richtig cool kommt der Pinot noir Sous le Chêne rüber.

Dominus Estate Napa V. ★★★★ Weingut von Christian Moueix (*siehe* Kapitel »Frankreich«). Das von Herzog & de Meuron designte Gebäude ist toll, aber nicht für Hans und Franz zugänglich. Die Weine wachsen auf Kiesböden und sind durch die Bank sehr edel. Auch der Zweitwein Napanook ist klasse. Ein großer Visionär für CABERNET SAUVIGNON aus dem südlichen NAPA VALLEY.

Donkey and Goat North Coast ★★★ Das Gut in Berkeley setzt auf sein Angebot »natürlicher« Weine und erfreut sich lokal großer Beliebheit. Es produziert grundsolide Weine mit möglichst wenig Eingriffen. Viel wird mit Ton- und Betonfermentern experimentiert. Die größtenteils ökologisch angebauten Trauben stammen meist aus dem MENDOCINO COUNTY.

Donum Estate North Coast ★★★→★★★★ Das Gut in dänischem Besitz erzeugt konzentrierten, fülligen, komplexen PINOT NOIR aus vier eigenen Lagen. Neue Weinberge im ANDERSON VALLEY und an der SONOMA COAST kommen dazu.

Drew Family Anderson V., Mend ★★★→★★★★ Der Visionär aus MENDOCINO RIDGE produziert minimalistischen, »wilden« PINOT NOIR im Anderson Valley und in höheren Lagen. Es lohnt, nach dem Gutswein Field Selections Pinot noir von der Mendocino Ridge zu fragen oder nach dem SYRAH von den Valenti Vineyards in Küstennähe. Die Jagd ist eröffnet.

Dry Creek Vineyard Dry Creek V. ★★★ Die Fahnenträger vom Dry Creek sind zurück in der 1. Liga. Die Inspiration durch die Loire geht auf, grasiger FUMÉ BLANC und andere SAUVIGNON BLANCS sind durchweg köstlich. CHENIN BLANC und alle Roten sind besser als je zuvor – dafür lohnt ein Stop bei Healdsburg. Es gibt nichts zu meckern: Auch die Cuvée Mariner aus ZINFANDEL und Bordeaux-Sorten zeigt sich in Bestform.

Duckhorn Vineyards Napa V. ★★★→★★★★ Begeistert die Massen mit nachhaltig wunderbarem CABERNET SAUVIGNON und MERLOT aus der berühmten Lage Three Palms Vineyard, dazu guter SAUVIGNON BLANC. Der höchst erfolgreiche Zweitwein Decoy ist seinen Preis wert. Zum Mutterhaus Duckhorn Wine Company gehören die Marken Migration mit CHARDONNAY und PINOT NOIR von der Nordküste, Goldeneye im ANDERSON VALLEY, CALERA sowie KOSTA BROWNE und Washington State Brands. Ist seit dem Jahr 2021 börsennotiert.

Dutton-Goldfield RRV ★★★ Klassisch kühlklimatischer kalifornischer CHARDONNAY und PINOT NOIR vom Power-Winzer aus dem RUSSIAN RIVER VALLEY. Weine ohne große Ecken und Kanten, aber das kann ja auch von Vorteil sein.

Emeritus RRV ★★★→★★★★ Aufstrebendes Weingut mit drei eigenen Weinbergen, die nicht (!) bewässert werden. Unter der Leitung des talentierten Dave Lattin entsteht wunderbar strukturierter PINOT NOIR. Die Abfüllungen aus der Lage Hallberg Ranch sind exquisit und einzigartig im Stil.

Etude Carneros ★★★ Eine ewig beständige Marke, deren Erfolg auf den gleichermaßen großartigen CABERNET SAUVIGNONS und PINOT NOIRS fußt. Beide Rebsorten werden unter einem Dach mit der gleichen Sorgfalt behandelt. Jetzt im Besitz der Treasury Company, aber die bleibt dem Vermächtnis treu. Der Pinot-noir-Rosé ist einfach hinreißend.

Failla Napa V. ★★★ Der geschickte Ehren Jordan macht handwerklich perfekten CHARDONNAY, PINOT NOIR und SYRAH von verstreuten ersten Lagen in Nordkalifornien und Oregon. Der Pinot noir von der SONOMA COAST beweist sein großes Können beim Verschneiden.

Far Niente Napa V. ★★★→★★★★ Pionier für reichhaltigen CABERNET SAUVIGNON und CHARDONNAY. Hedonismus mit Seele. Gefeierter Dessertwein für alle Süßmäuler. Außerdem Cabernet Nickel & Nickel aus Einzellagen.

Fetzer Vineyards North Coast ★★ Früher Vorreiter in Sachen ökologischer/biodynamischer Weinbau in MENDOCINO. Immer noch gut, v. a. mit der Marke Bonterra. Jetzt im Besitz von Concha y Toro (*siehe* Kapitel »Chile«).

Field Recordings Paso Robles ★★★ Beeindruckend tiefgründige und klug gemachte Weine von Andrew Jones. Am besten sind die Cuvées Neverland und Barter & Trade, aber probieren Sie auch den Alloy und den Fiction in 0,5-l-Dosen: Köstlich!

Flowers Vineyard & Winery Son Coast ★★★→★★★★ Das Pionierweingut nahe der Pazifikküste gehört jetzt zu Huneeus Vintners. CHARDONNAY und PINOT NOIR illustrieren Klima und Höhe auf das Schönste.

Foppiano Son ★★→★★★ Ehrliche Tischweine mit viel sonniger Frucht und wenig Anspruch. PETITE SIRAH und SAUVIGNON BLANC sind trotzdem bemerkenswert.

Fort Ross Vineyard Son Coast ★★★ Das sehr hoch gelegene Weingut ist nur einen Steinwurf vom Pazifik entfernt und schlicht fantastisch. Pikanter CHARDONNAY, zupackender PINOT NOIR und überraschend guter PINOTAGE (!).

Freemark Abbey Napa V. ★★★ Ein klassischer Name, den JACKSON FAMILY WINES 2006 übernommen hat. Hat sich verbessert. Tolles Preis-Leistungs-Verhältnis, inkl. der Einzellagenabfüllungen Sycamore und Bosché von CABERNET SAUVIGNON.

Frog's Leap Rutherford ★★★ John Williams ist der wahre Pionier des biodynamischen Weinbaus in Kalifornien. Er holt das Beste aus seinem in der Talsohle des NAPA VALLEY gelegenen Gutes heraus. Eleganter CHARDONNAY, frischer SAUVIGNON BLANC, saftiger CABERNET SAUVIGNON und MERLOT sowie brombeerfruchtiger ZINFANDEL.

Gallo, E. & J. ★→★★★ Der größte Weinkonzern der Welt, ein Titan für Weine unter 20 $. Dutzende kalifornische Marken gehören dazu wie Apothic, Barefoot oder Louis Martini. Hat unlängst auch Black Box, Clos du Bois, RAVENSWOOD und Jayson übernommen. *Siehe auch* nächster Eintrag.

Gallo of Sonoma Son ★★★ Eindrucksvolle Weine von Toplagen in SONOMA und anderen Gebieten, so unkompliziert, wie es sich die Gründer gewünscht hätten. Die Qualität des Leseguts spricht für sich.

Gary Farrell RRV ★★★ Der Gründer und Namensgeber ist lange verblichen, aber trotz einiger Besitzerwechsel sind die Weine noch immer großartig. Das ist vor allem Kellermeisterin Theresa Heredia zu verdanken, Farrells klug gewählter Nachfolgerin. Schon der Einstiegswein strahlt – ein CHARDONNAY vom RUSSIAN RIVER VALLEY. Die Spitzengewächse sind PINOT NOIRS aus den Einzellagen Hallberg und Fort Ross.

Gloria Ferrer Carneros ★★★ Herausragender kalifornischer Schaumwein. Ein Hoch auf das seit Jahrzehnten bewährte Team aus Besitzern, Winzern und Kellermeistern, das dieses von Freixenet geführte Unternehmen so außergewöhnlich macht. Alles sehr gut, am besten der Jahrgangswein Royal Cuvée.

Goldeneye Anderson V. ★★★→★★★★ Sehr durchdachtes und klug geführtes Weingut mit drei Hauptlagen. Der sehr reife, aber trotzdem köstliche PINOT NOIR stammt aus der Lage The Narrows. Auch die Schaumweine sind etwas Besonderes. Besucher willkommen.

Graziano Family Redwood V. ★★→★★★ Aromatisch, durchweg köstlich, überwiegend italienisch inspiriert und tief verwurzelt in MENDOCINO. Steht für Marken wie Enotria, Graziano, Monte Volpe und Saint Gregory. Die MONTEPULCIANO, PINOT GRIGIO oder SANGIOVESE sind einfach lecker.

Gregory Graham Lake, Red Hills ★★★ Gregory Graham war früher Kellermeister bei ROMBAUER. In den 1990ern kaufte er eine Parzelle im damals abgelegenen Lake County. Dort ist und bleibt er eine bescheidene, aber wichtige Persönlichkeit. SYRAH, CABERNET SAUVIGNON und – Überraschung! – CHARDONNAY sind ziemlich beeindruckend.

Gundlach Bundschu Son V. ★★★ Tolle Weine, einladender Charme und ein beliebtes Ziel für Verkostungen. Abenteuerliche Konzertreihen wie das coole Huichica-Fest locken jüngere Leute an. Am besten sind GEWÜRZTRAMINER, CABERNET SAUVIGNON und MERLOT.

Hall Napa V. ★★★→★★★★ Das schillernde Weingut in ST. HELENA macht großartigen CABERNET SAUVIGNON im Napa-Stil, allerdings in einer verwirrenden Vielfalt von Selektionen. Die Reihe Signature bietet tollen, samtweichen SAUVIGNON BLANC, der MERLOT zählt zu den besten in Kalifornien. Ebenfalls im Besitz der Marke Walt mit CHARDONNAY und PINOT NOIR von der Küste.

Halter Ranch Paso Robles ★★→★★★ Fast ein Angeber mit mehr als 80 Hektar nachhaltig bewirtschafteter Rebflächen auf der Westseite von PASO ROBLE. Halter denkt groß in dieser AVA als Premiumwinzer und Kellerbetrieb. CABERNET SAUVIGNON und SYRAH sind solide. Der PICPOUL ist eine lebhafte Überraschung.

Hanzell Son V. ★★★ Pinot-Pionier der 1950er-Jahre, immer noch mit CHARDONNAY und PINOT NOIR von gutseigenen Reben. Beide profitieren von der Kellerreifung – der Chardonnay ist noch immer spannend. Der Chardonnay Sebella von jungen Reben strotzt vor strahlend frischer Frucht.

Harlan Estate Napa V. ★★★★ Konzentrierter, robuster CABERNET SAUVIGNON vom West Oakville Bench. Ein Kultwein mit langer Warteliste bei Bill Harlan, dem Besitzer des Meadowood Resort. Das musste nach den Bränden von 2020 wiederaufgebaut werden. Die Rebflächen blieben unbeschädigt. Für die Weine zeichnet Cory Empting verantwortlich.

Harney Lane Lodi ★★ Familienbesitz mit 100 Jahren Erfahrung im Traubenanbau. Stars sind die ZINFANDEL von alten Reben aus den Lagen Home Ranch und Lizzy James. Beeindruckend auch ALBARIÑO und TEMPRANILLO – die iberischen Reben sind in Lodi groß im Kommen.

Hartford Family Son Coast ★★★ Ganz ruhig beweist Kellermeister Jeff Stewart seinen Killerinstinkt auf diesem Gut im Besitz der JACKSON FAMILY. Kleine Mengen an CHARDONNAY, PINOT NOIR und ZINFANDEL von verschiedenen Lagen entlang der Küste. Straffer Chardonnay Seascape, subtiler Pinot noir Fog Dance aus dem Green Valley.

HdV Wines Carneros ★★★ Das Juwel von Carmel: feiner, komplexer CHARDONNAY mit geschliffenen Kanten und PINOT NOIR von Larry Hyde und Aubert de Villaine (von DRC, *siehe* Kapitel »Frankreich«). Sehr guter CABERNET SAUVIGNON und SYRAH.

Hendry Oak, Ca ★★★ Klassische, beseelte und minimalistische Weine – seit 1939. Unverwechselbarer CABERNET SAUVIGNON mit Brombeernoten und

ZINFANDEL (der Block 28 ist einen Versuch wert) aus einer kühlen Tallage. Niemals enttäuschend.

Hess Collection, The Napa V. ★★★ Großartiges Ziel für einen Ausflug in die Berge mit Kunstgalerie von Weltrang. Auch gute Weine: Eine Spezialität ist der CABERNET SAUVIGNON vom Mount Veeder, dazu die außergewöhnliche 19 Block Cuvée, zu Recht ein Verkaufsschlager.

Honig Napa V., Rutherford ★★★ Großartiges Familienunternehmen mit Rotweintrauben aus einigen sehr feinen Hügellagen. Aus guten Gründen spielen die gewichtigen SAUVIGNON BLANC und CABERNET SAUVIGNON landesweit in der 1. Liga. Und das zu einem fairen Kurs. So produziert man Honig, ihr Hummeln.

Wie war das noch mal mit der Nachhaltigkeit?

Die meisten der sogenannten Nachhaltigkeitsprogramme in den AVAs erlauben den Einsatz gruseliger chemischer Pestizide und Herbizide wie Glyphosat in Verbindung mit verschiedenen Tensiden und anderen Zusatzstoffen. Glyphosat ist mittlerweile allgegenwärtig im Trinkwasser und im Urin der Amerikaner. Schon lange weist die WHO darauf hin, dass dieser Stoff krebserregend sein könnte. Ein italienischer Winzer gab mir folgenden Rat: »Jede Diskussion über Nachhaltigkeit beginnt mit dem Bio-Landbau.« Recht hat er.

Hope Family Paso Robles ★★★ Visionär Austin Hope bringt unter seinem Namen einige feine Rote von Rhône-Reben und CABERNET SAUVIGNON aus der Lage Templeton Gap heraus. Dazu die erschwingliche Reihe Liberty School und komplexe Cuvées mit dem Namen Treana. Auf seine Erfahrung ist Verlass.

Inglenook Oakville ★★★ Legendäres Gut von Regisseur Francis Ford Coppola. Aushängeschild unter den Roten ist der CABERNET SAUVIGNON Rubicon. Dazu sehr guter CHARDONNAY und MERLOT. Spektakuläres Vorzeigeobjekt im viktorianischen Stil und beliebt bei internationalen Besuchern.

Iron Horse Vineyards Son ★★★ Beeindruckende Jahrgangs-Schaumweine, allesamt wunderbar gemacht. Der Blanc de Blancs Ocean Reserve ist sehr gut, die Cuvée Wedding räumt Preise ab. Sehr guter CHARDONNAY und PINOT NOIR.

Jackson Family Wines ★★→★★★★ Visionäres, kontinuierlich wachsendes Privatunternehmen mit großem Weinbergbesitz in Kalifornien und darüber hinaus – ein Immobilienimperium erster Güte. Die Bestände konzentrieren sich auf erhöhte Lagen und hochwertiges Terroir. Eigentümer der beliebten Marke Kendall-Jackson und der schickeren Erzeuger Brewer-Clifton, Cardinale, COPAIN, Edmeades, FREEMARK ABBEY, HARTFORD FAMILY, La Crema, La Jota, Lokoya, MAGGY HAWK, MATANZAS CREEK, Murphy Goode, Siduri, Verité. Die Reihe Jackson Estate ist toll für CABERNET SAUVIGNON aus den Bergen der North Coast. Durchweg Weine von hoher Qualität.

Jessie's Grove Lodi ★★→★★★ 1868 gegründet und tief in Lodi verwurzelt – die Heimat einiger richtig alter ZINFANDEL-Reben. Boss Greg Burns kennt sie in- und auswendig und macht feine und körperreiche Weine daraus. Stark ist der Zinfandel Westwind, dazu ALBARIÑO und VERMENTINO.

Jordan Alexander V. ★★★ Das Vorzeigegut produziert eleganten und ausgewogenen CABERNET SAUVIGNON als Hommage an Bordeaux für eine treue Anhängerschaft. Der CHARDONNAY, nun von Lagen aus dem RUSSIAN RIVER VALLEY, glänzt mit zitronig frischem Elan.

Joseph Phelps Vineyards Napa V. ★★★→★★★★ Das teure »erste Gewächs« Insignia aus Napa ist noch immer eine der ambitioniertesten Cuvées aus Bordeaux-Reben in Kalifornien. Auch die Produktionsmengen entsprechen denen eines Premier Cru. Der pfeffrige SYRAH mag da die bessere Entscheidung sein.

Josh North Coast ★★ Die Marke von Joseph Carr geht gerade richtig durch die Decke. Die sehr soliden sortenreinen Massenabfüllungen behaupten sich erfolgreich gegen das preiswerte Segment von E. & J. GALLO.

Keller Estate Son Coast ★★★ Ein weiteres schönes Beispiel für ausgewogene und elegante Weine aus den kühleren Küstenregionen Kaliforniens. Köstlich sind der CHARDONNAY aus der Lage La Cruz und PINOT NOIR vom Petaluma Gap.

Kistler Vineyards RRV ★★★ Der Stil seiner CHARDONNAYS und PINOT NOIRS ist über die Jahre angepasster geworden, aber die Weine haben davon profitiert. Jahr für Jahr immer noch von einem Dutzend Weinbergen. Eine zu Recht angesehene Marke.

Korbel ★★ Unschlagbar günstige Schaumweine, auch im Vergleich zur Konkurrenz aus Italien oder Spanien im selben Preissegment. Netter Verkostungsraum nahe des Russian River. Eigentlich nichts Besonderes, man könnte es aber auch erheblich schlechter treffen.

Kosta Browne Son Coast ★★★★ Erstklassiger PINOT NOIR und CHARDONNAY unter dem Dach der Duckhorn Wine Company, die Weltklasse-Weine zu Weltklasse-Preisen produziert. Der Pinot Keefer Ranch ist wahnsinnig gut, und den Chardonnay One Sixteen sollte man nicht verpassen. Billig sind sie allerdings nicht.

Kutch North Coast ★★★→★★★★ Jamie Kutch erzeugt konsequent erstklassige PINOT NOIR an der Küste. Aktuell entwirft er eine neue Heimatranch. Seine Trauben bezieht er von Spitzenlagen jenseits bekannter Quellen. Er liefert beständig, wie den Pinot noir McDougall Ranch, gewachsen auf einer Höhe von über 300 Metern. Es sind präzise, ausdrucksstarke und besondere Weine.

Seit Jahrhunderten werden in Kalifornien Mission-Reben (País) rausgerissen – und plötzlich sind sie der letzte Schrei.

Ladera Napa V. ★★★ Die Marke hat einige Veränderungen hinter sich, aber CABERNET SAUVIGNON und SAUVIGNON BLANC aus den Hügeln von Napa und gemacht vom neuseeländischen Kellermeister sind noch immer verdammt gut.

Lang & Reed Mend, Napa ★★★ Sollten Sie sich für CABERNET FRANC aus Kalifornien interessieren, dann fangen Sie hier an. Die Weine von John Skupny vereinen Duft und Geschmeidigkeit dieser Rebsorte mit kalifornischer Üppigkeit. Ebenso köstlich der CHENIN BLANC aus MENDOCINO.

Lindquist Family – Verdad Arroyo G, Arroyo Seco ★★★ Rhône-Ranger Bob Lindquist wendet sich noch stärker in Richtung Spanien mit sehr authentischem ALBARIÑO. TEMPRANILLO stammt vom nahe gelegenen Weingut Sawyer (biodynamisch) mit Lagen im EDNA VALLEY. *Muy bueno.*

Lioco North Coast ★★★ Unterschätzter, aber einflussreicher Erzeuger von elegantem CHARDONNAY, CARIGNAN und PINOT NOIR, ebenso zuverlässig wie beglückend. Subtile Weine – auf den Punkt gebracht.

Littorai Anderson V., Son Coast ★★★★ Ted Lemon hat seine Ausbildung in Burgund gemacht und produziert an der Nordküste spannende CHARDONNAYS und PINOT NOIRS, die weltweit ihr Publikum suchen. Kleine Parzellen, die Hinreißendes hervorbringen. Interessant auch die Weine aus den Lagen Cerise, Savoy und Wendling.

Lohr, J. Paso Robles ★★→★★★ In Kalifornien wahrscheinlich einer der preiswertesten Erzeuger von CABERNET SAUVIGNON über MERLOT bis hin zu SYRAH. Alles unter 20 Dollar ist es wert. Die Cuvées Pau und St. E sind eine Hommage an Bordeaux. Unbedingt probieren sollte man den verführerischen, an Beaujolais erinnernden Wildflower Valdiguié.

Long Meadow Ranch Napa V. ★★★→★★★★ Weingut mit ganzheitlichem Ansatz und Ausflugsziel mit Restaurant und Kälberzucht auf einem Bio-Hof. Der geschmeidige, langlebige CABERNET SAUVIGNON hat ★★★★-Niveau erreicht. Auch lebhafter SAUVIGNON BLANC im Graves-Stil.

Lucia Santa Lucia Highlands ★★★ Dank großartiger Weinlagen und dem Wissen aus zwei Generationen hat sich Jeff Pisoni gut positioniert. Beeindruckender CHARDONNAY und PINOT NOIR. Die Marken Central Coast und SANTA LH sind vielversprechend und fair kalkuliert.

Macchia Lodi ★★★ Einer der renommiertesten Kellermeister in Lodi – Jahr für Jahr sammelt Tim Holdener in Blindverkostungen Medaillen. Seine Spezialität ist ausgewogener ZINFANDEL von alten Reben. Auch interessant sind SANGIOVESE, TEROLDEGO und sehr guter PETITE SIRAH.

MacRostie RRV, Son Coast ★★★ Die Probierstube ist ein postmoderner Hingucker. Tolle, minimalistische Weine mit Schraubverschluss. Schöner PINOT NOIR und SYRAH; der CHARDONNAY von der Sonoma Coast ist köstlich. Nichts wie hin!

Maggy Hawk Anderson V. ★★★ Sara Wuethrich hat bei COPAIN gelernt und leitet das Team von JACKSON FAMILY VYDS. So entstehen großartige CHARDONNAYS und PINOT NOIRS aus dem kühleren Ende des ANDERSON VALLEY. Nicht nur trinken, auch ein Besuch des neuen Verkostungsraums lohnt sich.

Marston Spring Mt. ★★★★ Eine fast kultisch kleine Produktion von CABERNET SAUVIGNON, einem der besten aus dem NAPA VALLEY, mit fester Struktur und Waldaromen. Aktuell wird er von Marbue Marke ausgebaut, der aus Sierra Leone stammt. Der SAUVIGNON BLANC Albion ist ebenfalls herausragend. Hier treffen gute Geschichten auf guten Wein.

Masút Mend ★★★ Das relativ neue, hoch am Eagle Peak gelegene Gut von Ben und Jake Fetzer erzeugt himmlischen PINOT NOIR. Andere Winzer werden nicht lange auf sich warten lassen, um das Terrain zu sondieren.

Matanzas Creek Son ★★★ Auf ihrem außergewöhnlichen Besitz im kühlen Bennett Valley konzentriert sich die Familie JACKSON auf hervorragenden MERLOT und SAUVIGNON BLANC aus einem lavendelduftenden Umfeld.

Matthiasson Napa V. ★★★ Experimentelle Weine, die Kultstatus genießen. Eleganter CABERNET SAUVIGNON, rassiger CHARDONNAY, weiße Cuvées von wahrer Größe, dazu Esoterika wie RIBOLLA GIALLA oder SCHIOPPETTINO.

Mauritson Dry Creek V. ★★★ Clay Mauritson, Winzer in 6. Generation, gebietet über außergewöhnliche Lagen im hoch gelegenen Rockpile. In den 20 Jahren unter seiner Leitung sind die Weine kontinuierlich besser geworden. Flaggschiff ist natürlich ZINFANDEL, aber CABERNET SAUVIGNON und SAUVIGNON BLANC sind ebenfalls exzellent.

Mayacamas Vineyards Mt. Veeder ★★★ Gehört jetzt Charles Banks, dem früheren Partner von SCREAMING EAGLE. Den klassisch kalifornischen Stil mit starkem Rückgrat hat er nicht verändert, aber verbessert. Die lagerfähigen CABERNET SAUVIGNONS und CHARDONNAYS erinnern an die großen Abfüllungen der 1970er- und 1980er-Jahre.

Medlock Ames Son ★★★ Weingut auf dem Bell Mountain mit zuverlässig köstlichen, runden, biodynamisch erzeugten Weinen. Die Rotweine, vorwiegend von Bordeaux-Rebsorten, entstehen mithilfe des angesehenen

Beraters Jean Hoefliger. Scharfsinnige Weine mit schicken Etiketten, Verkostungsraum in Healdsbury. Nobel.

Melka Napa V., Son V. ★★★★ Schmucker Besitz des großartigen NAPA-Beraters Philippe Melka und seiner Frau Cherie. Hanglagen in Caligosta (Napa Valley) und dem Knights Valley (Sonoma). Limitierte, hochpreisige, begehrte Weine. Überwiegend CABERNET SAUVIGNON, Cuvées von Bordeaux-Sorten, herausragender Merlot.

Merry Edwards RRV ★★★ Der Pionier für PINOT NOIR hat sich zwar zur Ruhe gesetzt, aber die Qualität sollte auf ihrem hohen Level bleiben. Die Einzellagenweine aus SONOMA sind enorm beliebt: reif und rund – die Roten manchmal ein wenig zu süß für heutige Standards. Auch der halbtrockene SAUVIGNON BLANC mit Moschusnote ist sehr gefragt.

Miraflores Sierra Foothills ★★★ Kellermeister Marco Capelli hat Napa verlassen, um sich in den Sierra Mountains einzurichten. Hier vinifiziert er ein breites Spektrum an feinen Weinen. Mit diesem Gut und dieser Gegend hat er seine Bestimmung gefunden.

Weniger Weinlagen werden bewässert, dafür steigen die Preise: geringere Ernteerträge. Trockenheit ist Teil des Plans.

Mi Sueño Napa V. ★★★ Rolando Herrera hat als Tellerwäscher in Napa begonnen, um sich dann in Weingütern hochzuarbeiten. Die Familie seiner Frau Lorena kam als Lesehelfer, um irgendwann eigenes Land zu erwerben. Seit sie verheiratet sind, machen sie exzellenten Wein – jeder einzelne taugt für eine gute Geschichte. *¡Felicidades y salud!*

Mount Eden Vineyards Santa Cruz Mt. ★★★→★★★★ Der Weinberg bietet eine sensationelle Aussicht. Eine der ersten Boutiquekellereien Kaliforniens, deren Klone aus dem Burgund noch auf die Tage von Martin Ray zurückreichen. Dichter, mineralischer CABERNET SAUVIGNON und PINOT NOIR. Den tollen CHARDONNAY gibt es seit 1945. Inspiriert vom Burgund, aber mit dem robusten Charakter Kaliforniens.

Nalle Dry Creek V. ★★★ Raffinierte Handwerkskunst erzeugt ZINFANDEL auf hohem Level. Einwandfreie, elegante Rote im Bordeaux-Stil. Das Familienweingut bei Healdsburg lohnt einen Abstecher.

Navarro Anderson V. ★★★ Der langjährige Außenposten im kühlklimatischen Norden von Kalifornien liefert zuverlässig frischen, preiswerten, köstlichen PINOT NOIR, GEWÜRZTRAMINER und alles Mögliche zwischendrin. Es kann nicht schaden, hier Mitglied im Weinclub zu sein.

Niner Edna V., Paso Robles ★★→★★★ Junges und ambitioniertes Familienweingut mit hervorragendem CABERNET SAUVIGNON. Großartiger ALBARIÑO und CHARDONNAY aus dem EDNA VALLEY. Das Restaurant (kalifornische Küche) empfiehlt sich für ein Mittagessen auf dem Lande.

Obsidian Ridge Lake ★★★ Star im Lake County, dessen Weinlagen sich über die Mayacamas Range erstrecken. Super CABERNET SAUVIGNON und SYRAH aus Höhenlagen, vulkanische Böden mit Einsprengseln von Glimmer. Der Cabernet Reserve Half Mile ist erste Wahl. Auch Eigentümer der Marke Poseidon aus CARMEL.

Ojai Santa Barbara ★★★ Adam Tolmach, ehemals Teilhaber von AU BON CLIMAT, ändert seinen Stil: Weg vom mächtigen, superreifen hin zum schlankeren, feineren und erzeugt die besten Weine seiner Karriere: CHARDONNAY, PINOT NOIR und Rhône-Sorten – alles sehr gut. Der Rosé auf SYRAH-Basis ist köstlich.

Opus One Oakville ★★★★ Das von der Familie Mouton Rothschild kontrollierte Gut (*siehe* Kapitel »Die Châteaux von Bordeaux«) für CABERNET SAUVI-

GNON war immer dafür bestimmt, auf den internationalen Märkten zu glänzen. Das funktioniert bis heute.

O'Shaughnessy Howell Mt. ★★★★ Herausragender Außenposten auf dem HOWELL MOUNTAIN. Produziert CABERNET SAUVIGNON, der für die Ewigkeit gemacht ist. Glücklich ist, wer etwas davon ergattert.

Patz & Hall North Coast ★★★★ Jim Hall, einer der umsichtigsten kalifornischen Weinmacher, holt sein Lesegut aus Spitzen-Weinlagen von der Central Coast bis nach Mendocino. Sein Stil ist großzügig, geschmackssicher und immer zuverlässig. Der Chardonnay Zio Tony ist sehr speziell, limonig, üppig und elektrisierend.

Paul Hobbs Wines North Coast ★★★→★★★★ Seit den 1990ern ein sehr einflussreicher Kellermeister, der in Kalifornien und viel in Südamerika gearbeitet hat. Die Abfüllungen aus Einzellagen von CHARDONNAY, CABERNET SAUVIGNON, PINOT NOIR und SYRAH spiegeln das Terroir und beeindrucken immer wieder. Nicht verpassen!

Pax Mend, Son ★★★ Neue-Welt-Syrah von Küsten- und Hügellagen. Der Wein ist Kult, und dafür gar nicht mal so teuer. Dazu gibt es frischen TROUSSEAU GRIS und GAMAY im Verkostungsraum am Barlow Market in Sebastopol.

Peay Vineyards Son Coast ★★★→★★★★ Herausragende Marke aus einer der kühlsten und höchsten Zonen der Sonoma Coast. CHARDONNAY und PINOT NOIR von großer Finesse, der SYRAH ist hervorragend. Ähnlich gut ist der Zweitwein Cep, hier vor allem der Rosé. Federleichte, tadellose Weine, die sich internationaler Anerkennung erfreuen.

Pedroncelli Son ★★ Erzeuger der alten Schule im Dry Creek Valley; Weinberge und Kellerei sind erneuert. Macht noch immer soliden CHARDONNAY, dazu überzeugenden CABERNET SAUVIGNON und ZINFANDEL. Erfrischend unprätentiös.

Pine Ridge Napa V. ★★★ Hervorragender CABERNET SAUVIGNON aus verschiedenen Lagen im NAPA VALLEY. Die Gutsabfüllung aus Stags Leap ist seidig und bezaubernd. Die lebendige Cuvée aus CHENIN BLANC/VIOGNIER ist ein innovativer Klassiker.

Pisoni Vineyards Santa Lucia Highlands ★★★ Der Familienbetrieb ist quasi ein Synonym für den PINOT NOIR-Boom mit seinen breiten, marmeladigen Weinen. Trotzdem waren und sind seine Pinots gut gemacht und sehr beliebt.

Pride Mountain Napa V., Spring Mt. ★★★→★★★★ Das beeindruckende Weingut oben in den Mayacamas Mountains liegt auf der Grenze zwischen dem NAPA VALLEY und SONOMA. Mächtiger CABERNET SAUVIGNON und erstaunlicher MERLOT. Es lohnt sich, für einen Verkostungstermin hinzufahren. Einfach vorher anrufen.

Quintessa Rutherford ★★★★ Das gut durchdachte und wunderschön gelegene Gut gehört dem internationalen Wein-Zauberer Agustin Huneeus aus Chile. Der einzige Wein, eine sehr spezielle Cuvée aus Boredaux-Sorten, rechtfertigt seinen Preis im dreistelligen Bereich.

Qupé Santa Barbara ★★★ Einer der ersten »SYRAH-Champions« an der Central Coast. Die Lage Bien Nacido liefert immer noch beeindruckenden Syrah, auch wenn Gründer Bob Lindquist nicht mehr an Bord ist. Die Tradition wird fortgesetzt.

Radio-Coteau Son Coast ★★★ Bemerkenswerter PINOT NOIR im neuen Stil, beachtlicher SYRAH von der Küste und ZINFANDEL von alten Reben in Trockenanbau. CHARDONNAY und Zinfandel sind eine Bank, aber der Pinot noir stiehlt ihnen die Show. Gemüse- und Obstgärten, Ziegen, Hühner, Bienen und Katzen runden das Bild ab.

Ramey Son ★★★→★★★★ Der einflussreiche David Ramey liefert mit seinen CHARDONNAYS reduzierte Weiße im Burgunderstil aus Hyde, Ritchie und dem Russian River Valley. Die Roten sind gut, aber der Chardonnay sollte selbst bei den strengen Tastings der Weinbau-Universität bestehen.

Rancho Sisquoc Santa Maria V. ★★→★★★ Das Gut mit rustikalem Verkostungsraum und historischer Kapelle liefert ein schönes Spektrum an Weinen im Bordeaux-Stil wie herausragenden CHARDONNAY, CABERNET FRANC und PINOT NOIR. Da lohnt sich ein Besuch.

Ravenswood ★★★ Im Besitz von CONSTELLATION, aber mit ZINFANDEL von so bemerkenswerten Einzellagen wie Bedrock, Old Hill oder Teldeschi. Das Motto: »Keine Weine für Weicheier.«

Red Car Son Coast ★★★ Die angesagte Marke mit den schicken Etiketten produziert präzisen CHARDONNAY, gedrechselten, fruchtbetonten PINOT NOIR und umwerfenden Rosé.

Ridge North Coast, Santa Cruz Mt. ★★★★ Weinliebhaber aufgewacht! Ridge steht seit Jahrzehnten für Naturweine mit minimalen Zusätzen, heimischer Eiche und erstklassigem Terroir. Der Monte Rosso CABERNET SAUVIGNON ist einer der besten Kaliforniens, dazu mit großem Lagerpotenzial. Ganz weit vorne in Sachen Transparenz und der Kennzeichnung von Zutaten.

Rivers-Marie Napa V. ★★→★★★ Die Eigenmarke des renommierten Winzers und Beraters Thomas Rivers Brown (Schrader) und seinem Partner Genevieve Marie Welsh liefert hervorragende sortenreine Abfüllungen. Für den Tastingroom am Highway 128 in CALISTOGA ist eine Reservierung erforderlich. Dann gibt's einen Schluck vom CABERNET SAUVIGNON Wicked Herb Lamb.

Robert Mondavi Winery ★★→★★★ Einst eine Ikone, heute ein Großkonzern. Die Spitzenweine sind immer noch ganz gut, alles andere überwiegend okay.

Rodney Strong Vineyards Son ★★★ Strong ist auch zu deutsch »stark« – und zwar quer durchs Sortiment; 14 Weinlagen bringen straffe CHARDONNAYS und PINOT NOIRS aus der Küstenregion, super der CABERNET SAUVIGNON Alex V aus den Lagen Alexanders Crown und Rockaway Vineyards. Ihm gehört auch das Gut Davis Bynum im RUSSIAN RIVER VALLEY (River West Chardonnay). Mausert sich so langsam zum Großproduzenten.

Roederer Estate Anderson V. ★★★★ Das abenteuerliche Unterfangen des Champagnerhauses Roederer hat Glamour ins ANDERSON VALLEY gebracht. Finesse und Spitzenklasse finden sich besonders in der Luxuscuvée L'Ermitage. Produziert auch Scharffenberger Schaumwein. Die PINOT-NOIR-Abfüllungen der Domaine Anderson sind exzellent.

Rombauer Napa V. ★★★ Trumpf ist der butterweiche CHARDONNAY, aber auch sonnenverwöhnter MERLOT und CABERNET SAUVIGNON liefern pralle Frucht aus Kalifornien.

Saintsbury Carneros ★★★ Pionier aus der Region, dessen spannende PINOT NOIRS und CHARDONNAYS nach wie vor Maßstäbe setzen. Lecker ist der Rosé Vincent van Gris. Lebhaft-samtiger Wein aus der Lage Lee von Pinot-Klon Swan.

St. Supéry Napa ★★★ Jeder Weinliebhaber sollte dieses Gut auf dem Schirm haben – und sei es nur für die absolut umwerfenden SAUVIGNON BLANCS. Die Abfüllung Dollarhide Ranch ist legendär; auch solide Rote.

Schramsberg Napa V. ★★★★ Der kalifornische Schaumweinspezialist in zweiter Generation muss den Vergleich zum Champagner nicht scheuen. Bietet nach Voranmeldung tolle Touren durch die historischen Weinkeller. Auch klassischer Blanc de Blancs.

Scribe Son ★★★ Der hippe Landhausstil trifft bei jüngeren Weintrinkern voll ins Schwarze. Im Verkostungsraum in Sonoma werden gut gemachte Esoterika wie SYLVANER, ST. LAURENT oder der herausragende PINOT NOIR Van der Kamp (in neutraler Eiche ausgebaut) ausgeschenkt.

Sea Smoke Sta. Rita Hills ★★★ Kultiger, opulenter PINOT NOIR und Schaumwein auf sehr hohem Niveau. Das Gut arbeitet mit unglaublicher Kontinuität in Sachen Führung und Talent. Üppige Weine, die jung getrunken am besten sind.

Seghesio Son ★★★ Nicht länger in Familienbesitz, aber noch immer kommen klassische ZINFANDEL aus dem ALEXANDER- und dem DRY CREEK VALLEY. Kraftvolle, aber gefällige Rote. Die Abfüllungen der Weine von alten Reben bilden den Maßstab für die Preisgestaltung. Im Zinfandel Rockpile steckt reichlich Zündstoff.

Shafer Vineyards Napa V., Stags Leap ★★★→★★★★ Solide Marke, die großes Ansehen genießt. Der CABERNET SAUVIGNON Hillside Select ist ein üppiger Kalifornienklassiker. Die Cuvée Relentless aus SYRAH/PETITE SIRAH eine kunstvolle Eigenentwicklung. Der One Point Five ist auch sehr schön und sein Geld wert.

Shannon Ridge Lake ★★→★★★ Großes und hügeliges Weingut in hoher Lage über dem Clear Lake. Fantastische Rote und Weiße von PETITE SIRAH bis SAUVIGNON BLANC. Besonders die Reserven sind ihren Preis wert. Kassenschlager ist der Zweitwein Vigilance.

Silver Oak Alexander V., Napa V. ★★★ Üppiger CABERNET SAUVIGNON im zuverlässig fruchtbetonten Stil, der noch immer seine Anhänger hat.

Smith Story Anderson V., Son V. – Das stets geschäftige Traumpaar produziert mutige, sehr gute Weine. Manchmal auch RIESLING im deutschen Stil, denn dort hat Eric Story seine Liebe zum Wein entdeckt. Eine gute Story ist eben alles.

Wandelt sich Paso Robles zur Farm für Cabernet Sauvignon, weil die Touristen aus LA es so wollen?

Sonoma-Cutrer Vineyards Son ★★★ Flaggschiff ist klassischer CHARDONNAY aus dem RUSSIAN RIVER VALLEY, den man landesweit in Restaurants auch offen bekommt. Reichhaltig, aber mit Pfiff. Auch mineralischer Chardonnay Les Pierres mit Zitrusnoten.

Spottswoode St. Helena ★★★★ Ein Gut mit hehren Zielen, das stets nach Perfektion strebt in Sachen Nachhaltigkeit, Biodynamie und was auch immer in dieser Richtung noch erfunden werden kann. Der Guts-Cabernet besticht mit wenig Alkohol. Der Zweitwein Lyndenhurst aus CABERNET SAUVIGNON ist preiswert, und der SAUVIGNON BLANC Spottswoode gelingt immer pikant und tadellos. Applaus!

Staglin Family Vineyard Rutherford ★★★★ Das Familienweingut in RUTHERFORD produziert in zweiter Generation sehr feinen CABERNET SAUVIGNON. Nicht irgend ein Herdentier, sondern ein beeindruckender Leitwolf.

Stag's Leap Wine Cellars Stags Leap ★★★ Gut, dass die Qualität bewahrt wurde, seit der Gründer an Ste. Michelle Wine Estates (Washington) verkauft hat. CABERNET SAUVIGNON ist das Spitzengewächs (v. a. Cask 23, Fay, SLV).

Stony Hill Vineyard Spring Mt. ★★★ Das angesehene Gut im NAPA VALLEY ist berühmt für seinen schlanken, mineralischen CHARDONNAY mit Lagerpotenzial. Old School, aber bewährt.

Tablas Creek Paso Robles ★★★→★★★★ Schade für alle anderen, aber wenn es um mediterrane oder Rhône-Rebsorten geht, macht es einfach keiner besser. Perfekte regenerative Landwirtschaft erzeugt grandiose, toll gemachte Weiße und Rote (sonst eher selten in PASO ROBLES); kalifornische Spitzenklasse. In diesem Weinclub möchte man Mitglied sein.

Terra Valentine Napa V., Spring Mt. ★★★ Eine lohnende Tour mit toller Hintergrundgeschichte. Sam Baxter gelingt es, das außergewöhnliche Terroir in großen Höhen auf dem SPRING MOUNTAIN in begehrten und fair kalkulierten CABERNET zu verwandeln.

Terre Rouge/Easton Sierra Foothills ★★★ Der außergewöhnliche Produzent von Roten in AMADOR COUNTY hat Rhône-Reben und ZINFANDEL im Angebot, alle gleichermaßen souverän. Die stahlige Cuvée Tête-à-Tête ist erschwinglich, der SYRAH Ascent zuverlässig speziell.

Bio lautet das neue Zauberwort. Klingt weniger esoterisch als biodynamisch. Das Ziel sind gesunde Böden.

The Prisoner Napa V. ★★ Es wäre kriminell, diesen von Dave Phinney kreierten Überläufer unter den roten Cuvées zu unterschlagen. Damit segelt er jetzt unter der Flagge von CONSTELLATION BRANDS. Die Ästhetik der Etiketten wurde als »non-PC« kritisiert und wird überarbeitet.

The Wine Group Central V. ★ Mengenmäßig der zweitgrößte Weinerzeuger der Welt mit preiswerten Marken wie Almaden, Big House, Concannon, Cupcake, Franzia, Glen Ellen.

Tongue Dancer Anderson V., Son Coast ★★★ Nachdem er die gleichnamige Marke verlassen hat, verfolgt James MacPhail mit seinem Soloprojekt das gleiche Ziel: robuster CHARDONNAY und PINOT NOIR von tollen Einzellagen an der Nordküste. Chardonnay aus der Lage Bacigalupi hinterlässt einen Wow-Effekt.

Trefethen Family Vineyards Oak, Ca ★★★ Das unterschätzte Weingut im kühleren Oak Knoll verdient mehr Aufmerksamkeit. Es steht für eleganten CABERNET SAUVIGNON, MERLOT, CHARDONNAY und köstlichen trockenen RIESLING.

Trinchero Family Estates Napa V. ★→★★★ Erzeuger mit verwirrender Anzahl von Marken, inkl. Sutter Home für den Massenmarkt. Sehr gefälliger CABERNET SAUVIGNON unter der Marke Napa Wine Company.

Turkovich Central V. ★★ Beeindruckender Betrieb im Yolo County in der Vaca-Bergkette bei NAPA. Minimaler Meereseinfluss und die passenden Wärme liebende Trauben ergeben straffe, frische Weine. Rassig, klar und kraftvoll zeigt sich die Cuvée The Boss aus PETITE SIRAH und PETIT VERDOT. Auch alles andere ist mehr als fair kalkuliert.

Turley Wine Cellars Paso Robles ★★★★ Verkauft hauptsächlich über Mailinglisten. Brillante brombeerfruchtige ZINFANDEL von alten Reben. Die Weinberge liegen quer durchs Land verstreut. Ein wahrer kalifornischer Schatz.

Turnbull Oakville ★★★ Der Gutswein aus CABERNET SAUVIGNON ist ein sensationeller Einstieg. Der Cabernet Black Label überrascht mit kiesigen Noten, und auf jeden Fall lohnt sich der üppige SAUVIGNON BLANC mit tropischen Aromen.

Unti Dry Creek V. ★★★ Die Entwicklung der Weine beginnt in den Weinbergen. Dieser Winzer liefert beseelte, üppige und köstliche BARBERA, GRENACHE, SYRAH oder ZINFANDEL.

Villa Creek Paso Robles ★★★ Der frühere Restaurator Chris Cherry sieht das Klima von PASO ROBLES durch die spanische Brille. Er macht brillanten, konzentrierten GARNACHA aus Trauben vom 24 ha großen biodynamischen Weingut, dazu soliden CABERNET SAUVIGNON und Cuvées im Rhône-Stil.

Vineyard 29 Napa V. ★★★→★★★★ Die Handschrift von Spitzenweinmacher Philippe MELKA zeigt sich in all den großartigen CABERNET SAUVIGNONS dieses sich zunehmend etablierenden Guts. Guter SAUVIGNON BLANC, wenn man Eichennoten mag.

Volker Eisele Family Estate Napa V. ★★★ Sehr spezielle Lage, versteckt im Hinterland des Chiles Valley. Kontinuierlich überdurchschnittlicher CABERNET SAUVIGNON und andere Weine.

Wente Vineyards ★★ Die älteste dauerhaft betriebene Familienkellerei in Kalifornien produziert anständige Weiße und Rote in der AVA LIVERMORE VALLEY. Die Reihe Murietta's Well hat hin und wieder Überraschungen im Gepäck.

Williams-Selyem RRV ★★★ Legendärer PINOT NOIR aus SONOMA seit den 1970ern; die handwerklich und minimalinvasiv erzeugten Weine haben eine treue Anhängerschaft. Die Lage Rochioli (RUSSIAN RIVER VALLEY) hat Pinot noir aus dem kalifornischen Norden in den Fokus gerückt.

Maryland

Ein aufgehender Stern an der Ostküste. Sandige Böden im Flachland, dazu die Hügel von Garrett und die Allegheny Mountains. Die Bucht von Chesapeake ist bekannt für ihre Blaukrabben, eiskalte Winter und brüllend heiße Sommer. Zu den Bordeaux-Reben gesellen sich Sorten, die zuverlässig reifen wie SAUVIGNON BLANC, MERLOT, PETIT VERDOT und ALBARIÑO. Führende Produzenten: **Big Cork, Black Ankle,** das erste Gut nach Aufhebung der Prohibition, **Boordy, Bordeleau** (Bordeaux-Rebsorten), **Catoctin Breeze, Crow, Dodon, Elk Run, Linganore, Sugarloaf Mountain.**

Old Westminster – Das Familiengut wird von Geschwistern geführt. Leichte, spontan vergorene Kultweine, dazu Experimente mit heimischen Rebsorten. Ganz vorn nicht geschönter, ungefilterter ALBARIÑO und Pét-Nat. PINOT BLANC aus der Amphore. Interessante Cuvée aus Chambourcin/CABERNET FRANC/SAUVIGNON. PETIT VERDOT mit langer Maischestandzeit hält 10 Jahre und mehr.

Philosophy – Bezieht die Trauben für seine erstklassigen Weine von Big Cork und Old Westminster, ausgeschenkt werden sie im **The Wine Collective** in Baltimore. Die Rosé-Cuvée aus Chambourcin/VIOGNIER passt gut zum Essen, virtuos der blütenzarte Viognier. Fast schwarz im Glas die füllige, kirschbetonte Cuvée aus MALBEC/PETIT VERDOT/MERLOT/CABERNET SAUVIGNON.

Massachusetts

Martha's Vineyard ist die einzige AVA im Südosten von Neuengland. Das kühle Atlantikklima wird vom Golfstrom abgemildert. Wie im Rest von Neuengland wird viel Fruchtwein produziert, der gelegentlich sogar ganz gut sein kann. Diese Rebsorten dominieren: CHARDONNAY, GEWÜRZTRAMINER, PINOT NOIR/BLANC/GRIS, RIESLING, ein wenig Cayuga und Concord, die hier 1849 entwickelt worden ist. Nicht viel mehr als 25 kleine Erzeuger. **Alfalfa Farm** CABERNET SAUVIGNON, Leon Millot, preisgekrönter Blaubeerwein. **Glendale Ridge** Weine von drei Lagen: CABERNET FRANC, Corot Noir, VIDAL. **Truro Vyds** Cabernet franc und MERLOT von einer Lage mit maritimen Einflüssen. **Turtle Creek** Sortenreine Abfüllungen zwischen einem und sechs Fässern inkl. Cabernet franc. **Westport** PINOT MEUNIER in still und schäumend nach traditioneller Methode.

Michigan

Die »dritte Küste« am riesigen Lake Michigan bildet eine kühle Grenze für den Wein. Die Pinot-Sorten machen sich gut, ebenso wie CHARDONNAY, GEWÜRZTRAMINER, RIESLING, CABERNET FRANC, MERLOT und gelegentlich TEROLDEGO-Hybriden – und Kirschen. Auch da landen die besten in der Flasche (der angesehene Cerise Noir von **Ch. Chantal** besteht aus 80 % Pinot noir, der Rest sind Montmorency-Kirschen). Vielfalt bieten **Karma Vistas** pfeffriger SYRAH und der dunkelfruchtige würzige SHIRAZ von **Lemon Creek.** BLAUFRÄNKISCH von **Left Foot Charly,** Blanc de Blancs und de Noirs von **Mawby** und PINOT BLANC von **Veterra** sind allesamt Klassiker aus Michigan. Der rote Gutswein von **Tabonne Vineyards** zeigt vorbildlich, was Hybride (Baco Noir, Chancellor, Léon Millot, Marechal Foch) mittlerweile können. Neu (einige Erzeuger verwenden sie schon): die kälteresistente Sorte Itasca für trockene Weißweine.

Missouri

Die offizielle rote »Staatstraube« Norton gilt als eine der besten Hybriden der USA. Das Gleiche gilt für die weiße Vignoles und die rote Chambourcin. Erzeuger u. a.: **Adam Puchta** Gespritete Weine, Vignoles. **Augusta Winery** Chambourcin, Chardonel. **Hermannhof** Norton mit Lagerpotenzial, außerdem Chardonel, Vignoles. **Les Bourgeois** Chardonel, Norton. **Noboleis Vineyards** Beliebter Chambourcin, in Eiche gereifter VIDAL. **Röbller Vineyard** ★★ Lohnend sind die älteren Jahrgänge der strukturierten roten Cuvée Le Trompier, füllige Vignoles Reserve, saftiger Chambourcin. **Stone Hill** Komplexer Norton, sehr guter Chardonel, SEYVAL BLANC, Vidal. **TerraVox** ★★ Champion für hybride und heimische Rebsorten; preisgekrönter Norton und trockene und gespritete Weine.

New Jersey

Von den mehr als 60 Kellereien gehören einige zu den besten im Osten der USA. 150 Weinbauern, wenn nicht mehr. Bordeaux-Sorten gedeihen im Süden New Jerseys auf den flachen Kiesböden der Outer Coast Plain (inkl. Cape May); die Kalkstein- und Granithügel von Warren Hills im Norden eignen sich für eleganten BLAUFRÄNKISCH, GEWÜRZTRAMINER, GRÜNEN VELTLINER, PINOT NOIR, RIESLING und SYRAH.

Alba ★★★ Kalkstein und Granitböden in der AVA Warren Hills. Eine der größten Pflanzungen von PINOT NOIR an der Ostküste. Anklänge ans Burgund beim erdigen Grand Reserve. Exzellenter CHARDONNAY, dazu guter RIESLING, GEWÜRZTRAMINER und CABERNET FRANC.

Auburn Road – CHARDONNAY und Weine im Bordeaux-Stil – mit und ohne Chambourcin als Rückgrat.

San Marco? Ist eine Rebsorte, Kreuzung aus Teroldego und Lagrein. Könnte ein Anagramm zu Macarons sein, passt aber nicht zusammen.

Beneduce Vineyards ★★★ Familienweingut mit BLAUFRÄNKISCH und PINOT NOIR. Mut zu süßwürzigen Weinen mit kühlklimatischer Frucht. Trockener GEWÜRZTRAMINER Intermezzo; gefeierter Pét-Nat aus Blaufränkisch.

Mount Salem ★★★ Österreichische Reben und Methoden aus dem Burgund werden dem Terroir gerecht: Flaggschiff ist die meisterliche Cuvée Matthias, dazu der BLAUFRÄNKISCH Pattenburg, ST. LAURENT und ZWEIGELT. Fassvergorener CHARDONNAY und GRÜNER VELTLINER. Drei verschiedene Abfüllungen von CABERNET FRANC, die wild vergoren wurden. Neupflanzungen der Rebsorte San Marco.

Unionville ★★★ Die Einzellage erinnert an Burgund, auch wenn der rote Sourland Ridge im Bordeaux-Stil gemacht ist. PICPOUL ab 2024.

William Heritage ★★★ 17 19 – Weine von der kühlen maritimen AVA Outer Coastal Plain. Der CABERNET FRANC vom Normans Vineyard ist vom Bordeaux insipiert, hat Lagerpotenzial für mind. 10 Jahre. Der BDX besteht aus fünf Bordeaux-Sorten, tief, mit Anklang an rote Beeren. Gutswein ist ein erdiger CHARDONNAY Reserve, vielleicht der beste im Osten. 17er und 18er Blanc de Blancs sind spitze, cremig und mit straffer Zitrusnote.

Die gefleckte Laternenfliege macht sich weiterhin im Osten breit und befällt Reben und Hopfen. Macht sie platt, wenn ihr sie seht.

Working Dog ★★★ Fassvergorener CHARDONNAY, die seltene Rebsorte Maréchal Foch, SANGIOVESE, Weine im Bordeaux-Stil.

New Mexico

Die älteste Weinregion der USA. Früher Einfluss von europäischen Winzern mit dem Fokus auf hohen Lagen und Schaumweinen. **Black Mesa** ★★ MONTEPULCIANO, PETITE SIRAH. **DH Lescombes Family Vyds** Herkunft aus Burgund mit Weinen im Bordeaux-Stil. **Gruet** ★★ Alteingesessener großer Produzent von Schaumwein nach traditioneller Methode mit Trauben aus New Mexico, die jetzt von der Westküste bezogen werden. **La Chiripada** ★ Älteste Kellerei von New Mexiko, exzellenter CABERNET SAUVIGNON, lebendiger RIESLING Kabinett (*siehe* Kapitel »Deutschland«). **Luna Rossa Winery** Größter Traubenerzeuger in Neu Mexiko, italienische Rebsorten auf den gutseigenen Lagen; sehr gute Reserven wie z. B. AGLIANICO oder NEGROAMARO. **Noisy Water** ★★ Bewirtschaftet die historische kühlklimatische Lage Engle Vineyard; breites Sortiment inkl. Orange Wine, wild vergorener PINOT NOIR von alten Reben, dazu Cabernet Sauvignon und die Spezialität Chili-Wein. **Vivác** ★★ Hervorragender SYRAH Abbot und die sehr gute Cuvée Divino im italienischen Stil.

New York

Der drittgrößte Weinbaustaat der USA. Einige Weingüter finden sich in ehemaligen Molkereien, weil hier früher der Fokus auf der Kälberzucht lag. Fachwissen und Experimentierfreude sorgen für eine hohe und immer bessere Qualität. Das Klima ist ähnlich wie in Nordeuropa: Der Einfluss von Frost im Winter sowie von Flüssen, Seen und dem Ozean lässt BLAUFRÄNKISCH, CABERNET FRANC, GEWÜRZTRAMINER, RIESLING und Bordeaux-Reben gedeihen – besonders auf dem maritimen Long Island. Von hier kommen einige der schönsten Weine des Landes mit wenig Alkohol sowie Schaumweine. Trocken ausgebaute Hybride werden mehr und besser, besonders aus dem kühleren Gebiet Finger Lakes. Hier sind die Sonnenstunden mit dem Napa Valley vergleichbar, nur auf weniger Tage verteilt. Dazu das Hudson Valley mit sehr dichten Böden und Niagara Escarpment mit dem in New York seltenen Kalkstein.

21 Brix ★★ Weingut am Lake Erie mit erstklassigem RIESLING, CHARDONNAY, GEWÜRZTRAMINER, GRÜNEN VELTLINER, dazu aromatischer BLAUFRÄNKISCH, CABERNET SAUVIGNON und sehr guter PINOT NOIR. Toller Noiret und Eiswein von VIDAL.

Arrowhead Spring Vineyards ★★★ Das Gut in Niagara glänzt mit PINOT NOIR; auch Bordeaux-Cuvées, dazu CABERNET FRANC und SYRAH: 13 % Alkohol, kombiniert mit kühlklimatischer Säure. Gradliniger CHARDONNAY.

Bedell Long Island, NY ★★★ Herausragendes Weingut. Das maritime Klima erzeugt kraftvolle Weine mit Salznoten, unterstützt von natürlicher Hefe. Spitzenmarke ist der Musée aus MERLOT, PETIT VERDOT und MALBEC; dicht gefolgt vom Taste Red aus SYRAH/Merlot und dem Gallery 19 aus CHARDONNAY/VIOGNIER. Dazu sehr guter CABERNET SAUVIGNON, Malbec, Merlot, MELON DE BOURGOGNE, SAUVIGNON BLANC und VERDEJO (ungewöhnlich im Osten). Künstleretiketten. Verspielte kleine Abfüllungen von AUXERROIS und gemeinsam vergorenem Malbec/PINOT GRIS.

Bloomer Creek Finger Lakes, NY ★★★ Drei biodynamisch bewirtschaftete Lagen: Auten GEWÜRZTRAMINER, RIESLING; Cayuga PINOT NOIR; Morehouse Road CHARDONNAY. Stark die Cuvée White Horse von CABERNET FRANC/MERLOT. CABERNET FRANC wird in neutraler französischer Eiche ausgebaut. Auf den Schalen vergorener GEWÜRZTRAMINER und co-fermentierter Chardonnay/GRÜNER VELTLINER. Der Vin d'été aus Cabernet franc/GAMAY macht einfach nur Spaß.

Boundary Breaks Finger Lakes, NY ★★★ Spitzenmäßige RIESLINGE von knochentrocken bis zum Dessertwein – üppig und säurebetont. Dazu überzeugender GEWÜRZTRAMINER. Guter kühlklimatischer CABERNET FRANC und MERLOT.

Channing Daughters Long Island, NY ★★★ Das Gut ist bekannt für seine Experimente vom Strandsand-Terroir: natürliche Vergärung und italienische Rebsorten. Der dichte FRIULANO ist lagerfähig; ungewöhnlich für New York der kühl-maritime LAGREIN. Floraler PETIT VERDOT aus einer Einzellage, würziger BLAUFRÄNKISCH/DORNFELDER und starker CABERNET FRANC. Langlebiger Gemischter Satz. Saisonal aromatisierter Vermouth. Neu im Angebot sind MERLOT und Petit Verdot.

Element Winery Finger Lakes, NY ★★ Vom Terroir am Seneca Lake geprägt sind CHARDONNAY, langlebiger RIESLING und reifer CABERNET FRANC. CABERNET SAUVIGNON, PINOT NOIR und SYRAH sind von der alten Westküste inspiriert. Die winzige Charge vom kräuterwürzigen MERLOT durfte sechs Jahre reifen. Experimentell sind die Colloquial Wines: Cuvée von Cabernet franc und 21er Blanc de Blancs, der 2031 auf den Markt kommt.

Fjord Hudson R., NY ★★★ Eingeweihte feiern den zitronigen ALBARIÑO für seinen Schmelz sowie den spontan vergorenen CABERNET FRANC. Sehr guter Eiswein von CHARDONNAY. Neu ist der GAMAY. MERLOT mit Lagerpotenzial. Neupflanzung von Gemischtem Satz mit SAPERAVI, BLAUFRÄNKISCH und Cabernet franc.

Floral Terranes Long Island, NY ★★★ Die Trauben stammen aus North Fork, die wilde Vergärung in einer kleinen Vorstadtgarage verwandelt sie in ebenso konzentrierte wie ruppige Weine. Der MERLOT (20) gehört in den Keller, bis er sein jugendliches Ungestüm abgelegt hat. Der erdige CABERNET SAUVIGNON (20) mit Noten von Amarenakirschen zeigt sich schön säurebetont. Auch Cider von Äpfeln aus verwilderten Obstgärten.

Forge Cellars Finger Lakes, NY ★★★ An der Ostseite des Seneca Lake gelegen. Die präzise gemachten RIESLINGE von einer Einzellage differieren in Sachen Frucht, Struktur und Säure: üppig und mineralisch der Railroad, zurückhaltend der Wagner Caywood East, spritzig frisch der Caywood, blumig der Tango Oats und gut strukturiert der Breakneck Creek. Die Cuvée Classique ist ein guter Botschafter für dieses Gebiet. Dazu PINOT NOIR aus Einzellagen: der kühlklimatische Klassiker Tango Oats und der kraftvolle Leidenfrost.

Fox Run Finger Lakes, NY ★★★ Die RIESLING-Reihe ist sehr gut, darunter welche aus Einzellagen oder fassvergoren. Dazu die rare 19er-Reserve von CABERNET FRANC und LEMBERGER. Außerdem kräuterwürziger CABERNET SAUVIGNON und MERLOT mit Lagerpotenzial. Kellermeister Peter Bell betreut einige der besten Weine an den Finger Lakes.

Frank, Dr. Konstantin Finger Lakes, NY ★★★ Der Gründer hat die ersten Reben an den Finger Lakes gepflanzt; das Weingut steht am Keuka Lake. Der 19er-Lena besteht aus fünf Bordeaux-Sorten. Ein für die USA seltener Verschnitt aus SIBERIAN/AMUR hat Potenzial für 5–10 Jahre. Der RKATSITELI

Amber ist mit seiner Gradlinigkeit ein Tribut an die georgische Weinbereitung. PINOT NOIR von alten Reben aus einer Lage von 1958; robuster, dunkelfruchtiger SAPERAVI. Schaumweine von großer Klasse sind der Blanc de Blanc [sic] (Chardonnay) und der Blanc de Noirs (Pinot noir).

Hermann J. Wiemer Vineyard Finger Lakes, NY ★★★ Spitzenproduzent der USA für RIESLING mit verschiedensten Abfüllungen, auch von Einzellagen. Eigene Riesling-Klone auf biodynamisch bewirtschafteten Flächen, ebenso wie beim CHARDONNAY. Feiner GEWÜRZTRAMINER von den ältesten Reben in New York, CABERNET FRANC, PINOT NOIR und Schaumwein der Spitzenklasse. Dazu die fantastische Marke Standing Stone aus SAPERAVI und Blanc de Blancs von einem 1974 angelegten Weinberg. Sehr beliebt ist PINOT NOIR. NEBBIOLO in der Testphase.

Wird es in New York warm genug für Syrah?

Washington ist berühmt für SYRAH, aber New York? Es scheint möglich: Die eigentlich wärmeliebende Rebe, ein Abkömmling von Pinot aus Burgund und Teroldego aus dem Trentino, übersteht auch lange, kalte Winter. Immer öfter sortenrein abgefüllt wird Syrah an den Finger Lakes wird (komprimierte Sonnenstunden führen zu einer sehr kurzen Nachreife), und auf dem maritimen Long Island (hier ist man das kurze Zeitfenster für die Lese von Syrah gewohnt). Atwater und MACARI vertrauen darauf schon lange. CHANNING DAUGHTERS liefert kleine Abfüllungen aus Einzellagen, auch als Rosé gekeltert. Von Glacier Ridge Vineyard kommt der Red Newt. Hector Wine Company steht für füllige, säurebetonte Weine mit Rauchnote. SURUH interpretiert SHIRAZ mit amerikanischer Eiche und verschneidet auch mit TEROLDEGO.

Hosmer Finger Lakes, NY ★★★ Die Weinberge am Cayuga Lake wurden 1972 angelegt. Preisgekrönter RIESLING in limitierten Abfüllungen. Das Gleiche gilt für CABERNET FRANC und CHARDONNAY. Seit 1980 auch PINOT NOIR, wovon einiger zu Blanc de Noirs verarbeitet wird.

Keuka Lake Vineyards Finger Lakes, NY ★★★ Rassige RIESLINGE wie der Falling Man aus Steillagen. Sehr guter CABERNET FRANC, dazu Hybride wie Vignole oder die alte Elsässer Rebsorte Léon Millot.

Lakewood Vineyards Finger Lakes, NY ★★★ Weingut in dritter Generation. Der CABERNET FRANC Reserve ist von hoher Qualität, taugt aber auch als Alltagswein. Dazu beeindruckender GEWÜRZTRAMINER, PINOT GRIS, PINOT NOIR und verschiedene RIESLINGE.

Lamoreaux Landing Finger Lakes, NY ★★★ Enorm unterschiedliche Lagen liefern exzellente RIESLINGE (viele unterschiedliche Abfüllungen – die Norm an den Finger Lakes mit ihrem perfekt für Riesling geeigneten Terrain). CHARDONNAY, GEWÜRZTRAMINER und Eiswein, dazu CABERNET FRANC, MERLOT und PINOT NOIR. Der cremige Blanc de Blancs lag 4 Jahre auf der Hefe.

Liten Buffel ★★ Gut in Niagara mit zwei PINOT NOIRS, dem PINOT GRIS Ramato und RIESLING (in ganzen Trauben vinifiziert, auch Hülsenmaischung). Zusammen vergorener BLAUFRÄNKISCH mit SAUVIGNON BLANC. Wilde Hefen in neutraler Eiche, keine Filterung, kein Schwefel. Manche Jahre bringen Edelfäule.

Macari Long Island, NY, North Fork, NY ★★★ Das elegante Gut liegt hoch auf der Klippe, das Herz schlägt für die Biodynamie. Beispiele sind der SAUVIGNON BLANC Katherine's Field oder der MERLOT-betonte Alexandra: vornehme New Yorker mit rassiger Säure. Auch CABERNET FRANC liebt New

York: Der Macari ist eine durchscheinende rote Süßigkeit; ähnlich fröhlich stimmt einen der Pét-Nat Horses.

McCall Long Island, NY, North Fork, NY ★★★ Bekannt für erstklassigen PINOT NOIR aus Einzellagen, Reserven und Rosé. Guter CABERNET FRANC, SAUVIGNON BLANC und Bordeaux-Cuvées. Züchtet auch die französische Rinderrasse Charolais.

Milea Hudson R., NY – AVA in der Region Hudson River mit sanften, nebligen Hügeln. 2021 konnte der erste eigene CABERNET FRANC gelesen werden, aber die älteren Jahrgänge aus Trauben von Whitecliff sind ebenfalls sehr gut. Solider BLAUFRÄNKISCH. Das Heritage Project ist selten und lecker, die perfekte Verbindung franko-amerikanischer Rebsorten: MUSCAT Valvin und smarte Cuvées aus Burdin/Chambourcin und Le Colonel/Chelois.

Millbrook Hudson R., NY ★★★ Der Erste, der im Hudson Valley Vinifera-Reben gepflanzt hat. Es gibt Guts-RIESLING, CHARDONNAY, PINOT NOIR, dazu Tocai (FRIULANO) und CABERNET FRANC von Einzellagen. Die Roten halten sich aufgrund der Säure ein paar Jahre.

Paumanok Long Island, NY ★★★ Komplexer kühlklimatischer CHARDONNAY, SAUVIGNON BLANC, CABERNET FRANC und MERLOT, alle spontan vergoren und nur wenig geschwefelt. Cuvées von Bordeaux-Rebsorten werden nur in den besten Jahren abgefüllt, zuletzt 2015 und 2021. Merlot Grand Vintage auch 2015. Der rassige CHENIN BLANC hat Lagerpotenzial. Blanc de Blancs lag 36 Monate auf der Hefe. Der 15er-Merlot Old Roots ist noch immer frisch, ebenso wie der spannende ALBARIÑO.

Ravines Finger Lakes, NY ★★★ 17 18 19 – RIESLING aus Einzellagen und verschnitten (von der berühmten steilen Lage Argetsinger), sowie einer der besten GEWÜRZTRAMINER im Osten. Dazu ein Schwerpunkt auf PINOT NOIR und geradezu überschwänglicher CABERNET FRANC, der in rund 5 Jahren trinkreif ist.

Red Newt Finger Lakes, NY ★★★ Terroirbetonte Weine mit Schwerpunkt auf RIESLING, inkl. großer Crus vom Seneca Lake – Top US-Qualität. Eleganter GEWÜRZTRAMINER und PINOT GRIS, guter CABERNET FRANC, MERLOT und PINOT NOIR. Der Riesling Tierce aus der Lage ARROWHEAD SPRING entsteht in Zusammenarbeit mit Anthony Road. Das Bistro bietet Produkte aus der Region.

Auf Long Island (feuchtes Klima) gibt es nur einen Winzer, der biodynamisch arbeitet: Farrm Wine. »RR« wie »Rrisiko«.

Red Tail Ridge Finger Lakes, NY ★★★ Seneca Lake. Großartiger CHARDONNAY, RIESLING (inkl. wild vergorener aus Einzelparzellen), BLAUFRÄNKISCH und PINOT NOIR. Der schlanke, fruchtige TEROLDEGO ist meist ausverkauft. Dazu Schaumwein wie Blanc de Noirs, Pét-Nat und Sekt.

Shaw Vineyard Finger Lakes, NY ★★★ Am ruhigeren westlichen Ende des Seneca Lake gelegen. Im Fokus steht körperreicher CABERNET SAUVIGNON, MERLOT und PINOT NOIR. Dazu konzentrierter GEWÜRZTRAMINER und RIESLING mit feiner Hefenote, Letzterer auch fassgereift. Orange Wine und Cuvées, u. a. von Gewürztraminer, SAUVIGNON BLANC und PINOT GRIS.

Sheldrake Point Finger Lakes, NY ★★ Gut am Cayuga Lake. Üppiger, kühlklimatischer GAMAY, frische, erdige Bordeaux-Cuvées, verschiedene RIESLINGE, PINOT GRIS aus einer Einzelparzelle und MUSCAT Ottonel. Weiße ohne Holznote. Experimente wie die Reberziehung an Kiefernstäben, um CHARDONNAY körperreicher zu machen.

Silver Thread Finger Lakes, NY ★★★ Sehr guter biodynamischer CHARDONNAY, RIESLING, CABERNET FRANC und PINOT NOIR. Überzeugendes Terroir-

Management: Die Böden der Weinberge dürfen regenerieren und passen sich denen der umliegenden Wälder an. Solarstrombetrieben.

Sparkling Pointe Long Island, NY ★★★ Überzeugende Schaumweine, ein französischer Kellermeister und klassische Champagnerreben von Lehmböden. In der Reihe Cuvée Carnaval (rot/weiß/rosé) fließt MERLOT mit in den Verschnitt, im Weißen ist es Muscat. Topaz Impérial Rosé besteht aus CHARDONNAY/PINOT NOIR/PINOT MEUNIER.

Suhru Long Island, NY ★★★ 2008 von einem Australier gegründet. Maritimer SHIRAZ von Gletscherböden. Die lagerfähige Cuvée Ember aus Bordeaux-Sorten ist ein Sammlerobjekt, ähnlich wie CABERNET FRANC, MERLOT und TORALDEGO. Üppiger SAUVIGNON BLANC und Rosé im Stil der Provence (MERLOT/CABERNET FRANC). Schaumwein nach traditioneller Methode.

Weis Vineyards Finger Lakes, NY ★★ Keuka Lake. Kellermeister Hans Peter Weis ist Winzersohn von der Mosel. RIESLING von trocken bis edelsüß. Das rote Repertoire reicht von PINOT NOIR bis SAPERAVI. Die gutseigenen Reben wurden 2020 gepflanzt: CHARDONNAY, Riesling, CABERNET FRANC und Saperavi.

Whitecliff Hudson R., NY ★★ Vegane Weine: Lage und Böden werden clever genutzt, inkl. eines ehemaligen Kirschgartens. Die quartzhaltigen Hügellagen von Olana eignen sich für sehr guten, fassgereiften CABERNET FRANC oder GAMAY. PINOT NOIR wächst auf Kalkstein. Eine Bordeaux-Cuvée nennt sich Sky Island. CHARDONNAY hat Anklänge von Pfirsich, außerdem kernige RIESLING-Reserven.

Wölffer Estate Long Island, NY ★★★ Erstklassiger Betrieb und schönes Ausflugsziel in South Fork. Klassischer Anspruch. Der MERLOT Christians Cuvée wird von 30 Jahre alten Reben gewonnen, dazu ein wenig CABERNET FRANC aus einer Einzellage. PINOT NOIR Landius überzeugt in Sachen Qualität, außerdem CHARDONNAY im Burgunderstil und SAUVIGNON BLANC mit maritimen Anklängen Auf den guten Rosé sind sie in den Hamptons ganz wild.

North Carolina

Von den Blue Ridge Mountains und Piedmont Hills im Westen (**Raffaldini** nutzt hier die italienische *appassimento*-Methode für MONTEPULCIANO und SANGIOVESE; zwei VERMENTINOS, darunter die co-fermentierte Grande Riserva; Patrimonio; **Sotrio** FIANO, TEROLDEGO) bis zur Küste im Osten (im Außenbezirk produziert **Sanctuary Vineyards** den gelbfruchtigen ALBARIÑO Pearl, dunklen lagerfähigen Shipwreck aus PETIT VERDOT, SYRAH und TEMPRANILLO). Terroirbetonte Empfehlungen aus dem Yadkin Valley: **Jones Von Drehle:** Tempranillo; MALBEC Reserve; **Junius Lindsay**: Syrah; **RayLen; Shelton.** Hilly **Dynamis:** Die ersten Luxusabfüllungen von North Carolina mit dem Fokus auf CABERNET SAUVIGNON und Bordeaux-Rebsorten.

Ohio

Der Lake Erie mildert den Winter. Fünf AVAs mit CHARDONNAY, MÜLLER-THURGAU, RIESLING, PINOT GRIS, Bordeaux-Sorten, DOLCETTO und PINOT NOIR. Erzeuger: **Debonne** seit den 1970ern, **Ferrante** GEWÜRZTRAMINER, GRÜNER VELTLINER, **Firelands, Harpersfield** KERNER/RIESLING/MUSCAT OTTONEL, **Laurentia** Weiße aus Betontanks, **Markko** CABERNET SAUVIGNON, Chardonnay, Pinot noir vom Lake Erie; hat 1968 von Dr. Frank aus New York gelernt, Reben in Ohio zu ziehen, **M Cellars** RKATSITELI, **St. Joseph Vineyard** experimentiert mit CORVINA, SANGIOVESE.

Oregon

Wein aus Oregon, geboren in den 1960ern, wird erwachsen. Er hat sich zum Reiseziel gemausert für Liebhaber von hochklassigem PINOT NOIR. Die Stilistik variiert stark je nach Jahrgang und Winzer und reicht von reichhaltig-reif bis schlank und ätherisch. Auch viele andere Rebsorten werden angebaut, wovon CHARDONNAY, PINOT GRIS, RIESLING und GAMAY am vielversprechendsten sind. Landesweit sind Öko-Weine und Biodynamie auf dem Vormarsch.

Bedeutende Weinbaugebiete in Oregon

Columbia Gorge Liegt je zur Hälfte in Washington und Oregon. Experimente, Vielfalt, nachhaltiger Weinbau.

Rocks District of Milton-Freewater (Walla Walla Valley) Liegt ausschließlich in Oregon und bringt dichten Syrah mit Lagerpotenzial hervor.

Southern Oregon Die wärmste Anbauregion umfasst einen Großteil des westlichen Oregon und den Süden des Willamette Valley. Zur südlichen Sub-Ava Rogue Valley gehört Applegate. Die nördliche Sub-Ava Umpqua umfasst Elkton und Red Hill Douglas County. Am besten gedeihen Rebsorten von der Rhône und aus Spanien. Die Qualität ist wechselhafter als im Willamette Valley, aber vielversprechend.

Willamette Valley Mit den Sub-AVAs Chehalem Mountains, Dundee Hills, Eola-Amity Hills, Laurelwood District, Lower Long Tom, McMinnville, Mt Pisgah, Polk County, Ribbon Ridge, Tualatin Hills, Van Duzer Corridor und Yamhill-Carlton. Pinot blanc, Pinot gris, Riesling oder Gamay gedeihen hier prächtig, Chardonnay wird schön, aber Pinot noir bleibt eindeutig der Star.

Neuere Jahrgänge

2022 Kühle Wachstumsperiode, geringer Ertrag. Hohe Qualität erwartet.
2021 Heiß und trocken, konzentriertes, ausgewogenes Lesegut.
2020 Buschfeuer haben Rauchspuren im Willamette Valley hinterlassen. Der Süden von Oregon war weniger betroffen. Rogue Valley besonders gut.
2019 Ein Klassiker: kühl und nass = elegante und straffe Weine.
2018 Heiß und trocken, tiefe Farbe und Konzentration, Lagerpotenzial, einige Rauchschäden.
2017 Rekordernte von ausgezeichneter Qualität. Rauchschäden in Columbia Gorge.
2016 Warm; harmonische Weine, angenehm wenig Alkohol.
2015 Ähnlich wie 2014 in Sachen Menge und Qualität, fülliger.
2014 Heiß, hoher Ertrag, sehr reifes Lesegut.

00 (Double Zero) Wil ★★★ Opulenter CHARDONNAY und fülliger, erdiger PINOT NOIR, der seine Trauben von prestigeträchtigen Weinlagen aus verschiedenen AVAs bezieht. Am besten sind die Cuvées mit Pinot noir namens Hermann, VGR und VGW.

Abacela Umpqua V. ★★★ Hat als Erster in den USA TEMPRANILLO gepflanzt: Die Qualität von Barrel Select, Fiesta, Paramour und South East Block Reserve wird immer besser. Klassischer ALBARIÑO Private Selection.

Abbott Claim Yamhill-Carlton ★★★★ Jetzt im Besitz von Antony Beck (*siehe* Graham Beck im Kapitel »Südafrika«). Alles bio und ohne künstliche Bewässerung. Die Guts-PINOT-NOIRS Due North und Orientate sind makellos ausgewogen. CHARDONNAY Seven Springs aus zugekauften Trauben mit Feuersteinnote.

Vereinigte Staaten

Adelsheim Chehalem Mt. ★★→★★★ Der PINOT NOIR Breaking Ground ist ein Klassiker, fruchtbetont mit leichter Eiche. Auch der CHARDONNAY Staking Claim ist zuverlässig gut und fair kalkuliert.

Analemma Col Gorge ★★★ Das Gut ist ein umgewandelter Bauernhof und seit 2018 Demeter-zertifiziert. Vorwiegend spanische Rebsorten, aber auch bekannt für frische Schaumweine. Empfehlenswert: floraler GODELLO, GRENACHE mit Aromen von roten Früchten und Lavendel, MENCÍA.

Antica Terra Wil ★★★ Einzigartige Stilistik bei klassischen Rebsorten. Würziger PINOT NOIR. Opulenter, goldener CHARDONNAY mit deutlichen Tanninen. Hier machen Verkostungen Spaß.

Archery Summit Dundee Hills, Eola-Amity Hills ★★★ Die fülligen und gut strukurierten PINOT NOIRS Summit und Arcus haben großes Lagerpotenzial.

Arlyn Chehalem Mt. ★★★ Bio-Anbau ohne künstliche Bewässerung. Die Weine werden von Wynne Peterson-Nedry gemacht. Sehr geradeaus der CHARDONNAY Wit & Logic, sehr gut der harmonische PINOT NOIR State of Grace.

Tipp für die Verkostung: Dundee Hills AVA im Willamette Valley mit jeder Menge großartiger Weingüter.

Arterberry Maresh Dundee Hills ★★★ Eines der ältesten Güter im Willamette Valley, größtenteils unbewässert und wurzelecht. Delikater dunkelfruchtiger, erdiger PINOT NOIR von alten Reben: Maresh Vineyard, Old Vines, Weber.

A to Z Wineworks S Oregon ★ Vernünftig kalkulierte, solide gemachte und fruchtbetonte Weine.

Audeant Wil ★★★ Vielversprechendes neues Projekt mit Trauben aus verschiedenen AVAs. Die konzentrierten PINOT NOIRS Nysa und Luminous Hills aus Einzellagen sind am besten und sie altern in Würde.

Ayoub Dundee Hills ★★★★ Hervorragende Weinlagen und ein gutes Händchen für den Einsatz von Eiche.Tolle Guts-PINOT NOIRS, sowohl der normale als auch der aus ganzen Trauben gekelterte. Am besten gegeneinander verkosten.

Ayres Ribbon Ridge ★★★ Pflanzungen von 2001; 15 Hektar, die Parzellen in Familienhand bringen dunkelfruchtigen, würzigen PINOT NOIR hervor; hier lohnen sich vor allem Pionier und One.

Beaux Frères Ribbon Ridge ★★★ Überwiegend im Besitz des Champagnerhauses Henriot (*siehe* Kapitel »Frankreich«). Mikey Etzel ist noch immer für den Wein zuständig. Die Stars bleiben die Gutsweine wie der elegante, erdige PINOT NOIR Belles Sœurs.

Bergström Wil ★★★★ 100% gutseigene Trauben seit 2020. Im Bio-Anbau entstehen elegante, kraftvolle Weine. CHARDONNAY Sigrid bringt unglaubliches Lagerpotenzial mit, dazu die PINOT NOIRS La Spirale und Le Pre du Col.

Big Table Farm Wil ★★★ Komplexe und etwas eigenartige Weine, besonders der CHARDONNAY Elusive Queen. Der Rosé Laughing Pig und alle PINOT NOIRS stammen aus Einzellagen.

Brick House Ribbon Ridge ★★★★ Alles biodynamisch bis hin zur wilden Hefe. Die ganze Familie legt bei der Weinbereitung Hand an. Exzellenter CHARDONNAY Cascadia, PINOT NOIR Les Dijonnais und die älteren Jahrgänge der Cuvée du Tonnelier (Neupflanzungen von 2018).

Brooks Eola-Amity Hills ★★★ Biodynamischer Familienbetrieb. Außergewöhnlich duftiger RIESLING von süß bis trocken in ca. 20 Cuvées – gut sind Ara, Bois Joli oder der Gutswein. Ebenfalls sehr gut ist der fruchtige PINOT NOIR Rastaban.

Cameron Dundee Hills, Ribbon Ridge ★★★★ Eines der am besten gehüteten Geheimnisse von Oregon. Opulenter, lagerfähiger CHARDONNAY wie der Clos Electrique. Strukturierter PINOT NOIR wie Arley's Leap. Als Einstiegswein bietet die Cuvée DUNDEE HILLS ein sensationelles Preis-Leistungs-Verhältnis. Der Nebbiolo vom RIBBON RIDGE macht einfach Spaß.

Corollary Wines Wil ★★★ Das neue Projekt ist seit 2017 am Start und hat sich dem feinen Schaumwein verschrieben. Die Cuvée One bietet einen preiswerten Einstieg. Jetzt gibt es neue Rebflächen in den Eola-Amity Hills.

David Hill Vineyards & Winery Tualatin Hills ★★★ Die ersten Pflanzungen hat Charles Coury 1966 angelegt. Alles bio, Elsässer Rebsorten. Sehr gut die klassischen Abfüllungen von Black Jack von wurzelechtem PINOT NOIR. Die Reihe Discovery bietet experimentelle Naturweine.

Domaine Drouhin Oregon Dundee Hills, Eola-Amity Hills ★★★ Im Besitz der Familie Drouhin (*siehe* Kapitel »Frankreich«), geleitet von Véronique Boss-Drouhin. Straffer CHARDONNAY Arthur, PINOT NOIR Laurène ist gut gelagert am besten. Das Schwestergut Roserock liegt in den Eola-Amity Hills. Dort wurde 2022 noch ein weiteres Gut gekauft.

Elk Cove Wil ★★★ Rund 160 Hektar in Familienhand, ohne künstliche Bewässerung, teilweise wurzelechte Reben. Die erste Lese fand 1977 statt. PINOT NOIRS aus Einzellagen sind komplexer und dunkelfruchtiger als die Einstiegsweine, vor allem die tollen Clay Court, Five Mountain und Mount Richmond, dazu gute PINOT BLANCS und PINOT GRIS. Die Schwestermarke Pike Road produziert Weine aus zugekauften Trauben.

Et Fille Wil ★★★ Ganz in Familienhand; kleine gutseigene Flächen und sechs Parzellen im WILLAMETTE VALLEY, die nachhaltig bewirtschaftet werden. Herausragender PINOT NOIR Gabriella und Schaumwein Père Honneur mit Toastnoten.

Evening Land Eola-Amity Hills ★★★ Diese Marke hat den CHARDONNAY in Oregon revolutioniert. Jetzt unter der Leitung von Raj Parr and Sashi Moorman. Präzise und mineralisch zeigen sich La Source und Summum, außerdem erdiger PINOT NOIR mit feiner Eichennote. Dazu gehört die berühmte Lage Seven Springs Vineyard.

Im Juli gibts im Willamette Valley ein internationales Fest zu Ehren des Pinot noir. Dazu passt köstlicher gebackener Lachs.

Evesham Wood Wil ★★★ 2010 von den Besitzern von Haden Fig übernommen. Unglaublich preiswerter, komplexer PINOT NOIR mit Lagerpotenzial. Le Puits Sec lohnt einen Versuch.

Eyrie Vineyards Dundee Hills ★★★★ So geht Bio: keine Bewässerung, keine Bodenbearbeitung und möglichst minimale Eingriffe bei der Weinbereitung. Ältester Produzent im WILLAMETTE VALLEY, die ersten Reben wurden 1965 gepflanzt. Elegant und lagerfähig bei wenig Alkohol. Der CHARDONNAY Daphne, PINOT GRIS Sisters oder PINOT NOIR South Block sind allesamt Wunder an Textur.

Flâneur Wines Wil ★★★ Sehr preiswerte Einstiegsweine wie CHARDONNAY oder PINOT NOIR. Mehr Struktur liefern die Cuvée Constantin und La Belle Promenade. Kellermeister Grant Coulter gönnt sich eine Eigenmarke unter dem Namen Hundred Suns.

Goodfellow Wil ★★★ Das Gut bezieht seine Trauben von unbewässerten Lagen. Komplexe, elegante Weine wie CHARDONNAY Durant, PINOT GRIS Lewman oder PINOT NOIR Heritage No.15 Whistling Ridge.

Hillcrest Vineyard Wil ★★→★★★ Das älteste Weingut von Oregon, die ersten Pflanzungen von PINOT NOIR wurden liebevoll von Familie Demara betreut. Lange Maischestandzeit und zwei bis vier Jahre Fassreife.

Vereinigte Staaten

Idiot's Grace Col Gorge ★★→★★★★ Bio-Weingut in Familienhand. CHENIN BLANC ist herausragend, der klare, frische GRENACHE kommt mit Erdbeernoten, dazu guter GAMAY und SANGIOVESE.

Irvine & Roberts Rogue V. ★★★ Klassischer CHARDONNAY, beeindruckend nuancierter PINOT NOIR. Als Einstieg bieten sich die preiswerteren Gutsweine an.

J.K. Carriere Wines Wil ★★★★ Exquisit und gut ausbalanciert ist der erdige PINOT NOIR mit unglaublichem Lagerpotenzial. Der Vespidae ist exzellent, Lola noch eine Stufe höher und seinen Preis wert.

Johan Van Duzer Corridor ★★★ Das biodynamisch geführte Gut verzichtet in den eigenen Lagen auf Bewässerung und Bodenbearbeitung. Wurde 2021 von Katherine »Mini« Banks gekauft, der auch Cowhorn gehört. Einzigartiger CHARDONNAY, PINOT GRIS/NOIR. Sehr guter Pinot noir Nils.

King Estate Wil ★★★ Das Gut ist jetzt der größte biodynamische Produzent der USA. PINOT GRIS bildet den Markenkern im Portfolio. Dazu ein Dutzend PINOT NOIRS, außerdem CHARDONNAY, GEWÜRZTRAMINER, SAUVIGNON BLANC und neuerdings Sekt.

Lavinea Wil ★★★ Im Besitz von Isabelle Meunier and Greg Ralston, die bei EVENING LAND gelernt haben. Das Portfolio ist bestimmt von geschmeidigem, fein strukturiertem PINOT NOIR.

Lingua Franca Eola-Amity Hills ★★★ Von Constellation Brands übernommen. Master Sommelier Larry Stone, Dominique Lafon (*siehe* Kapitel »Frankreich«) und das Team sind dem Gut erhalten geblieben. Stilvolle CHARDONNAYS wie Bunker Hill, Estate oder Sisters, dazu weiche PINOT NOIRS wie Mimi's Mind und The Plow.

Loop de Loop Col Gorge ★★★ Bio ohne Bewässerung oder Bodenbearbeitung. Fast ätherisch ist der rotfruchtige und würzige PINOT NOIR, besonders gut der Four Winds.

Love & Squalor ★★★ Vielseitiges Portfolio. Keine Ausfälle dabei, aber RIESLING und GAMAY, v. a. der Antsy Pants, haben eindeutig die Nase vorn. Tolles Preis-Leistungs-Verhältnis.

Morgen Long Wil ★★★★ Seth Morgen Long konzentriert sich auf CHARDONNAY von seinen bevorzugten Weinlagen. Präzise, mineralisch, mit straffer Säure, Zitrusnoten und gut eingebundener Eiche. Unglaubliches Lagerpotenzial. Herausragend sind Seven Springs und X Omni.

Nicolas-Jay Wil ★★★ Ein Projekt von Jean-Nicolas Méo von der Domaine Méo-Camuzet (*siehe* Kapitel »Frankreich«) und dem Musikmanager Jay Boberg. Zu empfehlen sind der gut strukturierte Momtazi und die Abfüllungen von konzentriertem PINOT NOIR.

Patricia Green Cellars Wil ★★★ Eine exzellente Aufstellung von beerenfruchtigen, mittelschweren PINOT NOIRS aus Einzellagen. Die Gründerin ist verstorben, aber Wertigkeit und Qualität sind geblieben. Der Gutswein Bonshaw Block, Etzel Block, Mysterious oder Notorious sind allesamt superb. Dazu der in Oregon seltene SAUVIGNON BLANC.

Ponzi Vineyards Laurelwood ★★★ Auch nach der Übernahme durch Bollinger (*siehe* Kapitel »Frankreich«) bleibt Luisa Ponzi für die Weinbereitung zuständig. PINOT NOIR Aurora ist auf den Punkt gebracht, das Gleiche gilt für den CHARDONNAY Avellana. Classico glänzt mit feiner Frucht. Der Pinot noir Tavola ist erschwinglich.

Quady North Applegate V., Rogue V., S Oregon ★★★ Herb Quady glänzt mit Rhône-Rebsorten. Sehr gut die frische Cuvée Pistoleta, lebhaft der Rosé Counoise. Herausragend der SYRAH Mae's.

Résonance Wil ★★★ Projekt von Jadot (*siehe* Kapitel »Frankreich«) unter der Leitung von Weinmacher Guillaume Large. CHARDONNAY Découverte und

Guts-PINOT NOIR sind am besten, überwiegend lagerfähig. Jüngere Weine müssen dekantiert werden.

Ribbon Ridge Winery Ribbon Ridge ★★★ Die Marke Ridgecrest liefert preiswerte, gut strukturierte Weine: GRÜNER VELTLINER, RIESLING, GAMAY, PINOT GRIS/NOIR. Gereifter Pinot noir unter dem Label Ribbon Ridge ist außerordentlich elegant.

Rose & Arrow Wil ★★★★ Das Projekt wurde von Mark Tarlov (Gründer von EVENING LAND) ins Leben gerufen. Mikroproduktion und PINOT NOIR mit Lagerpotenzial von Weinmacher Felipe Ramirez. Alles herausragend. Wer sich anmeldet, bekommt den Zweitwein Alit zum günstigen Kurs.

Sequitur Ribbon Ridge ★★★ Ein weiteres Projekt der BEAUX-FRÈRES-Familie Etzel mit angrenzenden Weinlagen. Feiner, konzentrierter CHARDONNAY und PINOT NOIR. Die Etiketten und Namen der Weine wechseln jährlich

Sokol Blosser Wil ★★→★★★ Die fruchtbetonte Reihe Evolution ist ihren Preis wert. PINOT NOIR Orchard und die Gutsweine überzeugen mit Struktur und Länge.

Soter Wil ★★★→★★★★ Der legendäre kalifornische Weinmacher Tony Soter glänzt mit lagerfähigem CHARDONNAY, PINOT NOIR und Schaumwein. Gutseigener Mineral Springs Ranch, biodynamisch quer durchs Portfolio. Einen preiswerten Einstieg bietet Planet Oregon.

Tan Fruit Wil ★★★→★★★★ CHARDONNAY-Projekt von Jim Maresh (ARTERBERRY MARESH). Das Lesegut stammt aus Weinlagen rund um das Willamette Valley. Die Reihen Eyrie, Oak Grove und Fairview sind extrem unterschiedlich, aber alle sehr gut.

Troon Applegate V. ★★★ Der zweite Weinberg in den USA, der von Demeter zertifiziert ist. Hervorragender Guts-VERMENTINO und SYRAH (am besten der Siskiyou). Das restliche Portfolio tendiert in Richtung flippige, helle Rote und orange Weine wie den Glou Glou aus GRENACHE oder Kubli Bench Amber.

Vincent Wil ★★★ Das Gut arbeitet mit Winzern aus den Eola-Amity Hills und Ribbon Ridge, die ohne Bewässerung auskommen. Nur gebrauchte Fässer, um die Frucht hervorzuheben. Glänzt mit CHARDONNAY wie dem Tardive.

Walter Scott Eola-Amity Hills ★★★★ Der Familienbetrieb konzentriert sich auf bestes Traubenmaterial. Präziser und gradliniger CHARDONNAY, ausgewogener PINOT NOIR mit gut integrierter Eiche. Auch der GAMAY ist sehr gut. Die Spitzenlagen sind X-Novo, Freedom Hill und Sojourner. Gutes Lagerpotenzial.

Willamette Valley Vineyards Wil ★★ Viele Aktionäre und Teilhaber; ausgedehnte Weinlagen, vorwiegend preiswerter PINOT NOIR und CHARDONNAY, Elton im Premiumsegment. Im Rocks District sind jetzt auch Maison Bleue und Pambrun zu Hause.

Winderlea Wil ★★★ Beschwingter PINOT NOIR aus Einzellagen wie Legacy oder Weber. Sehr guter Schaumwein. Biodynamisch.

Pennsylvania

ALBARIÑO, besonders von **Galen Glen, Galer, Maple Springs,** dazu GRÜNER VELTLINER, PINOT NOIR und Bordeaux-Sorten. Viele Italiener von BARBERA bis FIANO. Das feuchte Kontinentalklima wird im Nordwesten vom Lake Erie gemildert. Angenehme Temperaturen im Südosten: **Va La** Der Mischsatz Avondale aus CORVINA und neun NEBBIOLO-Klonen genießt Kultstatus; **Vox Vineti** Nebbiolo und saubere Bordeaux-Verschnitte. Im zentralen Lehigh Valley: **Galen Glen** Produziert in windigen 305 Meter Höhe, im Keller liegen Schätze von den ältesten Reben: Grüner Veltliner, der 2003 gepflanzt wurde; **Stony Run** Sehr guter 18er Brut und weicher Albariño. Außerdem: **Allegro**

Zuverlässig seit den 1970ern; **Armstrong Vine** CABERNET FRANC, MERLOT; **Fero Vineyards** Heller LEMBERGER, gefeierter SAPERAVI; **Karamoor; Mazza** TEROLDEGO vom Lake Erie; **Mural City Cellars** Urbane Kellerei in Philadelphia; **Penns Woods** SAUVIGNON BLANC, tiefgründiger CABERNET SAUVIGNON; **Presque Isle** Dornfelder; **Vynecrest; Waltz** Cabernet franc; **Wayvine** Guter fassgereifter Carmine. Liebling der lokalen Sommeliers: MERLOT von **Bella Terra.**

Texas

Dominiert von zwei großen AVAs: Texas Hill Country und Texas High Plains. Beide Regionen werden zunehmend besser dank der Erkundung des Terroirs und neuer Rebsorten. Gehobene Qualität kommt jetzt auch aus dem Norden von Texas, der Nähe von Dallas und dem Osten in Richtung Louisiana. Portugiesische und mediterrane Sorten gedeihen am besten in den High Plains. Das Kontinentalklima mit seinen heißen Sommern erzeugt straffe Rote und Weiße im Rhône-Stil. Rhône- und Bordeaux-Sorten fühlen sich wohl im Texas Hill County, wo unterschiedliches Terroir zu einer breit gefächerten Stilistik ermuntert. Im Osten von Texas sind es Hybride, die lebendige, würzige Weine wie den Blanc de Bois hervorbringen.

Adega Vinho – Newcomer im Hill Country. Die Jungfernlese von den eigenen Weinlagen steht kurz bevor. Noch bezieht Familie Bilger ihre Trauben woanders und überzeugt mit erfrischendem Stil bei MOURVÈDRE Rosé und TEMPRANILLO.

Becker Vineyards ★★★ Große, reife Weine im Bordeaux- oder Rhône-Stil. Sehr gute CABERNET SAUVIGNONS in verschiedenen Abfüllungen. Ganz vorne der Prairie Rôtie.

In Sachen Höhe und Klima sind die Texas High Plains mit Ribera del Duero in Spanien vergleichbar.

Bending Branch ★★★ Mächtige Rotweine wie PETITE SIRAH, PETIT VERDOT oder SAGRANTINO; TANNAT verdient einen Superlativ, dazu guter SOUZÃO. Experimentierfreude mit weniger bekannten Rebsorten.

Brennan Vineyards ★★★ Die Reben wachsen außerhalb der AVAs in Comanche. Intensive Weine, trotzdem voller Finesse und Eleganz. Bekannt für trockenen VIOGNIER. Sehr gut die weiße Cuvée Lily von Rhône-Reben und NERO D'AVOLA namens Super Nero.

Calais Winery ★★ Auf dem Weingut im Hill Country produziert der Franzose Ben Calais intensive Weine im Bordeaux-Stil. Die Trauben stammen aus hoch gelegenen Weinbergen in den High Plains. Texas Blanc (Weißweinverschnitt), Cuvée de L'Exposition (CABERNET SAUVIGNON).

Crowson Wines – Produziert mit minimalen Eingriffen maximal guten MALVASIA Bianca und Rosé.

Duchman Family Winery ★★★★ Der gute Ruf basiert auf weißen italienischen Rebsorten. Knackiger VERMENTINO und leichter TREBBIANO setzen Maßstäbe für Texas. Auch sehr gut sind fülliger AGLIANICO und etwas schlankerer MONTEPULCIANO. Die Trauben stammen aus Lagen in den High Plains.

Fall Creek Vineyards ★★★ Die ambitionierte Premium-Reihe ExTerra stammt aus der Weinlage Salt Lick, darunter intensiver SYRAH und TEMPRANILLO. In der Reihe Classics CHENIN BLANC und SAUVIGNON BLANC.

Haak Winery ★★ Lagerfähiger Blanc du Bois und Jacquez im Madeira-Stil sind echte Texas-Klassiker. Auch der trockene Blanc du Bois mit Zitrusnoten ist zu empfehlen.

Hilmy Cellars ★★ Das Gut liegt inmitten der größten Rebflächen von Texas im Hill Country. Rhône- und Bordeaux-Sorten, dazu kräftiger TEMPRANILLO. Fein strukturiert die weiße Cuvée Tejas Blanc Rhône und PETIT VERDOT.

Kuhlman Cellars – Der Kellermeister hat in Burgund gelernt. Rote Cuvées von Rhône- und Bordeaux-Sorten, außerdem reifer fülliger Gutswein von ROUSSANNE. Eine rote Cuvée nennt sich Kuhlmanation.

Las Espinas – Kassandra McPherson ist die einzige Kellermeisterin von Texas, die ihren Beruf schon in dritter Generation ausübt. Mit nur wenigen Eingriffen produziert sie lebhafte Weine wie Rosé im Rhône-Stil, Weiße auf Basis von CLAIRETTE blanche und einen Piquette (leichter Wein aus zweiter Pressung).

Lewis Wines ★★★ Konzentriert auf portugiesische Rebsorten aus Einzellagen wie ALICANTE BOUSCHET, TINTA CÃO und TOURIGA NACIONAL. Beeindruckend der Guts-Rosé und der CHENIN BLANC.

Llano Estacado ★★★ Vielfältige Stilistik. Die körperreiche Cuvée 1836 überzeugt in Rot und Weiß. Auch Viviana im Stil eines Super-Toskaners ist gut. Tolle experimentelle Weine in kleinen Mengen sind über den Weinclub zu beziehen.

McPherson Cellars ★★★ Pionier unter den texanischen Weinfamilien, jetzt in zweiter Generation. Harmonische Weine von iberischen und Rhône-Rebsorten, dazu SANGIOVESE aus einer historischen Lage. Die exzellente Reserve von ROUSSANNE setzt Maßstäbe. Überzeugender ALICANTE BOUSCHET, CARIGNAN und CINSAULT.

Messina Hof Winery ★★★ Mächtige, in Eiche ausgebaute Weine. Pionier für SAGRANTINO. CABERNET FRANC räumt regelmäßig Preise ab, dazu verschiedene Dessertweine.

Pedernales Cellars ★★★ Sehr klarer Stil mit Reben aus Spanien und von der Rhône. Herausragend VIOGNIER und TEMPRANILLO. Sowohl die Rhône-Cuvées als auch die Reihe Signature mit Einzellagenweinen sind sehr gut.

Perissos Vineyard and Winery ★★ Der Fokus liegt auf Italien und Spanien. Mächtige Rote wie hervorragender AGLIANICO und TEMPRANILLO. Die Cuvée Rackers entwickelt sich beständig weiter.

Ron Yates Wines ★★★ Der Fokus liegt auf Rhône, Spanien und Italien, weich und rund im Stil. SANGIOVESE und TEMPRANILLO aus Einzellagen sind herausragend.

Southold Farm and Cellar ★★ Egal ob sprudelnd, auf den Schalen vergoren oder Gemischter Satz: Hier vereinen sich alle Trends. Die Namen und Etiketten wechseln jährlich. Interessant die auf den Schalen vergorenen Weißen, schäumender Rotwein und Gemischter Satz aus der Lage Robert Clay.

Spicewood Vineyards ★★★ Schwesterweingut von RON YATES. Feine und lebendige gutseigene Weine. Der gemischte Satz Good Guy oder die Cuvée Battle of Toro aus TOURIGA N/TEMPRANILLO sind spitze. Auch SYRAH und Tempranillo sind zu empfehlen.

Wedding Oak – Führender Produzent von AGLIANICO. Breiter, komplexer ROUSSANNE, guter SANGIOVESE und der CINSAULT Castanet in Rosé.

William Chris Vineyards ★★★ Terroirbetonte Weine. Klassenbester bei den Abfüllungen von MOURVÈDRE aus Einzellagen. Flaggschiffe sind die roten Enchante und Hunter. Das Gut Lost Draw Cellar ist Teil der Gruppe.

Virginia

Das Kontinentalklima bringt viele Herausforderungen mit sich: hohe Luftfeuchtigkeit, frostige Winter und Hurrikans zur Lesezeit. Immer mehr Rebflächen werden in höheren Lagen angelegt, wie z.B. im Shenandoah Valley. Das schützt die Reben und bringt bessere Qualitäten. Der Staat erzeugt elegante Tropfen im klassischen (CABERNET FRANC, PETIT VERDOT und MERLOT) und auch im experimentellen Bereich (robuster, dichter und säurebetonter PETIT MANSENG, NEBBIOLO und TANNAT werden immer präsenter). Viel CABERNET SAUVIGNON, und auch VIOGNIER wird beliebter.

Ankida Ridge ★★★ Erstklassiger, lagerfähiger PINOT NOIR (auch als Reserve), der vielleicht beste in Virginia. Aber nur für ein paar Glückliche, da weniger als 1.000 Kisten produziert werden. 2018 wurden bereits Reben nachgepflanzt. Sie stehen auf steilen Granithängen in 518 m Höhe in den Blue Ridge Mountains. Dazu CHARDONNAY, guter Blanc de Blancs und vielversprechender GAMAY. Mitbesitzer von Stinson: Es lohnt, auf den Meritage mit reifer, säurebetonter Frucht zu warten.

Barboursville ★★★ In Monticello: sanfte Hügel, Vieh und Gastlichkeit. Mehrere Standbeine: Das Flaggschiff aus PETIT VERDOT ergibt eine der besten Jahrgangscuvées namens Octagon (auch als Boutique-Abfüllung). Im Kommen sind VIOGNIER, VERMENTINO (auch als Guts-Reserve) und der ölige FALANGHINA. NEBBIOLO hält mehr als 10 Jahre. 05er Reserve von CABERNET FRANC ist jetzt perfekt, aber auch der 99er hat noch Feuer. Paxxito ist eine üppige Cuvée aus VIDAL/MUSCAT/Ottonel.

Blenheim ★★ In Charlottesville entsteht erdiger Guts-ALBARIÑO, GRÜNER VELTLINER (Trauben von GABRIELE RAUSSE) und kerniger RKATSITELI von alten Reben. CABERNET FRANC aus lokalem Lesegut wird in französischer und amerikanischer Eiche ausgebaut, außerdem Painted Red aus Bordeaux-Sorten. Der Gründer, der Musiker Dave Matthews, gestaltet die Etiketten selbst.

Cana Vineyards ★★ Auf Farmland im Norden von Virginia ensteht bester Rosé. Drei sortenreine Abfüllungen von MERLOT, CABERNET SAUVIGNON und CABERNET FRANC. Dazu MALBEC, TEMPRANILLO und Unité Reserve von Bordeaux-Sorten.

Early Mountain ★★★ Voller, erdiger Eluvium; Rise wird in den besten Jahren erzeugt: 15, 17, 19, 21. TANNAT zeigt sich komplex. Fünf CABERNET FRANCS aus Einzellagen – zwei regionale und drei lagenspezifische, die die für Virginia typischen Qualitätsnoten mitbringen: Der Quaker Run ist üppig. Der PETIT MANSENG, elegant und lagerfähig, landet in guten Jahren in der Cuvée Intention. Der 2019er PETIT VERDOT räumt lokal Preise ab.

Gabriele Rausse/Vino dal Bosco ★★★ Kleines Qualitätsweingut in einem Wald nahe Monticello. Feines italienisches Gespür, gepaart mit französischer Technik. Aus Einzellagen kommen CABERNET FRANC, MERLOT, MALBEC und MALVASIA Bianca. Neu ist der Blanc de Noirs. Vino dal Bosco ist Schaumwein nach der *méthode ancestrale* und Orange Wine.

Glen Manor Vineyards ★★ Historische Farm in der 5. Generation. Die Reben wachsen an felsigen Steilhängen auf über 305 m Höhe. Begann mit SAUVIGNON BLANC, jetzt auch üppiger CABERNET FRANC von 20 bis 30 Jahre alten Reben, dazu halbtrockener PETIT MANSENG und PETIT VERDOT.

King Family Vineyards ★★★ Französischer Weinmacher, es lohnt, auf den MERLOT-basierten Meritage zu warten; rotfruchtiger CABERNET FRANC, gereift in Fässern und Beton. Miniproduktion von PETIT MANSENG im Stil von Strohwein. Kleine experimentelle Reihen wie auf den Schalen vergorener

VIOGNIER. 2020 wurde SAVAGNIN gepflanzt. Lieblinge des Kellermeisters sind frischer Rosé von PETIT VERDOT und MALBEC.

Lightwell Survey ★★★ Mutige Cuvées aus Einzellagen. The Weird Ones Are Wolves: CABERNET FRANC zusammen vergoren mit PETIT MANSENG. Das Ergebnis ist erdig und blumig. Nach der gleichen Methode entstehen der Los Idiots. Dos Idiots: duftige Apfelblüte mit starkem Kern. Der Rosé Strange Collapse: Petit Manseng, CHAMBOURCIN und NOIRET. Für den Hintermen dürfen Petit Manseng und RIESLING ein Jahr gemeinsam auf der Hefe liegen.

Linden ★★★ Der Gründer des Guts hat schon in den 1980ern darauf vertraut, dass diese Böden gute Früchte hervorbringen. Bis heute Mentor für Wein aus Virginia. Bemerkenswerte Höhenweine aus drei Lagen: üppiger, mineralischer CHARDONNAY, lebhafter SAUVIGNON BLANC, schmackhafter PETIT VERDOT, elegante, komplexe rote Cuvées im Bordeaux-Stil, die reifen müssen. Auch ältere Jahrgänge vorrätig, der Verkostungsraum bietet u. a. Vertikalproben.

Midland Construction ★★★ Alter Familienbetrieb mit Lagen auf Kalkstein in 400 m Höhe und darüber. Clever gemachter CHARDONNAY, der hier seltene BLAUFRÄNKISCH mit Pfeffernoten und strukturierter CABERNET FRANC. Dazu PETIT MANSENG und RIESLING. Für den Schaumwein ohne Dosage werden Cabernet franc und Blaufränkisch co-fermentiert.

Pollak ★★ Das Gut existiert seit 2003, die Weine präsentieren sich international: cremiger PINOT GRIS, üppig-würziger VIOGNIER, kräftiger CABERNET FRANC/SAUVIGNON, dazu MERLOT und Meritage.

Ramiiisol ★★★ Ein CABERNET FRANC (auch als Reserve und Einzelfass) aus den Blue Ridge Mountains, für den keine Kosten und Mühen gescheut wurden; er wächst auf eisenhaltigem Granit und Gneis – sehr elegant und hochkonzentriert. Biodynamisch. CHARDONNAY im Cerasuolo-Stil (*siehe* Kapitel »Italien«) und MONTEPULCIANO.

RdV Vineyards ★★★★ Rote Cuvées von Granitböden in Hanglagen. Elegante, komplexe Weine mit Kraft: Der Rendezvous basiert auf MERLOT; der CABERNET-SAUVIGNON-betonte Lost Mountain war der erste über 100 Dollar teure Wein Virginias.

Veritas ★★★ Das solide Gut wurde 1995 gegründet und besitzt jahrzehntealte Steillagen im Wald. Der konzentrierte, florale CABERNET FRANC kann 10 Jahre und länger reifen. Der 13er PETIT VERDOT ist noch frisch. Die Reserve Monticello aus Bordeaux-Rebsorten kommt mit Säure und dunkler Frucht daher. Zurückhaltender SAUVIGNON BLANC, etwas üppigerer VIOGNIER. Dazu der prickelnde CHARDONNAY nach traditioneller Methode mit fünf Jahren Hefelager.

Washington

Washington hält sein Versprechen. In der östlichen Hälfte des Staates, also da wo der Wein wächst, gibt es reichlich Sonnenschein. In Verbindung mit dem Bewässerungssystem ist eine gleichbleibend hohe Qualität garantiert. Grunderwerb ist wieder preiswerter, und da die Gegend weniger bekannt ist als Kalifornien oder Oregon, sind Qualitätsweine deutlich unter Wert zu bekommen. Der Haken daran? Es macht etwas Mühe, die Weine zu finden, weil die Produktion so gering ist. Aber sie wird belohnt.

Bedeutende Weinbaugebiete in Washington

Columbia Valley Riesige AVA in der Mitte und im Osten Washingtons mit einem Zipfel in Oregon. Cabernet Sauvignon, Merlot, Riesling, Chardonnay und Syrah von hoher Qualität. Wichtige Unterbereiche: u.a. Yakima Valley, Red Mountain, Walla Walla Valley.

Red Mountain Unterbereich der AVAs Columbia Valley und Yakima Valley. Heißes Gebiet, bekannt für Cabernet Sauvignon und Bordeaux-Cuvées.

Walla Walla Valley Unterbereich des Columbia Valley mit einer eigenen Identität und eigenen Reben in Washington und Oregon. Heimat wichtiger Boutique- und Prestigemarken, hauptsächlich Syrah, Cabernet Sauvignon und Merlot.

Yakima Valley Unterbereich der AVA Columbia Valley. Fokus auf Merlot, Syrah und Riesling.

Abeja Col, Walla ★★★ Gut in WALLA WALLA mit hochklassigem CABERNET SAUVIGNON und CHARDONNAY aus dem COLUMBIA VALLEY.

Andrew Will Col, Horse Heaven Hills, Wash, Yakima V. ★★★★ **10'** 12' 14' 16 – Das angesehene Weingut produziert Bordeaux-Verschnitte im Reservestil, die das Terroir spiegeln. Will Carmada, Kellermeister in zweiter Generation, hat das Zepter übernommen. Sorella ist das Flaggschiff, preiswerter ist der Involuntary Commitment.

Avennia Col, Yakima V. ★★★ **10** 12' 14' 16' 18' – Chris Peterson war vorher Kellermeister bei DELILLE und hat das Gut mit dem Unternehmer Marty Taucher gegründet. Er setzt auf alte Reben, früher gelesen. SAUVIGNON BLANC ist sehr gut, dazu der SYRAH Arnaut, die Spitzenreihe Sestina mit Bordeaux-Cuvées und der preiswertere Lydian.

Baer Winery Col ★★★ Der Star vom Woodinville konzentriert sich auf Cuvées aus der Lage Stillwater Creek. Der Ursa auf Basis von MERLOT sticht immer wieder heraus.

Betz Family Winery Col ★★★→★★★★ **10** 12' 14' 16' 18' – Eine der ersten Kellereien von Woodinville. Produziert Spitzenweine im Rhône- und Bordeaux-Stil, die mehr als 25 Jahre halten. CABERNET SAUVIGNON Père de Famille ist das Flaggschiff, preiswert der Untold Story. Eigentlich ist alles bemerkenswert.

Browne Family Vineyards Col ★★ Ja, das Angebot ist vielfältig, aber die Krone gehört dem CABERNET SAUVIGNON.

Cadence Red Mt., Wash ★★★ **10'** 12' 14 16' 17' 19' – Kellermeister Ben Smith hat seinen eigenen Stil: hochklassige und strukturierte Cuvées im Bordeaux-Stil aus Einzellagen. Unsterbliche Weine! An der Spitze Bel Canto und Cara Mia. Unschlagbar günstig der Coda aus gebrauchten Eichenfässern.

Cayuse Walla ★★★★ **10 11** 12' 14 16' – Nur gutseigene Weinlagen im Rocks District. In den späten 1990ern von Winzer Christophe Baron gegründet. Nur per Mailingliste – um draufzukommen, ist jahrelange Geduld gefragt.

Preise jenseits von Gut und Böse. Auch auf dem Zweitmarkt werden steile Summen aufgerufen, sind es aber wert. Die Schwesterweingüter Hors Categorie, Horsepower und No Girls liefern ebenfalls Spitzenqualität.

Charles Smith Wines Col ★★ Der Kellermeister hat seine gleichnamige Marke an den Weingiganten Constellation übertragen. Seit 2022 im Besitz von The Wine Group. Der Fokus liegt weiterhin auf preiswerten Weinen wie RIESLING, CABERNET SAUVIGNON oder MERLOT.

Chateau Ste. Michelle Col ★★→★★★ Washingtons erstes Weingut bietet preiswerte Rote und Weiße, dazu Gutsabfüllungen und höhere Qualitäten bis hin zu Reserven. Weltgrößter Erzeuger von RIESLING. Die trockenen und halbtrockenen aus dem COLUMBIA VALLEY sind ausgezeichnet.

Col Solare Red Mt., Wash ★★★→★★★★ **10** 12' 14 18 – Partnerschaft am RED MOUNTAIN zwischen CHATEAU STE. MICHELLE und Antinori (*siehe* Kapitel »Italien«). CABERNET SAUVIGNON ist komplex und langlebig.

Columbia Crest Col ★★→★★★ Schwesterweingut von CHATEAU STE. MICHELLE, in dem sich alles um Qualität und ein gutes Preis-Leistungs-Verhältnis dreht. Die Marke Grand Estates ist sehr gut und fair kalkuliert. Die Reserven liegen ein wenig darüber, wie z. B. CABERNET SAUVIGNON.

Columbia Winery Col ★★ Eines der ersten Weingüter von Washington, jetzt im Besitz von Gallo (*siehe* Abschnitt »Kalifornien« in diesem Kapitel). Es gibt alles von preiswert bis hochwertig.

Corliss Estates Col ★★★→★★★★ 08' 10 12' 14 16 – Der Kultproduzent lässt seinen Weinen längere Zeit in Fass und Flasche. Das Schwesterweingut Tranche bezieht die Trauben aus den Blue Mountains, faire Preise.

Côte Bonneville Yakima V. ★★★ Führender Erzeuger im Yakima Valley. Alle Gutsweine stammen von der hochgelobten Lage DuBrul. Vor dem Verkauf dürfen sie noch länger auf der Flasche reifen. Seinen Preis wert ist Train Station.

DeLille Cellars Col, Red Mt., Wash ★★★ **10'** 12' 14' 16 18 – Einer der Gründerväter von Woodinville, feierte 2022 sein 30jähriges Bestehen. Hochwertige Weine im Bordeaux- und Rhône-Stil. D2 und Four Flags bieten viel fürs Geld. Chaleur Blanc gilt als einer der besten Weißen im Staat. Ein neuer Einstiegswein nennt sich Métier.

Eine Besichtigung des Washington Monument brauchen Sie hier nicht einzuplanen. Dies ist der Staat Washington und nicht D.C.

Devison Walla ★★★ Jahrzehntelang hat Peter Devison Weine für andere gemacht, jetzt macht er seine eigenen. Produziert den besten SAUVIGNON BLANC, MALBEC und Rosé im Staat. Ansprechende Tropfen, die Aufmerksamkeit verdienen.

Doubleback Walla ★★★ **10'** 12 16 18 – Das Weingut des früheren Footballers Drew Bledsoe hat nichts mit Eitelkeit zu tun; es produziert hochklassigen, eleganten CABERNET SAUVIGNON. Das Schwesterweingut heißt Bledsoe Family. Bledsoe-McDaniels haben ein neues PINOT-Projekt in Oregon und eins mit SYRAH aus Washington.

Dunham Cellars Walla ★★ Langjähriger Produzent von sehr gutem CABERNET SAUVIGNON und SYRAH. Die Rotweine Trutina und Three-Legged gibts für kleines Geld.

Dusted Valley Vintners Walla ★★ Der Fokus liegt auf dem COLUMBIA- und dem WALLA WALLA VALLEY. Das reicht vom preiswerten Boomtown bis hin zu hochwertigen Weinen aus Einzellagen. Konsequent herausragend ist der SYRAH Stained Tooth.

Fielding Hills Col ★★ Alle Trauben kommen vom gutseigenen Weinberg am Wahluke Slope. Fair kalkulierter Hedonismus.

Figgins Walla ★★★ **10** 12 14 16 18 – Chris Figgins ist Gründer und Kellermeister in zweiter Generation (Weinmacher für LEONETTI). Er konzentriert sich auf eine Einzellage in Upper Mill Creek. Sehr strukturierte Bordeaux-Cuvées, denen Geduld und Dekantieren gut tun.

Force Majeure Red Mt., Wash ★★★→★★★★ Kellermeister Todd Alexander hat Bryant Family Vineyard in Napa hinter sich gelassen, um selbst das Zepter in die Hand zu nehmen. Die Trauben stammen vom RED MOUNTAIN und aus dem WALLA WALLA VALLEY. Breiter, üppiger Stil; einer der Besten im Staat.

Gorman Col, Red Mt., Wash ★★★ Hedonistische, füllige, reife Weine. Trumpf ist der Evil Twin (CABERNET SAUVIGNON/SYRAH). Einen preiswerten Einstieg bietet Devil You Know/Don't. Dazu das CHARDONNAY-Projekt Ashan.

Gramercy Cellars Walla ★★★ **10** 12' 13 16 18 – Von einem Mastersommelier gegründet. Produziert Weine mit weniger Alkohol oder Eiche, dafür mit mehr Säure – allesamt gute Essensbegleiter. Spezialitäten sind erdiger SYRAH und kräuterwürziger CABERNET SAUVIGNON. Preiswerter ist der Lower East.

H3 Col ★ Jüngster Ableger von COLUMBIA CREST. Zum fairen Preis gibt es CABERNET, MERLOT und rote Cuvées.

Januik Col ★★★ **10** 12' 18 – Mike Januik hat sich die Sporen bei CHATEAU STE. MICHELLE verdient, bevor er vor 20 Jahren diese Perle in Woodinville gegründet hat. Konsequent in der Qualität, preisgünstige Weine im Bordeaux-Stil, einige der besten CHARDONNAYS im Staat. Novelty Hill ist das Schwesterweingut. Dort produziert sein Sohn Andrew die gleichnamigen Weine.

J. Bookwalter Winery Col ★★★ Langzeitproduzent von hedonistischen roten Cuvées von alten Reben. Der preiswerte Einstieg gelingt mit dem Readers.

Kevin White Winery Yakima V. ★★★ Das Miniweingut setzt auf hohe Qualität zum unschlagbaren Preis. Der Trick? Zuschlagen, bevor es andere tun.

K. Vintners Col, Walla ★★★ Gründer Charles Smith hat sich einen Namen gemacht für seine Etiketten im Stil von Brandzeichen in Schwarz-Weiß. Kultiger SYRAH aus Einzellagen und Cuvées aus Syrah/CABERNET SAUVIGNON. Das Schwestergut Sixto widmet sich dem CHARDONNAY. Außerdem Casa-Smith, Substance und ViNo.

Latta Wines Col ★★★ Der früher bei K. Vintners beschäftigte Weinmacher Andrew Latta produziert tolle Weine aus Einzellagen wie GRENACHE, MALBEC, MOURVÈDRE und SYRAH. Preiswerter sind der Latta Latta und Nebenprojekte namens Disruption oder Kind Stranger.

L'Ecole No 41 Walla ★★★ **10** 12' 14 16 18 – Enorm preiswerte Weine aus dem COLUMBIA VALLEY und höherwertigere aus dem WALLA WALLA VALLEY. Der beste Bordeaux-Verschnitt heißt Ferguson. Sehr günstiger CHENIN BLANC und SEMILLON.

Leonetti Cellar Walla ★★★★ 08 **10'** 12' 14 18 – Eines der ersten Weingüter im WALLA WALLA VALLEY genießt seinen Kultstatus zu Recht und verlangt Höchstpreise für lagerfähige Weine wie CABERNET SAUVIGNON, MERLOT und SANGIOVESE. Flaggschiff ist eine Bordeaux-Cuvée Reserve. Die Weine aus Einzellagen sind streng limitiert, aber zum Niederknien.

Liminal Red Mt., Wash ★★★→★★★★ Neuer Kultproduzent von puristischen Roten und Weißen aus Höhenlagen am Red Mountain, die Aufmerksamkeit verdienen.

Long Shadows Walla ★★★→★★★★ Allen Shoup, der Gründer und frühere CEO von CHATEAU STE. MICHELLE, holt regelmäßig Spitzenwinzer aus aller Welt nach Washington, damit jeder einen eigenen Wein macht. Ganz weit vorn der MERLOT Pedestal von Michel Rolland (*siehe* Kapitel »Frankreich«).

Der RIESLING Poet's Leap ist einer der besten im Staat, aber auch alles andere hat Topqualität, nach der man sich die Finger leckt.

Luke Col ★★ Die fair kalkulierten Wahluke-Rotweine bieten viel fürs Geld.

Mark Ryan Winery Red Mt., Wash, Yakima V. ★★★ Das Gründungsmitglied der »Traubenkiller« von Woodinville ist bekannt für seinen eher ausladenden Stil. Aber er beherrscht es auch raffinierter. Dissident bietet viel fürs Geld. Herausragend sind der MERLOT-basierte Long Haul und der CABERNET SAUVIGNON Dead Horse. Der preiswerte Zweitwein nennt sich Board Track Racer.

Milbrandt Vineyards Col ★ Das Weingut am Wahluke Slope konzentriert sich auf preiswerte Weine und eine kleine Auswahl an Einzellagenweinen. Empfehlenswert sind PINOT GRIS und RIESLING.

Northstar Walla ★★★ Als MERLOT noch der Leitstern von Washington war, war dieser Produzent ganz vorn mit dabei. Jahrzehnte später ist er es immer noch. Schwesterweingut von CHATEAU STE. MICHELLE.

Owen Roe Yakima V. ★★★ Langjähriger Produzent im Yakima Valley von SYRAH, CABERNET SAUVIGNON und Bordeaux-Cuvées, die durch ihre zurückhaltende Eleganz bestechen. Unlängst von dem kalifornischen Giganten Vintage Wine Estates übernommen.

Pacific Rim Col ★★ Von Randall Graham gegründet, gehört der RIESLING-Spezialist jetzt zu Banfi (*siehe* Kapitel »Italien«). Massen von leckeren, preiswerten Weinen von trocken bis süß oder bio. Wer mehr will, greift zu Einzellagenabfüllungen.

Passing Time Col ★★★→★★★★ Die früheren NFL-Quarterbacks Dan Marino und Damon Huard konzentrieren sich auf den für die Gegend typischen CABERNET SAUVIGNON. Ihren Weinmacher Chris Peterson haben sie sich von AVENNIA geholt. Spitze ist der Horse Heaven Hills. Auf dem besten Wege zum Kultstatus.

Pepper Bridge Walla ★★★ Die gutseigenen Weine im Bordeaux-Stil aus den Spitzenlagen Pepper Bridge und Seven Hills im WALLA WALLA VALLEY sind gut strukturiert und hochklassig. Einige Zeit im Keller tut ihnen gut.

Quilceda Creek Col ★★★★ **04' 07** 10 12' 14' 16' 18' – Geschätzter Produzent von Kult-CABERNET SAUVIGNON: füllig, vielschichtig und mit Lagerpotenzial. Einer der meistgelobten der Welt, nur per Zuteilung erhältlich. Glücklich ist, wer diesen Wein auftreiben – und ihn auch bezahlen kann.

Wer auf schnell wachsende Anleihen setzt, sollte in Washington investieren. Alle zwei Wochen eröffnet ein neues Weingut.

Vereinigte Staaten

Reynvaan Family Vineyards Walla ★★★ **10' 11** 12' 14 16 18 – Das Weingut mit Warteliste konzentriert sich auf eigene Lagen im Rocks District und in den Ausläufern der Blue Mountains. Bei den Roten kann man zu Recht ins Schwärmen geraten, aber die Weißen sind deswegen nicht schlechter.

Rôtie Cellars Walla ★★★ Der Spezialist in Sachen Rhône-Stilistik macht sich immer mehr auch einen Namen für Weißweine. Der Northern Blend fällt immer wieder positiv auf. Dazu ein CHARDONNAY-Projekt namens House of Bones.

Savage Grace Yakima V. ★★ Produziert mit wenig Eingriffen ansprechende Weine aus Einzellagen, die weniger Alkohol und Eiche mitbringen.

Saviah Cellars Walla ★★★ Hier im WALLA WALLA VALLEY stimmte das Verhältnis von Qualität und Wertigkeit schon immer. Die Marke The Jack ist erschwinglich.

Seven Hills Winery Walla ★★★ **10** 12' 14 16 18 – Eine der ersten Kellereien im WALLA WALLA VALLEY ist jetzt im Besitz der kalifornischen Crimson Wine

Group. Die langlebigen Roten im Bordeaux-Stil sind ebenso zurückhaltend wie raffiniert. Der MERLOT ist preiswert.

Sleight of Hand Walla ★★★ Trey Busch konzentriert sich auf Bordeaux-Cuvées und Weine im Rhône-Stil. Der SYRAH aus dem Rocks District »rockt« sprichwörtlich – unbedingt probieren. Die Marke Renegade gibts für kleines Geld.

Sparkman Cellars Red Mt., Wash, Yakima V. ★★★ Mitglied bei den »Traubenkillern« von Woodinville und voll konzentriert auf Kraft und Vielfalt – er produziert mehr als zwei Dutzend Weine. Die Bordeaux-Cuvées Ruby Leigh und Stella Mae überzeugen immer wieder. Ein Spitzen-CABERNET SAUVIGNON ist der Kingpin.

Spring Valley Vineyard Walla ★★★ Im Besitz von CHATEAU STE. MICHELLE und auf gutseigene Rote fokussiert. Die Bordeaux-Cuvée Uriah auf MERLOT-Basis führt die Riege an.

Syncline Cellars Col ★★★ Der Erzeuger in Columbia Gorge hat sich ganz der Rhône verschrieben und erzeugt reintönige und frische Weine. Preiswert ist der rote Subduction. Schaumwein von GRÜNEM VELTLINER ist ein echter Geheimtipp. Der PICPOUL sticht immer wieder heraus.

Tamarack Cellars Col ★★ Langzeitproduzent im WALLA WALLA VALLEY von CABERNET SAUVIGNON/FRANC und MERLOT. Jetzt im Besitz der kalifornischen Vintage Wine Estates. Preiswert ist der Firehouse Red.

Walla Walla Vintners Walla ★★ Produziert schon lange üppigen CABERNET SAUVIGNON und MERLOT.

Waterbrook Walla ★→★★ Eines der ältesten Weingüter im Staat, jetzt im Besitz des Weingiganten Precept, mit dem Fokus auf Hochwertigem. Noch ein Treppchen höher ist das Schwesterweingut Browne Family angesiedelt.

Woodward Canyon Walla ★★★★ **07 10** 12' 14 16 18 – Den Gründerbetrieb im WALLA WALLA VALLEY hat jetzt die zweite Generation übernommen. Der Fokus liegt auf dem Bordeaux-Stil. CABERNET SAUVIGNON Old Vines lohnt sich sehr. CHARDONNAY ist konstant der Beste im Staat. Das preiswerte Label heißt Nelms Road.

W.T. Vintners Yakima V. ★★★ Der Sommelier und Kellermeister Jeff Lindsay-Thorsen arbeitet mit frühem Lesegut und wenig Eiche bei GRENACHE, SYRAH und GRÜNEM VELTLINER aus Einzellagen.

Kanada

Im Vergleich zur Größe des Landes ist die kanadische Weinindustrie recht klein und so neu, dass die meisten Betriebe erst in den 2000ern gegründet wurden. Fast alle sind klein, viele sehr innovativ. Die Weinlagen konzentrieren sich auf Ontario und British Columbia; Québec und Nova Scotia entwickeln sich gerade erst. Die klimatischen Bedingungen reichen von warm bis kalt. Rebsorten variieren je nach Region, am häufigsten sind aber Chardonnay, Riesling, Pinot noir, Cabernet franc und Gamay anzutreffen. Manche profitieren vom Klimawandel. Wichtige Punkte sind wachsendes Fachwissen und die Unterstützung durch die Konsumenten. Icewine ist noch immer ein Exportschlager.

Die folgenden Abkürzungen werden im Text verwendet:

Niag Niagara Peninsula
Ok Okanagan Valley

British Columbia

Es gibt kühl- und warmklimatische Regionen. Die wichtigsten Rebsorten: PINOT GRIS, CHARDONNAY, MERLOT, PINOT NOIR, CABERNET SAUVIGNON, CABERNET FRANC und SYRAH. Die wichtigsten geografischen Angaben (insgesamt sind es neun): Okanagan Valley mit einer Vielzahl an Unterbereichen steht an erster Stelle, gefolgt von Fraser Valley, Similkameen Valley und Vancouver Island.

1 Mill Road Ok ★★ Neues Weingut, das man besonders für den feinen PINOT NOIR Home Block im Auge behalten sollte.

Blue Grouse ★★ Kleines Gut auf Vancouver Island mit sehr gutem, knackigem PINOT GRIS und PINOT NOIR.

Blue Mountain Ok ★★★★ Am Ufer des Lake Vaseux. Hervorragender Ruf für Schaumweine sowie eleganten CHARDONNAY und PINOT NOIR. Highlight ist der Pinot noir River Flow Block 23.

CedarCreek Ok ★★★ Hoch angesehener Produzent von stilvollem CHARDONNAY und PINOT NOIR aus Einzellagen. Herausragend die Reihen Platinum und Aspect.

CheckMate Ok ★★★★ Hocharomatischer CHARDONNAY wie der Fool's Mate und MERLOT Silent Bishop. Schicke Verkostungsräume mit tollem Bergpanorama. Danach ist man schachmatt.

Clos du Soleil ★★★ Weingut im Similkameen Valley mit sehr aromatischen Cuvées von Bordeaux-Rebsorten. Spitze sind der Capella in Weiß und Signature in Rot.

Haywire Ok ★★★ Schöne Weine mit Persönlichkeit, vor allem PINOT GRIS, GAMAY und PINOT NOIR. Herausragend die Cuvée aus Letzerem namens Secrest Mountain Vineyard.

Le Vieux Pin Ok ★★★ Spezialist für strahlenden, ernsthaften SYRAH, dazu kräftiger VIOGNIER und CABERNET FRANC. Beachtenswert das Etikett Équinoxe mit Syrah sowie Cabernet franc.

Martin's Lane Winery Ok ★★★★ Eleganter PINOT NOIR aus Einzellagen und RIESLING aus Lagen quer durchs Okanagan Valley. Herausragend: Pinot noir Fritzi's Vineyard. Besucher sind nach Anmeldung willkommen.

Meyer Family Vineyards Ok ★★★ Spezialisiert auf Einzellagenweine. Klassischer PINOT NOIR und CHARDONNAY stammen aus kleinen Parzellen. Exemplarisch dafür steht die Reihe Micro Cuvée.

Mission Hill Ok ★★★★ Das Weingut genießt Kultstatus und ist mit seiner spektakulären Architektur ein beliebtes Ausflugsziel. Großes Portfolio mit klassischer Stilistik. An der Spitze die Reihen Terroir und Legacy, dazu das opulente Flaggschiff Oculus.

Osoyoos Larose Ok ★★★★ In französischem Besitz. Die roten Bordeaux-Reben wurden 1998 gepflanzt und produzieren zuverlässig elegante Weine mit Lagerpotenzial wie den Grand Vin oder Pétales d'Osoyoos.

Phantom Creek Ok ★★★★ Schönes Gut mit elegantem Restaurant und tollem Bergpanorama. Einzellagenweine wie aus dem Bilderbuch: CABERNET SAUVIGNON, CABERNET FRANC und SYRAH. Weiße aus dem Similkameen Valley. Highlight ist die Cuvée Kobau Vineyards.

Quails' Gate Ok ★★★ Pionierweingut seit 1989, das sich immer treu geblieben ist. Die Stärke liegt in ausgewogenen, vielschichtigen CHARDONNAYS und PINOT NOIRS. An der Spitze die Reserve Stewart Family.

Road 13 Ok ★★★ Opulenter CHENIN BLANC von alten Reben in still und prickelnd, fülliger SYRAH und VIOGNIER. Ganz vorn die Reihe Jackpot mit der roten Cuvée 5th Element.

Tantalus Ok ★★★ Von alten Reben aus den 1970ern und 1980ern kommen schöne, opulente Weine von CHARDONNAY, PINOT NOIR und RIESLING – still und schäumend. Etwas Besonderes ist die Reihe Old Vines (OV) mit Riesling und Riesling Brut, außerdem der Pinot noir Reserve.

Ontario

Das kühle Klima wird vom Ontario- und vom Eriesee beeinflusst. Die wichtigsten Rebsorten: CHARDONNAY, RIESLING, CABERNET FRANC, PINOT NOIR und GAMAY. Die drei wichtigen geografischen Angaben: am bedeutendsten Niagara Peninsula, mit zwei regionalen und zehn Unterbereichen, gefolgt von Prince Edward County und Lake Erie North Shore.

Bachelder Niag ★★★★ Thomas Bachelder hat bereits in Burgund und Oregon gearbeitet. Sein enzyklopädisches Fachwissen über die Niagara Peninsula beschert ihm feinste lagenbetonte Weine von CHARDONNAY, PINOT NOIR und GAMAY.

Cave Spring Niag ★★★ Der Pionier ist spezialisiert auf straffen, trockenen Niagara-RIESLING, zum Teil von alten Reben. Das Spektrum an frischen Roten, Weißen und schäumenden Weinen ist beeindruckend.

Château des Charmes Niag ★★★ Die Wurzeln der Familie Bosc liegen in Algerien. Kühlklimatischer CHARDONNAY, PINOT NOIR und GAMAY. Beachtenswert sind die Paul-Bosc-Gutsabfüllungen von Chardonnay und Pinot noir.

Clos Jordanne Niag ★★★★ Jetzt im Besitz von Arterra. Das Burgund stand Pate, um mehrere Reihen von eleganten CHARDONNAY- und PINOT-NOIR-Weinen zu erzeugen. Highlight ist der Le Grand Clos.

Flat Rock Cellars Niag ★★★ Spezialist für stivollen RIESLING, PINOT NOIR und CHARDONNAY. Highlights sind der Pinot noir Gravity und der Riesling Nadja's Vineyard.

Henry of Pelham Niag ★★★★ Aromatische Rote wie der hervorragende Baco Noir; dazu sehr gute Weiße und Schaumwein wie die rassige Cuvée Catharine Carte Blanche (Blanc de Blancs).

Hidden Bench Niag ★★★★ Das tolle Weingut von Harold Thiel zeigt seine Stärke mit elegantem CHARDONNAY, PINOT NOIR und CABERNET FRANC. Highlights: die rote Cuvée Terroir Caché und Chardonnay Tête de Cuvée.

Malivoire Niag ★★★ Der langjährige Kellermeister Shiraz Mottiar produziert herausragenden CHARDONNAY, GAMAY und PINOT NOIR, vielfach aus kleinen Parzellen oder Einzellagen.

Pearl Morissette Niag ★★★★ Spannende, reintönige Weine aus CHARDONNAY, RIESLING, CABERNET FRANC oder PINOT NOIR. Ganz vorn die weiße Cuvée Irrévérence und der Pinot noir Chamboué. Tolles Restaurant.

Ravine Vineyard Niag ★★★ Gute Weine quer durchs Sortiment. Besonders stark mit fruchtbetonten Reserven und Abfüllungen von kleinen Parzellen aus CHARDONNAY, RIESLING oder CABERNET FRANC. Gutes Restaurant nach dem »farm-to-table«-Konzept.

Stratus Niag ★★★★ Erzeugt elegante Verschnitte wie den Stratus in Weiß und Rot, dazu CABERNET FRANC und GAMAY. Charles Baker steuert einen erstklassigen, säurebetonten RIESLING bei.

Tawse Niag ★★★ Beeindruckend sind die lagenspezifischen PINOT NOIRS und CHARDONNAYS aus dem breiten Portfolio des Weinguts, etwa der Chardonnay Robyn's Block oder der prickelnde Spark! Und Schnaps gibts obendrein.

Thirty Bench Niag ★★★ Dieser ernst zu nehmende Produzent ist hoch spezialisiert auf terroirbetonte Weine aus kleinen Parzellen wie z. B. lagerfähigen RIESLING oder CABERNET FRANC.

Trail Estate Winery Prince Edward County ★★★ Kleines, spannendes Gut mit ebenso hochklassigen wie kantigen Weinen aus CABERNET FRANC, CHARDONNAY oder PINOT NOIR. Dazu Orange Wein, Pét-Nat und Juicy Red (ein Verschnitt aus fünf Rebsorten).

Two Sisters Niag ★★★ Das Gut ist ein beliebtes Ausflugsziel. Stark in aromatischem CABERNET FRANC und anderen Sorten aus dem Bordeaux. Highlight ist der prickelnde Blanc de Franc. Exzellentes Restaurant.

Nova Scotia und Québec

Nova Scotia

Kleine kühlklimatische Region mit rund 20 Weingütern an der Atlantikküste. Vinifera-Rebsorten und Hybride, guter Schaumwein. Erzeuger: **Benjamin Bridge** ★★★ Spitzen-Schaumwein nach traditioneller Methode und Pét-Nat: Brut Reserve aus CHARDONNAY/PINOT NOIR und halbtrockener Nova 7 aus Hybriden. **Blomidon** ★★ Rassige Schaumweine aus Hybriden/Vinifera: Cuvée L'Acadie, Brut Réserve, dazu sehr gute Stillweine in Rot und Weiß.

In der Bay of Fundy in Nova Scotia gibt es mit 16 Metern den größten Tidenhub der Welt.

Québec

Dank des Klimawandels ist es im Süden nicht mehr kalt, sondern kühl. Viele Hybride, aber die klassischen Rebsorten sind langsam auf dem Vormarsch. Viele kleine Weingüter, einige davon vielversprechend. **Les Pervenches** ★★ Kleiner Bio-Produzent, der sich mit knackigem CHARDONNAY und saftigem PINOT NOIR gerade gut entwickelt.

Der Klimawandel ermöglicht den Weinbau in Québec, sorgt aber gleichzeitig für verheerende Winter in Ontario.

Südamerika

Die folgenden Abkürzungen werden im Text verwendet:

Aco	Aconcagua
Cach	Cachapoal
Casa	Casablanca
Cata	Catamarca
Col	Colchagua
Cur	Curicó
Elq	Elqui
Ley	Leyda
Lim	Limarí
Mai	Maipo
Mau	Maule
Men	Mendoza
Neuq	Neuquén
Pat	Patagonien
Rap	Rapel
Río N	Río Negro
Sal	Salta
San A	San Antonio
San J	San Juan

Chile

Chi, chi, chi, le, le, le, viva Chile! Es gibt viele gute Gründe, den chilenischen Wein gerade jetzt zu feiern. Das Land hat sich erfolgreich vom Image verabschiedet, der Volvo der Weinwelt zu sein, und macht jetzt eher auf Rennwagen. Die verblüffende Geografie dieses schmalen, lang gestreckten Landes sorgt für völlig unterschiedliche Stile. Von Ost nach West reicht das von den mächtigen, strukturierten Bergweinen aus Maipo und Elqui bis hin zu den klaren Küstenweinen von Limarí und Leyda. Die Reise von Nord nach Süd führt von den Weinen der Atacama-Wüste mit ihre Salznoten zu den messerscharfen, kühlklimatischen Tropfen aus Patagonien. Es gibt Pinot noir und País, Chardonnay und Carignan, Semillon und Syrah. Nicht schlecht.

Neuere Jahrgänge

Die einzelnen Jahrgänge fallen je nach Region unterschiedlich aus. Über das Jahrzehnt gesehen, versprechen 2018 und 2022 die spannendsten Ergebnisse; 21 war gut und kühl, 17, 19 und 20 waren deutlich heißer.

Abolengo Cach ★★ Peumo ist das Kerngebiet für CARMENÈRE aus Cachapoal. Daraus werden hier herzhafte Rote, verschnitten mit SYRAH.

Aconcagua – Eine der größten Weinregionen nördlich von Santiago, die sich von den Anden bis zur Küste erstreckt. Highlight ist der SYRAH, ebenso wie rote Cuvées und Weiße von der Küste.

Almaviva Mai ★★★★ Es hat sich gelohnt für Mouton Rothschild (*siehe* Kapitel »Die Châteaux von Bordeaux«), gemeinsam mit CONCHA Y TORO in das gefeierte Puente Alto in MAIPO zu investieren. Opulente rote Bordeaux-Cuvées, jetzt in Begleitung des Zweitweins Epu.

Altaïr Rap ★★★ Die Spitzencuvée vom hoch gelegenen Gut in Cachapoal wird vom neuen Star unter den Weinmachern in SAN PEDRO kreiert: Gabriel Mustakis.

Antiyal Mai ★★★ Biodynamisch erzeugte Spitzenweine aus der Hand des legendären Kellermeisters Álvaro Espinoza. Alle mit großem Lagerpotenzial.

Apaltagua ★★ Zuverlässige, eher schlichte Alltagsweine. Das Gut ist in COLCHAGUA, die Weinberge liegen über ganz Chile verstreut.

Aquitania, Viña Mai ★★★ Das Spitzen-Weingut in MAIPO produziert den Cassis-geladenen CABERNET SAUVIGNON Lazuli. Im ganz anderen Stil kommt die Reihe Sol de Sol aus MALLECO daher mit tollem CHARDONNAY.

Arboleda, Viña Aco ★★ Die Schwestermarke von ERRÁZURIZ produziert frische Küstenweine in ACONCAGUA; dazu eine sehr gute rote Cuvée und SAUVIGNON BLANC.

Baettig, Vinos ★★★ Stilvoller CHARDONNAY und PINOT NOIR aus der Hand des Kellermeisters Francisco Baettig. Vulkanisch, kühlklimatisch, lecker.

Bío-Bío – Vielversprechende, kühle Region im Süden, die gerade ihr Comeback erlebt für Weine von alten und jungen Reben. Spitze für PAÍS und neuerdings auch für PINOT NOIR, RIESLING und SAUVIGNON BLANC.

Bouchon Mau ★★→★★★ Eines der interessantesten Portfolios von Chile mit Weinen von alten Reben in MAULE. SEMILLON Granito und wilder PAÍS sind einen Versuch wert.

Caliboro Mau ★★★ Große Klasse, was Graf Cinzano aus Italien hier in MAULE zu bieten hat. Bio-Weine der Reihe Erasmo liefern saftige Rote sowie köstliche Süße.

Calyptra Cach ★★→★★★ Familienweingut voll auf der Höhe in den Cachapoal-Anden. Lebendige rote Bergweine und frischer SAUVIGNON BLANC.

Carmen, Viña Casa, Col, Mai ★★→★★★★ Chiles ältestes Weingut zeigt sich frisch wie eh und je. Das reicht von schlichten Alltagsweinen bis hin zu sehr besonderen Tropfen wie Delanz oder Gold. Herausragend die Reihe DO.

Casablanca – Mit über 5.800 ha Rebflächen hat es Casablanca bis heute weit gebracht, seit Pablo Morande die kühle Küste in den 1980ern entdeckt hat. Spitze für SAUVIGNON BLANC und SYRAH.

Casa Marín San A ★★★→★★★★ Rassig, konzentriert, einzigartig: kühlklimatische Weine der Familie Marín in Lo Abarca, nur 4 km vom Meer entfernt.

Casa Silva Col, Südchile ★★→★★★ Auf diesem historischen Gut in COLCHAGUA hat mittlerweile die fünfte Generation das Sagen. Highlights: Opulenter CARMENÉRE aus Mikroparzellen, SAUVIGNON BLANC von der kühlen Küste und köstliche Weine der Reihe Lago Ranco aus Osorno.

Casas del Bosque Casa, Mai ★★→★★★ Einer der Pioniere von CASABLANCA in Las Dichas, einer der kühlsten Unterregionen. Spitze in Sachen SAUVIGNON BLANC, SYRAH und Prickelndes.

Clos des Fous Cach, Casa, Südchile ★★→★★★ Das Boutique-Label bedient sich von Spitzen-Terroirs in ganz Chile. Das reicht vom rassigen RIESLING aus MALLECO bis hin zu griffigem PINOT NOIR aus ACONCAGUA.

Concha y Toro Valle C ★→★★★★ Mit mehr als 30 Millionen Kisten Wein pro Jahr wird klar, dass das Portfolio von Concha y Toro so ziemlich jeden Stil abdeckt. Die besten Tropfen sind der SAUVIGNON BLANC Terruño, CHARDONNAY Amelia oder die Bordeaux-Cuvée Don Melchior. Auch Marques de Casa Concha ist lecker, und die Reihe Casillero del Diablo lässt sich preislich kaum schlagen. *Siehe* ALMAVIVA und TRIVENTO (Argentinien).

Cono Sur Bío-Bío, Casa, Col ★★→★★★ Liebling der Massen mit Sitz in COLCHAGUA mit Weinlagen, die übers ganze Land verstreut sind. Sehr gut sind RIESLING und CHARDONNAY (v. a. Single Vineyard, 20 Barrels). Sahnehäubchen ist der Pinot noir.

Cousiño Macul Mai ★★→★★★ Historisches Gut, traditionelles Portfolio, z. B. SAUVIGNON GRIS von alten Reben. Spitze: CABERNET SAUVIGNON Lota.

De Martino Cach, Casa, Elq, Itata, Mai, Mau ★★→★★★★ Das Familienweingut ist in MAÍPO ebenso wie in ITATA beheimatet. Elegante Rote, konzentrierte Weiße und eine Reihe toller Weine von alten Reben aus PAÍS oder CINSAULT. MUSCAT wird in *tinaja* produziert.

Elqui – Hier tummeln sich munter die Stars – und zwar nicht nur die Celebrities auf Skiern. Applaus für markante rote Bergweine und tiefroten SYRAH.

Emiliana Bío-Bío, Casa, Rap ★★ Eines der weltgrößten Güter, das biodynamisch geführt wird. Noelia Orts hat ein talentiertes Händchen für zuverlässig prägnante Weine. Die komplexe Cuvée Coyam bietet viel fürs Geld.

Errázuriz Aco, Casa ★★→★★★★ Führender Erzeuger in Chile, der die Weichen für die Zukunft stellt. Macht die besten roten Bergweine in ACONCAGUA (Don Maximiano ist ein Klassiker), aber die exzellente Reihe Las Pizarras mit CHARDONNAY und PINOT NOIR (Aconcagua Costa) ist am spannendsten. *Siehe auch* SEÑA, VIÑA ARBOLEDA und VIÑEDO CHADWICK.

Falernia, Viña Elq ★★ Pionier für feine Weine aus ELQUI. Das reicht von der kühlklimatischen Küste bis hin zu Bergweinen. Besonders gut ist der CARMENÈRE im *Appassimento*-Stil.

Garcés Silva, Viña San A ★★→★★★ Qualitätsweine vom Pionier in LEYDA. Rassiger SAUVIGNON BLANC, fruchtbetonter PINOT NOIR und SYRAH. Neu ist PAÍS aus ITATA.

Haras de Pirque Mai ★★→★★★ Smarte, auf Hochglanz polierte Weine aus MAIPO, so wie man es eben von Antinori erwartet. Am besten sind die CABERNETS (FRANC und SAUVIGNON).

Itata – Die historische Region birgt einen Schatz alter Reben. In Zukunft ist sie interessant für Winzer, die in den Süden kommen, um ohne Bewässerung zu arbeiten. Toller CINSAULT, MUSCAT oder PAÍS von alten Reben. Neu ist CHARDONNAY.

Koyle Col, Itata ★★→★★★ Biodynamisches Gut in COLCHAGUA mit Rebzeilen in Form großer Blüten (am besten aus der Luft zu sehen). Frische, knackige Weine von der Küste und füllige Rote aus den Anden. ITATA zeigt sich von der wilden Seite mit saftigem CINSAULT.

Laberinto Mau ★★★→★★★★ Exzellente Weine aus der Hand von Rafael Tirado in MAULE – vulkanisch und voller Charakter. Einer der besten SAUVIGNON BLANCS von Chile.

Lapostolle Cach, Casa, Col ★★→★★★★ Biodynamische Spitzenweine aus Apalta. Tolles Hotel und Weingut, gepaart mit präzisen, gut strukturierten Weinen. Ganz weit vorne die Cuvée Clos Apalta.

Leyda, Viña Col, Mai, San A ★★→★★★ Ein Pionier an der Küste von LEYDA. Seit 1998 gibt es alles, von preiswerten Alltagsweinen bis hin zu Spitzengewächsen aus kleinen Parzellen. SAUVIGNON BLANC, SYRAH und PINOT NOIR sind ebenso gut wie RIESLING und SAUVIGNON GRIS.

Blütezeit für Chardonnay

Mittlerweile hat er in Südamerika Fuß gefasst, und die Weinmacher besinnen sich zunehmend auf das Terroir. Hier gibts die besten CHARDONNAYS: LIMARI (RETA, TABALÍ); MALLECO (AQUITANIA, DE MARTINO, VINOS BAETTIG); Valle de Uco (CATENA ZAPATA, MATIAS RICCITELLI); Patagonien (CHACRA, OTRONIA). Opulenz ist out, was jetzt zählt, sind die feinen Nuancen.

Limarí – Kalkstein und kühles Klima sind die Trumpfkarten von Limarí für mineralischen CHARDONNAY und PINOT NOIR. Spitze für rassigen SAUVIGNON BLANC und würzigen SYRAH.

Longaví ★★★ Sehr angesagtes Projekt von Julio BOUCHON. Saftige Weine von alten Reben, überwiegend aus ITATA und MAULE. CINSAULT, PAÍS und SEMILLON sind gut, der CHENIN BLANC Cementario fantastisch.

Luis Felipe Edwards ★★ Das Familiengut bewirtschaftet mehr als 2.000 ha und ist damit eines der größten im Lande. Breites Sortiment zu fairen Preisen.

Maipo – Kernland für Spitzen-CABERNET SAUVIGNON mit seinen Kiesbetten und dem Gebirgseinfluss. Beliebt für Bordeaux-Cuvées, dazu sind rote mediterrane Rebsorten auf dem Vormarsch. Attraktives Ziel für Weintouristen wegen der Nähe zu Santiago.

Malleco – Was in den 1990ern noch riskant war, macht heute immer mehr Sinn in der südlichen Region: kühlere Temperaturen und reichlich Wasser. Am besten gedeihen PINOT NOIR, CHARDONNAY und RIESLING.

Matetic Casa, San A ★★★ Führendes biodynamisches Gut, das sich von San Antonio bis Casablanca erstreckt. Präzise, geradlinige Weine. Die Corralillo-Weine bieten viel fürs Geld; probieren sollte man EQ mit sehr gutem SYRAH und PINOT NOIR.

Maule – Einst übersehen und heute schwer gefragt für alte Reben und reichlich Zukunftspotenzial. Chiles größte Weinregion liefert saftigen PAÍS, konzentrierten CARIGNAN (*siehe* VIGNO) und SEMILLON.

Montes Casa, Col, Cur, Ley ★★→★★★★ Es macht Spaß, dieses Pionierweingut zu erkunden. In Apalta schlägt das Herz der Produktion, aber die Weinlagen erstrecken sich von Zapallar bis Chiloe. Wings heißt der neue CARMENÈRE, aber der Syrah Folly bleibt die Ikone. Sehr üppig, während die Weine aus ITACA und von der Küste deutlich knackiger sind.

Südamerika

MontGras Col, Ley, Mai ★★ Tiefgründige Rote aus COLCHAGUA und MAIPO, am besten sind die knackigen Weißen der Reihe Amaral aus LEYDA.

Montsecano Casa ★★★ Schwer zu finden, aber jede Mühe wert: biodynamisch erzeugter PINOT NOIR, jetzt auch MALBEC und CHARDONNAY.

Morandé Casa, Mai, Mau ★★→★★★ Wegweisend seit seiner Gründung im Jahr 1998. Produziert unter der Leitung von Ricardo Beattig herzhafte Weine aus ganz Chile.

Neyen Col ★★★ Luxuriöse Bio-Cuvée aus CABERNET SAUVIGNON/CARMENÈRE (130 Jahre alte Apalta-Reben).

Odfjell Cur, Mai, Mau ★→★★★ Sehr beliebtes Bio-Weingut in MAIPO und MAULE. Viele Rote von alten und jungen Reben. CARIGNAN und MALBEC sind gleichermaßen gut. Die Pferdezucht ist zweites Standbein.

Pérez Cruz, Viña Mai ★★→★★★ Weinlagen in den Bergen erzeugen üppige Rote. Spitze für CABERNET SAUVIGNON, aber GRENACHE zeigt, wohin die Reise gehen könnte in Maipo.

Pisco – Weinbrand aus dem Norden Chiles. Pisco macht Elqui zum touristischen Hotspot, aber über den Namen wird erbittert mit Peru gestritten. Gut gekühlt trinken oder als Sour.

Polkura Col ★★→★★★ Sven Bruchfeld ist ein Exot in COLCHAGUA mit seinem Fokus auf mediterranen Roten wie dem guten SYRAH. Eine neue Mikro-Abfüllung nennt sich Maniac.

Quebrada de Macul, Viña Mai ★★→★★★ Die Bepflanzung dieser Hügellage geht ins Jahr 1970 zurück. Die Reben bringen in MAIPO CABERNET SAUVIGNON mit enormem Lagerpotenzial hervor.

Rapel – Diese Angabe hat auf einem Etikett wenig zu sagen, weil sich die Megaregion von Colchagua bis nach Cachapoal erstreckt.

RE, Bodegas Casa ★★★ Verspielte und trotzdem gehaltvolle Weine von Pablo Morande und seinem Sohn. Es gibt Orange- und Florweine, dazu Rote und Süße.

Reta Lim, Mau ★★★ Für sein gleichnamiges Label produziert Marcelo Retamal Nischenweine von den besten Lagen seiner Karriere. MALBEC aus MAULE, CHARDONNAY aus LIMARÍ und PINOT NOIR fürs erste Date.

San Antonio – Am bekanntesten ist LEYDA in dieser Küstenregion. Das kleine Lo Abarca mausert sich; kühler als das benachbarte CASABLANCA.

San Pedro Cur ★→★★★ Einer der großen drei in Chile. Das Angebot reicht vom schlichten Gato Negro bis zum lagerfähigen CABERNET SAUVIGNON Cabo de Hornos. Die Reihe 1865 hat Spannendes zu bieten, ähnlich wie der PINOT NOIR Tayu aus MALLECO. Bekommt viel Zuspruch für seine Sozialarbeit. (*siehe* ALTAÏR, TARAPACÁ).

Santa Carolina, Viña Mai ★★→★★★★ Seit 1875 im Geschäft und immer emsig dabei, in jedem Jahr eine neue Reihe zu präsentieren. Am besten der CABERNET SAUVIGNON Luis Pereira.

Santa Rita Mai ★★→★★★★ Einer der drei Großen von Chile, mit langer Geschichte und sehr breitem Portfolio. Highlight ist die Reihe Floresta mit CABERNET FRANC und einer weißen Cuvée. Die rote Cuvée Triple C bietet reichlich Komplexität fürs Geld, Cabernet Sauvignon Casa Real ist und bleibt die Ikone.

Seña Aco ★★★★ ERRÁZURIZ produziert herausragende Bordeaux-Cuvées in ACONCAGUA, lang anhaltend, seidig und opulent.

Tabalí Lim ★★→★★★★ Tolle Küstenweine von Kalksteinböden in Limarí. Die Spitzenlage Talinay erzeugt fabelhaften PINOT NOIR (z. B. Paí), CHARDONNAY und neuerdings SYRAH.

Tarapacá, Viña Casa, Ley, Mai ★★ Klassisches Portfolio in der Tradition von MAIPO, aber zunehmend klarer und frischer. Ein Juwel auf der Isla de Maipo, die gar keine Insel ist, aber immerhin von Flüssen umgeben.

Torres, Miguel Cur ★★→★★★★ Unter Kellermeister Eduardo Jordan erlebt das wegweisende Familienweingut, 1979 von Miguel Torres (*siehe* Kapitel »Spanien«) gegründet, eine ganz neue Ausrichtung. Die aktuellen Highlights sind der MALBEC Los Inqueitos von alten Reben, CINSAULT Titanes del Vino und SAUVIGNON BLANC aus Osorno.

Undurraga Casa, Ley, Lim, Mai ★→★★★ In MAIPO beheimatet, aber landesweit auf jedem Terroir unterwegs. Rafael Urrejola ist überzeugter »Terroir-Jäger« und macht fantastische Weine in der gleichnamigen (Terroir Hunter) Reihe. Auch groß in Schaumwein.

Valdivieso Cur, San A ★→★★★ Überwiegend Alltagsweine, aber der Caballo Loco steht ein Treppchen höher und bietet eine gute Chance, Weinmacher Brett Jackson von seiner wilderen Seite kennenzulernen.

Vascos, Los Rap ★★ Der Ableger von Lafite-Rothschild produziert vom Bordeaux inspirierte Rote in Colchagua (*siehe* Kapitel »Die Châteaux von Bordeaux«). TOURIGA NACIONAL ist eine nette Innovation.

Ventisquero, Viña Casa, Col, Mai ★→★★★ Sortenreine Abfüllungen in der Reihe Grey, SYRAH Pangea und Naturweine aus Atacama namens Tara. Das sind die Highlights dieses Großproduzenten aus Colchagua, der ansonsten für sehr kommerzielle Tropfen steht.

Veramonte Casa, Col ★★→★★★ Der Marke von González Byass (*siehe* Kapitel »Spanien«) stehen gerade einige Veränderungen bevor.

Vigno Mau – 14 Güter produzieren köstlichen CARIGNAN im Trockenanbau mit dem Ziel, sowohl die alten Reben als auch ihre Winzer zu bewahren. Die Stile variieren von frisch bis konzentriert.

Vik Cach ★★→★★★ Der ambitionierte Traum der Familie Vik, Chiles allerbesten Roten zu produzieren, um ihn auf dem Balkon ihres Luxus-Weinhotels zu genießen. Der Blick schweift dabei über 4.300 ha Besitz in Cachapoal.

Villard Casa, Mai ★★ Einer der Pioniere von CASABLANCA mit Küstenweinen wie PINOT NOIR und SYRAH. Auch Orange Wine.

Viñedo Chadwick Mai ★★★★ Ikonischer CABERNET SAUVIGNON aus Puente Alto, mit dem ERRÁZURIZ sein Talent für Finesse unter Beweis stellt.

Viu Manent Casa, Col ★★ Herzerwärmende Rote mit dem Fokus auf MALBEC aus Colchagua, dazu ein paar frische Weiße.

von Siebenthal, Viña Aco ★★→★★★ Körperreiche Rote und üppiger VIOGNIER aus ACONCAGUA. Der unabhängige Weinmacher Mauro von Siebenthal lässt seine Weine gut reifen, bevor er sie in den Verkauf gibt.

Argentinien

Ein Titan der Neuen Welt mit herrlich sonnigem Gebirgsklima und immer vielfältigeren Weinbergen an den Ausläufern der Anden. Das reicht von den Höhen in Jujuy im extremen Norden bis runter zum kühlen Klima und den Seen von Chubut in Patagonien. Argentiniens Weinmacher entdecken gerade, dass sie viel mehr zu bieten haben als nur den großartigen Malbec. Der Weg ist frei für fruchtigen Garnacha, tollen Semillon, würzigen Marsanne und pfeffrigen Cabernet franc. In manchen Gegenden zählen duftiger Torrontés und Bonarda bereits zu den Favoriten. Der Nationalheld namens Malbec erfreut sich immer größerer Präzision. Das geht jetzt weit über die Einzellage hinaus – hin zu Weinen von »Einzelböden«.

Achaval Ferrer Men ★★→★★★ Einer der Ersten, die sich auf üppige MALBEC aus Einzellagen konzentriert haben. Mittlerweile sind auch andere Rebsorten wie CARMENÈRE im Angebot.

Alandes ★★★ Karim Mussi produziert komplexe, lagerfähige Weine quer durch die Anden. Die Cuvée aus SEMILLON/SAUVIGNON blanc ist großartig.

Aleanna Men ★★→★★★★ Besser bekannt als El Enemigo. Aber auch CABERNET FRANC, duftiger MALBEC oder fülliger CHARDONNAY sind spitze. Kellermeister Alejandro Vigil will mit dem Jüngsten aus dem Catena-Clan ein eigene Marke herausbringen.

Alicia, Viña Men ★★★ Familie Arizu (*siehe* LUIGI BOSCA) produziert sehr außergewöhnliche Weine – von NEBBIOLO bis MENCÍA.

Alpasión Men ★★ Diese Weinlagen im Valle de Uco sehen aus, als habe der Himmel einen Fingerabdruck hinterlassen. Auf dem Boden der Tatsachen gedeihen üppige Rote. PETIT VERDOT lohnt besonders.

Eine Nation der Franc-ophilen?

Er ist weit mehr als »Der Mitarbeiter des Monats« unter den Rebsorten in Argentinien: CABERNET FRANC. In den vergangenen 10 Jahren ist die Anbaufläche auf 1.600 ha gewachsen. Aber neben der Menge hat vor allem die Qualität einen großen Sprung nach vorn getan. Einige der besten Weine des Landes sind sortenreine Abfüllungen oder Verschnitte mit MALBEC.

Alta Vista Men ★→★★★ Setzt seit 1997 in MENDOZA auf das Konzept der Einzellagen. Hochklassige Rote und Cuvées, dazu Schaumwein. Sehr frisch der TORRONTÉS.

Altocedro Men ★★→★★★ Die Lage La Consulta ist einsame Spitze. Karim Mussi gewinnt daraus elegante Rote mit einem Faible für TEMPRANILLO.

Altos las Hormigas Men ★★★→★★★★ In den späten 1990ern war Alberto Antonini Vorreiter für Spitzen-MALBEC. Seither hat sich das Angebot um CABERNET FRANC und SEMILLON erweitert. Dazu das BONARDA-Projekt Colonia Las Liebres. Alles frisch, konzentriert, reintönig.

Anita, Finca La Men ★★ Wein von alten Reben in Luján. Füllige Rote und blitzblanke Weiße wie sehr guter SAUVIGNON BLANC.

Argento/Otronia ★★→★★★ Mit dem MALBEC Altamira liefert Argento Spitzenklasse zum fairen Preis in MENDOZA. Ziemlich weit weg betreibt die Schwestermarke Otronia den südlichsten Weinberg der Welt – auf dem 45. Breitengrad.

Atamisque Men ★→★★★ Schönes Resort im Valle de Uco mit Fischteichen, Golfplatz, Lodges und fair kalkulierten Weinen. Am besten die roten Cuvées und Schaumweine.

Benegas Men ★★→★★★ Vorreiter für Spitzen-CABERNET FRANC (die ältesten Reben wurden 1899 gepflanzt). Dazu körperreicher SANGIOVESE und MALBEC.

Bianchi, Bodegas Men ★→★★ Florierendes Familiengut in San Rafael und im Valle de Uco. Gute Weine in vierter Genaration, zum Teil in Amphoren ausgebaut.

Bressia Men ★★→★★★ Das Familienlabel des berühmten Weinmachers. Am besten sind die komplexen roten Cuvées wie Monteagrelo.

Cadus Men ★★ Das Premium-Schwesterweingut von Nieto Senetiner. Konzentrierte Rote, fruchtiger Criolla und knackiger CHARDONNAY aus dem Valle de Uco.

Callia San J ★→★★ Hat SAN JUAN zur Heimat des SHIRAZ gemacht. Alltagsweine zum kleinen Preis.

Caro Men ★★★ Rote Cuvées zum Niederknien von CATENA ZAPATA und Lafite Rothschild (*siehe* Kapitel »Die Châteaux von Bordeaux«). Aruma heißt der zugängliche Einstiegswein.

Casarena Men ★★→★★★ Dieser aufstrebende Produzent in Luján steckt voller Energie. Großartiger CABERNET SAUVIGNON und CABERNET FRANC aus Einzellagen. Ein tolles Hotel ist auch dabei.

Catena Zapata, Bodega Men ★★→★★★★ Einer der Einflussreichsten. Seidige Rote, immer straffere Weiße (am besten aus der Lage Adrianna). Spitzen-CHARDONNAYS sind die White Bones/White Stones, dazu verspielte Naturweine der Reihe Marchigiana und der Alltagswein Alamos. *Siehe auch* CARO.

Chacra Río N ★★★→★★★★ Ein Highlight am Río Negro. Toller PINOT NOIR und CHARDONNAY. Konsequent biodynamische Weine von Piero Incisa della Rocchetta aus Sassicaia (*siehe* Kapitel »Italien«).

Chandon Men ★→★★ Moët-Hennessys erstes Champagnerhaus außerhalb der Champagne und noch immer eines der profitabelsten. Sorgt für unbeschwertes Prickeln, dazu einige Stillweine wie der komplexe Baron B. *Siehe* TERRAZAS DE LOS ANDES.

Cheval des Andes Men ★★★★ Die rote Cuvée aus Luján und dem Valle de Uco wird immer eleganter. Außenposten von Cheval Blanc (*siehe* Kapitel »Die Châteaux von Bordeaux«).

Clos de los Siete Men ★★ Die Vision von Michel Rolland, mit einem Wein gleich mehrere benachbarte Güter zu repräsentieren (*siehe* Bodega ROLLAND, CUVELIER LOS ANDES, DIAMANDES, MONTEVIEJO).

Cobos, Viña Men ★★★→★★★★ Beheimatet in Luján, aber die Weinlagen erstrecken sich bis ins Valle de Uco. Der Außenposten von Paul Hobbs erzeugt komplexe Rote aus CABERNET SAUVIGNON und MALBEC, sowie seidigen CHARDONNAY.

Colomé, Bodega Sal ★★→★★★ Das abgelegene Gut (bis zu 3.100 m) ist bei Regen häufig vom Rest der Welt abgeschnitten. Aber die Unbill lohnt sich: kraftvolle Rote und duftige Weiße zu sehr fairen Preisen.

Cruzat Men ★★★ Kaum einer macht besseren Schaumwein in Argentinien: traditionelle Methode, Hefenote. Jetzt auch Pét-Nat.

Cuvelier Los Andes Men ★★→★★★ Familie Léoville-Poyferrée (*siehe* Kapitel »Die Châteaux von Bordeaux«) produziert zuverlässig Rote im Bordeaux-Stil im Valle de Uco. Neu ist der biodynamisch erzeugte Nature.

Decero, Finca Men ★★ Gut strukturierte Rote aus Luján. Ein gutes Beispiel ist der Owl and Dust Devil.

DiamAndes Men ★★ Beeindruckendes Gut der Familie Bonnie (*siehe* Malartic-Lagravière im Kapitel »Die Châteaux von Bordeaux«); die gut gereiften Roten haben weiteres Kellerpotenzial. Der VIOGNIER zählt zu den besten aus MENDOZA.

Doña Paula Men ★★→★★★★ Der Stall von SANTA SITA (Chile) in MENDOZA. Die Reihe Parcel verspricht Luxus, Altitude kommt fruchtbetont daher. Bei Sauvage Blanc handelt es sich um leicht prickelnden SAUVIGNON BLANC.

Durigutti Men ★★→★★★ Die Brüder Pablo und Hector Durigutti werden immer verspielter auf ihrem Gut in Las Compuertas: von Jahr zu Jahr fruchtbetonter, frischer, innovativer. Besonders köstlich der 5 Suelos.

El Esteco Sal ★★→★★★ Seit 1892 an vorderster Front in Salta. Die Höhenlage spiegelt sich in allen Weinen – von Don David bis Altimus. Sehr gut die Reihe von alten Reben.

Etchart Sal ★→★★ Seit 170 Jahren ein Vorreiter in Cafayate. Spitze für TORRONTÉS und sehr anständige Rote.

Fabre Montmayou Men, Río N ★★→★★★ Klassische, beständige Rote aus Luján und RIO NEGRO.

Fin del Mundo, Bodega del Neuq ★→★★ Der Größte in NEUQUÉN. Spezialität sind mächtige Rote wie CABERNET FRANC. Schöne Alltagsweine wie Postales, Ventus oder Newen.

Flichman, Finca Men ★★ Im Besitz von Sogrape (*siehe* Kapitel »Portugal«). Alles andere als Alltagsweine aus MENDOZA. Die neue Reihe Dedicado Microterroir ist das Ergebnis aus 5 Jahren Forschung in 30 Testparzellen.

Humberto Canale Río N ★→★★★ Historisches Gut am RÍO NEGRO. Köstliche Weine von alten Reben wie MALBEC oder RIESLING.

Kaikén Men ★★→★★★ Das hübsche Gut in Luján ist im Besitz der Familie MONTES. Super Preis-Leistungs-Verhältnis; besonders präzise gearbeitet ist der Aventura.

Luigi Bosca Men ★★→★★★ Das historische Familiengut ist breit aufgestellt und liefert auch in vierter Generation zuverlässig gute Weine wie die Reihen Los Nobles und De Sangre.

Manos Negras/Tinto Negro/TeHo/ZaHa Men ★★→★★★ Ganz im Alleingang produziert Alejandro »Colo« Sejanovich ein ganzes Bündel toller Marken. Exzellenter CABERNET FRANC, MALBEC, MARSANNE und mehr.

Marcelo Pelleriti Men ★★→★★★ Was haben argentinische Rockmusik, Vista Flores und geschmeidiger MALBEC gemein? Natürlich den Starwinzer Marcelo Pelleriti.

Masi Tupungato Men ★★→★★★ Cuvées aus MALBEC/CORVINA oder TORRONTÉS/PINOT GRIGIO im *Ripasso*-Stil aus MENDOZA. Da verschmilzt das Terroir des Valle de Uco mit italienischer Tradition.

Matias Riccitelli Men ★★→★★★ Beweist ein geschicktes Händchen für anspruchsvolle und rassige Weine aus dem Valle de Uco, Luján und vom RÍO NEGRO. Einer der besten SAUVIGNON BLANCS von Argentinien ist der La Carrera.

Mendel Men ★★★ Hochklassige Rote und stahliger SEMILLON oder CHENIN BLANC aus der Meisterhand von Roberto de la Motta. Alles mit Sammlerwert.

Mendoza – Hier am Fuße der Anden entstehen drei Viertel des argentinischen Weins. Im höher gelegenen Valle de Uco ist es frischer, Luján bringt füllige, klassische Weine hervor, und Maipú steht für die alte Schule im neuen Gewand.

Monteviejo Men ★★→★★★★ Marcelo Pelleriti leitet dieses Bordelaiser Familiengut (*siehe* Gay im Kapitel »Die Châteaux von Bordeaux«) im Valle de Uco. Am besten sind die klassischen, lagerfähigen Roten, aber auch der MALBEC Lindaflor ist sehr gut.

Moras, Finca Las San J ★→★★ Einer der ganz Großen in SAN JUAN, bekannt für seine guten Alltagsweine wie den SYRAH. Die besten Tropfen kommen aus dem hoch gelegenen Valle de Pedernal.

Neuquén Pat – Das Tor zu Patagonien, immer noch ziemlich warm. Hier kann man Schnäppchen mit kräftigen Roten machen. Eine Art großer Bruder zum benachbarten Río Negro.

Nieto Senetiner Men ★→★★★ Ein Traditionsgut mit langer Geschichte, in dem Kellermeister Santiago Mayorga für frischen Wind sorgt.

Noemia Pat ★★★→★★★★ Seidige, vielschichtige Rote von alten Reben am RÍO NEGRO, bereitet von Hans Vinding-Diers.

Norton, Bodega Men ★→★★★ Vor 130 Jahren von einem englischen Eisenbahningenieur gegründet und noch immer in der Spur. Groß in Schaumwein, aber auch die stillen Vertreter machen Spaß. Der einzige GRÜNE VELTLINER von MENDOZA.

Passionate Wine Men ★★→★★★ Natürlich, ausgefallen und rassig: Matías Michelini tobt sich auf seinem Gut im Valle de Uco aus.

Peñaflor Men ★→★★★ Einer der größten Weinkonzerne der Neuen Welt mit Namen wie EL ESTECO, FINCA LAS MORAS, Mascota, Navarro Correas, Santa Ana, Suter oder TRAPICHE.

Piatelli Sal ★★ Das US-amerikanische Unternehmerpaar Jon und Arlene Malinski hat sich gleichzeitig in Cafayate und Mendoza verliebt. Ein Grund, gleich zwei Weingüter zu gründen. Konzentrierte Rote und zarte Weiße.

Piedra Negra Men ★→★★★ Führend in Los Chacayes im Valle de Uco. Neben MALBEC produziert François Lurton sehr gute weiße Cuvées. Konzentrierte und sehr langlebige Weine.

Porvenir de Cafayate, El Sal ★★→★★★ Familiengut mit sehr guten Weinen aus Cafayate wie MALBEC und TORRONTÉS. Köstlich die Reihe Los Altos Cuises.

Pulenta Estate Men ★★→★★★ Dank langjähriger Erfahrung treffen die Weine dieser Familie aus Luján und dem Valle de Uco immer den richtigen Ton. CABERNET FRANC, MALBEC und rote Cuvées sind meisterhaft komponiert.

Renacer Men ★★ Das moderne Gut in Luján hat ein Händchen für fruchtbetonten, fülligen CABERNET SAUVIGNON, CABERNET FRANC und MALBEC. Die chilenischen Besitzer steuern noch SAUVIGNON BLANC aus Casablanca bei.

Riglos Men ★★ Der langjährige Produzent aus Gualtallary liefert zuverlässig gute Weine: konzentriert und füllig.

Riojana, La La R ★→★★ Mit 500 Winzern die größte Genossenschaft von Argentinien. Sie legt Wert auf Fairtrade, bio, gute Preise und duftigen TORRONTÈS.

Río Negro – Historische Flussregion rund um den Rio Negro in Patagonien. Alte Reben und milde Temperaturen sorgen für facettenreiche Weine wie MALBEC, PINOT NOIR, RIESLING oder SEMILLON.

Rolland, Bodega Men ★★★ Gleichnamiges Gut von Michel Rolland (*siehe* Kapitel »Frankreich«), dem legendären Berater aus dem Bordaux. Intensiver SAUVIGNON BLANC und vielschichtige Rote aus dem Valle de Uco.

Salentein, Bodegas Men ★★→★★★ Pionier von San Pablo im Valle de Uco. Wunderschönes Gut, immer raffiniertere Weine von Einzellagen.

Salta – Salta ist nur schwer zu schlagen für seinen duftigen TORRONTÉS aus großen Höhen. Die meisten Weinlagen finden sich in den Bergen von Calchaquí hier im Norden von Argentinien. Auch großartiger TANNAT und MALBEC.

San Juan – Nicht ganz so glamourös wie MENDOZA, aber trotzdem ein Kraftpaket: mehr als 30.000 ha mit einer Fülle von Rebsorten. MALBEC, SYRAH und TORRONTÉS gedeihen am besten; Pedernal heißt die Top-Unterregion.

San Pedro de Yacochuya Sal ★★★ Michel ROLLAND und die Familie ETCHART betreiben dieses Gut in großer Höhe und produzieren ebenso große Weine. Besonders duftig ist der TORRONTÉS, MALBEC mit gutem Lagerpotenzial.

Schroeder, Familia Neuq ★★ Der größte Fund bei der Renovierung des Kellers in NEUQUÉN waren Saurierfossilien. Jetzt lagert der vorwiegend produzierte PINOT NOIR neben Repliken davon.

Sophenia, Finca Men ★★→★★★ Einer der Wegbereiter von Gualtallary im Valle de Uco. Am besten sind spannender SAUVIGNON BLANC und kraftvolle Rote. Der gemischte Satz Antisynthesis bereitet großen Trinkspaß.

Susana Balbo Wines Men ★★→★★★★ Die erste Kellermeisterin von Argentinien hat noch einige Pfeile mehr im Köcher. Eine Könnerin für komplexe rote Cuvées und die Königin duftiger TORRONTÉS. Jetzt betreibt sie ein Luxushotel in Luján.

Tapiz Men ★★→★★★ Das prosperierende Familienunternehmen mit Lagen in Luján, dem Valle de Uco und jetzt auch an der Küste beim Río Negro. Den Spitzen-MERLOT macht Jean Claude Berrouet aus dem Bordeaux.

Terrazas de los Andes Men ★★→★★★ Seit der Gründung im Jahr 1996 geht es stetig bergauf. Die beste Lage heißt El Espinillo und ist mit 1650 m die höchste in Gualtallary. Alte Reben in Luján erzeugen üppige, vielschichtige Weine.

Tikal/AlmaNegra/Ánimal/Stella Crintina Men ★★→★★★ Kunstvoll, biodynamisch, natürlich. Ernesto Catena und seine Frau Joanna beherrschen die Klaviatur in MENDOZA: Alles kommt frisch, saftig und reintönig rüber.

Toso, Pascual Men ★★→★★★ Das Gut blickt auf 130 Jahre Geschichte zurück mit entsprechend alten Reben und komplexen Roten.

Trapiche Men ★→★★★ Eines der größten Güter des Landes und seit 1883 dabei, den argentinischen Wein nach vorn zu bringen. Highlights: innovative Küstenweine (ALBARIÑO) aus Buenos Aires in der Reihe Costa y Pampa, der MALBEC/CABERNET FRANC-Verschnitt Iscay, Cuvées von SYRAH/VIOGNIER aus MENDOZA und die klassische Linie Medalla.

Trivento Men ★→★★ Die Vertretung von CONCHA Y TORO in MENDOZA. Viel Preiswertes und eine große Auswahl an Alltagsweinen. Am besten der MALBEC Eolo von alten Reben und die feine Reihe Gaudeo.

Vines of Mendoza/Winemaker's Village Men ★★ Private Nobelparzellen im Valle de Uco mit einer Handvoll Weingüter. Die berühmtesten Anwohner sind Abremundos (*siehe* MARCELO PELLERITI), Corazon del Sol, Gimenez Riili oder Super Uco.

Zorzal Men ★★★ Einer der Großen in Gualtallary. Viel Preiswertes, am besten ist aber die exzentrische Reihe Eggo (in Beton ausgebaut) aus CABERNET FRANC und SAUVIGNON BLANC.

Zuccardi Men ★★→★★★★ Sebastian Zuccardi führt das Gut in dritter Generation. Mit seinem Familienbetrieb in Paraje Altamira bringt er frischen Wind ins Valle de Uco. An der Spitze: die Reihen Alluvional, Concreto und Piedra Infinita. Im Schwestergut Santa Julia im Osten Mendozas entstehen die Alltagsweine.

Brasilien

Oft übersehen, aber nicht zu unterschätzen. Vielleicht ist Brasilien besser bekannt für seine Strände, Fußball oder Samba, aber die Weinszene wird größer, und das Land ist der wichtigste Markt auf dem Kontinent. Mit 75.000 ha unter Reben wächst auch seine Rolle als Produzent. Der Löwenanteil entfällt dabei auf den südlichsten Bundesstaat Rio Grande do Sul, v. a. in der Region Serra Gaúcha, aber Spannendes versprechen auch Pflanzungen in Höhenlagen wie Santa Catarina, Minas Gerais und São Paulo. Am besten sind Syrah, Merlot, Chardonnay und Schaumwein.

Aurora ★→★★ Große Genossenschaft in Brasilien mit über 1.000 Winzerfamilien. Viele Alltagsweine, aber auch Spitzengewächse wie der MERLOT Gioia und Schaumwein.

Casa Valduga ★→★★★ Groß im Geschäft mit Prickelndem, aber auch Premium-Stillweine. Sehr gut ist die Bordeaux-Cuvée Raizes aus Campagna und die Terroir-Selektion. Und wer kommt sonst auf die Idee, TOURIGA NACIONAL mit GEWÜRZTRAMINER zu verschneiden?

Cave Geisse ★★★ Spezialist für Schaumwein. Komplex, mit langem Hefelager und nach traditioneller Methode von Mario Geisse aus Chile bereitet.

Lidio Carraro ★★ Solides Sortiment aus Brasilien und neuerdings auch aus Chile. Gut sind die sortenreinen Abfüllungen.

Miolo ★→★★★ Führend für feine Weine aus Brasilien von Lagen, die quer durchs Land verstreut sind. Das Angebot reicht von RIESLING bis TOURIGA NACIONAL.

Pizzato Vinhas ★→★★★ Flavio Pizzato ist spitze in Sachen CHARDONNAY, MERLOT, TANNAT und Schaumwein wie dem naturtrüben Vertigo.

Salton ★→★★ Der Langzeitproduzent in Serra Gaucha bietet Weine für jede Gelegenheit. Wer Experimente mag, greift zum Konzeptwein Domenico.

Uruguay

Der Flickenteppich aus 99 verschiedenen Bodenarten und Hunderten sehr unterschiedlicher Winzerfamilien macht es spannend, dieses kleine, maritime Weinland zu erkunden. Tannat ist König unter den Rebsorten, aber keine zwei Tannats schmecken gleich. Beliebt sind Cuvées mit Partnern wie Petit Manseng oder Zinfandel. Cabernet franc gewinnt an Boden, ähnlich wie Marselan. Albariño ist der Star an der weißen Front, dicht gefolgt von frischem Sauvignon blanc und Viognier. Noch bildet Canelones das Zentrum für Wein aus Uruguay, aber Maldonado drängt sich immer mehr in den Vordergrund.

Alto de la Ballena ★→★★★ Diese Familie ist Vorreiter in Maldonado mit sehr guten Cuvées aus CABERNET FRANC, TANNAT und VIOGNIER. Bestnoten erzielt die Reihe Cetus.

Bouza ★★→★★★ Führend in Sachen Qualität seit 2000. Das Angebot aus Canelones ist solide, ungleich spannender sind die Weine aus Maldonado. Sehr gut ALBARIÑO, RIESLING und die lagerfähige Cuvée Mont Vide Eu.

Deicas, Familia ★→★★★ In dritter Generation ist Santiago Deicas einer der besten Kellermeister von Uruguay. Bemerkenswerte Abfüllungen von extremen Einzellagen, der Preludio ist eine Ikone. Die Alltagsreihe heißt Establecimiento Juanicó, Bizarra bietet Naturweine.

Garzón, Bodega ★→★★★★ Ein ganz dicker Fisch in Uruguay. Herrliches Gut mit 2.200 ha, davon 10% unter Reben – der Rest ist Urwald. Hervorragender ALBARIÑO, MARSELAN, TANNAT. Sehr fein die Reihe Balasto.

Marichal ★→★★ Die Familie aus Canelones produziert smarten ALBARIÑO, SAUVIGNON BLANC und TANNAT. Aus Tannat macht Juan Andres Marichal auch tollen Vermouth.

Pablo Fallabrino Wines ★★→★★★ Uruguay von seiner wilden Seite. Pablo Fallabrino beharrt auf seinem italienischen Erbe mit ARNEIS, BARBERA, NEBBIOLO und Verschnitten daraus mit heimischem TANNAT. Dazu Weine, die mit selbst gezogenem Cannabis versetzt sind.

Pisano, Bodega ★→★★★ Hoch angesehene Familie mit gut strukturierten, herzhaften Weinen aus Canelones. Besonders köstlich der Licor de TANNAT.

Weitere Länder in Südamerika

Bolivien

In jeder Hinsicht extrem, was sowohl die Höhenlagen als auch die Seltenheit der Weine angeht. Es ist nicht einfach, Wein aus Bolivien zu finden, aber im Erfolgsfall wird man mit außergewöhnlichen Erlebnissen belohnt. Rote aus Tarija sind echte Blockbuster: tiefrot und konzentriert mit Säure- und Tanningerüst. Santa Cruz liefert duftige Weine voller Frucht. In Cinti wird es wild: Alte Reben wachsen auf Bäumen und liefern kleine Meisterwerke. Die wichtigsten Weingüter sind Campos de Solana, Jardin Oculto, Kohlberg, Kuhlmann, La Concepción und Vinos 1750.

Peru

Reben findet man überwiegend in der Wüste an der Küste von Ica – lustig, wie sie zwischen den Sanddünen aufragen. Mittlerweile hat man sich darauf besonnen, Wein in den Bergen anzupflanzen. Pisco von alten Reben ist einzigartig, aber es gibt auch viele komplexe Rotweine. Interessante Erzeuger sind Apu, Bodega Murga, Intipalka, Mimo, Tacama und Vista Alegre.

Australien

Die dunklen Flächen bezeichnen die Weinbaugebiete

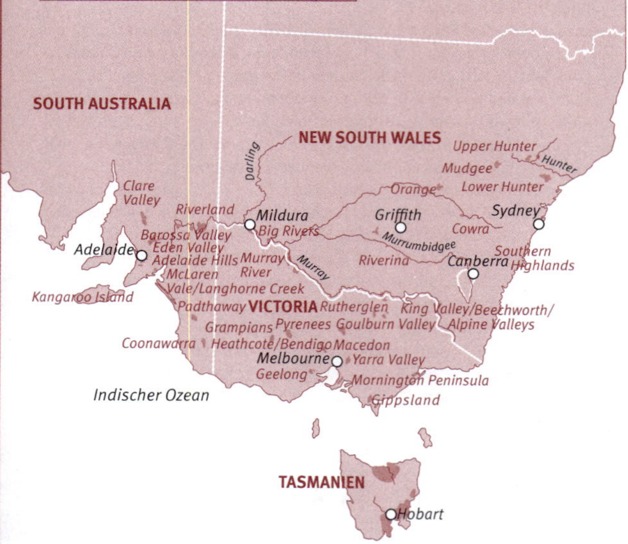

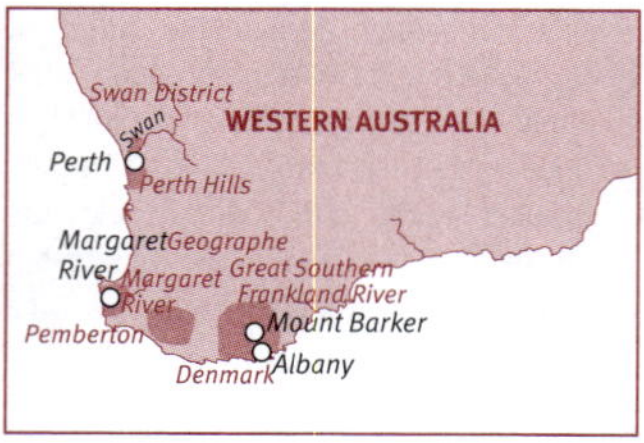

Die folgenden Abkürzungen werden im Text verwendet:

Ad H	Adelaide Hills
Marg R.	Margaret River
Morn P	Mornington Peninsula
Mt.	Mount (z. B. Mount Barker)
NSW	New South Wales
N-Tas	Nordtasmanien
NO-Vic	Nordostvictoria
Qld	Queensland
R.	River (z. B. Frankland River)
SO-Australien	Südostaustralien
SA	South Australia
S-Tas	Südtasmanien
Tas	Tasmanien
V.	Valley (z. B. Alpine Valley)
Vic	Victoria
WA	Western Australia

Man kann eine beliebige Region wählen und staunen, wie dort bestimmte Rebsorten hervorstechen: Margaret River steht für erstklassigen Chardonnay und Cabernet Sauvignon. Das Gleiche gilt fürs Yarra Valley zzgl. Pinot noir. Canberra bringt Riesling und Shiraz zum Strahlen; Letzterer ist auch die Stärke des Barossa Valley. Aus dem Hunter Valley kommt einzigartiger Semillon. Grenache hat sich zum Helden des McLaren Vale gemausert. Abgesehen vom deutschen Riesling war Australien schon immer recht frankophil. Historisch gesehen lag das am Untergang der Industrie für gespritete Weine. In moderneren Zeiten nahm man, was man kriegen konnte, und heute will man nur noch das Beste. Aktuell bietet Australien das Bild einer unglaublich vielfältigen Weinlandschaft. Klar, andere Länder wie Italien oder Portugal haben mehr Rebsorten – aber dort sind sie auch autochthon. Ungestört von irgendeiner Weingesetzgebung können australische Winzer pflanzen, was sie wollen und wo sie wollen. Das gibt ihnen die Freiheit, die üblichen Verdächtigen aus Frankreich hinter sich zu lassen und sich für andere Rebsorten zu entscheiden, die besser mit dem warmen Klima klarkommen. Der Wandel hat sich in den letzten 15 Jahren bemerkbar gemacht; mediterrane Trauben gedeihen bestens. Nero d'Avola, Fiano und Vermentino im McLaren Vale, dazu Aglianico, der sich in Barossa breit macht. Kühlere Lagen wie das King Valley sind perfekt für »Prosecco«, Adelaide Hills und Canberra haben Grünen Veltliner für sich entdeckt, und vom Margaret River kommt sehr schöner Tempranillo. Die Liste ließe sich beliebig verlängern. So viel köstliche Auswahl hatten die Australier noch nie.

Neuere Jahrgänge

New South Wales (NSW)

2022 La Niña hat zugeschlagen: Starke Regenfälle, nicht viel Hitze. Ein schwieriger Jahrgang.

2021 Häufige Starkregen und Probleme mit Krankheiten. Weiße sind generell gut, eine kluge Wahl macht Sinn.

2020 Heißes, von Feuern bestimmtes Jahr mit jeder Menge Herausforderungen.

2019 Heiß und gerade eben genug Regen für füllige Weiße und Rote.

2018 Üppige, reife Rotweine mit Zukunft. Heißes/anspruchsvolles Jahr für Weißweine.

2017 Ein heißer Sommer folgte auf einen nassen Frühling; die Weiß- wie Rotweine haben das im Allgemeinen gut weggesteckt.

South Australia (SA)

2022 Kühles Jahr, lange Reifeperiode; durchweg sehr gut. Solide Rot- und Weißweine im McLaren Vale.

2021 Gilt als nahezu perfekt. Barossa Valley herausragend, Clare Valley großartig (rot/weiß).

2020 Ein hartes, fast tragisches Jahr, aber Riesling und Rote sehen vielversprechend aus. Sehr geringe Erträge.

2019 Die außerordentlich geringen Erträge sollten für konzentrierte Weine sorgen.

2018 Herzhafte Rotweine mit vielen Jahren im Ärmel. Die Weißweine sind gut, spielen jedoch nicht in derselben Liga.

2017 Hoher Ertrag, hohe Qualität, hohe Trinkbarkeit in der Jugend.

Victoria (Vic)

2022 Kühles, oft auch nasses Jahr, niedrige Erträge. Der Säuregehalt ist hoch, sehr gute Weißweine; v. a. im Yarra Valley.
2021 Starker Kontrast zum Vorjahr. Für viele ein Musterbeispiel an Eleganz und Ausgewogenheit. Gute Erträge.
2020 Feuerschäden im Nordosten und generell herausfordernd. Geringe Erträge.
2019 Verkürzte Saison, aber Rot und Weiß machen einen beschwingten Eindruck.
2018 Steht im Schatten des Vorjahres. Entwickelt sich langsam.
2017 Ausgezeichnetes Jahr. Rote und Weiße sahen jung gut aus und werden es bleiben.

Western Australia (WA)

2022 Exzellente Ergebnisse in Margaret River, allerdings geringe Erträge, v. a. bei Chardonnay.
2021 Probleme durch späte Regenfälle, aber letztendlich zufriedenstellend, besonders bei den Weißen.
2020 Frühe Lese, wenig Ertrag, aber ein Jahr mit hoher Konzentration.
2019 Kühler Jahrgang, geeignet, um die Spreu vom Weizen zu trennen.
2018 Die Rotweine werden die meisten von uns überleben; die Weißweine halten sich mittelfristig mit Bravour.
2017 Schwieriger Jahrgang. Weine für mittelfristigen Genuss.

Accolade Wines – Im Besitz der Carlyle Group, einer multinationalen Private-Equity-Gesellschaft. Dazu gehören BAY OF FIRES, Hardys, HOUGHTON, HOUSE OF ARRAS, KATNOOK PETALUMA und ST HALLETT. Über den Konzern kann man Anteile an Gütern und Weinlagen erwerben, was die Produzenten nervös macht.

Adelaide Hills SA – Kühle Lagen auf 450 m Höhe am Mount Lofty. CHARDONNAY, SAUVIGNON BLANC und toller GRÜNER VELTLINER. SHIRAZ trifft auf PINOT NOIR. Empfehlenswert: ASHTON HILLS, BASKET RANGE, Deviation Road, HAHNDORF HILL, HENSCHKE, JERICHO, MIKE PRESS, SHAW & SMITH.

Adelina Clare V., SA ★★★ Die Rotweine aus SHIRAZ, GRENACHE, MATARO und NEBBIOLO sind hier neben dem RIESLING aus einer Unterregion die Stars. Stylish und detailverliebt mit sehr schicken Etiketten.

Alkoomi Frankland R., WA RIESLING **19' 20 21' 22** CABERNET SAUVIGNON 16' 17' 18' 20 – Veteran mit feinem RIESLING und rustikalen Rotweinen wie ausdrucksstarkem SHIRAZ, alles moderat kalkuliert.

All Saints Estate Rutherglen, Vic ★★★ Gute Bewertungen für herausragende gespritete Weine wie dem Museum aus MUSCAT und MUSCADELLE. Die wurzelechten Reben sind älter als 100 Jahre. Rustikale Tafelweine.

Alpine Valleys Vic – In den Ausläufern der Victorian Alps. Die Winzer setzen auf kühlklimatische Weiße und Rote, vor allem auf italienische Reben wie TEMPRANILLO. Billy Button ist der Champion in dieser Region.

Andrew Thomas Hunter V., NSW ★★ SEMILLON von alten Reben, SHIRAZ. Setzt im HUNTER VALLEY Maßstäbe.

Angove SA ★★ Der Familienbetrieb wurde 1886 gegründet und ist das älteste Gut von Riverland. Faire Preise quer durchs Sortiment. Aus dem McLaren Valley kommen Spitzen-Bio-Weine mit dem Fokus auf GRENACHE und SHIRAZ aus Einzellagen.

Ashton Hills Adelaide Hills, SA ★★ PINOT NOIR 18' **19'** 20' 21 – Einzigartiger Pinot noir von über 30 Jahre alten Reben, dazu sehr guter CHARDONNAY. 2015 von WIRRA WIRRA übernommen.

Bailey's of Glenrowan Glenrowan, Vic, NO-Vic ★ Üppiger SHIRAZ sowie herrlicher gespriteter MUSCAT (★★★★) und TOPAQUE. Die Weinberge werden ökologisch bewirtschaftet. Im Besitz von CASELLA.

Balgownie Estate Bendigo, Vic, Yarra V., Vic ★★ Hat das Zeug zu ausgewogenem CABERNET SAUVIGNON, dazu SHIRAZ voller Finesse und Charakter aus Lagen im Herzen von BENDIGO. Ableger im YARRA VALLEY.

Balnaves of Coonawarra SA ★★ Der COONAWARRA-Champion im Familienbesitz erzeugt beschwingten CHARDONNAY und sehr guten, würzigen SHIRAZ. Flaggschiff ist der füllige CABERNET SAUVIGNON Tally. Auch Cabernet im »Joven«-Stil ist gut.

Bannockburn Vic ★★★ CHARDONNAY **18'** 19, 20' 21'; PINOT NOIR 17' **18'** 19' 20 – Gut strukturierter Chardonnay und komplexer Pinot noir. Hat die Region GEELONG bekannt gemacht und setzt Qualitätsstandards.

Barossa Valley SA – Die Bastion für australischen Rotwein mit CABERNET SAUVIGNON, GRENACHE, MOURVÈDRE und SHIRAZ von sehr alten Reben. Neben den körperreichen, molligen Weinen neuerdings auch etwas schlankere Rote. Die besten Produzenten: ELDERTON, GRANT BURGE, HENTLEY FARM, JOHN DUVAL, LANGMEIL, OCHOTA BARRELS, PETER LEHMANN, ROCKFORD, RUGGABELLUS, ST HALLETT, SALTRAM, SEPPELTSFIELD, SPINIFEX, TEUSNER, WOLF BLASS und YALUMBA.

Basket Range Adelaide Hills, SA ★★ Einer der Hauptdarsteller in der Avantgarde neuer Produzenten in den ADELAIDE HILLS. Pét-Nat, CABERNET SAUVIGNON und PINOT NOIR.

Bass Phillip Gippsland, Vic ★★★★ PINOT NOIR **18'** 19' 20' 21 – Kleine Mengen von gutem bis herausragendem Pinot noir, v. a. die Reserven.

Bay of Fires N-Tas ★★★ Den PINOT NOIR sollte man nicht ignorieren, aber die erstklassigen Schaumwein-Cuvées der Reihe HOUSE OF ARRAS sind die Juwelen im Portfolio.

Beechworth Vic – Felsiges, raues Hochland im Nordosten von VICTORIA. CHARDONNAY und SHIRAZ bringen die besten Ergebnisse, aber NEBBIOLO nimmt so langsam Fahrt auf. Wichtigste Erzeuger: A. RODDA, CASTAGNA, DOMENICA, FIGHTING GULLY ROAD, GIACONDA, SAVATERRE, SCHMÖLZER & BROWN, SORRENBERG und TRAVIARTI.

Bekkers McLaren Vale, SA ★★★ Die Winzer und Kellermeister Emanuelle und Toby Bekkers erzeugen im Bio-Anbau Spitzen-GRENACHE und SYRAH.

Bendigo Vic – Heiße Region im Zentrum von VICTORIA. BALGOWNIE ESTATE, PASSING CLOUDS und SUTTON GRANGE sind die größten Erzeuger. Heimat körperreicher CABERNET-SAUVIGNON- und SHIRAZ-Weine.

Best's Great Western Grampians, Vic ★★★ SHIRAZ 17' 19' 20' 21 – Shiraz ist hier der Superstar mit dem Flaggschiff Thomson Family von 120-jährigen Rebstöcken. Sehr gute, mittelschwere Rotweine wie herausragender PINOT MEUNIER von alten Reben. Auch der RIESLING ist toll.

Billy Button Alpine V., Vic ★★ Unzählige Sorten und Stile, leider nur in sehr kleinen Mengen. Italienische Reben wie der seltene SCHIOPPETTINO, dazu CHARDONNAY, SAPERAVI, SHIRAZ und mehr. Alles gut gemacht, überzeugend und lecker.

Bindi Macedon, Vic ★★★★ PINOT NOIR **18' 19'** 20' 21 – Führender Produzent von herausragendem Pinot noir aus einer Einzelparzelle und feinem CHARDONNAY. Kleine Mengen. Weine aus einer neuen Lage (mit 11.300 Reben pro ha dicht bestockt) sind jetzt auf dem Markt.

Bleasdale Langhorne Creek, SA ★★★ Das historische Weingut wurde 1850 gegründet. Tolle gespritete Weine, CABERNET SAUVIGNON, MALBEC und SHIRAZ der Spitzenklasse, dazu ein gutes Angebot an preiswerten Tropfen. Immer zuverlässig.

Bondar McLaren Vale, SA ★★ Die Stars heißen GRENACHE und SHIRAZ. Ein wenig dilettantisch bei italienischen Rebsorten, dafür ist der CHARDONNAY von den ADELAIDE HILLS ziemlich gut.

Brash Higgins McLaren Vale, SA ★★ Brad Hickey ist ein cleverer Kerl. Er hat Englisch und Botanik studiert, aber auch als Brauer, Bäcker und Sommelier gearbeitet. Jetzt erzeugt er ziemlich radikale Rote und Weiße aus dem MCLAREN VALE.

Brave New Wine Margaret R., WA ★★ Der Produzent von Naturweinen ist zu Höherem berufen. CHARDONNAY, GEWÜRZTRAMINER und SHIRAZ sind durchgehend exzellent.

Bremerton Langhorne Creek, SA ★★ Seidiger CABERNET SAUVIGNON und SHIRAZ mit großer Aromenfülle. Nie gewöhnlich, dafür immer sehr üppig. Auch der MALBEC kann sehr gut sein.

Brokenwood Hunter V., NSW ★★★ ILR Reserve SEMILLON **11'** **14'** 15; Graveyard SHIRAZ **14'** **17'** 18' 19 – Ein Klassiker aus dem HUNTER VALLEY. Insgesamt hohe Qualität; ein gutes Preis-Leistungs-Verhältnis hat der Semillon/SAUVIGNON BLANC Cricket Pitch.

Brown Brothers King V., Vic ★ Sehr gefällig in Sachen Stil und Sorten, außerdem der mit Abstand größte PROSECCO-Produzent. Die Lagen Innocent Bystander im YARRA VALLEY and Devil's Corner/Tamar Ridge in TASMANIEN sind clevere Neuerwerbungen.

Campbells Rutherglen, Vic ★ Weiche, reife Rotweine wie der SHIRAZ Bobbie Burns, außerdem herausragender Muscat Merchant Prince Rare und der TOPAQUE Isabella Rare (★★★★).

Canberra District NSW – Absolut High End, kühlklimatisch und qualitätsbesessen. Wo CLONAKILLA den Takt angibt, folgt ihm sein brillantes Orchester mit Solisten wie MOUNT MAJURA, Nick O'Leary, RAVENSWORTH und Collector.

Cape Mentelle Margaret R., WA ★★ Die Arbeit hat sich gelohnt: CABERNET SAUVIGNON ist wieder ein Highlight, CHARDONNAY wird zunehmend besser, und die Cuvée von SAUVIGNON BLANC/SEMILLON war und ist gut. Wurde 2023 von LVMH an die Endeavour Group verkauft.

Casella Riverina, NSW ★ Die preiswerten Rot- und Weißweine der Reihe Yellow Tail haben zur Entstehung eines Weinimperiums beigetragen. Zum Besitz gehören jetzt Traditionsmarken wie BAILEYS OF GLENROWAN, Brand's of Coonawarra, MORRIS und PETER LEHMANN.

Castagna Beechworth, Vic ★★★ SYRAH **12'** 14' **15'** 16 – Gutseigene Cuvées aus SHIRAZ/VIOGNIER und SANGIOVESE/Shiraz sind hervorragend. Die Reihe Adam's Rib von zugekauften Trauben lohnt ebenfalls.

Chalmers Heathcote, Vic ★ Der Spezialist für Rebenzucht konzentriert sich auf italienische Sorten. Im Sortiment sind diverse Weine, darunter guter FIANO und VERMENTINO.

Chambers Rosewood NO-Vic – Gilt neben MORRIS als der beste Erzeuger von gespritetem TOPAQUE (★★★★) und Muscat.

Chandon, Domaine Yarra V., Vic ★★ Schaum- und Tischweine von Trauben aus kühleren Regionen. Im Besitz von LVMH. In Großbritannien als Green Point bekannt. Die Cuvées oJ zeigen sich in Bestform.

Chapel Hill McLaren Vale, SA ★★ Hochkarätiger Produzent im MCLAREN VALE. SHIRAZ und CABERNET SAUVIGNON sind die Brot- und Butterweine, aber mit TEMPRANILLO und besonders GRENACHE geht es aufwärts.

Charlotte Dalton Wines Adelaide Hills, SA ★★ Bringt frischen Wind in die australische Weinszene. Klassische Rebsorten wie CHARDONNAY oder SHIRAZ, aber auch der sehr gute FIANO Lang C.

Chatto Tas ★★★ Junge Weinberge, aber sie bringen bereits feinsten PINOT NOIR hervor. Voller Duft, Aromenvielfalt und schöner Tannine – einfach köstliche Weine.

Clarendon Hills McLaren Vale, SA ★★ Die ganze Palette an Rotweinen (hoher Alkoholgehalt, intensive Frucht) von Trauben, die in den Hügeln oberhalb des MCLAREN VALE wachsen. Zigarrenweine.

Clare Valley SA – Region mit erstklassigen Lagen, rund 160 km nördlich von Adelaide. Australiens berühmteste RIESLING-Region. Einzigartiger CABERNET SAUVIGNON und duftiger SHIRAZ. Die Besten: JIM BARRY, GROSSET, KILIKANOON, MOUNT HORROCKS, PIKES und WENDOUREE, Letzterer ein echtes Juwel.

Clonakilla Canberra, NSW ★★★★ SHIRAZ **15' 16' 17' 18'** 19 – Der Superstar von CANBERRA. RIESLING und VIOGNIER sind ausgezeichnet, die Cuvée aus SHIRAZ/Viognier ist berühmt, dazu sehr feiner SYRAH.

Clyde Park Vic ★★ CHARDONNAY und PINOT NOIR aus Einzellagen in Bestform. Der SHIRAZ macht von sich reden.

Cobaw Ridge Macedon, Vic ★★★ Zertifizierte biodynamische Produzenten von kühlklimatischem, beeindruckendem CHARDONNAY und SYRAH. Sehr feiner PINOT NOIR und der feinste LAGREIN von Australien überhaupt.

Coldstream Hills Yarra V., Vic ★★★★ CHARDONNAY **18' 19**, 20' 21'; PINOT NOIR **15'** 17' 19' 20 – 1985 von dem Weinkritiker James Halliday gegründet. Köstlicher Pinot noir, jung zu trinken, Reserven und Einzellagenweine mit Lagerpotenzial. Außerdem ausgezeichneter Chardonnay (v. a. Reserve). Im Besitz von TWE.

Coonawarra SA – Heimat von einigen der feinsten und markantesten australischen CABERNET SAUVIGNONS. Hier gibt es die fettesten roten Böden auf Kalkstein. WYNNS COONAWARRA ESTATE ist allen anderen meilenweit voraus, aber BALNAVES, Bellwether, KATNOOK, LINDEMAN'S, MAJELLA und YALUMBA liefern solide Qualität.

Coriole McLaren Vale, SA ★★ Lloyd Reserve SHIRAZ **15' 16'** 18' 19 – von mehr als 100 Jahre alten Reben. Hat als Erster FIANO und SANGIOVESE kultiviert. Ähnlich beeindruckend sind PIQUEPOUL, NEGROAMARO und NERO D'AVOLA.

Corymbia Margaret R., WA, Swan V., WA ★★★ Schöner CABERNET SAUVIGNON und CHENIN BLANC sind treffsicher auf den Punkt gebracht. Hat das Zeug zum Star, wenn er es nicht schon ist.

Craiglee Sunbury, Vic ★★★ SHIRAZ **15' 16'** 17' 18' 19 – Nicht wegzudenkender Betrieb, der auf einer historischen Farm produziert. Fülliger CHARDONNAY und duftiger, pfeffriger Shiraz.

Crawford River Henty, Vic ★★★ Hervorragender RIESLING-Erzeuger. Cooler, funkelnder und trockener Stil, großartig zu Fisch und Meeresfrüchten, höchst langlebig.

Crittenden Estate Mornington Peninsula, Vic ★★★ Konzentriert auf sehr guten CHARDONNAY und PINOT NOIR. Hat aus SAVAGNIN (einst fälschlicherweise als ALBARIÑO bezeichnet, ein Fehler beim Rebenimport aus Spanien) eine hervorragende australische Version im Stil eines *Vin jaune* kreiert. Der Name: Cri de Coeur Sous Voile.

Cullen Wines Margaret R., WA ★★★★ CHARDONNAY **17'** 18' 19' 20; CABERNET SAUVIGNON/MERLOT **14' 15' 16'** 17' 18' 19 – Ein Wegbereiter am Margaret River. Führender, biodynamischer Produzent der besten Weine dieser Gegend – allen voran CHARDONNAY und CABERNET SAUVIGNON. Erste Wahl, Spitzenpreise und jeden Cent wert.

Curly Flat Macedon, Vic ★★★ PINOT NOIR **17'** 18' 19' 20' 21 – Duftiger Pinot noir aus besonderen Einzelparzellen, dazu prägnanter CHARDONNAY. Die Weinbereitung wird immer durchdachter.

Dal Zotto King V., Vic ★★ Der »Prosecco-Pionier« war einst der Erste von Australien. Heute produziert er eine Vielzahl an Stilen, darunter den hervorragenden Col Fondo. Breite Auswahl an italienischen Sorten, die sich in frische, lebhafte, detaillierte Weine verwandeln.

Dappled Yarra V., Vic ★★★ Ebenso eleganter wie komplexer CHARDONNAY und PINOT NOIR in Spitzenqualität, aber zum fairen Preis.

d'Arenberg McLaren Vale, SA ★★ Die Namen der Weine können recht schräg sein wie der SAGRANTINO The Cenosilicaphobic Cat. Umso mehr Sinn ergeben Stilistik und die hohe Qualität wie bei den üppigen GRENACHE und SHIRAZ. D'Arry Osborn, der Vater von Chester, ist 2022 verstorben.

De Bortoli Wines Griffith, NSW, Yarra V., Vic ★★★ Weingut in einem Bewässerungsbereich und führender Produzent in dieser Region. Ausgezeichneter CHARDONNAY, PINOT NOIR und SHIRAZ aus kühlen Lagen; guter süßer, edelfauler Noble SEMILLON im Sauternes-Stil. Hier im YARRA VALLEY entsteht echte Qualität.

Deep Woods Estate Margaret R., WA ★★★ Bestechender CHARDONNAY und CABERNET SAUVIGNON. Kraftvolle Weine – gemacht, um Eindruck zu schinden und lange zu halten.

Devil's Lair Margaret R., WA ★★ Opulenter CHARDONNAY und CABERNET SAUVIGNON/MERLOT sind das Beste, was dieses Weingut hervorbringt. Ein bisschen versteckt, seit es im Besitz von TWE ist.

Domenica Beechworth, Vic ★★★ Spannender Produzent in BEECHWORTH mit gut gepflegten Weinlagen. Üppiger, würziger SHIRAZ, MARSANNE mit schöner Textur. Der NEBBIOLO ist die absolute Nummer eins.

Dr Edge Tas ★★★ Einer der Stars der australischen Weinszene. Vom Festland aus hat sich Peter Dredge den Weg nach TASMANIEN gebahnt, um beeindruckenden CHARDONNAY und PINOT NOIR zu produzieren. Daneben ist er Vertragsweinmacher, der von Zeit zu Zeit auch Pinot noir in Oregon produziert.

Eden Valley SA – Der nächste Nachbar des BAROSSA VALLEY. Hügelige Gegend im Osten, in der u. a. Chris Ringland, HENSCHKE, PEWSEY VALE, Radford und TORZI MATTHEWS zu Hause sind. Rassiger RIESLING, duftiger, lebhafter SHIRAZ und CABERNET SAUVIGNON von Spitzenqualität.

Elderton Barossa V., SA ★★★ Alte Reben; üppiger CABERNET SAUVIGNON mit Eichennote und SHIRAZ. Deckt alle Weinstile ab. Teilweise ökologischer/biodynamischer Anbau. Die körperreichen Roten sind in Top-Form.

Eldorado Road Beechworth, Vic ★★ Kleines Gut in Familienbesitz mit dem Fokus auf SHIRAZ von sehr alten Reben, die 1890 gepflanzt worden sind. Dazu kommen kräftige Rote wie DURIF oder Cuvées. Eine echte Überraschung ist der NERO D'AVOLA, vielleicht der beste von Australien.

Eldridge Estate Mornington Peninsula, Vic ★★★ Ein Pionier in dieser Region. David Lloyd hat 2022 an engagierte Liebhaber seiner Weine verkauft, nachdem die Steve Flamsteed, den Ex-Weinmacher von Giant Steps Steve, um Hilfe gebeten hatten. CHARDONNAY, GAMAY und PINOT NOIR sollten auch in Zukunft stark bleiben.

Faber Vineyards Swan V., WA ★★ John Griffiths ist ein Guru der Weinbereitung in Westaustralien. Seine Gutsweine zeigen, was bei SHIRAZ aus dem SWAN VALLEY möglich ist – er strotzt vor Kraft.

Fighting Gully Road Beechworth, Vic ★★★ Erzeuger aus Touchstone, der in BEECHWORTH produziert und auf Trauben aus dem ALPINE VALLEY zugreifen kann. CHARDONNAY, SYRAH, AGLIANICO und TEMPRANILLO stellen die Prinzengarde, aber SANGIOVESE ist König.

Flametree Margaret R., WA ★★★ CHARDONNAY und CABERNET SAUVIGNON sind bemerkenswert, besonders aus der subregionalen Reihe SRS. Empfehlenswert auch Wallcliffe und Wilyabrup und der sehr gute, überraschend spät dazugekommene SHIRAZ.

Fogarty Group – Ein Stall voller Weingüter, der immer größer und wichtiger wird, darunter Dalwhinnie, DEEP WOODS ESTATE, Evans & Tate, LAKE'S FOLLY, LOWESTOFT, Millbrook, Smithbrook, Strelley Farm, Tasmanian Vintners und Thalia.

Forest Hill Vineyard Great Southern, WA ★★★ Hat 1965 den Startschuss für die Region gegeben. Wenn RIESLING der Held ist, ist Block 1 der Star. Sehr gut auch MALBEC und SHIRAZ.

Frankland Estate Frankland R., WA ★★★ RIESLING **18'** **19'** 20' 21' 22 – Der Familienbetrieb produziert herausragenden Riesling aus einer Einzellage. Der Isolation Ridge ist nach Westaustraliens abgelegensten Weinberg benannt. Dazu Weine verschiedener Stile, sowie mittelschwerer CABERNET SAUVIGNON und SYRAH.

Fraser Gallop Estate Margaret R., WA ★★ Konzentrierter CHARDONNAY, SEMILLON/SAUVIGNON BLANC und CABERNET SAUVIGNON. Cabernet und Chardonnay waren in den letzten Jahren besonders gehaltvoll.

Freycinet Tas ★★★ PINOT NOIR **15'** 17' **18'** 19' 20 – Pionierfamilienbetrieb an der tasmanischen Ostküste. Sehr guter CHARDONNAY, ausgezeichneter RIESLING, duftiger PINOT NOIR und der Schaumwein Radenti.

Garagiste Mornington Peninsula, Vic ★★★ Kleiner Produzent von herausragendem CHARDONNAY und PINOT GRIS/NOIR. Qualität aufgrund guter Weinbergpflege. Die erledigt Weinmacher Barnaby Flanders, ohne dass ihm das Gut gehört.

Geelong Vic – Bereich westlich von Melbourne mit maritim-trockenem Klima. Die Besten: BANNOCKBURN, BY FARR, LETHBRIDGE und PROVENANCE.

Gembrock Hill Yarra V., Vic ★★★ Kühle Gegend am Oberlauf des Yarra River: fein strukturierter PINOT NOIR und CHARDONNAY par excellence.

Gemtree Vineyards McLaren Vale, SA ★★ Herzerwärmender SHIRAZ neben TEMPRANILLO und anderen Exoten; alle von guter Qualität. Vorwiegend biodynamisch.

Giaconda Beechworth, Vic ★★★★ CHARDONNAY **16'** **17'** 18' 19' 20 – PINOT NOIR und SHIRAZ von guter Qualität; robuster NEBBIOLO, aber Chardonnay bleibt die Hauptattraktion.

Giant Steps Yarra V., Vic ★★★ Erstklassige Einzellagenweine von CHARDONNAY, PINOT NOIR und SHIRAZ. Die Jahrgänge **17'** **18'** 19' 20' 21 sind bei allen dreien hervorragend. Im Besitz von Jackson Family Wines (*siehe* Abschnitt »Kalifornien« im Kapitel »Vereinigte Staaten«).

Glaetzer-Dixon Tas ★★★ Nick Glaetzer stellte seine südaustralische Familientradition auf den Kopf, als er ins kühle TASMANIEN übersiedelte: RIESLING im europäischen Stil, PINOT NOIR mit Herbstnoten und Rhône-artiger SHIRAZ.

Goulburn Valley Vic – Die warme Region in der Mitte von Victoria wird geprägt von den Nagambie Lakes. Körperreiche Rote, feine Weiße: Am besten sind MARSANNE, CABERNET SAUVIGNON und SHIRAZ. Die Kellereien MITCHELTON und TAHBILK sind die Fahnenträger.

Grampians Vic – Region mit gemäßigtem Klima im Nordwesten Victorias mit RIESLING, pfefferwürzigem SHIRAZ und Schaumwein daraus. MOUNT LANGI GHIRAN setzt hier die Maßstäbe.

Granite Belt Qld – Hoch gelegene und (relativ) kühle Weinbauregion an der Grenze zwischen Queensland und New South Wales, die man dort nicht erwarten würde. Würziger SHIRAZ und voller SEMILLON, z. B. von Boireann, Golden Grove oder Ridgemill Estate. Dazu kommen italienische Rebsorten.

Australien

Grant Burge Barossa V., SA ★★ Weiche Rot- und Weißweine aus den besten Trauben der großen, gutseigenen Weinberge. Im Besitz von ACCOLADE.

Great Southern WA – Abgelegene kühle Gegend in der linken unteren Ecke Australiens. Die offiziellen Unterregionen heißen Albany, Denmark, Frankland River, Mt. Barker und Porongurup. Erstklassiger RIESLING, SHIRAZ und CABERNET SAUVIGNON. Hier stimmen Stil, Qualität und Preis.

Grosset Clare V., SA ★★★ RIESLING **18'** 19' **20'** 21' 22; Gaia **15'** 17' 18' 19' 20 – Riesling ist hier König – mit ganz unterschiedlicher Stilistik. An der Spitze der G110 aus einem Klon vom Bio-Weinberg. Der Gaia aus CABERNET SAUVIGNON/FRANC ist unverwechselbar; ansprechend der FIANO.

Gundog Estate Hunter V., NSW ★★★ Anspruchsvoller SEMILLON und SHIRAZ aus CANBERRA und dem HUNTER VALLEY.

Hahndorf Hill Adelaide Hills, SA ★★★ Hat sich in Australien dem GRÜNEN VELTLINER verschrieben. Produziert zuverlässig würzige, aromenreiche Beispiele mit dichter Textur. Die Experimentierfreude zieht sich durch das gesamte Angebot.

Hardys SA ★★ Historischer Betrieb, jetzt im Besitz von ACCOLADE. CHARDONNAY und SHIRAZ können hervorragend sein, auch wenn das kein erklärtes Ziel des Unternehmens ist.

Heathcote Vic – Die 500 Millionen Jahre alten roten Kambrium-Böden enthalten Kalzium und erzeugen herrliche Rote wie z. B. SHIRAZ. Auch italienische Reben gedeihen prächtig. Die besten Erzeuger: JASPER HILL, PAUL OSICKA, TAR & ROSES, Whistling Eagle und WILD DUCK CREEK.

Henschke Eden V., SA ★★★★ SHIRAZ **04' 05'** 09' 10' 14' 15' 16' 17; CABERNET SAUVIGNON **12'** 15' 16' 17' – Australischer Weinadel – 150 Jahre alter Familienbetrieb mit dem köstlichen Shiraz Hill of Grace. Sehr guter Cabernet Sauvignon Cyril Henschke aus einer Einzellage. Rote Cuvées sind prima, dazu Weiße aus den ADELAIDE HILLS wie GRÜNER VELTLINER.

Hentley Farm Barossa V., SA ★★★ Verlässlicher Erzeuger von SHIRAZ mit enormer Kraft und Konzentration – die Aromenfülle steht wie eine Wand – trotz des (im Allgemeinen) frischen, fast spritzigen Umfeldes.

Hewitson SO-Australien ★★ Old Garden Mourvèdre **15'** 16' 18 – Der alte Garten wurde 1853 bepflanzt und macht den Wein damit zum ältesten MOURVÈDRE der Welt. Sehr guter SHIRAZ in verschiedenen Preisklassen.

Hoddles Creek Etstate Yarra V., Vic ★★★ Herausragende kühlklimatische Rebsorten. Die Qualität überzeugt ebenso wie die Preisgestaltung. CHARDONNAY und PINOT NOIR aus Einzelparzellen sind spitze.

Houghton Margaret R., WA ★★ CABERNET SAUVIGNON Jack Mann **15'** 16' 17' 19 – Der einst legendäre Betrieb im Swan Valley wurde 2019 verkauft. Gehört zu Accolade und ist nur noch ein Schatten seiner selbst. Die Trauben stammen aus GREAT SOUTHERN und vom MARGARET RIVER, wo auch der Wein produziert wird.

House of Arras Tas ★★★★ Mehr Prestige in Sachen australischer Schaumwein geht nicht. Das ist Kellermeister Ed Carr zu verdanken. Ihm gelingt das magische Zusammenspiel von Tanninen, langem Hefelager und Säure. Einfach großartig. Gehört zu ACCOLADE.

Howard Park WA ★★ Duftiger RIESLING, CHARDONNAY und erdiger CABERNET SAUVIGNON. Der MadFish ist seinen Preis wert.

Hunter Valley NSW – Historische Region 250 km nördlich von Sydney. Ungewöhnlicher SEMILLON kann in jungen Jahren ätzende Säure mitbringen und sich im Alter zum wahren Elixier entwickeln. Dazu mittelschwerer, erdiger SHIRAZ. Aushängeschilder sind ANDREW THOMAS, BROKENWOOD, MOUNT PLEASANT und Tyrrell's.

Inkwell McLaren Vale, SA ★★ Jede Menge verlockende Weine von Spätlesen bis zu gespriteten Gewächsen. Tonangebend sind GRENACHE, ZINFANDEL und vor allem SHIRAZ.

Jacob's Creek Barossa V., SA ★ Im Besitz von Pernod Ricard. Konzentriert sich auf mehrere Reihen von uninspirierten, aber verlässlichen Weinen. RIESLING kann ganz gut sein.

Jasper Hill Heathcote, Vic ★★ Emily's Paddock aus SHIRAZ/CABERNET FRANC und Georgia's Paddock Shiraz sind intensiv. Die dringend nötigen Arbeiten im Weinberg dauern an.

Jericho Adelaide Hills, SA, McLaren Vale, SA ★★ Sorgfältige Traubenauswahl und kompetente Weinbereitung ergeben moderne, leckere Weine, besonders FIANO, GRENACHE, SHIRAZ und TEMPRANILLO.

Jim Barry Wines Clare V., SA ★★★ RIESLING hat die Nase vorn dank reichlich toller Weinlagen. Der neue Riesling Loosen Barry Wolta Wolta entsteht in Zusammenarbeit mit dem Mosel-Mogul Ernst Loosen (*siehe* Kapitel »Deutschland«). Solide Rote mit lagerfähigem SHIRAZ Armagh. Dazu der einzige ASSYRTIKO von Australien.

John Duval Wines Barossa V., SA ★★★ John Duval, ehemaliger Kellermeister von PENFOLDS Grange, produziert köstliche Rote im Rhône-Stil, voller Intensität und Charakter.

Kalleske Barossa V., SA ★★ Der alte Familienbetrieb in Greenock im Nordwesten des BAROSSA VALLEY erzeugt recht speziellen Einzellagen-SHIRAZ und viele andere finessenreiche Weine. Biodynamisch/ökologisch.

Katnook Estate Coonawarra, SA ★★ Odyssey CABERNET SAUVIGNON **14' 15'** 18' 19 – Odyssey und der SHIRAZ Prodigy sind teure Ikonen, die sich auch Liebhaber nur selten leisten. Im Besitz von Accolade.

Kilikanoon Clare V., SA ★★ RIESLING und SHIRAZ sind ganz groß in Form. Saftig, großzügig und einfach schön gemacht. Im Besitz einer chinesischen Investorengruppe.

King Valley Vic – Die Höhenlagen zwischen 155 und 860 m wirken sich stark auf die Stilistik der Weine aus. Bekannt für italienische Rebsorten. Qualitätsproduzenten sind BROWN BROTHERS, Chrismont, DAL ZOTTO und besonders PIZZINI.

Kirrihill Clare V., SA ★★ Sehr guter CABERNET SAUVIGNON, SHIRAZ und RIESLING zu oft hervorragenden Preisen.

Knappstein Wines Clare V., SA ★ Zuverlässiger RIESLING, SHIRAZ und CABERNET SAUVIGNON zum fairen Preis.

Kooyong Mornington Peninsula, Vic ★★★ PINOT NOIR und harmonischer, gut strukturierter großartiger Chardonnay. Charmanter PINOT GRIS; erstklassige Einzellagenweine.

Lake Breeze Langhorne Creek, SA ★★★ Weicher, leckerer, preiswerter SHIRAZ und CABERNET SAUVIGNON; nur wenige Produzenten beherrschen das Mittelfeld so konsequent und gut.

Lake's Folly Hunter V., NSW ★★ CHARDONNAY **17' 18' 19'** 20' 21; Cabernet-Cuvée **16' 17' 18'** 19 – 1963 von Max Lake gegründet, dem Pionier für CABERNET SAUVIGNON aus dem HUNTER VALLEY. Steht noch immer für Qualitätsweine mit Charakter.

Langmeil Barossa V., SA ★★ Das Gut besitzt SHIRAZ-Reben, die Mitte des 19. Jhs. gepflanzt wurden und damit zu den ältesten der Welt zählen, dazu weitere alte Weinlagen. Fülliger CABERNET SAUVIGNON, GRENACHE und Shiraz.

Larry Cherubino Wines Frankland R., WA, Margaret R., WA ★★★ Die Heimat liegt am MARGARET RIVER, aber man schätzt auch die Reben vom Frankland River für herausragenden SHIRAZ, RIESLING, SAUVIGNON BLANC und feinsten CABERNET SAUVIGNON. Viele Marken, alle auf Hochglanz poliert.

L.A.S. Vino Margaret R., WA ★★★ Dieser Mann hat Wein im Blut. Nic Peterkin ist der Enkel von Kevin und Diana CULLEN, einst Pioniere am MARGARET RIVER, und Sohn des Gründers von Pierro. Jetzt ist er ein Wegbereiter; experimentierfreudiger und anspruchsvoller Produzent von herausragendem CHARDONNAY, CHENIN BLANC oder CABERNET SAUVIGNON. Ein Name, den man sich merken sollte.

Die Geschäfte des Herrn Randall

Das Winzerhandwerk hat er erlernt, als Unternehmer ist er ein Naturtalent: Warren Randall. Der Mann hinter dem historischen Gut Seppeltsfield hat sich auf ganz große Shoppingtour begeben. Im Fokus standen Weinmarken, die stark auf den Export ausgelegt sind. Nur nicht nach China, das australischen Wein mit Strafzöllen belegt hat. 2022 hat er Penny's Hill im McLaren Vale erworben mitsamt Gut, Kellerei, Weinbergen und Kunstgalerie. Dazu 62 ha von Accolade inkl. der ausgezeichneten Einzellage Yeenunga. Damit ist Randall jetzt der größte private Weinbergsbesitzer von Australien – ihm gehören mehr als 3.500 ha.

Leeuwin Estate Margaret R., WA ★★★★ CHARDONNAY **16' 17'** 18' 19' 20 – Erzeuger mit Kultstatus. Alles dreht sich um den langlebigen Chardonnay Art Series. SAUVIGNON BLANC und RIESLING sind nicht ganz so brillant. Der Cabernet Sauvignon ist sehr gut.

Leo Buring Barossa V., SA ★★ **17' 18'** 20' 21' 22 – Ausschließlich RIESLING; Leonay heißt die Spitzenmarke mit großem Lagerpotenzial. Ist irgendwie im Imperium von TWE untergegangen, obwohl die Weine sehr gut sind.

Lethbridge Vic ★★★ Die Gutsweine sind klasse. CHARDONNAY, PINOT NOIR, dazu regionaler RIESLING und SHIRAZ. Dilettiert ein wenig bei italienischen Rebsorten in Rot und Weiß. Trotzdem interessant.

Limestone Coast Zone SA – Wichtiges Anbaugebiet, zu dem auch COONAWARRA, Mount Benson, Mount Gambier, PADTHAWAY, Robe und WRATTONBULLY gehören.

Lindeman's – Im Besitz von TWE. Alles dreht sich um die preiswerte Reihe Bin. Weit entfernt vom früheren Ruhm.

Lowestoft Tas ★★★ Neuzugang im wachsenden Imperium der Fogarty Group. Die Weinlagen bei Hobart erzeugen exzellenten CHARDONNAY und PINOT NOIR, dazu tollen Schaumwein.

Luke Lambert Wines Yarra V., Vic ★★ Auf den neuen, gutseigenen Weinlagen liegt der Fokus auf NEBBIOLO, den es noch zu produzieren gilt. Bis dahin kann man sich die Zeit mit gutem, kühlklimatischem PINOT NOIR, SYRAH oder CHARDONNAY vertreiben.

Macedon und Sunbury Vic – Benachbarte Regionen. Macedon ist höher und kühler als das nahe dem Melbourner Flughafen gelegene Sunbury. Qualität findet man bei BINDI, Cowbaw Ridge, CRAIGLEE, CURLY FLAT und EPIS.

Mac Forbes Yarra V., Vic ★★★ Der smarte Betreiber ist nahezu besessen von Weinen, die ihre Herkunft spiegeln. PINOT NOIR und CHARDONNAY kommen aus Einzellagen im YARRA VALLEY.

Main Ridge Estate Mornington Peninsula, Vic ★★★ Einst ein Pionier in dieser Region, und die neuen Besitzer (seit 2015) respektieren die Geschichte des Gutes. Fülliger CHARDONNAY und aparter PINOT NOIR in kleinen Mengen.

Majella Coonawarra, SA ★★ Die Quintessenz von COONAWARRA. Opulenter, fast archetypischer SHIRAZ und CABERNET SAUVIGNON. Auf jedem Level jeden Cent wert.

Margaret River WA – Maritime Region südlich von Perth. Kraftvoller CHARDONNAY und strukturierter CABERNET SAUVIGNON. Erzeuger: CAPE MENTELLE, CORYMBIA, CULLEN, DEEP WOODS ESTATE, DEVIL'S LAIR, FLAMETREE, FRASER GALLOP, HUTTON WINES, LEEUWIN ESTATE, MOSS WOOD, PIERRO, TRIPE ISCARIOT, VASSE FELIX, VOYAGER ESTATE, WOODLANDS und andere. Großartige Gegend mit Buschland, Stränden und ein Surferparadies.

Mayford NO-Vic, Vic ★★★ Winziges Weingut in einem versteckten Tal. Hat dem Bereich ALPINE VALLEYS Bedeutung verschafft. SHIRAZ, CHARDONNAY und seidiger TEMPRANILLO.

McHenry Hohnen Margaret R., WA ★★★ Zeigt von Jahr zu Jahr mehr Finesse und Klasse bei CHARDONNAY und CABERNET SAUVIGNON vom MARGARET RIVER. Dazu – welch Überraschung – SHIRAZ.

McLaren Vale SA – Außergewöhnlich vielfältige Region nahe Adelaide. Das Mekka für italienische Rebsorten wie FIANO, VERMENTINO, NERO D'AVOLA oder SANGIOVESE. Dazu sowohl mächtige als auch elegante Rote aus SHIRAZ. Held des Tages ist GRENACHE von alten, unbewässerten Reben. Die Stars: BEKKERS, BONDAR, CORIOLE, Hither & Yon, JERICHO, SAMUEL'S GORGE, SC PANNELL, WIRRA WIRRA und YANGARRA.

McWilliam's SO-Australien ★★ Historisches Gut, seit 2021 im Besitz von Calabria Family Wines und daher qualitätsorientiert (*siehe* MOUNT PLEASANT).

Meerea Park Hunter V., NSW ★★ Die Brüder Garth und Rhys Eather produzieren lagerfähigen SEMILLON und SHIRAZ, oft als Einzellagenabfüllungen.

Mike Press Wines Adelaide Hills, SA ★★ Zuverlässiger und preiswerter Liebling der Massen: SAUVIGNON BLANC, CABERNET SAUVIGNON und SHIRAZ.

Mitchelton Goulburn V., Vic ★★ Solider Erzeuger von CABERNET SAUVIGNON, SHIRAZ und RIESLING; Spezialität: Marsanne und ROUSSANNE. Unbedingt einen Besuch wert; schickes neues Hotel am Fluss, umgeben von herrlichem rotem Eukalyptus.

Montalto Mornington Peninsula, Vic ★★★ Der Fokus liegt auf CHARDONNAY und PINOT NOIR aus Einzellagen. Das Beste, was die MORNINGTON PENINSULA zu bieten hat. Großartiges Gut mit Restaurant, Garten und Kunstsammlung.

Moorilla Estate Tas ★★ Pionier nahe Hobart am Derwent River. Guter CHARDONNAY, RIESLING und PINOT NOIR. Sehr gutes Restaurant und eine außergewöhnliche Kunstgalerie (MONA). Auch die nahe gelegene DOMAINE A gehört jetzt zum Besitz.

Moorooduc Estate Mornington Peninsula, Vic ★★★ Produziert solide Weine aus den besten Rebsorten der Region: CHARDONNAY und PINOT NOIR. Dazu sehr guter PINOT GRIS mit Schalenkontakt.

Moppity Vineyards Hilltops, NSW ★ Zugänglicher SHIRAZ und CABERNET SAUVIGNON Hilltops; eleganter CHARDONNAY TUMBARUMBA. Vor allem als Erzeuger preiswerter Weine bekannt.

Mornington Peninsula Vic – Küstengegend südöstlich von Melbourne. Kühles Klima; PINOT NOIR, CHARDONNAY und PINOT GRIS. Spielwiese für alle, die Wein, Surfen, Strand und Essen mögen. Die Erzeuger: u. a. ELDRIDGE ESTATE, GARAGISTE, KOOYONG, MAIN RIDGE ESTATE, MONTALTO, MOOROODUC ESTATE, PARINGA ESTATE, RARE HARE WINES, STONIER, TEN MINUTES BY TRACTOR, YABBY LAKE.

Morris NO-Vic ★★★★ Produzent der wahrscheinlich besten gespriteten Muscat- und TOPAQUE-Dessertweine. Mit Sitz in RUTHERGLEN und im Besitz von CASELLA.

Moss Wood Margaret R., WA ★★★ CABERNET SAUVIGNON **16'** 17' 18' 19' 20 – Die opulentesten (Rot-)Weine am MARGARET RIVER. Der Star ist reifer, üppiger CABERNET SAUVIGNON; dazu guter CHARDONNAY und SEMILLON.

Mount Horrocks Clare V., SA ★★★ Rassiger trockener RIESLING, CABERNET SAUVIGNON, SHIRAZ und SEMILLON sind gut in Form.

Mount Langi Ghiran Grampians, Vic ★★★ SHIRAZ **14' 15'** 17' 18' 19 – Pfeffriger Shiraz im Rhône-Stil. Hervorragend der Cliff Edge. Gutseigene Trauben von einem ganz speziellen Fleckchen Erde.

Mount Majura Canberra, NSW ★★ Führender TEMPRANILLO-Erzeuger. CHARDONNAY, RIESLING und SHIRAZ sind alle gut. Die Roten sind robust und würzig.

Mount Mary Yarra V., Vic ★★★★ Quintet **17' 18'** 19' 20' 21 – Der Pionier im Yarra Valley wird stärker und stärker. Bestens bekannt für die Bordeaux-Cuvées Quintet und Triolet (weiß), auf Augenhöhe mit CHARDONNAY und PINOT NOIR. Auf Betreiben von Sam Middleton sind zuletzt Rhône-Reben dazugekommen. Er ist Enkel des Gründers Dr. John Middleton.

Mount Pleasant Hunter V., NSW ★★★★ 2021 an das Medich Family Business in Sydney verkauft. Einer der wichtigsten Namen der australischen Weingeschichte. Einzellagenabfüllungen wie SEMILLON Lovedale oder der SHIRAZ Maurice O'Shea. Historische Lagen, sensationelle Weine.

Mudgee NSW – Weinbaugebiet nordwestlich von Sydney. Erdige Rote, feiner SEMILLON, gut strukturierter RIESLING und fülliger CHARDONNAY. Gute Qualität – was fehlt, ist ein echter Held.

Ngeringa Adelaide Hills, SA ★★ Duftiger NEBBIOLO und PINOT NOIR, dazu Rhône-ähnlicher SHIRAZ und schmackhafter Rosé. Biodynamisch.

Nick Spencer Wines Canberra, NSW ★★ Der Kellermeister kommt von Eden Road. CHARDONNAY und die rote Cuvée von SHIRAZ/TEMPRANILLO/TOURIGA/CABERNET SAUVIGNON sind besonders interessant.

Oakridge Yarra V., Vic ★★★★ Einer der führenden CHARDONNAY-Produzenten von Australien, der neuerdings auch für bemerkenswerten PINOT NOIR und SHIRAZ steht. Verschiedenste Weine aus Einzellagen.

Ochota Barrels Barossa V., SA ★★★ Brillanter GRENACHE und SHIRAZ von alten Reben aus dem MCLAREN VALE und dem BAROSSA VALLEY.

O'Leary Walker Clare V., SA ★★ Wie zu erwarten, sind RIESLING und CABERNET SAUVIGNON aus dem CLARE VALLEY wirklich gut. SHIRAZ aus dem MCLAREN VALE gerät sehr mächtig.

Orange NSW – Hoch gelegene Weinbauregion mit kühlem Klima. Lebhafter SHIRAZ (wenn reif), am besten aber für (intensive) aromatische Weiße und CHARDONNAY.

Ossa Wines Tas ★★ Neu im Rennen und sehr spannend mit dem Fokus auf CHARDONNAY, GRÜNEM VELTLINER, PINOT NOIR und Schaumwein. Neue Reben, neue Weine – dranbleiben.

Padthaway SA – Selten erwähntes, aber wichtiges Anbaugebiet: CHARDONNAY, CABERNET SAUVIGNON und SHIRAZ sind sehr gut. Der Salzgehalt des Bodens bleibt ein Problem.

Pannell, S.C. McLaren Vale, SA ★★★★ Wegbereiter. Intuitive Weinbereitung und bemerkenswerte Lagen. Hitverdächtig die Cuvée Midas aus GRENACHE, SHIRAZ und AGLIANICO. Experimente mit spanischen Rebsorten. Trinkspaß ist garantiert.

Paringa Estate Mornington Peninsula, Vic ★★ Breiter, fülliger PINOT NOIR und SHIRAZ, genau wie der CHARDONNAY.

Parker Coonawarra Estate Coonawarra, SA ★★ Die erste Lese reicht zurück ins Jahr 1988. In guten Jahren wird körper- und gerbstoffreicher CABERNET SAUVIGNON mit Reifepotenzial erzeugt.

Passing Clouds Bendigo, Vic ★★★ Hier produzieren bodenständige Leute robuste Rote – vom Spitzen-CABERNET-SAUVIGNON, der anderen die Show stiehlt, bis hin zu SHIRAZ. Sehr schwungvoll der CHARDONNAY Macedon.

Paul Osicka Wines Heathcote, Vic ★★★ Manche der Reben stammen noch aus den 1950ern. Charakter und Geschmack werden hier großgeschrieben. Klein, unauffällig, aber schlagkräftig – das Ergebnis sind qualitativ hochwertiger CABERNET SAUVIGNON und SHIRAZ.

Paxton McLaren Vale, SA ★ Bekannter Bio-Winzer mit reifem GRENACHE und SHIRAZ.

Pemberton WA – Region zwischen MARGARET RIVER und GREAT SOUTHERN; die anfängliche Begeisterung für PINOT NOIR ist inzwischen auf RIESLING, CHARDONNAY und SHIRAZ übergesprungen.

Ein Weintresor

In der Arktis wird Saatgut gelagert, um es vor dem Weltuntergang zu bewahren. In Australien soll Traubensaat von der National Grapevine Collection (NGC) geschützt werden. Spitzenönologe Nick Dry ist seit 2022 im Amt und wird das Projekt koordinieren. An zwei noch nicht benannten Orten sollen ab 2023 Saat, Gewebe und Wurzeln von 25 Sorten bewahrt werden.

Penfolds ★★★★ Grange **96' 06'** 08' 10' 12' 14' 17' 18; CABERNET SAUVIGNON Bin 707 **08'** 12' 14' 15' 18' 19 – Australiens bekannteste Marke mit jeder Menge »Bins« und vielen, vielen Weinen. Jetzt auch im Bordeaux- oder Kalifornien-Stil, dazu Champagner. Herausragend der CHARDONNAY Bin A und Yattarna.

Petaluma Adelaide Hills, SA ★ RIESLING **17' 18'** 20 21' 22; SHIRAZ ADELAIDE HILLS und CABERNET SAUVIGNON COONAWARRA. Zuverlässiger Riesling ist noch immer der Star. Auch der Schaumwein Croser kann sehr gut sein.

Peter Lehmann Wines Barossa V., SA ★★ Preiswerte Weine, u.a. zugänglicher RIESLING. Luxuriöser, gut strukturierter SHIRAZ Stonewell neben vielen anderen in Rot und Weiß. Heute Teil von CASELLA.

Pewsey Vale Eden V., SA ★★ Spitzen-RIESLING in verschiedenen Stilen, darunter der gut gereifte The Contours von einem wunderschön terrassierten Weinberg.

Pierro Margaret R., WA ★★★ CHARDONNAY **18' 19'** 20' 21 – Der Stil ist etwas zurückhaltender geworden, aber Chardonnay steht noch immer im Mittelpunkt. Guter SEMILLON/SAUVIGNON BLANC, und die Bordeaux-Cuvée ist tipptopp.

Pipers Brook Tas ★★ RIESLING **18'** 19' 20' 21' 22 – Pionier in dieser kühlen Region mit gutem Riesling, wechselhaftem PINOT NOIR sowie zurückhaltendem Chardonnay und Schaumweinen aus dem Tamar Valley. Zweitmarke: Ninth Island. Im Besitz der belgischen Familie Kreglinger.

Pizzini King V., Vic ★★ SANGIOVESE **17' 18'** 19 – Wegbereiter für italienische Rebsorten im KING VALLEY und in Australien überhaupt: NEBBIOLO und SANGIOVESE in verschiedenen Stilen und sehr authentisch. Eine wunderbare Familie.

Place of Changing Winds Macedon, Vic ★★★ Kraftvoller, fülliger CHARDONNAY und PINOT NOIR von Weinlagen mit sehr harten Böden. Jetzt auch SHIRAZ im Rhône-Stil von Trauben aus Heathcote (aus einer früheren Verbindung mit Alain Graillot, *siehe* Kapitel »Frankreich«).

Pooley Tas ★★★ Ein beeindruckendes Anwesen von 1832 im Coal River Valley mit einigen der feinsten RIESLINGE aus Tasmanien, duftigem PINOT NOIR und reizvollem CHARDONNAY. Einer der Besten im Land.

Primo Estate SA ★★ Zu den vielen erfolgreichen Weinen Joe Grillis zählen ein fülliger MCLAREN VALE SHIRAZ, ein pikanter COLOMBARD, der kräftige

CABERNET SAUVIGNON/MERLOT Joseph, ein komplexer Schaumwein aus Shiraz, NEBBIOLO und noch viel mehr.

Provenance Geelong, Vic ★★★ Spannender CHARDONNAY aus GEELONG und drumherum. Nicht ganz so verlässlich ist der PINOT NOIR – er kann aber auch super sein.

Punch Yarra V., Vic ★★★ Die Familie Lance führte jahrzehntelang das Gut Diamond Valley. Nach dem Verkauf behielt sie den dicht bestockten PINOT-NOIR-Weinberg, der präzise, langlebige Weine hervorbringen kann.

Munda – der Land-Wein

Das Bewusstsein für seine Ureinwohner und ihr Land wächst in Australien. Das macht sich u. a. auch auf Weinetiketten bemerkbar. Unter den Produzenten gibt es dagegen noch sehr wenige. Also herzlich willkommen Munda Wines. Mitbesitzer Paul Vandenbergh ist ein Wirangu und Kokatha von der Westküste in Südaustralien. In seiner Sprache bedeutet Munda so viel wie Land oder Erde. Der erste Wein ist in Zusammenarbeit mit Chalk Hill im MCLAREN VALE entstanden. Der 21er SYRAH Kaurna Country Blewitt Springs ist nur zu empfehlen. Ein GRENACHE aus dem BAROSSA VALLEY kommt ab 2023 auf den Markt.

Pyrenees Vic – Region in Central Victoria mit reichhaltigen, oft minzeduftigen Rotweinen. Blue Pyrenees, Dog Rock, Mitchell Harris, Summerfield und TALTARNI sind die Protagonisten, aber auch verschiedene kleine Erzeugerbetriebe finden hier ein ergiebiges Jagdrevier.

Rare Hare Wines Mornington Peninsula, Vic ★★ Bisher bekannt als Willow Creek, der Name hat sich 2022 geändert. Immer noch ein toller Produzent von kraftvollem CHARDONNAY und PINOT NOIR.

Ravensworth Canberra, NSW ★★★ Innovativer Produzent, der die klassischen Stile brillant beherrscht. SHIRAZ/VIOGNIER, dazu Weiße mit Schalenkontakt und italienische Rebsorten. Hervorragender RIESLING. Textur ist ein großes Thema bei allen Weinen.

Rieslingfreak Clare V., SA ★★ Wie der Name vermuten lässt, produziert John Hughes ausschließlich RIESLING aus dem CLARE VALLEY und dem EDEN VALLEY. Seine Frau Belinda ist seit 2021 mit an Bord (vorher bei Grant Burge).

Riverina NSW – Massenweinbauzone mit Bewässerung bei Griffith.

Robert Oatley Wines Mudgee, NSW ★★ Ehrgeiziges Projekt von Robert Oatley, dem Gründer des ROSEMOUNT ESTATE. Meist gutes Preis-Leistungs-Verhältnis.

Rochford Yarra V., Vic ★★ Aus dem großen Freizeitpark im YARRA VALLEY kommen jetzt auch bemerkenswerter und komplexer CHARDONNAY und PINOT NOIR.

Rockford Barossa V., SA ★★★ Weine von verschiedenen alten, ertragsarmen Weinlagen. Die Roten sind am besten. Der SHIRAZ Basket Press hat Kultstatus, und der Shiraz-Schaumwein Black ist zu Recht sehr bekannt.

Rodda, A. Beechworth, Vic ★★ Lebendiger CHARDONNAY von gutseigenen Rebflächen; der in großen Höhen gewachsene Tempranillo kann wunderschön sein.

Ruggabellus Barossa V., SA ★★★ Aufsehenerregend. Herzhafte und trotzdem oft leichtere Version des BAROSSA VALLEY. Alte Eiche, wilde Hefe, keine Entrappung. Cuvées von CINSAULT/GRENACHE/MATARO/SHIRAZ.

Rutherglen und Glenrowan Vic – Zwei Regionen im warmen Nordosten von Victoria, bekannt für ihre kräftigen Roten und die herrlichen gespriteten

Weine. Die besten Erzeuger: ALL SAINTS, BAILEYS OF GLENROWAN, CAMPBELLS, MORRIS, SCION, SIMAO & CO und TAMINICK CELLARS.

St Hallett Barossa V., SA ★★ Old Block **16'** 17' 18 – Der SHIRAZ Old Block ist der Star, das übrige Programm tadellos, weich und stilvoll. Im Besitz von ACCOLADE.

Saltram Barossa V., SA ★★ Der hochwertige Mamre Brook (SHIRAZ, CABERNET SAUVIGNON) und der (selten gesichtete) Shiraz No. 1 sind die Spitzenweine. Berühmt für den allgegenwärtigen Shiraz Pepperjack.

Samuel's Gorge McLaren Vale, SA ★★ Justin McNamee bereitet (manchmal) tollen GRENACHE, SHIRAZ und TEMPRANILLO mit Charakter und Terroirbewusstsein.

Savaterre Beechworth, Vic ★★★ CHARDONNAY **17'** 18' 19; PINOT NOIR **16'** 18 – Hervorragender Erzeuger von körperreichem Chardonnay, fülligem Pinot noir, SAGRANTINO und SHIRAZ von dicht gepflanzten Reben.

Schmolzer & Brown Beechworth, Vic ★★ Eine der höchsten Weinlagen von BEECHWORTH. CHARDONNAY, PINOT NOIR und interessanter, intensiver, extrem würziger Rosé. Der gut strukturierte RIESLING ist bemerkenswert.

Scion Rutherglen, Vic ★★ Eine frische und lebendige Interpretation von SHIRAZ und Durif.

Sentio Beechworth, Vic ★★★ Pickt die Rosinen aus lauter kühlklimatischen Gebieten, um daraus bestechenden CHARDONNAY, PINOT NOIR und SHIRAZ zu erzeugen.

Seppelt Grampians, Vic ★★★ St. Peter's SHIRAZ **17'** 18' 19' 20 – Der historische Name gehört zu TWE. Exzellenter CHARDONNAY und RIESLING. Ein bisschen aus der Spur geraten, als das Geschäft den Bach runterging. Jetzt ruhen alle Hoffnungen auf der neuen Kellermeisterin Clare Dry.

Seppeltsfield Barossa V., SA ★★★ Vom National Trust als Kulturerbe geführtes Gut, im Besitz von Warren Randall. Die Bestände an gespriteten Weinen gehen bis ins Jahr 1878 zurück. Nix wie hin!

Serrat Yarra V., Vic ★★ Winziger Weingarten des berühmten Kellermeisters Tom Carson (YABBY LAKE) und seiner Frau Nadège. CHARDONNAY, PINOT NOIR, SHIRAZ/VIOGNIER und Rhône-Rebsorten.

Seville Estate Yarra V., Vic ★★★ CHARDONNAY **18'** 19' 20' 21 – Wegbereiter im YARRA VALLEY und noch immer ganz vorn. Chardonnay, SHIRAZ und gut strukturierter PINOT NOIR. Der Enkel des Gründers Dylan McMahon macht den Wein.

Shaw & Smith Adelaide Hills, SA ★★★ Schickes Outfit: komplexer CHARDONNAY, knackiger, harmonischer SAUVIGNON BLANC – beide werden vom Shiraz noch getoppt. PINOT NOIR ist sehr gut.

Simão & Co Rutherglen, Vic ★★ Der junge Simon Killeen produziert UGNI BLANC, SHIRAZ, TEMPRANILLO und andere Weine mit jeder Menge Persönlichkeit.

Sorrenberg Beechworth, Vic ★★★★ Spitzenqualität ohne Firlefanz. SAUVIGNON BLANC/SEMILLON, CHARDONNAY, (Australiens feinster) GAMAY und Bordeaux-Cuvées. Die ultimative Kellerei, wenn es um Weinwissen geht.

Southern NSW Zone NSW – Die Zone umfasst u. a. CANBERRA, Gundagai, Hilltops und TUMBARUMBA. Saftiger SHIRAZ, reintöniger RIESLING und CHARDONNAY mit langem Abgang.

Spinifex Barossa V., SA ★★★ Die Roten dominieren; detailverliebt in der Weinbereitung. Würziger GRENACHE; üppiger SHIRAZ und MATARO. Interessante Einzellagen.

Stefano Lubiana S-Tas ★★★ Herrliche biodynamisch bewirtschaftete Weinlagen am Ufer des Derwent River nahe Hobart. Ausgezeichneter Schaumwein, Chardonnay und Pinot noir. Italienische und österreichische Rebsorten setzen ein Statement. Das Restaurant Osteria Vista ist durch und durch italienisch.

Stella Bella Margaret R., WA ★★★ Sehr solide quer durchs Sortiment in Sachen Stil und Preisgestaltung. Der Genuss von CHARDONNAY und CABERNET SAUVIGNON mit Namen Luminosa wirkt erhellend.

Stoney Rise Tas ★★ Vom Kricket-Champion zum Winzer: Joe Holyman produziert herrlichen CHARDONNAY und PINOT NOIR, dazu guten GRÜNEN VELTLINER und RIESLING.

Stonier Wines Mornington Peninsula, Vic ★★★ CHARDONNAY **19'** 20' 21; PINOT NOIR **17'** 18' 19' 20 21 – Hier geht man hin, um die besten Tropfen der MORNINGTON PENINSULA zu erwerben. Schon die Einstiegsweine sind toll, getoppt von Reserven und Abfüllungen aus Einzellagen. 2022 an Circe Wines verkauft – ein Unternehmen, das von drei Familien betrieben wird. Nur gute Nachrichten.

Sunbury Vic – *Siehe* MACEDON und SUNBURY.

Sutton Grange Bendigo, Vic ★★ AGLIANICO **18'** 20; SYRAH **17'** 18' 19 – Bemerkenswerter Syrah und Rosé, der »rockt«. AGLIANICO, SANGIOVESE und FIANO spielen weit mehr als eine Nebenrolle.

Swan Valley WA – 20 Minuten nördlich von Perth gelegener Geburtsort des Weins im Westen. Das heiße Klima bringt starke Weine mit niedrigem Säuregehalt hervor. Führender Erzeuger ist FABER VINEYARDS.

Swinney Frankland R., WA ★★★ Jahrzehntelang ein reiner Traubenerzeuger. Die Eigenmarke ist mit RIESLING, GRENACHE und SHIRAZ in Topform. Exzellent die Spitzenreihe Farvie. Kein Wunder, wenn Westaustraliens Weinkönig Rob Mann seine Finger im Spiel hat.

Tahbilk Nagambie, Vic ★★ 1927 MARSANNE **08' 12'** 13' 15' 16 – Das Gut ist 163 Jahre alt und noch immer ganz weit vorn. Einer der besten Marsanne Australiens von alten Reben. Reserven von CABERNET SAUVIGNON und SHIRAZ können sehr gut sein. Seltener Shiraz 1860 Vines. Für Leute, die es rustikal mögen.

Taltarni Pyrenees, Vic ★★ CABERNET SAUVIGNON und SHIRAZ präsentieren sich gut in Form. Langlebige Weine, aber man braucht keinen Presslufthammer mehr, um das Tannin vom Gaumen zu lösen.

Die Lieblingstrauben der Kängurus? Wenn sie drankommen, dann eindeutig Zinfandel.

Taminick Cellars Glenrowan, Vic ★★ Familie Booth bearbeitet dieses harte und trockene Fleckchen Erde seit 1914. Der lange Weg hat den Charakter geprägt.

Tapanappa SA ★★★ Gemeinschaftsprojekt in WRATTONBULLY von Brian Croser, Bollinger und J.-M. Cazes aus Pauillac (*siehe* Kapitel »Frankreich«). Herrlicher CHARDONNAY, CABERNET-SAUVIGNON-Cuvée, MERLOT, SHIRAZ. Überraschender Pinot noir von der Fleurieu Peninsula.

TarraWarra Estate Yarra V., Vic ★★ Reserve CHARDONNAY **17' 18'** 19' 20; Reserve PINOT NOIR **18'** 19 – Schon immer aromenreich, sind Chardonnay und Pinot noir in den vergangenen Jahren etwas verhaltener geworden. Versuche mit italienischen und Rhône-Rebsorten: Der BARBERA ist köstlich. Ein Besuch lohnt sich – auch für das TarraWarra Museum of Art.

Tar & Roses Heathcote, Vic ★★ SANGIOVESE, SHIRAZ und TEMPRANILLO sind blitzblank aufbereitet und präsentiert. Eine moderne Erfolgsgeschichte mit Qualität auf sehr hohem Niveau.

Tasmanien Tas – Kühle Inselregion mit ausgezeichnetem Ruf. Herausragende Schaumweine, CHARDONNAY, PINOT GRIS, RIESLING, SAUVIGNON BLANC und PINOT NOIR. Viele Produzenten vom Festland würden sich gern eine Scheibe davon abschneiden.

Taylors Wines Clare V., SA ★ Großer Produzent, vor allem von RIESLING, CABERNET SAUVIGNON und SHIRAZ. Exportiert die Weine unter dem Namen Wakefield Wines.

Chardonnay, in Würde gealtert

Die meistgepflanzte weiße Rebsorte in Australien heißt Chardonnay. Dennoch gibt es Unterschiede. Die Feinsten wachsen in kühlklimatischen und maritimen Regionen wie BEECHWORTH, MARGARET RIVER, MCLAREN VALE, MORNINGTON PENINSULA, TASMANIEN oder YARRA VALLEY. Margaret River und das Yarra Valley halten dabei die Pole Position. Der Schlüssel zum Erfolg für lagerfähige Weine liegt im natürlichen Säuregehalt und der Hefe – sie braucht Zeit, um ihre ganze Magie zu entfalten. Auch die zunehmende Verwendung von Schraubverschlüssen erlaubt es dem Wein, in Würde zu altern. Umsichtige Weinmacher verwenden oft große Fässer aus französischer Eiche. Wenig neues Holz und ruhende Hefe sorgen dafür, dass der Wein in jungen Jahren Trinkspaß bereitet, aber auch locker die Zehnjahresmarke überschreiten kann. Beste Beispiele liefern BINDI, CULLEN, FIGHTING GULLY ROAD, GIACONDA, GIANT STEPS, OAKRIDGE, VASSE FELIX, XANADU. Ein toller Ausreißer im HUNTER VALLEY ist TYRELL'S.

Ten Minutes by Tractor Mornington Peninsula, Vic ★★★ Spitzenweine und ein Spitzenrestaurant. Spezialist für CHARDONNAY und PINOT NOIR aus Einzellagen.

Teusner Barossa V., SA ★★ Alte Reben, kluge Weinbereitung, reine Fruchtaromen. Vorreiter des Trends gegen zu viele Holznoten im BAROSSA VALLEY.

Tim Adams Clare V., SA ★★ Stets verlässlicher RIESLING, CABERNET SAUVIGNON/MALBEC-Verschnitt, SHIRAZ und körperreicher TEMPRANILLO. Nicht zu vergessen der FIANO.

Tolpuddle Tas ★★★ SHAW & SMITH gehört dieser ausgezeichnete, 1988 angelegte Weinberg im tasmanischen Coal River Valley. Funkelnder PINOT NOIR und CHARDONNAY im schlanken Stil mit langem Abgang.

Topaque Vic – Ersatzname für den legendären gespriteten »Tokay« aus RUTHERGLEN, eine Auflage der EU. Immer noch schwer, jemanden zu finden, der diese Bezeichnung mag.

Torbreck Barossa V., SA ★★★ Spezialisiert auf (oft von alten Reben stammende) Rhône-Sorten, allen voran GRENACHE und SHIRAZ. Paradebeispiel für den vollen, süßen und alkoholstarken Stil.

Torzi Matthews Eden V., SA ★★★ Aromatischer, stilvoller SHIRAZ mit großem Herzen. Preiswerter RIESLING und SANGIOVESE. Jahr für Jahr unglaublich beständig.

Traviarti Beechworth, Vic ★★ Hat sich einen Namen mit TEMPRANILLO gemacht, aber NEBBIOLO holt in großen Schritten auf.

tripe.Iscariot Margaret R., WA ★★ Verrückter Name, überzeugende Weine. CHENIN BLANC darf seine wahre Größe zeigen, aber im Mittelpunkt stehen die feinsten Rebsorten der Region: CHARDONNAY und CABERNET SAUVIGNON.

Tumbarumba NSW – Region mit kühlem Klima in den australischen Alpen; die Weinberge liegen in 500–800 m Höhe. Star ist und bleibt der CHARDONNAY – auch als Basis für Schaumwein.

Turkey Flat Barossa V., SA ★★★ Spitzenproduzent von komplexem Rosé; GRENACHE und SHIRAZ aus einem 150 Jahre alten Weinberg. Alkohol und Eiche werden sehr kontrolliert eingesetzt. Neue Einzellagenweine. Alt und doch modern.

TWE (Treasury Wine Estates) – Australischer Weinmoloch mit bekannten Marken wie COLDSTREAM HILLS, DEVIL'S LAIR, LINDEMAN'S, PENFOLDS, ROSEMOUNT, SALTRAM, WOLF BLASS oder WYNNS COONAWARRA ESTATE.

Two Hands Barossa V., SA ★★★ Üppige Rote, und zwar eine Menge davon. Hier wurde unlängst einen Gang runtergeschaltet – schon macht sich die Frucht umso klarer bemerkbar.

Tyrrell's Hunter V., NSW ★★★★ SEMILLON **16'** **17'** 18' 19'; Vat 47 CHARDONNAY **14'** **15'** 18' 21 – Semillon Vat 1 setzt Maßstäbe. Dazu hat sich eine Reihe von Einzellagen und Weinen aus Unterbereichen gesellt. Vat 47, der beste Chardonnay Australiens, trotzt weiterhin den klimatischen Widrigkeiten. Hervorragend sind auch der SHIRAZ 4 Acres von alten Reben und Shiraz Vat 9. Noch immer in Familienbesitz.

Vasse Felix Margaret R., WA ★★★★ CHARDONNAY Heytesbury **17'** **18'** 19' 20' 21; CABERNET SAUVIGNON **15'** 16' 17 18' 19 – Pionier am MARGARET RIVER. Exzellenter Chardonnay ist mineralisch und fein. Cabernet Sauvignon kommt mittelschwer und elegant daher, Spitze ist der Tom Cullity. Eigentlich ist alles gut inkl. Idée Fixe, dem prickelnden Ende des Portfolios.

Voyager Estate Margaret R., WA ★★★ Hightech-Weinbau erlaubt hier eine Fülle von Stilen und Preisklassen. Das reicht vom Coastal für Einsteiger bis zum Spitzen-CHARDONNAY und CABERNET SAUVIGNON der Reihe MJW.

Wanderer, The Yarra V., Vic ★★★ Produziert im oberen YARRA VALLEY fein strukturierten PINOT NOIR und ebenso guten CHARDONNAY.

Wantirna Estate Yarra V., Vic ★★★ Der Pionier dieser Region wird echt unterschätzt. Die Weine lohnen sehr. Schöne Bordeaux-Cuvées, PINOT NOIRS und CHARDONNAYS. Die pfiffigen Etiketten gestaltet der in Australien beliebte Cartoonist Michael Leunig.

Wendouree Clare V., SA ★★★★ Sozusagen die Domaine de la Romanée-Conti (*siehe* Kapitel »Frankreich«) von Australien. Alte Reben und das Bekenntnis zu Qualität und Tradition. Die langlebigen Roten tendieren jetzt zu mehr Raffinesse und Eleganz bei CABERNET SAUVIGNON, MALBEC, MATARO und SHIRAZ. Die Nachfrage übersteigt das Angebot.

West Cape Howe Denmark, WA ★★ Die Spezialität sind erschwingliche, aromatische Rotweine; dazu guter RIESLING. Glänzt mit positiven Überraschungen.

Westend Estate Adelaide Hills, SA ★★ Sebastian Hardy ist Weinmacher in sechster Generation. Zusammen mit seiner Frau Colleen (Marketingexpertin aus New York) produziert er Wein an den Finger Lakes (*siehe* Abschnitt »New York«im Kapitel »Vereinigte Staaten«) und in Südaustralien. Der Fokus liegt auf mittelschweren Roten: GRENACHE aus dem MCLAREN VALE und SHIRAZ von den ADELAIDE HILLS.

Wild Duck Creek Heathcote, Vic ★★ Superkonzentrierte Kraftstoffe. Die Roten werden überwiegend aus CABERNET SAUVIGNON, MALBEC und SHIRAZ gemacht. Trotzdem kommt ihnen die Frische nicht abhanden.

Wirra Wirra McLaren Vale, SA ★★ Konzentrierte Qualitätsweine mit peppiger Aufmachung. Der CABERNET SAUVIGNON The Angelus heißt außerhalb Australiens Dead Ringer.

Wolf Blass Barossa V., SA ★★ Im Besitz von TWE. Nicht mehr der vorlaute Mittelfeldspieler, der er einmal war, jagt aber immer noch riesige Mengen sauberer, unaufdringlicher Weine durch die Anlage.

Woodlands Margaret R., WA ★★ Mit über 40 Jahre alten CABERNET-SAUVIGNON-Reben bestockte 7 ha Weinberge, die zu den besten Lagen der Region zählen; außerdem jüngere, aber sehr gute Pflanzungen anderer Bordeaux-Rebsorten. Wuchtige Rote.

Wrattonbully SA – Wichtiges Anbaugebiet an der LIMESTONE COAST. Durch TAPANAPPA, Terre à Terre und Peppertree ist der Anspruch gestiegen.

Wynns Coonawarra Estate Coonawarra, SA ★★★★ SHIRAZ **17'** 18' 19' 20; CABERNET SAUVIGNON **15' 16'** 17' **18'** 19' 20 – Größter und legendärer Produzent in der Region mit tollen Weinlagen. Im Besitz von TWE. CHARDONNAY und RIESLING sind gut, aber die Roten sind die Stars. Cabernet Sauvignon, der Shiraz Black Label und an der Spitze John Riddoch, dazu Einzellagenabfüllungen. Allesamt sehr langlebig.

Xanadu Wines Margaret R., WA ★★★★ **17'** 18' 19' 20' – Einzellagenabfüllungen und Reserven von CABERNET SAUVIGNON in diversen Stilen lassen das Portfolio erstrahlen, dazu sehr feiner CHARDONNAY. Exzellenz quer durch alle Preisklassen. Spitzenweine aus Trauben bester Lagen.

Die Flut von 2022: 1,5 Mio. Dollar Schaden im Weingut Mitchelton und an der Galerie mit Kunst der Aborigines. Die Kunstwerke konnten gerettet werden.

Yabby Lake Mornington Peninsula, Vic ★★★ Machte sich mit CHARDONNAY und PINOT NOIR einen Namen und blühte mit Einzellagenabfüllungen auf; der intensiv-würzige SHIRAZ steigert das Renommee umso mehr. Hat 2022 Weinlagen in Tasmanien dazugekauft.

Yalumba Barossa V., SA ★★★ Familienbetrieb seit über 170 Jahren. Volles Spektrum erstklassiger Weine, von preiswerten Abfüllungen bis zu Spitzen-Einzellagengewächsen (z. B. The Caley). Die Einstiegsweine der Reihe Y sind recht preiswert.

Yangarra Estate McLaren Vale, SA ★★★★ Der Dank für den exquisiten GRENACHE gebührt den tollen Lagen mit alten Buschreben – alles biodynamisch. Die respektvolle Weinbereitung erlaubt auch Experimente wie den schönen ROUSSANNE mit Schalenkontakt. Dazu guter SHIRAZ, Cuvées und mehr.

Yarra Valley Vic – Florierendes Weingebiet nordöstlich von Melbourne. Der Schwerpunkt liegt auf CHARDONNAY, PINOT NOIR, SHIRAZ und Schaumweinen. Der elegante CABERNET SAUVIGNON wird unterschätzt. Die Erzeuger sind hervorragend aufgestellt: COLDSTREAM HILLS, DE BORTOLI, DOMAINE CHANDON, GEMBROOK HILL, GIANT STEPS, HODDLES CREEK ESTATE, MAC FORBES, MOUNT MARY, OAKRIDGE, PUNCH, ROCHFORD, SERRAT, SEVILLE ESTATE, TARRAWARRA, WANTIRNA ESTATE, YARRA YERING, YERINGBERG, YERING STATION.

Yarra Yering Yarra V., Vic ★★★★ Dry Reds **16'** 17' 18' **19'** 20' 21 – Einzigartiger Pionier im YARRA VALLEY. Kraftvoller PINOT NOIR, tiefgründiger, feiner CABERNET SAUVIGNON (Dry Red No. 1) und SHIRAZ (Dry Red No. 2). CHARDONNAY ist eine wahre Pracht. Absolut erste Liga bei Roten und Weißen. Kellermeisterin Sarah Crowe wird mit Auszeichnungen überhäuft.

Yellow Tail NSW – *Siehe* CASELLA.

Yeringberg Yarra V., Vic ★★★★ MARSANNE/ROUSSANNE **16'** 17' 19' 20' 21; CABERNET SAUVIGNON **16'** 17' 18' 19' 20' 21 – Historisches Gut (1862), noch immer im Besitz der Schweizer Gründerfamilie. CHARDONNAY, Marsanne, Roussanne, Cabernet Sauvignon und PINOT NOIR in kleinen Mengen und von sehr hoher Qualität.

Yering Station/Yarrabank Yarra V., Vic ★★ Nach 80-jähriger Pause wurde Victorias erster Weinberg in den 1990ern wieder mit Reben bestockt. Peppige Tischweine von Reserve CHARDONNAY, PINOT NOIR, SHIRAZ und VIOGNIER; Yarrabank steht für die Schaumweine aus dem Joint Venture mit dem Champagnerhaus Devaux.

Neuseeland

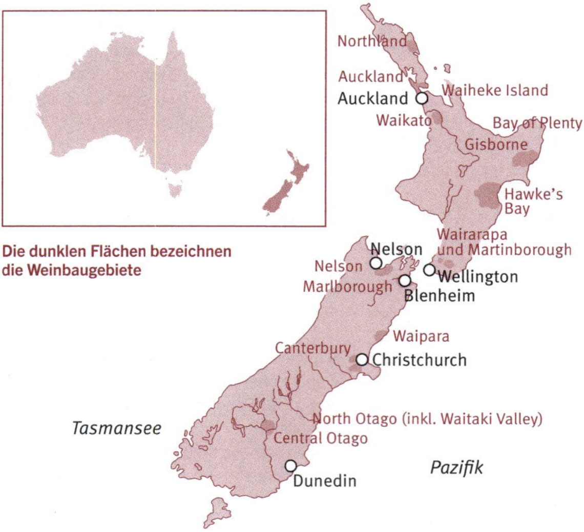

Die dunklen Flächen bezeichnen die Weinbaugebiete

Die folgenden Abkürzungen werden im Text verwendet:

Auck	Auckland	**Hend**	Henderson (Auckland)
Cant	Canterbury	**Marlb**	Marlborough
C-Ot	Central Otago	**Martinb**	Martinborough
Gis	Gisborne	**Nel**	Nelson
Hawk	Hawke's Bay	**Waiheke**	Waiheke Island

Chenin blanc, Pinot blanc, Cabernet franc, Malbec, Montepulciano, Tempranillo – all diese Rebsorten erfreuen sich großen Interesses unter den neuseeländischen Winzern. Sie folgen auf die Entdeckung von Albariño und Grünem Veltliner im vergangenen Jahrzehnt. Das Land hat jetzt sogar seinen ersten eigenen »Supertoskaner« – den 19er Hans Herzog Marlborough Grandezza, eine raffinierte und gewichtige Cuvée aus Sangiovese (50 %), Cabernet franc und Cabernet Sauvignon. Es ist ähnlich wie beim Sauvignon blanc aus Marlborough, dass die weltweite Nachfrage das Angebot übersteigt. Viele kleine Erzeuger befürchten, dass die Exporte aber überwiegend durch Lieferungen von Massenware befeuert werden. Diese Weine landen dann hierzulande beim Discounter unter Namen, von denen kein Kiwi je gehört hat. Innerhalb Neuseelands ist der Konsum eher rückläufig. Der Konkurrenzdruck wird höher, aber Qualitätswinzer können sich freuen: Unter den jüngeren Besserverdienern gibt es eine wachsende Gruppe von Weinfreunden, die bereit sind, für einen guten Wein etwas tiefer in die Tasche zu greifen. Viele Produzenten nehmen diesen Trend auf und setzen verstärkt auf Qualität als auf Menge. Das beste Beispiel ist das angesehene Gut Felton Road in Central Otago. Schon seit 2006 ist die jährliche Produktion bei rund 12.000 Kisten Wein gedeckelt. Das nennt sich »Null-Wachstum-Strategie«.

Neuere Jahrgänge

2022 Rekordernte. Marlborough: kalt und nass. Hawkes Bay: viel Regen, der die Qualität negativ beeinflusst. Central Otago: guter, reifer Pinot noir.

2021 Frostbedingt geringe Ernte in Marlborough, dafür kräftiges und aromatisches Lesegut. Wärmer und trockener als üblich in Hawke's Bay, gut für Chardonnay und Syrah.

2020 Marlborough: knackige, intensive Aromen; warm, aber nicht zu heiß in Hawke's Bay: gute Perspektiven für herausragende Rote und Chardonnay.

2019 Dichter, gut strukturierter Marlborough Sauvignon. Chardonnay und Rote von der Hawke's Bay sind vielversprechend.

Akarua C-Ot ★★★ Der Name, 35 ha Weinlagen und das Gut wurden 2021 von Edmond de Rothschild Heritage aus Frankreich übernommen. Es gibt Pläne für die Umstellung auf Bio und einen neuen PINOT NOIR der Spitzenklasse. Die Gründerfamilie Skeggs hat ihre schlichtere Marke Rua mit 90 ha Weinbergen behalten. Körperreicher PINOT GRIS und der komplexe Pinot noir Bannockburn von alten Reben.

Allan Scott Family Winemakers Marlb ★★ Gegründet 1990 von Allan Scott, der vorher seit 1973 als Arbeiter im Weinberg von Montana tätig war. Atmosphärisch schöne Kellerei im Herzen des WAIRAU VALLEY nahe CLOUDY BAY. Frische, zugängliche Weine. An der Spitze eine Reihe mit schwarzen Etiketten.

Alpha Domus Hawk ★★ Die Winzerfamilie im Bridge Pa Triangle hat holländische Wurzeln. Rotweine auf MERLOT-Basis, dazu CHARDONNAY, VIOGNIER, CABERNET SAUVIGNON und honigsüßer SEMILLON.

Amisfield C-Ot ★★★ Beliebtes Touristenziel mit Verkostungsraum, Bistro und einem spektakulären Blick über den Lake Hayes nahe Queenstown. Kellerei und Weinberge liegen 45 min entfernt. Klasse RIESLING von trocken bis süß, dazu üppiger PINOT NOIR. Weine der Reihe Lake Hayes sollten jung getrunken werden.

Astrolabe Marlb ★★→★★★ Beeindruckendes Sortiment. Beschwingter CHENIN BLANC und super SAUVIGNON BLANC (Taihoa Vineyard mit Eichennoten). Duftiger PINOT NOIR. Zweitwein aus der Reihe Durvillea ist ein preiswerter Einstieg.

Ata Rangi Martinb ★★★→★★★★ Seit 1980 hochgeschätzter Produzent von PINOT NOIR. Gründer Clive Paton war vorher in der Milchbranche tätig (»Ich brauchte eine Herausforderung«). Der lagerfähige PINOT NOIR (**14' 15' 16' 17 18** 19' 20') ist ein neuseeländischer Klassiker. Crimson stammt von jüngeren Reben. Feiner CHARDONNAY Craighall und trockener PINOT GRIS Lismore mit Eichennoten.

Auckland – Größte Stadt im Norden Neuseelands, warm und wolkenreich. Nur 1% der Gesamtfläche ist mit Reben bestockt (wird nicht erweitert), aber 14% aller Produzenten sind hier ansässig. Nahe gelegene Weinbaugebiete mit Tonböden sind West-Auckland inkl. Henderson, Kumeu, Huapai, Waimauku (schon länger etabliert); in den 1980ern kamen Matakana, Clevedon und WAIHEKE ISLAND dazu (bei Touristen beliebte Inselweingüter). Reifer, fülliger und unterschätzter CHARDONNAY, köstliche Bordeaux-Cuvées in trockenen Jahren. Der schwere SYRAH macht qualitativ der HAWKE'S BAY Konkurrenz.

Auntsfield Marlb ★★→★★★ Weine mit Charakter vom ersten Weinberg der Region, der 1873 angelegt und 1999 neu bestockt wurde. Der baufällige Weinkeller wurde als Museum wiederhergerichtet. Eine Statue erinnert an den schottischen Gründer David Herd, der am heutigen Blenheim Airport süße Rote produziert hat. CHARDONNAY mit Zitrusnoten wie der Cob Cottage, wuchtiger SAUVIGNON BLANC und kräftiger PINOT NOIR.

Awatere Valley Marlb – Wichtiger Unterbereich (wird Awa-terry ausgesprochen, was »schnell fließender Fluss« bedeutet) mit Lehmböden und nur wenigen Kellereien, aber ausgedehnten Rebflächen (mehr als HAWKE'S BAY). In vielen regionalen Cuvées steckt überwiegend SAUVIGNON BLANC aus MARLBOROUGH. Der wichtigste Erzeuger ist YEALANDS. Kühler, trockener und weniger fruchtbar als das WAIRAU VALLEY, mit aromatischem GRÜNEN VELTLINER, knackigem PINOT GRIS, Sauvignon blanc, RIESLING sowie kräuterwürzigem PINOT NOIR.

Babich Hend ★★→★★★ Seit 1916 der älteste Familienbetrieb von Neuseeland. Verkaufsschlager ist SAUVIGNON BLANC aus MARLBOROUGH. Der lagerfähige Irongate stammt aus der Einzellage GIMBLETT GRAVELS, dazu feiner CHARDONNAY und Cuvées aus CABERNET SAUVIGNON/MERLOT/CABERNET FRANC. Spitzenrotwein ist The Patriarch im Bordeaux-Stil.

Der Pro-Kopf-Verbrauch an Wein liegt in Australien um 50 % höher als in Neuseeland. Kein Kommentar.

Blackenbrook Nel ★★ Den Schweizer Besitzern gehören zur Küste hin abfallende Weinlagen. Guter Ruf für aromatische Weiße wie SAUVIGNON BLANC. Damit ist die These widerlegt, dass diese Rebsorte eher steinige, als lehmige Böden bevorzugt. Dazu GEWÜRZTRAMINER, PINOT GRIS und RIESLING. Kraftvolle Reserve von PINOT NOIR.

Black Estate Cant ★★ Kleiner Öko-Betrieb in WAIPARA mit beliebtem Restaurant. Die regionale Küche bietet im Winter auch Trüffel. Drei Weinlagen auf Lehm und Kalkstein. CHARDONNAY und PINOT NOIR voller Charakter.

Blank Canvas Marlb ★★★ Setzt voll auf alternative Stilistik und ungewöhnliche Kellertechnik. SYRAH von der Hawkes Bay wird mit den Schalen von GRÜNEM VELTLINER vergoren. Intensiver SAUVIGNON BLANC aus der Lage Holdaway in MARLBOROUGH. PINOT NOIR stammt aus der Lage Settlement.

Borthwick Wairarapa ★★→★★★ Steinige Weinlagen in Gladstone. Die zwei Reihen heißen Paddy Borthwick und Paper Road. Pikanter SAUVIGNON BLANC und feiner PINOT NOIR.

Brancott Estate Marlb ★→★★★ Im Besitz von PERNOD RICARD. War lange als Montana bekannt, aber der Markenname sorgte für Probleme in den USA. Verkaufsschlager ist SAUVIGNON BLANC. Die ikonische Reihe Chosen Rows bietet Sauvignon blanc und PINOT NOIR. Letter Series garantiert hohe Qualität, und mit Living Land sind auch Bio-Weine im Angebot. Dazu die subregionale Reihe Identity und fair kalkulierte Reserven.

Brightwater Nel ★★ Eindrucksvolle Weiße von einem terrassierten Flussufer. Spitzenwein: die Reihe Lord Rutherford, benannt nach dem berühmten Wissenschaftler, der hier ums Eck geboren wurde. SAUVIGNON BLANC von alten Reben und üppiger PINOT NOIR.

Brookfields Hawk ★★→★★★ Kleines, symathisches Weingut von 1937 (früher wurden gespritete Weine produziert, seit 1977 liegt der Fokus auf Tafelweinen). Die Fässer liegen noch immer in den original Regalen. Tolles Preis-Leistungs-Verhältnis. Bekannt für knackigen CHARDONNAY, VIOGNIER, CABERNET SAUVIGNON/MERLOT und SYRAH. Dazu MALBEC aus sonnengetrockneten Trauben.

Burn Cottage C-Ot ★★★ Das Bio-Weingut mit Rebflächen in Pisa und Bannockburn gehört der Familie Sauvage, die aus Nevada stammt. Jung getrunken, ist der PINOT NOIR Moonlight Race köstlich. Finessenreich präsentiert sich Pinot noir aus der Lage Burn Cottage. Stark die Cuvée von RIESLING/GRÜNER VELTLINER.

Canterbury – Viertgrößte Weinbauregion von Neuseeland. War lange nur für die Farben ihrer Rugby-Mannschaft bekannt: rot und schwarz. Die wechseln jetzt in Richtung Wein: rot und weiß. Es gibt bereits mehr als 70 Produzenten. Fast alle Anbauflächen liegen im relativ warmen WAIPARA. Am erfolgreichsten sind aromatischer RIESLING und pikanter PINOT NOIR. SAUVIGNON BLANC wird viel gepflanzt, dient aber häufig nur für Verschnitte mit Weinen aus anderen Regionen.

Carrick C-Ot ★★★ Gut in Bannockburn mit Weinbergen auf Kies und Sand, die von Kieselsäure glitzern. Schwerpunkt auf Bio-Produktion. Eleganter CHARDONNAY wie der EBM, erstklassiger RIESLING. Kraftvoller PINOT NOIR wie The Magnetic oder jung zu trinkender Unravelled. Wurde nach einem tragischen Ereignis 2021 an die Milchbauern Tony and Ali Cleland aus Southland verkauft.

Catalina Sounds Marlb ★★→★★★ In australischem Besitz mit schönen Cuvées von Trauben der Region und gutseigenen Abfüllungen von CHARDONNAY, SAUVIGNON BLANC und PINOT NOIR aus der Lage Sound of White im Waihopai Valley.

Central Otago – Hoch gelegene, trockene Region im Landesinneren im Süden der Südinsel mit 5% aller Weinlagen und 18% aller Produzenten. Schiefer sorgt für durchlässige Böden. Sonnige, heiße Tage, sehr kühle Nächte. Die meisten Reben stehen im Cromwell Basin. Knackiger RIESLING und PINOT GRIS. Der berühmte PINOT NOIR (über 80% der Anbaufläche) hat jungendlichen Charme, ältere Reben bringen komplexere Weine hervor. Ausgezeichnete Rosés von Pinot noir und Schaumwein nach traditioneller Methode.

Chard Farm C-Ot ★★ Pionierbetrieb in einer steilen Schlucht, die bei Bungeespringern beliebt ist. Die meisten Weinlagen sind im Cromwell Basin. Floraler PINOT NOIR. Der Zweitwein heißt Rabbit Ranch.

Church Road Hawk ★★→★★★★ Weingut im Besitz von PERNOD RICARD NEW ZEALAND mit historischen Wurzeln (1896) an der Hawke's Bay. Kraftvolle, komplexe Weine. Beliebt sind fair kalkulierter CHARDONNAY, MERLOT/CABERNET und SYRAH. Die Reihe McDonald bietet Spitzenqualität zum günstigen Preis. Beeindruckend eine Reihe Grand Reserven mit tollem Chardonnay. Die Prestige-Selektion TOM ist nach dem Gründer Tom McDonald benannt.

Churton Marlb ★★ Hohe Lage im Waihopai Valley. Der erste Bio-Betrieb in Neuseeland, der Traktoren durch Pferde ersetzt hat, um die Bodenverdichtung zu vermeiden. Intensiver SAUVIGNON BLANC und feiner PINOT NOIR wie The Abyss mit schöner Tiefe von den ältesten Reben. Dazu honigsüßer PETIT MANSENG.

Ein Albtraum in Marlborough: Wetas – riesige flugunfähige Heuschrecken, die junge Weinknospen verschlingen.

Clearview Hawk ★★→★★★ Weinlagen mit Kiesbett an der Küste in Te Awanga (dazu kommen Trauben aus dem Landesinneren). Bekannt für hedonistische Reserven von CHARDONNAY. Beachhead ist die Juniorversion. Sehr fein Old Olive Blocks auf Basis von CABERNET SAUVIGNON oder Enigma aus MERLOT.

Clos Henri Marlb ★★→★★★ Öko-Betrieb, von Henri Bourgeois (*siehe* Kapitel »Frankreich«) gegründet. Gewichtiger, teils in Eiche gereifter SAUVIGNON BLANC von steinigen Böden, der zu den besten Neuseelands zählt, und aromatischer PINOT NOIR von Lehmböden. Der Zweitwein heißt Bel Echo. Drittmarke: Petit Clos.

Cloudy Bay Marlb ★★★ Der in großen Mengen erzeugte, aber trotzdem ausgezeichnete SAUVIGNON BLANC ist seit 1985 Neuseelands berühmtester

Wein – gewichtig, aromatisch, gut strukturiert. Dazu komplexer CHARDONNAY und feiner PINOT NOIR. Der Schaumwein Pelorus oJ hat Stil. Seit 1990 im Besitz von LVMH.

Constellation New Zealand Auck ★→★★ Im Besitz von Constellation Brands aus New York. Großer Marktanteil in den USA (der MARLBOROUGH SAUVIGNON BLANC KIM CRAWFORD ist ein Bestseller). V. a. solide, preisgünstige Supermarkt-Weine wie Monkey Bay und SELAKS.

Coopers Creek Auck ★★→★★★ Innovativer Produzent mit breitem und fair kalkuliertem Sortiment. Reserven wie der opulente Swamp (CHARDONNAY aus HAWKE'S BAY) sind spitze. Die Reihe SV (Select Vineyard) spielt im Mittelfeld. Produziert Neuseelands ersten ALBARIÑO, ARNEIS, GRÜNEN VELTLINER und MARSANNE.

Craggy Range Hawk ★★★→★★★★ 1999 von der australischen Familie Peabody gegründet. Die früheren Müllentsorger waren auf der Suche nach interessanteren Herausforderungen. Schickes Weinrestaurant. Große Rebflächen in HAWKE'S BAY und MARTINBOROUGH. Stilvoller CHARDONNAY und PINOT NOIR, im Mittelfeld ausgezeichneter MERLOT, SYRAH und die Bordeaux-Cuvée Te Kahu aus GIMBLETT GRAVELS. Les Beaux Cailloux ist ein Chardonnay mit Lagerpotenzial für 150 NZ-$ (ca. 90 €). Außerdem umwerfender Syrah Le Sol, robuster CABERNET SAUVIGNON The Quarry und Merlot Sophia.

Deep Down Marlb ★★→★★★ Bio-Weine aus Einzellagen. Duftiger ARNEIS, fülliger CHARDONNAY und SAUVIGNON BLANC. Dazu ungeschwefelter PINOT NOIR.

Delegat Auck ★★ 1947 gegründetes Unternehmen mit attraktiver Auswahl an Weinen im mittleren Preissegment. Die Marke OYSTER BAY ist enorm erfolgreich, auf Anhieb sympathisch ist der MERLOT. Besitzt auch Barossa Valley Estates.

Delta Marlb ★★→★★★ Im Besitz von SAINT CLAIR. Sehr guter, preiswerter CHARDONNAY, PINOT GRIS, SAUVIGNON BLANC, PINOT NOIR und Rosé. Die Reihe Hatters Hill kommt deutlich komplexer daher.

Destiny Bay Waiheke ★★→★★★ Die Weinlagen sehen aus wie ein kleines Amphitheater. Hier produzieren amerikanische Auswanderer feine, hochpreisige Cuvées auf Basis von CABERNET SAUVIGNON. Flaggschiff ist der lagerfähige Magna Praemia. Mystae heißen die Weine im Mittelfeld, Destinae die jünger zu trinkenden.

Deutz Auck ★★★ Das Champagnerhaus (*siehe* Kapitel »Frankreich«) ist der Namensgeber für preiswerte Schaumweine, die in MARLBOROUGH von PERNOD RICARD NEW ZEALAND produziert werden. Der beliebte Brut oJ (PINOT NOIR/CHARDONNAY) liegt mindestens zwei Jahre auf der Hefe. Vielfach preisgekrönt ist der Blanc de Blancs. Lebhafter Rosé oJ; überragender Prestige (nach drei Jahren degorgiert).

Dog Point Marlb ★★★ Bio-Betrieb, 2004 vom Weinbauern Ivan Sutherland und Kellermeister James Healy gegründet. Konzentrierter SAUVIGNON BLANC Section 94 und CHARDONNAY, dazu feiner PINOT NOIR, die alle zu den besten der Region zählen. Sauvignon blanc gibts in größeren Mengen.

Domaine-Thomson C-Ot ★★→★★★ Kleiner Bio-Produzent mit PINOT NOIR bestockten Lagen in zwei Hemisphären: Gevrey-Chambertin in Frankreich und Lowburn. Hügellagen mit tiefen Kiesböden. Der Explorer mit Pflaumenaromen kann jung getrunken werden, Surveyor Thomson ist dicht und würzig. Neu ist knackiger CHARDONNAY.

Dry River Martinb ★★★ Kleiner, hochgelobter Produzent mit durchlässigen Kiesböden, 1979 gegründet. 2022 von dem Investor Charlie Zheng aus Wellington übernommen. PINOT GRIS im Elsässer Stil ist einer der besten von Neuseeland. Klasse CHARDONNAY, GEWÜRZTRAMINER, RIESLING, weiße Süßweine und PINOT NOIR.

Elephant Hill Hawk ★★→★★★ Das stilvolle Gut in deutschem Besitz ist nur einen Steinwurf vom Pazifik entfernt und bezieht zusätzlich Trauben aus dem Binnenland. Die Böden variieren zwischen Kies und Ton. Ausgezeichnete Weine wie CHARDONNAY, VIOGNIER, CABERNET SAUVIGNON, MERLOT, SYRAH und zusätzlich Cuvées.

Escarpment Martinb ★★★ Öko-Betrieb im Besitz von Torbreck (*siehe* Kapitel »Australien«); der Wein wächst auf Lehm über einer Kiesschicht. Seit 2022 ist Rowan Atkins Kellermeister. Er folgt auf Larry McKenna, der sich zur Ruhe gesetzt hat. Topmarke: Kupe. Die Roten von alten Reben aus Einzellagen sind besonders gut.

Burgunder ist zu teuer? Es geht auch anders.

Wie gut macht sich PINOT NOIR aus Neuseeland in der Blindverkostung gegen Spitzengewächse aus Burgund? 2022 hat VILLA MARIA das Experiment gewagt. Es hat drei seiner feinsten Pinots (Durchschnittspreis umgerechnet 45 €) und vier Burgunder (Durchschnittspreis 395 €) entkorkt. Keine Frage, der Domaine Mongeard-Mugneret Grand Cru Richebourg für über 900 € war ein Knaller – gewichtig, dicht, aromatisch. Aber direkt dahinter überzeugte der 19er Pinot noir Attourney (68 €) von Villa Maria mit seiner wunderbaren Aromatik aus Kirschen, Pflaumen, Kräutern und Gewürznoten, dazu Tiefe und seidige Textur. Na so was!

Esk Valley Hawk ★★→★★★★ Im Besitz von VILLA MARIA, der Name ist geblieben (es sind nicht mehr die ursprünglichen Weinlagen, das Gut ist in Bay View). Hervorragend in Sachen Qualität und Preis. Die Winemakers Reserve bietet CHARDONNAY und Cuvées auf MERLOT-Basis. Bemerkenswertes Flaggschiff ist der rote Heipipi The Terraces mit Betonung auf MALBEC (zuletzt 2021 produziert).

Felton Road C-Ot ★★★★ Das gefeierte Gut mit seinen Nordhängen in Bannockburn gehört dem Engländer und früheren Rockgitarristen Nigel Greening. Es ist vor allem für PINOT NOIR bekannt, aber RIESLING und CHARDONNAY sind ebenfalls hochklassig. Der großartige Pinot noir Bannockburn aus gutseigenen Trauben ist eine Cuvée von vier Lagen: natürliche Hefe, fassgereift, ungeschönt, ungefiltert.

Forrest Marlb ★★→★★★ Familienbetrieb in zweiter Generation. Die letzten Abfüllungen sind zugleich die besten. Riesenerfolg mit SAUVIGNON BLANC The Doctors' mit nur 9,5% Alkohol. Breite Palette an preiswerten Weißen; neuerdings auch klasse ALBARIÑO und rassiger GRÜNER VELTLINER.

Framingham Marlb ★★ →★★★ Schöne ummauerte Gärten und Kellergewölbe. Im Besitz von Sogrape (*siehe* Kapitel »Portugal«). Bestens bekannt für klassischen RIESLING von alten Reben. Dazu würziger PINOT NOIR.

Fromm Marlb ★★★ In Schweizer Besitz. Der Fokus liegt auf intensiven, langlebigen Weinen. Die Lagen auf Ton- und Kiesböden wurden 1992 bestockt. Ausgezeichneter PINOT NOIR wie die Cuvée H aus mehreren Lagen. Im Weinberg Fromm wird MALBEC erzeugt. Die rassige Spätlese vom RIESLING hat nur 7% Alkohol.

Gibbston Valley C-Ot ★★→★★★ Eines der meistbesuchten Weingüter von Neuseeland nahe Queenstown. Die erste Lese war 1987. Heute in US-Besitz mit Lagen in Bendigo. Hervorragender Ruf für PINOT NOIR, besonders für die duftige GV Collection, außerdem Le Maitre von alten Reben und kraftvolle Reserven.

Giesen Cant ★★→★★★ Großes Gut in Familienbesitz mit vielen Weinlagen in MARLBOROUGH. Der SAUVIGNON BLANC verkauft sich wie geschnitten Brot, selbst ohne Alkohol. RIESLING Gemstone aus einer Einzellage wird zum Teil in Granittanks vergoren. SYRAH Clayvin klingt noch lange nach.

Gimblett Gravels Hawk – 800 ha großes Weinbaugebiet in einem trockenen Flussbett. So unwirtlich, dass selbst Kaninchen ihr Picknick mitbringen müssen. Bekannt für volle Rote im Bordeaux-Stil (hauptsächlich auf MERLOT-Basis, aber die steinigen Böden eignen sich auch für CABERNET SAUVIGNON, dem wieder verstärktes Interesse zuteil wird). Super SYRAH. Die besten Rotweine haben Weltklasse (**13' 14' 15' 18** 19' 20' 21). Auch langlebiger CHARDONNAY von feuchteren Böden.

Chardonnay im Kiwi-Stil

Chardonnay-Reben ziehen sich hier von Nord nach Süd über eine Länge von 1.200 km. Der Stil kontrastiert zwischen füllig rund mit Pfirsichnoten aus HAWKE'S BAY bis hin zu knackig frisch mit Zitrusaromen aus dem kühlklimatischen MARLBOROUGH. Die Spitzengewächse werden von Hand gelesen, zunehmend mit wilder Hefe vergoren und in teils gebrauchter französischer Eiche ausgebaut. Diese Güter stehen von Nord nach Süd für die regionalen Stile: KUMEU RIVER Hunting Hill (AUCKLAND), VILLA MARIA Single Vineyard McDiarmid Hill (GISBORNE), CHURCH ROAD Grand Reserve (Hawke's Bay), PALLISER Om Santi Vineyard (MARTINBOROUGH), NEUDORF Home Block (NELSON), DOG POINT VINEYARD (Marlborough), PEGASUS BAY (North CANTERBURY), FELTON ROAD Bannockburn (CENTRAL OTAGO).

Gisborne – Neuseelands fünftgrößte Weinregion (war die größte in den 1980ern) an der Ostküste der Nordinsel. Anbauflächen und die Zahl der Produzenten sind rückläufig. Reichlich Sonne, aber häufig regnerisch; sehr fruchtbare Schwemmböden. Überwiegend CHARDONNAY (meist für Schaumwein). Ausgezeichnet sind CHENIN BLANC, GEWÜRZTRAMINER, VIOGNIER; MERLOT und PINOT GRIS geraten etwas wechselhafter. Das Interesse an regenresistentem ALBARIÑO nimmt zu.

Gladstone Vineyard Wairarapa ★★ Einer der größeren Erzeuger im nördlichen WAIRARAPA. Jetzt im Besitz eines asiatischen Investors. Üppiger PINOT NOIR – am besten sind die Einzellagenweine ab dem Jahrgang 2018.

Grasshopper Rock C-Ot ★★→★★★ Der PINOT-NOIR-Spezialist verfügt über eigene Nordlagen: Die erste Lese war 2006. Spitzen-Rotweine aus der Subregion Alexandra. Duftig, langlebig und mit tollem Preis-Leistungs-Verhältnis.

Greenhough Nel ★★→★★★ Eines der führenden Boutiqueweingüter der Region. Die ersten Reben wurden 1979 gepflanzt – auf Tonerde mit Flusskieseln. Bio-SAUVIGNON BLANC River Garden. Spitzenmarke: Hope Vineyard mit CHARDONNAY, PINOT BLANC (dem feinsten Neuseelands) und PINOT NOIR mit Pilznoten.

Greystone Waipara ★★★ Dem Star unter den Bio-Winzern gehört auch Muddy Water. Spitzen-Weiße wie CHARDONNAY, GEWÜRZTRAMINER oder RIESLING mit Honignoten. Thomas Brothers ist ein besonders kraftvoller PINOT NOIR mit natürlichen Hefenoten. Köstlicher trockener Rosé.

Greywacke Marlb ★★★ Ausgezeichneter CHARDONNAY, SAUVIGNON BLANC, PINOT GRIS, RIESLING und PINOT NOIR von Kevin Judd, ehemals CLOUDY

BAY. Das Gut ist nach Neuseelands häufigstem Grundgestein benannt. Der SAUVIGNON Wild hat eine ausgeprägte Persönlichkeit.

Grove Mill Marlb ★★ Attraktive, preiswerte Weiße mit Schwerpunkt auf den Unterbereichen des WAIRAU VALLEY. Körperreicher SAUVIGNON BLANC mit tropischen Noten.

Haha Hawk, Marlb ★★ Schnell wachsender Produzent von preiswerten und leicht zugänglichen Weinen (Haha bedeutet »köstlich«). CHARDONNAY mit Pfirsichnoten, sowie MERLOT und SYRAH aus HAWKE'S BAY. Exzellente Cuvée Brut oJ.

Hans Herzog Marlb ★★★ Kraftvolle, charakteristische Weine von vielen verschiedenen Sorten. Der Grandezza (19) aus SANGIOVESE/CABERNET FRANC/CABERNET SAUVIGNON trägt seinen Namen zu Recht. Wird in Europa und den USA unter dem Namen Hans verkauft.

Hawke's Bay Neuseelands zweitgrößtes Anbaugebiet mit 12% aller Weinlagen, 1850 gegründet. Sonniges, trockenes Klima mit sehr unterschiedlichen Böden. In guten Jahren **(19' 20' 21)** entstehen hier erstklassige Weine im Bordeaux-Stil auf MERLOT- und CABERNET-SAUVIGNON-Basis; würziger SYRAH; gewichtiger CHARDONNAY; SAUVIGNON BLANC (tropische Aromen, Eichennoten) ist mittlerweile die häufigste Rebsorte, dazu Neuseelands bester VIOGNIER. Vielversprechender PINOT NOIR kommt aus kühleren, höher gelegenen Bereichen im Inland. *Siehe* GIMBLETT GRAVELS.

Hunter's Marlb ★★→★★★ Die Besitzerin Jane Hunter managt das Gut seit 1987. Die Stärke liegt traditionell in Weißen aus dem WAIRAU VALLEY, bekannt für tollen SAUVIGNON BLANC. Ausgezeichneter Schaumwein Miru Miru oJ, vor allem die spät degorgierte Reserve. Beeindruckend der PINOT NOIR aus dem Southern Valley, seit 2019 absolute Spitze.

Invivo Auck ★★ Junger, aufstrebender Produzent. Frische, beschwingte Weine, oft mit Promi-Namen auf dem Label (Graham Norton in Großbritannien, Sarah Jessica Parker in den USA).

Johanneshof Marlb ★★ Kleines Weingut – Kerzenschein beleuchtet einen 50 m langen Tunnel im Hang –, randvoll mit reifenden Weinen. Exotischer GEWÜRZTRAMINER, einer der feinsten in Neuseeland.

Jules Taylor Wines Marlb ★★→★★★ Stilvolle, preiswerte Weine. Das Gut ist nach dem in MARLBOROUGH geborenen Kellermeister benannt. Im Mittelpunkt der SAUVIGNON BLANC. Die komplexen Spitzenweine heißen OTQ (»On The Quiet«).

Kim Crawford Wines Hawk ★→★★ Im Besitz von CONSTELLATION NEW ZEALAND. Der aromatische MARLBOROUGH SAUVIGNON BLANC ist ein Bestseller in den USA und dort in Flaschen und Dosen erhältlich. Die Spitzenreihe heißt Small Parcels.

Kumeu River Auck ★★★★ Gefeierter Produzent von CHARDONNAY, bestens bekannt für gewichtige Gutsabfüllungen, die als »Village Wine« vermarktet werden. Tonböden, wilde Hefe, Fassreifung. Aufsteigender Stern ist der Einzellagenwein Hunting Hill. Neu die Reihe Rays Road (knackiger Chardonnay und köstlicher PINOT NOIR) von höheren Lagen in HAWKE'S BAY.

Lawson's Dry Hills Marlb ★★→★★★ Weltweit erstes Weingut, das 2002 komplett auf Schraubverschlüsse umgestellt hat. Bekannt für exotischen GEWÜRZTRAMINER. Die Spitzenreihe The Pioneer bietet eine klasse Abfüllung von alten Reben.

Lindauer Auck ★→★★ In Neuseeland enorm beliebte und preiswerte Schaumweine wie der Lindauer Brut Cuvée oJ mit Flaschengärung. Darin landen mittlerweile auch Trauben aus Australien.

Mahi Marlb ★★→★★★ Kleines Gut, dessen Besitzer Brian Bicknell (ehemals Seresin) genau weiß, was er will: »Keine Fruchtbomben, wir wollen Textur, Weine, die wirkliche Gaumenfreuden sind.« CHARDONNAY, SAUVIGNON BLANC und PINOT NOIR mit Charakter.

Man O' War Auck ★★→★★★ Die größte Weinlage auf WAIHEKE ISLAND (dazu kommen Trauben von der Nachbarinsel Ponui Island). Im Besitz der Familie Spencer, einer der reichsten von Neuseeland. Hohe, windige Lagen mit Lehmböden. Kraftvoller CHARDONNAY, SAUVIGNON BLANC/SEMILLON, SYRAH und Cuvées im Bordeaux-Stil.

Marisco Marlb ★★ Großer Produzent im Waihopai Valley. Verschiedene Marken: Leefield Station, The Craft Series, The Kings Series und The Ned. Bestens bekannt für lebendigen SAUVIGNON BLANC The Ned, noch konzentrierter ist der King's Favour.

Marlborough – Neuseelands wichtigstes Weinbaugebiet (70% aller Rebflächen) an der Spitze der Südinsel. Gute Flächen für den Weinbau sind inzwischen Mangelware. Die ersten Reben der modernen Zeit wurden 1973 gepflanzt, SAUVIGNON BLANC ab 1975. Sowohl kiesige als auch schlammige Böden in den Talsohlen. Heiße, sonnige Tage und kalte Nächte erbringen aromatische, frische Weiße und Rosé auf PINOT-NOIR-Basis. Intensiver Sauvignon blanc mit einem Bukett, das von grüner Paprika bis zu reifen Tropenfrüchten reicht (einige Spitzenweine haben Eicheneinfluss). Einige der besten GEWÜRZTRAMINER, PINOT GRIS und RIESLINGE Neuseelands. CHARDONNAY ist etwas schlanker als in HAWKE'S BAY, aber lebhafter und kann gut reifen. Preiswerte Schaumweine von hoher Qualität, erstklassiger edelfauler Riesling. Der Pinot noir wird unterschätzt (stellte 2023 47% aller Reben von Neuseeland), die besten Exemplare (von nordwärts gerichteten Hügellagen mit Lehmboden) zählen zum Feinsten, was Neuseeland zu bieten hat. Das Interesse an ALBARIÑO und GRÜNEM VELTLINER wächst. (*Siehe auch* AWATERE VALLEY, WAIRAU VALLEY)

Martinborough Wairarapa – Kleiner, prestigeträchtiger Bezirk im Süden WAIRARAPAS (am Fuß der Nordinsel). Kalte Südwinde verringern die Erträge, im Sommer warm, im Herbst normalerweise trocken; durchlässige Böden, vor allem auf der Martinborough Terrace. Erfolgreich mit weißen Rebsorten wie CHARDONNAY, GEWÜRZTRAMINER, RIESLING, PINOT GRIS und SAUVIGNON BLANC. Bekannt wurde das Gebiet jedoch für seinen kräftigen PINOT NOIR, weil es hier deutlich mehr alte Reben gibt als in anderen Regionen.

Martinborough Vineyard Martinb ★★★ Seit 1984 berühmt für seinen PINOT NOIR Home Block. Die Reihe Te Tera (»Der Andere«) bietet preiswerte Einstiegsweine, die jung getrunken werden können.

Matawhero Gis ★★ Der Starproduzent der 1980er von GEWÜRZTRAMINER hat jetzt andere Besitzer. Ansprechender CHARDONNAY wie der Irwin, dazu CHENIN BLANC, PINOT GRIS und MERLOT.

Matua Auck ★→★★ Produzierte 1974 den ersten SAUVIGNON BLANC Neuseelands. Früher unter dem Namen Matua Valley bekannt. War mal spitze, jetzt nicht so recht in Form. Im Besitz von TWE. Die meisten Weine sind angenehm und zugänglich.

Maude C-Ot ★★→★★★ Alte Reben auf steilen, terrassierten Lagen am Mount Maude bei Wanaka: intensiver CHARDONNAY, RIESLING und PINOT NOIR. Die regionalen Cuvées haben Klasse.

Mills Reef Bay of Plenty ★★→★★★ Leicht zugängliche Gutsweine. Die Spitzenreihe Elspeth aus Hawke's Bay mit CHARDONNAY, CABERNET SAUVIGNON, MERLOT und SYRAH. Dazu Cuvées und Reserven im mittleren Segment.

Millton Gis ★★→★★★★ Spitzenweine der Region von Neuseelands erstem Bio-Produzenten – trotz des warmen und feuchten Klimas. Die Reihe Clos de Ste. Anne von einer höher gelegenen Einzellage mit VIOGNIER oder SYRAH gibt es nur in guten Jahren. Langlebiger CHENIN BLANC wird in nasseren Jahren mit Honig versetzt.

Misha's Vineyard C-Ot ★★→★★★ Große Rebflächen in Bendigo mit sanft abfallenden Terrassen und einer Steilwand (»die Skipiste«). Aromatischer GEWÜRZTRAMINER, PINOT GRIS und RIESLING. Charmanter, trockener Rosé und feiner PINOT NOIR.

Mission Hawk ★★→★★★★ Ältester Weinbaubetrieb Neuseelands mit ersten Rebpflanzungen von 1851 – noch immer im Besitz der katholischen Society of Mary. Große Rebflächen im AWATERE VALLEY. Feine, preiswerte Gutsweine und Reserven. Dichter und komplexer sind Weine der Reihen Jewelstone und Huchet.

Mondillo C-Ot ★★→★★★ Ein aufgehender Stern in Bendigo: Intensiver RIESLING und üppiger PINOT NOIR wie der Bella Reserve. Duftiger, halbtrockener Rosé.

Mehr als die Hälfte der 744 neuseeländischen Weingüter produziert weniger als 500 Kisten mit 12 Flaschen im Jahr.

Mt Beautiful Cant ★★ Große Rebflächen in Cheviot, nördlich von WAIPARA. CHARDONNAY, PINOT GRIS, RIESLING, SAUVIGNON BLANC und PINOT NOIR mit Charakter, dazu Rosé.

Mt Difficulty C-Ot ★★★ Hügelige Weinlagen und ein beliebtes Restaurant mit toller Aussicht dazu. Die Reihe mit Einzellagenweinen wird ausgebaut. Bestens bekannt für den PINOT NOIR Roaring Meg, benannt nach einer legendären Kellnerin: sollte jung getrunken werden. RIESLING mit Zitrusnoten.

Mount Edward C-Ot ★★→★★★ Klein, innovativ und alles bio. CHARDONNAY, RIESLING und PINOT NOIR. Pionier für feinen CHENIN BLANC, GRÜNEN VELTLINER, PINOT BLANC oder GAMAY.

Mount Riley Marlb ★★ Mittelgroßer Familienbetrieb, benannt nach dem Gipfel auf der Nordseite des WAIRAU VALLEY. Tolles Preis-Leistungs-Verhältnis bei den regionalen Selektionen aus ALBARIÑO oder SYRAH. Die Spitzenweine heißen Seventeen Valley.

Mud House Cant ★★→★★★ Die große Kellerei mit Sitz in MARLBOROUGH und Rebflächen in CENTRAL OTAGO und WAIPARA gehört Australiern. Beeindruckend der Waipara Hills. Die regionalen Cuvées sind fair kalkuliert, dazu eine exzellente Auswahl an Einzellagenweinen.

Nautilus Marlb ★★→★★★ Mittelgroßes Gut im Besitz von S. Smith & Sons (*siehe* Yalumba im Kapitel »Australien«). Der Schaumwein oJ ist einer der besten von Neuseeland (drei Jahre auf der Hefe). Überzeugender ALBARIÑO, CHARDONNAY, GRÜNER VELTLINER, SAUVIGNON BLANC und PINOT NOIR wie Clay Hills aus einer Einzellage.

Nelson – Kleine Region westlich von MARLBOROUGH (3% aller Rebflächen) mit deutlich feuchterem, aber ebenso sonnigem Klima. Anbauflächen auf Lehmböden in den Upper-Moutere-Hügeln (CHARDONNAY, PINOT NOIR) und der schlammigen WAIMEA-Ebene (hier gedeihen aromatische Weiße). SAUVIGNON BLANC ist die vorherrschende Rebsorte, aber auch andere wie GEWÜRZTRAMINER, PINOT GRIS und RIESLING bringen gute Ergebnisse.

Neudorf Nel ★★★→★★★★ Die Gegend wurde ursprünglich von Deutschen besiedelt. Kleines Gut mit sehr gutem Ruf. Hügelige Weinlagen auf Ton- und Kiesböden. (»Ton bringt Tiefe in die Aromatik«, sagt Mitbegründer Tim Finn.) Der feine CHARDONNAY Home Block Moutere gehört zu den besten Neuseelands. Würziger PINOT NOIR Home Block Moutere (auch der Zweitwein Toms Block ist empfehlenswert) und halbtrockener PINOT GRIS.

No. 1 Family Estate Marlb ★★→★★★ Familienbetrieb von Daniel Le Brun (ehemals Champagne), den sie in den frühen 1980ern vor Ort den »verrückten Franzosen« nannten. Hat keine Rechte mehr an der Marke Daniel Le Brun (im Besitz von Lion Nathan). Spezialist für sehr guten Schaumwein wie den oJ auf Basis von CHARDONNAY: 2 Jahre auf der Hefe. Der Blanc de Blancs Reserve (fünf Jahre Hefelager) kommt mit Toastnoten.

Nobilo Marlb ★→★★ 1943 gegründet und heute im Besitz von E & J Gallo (*siehe* Kapitel »Vereinigte Staaten«). In den 1970ern eine angesehene und innovative Marke. Die Spitzenmarke Icon wächst im AVATERE VALLEY. Gallos Ziel: Nobilo soll der meistverkaufte SAUVIGNON BLANC in den USA werden.

Es glitzert und funkelt

Gute, aber nicht herausragende Weine aus Neuseeland gewinnen im Inland immer mehr Auszeichnungen oder Bewertungen über 95 Punkte. Woran liegt das? Zwischen diesen »Kritikern« und den bewerteten Weingütern steht kein klassisches Verlagshaus mehr. Die üblichen 50 NZ-$ Eintrittsgeld für eine Verkostung werden direkt an die Schreiberlinge ausgezahlt. So viel zum Thema unabhängiger Journalismus.

Novum Marlb ★★★ Identifiziert kleine Parzellen mit richtig guten Trauben und verkauft den Wein via Mailorder. Wuchtiger CHARDONNAY, ansprechender PINOT NOIR.

Oyster Bay Marlb ★★ Die Marke von DELEGAT ist nach einer Bucht in den MARLBOROUGH Sounds benannt. Ein Triumph des Marketings: Sie macht gigantische Umsätze in Großbritannien, den USA und Australien. Süffige Weine im mittleren Preissegment.

Palliser Martinb ★★→★★★ Eines der größten Güter der Region. CHARDONNAY Om Santi aus einer Einzellage, PINOT NOIR Hua Nui, SAUVIGNON BLANC, PINOT GRIS, RIESLING, herrlicher Rosé und Schaumwein, der drei Jahre auf der Hefe gelegen hat. Ein guter Einstiegswein ist der preiswerte Pencarrow.

Pegasus Bay Waipara ★★→★★★★ Familienbetrieb seit 1986. Bestens bekannt für Riesling in allen Spielarten von süß bis trocken. Dazu PINOT NOIR und klasse CHARDONNAY, SAUVIGNON BLANC/SEMILLON und MERLOT/CABERNET. Der preiswerte Zweitwein heißt Main Divide.

Peregrine C-Ot ★★ Ein Gut, das auch in Sachen Architektur sehr inspiriert ist – ein geschwungenes Glasdach soll an den Flügel eines Falken erinnern. Lebhafte Weiße, körperreicher PINOT NOIR, dazu der preiswerte Zweitwein Saddleback.

Pernod Ricard New Zealand Auck ★→★★★★ Kellereien in HAWKE'S BAY und MARLBOROUGH. Verkaufsschlager ist BRANCOTT ESTATE SAUVIGNON BLANC. Ganz groß in Sachen Schaumwein wie die beliebte Cuvée DEUTZ aus Marlborough. Wunderbar preiswerte Rote in der Reihe CHURCH ROAD. Eine weitere Kernmarke ist STONELEIGH.

Prophet's Rock C-Ot ★★→★★★ Kleiner Spitzenproduzent. PINOT GRIS im Elsässer Stil, trockener RIESLING und würziger PINOT NOIR. Die mächtige Cuvée Aux Antipodes steht an der Spitze, zum Einstieg empfiehlt sich Drittwein Rocky Point.

Puriri Hills Auck ★★★→★★★★ Ausgezeichnete Cuvées im Bordeaux-Stil auf MERLOT-Basis von kleinen Parzellen. Schon der komplexe Gutswein macht Spaß. Harmonie Du Soir ist in neuer Eiche ausgebaut. Spitzenmarke: Pope.

Pyramid Valley Cant ★★→★★★ Hoch gelegene Rebflächen, ausdrucksstarke Weine: eine regionale Reihe sowie der beeindruckende Orange aus PINOT GRIS.

Quartz Reef C-Ot ★★★ Klein und biodynamisch. Duftiger PINOT NOIR und stilvoller Schaumwein. Dazu CHARDONNAY, GRÜNER VELTLINER, PINOT GRIS und Rosé.

Rapaura Springs Marlb ★★→★★★ Gekonnt gemachte, preiswerte Weine wie CHARDONNAY, PINOT NOIR oder SAUVIGNON BLANC. Die Reihe Rohe schindet Eindruck.

Rippon Vineyard C-Ot ★★★→★★★★ Pionierbetrieb auf 330 m Höhe an den Ufern des Lake Wanaka – ein beliebtes Fotomotiv inkl. der Kaninchen. Duftiger, saftiger Stil. Der PINOT NOIR ist die »Stimme des Gutes«. Tinker's Field stammt von den ältesten Reben und ist langlebig. Eindrucksvoller GAMAY. Wanaka Village kann jung getrunken werden.

Rockburn C-Ot ★★ Sehr feiner PINOT NOIR und halbtrockener PINOT GRIS. Die Roten der Reihen Silky Gibbston Vineyard und Parkburn Vineyard sind fassgereift.

Sacred Hill Hawk ★★→★★★ Der gefeierte CHARDONNAY Riflemans von alten Reben stammt aus einer spektakulären Höhenlage mit mageren Böden. Fülliger MERLOT Brokenstone, CABERNET/Merlot Helmsman und SYRAH Deerstalkers aus GIMBLETT GRAVELS.

Saint Clair Marlb ★★→★★★ Größter Familienbetrieb der Region. Bestens bekannt für lebendigen SAUVIGNON BLANC. Die Reihe Pioneer Block bietet eine große Auswahl an Weinen aus Einzellagen. Spitze v. a. der WAIRAU SAUVIGNON BLANC Reserve. Bei den James-Sinclair-Weinen ist die Subregion im Fokus, Origin liefert regionale Verschnitte in rauen Mengen, und der Alltagswein heißt Vicar's Choice. Besitzt auch Delta und Lake Chalice.

Seifried Estate Nel ★★ Die größte Kellerei der Region ist seit 1973 in Familienbesitz. Duftiger GEWÜRZTRAMINER, halbtrockener RIESLING und spritziger SAUVIGNON BLANC sind fair kalkuliert. Die Drittlinie heißt Old Coach Road. Spitze: Winemakers Collection, v. a. mit dem honigsüßen Riesling Sweet Agnes.

Selaks Marlb ★→★★ Heute ein Supermarkt-Label von CONSTELLATION NEW ZEALAND. Die regionalen Origins-Weine sind solide und zugänglich. Im Mittelfeld: The Taste Collection. An der Spitze: Founders.

Seresin Marlb ★★→★★★ Bio-Weine, im Besitz von Filmregisseur Michael Seresin. Der raffinierte SAUVIGNON BLANC ist einer der besten von Neuseeland, noch besser der fassvergorene Marama. Intensiver RIESLING und PINOT NOIR aus Einzellagen. Preiswerte Alltagsweine in der Reihe Momo, allen voran der Rosé.

Sileni Hawk ★★ Die Weinberge liegen im warmen Bridge Pa Triangle und im kühleren Landesinneren. Stark sind die Grand Reserven wie der komplexe CHARDONNAY Lodge oder MERLOT Cut Cane (aus getrockneten Trauben). In der preiswerten Reihe Cellar Selection ist der Rosé besonders attraktiv.

Smith & Sheth Cru Hawk ★★→★★★ Gemeinschaftsprojekt von US-Milliardär Brian Sheth und dem Winzer Steve Smith. Einzellagenabfüllungen von alten Reben. TOLLER ALBARIÑO, komplexer CHARDONNAY, fülliger SYRAH und CABERNET FRANC (*siehe* PYRAMID VALLEY).

Spy Valley Marlb ★★→★★★ Im Waihopai Valley wurde früher die Satellitenkommunikation überwacht, daher der Name. Sehr erfolgreicher Betrieb mit ausgedehnten Rebflächen. Fair kalkulierte Weiße wie duftiger PINOT GRIS oder eichenfassgereifter SAUVIGNON BLANC. Üppiger PINOT NOIR und die Spitzenreihe Envoy.

Starborough Family Estates Marlb ★★ Familienbesitz mit Rebflächen im AWATERE VALLEY und WAIRAU VALLEY. Aromatischer CHARDONNAY, trockener PINOT GRIS, rassiger SAUVIGNON BLANC und PINOT NOIR.

Stonecroft Hawk, Marlb ★★ Kleiner Bio-Winzer in GIMBLETT GRAVELS. Exzellenter CHARDONNAY, GEWÜRZTRAMINER (von alten Reben), VIOGNIER und CABERNET SAUVIGNON. Der erste ernst zu nehmende neuseeländische SYRAH: tolle Reserven wie der seltene The Original und der ungeschwefelte Undressed.

Stoneleigh Marlb ★★ Im Besitz von PERNOD RICARD NEW ZEALAND mit Lesegut aus den relativ steinigen warmen Rapaura-Weingärten. Beliebte Weiße aus MARLBOROUGH, allen voran SAUVIGNON BLANC. An der Spitze die Reihe Rapaura. Wild Valley wird mit wilder Hefe vergoren. Auch der Latitude (CHARDONNAY, PINOT GRIGIO, PINOT NOIR) ist ein echtes Brett.

Stonyridge Waiheke ★★★→★★★★ Boutiqueweingut auf mageren, durchlässigen Tonböden, bekannt für die außergewöhnliche Cuvée Larose auf CABERNET-SAUVIGNON-Basis. Schöne Cuvée namens Pilgrim mit SYRAH und Luna Negra aus MALBEC. 80% der Anteile wurden 2022 an einen Investor aus Singapur verkauft.

Te Kairanga Martinb ★★→★★★ Eines der ältesten und größten Güter der Region im Besitz des US-Milliardärs Bill Foley. Neu ist die Gin-Destille. Attraktiver CHARDONNAY, PINOT GRIS und RIESLING, dazu preiswerter, sehr harmonischer PINOT NOIR. Runholder spielt im Mittelfeld, und die Spitzenweine tragen den Namen John Martin.

Te Mata Hawk ★★★→★★★★ Hoch geschätzes Weingut (erster Jahrgang 1895). CABERNET SAUVIGNON gedeiht in den Havelock North Hills im Schutze des Te Mata Peak. Die Cuvée Coleraine im Bordeaux-Stil aus CABERNET SAUVIGNON/MERLOT/CABERNET FRANC (**10'** 13' 14' 15' 16 17 18 19' 20') ist sehr langlebig. Der deutlich günstigere Cabernet/Merlot Awatea ist ebenfalls hochklassig, aber zugänglicher. SYRAH Bullnose gehört zu den besten in Neuseeland. Neu sind kräftiger PINOT NOIR Alma aus HAWKE'S BAY und der runde CHARDONNAY Elston. Dazu der eichenfassgereifte SAUVIGNON BLANC Cape Crest. Die Gutsweine können jung getrunken werden.

Zusammen mit Cabernet franc ist Sauvignon blanc ein Elternteil von Cabernet Sauvignon. Eine große, glückliche Familie.

te Pā Marlb ★★→★★★ Eigene Weinlagen auf der Wairau Bar, einer wichtigen archäologischen Stätte mit den Überresten menschlicher Siedlungen. CHARDONNAY, RIESLING, SAUVIGNON BLANC, PINOT NOIR und Rosé bieten viel fürs Geld. An der Spitze eine Reservekollektion mit dem intensiven Sauvignon blanc Seaside.

Terra Sancta C-Ot ★★→★★★ Der erste Weinberg von Bannockburn am Ende der Felton Road. Zarter PINOT NOIR Mysterious Diggings; in der Mittelklasse lagerfähiger Bannockburn. Der würzige Slapjack Block stammt von den ältesten Reben (1991) der Region. Rosé von Pinot noir ist einer der besten in Neuseeland.

Te Whare Ra Marlb ★★ Markenname: TWR. Das Gut ist noch immer klein mit einigen der ältesten Rebflächen der Region, die 1979 angelegt wurden. Gutsweine in Bio-Qualität; duftiger GEWÜRZTRAMINER, eindringlicher RIESLING, SAUVIGNON BLANC.

Tiki Marlb ★★ Die Familie McKean besitzt ausgedehnte Rebflächen in MARLBOROUGH und WAIPARA. Koro ist die Spitzenmarke aus RIESLING. Im Mittelfeld: Einzellagenabfüllungen mit aromatischem SAUVIGNON BLANC. Der Zweitwein heißt Maui.

Tohu Marlb, Nel ★★ Unternehmen in Maori-Besitz mit Rebflächen in MARLBOROUGH und NELSON. Dicht gestrickter, prickelnder Blanc de Blancs. Prägnanter SAUVIGNON BLANC aus dem AWATERE VALLEY. Spitze der CHARDONNAY Whenua Awa aus einer Einzellage und würziger PINOT NOIR.

Trinity Hill Hawk ★★→★★★★ Hochgeschätzt seit seiner Gründung im Jahr 1993. Feine Bordeaux-Cuvée The Gimblett, stilvoller GIMBLETT Gravels Chardonnay und SYRAH. Großartig der SYRAH Homage (**14' 15' 16 17 18'** 19' 20'). Erdiger TEMPRANILLO. Einsteiger sind mit dem preiswerten White Label gut bedient.

SUV steht für Sport Utility Vehicle – oder etwa für Pinot gris aus Neuseeland? Dann könnte es »Suburban Utility Vino« heißen.

Two Paddocks C-Ot ★★ Der Schauspieler Sam Neill (2022 nach früherer Absage zum Ritter geschlagen: »Bei Weitem zu groß für mich«) produziert verschiedene PINOT-NOIR-Weine. Hauptmarke ist ein Gutswein, dazu Reserven aus Einzellagen: kräuterwürziger First Paddock (Gibbston) und der reife Last Chance (Alexandra). Neuzugang ist der erdige The Fusilier von Trauben aus Bannockburn. Picnic kann jung getrunken werden.

Two Rivers Marlb ★★→★★★ Lebhafter SAUVIGNON BLANC Convergence und der großartige Saint Maur (in Betoneiern und Ton-Amphoren gereift). Exzellenter CHARDONNAY und PINOT NOIR. Preiswerter ist der Zweitwein Black Cottage.

Valli C-Ot ★★★ »Jeder Weinmacher will einen guten Roten liefern«, sagt Inhaber Grant Taylor. »Die Weißen sind nur Aufwärmtraining.« Duftiger PINOT NOIR von Einzellagen. Fülliger PINOT GRIS Waitaki.

Vavasour Marlb ★★→★★★ Ursprünglicher Pionier im Avatere Valley. Heute im Besitz von Foley Family Wines. Körperreicher CHARDONNAY wie Anna's Vineyard, halbtrockener PINOT GRIS und lebhafter SAUVIGNON BLANC. Dazu klasse trockener Rosé und gehaltvoller PINOT NOIR.

Vidal Hawk ★★→★★★ 1905 gegründet und im Besitz von VILLA MARIA. Die Spitzenreihen Legacy und Soler sind ausgelaufen – was bleibt, sind die Standard- und Reserveweine. Liefert in beiden Fällen guten und preiswerten CHARDONNAY oder MERLOT/CABERNET.

Villa Maria Auck ★★→★★★ Im Besitz von Indevin aus MARLBOROUGH (bekannt für die Handelsmarken der Supermärkte). Dazu gehören außerdem VIDAL und ESK VALLEY. Auf Weinmessen fokussiert und sehr erfolgreich. Ausgezeichnete Spitzenreihen: Single Vineyard und Reserven mit Regionalcharakter. Die Cellar Selection mit weniger Eiche bietet hervorragenden und preiswerten CHARDONNAY und MERLOT aus HAWKE'S BAY. Auch die in großen Mengen erzeugten Weine namens Private Bin sind oft sehr gut. Zwei rote Kultweine: Ngakirikiri The Gravels (**13' 14'** 18') auf CABERNET-SAUVIGNON-Basis und der PINOT NOIR (19') Attorney.

Waiheke Island – Es gibt viele Hubschrauberlandeplätze auf der schönen, weitläufigen, touristischen Insel. Sehr hügelige Weinlagen, Handlese und der Seetransport führen zu hohen Preisen. Seit den 1980ern bekannt für stilvolle Cuvées aus CABERNET SAUVIGNON/MERLOT, besonders aus der Region Onetangi; neuerdings auch für kräftigen SYRAH. Selten findet man auch hochklassigen MONTEPULCIANO. Stämmiger CHARDONNAY. MAN O' WAR ist der größte Produzent.

Waimea Nel ★★ Einer der größten Produzenten der Region, im Besitz eines Investmentfonds. Bekannt für preiswerte, aromatische Weiße. Zweitwein ist der Spinyback.

Waipara Valley Cant – Der wichtigste Unterbereich von CANTERBURY nördlich von Christchurch. Kiesböden in den Ebenen und fettere Lehmböden auf den östlichen Hügeln. Heiße und trockene Winde aus Nordwest können die Rebstöcke zerstören. Großes Ansehen für komplexen PINOT NOIR und eindringlichen RIESLING, auch wenn aktuell massiv PINOT GRIS und SAUVIGNON BLANC gepflanzt werden. Positioniert sich gerade neu als »North Canterbury«.

Wairarapa – Neuseelands siebtgrößte Weinregion (nicht zu verwechseln mit WAIPARA VALLEY). *Siehe* MARTINBOROUGH. Umfasst auch den Unterbereich Gladstone im Norden (etwas höher gelegen, kühler, feuchter). Das trockenste und kühlste Anbaugebiet auf der Nordinsel, beeinflusst von kalten Südwinden (sorgt für geringere Ernten). Besondere Stärke bei Weißweinen: SAUVIGNON BLANC wird am häufigsten gepflanzt, aber auch CHARDONNAY, PINOT GRIS und RIESLING. Seit den 1980ern bekannt für PINOT NOIR von vergleichsweise alten Reben. Beginnt, sich als »Wellington Wine Country« zu vermarkten.

Wairau Valley Marlb – Größte Unterregion in MARLBOROUGH (die ersten Reben wurden 1873 gepflanzt, die moderne Ära begann 1973). Wairau bedeutet »viel Wasser«. Die größte Stadt Blenheim ist das Tor zu mehr als 30 Kellertüren. Drei bedeutende Seitentäler im Süden: Brancott, Omaka und Waihopai. SAUVIGNON BLANC gedeiht auf pfannkuchenplatten Ebenen mit schlammigem Untergrund. Die Kiesböden sorgen für frühe Reife und tropische Noten im Wein. PINOT NOIR wächst auf tonigen Nordhängen. Die Neupflanzungen der letzten Zeit finden sich im oberen Wairau Valley. Dort ist es feuchter, aber auch frostanfälliger.

Ohne die jungen Leute, die Work & Travel in Neuseeland machen, ist coronabedingt ein Großteil der Weinlese 2022 von Mitgliedern der Motor Caravan Association erledigt worden.

Waitaki Valley – Kleine Unterregion in North Otago (65 ha) mit Kalksteinböden und Frostgefahr. Hat vor 20 Jahren einen großen Hype erlebt, aber 2022 kamen gerade mal 0,03 % der Ernte von hier. Nur eine Handvoll Produzenten. Sehr vielversprechender PINOT NOIR (kann aber grüne Noten aufweisen), PINOT GRIS und RIESLING, der in Spitzenjahren ausgezeichnet ist.

Whitehaven Marlb ★★ Mittelgroßes Familiengut und sehr bekannt in den USA, weil es seit 2005 teilweise zum Besitz von Gallo gehört. Hocharomatischer SAUVIGNON BLANC, breiter CHARDONNAY, kraftvoller PINOT GRIS und PINOT NOIR. Die Spitzenmarke heißt Greg.

Wither Hills Marlb ★★ Großer Erzeuger im Besitz der Brauerei Lion. Gefällige Weine. Der intensive SAUVIGNON BLANC Rarangi kommt von einer Einzellage an der Küste.

Yealands Marlb ★★ Neuseelands größte »Einzellage« (ca. 1.000 ha) an der Küstenseite des AWATERE VALLEY, im Besitz des Stromversorgers Marlborough Lines. Weine teilweise von gutseigenen Trauben mit Hauptanteil aus MARLBOROUGH. Genießt hohes Ansehen für Nachhaltigkeit (Neuseelands größte Solaranlage), obwohl die meisten Weine nicht biozertifiziert sind. Bestens bekannt für SAUVIGNON BLANC mit Paprikanoten. Die Reserve AWATERE ist ihr Geld wert. Andere bekannte Marken: Babydoll oder The Crossings.

Zephyr Marlb ★★→★★★ Familienbetrieb im unteren WAIRAU VALLEY, begrenzt vom Opawa River. Beeindruckende Weiße: PINOT GRIS im Elsässer Stil und der gewichtige SAUVIGNON BLANC MK 111 (in alten Eichenfässern gereift).

Südafrika

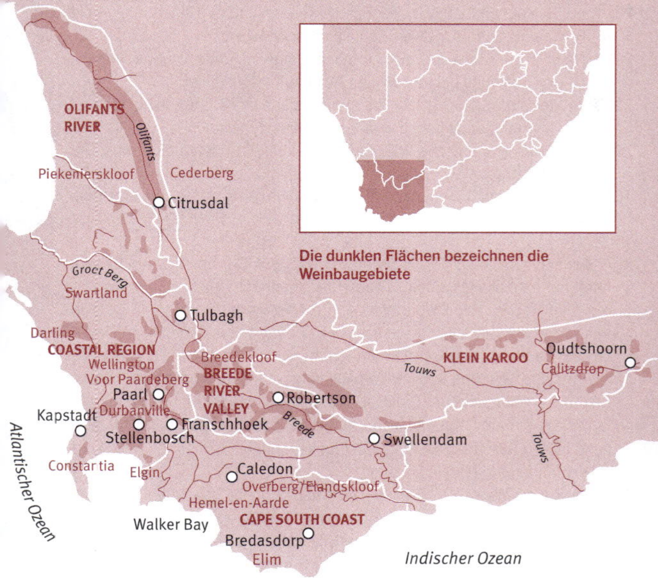

Die folgenden Abkürzungen werden im Text verwendet:

Coast	Coastal Region	**Rob**	Robertson
Con	Constantia	**Stel**	Stellenbosch
Fran	Franschhoek	**Swart**	Swartland
Hem	Hemel-en-Aarde	**W-Cape**	Western Cape

Wir beobachten noch immer eine rasante Entwicklung der Experimentierfreude in Sachen Stilistik, Verschnitte, Weinbereitungsmethoden und Rebsorten, dazu junge Wegbereiter unter den Winzern, die neue Regionen mit anderen klimatischen Bedingungen erobern.« Besser als Weinjournalist John Platter kann man die aktuelle Szene nicht beschreiben. Nur dass er diese Worte bereits 1995 in diesem Guide veröffentlicht hat. Das war ein Jahr nach den ersten demokratischen Wahlen, als Südafrika allmählich in die Weltgemeinschaft zurückkehrte. Die Winzer machten sich damals umgehend daran, »sich vom alten Familienmief zu befreien«, wie Platter es ausdrückte. Ein Prozess, der sich seither kontinuierlich und in immer höherem Tempo fortgesetzt hat. Die Initialzündung für diese Transformation gab der »Glanz der internationalen Aufmerksamkeit«. Anfang der 2000er folgte eine Art Revolution von innen. Swartland machte den Anfang mit einem Bekenntnis zu mehr Sensibilität und Natürlichkeit in der Weinbereitung. Das fand so viele Nachahmer, dass es zur Selbstverständlichkeit wurde. Dazu kamen die subtileren Veränderungen durch Wissenschaft und Technologie. All das führte zu leichteren und frischeren Weinen, die heute viel mehr über das Klima, den Boden und die Reben erzählen als vor 30 Jahren. Und: Sie bereiten noch viel mehr Trinkspaß.

Neuere Jahrgänge

2022 Eher geringe Ausbeute, aber die lange Reifeperiode sorgt für dichte Aromen bei gleichzeitiger Frische.

2021 Späte, aber großzügie Lese, günstige Niederschläge früh im Jahr, kühle Bedingungen. Rot wie weiß sehr spannende Weine.

2020 Nach langer Dürre ein toller Jahrgang. Herausragende Struktur, Intensität und Schwung bei moderatem Alkohol.

2019 Wieder ein trockenes Jahr, doch nicht ganz so heiß, weshalb konzentrierte Frucht und Frische in guter Balance stehen.

2018 Intensive, aromatische Weine, die sich aber vermutlich nicht fürs Einkellern eignen.

2017 In Qualität und Charakter mit 2015 vergleichbar. Früh trinkreif und möglicherweise auch früher auf dem Höhepunkt.

A. A. Badenhorst Family Wines Swart ★★→★★★★ Der brillante Adi Badenhorst hat einmal alles auf links gedreht (Lagenbetonung, traditionelle Sorten, alte Reben, wilde Hefe etc.), um mediterranen Sorten und CHENIN BLANC mehr Ausdruck zu verleihen. Der Zweitwein Secateurs macht Spaß, ist aber durchaus ernst zu nehmen, genau wie sein Macher.

Alheit Vineyards W-Cape ★★★★ Das Aushängeschild für moderne Weine aus Südafrika. Reintöniger CHENIN BLANC aus verschiedenen Regionen oder Einzellagen in STELLENBOSCH und SWARTLAND. Toller SEMILLON. Überwiegend alte Reben, aber die jüngeren ergeben einen spannenden Mischsatz vom Stammsitz in Hemelrand.

Anthonij Rupert Wines W-Cape ★→★★★★ Das breite und beeindruckende Portfolio ehrt den verstorbenen Bruder des Besitzers Johann Rupert. Eigene Rebflächen in DARLING, SWARTLAND, Overberg und FRANSCHHOEK. Die besten Reihen: das Flaggschiff Anthonij Rupert, Cape of Good Hope mit Lagenweinen und der preiswerte Protea.

Anysbos Bot R. ★★★ Filmregisseur Johan Heyns und seine Frau Sue: Das Paar ergänzt sich perfekt in Weinberg und Keller. Dabei kommen tolle Cuvées auf Basis von GRENACHE noir und CHENIN BLANC heraus. Weinmacherin Marelise Niemann produziert den gefeierten Momento und eine sortenreine Abfüllung aus der seltenen Tinta Barocco auf dem Gelände.

Bartho Eksteen Estate Wine W-Cape ★★★→★★★★ Familie Eksteen betreibt ihr Boutique-Weingut im Hemel en Aarde Valley. Kellermeister Bartho (Mitglied der CAPE WINEMAKERS GUILD) und Sohn Pieter Willem konzentrieren sich auf eleganten SAUVIGNON BLANC und SYRAH. Außerdem betreiben sie eine Akademie für den Winzernachwuchs und erfinden pädagogisch wertvolle Weinnamen auf Afrikaans.

Bartinney Private Cellar Stel ★★★ Ökologischer Boutique-Erzeuger an den steilen Hängen des Banhoek Valley; klassischer CABERNET SAUVIGNON und CHARDONNAY, dazu die schicke Reihe Noble Savage. Die Eigner Rose und Michael Jordaan drücken jetzt auch dem Gut Plaisir de Merle am Simonsberg Mountain ihren Stempel auf, das vorher zum edlen Portfolio von DISTELL gehörte.

Beaumont Family Wines Bot R. ★★★→★★★★ Herausragendes Gut, auf dem eine alte Wassermühle den Charme der Kellerei ergänzt. Gekonntes Handwerk erzeugt grandiosen CHENIN BLANC von alten Reben oder die neuere Cuvée New Baby in Weiß. CHARDONNAY und PINOT NOIR von der Gründerin Jayne Beaumont verdienen Komplimente.

Beeslaar Wines Stel ★★★★ Abrie Beeslaar ist Kellermeister bei KANONKOP und legt mit dem feinen PINOTAGE ein Meisterstück vor. Tolles Beispiel, wie man traditionellen Stil auf ein neues Level heben kann.

Bellingham W-Cape ★★→★★★ Etablierte Marke von DGB (Douglas Green Bellingham) mit der guten, fruchtbetonten und in limitierter Menge produzierten Reihe The Bernard. Eine Hommage der heutigen Besitzer an das Gründerpaar Podlashuk im 2. Weltkrieg.

Benguela Cove Lagoon Wine Estate Walker Bay ★★★ Penny Streeter unterhält ihr Gut und die Weinberge als Ausflugsziel an der Mündung des Bot River. Produziert ikonische Weine und die experimentelle Reihe Vinography. Kellermeister Johann Fourie (Ex-KWV) verantwortet auch die Streeter-Weine für den britischen Markt wie Leonardslee und Mannings Heath sowie die südafrikanische Marke Brew Cru, die er zusammen mit Freunden betreibt.

Prosecco aus eigenem Anbau?

Familie Stofberg wollte auf ihrem Gut Belle Rebelle mithilfe der Charmat-Methode (Drucktankverfahren) eine eigene Version des italienischen Prosecco herstellen. Die ersten Abfüllungen (weiß/rosé) aus CHENIN BLANC und PINOT NOIR kamen als »CapeSecco« auf den Markt. Einige Winzer der Region haben das als Einladung verstanden, es ihnen gleichzutun. Das erstklassige Familiengut OPSTAL hat CHENIN BLANC als Southern Secco abgefüllt, und vom Botha Wine Cellar kommt eine Premium-Version namens Mijmere Charmat Method. Die EU wurde bisher noch nicht um Stellungnahme gebeten.

Beyerskloof W-Cape ★★→★★★★ PINOTAGE-Champion: zehn fruchtbetonte Versionen, oder elf, wenn man eine portweinähnliche mitzählt. Sortenreine Abfüllungen, Cuvées, Rosé, zwei neue Weine aus Einzellagen. Reiner CABERNET SAUVIGNON ersetzt einen langjährigen Bordeaux-Verschnitt.

Black Economic Empowerment (BEE) – Die Organisation setzt sich für mehr Eigenverantwortung der Weinindustrie und eine höhere Beteiligung vormals benachteiligter Bevölkerungsgruppen ein.

Boekenhoutskloof Winery Coast ★→★★★★ In Sachen Qualität und Menge eines der wichtigsten Unternehmen von Südafrika mit Stammsitz in FRANSCHHOEK. Beständigkeit seit 40 Jahren unter den Ursprungsnamen Boekenhoutskloof und Porcupine Ridge. Später kamen die Reihe Wolftrap und zwei eigenständige Güter in HEMEL-EN-AARDE und SWARTLAND (*siehe* CAP MARITIME, PORSELEINBERG) dazu.

Bon Courage Estate W-Cape ★→★★★ Familie Bruwer in ROBERTSON bietet eine große Auswahl: stilvoller Brut CAP CLASSIQUE, aromatische Dessertweine aus RIESLING und MUSCAT, dazu der köstliche COLOMBARD (DYA).

Boplaas Family Vineyards W-Cape ★→★★★ Der Winzer Carel Nel und seine Tochter Margaux in CALITZDORP sind bekannt für ihren »Port« und aromatische Tafelweine von portugiesischen Trauben (rot/weiß).

Boschendal Wines W-Cape ★→★★★ Beliebte Marke von DGB auf einem gastfreundlichen Gut aus dem 17. Jh. bei FRANSCHHOEK. Rote und weiße fruchtbetonte Cuvées im Bordeaux- und Rhône-Stil. Breites Sortiment mit CHARDONNAY, SAUVIGNON BLANC, SHIRAZ und Schaumwein CAP CLASSIQUE.

Boschkloof Wines W-Cape ★★→★★★★ Der junge Haudegen Reenen Borman produziert in STELLENBOSCH herausragenden CHENIN BLANC und SYRAH in den Reihen Boschkloof und Kottabos. In Partnerprojekten entsteht eine beachtliche Abfüllung namens Patatsfontein. Die Trauben wachsen im weitgehend unbekannten Montagu.

Botanica Wines Citrusdal, Stel ★★→★★★ Die Amerikanerin Ginny Povall erzeugt auf ihrem Blumenhof mit Weingut bei STELLENBOSCH herausragenden CHENIN BLANC von alten Westküsten-Buschreben.

Bouchard Finlayson Cape South Coast ★★★→★★★★ Der Familienbetrieb ist Wegbereiter in HEMEL-EN-AARDE und produziert feine Versionen der örtlichen Spezialitäten CHARDONNAY und PINOT NOIR. Neu ist der opulente *vin de paille* aus RIESLING.

Breedekloof – Großes Anbaugebiet im DISTRICT Breede River Valley (ca. 12.700 ha), bisher bekannt für Massen- und Einstiegsweine. Eine neue Generation macht sich daran, das Image zu heben und pflegt die alten Reben.

Brookdale Estate Paarl ★→★★★ Junges, dynamisches Gut am Fuße der Berge. Dank der Beratung des erfahrenen Duncan SAVAGE entstehen feiner CHENIN BLANC und ein seltener Gemischter Satz von nicht weniger als 16 Rebsorten (*siehe* Kasten S. 428). Der Zweitwein heißt Mason Road.

Bruce Jack Wines W-Cape ★★→★★★ Zu Hause am South Cape produziert Multitalent Bruce Jack sortenreine Weine, Cuvées, Rosé und Schaumwein von ungewöhnlichen Reben für die Gutsmarke The Drift. Für das gleichnamige internationale Label kooperiert er weltweit mit anderen Winzern.

Buitenverwachting W-Cape ★★→★★★ Familienbetrieb in CONSTANTIA mit herrlich traditionellem Ambiente und modernen, zugänglichen Weinen: CHARDONNAY, SAUVIGNON BLANC, Rote im Bordeaux-Stil, dazu wechselnde, limitierte Abfüllungen. Die Exportmarke heißt Bayten.

Ein Erbstück, neu erfunden

Was einst nur als Grundlage für Brandy und einfachste Poolside-Gluckerweine gut war, hat einen Platz unter den besten südafrikanischen Tischweinen gefunden: COLOMBARD wurde dank der Bemühungen einer Gruppe engagierter Winzer rehabilitiert, die vor allem mit alten Reben und sanfter Vinifizierung arbeiten, um die subtilen Qualitäten der Traditionstraube hervorzuheben. Probieren Sie die reinsortigen Abfüllungen von Arendsig Handcrafted Wines, Naudé Wines und Newcomer Rebel Rebel sowie die innovative Cuvée Full On Misfit (mit CHENIN BLANC, PALOMINO und Chenel) von Sakkie Mouton, einem Hummertaucher in Teilzeit.

Calitzdorp – DISTRICT in KLEIN KAROO (ca. 270 ha), der klimatisch dem Douro-Tal (*siehe* Kapitel »Portugal«) ähnelt und entsprechend für Wein im Port-Stil, neuerdings auch für ungespritete rote und weiße Abfüllungen von Port-Trauben bekannt ist.

Cap classique – Schaumwein mit Flaschengärung, offiziell immer noch »Méthode Cap Classique« genannt, doch die Erzeuger bevorzugen die Kurzform. Eine Erfolgsgeschichte: In den vergangenen 10 Jahren hat sich die Anzahl der Marken auf 430 verdoppelt.

Cap Maritime Cape South Coast ★★★ Aufgehender Stern im oberen HEMEL EN AARDE VALLEY im Besitz von BOEKENHOUTSKLOOF. Die eigenen Reben müssen noch wachsen, und solang entstehen erfolgreiche Weine aus gekauften Trauben. Klasse CHARDONNAY und PINOT NOIR, angesichts der perfekten Umgebung wenig überraschend.

Cape Blend »Kap-Verschnitt«. Meist eine Rotweincuvée mit einem bedeutenden Anteil PINOTAGE, gelegentlich auch ein CHENIN-BLANC-Verschnitt oder einfach ein Wein mit »Kap-Charakter«.

Cape Chamonix Wine Farm Fran ★★→★★★ Hervorragend vom Weinmacher gepflegtes Gut mit seinen Weinbergen. Lagerfähiger PINOT NOIR, PINOTAGE im Ripasso-Stil (*siehe* Kapitel »Italien«), CHARDONNAY, SAUVIGNON BLANC und Bordeaux-Verschnitte (rot/weiß).

Cape Coast – Übergeordnete Appellation (»OVERARCHING REGION« in der Amtssprache), die die westliche und zentrale COASTAL REGION und die CAPE SOUTH COAST umfasst.

Capensis W-Cape ★★★→★★★★ Südafrikanisches/US-amerikanisches Unternehmen in Stellenbosch. Antony Beck von GRAHAM BECK und Barbara Banke von der Jackson Family haben sich auf raffinierten CHARDONNAY aus verschiedenen und auch Einzellagen spezialisiert. *Siehe auch* DALKEITH.

Cape Point Vineyards W-Cape ★→★★★★ Familienweingut nahe der Spitze der Kap-Halbinsel. Komplexe, lagerfähige Weiße aus Bordeaux-Reben, CHARDONNAY und SAUVIGNON BLANC. Dazu gehört das Schwesterunternehmen Cape Town Wine Company.

Cape Rock Wines Olifants R. ★★→★★★ Der führende Boutique-Winzer in dieser Region. Charaktervolle, toll aufgemachte Cuvées und sortenreine Abfüllungen von Rhône- und Porttrauben (rot/weiß).

Cape South Coast – Kühlklimatische REGION (ca. 2.630 ha) mit den DISTRICTS Cape Agulhas, ELGIN, Lower Duivenhoks River, Overberg, Plettenberg Bay, Swellendam und WALKER BAY sowie den unabhängigen WARDS Herbertsdale, Napier und Stilbaai East. *Siehe auch* CAPE COAST.

Cape Town – DISTRICT an der Küste (ca. 2.700 ha), der Kapstadt, die WARDS CONSTANTIA und Hout Bay auf der Kap-Halbinsel sowie die benachbarten Wards DURBANVILLE und Philadelphia umfasst.

Cape West Coast – Die erste Subregion; dazu zählen die DISTRICTS Darling und Lutzville Valley sowie die Bamboes Bay, Lamberts Bay und ein Teil der St. Helena Bay. *Siehe auch* CAPE COAST.

Cape Winemakers Guild (CWG) – Unabhängiger Verband mit 42 Spitzenerzeugern als Mitglieder, dem man nur auf Einladung beitreten kann. Veranstaltet alljährlich eine spektakuläre Auktion für limitierte Spitzenabfüllungen.

Catherine Marshall Wines W-Cape ★★★ Cathy Marshall ist Spezialistin für kühlklimatische Lagen (hauptsächlich in ELGIN) und konzentriert sich auf CHENIN BLANC, SAUVIGNON BLANC und PINOT NOIR. Köstlicher trockener, mineralischer RIESLING.

Cederberg – Winziger, hoch gelegener eigenständiger WARD (ca. 100 ha) in den Cederberg Mountains. Überwiegend SHIRAZ und CHENIN BLANC. Driehoek und CEDERBERG PRIVATE CELLAR sind die wichtigsten Erzeuger.

Cederberg Private Cellar W-Cape ★★→★★★★ Familienunternehmen mit den vielleicht höchsten (CEDERBERG) und am weitesten südlich gelegenen (ELIM) Weinbergen Südafrikas. Überwiegend sortenreine Abfüllungen und Schaumwein, außergewöhnlich der CWG-SHIRAZ.

Central Orange River – DISTRICT (ca. 7.500 ha) in der GEOGRAPHICAL UNIT NORTHERN CAPE. Heiß, trocken, bewässert; traditionell Weiße (66 % Sultana für Rosinen und Tafeltrauben) und gespritete Weine. Der größte Erzeuger ORANGE RIVER CELLARS erweitert gerade den Horizont um CABERNET FRANC und PINOTAGE.

Certified Heritage Vineyard – *Siehe* OLD VINE PROJECT.

Charles Fox Cap Classique Wines Elgin ★★★ Produziert Schaumwein nach traditioneller Methode. Acht köstliche klassische Bruts inkl. der neuen Luxus-Reserve oJ.

Coastal – Die größte REGION (ca. 44.600 ha). Umfasst die vom Meer beeinflussten DISTRICTS CAPE TOWN, DARLING, Lutzville Valley, STELLENBOSCH und SWARTLAND sowie den WARD Bamboes Bay. Auch die nicht maritimen DISTRICTS FRANSCHHOEK, PAARL, TULBAGH und WELLINGTON gehören dazu.

Colmant Cap Classique & Champagne W-Cape ★★★→★★★★ Außergewöhnlicher Schaumweinerzeuger im Besitz einer belgischen Familie in FRANSCHHOEK. Brut Nature, Brut und Sec, alle oJ und exzellent.

Constantia – WARD an den kühlen Hängen des Constantiabergs in CAPE TOWN (ca. 415 ha). Das erste und historisch berühmteste Weinbaugebiet Südafrikas setzt noch immer Trends.

Constantia Glen Con ★★★ Familie Waibel führt quasi einen Modellbetrieb in Sachen Konsistenz und Qualität oben am Constantiaberg. Drei großartige Bordeaux-Verschnitte (rot/weiß) und sortenreiner SAUVIGNON BLANC.

Der Verschnitt aus dem Weinberg

In den frühen 2000ern brachte SADIE FAMILY WINES die wegweisende Old Vine Series heraus (von alten Reben), eine Hommage an das südafrikanische Weinerbe. Die Abfüllung namens 'T Voetpad war besonders bemerkenswert, weil es sich um einen Field Blend handelte, einen klassischen Gemischten Satz aus vier Rebsorten – gemeinsam gewachsen, geerntet und vergoren. Auf einmal war ein Gemischter Satz zum feinen Wein geworden. Heute produziert BROOKDALE ESTATE aus PAARL den Sixteen Field Blend: Buschreben von 16 Sorten, die neu »kunterbunt durcheinander gepflanzt« wurden. In ähnlichen Parzellen werden sie sonst meist sortenweise getrennt in Reihen gesetzt. Können die Trauben in einem Gemischten Satz überhaupt gleichzeitig reif werden? Der Geschmack ist auf jeden Fall ganz anders, als wenn die einzelnen Komponenten erst nach der Vergärung verschnitten werden. Field Blends fallen oft bemerkenswert harmonisch aus. Allzu viele gibt es noch nicht, aber die Fürsprecher können Erfolge vorweisen, etwa STARK-CONDÉ WINES mit seinem The Field Blend (weiß). Weitere werden folgen.

Constantia Uitsig W-Cape ★★→★★★ Erstklassige Weinberge und eine gläserne Kellerei bringen hauptsächlich CAP-CLASSIQUE-Schaumwein und stille Weiße hervor, die das kühle Klima spiegeln. Die Reihe Ex Oppido aus zugekauften Trauben wird ausgeweitet.

Creation Wines Cape South Coast ★★★ Familienbetrieb mit aromatischen Cuvées von Bordeaux-, Burgunder-, Rhône- und neuerdings auch Loire-Trauben. Beliebter und ausgezeichneter Kellereiverkauf in HEMEL-EN-AARDE Ridge.

Crystallum W-Cape ★★★→★★★★ Weinmacher Peter-Allan Finlayson und sein Bruder Andrew sind auf feinen, kühlklimatischen PINOT NOIR und CHARDONNAY spezialisiert. Vinifiziert wird in GABRIËLSKLOOF.

Dalkeith ★★★ Neuer Name für das zweite regionale Engagement der Jackson Family (*siehe* Kapitel »Vereinigte Staaten«). Das erste war CAPENSIS mit ausschließlich CHARDONNAY. Von hier kommen jetzt zwei CHENIN-BLANC-(Steen-)Weine aus SWARTLAND und STELLENBOSCH. Hieß vorher »Jackson Wine Estates (South Africa).«

Darling – DISTRICT (ca. 2.720 ha) rund um die gleichnamige Stadt an der Westküste, dessen beste Lagen sich in dem hügeligen WARD Groenekloof befinden. Ein Großteil des Leseguts wird an teils hervorragende Marken verkauft.

David Finlayson Wines W-Cape ★★→★★★ David Finlayson stammt aus einer renommierten Winzerfamilie vom Kap. Das Portfolio umfasst die Reihe Camino Africana von alten Reben sowie stilvolle, jung zu trinkende Weine.

David & Nadia Swart ★★★★ Das Ehepaar Sadie folgt den Regeln für Naturwein der Swartland Independent Producers. Es erzeugt CHENIN BLANC (darunter ein spannendes Quartett von Sortenweinen aus Einzellagen, die identisch vinifiziert werden). Dazu Rote von Rhône-Sorten, GRENACHE NOIR und PINOTAGE, zum Teil von alten Reben.

De Grendel Wines W-Cape ★★★ Das Unternehmen von Sir De Villiers Graaff in DURBANVILLE mit Blick auf den Tafelberg fußt auf eigenen und gepachteten Weinlagen in teils recht entlegenen Gegenden wie dem verschneiten Ceres Plateau. Hocharomatischer CHARDONNAY, SAUVIGNON BLANC, PINOTAGE und SYRAH/SHIRAZ. Neu ist ein CAP CLASSIQUE in Pink.

De Krans Wines W-Cape ★→★★★ Familie Nel in CALITZDORP ist bekannt für Weine im Port-Stil und gespriteten MUSCAT. Auch erfolgreich mit ungespriteten Weinen von portugiesischen Trauben, u. a. dem neuem VERDELHO.

Delaire Graff Estate W-Cape ★★→★★★★ Hohe Weinberge, Kellerei und ein Besucherzentrum im Besitz des britischen Diamantenhändlers Laurence Graff nahe STELLENBOSCH. Ganz vorn im glamourösen Portfolio steht der lagerfähige CABERNET SAUVIGNON Reserve Laurence Graff.

Delheim Wines Coast ★→★★★ Ökologisch ausgerichteter Familienbetrieb nahe STELLENBOSCH. Lagerfähiger PINOTAGE Vera Cruz und in guten Jahren ein Grand Reserve von CABERNET SAUVIGNON, dazu toller edelfauler RIESLING.

DeMorgenzon W-Cape ★→★★★★ Gepflegtes Gut mit Bestnoten für Cuvées und Sortenweine von Bordeaux- und Rhône-Reben, dazu CHARDONNAY und CHENIN BLANC. In den Weinbergen und im Keller läuft rund um die Uhr klassische Musik. An der Kellertür schwingt Hauskater Maestro den Taktstock.

De Trafford Wines Stel ★★★→★★★★ Boutique-Winzer David Trafford ist bekannt für mächtige und doch sehr einnehmende Weine: SHIRAZ im Bordeaux-Stil, CABERNET SAUVIGNON, SYRAH und CHENIN BLANC von trocken bis süß. *Siehe* SIJNN.

DGB W-Cape – Etablierter Erzeuger und Großhändler mit Sitz in WELLINGTON und FRANSCHHOEK; Eigentümer der High-End-Marken Backsberg, BOSCHENDAL, Fryer's Cove, Old Road und The Bernard Series. Außerdem leicht zugängliche Reihen wie die neue Vineyard Friends. Manche ausschließlich für den Export.

Diemersdal Estate W-Cape ★→★★★ Das Gut der Familie Louw überzeugt in DURBANVILLE mit ausdrucksstarken lagen- und rebzeilenspezifischen Weinen in ganz speziellem Stil wie CHARDONNAY, SAUVIGNON BLANC und PINOTAGE, sowie dem einzigen kommerziell erzeugten GRÜNEN VELTLINER Südafrikas.

Distell W-Cape – Der größte Getränkehändler Südafrikas mit Sitz in STELLENBOSCH nennt viele Weinmarken quer durch alle Stile und Qualitätsstufen zumindest anteilsmäßig sein Eigen. *Siehe* DURBANVILLE HILLS, FLEUR DU CAP, J. C. LE ROUX, NEDERBURG WINES.

District – *Siehe* GEOGRAPHICAL UNIT.

Dorrance Wines W-Cape ★→★★★★ Boutique-Weingut im Besitz einer französischen Familie mit Kellerei in einem historischen Gebäude in Kapstadt. Zuverlässig exzellenter CHARDONNAY, CHENIN BLANC und SYRAH.

Durbanville – Der kühle, hügelige WARD (ca. 1.380 ha) im DISTRICT CAPE TOWN ist vor allem für SAUVIGNON BLANC und generell weiße Rebsorten bekannt.

Durbanville Hills Durbanville ★→★★★ Der regionale Pionier gehört DISTELL, örtlichen Winzern und einem Mitarbeiter-Trust. Sehr guter Bordeaux-Verschnitt namens Tangram. Neu im Programm ist Cape Portrait, und der SAUVIGNON BLANC taucht als Einsteiger auf fast jeder Weinkarte auf. Üppiger, fruchtbetonter Stil.

Eagles' Nest Con ★→★★★ Familienbetrieb mit zuverlässig erstklassigem MERLOT, SHIRAZ und VIOGNIER. Außerdem lebhafter SAUVIGNON BLANC und der Rosé Little Eagle, der nur direkt an der Kellertür erhältlich ist.

Elgin – Der kühlklimatische DISTRICT (ca. 740 ha) erntet Anerkennung für CHARDONNAY, SAUVIGNON BLANC und PINOT NOIR. Auch spannender CHENIN BLANC, RIESLING, SYRAH und CAP-CLASSIQUE-Schaumwein. Überwiegend Boutique-Kellereien in Familienhand.

Elim – Windumtoster WARD (ca. 150 ha) im südlichsten DISTRICT Südafrikas, Cape Agulhas. Bringt aromatische weiße Cuvées, SAUVIGNON BLANC und SYRAH hervor. Liefert auch Trauben an große Erzeuger und Boutique-Winzer.

Ernie Els Wines W-Cape ★→★★★★ Weinunternehmen des Golfstars bei STELLENBOSCH. Lagerfähiger CABERNET SAUVIGNON in vier High-End-Reihen und früher trinkreife Weine namens Big Easy. Mitbesitzer Baron Hans von Staff-Reitzenstein gehören auch die benachbarten Güter STELLENZICHT und Alto.

Estate Wine – Angebaut, produziert und abgefüllt in »Anlagen, die für die Herstellung von Gutsweinen registriert sind«. Keine Qualitätsbezeichnung.

Fable Mountain Vineyards – *Siehe* TULBAGH MOUNTAIN VINEYARDS.

Fairview W-Cape ★→★★★ Charles Back serviert ein ganzes Büfett sortenreiner und verschnittener Weine sowie Einzellagenabfüllungen und Schaumwein unter den Marken FAIRVIEW, Goats do Roam, La Capra, Spice Route und der neuen Klein Amoskuil. Dazu hier seltene Rebsorten wie PETITE SIRAH oder Weinbereitung im *qvevri* (Amphore). Facettenreiche Erlebnisse an der Kellertür.

FirstCape Vineyards W-Cape ★→★★ Das riesige Exportunternehmen umfasst auch vier Kellereien im Breede River Valley. Überwiegend Alltagsweine in über einem Dutzend Reihen, darunter einige von ausländischen Trauben.

Flagstone Winery W-Cape ★→★★★ Die Nobelmarke von Accolade Wines in einer ehemaligen Dynamitfabrik in Somerset West verarbeitet Trauben aus verschiedenen Gebieten zu eindrucksvollem PINOTAGE, SAUVIGNON BLANC und Weißen im Bordeaux-Stil. Fish Hoek (mittleres Niveau) und der Einstiegswein KUMALA sind Schwestermarken.

Fleur du Cap W-Cape ★→★★★ Spitzenmarke von DISTELL, umfasst u. a. den roten Bordeaux-Verschnitt Laszlo als Spitzengewächs und die sehr gute Reihe Privée Unfiltered (rot/weiß).

Foundry, The Stel, Voor Paardeberg ★★★→★★★★ Waren im Jahr 2000 unter den Ersten, die sich auf sortenreine, elegante Rhône-Weine in Rot und Weiß spezialisiert haben. Kellerei und eigene Weinlagen in Voor Paardeberg in PAARL, aber die meisten Trauben kommen aus STELLENBOSCH. Neu ist die Reihe Geographica mit CHENIN BLANC und CABERNET FRANC.

Dem Veldskoen-Sneaker zum Pinotage dicht auf den Fersen: Seasalter Flip-Flops, die zum Sauvignon blanc passen.

Franschhoek – Von Hugenotten gegründeter DISTRICT (ca. 1.200 ha), bekannt für CHARDONNAY, SEMILLON, CABERNET SAUVIGNON und Schaumwein CAP CLASSIQUE. Heimat einiger der ältesten Weingüter und Reben in Südafrika. Der erste Semillon wurde 1902 gepflanzt.

Free State – Als GEOGRAPHICAL UNIT ausgewiesene Provinz. Der einzige Erzeuger ist Mile High Vineyards (mit der Marke The Bald Ibis) im weinbaumäßig anspruchsvollen östlichen Hochland.

Gabriëlskloof W-Cape ★→★★★ Peter-Allan Finlayson, Mitglied der CAPE WINEMAKERS GUILD und Mitbesitzer von CRYSTALLUM, produziert sein hochgelobtes Angebot in der Familienkellerei nahe des Bot River. Der

Schwerpunkt liegt auf CHENIN BLANC und CABERNET franc, dazu interessanter SYRAH, der teilweise mit Kohlensäuremaischung ganzer Trauben vinifiziert wird.

Geographical Unit (GU) – Geografisch größtes Gebiet innerhalb der WINE-OF-ORIGIN-Abgrenzungen: FREE STATE, KWAZULU-NATAL und LIMPOPO, außerdem EASTERN, NORTHERN und WESTERN CAPE. Die drei Letzteren bilden gemeinsam die OVERARCHING GU Greater Cape. Die anderen Appellationen lauten (in absteigender Reihenfolge): Overarching Region, REGION, Subregion, DISTRICT und WARD.

Glenelly Estate Stel ★★★→★★★★ »Ruhesitz« der einstigen Besitzerin von Pichon Lalande (*siehe* Kapitel »Bordeaux«), May-Eliane de Lencquesaing, in STELLENBOSCH. Tolle Flaggschiffe: Lady May (Rotwein im Bordeaux-Stil) sowie das gutseigene Reserve-Duo (Bordeaux-Sorten/SHIRAZ. Die Reihe Glass ist allemal ihr Geld wert.

So funktioniert interaktives Wein-Tasting bei Silvermist in Constantia: eine afrikanische Trommel auf jedem Sitz.

Graham Beck Wines W-Cape ★★→★★★★ Spitzenadresse für Schaumwein CAP CLASSIQUE bei ROBERTSON. Große Markenvielfalt mit und ohne Jahrgang, von Brut Nature bis Demi-Sec, inkl. einer neuen Kollektion in Magnumflaschen.

Groot Constantia Estate Con ★★★ Der Touristenmagnet zieht jährlich 450.000 Besucher an, um sich das bestens erhaltene Gut und die am längsten produzierende Kellerei Südafrikas anzusehen. Herausragende Tropfen wie der MUSCAT DE FRONTIGNAN Grand Constance helfen, den im 18. Jh. begründeten Ruhm der Dessertweine von CONSTANTIA zu bewahren.

Hamilton Russell Vineyards Hem V. ★★★→★★★★ Der Erste, der Anfang der 1980er-Jahre in Hermanus am kühlen Südkap mit Burgundersorten Erfolg hatte. Langlebiger CHARDONNAY und eleganter PINOT NOIR unter dem Namen HRV. Dieselben Rebsorten finden sich in der neuen eigenständigen Reihe Tesselaarsdal. Ausgezeichneter PINOTAGE und SAUVIGNON BLANC (sortenrein und im Verschnitt) in den Reihen Southern Right und Ashbourne.

Hartenberg Estate Stel ★★→★★★ Das gastfreundliche und ökobewusste Familiengut in Bottelary Hills überzeugt mit SHIRAZ/SYRAH; dazu feiner CHARDONNAY, RIESLING (trocken, süß und edelfaul) und Rote im Bordeaux-Stil.

Hemel-en-Aarde – Trio von kühlklimatischen WARDS (Hemel-en-Aarde Valley, Upper Hemel-en-Aarde Valley, Hemel-en-Aarde Ridge) im DISTRICT WALKER BAY, die ausgezeichnete Weine von PINOT NOIR, CHARDONNAY und SAUVIGNON BLANC hervorbringen.

Iona Vineyards Cape South Coast ★★→★★★ Der Familienbetrieb in ELGIN, teilweise im Besitz der Belegschaft, glänzt mit straffen, mineralischen Weinen aus den Vorzeigesorten CHARDONNAY, SAUVIGNON BLANC, PINOT NOIR und SYRAH. Die Lifestyle-Marke Sophie aus zugekauften Trauben hat einen großen Vorteil: bezahlbaren Pinot.

Jackson Wine Estates (South Africa) – *Siehe* DALKEITH.

J. C. le Roux, The House of W-Cape ★→★★ Der erste Spezialist für Schaumwein in den 1980ern, jetzt im Besitz von DISTELL. Das runderneuerte Markenhaus ist in jedem Fall einen Besuch wert. Flaggschiff ist der Schaumwein Scintilla CAP CLASSIQUE. Liebling der Massen sind der süßliche Nectar und die Reihe Sélection Vivante. Ganz trendy gibts auch alkoholfreie Varianten.

Joostenberg Wines W-Cape ★★→★★★ Das Öko-Label Joostenberg besinnt sich aufs Wesentliche. Aus PAARL kommen aromatischer SYRAH und CHENIN BLANC (inkl. edelfauler Dessertwein). Die Vorfahren werden mit der neueren Marke Myburgh Bros geehrt, außerdem sind sie Partner von STARK-CONDÉ im wiederbelebten Gut Lievland in STELLENBOSCH und von der preiswerten Großmarke MAN Family Wines.

Jordan Wine Estate Stel ★→★★★★ Der Familienbetrieb bei STELLENBOSCH wird für Beständigkeit, Qualität und ein gutes Preis-Leistungs-Verhältnis geschätzt, vom Einstiegswein Chameleon bis hin zu den makellosen Abfüllungen der CAPE WINEMAKERS GUILD.

Kaapzicht Wine Estate Stel ★→★★★ Der Familienbetrieb hat sein Portfolio sehr charmant überarbeitet und glänzt mit stark fruchtbetonten Weinen inkl. dem zweitältesten CHENIN BLANC von Südafrika.

Kanonkop Estate Coast ★★★→★★★★ Genießt seit Jahrzehnten »Grand-cru-Status«, vor allem für den roten Paul Sauer im Bordeaux-Stil, CABERNET SAUVIGNON und PINOTAGE (normal und als Black Label von alten Reben). Ungebremste Nachfrage nach dem Zweitwein Kadette. Das benachbarte Bio-Gut Ladybird Vineyards gehört jetzt auch dazu.

Keermont Vineyards Stel ★★★ Zurückhaltendes, aber hochrangiges Familienunternehmen. Tiefer, konzentrierter CHENIN BLANC und SHIRAZ von steilen Lagen. Nachbar und Traubenlieferant für den Spitzenerzeuger DE TRAFFORD.

Keet Wines Stel ★★★★ Besitzer und Weinmacher Chris Keet produziert nur einen einzigen Wein: die wunderbar gemachte, klassische Bordeaux-Cuvée First Verse.

Ken Forrester Wines W-Cape ★→★★★ Gemeinsam mit den französischen Partnern von AdVini legt Winzer Ken Forrester in STELLENBOSCH die Messlatte hoch für mediterrane Sorten und CHENIN BLANC (trocken, halbtrocken, edelfaul). Der leckere Petit kommt für kleines Geld in den Einkaufskorb.

Klein Constantia Estate W-Cape ★★→★★★★ Ikonisches Gut, konzentriert auf SAUVIGNON BLANC und den üppigen MUSCAT DE FRONTIGNAN Vin de Constance ohne Edelfäule, dafür mit Lagerpotenzial. Eine überzeugende Wiedergeburt des legendären CONSTANTIA aus dem 18. Jh. Vom Schwestergut Anwilka in STELLENBOSCH kommen Rote.

Kleine Zalze Wines W-Cape ★→★★★★ Der Starerzeuger in STELLENBOSCH gehört jetzt überwiegend zu AdVini aus Frankreich. Die Reihen Family Reserve und Vineyard Selection sind auf Hochglanz poliert. Das experimentelle Project Z bietet spektakuläre Tropfen. Sehr gut die Cellar Selection. Das einzigartige Unternehmen Visio Vintners stockt gerade sein Personal auf.

Klein Karoo – Die großteils halbwüstenartige Region (ca. 2.000 ha) ist bekannt für gespritete Weine im Port-Stil in CALITZDORP. Wiederbelebte alte Reben entwickeln sich gut in Premium-Abfüllungen.

Krone W-Cape ★★★ Produziert wird im Gut Twee Jonge Gezellen in TULBAGH. Die Marke Krone steht für klassische Schaumweine CAP CLASSIQUE mit Jahrgangsangabe. Von der Schwestermarke TJG kommt jetzt ein neuer CHENIN-BLANC-Verschnitt, zusätzlich zum GRENACHE NOIR.

Kumala W-Cape ★ Großer Exporteur von Einstiegsweinen, der mit den Schwestergütern Flagstone (Premium) und Fish Hoek (mittleres Niveau) zu Accolade Wines gehört (*siehe* Kapitel »Australien«).

KwaZulu-Natal – Provinz und GEOGRAPHICAL UNIT an der Ostküste mit nicht idealem tropischem Klima in Küstennähe. Auf dem zentralen Midlands-Plateau und weiter nördlich in den Drakensberg Foothills ist es besser, aber auch nicht perfekt. Nur Abdington, Cathedral Peak und Highgate sind auf Kurs.

KWV W-Cape ★→★★★ Die ehemalige nationale Winzergenossenschaft und Aufsichtsbehörde ist heute eines der größten Produktions- und Exportunternehmen mit Sitz in PAARL. Annähernd ein Dutzend Marken, allen voran die regelmäßig ausgezeichnete Reihe The Mentors.

La Motte W-Cape ★★→★★★ Familie Koegelenberg-Rupert betreibt ihr elegantes Gut mit neuem Verkostungsraum in FRANSCHHOEK. Sortenreine Weine und Verschnitte im Stil der alten Welt. Das benachbarte Schwestergut Leopard's Leap produziert Weine, die gut zum Essen passen.

Leeu Passant – *Siehe* MULLINEUX.

Le Lude Cap Classique W-Cape ★★★→★★★★ Gefeiertes Sekthaus in Familienhand in FRANSCHHOEK. Im Angebot der elegante Agrafe aus CHARDONNAY/PINOT NOIR – der erste hiesige Schaumwein, bei dem die zweite Gärung unter Korkverschluss stattfindet.

Le Riche Wines Stel ★★★→★★★★ Christo Le Riche und seine Geschwister bereiten feine moderne Boutique-Klassiker von CABERNET SAUVIGNON (sortenrein und als »traditionelle« Cuvée mit CINSAULT).

Limpopo – Nördlichste Provinz und GEOGRAPHICAL UNIT im WINE-OF-ORIGIN-Klassifikationssystem.

Lowerland ★★★ Wörtlich übersetzt »grünes Land«; Teil des landwirtschaftlichen Familienunternehmens im WARD neben dem Orange River. Das spannendste Weingut in dieser Gegend. Lebendige Rote und Weiße, dazu ungewöhnlicher COLOMBARD als CAP CLASSIQUE, der in namhaften Kellereien am Western Cape vinifiziert wird.

Meerlust Estate Stel ★★★ Weinberge und Kellerei sind seit 1756 im Besitz der Familie Myburgh. Frankreich liefert die Inspiration für klassische Weine. Sehr elegant das Aushängeschild Rubicon, einer der ersten Rotweine Südafrikas im Bordeaux-Stil.

Méthode cap classique – *Siehe* CAP CLASSIQUE.

Miles Mossop Wines Coast ★★★→★★★★ Miles Mossop ist Mitglied der CAPE WINEMAKERS GUILD und überzeugt mit blitzblanken Abfüllungen, die zum Teil nach seinen Familienmitgliedern benannt sind. Die Trauben kommen neuerdings auch von weiter her, haben aber Spitzenqualität.

Morgenster Estate Stel ★→★★★ Erstklassiger Betrieb nahe Somerset West, der in den frühen 1990ern von dem italienischen Industriellen Giulio Bertrand gegründet wurde. Pierre Lurton (Cheval Blanc, Bordeaux) berät. Rebsorten aus der alten Heimat werden sortenrein oder als Cuvées abgefüllt. Bertrands Kinder erneuern gerade alles.

Mulderbosch Vineyards W-Cape ★→★★★ Das Gut in STELLENBOSCH ist angeblich in US-amerikanischem Besitz. Im gastfreundlichen Verkostungsraum locken moderne, fruchtbetonte Weine wie CHENIN BLANC, CABERNET FRANC und Rote im Bordeaux-Stil. Rosé ist der Renner.

Mullineux & Leeu Family Wines W-Cape ★★★→★★★★ Chris Mullineux und seine US-stämmige Frau Andrea verwandeln CHENIN BLANC, SYRAH und eine Handvoll kompatibler Sorten in köstliche, bodenspezifische Sortenweine und Verschnitte, dazu CWG-Abfüllungen und *vin de paille.* Ebenso edel die Reihe Leeu Passant aus zugekauften Trauben – inkl. CINSAULT von alten Reben. Die Mitarbeiter produzieren den sehr guten Great Heart in Rot und Weiß.

Mvemve Raats Stel ★★★★ Mzokhona Mvemve, Südafrikas erster schwarzer Kellermeister, und Bruwer Raats (FAMILIE RAATS) wählen gemeinsam die Fässer für ihren Bordeaux-Verschnitt MR de Compostella vom besten Lesegut des Jahres.

Nederburg Wines W-Cape ★→★★★★ Eine der größten (2 Mio. Kisten) und beliebtesten Marken Südafrikas, im Besitz von DISTELL und mit Sitz in

PAARL. Flaggschiffe sind die Reihen Two Centuries, Heritage Heroes und Manor House. Viele preiswerte Tropfen und Schankweine.

Neil Ellis Wines W-Cape ★★→★★★★ Der in STELLENBOSCH ansässige Weinhandelspionier verarbeitet hauptsächlich Trauben aus kühleren Parzellen rund ums Western Cape, die ihre Lagencharakteristik gut ausdrücken.

Newton Johnson Vineyards Cape South Coast ★★★→★★★★ Familiengut in Upper HEMEL-EN-AARDE mit runderneuerten Weinbergen. Toller CHARDONNAY und PINOT NOIR. Südafrikas erster kommerziell erzeugter ALBARIÑO überzeugt ebenfalls. Manche Trauben werden von befreundeten Winzern zugekauft.

Pinotage lädt zum Familientreffen

Die nahende Jahrhundertfeier beschert dem PINOTAGE eine Familienzusammenführung: Der aktuelle Trend, die in Südafrika geborene Rebe mit ihren französischen Eltern PINOT NOIR und CINSAULT (auch Hermitage genannt) zu vereinen, bringt einen besonderen Kick mit sich. Cuvées aus allen drei Rebsorten weisen eine gewisse Familienähnlichkeit auf, unterscheiden sich aber auf faszinierende Weise darin, wie sie die DNA der einzelnen Mitglieder widerspiegeln. Von BEYERSKLOOF, dem »Haus des Pinotage«, kommt der Traildust mit einem 50%-Anteil der Neuzüchtung. Er zeigt ein muskulöses und beerenstarkes Profil. Der kühlklimatische Stamboom aus der Hand von Weinmacher Conrad Vlock (Strandveld) erinnert mit seinen Kirscharomen eher an Pinot. Eine interessante Spielart des Themas stammt von Le Sueur Wines mit dem Paradoks: Hier kommen Pinot noir und Cinsault zu gleichen Teilen hinein, um einen Pinotage-Charakter zu erzeugen. Und dann gibts da noch den Skollie von Einzellagenspezialist Jasper Raats (Longridge) – eine fruchtige Cuvée aller drei Rebsorten, mit deren Verkauf eine lokale gemeinnützige Organisation zur Verbrechensbekämpfung unterstützt wird.

Northern Cape – Größte Provinz und GEOGRAPHICAL UNIT im WINE-OF-ORIGIN-Klassifikationssystem. Halbtrockenes bis trockenes Klima mit extremen Temperaturen. *Siehe* SUTHERLAND-KAROO.

Oak Valley Estate Cape South Coast ★★★→★★★★ Der große landwirtschaftliche Familienbetrieb in ELGIN produziert außergewöhnlich feinen CHARDONNAY und PINOT NOIR aus Einzelklonen. Die Reihe nennt sich Tabula Rasa.

Old Vine Project – Bahnbrechende Initiative des Geschäftsmannes und Winzers Johann Rupert (ANTHONIJ RUPERT). Es geht darum, Südafrikas älteste Weinlagen (35 Jahre und älter) zu lokalisieren, zu katalogisieren und zu erhalten. Das Siegel »Certified Heritage Vineyard« auf den Flaschen verzeichnet das Jahr der ersten Pflanzung.

Olifantsberg Family Vineyards Bre ★★→★★★ Der aufgehende Stern in niederländischer Hand baut auf eigene Trauben vom Berg und aus der Region. Rhône-Sorten werden einzeln oder verschnitten abgefüllt, dazu CHENIN BLANC und PINOTAGE.

Olifants River – REGION an der Westküste (ca. 5.900 ha), deren Weinberge über warme Talböden verteilt sind und sich für den Bio-Anbau eignen. Außerdem kühlere Lagen für feine Weine im DISTRICT Citrusdal Mountain und seinem berühmten WARD Piekenierskloof.

Opstal Estate Bre ★→★★★ Einer der führenden Qualitätserzeuger in Familienbesitz. Das Gut liegt in einer Art Amphitheater in den Bergen. CHENIN

BLANC von alten Reben, SEMILLON und sehr feiner, lebendiger CAPE BLEND in Rot.

Orange River Cellars N-Cape ★→★★★ Riesiger Betrieb mit 620 Winzern und Miteigentümern, 2.300 ha Rebland und drei Kellereien am Orange River. Das Portfolio an Reserveabfüllungen wird immer interessanter und ergänzt die traditionelle Spezialität in Form von gespriteten Dessertweinen.

Overarching GU/Region – *Siehe* GEOGRAPHICAL UNIT.

Paarl – DISTRICT (ca. 8.600 ha) rund um die namensgebende geschichtsträchtige Stadt mit den WARDS Agter Paarl, Simonsberg-Paarl und Voor Paardeberg. Unterschiedliche Weinstile und Philosophien; am besten geraten Weine von roten und weißen Rebsorten aus dem Mittelmeerraum sowie CABERNET SAUVIGNON, PINOTAGE und CHENIN BLANC.

Paul Cluver Estate Wines Elgin ★★→★★★ Ein Wegbereiter der Region in Familienbesitz. Eleganter CHARDONNAY und PINOT NOIR, der RIESLING überzeugt (Holznoten, halbtrocken, edelfaul).

Porseleinberg Swart ★★★★ Ökologisch bewirtschaftete Weinberge und Kellerei von BOEKENHOUTSKLOOF mit tollem SYRAH. Reine Handarbeit, genau wie sein Etikett, das vom Kellermeister vor Ort gedruckt wird.

Raats Family Wines Stel ★★★→★★★★ Reinfruchtiger CABERNET FRANC und CHENIN BLANC mit und ohne Eichennote, v. a. die Einzellagenabfüllungen namens Eden High Density. Bruwer Raats und sein Cousin Gavin Bruwer Slabbert sind ebenfalls Partner bei Bruwer Vintners Vine Exploration Co (neuer Name von »B Vintners«). Da werden so manche Weinjuwelen zutage gefördert. *Siehe* MVEMVE RAATS.

Radford Dale Coast ★★→★★★ Durchdachtes, dynamisches Unternehmen in STELLENBOSCH mit australisch-französisch-südafrikanisch-britischen Teilhabern. Die Marken produzieren Weine im moderaten Neue-Welt-Stil: Land of Hope, Radford Dale, Thirst, Vinum und Winery of Good Hope. Besitzt jetzt auch das biodynamische Gut, das früher als Elgin Ridge bekannt war. Winzer Edouard Labeye produziert jetzt unter seinem Namen GRENACHE BLANC/NOIR.

Rall Wines Coast ★★★→★★★★ Besitzer, Weinmacher und Berater Donovan Rall landet seit dem ersten Jahrgang 2008 einen Treffer nach dem anderen. Die ersten SWARTLAND-Cuvées erhielten Zuwachs von SYRAH. Auch der bringt sein typisch aromenstarkes Unterstatement zum Ausdruck. Rall vinifiziert auch die Reihe Callendar Peak (weiß) von seltenen wurzelechten Reben, die auf dem hoch gelegenen kalten Ceres-Plateau wachsen.

Region – *Siehe* GEOGRAPHICAL UNIT.

***Perderytjies* (»kleine Pferdereihen«) – charmanter Name für die traditionelle Pflanzung mit hoher Dichte.**

Restless River Upper Hem ★★★→★★★★ Craig und Anne Wessels haben ihre überschaubaren Weinlagen klug angelegt. Die Kellerei soll bald vergrößert werden. Der Erfolg fußt auf den regionalen Spezialiten wie CHARDONNAY, PINOT NOIR und ein wenig CABERNET SAUVIGNON. Alle vereint eine kühlklimatische, mineralische Note.

Reyneke Wines W-Cape ★→★★★★ Führender biodynamischer Betrieb nahe STELLENBOSCH. Betörender, reinsortiger CHENIN BLANC, SAUVIGNON BLANC, CABERNET SAUVIGNON und SHIRAZ. Die Verschnitte der Reihe Organic (rot/weiß) zeigen Charakter.

Richard Kershaw Wines W-Cape ★★★→★★★★ Der in Großbritannien geborene Richard Kershaw erzeugt feinen PINOT NOIR, SYRAH und CHARDONNAY aus ELGIN. In der separaten Abfüllung Deconstructed spiegelt sich die

Lagencharakteristik. Die neueren Reihen GPS und Smuggler's Boot beleuchten andere Gebiete und neue Weinbautechniken.

Robertson Valley – Im Landesinneren gelegener DISTRICT mit geringen Niederschlägen, Kalksteinböden, ca. 12.700 ha und 14 WARDS. Schon immer guter CHARDONNAY und Dessertweine, neuerdings auch SAUVIGNON BLANC, CABERNET SAUVIGNON und SHIRAZ.

Robertson Winery Rob ★→★★ Beständige Qualität und ein gutes Preis-Leistungs-Verhältnis quer durch das breite Portfolio. Am besten: Constitution Roads aus SHIRAZ und CHARDONNAY.

Rustenberg Wines Stel ★→★★★★ Das Unternehmen der Familie Barlow nahe STELLENBOSCH glänzt mit einem herrlichen Kellerkomplex und schönen Gärten vor der Kulisse des Simonsberg Mountain. Das Portfolio basiert auf französischen Klassikern.

Rust en Vrede Estate W-Cape ★→★★★★ Der historische Besitz in STELLENBOSCH produziert kraftvolle, ausgefeilte Rote. Die Schwestermarken gehören Jean Engelbrecht: Afrikaans (trendige Cuvée von CABERNET SAUVIGNON/CINSAULT); Cirrus (spiegelt das Terroir am kalten, hoch gelegenen Ceres Plateau); Donkiesbaai (sehr guter CHENIN BLANC); Guardian Peak (Marke und Kellerei, in dem gutsfremde Weine gemacht werden); STELLENBOSCH Reserve (überwiegend sortenreine Abfüllungen).

Sadie Family Wines Olifants R., Piek, Stel, Swart ★★★★ Eben Sadie wird für sein ikonisches Portfolio verehrt. Die Cuvée Columella mit SYRAH und der weiße Palladius aus verschiedenen Sorten setzen Maßstäbe am Kap. Die prachtvolle Reihe Old Vines feiert das südafrikanische Erbe wie z. B. der Mev Kirsten von Südafrikas ältesten CHENIN-BLANC-Reben. Reintönige, finessenreiche Weine.

Saronsberg Cellar W-Cape ★→★★★ Familienbetrieb in TULBAGH mit preisgekröntem SHIRAZ, Cuvées und Sortenweinen von Bordeaux- und Rhône-Reben, in Südafrika seltenem MOURVÈDRE und prickelndem CHARDONNAY CAP CLASSIQUE.

Savage Wines W-Cape ★★★→★★★★ Duncan Savage, Mitglied der CAPE WINEMAKERS GUILD, schweift von seinem Sitz in KAPSTADT aus in die Ferne für sein Sortiment an spannenden, subtilen Weinen, überwiegend von mediterranen Sorten und CHENIN BLANC.

Shannon Vineyards Elgin ★★★→★★★★ Spitzen-MERLOT, außerdem sehr guter SAUVIGNON BLANC, SEMILLON und Weiße im Bordeaux-Stil. PINOT NOIR zeigt verhaltene Reife. Die Brüder James und Stuart Downes sind für die Reben zuständig, Kellermeister Stuart Downes vinifiziert bei NEWTON JOHNSON.

In einem britischen Handbuch für die Weinbereitung von 1849 steht ein Rezept für eine Rhabarberwein namens Constantia in Schottland.

Sijnn Malgas ★★★→★★★★ Sijnn wird wie »Sein« ausgesprochen. Maritimes Pionierprojekt von David Trafford (Teilhaber von DE TRAFFORD) und Partnern im steinigen Vorgebirge mit Blick auf den Breede River. Hier entstehen aromatische Verschnitte und eine wachsende Reihe von sortenreinen Abfüllungen wie dem seltenen VERMENTINO.

Silverthorn Wines Rob ★★★→★★★★ CWG-Mitglied John Loubser und seine Frau Karen produzieren auf ihrem Boutique-Gut in ROBERTSON eine herausragende Kollektion an CAP-CLASSIQUE-Schaumweinen. Alle Brut, vorwiegend aus CHARDONNAY, dazu etwas PINOT NOIR, SHIRAZ und der für die Gegend typische COLOMBARD. Für sehr besondere Anlässe.

Simonsig Estate W-Cape ★→★★★ Familie Malan bei STELLENBOSCH wird für ihre Beständigkeit und hohen Standards bewundert. In den 1970ern der erste CAP-CLASSIQUE-Schaumwein Südafrikas. Der hat heute eine paar süßere Geschwister, krönt aber noch immer jedes Fest. Weiße Rhône-Cuvées unter der Eigenmarke Grapesmith.

Ein eher traditionelles Prickeln

Der Wunsch nach weniger Eingriffen in der Weinbereitung schäumt jetzt auch in der Sekt-Fraktion hoch. Plötzlich kommt ein Haufen Prickelndes auf den Markt, das nach der *méthode ancestrale/artisanale* mit nur einer einzigen Gärung seinen Weg in die Flasche gefunden hat. VONDELING hat mit seinem Rurale den Weg geebnet und gibt immer noch das Tempo vor. AA BADENHORST produziert eine eigene Version, und Adi Badenhorst teilt seine Expertise mit Kollegin Hanneke Krüger für eine eigene Abfüllung namens Vino pH. Hier ist auch Pauline Roux mit im Boot. Auf der süßeren Seite ist der Pét-Nat Rainboat von Lubanzi Wines (in US-Besitz). Vom Upland Estate (WELLINGTON) gibt es ein vergleichbares Angebot auch in Bio-Qualität mit Namen Earth Song. Bushmanspad Estate (ROBERTSON) glänzt in dieser Kategorie, indem es gleichzeitig 10 naturbelassene Schaumweine herausgebracht hat, von denen einer zum Teil auf den Schalen vergoren wurde.

Spier W-Cape ★→★★★★ Große Kellerei und Touristenmekka bei STELLENBOSCH. Aushängeschilder sind die Marken 21 Gables, Creative Block und Frans K. Smit. Das biodynamische Angebot wird ständig erweitert mit den Reihen Farm House, The Yellowwood und der neuen Linie Good Natured. Fruchtstrotzende Weine, fast alle vegan.

Stark-Condé Wines Stel ★★★→★★★★ Aus den USA stammt der Boutique-Winzer José Condé in Jonkershoek bei STELLENBOSCH. Der weiße Gemischte Satz überrascht mit Frische und Tiefe, dazu CABERNET SAUVIGNON, SYRAH und neu – CHENIN BLANC (von terrassierten Weinlagen –sehr ungewöhnlich für Südafrika). Die junge Marke Kara-Tara (PINOT NOIR, CHARDONNAY) von Kellermeister Rüdger van Wyk erfreut sich immer größerer Beliebheit.

Steenberg Vineyards W-Cape ★★→★★★ Spitzenweingut im Besitz von GRAHAM BECK mit Weinbergen und schicken Verkostungsräumen in CONSTANTIA. Cuvée von SAUVIGNON BLANC/SEMILLON, SAUVIGNON BLANC, CAP CLASSIQUE-Schaumwein und geschliffene Rotweine.

Stellenbosch – Universitätsstadt, abgegrenzter Wein-DISTRICT (ca. 12.300 ha) und Herz des Weinbaus am Kap – sozusagen das Napa Südafrikas. Viele Spitzenweingüter, besonders für Rotwein, liegen verstreut in den malerischen Tälern und Vorgebirgen der Region. Beliebt bei Touristen.

Stellenbosch Vineyards Stel ★→★★★ Große Kellerei mit beeindruckenden und limitierten Abfüllungen, u. a. der einzigen aus der in Südafrika gezüchteten weißen Rebsorte Therona. Die preiswerte Reihe Welmoed ist nach dem ursprünglichen Hof aus dem 17. Jh. benannt.

Stellenrust Stel ★→★★★★ Das Familienweingut bietet ein breit gefächertes Angebot von den eigenen drei Premium-Lagen in STELLENBOSCH. Ganz vorn der großartige fassvergorene CHENIN BLANC von alten Reben. Teils von weiter weg kommen die Trauben für die Reihe ArtiSons – hier besticht der weiße CINSAULT.

Stellenzicht Wines Coast ★★→★★★ Der berühmte Keller am Helderberg Mountain mit eigenen Weinlagen hat unter Baron Hans von Staff-Reitzenstein eine Verjüngungskur erlebt. Ihm gehört auch das benachbarte Alto Estate, und er ist seit Langem Partner von ERNIE ELS. CABERNET SAUVIGNON und SYRAH (solo und verschnitten) gelingen kraftvoll, aber nicht überragend.

Storm Wines Hem Rdg, Hem V., Upper Hem ★★★→★★★★ PINOT-NOIR- und CHARDONNAY-Spezialist Hannes Storm bringt die Charakteristik aller drei WARDS in HEMEL-EN-AARDE mit Präzision und Sensibilität auf den Punkt.

Sutherland-Karoo – DISTRICT in der herausfordernden Provinz NORTHERN CAPE, nicht zu verwechseln mit dem weit entfernten KLEIN KAROO. Nur 5 ha unter Reben, hauptsächlich PINOT NOIR, SHIRAZ und CHARDONNAY. In der Nähe von Sutherland, der kältesten Stadt in Südafrika.

Swartland – DISTRICT an der Küste. Auf ca. 9.600 ha stehen meist ertragsarme, unbewässerte Buschreben, die konzentrierte, markante, frische Weine hervorbringen. Dank der innovativen SADIE FAMILY hat die Gegend seit Anfang der 2000er einen großen Einfluss auf die Weinbereitung in Südafrika.

Testalonga Swart ★★→★★★ Der Name El Bandito sagt alles: Craig Hawkins' Naturweine widersetzen sich jeder Konvention und sind doch sehr beliebt. Die Reihe Baby Bandito bietet leichter zugängliche Weine für alle angehenden Hipster.

Thelema Mountain Vineyards W-Cape ★★→★★★★ Der Pionier des modernen südafrikanischen Wein-Revivals mit Sitz in STELLENBOSCH ist nach wie vor ein Garant für Qualität und Beständigkeit (mit einer Spur Hedonismus und Markennamen, die von Rabelais inspiriert sind). Die Weinlagen in ELGIN erzeugen sehr komplementäre Geschmacksprofile.

Thorne & Daughters Wines W-Cape ★★★→★★★★ Die Winzer vom Bot River John Thome Seccombe und seine Frau Tasha machen Wein von sehr alten, zum Teil geerbten Reben. Das Ergebnis ist sinnlich, klar und raffiniert.

Tokara W-Cape ★★→★★★★ Wein, Essen und Kunst nahe STELLENBOSCH. Weinberge auch in ELGIN. Großartige Verschnitte (rot/weiß) in der Reihe Director's Reserve, dazu Reserven von CHARDONNAY, SAUVIGNON BLANC und CABERNET SAUVIGNON.

Trizanne Signature Wines Cape South Coast ★→★★★★ Weibliche Solisten wie Trizanne Barnard sind immer noch eine Seltenheit. Die begeisterte Surferin verarbeitet hauptsächlich Trauben aus Lagen in der COASTAL Region zu gutem Boutique-CHARDONNAY, -SAUVIGNON BLANC und -SYRAH, sortenrein und verschnitten. Dawn Patrol ist eine der größeren Exportmarken.

Wenn sich die Energiekrise weiter verschärft, wird Wein nicht nur bei Kerzenlicht getrunken, sondern auch so erzeugt.

Tulbagh – DISTRICT im Landesinneren (ca. 980 ha), der ursprünglich mit Weißwein und CAP-CLASSIQUE-Schaumwein assoziiert wurde, jetzt aber auch Rote wie PINOTAGE und SHIRAZ sowie einige Süßweine hervorbringt.

Tulbagh Mountain Vineyards Tulbagh – Die neuen Besitzer sind nach »Fable Mountain Vineyards« zum ursprünglichen Namen zurückgekehrt. Die Trauben für sortenreine Abfüllungen von drei Rhône-Rebsorten stammen von ausgedehnten Lagen an den Ausläufern der Witzenberg Mountains.

Uva Mira Mountain Vineyards Stel ★★★ Die Hochlagen und die Kellerei am Helderberg gehören Toby Venter, dem CEO von Porsche, Bentley und Lamborghini in Südafrika. Zum stimmigen Angebot gehören u. a. ein neuerer SYRAH sowie von jeher CHARDONNAY und SAUVIGNON BLANC.

Van Loggerenberg Wines W-Cape ★★→★★★★ Lukas van Loggerenberg aus PAARL ist mit seinen leichteren Weinen ein Star der »New Wave«-Szene.

Spitze sind CHENIN BLANC und CABERNET FRANC. Rosé von CINSAULT in der Reihe Break a Leg schont den Geldbeutel. Vinifiziert die ebenfalls exzellenten Weine der Familie Carinus, vorwiegend Chenin blanc.

Vergelegen Wines Stel ★★★→★★★★ Geschichtsträchtiges Gutshaus mit Gärten und einem stilvollen Verkaufsraum in Somerset West. Im Besitz der Rohstofffirma Anglo American plc. Vom WWF Südafrika für sein Umweltengagement als »Conservation Champion« ausgezeichnet. Dezente Weine aus makellosen Lagen.

Vilafonté Paarl ★★★ Gegründet von den Kaliforniern Zelma Long (ehemals Simi), Phil Freese (vorher Winzer bei Mondavi) und Mike Ratcliffe (früher bei WARWICK). Sie produzieren ein Trio von luxuriösen roten Cuvées.

Villiera Wines Hem V., Stel ★★→★★★ Familie Grier punktet bei STELLENBOSCH mit außerordentlicher Qualität zum kleinen Preis, besonders bei einer Reihe CAP-CLASSIQUE-Schaumweine. CHENIN BLANC im *Vin doux naturel*-Stil reift in Glasballons auf dem Dach des Verkaufsraums.

Wein in Dosen: Geht ihm die Luft aus oder war da nie was? Lediglich 70.000 Liter (von insgesamt 350 Millionen) wurden so abgefüllt.

Vondeling Voor Paardeberg ★→★★★ Der Betrieb in britischem Besitz bei PAARL setzt voll auf Nachhaltigkeit. Das vielseitige Angebot deckt so ziemlich alles ab von Roten im Bordeaux-Stil über Pét-Nat bis hin zu Dessertweinen aus getrockneten Muscat-Trauben.

Walker Bay – Hoch geschätzter DISTRICT (ca. 1.000 ha) mit maritimem Klima. Herausragender CHARDONNAY, SAUVIGNON BLANC, PINOT NOIR und SHIRAZ vom Bot River aus den Wards HEMEL-EN-AARDE, Springfontein Rim, Stanford Foothills und Sunday's Glen.

Ward – *Siehe* GEOGRAPHICAL UNIT.

Warwick Estate W-Cape ★→★★★★ Touristenmagnet in US-Besitz am Rand von STELLENBOSCH. Aus klassischen, französischen Rebsorten und PINOTAGE entstehen füllige, trotzdem harmonische und frische Weine.

Waterford Estate W-Cape ★→★★★ Gut der Familie Ord bei STELLENBOSCH. Flaggschiff ist die facettenreiche Cuvée The Jem. Eine von mehreren thematischen Probeoptionen im stilvollen Verkaufsraum der Kellerei.

Waterkloof W-Cape ★→★★★ Ökologisch bewirtschaftete Weinberge, Kellerei und architektonisch interessanter Verkaufsraum bei Somerset West sind im Besitz des britischen Weinhändlers Paul Boutinot. Die tolle Reihe Waterkloof aus Einzellagen gibt es genau wie den SAUVIGNON BLANC seit 2005. Erstmalig kommen jetzt CHENIN BLANC und SYRAH dazu.

Wellington – DISTRICT (ca. 3.830 ha) mit warmem Klima an der Grenze zu PAARL und SWARTLAND. Zunehmende Anerkennung für PINOTAGE, SHIRAZ, CHENIN BLANC und rote Verschnitte.

Western Cape – Südlichste Provinz und bedeutendste GEOGRAPHICAL UNIT im WINE-OF-ORIGIN-Klassifikationssystem, mit 120 von insgesamt 140 offiziellen Appellationen.

Wine of Origin (WO) – Das südafrikanische Gegenstück zum französischen »AOP«, nur ohne dessen Beschränkungen. Bescheinigt werden der Jahrgang, die Rebsorte(n) und das Herkunftsgebiet des Weins. Optional gibt es noch die Zertifizierung der Nachhaltigkeit.

Worcester – Mit ROBERTSON VALLEY und BREEDEKLOOF verschwisterter DISTRICT (ca. 6.400 ha) in der Ebene des Breede River. Es gibt feine Weine von kleineren Betrieben in Familienhand, aber das meiste ist Massenproduktion für den Export.

Die Mitwirkenden

Niemand kann ganz allein mit allen relevanten Weinthemen weltweit auf dem Laufenden sein. Diese Fachleute haben zu diesem Buch beigetragen:

Die Ziffern bedeuten: ❶ Facebook; ❷ Instagram; ❸ Twitter; ❹ Website; ❺ Buch/Druckmedien; ❻ Blog/andere Medien

Helena Baker, Tschechien, Slowakei: ❶ helena.baker.73; ❷ @bakerwine837; ❸ @HelenaB62554469; ❹ bakerwine.cz
Kristel Balcaen DipWSET, Belgien: ❶ kristel.balcaen.1; ❷ @kristel_balcaen; ❹ wineandwords.be
Amanda Barnes, Südamerika: ❶ SouthAmericaWineGuide; ❷ @southamerica wineguide; ❸ @amanda_tweeter; ❺ *South America Wine Guide*
Raymond Blake, Burgund: ❸ @blakeonwine; ❹ blakeonwine.com; ❺ Wine Talk
Juliet Bruce Jones MW, Midi, Provence, Korsika: ❶ latasque; ❷ @domainelatasque; ❹ domainelatasque.com
Jim Budd, Loire: ❶ jim.budd.94; ❸ @jymbudd; ❻ jimsloire.blogspot.com, investdrinks-blog.blogspot.com, les5duvin.wordpress.com
Ch'ng Poh Tiong, Asien: ❶+❷ @Chngpohtiong, 100TopChineseRestaurants; ❹ chngpohtiong.com, wineguru.com.sg, 100chineserestaurants.com
Samantha Cole-Johnson, Oregon: ❷ @samanthacolejohnson; ❸ @S_ColeJohnson; ❹ samanthacolejohnson.com; jancisrobinson.com
Michael Cooper ONZM, Neuseeland: ❶ MichaelCooperNZWine; ❹ michaelcooper.co.nz; ❺ *New Zealand Wines: Michael Cooper's Buyer's Guide*; *Wine Atlas of New Zealand*
Ian D'Agata, Elsass, Italien: ❷ @iandagata_vino; ❹ iandagata.com, terroirsense.com/en; ❺ *Italy's Native Wine Grape Terroirs*; *Native Wine Grapes of Italy*
Sarah Jane Evans MW, Spanien: ❶ Sarah Jane Evans MW; ❷+❸ @sjevansmw; ❹ sarahjaneevans.com; ❺ *The Wines of Northern Spain*
Jane Faulkner, Australien: ❶+❷+❸ @winematters; ❺ *Halliday Wine Companion*
Simon Field MW, Champagne: ❻ *World of Fine Wine*
Caroline Gilby MW, Osteuropa, Zypern: ❶ Caroline Gilby MW; ❷ @Caroline Gilby; ❸ @CarolineGilbyMW; ❺ *The Wines of Bulgaria, Romania and Moldova*
Susan H. Gordon PhD, USA-Oststaaten: ❷ @susanhillaryg; ❺ *ForbesLife, Gastronomica*
Michael Karam, Libanon: ❺ *Wines of Lebanon, Arak and Mezze*; *Tears of Bacchus, Lebanese Wine: A Complete Guide*; ❻ *Wine and War* (Amazon Prime)
James Lawther MW, Bordeaux: ❹ jancisrobinson.com; ❺ *The Finest Wines of Bordeaux*; *On Bordeaux*
Konstantinos Lazarakis MW, Griechenland: ❶ Konstantinos Lazarakis II; ❷ @Konstantinos Lazarakis MW; ❸ @Lazarakis; ❹ wspc.gr, aioloswines.gr; ❺ *The Wines of Greece*
John Livingstone-Learmonth, Rhône: ❸ @drinkrhone; ❹ drinkrhone.com; ❺ *The Wines of the Northern Rhône*
Michele Longo, Italien: ❷ @michele_nebbiolo; ❹ iandagata.com; ❺ *The Grapes and Wines of Italy*; *Barolo Terroir – Grapes Crus People Places*; *Barolo & Co*
Wink Lorch, Bugey, Jura, Savoyen: ❶+❷+❸ @WinkLorch; ❹ winetravelmedia.com; ❺ *Jura Wine*; *Wines of the French Alps* ❻ jurawine.co.uk
Adam Sebag Montefiore, Israel, Türkei, Nordafrika: ❹ adammontefiore.com, wines-israel.com; ❺ *Jerusalem Post*; *The Wine Route of Israel*; *Wines of Israel*
Marcel Orford Williams, Südwestfrankreich: Einkäufer, The Wine Society; ❸ @owmarcel
Rod Phillips, Kanada ❸ @rodphillipswine; ❹ rodphillipsonwine.com; ❺ *Wines of Canada*; *French Wine: A History*, *9000 Years of Wine*
Margaret Rand, England, Chefredaktion: ❹ margaretrand.com
André Ribeirinho, Portugal: ❶+❷+❸ @andrerib; ❹ andrerib.wine
Ulrich Sautter, Deutschland, Schweiz, Luxemburg: ❹ falstaff.com, weinverstand.com
Luzia Schrampf, Österreich: ❶+❷ @Luzia Schrampf; ❺ *111 Weine aus Österreich, die man getrunken haben muss*; *111 Schaumweine aus aller Welt, die man getrunken haben muss* (beide mit Daniela Dejnega)
Eleonora Scholes, Schwarzes Meer & Kaukasus: ❷ @spaziovino; ❹ spaziovino.com
Sean P. Sullivan, Washington & Idaho: ❶+❷ @northwestwinereport; ❸ @nwwinereport; ❹ northwestwinereport.com; ❺ *Seattle Metropolitan*
Tim Teichgraeber, Kalifornien: ❷ @timskyscraper; ❻ modernwine.blogspot.com
James Tidwell MS, USA-Südwesten & Südosten, Wisconsin: ❶ JamesTidwellMS; ❷+❸ @winejames; ❹ texsom.com
Philip van Zyl, Südafrika: ❺ *Platter's by Diners Club South African Wine Guide*

Chardonnay

Es gibt weißen Burgunder, und es gibt alles andere.

Das ist die einfachste Art, Chardonnay zu betrachten, und sie ist gar nicht schlecht. Händler verkaufen Chardonnay oft auf diese Weise, und Verbraucher kaufen ihn häufig so. Auch wenn, wie so oft, kaum jemand bei einer Blindverkostung in der Lage wäre, dieses »alles andere« von weißem Burgunder mit seinem straffen, zurückhaltenden Stil zu unterscheiden. Dies ist jedenfalls der vorherrschende Stil, den die Winzer rund um den Globus imitieren wollen.

Ist »imitieren« zu hart gesagt? Gute Erzeuger, die auf jedes Detail ihres Terroirs achten, möchten doch sicherlich dieses Terroir zum Ausdruck bringen und nicht so tun, als käme ihr Wein von einem kleinen, nach Osten ausgerichteten Hang in Nordfrankreich?

Auf diesen Seiten will ich erkunden, wie beides zutreffen kann: dass Chardonnay sowohl sein Terroir getreu wiedergibt als auch – je nach Art der Vinifizierung – dass er es in einer bestimmten Sprache tut. Es ist ja nicht Neues: Weine im alternativen Chardonnay-Stil sind mächtig und buttrig, und lange beherrschte dieser Stil den »Alles-andere«-Teil des Spektrums. Dann änderte sich die Mode. Viele lieben diesen Stil immer noch, und viele Weine, vor allem in Kalifornien, bedienen diese Vorliebe. Ihrer Erzeuger werden sagen, dass ihre Weine ihr Terroir widerspiegeln. Schon richtig, das tun sie.

Apropos Terroir. Es gibt noch eine weitere Chardonnay-Variante, gewissermaßen die dritte Art: Schaumwein. Wenn Sie eine Flasche mit der Aufschrift »Blanc de Blancs« kaufen, steckt in der Regel Chardonnay drin, doch es ist ein anders erzeugter und anders gereifter Chardonnay. Mit diesen drei Arten von Chardonnay versuchen wir so etwas wie eine Dreieckspeilung, um zu ergründen, was Chardonnay zu Chardonnay macht.

Zunächst ein bisschen geschichtlicher Hintergrund.

Ich taufe diese Traube …

Manche Eltern nennen ihre Töchter Chardonnay. Puligny-Montrachet nennt sie wohl kaum jemand. Warum eigentlich nicht?

Auf Nachfrage würden Ihnen diese Leute zweifellos erklären, dass es in Burgund ein Dorf namens Chardonnay gibt, von dem die Traube höchstwahrscheinlich ihren Namen hat. Warum, werden sie erstaunt zurückfragen, sollten sie ihren kleinen Wonneproppen nach einem Dorf nennen, das doch sicherlich erst später auf der Bildfläche erschienen ist, anstatt nach dem, Sie wissen schon, Ursprung der Traube?

Da haben sie nicht ganz unrecht. Wo genau der erste Chardonnay-Setzling Wurzeln schlug, weiß niemand, aber es muss irgendwo dort gewesen sein, wo Pinot noir und Gouais blanc nahe beieinander wuchsen, denn dies sind die Eltern des Chardonnnay. Die Rebsorte ist seit dem späten 17. Jahrhundert dokumentiert und wurde im Lauf der Jahre auf verschiedene Weise geschrieben: Chardonnet, Chardenet, Chardenay, Chardonnet … Die heutige Schreibweise kam im 20. Jahrhundert auf, doch kaum ein Weintrinker dürfte sie zu jener Zeit gehört haben. Die Rebe war zwar weitverbreitet in Nordostfrankreich, doch aufgrund der AOC-Vorschriften stand der Herkunftsort im Mittelpunkt. Das Wort »Chardonnay« erschien nicht auf dem Etikett, und auch heute wird die Sorte nur selten auf dem Etikett eines Burgunders genannt.

Erst Ende des 20. Jahrhunderts, als die Weinwelt so dramatisch wuchs, begannen die Winzer in Kalifornien und Australien, ihre Weine nach den Trauben zu benennen, aus denen sie gekeltert wurden – und das war sehr oft Chardonnay. Plötzlich wurden Weißweine, die mit ihren Eichennoten und ihrer reichhaltigen Cremigkeit weißen Burgunder imitierten, begeistert von Leuten getrunken, die noch nie einen weißen Burgunder im Glas gehabt hatten – und von da bis zu dem Namen in einer Geburtsurkunde war es anscheinend nicht mehr weit.

Keine andere Rebsorte hat meines Wissens eine derartige Auszeichnung erhalten. (Gibt es Kinder, die Glera – die Prosecco-Traube – oder Pinot grigio heißen?) Es überrascht nicht, dass eine gewisse Verwirrung darüber entstand, was was ist. Viele Sommeliers können Geschichten von Gästen erzählen, die auf keinen Fall diesen schrecklichen Chardonnay trinken wollten, um dann Chablis oder Champagner Blanc de Blancs zu bestellen. Es gab sogar die »ABC-Mode« (Anything But Chardonnay – alles außer Chardonnay), und manche denken wahrscheinlich immer noch so. Aber würden sie zum Beispiel einen Taittinger Comtes de Champagne ablehnen? Würden sie über einen Corton-Charlemagne die Nase rümpfen?

Chardonnay kann alles sein, von hundsgewöhnlich bis hochfein. Er ist der beste Freund des industriellen Erzeugers, der willig auf hohe Erträge, Enzyme, Zuchthefen, zugesetzte Säure, Eichenchips und eine ganze Latte von Kellertechniken reagiert, die genau den von der

Marketingabteilung gewünschten Geschmack erzeugen sollen, und zwar zu genau den richtigen Kosten, die exakt die erwartete Gewinnspanne ergeben, selbst wenn die Weine beim Discounter verramscht werden.

Chardonnnay kann auch, wenn er in einem Randklima auf dem richtigen Boden wächst und auf die »minimalinvasiv« genannte zurückhaltende Weise vinifiziert wird, Weine von würziger, gespannter, salziger Schönheit hervorbringen, die mit Worten nicht zu beschreiben sind.

Dazwischen ist alles möglich. Manche guten, aber nicht großartigen Weine sind überteuert. (Gute bis sehr gute Weine werden gern im Hinblick auf wirklich hervorragende Gewächse bepreist. Man beschließt, dass der eigene Wein fast ebenso gut ist, und legt den Preis entsprechend fest. Würde man im Gegenteil beschließen, dass der Wein nur wenig besser als Durchschnitt ist, wäre der ganze Businessplan im Eimer.)

Doch vieles ist wirklich sehr gut, manches erstaunlich. Es gibt eine Analogie zu Geigern: Im 20. Jahrhundert gab es Jascha Heifetz, Yehudi Menuhin und andere Größen, die unverkennbar waren: Man wusste, wer spielte, sobald man das Radio einschaltete. Heute ist das Niveau insgesamt höher, sowohl in der Ausbildung als auch in der Performance, aber es gibt weniger große Stars mit eigenem Charakter, die herausragen.

So könnte man das auch für modernen Chardonnay sehen.

Geschmack, Textur und Mode

Keine Sorge: Wir werden uns nicht weiter mit industriellem Chardonnay beschäftigen. Er wurde erwähnt, wir wissen, dass es ihn gibt, das genügt. Weiter geht's.

Chardonnay auf einem Niveau, wo er interessant wird, so erklärte mir einmal ein Händler, steht dort, weil er die größte Schnittstelle zwischen Aroma und Textur hat. Und beide besitzt er in beachtlicher Vielfalt.

Textur ist wichtig. Sie kann, mehr noch als Aroma, jeden Tag hinter der Entscheidung für einen Wein stehen. Lieber eine fülligere Textur oder eine schlankere? Stahligkeit oder Butter und Sahne? Das Wetter spielt eine Rolle: Im Sommer ist eher schlanker, frischer Chardonnay gefragt, im Herbst wollen die Leute mehr Fülle, sagen Gastronomen.

Nehmen wir andere Weine mit besonderer Textur, beispielsweise Condrieu und andere Viognier-Weine. Super Aroma, super Textur, aber wenig Vielfalt. In puncto Vielfalt kann es nur Riesling mit Chardonnay aufnehmen, und er liefert zudem großartige Süßweine – doch mit Schaumwein stößt Chardonnay noch einmal in andere Dimensionen vor.

Textur in Chardonnay-Stillwein (Schaumwein kommt auf S. 452 dran) ist in mehreren Faktoren präsent und sehr schwer vom Geschmack zu entflechten. Beide hängen zusammen; die Textur ist Geschmacksträger (wie auch die Struktur). Der Kontakt mit der Hefe sorgt für Textur, für Fülle und Gewicht, ebenso wie das Aufrühren des Hefesatzes, was in der Regel im Fass geschieht. Der Kontakt mit den Schalen kann für eine

frische Tanninnote sorgen – idealerweise so subtil, dass man sie nicht als tanninherb empfindet. Gärung und Ausbau in Eiche – mehr dazu *siehe* S. 446 – bringen Gewicht und Struktur ein, wahrscheinlich auch (doch nicht zwangsläufig) Aromen von Vanille und Gewürzen. Chardonnays mit sehr kräftigen Eichen- und Sahnenoten haben viel Fleisch, doch idealerweise am richtigen Platz. Man nennt sie auch »Butterball Chardonnays«, und sie waren lange die Alternative zum Burgunder.

Sie haben immer noch Anhänger, auch wenn die Mode inzwischen einen andere ist. Ach, die Mode! Etwas so Reines und Edles wie feiner Wein sollte doch über der Mode stehen, oder? Stand er aber nie.

Die Mode ist weltweit wahrscheinlich der größte einzelne Einfluss auf Weinmacher. Selbst wer beim Leben seiner Großmutter schwört, sich nur aufs Terroir zu konzentrieren und Chardonnay lediglich als Medium für dieses Terroir zu sehen – auch dessen Weine entwickeln sich offenbar mit der Mode. Schauen Sie nur, wie Meursault sich verändert hat. Früher so üppig, so opulent, ein bisschen Bauernhof, ein bisschen Kohl – auf eine gute Art. »Schöner, stinkender Meursault«, wie es ein Händler vor vielen Jahren ausdrückte.

Diesen Stil findet man nirgends mehr. Meursault ist abgemagert und so mineralisch wie Puligny-Montrachet geworden. Hat sich das Terroir verändert? Nein. Es ist die Mode, nichts als die Mode. (Vielleicht auch ein bisschen die Reaktion auf vorzeitige Oxidation, dazu später.)

Auch eine andere Chardonnay-Mode – »abgebranntes Streichholz« – kam und ging in den letzten Jahren. Diese rauchige, stechende, leicht reduktive Note im Bukett war das Markenzeichen bestimmter burgundischer Erzeuger, insbesondere von Coche-Dury. Sie wurde kopiert und tauchte ein paar Jahre lang überall in Burgund auf. Dann verschwand sie so schnell, wie sie gekommen war. Terroir? Nö. Mode.

In der Neuen Welt haben sich die meisten Erzeuger vom »Butterball Chardonnay« ab- und einem eher burgundischen Stil zugewandt. Andere Klone dürften dabei geholfen haben: Len Evans und James Halliday gebührt das Verdienst, dass die Winzer in Australien interessantere Chardonnay-Klone angepflanzt haben. Vielleicht mussten sie auf andere Lagen ausweichen, etwa auf klimatische Randlagen, wo die Trauben mehr Säure bewahren. Vielleicht mussten sie früher lesen. Weniger neue Eiche dürfte eine Rolle gespielt haben, bessere, subtilere Eiche, größere Fässer oder Betontanks. Chardonnay macht alles gehorsam mit.

Als Resultat ist das burgundische Modell jetzt obenauf. Ein britischer Supermarkt schätzt, dass etwa zwei Drittel seiner Chardonnays diesem Muster folgen. Und ich verwende den Begriff »burgundisch« mit Vorsicht. Es geht nicht um Chardonnay mit oder ohne Eichennote. Die meisten Chardonnays sind in irgendeiner Form von Eiche beeinflusst. Mit »burgundisch« meine ich auf subtile Weise, manchmal bis hin zur Unsichtbarkeit eingesetzte Eiche. Das sehen wir uns als Nächstes an.

Ist Eiche unbedingt nötig?

Man kann Chardonnay ohne Eiche erzeugen. Doch das tun nicht viele Produzenten, und wenn, dann nur wenig. Liegt das nur an der derzeitigen Mode, nach der Chardonnay ein bisschen Fülle haben soll, aber nicht zu viel? Oder liegt es daran, dass Chardonnay ohne alles etwas fade sein kann?

Chardonnay ohne Eichennote kann rund und ansprechend sein, aber auch ein bisschen flach. Oder mager. Einfacher Chablis wird meist ohne Eiche ausgebaut, doch die größeren, konzentrierteren Grands crus und einige Premiers crus haben in der Regel einen gewissen Eicheneinfluss. Chablis ohne Eiche baut auf Säure und Trockenextrakt (sperriges Wort, gemeint ist in etwa Substanz), die ihn stützen. Doch da der Klimawandel die Stahligkeit des Chablis reduziert und ihn näher an die Côte-d'Or-Weine rückt, sind wir gespannt, wie die Erzeuger reagieren.

Ein Erzeuger beschrieb die Eichennote mal als Eisenbahnschienen, die den Chardonnay durch den Mund führen. Er selbst bringt üppige, offenherzige Frucht mit, braucht aber Struktur und Form. Das muss der Kellermeister leisten, der dazu Säure oder Eiche braucht. Sobald diese Grundlage gebildet ist, kann der Geschmack sich auf die Reise machen.

Doch es gibt Eiche und Eiche. Sie wissen, wie man jeden Wein bis zu seinem Weinberg zurückverfolgen kann, zu seinen Reben, seinen Bodenverhältnissen, dem Wind und der Sommerhitze? Jeder Wein hat eine Vorgeschichte. Das gilt auch für jedes Fass. Es geht nicht nur um französische gegen amerikanische Eiche oder ungarische gegen slawonische. Das Terroir eines Waldes kann ebenso vielfältig sein wie das Terroir eines Weinbergs und sich auf die Körnung des Holzes auswirken – dicht oder weniger dicht. Verschiedene Sorten von Eiche können unterschiedliche Aromen haben. Ein Küfer hat die Eiche einmal mit Pinot noir in seiner unendlichen Vielfalt verglichen.

Die Temperatur kurz vor dem Fällen des Baums ist wichtig: Kälte verlangsamt das Tempo des Wassertransports im Stamm. Wird kaum noch Wasser transportiert, schließen sich die Poren, was gut für die Fässer ist. Es kommt auch darauf an, ob das Holz gespalten oder gesägt wird, wie lange und wo die Fassdauben trocknen: Ein feuchtes maritimes Klima bringt im Holz andere Aromavorstufen hervor als ein trockenes kontinentales Klima. Auch wie die Dauben gelagert werden, hat einen Einfluss auf die Trocknung. Und dann erst kommt die Entscheidung, wie die Fässer angeröstet werden.

Über »französische Eiche« oder »amerikanische Eiche« zu sprechen ist daher so sinnvoll wie über »französischen Wein« oder »amerikanischen Wein« zu reden. Die besten Küfer verkosten die Weine eines Erzeugers und stimmen das Holz genau auf diese Weine ab. Sie gehen in den Wald und kauen das Holz des Baums, bevor sie weitermachen. Ihre Fässer sind sehr teuer und paradoxerweise so konzipiert, dass man sie am Gaumen überhaupt nicht spürt. Es ist, als würde man sich bei einem sehr teuren Schneider einen Maßanzug fertigen lassen, und alle würden sagen: »Mensch, du siehst aber gut aus!«

Das ist die Art von Eiche, die Spitzenerzeuger heute anstreben. Sie verleiht Gewicht und Struktur, drängelt sich aber nicht wie früher mit einer schrillen Vanillenote in den Vordergrund. Und auch unterhalb dieser Spitzenfässer hat sich die Küferei verbessert – zwangsläufig, denn es hatte viele Klagen von Erzeugern über schlechte Qualität gegeben.

Es gibt die vorlauten Fässer immer noch, es gibt Eichenchips für die industriellen Weine, die ich nicht mehr erwähnen wollte. Doch die beste Eiche, die die besten Erzeuger kaufen, ist viel besser als früher – wie auch der Weinbau und unser Verständnis von Terroir. Und mit dem Terroir beschäftigen wir uns als Nächstes.

Die Frage des Terroirs

Terroir ist ein enorm kompliziertes Thema, und die Côte d'Or hat ein enorm kompliziertes Terroir.

Die offensichtlichen Besonderheiten der Côte d'Or – sollten Sie deren Stil andernorts kopieren wollen – sind ihre Kalkstein- und Tonböden sowie das dort herrschende Randklima. Darauf achteten die Leute, die anfangs in anderen Regionen Chardonnay im burgundischen Stil produzieren wollten. Und wenn sie feststellten, dass ihnen der Kalksteinboden fehlte (der tendenziell Weine mit niedrigerem pH-Wert hervorbringt), nun, dann taten sie eben, was sie konnten.

Chardonnay kommt nämlich mit einer großen Vielzahl an Bodentypen gut zurecht, ebenso mit verschiedenen Klimata, auch wenn kühlklimatische Weine das Terroir der Traube tendenziell besser ausdrücken. Und in einer Welt, in der die meisten kühlklimatischen Chardonnays mehr oder weniger nach Burgund schmecken, bekommen die Einzelheiten des Terroirs und die Art, wie sich diese Einzelheiten ausdrücken, immer größere Bedeutung.

Die Informationstechnologie hat viele Branchen verändert, nun hat sie auch den Weinbau erreicht. Früher konnte man zum Beispiel messen, wie viel Wasser im Boden steckt. Heute kann man messen, wie sehr sich jede Rebe anstrengt, um dieses Wasser zu gewinnen. IT kann vieles leisten und macht den Weinbau äußerst präzise. Das Potenzial, aus jedem Weinberg so viel Charakter wie möglich herauszuholen – und zwar in seiner reinsten, präzisesten Form –, ist daher größer.

Die Technik ersetzt aber nicht die traditionelle Praxis, durch die Rebzeilen zu gehen und hinzusehen. Wein ist immer noch das Ergebnis eines Balanceaktes zwischen Kunst und Wissenschaft. Nur hat sich die Wissenschaft enorm entwickelt und kann in der Hand eines guten Winzers neben Biodynamie, Biodiversität und Nachhaltigkeit viel bewirken – alles Praktiken, die das Terroir auszudrücken helfen. Es ist die »Anhäufung all der winzigen Verbesserungen im Prozentbereich«, die einen Chardonnay sein Terroir möglichst präzise ausdrücken lassen, wie Nicholas Buck von Te Mata (Neuseeland) es ausdrückt.

Doch woher weiß man das? Wie kann man sagen, ob die verschiedenen Aromen zweier Chardonnays auf unterschiedliches Terroir oder auf unterschiedliche Weinbereitung zurückzuführen sind? Wahrscheinlich stimmt beides, doch es gibt Hinweise. Ein hoher Anteil UV-Licht sorgt für intensivere Fruchtaromen, das kann man an Weinen von der Südhalbkugel erkennen. Hitze verringert die natürliche Säure. Die Länge der Reifeperiode kann sich in Komplexität zeigen, oder in deren Fehlen. In Burgund hat Clos Saint-Landry in Beaune eine charakteristische Aprikosennote; Puligny-Montrachet Les Pucelles ist floral und expressiv.

Doch bei all der Suche nach dem perfekten Ausdruck wünscht sich in Wirklichkeit niemand in der Weinwelt jedes Jahr einen 100%igen Terroir-

ausdruck im Wein. Die Auswirkungen von Frost, Dürre, Stürmen, Hagel und Fäulnis will man lieber nicht haben, obwohl diese genauso zum Terroir gehören wie schöne Sommermorgen und sanfte Brisen. Terroir kann ein Durcheinander widersprüchlicher Informationen sein. Es scheint beim Chardonnay so deutlich durch, weil wir über ihn und sein Verhalten an anderen Orten und unter anderen Bedingungen so viel wissen.

Seinen Weinberg zu verstehen kann dennoch lange dauern. Am besten geht das in einem einigermaßen großen Gebiet. Wir kennen die Unterschiede der burgundischen Lagen, weil es genügend gibt, um sie zu vergleichen; wir können über Chardonnay von der Sonoma Coast (USA) sagen, dass dieser Erzeuger ein bisschen so und der andere so ist, es aber typische Gemeinsamkeiten gibt. Dadurch können wir sowohl die Region als auch die einzelne Lage charakterisieren, und zwar über mehrere Jahre hinweg, um ein Muster festzustellen. Adam Eggins von Wakefield (Australien) sagt: »Wenn wir Burgund in allem imitieren, zeigt sich am Ende das Aroma des Clare Valley. Der Vorgang ist derselbe, nur das Terroir ist verschieden.« Was uns direkt zur Weinbereitung bringt.

Entscheidungen, Entscheidungen

Ein Weinhändler sagte zu mir: »Gute Aromatisierungen ergeben schlechte Aromen«, und ich finde, dieser Satz sollte jedem Weinmacher auf die Stirn tätowiert werden – vielleicht in Spiegelschrift, damit er ihn jeden Morgen sehen kann.

»Abgebranntes Streichholz« ist so eine Aromatisierung, die erst populär wurde und dann bald wieder verschwand. Wir haben auf S. 445 darüber gesprochen. Erst war es eine feine, reduktive Rauchnote in den Weinen von ein paar teuren Côte-d'Or-Erzeugern; kurz darauf fand man sie überall in Burgund und darüber hinaus. Dann war sie weg, oder zumindest beschränkt auf ein paar überzeugte Anhänger.

Bei der Weinbereitung wird viel an den Aromen geschraubt und gedreht. Ein bisschen Schalenkontakt hier, eine etwas niedrigere oder höhere Gärtemperatur da (unterschiedliche Gärtemperaturen begünstigen unterschiedliche Aromen), Wildhefen oder nicht, eine Anpassung der Säure (immer öfter notwendig dieser Tage), ein perfekt klarer Saft oder nicht, die Wahl des Gärbehälters – neue Eiche, alte Eiche, große Fässer, kleine Fässer, Edelstahl, Beton, Tonamphoren –, die Dauer der Gärung. Und dann die Entscheidungen in Bezug auf die Reifung. Wie lange, worin, auf der Hefe oder nicht, Hefesatz aufrühren oder nicht? Wenn in Eichenfässern: wie groß, welche Körnung, welches Toasting? Weinmacher spielen andauernd dreidimensionales Schach.

Auch bei einer zurückhaltenden, minimalinvasiven Weinbereitung wird der Wein nicht einfach einem ungewissen Schicksal überlassen. Es wird dabei weniger am Wein herumgefummelt, weniger zugesetzt, und es sollte mit Wildhefen gearbeit werden. Entscheidungen müssen trotzdem getroffen werden. Wein macht sich nicht von selbst – oder zumindest braucht er Führung. Selbst für Naturwein sind Entscheidungen nötig, auch wenn eher technisch ausgerichtete Kellermeister die Naturweinbereitung als »Weinherstellung nach dem Zufallsprinzip« abtun.

Chardonnay wird häufig in Eichenfässern vergoren, neuen oder alten, und im Fass auf dem Hefesatz gereift, eventuell mit Aufrühren der Hefe. Das folgt der stillschweigenden Annahme, dass Trauben nicht alles enthalten, was für einen großen Wein nötig ist. Die Aromen sind vorhanden, brauchen aber Unterstützung – Eisenbahnschienen, wie zuvor ausgeführt, um die Aromen im Mund herumzuführen. Dennoch beginnen alle Entscheidungen bei der Weinbereitung – alle eben genannten plus ein paar mehr – mit den vorhandenen Trauben, denn besser als diese kann der Wein nie sein. Wahrscheinlich hat der Kellermeister auch eine Vision, was aus ihnen werden soll, so wie Michelangelo in dem unbehauenen Marmorblock bereits die fertige Skulptur sehen konnnte.

Totale Kontrolle ist aber nicht alles. Wildhefen können bessere Texturen und mehr Komplexität hervorbringen, sind aber riskant. Wahrscheinlich sind *Saccharomyces*-Weinhefen dabei, aber auch andere.

Sie einfach machen zu lassen bedeutet, daneben zu stehen und die Daumen zu drücken. Fehlaromen können entstehen, die Gärung kann abbrechen. Manche Erzeuger selektieren als Kompromiss eine Wildhefe aus ihrem Weinberg und vermehren sie unter Ausschluss aller anderen. Es gibt heute auch Hefemischungen, die Non-*Saccharomyces*-Hefen enthalten, aber auch andere, die die Gärung sicher zu Ende bringen.

Risiko macht Sorgen, aber große Weine sollten riskant schmecken. Meine Analogie ist immer ein Seiltänzer: Er ist gespannt, wirkt aber locker. Dieses Seiltänzer-Gefühl wird aber seltener. Luxusgüter mögen kein Risiko. Luxusweine müssen eher poliert, zuversichtlich, wohlgeordnet sein. Sie schmecken teuer, aber sie schmecken nicht riskant.

Eine Auswirkung der vorzeitigen Oxidation (Premox), die den weißen Burgunder Ende der 1990er-Jahre beutelte, war die Zunahme einer Safety-first-Weinbereitung. Hasenfüßigkeit nennt das ein Händler. »Weniger Schalenkontakt, weniger Kontakt mit dem Hefesatz, mehr Filtration«, sagt er. Für die neue Winzergeneration ist Premox jedoch kein Thema mehr. Und eine neue Verbrauchergeneration will, dass Weine aus einer bestimmten Lage den Charakter dieser Lage zeigen. Das bedeutet für Spitzen-Chardonnay eine Weinbereitung, die sich zurücknimmt und den Weinberg zur Geltung kommen lässt.

Das gilt sogar für Schaumwein, zu dem wir als Nächstes kommen.

Champagner und so

Burgundisch oder nicht burgundisch, das ist bei Chardonnay nicht die einzige Frage. Es gibt eine dritte Möglichkeit: Schaumwein.

Chardonnay ist ein Hauptbestandteil des Champagners und damit jedes Schaumweins weltweit, der Champagner als Vorbild hat. Und wenn Chardonnay zu Schaumwein verarbeitet wird, verwandelt er sich (im besten Fall) in etwas außerordentlich Tiefgründiges und Lebhaftes, etwas Würziges und Zitrusfruchtiges, das über Jahrzehnte hinweg reifen kann. Champagner aus den Jahren 1979 und 1982 sollten jetzt perfekt schmecken. Sogar einige 1976er aus dem sehr heißen Sommer – Weine, denen man nie ein langes Leben zugetraut hätte, können hervorragend sein. Und der letzte 1928er, den ich probiert habe, war umwerfend.

Großer reifer Schaumwein hat sich vom Traubengeschmack so weit entfernt, wie es beim Wein überhaupt möglich ist. Nur Sherry und alter Madeira gehen noch weiter. Warum reift er so anders als Stillwein? Und welche Rolle spielt der Chardonnay im Schaumwein?

Ein Großteil dieser Transformation geht auf den Hefesatz zurück, die abgestorbenen Hefezellen, die bis zum Degorgieren in der Flasche bleiben. Sie lösen sich auf und geben dabei winzige Mengen vieler unterschiedlicher Substanzen frei, die das Aroma des Weins nach und nach in die Note nach frischem Brot verwandeln, die man als »auto-

lytischen Charakter« beschreibt. Schaumwein, der auf der Hefe reift, ohne degorgiert zu werden, entwickelt diese Note, während die Aromen fest verschlossen bleiben, da die Reifung (weitgehend) unter Ausschluss von Sauerstoff erfolgt. Das ändert sich nach dem Degorgieren, wenn der Wein (üblicherweise) eine Dosage mit etwas Zucker erhält und die Flasche verkorkt wird. Nun beginnt eine langsame oxidative Reifung, die Toastnoten hervorbringt. Bei beiden Arten der Reifung entstehen also unterschiedliche, aber komplementäre Noten, und man kann den Stil verändern, indem man die eine Art verlängert und die andere verkürzt oder umgekehrt. Frisch degorgierter Schaumwein schmeckt immer jünger und frischer als einer, der schon früher degorgiert wurde. Schaumwein mit langer Flaschenreife nach dem Degorgieren verliert über die Jahrzehnte die Bläschen und offenbar sein weiniges Herz.

Reiner Chardonnay-Schaumwein hat eine kürzere Lebenserwartung als eine Chardonnay-Pinot-noir-Cuvée, sofern er den biologischen Säureabbau durchlaufen hat (*siehe* »Technische Weinsprache« S. 37). Er ist dann runder, buttriger und unmittelbar ansprechend. Ohne biologischen Säureabbau hält jedoch auch Blanc de Blancs jahrelang, nimmt Honig- und Trüffelnoten an, ohne an Straffheit und Salzigkeit zu verlieren.

Die meisten alten Schaumweine, die sich noch gut trinken lassen, sind dennoch meist Cuvées. Chardonnay und Pinot noir ergänzen sich einfach zu gut. Chardonnay sorgt für Schwung und Energie zu Beginn, Pinot noir übernimmt die geschmackliche Mitte und den Abgang. Mehr und mehr sorgt auch ein Hauch von unsichtbarer Eiche für Gewicht und Länge im Abgang. Das Resultat ist eine stetige, nahtlose Veränderung des Geschmacks – am Anfang ist er anders als am Ende. Das ist in nuce die Faszination großer Schaumweine – überhaupt großer Weine aller Art.

Natürlich bringen auch andere Sorten großartige Schaumweine hervor. In Spanien legt Xarel·lo die Basis für Weine, die in der Spitzenklasse grandios altern. Riesling ist für exzellenten Sekt gut. Doch es ist Champagner, der international zum Musterbeispiel wurde und von England bis Tasmanien kopiert wird – kopiert auch an Orten ohne Kreideböden, und das durchaus sehr erfolgreich.

Dennoch: Champagner baut auf Kreide auf. Sie verleiht der Säure im Chardonnay eine besondere Qualität – eine bestimmte Spannung, eine bestimmte Weichheit. In England, das zu einem Versuchslabor für Schaumweine auf unterschiedlichen Böden geworden ist, konzentrieren sich die besten Erzeuger durchweg auf Lagen mit Kreideboden für ihren Chardonnay, und das ist kein Zufall.

Es kommt aufs Terroir an beim Schaumwein, und gute Erzeuger sind sehr darum bemüht, dass alle Komponenten im Verschnitt ihre individuellen Terroirs so gut wie möglich ausdrücken. Auf diese Weise haben sie Verschnittmaterial mit der größten Vielfalt für maximale Komplexität.

Den Rest macht die Reifung. Das bringt uns zu …

Primetime-Chardonnay

Wie alle Weine entwickelt sich auch Chardonnay mit zunehmendem Alter weg von den primären Frucht- und Blütenaromen – seien es Zitrusfrüchte oder Äpfel, Melonen, Birnen, Pfirsiche, Mangos oder Ananas – über die sekundären Aromen aus der Gärung, vor allem Butter und Toast, hin zu den tertiären Aromen von gerösteten Haselnüssen, Karamell, Gebäck, Gewürzen, Pilzen und Unterholz, die im Idealfall durch Salzigkeit und Spannung fest zusammengehalten werden. Oder, im Fall von eher buttrigen, cremigen Weinen, wahrscheinlich durch Eiche.

Wie lange dauert das? So lange es eben dauert. Ich werde hier keine allgemeinen Ratschläge geben, da alle Weine, alle Terroirs und alle Arten von Weinbereitung vor der Abfüllung unterschiedlich sind. Der Schwefelgehalt beeinflusst, wie gut die Weine in der Flasche reifen. Wenn Ihr Chardonnay vorzeitig oxidiert ist, könnte es damit zu tun haben, dass Schwefel nicht mehr hoch im Kurs steht. Oder am Flaschenverschluss oder an anderen Kellertechniken. Unter Kohlendioxid abgefüllter Wein bleibt zum Beispiel länger frisch, weil dadurch Oxidation verhindert wird.

Weine, die reifen sollen, stammen von besten Lagen, wahrscheinlich aus ertragsarmen Ernten, und sind konzentrierter und straffer. Und wenn Sie Weine wirklich lange einkellern wollen, investieren Sie am besten in Magnumflaschen. Darin reift Wein grundsätzlich besser.

Den perfekten Augenblick zum Öffnen einer Flasche Wein zu treffen beruht stark auf Erfahrung – und auf der Beratung durch Erzeuger oder Weinhändler, die ihre Weine am besten kennen sollten. Gewiss ist nur, dass, sollten Sie beneidenswert viele Premier-cru- und Grand-cru-Burgunder und dergleichen mehr besitzen, Ihre Streifzüge durch den Keller geprägt sein werden von Bemerkungen wie »Na, der braucht noch sechs Monate« oder »Schon noch ein paar Jahre, was meinst du?«oder »Besser wird der nicht mehr, was?« oder »Den trinken wir jetzt aus«.

Ein erfinderischer Kopf könnte doch mal eine App entwickeln, die den Winzer, den Weinberg, den Jahrgang, den Flaschenverschluss, den individuellen Weinkeller und die Vorlieben des Besitzers berücksichtigt, und die einem dann sagt, wann man was trinken sollte. Bis dahin muss man eben – basierend auf Erfahrung und Wissen – raten. Beispielsweise sind die graziösen weißen Burgunder von 2014 auf Premier-cru-Niveau zum Großteil jetzt trinkreif, und die Grands crus brauchen auch nicht mehr lange. Doch natürlich hängt viel vom einzelnen Erzeuger ab.

Aber vielleicht ist es gar nicht richtig, immer diesen schwer fassbaren Höhepunkt anzustreben. Nun, da Wein früher trinkreif ist, hat er auch früher mehr zu bieten: Jugend, Energie, Frucht. Weine, die manche für zu alt halten, können komplex und schmackhaft sein. Sie passen zu verschiedenen Speisen (*siehe* S. 456) und zu verschiedenen Stim-

mungen. Wenn Sie genügend Weine haben, die in Ihrem Keller reifen, können Sie ihre Entwicklung miterleben – es ist wie ein Garten, der eine Reise durch die verschiedenen Jahreszeiten bietet. Weine nur auf dem Höhepunkt zu trinken, wäre wie eine endlose Abfolge perfekter Hochsommertage – herrlich, aber wir brauchen auch den Kontrast.

Werden früher genussreife Weine jemals so lange halten wie die widerspenstigeren Gewächse der Vergangenheit? In 20 oder 30 Jahren werden wir es wissen. Einge Winzer glauben das nicht, andere schon. Entscheiden Sie selbst. Gewiss ist nur, dass die fleischigen, buttrigen Chardonnays in der Regel nicht gut altern. Müssen sie auch nicht. Wenn man sie liegen lässt, ist ihr jugendlicher Charme im Nu verblüht. Manchmal fallen sie einfach unter ihrem eigenen Gewicht um.

Chardonnay und Speisen

Zu welchen Speisen passt Chardonnay? Das ist doch leicht vorherzusagen, oder? Fisch, weißes Fleisch, Salate, Käse … Es geht aber auch ein bisschen genauer.

Schließlich will man nicht Chardonnay zu allem trinken. Warum ein Chardonnay anstatt beispielsweise ein Riesling? Oder weißer Rioja?

Wenn Sie einen großen Wein glänzen lassen wollen, dann wählen Sie etwas eher Traditionelles: Brathähnchen, Steinbutt mit Beurre blanc, pochierter Wildlachs, Kalbsbries, ein unpasteurisierter Brie. Alle diese Speisen verlangen nach Weinen, die sowohl reichhaltig als auch tiefgründig sind und wohl auch ein gewisses Alter haben. Ein großartiger alter Schaumwein kann eine wunderbare Ergänzung zu Krabben, leicht pikanten Jakobsmuscheln oder Hummer sein – oder sogar zu Dim Sum. Alte Chardonnay-Schaumweine oder Cuvées mit Chardonnay-Anteil sind so frisch und reich an Umami, dass sie zu einer erstaunlichen Bandbreite von Speisen passen. Nicht zu viel Schärfe, nicht zu viel Knoblauch und kein Wasabi – aber sonst, warum nicht?

Jungen Schaumwein heben Sie sich besser für den Aperitif auf. Für Speisen ist er zu linear und zu straff. Schaumwein braucht eine gewisse Fülle, um sich bei Tisch wohlzufühlen. Ich möchte jedoch nicht unerwähnt lassen, dass die Spitzenerzeuger der Champagne ihre reifen Jahrgänge zunehmend als Essensbegleiter betrachten.

Wenn Sie von der Speise ausgehen, spricht eine gewisse Reichhaltigkeit für Chardonnay. Fisch mit Sahnesauce, aber auch Tomaten-Clafoutis, Meeresfrüchte-Risotto oder -Pasta. Viel Säure im Essen spricht eher für Riesling oder Sauvignon blanc, kräftigere Aromen für Rotwein. Zu Gemüse ist Chardonnay oft nicht die erste Wahl, da passt ein leichter Roter oder knackiger Weißer wie Grüner Veltliner besser. Andererseits ist Chardonnay auch hierzu und zu vielen anderen Gerichten nie völlig verkehrt; es braucht schon einiges, um mit Chardonnay hart zusammenzustoßen. Er ist nicht umsonst die nützlichste Rebsorte der Welt.

Mix it easy

Joel Harrison, Neil Ridley
60-Second Cocktails

ISBN 978-3-96584-258-8

60 inspirierende Cocktails